权威·前沿·原创

皮书系列为
"十二五""十三五""十四五"时期国家重点出版物出版专项规划项目

BLUE BOOK

智库成果出版与传播平台

中国社会科学院创新工程学术出版资助项目

发展规划蓝皮书
BLUE BOOK OF DEVELOPMENT PLAN

中国五年规划发展报告
（2023~2024）

DEVELOPMENT REPORT OF
CHINA'S 14TH FIVE-YEAR PLAN (2023-2024)

组织编写 / 中国社会科学院数量经济与技术经济研究所
中国社会科学院经济大数据与政策评估实验室
中国社会科学院宏观经济研究智库

主　编 / 李雪松　李海舰
副主编 / 张友国

社会科学文献出版社
SOCIAL SCIENCES ACADEMIC PRESS (CHINA)

图书在版编目(CIP)数据

中国五年规划发展报告.2023-2024/李雪松,李海舰主编;张友国副主编.--北京:社会科学文献出版社,2024.8.（2024.11重印）--（发展规划蓝皮书）.-- ISBN 978-7-5228-4224-0

Ⅰ.F123.399

中国国家版本馆CIP数据核字第2024HR2098号

发展规划蓝皮书
中国五年规划发展报告（2023~2024）

主　　编／李雪松　李海舰
副 主 编／张友国

出 版 人／冀祥德
责任编辑／吴　敏
责任印制／王京美

出　　版／社会科学文献出版社·皮书分社（010）59367127
　　　　　地址：北京市北三环中路甲29号院华龙大厦　邮编：100029
　　　　　网址：www.ssap.com.cn
发　　行／社会科学文献出版社（010）59367028
印　　装／三河市东方印刷有限公司
规　　格／开本：787mm×1092mm　1/16
　　　　　印张：56.5　字数：945千字
版　　次／2024年8月第1版　2024年11月第2次印刷
书　　号／ISBN 978-7-5228-4224-0
定　　价／198.00元

读者服务电话：4008918866

▲ 版权所有 翻印必究

《中国五年规划发展报告(2023~2024)》
编 委 会

主　编　李雪松　李海舰

副主编　张友国

委　员　(按姓氏笔画排序)

万相昱　王宏伟　左鹏飞　叶秀敏　冯　明
冯　烽　刘　强　孙博文　李文军　李玉红
吴　滨　张延群　郑世林　胡　洁　娄　峰
彭　战　彭绪庶　蒋金荷　蔡跃洲

撰稿人　(按文序排列)

郑世林　黄　晴　陈劲祥　李雯轩　沈梓鑫
赵奇锋　刘建翠　万相昱　张　琦　肖　寒
周　勇　段　梦　张延群　张明进　李　莹
彭　战　张慧慧　吕　峻　张容嘉　钟　洲
冯　烽　李双双　罗朝阳　潘　晨　董惠梅
朱　兰　胡　洁　程　远　李海舰　李真真
李凌霄　朱承亮　庄芹芹　高洪玮　杨博旭
王宏伟　杨书奇　吴　滨　韩学富　董婉璐
焦云霞　唐跃桓　黎静霖　许雪晨　蔡跃洲
马晔风　叶秀敏　李兆辰　陈　楠　端利涛

	白延涛	韦结余	彭绪庶	李文军	李　玮
	左鹏飞	胡安俊	张友国	娄　峰	蒋金荷
	刘　强	李玉红	苗吉超	孙博文	陈星星
	王　怡	闫强明	王喜峰	刘　丹	曹怡婷
	袁　梦				
编辑组	韩胜军	张　杰	黄亦斌		

主要编撰者简介

李雪松 经济学博士，中国社会科学院经济研究所所长，数量经济与技术经济研究所原所长，研究员，中国社会科学院大学经济学院院长、教授、博士生导师。兼任中国数量经济学会会长、中国统计学会副会长。第十四届全国人大代表。长期从事中国经济问题研究，主要研究领域为宏观经济理论与政策、经济政策效应评估、战略规划与产业升级等。发表论文论著200余篇（部）。入选国家高层次人才特殊计划哲学社会科学领军人才、全国文化名家暨"四个一批"人才、新世纪百千万人才工程国家级人选、中国社会科学院领军人才，享受国务院政府特殊津贴。曾获孙冶方经济科学奖、中国社会科学院优秀科研成果奖、中国社会科学院优秀对策信息奖等省部级奖项60余项。

李海舰 经济学博士，中国社会科学院数量经济与技术经济研究所党委书记、副所长、研究员、博士后合作导师；中国社会科学院大学（研究生院）教授、博士生导师。美国伊利诺伊大学高级访问学者。兼任国家社会科学基金项目同行评议专家，中国数量经济学会常务副会长。中国社会科学院哲学社会科学创新工程"长城学者"，全国新闻出版行业领军人才，享受国务院政府特殊津贴专家。主要研究方向为公司战略与组织创新、数字经济与转型发展。主持（或共同主持）中国社会科学院重大项目、国家社会科学基金重大项目等课题多项，在《中国社会科学》《管理世界》《中国工业经济》等学术刊物上发表论文400余篇，出版专著（含合作）十几部，研究成果（含合作）获孙冶方经济科学奖、蒋一苇企业改革与发展学术基金奖、中华人民共和国机械工业部科学技术进步奖、中国社会科学院优秀科研成果奖，入选全国十佳经济读物等。

张友国　经济学博士，中国社会科学院数量经济与技术经济研究所副所长、研究员，中国社会科学院大学教授、博士生导师，中国社会科学院环境与发展研究中心主任。曾在美国加州大学伯克利分校农业经济系作访问学者。兼任中国数量经济学会常务理事、中国生态经济学会常务理事。长期从事中国绿色低碳发展问题研究，主要研究领域为减污降碳与经济高质量发展协同路径与政策、区域协同碳达峰碳中和路径与政策、经济—能源—环境可计算一般均衡模型等。主持国家社科基金重大项目、国家自科基金面上项目以及省部级重大重点课题10余项，出版专著4部，主编著作3部，在《经济研究》等国内外期刊发表学术论文数十篇。曾获胡绳青年学术奖、中国社会科学院优秀科研成果奖、中国社会科学院优秀对策信息一等奖、刘诗白经济学奖、安子介国际贸易研究奖（著作类）。

摘　要

《中国五年规划发展报告（2023~2024）》是中国社会科学院数量经济与技术经济研究所首创的"发展规划蓝皮书"的第三部。围绕实施国家发展规划、重大战略促进财政、货币、产业、价格、就业等政策协同发力，以经济体制改革为牵引，优化各类增量资源配置和存量结构调整，对于以中国式现代化全面推进强国建设、民族复兴伟业具有重大且深远的意义。本书牢牢把握"四新一高"即新发展阶段、新发展理念、新发展格局、新质生产力和高质量发展的科学内涵与实践要求，围绕经济增长与扩大内需、改革开放与激发活力、科技创新与产业升级、数字经济与人工智能、能源转型与绿色发展等重要领域，基于国家"十四五"规划纲要、党的二十大报告、2023年中央经济工作会议公报、党的二十届三中全会决定等党和国家重要文献，与时俱进地结合近期有关指导意见、专项规划、区域规划和实施方案等明确的目标和部署，全面跟踪"十四五"前三年特别是2023年以来的规划实施情况，梳理主要政策措施，客观评价进展成效，深入剖析机遇挑战，结合国内外发展环境变化，总结借鉴各方经验，提出改进规划实施的对策建议。本书可为研究和制定我国国民经济和社会发展"十五五"（2026~2030年）规划建议和纲要提供有益的参考。

关键词： 经济增长　改革开放　科技创新　数字经济　绿色发展

目 录

Ⅰ 总论

B.1 培育壮大新质生产力　推动经济高质量发展……………李雪松 / 001

Ⅱ 经济增长与扩大内需篇

B.2 加快发展新质生产力的建议…………郑世林　黄　晴　陈劲祥 / 012
B.3 发展数字经济　培育新质生产力………………………李雯轩 / 028
B.4 以新兴产业创新培育新质生产力………………………沈梓鑫 / 039
B.5 以科技自立自强培育新质生产力………………………赵奇锋 / 052
B.6 以科技创新提升全要素生产率……………………………刘建翠 / 066
B.7 促进高质量充分就业………………………万相昱　张　琦 / 079
B.8 健全分层分类的社会救助体系……………………………肖　寒 / 103
B.9 推动中国消费中心建设……………………………………周　勇 / 122
B.10 调整优化消费税征收范围和税率…………………………段　梦 / 134
B.11 加快推进城乡融合发展……………………张延群　张明进 / 150
B.12 有力有效推进乡村全面振兴………………………………李　莹 / 164
B.13 以乡村全面振兴推进中国式现代化………………………彭　战 / 178

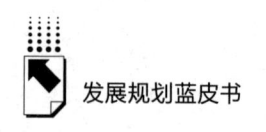

Ⅲ 改革开放与激发活力篇

B.14	深化服务领域改革开放	张慧慧 / 192
B.15	活跃资本市场	吕　峻 / 205
B.16	破除地方保护和市场分割	张容嘉 / 219
B.17	建立市场竞争状况测评体系	钟　洲 / 232
B.18	加快建设海南自贸港	冯　烽 / 246
B.19	推动国际双向投资	李双双 / 264
B.20	以国内大循环吸引全球要素资源	罗朝阳 / 278
B.21	推动深度参与全球产业分工和合作	潘　晨 / 291
B.22	推动对"一带一路"沿线国家直接投资绿色发展	董惠梅 / 305
B.23	抓好支持高质量共建"一带一路"八项行动的落实落地 …… 朱　兰 / 318		
B.24	防范化解房地产业风险	胡　洁 / 331
B.25	有效防控金融风险	程　远 / 345

Ⅳ 科技创新与产业升级篇

B.26	建设现代化产业体系	李海舰　李真真　李凌霄 / 359
B.27	提升科技基础条件资源融合发展水平	朱承亮 / 377
B.28	强化国家战略科技力量	庄芹芹 / 388
B.29	推动实现关键核心技术自主可控	高洪玮 / 401
B.30	建设多层次科技创新中心	杨博旭 / 415
B.31	积极培育未来产业	王宏伟　杨书奇 / 428
B.32	推动制造业智能化发展	吴　滨　韩学富 / 445
B.33	提升制造业可靠性	董婉璐 / 457

B.34 以数字技术助推制造业产业链现代化发展 ················ 焦云霞 / 465

B.35 以链长制为牵引推动产业链高质量发展 ········ 唐跃桓 黎静霖 / 479

B.36 以新一代人工智能技术赋能产业发展 ···················· 许雪晨 / 491

Ⅴ 数字经济与人工智能篇

B.37 着力提升集成电路产业链安全水平 ······················ 蔡跃洲 / 504

B.38 积极稳妥发展工业互联网 ································ 马晔风 / 521

B.39 加快推动电子商务高质量发展 ·························· 叶秀敏 / 531

B.40 加快培育数据要素市场 ·································· 李兆辰 / 543

B.41 探索数据资产入表新模式 ································ 陈　楠 / 554

B.42 多措并举推动数据确权 ·································· 端利涛 / 565

B.43 加快推进中小企业数智化转型 ·························· 白延涛 / 579

B.44 加快推进算力网络建设 ·································· 韦结余 / 597

B.45 促进人工智能健康有序安全发展 ························ 彭绪庶 / 608

B.46 以人工智能促进高质量发展 ···················· 李文军 李 玮 / 623

B.47 加快通用人工智能创新发展 ···························· 左鹏飞 / 640

B.48 培育壮大人工智能产业 ·································· 胡安俊 / 651

Ⅵ 能源转型与绿色发展篇

B.49 积极稳妥推进碳达峰碳中和 ···························· 张友国 / 663

B.50 推进工业碳达峰碳中和 ·································· 娄　峰 / 676

B.51 积极参与全球气候治理 ·································· 蒋金荷 / 692

B.52 加快建设现代新型能源体系 ···························· 刘　强 / 709

B.53 实施"蓝天保卫战"效果评估 ···················· 李玉红 苗吉超 / 723

B.54 加快建设绿色智慧的数字生态文明 ······················ 孙博文 / 743

B.55 推动数字化绿色化协同转型发展 ………………………… 陈星星 / 759

B.56 推进新能源产业发展"质""量"双提升 ……………… 王　恰 / 784

B.57 推动提升新能源汽车产业的国际竞争力 ……………… 闫强明 / 797

B.58 建立健全生态产品价值实现机制的核心问题与政策进路

　　　　……………………………………………………… 王喜峰 / 814

B.59 以绿色金融支持乡村全面振兴 ……… 刘　丹　曹怡婷　袁　梦 / 826

Contents ……………………………………………………………… / 840

总 论

B.1
培育壮大新质生产力 推动经济高质量发展

李雪松*

摘　要： 牢牢把握实现高质量发展这个首要任务，凝"新"聚力，将发展新质生产力的重点任务和主要着力点放在培育发展创新型技术、广泛使用新型生产要素、加速形成新支柱产业、开创打造新消费场景、协同推进国内国际双循环等方面，促进发展观念与发展方式朝创新引领、绿色推动、数实融合方向转变。以新质生产力推动经济高质量发展，涉及科技、产业、人才、教育、金融、对外开放等多方面因素，需要深入推进体制机制改革，加快形成与之相适应的生产关系。

关键词： 新质生产力　高质量发展　全要素生产率

---

* 李雪松，中国社会科学院经济研究所所长，数量经济与技术经济研究所原所长，研究员，中国社会科学院大学经济学院院长、教授、博士生导师。长期从事中国经济问题研究，主要研究方向为宏观经济理论与政策、经济政策效应评估、战略规划与产业升级等。

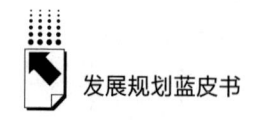

2023年以来，面对复杂严峻的国际环境和国内经济恢复进程中的困难挑战，在以习近平同志为核心的党中央坚强领导下，各地区各部门迎难而上、积极作为，深化改革开放，加强宏观调控，有效应对风险挑战，经济运行总体平稳、稳中有进，延续回升向好态势，新动能新优势加快培育，高质量发展扎实推进，尤其是供给端产业升级、新质生产力积聚的势头较为强劲。

一　新质生产力的内涵与特征

新质生产力概念的提出不是偶然的，而是总结历史经验、顺应时代潮流、立足中国现实、面向未来发展而构建的理论体系。新质生产力内涵丰富，具有高技术、高效能、高质量特征，代表着先进生产力的演进方向。

（一）新质生产力的内涵

生产力是人类改造自然、征服自然的能力，是人类社会发展的最终决定力量，解放和发展生产力是社会主义的本质要求。新质生产力是创新起主导作用，摆脱传统经济增长方式、生产力发展路径，具有高技术、高效能、高质量特征，符合新发展理念的先进生产力质态。它由技术革命性突破、生产要素创新性配置、产业深度转型升级而催生，以更高素质的劳动者、更高技术含量的劳动资料、更广范围的劳动对象及其优化组合的跃升为基本内涵，以全要素生产率大幅提升为核心标志，特点是创新，关键在质优，本质是先进生产力。发展新质生产力是推动高质量发展的内在要求和重要着力点，加快形成新质生产力能够更好支撑高质量发展和中国式现代化建设。

（二）新质生产力的特征

与传统生产力相比，新质生产力是体现高技术、高效能、高质量的先进生产力。

高技术特征。科学技术是第一生产力，也是第一先进生产力。新质生产力必然是以高技术发展和应用为特征的先进生产力，是以科技创新为核心要素，以科技创新推动产业创新，尤其是以颠覆性技术和前沿技术催生新产业、新业态、新模式和新动能的生产力。新质生产力的形成是科技创新的结果，更是科技创新在生产领域广泛应用的具体体现。发展新质生产力要求加快科技创新成果向现实生产力转化，将科技创新成果应用到具体产业和产业链上，改造提升传统产业，培育壮大新兴产业，布局建设未来产业，完善现代化产业体系。

高效能特征。与传统生产力的组成要素不同，新质生产力包括更高素质的劳动者、更高技术含量的劳动资料、更广范围的劳动对象。新质生产力并非简单的要素数量的增加，而是通过优化组合、创新配置，提升整体效能，实现"1+1>2"的效果。新质生产力引领劳动者、劳动资料、劳动对象和科学技术、数据、管理等要素实现高效协同，推动要素便捷化流动、网络化共享、系统化整合、协作化开发和高效化利用，从而大幅提升资源配置效率和全要素生产率，推进现代化产业体系提质增效。

高质量特征。新质生产力要求摆脱过去传统的依靠资源要素不断投入的粗放型经济增长方式，促使经济增长方式从要素驱动转向效率驱动和创新驱动。发展新质生产力是推动高质量发展的内在要求和重要着力点，要求构成新质生产力的劳动者、劳动资料、劳动对象三要素也必须是高质量的，需要服务于高质量发展的目标导向。现阶段我国的主要矛盾是人民日益增长的美好生活需要和不平衡不充分的发展之间的矛盾，新质生产力增强了发展的充分性，提高了供给质量和水平，更好地满足了人民日益增长的美好生活需要。

二 以新质生产力推动经济高质量发展潜力巨大

当前，虽然我国经济持续回升向好仍面临诸多挑战，但从长远看，我国经济基础稳、优势多、韧性强、潜能大，支撑经济持续发展的内在动因没有改变，以新质生产力推动经济高质量发展潜力巨大、前景广阔。

（一）新一轮科技革命和产业变革为培育和发展新质生产力提供重要机遇

近年来，我国持续增加对关键领域的优质资源投入，大力推进传统产业改造升级，产业正加速向高端化迈进，并与现代服务业深度融合。同时，我国持续促进人工智能、5G、量子计算等领域重要创新成果与先进制造技术融合，

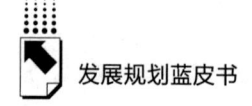

积极推动人工智能产业发展，不断强化数据支持和应用场景建设，为产业智能化发展打下坚实的基础。此外，我国持续加强绿色技术在生产制造领域的应用，引导和支持企业降碳减污增绿，不断完善绿色制造体系，增强工业绿色转型动力，努力推动产业绿色化发展。

（二）产业基础完整为培育和发展新质生产力提供持续动力

我国产业门类齐全，产业网络运行效率高，延展性和集成创新能力较强，兼具快速大规模生产和柔性化生产的能力，是全球产业链供应链的重要组成部分。其中，传统产业积淀深厚，在化工、机械制造、电子产品制造、家电制造等领域积累了丰富的经验。这些传统产业作为我国产业体系的基本盘，具备较为突出的国际竞争力。同时，新兴产业优势正在逐步形成，新能源汽车、锂电池、光伏产品、风电等领域快速发展，技术水平全球领先。未来制造、未来信息、未来材料、未来能源、未来空间和未来健康等未来产业加速培育、蓄势待发。近年来，我国着力提升产业链供应链韧性和安全水平，不断增强抵御冲击和风险的能力，为发展新质生产力提供持续动力。

（三）超大规模市场为培育和发展新质生产力提供需求牵引

市场是最稀缺的资源。作为一个拥有 14 亿多人口的世界第二大经济体，我国拥有超大规模市场优势和内需潜力。在消费领域，我国经济总量不断提升、消费率上升，带动消费市场规模扩大、消费场景日益丰富、线上线下消费融合发展；在投资领域，我国加快产业结构转型升级、新型基础设施建设、绿色低碳转型、城乡融合发展等，都蕴藏着巨大投资潜力。这将进一步增强我国经济的规模效应和集聚效应，为各类科技创新提供不断尝试和完善的空间，为培育和发展新质生产力提供需求牵引。

（四）要素活力迸发为培育和发展新质生产力提供坚实支撑

我国储蓄率较高，为各类投资活动和资本要素积累创造了空间；在未来较长一个时期仍然拥有规模庞大的劳动力资源，同时劳动者受教育年限逐步提升、人力资本持续积累、各个领域优秀人才不断涌现，人口质量红利正加速形成；全国统一大市场建设步伐加快，促进土地资源在城乡之间、区域之间优化配置；各地数据交易机构相继成立，为充分释放数据要素价值奠定了坚实的基础；科技创新与产业升级深度融合，技术要素迭代更新速度加快。各类生产要素活力迸发，有助于不断改善基础设施条件，更新生产技术和设备，促进新质生产力加快发展。

近年来，我国新能源汽车、锂电池、光伏产品"新三样"出口快速增长。这是我国新质生产力加速形成的突出表现，是我国国内巨大的产能支撑的成果，也是我国在细分行业中持续加强技术创新、提升效率的必然结果。这些优质产品获得了不同国家、不同层次消费者的赞誉和认可，促进了全球产业链优化升级，为全球产业发展提供了强劲动力。

三 以全要素生产率大幅提升为核心发展新质生产力

习近平总书记指出，新质生产力以全要素生产率大幅提升为核心标志，发展新质生产力，必须进一步全面深化改革，形成与之相适应的生产关系。围绕深化改革、扩大开放、鼓励创新等方面制定出台一系列政策措施，有助于提升全要素生产率，有效激发我国新质生产力发展的巨大潜能。

（一）在推动要素市场化改革、优化资源配置方面方兴未艾

2022年初，国务院办公厅印发《要素市场化配置综合改革试点总体方案》，围绕土地、劳动力、资本、技术、数据等生产要素推出针对性改革措施。在我国数据资源优势显著、劳动力数量仍处高位、高水平人才加速成长的情况下，通过推进数据基础设施建设，建立健全公共数据共享和数据流通交易规则，实施高等教育学科专业设置改革，提升人力资本与岗位需求匹配度，畅通劳动力和人才社会性流动渠道等，将有助于优化各类要素资源配置，大幅提高单位要素资源生产率，推动全要素生产率持续提升。

（二）在加快服务型政府转型、实现供需平衡方面大有可为

当前，我国面临传统领域投资受限等问题。加快服务型政府建设，对财政支出进行结构优化调整，加大财政资金对居民收入的补贴力度，将有助于增强

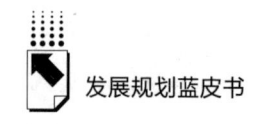

居民消费能力，实现供需平衡。具体而言，通过稳步推动社会保障制度改革，较大幅度提高低收入群体社会保障水平，加快推进户籍制度改革，加大教育、医疗、养老等民生领域投入，采取基本公共服务与常住人口挂钩等一系列措施，有助于促进国内消费，扩大有效需求，畅通国内大循环，实现资源合理配置，提升全要素生产率。

（三）在扩大服务业对内对外开放、激发市场活力方面潜力巨大

党的十八大以来，我国通过设立自由贸易区和服务业扩大开放综合试点城市等平台，持续深化服务领域对外开放。但相较于发达经济体，现阶段我国在金融、电信、教育、医疗等领域的开放程度仍较低。通过全面推行负面清单管理制度、放宽市场准入标准、推进高水平制度型开放等措施，将有助于吸引更多的民营资本和外国资本投向国内服务业，特别是附加值较高的生产性服务业领域，从而激发服务业市场活力，促进服务业升级转型，提升全要素生产率。

（四）在坚持创新驱动发展战略、以科技创新引领产业创新方面前景广阔

党的十八大以来，我国坚持实施创新驱动发展战略，国家综合创新能力持续提升。2023年，中国在全球最具创新力国家中排名第12位，并在量子通信、高铁、光伏、无人机等领域进入全球领先行列。我国正在深入实施科教兴国战略、人才强国战略、创新驱动发展战略，通过深化教育、科技和人才体制改革，完善科技创新体系，强化国家战略科技力量，加强企业主导的产学研深度融合等，实现教育、科技、人才三者高效协同，使原创性、颠覆性科学技术成果竞相涌现，推动创新链产业链资金链人才链深度融合，加快科技成果产业化进程，培育促进经济增长的新业态新动能，推动全要素生产率不断提升。

四 以新质生产力推动经济高质量发展的主要着力点

牢牢把握实现高质量发展这个首要任务，凝"新"聚力，将发展新质生产力的主要着力点放在培育发展创新型技术、广泛使用新型生产要素、加速形成新

支柱产业、开创打造新消费场景、协同推进国内国际双循环等方面，促进发展观念与发展方式朝创新引领、绿色推动、数实融合方向转变。

（一）以形成创新型技术为根本，大力推进科技创新

创新是新质生产力的本质特征和根本动力，要将汇聚创新要素、激发创新主体活力、壮大创新生态作为孕育新质生产力的源头，为形成新质生产力提供不竭动力。一是要深化要素市场化改革，破除阻碍人才、技术、数据等关键创新要素流通、竞争的体制机制障碍，全面提升要素配置效率。二是要将创新型企业作为"四链融合"的关键载体，激发企业创新资源配置的积极性、能动性，打造以企业为向心力、具有梯次度的新型产学研用创新平台，强化企业在创新中的主体地位。三是要将基础研究和应用研究的投资重心放在前沿技术和颠覆性技术上，从供给与需求两端协同发力，聚焦交叉融合、群体性创新突破的重点技术领域，探索更有效率的风险投资机制，降低先进技术研发成本。

（二）以数据要素广泛应用为推动力，促进生产资料扩容提质

数据要素不仅是新型生产要素，也是数字经济时代的重要生产力。要充分发挥数据要素的协同融合、价值倍增的特性，为形成新质生产力提供关键抓手。一是要加大对数据中心等数字基础设施的投入，结合大规模设备更新行动，推进数智化基础设施、生产设备的布局，打通数据要素流通的堵点、卡点。二是要深入开展制造业、服务业数智化转型行动，发挥数据要素对传统要素的融合替代作用，以龙头企业为牵引推进中小企业"上云用数赋智"，探索推广多行业、多场景的数智化转型典型，多措并举推动数实融合。三是要培育壮大数据要素市场，通过探索政府数据、企业生产数据白名单制度，促进数据要素释放、流通，解决数据要素交易、定价、收益分配的难点问题，激发数据要素价值倍增的活力。四是要提升劳动者的数字素养，针对不同领域的数字技能要求，通过开展全职业周期、多主体参与的数字技能培训课程，提升全体劳动者的数字工具使用能力。

（三）以培育壮大新支柱产业为核心，夯实现代化产业体系

战略性新兴产业和未来产业是创新技术的主要应用领域，也是新质生产力

最突出的外在表现。要以培育壮大处于技术链前沿、价值链高端、具有进入门槛或行业统治力的新支柱产业为核心，发挥新支柱产业对其他产业的模范带动、分蘖衍生作用，提升现代化产业体系的质效。一是要聚焦人工智能、集成电路、新能源汽车、高端装备、生物制造、商业航天等新兴领域，加快共性技术突破、标志性产品开发和典型场景应用的迭代速度，抢占战略性新兴产业卡位赛发展先机，促进战略性新兴产业融合集群发展。二是要瞄准人形机器人、量子信息、元宇宙、氢能与储能、基因技术等未来产业领域，持续关注国外未来产业布局动态，以领军科学家和企业家为媒介，引导各地区合理规划、错位培育发展未来产业，增强创新要素与未来产业的转化衔接性。三是要顺应制造业、服务业绿色低碳转型的趋势，增加对绿色创新型技术的投入，强化对绿色低碳产业的财税、金融、土地等政策支持，协同推进生产过程、资源利用、消费场景的降碳、减污、扩绿、增长。四是要大力发展现代生产性服务业，在物流、供应链金融、科技服务等领域放开市场准入限制，以数字化转型为契机，促进制造业与服务业深度融合。

（四）以打造新消费场景和商业业态为拉动力，满足不断升级的消费需求

满足人民对美好生活的向往是培育新质生产力的重要出发点和落脚点，要以创造新消费需求为牵引，不断创造可复制的商业模式和业态，加快形成新动能。一是要加大对体验经济、银发经济、大健康经济、宠物经济的支持力度，强化对规模化群体需求的科学预判，使新质生产力的供给能力与需求意愿有效衔接，加快培育新的消费增长点。二是要深度挖掘跨境电商、无人驾驶、低空经济、内容创作等领域的未来需求，将技术和产品的研发重点与新消费需求相结合，增强技术开发的精准性与产品迭代的高效性，增强我国在这些领域的竞争优势。

（五）以协同推进国内国际双循环为牵引力，构筑高水平对外开放新优势

新质生产力的形成在为世界经济发展提供新动能的同时，也需要汇聚全球创新资源、创新要素，为新质生产力不断向高端发展提供活力。一是要加快形

成全国化大市场，推进高水平对外开放，以高水平制度型开放为引领，畅通国内国际双循环，增强国内国外规则、制度的一致性，以此形成富集全球资源、要素的引力场。二是要高质量共建"一带一路"，开拓利用全球资源和市场的新空间，提升中国在地区资源配置、要素流动、产业发展中的枢纽作用，为各地区错位发展新兴产业提供战略纵深。三是要将数字贸易作为服务贸易发展重点，加快对数据、数据产品跨境流通的研究，强化顶层设计，加快对智慧物流、远程医疗、远程展会等新需求新场景的产品开发，提升我国服务贸易的数字化程度和竞争力。

五 以新质生产力推动经济高质量发展的对策建议

以新质生产力推动经济高质量发展，涉及科技、产业、人才、教育、金融、对外开放等多方面因素，需要深入推进体制机制改革，加快形成与之相适应的生产关系。

（一）投资政策方面，从投资于物为主向投资于人与投资于物并重转变

投资是促进技术进步、拉动经济增长的重要手段，对培育和发展新质生产力具有关键作用。我国投资面临的内外部环境正在发生重大变化，"投资于物"模式对经济增长的带动作用趋于下降，要以人的现代化为核心，推进投资方向和结构调整。一是加大教育投入力度。持续完善教育投入与GDP同步增长机制，推动教育经费占比由4%逐步提高到4.5%；完善财政教育投入指标体系，加强预期性指标与约束性指标分类管理。引导社会资本在教育领域健康发展，完善职业教育多元投入机制；继续推动学前教育普及普惠发展。二是推进重点民生领域补短增质。推动国家鼓励生育基金建设，加大对家庭生育的直接补贴力度；加大医疗健康财政投入，推进医疗机构分类管理。适度提高农民、城市低收入群体养老金水平，探索灵活就业人员养老保险制度。

（二）产业政策方面，从选择性支持向体系化建设转变

当前，我国进入新旧动能转换关口期，产业发展面临着历史性的机遇与挑

战,要以新质生产力发展需求为导向,推进产业体系由"大而全"转变为"强而优"。一是坚持选择性与普惠性兼顾。对于战略引领性强、成长潜力大的特定产业,加强政策倾斜支持,力保长板更长、优势更优;对于发展前景尚不明确的产业,应突出产业政策的普惠性,激发市场主体的创造性和创新力。二是坚持科技创新赋能。加大对重点产业领域研发攻关的支持力度,深化产业链创新链融合发展。部署一批体现新质生产力特征的重大科技项目。锚定智能化、绿色化、融合化发展方向,创新新技术新业态对传统产业的改造模式。三是坚持固本兴新。坚持传统产业和新兴产业协同共进,既要保持劳动密集型产业稳定发展,谨防过快过度外迁,又要顺势而为推进新兴产业发展,加快培育壮大新动能。

(三)财税政策方面,从注重经济绩效向经济绩效与创新绩效并重转变

新质生产力是以科技创新为主要驱动的生产力,财税政策要进一步加大对科技创新的支持力度。一是支持科技领军人才和创新型团队发展。加大对科技领军人才和创新团队的稳定性经费支持力度,最大限度赋予经费使用自主权。完善科技领军人才、优秀工程技术人才的个人所得税优惠政策。二是支持原创性、颠覆性技术创新。继续加大财政对基础研究的投入,提高基础研究稳定性经费支持比例。全面推行原创性、颠覆性科技研究项目经费"包干制"。三是支持新质生产力产业发展壮大。探索制定新质生产力产业发展的专项税收优惠政策。统筹有关部门设立"新质生产力产业引导基金",并由专门机构统揽基金运作。

(四)教科人一体化政策方面,从局部协同向良性循环转变

当前,教育、科技和人才一体化发展正处于探索阶段,要以夯实新质生产力发展基础为目标,畅通三者之间的良性循环。一是强化服务新质生产力的发展导向。围绕新质生产力发展需要,教育领域要主动调整优化学科专业,科技领域要加快构建新型科研组织模式和资源配置方式,人才领域要完善高精尖人才培养模式和评价机制。二是强化顶层设计。加快理顺教科人自身发展与协同发展的关系,制定教育、科技、人才一体化发展专项行动方案,统筹整体布局

与发展路径；研究修订相关政策法规和标准规范，推进三者政策协同发力。三是强化部门协同联动。推进体制机制创新，优化跨部门合作机制，探索打造一体化合作平台。

（五）对外开放政策方面，从全面融入全球化向主动引领全球化转变

随着国家综合实力不断增强，中国已经成为推动国际秩序朝着更加公正合理方向发展的重要力量，要以高水平对外开放为主线，稳步提升我国对全球发展的引领力。一是有序扩大市场准入。继续合理缩减外资准入负面清单，扎实推进科技、金融、电信、医疗等领域的进一步扩大开放，逐步扩大合格境外有限合伙人境内投资试点范围。二是促进创新要素全球流动。有序推动数据要素开放，探索构建外商投资企业与总部数据流动机制，推进跨境数据流动"白名单"制度建设。以人工智能、量子计算等领域为重点，推进海外人才寻聘和引进体系建设。三是积极参与国际规则制定。加快完善与高标准经贸规则相衔接的制度体系和监管模式。提高国际科技规则制定能力，增强对通用人工智能、跨境数据流动、6G 等前沿领域规则的制定权。

经济增长与扩大内需篇

B.2 加快发展新质生产力的建议

郑世林 黄晴 陈劲祥*

摘 要： 习近平总书记在四川、黑龙江等地考察时提出新质生产力这一全新概念，这是在新的历史条件下对马克思主义生产力理论的中国化时代化。本文从基本内涵和本质界定出发，系统梳理了新质生产力的核心驱动力、实现载体和实现路径。基于新质生产力内涵，本文分析了技术领先国家美国"新产业领域"的发展经验，美国不仅通过布局和大规模研发补贴"新产业领域"，培育和发展新质生产力，还试图通过打压潜在竞争对手，以赢得大国博弈先机和未来。此外，中国在基础研究投入、关键核心技术攻关、开辟新领域以及自由探索上还存在较大不足。在此背景下，中国应尽快出台《新质生产力中长期发展战略规划》，产业政策资源更多投向科技创新和关键核心技术攻关，提升技术范式颠覆能力，开辟新领域新赛道，培育壮大新产业，为新质生产力发展奠定产业基础。

---

* 郑世林，中国社会科学院数量经济与技术经济研究所研究员，主要研究方向为技术经济学、创新经济学；黄晴，中国社会科学院大学应用经济学院，主要研究方向为技术经济学、创新经济学；陈劲祥，中国社会科学院大学应用经济学院，主要研究方向为技术经济学、创新经济学。

关键词： 新质生产力　科技创新　关键核心技术　高质量发展

一　引言

2023年9月，习近平总书记在黑龙江、四川等地考察时首次提出新质生产力这一全新概念，这是在新的历史条件下对马克思主义生产力理论的中国化和时代化。中央经济工作会议进一步强调，以科技创新推动产业创新，特别是以颠覆性技术和前沿技术催生新产业、新模式、新动能，发展新质生产力。新质生产力以科技创新为基本驱动力，通过颠覆性技术、前沿技术和数据要素投入催生新产业、新模式、新动能，实现生产力的跃升，其区别于传统质态生产力，主要依靠创新驱动，通过积极培育战略性新兴产业和未来产业，为高质量发展提供新动能。在世界新一轮科技革命和产业变革中，大国竞争和博弈日益加剧，亟须明确新质生产力的内涵特征，探索发展新质生产力的关键路径，推动新质生产力成为我国经济社会高质量发展的决定性力量和动力源泉，赢得大国科技竞争制高点。

随着新质生产力这一全新概念的提出，一些学者论述了新质生产力的理论内涵与基本特征。马克思主义生产力理论强调生产力是推动社会进步的根本动力。[①] 随着科技进步，生产力的内涵和形式不断变化。多数学者认为，与高耗能和资源投入型的旧生产力不同，"新质生产力"是以数据等为新生产要素，以人工智能和机器人为新生产工具，以高素质人才、企业家、科学家为主要劳动者，以新材料、新能源为主要劳动资料和劳动对象，以战略性新兴产业和未来产业为新载体的新型生产力。[②] 新质生产力"新"在关键性、颠覆性技术创新。[③]"质"在加速产业变革实现高质量发展，主要强调推进经济、产业、能

[①] 乔榛：《新质生产力：马克思主义经济学的术语革命》，《学习与探索》2024年第1期。

[②] 张辉、唐琦：《新质生产力形成的条件、方向及着力点》，《学习与探索》2024年第1期；黄群慧、盛方富：《新质生产力系统：要素特质、结构承载与功能取向》，《社会科学文摘》2024年第5期。

[③] 周文、许凌云：《论新质生产力：内涵特征与重要着力点》，《改革》2023年第10期；魏崇辉：《新质生产力的基本意涵、历史演进与实践路径》，《理论与改革》2023年第6期。

源结构绿色低碳转型升级，以及加快发展人工智能、生物科技、新能源等战略性新兴产业和未来产业。① 基于以上理论内涵，新质生产力的基本特征可以概括为以下三点。一是以颠覆性科技创新为核心驱动力。二是以数字化、网络化、智能化新技术为重要支撑。三是以创新、协调、绿色、开放、共享为主要理念。② 因此，新质生产力的提出是马克思主义生产力理论的发展和创新。

在此概念界定的基础上，少数定量研究采用熵权法构建新质生产力评价指标。李阳等使用熵权法，从技术创新、产业创新、要素创新三个维度构建省级新质生产力综合评价指标，并测算省级新质生产力时空动态演变特征，结果显示中国新质生产力呈现"东高西低"发展格局，而且新质生产力具有显著的空间外溢效应。③ 任宇新等认为劳动者、劳动资料和劳动对象的组合优化是新质生产力发展关键，其选定了劳动生产率、劳动者素质、劳动者精神、产业发展水平、生态环境、物质和无形劳动资料等一级指标，运用熵权法估算了省级新质生产力发展水平。④ 吴文生等利用2008~2021年长三角41个城市样本数据，从产业创新、人才供给、经济支撑和未来产业发展四个维度构建了城市新质生产力评价指标。⑤ 宋佳等认为新质生产力包括了两要素，分别为推动创新的劳动力和生产工具，其利用2015~2022年A股上市企业样本数据，选取企业研发人员薪资、高学历人员数量、研发费用和总资产周转率等企业指标，进一步计算得到企业新质生产力水平。⑥

基于新质生产力概念界定和衡量方法，现有文献进一步探索了新质生产力

---

① 张林、蒲清平：《新质生产力的内涵特征、理论创新与价值意蕴》，《重庆大学学报》（社会科学版）2023年第6期；蒲清平、黄媛媛：《习近平总书记关于新质生产力重要论述的生成逻辑、理论创新与时代价值》，《西南大学学报》（社会科学版）2023年第6期。
② 徐政、郑霖豪、程梦瑶：《新质生产力助力高质量发展：优势条件、关键问题和路径选择》，《西南大学学报》（社会科学版）2023年第6期；刘文祥、赵庆寺：《习近平关于新质生产力重要论述的深刻内涵、重大意义与实践要求》，《江西财经大学学报》2024年第4期。
③ 李阳、陈海龙、田茂再：《新质生产力水平的统计测度与时空演变特征研究》，《统计与决策》2024年第9期。
④ 任宇新、吴艳、伍喆：《金融集聚、产学研合作与新质生产力》，《财经理论与实践》2024年第3期。
⑤ 吴文生、荣义、吴华清：《数字经济赋能新质生产力发展——基于长三角城市群的研究》，《金融与经济》2024年第4期。
⑥ 宋佳、张金昌、潘艺：《ESG发展对企业新质生产力影响的研究——来自中国A股上市企业的经验证据》，《当代经济管理》2024年第6期。

的培育路径。一方面，劳动力和资本是决定创新效率的重要因素。新质生产力以颠覆性创新为驱动，要求进一步投入大数据中心、云计算平台、物联网设备等新型数字基础设施。此外，STEM领域杰出人才以及基础研究人才是推动前沿技术突破的根本，因此要开展"新理科"和"新工科"建设，保障基础研究人员的科研经费充足，从而培养和留住创新人才。[①] 另一方面，政治、经济、社会等方面体制变革是推动技术进步的关键。企业是发展新质生产力的主体，由于前沿性、原创性和颠覆性创新投入高，不确定性大，政府不仅要通过政策打通"科技—产业—金融"循环链，消除中小企业融资歧视，发展多元化的融资渠道，还要通过"首套"政策为前沿技术提供丰富的应用场景，并且全面完善产权保护制度，依法、平等、全面保护各类所有制企业产权，全面落实"全国一张清单"管理模式，形成全国统一市场，发挥超大规模市场优势，从而迭代和优化前沿技术产品，加速技术商业化进程，催生未来产业和战略性新兴产业新业态。[②]

综上所述，目前文献主要关注新质生产力的理论内涵与培育路径，尚未有文献从国际视野出发，探究中美两国新质生产力发展现状。当前，世界正处于新一轮科技革命和产业变革中，大国竞争和博弈日益加剧，美国作为全球技术领先国家，不仅加速布局前沿发展领域，还试图通过技术断供遏制中国产业升级。其发展路径一方面对中国新质生产力发展具有借鉴意义，另一方面则对中国产业升级形成一定负面影响。因此，本文首先系统梳理了新质生产力的内涵，并总结新质生产力的核心驱动力、实现载体和实现路径。其次，在厘清内涵界定的基础上，分析全球技术领先国家——美国的新质生产力发展经验。再次，研究中国新质生产力发展中存在的问题和堵点。最后，根据全球技术领先国家新质生产力发展经验，结合国内发展中的不足，提出相应政策建议，对加快培育和形成新质生产力、推动经济高质量发展具有一定的政策价值。

---

① 贾若祥、王继源、窦红涛：《以新质生产力推动区域高质量发展》，《改革》2024年第3期；杜传忠、疏爽、李泽浩：《新质生产力促进经济高质量发展的机制分析与实现路径》，《经济纵横》2023年第12期；石建勋、徐玲：《加快形成新质生产力的重大战略意义及实现路径研究》，《财经问题研究》2024年第1期。

② 尹西明、陈劲、王华峰等：《强化科技创新引领 加快发展新质生产力》，《科学学与科学技术管理》（网络首发）2024年2月21日；蒲清平、向往：《新质生产力的内涵特征、内在逻辑和实现途径——推进中国式现代化的新动能》，《新疆师范大学学报》（哲学社会科学版）2024年第1期。

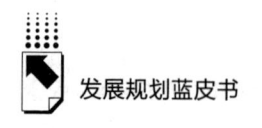

二 新质生产力内涵界定

（一）新质生产力发展的核心引擎是颠覆性科技创新

传统生产力主要依赖大规模的物质资本、劳动力和资源能源投入，是在现有技术基础上的边际改进和不断完善，创新面临的风险回报率较小。而新质生产力发展并不是一般意义上的创新，其更依赖潜力巨大的基础研究和应用基础研究，强化原始创新和颠覆性科技创新，通过探索新的科学规律和原理，突破传统技术范式，进入未知领域，从而形成一批推动科技和产业变革的原创性创新成果，催生战略性新兴产业和未来产业。随着新技术的不断涌现，新的产业和市场也随之诞生。例如，人工智能、大数据、云计算等技术的发展，为智能制造、智慧城市、无人驾驶等领域提供技术支撑，彻底改变传统行业和商业模式，大幅提高全要素生产率，成为未来发展的新的增长极。

（二）新质生产力的实现载体是培育和发展新产业、新模式、新动能

一是培育和发展战略性新兴产业和未来产业。战略性新兴产业和未来产业是抢抓新一轮科技革命和产业变革机遇的重要战略选择，也是发展新质生产力最重要的载体，这些产业往往具有高技术含量、高附加值和高成长性的特点。例如，新一代人工智能、生物技术、新能源、新材料、信息技术等。其所释放的经济增长动能空间巨大，已成为大国博弈的新赛道。二是发展生产性服务业。生产研发设计等技术服务、信息服务、金融服务等生产性服务业的附加值高，通过提供跨行业的服务，促进不同产业间的协同与融合，形成产业链上下游的紧密合作。这种协同效应有助于提高资源配置效率，增强产业集群的竞争力，能够提升制造业在全球产业链、供应链和价值链中的位置。三是数智技术改造升级传统产业。一方面，数据要素驱动下企业数字化转型加速，促进工业互联网、数字消费、数字贸易、跨境电商、数字娱乐、平台经济等发展。另一方面，以大模型为代表的人工智能将成为继计算机和互联网之后的颠覆性技术，并将传统产业引向数字化、智能化发展方向，不仅融入制造业，也融入金

融、医疗、养老、教育、科学研究等服务行业，大幅提高传统产业全要素生产率，因此，新质生产力在新时代更体现出数智生产力特征。

（三）新质生产力的实现路径是强化企业科技创新和产业创新双主体地位

在传统意义上，科技创新主体主要包括高校和科研机构，而产业创新的主体是企业，由于两者目标导向的巨大差异，容易产生科技和产业"两张皮"问题。在发展新质生产力背景下，科技创新和产业创新深度融合，更需要强化企业科技创新和产业创新双主体地位。一方面，围绕产业创新中的断点、难点、卡点和堵点，以及未来市场重大需求，企业自身就可以通过长期基础研究、应用基础研究和技术创新直接进行产业创新。对于难以驾驭的重大产业需求，企业可牵头高校和科研机构进行联合科技创新攻关，实现产学研合作。另一方面，企业自身具备一定基础研究实力，能够消化吸收科学界一流学术前沿成果，及时将一些具有产业应用空间的学术成果进行市场转化，确保学术成果能够快速、高效地转化为实际的产品和服务，提高研究成果的转化效率，加速新质生产力大规模运用。

（四）新质生产力发展需要营造"雨林式"创新生态系统

以战略性新兴产业和未来产业为代表的新质生产力相对而言产业成熟度低、基础弱、不确定性大，需要通过有为政府和有效市场构建起"雨林式"创新生态系统。一是生态建设需要完善政府公共资助和公共服务体系。加大中央和地方政府财税金融、土地、产业基金等政策引导和资助力度，增强政策的稳定性、连续性，健全创新融资机制和风险分担机制，优化营商环境，完善法律服务、知识产权保护、技术转移转化等机制，以确保企业得到全方位的政策和服务支持。二是营造不同创新主体共生、共创、共享、共赢的生态。创新生态系统中的各个主体需要相互协作，形成合力。政府、企业、高校、科研机构等主体需要建立紧密的合作关系，促进人才流、资金流、创新流、知识流和物资流融合，形成大企业顶天立地、创新企业开天辟地、小企业铺天盖地的新兴产业聚集区。三是开放包容的创新文化。创新生态系统需要一种开放、包容、合作的文化氛围，鼓励创新、容忍失败、促进交流、跨界融合。

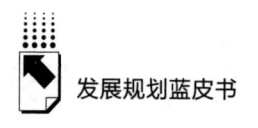

三　美国发展新质生产力的经验

美国虽未提出新质生产力概念，但从实践上看正朝着加快形成新质生产力的方向发力。一方面，美国通过布局和大规模研发补贴"新产业领域"助推新质生产力发展。特别关注新一代人工智能（AI）、量子信息、先进通信网络、生物技术等"新产业领域"，并且通过研发补贴、吸引 STEM 人才政策等，支持"新产业领域"发展。另一方面，美国试图通过打压潜在竞争对手，以赢得大国博弈先机和未来。随着中国成为世界第二大经济体，美国不仅开始对华实施前所未有的"技术断供"，还联合盟友在新产业领域"围堵"中国。

（一）加速布局"新产业领域"

美国作为世界前沿技术引领者，特别关注新一代人工智能（AI）、量子信息、先进通信网络、生物技术等"新产业领域"，认为抓住生物技术、半导体、量子计算、人工智能等领域新的颠覆性技术，自然会在新一轮技术革命中保持全球领先地位。生成式人工智能正在引发全球技术革命和产业变革，2016 年、2019 年和 2023 年美国先后发布了三版《国家人工智能研发战略计划》，优先投资新一代人工智能技术、推动人类与人工智能的协作、激励科研人员研发等。2019 年《美国将主导未来产业》中将量子信息、人工智能（AI）、先进通信网络、先进制造和生物技术五大领域作为未来产业发展的重点。2020 年 10 月，《关键与新兴技术国家战略》明确列出 20 项美国需要重点发展的关键与新兴技术，报告所提及的高级计算、人工智能、自主系统、量子信息等均属于未来产业。2021 年美国总统科技顾问委员会提交了《未来产业研究所：美国科学与技术领导力的新模式》，提出完善未来产业新型研发模式、管理结构和运营机制等，推动美国基础研究和未来技术的商业化产业化进程。

（二）直接扶持"新产业领域"以"加速美国"

第二次世界大战以后，美国产业发展从产业政策干预重点转向市场机制，近年来却选择性复兴产业政策，通过直接扶持新产业领域研发以"加速美国"。2020年《关键与新兴技术国家战略》提出加大对人工智能、量子信息等关键与新兴技术领域的扶持力度，以维持其全球领先地位。2021年《无尽前沿法案》重塑联邦政府在人工智能、量子计算机、生物技术等关键技术领域的基础研究投入中的引擎作用。2021年《美国就业计划》提出投资1800亿美元以研发未来技术。2022年《芯片与科学法案》为保持美国半导体优势地位，为本土芯片产业提供约527亿美元的巨额补贴和税收减免，另外补贴2000多亿美元用于促进包含人工智能、量子信息等在内关系美国未来产业发展。2022年《通胀削减法案》提出未来十年投入约4300亿美元支持气候和清洁能源、电动汽车、医疗保健等领域发展。2024财年预算案中20亿美元用于投资先进制造、人工智能、生物技术、量子信息等重点领域研发。美国独特的产业扶持政策为战略性新兴产业发展注入了强大的动力，为其本土企业在未来技术领域的技术突破减轻阻力，助推新质生产力的发展。

（三）培育和吸引新产业领域人才

美国长期把STEM教育作为保证其走在世界科技创新前沿的关键，近年来通过制定实施相关国家战略来增强STEM人才的竞争力。一方面，大幅拓宽STEM学科范围，新增22个新兴学科。2022年1月，美国海关与执法局和美国国土安全局联合发布《STEM领域指定学科项目列表更新》，在原有的传统STEM学科基础上，新增22个新兴学科，涵盖生物能源、林业、森林资源生产与管理、云计算、地球系统科学、气候科学、数据科学、工业和组织心理学、计算社会科学等学科。在新规下，更多学生能够享受STEM专业领域优惠政策，从而吸引更多STEM国际人才选择在美国学习及工作。另一方面，改革移民体系，大力吸引海外STEM人才。2022年1月，美国国务院教育和文化事务局发布《早期职业STEM研究计划》，将学术交流J-1签证由18个月延长至36个月，由于H-1B签证申请人数过多，新政为STEM人才提供替代性的签证方案，便于其留美就业。同时，《STEM领域指定学科项目列表更新》规定，新增22个STEM专业留学生临时许可工作时间由12个月延长至36个月，为完成学业的国外留学生提供在美国实习、获取工作经验以及寻找工作的缓冲期，并且助力STEM人才申请不需要进行抽签的O-1类型签证。《国家利益豁

免移民指导意见》首次允许STEM学科博士生通过"国家利益豁免计划"直接申请绿卡，并且大幅缩短了其绿卡申请时间，也不受限于此前规定的7%的国别移民配额。

（四）在新产业领域"断供""制裁""围堵"中国

作为全球技术领先国家，美国一直通过以技术封锁为主的打压手段遏制其他国家的技术追赶。20世纪60~80年代，美国为维持其全球领先地位，不断阻挠苏联和日本的崛起。随着中国成为世界第二大经济体，美国开始阻挠我国科技进步和新产业发展。2018年特朗普出台《出口管制改革法案》，阻止中国获得AI、芯片、机器人、量子计算、脑机接口、生物技术等产品。2018年通过的《外国投资风险审查现代化法案》，旨在加强对中国投资的审查，如人工智能、机器人技术和互联网等领域，以防止这些领域的关键技术和知识产权通过外商投资并购等方式流入中国。2022年中国被列入制裁实体清单的企业数量高达647家。拜登签署《安全设备法案》和《芯片与科学法案》，禁止各国向中国提供高端半导体芯片，迫使荷兰禁售光刻机芯片制造技术，禁止中美两国半导体人才交流，还组建"芯片四方联盟""美日印澳'四边机制'""印太经济框架"等，试图通过"小院高墙"围堵中国半导体产业发展。2023年12月2日又出新规，美国本地出产的电动汽车中如包含中国制造或组装的电池组件，2024年将不再享受高达7500美元的税收抵免。未来美国可能还会实施阻止中国新兴企业在美上市、停止与中国的技术合作、扩大对华技术断供范围、与盟国一起阻止应用中国原创技术等"放慢中国"新质生产力发展的系列举措。

四 中国新质生产力发展存在的问题和堵点

新质生产力以颠覆性科技创新为发展引擎，以战略性新兴产业和未来产业为载体。然而，中国在前沿技术突破和新产业形成方面仍存在短板，一是原始创新能力匮乏，主要表现为基础研究投入和高端基础研究人才不足，关键核心技术"受制于人"。二是创新生态待完善，主要表现为企业开辟新领域新赛道能力不足。

（一）基础研究投入不足

一方面，中国基础研究经费占比偏低。基础研究是科技创新的源头，基础研究的累积往往会催生出重大科学发现和重大技术创新。2022年，中国基础研究经费为2023.5亿元，占R&D经费的比重为6.57%，① 经费投入规模及占比呈现持续上升态势，但与发达国家15%以上的平均水平相比差距仍然较大。另一方面，企业面向市场的基础研究投入不足。纵观科学史，很多重大的科学发现不仅来自高校和科研机构，也来自企业。企业具有贴近市场的天然优势，能够以市场需求为导向从事基础研究，聚焦生产技术开发所需要的科学知识，并能很快消化高校科研机构的一流学术论文成果，将科学知识迅速转化为经济效益。② 2020年，高校和科研机构执行基础研究经费的占比分别为44.8%和38.3%，企业占比仅为6.5%。同期，美国基础研究经费由企业执行的比例为32.4%，日本为47.07%。③ 企业面向市场的基础研究投入过少，导致颠覆性技术和前沿技术较少，新质生产力发展仍"慢人一步"。

（二）高端基础研究人才不足

一方面，中国基础研究人员的数量与发达国家相比差距较大。从数量来看，我国每万名就业人员中研发人员数由2012年的43人/年提升至2022年的77人/年，④ 但仍明显少于韩国的215人/年、日本的136人/年。从质量而言，2023年全球最具人才竞争力的国家中排前三位的是瑞士、新加坡和美国，我国排第40位，较2022年的第36位有所下降。⑤ 另一方面，战略科学家和高精尖领军人才匮乏。当前，国际科技领域人才竞争加剧，与国外相比，我国较少运用专业猎头机构招聘、国际公司合作交流、海外专场招聘等方式，国际人才的引进渠道不

---

① 张杰、白铠瑞：《中国高校基础研究与企业创新》，《经济研究》2022年第12期。
② 陈峰：《我国基础研究经费投入规模与执行结构的量化分析研究》，《今日科苑》2022年第4期。
③ 陈曦、韩祺：《新发展格局下的科技自立自强：理论内涵、主要标志与实现路径》，《宏观经济研究》2021年第12期。
④ 数据来源于《中国科技统计年鉴2023》。
⑤ 数据来源于《2023年全球人才竞争力指数》。

够多元化，引才效果不显著。此外，我国存在科研项目审批流程相对烦琐、项目经费下拨时间长、科研成果评价体系不健全等问题。中国数字科技人才有12.8万人，位居第一，占全球总量的17%，但高引用指数不小于20的高层次人才只有0.7万人，仅占全球总量的9%。[①]

（三）关键核心技术仍"受制于人"

一方面，关键核心技术亟待突破。生成式人工智能、基础算法、基础软件、新材料、高端制造设备、生物医药、高端医疗设备等领域缺乏关键技术突破。例如，在航空发动机领域，中国航天关键零部件主要供应商仍为欧美企业。在生物医药装备方面，大分子药生产设备、原料培养基等装备的国内市场占有率仍低于20%。[②] 在电子信息领域，ARM架构、Linux开源体系、RSA算法等底层技术仍由国外企业开发，先进光刻机、光刻胶等芯片制造设备主要产于欧美。近年来，美国等发达国家对华技术断供，影响我国科技和经济安全。另一方面，关键核心技术突破还存在应用困境。尽管我国在部分芯片、高端加工设备等领域取得了关键核心技术的突破，但将这些技术应用到实际生产和市场中，还需要解决技术成熟度、市场接纳度、生产成本、批量生产周期较长等方面的问题。此外，在国际市场，美西方国家滥用贸易保护主义，将中国新能源、5G等先进技术产品排除在外，对中国关键核心技术产品全球大规模应用、抢占国际技术规则制定权构成一定的挑战。

（四）开辟新领域新赛道能力不足

开辟新领域新赛道是新形势下适应新一轮技术革命要求、打破各种脱钩断链图谋、谋求科技自立自强的有效手段。近年来，美出现了Apple智能手机、Tesla新能源汽车、SpaceX星链、Facebook元宇宙、OpenAI新一代人工智能ChatGPT等开辟性原创技术。一方面，我国企业依赖于"从1到100"创新路径，并不擅长"从0到1"的基础性创新。市场化改革后，企业进行技术跟

---

① 数据来源于《全球数字科技发展研究报告2023》。
② 罗仲伟、任国良、焦豪等：《动态能力、技术范式转变与创新战略——基于腾讯微信"整合"与"迭代"微创新的纵向案例分析》，《管理世界》2014年第8期。

跑、应用开发和规模化生产就能获取丰厚的利润。而基础研究创新存在高投入、高风险的特性，并且到技术推出市场时，还面临着成果难以转化、市场需求不足的难题。对于两者进行权衡，基于企业追求利润最大化的特性，大多数企业若在避免技术创新的情况下便能实现大幅盈利，自然选择一条轻松的技术发展道路，很少有企业家有胆识和决心去进行"从0到1"的创新。因此，中国企业多数选择跟随式应用创新技术，按照国际头部企业设定的领域和赛道去抢市场，关键核心技术并未掌握在自己手中，很容易受到国际政治和贸易摩擦的影响，从而使产业发展陷入被动。

另一方面，我国企业主要注重短期业绩，承担风险、追求突破和不断创新的"企业家精神"缺乏。创新活动本就是一项不断追求新知和对原有事物进行革新的活动，需要以批判和思辨为主，勇于抛弃旧思想旧事物。很多企业在快速成长的过程中，更多地关注于短期的利润和市场份额，并且避开风险高、投入大的突破创新。因此，鼓励创新、承担风险的"企业家精神"缺乏。由于缺乏对突破创新的信念，企业组织架构和业务目标易跟随市场改变，企业深耕新赛道的动力不足。

（五）鲜有领军企业鼓励自由探索研究

无用的有用方为大用，伟大的创新不能被计划。创新往往来自意外的发现、跨领域的合作以及对传统思维的挑战。这意味着不能仅仅依赖于计划和预测来推动创新，而应该鼓励探索、容错和多样性的思维。《科学：无尽的前沿》鼓励"研究看起来没有用的、遥远的东西"。OpenAI团队的ChatGPT正是自由探索研究的颠覆式成果。华为每年投入数十亿美元研究"无用科学"，"2012实验室"至少拥有700名数学家、800多名物理学家、120多名化学家，以基础理论及应用理论为研究方向，探索未来技术的可能。[①] 没有目标考核的绩效约束，使得华为成为世界5G的领先者。中国大型企业人才密集，但多数企业倾向于投资能快速带来收益的应用研究。一方面，基础研究和自由探索通常涉及较高的不确定性和风险，研究成果转化为实际应用也需要较长时间，企业担心投资无法产生预期的成果，难以为股东提供短期回

---

① 数据来源于2019年华为采访实录。

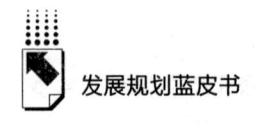

报，而且竞争激烈的市场环境可能导致企业更倾向于短期利益。另一方面，中国企业普遍缺乏鼓励创新和容忍失败的文化，这不仅导致中国风险投资市场倾向于投入短期回报率高的项目，企业绩效评价体系也过于注重短期业绩，从而抑制企业持续开展基础研究和自由探索的动力。因此，企业对于长期的基础研究和自由探索投入不足，鲜有OpenAI这种重视自由探索未来产业的企业。

五 加快形成新质生产力的建议

2023年7月以来，习近平总书记在四川、黑龙江等地考察时提出新质生产力这一全新概念，这是在新的历史条件下对马克思主义生产力理论的中国化时代化。本文从基本内涵和本质界定出发，系统梳理了新质生产力的核心驱动力、实现载体和实现路径。基于新质生产力内涵，本文分析了技术领先国家——美国"新产业领域"的发展经验，研究发现，美国不仅通过布局和大规模研发补贴"新产业领域"，培育和发展新质生产力，还试图通过"放缓"中国，以赢得大国博弈先机和未来。此外，中国在基础研究投入、基础研究高端人才、关键核心技术攻关、开辟新领域以及自由探索上还存在较大不足。针对以上主要发现，提出以下政策建议。

（一）尽快出台新质生产力的中长期发展规划

突出政府在布局战略性新兴产业和未来产业上的顶层设计与总体规划，健全新型举国体制，用好集中力量办大事的制度优势，使高水平科技力量和创新资源聚焦经济建设和事关国家发展与安全的重大前沿科技问题。一方面，加快编制新质生产力中长期发展规划。制定新质生产力发展的指导方针，提出新质生产力发展目标和总体部署，明确战略性新兴产业的重点发展领域，支持未来产业的前沿领域，以及亟待突破的关键核心技术，并配套制定若干促进新兴技术研发和产业发展的保障措施。另一方面，加快形成各地新质生产力发展布局。根据地区产业比较优势规划数字经济、人工智能、生物制造、商业航天、低空经济等战略性新兴产业。根据各地科技力量，提前布局和培育量子信息、类脑智能、生命科学、未来网络等未来产业。围绕地区制造业发展状况,大力发展不同类型的生产性服务业。利用数字技术、智能化技术和绿色技术提升与改造传统产业,加快推进智能制造、新型消费、智慧农业等传统产业发展。

(二)产业政策资源配置更多转向基础研究和关键核心技术攻关

在大国博弈升级的国际环境中,产业政策成为加快科技创新的重要手段。一是扩大基础研究支出规模。发挥政策引导作用,增加在新领域的基础研究支出规模。鼓励企业开展面向市场的基础研究。出台税收优惠政策,对企业投入基础研究的资金给予税收抵扣或减免,设立专项基金,对企业基础研究项目给予财政补贴,降低企业研发成本。鼓励金融机构为企业提供基础研究贷款,降低企业融资成本,支持企业通过发行债券、股权融资等方式筹集基础研究资金。提高企业参与国家重大科技项目和基础研究计划的积极性。建立政府、市场、社会相结合的新型多元化基础研究投入机制,借鉴自然科学基金的成功经验,探索实行专业的基金会、理事会等资助模式。鼓励企业建设重点实验室,对企业重点实验室给予资金和设备购买优惠支持。二是充分发挥新型举国体制优势,聚焦突破关键核心技术。设立关键核心技术专项,通过项目动员体制消除高校、科研院所、国有企业、民营企业各主体之间的壁垒,形成从基础研发到产业应用、从上游到下游的联合技术攻关。充分发挥我国超大规模市场和产业体系完备的天然优势,着力培育完整的内需体系,统筹推进高水平创新创业创造,为新技术的产业落地创造更广阔的空间、更丰富的应用场景和更多的试错机会,持续提高生产效率。优化布局新质生产力发展,推动我国经济实现从"超大"到"超强"的转变。

(三)培育本土高端基础研究人才,吸引国外人才

一方面,加强本土基础研究人才队伍建设。支持企业与高校、科研机构建立人才培养和交流机制,共同培养基础研究人才。建立基础研究人员基本待遇稳定增长机制,提高固定收入在基础研究收入中的比例。适度提高国家自然科学基金等的资助率,尤其是青年项目资助率。探索给予基础研究人员稳定的非竞争性项目支持,建立阶梯式青年基础研究人才发展支持计划,推动梯队式人才发展。允许对科研单位高层次基础研究人才实行

市场化薪酬制度，持续建立健全荣誉性激励、生活配套保障等机制。另一方面，吸引高端基础研究人才。发挥科技组织的平台作用，通过共建联合实验室、科技园区合作，吸引国外科技人才来华工作和交流。简化外国人才来华工作的签证、许可申请流程。完善基础研究人才评价、激励、培养、流动等相关制度和政策，加大科研诚信和学风作风问题监管力度，对标发达国家创新软环境。

（四）培育壮大新产业，为新质生产力发展奠定产业基础

聚焦新一代信息技术、人工智能、新能源、新能源汽车、新材料、商业航天、低空经济、生物技术等战略性新兴产业，以及类脑智能、量子信息、生命科学、未来网络、深海空天开发、氢能与储能等未来产业，加强应用基础研究和前沿研究，强化企业科技创新主体地位，推动产业集群发展，加快形成新质生产力，为中国经济高质量发展提供持久动力。我国作为世界第二大经济体，国内需求市场规模巨大，为培育和发展新产业提供了广阔的空间。近年来，中国在数字经济、新能源、新能源汽车、5G、人工智能、微型芯片等领域相继实现核心技术突破，带动新产业蓬勃发展。2022年战略性新兴产业增加值占国内生产总值的比重超过13%，预计2025年有望超过17%。要继续加强政府采购、示范项目等方式，为新产业的产品和技术创造"首套、首次"应用场景。加强市场监管，打击不正当竞争，为新产业的健康发展创造公平的市场环境。

（五）激发企业创新活力，鼓励开辟新赛道和自由探索

一方面，优化创新生态环境。尊重科学研究的不确定性，建立鼓励创新、宽容失败的容错纠错机制，营造敢为人先、勇于探索的科研氛围。鼓励银行围绕科技型中小微企业的特点和需求开展融资创新，提供更加灵活的贷款方案。鼓励发展融资租赁、企业集群融资、商业信贷融资等，提升中小企业融资便利度，降低中小企业融资门槛。完善企业创新失败机制，根据企业创新性质和阶段，区别建立宽容失败机制，对高风险项目给予更高的容忍度和一定研发补贴支持。另一方面，鼓励领军企业探索长期研究。引导领军国有和民营企业增设专门的研究基金以进行自由探索课题研究，鼓励企业聘请海内外优秀的数学

家、物理学家、化学家、材料学家等从事面向未来理论范式与理论应用的自由探索研究，树立"无用的有用方为大用"的企业科学研究文化，注重企业家情怀塑造，避免短期实用主义盛行，让自由探索研究成为企业开辟新领域新赛道的技术创新源泉。

B.3
发展数字经济　培育新质生产力

李雯轩*

摘　要： 数字经济具有颠覆式创新性、产业重构性、融合赋能性的特征，与新质生产力的特征与内涵完全契合，是培育新质生产力的重点领域。应通过增强核心技术能力、扩大对外开放、培育数据要素市场、提升劳动者数字技能等加快形成新质生产力。数字经济是新质生产力培育的关键领域，是抢占新一轮科技革命新产业"卡位赛"的重要赛道。要将数字经济发展与战略性新兴产业、未来产业发展相结合，以增强创新技术为根本，以开放合作为依托，补短板、锻长板，完善促进数字产业化和产业数字化的政策体系，为新质生产力培育提供源源不断的动力。

关键词： 数字经济　新质生产力　创新技术

一　数字经济是培育新质生产力的关键

数字经济是颠覆性技术运用最广、产业辐射带动作用最强、新要素融合替代程度最深的战略性新兴领域，与新质生产力的高科技、高效能、高质量的特征完全契合，符合新发展理念的先进生产力质态，成为我国当前以及未来一段时间培育新质生产力的关键。

（一）数字经济的颠覆式创新性

新质生产力的本质是创新，数字经济是最符合创新标准的领域。第一，数

---

* 李雯轩，中国社会科学院数量经济与技术经济研究所副研究员，主要研究方向为互联网经济、产业经济。

字经济本身就是颠覆式创新的典型。数字经济所依赖的新一代信息技术已经成为新的通用技术，数据要素作为关键生产要素，使生产力和生产关系产生颠覆式变革，数字经济成为继农业经济、工业经济之后的最新经济形态，极大地促进了社会效率的提升，带动生产力产生质和量的跃迁。一方面，数字经济通过数字技术、数据要素等关键生产资料渗透到其他产业，推动整个社会向数字化、智能化转型升级，大幅度提升生产效率；另一方面，数字经济为其他新技术、新产业的孕育提供了新的场景、新的工具和新的要素，并有利于培育掌握数字技能的新型劳动者，为新质生产力发展提供了新动力。根据中国信息通信研究院的统计，2022年全球51个主要经济体数字经济占比达到GDP的46.1%，数字经济增速达到7.4%，远超同期GDP增速，体现了新的动力源特性。第二，数字经济是重大创新技术应用最广泛的领域。数字经济以大数据、云计算、区块链、人工智能等新一代信息技术群为依托，近年来在各领域取得了一系列开创性技术成果，特别是以生成式人工智能为代表的创新技术，已经在各大行业、各类场景得到大规模应用，成为颠覆式创新的代表。根据世界经济论坛（WEF）发布的《2023年十大新兴技术报告》，在评选的十大创新型技术中，有4项技术直接与新一代信息技术相关，分别是生成式人工智能、改善心理健康的元宇宙、可持续计算、AI辅助医疗，加上数字技术与其他技术相结合，未来具有创新性的新技术将会不断涌现。

（二）数字经济的产业重构性

产业是新质生产力培育的重要目标和落脚点，数字经济作为新质生产力的关键领域，一方面在培育新动能的过程中推动产业结构向数智化升级，另一方面对生产组织关系进行革新。首先，数字技术直接催生了与之相关的新产业，创造了大量就业岗位。大数据、云计算、区块链、人工智能技术的每一项突破都产生了一个新的行业，同时这些技术渗透到其他行业后又会产生新的细分领域，促进传统行业更多地采用先进的数字技术，促进其他行业数字化升级。这一过程中，更高效能、更多附加值的产业比重更高，因此可以提升整个产业结构的质量。其次，数字经济为其他产业发展提供了新的载体和空间。数字经济利用网络基础设施和数据要素形成数字平台，为生产、消费等环节的资源配置提供了新的场景和工具，进一步拉近生产与消费之间的距离，并能实现要素资源的精准匹配；元宇宙等数字技术的发展进一步将生产服务从实体空间拓展到虚拟空间，扩大了产业体系的空间边界，相当于扩大了市场规模。最后，数字经济改变了生产组织关系。不同于工业经济流程化、链式的生产组织体系，数字经济通过数据要素连接不同环节，将内部组织形成具有不同权重的网状体系，进一步降低了企业内部、企业与消费者之间的搜索成本、匹配成本、信任成本，可以实现信息与要素在各个环节的对接、调整，不仅能减轻每个环节的劳动者负担，还可以实现生产能力与市场需求的精准匹配，真正实现降本增效。原本由生产端驱动生产的工业经济生产组织方式，也转变为由消费端驱动，从而形成供给与需求高水平动态平衡，大幅度提升消费者福利。

（三）数字经济的融合赋能性

随着新一轮科技革命和产业变革深入发展，学科交叉融合不断推进，促使新质生产力不仅需要满足自身高效能的特征，还能够满足对其他技术和要素领域的赋能引领作用。数字经济以数字技术为牵引、数据要素为纽带，创新驱动融合赋能、协同发展的供给模式和需求模式，培育壮大新质生产力。第一，在技术层面，数字技术作为通用技术与其他领域的技术相结合，直接产生新的技术路径，作用于新产业或促使产业升级。例如，人工智能技术与生物制药技术相结合，可以快速筛选出符合药物开发的分子组合；数字技术与汽车制造相结合，推出智能网联汽车等，带动其他领域增加值的增加。第二，在要素层面，数据要素通过对其他要素信息的收集、模拟、迭代，逐步替代部分要素的功能，减少其他要素的投入；或是将其他要素的信息精准提炼，通过无限次、无损耗、即时性的复用，放大、倍增其他要素的价值。例如金融大数据的应用，可以辅助资本投资到更具有收益的领域；制造业大数据的分析和应用，则可以在质检等岗位代替部分人工，最终辅助其他岗位的员工提升生产效率等。第三，在经济主体层面，数字经济缩短了不同主体间的物理距离，促进不同主体之间要素和信息的高效流通，为不同经济主体搭建更具共享、共治特征的基础设施，便于不同行业、不同环节的经济主体进行跨界融合，使得产业链供应链可以低成本地满足个性化、高端化的社会需求，使得经济形态更为高效、更具韧性。

二 数字经济赋能高质量发展，加快形成新质生产力

根据中国信息通信研究院的测算，2022年我国数字经济的总体规模达到50.2万亿元，约占我国GDP的41.5%，名义增速达到10.3%，连续多年超过当年GDP增速。其中集成电路制造、智能车载设备制造、智能无人飞行器制造、直播电商等数字经济相关领域的增长态势向好。新技术、新要素、新产业、新模式、新场景成为我国新质生产力的重要组成。

（一）数字经济新技术不断涌现，新产业新模式加速演进

数字技术和数字产业的高质量供给是支撑数字经济高速发展的源泉，近年来数字技术加快了场景应用落地、与实体经济融合的速度，新产业新模式不断涌现。一是新技术应用速度、扩散速度加快，催生众多新产业、新企业。2023年底生成式人工智能成为全球瞩目的数字经济最新技术成果，我国大模型开发应用也随之进入快车道。中国数字经济龙头企业纷纷建立自己的生成式AI大模型，如阿里的通义千问、百度的文心一言、腾讯的混元大模型、华为的盘古大模型、商汤科技的商量SenseChat等。应用于不同领域的垂类大模型也快速落地，如蚂蚁集团开发金融大模型，并在支付宝推出了"支小宝""支小助"等产品应用。一些具有创新力、国际竞争力的本土初创企业应运而生，如月之暗面（Moonshot AI）、智谱AI、MiniMax等，其开发的应用涉及办公、游戏等多个场景的AI助理。二是数字技术加速与其他产业的新技术融合。除了数字技术不断推陈出新外，其与其他领域新技术结合的速度也在加快。在交通领域，无人驾驶已经从实验场地转向市场，2023年百度Apollo、小马智行、文远知行三家企业可以在北京经开区提供全无人示范应用服务；华为的问界、理想汽车、小米SU7都设置了"无人代客泊车"的功能。在低空经济领域，智能驾驶、智能避障技术已经被广泛应用在电动垂直起降飞行器（eVTOL），并且借助互联网，正在搭建立体化、智能化的低空数字交通网络。在无人机领域，2023年底我国民用无人机研制企业已经超过2300家，推出产品高达1000款。这些新产品、新模式、新赛道也在不断孕育新的经济增长点。

（二）数据要素开发利用持续推进，与实体经济融合程度不断加深

数据要素是形成新质生产力的关键要素，是赋能其他产业数字化转型的主要动力。自2019年党的十九届四中全会首次将数据列为生产要素以来，数据要素为新质生产力培育提供了重要助力。一是我国数据要素资源规模不断扩大，数据要素市场价值不断释放。2022年我国数据产量达8.1ZB，占全球数据总产量的10.5%；大数据产业规模达到1.57亿元。① 其中中国数据要素市场规模约为1018.8亿元，预计2024年将达到1591.8亿元，处于规模快速扩大的阶段。二是数据要素基础制度逐步完善，政府数据开放共享不断推进。为了解决数据要素市场培育的基础制度，国家进行了一系列制度探索，2022年出台《中共中央 国务院关于构建数据基础制度更好发挥数据要素作用的意见》，为数据要素的确权、流通、定价确立了基础性制度框架；2023年财政部印发《关于加强数据资产管理的指导意见》，直面数据资产入表的关键问题；2023年成立国家数据局，这一系列举措为培育壮大数据要素市场提供了制度保障。同时政府数据的开放共享持续推进，2022年累计有208个省级和地方政府建设了政府数据开放平台，发布各类数据资源1.5万个，累计共享调用数据5000亿次，我国数据供给水平不断提升。三是数字基础设施建设持续推进，筑牢数实融合的发展底座。为充分发挥数据要素的潜力，我国不断推进5G基站、数据中心等关键基础设施建设。根据工信部的统计，2023年全国移动通信基站总数达1162万个，其中5G基站337.7万个，三家基础电信企业为公众提供服务的互联网数据中心机架数量达97万个，千兆网络服务能力端口达到2456万个；建成工业互联网平台超过240个，工业互联网应用融入45个国民经济大类，较好地服务于我国社会生产和居民消费需要。

（三）数字产业集群规模逐步壮大，创新资源日益汇聚

数字产业集群是我国数字经济蓬勃发展的主要标志，目前我国数字产业集群发展规模持续扩大，集群生态向高端化、智能化、绿色化迈进。一是数字产

---

① 数据来自网信办，https://www.cac.gov.cn/rootimages/uploadimg/1686402331296991/1686402331296991.pdf。

业集群规模不断扩大,区域数字产业特色突出。东部沿海地区作为我国数字经济发展具有优势的地区,数字产业集群发展各具特色,北京市2022年的数字经济核心产值规模达到9958亿元,产业集群聚焦工业互联网、集成电路、人工智能等领域;上海市2022年人工智能产业规模超过3800亿元,电子信息制造业产值达到5746亿元,正在出台关于人工智能大模型、智能机器人等领域的支持政策;广东省已经形成新一代电子信息、智能家电、软件与信息服务、智超高清视频显示等多个支柱型数字产业集群,提出2025年新一代电子信息产业营业收入达到6.6万亿元的目标。中西部地区依托"东数西算",以算力枢纽建设带动数字集群发展,宁夏中卫建设西部云基地,拥有大型超大型数据中心14个,标准机架6.7万个;贵州的贵安新区聚焦大数据产业,已经拥有超大型数据中心17个;等等。二是数字产业集群以园区为核心,龙头企业、链主企业带动效应明显。各地区围绕重点园区、重要企业形成一批具有创新引领性的集群生态。例如北京经开区围绕小米建立起覆盖京津冀的智能制造生态,特别是小米新能源汽车的开发,进一步提升北京新能源企业的智能化水平;青岛凭借海尔、海信等企业的基础打造智能家电产业集群,成为工信部公布的45家国家先进制造业集群之一;长沙依托三一重工等工程机械企业打造智能装备产业集群;合肥在科大讯飞、金山软件、龙芯科技的带动下,已经形成智能语音产业集群,2022年入园企业达到2005家。三是数字产业集群从规模扩张转向创新引领,创新资源不断汇聚。数字产业集群成为吸引投资的重要目标。据统计,目前中国共有独角兽企业369家,与数字经济相关的企业有231家,聚焦大模型、量子科技、类脑智能等前沿领域,成为吸引创新资源的高地;其中北京独角兽企业获得845只国内外基金股权投资,累计融资额超4000亿元。

三 数字经济培育新质生产力的挑战

我国数字经济的规模和质量不断提升,但是也需要看到与主要发达国家相比,我国数字经济在新技术开发、国际话语权、数据要素应用方面还存在一些差距,针对新型劳动者的培养制度尚待完善。

(一)新技术领域差距拉大,新产业引领力不足

我国数字经济规模占据世界第二的位置,但是与美国在新技术开发应用方

面相比仍然有较大的差距，存在数字经济产业链技术水平不高和资源投入不均衡问题。一是近年来数字经济前沿领域的技术创新主要由美国科技企业引领，我国缺乏在国际上具有开创性的数字技术与产业。例如近年来元宇宙、无人驾驶、生成式人工智能等具有开创性的数字技术及应用，都是由美国企业主导，不仅吸引了大量科技资本投向美国的相关产业，也使得我国企业在制定相关技术和产业规则方面不具备先发优势。二是我国数字经济技术和投资资源仍偏向于应用层。目前我国在数字经济领域的产业优势，仍然聚焦依托场景加快技术迭代、抢占市场等方面，虽然可以加速技术落地，但是缺少基础性、原创性、颠覆性技术，长此以往会拉大与发达国家在基础研究领域的技术差距，也不利于我国其他产业数字化转型。

（二）国际规则话语权偏弱，数字贸易存在短板

在国际规则制定环节，我国数字经济在数据流通、数字贸易等领域话语权偏弱，在众多领域尚未形成具有统一性的规则共识。由于数字经济发展基础、发展优势存在差异，各国对数据本地化存储、数据个人隐私、数字伦理、网络安全等问题的立场与诉求难以统一。例如美国更倾向于选择有利于巩固其优势的数据相对自由流通规则，而欧盟则更倾向于选择保护数据隐私、保护中小企业数据权的数据监管规则。我国虽然对数据跨境流通、数据产品税收规则、数字贸易等问题有自身的立场，但是与其他发达国家的规则兼容性不够，在世界甚至亚太地区的话语权和影响力偏弱，对未来我国数字贸易有一定制约。

（三）中小企业数字化转型进度进展滞缓，数字基础设施建设存在隐忧

我国数字化渗透率不断提升，但是部分传统产业利用数字技术的速度稍显缓慢，数据要素的利用效率不高。一是在工业经济领域，数字化转型程度还有较大的提升空间。根据工信部的统计，工业企业关键工序数控化率、数字化研发设计工具普及率分别达到60.1%、78.3%，较十年前大幅提升，但是与智能化还有一定距离，特别是关键工序数控化率仍有较大的提升空间。二是中小企业数字化转型速度需加快。根据第四次全国经济普查的数据，89%的中小制造

企业处于数字化转型初期，仅3%的企业完成数字化深度应用；中小制造业企业关键工序的数字化装备应用比例不到45%，核心业务采用智能化技术的企业占比仅为1%，中小企业整体的数字化、智能化进度落后于大型企业，不利于相关产业链供应链的数智化升级。三是数据中心等数字基础设施建设面临"断芯"风险。数据中心等算力基础设施是开发人工智能大模型等技术的基础，美国仍然对中国科技企业采取限制措施，未来面临高端芯片"断供"的风险加大。

（四）就业市场冲击加大，劳动力数字技能普遍不足

数字技术尤其是人工智能技术的进步，提升了全社会生产效率，但是对劳动力市场的冲击也是巨大的。尤其是我国劳动力规模高达7.68亿人，大规模推广可替代人工的数字技术会面临诸多阻碍。一是短期可能会造成就业市场的巨大动荡。根据麦肯锡的统计，仅生成式人工智能技术未来就将替代50%的工作。尤其是替代仅需要简单知识的重复性沟通、记录、互动工作，例如语音客服、营销推广等；加上生成式人工智能技术与其他数字技术相结合，会持续减少简单生产环节的就业岗位。虽然数字技术也会创造一些新的岗位，如编程、算法、人工智能维护等，但这些岗位需要较高的编程知识储备，被替代的简单技能岗位的员工难以适应高技能岗位的需要，因此这种结构性失业会冲击我国就业市场。二是对我国劳动力培养提出更高要求。与发达国家相比，我国劳动力数量多、高技能劳动力占比较低，特别是年龄偏大的劳动人口数字技能不足的现象尤为突出。根据教育部的统计数据，2022年我国受过高等教育的人口占比约为24.9%，2012年为14.6%。这也意味着年龄偏大的劳动人口中受过高等教育的比重低于10%，这部分劳动力难以通过学校教育掌握数字技能，只能通过职业教育、在岗培训等形式进行再教育，这就对教育模式提出了新的要求。

四 数字经济新质生产力的培育路径

数字经济是新质生产力培育的关键领域，是新一轮科技革命新产业"卡位赛"的重要赛道。要将数字经济发展与战略性新兴产业、未来产业发展的

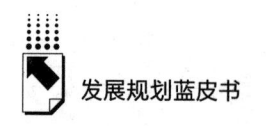

需求相结合，以增强创新技术为根本，以开放合作为依托，补短板、锻长板，完善促进数字产业化和产业数字化的政策体系，为新质生产力培育提供源源不断的动力。

（一）增强核心技术能力，引领数字经济产业发展

创新是新质生产力的核心，也是培育数字经济新动能的核心。要关注数字经济发展前沿，形成更多具有原创性的新技术。一是要为核心技术培育提供技术保障。要尽快攻克高端芯片、存储器、工业软件等对我国数字经济未来发展造成阻碍的重大技术，优化算力布局，加快兴建智算中心、超算中心等新型算力基础设施，为数字经济前沿技术发展提供较好的基础设施条件。二是要培育创新生态。探索建立多元化金融支持科技创新机制，培育风险投资市场，扩大各层级种子基金、初创基金的投入规模；优化科技信贷补偿机制，增加科技专项贷款、产业专项贷款，降低中小企业融资成本。引导龙头企业构建开放的技术生态圈，鼓励龙头企业以开放数据资源等形式带动产业链上下游中小企业数字化转型。三是要为新技术应用提供更为宽松的政策环境。要加大对数字技术应用的支持力度，鼓励国内企业利用大模型等数字化工具辅助生产；通过首台套、产品购买补贴等多种手段鼓励国内下游厂商使用国产替代产品，降低产品研发试错成本，逐步积累前沿技术。

（二）以开放创造机遇，积极参与数字经济领域国际规则制定

开放包容是应对国际竞争的有效手段。一是要积极参与数字经济规则制定。立足我国数字经济长远发展，加入《数字经济伙伴关系协定》（DEPA）、《全面与进步跨太平洋伙伴关系协定》（CPTPP）等区域性经贸发展协定，参与区域内有关人工智能、数字货币、数字贸易税收等制度和规则的制定。二是要将共建"一带一路"作为纽带，推动境外数字基础设施建设。立足发展中国家实际，鼓励国内企业参与国外数字基础设施建设，通过设施联通弥合"数字鸿沟"，建立互通互信的数字贸易机制。三是要开放国内电信业务，促进规则、制度与国际接轨。加快物联网、数据中心等数字基础设施的试点开放进程，对接国际高标准经贸规则，为提升我国在数字经济国际规则制定中的话语权积累有利条件。

（三）场景牵引需求，提升数据要素使用效能

一是继续完善数据要素基础制度，提升数据要素流通水平。要持续研究数据要素基础制度难点，加强数据要素参与收入分配的研究，探索数据采集、储存、分析、使用等不同环节的数据要素分配规则。鼓励不同行业探索建立数据要素标准体系，提高数据要素的可比性，研究数据要素资产入表的核算机制、动态定价机制，发挥数据交易所在数据资产评价中的作用。二是要积极落实"数据二十条"，用场景深挖数据要素价值。持续推进公共数据的开放、共享，引导政府数据对企业开放，探索各大场景企业利用政府数据的典型案例，促进高质量数据供给。三是要加强数据隐私权保护。保护中小微企业的数据安全，提升各环节企业的数据安全使用意识，鼓励中小微企业数据"上云"，增强企业数据的安全性；完善个人数据隐私制度，加快个人数据匿名化技术发展。

（四）加强数字技能培训，合理应对"机器换人"

针对数字技术可能对就业市场带来的冲击，探索建立数字技能培训制度，合理应对"人工智能换人"。一是要建立动态岗位预判制度。要定期对全民数字技能水平进行摸底、调研，建立科学有效的数字技能/数字素养评估体系。在此基础上对数字技术在5年内替代人工最多的行业及替代规模做好预判，提前对员工进行技能培训。鼓励年轻从业者合理规划职业路径，由政府、用人企业等根据员工的学历、年龄、数字技能掌握程度等情况对转岗培训费用进行"先垫后补"式补贴，尽早安排转岗培训，激发劳动者的转岗热情。二是要大力推行职业教育。由教育部、人社部牵头，以职业教育改革为切入点，根据数字技术的发展特征，结合不同行业的技能特点，分行业领域推出覆盖劳动者全职业周期的各类型数字技能培训课程，全面提升劳动者的职业技能。三是要改革教育体系，探索建立与数字技术共生的教育培养体系。一方面要动态评价基础教育、高等教育的数字技能课程供需匹配情况，前瞻性地开设有利于培养数字人才的课程；另一方面要探索语言教学改革，提升语言教育质量，积极应对人工智能技术发展下对劳动者掌握较高水平的语言技能要求。

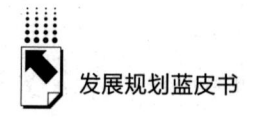

参考文献

中国信息通信研究院：《全球数字经济白皮书（2023年）》，2024年7月。

中国信息通信研究院：《中国数字经济发展研究报告（2023年）》，2023年4月。

World Economic Forum, "Top 10 Emerging Technologies of 2023," 2023, June.

Michael Chui, et al., "The Economic Potential of Generative AI: The Next Productivity Frontier," McKinsey 14 June, 2023.

B.4
以新兴产业创新培育新质生产力*

沈梓鑫**

摘　要： 随着新一轮科技革命和产业变革的纵深推进，我国新兴产业蓬勃发展，形成符合经济高质量发展规律的新质生产力。相对于传统产业，新兴产业呈现颠覆性技术创新驱动、产业布局前瞻性强、市场和组织不确定性高、技术赶超机会多等特征，在未来很长一段时间内，我国新兴产业创新还将为新质生产力的培育提供强劲持久的动力支撑。近年来，全球创新竞争格局的深刻调整给我国带来诸多挑战，如新兴产业面临"卡脖子"技术的制约、基础设施体系的现代化水平有待提升、新质生产力的技术特性对制度环境提出更高要求。在培育新质生产力的目标导向下，我国需立足以下四个方面：促进新型生产要素的积累利用、加速新型基础设施的完善升级、积极推动生产组织方式变革、前瞻谋划未来产业的布局。

关键词： 新兴产业　新质生产力　科技革命　产业变革　颠覆性技术

党的二十大报告提出，当前，世界百年未有之大变局加速演进，新一轮科技革命和产业变革深入发展，国际力量对比深刻调整，我国发展面临新的战略机遇。在全球创新版图加快重构的当下，我国战略性新兴产业和未来产业展现出蓬勃发展的势头，在未来的很长一段时间内，我国新兴产业还将实现更大规模的增长和创新，为新质生产力的形成发展提供持久的动力支撑，而以新兴产业创新培育新质生产力也成为我国在新发展阶段构筑国家竞争优势的重要战略选择。

---

*　本文相关内容刊发于《暨南学报》（哲学社会科学版）2024年第6期。
**　沈梓鑫，中国社会科学院数量经济与技术经济研究所副研究员，主要研究方向为技术创新、产业政策与数字经济。

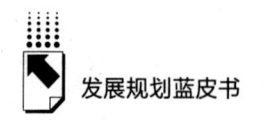

一 发展新兴产业和新质生产力的政策背景与理论内涵

（一）发展新兴产业和新质生产力的政策背景与动态追踪

进入新发展阶段，随着新一轮科技革命和产业变革的加速演进，以颠覆性和关键性技术为主要驱动的新兴产业蓬勃发展，我国的生产力水平实现新的跃迁，呈现出新的质态，以新产业、新业态和新模式快速涌现为重要特征，摆脱了传统的经济增长路径，形成符合经济高质量发展规律的新质生产力。2023年9月7日，习近平总书记在黑龙江省哈尔滨市主持召开新时代推动东北全面振兴座谈会时提出，要积极培育新能源、新材料、先进制造、电子信息等战略性新兴产业，积极培育未来产业，加快形成新质生产力，增强发展新动能。[①]9月8日，习近平总书记提出整合科技创新资源，引领发展战略性新兴产业和未来产业，加快形成新质生产力。[②] 这不仅为新时代东北地区的高质量发展指明了重要方向，而且为新发展阶段我国推动生产力跃迁、实现高水平科技自立自强提供了重要的战略指引。

2023年12月召开的中央经济工作会议明确，以科技创新引领现代化产业体系建设。要以科技创新推动产业创新，特别是以颠覆性技术和前沿技术催生新产业、新模式、新动能，发展新质生产力。2024年1月，习近平总书记在中共中央政治局第十一次集体学习时强调，加快发展新质生产力，扎实推进高质量发展。新质生产力的核心要义是以创新驱动高质量发展，其关键构成是新的科学技术、新的生产方式、新的产业形态和新的要素供给。中央财办在解读2023年中央经济工作会议精神时，对"新质生产力"概念作出了明确的解释，即新质生产力是由技术革命性突破、生产要素创新性配置、产业深度转型升级而催生的当代先进生产力。2024年7月召开的中国共产党第二十届中央委员

[①] 《习近平主持召开新时代推动东北全面振兴座谈会强调 牢牢把握东北的重要使命 奋力谱写东北全面振兴新篇章》，新华社，2023年9月9日。
[②] 《习近平在黑龙江考察时强调：牢牢把握在国家发展大局中的战略定位 奋力开创黑龙江高质量发展新局面》，新华社，2023年9月8日。

会第三次全体会议强调"要健全因地制宜发展新质生产力体制机制",中共中央举行新闻发布会解读党的二十届三中全会精神,进一步指出要因地制宜发展新质生产力,大力培育壮大新兴产业,布局建设未来产业。与传统生产力相比,新质生产力的形成需由更多运用新技术的新产业承载,与新兴产业存在紧密关系,也就是说,科技创新密集的新兴产业更适合成为新质生产力形成的重要载体。

(二)新兴产业和新质生产力相关的基本内涵与理论研究

"新兴产业"在学术界和政策界通常被置于不同的语境下作为产业经济和技术创新的相关概念进行解读,但很少有研究对其进行明确的概念和范围的界定。早在20世纪80年代,管理学家迈克尔·波特从企业竞争战略角度出发,将"新兴产业"(Emerging Industry)作为"受威胁产业"(Threatened Industry)的对立概念提出,认为新兴产业是新形成的或重新形成的产业,其形成的原因是技术创新、相对成本关系的变化、新的消费需求的出现,或其他经济和社会变化将某个新产品或服务提高到一种潜在可行的商业机会的水平。[1] 国内最初有产业经济学者为研究"战略性新兴产业",而将"新兴产业"作为基础概念进行梳理定义,认为新兴产业是相对于传统产业而言的部门,是随着科技发展和生产力的提高而出现的新的产业,[2] 从技术创新角度来看则是由前沿技术不断发展进而工程化、产业化并不断壮大形成的产业。[3]

在产业经济和技术经济的研究中,"新兴产业"被认为是一个动态概念,即某些产业只在一段时间内属于新兴产业,而当该产业所应用的技术进入成熟期后,就不再属于新兴产业的范畴。[4] 也就是说,在界定新兴产业的范围时,需加入一个时间或阶段的重要维度进行刻画。贺俊和吕铁的研究认为,应该基于"产业动态性"(Industry Dynamics)的研究,[5] 将新兴产业定义为处于产业

---

[1] 迈克尔·波特:《竞争战略》,陈小悦译,华夏出版社,1997,第209页。
[2] 冯赫:《关于战略性新兴产业发展的若干思考》,《经济研究参考》2010年第43期。
[3] 李晓华、曾昭睿:《前沿技术创新与新兴产业演进规律探析——以人工智能为例》,《财经问题研究》2019年第12期。
[4] 冯赫:《关于战略性新兴产业发展的若干思考》,《经济研究参考》2010年第43期。
[5] 贺俊、吕铁:《战略性新兴产业:从政策概念到理论问题》,《财贸经济》2012年第5期。

生命周期中"初创期"的产业,①而"初创期"指的是从技术培育到产业化再到产业进入者数量达到顶峰期间,也就是应该包括新兴产业出现初期、产业增速很低甚至产业化未开始的阶段,以及进入产业高速增长和技术接近成熟之前的阶段。

"新质生产力"是一个全新的概念,本质上是马克思主义生产力理论在新发展阶段的创新发展和理论成果。在马克思主义政治经济学中,生产力亦称"社会生产力",是人们在生产过程中使用一定的生产工具利用自然和改造自然、进行物质资料生产的能力,这种能力依赖于劳动者、劳动资料和劳动对象等生产要素,体现在劳动者运用劳动资料作用于劳动对象的过程中。②进入新发展阶段,"新质生产力"是与当前经济社会发展阶段相匹配的生产力质态。区别于传统生产力,新质生产力是由技术革命性突破、生产要素创新性配置、产业深度转型升级而催生的当代先进生产力,它以劳动者、劳动资料、劳动对象及其优化组合的质变为基本内涵,以全要素生产率提升为核心标志。③

二 新兴产业创新和新质生产力形成之间的逻辑关系

(一)新兴产业创新和新质生产力形成条件的多维分析

在政治经济学和演化经济学的经典理论中,新质生产力本质上属于生产力范畴,代表了在新一轮技术革命浪潮和产业变革下的生产力"跃迁",④这里的"新"主要指的是新技术来源、新产业业态、新要素组合等,而这里的

---

① Low M., Abrahamson E., "Movements, Bandwagons and Clones: Industry Evolution and the Entrepreneurial Process," *Journal of Business Venturing*, 1997, (12).
② 高帆:《"新质生产力"的提出逻辑、多维内涵及时代意义》,《政治经济学评论》2023年第6期。
③ 王珏、刘温馨:《如何发展新质生产力》,《人民日报》2024年1月15日。
④ 张思远、吴根平:《加快形成新质生产力 增强未来产业发展新优势》,《软件和集成电路》2023年第12期。

"质"的内涵包括质量、品质、物质等方面的提高,① 是从数量的增加转变为质量的优化。相对于传统产业,包括战略性新兴产业和未来产业在内的新兴产业呈现出颠覆性技术创新驱动、产业布局前瞻性强、市场和组织不确定性高、技术赶超机会多等特征,因此,更适合成为新质生产力培育的重要载体。

新质生产力的形成条件可以从技术动力、要素组合和产业形态三个层面进行解读。从技术维度来看,新质生产力的驱动力来源于颠覆性技术群的突破,颠覆性和前沿性的技术从研发、扩散到应用都是新质生产力的形成动力,在当前一轮的技术革命浪潮下,技术来源包括新能源技术、新材料技术、先进制造技术、电子信息技术等战略性新兴技术和类脑智能、量子信息、基因工程、未来网络、深海空天开发等前瞻性未来技术。② 从要素维度来看,新质生产力是覆盖包容全新质态要素的生产力,包括了传统的土地、劳动力、资本等生产要素,以及技术、知识、企业家精神、数据等新型生产要素,③ 不仅出现了生产要素范围和种类的扩展,而且实现了要素组合方式的创新。④ 从产业维度来看,相对于传统生产力多以传统产业为承载,新质生产力多以运用新技术的新兴产业为承载,⑤ 具体来看既包括生物制造、商业航天、低空经济等战略性新兴产业,也包括量子信息、生命科学等未来产业。

(二)新兴产业创新和新质生产力培育之间的逻辑解析

从理论逻辑来看,新质生产力的形成与新兴产业的创新存在紧密的关系。首先,从技术来源来看,新质生产力的形成来自科学发现和技术发明等先进技术,而支撑和驱动新兴产业的技术主要是颠覆性和前沿性技术,这些先进的前

---

① 李政、廖晓东:《发展"新质生产力"的理论、历史和现实"三重"逻辑》,《政治经济学评论》2023 年第 11 期。
② 余东华、马路萌:《新质生产力与新型工业化:理论阐释和互动路径》,《天津社会科学》2023 年第 6 期。
③ 李政、廖晓东:《新质生产力理论的生成逻辑、原创价值与实践路径》,《江海学刊》2023 年第 6 期。
④ 高帆:《"新质生产力"的提出逻辑、多维内涵及时代意义》,《政治经济学评论》2023 年第 6 期。
⑤ 赵振华:《新质生产力的形成逻辑与影响》,《经济日报》2023 年 12 月 22 日。

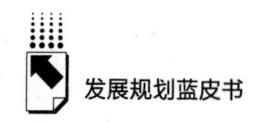

沿技术的创新路径存在高度的不确定性，在技术发展初期出现潮涌现象时，需要耐久资金的支持，在产业化的过程中，需要互补产业与互补技术协同演进的支撑。①

其次，从产业基础来看，新质生产力的形成与产业结构的优化升级息息相关，随着新一轮科技革命和产业变革的加速演进，新产品和新部门涌现，这些新兴产业通常作为引领本轮技术革命浪潮核心技术扩散的先导部门，经过一系列产业融合与结构变迁，新兴产业从先导部门培育发展为主导产业乃至支柱产业的过程实质上是新质生产力的形成过程。

最后，从要素组合来看，新质生产力的形成根植于生产力要素的多样性，新的质态取决于生产力中发挥关键作用的各种生产要素，②或者新一代信息技术产业等战略性新兴产业引入的数据等新的生产要素，或者在对未来制造、未来信息、未来材料、未来能源、未来空间和未来健康等未来产业领域的前瞻部署中，推动要素组合的组织创新和技术复杂程度提高。

综上，从技术层面来考察，新兴产业创新与新质生产力形成之间在动力来源、形态载体和目标方向上存在一致性，因此促进新兴产业的核心技术创新正是推动新质生产力形成的主要内容和重要动力。

三 以新兴产业创新培育新质生产力的发展现状与问题挑战

（一）我国以新兴产业创新培育新质生产力的发展现状

当前，在新一轮科技革命和产业变革的深入推进阶段，全球创新版图和产业格局深刻调整，我国战略性新兴产业和未来产业展现出蓬勃发展的势头，为处在经济增长方式转变期的中国经济注入持续健康发展的新动能。

第一，聚焦关键核心技术攻关，引领新质生产力形成。根据工业和信息化部的数据统计，2022年，新一代信息技术、高端装备、新能源汽车等

---

① 李晓华、曾昭睿：《前沿技术创新与新兴产业演进规律探析——以人工智能为例》，《财经问题研究》2019年第12期。
② 魏崇辉：《新质生产力的基本意涵、历史演进与实践路径》，《理论与改革》2023年第6期。

战略性新兴产业增加值占国内生产总值的比重超过13%。① 2024年2月工业和信息化部联合教育部、科技部等七部门发布《关于推动未来产业创新发展的实施意见》，提出到2025年我国将建设一批未来产业孵化器和先导区，突破百项前沿关键核心技术，形成百项标志性产品，打造百家领军企业，开拓百项典型应用场景，制定百项关键标准，培育百家专业服务机构。

第二，重视新兴产业优势布局，促进新质生产力发展。在国务院国资委部署的2024年投资工作中，强调要着力加快布局培育新质生产力，提出在战略性新兴产业布局一批潜力大、成长性好的专精特新企业和独角兽企业。这表明，我国战略性新兴产业和未来产业等新兴产业已经形成巨大的规模，在创新能力、产业体系和市场规模等方面，我国的新兴产业已经初步形成全面推进新质生产力形成发展的基础和优势。在未来的很长一段时间内，我国新兴产业还将保持较快的增长速度，伴随着新技术、新模式、新业态的涌现，为新质生产力的发展提供强劲持久的动力支撑。

第三，开拓新兴产业新技术新领域，夯实新质生产力底座。随着近年来我国新能源汽车产量大幅增长、新材料产业产值持续增长以及生成式人工智能迅速渗透扩张，新兴产业优势得到进一步巩固。2022年，我国新能源汽车销量达到680万辆以上，连续8年位居全球第一，占汽车新车销售总量的1/4以上；光伏组件、风力发电机等清洁能源装备关键零部件的全球市场份额达70%；工业机器人年产量达到44.3万套，新增装机总量的全球占比超过50%；5G基站已累计建成284个，5G应用融入97个国民经济大类中的60个，人工智能核心产业规模达到5000亿元。② 随着这些新兴产业在中国GDP中的比重持续上升，以信息技术、新能源、生物医药、人工智能等产业为代表的新兴产业成为新质生产力的核心领域，这些成果和趋势预示着我国以新兴产业创新推动的新质生产力发展前景广阔。

---

① 王政：《战略性新兴产业增加值占国内生产总值比重超13% 国家级先进制造业集群产值超20万亿元》，《人民日报》2023年7月6日。
② 王政：《战略性新兴产业增加值占国内生产总值比重超13% 国家级先进制造业集群产值超20万亿元》，《人民日报》2023年7月6日。

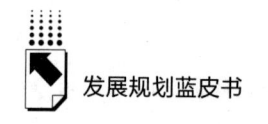

（二）我国以新兴产业创新培育新质生产力的风险和挑战

综观人类经济社会的发展史，历次生产力的变迁都是基于重大技术变革而发生的，而运用更多新技术的新兴产业不仅是各国培育新质生产力的主战场，而且将成为全球科技博弈和创新竞争的焦点。由于新兴产业具有巨大的技术和市场的不确定性，我国以新兴产业创新培育新质生产力的过程将面临诸多的风险及挑战。

第一，我国新兴产业发展面临"卡脖子"技术的制约。尽管我国当前经济总量已经位居世界第二，产业技术水平由跟跑转向并跑、领跑，但是我国的科学技术水平与发达国家相比仍然存在一定差距，尤其是制约我国新兴产业发展的"卡脖子"技术仍较多。2020年，中国科学院将包括光刻机、高端芯片、操作系统、航空钢材在内的35项"卡脖子"技术列入科研任务清单，[①] 在基础研究和关键领域的创新能力薄弱是根结。要想实现更多科学技术的并跑、领跑，需要我国加强基础研究，着力于重大的原创性科技创新。

第二，基础设施体系的现代化水平有待提升。基础设施是劳动资料的重要组成部分，新质生产力的培育发展，需要建设大型科学设施和公共科研平台以便为数字技术和绿色技术等前沿技术的创新提供公共服务基础设施方面的支撑。[②] 当前我国大数据及算力连接基础设施的现代化水平还有待进一步提高，在5G、新一代互联网、智慧能源交通系统等新基建领域的投资力度还不够大，还未形成体系完备的新型基础设施体系。

第三，新质生产力的技术特性对制度环境提出更高要求。在当前的技术革命浪潮下，作为新质生产力核心要素投入的数据，具有重复使用、趋于零的再生产边际成本、强大的规模经济和网络效应[③]等特点，信息和知识等关键要素遵循规模报酬递增的规律，因而新质生产力的技术特性是以规模效益和范围效

[①] 边远、门建新：《只争朝夕突破"卡脖子"问题》，《解放军报》2022年8月31日。
[②] 李晓华：《新质生产力的主要特征与形成机制》，《人民论坛》2023年第21期。
[③] 杨іші涛：《社会—政治范式与技术—经济范式的耦合分析——兼论数字经济时代的社会—政治范式》，《经济纵横》2020年第11期。

益为主导，这势必推动资本的积聚和集中，形成市场垄断。① 一方面，政府介入与新质生产力形成相关的直接经济活动有利于防范市场风险，但较易降低中小企业创新主体从事创新活动的积极性；另一方面，由于新质生产力相关的投资不具有直接的短期利润回报，企业往往不愿意投资于这类高风险的颠覆性技术创新活动。因此，以新兴产业创新培育新质生产力要求我国制度环境层面更好地实现"有效市场"与"有为政府"的良性互动。

四　新兴产业发展布局的国际经验借鉴

随着新一轮科技革命和产业变革的深入，全球创新格局处在深刻调整时期，世界各国在新兴产业和关键核心技术上的竞争日益激烈，新质生产力成为大国博弈的重要阵地。新质生产力的核心特征是科技创新密集，与战略性新兴产业和未来产业紧密相关，是新兴产业创新潜能充分释放的产物。② 从战略部署的实践层面来看，近年来美国、日本、欧洲等主要发达国家或地区为了在新一轮科技革命和产业变革中抢占先机，都在朝着加快培育新质生产力的方向频频发力，积极布局数字经济、人工智能、新能源等新兴产业，以促进本国新质生产力的发展。③ 这些国家在布局新兴产业发展方面都极为重视，但明显各有侧重。

美国对于新兴产业的布局重点在于重振制造业并确保美国在全球制造业中的领先地位，致力于提升制造业产业链和供应链的韧性。2022年美国白宫发布《先进制造业国家战略》，确立了开发制造业前沿技术、培养先进制造业劳动者和全面提升供应链韧性三大目标。美国优先布局的新兴产业主要集中为制造业相关产业，具体包括先进制造、精密医疗、先进汽车、智慧城市、清洁能源、生物技术、纳米技术等领域，意在积极构建国家制造业创新网络。

日本尤为重视在前沿科技领域进行前瞻性探索，近年来着重在氢能源、量

---

① 卢荻：《"新质生产力"的挑战》，《明报》2023年11月10日。
② 庞瑞芝：《新质生产力的核心产业形态及培育》，《人民论坛》2023年第21期。
③ 石建勋、徐玲：《加快形成新质生产力的重大战略意义及实现路径研究》，《财经问题研究》2023年第12期。

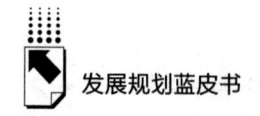

子科技、生物技术和人工智能等诸多未来产业领域进行谋划布局。2023年日本首相岸田文雄提出"新资本主义"构想,将"鼓励技术创新"作为产业政策的标志性举措,重点的产业扶持对象涉及半导体、量子科学、人工智能、网络通信、生物、宇宙及海洋等,旨在以"破坏式创新"为基本理念支撑,整体提升日本的科技研发能力和实力。①

德国和英国等欧洲国家在新兴产业的布局上高度关注产业结构升级,着力于推动产业链向上游研发的转型升级。德国政府2019年发布《国家工业战略2030》,规划了德国未来10年的产业发展方向,重点支持云计算、数字教育和智能服务等行业,以推动德国制造的数字化转型发展。英国政府2017年公布的白皮书《产业战略:建设适应未来的英国》中将人工智能、清洁增长、未来交通运输和老龄化社会四大挑战列为英国未来产业的发展重点。2019年英国工程和物理科学研究委员会成立靶向医疗、化合物半导体等13个未来制造业研究中心,旨在推动未来制造业更快采用新技术和新的商业模式。② 此外,欧洲各国通过出台一系列资金支持政策推动制造业创新,不断提升制造业科技含量,力争处于全球产业链价值链的高端。

新兴产业中未来产业是处于孕育成长阶段的具有高成长性、战略性、先导性的产业,是决定未来经济增长和新质生产力形成的前瞻性产业。近年来,美、日、欧等国都将新兴产业中的未来产业放在创新战略中的突出位置,不断谋划布局未来十年乃至二十年内能够成为主导产业乃至支柱产业的未来产业,加快人工智能、量子信息、未来网络、生命健康等未来产业的发展,不仅成为全球创新战略的方向共识,③ 也应成为我国新兴产业布局和新质生产力培育的重点领域。

---

① 陈友骏:《岸田"新资本主义"构想,是日本的"救命稻草"吗?》,《环球时报》2023年2月2日。
② 中国社会科学院工业经济研究所课题组:《世界主要经济体未来产业的战略布局》,《新经济导刊》2023年第2期。
③ 张思远、吴根平:《加快形成新质生产力 增强未来产业发展新优势》,《软件和集成电路》2023年第12期。

五 新兴产业创新促进新质生产力形成发展的政策建议

在技术机会给定的前提下,新兴产业的激进创新能够改变经济规则并创造巨大财富价值,将科学发明转化为商业化技术、产品和服务,[①] 而这些激进创新的扩散依赖于与核心要素、基础设施和经济组织这三个因素的协同演化,只有当作为先导产业的新兴产业通过直接或间接的产业关联和示范效应带动整个产业体系发生显著变化,才能在实现技术经济范式转换的同时完成传统生产力与新质生产力的更替。在以新兴产业创新培育新质生产力的目标导向下,建议我国经济政策的着力点放在以下几个方面。

第一,促进要素的升级和组合,为新质生产力提供新的动力来源。进入数字时代,随着数据成为驱动新一轮技术革命浪潮的核心要素,新能源、新材料、知识信息等新型要素作为关键劳动对象进入生产过程。新质生产力的形成要求高素质的劳动者能够掌握新型生产工具,我国应加快对数据等新型要素的积累和开发利用,提高要素的配置效率,培育适应新一轮技术革命发展的新型劳动者,促进装备工具、技术工艺、产品服务的数字化、绿色化和智能化。

第二,加速升级新型基础设施,为新质生产力提供平台设施支撑。作为劳动资料的重要组成部分,新型基础设施的完善升级是新质生产力形成发展的必要条件。我国应推动新一代信息通信基站、算力设施、智能充电桩、智慧能源等新型基础设施的建设,为适应数字经济、绿色经济等新兴产业的高质量发展,提供更为有力的公共服务和设施平台支撑。

第三,积极推动生产组织变革,为新质生产力提供制度环境保障。在数字经济条件下,开放包容地进行生产组织方式变革,引导企业进行内部组织革新,带动网络化创新生态系统的制度安排优化,消除阻碍数据资源等新型生产要素充分流动的制度障碍,在生态化市场体系中优化制度环境并释放数字化红利,激发市场主体参与新兴产业发展的活力。

---

① 贾根良:《国有企业的新使命:核心技术创新的先锋队》,《中国人民大学学报》2023年第2期。

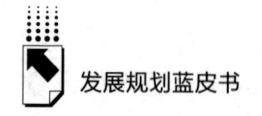

第四，前瞻谋划未来产业布局，为新质生产力发展提供持续动力。未来产业是处于产业生命周期萌芽阶段的新兴产业，属于熊彼特式"产业突变"范畴，具有明显的"创造性毁灭"特征，颠覆性技术创新的潜力巨大。为此，应积极推动建立未来产业先导区，超前谋划生成式人工智能、未来健康、新型储能等未来产业的优先发展，从而发挥未来产业对新质生产力培育形成和持续发展的长期引领作用。

专栏　《关于推动未来产业创新发展的实施意见》解读

为把握新一轮科技革命和产业变革机遇，加强对未来产业的前瞻谋划、政策引导，围绕制造业主战场加快发展未来产业，支撑推进新型工业化，加快形成新质生产力，2024年1月，工业和信息化部、教育部、科技部、交通运输部、文化和旅游部、国务院国资委、中国科学院等7部门联合印发《关于推动未来产业创新发展的实施意见》（以下简称《实施意见》）。未来产业由前沿技术驱动，当前处于孕育萌发阶段或产业化初期，是具有显著战略性、引领性、颠覆性和不确定性的前瞻性新兴产业。大力发展未来产业，是引领科技进步、带动产业升级、培育新质生产力的战略选择。

《实施意见》遵循未来产业发展规律，提出到2025年和2027年的发展目标：到2025年，未来产业部分领域达到国际先进水平。建设一批未来产业孵化器和先导区，突破百项前沿关键核心技术，形成百项标志性产品，打造百家领军企业，开拓百项典型应用场景，制定百项关键标准，培育百家专业服务机构，初步形成符合我国实际的未来产业发展模式。到2027年，未来产业综合实力显著提升，部分领域实现全球引领。关键核心技术取得重大突破，一批新技术、新产品、新业态、新模式得到普遍应用，重点产业实现规模化发展，培育一批生态主导型领军企业，构建未来产业和优势产业、新兴产业、传统产业协同联动的发展格局，形成可持续发展长效机制，成为世界未来产业的重要策源地。

《实施意见》提出，面向未来制造、未来信息、未来材料、未来能源、未来空间、未来健康等六大重点方向，实施国家科技重大项目和重大科技攻关，发挥国家实验室、全国重点实验室等创新载体作用，鼓励龙头企业牵头成立创新联合体，体系化推进关键核心技术攻关。

《实施意见》围绕技术供给、产品打造、主体培育、丰富场景、支撑体系等方面,构建未来产业的发展生态。一是强化技术供给。二是打造标志性产品。三是壮大产业主体。四是丰富应用场景。五是优化产业支撑体系。

资料来源:https://www.miit.gov.cn/zwgk/zcjd/art/2024/art_ 668516c79842469eaacad07738bf6408.html。

B.5
以科技自立自强培育新质生产力

赵奇锋*

摘　要： 新质生产力是习近平新时代中国特色社会主义思想的重要组成部分，是马克思主义政治经济学中国化的最新理论成果。新质生产力是以创新驱动为核心、以提高全要素生产率为目标的先进生产力。发展新质生产力是推动高质量发展的内在要求，是构建新发展格局的重要着力点，对于提升产业链供应链安全稳定水平、增强国际竞争力具有重要意义。科技自立自强是发展新质生产力的前提和基础。我国在科技自立自强方面取得显著成就，但与世界科技强国相比仍存在一定差距，以科技自立自强培育新质生产力任重道远。要通过完善科技创新政策和体制机制、加大基础研究投入力度、促进科技与产业深度融合、加强科技创新人才培养、深化国际科技合作交流，加快培育发展新质生产力，为全面建设社会主义现代化国家提供科技支撑，以中国式现代化全面推进中华民族伟大复兴。

关键词： 新质生产力　科技自立自强　高质量发展

一　新质生产力的内涵特征及重要意义

（一）新质生产力的缘起与发展

2023年9月，习近平总书记在黑龙江省考察时首次提出"新质生产力"的概念，指出发展新质生产力是推动高质量发展的内在要求和重要着力点，

---

* 赵奇锋，经济学博士，中国社会科学院数量经济与技术经济研究所、经济大数据与政策评估实验室副研究员，主要研究方向为技术创新与基础研究等。

新质生产力已经在实践中形成并展示出对高质量发展的强劲推动力、支撑力。① 2024年3月，习近平总书记在中共中央政治局第十一次集体学习时就新质生产力作了深入阐述，指出新质生产力是创新起主导作用，摆脱传统经济增长方式、生产力发展路径，具有高科技、高效能、高质量特征，符合新发展理念的先进生产力质态。② 2024年7月党的二十届三中全会审议通过《中共中央关于进一步全面深化改革　推进中国式现代化的决定》，进一步指出要健全因地制宜发展新质生产力体制机制，健全促进实体经济和数字经济深度融合制度。统筹推进教育科技人才体制机制一体改革，健全新型举国体制，提升国家创新体系整体效能。推进高水平科技自立自强，加快构建支持全面创新体制机制。新质生产力从理论走向全面实施，进入全面推行的阶段。

新质生产力是在新的历史条件下，以创新驱动为核心，以提高全要素生产率为目标，以新技术、新业态、新模式为主要表现形式的先进生产力。③ 创新驱动是核心，科技创新、制度创新、管理创新等多元创新有机结合，成为驱动新质生产力发展的内生动力。提高全要素生产率是目标，新质生产力强调发挥创新要素的放大、叠加、倍增效应，实现全要素生产率的持续提升。新技术、新业态、新模式是主要表现形式，新质生产力依托新一代信息技术，不断催生新技术、新业态、新模式，成为经济发展新动能。④

区别于传统生产力，新质生产力呈现出许多新的特征。其一，技术属性突出。新质生产力以新一代信息技术为核心，技术创新是提高生产力的关键变量。其二，知识密集度高。知识创新成为新质生产力形成和发展的重要基础，知识密集型产业成为新质生产力的重要载体。其三，资源配置优化。新质生产力强调创新资源优化配置，提高资源配置效率，实现资源的高效利用和可持续

---

① 《习近平在黑龙江考察时强调：牢牢把握在国家发展大局中的战略定位　奋力开创黑龙江高质量发展新局面》，新华社，2023年9月8日。
② 《习近平在中共中央政治局第十一次集体学习时强调：加快发展新质生产力　扎实推进高质量发展》，新华社，2024年2月1日。
③ 邱海平：《新质生产力理论的科学内涵及其重大创新意义》，《财经问题研究》2024年第5期。
④ 程恩富、陈健：《大力发展新质生产力　加速推进中国式现代化》，《当代经济研究》2023年第12期。

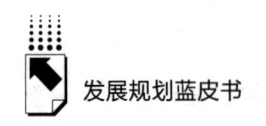

发展。其四，组织方式网络化。新质生产力依托现代信息技术，组织方式呈现扁平化、网络化、生态化特征，有利于提高组织效率和创新能力。其五，价值创造智能化。新质生产力通过人工智能等智能技术应用，提高生产过程的自动化、智能化水平，创造新的价值增长点。[1]

（二）科技自立自强与新质生产力的关系

第一，科技自立自强是发展新质生产力的前提保障。新质生产力的形成需要技术革命性突破和生产要素创新性配置，这就要求我们必须掌握关键核心技术，拥有自主知识产权。只有实现高水平科技自立自强，才能为新质生产力发展提供源头活水。当前，新一轮科技革命和产业变革加速演进，人工智能、量子信息、生物技术等前沿科技领域蓬勃发展，谁掌握这些领域的关键核心技术，谁就能主导未来发展方向。如果我们在这些领域被"卡脖子"、"缺芯少魂"，新质生产力就无从谈起。因此，加快实现高水平科技自立自强是发展新质生产力的前提和基础。

第二，发展新质生产力是科技自立自强的必然选择。新质生产力代表着先进生产力的发展方向，是科技创新的集中体现。发展新质生产力，就是要在关键核心技术上力争上游，在新兴领域新赛道上先行先试，这本身就需要实现高水平科技自立自强。近年来，我国科技实力持续增强，但在一些基础领域和关键环节还存在短板弱项，创新能力有待进一步提升。只有坚持自主创新，加大基础研究和应用基础研究力度，集中力量攻克一批关键核心技术，才能为发展新质生产力提供有力支撑。

第三，科技自立自强和发展新质生产力相互促进。科技自立自强为发展新质生产力注入强劲动力，发展新质生产力也将进一步增强我国的科技实力。二者相辅相成、良性互动，共同推动科技创新和经济社会发展。一方面，只有实现高水平科技自立自强，才能自主可控地运用先进技术，加快培育新动能、新产业，形成新质生产力。另一方面，新质生产力的发展也将催生更多原创性技术创新成果，为实现科技自立自强夯实基础。

---

[1] 任保平、豆渊博：《新质生产力：文献综述与研究展望》，《经济与管理评论》2024年第3期。

(三)培育新质生产力的重要意义

第一,有利于提升产业链供应链安全稳定水平,推动科技自立自强,增强国际竞争主动权。一是面对复杂形势下国际竞争的必然要求。世界经济格局正在发生深刻变革,新一轮科技革命和产业变革正在孕育兴起。必须加快发展新质生产力,才能在激烈的国际竞争中赢得主动。二是有利于提升产业链供应链安全稳定水平。近年来,受中美经贸摩擦等因素影响,部分产业面临"卡脖子"难题。发展新质生产力,就是要着力破解关键核心技术受制于人的难题,增强经济韧性和抗风险能力。三是有利于抢占未来科技制高点。新一代信息技术、生物技术、新能源、新材料等领域的发展日新月异,孕育新增长点。要瞄准世界科技前沿,加强前沿领域布局,抢占未来发展先机。

第二,有利于培育经济发展新动能、新优势,推动构建现代化经济体系,实现高质量发展。一是培育经济发展新动能的关键举措。我国经济已由高速增长阶段转向高质量发展阶段,传统发展动能逐步减弱,迫切需要培育新增长点和发展动能。发展新质生产力,就是要加快新兴产业培育和传统产业改造升级,打造经济发展新引擎。二是推进高质量发展的必由之路。高质量发展要求经济实现从粗放型增长向集约型增长转变。发展新质生产力,就是要以创新驱动发展,加快构建现代化产业体系,提高全要素生产率,推动经济发展质量变革、效率变革、动力变革。三是满足人民日益增长的美好生活需要的基本条件。发展新质生产力,要顺应人民对美好生活的向往,扩大优质产品和服务供给,不断满足人民群众多层次、多样化需求,促进社会公平正义和人的全面发展。

第三,有利于提高居民收入水平,推动全体人民共同富裕,加快迈入高收入国家行列。一是提高居民收入的重要基础。发展新质生产力,就是要加快高附加值产业发展,推动数字经济、智能制造、生命健康等领域取得突破,为居民收入持续增长提供有力支撑。二是有利于创造更多高收入就业岗位。发展新质生产力,就是要顺应产业结构转型升级趋势,大力发展现代服务业,创造更多高收入就业岗位,拓宽居民就业渠道和增收空间。三是推动共同富裕的必由之路。发展新质生产力,就是要在做大蛋糕的同时,更加注重分好蛋糕,构建

初次分配、再分配、三次分配协调配套的基础性分配制度安排,让改革发展成果更多、更公平地惠及全体人民。

二 以科技自立自强培育新质生产力的理论基础

(一)科技自立自强是实现创新驱动发展的必由之路

党的二十大报告指出,必须坚持创新在我国现代化建设全局中的核心地位,把科技自立自强作为国家发展的战略支撑。科技自立自强通过提升原始创新能力、掌握关键核心技术、攻克"卡脖子"难题,为创新驱动发展提供持续动力。只有在关键领域和核心环节实现自主可控,打破科技封锁和垄断,才能掌握创新发展主动权,实现高质量发展。具体而言,科技自立自强要求加强基础研究,夯实科技创新基础。通过部署国家实验室、重大科技基础设施等,超前布局前沿领域和颠覆性技术创新,为我国经济社会发展提供源头供给。同时,科技自立自强要求深化科技体制改革。要深入实施创新驱动发展战略,加快建设国家创新体系,强化国家战略科技力量,健全社会主义市场经济条件下的新型举国体制。要完善科技创新机制和政策,健全以企业为主体、市场为导向、产学研深度融合的技术创新体系,完善科技成果转化机制,健全科技人才发展体系,为创新驱动发展提供制度保障。科技自立自强是顺应世界科技发展大势、把握新一轮科技革命和产业变革机遇的必然选择,是实现创新驱动发展的必由之路。

(二)科技自立自强是提高全要素生产率的关键抓手

传统要素投入对经济增长的贡献率在下降,全要素生产率已经成为经济增长的主要源泉。科技自立自强通过技术创新、提高科技成果转化应用水平,推动科技与经济深度融合,显著提升全要素生产率。一方面,自主创新提高生产效率,通过新技术、新工艺、新装备的应用,优化生产流程,降低能源资源消耗,提高投入产出效率。例如,工业互联网通过全要素、全产业链、全价值链的全面连接,打通人、机、物、系统之间的信息壁垒,实现制造资源的优化配置和高效利用,大幅提升生产效率。另一方面,自主创新催生新产业新业态,创造新的经济增长点，提升经济发展质量。数字经济就是科技创新催生的新业态，通过数字技术与实体经济深度融合，培育新产业新业态新模式，打造经济发展新引擎。

（三）科技自立自强是推动产业转型升级的重要引擎

一是科技自立自强要求聚焦战略性新兴产业，加快培育发展新一代信息技术、高端装备、新材料、生物医药、新能源等产业，构筑产业发展新支点。大力发展数字经济，推动数字产业化和产业数字化，推进数字产业与实体经济深度融合，打造具有国际竞争力的数字产业集群。发展高技术服务业，推动生产性服务业向专业化和价值链高端延伸，推动生活性服务业向高品质和多样化升级。二是科技自立自强要求加快传统产业改造提升，运用新技术、新工艺、新装备、新材料改造传统产业，推进传统产业数字化、网络化、智能化转型，提升产业链供应链现代化水平。实施产业基础再造工程，加强产业链关键环节、关键领域、关键产品的技术攻关和产业化应用，增强产业链供应链自主可控能力，提高产业质量和核心竞争力。

（四）科技自立自强是实现中国式现代化的重要支撑

党的二十大报告指出，全面建设社会主义现代化国家，必须坚持中国特色社会主义道路，坚持以中国式现代化全面推进中华民族伟大复兴。中国式现代化是科技强国、人才强国支撑的现代化。科技自立自强是支撑中国式现代化的坚实基础。科技自立自强要求坚持创新在现代化建设全局中的核心地位，把科技自立自强作为国家发展的战略支撑，完善国家创新体系，加快建设科技强国。面向世界科技前沿、面向经济主战场、面向国家重大需求、面向人民生命健康，不断提升科技创新能力，在重要科技领域实现跨越发展，在关键核心技术上取得新突破，为中国式现代化提供源源不断的科技支撑。同时，科技自立自强要求加快实现高质量发展。坚持以推动高质量发展为主题，把实施扩大内需战略同深化供给侧结构性改革有机结合起来，增强国内大循环内生动力和可靠性，形成需求牵引供给、供给创造需求的更高水平动态平衡，实现更高质量、更有效率、更加公平、更可持续、更为安全的发展。

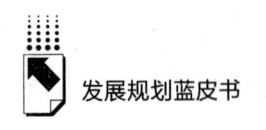

三 我国科技自立自强的现状及面临的挑战

（一）我国科技自立自强的现状

2018年，针对美国对我国高科技产业企业的打压不断升级，《科技日报》以连续三个月的系列报道，深入剖析制约我国工业发展的35项"卡脖子"关键核心技术，其中包括芯片、操作系统、触觉传感器、真空蒸镀机以及医学影像设备元器件等（见表1）。以习近平同志为核心的党中央高瞻远瞩，适时提出加快实现高水平科技自立自强的战略方针。近年来，经过不懈努力，我国在科技自立自强方面取得显著成就。科技创新能力不断增强，取得一批重大科技创新成果。"天问一号"实现火星探测器首次着陆；"嫦娥五号"实现月球采样返回；"奋斗者"号成功完成万米海试并胜利返航；"北斗三号"全球卫星导航系统正式开通；"地壳一号"钻井深度超过7000米；世界最深地下实验室在地下2400米探寻"宇宙微光"；量子计算原型机"九章号""祖冲之号"问世；我国科学家在国际上首次实现利用二氧化碳人工合成淀粉等。

2023年，我国全社会研发经费超过3.3万亿元，是2012年的3.2倍，居世界第二位；研发投入强度达到2.64%；研发人员全时当量居世界第一。全社会基础研究投入从2012年的499亿元提高到2023年的2212亿元，占全社会研发投入比例从4.8%升至6.6%。随着科技投入持续攀升，我国科技整体实力显著提高，如期进入创新型国家行列。2023年，我国全球创新指数排名升至第12位。[1]

但是，与世界科技强国相比，我国原始创新能力不强，关键核心技术受制于人的局面没有从根本上得到改变。基础研究投入不足，与国际先进水平差距较大。关键领域核心技术和高端芯片、基础软件、基础元器件、基础材料等的对外依存度较高。产学研深度融合机制尚不健全，科技成果转移、转化能力不强，高水平创新人才和领军人才匮乏等。同时，全球科技创新格局加速演变，

---

[1] 《奔向科技强国的伟大征程——八年来我国科技事业成就综述》，中国科技网，2024年6月24日。

新一轮科技革命和产业变革正在重构全球创新版图，科技创新成为国际战略博弈主战场。以美国为代表的发达国家持续加大科技创新投入，抢占科技制高点，强化在全球科技创新中的主导地位。一些发展中国家也在加快科技追赶步伐，科技实力不断增强。

表1 《科技日报》35项"卡脖子"关键核心技术清单

序号	技术	序号	技术
1	光刻机	19	高压柱塞泵
2	芯片	20	航空设计软件
3	操作系统	21	光刻胶
4	触觉传感器	22	高压共轨系统
5	真空蒸镀机	23	透射式电镜
6	手机射频器件	24	主轴承
7	航空发动机短舱	25	微球
8	iCLIP技术	26	水下连接器
9	重型燃气轮机	27	高端焊接电源
10	激光雷达	28	锂电池隔膜
11	适航标准	29	燃料电池关键材料
12	高端电容电阻	30	医学影像设备元器件
13	核心工业软件	31	数据库管理系统
14	ITO靶材	32	环氧树脂
15	核心算法	33	超精密抛光工艺
16	航空钢材	34	高强度不锈钢
17	铣刀	35	扫描电镜
18	高端轴承钢		

资料来源：《科技日报》。

（二）核心技术攻关的关键难点

近年来，我国在核心技术攻关方面取得长足进步，但仍面临诸多挑战和难点。第一，基础研究薄弱。核心技术的突破依赖于基础研究的积累和沉淀，但我国基础研究成果不足，源头创新能力薄弱，难以支撑引领核心技术的根本性变革。第二，关键领域"卡脖子"问题突出。集成电路、工业母机、高端芯片等领域核心技术受制于人，对外依存度高。一旦国外禁运或者提高价格，将严重影响产业安全。第三，创新链、产业链、供应链不畅。科技成果转化应用效率不高，产学研深度融合机制尚不健全，三链对接存在梗阻。创新资源尚未形成合力以攻关核心技术。第四，科技人才培养亟待加强。拔尖创新人才、领军人才、青年科技人才、高水平创新团队等仍然不足，人才评价激励机制还不完善，科研人员创新积极性有待进一步调动。第五，科技管理体制机制有待优化。科技计划的顶层设计和统筹协调有待加强，重大科技任务的部署和组织实施机制尚不完善。科研项目管理存在碎片化等问题，导致资金使用效率不高。科研评价体系不健全，存在短期化、功利化倾向。

（三）国际技术限制与贸易壁垒的挑战

我国在科技创新和经济发展过程中面临着日益严峻的国际技术限制与贸易壁垒挑战。一些发达国家出于遏制中国发展的战略考量，不断升级技术封锁和市场准入限制，严重影响我国新质生产力的培育和壮大。其一，美国等部分发达国家加大对我国技术企业和科研机构的打压力度。美国以所谓国家安全为由，将我国众多高科技企业列入"实体清单"，限制它们获取关键技术、元器件和设备，并且通过"长臂管辖"迫使他国对我国实施技术禁运。这严重阻碍了我国电子信息、生物医药、新材料、航空航天等战略性新兴产业的自主创新和产业化进程。其二，一些发达国家不断提高技术壁垒，限制中国技术标准的海外推广应用。一些国家在国际标准制定中通过所谓的"内外有别"，使我国自主知识产权的技术标准难以被采纳。同时，一些国家还利用技术标准、知识产权等设置市场准入壁垒，对我国高技术产品和服务设限，导致我国企业在全球市场竞争中处于不利地位。其三，个别国家滥用国家安全审查，限制我国资本和技术的全球布局。一些国家对中国企业海外投资设置众多障碍，严审科技并购交易，使一大批高质量对外投资项目难以落地。同时，还通过提高投资门槛、强化安全审查等手段，限制我国资本进入基础研究、前沿技术、关键基础设施等领域，遏制我国获取先进技术和核心资源。其四，一些发达国家还通过人才政策设限，阻碍中外科技人文交流。一些国家出台各种签证限制措施，使我国留学生、访问学者面临更多不确定性。对某些领域中国籍科研人员的研发工作设置诸多限制，甚至以莫须有的罪名对中国科学家进行惩戒，严重影响中外人才双向流动和创新合作。

四 科技自立自强培育新质生产力的国际经验借鉴

(一)美国的"科技—产业—金融"创新模式

美国在科技创新领域的成功离不开其独特的"科技—产业—金融"模式,可为我国在培育新质生产力方面提供宝贵的经验借鉴。

第一,高度重视基础研究和应用研究融合发展。美国拥有世界一流的研究型大学和国家实验室,在基础研究领域保持领先优势。同时,美国非常注重将科研成果转化为现实生产力,通过产学研合作、技术转移等机制,促进科技成果产业化。斯坦福大学的科技园区、麻省理工学院的林肯实验室等都是科研与产业紧密结合的成功范例。

第二,完善的风险投资体系提供了强大的金融支持。美国的风险投资规模位居世界前列,硅谷等地汇聚了大量的创业企业和风险投资机构,为初创企业提供资金支持,帮助其度过"死亡之谷",加速技术产品化和商业化进程。风险投资还为创业者提供了丰富的人脉资源和管理经验,提升创业成功率。这种市场化的金融支持模式极大地激发了创新创业活力,加速新技术的产业化进程。

第三,营造良好的创新创业生态。美国拥有健全的知识产权保护制度,为创新者提供有力的制度保障。发达的技术市场和完善的人才流动机制促进创新要素的自由流动和优化配置。同时,社会鼓励创新、宽容失败的文化氛围,激发全社会的创新热情。政府还通过税收优惠、政府采购等政策工具,营造良好的创新创业环境。这种生态系统模式为科技创新和产业发展提供了肥沃的土壤。

(二)德国制造的"隐形冠军"

德国培育"隐形冠军"企业的成功经验对于推动中小型创新企业发展、培育新质生产力具有重要启示。

第一,政府为中小型创新企业营造良好的政策环境。德国出台一系列扶持中小企业发展的政策,如减税降费、简化行政程序等,降低中小企业的经营成

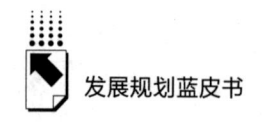

本和制度性交易成本。另外，设立多个面向中小企业的研发资助项目，如中小企业创新资助计划（ZIM）等，为企业研发创新提供资金支持。同时，德国还建立完善的知识产权保护制度，保护中小企业的创新成果。这些政策举措为中小型创新企业的发展壮大创造了有利条件，是德国涌现出大量"隐形冠军"的重要原因。

第二，构建多元协同的创新生态系统，促进"隐形冠军"企业技术创新。德国拥有全球领先的科研机构和大学，如马普学会、弗劳恩霍夫应用研究促进协会等，为企业提供强大的基础研究和应用研究支撑。同时，建立广泛的产学研合作网络，通过技术转移、合作研发等方式，促进科研成果转移转化。此外，还发展门类齐全的创新服务业，如工业设计、技术咨询、检验检测等，为中小企业创新活动提供专业化服务。这种多元协同的创新生态，有利于加快创新成果的产业化进程，促进了中小型"隐形冠军"企业不断涌现。

第三，重视中小企业的人才培养，为中小型"隐形冠军"企业输送大批高素质人才。德国拥有完善的"双元制"职业教育体系，通过校企合作培养大批掌握专业技能的技术工人。中小企业十分重视员工培训和继续教育，通过在职培训、轮岗锻炼等方式，不断提升员工技能水平和创新能力。另外，德国还实施"蓝卡"等吸引国际人才的政策，为中小企业引进急需专业人才提供便利。正是基于专业化、精细化、国际化人才队伍，德国"隐形冠军"企业才能在全球竞争中脱颖而出，引领行业技术发展方向。

（三）日本的官产学研合作模式

日本的官产学研合作模式在培育新质生产力方面具有重要的借鉴意义。下文将从合作机制、政策支持、人才培养三个维度，论述日本官产学研合作模式的特点及其启示。

第一，建立高效协同的官产学研合作机制。日本的官产学研合作主要通过两种模式开展：一是以政府部门为主导，搭建合作平台，促进产学研之间的交流合作；二是以企业为主体，与大学及研究机构开展联合研发。在第一种模式中，通产省等政府部门牵头组织多个研发联盟和技术创新联盟，搭建官产学研合作制度化平台。在第二种模式中，企业普遍设立中央研究所，与大学共建联合实验室，开展前沿技术研究。两种模式相互补充，形成紧密合作的网络，有效整合创新资源。

第二,政府为官产学研合作提供全方位的政策支持。日本政府设立多项面向产学研合作的科技计划,如"未来开拓学术研究推进事业"等,为合作项目提供资助。此外,还修订促进技术转移的相关法律,如《大学等技术转移促进法》等,完善产学研合作法律制度环境。同时,还出台研发税收优惠、金融支持等政策,鼓励企业加大研发投入,参与官产学研合作。这些政策举措为官产学研合作扫清了制度性障碍,营造了良好的协同创新生态。

第三,注重科技人才的培养,为官产学研合作输送高水平研发人才。日本大学普遍设立产学合作专门机构,加强学生实践能力培养。企业重视员工的在职培训,通过选送研发人员到大学进修、参与合作项目等方式,提升人才研发水平。在官产学研合作项目中,高校、研究机构与企业人员通过共同工作,加强彼此间的互动交流,实现人才双向流动。官产学研合作既为高校培养人才提供实践平台,也为企业输送优秀科研人才,形成人才培养良性循环。

五 以科技自立自强培育新质生产力的政策建议

(一)完善经济与科技体制机制,推动科学技术革命性突破

以科技自立自强加快培育新质生产力,关键在于完善科技创新政策和体制机制。加快科技管理体制改革,建立健全科技创新决策、咨询、评估机制,提高科技决策的科学化、民主化水平。深化科技计划管理改革,优化整合科技计划,建立公开统一的国家科技管理平台,提高科技资源配置效率。完善以企业为主体的产学研深度融合机制,支持企业牵头组建产业技术创新战略联盟,协同开展关键核心技术攻关。加大科技金融支持力度,完善科技与金融结合机制,为科技创新提供多元化融资服务。营造鼓励创新、宽容失败的社会氛围,完善科技人员收益分享和职务科技成果所有权或长期使用权激励机制,充分调动科研人员创新积极性。

(二)加快高标准市场体系建设,优化生产要素创新性配置

以高标准市场体系完善为手段优化生产要素创新性配置,是培育新质生产

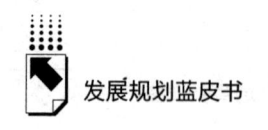

力的重要途径。健全统一开放的要素市场体系，破除地方保护主义和行业垄断，消除要素跨区域流动障碍，推动土地、劳动力、资本、技术、数据等要素在更大范围内自由流动和优化配置。完善要素价格形成机制，深化资源性产品价格改革，健全市场化的资源要素价格形成和动态调整机制，充分发挥价格信号对资源配置的引导作用。着力培育和发展技术要素市场，建立健全技术交易规则和服务体系，促进技术要素与资本要素融合发展，加速科技成果转化。规范发展数据要素市场，建立数据资源产权、交易流通、跨境传输和安全保护等基础制度和标准规范，促进数据高效流通与安全应用。

（三）促进实体经济与数字经济深度融合，加快产业创新驱动发展

促进实体经济与数字经济深度融合，加快产业创新驱动发展，是新质生产力发展的重要方向。数字技术正在深刻改变传统产业形态，推动经济社会朝数字化、网络化、智能化方向发展。加快传统产业数字化转型，鼓励传统制造业企业应用大数据、人工智能、物联网等新一代信息技术，推进智能制造、网络协同制造、个性化定制等新模式发展。推动数字产业化发展，培育壮大云计算、大数据、人工智能等新兴数字产业，发展数字产业集群，打造具有国际竞争力的数字产业生态。构建数字化协同创新体系，推动建立跨行业、跨领域的数字化协同创新平台，促进产学研用深度融合。完善数字经济治理体系，建立健全数据资源管理、数字市场监管、网络安全保障等制度，为数字经济发展营造良好的环境。

（四）加强科技创新人才培养，夯实科技自立自强人才基础

科技竞争归根结底是人才竞争，科技自立自强必须坚持人才引领驱动。统筹国内国际两个人才资源，加快建设一支规模宏大、结构合理、素质优良的科技创新人才队伍。深化高校人才培养模式改革，注重交叉学科人才培养，着力培养具备前瞻性思维、全局性视野、创新性方法的复合型人才。实施高层次人才特殊支持计划，加大对战略科学家、学科领军人才、青年科技人才的支持力度，造就一批具有国际影响力的顶尖科技人才。完善人才评价和激励机制，为人才脱颖而出、施展才华提供制度化保障。营造良好人才发展环境，完善人才流动机制，畅通人才发展通道，为人才成长发展提供更加广阔的空间。大力弘

扬科学家精神，在全社会营造尊重劳动、尊重知识、尊重人才、尊重创造的浓厚氛围。

（五）深化国际科技合作与交流，提升科技创新国际化水平

科技自立自强必须立足国内、放眼全球，积极融入全球科技创新网络。统筹国际国内两个市场、两种资源，提高国际科技合作的系统性、协同性。积极参与全球科技创新治理，深度参与全球重大科学计划和科学工程，推动设立面向全球的科学研究基金，在更高起点谋划和推进国际科技合作。围绕关键核心技术，广泛开展高水平国际科研合作，积极引进海外高层次人才，充分利用全球创新资源。支持国内外优质创新资源双向流动，鼓励国内企业、高校、科研机构在海外设立研发中心，布局全球创新网络。完善外籍高层次人才来华工作、科研条件，为各国科学家来华从事科研、学术交流提供便利。办好世界一流科技期刊，提高我国科技期刊的国际影响力。营造开放、包容、互信的国际科技合作环境，共同应对全球性挑战，携手推进全球科技创新事业发展。

参考文献

习近平：《在纪念马克思诞辰 200 周年大会上的讲话》，人民出版社，2018。
中共中央文献研究室编《习近平关于科技创新论述摘编》，中央文献出版社，2016。

B.6 以科技创新提升全要素生产率*

刘建翠**

摘　要： 创新是提高全要素生产率的重要途径之一。在当今社会创新的作用越来越强，科技创新促进了经济社会发展，提高了全要素生产率。本文首先分析了科技创新提高全要素生产率的机理，用模型实证了科技创新能够提高全要素生产率；其次分析了新时代中国全要素生产率的变化趋势；再次，与国际比较发现，中国全要素生产率仍较低，分析了提高全要素生产率面临的困难；最后，提出了加大研发投入强度、提高资源配置效率、挖掘资源配置范围扩大的潜力、提升投资效率、全面提高人力资本、继续深化供给侧结构性改革等提高全要素生产率的建议。

关键词： 科技创新　全要素生产率　教育水平

全要素生产率（Total Factor Productivity，TFP）反映了一个经济体发展的质量和可持续性，凡是以全要素生产率提升为主要动力的经济增长都是更高质量的发展，也是更具持续性的经济增长。① 故提高全要素生产率及其对经济增长的贡献率是实现高质量发展的内在要求，也是新质生产力的核心。全要素生产率是考虑全部生产要素投入所计算出的生产率，即产出量与全部生产要素投入量之比。自2015年全要素生产率首次被写进了《政府工作报告》，提高全要素生产率多次出现在政府相关文件中，国家层面充分认识到了提高全要素生产率的重要性。

---

* 本文部分内容发表于吴滨、刘建翠、朱承亮、高洪玮等著《中国生产率研究：新时代十年生产率变化趋势分析》，中国社会科学出版社，2023。
** 刘建翠，中国社会科学院数量经济与技术经济研究所副研究员，主要研究方向为技术创新与效率分析。
① 都阳：《以人口高质量发展培育新质生产力》，《中国社会科学报》2024年3月7日。

一 科技创新提升全要素生产率的机理分析

（一）科技创新与全要素生产率

创新是一个民族进步的灵魂，是一个国家兴旺发达的不竭动力。创新居于五大发展理念之首，2016年公布的《国家创新驱动发展战略纲要》中将科技创新摆在国家发展全局的核心位置，确立了建设世界科技强国的战略目标。党的二十大报告强调，坚持创新在我国现代化建设全局中的核心地位。从历史上来看，科技创新对经济增长发挥了重要作用，创新一直是经济增长的主要动力，促使生产率不断提高。① 全要素生产率作为分析经济增长源泉的核心指标，是分析经济增长源泉的重要工具，更是政府制定长期可持续增长政策的重要依据。从新古典经济理论出发，对一国经济增长动能的研究离不开从生产要素角度的测算分析，即将经济增长分解为要素投入增长和全要素生产率（TFP）增长的贡献。

经济学意义上的创新最早见于经济学家熊彼特在1912年出版的《经济发展理论》，创新即"建立一种新的生产函数"。在该书中提出了创新的五种情况：①引进新产品；②采用新技术，即新的生产方法；③开辟新市场；④控制原材料的新供应来源；⑤实现企业的新组织。全要素生产率的提高来自技术进步和配置效率提高。熊彼特对创新的分类，可以对应于全要素生产率提高的两种源泉，即引进新产品和采用新技术是技术进步，开辟新市场、控制原材料的新供应来源和实现企业的新组织主要对应于配置效率提高。

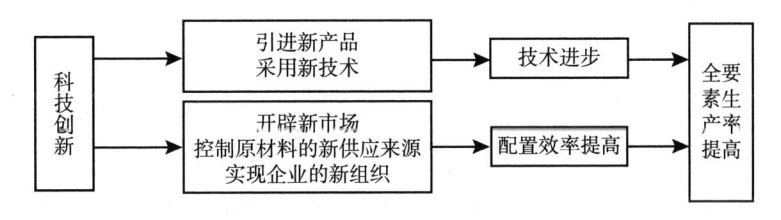

图1 全要素生产率机制传导

---

① 程如烟：《创新驱动增长的未来如何：生产率停滞还是复苏？》，《科技中国》2023年第2期。

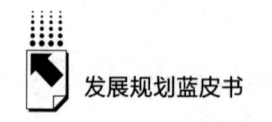

（二）科技创新对全要素生产率的影响分析

专利是表征一个经济体创新能力的重要指标之一，专利申请量和授权量反映了一个国家或区域的科技进步程度，发明专利比其他形式的专利更加具有原创性和知识垄断性，更能体现知识更新程度。同时相比专利授权量，专利申请量更能代表一个国家或区域的创新能力，并且由于专利制度比较稳定，专利数据易于获得且可用，在实证分析中具有较强的可靠性和稳健性。[①] 这里，以发明专利的申请量作为表征科技创新的指标，揭示其对全要素生产率的影响。借鉴邱斌等[②]、蔡乌赶和周小亮[③]的方法，以 1985 年 TFP 为 1，1986 年的 TFP 是 1985 年的 TFP 乘以 1986 年的 TFP 增长率，依此类推，得到 1986~2022 年的 TFP。参考已有文献，模型设定如下：

$$\ln LTFP = \alpha_0 + \alpha_1 \ln LTFP_{-1} + \alpha_2 \ln PAT + \alpha_3 EDU + \alpha_4 FDI + \alpha_5 NAG + \varepsilon \quad (1)$$

其中，$\ln LTFP$ 为全要素生产率的对数，$\ln LTFP_{-1}$ 为滞后一期全要素生产率的对数，PAT 是发明专利申请量；EDU 代表人口受教育程度，用 6 岁以上人口平均受教育年限表示；FDI 是外商投资总额与 GDP 的比值，外商投资能够带来技术溢出，影响全要素生产率；NAG 是第二产业和第三产业增加值之和占 GDP 比重，代表了产业结构高级化，ε 是其他误差项。为了消除异方差，发明专利申请量取对数。价值数据以 1978 年为基期。

中国的专利统计始于 1986 年，用 1986~2022 年的时间序列数据分析创新对全要素生产率的影响。采用"OLS+稳健标准误"回归模型，经过稳健性检验后，计算结果如表 1 所示。

---

① 张亚峰、刘海波、陈光华等：《专利是一个好的创新测量指标吗？》，《外国经济与管理》2018 年第 6 期。
② 邱斌、杨帅、辛培江：《FDI 技术溢出渠道与中国制造业生产率增长研究：基于面板数据的分析》，《世界经济》2008 年第 8 期。
③ 蔡乌赶、周小亮：《中国环境规制对绿色全要素生产率的双重效应》，《经济学家》2017 年第 9 期。

表 1　回归结果

变量	Coef.	Std. Err.	t	P>|t|	[95% Conf. Interval]
$\ln LTFP_{-1}$	0.651***	0.0643	10.13	0	[0.5200, 0.7828]
$\ln PAT$	0.037***	0.0095	3.88	0.001	[0.0175, 0.0565]
EDU	-0.019	0.0138	-1.39	0.176	[-0.0474, 0.0091]
FDI	0.008***	0.0025	3.30	0.003	[0.0031, 0.0132]
NAG	1.465***	0.3112	4.71	0	[0.8293, 2.1003]
_cons	-1.250***	0.2542	-4.92	0	[-1.7695, -0.7312]
F(5,30)	5058.02				
R^2	0.999				

注：*** 表示在1%水平上显著。

回归结果显示，滞后项和发明专利申请量、外商投资以及产业结构高级化等均能显著提高全要素生产率，分别在1%的水平上显著。产业结构高级化促进生产要素从生产率低的部门进入生产率高的部门，提高了生产效率。发明专利申请量的增加代表技术进步能有效提高生产效率，与1986年相比，2022年发明专利申请量提高了201.18倍，说明科技创新提高了生产率。外商投资不仅带来技术溢出，还能带来管理水平的提高和企业组织规模的扩大，均能提高生产率。受教育水平会降低全要素生产率但不显著，可能是目前人口受教育程度相对较低，根据联合国开发计划署发布的人类发展指数，2019年以来中国平均受教育年限为8.1年，不仅低于世界平均水平，也远远低于同组别的其他国家，2022年中国就业人口中初中及以下水平的占60%，是就业人员主力，受教育水平的提高不是一蹴而就的，需要长期的努力，就此而言，中国生产率提高还有较大提升空间。

二　全要素生产率的政策梳理与我国全要素生产率现状

（一）全要素生产率的政策梳理

2015年《政府工作报告》指出，要增加研发投入，提高全要素生产率。此后，全要素生产率陆续出现在政府规划和相关文件中。国家"十三五"规划纲要中将"全要素生产率明显提高"作为"十三五"期间经济社会发展的主要目标之一，强调要提高全要素生产率。党的十九大报告指出，我国经济已由高速增长阶段转向高质量发展阶段，要推动经济发展质量变革、效率变革、动力变革，提高全要素生产率。党的二十大报告指出，加快建设现代化经济体系，着力提高全要素生产率，着力提升产业链供应链韧性和安全水平，着力推进城乡融合和区域协调发展，推动经济实现质的有效提升和量的合理增长。2024年《政府工作报告》提出，充分发挥创新主导作用，以科技创新推动产业创新，加快推进新型工业化，提高全要素生产率，不断塑造发展新动能新优势，促进社会生产力实现新的跃升。通过创新来提高全要素生产率成为共识。

2023年习近平总书记在四川、黑龙江等地考察时提出"加快形成新质生产力"，这是对当前生产力跃迁的总结，2023年12月中央经济工作会议后，中财办有关负责同志在接受采访时表示，新质生产力以全要素生产率提升为核心标志。党的二十届三中全会决定提出，健全因地制宜发展新质生产力体制机制，通过深层次改革，建设和完善新质生产力体制机制，打通束缚新质生产力发展的堵点卡点，充分发挥市场在资源配置中的决定性作用，更好发挥政府作用，促进各类先进生产要素向发展新质生产力集聚，大幅提升全要素生产率，增强高质量发展的内生动力。

（二）新时代我国全要素生产率变化分析

党的十八大以来中国经济进入新常态，经济增长从高速转向中高速，在新的发展阶段和发展理念下，提高全要素生产率及其对经济增长的贡献是需要加以重点分析的。在经济增长测度实践中，更多的是关注全要素生产率的变化，即全要素生产率指数或全要素生产率增长率。[①] 本部分采用增长核算法测算2012~2022年我国全要素生产率增长率。增长核算法是OECD推荐的方法，相比其他测算全要素生产率的方法，其更适用于经济发展变化较大国家或地区的定期生产率统计研究。[②]

---

① 李平：《提升全要素生产率的路径及影响因素——增长核算与前沿面分解视角的梳理分析》，《管理世界》2016年第9期。
② 李平、王宏伟、张静：《改革开放40年中国科技体制改革和全要素生产率》，《中国经济学家》（英文版）2018年第1期。

产出指标用 GDP 表示，劳动力投入用年均就业人数表示，资本存量采取永续盘存法计算。为了减小初期资本存量对后续研究结果的影响，本报告资本存量计算起始点是 1978 年，资本流量用固定资本形成总额衡量，1978～1990 年的价格指数采用龚飞鸿等①计算的 1978～1990 年固定资产投资价格指数，1991～2019 年的数据来自相关年份《中国统计年鉴》，2020～2022 年的数据采用指数平滑法计算。折旧率的取值，1978～1986 年采取官方数据，1987～2018 年根据投入产出表或投入产出延长表的数据来计算，2019～2022 年参考 2018 年的数据。本报告假设规模报酬保持不变，资本与劳动力的产出弹性用份额法来计算，数据来自《中国统计年鉴 2023》。

运用以上处理过的数据，计算得到 2012～2022 年的全要素生产率增长率，以及资本和劳动力增长、全要素生产率增长对经济增长的贡献（见表 2），为了便于清晰地看到要素投入增长和全要素生产率增长对经济增长的贡献，绘制图 2。

表 2　2012～2022 年中国要素投入增长及全要素生产率增长对经济增长的贡献

单位：%

年份	增长率				贡献率		
	GDP	资本	劳动力	全要素生产率	资本	劳动力	全要素生产率
2012	7.90	15.27	0.10	1.02	86.36	0.68	12.96
2013	7.80	14.38	0.07	1.46	80.81	0.50	18.70
2014	7.40	13.33	0.06	1.57	78.35	0.48	21.18
2015	7.00	12.04	0.01	1.88	72.99	0.10	26.90
2016	6.80	11.13	-0.07	2.08	70.06	-0.57	30.52
2017	6.90	10.50	-0.17	2.49	65.34	-1.42	36.08
2018	6.70	9.96	-0.30	2.72	62.05	-2.64	40.59
2019	6.00	9.39	-0.40	2.30	65.54	-3.90	38.36
2020	2.20	8.28	-0.47	-0.84	150.97	-12.92	-38.05
2021	8.40	8.24	-0.53	5.31	40.47	-3.69	63.22
2022	3.00	8.75	-1.14	0.08	119.82	-22.47	2.65
2012～2022	6.36	10.70	-0.26	1.94	71.76	-2.35	30.58

① 龚飞鸿、刘满强、陈平、刘建翠：《中国经济增长与生产率发展报告》，载汪同三、郑玉歆主编《中国社会科学院数量经济与技术经济研究所发展报告 2008》，社会科学文献出版社，2008。

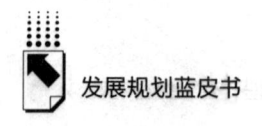

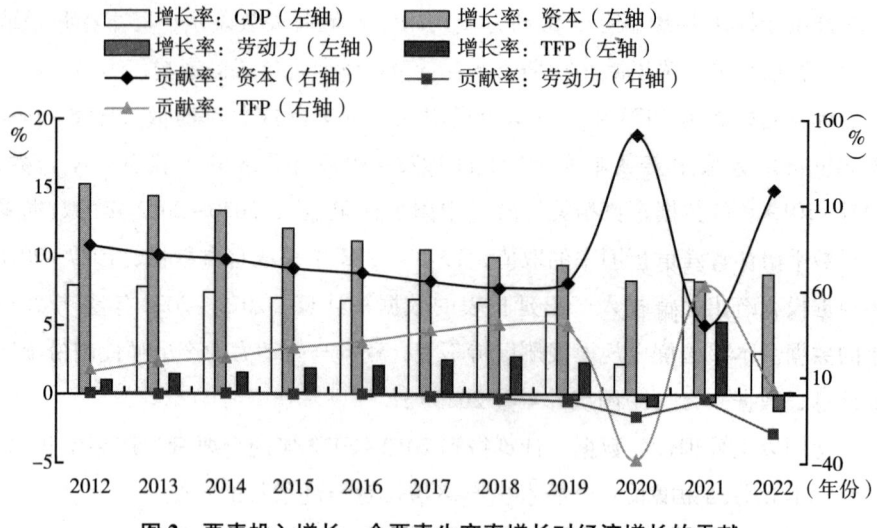

图2 要素投入增长、全要素生产率增长对经济增长的贡献

根据表2和图2，2012~2022年中国经济年均增长6.36%，资本年均增长10.70%，是经济增长率的1.68倍，劳动力增长率是负数，全要素生产率年均增长1.94%。从各要素对经济增长的贡献看，资本贡献率为71.76%，全要素生产率的贡献率为30.58%，劳动力贡献率为负数，中国经济增长仍然是投资驱动型的。

表2揭示，中国经济进入新常态后，经济增长率持续下滑，从2012年的7.90%下降到2019年的6.00%（2020年经济增长率只有2.20%，是受新冠疫情影响，属于非正常波动），2021年有所反弹至8.40%，因疫情、通胀、债务危机、市场低迷等多方面的影响，2022年下降到3.00%，资本的增长率也从2012年的15.27%下降到2022年的8.75%，下降了6.52个百分点，劳动力的增长率从2012年的0.10%下降到2022年的-1.14%，下降了1.24个百分点；全要素生产率的增长率从2012年的1.02%提高到2021年的5.31%，2022年又下降到0.08%。随着资本投入的迅速减少，2018年全要素生产率增长对经济增长的贡献率迅速提高，但新冠疫情导致国内外经济循环受阻，生产链、供应链受阻，大部分企业的生产受到严重影响，进而影响了中国经济的高质量发展，2020年全要素生产率的增长率为负数，随着2021年经济有所好转，全要素生产率增长对经济增长的贡献率超过了要素投入增长，但是受国内外市场低

迷的影响，2022年经济增长率迅速下滑，全要素生产率的增长率迅速下降，对经济增长的贡献率也迅速下降。

三 全要素生产率国际比较

为了使计算结果具有可比性，数据处理方式和计算方法保持一致是必需的。本部分引用了佩恩表（PWT10.0）计算的相对全要素生产率指数（PPP价格计算，USA=100），比较发达国家以及"金砖四国"的全要素生产率增长情况（见表3）。

表3 主要国家的相对全要素生产率指数（按照PPP计算，美国=100）

单位：%

年份	美国	日本	德国	法国	英国	意大利	加拿大	中国	印度	巴西	俄罗斯
2010	100	66.90	92.35	94.71	80.72	81.90	81.90	41.60	40.35	60.25	51.50
2011	100	66.06	93.68	93.55	82.31	78.82	82.15	41.82	41.16	62.24	58.48
2012	100	66.43	91.45	93.85	79.55	73.90	81.51	42.69	43.12	60.75	60.91
2013	100	67.95	90.72	91.83	78.23	73.75	83.15	41.98	41.61	60.03	59.47
2014	100	66.69	90.87	90.56	76.60	72.55	82.35	41.99	41.92	58.29	56.94
2015	100	67.40	90.79	91.53	76.42	71.31	79.32	42.32	42.77	54.24	50.10
2016	100	65.47	92.91	90.98	77.63	71.33	79.29	42.36	43.43	52.31	49.47
2017	100	65.19	94.28	91.85	79.01	72.76	82.12	43.19	43.92	52.34	52.69
2018	100	63.34	92.35	90.33	77.81	71.72	81.78	40.98	44.59	51.80	55.59
2019	100	63.48	90.88	88.81	76.77	70.81	81.29	40.05	43.81	50.68	55.18

注：佩恩表（PWT）是由美国宾夕法尼亚大学Groningen中心发布的，包括世界183个国家的有关收入、产出、投入和生产率的相对水平的数据表，最新的是PWT10.0（2021年6月发布），包含1953~2019年的数据。PWT迄今为止已发布11个版本。

资料来源：http://www.ggdc.net/pwt。

如表3所示，2010年中国相对全要素生产率指数只有美国的41.60%，随后总体呈上升态势，2017年达到最高，为43.19%，但2019年下降到40.05%，其原因可能是：①根据佩恩表（PWT10.0）数据计算的中国实际全要素生产率增长速度低于美国实际全要素生产率增长速度；②佩恩表

（PWT10.0）中中国的数据有误，如可能因汇率等原因，2010~2019年中国经济增长率只有4.4%，而根据《中国统计年鉴》同期的经济增长率为7.44%；同时，佩恩表中就业人数也与《中国统计年鉴》中的数据有较大出入，例如《中国统计年鉴》中2019年就业人数为75447万人，而佩恩表为79881万人，差距较大。

"金砖四国"的相对全要素生产率指数均远远低于发达国家，中国低于巴西和俄罗斯，与印度不相上下，但是自2015年开始印度高于中国，且整体上中国和巴西呈下降态势、印度和俄罗斯呈上升态势。

表3显示，发达国家间的相对全要素生产率差距也较大，除了美国，其余发达国家根据相对全要素生产率指数可以分为3个档次：第一档包括德国和法国，整体上相对全要素生产率指数在88%~94%，第二档包括英国、加拿大和意大利，整体上相对全要素生产率指数在70%~84%，第三档是日本，相对全要素生产率指数低于68%。

同时，PWT10.0还提供了各个国家的相对全要素生产率指数（见表4）。从时间趋势看，美国、日本和印度在波动中呈上升趋势，中国和英国等国家在波动中呈下降趋势。从波动程度看，英国和美国相对比较稳定，法国和意大利次之，德国和日本再次之，巴西和俄罗斯波动较大，中国和印度波动最大。国际形势变幻莫测，各个国家的经济发展均受到不同程度的影响，产业链、供应链受阻，生产、分配、流通、消费等各个环节受到不同程度影响，经济增长的不确定性增加，企业家信心下降，投资前景不明，新冠疫情和俄乌冲突增加了经济发展前景的不可预期性，严重影响了全要素生产率的提高。

表4 主要国家的相对全要素生产率指数变化趋势
（按照本国货币不变价计算，上年为100）

年份	中国	印度	巴西	俄罗斯	英国	德国	法国	美国	意大利	日本
2011	100.22	99.57	98.42	102.15	100.49	102.39	100.48	99.81	99.92	99.93
2012	97.11	100.85	98.63	101.69	99.60	100.12	99.35	100.26	97.84	101.07
2013	101.64	100.82	99.42	101.00	100.44	100.11	100.30	100.20	99.67	102.00
2014	101.60	103.72	97.37	100.60	100.45	101.06	100.21	100.47	100.04	99.77
2015	99.18	104.09	95.44	97.35	100.63	100.65	99.99	100.90	99.85	100.72

续表

年份	中国	印度	巴西	俄罗斯	英国	德国	法国	美国	意大利	日本
2016	99.70	104.13	96.77	100.07	100.01	101.35	99.60	100.09	99.81	99.95
2017	98.68	102.52	100.07	101.15	100.19	101.16	101.27	100.63	100.48	101.32
2018	96.83	101.74	98.80	101.94	99.89	99.66	100.47	100.82	99.75	99.47
2019	99.85	100.27	98.23	101.18	99.63	99.41	99.24	100.86	99.51	100.99

注：根据 PWT10.0 换算得到。PWT10.0 中的全要素生产率指数是以 2017 年作为 100，为了便于比较，本部分变换为上一年为 100。该表的数据只能进行纵向比较。

四 提高全要素生产率的挑战和政策建议

（一）提高全要素生产率面临的挑战

根据以上分析，中国全要素生产率还很低，要提高全要素生产率面临以下挑战。

第一，研发经费投入强度低，基础研究投入少，创新能力弱。首先，中国研发经费投入增长迅速，2022 年总额达到 3.08 万亿元，但研发经费强度只有 2.54%，而 2021 年美国为 3.46%。基础研究是自主创新的源泉，但长期以来中国基础研究投入过少，2022 年仅占研发经费的 6.57%，远远低于发达国家的平均水平（15%）。其次，从人力资源看，中国的科技人才数量位居世界前列，2022 年为 635.36 万人年，但是研发人员平均水平与发达国家相比仍较低，2021 年我国每万名就业人员中研发人员数是 77 人年，美国、日本、韩国和比利时分别是 161 人年、138 人年、212 人年和 238 人年。再次，我国企业基础研究投入少，相比美国，我国企业进行基础研究时间短、底子薄、能力弱，难以在短时间内形成较强的创新能力。最后，从创新产出看，中国远远低于美国，2021 年 R&D 活动人员获得的 PCT 专利，中国和美国分别是 13.14 件/千人年和 27.32 件/千人年，中国创新产出还有较大提升空间。

第二，人力资本有待提高。改革开放以来中国全要素生产率的提高有赖于人口红利，随着人口红利的消退，将人力资本打造为新人口红利的源泉是提升全要素生产率最基础和最具战略性意义的任务。① 虽然党的十八大以来中国教育水平有了较大提高，就业人员受教育程度从2012年的9.66年提高2022年的10.32年，但存在教育发展不平衡不充分问题，校际、城乡、区域教育发展不平衡，革命老区、边远地区、贫困地区、民族地区教育发展滞后，流动人口随迁子女因户籍制度在受基础教育中面临诸多限制，教育资源在经费投入、教育设施和师资配置上有待优化。②

第三，产业结构软化对全要素生产率提升构成挑战。在不同经济发展阶段，产业结构有较大变化，当服务业的比重较高时全要素生产率的增长会减速，例如美国20世纪50年代、60年代、70年代、80年代、90年代至2007年、2008~2016年的年均全要素生产率增速分别为2.2%、2.2%、1.2%、0.5%、1.2%、0.4%，③ 整体呈下降趋势，相应地美国服务业比重上升，目前超过80%，2022年中国第三产业的比重是52.78%，随着工业化进程的完成，第三产业的比重势必会提高。刘志彪和凌永辉的研究表明，当产业结构软化但知识和技术密集型行业发展不足时，结构转换对全要素生产率会产生抑制效应。④

（二）政策建议

当前国际环境更加复杂，世界经济复苏乏力，地缘政治冲突加剧，外部环境对我国发展的不利影响持续加大；国内面临结构性问题及债务风险、自然灾害等多重问题，经济发展面临新问题新挑战。提高全要素生产率及其对经济增长的贡献率，促进经济高质量发展，是应对经济下行、风险增大的有效途径之一。全要素生产率的提高主要来自技术进步和配置效率提升。通过技术进步推动生产可能性边界外移来提高生产率，配置效率提升是指生产要素在产业间、行业间和企业间进行更合理的组合所带来的生产率提高。当各产业、各行业和

---

① 刘维林、刘秉镰：《新时代以提升全要素生产率促进高质量发展的路径选择》，《改革》2022年第11期。
② 刘维林、刘秉镰：《新时代以提升全要素生产率促进高质量发展的路径选择》，《改革》2022年第11期。
③ 王海兵：《产业转型升级的过程、特征与驱动要素——美国经验与启示》，《河北科技大学学报》（社会科学版）2018年第1期。
④ 刘志彪、凌永辉：《结构转换、全要素生产率与高质量发展》，《管理世界》2020年第7期。

企业之间的生产率存在差异时，生产要素会向生产率更高的产业、行业、企业流动，可以提升资源重新组合效率。对美国的研究表明，通过企业的进入与退出、创造性破坏从而实现资源重新组合，对全要素生产率提高的贡献率高达 1/3~1/2。①

第一，继续加大研发投入，提高基础研发投入比重，增强自主创新能力。构建新发展格局，实现高水平自立自强，需要瞄准世界科技前沿，加大在基础研究领域的投入，加快全国重点实验室建设，布局一批前沿基础研究中心，致力于解决关键核心技术"卡脖子"问题。

第二，提高资源配置效率。一是建立完善全国统一大市场，打通生产、分配、流通和消费各个环节，破除妨碍要素流动的体制机制障碍，打通堵点和卡点，促进要素合理流动，促进各类先进生产要素向发展新质生产力集聚，推动生产要素创新性配置，全面提高要素协同配置效率；二是改善营商环境，营造创造性环境，消除行业、企业进入和退出的体制机制障碍，建立遵循市场经济规律的企业进入和退出机制，促使僵尸企业退出市场，通过竞争机制实现优胜劣汰，促进资源合理配置。

第三，挖掘资源配置范围扩大的潜力。拓展资源配置过程的广度，把资源配置和重新配置延伸到全球范围。在扩大开放的过程中，借助世界贸易组织及其规制，双边、多边贸易和投资协定框架以及"一带一路"建设等机制，推动企业"走出去"，让企业在国际竞争的环境中提高生产率。同时，就国际贸易规则、新技术标准、关税水平、劳工标准和应对气候变化相关议题展开谈判，为中国企业创造尽可能良好的国际竞争环境。

第四，挖掘高效投资增长点，提高投资效率。注重"低重复高回报、促增长惠民生"等新时期投资的基本原则，充分抓住数字经济发展契机，加大"信息基础设施"、"融合基础设施"和"创新基础设施"等新型基建投资；抓住第三次能源革命的有利时机，重点投资特高压等"新型电力系统"，促进能源系统高质量发展，提高投资效率，使其成为推动经济增长的一个极点。

---

① Foster L., Haltiwanger J., Syverson C., "Reallocation, Firm Turnover, and Efficiency: Selection on Productivity or Profitability?" *American Economic Review*, 2008, 98 (1).

第五,全面提升人力资本。随着中国人口红利的消失,劳动力配置效率降低,但通过提高教育质量、延长受教育年限、开展继续教育和职业培训等,可以大力提高人力资本。根据《中国人口和就业统计年鉴2023》,2022年就业人员中仍有60%为初中及以下水平,通过教育改革,加大基础教育投入和延长基础教育年限,大力发展职业培训和再教育提高就业人员劳动技能,以人力资本红利助力全要素生产率增长率提高。党的二十届三中全会决定明确,教育、科技、人才是中国式现代化的基础性、战略性支撑,深化教育综合改革,优化区域教育资源配置,全面提高教育水平和质量,助力实现中国式现代化。

第六,继续深化供给侧结构性改革。深化行政管理体制改革,打破垄断,优化升级产业结构,提高供给质量,满足人民美好生活需要。深化市场体制改革,畅通国内大循环,构建以国内大循环为主体、国内国际双循环相互促进的新发展格局,促进要素资源在更大范围内畅通流动,提升供给能力,挖掘内需潜能,提高投入产出效率。

参考文献

约瑟夫·熊彼特:《经济发展理论——对于利润、资本、信贷、利息和经济周期的考察》,何畏、易家详等译,商务印书馆,1990。

B.7 促进高质量充分就业

万相昱 张琦*

摘　要： 就业是民生之本，党的二十大报告提出"强化就业优先政策，健全就业促进机制，促进高质量充分就业"。本文对"十四五"时期高质量就业目标与政策进行梳理，分析了就业市场现状及就业市场高质量发展取得的成效，同时探讨了当前就业市场的突出矛盾与未来主要挑战，并借鉴全球主要国家提振就业的主要措施和经验，对促进我国就业高质量发展提出了相关建议。

关键词： 高质量就业　新就业形态　重点群体就业

一　"十四五"时期高质量就业目标与政策梳理

（一）总体目标和战略部署

2021年3月，《中华人民共和国国民经济和社会发展第十四个五年规划和2035年远景目标纲要》提出实施就业优先战略，在"十四五"时期完成以下预期目标：一是强化就业优先政策，包括健全就业目标责任考核机制和就业影响评估机制；完善重点群体就业支持体系；完善与就业容量挂钩的产业政策，支持吸纳就业能力强的服务业、中小微企业和劳动密集型企业发展；促进平等就业，增加高质量就业，注重发展技能密集型产业，支持和规范发展新就业形态；扩大政府购买基层教育、医疗和专业化社会服务规模；

---

* 万相昱，中国社会科学院数量经济与技术经济研究所研究员，主要研究方向为数量经济方法与应用、收入分配等；张琦，中国社会科学院数量经济与技术经济研究所，主要研究方向为收入分配等。

建立促进创业带动就业的多渠道灵活就业机制；统筹城乡就业政策；增加公益性岗位，安置帮扶困难人员就业。二是健全就业公共服务体系，包括：健全覆盖城乡的就业公共服务体系；构建常态化援企稳岗帮扶机制；统筹用好就业补助资金和失业保险基金；加强劳动力跨区域精准对接；加强劳动者权益保障；健全就业需求调查和失业监测预警机制。三是全面提升劳动者就业创业能力，包括健全终身技能培训制度；深入实施职业技能提升行动和重点群体专项培训计划；统筹各级各类职业技能培训资金，畅通培训补贴直达企业和培训者渠道；健全培训经费税前扣除政策，鼓励企业开展岗位技能提升培训；支持开展订单式、套餐制培训；建设公共实训基地和产教融合基地，推动培训资源共建共享；办好全国职业技能大赛。健全有利于实现更充分更高质量就业的促进机制、扩大就业容量、提升就业质量和缓解结构性就业矛盾。

2021年8月，国务院发布了《"十四五"就业促进规划》，提出了就业高质量发展的总体目标。到2025年，要实现以下目标：一是就业形势总体平稳。城镇新增就业5500万人以上，努力实现更大规模，城镇调查失业率控制在5.5%以内，重点群体就业保持稳定，城乡、区域间就业机会差距逐步缩小，劳动力市场供求基本平衡。二是就业质量稳步提升。劳动报酬提高与劳动生产率提高基本同步，覆盖城乡劳动者的社会保障体系更加健全，劳动权益保障进一步加强，劳动关系和谐稳定，更多劳动者实现体面劳动。三是结构性就业矛盾有效缓解。人力资源质量大幅提升，与产业转型升级和高质量发展的需要更加匹配，全国高技能人才总量稳步扩大，劳动年龄人口平均受教育年限达到11.3年，新增劳动力受过高等教育比例达到55%。四是创业带动就业动能持续释放。创业引领作用更加凸显，对高质量就业的带动能力不断增强，创业环境更加优化，政策服务体系更加完备，创业机会更多、渠道更广，更多人可以通过创业实现人生价值。五是风险应对能力显著增强。就业领域风险监测预警和应对处置机制不断健全，失业人员保障范围有效扩大、保障水平进一步提高，困难群体得到及时帮扶，就业安全保障更加有力。

表1 "十四五"时期就业主要指标

指标	2020年	2025年	年均/累计	属性
城镇新增就业(万人)	1186	—	>[5500]	预期性
城镇调查失业率(%)	5.2	—	<5.5	预期性
城镇就业占比(%)	61.6	>65	—	预期性
脱贫人口务工规模(万人)	3243	—	>3000	预期性
全员劳动生产率增长(%)	2.5	—	高于GDP增长	预期性
劳动报酬占比(%)	52.1	—	稳步提高	预期性
开展补贴性职业技能培训(万人次)	2700	—	[7500]	预期性
基本养老保险参保率(%)	91	95	—	预期性
劳动年龄人口平均受教育年限(年)	10.8	11.3	—	约束性
新增劳动力受过高等教育比例(%)	53.5	55	—	预期性

资料来源：《"十四五"就业促进规划》。

同时针对以下七个方面进行战略部署，一是坚持经济发展就业导向，落实就业优先战略，扩大就业容量，促进制造业、服务业和农业高质量就业，支持中小微企业和个体工商户持续稳定发展增加就业，并通过发展数字经济培育新的就业动能，推动区域就业协调发展；二是强化创业对就业的带动作用，以实现就业岗位倍增，不断优化创业环境，鼓励引导各类群体投身创业，完善创业服务体系；三是更加关注高校毕业生、城镇青年、退役军人和农村劳动力等重点群体的就业，完善该重点群体的就业支持体系；四是通过开展职业技能培训、构建完备的技术技能人才培养体系等途径提升劳动者技能素质，并以此来缓解结构性就业矛盾；五是建设高标准人力资源市场体系，健全公共就业服务体系；六是优化劳动者就业环境，提升劳动者收入和维护劳动者合法权益；七是警惕各种潜在风险，健全有效的监测预警机制，防范化解规模性失业风险。

（二）主要政策措施梳理

在"十四五"时期，一系列促进高质量就业的政策相继出台。2021年3月，《中华人民共和国国民经济和社会发展第十四个五年规划和2035年远景目标纲要》提出"十四五"时期就业远景目标。2021年《政府工作报告》提出的重点工作包括：继续强化就业优先政策；着力稳定现有岗位，对不裁员少裁

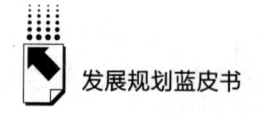

员的企业，继续给予必要的财税、金融等政策支持；延续降低失业保险、工伤保险费率政策，扩大失业保险返还等阶段性稳岗政策惠及范围，延长以工代训政策实施期限；拓宽市场化就业渠道，促进创业带动就业；推动降低就业门槛，动态优化国家职业资格目录，降低或取消部分准入类职业资格考试工作年限要求；支持和规范发展新就业形态，加快推进职业伤害保障试点；继续对灵活就业人员给予社保补贴，推动放开在就业地参加社会保险的户籍限制；做好高校毕业生、退役军人、农民工等重点群体就业工作，完善残疾人、零就业家庭成员等困难人员就业帮扶政策；拓宽职业技能培训资金使用范围，开展大规模、多层次职业技能培训，完成职业技能提升和高职扩招三年行动目标，建设一批高技能人才培训基地；健全就业公共服务体系，实施提升就业服务质量工程；通过就业专项补助等资金，支持各类劳动力市场、人才市场、零工市场建设。2021年7月，为深入贯彻落实党中央、国务院决策部署，支持和规范发展新就业形态，切实维护新就业形态下劳动者劳动保障权益，促进平台经济规范健康持续发展，发布《关于维护新就业形态劳动者劳动保障权益的指导意见》并提出规范用工，明确劳动者权益保障责任；健全制度，补齐劳动者权益保障短板；提升效能，优化劳动者权益保障服务；完善劳动者权益保障工作机制。2021年8月，国务院印发了《"十四五"就业促进规划》，部署了七个方面的重点任务并提出了相应举措，将技能人才的培养培训置于更重要的位置，注重政策的协同发力，关注社会大众关心的重点领域。2022年3月第十三届全国人民代表大会第五次会议发布《政府工作报告》并指出2022年要重点做好以下工作：强化就业优先政策；大力拓宽就业渠道，注重通过稳市场主体来稳就业，增强创业带动就业作用；财税、金融等政策都要围绕就业优先实施，加大对企业稳岗扩岗的支持力度；各类专项促就业政策要强化优化，对就业创业的不合理限制要坚决清理取消；各地都要千方百计地稳定和扩大就业。2022年5月，国务院办公厅印发了《国务院办公厅关于进一步做好高校毕业生等青年就业创业工作的通知》，针对青年就业创业提出五个方面的重点任务，即多渠道开发就业岗位、强化不断线就业服务、简化优化求职就业手续、着力加强青年就业帮扶、压紧压实工作责任。2023年2月，为推动高校毕业生顺利就业，教育部办公厅印发了《教育部办公厅关于开展2023届高校毕业生春季促就业攻坚行动的通知》，提出了深入开展"访企拓岗促就业"行动、抓紧开展"万企进校园"招聘活动、加快"24365校园网络招聘服务平台"联通共享、开展"就业育人"主题教育和开展"宏志助航"重点群体帮扶行动等多项任务。2022年7月《关于推动社会组织进一步助力高校毕业生等群体就业工作的通知》重点要求推动社会组织开发就业岗位、推动社会组织提供灵活就业岗位、推动社会组织稳定就业岗位、推动社会组织搭建就业对接平台、推动社会组织参与就业培训，切实发挥社会组织在促进高校毕业生等群体就业中的积极作用，努力实现"十四五"期间社会组织领域持续增加就业岗位的预期目标。2023年3月第十四届全国人民代表大会第一次会议发布《政府工作报告》并提出2023年要重点做好落实落细就业优先政策，把促进青年特别是高校毕业生就业工作摆在更加突出的位置，切实保障好基本民生。2023年4月，国务院办公厅发布《关于优化调整稳就业政策措施全力促发展惠民生的通知》，围绕稳存量、扩增量、提质量、兜底线综合施策，打出稳就业政策"组合拳"，提出激发活力扩大就业容量，拓宽渠道促进高校毕业生等青年就业创业，强化帮扶兜牢民生底线，加强组织实施稳就业政策措施。2023年5月，人力资源和社会保障部等十部门发布《关于进一步推进实施百万就业见习岗位募集计划的通知》，提出了精准锁定见习对象、提升岗位募集质量、提高见习对接效率、搭建统一服务平台、强化见习规范管理、做好后续跟踪帮扶等工作任务，以进一步提升就业见习质量，确保有见习意愿的高校毕业生等青年都能获得机会，形成有利于促进高校毕业生等青年就业的长效机制。2023年6月，人力资源和社会保障部办公厅发布《关于开展2023年高校毕业生等青年就业服务攻坚行动的通知》，提出集中发布公共就业服务信息、迅速建立完善实名台账、全面落实实名制就业服务、组织实施困难毕业生就业结对帮扶、大力推进就业政策落实落地、高频举办招聘服务活动、积极提供便捷可及就业服务、实施青年专项技能培训计划、持续强化就业权益保障、广泛开展就业宣传引导等措施，进一步做好未就业高校毕业生和失业青年就业促进工作，使有就业意愿的未就业高校毕业生和登记失业青年年底前都能实现就业或参与就业准备活动。2023年8月，人力资源和社会保障部办公厅、财政部办公厅发布《关于进一步加强就业政策落实有关工作的通知》要求集中开展就业政策分类宣传、盘点核查就业政策落实进度、大力推广"直补快办"经办模式、突出支持民营企业和中小微企业、持续整治群众身边腐败和作风问题。精准有效落实就业扶持政策，提高政策知晓度和落实率，增强广大劳动者和用人单位的获得感。2023年9月，人力资源和社会保障部、工业和信息化部发布《关于实施专精特新中小企业就业创业扬帆计划的通知》提出，拟在全国范围内实施专精特新中小企业就业创业扬帆计划，主要内容包括鼓励创办创新型中小企业、保障专精特新中小企业用工、保障技术技能人才供给、支持技术技能人才发展、支持开展就业见习活动、支持构建和谐劳动关系、打包兑现就业扶持政策，挖掘专精特新中小企业发展潜力，激发劳动者创新创业活力，拓宽市场化就业渠道。2023年12月，教育部发布《关于做好2024届全国普通高校毕业生就业创业工作的通知》，提出开展"2024届全国普通高校毕业生就业创业促进行动"，通过实施以把高校毕业生就业工作摆在更加突出的位置、大力开拓市场化社会化就业渠道、充分发挥政策性岗位的吸纳作用、推进构建高质量就业指导服务体系、加强重点群体就业帮扶、完善就业监测与评价反馈机制、加强组织保障为框架的26项细则，进一步完善高校毕业生就业创业服务体系，全力促进高校毕业生高质量充分就业。2024年1月，人力资源和社会保障部办公厅等发布《关于加强新就业形态劳动纠纷一站式调解工作的通知》强调了新就业形态劳动纠纷一站式调解工作规范，使劳动者权益保障责任得到进一步维护。2024年3月，十四届全国人大常委会第二次会议发布《政府工作报告》并提出多措并举稳就业，要突出就业优先导向，加强财税、金融等政策对稳就业的支持，加大促就业专项政策力度；落实和完善稳岗返还、专项贷款、就业和社保补贴等政策，加强对就业容量大的行业企业的支持；强化促进青年就业政策举措，优化就业创业指导服务；扎实做好退役军人就业安置工作，积极促进农民工就业，加强对残疾人等就业困难人员的帮扶；分类完善灵活就业服务保障措施，扩大新就业形态就业人员职业伤害保障试点范围；坚决纠正性别、年龄、学历等方面的就业歧视，保障农民工工资支付，完善劳动关系协商协调机制，维护劳动者合法权益；满足先进制造、现代服务、养老照护等领域的人才需求，加强职业技能培训。2024年3月，教育部办公厅等部门发布《关于联合开展2024年度高校毕业生等重点群体促就业"国聘行动"的通知》提出开展"国聘行动"，通过大力挖掘就业岗位、集中发布就业信息、开展融媒体招聘宣讲、举办供需对接交流活动、提供就业指导服务，促进高校毕业生等重点群体高质量充分就业。2024年4月，人力资源和社会保障部、工业和信息化部为支持先进制造业发展，扩大就业容量，提升就业质量，更多地吸纳重点群体就业，发布《关于实施先进制造业促就业行动的通知》，提出建立先进制造业企业服务对接机制、加大稳岗扩岗扶持政策兑现力度、优化先进制造业企业用工服务保障、强化先进制造业企业技术技能人才供给、拓宽先进制造业企业人才发展空间、改善先进制造业企业生产生活条件、提升先进制造业对青年群体的就业吸引力、营造面向先进制造业就业的良好氛围等。

二 当前就业市场现状及取得成效

（一）我国就业现状分析

城镇新增就业人数有所回落。2023年末全国就业人员74041万人，其中城镇就业人员47032万人，占全国就业人员的比重为63.5%。全年城镇新增就业1244万人，比上年多增38万人。全年全国城镇调查失业率平均值为5.2%。2023年末全国城镇调查失业率为5.1%。

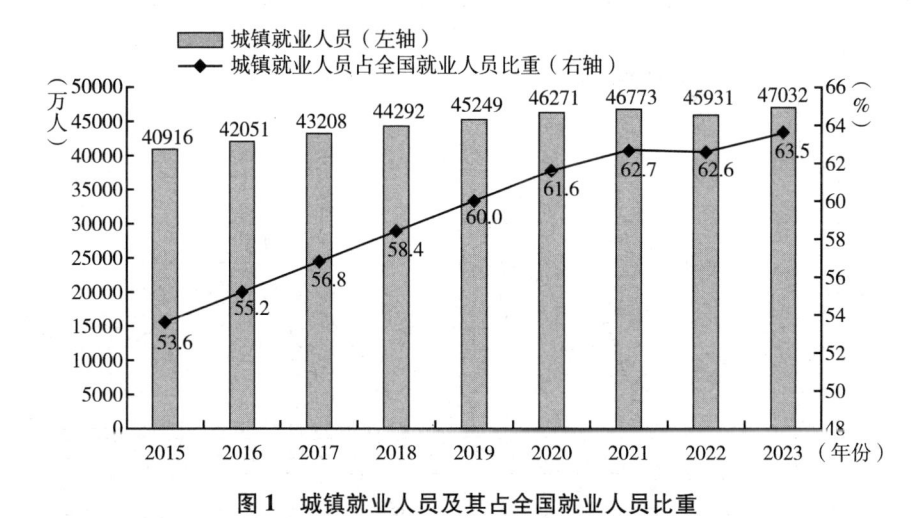

图1 城镇就业人员及其占全国就业人员比重

资料来源：国家统计局、《中国人口和就业统计年鉴》。

失业率总体趋于稳定。2023年全国城镇调查失业率平均值为5.2%，比上年下降0.4个百分点。12月，全国城镇调查失业率为5.1%，31个大城市城镇

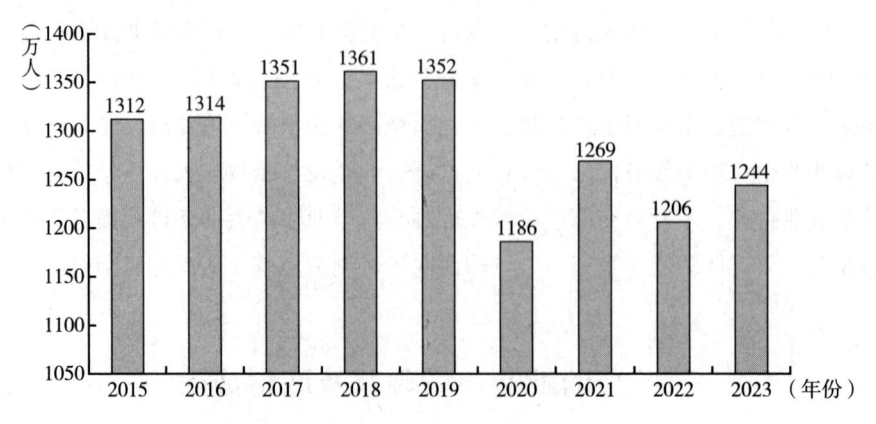

图2 2015~2023年城镇新增就业人数

资料来源：国家统计局。

调查失业率为5.0%。全年农民工总量29753万人，比上年增加191万人，增长0.6%。其中，本地农民工12095万人，下降2.2%；外出农民工17658万人，增长2.7%。农民工月均收入水平4780元，比上年增长3.6%。2023年城镇失业人员再就业人数514万人，就业困难人员就业人数172万人。

图3 2017年1月至2024年1月全国城镇调查失业率和31个大城市城镇调查失业率情况

资料来源：CEIC数据库。

图 4　2015~2023 年农民工规模

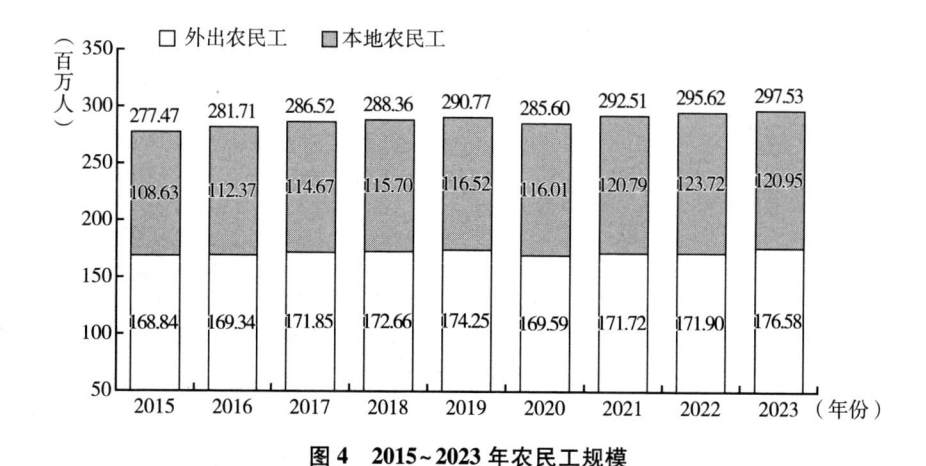

资料来源：国家统计局、《中国人口和就业统计年鉴》。

劳动力市场供过于求问题仍比较突出。2022 年 12 月城市劳动力市场供求比例为 1.46，总体上职业需求人数大于求职人数，近年来，我国城市劳动力市场供求比例仍高于疫情前的水平。

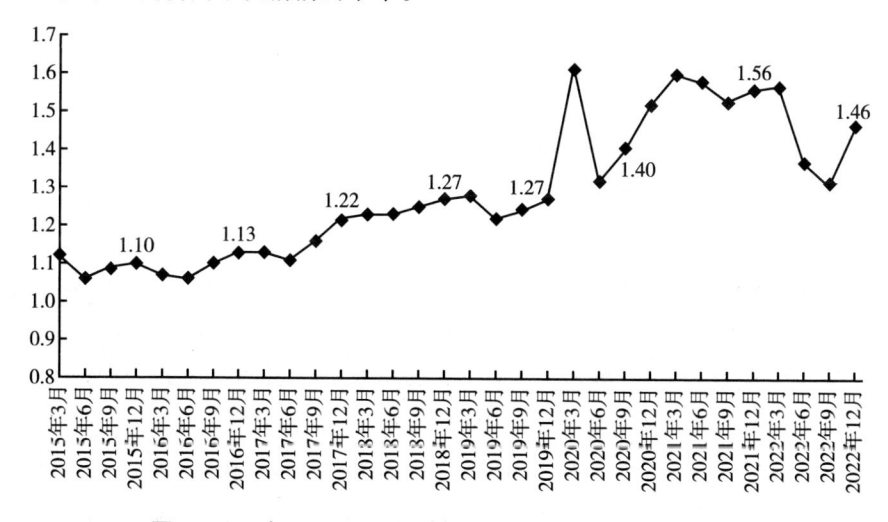

图 5　2015 年 3 月至 2022 年 12 月城市劳动力市场供求比例

资料来源：CEIC 数据库。

居民工资性收入继续稳定增长。2023 年全国居民人均可支配收入 39218 元，比上年增长 6.3%，扣除价格因素，实际增长 6.1%。2023 年，全国居民人均工资性收入22053元，增长7.1%，分城乡看，城镇居民人均工资性收入31321元，农村居民人均工资性收入9163元。农民工月均收入水平4780元，比上年增长3.6%。

图6 居民人均工资性收入

资料来源：国家统计局、CEIC数据库。

（二）就业市场高质量发展成就

长期以来，面对城镇新增劳动力就业、下岗职工再就业、农民工就业及高校毕业生就业等问题，外加近年来贸易摩擦、疫情等影响，我国不断探索，把稳就业提高到战略高度予以通盘考虑，稳岗扩岗并举，实施了一系列具有中国特色的就业市场高质量发展政策，取得了就业人数稳定增长、失业率平稳回落、就业形势总体改善的成果，就业市场高质量发展取得了显著成效。

重点群体和困难群体就业得到有效保障。不包含在校生的16~24岁、25~29岁劳动力调查失业率分别为14.9%、6.1%。面向高校毕业生，实施百万就业见习岗位募集计划，到2023年11月底已募集见习岗位超过120万个。通过积极实施一系列稳岗和扩岗措施，就业困难群体分类帮扶成效凸显，农民工、青年人、就业困难人员等群体的就业得到有效保障。2023年面向农民工、就业困难人员和用人单位开展就业"春风行动"，累计举办各类招聘活动5.8万场，发布岗位3800万个，输送劳动者160万人。

脱贫人员就业规模稳中有增。各地区各部门充分发挥东西部劳务协作、对口支援、定点帮扶等机制的作用，深入开展重点帮扶县和易地扶贫搬迁专项帮扶，脱贫人口就业稳定增长，2023年脱贫人口务工规模为3397万人，超过3000万人的目标任务。

就业结构不断优化。三次产业就业占比由2015年的28.0∶29.7∶42.3转变为2022年的24.1∶28.8∶47.1，吸纳就业能力增强，就业结构优化。劳动密集度较高的服务业在吸纳就业方面优势明显。服务业复苏势头较好，餐饮、交通、批发零售等行业的就业带动作用比较明显。新业态、新商业模式蓬勃发展，产生许多新岗位需求，有助于扩大就业空间、提升就业质量。

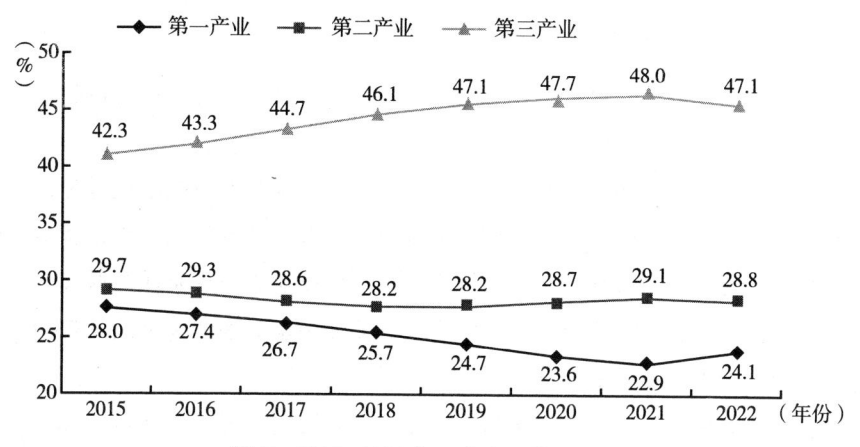

图7 2015~2022年三次产业就业占比

资料来源：《中国人口和就业统计年鉴》。

我国新产业、新业态、新模式得到较快发展，以互联网为载体的平台经济展现出较强的活力，各种形式的灵活就业创造了大量就业岗位，依托互联网平台就业的网约配送员、网约车驾驶员、货车司机、互联网营销师等新就业形态劳动者数量大幅增加。2023年3月全国职工总数达4.02亿人左右，新就业形态劳动者为8400万人。

2019~2021年共开展各类补贴性职业技能培训5000万人次以上，2023年全年开展补贴性职业培训超过1800万人次，取得职业资格或技能等级证书超过1200万人次。以市场需求为导向，加快培养大批高素质劳动者和技术技能人才，通过高质量地开展职业技能培训，劳动者职业技能素质得到持

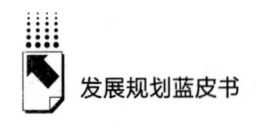

续提高。

通过近年来实施的一系列举措，劳动者权益保障责任更加明确，劳动者权益保障责任制度更加健全，劳动者权益保障服务得到优化，劳动者权益保障工作机制更加完善，新就业形态劳动纠纷一站式调解工作更加规范，劳动者权益保障得到进一步维护。

三 当前就业市场的突出矛盾与未来主要挑战

（一）国内就业市场风险形式

伴随我国经济高质量发展，劳动力市场的复杂性与不确定性日益凸显，就业也面临各种形式的风险。

职业技能方面，随着科技的不断发展，许多传统职业技能已经过时，或者需要更新升级。而目前职业技能培训资源匮乏，规模和质量不能真正满足企业用工需求，公共就业服务专业化水平不高，农村就业服务更是注重形式，就业服务体系仍不够完善。职业技能过时风险可能使劳动者在职场上面临被淘汰的风险，影响个人职业发展和薪资水平。

薪资和福利方面，面对经济下行压力，市场需求萎缩，企业竞争加剧，企业效益下滑，直接影响到企业的生存和发展，进而引发劳动力市场风险，失业、薪资降低、福利缩减等对员工薪资和工作环境产生负面影响。针对企业的雇佣情况调整补贴政策可以防止出现大量失业者，但对于一些发展前景不容乐观的企业，在停止发放补助金后可能会导致经营急转直下，其员工仍有失业的可能。

劳动保障权益方面，拖欠农民工薪资现象频发，农民工的权益时常受到损害，部分企业超时加班、休息休假制度落实不到位等侵害劳动者权益问题仍然存在。社会保险实际覆盖率和保障水平仍需提高。随着数字经济的发展，新就业形态发展迅猛，工作不再囿于时间、空间和形式，越来越呈现出多样化、灵活化的特征。互联网平台经常不与劳动者签订正式的书面劳动合同，新就业形态的收入稳定性差，且由于不受时间空间的限制，加班现象普遍存在，劳动权益保障政策应及时跟进。

（二）就业市场的外部冲击

不确定事件的冲击，疫情防控期间中小微企业的发展及其就业吸纳能力受到严重影响。目前国际环境不确定性因素增多，就业形势严峻。一旦不确定事件冲击造成经济下行，我国第三产业发展受到的影响较大，服务业的就业吸纳作用就会受到限制。疫情对中小微企业的冲击，直接影响其对就业的吸纳能力，增加了失业风险，加大了我国的就业压力。

国际贸易摩擦冲击，受疫情影响，贸易保护主义与单边主义盛行，逆全球化思潮抬头，全球经济仍在恢复的过程中，国际形势还存在极大的不确定性，我国面临的国际贸易环境更为复杂，国际市场环境和贸易政策的变化给我国就业带来了巨大压力。目前全球经济衰退，外部市场需求大幅缩减，发达国家制造业回流，我国关键核心技术遭遇"卡脖子"问题，而我国对外贸易以劳动密集型产品为主，一旦贸易摩擦升级，劳动密集型产业应对外部环境变化和贸易政策冲击的能力则较为有限。如果供应链受到影响，我国进出口相关行业的就业也面临压力。

绿色经济对劳动力市场的冲击，国家正在致力于向绿色经济过渡，这种向绿色经济的转型将导致劳动力市场的重大转变。基于绿色低碳的发展理念，部分传统的劳动密集型产业可能因环境污染和碳排放问题而被淘汰，新兴的低碳环保产业能够创造新的工作岗位，但这些工作岗位需要劳动者具备较高的专业知识和技能，为此，一部分劳动者失业，而另一部分劳动者需要学习新技能以适应新兴岗位需求，不能立刻踏上工作岗位，可能会对就业市场产生不利影响。

（三）结构性矛盾和预期性挑战

就业市场上存在结构性矛盾，突出表现为"就业难""招工难"同时存在。"十四五"时期经济社会发展所面临的环境较复杂，就业领域的矛盾和问题也较多，一些预期性挑战不断出现。

就业市场劳动力供给大于需求。目前经济增速降低，中小企业经营压力上升，对劳动力的需求骤减，而大学生毕业人数增加，预计2024年毕业生超过1170万人。现今在就业市场释放的岗位多为制造业、工业和服务业等的一线

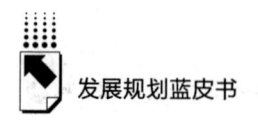

岗位，所提供的工资待遇较低，而大学毕业生对于教育投资回报的预期较高，这种不匹配使得许多大学生难以找到与其教育背景和技能相符的工作，导致青年失业和"慢就业"抬头。

劳动者技能不满足岗位要求。目前我国技能人才总量已超2亿人，高技能人才超过6000万人。《中国蓝领群体就业研究报告（2022）》显示，我国蓝领群体规模在4亿人以上，但近年来我国技能劳动岗位的求人倍率超过1.5，即每150个岗位只有100名求职者，高级技工的求人倍率甚至达到2以上。结构性就业矛盾也体现为区域间就业不平衡，东部地区和大中城市的就业竞争更激烈，求人倍率也相对较高，而中西部地区、小城市或者农村地区劳动力供给少，就业机会也较少。社会地位不高、收入水平偏低等问题是高技能人才面临的痛点，也是一些大学生不愿意从事技能工作的重要原因。随着数字化时代的到来，技术进步和产业转型升级步伐加快，传统产业衰退使得企业用工萎缩，而新兴产业发展所需要的高层次、高技能、创新型人才匮乏，高技能人才供给与产业转型升级需求之间的结构性矛盾日益凸显。此外，由于教育和劳动力市场之间的不匹配，人力资源培养模式难以适应快速发展的产业需求。学校教育培训模式、专业设置难以适应经济发展需求和劳动力市场的变化，受过高等教育的大学生技能水平与实际工作需求存在较大的差距。

劳动力市场的二元化分割。在劳动力市场中，大企业通常拥有更多的资源和机会，员工多为正式员工，薪资高、工作稳定、工作环境较好、有良好的晋升前景，更容易吸引求职者，而小企业则往往资源有限、发展机会不足，员工多为灵活就业劳动者，工作不稳定、工资较低、工作条件差，导致了许多求职者更倾向于选择在大企业或公共部门工作，以追求更稳定、更高薪的工作机会，加剧了就业市场的竞争。此外，在当前经济形势和外部环境不确定性增加的影响下，高校毕业生的择业偏好发生变化，倾向于体制内岗位和继续升学等"慢就业"形式，保守求稳的就业选择会对未来人力资本体系构建和劳动力市场发展构成严峻挑战。

数字化的就业替代与冲击。随着科技发展的深入，数字化技术和制造业、服务业等传统产业深度融合，传统行业的生产效率得到提升，经营模式发生改变，传统产业正在经历着深刻变革。数字化技术实现了跨产业、跨行业融合，催生了新的经济增长动能，从长远来看能创造更多的就业岗位，拓宽就业空间，但与此同时，人工智能正在从体力到脑力的工作领域全方位替代人类，而被替代劳动者的转岗再就业问题凸显，被替代的群体很可能并不能胜任新创造的岗位，尤其是对于中低技能劳动者及受教育程度低的群体而言影响更大。

四 推动就业的全球经验评述

（一）全球提振就业的主要措施及效果

全球各国经济和就业均受到疫情影响，加之乌克兰冲突、气候变化加速和前所未有的人道主义挑战等，多数国家国内生产总值增长放缓，但2023年的总体劳动力市场指标较上年有所改善。缺乏就业机会、工作质量差、薪酬不足、严重的不平等和全球性的生产力增长放缓仍是破坏社会公正和阻碍充分就业的重要挑战。各国政府和多边机构都在寻求各种政策措施，以期解决结构性问题。疫情加剧了全球不平等，激励人们更加关注解决劳动力市场不平等问题。国际劳工组织发布的《2022年全球青年就业趋势》显示，在多重因素带来的不利影响下，15~24岁的青年群体就业面临新的挑战。为了解决这些问题，发展中国家和发达国家普遍实施积极的劳动力市场政策，主要包括就业培训、公共就业、税收激励、就业补贴和劳动力市场服务计划等。

1. 美国的公共就业计划

2020年3月31日，美国政府公布了《美国就业计划》，为期8年，涉及总投资超过2万亿美元，主要投向与交通运输系统相关的"硬基建"、制造业等，支持研发前沿技术、重塑和振兴制造业、为工人提供技能培训等。其核心目标是以加大基建投资和公共投资为抓手，加强基础设施建设，提升美国在全球前沿科技上的竞争力，创造更多就业机会。《美国就业计划》实施周期较长，涉及的投入庞大，部分项目正在推进过程中，实施效果尚不明显，加之疫情后提前退休人口大幅增加、净移民人口数量屡创新低等，美国劳动力供给紧张。即使美国经济增长放缓，各企业也倾向于增加劳动力而非立即裁员或停止招聘，且美国服务业韧性较强，如图 8 所示，2022 年以来就业市场表现强劲，失业率一直维持在 4%以下，《美国就业计划》的成效尚难以界定。

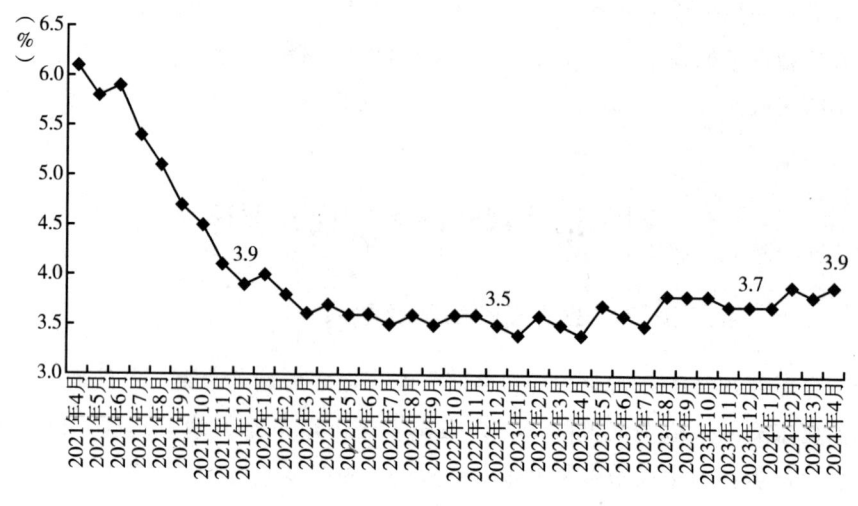

图 8　2021 年 4 月至 2024 年 4 月美国失业率

资料来源：美国劳工统计局（BLS）。

2. 南非的青年就业培训、公共就业和税收优惠计划

在疫情等多重因素影响下，南非面临低经济增长率和高失业率难题，政府为稳定经济增长、扩大就业，对青年人进行技能培训，帮助其就业。2020 年 10 月南非启动"总统就业刺激计划"，要求南非社会就业基金与全国各地的非政府组织合作，在社区安全、都市农业、儿童发展等领域创造多个新的就业岗位，南非国家青年服务机构将为全国各地服务业的失业青年提供新的就业岗位。南非政府还延长就业税收激励计划，注重发展农业、旅游业、海洋经济等劳动密集型产业。政府建议私营部门充分利用国家出台的税收优惠等政策，为社会提供更多的就业岗位。政府还要求南非各青年团体更多地了解青年需求，为政府制定适宜青年群体的相关政策提供建议。南非总统 2022 年 10 月发表的致全体国民的公开信透露，自"总统就业刺激计划"实施以来，已经有超过 100 万名南非民众受益。南非开普敦大学 2024 年 2 月发布的研究报告称，"总统就业刺激计划"对于降低南非失业率产生了重大影响。

3. 韩国的青年教育改革、税收优惠和就业补贴计划

韩国面临的人口老龄化问题给国家经济带来了显著的负面影响，韩国的青年就业率低是尤为突出的问题。韩国政府广泛关注青年就业问题，2015年出台了《消除青年就业障碍综合措施》，2018年出台《青年就业措施》。韩国政府实施了教育改革以缓解教育与就业的不匹配问题，政府、行业和教育机构制定了国家能力标准 NCS。NCS 明确了工作所需的知识、技能，2018年被纳入职业高中课程，并每年予以更新以满足劳动力市场的需求。截至2022年2月，韩国已经开发了1064个NCS。韩国政府于2010年引入了德国模式Meister，通过与行业代表共同制定课程，使教育和工作相结合，改善中等水平的职业教育，其毕业生的就业率连续五年超过90%。韩国政府为中小企业长期雇用青年工人提供税收抵免、额外补贴等。2018年《青年就业措施》的发布标志着从采取间接惠及青年就业的措施转向实施直接惠及青年就业的政策，如所得税豁免、现金福利和在职福利等。此后政府又出台了一系列促进青年就业的政策，包括扩大EITC、就业补贴、税收优惠、就业配额、资产建设计划、住房和交通补贴等。

4. 西班牙的劳动力市场培训计划

2013年在全国失业率超过25%的情况下，西班牙卡斯蒂利亚-莱昂自治区启动就业和创业启动平台计划，旨在通过提供职业指导和培训等方式，使求职者（特别是长期失业者）重新就业。该计划使求职者能够提高自身的专业技能，同时增强就业信心。就业和创业启动平台计划以参与者之间的协作为基础，将求职援助与集体赋权相结合，把不同背景、年龄、性别、技能和职业目标的求职者聚集在一个小组，使参与者团结协作、相互学习。小组接受职业指导和支持。通过各项活动提高面试、简历改进等方面的技能。该计划还强调参与者要与企业建立联系，了解企业的需求和职位空缺情况，并建立个人的专业就业网络。该项目还注重数字素养培养，帮助求职者学习互联网技能以适应数字时代的岗位需求。就业和创业启动平台计划作为解决失业问题的区域计划，被纳入西班牙2022年度就业计划。2023年OECD的研究报告显示，该计划自2013年开始实施以来，已覆盖西班牙300多个城市，涉及超过19000名求职者，近60%的参与者的就业状况有所改善，参与者找到工作的概率提高20%以上。

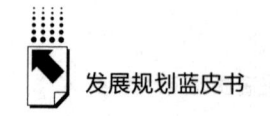

（二）智库观点和典型案例分析

国际劳工组织发布的《世界就业和社会展望：2024年趋势》显示，全球失业率2023年呈下降趋势。2023年，全球失业率为5.1%，相比2022年下降0.2个百分点。图9显示，2023年大多数国家组别的失业率均有所下降。此外，除低收入国家外，2023年其他组别国家的失业率均低于2019年疫情前的水平。通过模拟估算，2024年高收入国家失业率上升0.2个百分点，拉高全球失业率上升0.1个百分点至5.2%。近年来，就业缺口问题有所改善，但2023年近4.35亿人，图10显示自2020年以来，就业缺口呈下降趋势，2023低于2019年的水平。在全球范围内，2023年就业缺口达到4.348亿人，就业缺口率为11.1%。就业保持正增长。然而，图12显示自2021年以来，全球就业人数增长总体上有所放缓。2023年，就业人数虽然保持正增长，但大多数国家均出现下滑。在全球范围内，2023年就业人数增长2.2%，而2022年为2.8%。就业人数增长减速在中等收入国家和高收入国家尤为明显。预计2024年就业人数保持正增长，但增长率只有0.8%。

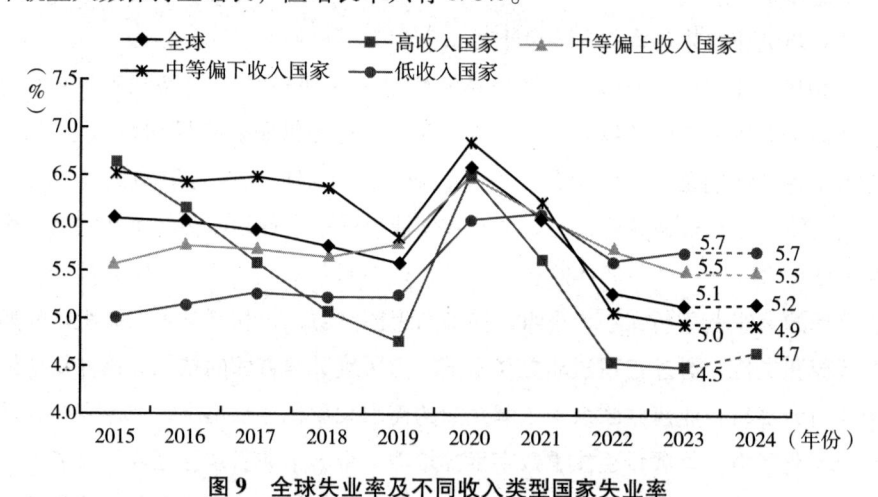

图9 全球失业率及不同收入类型国家失业率

资料来源：国际劳工组织，ILO模拟估计，2023年11月。

经济合作与发展组织（OECD）发布的《爱尔兰积极劳动力市场政策的影响评估》《解决长期失业问题的创新方法》等报告讨论了针对长期失业问题，

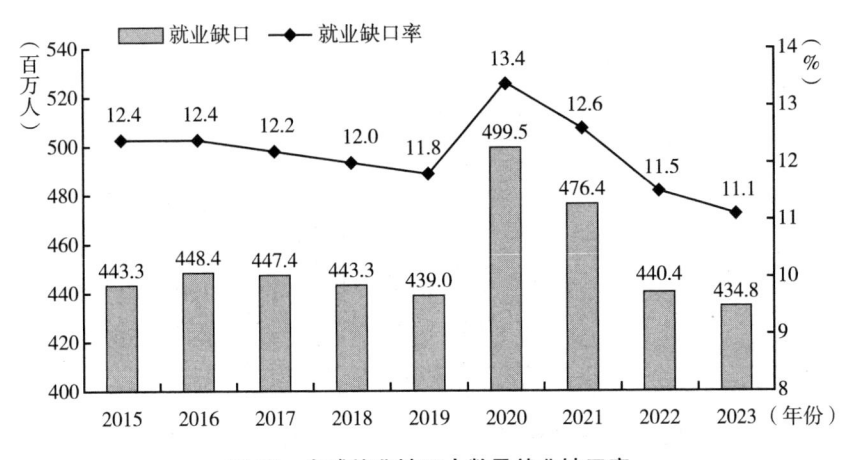

图 10　全球就业缺口人数及就业缺口率

资料来源：国际劳工组织，ILO 模拟估计，2023 年 11 月。

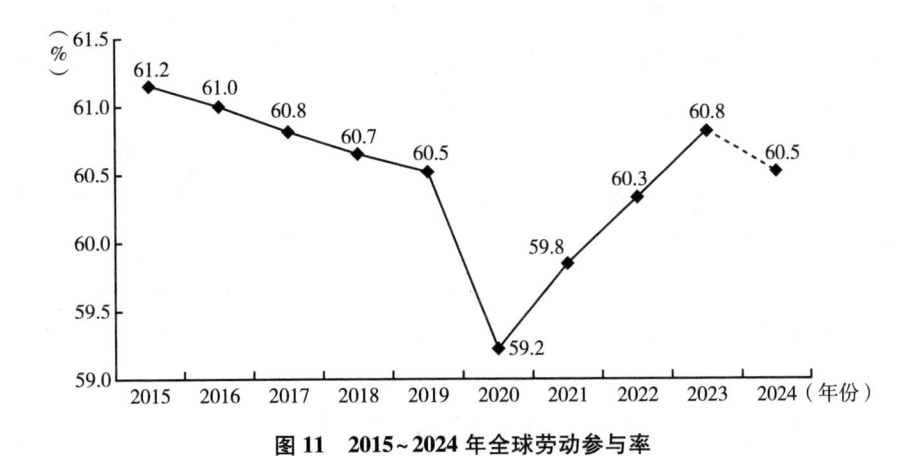

图 11　2015~2024 年全球劳动参与率

资料来源：国际劳工组织，ILO 模拟估计，2023 年 11 月。

各国政府出台的具有显著成效的积极劳动力市场政策实践案例。以下介绍爱尔兰的 CE 和 Tús 计划、德国的就业和资格认证计划（MBQ），可以为积极劳动力市场政策的制定提供新的灵感来源。

爱尔兰的 CE 和 Tús 计划。全球金融危机后爱尔兰失业率急剧上升，在爱尔兰公共就业服务局登记的大量求职者逐渐发展为长期失业者，爱尔兰提出了一项大型公共项目计划——社区就业计划（CE），作为最广泛实施的积极劳动力市场

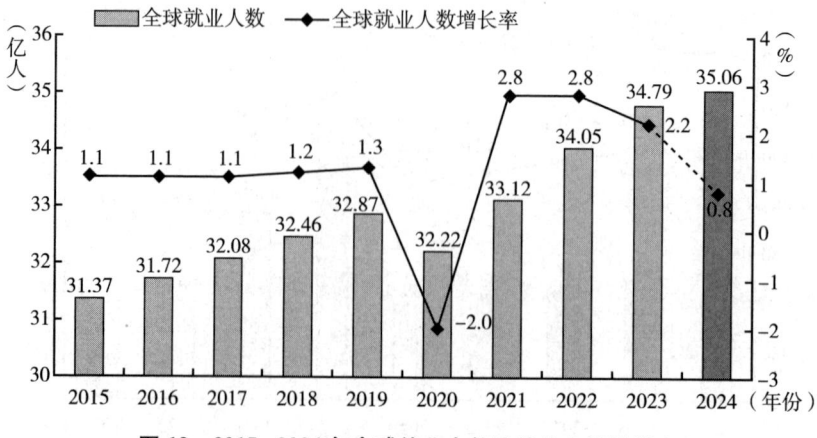

图 12 2015~2024 年全球就业人数及就业人数增长率

资料来源：国际劳工组织，ILO 模拟估计，2023 年 11 月。

政策之一，其一直是爱尔兰积极劳动力市场政策的核心。社区就业计划（CE）的目标包括：将求职者与劳动力市场联系起来以提高就业水平；减少求职者的就业障碍；为志愿服务和第三部门服务组织提供劳动力。Tús 是一项为长期失业者提供短期工作机会的社区工作安置计划。Tús 于 2010 年 12 月推出，2011 年中投入运营。爱尔兰采取了多项措施来推动公共就业服务现代化，并利用数字化手段使公共就业服务更加高效。CE 和 Tús 作为积极劳动力市场政策，为难以找到工作的求职者提供就业机会。CE 和 Tús 有效改善了中长期劳动力市场，对参与者的收入增加产生了积极影响，大约一半的 CE 和 Tús 参与者在四年内就找到了工作。尽管疫情冲击引发了一系列困难，与其他 OECD 国家相比，爱尔兰的劳动力市场表现良好，2022 年 15~64 岁人口的就业率为 74%，远高于经合组织 69%的平均水平，2022 年失业率降至 3.4%，为数十年来的最低水平。

德国的就业和资格认证计划（MBQ）。慕尼黑就业和资格认证计划（MBQ）是由 1984 年的劳工发展倡议演变而来的，自 1993 年以来一直是慕尼黑的主要劳动力市场政策工具，每年为近 6700 名居民提供就业支持。MBQ 的目标是消除弱势群体融入劳动力市场的结构性障碍，同时保障劳动力市场上有就业能力的工人就业，为青年人从学校到企业的过渡提供支持，从而解决失业问题。此外，MBQ 还包括移民融入劳动力市场和就业数字化等内容。2020 年共有 100 多个项目由 MBQ 资助，MBQ 在每个项目中负责个性化辅导、初步能力分析、个性化地学习和职业路径推荐等。MBQ 通过职业指导专家、培训运营商和社会企业网络的全面协同，确保弱势群体获得个性化就业建议，为长期失业者提供就业支持。此外，融合咨询中心也发挥了重要作用，能够就申请人感兴趣的相关主题提供有针对性的建议。MBQ 的优势还在于其包含的项目能够灵活和迅速地适应不断变化的环境，并且有能力为新项目提供资金支持。在疫情防控期间，职业融合咨询中心在短时间内迅速创建，为健康受影响的人士提供就业咨询及支持。2023 年 OECD 研究报告显示，每年有 3000 多名慕尼黑居民受益于 MBQ，2018 年有大约 31% 的长期失业参与者过渡到稳定就业或不再依赖失业救济金。

五 未来促进就业高质量发展的主要建议

（一）深化改革领域

加快就业数字化转型。通过数据赋能，在就业服务和招聘应聘中推广数字化技术，构建覆盖劳动者求职就业创业全过程、横向纵向互联互通的一体化、数字化信息平台，降低企业用人和劳动者就业的搜寻匹配成本，实现全方位精准服务和全过程效率提升。建立以就业为重点，劳动用工、劳动权益保障、人才人事工作协同的一体化信息系统，加强人力资源和社会保障部门与教育、民政、市场监管等部门数据共享。通过业务联动、数据共享，精准落实政策、风险监测防控，打造就业一体化工作新模式。充分运用基层公共服务平台，建设零工市场，开展线上线下即时招聘服务和延伸服务。

深化教育和就业的衔接改革。以教育、人才一体化发展新理念深化教育供给侧改革，着力提高人力资源与劳动力市场需求适配性，优化高等教育乃至整个教育体系在教学内容和教育质量上的顶层设计。瞄准就业市场需求，推动建立就业与招生计划、人才培养、院校设置、专业调整的联动机制，重点布局劳动市场需求强、人才缺口大的学科专业，将实用技能、创业教育、数字技术和就业通用能力培训等纳入教育体系，统筹专业知识教育与技能培训教育等在各阶段教育中的构成，强化产学研结合、校企合作、工学一体，对青年人进行综合性培养，加强职业素质培养和技能实训。

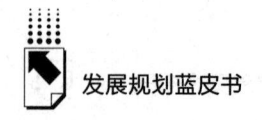

统筹产业和就业协同发展。鼓励支持有利于扩大就业的传统产业、民生领域的发展，在推进新基建、城市改造等项目中，通过政府投资带动社会投资。以促进供需匹配为关键。注重劳动力市场两端发力，构建就业与产业相协同、劳动者培训与岗位需求相适应、公共就业服务与市场化人力资源服务相补充的高效对接机制。

（二）宏观政策措施

坚持就业目标优先，健全宏观调控机制。持续落实稳岗返还、专项贷款、就业补贴等政策。继续加大对就业容量大的民营经济、中小微企业等各类经营主体的支持力度，综合用好减税降费、就业补贴等政策工具，帮助中小微企业持续获得增长动能，激励中小微企业、个体工商户等吸纳就业。同时大力推动平台经济发展，健全灵活就业劳动用工规范性保障政策。充分发挥公共就业服务机构的中介作用，解决劳动力市场中的供需信息不对称问题。多渠道、多途径开发公益性岗位，聚焦兜底就业安置措施。

强化政策统筹，共同推进高质量就业。政府应持续高度重视就业优先政策，积极推动财政、金融、产业、教育等政策与就业政策协同。拓宽高质量就业空间，加强重大战略与就业布局协同，支持吸纳就业能力强的产业和企业发展，充分发挥宏观经济政策对就业的拉动作用，培育壮大先进制造业和现代服务业，创造更多高质量就业岗位。在落实已有的促就业政策的基础上，强化政策统筹，着力提高现有方案的有效性，加强各项政策的协调性和衔接性，形成共促高质量发展的政策合力。完善政府统筹领导、部门横向协同、系统纵向贯通、社会广泛参与的就业一体化工作推进机制。

加大对就业培训和新就业形态的政策支持力度。应实施更加积极的就业政策，完善创业扶持政策，加大对灵活就业、新就业形态的支持力度。适量减少政府用于直接创造就业的支出，为灵活就业者提供参加企业培训的机会。通过财政、税收、信贷、产业、就业创业等政策，支持有利于就业扩容提质的新产业、新业态、新模式和新就业形态发展，鼓励数字平台与传统实体经济融合发展，支持中小微企业数字化赋能发展，从而带动劳动力市场高质量发展。在保证基本条件的基础上，适当降低灵活就业的准入门槛，加快出台鼓励支持平台企业为重点群体提供就业培训的优惠政策。

（三）企业经营策略

多元化经营。企业应通过优化经营结构、创新发展、提高生产效率等方式，增强自身竞争力，在原有业务基础上，积极拓展新市场、新领域，实施多元化经营策略，提高抵御风险能力，积极开发新就业岗位。此外，企业应健全风险管理制度，增强风险防范意识，对可能出现的风险及时予以预警和应对，避免风险影响到企业的生存和发展，进而引发员工失业、薪资降低等风险。在政府落实吸纳就业补贴、社会保险补贴、税费减免等支持企业吸纳高校毕业生等优惠政策的同时，金融机构积极开展稳岗扩岗服务，企业应充分激发自身的内生动力和创新活力，结合自身经营情况，进一步提高吸纳高校毕业生就业的积极性。

推行企业培训。企业应定期开展面向职工的专项培训，使职业技能培训贯穿于劳动者工作全过程，提升员工的职业技能和职业素养，增强员工的就业能力、提高工作质量、减少工作事故。企业要承担起应尽的社会责任，与政府和学校联动，在人才培养、科技创新、社会服务等方面进行交流与协作活动，采用搭建就业平台、提供实习机会、开展项目合作和就业培训等形式，提升青年的就业能力，吸纳人才就业。

积极探索"共享用工"模式。季节性行业企业可以采取基于短期、项目性的合作方式，把有富余员工的企业推荐给员工紧缺的企业，使企业和员工围绕特定项目进行合作，有效降低企业用工成本，使企业用工更具灵活性，提升人力资源配置效率，既留住了人力资本，也为员工找到了新的出路，助力企业稳生产、稳就业。

（四）个体行为决策

持续学习和提升技能。求职者应通过不断提升自己的技能，适应不断变化的市场需求。通过自主学习、参加培训或与行业专家交流，紧跟科技发展趋势，保持对行业知识、技术及其发展趋势的敏锐度，洞察就业市场需求，通过参加培训等方式积极提升自身专业技能水平。大学生应积极参与技能培训、求职招聘对接和就业实习等就业准备活动。

职业选择多元化发展。求职者不应将个人的职业选择局限于单一的职业或

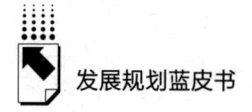

行业，应该结合市场需求，通过探索自己的职业兴趣，不断挖掘个人潜力；通过职业研究、职业咨询了解不同职业技能需求、发展前景；关注人社部门发布的新职业，及时了解新职业的技能标准，抓住新职业发展新机遇；寻找与当前技能相关的其他领域或行业的就业机会，探索职业选择多元化。

找准自身定位，保持积极心态。求职者个人应树立正确的成才观、职业观、就业观，更加理性地关注自身职业发展，设定更为合理的预期、做好职业规划，不应过度追求各种技能证书，而忽视了对实际工作能力的掌握。面对挑战和变化时，求职者应保持积极的心态，避免陷入巨大的焦虑和压力之中。

参考文献

王晓萍：《以高质量充分就业助力中国式现代化》，《中国人力资源社会保障》2023年第6期。

莫荣、陈云：《把稳就业提高到战略高度通盘考虑》，《红旗文稿》2023年第19期。

Gilbert F. Houngbo, "World Employment and Social Outlook: Trends 2024," ILO, https://doi.org/10.54394/HQAE1085, 2024.

OECD Department of Social Protection, Ireland EC-JRC, *Impact Evaluation of Ireland's Active Labour Market Policies, Connecting People with Jobs*, OECD Publishing, Paris, https://doi.org/10.1787/ec67dff2-en, 2024.

Dromundo S., Lüske M., Tuccio M., "Innovative Approaches to Tackle Long-term Unemployment", OECD Social, Employment and Migration Working Papers, No. 300, OECD Publishing, Paris, https://doi.org/10.1787/e1f7e16e-en, 2023.

B.8 健全分层分类的社会救助体系

肖 寒*

摘　要： 社会救助体系是社会保障制度的重要部分，党的二十大报告明确指出，健全分层分类的社会救助体系。改革开放以来，我国已经建立了以基本生活救助为核心，以专项救助、急难救助和社会力量参与为补充的社会救助体系，但是现有社会救助体系仍然面临分层分类不充分、制度不完善、社会救助效率不高等问题。进入扎实推进共同富裕阶段，如何进一步健全分层分类的社会救助体系、设计兼顾"兜底"与"激励"的社会救助制度是亟须解决的问题。本文通过梳理我国社会救助体系的历史沿革与进展，分析当前面临的问题与挑战，总结国际社会救助相关的经验，提出健全分层分类的社会救助体系的政策建议。

关键词： 社会救助体系　最低生活保障　共同富裕

社会救助体系是社会保障体系的重要部分，是保障社会弱势群体生活和发展权利的重要制度体系。党的二十大报告指出，健全分层分类的社会救助体系；《中共中央关于进一步全面深化改革　推进中国式现代化的决定》明确指出，要健全社会救助体系。2020年中共中央办公厅、国务院办公厅印发《关于改革完善社会救助制度的意见》，提出用两年左右时间，健全分层分类、城乡统筹的中国特色社会救助体系，到2035年实现社会救助事业高质量发展。在进入扎实推进共同富裕的阶段，针对社会中弱势群体进行具有针对性的社会救助是实现共同富裕、缩小收入差距的重要手段。在制度层面建立分类分层、合理的社会救助体系对提高社会救助资源利用率、提高被救助群体满意度、促进社会稳定发展具有重要意义。

---

* 肖寒，中国社会科学院数量经济与技术经济研究所，主要研究方向为社会救助等。

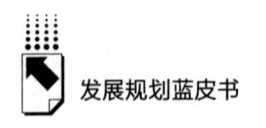

一 我国社会救助体系建设进展

（一）历史沿革与特点

我国社会救助体系是社会保障体系的重要组成部分。2020年8月，中共中央办公厅、国务院办公厅印发《关于改革完善社会救助制度的意见》，首次将"建立健全分层分类的社会救助体系"作为重点任务，包括构建综合救助格局、打造多层次救助体系、创新社会救助方式和促进城乡统筹发展等具体任务。《中华人民共和国国民经济和社会发展第十四个五年规划和2035年远景目标纲要》第四十九章"健全多层次社会保障体系"提出"优化社会救助和慈善制度"，以城乡低保对象、特殊困难人员、低收入家庭为重点，健全分层分类的社会救助体系，构建综合救助格局。此外，在第二十六章"实现巩固拓展脱贫攻坚成果同乡村振兴有效衔接"提出"完善农村社会保障和救助制度，健全农村低收入人口常态化帮扶机制"；在第四十四章"全面推进健康中国建设"提出"完善基本医疗保险门诊共济保障机制，健全重大疾病医疗保险和救助制度"。党的二十大报告中明确提出，健全社会保障体系，健全分层分类的社会救助体系。

目前，我国全面建立以最低生活保障、特困人员供养、受灾人员救助、医疗救助、教育救助、住房救助、就业救助、临时救助等8项制度及社会力量参与作为基本内容的"8+1"社会救助制度体系，基本生活救助、专项救助、急难救助为社会救助主体。目前我国的社会救助可分为以下几个层次，第一层次的救助为基本生活救助，包括最低生活保障和特困人员供养两类救助形式。其中，最低生活保障又根据我国城乡经济发展与人民生活水平分为农村最低生活保障和城市最低生活保障。第二层次的救助为专项救助，根据受救助群体的类型划分为医疗救助、教育救助、住房救助和就业救助四个类型。第三层次的救助为急难救助，主要关注在自然灾害、意外事件等情况下需要救助的群体，分为受灾人员救助和临时救助。此外，我国积极引导社会力量参与各类社会救助工作，建立了以社会力量为主体的补充救助。目前，我国已经形成了覆盖范围广、层次较为分明的社会救助体系。

表 1　我国社会救助体系

救助层次	序号	类型	标准
第一层次：基本生活救助	1	最低生活保障	国家对共同生活的家庭成员人均收入低于当地最低生活保障标准，且符合当地最低生活保障家庭财产状况规定的家庭，给予最低生活保障
	2	特困人员供养	国家对无劳动能力、无生活来源，且无法定赡养、抚养、扶养义务人，或者其法定赡养、抚养、扶养义务人无赡养、抚养、扶养能力的老年人、残疾人以及未满16周岁的未成年人，给予特困人员供养
第二层次：专项救助	3	医疗救助	国家建立健全医疗救助制度，保障医疗救助对象获得基本医疗卫生服务。下列人员可以申请相关医疗救助：（一）最低生活保障家庭成员；（二）特困供养人员；（三）县级以上人民政府规定的其他特殊困难人员
	4	教育救助	国家对在义务教育阶段就学的最低生活保障家庭成员、特困供养人员，给予教育救助 对在高中教育（含中等职业教育）、普通高等教育阶段就学的最低生活保障家庭成员、特困供养人员，以及不能入学接受义务教育的残疾儿童，根据实际情况给予适当教育救助
	5	住房救助	国家对符合规定标准的住房困难的最低生活保障家庭、分散供养的特困人员，给予住房救助
	6	就业救助	国家对最低生活保障家庭中有劳动能力并处于失业状态的成员，通过贷款贴息、社会保险补贴、岗位补贴、培训补贴、费用减免、公益性岗位安置等办法，给予就业救助
第三层次：急难救助	7	受灾人员救助	国家建立健全自然灾害救助制度，对基本生活受到自然灾害严重影响的人员，提供生活救助
	8	临时救助	国家对因火灾、交通事故等意外事件，家庭成员突发重大疾病等原因，导致基本生活暂时出现严重困难的家庭，或者因生活必需支出突然增加超出家庭承受能力，导致基本生活暂时出现严重困难的最低生活保障家庭，以及遭遇其他特殊困难的家庭，给予临时救助。国家对生活无着的流浪、乞讨人员提供临时食宿、急病救治、协助返回等救助 公安机关和其他有关行政机关的工作人员在执行公务时发现流浪、乞讨人员的，应当告知其向救助管理机构求助。对其中的残疾人、未成年人、老年人和行动不便的其他人员，应当引导、护送到救助管理机构；对突发急病人员，应当立即通知急救机构进行救治
补充救助	9	社会力量	慈善救助、政府购买的服务救助

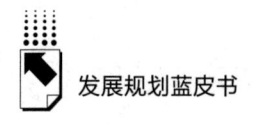

1. 基本生活救助：农村最低生活保障

最低生活保障制度（以下简称"低保"）是我国社会救助体系中最重要的社会救助内容之一，也是兜底性社会救助的核心制度。在我国二元经济制度的背景下，最低生活保障制度根据人口户籍分为农村低保和城市低保。2007年以前，仅有部分省份建立了地区性农村最低保障制度，尚未在全国范围内统一保障标准和保障制度。据统计，截至2006年底，全国有23个省份建立了农村最低生活保障制度，2133个县（市）开展了农村最低生活保障工作，有1593.1万农村人口得到了农村最低生活保障。[①]

2007年，《国务院关于在全国建立农村最低生活保障制度的通知》发布，标志着全国范围内正式建立起农村最低生活保障制度，其目的是保障部分农村地区尚未解决温饱问题的贫困人口基本生活，并帮助其中有劳动能力的人积极劳动脱贫致富。农村低保制度将符合条件的农村贫困人口全部纳入保障范围，按月发放现金补贴。

从农村低保人数来看，覆盖人口规模经历了先上升后下降而后趋于稳定的过程，反映了我国农村低收入群体的比例变化。2007年农村低保初次在全国范围内覆盖人口达到3566.3万人，占乡村人口的4.99%；此后覆盖人口不断增加至2013年的5388万人，占乡村人口的比例达到8.66%。随着我国脱贫攻坚行动的开启，农村地区低收入群体规模不断缩小，农村低保覆盖人口规模同步下降，占乡村人口的比例呈现下降趋势。到2018年，农村低保保障人口规模达到历史最低点3519万人，占乡村人口的比例为6.5%。2018年以后，农村低保保障人口规模较为稳定，保持在3300万~3600万人，占乡村人口比例稳定在6%~7%。

随着居民收入水平的提高，农村低保补助标准逐年提高。根据《中国民政统计年鉴》，我国农村低保平均标准从2007年的每人每月70元增长至2022年的每人每月582.10元，年均复合增长率高达15.17%。分阶段来看，2007~2013年，农村低保标准的增长率保持在15%以上，此后多数年份增速在10%以上，仅2021年增速下降至6.7%。农村低保标准的不断提升表明我

---

① 《低保向农民走来——我国将全面建立农村低保制度》，https://www.gov.cn/jrzg/2007-09/02/content_734590.htm，2007年9月2日。

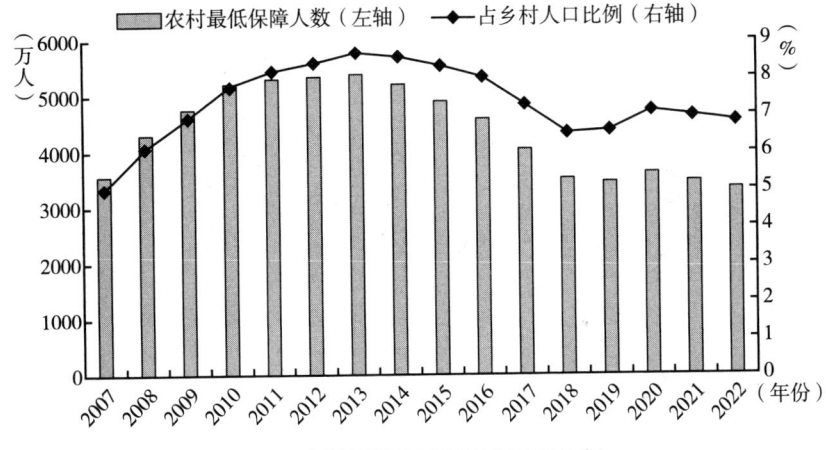

图 1 农村最低生活保障人数及比例

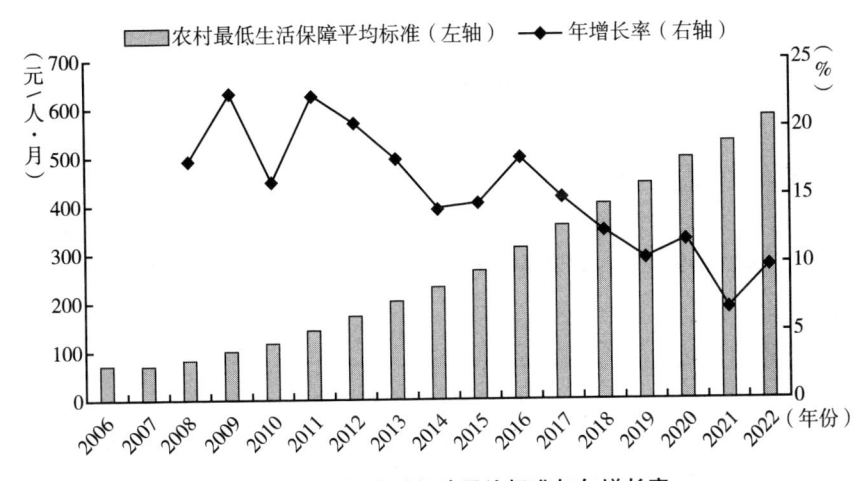

图 2 农村最低生活保障平均标准与年增长率

国对农村低收入人口的帮扶救助程度持续提高。

低保筹资方向，资金的筹集以地方为主，① 地方各级人民政府将农村最低生活保障资金列入财政预算，省级人民政府承担较大的支出责任。但是，农村低保制度的有效推行离不开中央转移支付的支持。由于我国地区间经济发展水

---

① 郑新业、张莉：《社会救助支付水平的决定因素：来自中国的证据》，《管理世界》2009 年第 2 期。

平差异较大，发展较为落后的地方政府无法承担大规模的针对农村的转移支付，中央转移支付作为主体承担低保补助金，农村低保财政支出形成事实上以中央财政为主的支出模式，中央财政转移支付是农村最低生活保障制度确立、发展及完善的坚实后盾。① 图3表明，2007年人均地区生产总值（经济发展水平）与农村社会救济中中央资金占比呈现显著的负相关关系，表明中央资金对经济发展水平落后地区的支持力度更大，具有明显的倾向性。

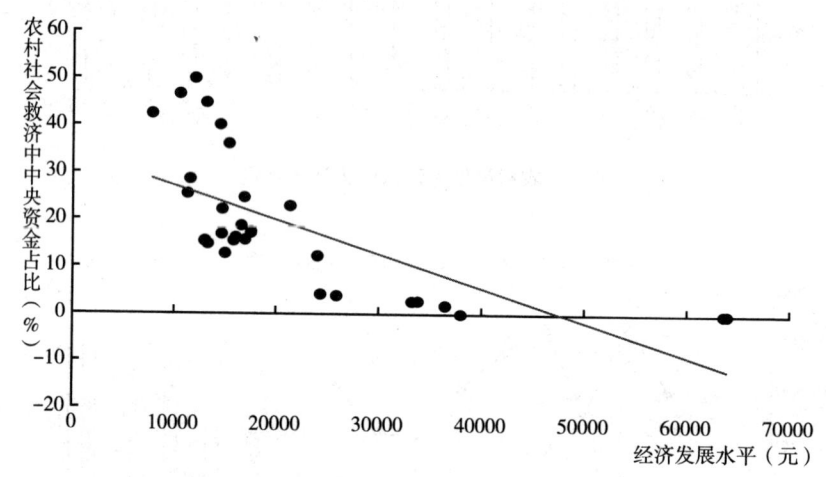

图3　2007年各地区农村社会救济中中央资金占比与经济发展水平

2. 基本生活救助：城市最低生活保障

我国城市低保制度的正式建立较农村更早，国务院于1997年9月和1999年9月分别发布《国务院关于在全国建立城市居民最低生活保障制度的通知》和《城市居民最低生活保障条例》。城市低保最初确立的主要原因是配合各地国有企业改革进程，是《中华人民共和国国民经济和社会发展"九五"计划和2010年远景目标纲要》提出的一项重要任务，是改革和完善传统社会救济制度、建立健全社会保障体系的重大举措。

从城市最低生活保障人数来看，与农村低保相似，城市低保覆盖人口规模同样经历了先上升后下降的过程。根据1997年9月出台的《国务院关于在全

---

① 夏珺、李春根：《农村最低生活保障中央财政转移支付的均等化效应》，《财政研究》2018年第2期。

国建立城市居民最低生活保障制度的通知》要求，1997年底以前，已建立这项制度（城市低保制度）的城市要逐步完善，尚未建立这项制度的要抓紧做好准备工作；1998年底以前，地级以上城市要建立起这项制度；1999年底以前，县级市和县政府所在地的镇要建立起这项制度。根据《中国民政统计年鉴》，全国城市最低生活保障人数从1997年的87.9万人快速上升至2003年的2246.8万人，占城镇人口的比例从0.22%上升至4.29%。此后至2013年，城市最低生活保障人数维持在2000万人以上。

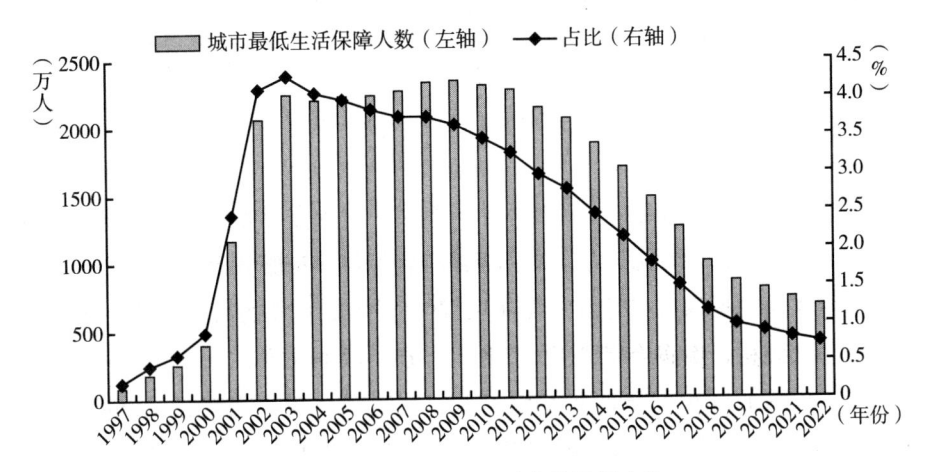

图4　城市最低生活保障人数及其占比

从城市低保补助标准来看，随着居民收入水平的提高，低保补助标准也逐年提高。城市低保平均救助标准从2004年的每人每月152元增长至2022年的每人每月752.3元，年均复合增长率达到9.29%。受新冠疫情影响，城市低收入人口的务工情况受到较大冲击，2020年城市低保的标准大幅提高，增长率高达24.62%；2021~2022年城市低保标准调整至正常区间。

3. 基本生活救助：特困人员供养

特困人员供养与最低生活保障同属于第一层次的基本生活救助，其前身是农村"五保"制度和城市"三无"人员救助制度。2016年《国务院关于进一步健全特困人员救助供养制度的意见》明确特困人员救助的主要目标群体是无劳动能力、无生活来源，且无法定赡养、抚养、扶养义务人，或者其法定义务人无履行义务能力的城乡老年人、残疾人以及未满16周岁的未成年人。这

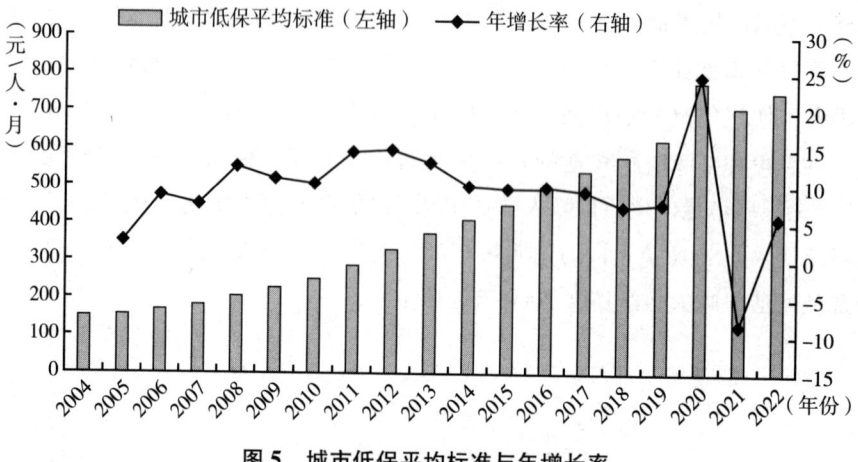

图5 城市低保平均标准与年增长率

类群体是我国现阶段最困难、最脆弱的人群。与低保直接发放现金补贴的救助方式不同，我国针对特困人员供养的救助以物质保障和服务提供为主，包括食物和日常用品的提供（或等价的现金）、对生活不能自理的人员给予日常生活和住院期间照料、疾病治疗费用的负担、办理丧葬事宜等。

图6展示了2010~2022年城市"三无"人员、农村"五保"人员、特困人员的数量变化趋势。整体来看，随着经济发展水平的提高，我国特困人员人数呈现持续下降的趋势，从2010年的571万人下降至2022年的470万人。城

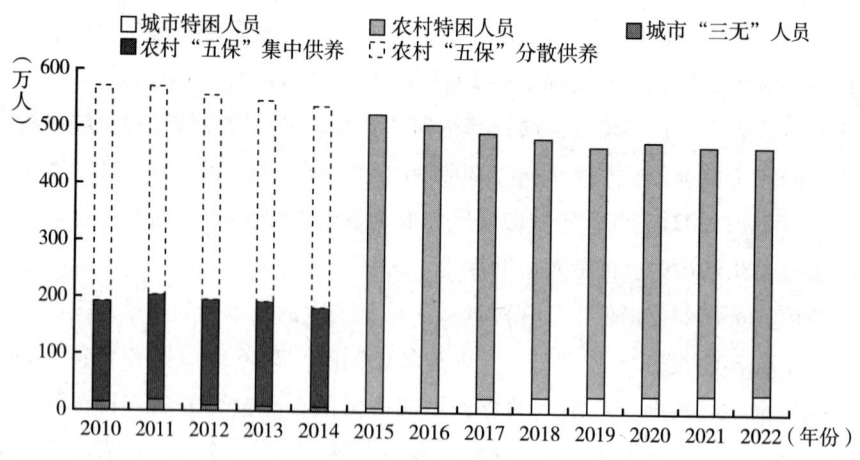

图6 2010~2022年我国特困人员供养人数

乡对比来看，特困人员主要聚集在农村地区，农村地区历年占比均在90%以上，最高占比达到98.7%。

4. 专项救助

为了保障社会弱势群体的生存权和发展权，我国政府相继出台教育救助、住房救助、就业救助相关政策。2003年和2005年国家分别针对农村和城市地区出台医疗救助相关政策。2004年民政部、教育部发布《关于进一步做好城乡特殊困难未成年人教育救助工作的通知》，明确了针对城乡特殊困难未成年人实施教育救助的对象及目标。2014年住房城乡建设部、民政部、财政部联合印发了《关于做好住房救助有关工作的通知》，解决最低生活保障家庭、分散供养的特困人员的住房困难。

其中，医疗救助的覆盖人口规模较大，图7展示了2004年以来我国医疗救助规模，自2007年城市和农村地区均开展医疗救助以来，全国救助规模快速上升，2016年已达到2696万人次，年均复合增长率为14.15%。分城乡来看，医疗救助的主要保障人群仍然集中在农村地区，比例维持在60%以上。

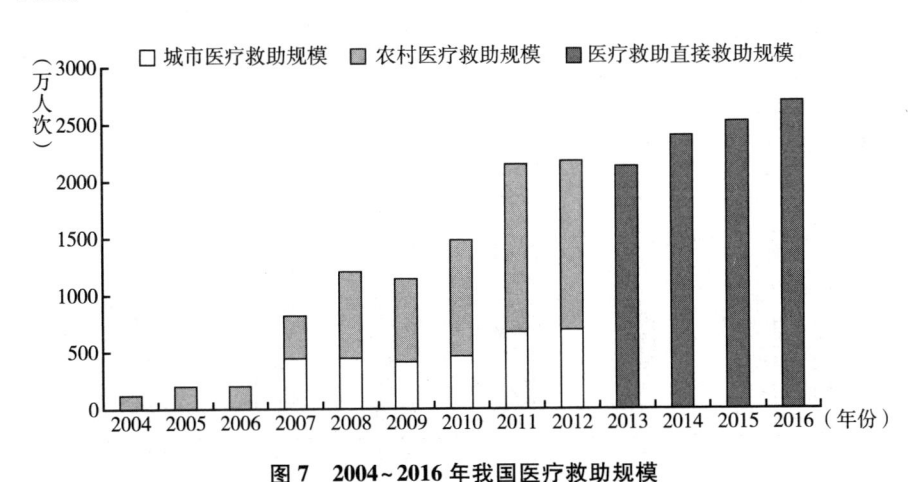

图7 2004~2016年我国医疗救助规模

5. 急难救助

2014年，《国务院关于全面建立临时救助制度的通知》指出社会救助体系仍存在"短板"，解决一些遭遇突发性、紧迫性、临时性生活困难的群众救助问题仍缺乏相应的制度安排，迫切需要全面建立临时救助制度，发挥救急难功能，使城乡困难群众基本生活都能得到有效保障，兜住底线。我国临时救助制度实行地方各级人民政府负责制，由国务院民政部门统筹全国临时救助制度建设，县级以上地方人民政府民政部门进行统筹，卫生计生、教育、住房城乡建设、人力资源社会保障、财政等部门进行配合协作。

临时救助在自然灾害和突发事件发生后具有重要的保障和兜底作用。根据历年国民经济和社会发展统计公报的数据，2018~2022年全国接受临时救助的人口维持在900万~1000万人次。与其他社会救助形式相比，临时救助的特点在于具有更高的灵活性，并且积极引入社会力量参与其中，救助范围可根据现实情况进行调整。例如，2020年6月，民政部、财政部出台《关于进一步做好困难群众基本生活保障有关工作的通知》，明确指出适度扩大临时救助范围，实现"应救尽救"，提出对受疫情影响无法返岗复工、连续三个月无收入来源、生活困难且失业保险政策无法覆盖的农民工等未参保失业人员，未纳入低保范围的，经本人申请，由务工地或经常居住地发放一次性临时救助金，帮助其渡过生活难关。据统计，受新冠疫情影响，2020年全国临时救助人口增加至1341万人次，同比增长46.08%，为2018~2023年临时救助的最大规模。

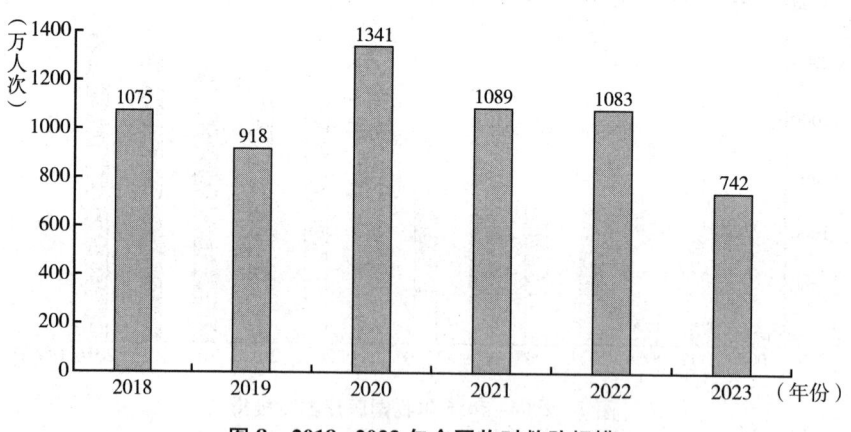

图8 2018~2023年全国临时救助规模

（二）"十四五"期间进展

党的二十大报告明确提出，中国式现代化是全体人民共同富裕的现代化。

我们要实现好、维护好、发展好最广大人民根本利益，着力解决好人民群众急难愁盼问题，健全基本公共服务体系，提高公共服务水平，增强均衡性和可及性，扎实推进共同富裕。扎实推进共同富裕要求健全社会保障体系，其中健全分层分类的社会救助体系是健全社会保障体系的具体内容。通过不同类型的救助增加中等收入群体规模，有利于促进"提低"目标的实现并构建中等收入群体占多数的橄榄型收入分配结构。

"十四五"期间，我国社会救助取得了新进展，社会救助工作向"保基本、防风险、促发展"的政策目标转变。2020年我国宣布消除绝对贫困，相对贫困的治理成为新阶段的重点任务。同时，部分弱势群体在外界负面冲击下返贫的风险较高，因此社会救助成为扎实推进共同富裕阶段保障相对贫困人口福利、防止弱势群体返贫的重要手段。

"十四五"期间，各地政府在健全分层分类的社会救助体系方面进行了更加多元化的探索和尝试，在脱贫攻坚经验的基础上创新制度、采用先进技术，试图克服以往社会救助政策实施中的不足与难点。例如，浙江省尝试将低收入农户与低保边缘户认定标准"两线合一"，明确要求科学理解低收入农户与低保边缘户相互之间的关联性，合理确定低收入农户和低保边缘户的认定标准上限，使其符合省里政策要求、体现当地实际，确保认定标准框定的人口规模合理，防止出现因标准太低而造成对象识别认定不足。并利用浙江省大救助信息平台数据对救助情况进行实时动态调整。山东省德州市将低保人员、特困人员纳入低收入人口范围，并充分利用社会大救助平台信息将居民按照家庭困难救助指数进行排名，指数较高的家庭被纳入低收入人口范围予以针对性救助帮扶。

二 我国社会救助体系面临的问题与挑战

（一）社会救助体系的分层分类尚未健全

分层分类的社会救助体系构架是提高社会救助效率的重要途径。虽然我国已经初步建立了分层分类的社会救助体系，但是在制度上仍存在较多不完善之处，主要体现在不同社会救助之间的"捆绑"现象较为明显，导致部分需要救助的群体无法真正享受到救助，还未真正做到"分层"和"分类"。在目前的社会救助体系中，基本救助的低保人员和特困供养人员仍然是其他社会救助政策所重点倾向保障的对象，例如医疗救助制度的申请对象以这两类人员为主，其余可申请的对象为县级以上人民政府规定的其他特殊困难人员。同时，教育救助、住房救助、就业救助的对象均以最低生活保障家庭成员和特困供养人员为主体，大量救助资源向低保户、特困户倾斜，导致低保户与特困户名额成为被抢夺的资源。此外，符合救助条件的居民之间的收入水平、生活条件仍存在一定差异，因此其困难程度和需要救助的程度均有所差异，对这一群体进行相同力度的社会救助可能会造成救助不充分、居民满意度不高等问题。因此，构建更加有层次、有梯度的社会救助格局是必要的。

（二）社会救助的效率亟待提升

长期以来，我国社会救助存在效率较低的问题。其最为突出的现象是社会救助精准性不高。一方面，部分真正需要社会救助的人口得不到救助；另一方面，部分得到实际救助的人口并不真正需要政府和社会救助。这一问题造成资源错配，是拉低社会救助效率的重要原因。以低保为例，不同学者基于中国家庭收入调查（CHIP）、中国家庭追踪调查（CFPS）等微观调查数据对我国农村低保瞄准效率进行了测算，发现农村低保的错配率较高，一方面，部分符合条件的人口没有得到救助和保障，即存在"漏保"问题；另一方面，部分不符合条件的人口由于各种原因获得了救助和保障，即存在"错保"问题。多位学者测算我国农村低保错保率和漏保率均在80%以上，[1] 这表明农村低保的精准程度仍旧较低。虽然2018年以后错保情况有所改善，但是漏保率仍然较高。[2] 与农村最低生活保障相似，其他社会救助均存在错保和漏保情况，据测算，2005年上海市城市低保的漏保率为48.5%，错保率为41.7%。[3] 整体来看，我国社会救助的整体精准性仍然有较大的提高空间。

---

[1] 朱梦冰、李实：《精准扶贫重在精准识别贫困人口——农村低保政策的瞄准效果分析》，《中国社会科学》2017年第9期；何欣、朱可涵：《农户信息水平、精英俘获与农村低保瞄准》，《经济研究》2019年第12期。

[2] 韩华为、高琴：《中国农村低保制度的瞄准精度和减贫效果——基于2013和2018年CHIP数据的实证分析》，《公共管理学报》2021年第4期。

[3] 都阳、Albert Park：《中国的城市贫困：社会救助及其效应》，《经济研究》2007年第12期。

此外，考虑到整体的社会成本和收益，社会救助的效率也亟须提升。由于大部分社会救助方式为现金发放，容易导致"养懒汉"问题，不利于全社会就业率的提升和人力资本水平的提高。同时，"养懒汉"现象容易在社区和村居内部形成较为负面的舆论影响和社会影响，不利于基层政府基层治理和社会稳定。总体而言，"养懒汉"问题导致政府所负担的社会救助成本较高，但是形成的社会效益较低并且容易导致居民满意度降低，明显拉低了财政资金的整体使用效率。

（三）社会救助制度与其他国家政策和战略衔接尚不充分

一是社会救助制度与新型城镇化战略衔接尚不充分。新型城镇化战略的核心群体为规模庞大的农业转移人口，这一群体在城市中属于收入水平较低、就业不稳定群体，且享受的社会保障情况较差。在接受社会救助方面，农业转移人口群体仍然受到户籍等多种因素的限制，无法在常住地无障碍地享受救助，导致部分从农村转移至城市的困难群体成为社会救助覆盖的"真空"群体。这一问题阻碍了我国城镇化率的进一步提高，亟须从制度设计角度加强社会救助制度与新型城镇化战略的衔接。

二是社会救助制度与乡村振兴战略衔接尚不充分。2013年以来，社会救助制度为脱贫攻坚的胜利提供了兜底保障，农村居民的收入水平和生活水平均有了显著提高。进入乡村振兴阶段，如何充分利用社会救助制度助力乡村振兴是当前阶段面临的重要问题，主要包括以下挑战：第一，如何充分发挥社会救助在提高内生动力方面的积极作用，切实推动乡村产业、人才、文化、生态和组织振兴。第二，如何充分借鉴精准扶贫期间"精准识别"和"精准帮扶"的经验，在乡村振兴期间提高社会救助的效率，使救助资源更加高效地帮助弱势群体和易返贫群体。第三，如何利用分层分类的社会救助制度满足乡村振兴阶段居民的多样化需求，有效巩固拓展脱贫攻坚成果。

（四）非经济性社会救助需求亟须重视

随着经济发展水平的提升，社会弱势群体从各级政府和社会慈善机构收到的现金补助不断提高。从政策执行和项目管理的角度来看，政府在执行过程中确实成本较低，同时受救助者的接受度较高。但是以现金为主的社会救助存在

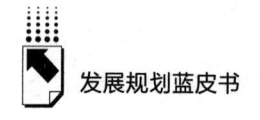

以下两个缺点。第一，现金救助的效果并非最优，无法确保受救助个体和家庭将直接发放的现金用于提高生活水平，可能产生不合理的消费支出，如烟酒消费、奢侈品消费等。第二，部分被救助者的需求无法用现金满足，例如相比于现金，老年人更加需要日常生活服务的提供，未成年人更需要教育帮扶。同时，单纯以现金补助水平衡量社会救助的成效是不全面的，可能导致政府倾向于增加支出而忽视社会救助的实际效果。因此，非经济性的社会救助仍然需要重视，以提升救助效率。

三 国际先进经验与启示

（一）发达国家社会救助体系的经验与启示：劳动所得税抵免

发达国家的社会救助制度的精准性较高，由于便于收集税收等数据，政府可通过精确的个人和家庭收入数据识别出真正需要帮扶的弱势群体。从整体思路来看，发达国家的社会救助制度不仅考虑了收入因素，还从社会地位、长期发展等方面考虑到了"弱势群体"，这类群体的增收能力普遍较弱，也是政府重点救助的对象。

美国政府的设计思路是充分发挥市场作用促进低收入者获得工资性收入，这一制度设计也直接与美国的失业率挂钩。劳动所得税抵免（Earned Income Tax Credit，EITC）是美国较为成功的一类社会救助。劳动所得税抵免政策的目的是为低收入、有未成年子女的家庭的劳动收入进行税收抵免。这一政策将税收政策与社会救助政策有机结合起来，自1975年在美国实施以来取得了较为显著的成效。

在机制设计方面，劳动所得税抵免政策具有三个显著特征。第一，要求申请者所在家庭必须至少有一名18岁以下的未成年子女，同时家庭的成年人进入就业市场获得的劳动收入，可作为劳动所得的税收抵免基础。这一特征明确地将此政策的受益群体规定为有未成年子女的低收入工薪家庭。

第二，劳动所得税抵免最高额度因家庭规模而异，家庭中未成年人口数量越多，则税收抵免的额度越高。例如，2017年只有一个孩子的家庭的最高抵免额为3400美元，而有3个及以上孩子的家庭的最高抵免额为6318美元。这一条件打破了受救助人口遵循统一救助标准的一般规则，由于未成年人数越多，家庭养育负担越重，相应的，其所享受的政策优惠程度也就越高，以保证政策在受益群体内部的公平性。

第三，为了激励低收入者尽量进入劳动力市场获得劳动收入，劳动所得税抵免根据三个参数为符合条件的所得税申报者提供税收抵免，分别是起步阶段额度、最高抵免阶段额度和退出阶段额度。符合条件的家庭获得的抵免额相当于其收入的一定百分比，上限为最高抵免额。在起步阶段，税收抵免额随着符合条件的申报者的收入增加而增加。同样，当符合条件的申报者的收入处于退出阶段额度区间，税收会随着其收入的增加而减少。当符合条件的申报者的收入处于前述两阶段之间时，税收抵免将以最高标准予以抵免。这充分激励了低收入者进入劳动力市场，避免了被救助者严重依赖救助政策的问题。

（二）发展中国家社会救助体系的经验与启示：家庭津贴计划

受经济发展水平的影响，发展中国家开展社会救助的时间与发达国家相比较晚，且在社会救助项目的制度设计和实施过程中存在较多问题。但是，在部分发达国家和世界非营利性组织的帮助下，部分发展中国家已经基本建成社会救助体系，在减少世界贫困的过程中起到重要的作用。巴西等发展中国家均已建立起以转移支付为基础的社会救助制度，其中部分社会救助项目的成功实施为其他发展中国家的社会救助体系建设提供了可借鉴的经验。

巴西实施的"家庭津贴计划"（Bolsa Familia）是拉丁美洲发展中国家中具有代表性的社会救助项目。1991年巴西提出家庭津贴计划，2003年首次确定了补助覆盖的人口规模，根据巴西2001年全国住户调查数据，初次保障人数为1120万个贫困家庭。2007~2008年，家庭津贴计划保障人数维持在1100万个家庭。到2014年，这一项目覆盖了1380万个家庭，涉及人口约占巴西人口的四分之一，是世界上最大的现金转移计划。

家庭津贴计划是典型的有条件现金转移支付项目（Conditional Cash Transfer，CCT），其主要目标是促进贫困家庭人力资本积累。家庭津贴计划要求每月生活费低于140雷亚尔的巴西家庭可根据子女人数领取津贴，津贴的金

额根据子女的数量和年龄而有所差异。根据规定，为了获得这一项目的现金补助，申请项目的家庭必须按时送子女上学并进行健康检查和疫苗接种，即满足"有条件现金转移支付项目"中的具体条件。同时，为了保证现金能够真正用于家庭中的未成年子女养育，补助金通常支付给未成年子女的母亲。

巴西的家庭津贴计划也存在一些问题。第一，家庭津贴计划与其他项目不协调。除了家庭津贴计划外，巴西还陆续出台了其他有条件现金转移支付项目，每个项目都分别设立了执行机构、融资方案并设定了准入条件。不同机构之间缺乏合作和沟通，导致了部分极为贫困的家庭可以满足所有项目的条件并获得大量救助金，从而挤占了其他家庭享有救助项目的机会，全社会整体的救助资源错配问题严重。

第二，在资金筹集方面，制定家庭津贴计划方案的法律明确规定，全国范围内的救助人数必须根据国家财政预算进行调整。在财政预算的约束下，只有当前项目内的家庭退出后才有名额纳入其他家庭，导致大量家庭符合进入家庭津贴计划的标准，但是没有成为实际受益人，也导致了救助资源错配。

第三，受到国家政权更迭的影响，巴西的家庭津贴计划虽然在短时间内取得了成功，但是政策稳定性较差。这导致接受救助的群体无法长期、稳定获得救助和帮扶，救助措施和现金补助的断崖式下跌容易造成家庭在短时间内陷入极端贫困，同时也不利于社会的稳定发展。

四 健全分层分类的社会救助体系相关政策建议

（一）进一步健全分层分类的社会救助体系

进一步健全分层分类的社会救助体系包含两方面任务。一方面，根据我国目前形成的社会救助体系三个层次，分别设置各类救助的标准和门槛，逐渐将各类救助与低保救助区分开，解除不同救助类型之间的"捆绑"，优化社会资源配置，提高救助的公平性。另一方面，社会救助的三个层次并非完全独立，而是互有重合、互相支撑，应通过进一步健全分层分类的社会救助体系，加强不同类型救助间的协调配合，构建较为完善的社会救助体系。总体而言，仍需进行相对统筹，改变目前相对分散的社会救助资源分布情况。除民政部门牵头以外，教育、住房、医保、养老等部门应进一步在救助门槛、救助标准方面制定更为规范和精确的政策，并且着力增强部门间的协同性。

（二）利用多种方式提高社会救助效率

一是利用大数据、多平台共享等方式提高救助精准性。社会救助精准性不高的一大原因是信息不对称。第一，政府作为代理人无法完全得知居民的收入水平、福利水平、贫困程度等关键信息，导致在救助资源分配的过程中产生偏差。第二，不符合条件的救助申请人有动机隐藏自己真实的收入和消费信息，使自身通过救助资格审核。因此，进一步提高社会救助过程的信息化水平是提高救助精准性、资源利用率的重要途径。美国等发达国家能够较为精准地识别救助人口的重要原因是国家较为完备的税收信息系统以及完善的报税法规。随着银行等金融机构信息化程度的不断提高，我国现阶段可充分借鉴精准扶贫期间利用多渠道对贫困户进行精准识别的做法，通过匹配银行账户、贷款、固定资产等大数据信息，对居民的福利情况进行评估，从而降低救助资源的错配程度，使救助资源更加精准地向困难群体倾斜。

二是探索平衡"兜底"与"激励"的社会救助制度设计。随着我国城乡经济发展水平的逐步提高，社会救助标准不断提高。在这一趋势下，如何避免社会救助制度的"养懒汉"问题是制度设计方面亟须考虑的重要问题。一方面，具有不同需求的被救助者对现金发放的救助方式接受程度较高，可使用现金购买不同的服务和商品，同时政府的执行成本和管理成本较低。另一方面，直接发放现金补贴使被救助者的整体收入水平提高，可能导致自身增加收入的积极性不高，导致救助资源并不能充分激发弱势群体的内生动力。因此，从制度层面平衡救助金的"兜底"与"激励"作用十分重要。可借鉴美国劳动所得税抵免等政策，从救助制度上采用"多劳多得"的思路，即劳动越多则获得救助额度越高的方法，充分激励有劳动能力的被救助个体进入劳动力市场获得工资性收入。

（三）加强社会救助与其他国家政策和战略的衔接，改善救助效果

社会救助政策不仅是社会保障制度的重要部分，在政策实践过程中，多样化的社会救助模式也可与其他政策相结合获得更好的政策效果、改善

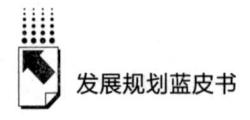

救助效果甚至实现多重政策目标。目前我国对社会救助与其他国家重大政策与战略的结合和创新较为不足，仍有较大的探索空间。取向一致性不仅存在于宏观政策之间，也存在于社会救助政策与其他政策和战略之间，增强政策间的取向一致性不仅能够改善政策效果、提升效率，也有助于社会成本的降低。

与新型城镇化战略衔接方面，2024年7月，国务院关于印发《深入实施以人为本的新型城镇化战略五年行动计划》的通知，指出要实施新一轮农业转移人口市民化行动，重点任务之一是扩大农业转移人口社会保障覆盖面，将符合条件的农业转移人口纳入社会救助范围，为困难群体基本生活提供兜底保障。应积极配合我国新型城镇化战略与户籍制度改革，加强社会救助制度在促进城镇化、提高就业数量和质量方面的作用，在改革进程中提高救助成效。

与乡村振兴战略衔接方面，2020年中共中央办公厅、国务院办公厅印发《关于改革完善社会救助制度的意见》明确提出加强与乡村振兴战略衔接。2021年习近平在中共中央政治局第二十八次集体学习时强调，要把农村社会救助纳入乡村振兴战略统筹谋划，健全农村社会救助制度，完善日常性帮扶措施。应充分利用精准扶贫时期形成的制度优势和信息优势，进一步促进社会救助制度与其他乡村振兴政策的融合与协调，积极发挥社会救助的"兜底"作用。

专栏 地方政府低保救助的制度性创新

通过将社会救助政策与其他政策相结合，不仅能够发挥"兜底""促发展"等作用，还能够实现其他政策目标，对低收入弱势群体产生较好的引导作用。我国部分地方政府积极探索将低保政策与清洁能源补贴政策相结合的社会救助模式，以低保户"煤改气"作为补助条件引导低保家庭将传统化石能源消费转为清洁能源消费。

从低收入群体发展的角度看，长期使用煤炭等能源可能造成空气质量变差、引发各类疾病，对弱势群体的健康资本和人力资本产生严重的负面影响。直接对低收入家庭进行现金补贴并不能从家庭的微观层面改变能源消费行为，需要更加有效的救助方式设计。从能源消费的角度看，低收入群体通常采用污染大的传统化石能源，高收入群体使用清洁能源的比例和意愿更高，导致以往清洁能源补贴政策的大部分现金补助给了高收入群体，不仅拉大了收入差距，同时促进全体居民清洁能源消费的政策效果也较差。

北京市低保救助中除了现金转移支付以外的清洁能源补贴，针对低保户的能源消费进行直接补贴，是一项精准式的定向扶持。北京市将"采暖救助"列为专项救助的一类，针对符合条件的最低生活保障家庭、分散供养的特困人员给予清洁能源自采暖补贴，清洁能源自采暖补贴标准高于普通居民清洁能源自采暖补贴标准。昆明市对高污染燃料禁燃区内按规定将燃煤改为清洁能源的低保户按照 1000 元/户的标准发放一次性补助。贵阳市对禁煤区在规定时限内将燃煤改为使用清洁能源的低保户和居家分散供养特困户按照每户每月 40 元的标准进行补贴。

这一救助政策的创新不仅促进了低收入群体对清洁能源的使用，而且从救助效果来看，能够对低保家庭的健康资本、人力资本产生长期的积极影响，改善了社会救助的效果。

（四）健全需求为导向的社会救助机制，提高救助对象满意度

在现金救助的基础上，应充分利用被救助者信息，提供多样化的社会救助模式，充分尊重被救助者的需求。尤其是老年人、未成年人、残疾人等特殊群体对现金以外的需求较为多样化，政府应专门针对这些群体的日常生活保障、教育保障、就业保障等方面的非现金需求提供持续的帮扶，例如提供咨询建议、保障服务、就业培训等。同时，充分调动居委会、村委会等基层自治组织对社会救助的积极性，畅通政府与被救助者之间的信息流动渠道，及时接收被救助者的需求反馈，动态调整和优化救助措施，积极探索"物质+服务"的综合救助模式。

B.9
推动中国消费中心建设*

周 勇**

摘　要： 在制造业大国、生产中心背景下，我国又提出经济的消费转型，要建设消费大国，打造（国际）消费中心（城市）。当前，我国一些传统消费型城市经历了历史嬗变，后发的消费型城市更多的是立足于生产制造，一些偏远、基层城镇逐渐向消费中心转型，但大多数消费中心还未能实现专门性独立发展。从生产中心到消费中心是有很深的内在调整逻辑，包括经济增长动力改变，由供给推动向需求拉动转型；经济发展水平提高，消费大发展的条件已经具备；资源和环境面临危机，需要以消费经济化解生产经济紧约束；国内外环境改变，消费中心担负经济突围重任。需要进行相关体制机制建设，政策调整方向包括适应生产劳动人工时间减少趋势，增加消费时间；调整城市布局，畅通消费流；强化公共消费设施建设，营造消费大场景；调整收入分配，构建外向型消费结构；深化规律性认识，发挥好后工业时代消费对经济的主功能作用；引导消费，积极筹划消费蓝图。

关键词： 消费中心　国际消费中心城市　宏观调控　区域经济　新发展格局

---

* 基金项目：中国社会科学院重大创新项目"实现高水平科技自立自强的关键"（2023YZD010）；中国社会科学院实验室、数据库项目"中国社会科学院经济大数据与政策评估实验室"（2024SYZH004）；国家社会科学基金重大项目"建设人才强国背景下激发科技人才创新活力研究"（2021ZDA014）。本文大部分内容发表于《河南社会科学》2024年第3期、《重庆理工大学学报》（社会科学版）2024年第2期，部分内容被《新华文摘》《人大复印报刊资料》转载。

** 周勇，中国社会科学院数量经济与技术经济研究所科技政策与评估研究室副主任、研究员，中国社会科学院大学教授，主要研究方向为消费。

党的二十大报告指出，要着力扩大内需，发挥消费在经济增长中的基础性作用。[①] 随着《关于开展国际消费中心城市培育建设工作的通知》，以及国家发展和改革委员会、科学技术部等14部门印发《关于培育建设国际消费中心城市的指导意见》等的发布，我国加快培育建设国际消费中心城市。随后，首批国际消费中心试点城市纷纷出台执行性文件，全面推进试点工作。同时，具备发展潜力但尚未被列入此轮试点的城市也跃跃欲试，纷纷出台相关建设文件，为后续的消费经济大发展创造有利的条件，如辽宁省在"十四五"规划中提出，推动沈阳、大连试点建设国际消费中心城市。

一 中国消费中心建设的时代和政策背景

（一）时代背景

当前我国不仅处于生产变革时代，也处于消费变革时代。居民消费从生产型向发展型、从商品型向服务型转型升级；消费观念和消费方式呈现出便捷化、个性化、品质化、社交化和价值化等新特点和新趋势。[②] 区域消费经济蓝图面临重塑，可以说，（国际）消费中心（城市）建设是近年我国消费领域和国内经济大循环中的重点，对区域经济发展格局也将产生重大影响，各界需要予以更多的关注。

（二）政策背景

消费中心概念在我国提出的时间并不久，与西方理论中的"消费城市"[③]的内涵显著不同。我国国际消费中心提出的背景，主要是应对持续消费相对不

[①] 习近平：《高举中国特色社会主义伟大旗帜　为全面建设社会主义现代化国家而团结奋斗——在中国共产党第二十次全国代表大会上的报告》，人民出版社，2022。

[②] 《辽宁省国民经济和社会发展第十四个五年规划和二〇三五年远景目标纲要》，http://www.ln.gov.cn/zwgkx/zfwj/zhwjk/202104/P020210409363471219769.pdf；张颖熙、徐紫嫣：《新经济下中国服务消费升级：特征与机制研究》，《财经问题研究》2021年第6期。

[③] Edward L. Glaeser, Jed Kolko, Albert Saiz, "Consumer City," *Journal of Economic Geography*, 2001, 1 (1)；《中国连续11年位居世界第一制造业大国》，https://baijiahao.baidu.com/s?id=1693014620573799864&wfr=spider&for=pc。

足问题。同时，随着经济发展水平的提高，越来越有必要发挥消费在经济增长中的基础性作用。对于进入后工业化阶段的中国来说，促进消费增长是经济结构转型升级的关键。① 遵循经济规律，尽管不同技术条件、经济发展阶段，消费中心的内涵、具体形态和功能作用有所不同，但消费中心在我国长期存在，只是经历了不同历史条件下的嬗变。因此需要厘清我国消费中心发展的历程。此外，我国已经是世界制造业大国，2020年是"十三五"时期最后一年，中国连续11年位居世界制造业大国的位置，制造业约占世界的30%。② 中国共产党第十九届中央委员会第五次全体会议强调，坚持把发展经济着力点放在实体经济上，坚定不移地建设制造强国。党的二十大报告提出，坚持把发展经济的着力点放在实体经济上，推进新型工业化，加快建设制造强国。③ 根据历史经验、现有条件和未来形势，我国坚持制造业立国、强国，同时在生产中心背景下，加快消费转型，建设消费大国，打造世界消费中心。围绕我国消费中心建设，需要理清建设思路，以系统方式推进各项工作。唯有如此，才可能加快培育建设具有全球或者区域影响力的消费中心城市，在中高端消费领域培育新增长点，形成新动能，促进形成强大国内市场，畅通国内国际"双循环"。

二 中国消费中心建设的已有格局

现代消费中心更多依赖于生产财富的创造，新中国成立初期，我国大力发展重工业；改革开放前，我国大力发展生产制造，也就是说财富更多的是由生产而生，所以消费中心也伴生产而立。当前我国许多高层次消费中心的形成更多的是依托于生产。以北京为例，特别是改革开放后，北京在政治和文化中心基础上，通过工业投资，进一步发展成为生产制造中心。新世纪之前的北京，无论是重工业还是轻工业都是当之无愧的全国重要生产基地，大量消费人口来

---

① 陆铭、彭冲：《再辩大城市：消费中心城市的视角》，《中山大学学报》（社会科学版）2022年第1期。
② 《中国连续11年位居世界第一制造业大国》，https：//baijiahao.baidu.com/s？id=1693014620573799864&wfr=spider&for=pc。
③ 习近平：《高举中国特色社会主义伟大旗帜 为全面建设社会主义现代化国家而团结奋斗——在中国共产党第二十次全国代表大会上的报告》，人民出版社，2022。

源于工人，主要消费支出来源于生产增值。同时，传统上没有政治、文化优势的城市也借助生产制造而成为消费中心，比如依据《关于开展国际消费中心城市培育建设工作的通知》，天津被规划为国际消费中心，其最重要的背景还是生产制造。再如上海，依托于全国生产制造、航运中心而发展成为全国消费中心；广州因背靠珠三角的世界制造产业集群而成为华南地区消费重镇。至今，我国众多消费中心即使在中心区不再发展生产制造，也通过生产制造转移地，如外围区域、卫星城、都市圈、城市群、经济带，供给消费资源。生产制造是我国新时期建设消费中心的一个大背景。

（一）一些偏远、基层城镇逐渐向消费中心转型

在消费中心建设过程中，值得关注的一个重要现象是，一些传统上非发达地区的城镇形成了经济发展的消费依赖，这看似不合逻辑，实际上有其内在机制。这些偏远区域的大城市及远离中心区的基层城镇，在改革开放前期，具备了一定的生产制造基础，大大小小的工业设施曾经在这些地方存续，也支撑了当地的消费经济发展。但随着全国生产制造更多地向沿海聚集，这些偏远地区经过多年努力建设起来的工业项目大多难以为继，生产对消费的支撑不再，消费不断萎缩。但这些地方反而在没有本地生产经济支持的条件下，再度恢复消费活力。随着劳动力外流，以及国家转移支付增加、生态补偿增加、扶贫开发力度加大，这些地方外源性可支配收入增加，虽然青壮年外出，当地更多的是留守儿童、妇女，但消费不减反增，当地形成了没有生产支撑的消费中心。最典型的是一些县城，不仅没有工业制造业，农产品加工业也不算兴旺发达，但消费经济活跃，物价水平甚至与大城市相当。

（二）大多数消费中心正向高质量发展转型

我国经济发展整体上在由生产驱动向生产消费双轮驱动转型，更多的是在补齐消费短板，但在当前各大城市中，大部分区域的消费经济发展有限，尤其是中西部城市，尽管消费经济有大发展，但还处在初级阶段，财富创造能力不足。这些城市的经济发展有的通过承接产业转移，以生产制造为主、消费为辅，消费中心特征不显著。有的城市特别是区域大城市，既有雄厚的工业制造

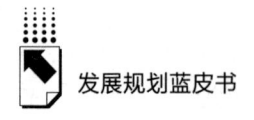

基础，又有广阔的外围支撑，还有成熟的消费供给基础，更多地实现了生产和消费的分立发展。衡量一个消费中心成熟度、层级水平的重要标志是消费区域专门化、项目专业化、服务精品化水平，当前中西部消费中心与东部消费中心相比还有较大发展差距。此外，消费中心甚至全国性消费中心的整合能力有限。相比世界级制造中心，中国大多数消费中心的区域影响力有限，更多限于本地及周边消费。

三 中国消费中心建设的内在逻辑

（一）经济增长动力改变，由供给推动向需求拉动转型

改革开放四十多年来，我国主要发展生产经济，随着生产经济发展进入高峰期，经济增长需要动力转换。建设消费中心尤其是建设国际消费中心，更多的是发展区域消费经济，并且增加国内外消费，提高消费中心的全球能级和竞争力。

（二）主要矛盾改变，更多化解发展不平衡不充分矛盾

党的十九大报告指出，当前我国社会主要矛盾已经转化为人民日益增长的美好生活需要和不平衡不充分的发展之间的矛盾。发展中的矛盾需要通过发展来解决，而工业具有聚集性，随着技术进步、生产效率提高，不再以规模和数量取胜，更以内涵和层次为竞争要素。这在一定程度上意味着在现有制造业格局下，区域制造业将进一步集中，生产制造对于解决区域间发展不平衡问题的直接作用有限，需要通过发展消费经济来予以弥补。

（三）经济发展水平提高，消费大发展的条件已经具备

只有生产积累达到一定程度后消费才会高度发展，生产经济高度发展为消费经济发展带来了契机。当前我国生产力，无论是农业还是工业，都有了质的提高，尤其是国民收入大幅增长，据国家统计局的数据，2020年人均国内生产总值超过1.13万美元，作为世界第二大经济体继续保持较高增长速度。经济发展为提高可支配收入、发展消费经济创造了良好的条件。建设消费中心，就是要实现消费经济的规模化、专业化发展，让区域经济特别是城市经济立足

民本、服务民生,更多地满足日益增长的消费需求,更直接、主动地服务于人们对美好生活的需要。消费中心的消费应是以现代、新型消费为主流的,更有效率、更美好的消费。

(四)资源和环境面临危机,需要以消费经济化解生产经济紧约束

生产能够产生生产制造价值增值,而消费也能产生消费服务价值增值,两者都具备价值生产能力。一方面需要继续推进经济高质量发展,另一方面也要实现碳达峰碳中和目标,因此在消费经济发展过程中,既更好满足人们美好生活需要,又兼顾了经济高质量发展。

(五)国内外环境改变,消费中心担负经济突围重任

长期以来,我国之所以能够偏重于生产制造发展,在消费水平不高的情况下仍然可以维持经济发展,是因为国外市场需求旺盛。但由此也引发了双边贸易失衡。美国加强了对中国的全方位打压,中国面临的国际环境越来越复杂。在此背景下,既需要建设国内各个层级的消费中心,如县域、省域、区域性、全国性消费中心,还要建设国际消费中心,要通过建设集中、规模、专业、有辐射能力的消费中心,突破消费经济发展瓶颈,以区域消费带动区域经济乃至宏观经济全面发展。

四 当前中国消费中心建设的制约因素

我国经济正处于转型期,不仅有生产领域由中低端向高端转型,还有生产经济向消费经济转型,更有消费领域内一般消费向品质型消费、发展型消费转型。消费中心建设是实现城市消费经济转型升级的重要举措,但当前还存在众多制约因素。

(一)劳动时间延长过多,挤占生活消费空间

当前,我国无论是生产部门还是消费部门,都还处在追求规模经济的发展阶段,更多的是依靠追加绝对劳动时间来获取利润。由于时间更多地被劳动挤占,人们的精力主要放在劳动上,致使闲暇时间大大减少。不少人一年难得逛

一次大商场、去一次歌舞娱乐城，更难有机会旅游。生活消费不足不利于消费中心建设。

（二）大城市拥挤，消费流动不畅

由于城市交通堵塞，消费中心空间联系受阻。在城市化过程中，出现了过多的单一大城市，许多省区市呈现出强省会、弱地市的特征。① 大城市空间拥挤，消费要素资源获取成本高，尤其是人们通勤距离过长，不仅挤压了其闲暇空间，更不利于构建消费场景。当前我国消费中心尤其是全国性消费中心、国际性消费中心基本上都是在大城市基础上建设而成，一城独大、城市拥挤等引起消费流不畅。

（三）公共设施建设滞后，不能支撑消费大场景

公共消费设施建设滞后制约消费中心做大做强。目前我国城市仍然是更注重生产功能，城市因生产制造而规模扩大，并且围绕大工厂配备了大批家属宿舍区，商业消费设施仅为购物、餐饮、娱乐、健身、康体等，层次不高。而且在集中发展生产的城市里，消费设施分布碎片化严重，消费服从于生产，不利于消费的专业化、规模化、系统化发展。大型商圈在许多城市尚待建设，中心城区需要进一步打通各个独立的消费区域，实现消费连片、分区、体系、高层次发展。

（四）收入分配不合理，区域消费制约严重

可支付水平低，消费结构不协调，制约消费中心转型发展。同时在有限的收入水平下，支出结构严重不合理。单一消费模式不利于多样化消费、特色消费、文化消费、品质消费的发展。更值得关注的是，以本地消费为主，相当于仅围绕本地消费建设产业项目，未面向异地、全国、国际消费者开发服务项目。而消费中心建设的规模扩大、层次提升更多的是依靠外来消费者，需要引进全国、世界先进消费项目，故过低的收入及不合理的支付结构制约消费中心的外向型发展，不利于区域化、全国化、国际化转型升级。

---

① 周勇：《省域副中心建设的空间组织关系及其协调》，《求索》2021年第3期。

（五）更重生产，消费经济功能发挥有限

消费中心建设能力不足。长期以来我国城市发展主要依托生产进步，改革开放以来通过融入国际生产体系，成为世界"制造工厂"。更因为经济成长的阶段性，新中国成立以来很长一段时间，我国将更多的财力和物力用来发展生产，以加快经济发展，解决温饱问题，因此经济发展很长时期处在生产阶段，用于消费发展的资源有限。还需要积累消费中心建设经验，无论是宏观监管水平还是企业运营能力提高都是一个长期过程，也就是说，在经济发展达到一定水平后，无论是消费供给还是消费需求满足，都还需要通过消费中心建设来努力提高消费经济发展能力。

（六）消费价值观有待重建

现有消费价值观偏差导致消费中心建设缺乏灵魂。马克思认为，个人消费是与生产联系在一起的，随不同社会生产与消费关系的变化而变化。消费是为了满足人的需要和实现人的发展，是人的本质的确证，[①] 既不能把生产当生活，也不能只顾享受不生产。既要生产效率，也要生活福利，但两者基于的内在价值是不同的。生产偏重于创造物质财富，为人类生活提供外在条件，而生活偏重于精神财富的获取，给人类生活带来美好的感受。消费满足不能仅依托于物质基础，还应有一个结合物质，加上消费服务、感受、审美的过程，也就是说消费不是直接而全部建立在物质产品基础之上的，还需要物质价值之外的消费价值重构。生活消费价值不能与生产价值混淆，生活时间也不能被生产时间挤占。我国在发展经济、追求物质财富的同时，一定程度上忽视了消费价值。

五 中国消费中心建设的路径

中国消费中心建设是推动高质量发展、构建新发展格局的重要举措，需要多路径克服现有困境，解决各种制约问题。

---

① 廖小琴：《马克思个人消费思想及其当代意义》，《北方论丛》2013年第4期。

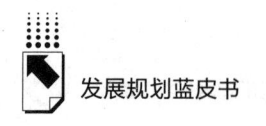

（一）适应生产劳动人工时间减少的趋势，增加消费时间

从近期来看，应在现有体制框架内，合理增加人们的闲暇时间，让人们有更多的时间进行生活消费。比如带薪休假、合理调配节假日等。从长远来看，在生产和消费供给能力达到一定水平的条件下，需相应大幅提升消费水平。在闲暇时间分配方面，随着技术水平、生产效率提高，尤其是工业机械化、人工智能和机器人的应用，完成既定生产规模所需要的人工劳动时间越来越少，应缩减劳动者劳动时间，一方面将有限的劳动时间分配给更多的人，即让更多的人有劳动机会，以应对机器代替人而带来的岗位流失、失业增加等问题，另一方面让全社会每个人有更多的闲暇时间，在产量有增无减的背景下保证供需平衡。要通过消费中心建设，将因生产效率提高而节省下来的工农业生产时间和用工更多地转移到消费部门。在消费用工方面主要是将生产部门富余的劳动力转移到消费部门，劳动力转移也相应带动了一部分劳动时间的转移。在闲暇时间方面也存在类似的转移或者转化，无论是工农业生产部门还是消费服务供给部门的劳动者，随着生产效率提高，应确保其有更多的闲暇时间用于消费。

（二）调整城市布局，畅通消费流

适应消费经济转型的趋势，城市尤其是大城市应更多分离生产和消费功能，将非核心生产功能从城市中心迁走。要通过发展城市副中心、都市圈、城市群和经济带，将生产功能进一步与消费功能跨区域分开，从而在城市中心地带为消费腾出更广阔的空间，使之占据更有利的区域空间位置，实现生产和消费在更广阔区域的协调发展。消费中心建设是落实消费与生产功能分离，实现消费专业化、专门化发展，进一步拓展消费，提高消费竞争力的重要举措，需要做好老城区和中心区域工业腾退工作，合理规划商圈、畅通商流、人流、物流等消费流，促进各类消费资源和要素高效交易。在内外消费流方面，消费中心层级越高越应向外部消费流倾斜，打造外地、外国消费者一站式消费圈，使外来消费者通过便捷的流动获取尽可能多的消费价值。

（三）强化公共消费设施建设，营造消费大场景

消费潮流变动快、创新创意要求高，且消费者求新求异，小规模、小投资

的中小实体不大可能担负起大型消费公共基础设施建设任务，需要国家围绕消费平台打造、消费圈构建、消费基础设施建设进行项目投资。应以消费中心建设为契机，开启新一轮消费基础设施投资，既包括传统的道路、通信等基础设施建设，也包括新基建项目。中小企业对平台、商圈依赖性大，只有筑好平台、商圈的"巢"，才可能引来中小企业的"凤"，共同营造消费大场景。一个大的消费集群形成首先需要政府在土地资源方面给予支持，然后需要由政府通过引导性资本带动民间资本投入，比如政府先期规划或者建设商城，然后通过销售、租赁等方式吸纳社会资本，从而进行后期消费项目开发。

（四）调整收入分配，构建外向型消费结构

应逐步增加居民收入，稳定扩大中产阶层规模。改变单一的消费结构，防范房地产、医疗、教育等领域的过度消费对整体消费形成的挤占效应。全面发展消费，尤其要补齐地方消费、新型消费、特色消费、文化消费短板。同时适应消费中心升级的需求，更多地推动外向型消费，即面向区域、全国、全球的消费。对于社会保障较为充分、敢于消费的一些西方国家的消费者而言，他们对来中国旅游和中国的文化及特色消费等很感兴趣，要突破单一的本地化消费项目局限，发展国际消费项目，同时引进国际标准，遵守国际规范，打造全球消费高地和世界消费目的地，提高国际消费吸引力。

（五）深化规律性认识，发挥好后工业时代消费对经济的主功能作用

深化对消费经济发展规律的认识，在现有生产集群、生产中心、生产大国相关研究基础上更进一步探讨消费集群、消费中心、消费大国等理论。掌握消费经济发展的本领，加大对消费项目的投资，对关系国计民生的大消费项目，如交通、粮食等进一步强化其国有属性，对一般生活服务型消费项目，应在做好监管的基础上，尽可能放开，提高市场效率，激发民间投资的积极性。比如对于影视、歌舞娱乐，既不能因不管、失职、疏于管理、管理水平不能适应监管要求而导致无序发展，也不能因管理过度、懒政而不允许发展。应在局部大城市进行消费中心建设先行先试，最终提升消费对国民经济的整体支撑力，通过消费畅通"双循环"，推动我国高质量发展，从而发挥消费对经济增长的重要作用。

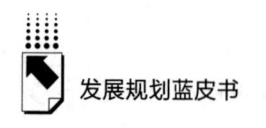

（六）引导消费，积极筹划消费蓝图

提升消费品质，对各类消费活动分区划片，建设好规模化、专业化、精品化的消费中心。随着中国社会全面进入小康，高品质生活需要提升素养，需要具备相关知识和能力。高品质生活也需要消费爱好引导和素质培育。高品质生活还离不开公共政策和设施支持，因而需要政府部门围绕大众生活进行项目建设。高品质生活还需要营造社会氛围，因而需要培育健康的社会消费文化。无论是出于现代生活需要还是经济发展需要，城市都必须通过筹划消费、发展消费，让生活丰富起来，绘制系统性消费蓝图；不断提高消费者素养，让城市消费水平和层级提升更具可能性，从而促进形成高质量消费愿景。

（七）全面发展，重构生产价值和消费价值观体系

经济社会的良好状态应是生产发达、高效，同时消费旺盛、人们生活满意度高；应有良好的生产价值观激励人们进行物质财富的创造，同时也应有良好的消费价值观让人们获取所需要的精神财富。消费价值观是消费者对消费活动持有的价值观念，是指导人们消费的内在依据。重建消费价值观就是要让人们有良好的生活态度，在基本物质需求得到满足以后，不浪费，保证资源利用的可持续性；不奢华，全社会共享发展成果。以身心健康、生活充实、社会和谐等为基本生活价值。不过分消耗身体，盲目追求物质财富；摒弃物欲横流，不恶性竞争，甚至危害社会；不卑微，养成高尚人格。一个城市除了建设生产中心，进行社会物质再生产，更应建设消费中心，重视人的全面再生产，通过消费实现人生、快乐人生、完美人生，并最终以生活价值补充经济社会价值，促进生产价值的实现，实现两者的良性循环。更高发展程度的城市，应是通过城市群、都市圈、经济带建设，最终打造为消费中心，依层次可以是区域消费中心、国家消费中心、国际消费中心，同时实现相关合作区域的生产协作发展，在更高层次、更大区域范围上实现以生产促消费、以消费促生产。

参考文献

中国社会科学院语言研究所词典编辑室编《现代汉语词典(第7版)》,商务印书馆,2016。

韦伯:《非正当性的支配——城市类型学》,康乐、简惠美译,广西师范大学出版社,2011。

Edward L. Glaeser, Jed Kolko, Albert Saiz, "Consumer City," *Journal of Economic Geography*, 2001, 1 (1).

《中国连续 11 年位居世界第一制造业大国》,https://baijiahao.baidu.com/s?id=1693014620573799864&wfr=spider&for=pc。

陆铭、彭冲:《再辩大城市:消费中心城市的视角》,《中山大学学报》(社会科学版)2022年第1期。

B.10
调整优化消费税征收范围和税率*

段 梦**

摘　要： 消费税作为我国的主要税种，在增加财政收入、调节经济发展方面具有重要作用。党的二十届三中全会指出，深化财税体制改革，推进消费税征收环节后移并稳步下划地方。可见消费税改革是未来一段时期内我国税制改革的重要议题。本文基于2020年国家投入产出表等数据，构建了细分中央政府和地方政府的多部门财税CGE模型，从调整征收范围、后移征收环节、央地共享等视角，模拟分析了不同消费税改革方案下的经济效应和财力效应。研究结果表明，三种消费税改革方案对实际GDP、投资、产出、进口、出口均产生了负面影响，但变化幅度较小。此外，三种改革方案均提升了地方政府整体财政收入水平。为了更好地发挥消费税改革的经济效应和财力效应，应适时提高烟酒类商品消费税税率和后移征收环节，统筹协调推进消费税税收收入归属改革。同时，构建消费税税收收入区域财力均衡协调机制。

关键词： 消费税　经济效应　财力均衡　CGE模型

一　引言

伴随着"营改增"政策的全面实施，营业税逐渐退出历史舞台，导致地方政府主体税种缺失，再加上近年来减税降费措施的不断推进，地方政府财政

---

* 基金信息：本文获中国社会科学院青启计划"财政政策对居民收入分配差距的影响研究"（项目编号2024QQJH127）资助。
** 段梦，中国社会科学院数量经济与技术经济研究所助理研究员，主要研究方向为宏观经济模型与政策评估。

收入大幅减少，地方政府财权与事权不匹配的弊端日益凸显。在此背景下，国务院印发《实施更大规模减税降费后调整中央与地方收入划分改革推进方案》，明确指出后移消费税征收环节并稳步下划地方，拓展地方收入来源。《中共中央关于制定国民经济和社会发展第十四个五年规划和二〇三五年远景目标的建议》强调调整优化消费税征收范围和税率，推进征收环节后移并稳步下划地方。党的二十届三中全会指出，深化财税体制改革，推进消费税征收环节后移并稳步下划地方。可见，推进消费税改革将成为未来一段时期内我国财税领域的重要议题。

梳理党的二十届三中全会《中共中央关于进一步全面深化改革 推进中国式现代化的决定》（以下简称《决定》）、"十四五"规划及其他政策文件中对消费税改革的部署，主要体现在以下几个方面：第一，调整优化消费税征收范围和税率。"十四五"规划和2035年远景目标纲要提出，调整消费税征收范围、环节、税率，把高耗能、高污染产品及部分高档消费品纳入征收范围。第二，推进征收环节后移并稳步下划地方。根据《决定》，消费税改革的另一项关键措施是将消费税征收环节由生产环节逐步调整为消费环节，以补充地方税收收入来源，完善地方税收体系。第三，立法统筹研究推进改革。在健全地方税、直接税体系，适当提高直接税比重的税制改革背景下，消费税改革将统筹考虑立法，以法律形式巩固税制改革成果。第四，完善地方税制。财政部相关负责人表示，下一步将完善地方税税制，合理配置地方税权，理顺税费关系，结合消费税立法推进改革。第五，提高直接税比重。在税制改革中，适当提高直接税比重，包括所得税和财产税，以有效发挥直接税筹集财政收入、调节收入分配和稳定宏观经济的作用。第六，推进预算管理制度改革。加强预算管理，统筹财政资源，强化预算约束，深化绩效管理改革，常态化实施财政资金直达机制。第七，公开征求意见。为了完善税收法律制度，提高立法公众参与度，财政部和税务总局起草了《中华人民共和国消费税法（征求意见稿）》，向社会公开征求意见。第八，实施消费税改革试点。国务院可以实施消费税改革试点，调整消费税的税目、税率和征收环节，试点方案报全国人民代表大会常务委员会备案。根据2023年财政政策执行情况报告，税务部门在完善税费优惠政策、优化税收营商环境、提升治理效能等方面做出了努力，体现了税务部门在组织税费收入、落实税费优惠政策、

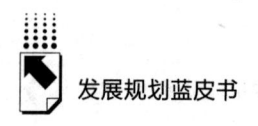

优化税收营商环境等方面的工作进展。旨在通过优化税收政策促进经济结构调整，引导合理消费，同时增强税收政策的调节功能，提升税收制度的公平性和效率。

二 文献综述

鉴于本文从经济效应和财力效应角度出发，分析消费税税制改革的作用效果，接下来将主要从这两个方面做简要的文献回顾。

消费税的经济效应是消费者的消费行为和生产者的生产行为在现行消费税制度调整下所做出的反应，并通过价格或收入等中间变量，对宏微观经济产生一系列影响。关于消费税改革的经济效应研究，有从单类产品消费税改革的角度展开分析的，如赖明勇等认为燃油税在生产环节征收对经济的损害较大，在零售环节征收对经济的损害较小，在批发环节征收对经济的损害介于两者之间。[①] 尹音频等认为提高成品油消费税的税率，短期内对成品油的供给有明显抑制作用，但在长期作用不明显。[②] 进一步研究表明，成品油消费税改革对我国经济整体影响较小，[③] 但在一定程度上可以解决我国能源和环境问题，促进我国能源产业转型升级。[④] 苏国灿等认为烟酒和成品油消费税税率和征收环节改革有助于纠正负外部性。[⑤] 朱军等认为高档消费品消费税率"横向"变动对GDP的影响不明显，而较高的电力消费税对GDP产生明显的负向影响，此外，在保持烟草消费税税收收入不变的前提下，取消批发环节消费税，提高生产环节消费税，对GDP的影响较小。[⑥] 此外，也有学者从消费税整体改革的视角

[①] 赖明勇、肖皓、陈雯、祝树金：《不同环节燃油税征收的动态一般均衡分析与政策选择》，《世界经济》2008年第11期。

[②] 尹音频、张莹、孟莹莹：《成品油消费税改革的供求效应》，《税务研究》2015年第4期。

[③] 杨德天、王丹舟：《基于中国成品油市场的税收CGE模型构建与应用——以成品油消费税税率上升对中国经济的影响为例》，《税务与经济》2016年第4期；姜东升：《汽车节能减排的税收对策分析——从汽车消费税调整说起》，《经济与管理》2009年第3期。

[④] 黄春元：《成品油消费税经济效应的实证研究》，《税务研究》2017年第7期。

[⑤] 苏国灿、童锦治、黄克珑：《我国消费税税率与征税环节的改革及其福利效应分析——以烟、酒和成品油为例》，《财政研究》2016年第9期。

[⑥] 朱军、邹韬略、张敬亭：《中国未来消费税制改革的经济效应与政策选择》，《经济与管理评论》2022年第3期。

展开分析,如王晖等认为随着消费税税率的提高,农村居民整体消费需求降低,城镇居民整体消费需求上升。① Khieu 和 Nguyen 认为,从长远来看,提高累进税率的下限和上限可以缓解财富和消费不平等。② Nakajima 和 Takahashi 认为消费税作为抵御风险的保险效果较弱。③ 李升研究分析了消费税的经济效应,研究结果表明,由于消费税存在消费效应,消费税的功能受到一定的限制,行业调节效应和收入分配功能不明显。④

财力是一级政府在一定时期内为履行公共职能所拥有的全部可支配财政资金,是财政资源分配的最终结果。⑤ 消费税的财力效应是指消费税改革后对地方政府财政收支等产生的一系列影响。关于消费税改革的财力效应研究,绝大多数是从消费税改为地方税的视角分析其影响效果。研究结果表明,消费税改为地方税有助于增加地方政府财政收入、缓解地方财政压力、⑥ 缩小地区间财力差距。⑦ 进一步,蒋云赟和钟媛媛在将消费税归为地方税的假设下,研究分析了不同行业消费税改革对地方政府财政收入的影响。研究结果表明,应该结合不同税目的具体情况,恰当决定消费税征收原则和收入归属问题。⑧ 此外,还有学者从征收环节视角分析了消费税改革的财力效应,研究结果表明,要更好地发挥消费税弥补地方财政收支缺口的效果,就必须同时后移消费税征收环

---

① 王晖、张顺明、周睿、王彦一:《个人收入税和消费税政策分析——基于 CGE 视角》,《系统工程理论与实践》2016 年第 1 期。
② Khieu H., Van Nguyen T., "Progressive Consumption Tax, Minimum Consumption, and Inequality," *Economics Letters*, 2020, (197).
③ Nakajima T., Takahashi S., "The Effectiveness of Consumption Taxes and Transfers as Insurance Against Idiosyncratic Risk," *Journal of Money, Credit and Banking*, 2020, 52 (2-3).
④ 李升:《消费税的经济效应研究》,《财政科学》2022 年第 5 期。
⑤ 财政部干部教育中心组编《现代政府间财政关系研究》,经济科学出版社,2017。
⑥ Jacobs J. P. A. M., Ligthart J. E., Vrijburg H., "Consumption Tax Competition Among Governments: Evidence from the United States," *International Tax and Public Finance*, 2010, (17); Kimura S., "Goals and Reforms of Current Japanese Local Tax System," *Hitotsubashi Journal of Law and Politics*, 2015, (43).
⑦ 孟莹莹:《基于地方主体税种重构的消费税改革展望》,《经济纵横》2016 年第 8 期;唐明、卢睿:《消费税下划地方改革的政策效应及分享方案设计——基于数值模拟》,《财贸研究》2020 年第 6 期。
⑧ 蒋云赟、钟媛媛:《消费税收入归属对地方财政收入均衡性的影响》,《税务研究》2018 年第 7 期。

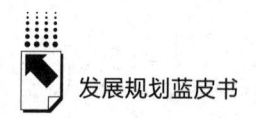

节至批发零售环节,① 从而避免各地区因生产能力差异而形成的税收鸿沟,以及可能引发的地区间消费税恶性竞争现象。②

综上所述,既有文献为本文开展接下来的研究提供了理论基础,并为本文的研究思路和分析方法提供了良好的借鉴。以往关于消费税改革的文献更多的是定性分析,关于消费税改革的定量分析较少。一方面可能是因为"营改增"前,地方主体税种尚存,另一方面,作为地方政府财政收入的重要组成部分,土地出让金占地方财政收入的比重较大,地方政府财政压力较小,消费税并未引起地方政府的重视。虽然近几年关于消费税改革的定量分析逐渐丰富起来,但将消费税改革的经济效应和财力效应纳入一般均衡框架下的量化分析较少,无法为消费税改革提供强有力的决策参考。基于此,结合2020年投入产出表等国民经济数据,构建区分中央政府和31个省区市的地方政府的中国财税CGE模型,并内嵌测算地方政府财力均衡模块,模拟分析了三种消费税改革方案下的经济效应和财力效应。

相比已有文献,本文的边际贡献主要如下:一是基于2020年中国国家投入产出表,并结合分行业分税种的税收数据等国民经济核算数据,构建了细分中央政府和31个省区市的地方政府的多部门财税CGE模型,并设置三种消费税改革方案,对未来消费税改革进行预测模拟分析;二是通过数值模拟的方法,量化分析了消费税改革对GDP、进出口等宏观经济指标的影响,此外,将居民按照收入水平细分,可以量化分析不同消费税改革方案对不同类型居民的结构性影响;三是在财税CGE模型中纳入财力均衡模块,并将各省区市按照大区进行归并,可以进一步分析消费税改革对不同区域地方政府财力均衡的影响。

---

① 高培勇、汪德华:《本轮财税体制改革进程评估:2013.11-2016.10(上)》,《财贸经济》2016年第11期;高培勇、汪德华:《本轮财税体制改革进程评估:2013.11-2016.10(下)》,《财贸经济》2016年第12期;谷成、周子健、刘泽宇:《消费税改革再思考》,《地方财政研究》2020年第2期;杨晓妹、唐金萍、王有兴:《消费税改革与地方财力均衡——基于后移征收环节与调整收入划分的双重视角分析》,《财政研究》2020年第10期。

② 茅孝军:《迈向地方税的消费税改革:制度基础与风险防范》,《地方财政研究》2020年第2期。

三 消费税作用机制分析

按照党的二十届三中全会《决定》精神、国家"十四五"规划提出的"调整优化消费税征收范围和税率，推进征收环节后移并稳步下划地方"改革模式。如图1所示，在征收环节不做调整的情况下，对烟酒类和高档品征收更高的消费税，在税基和税制保持不变的情况下，中央政府的财政收入增加。此外，烟酒类和高档品消费税税率的提高也会抬升相应商品的市场价格，进而通过价格渠道对宏观经济产生影响。

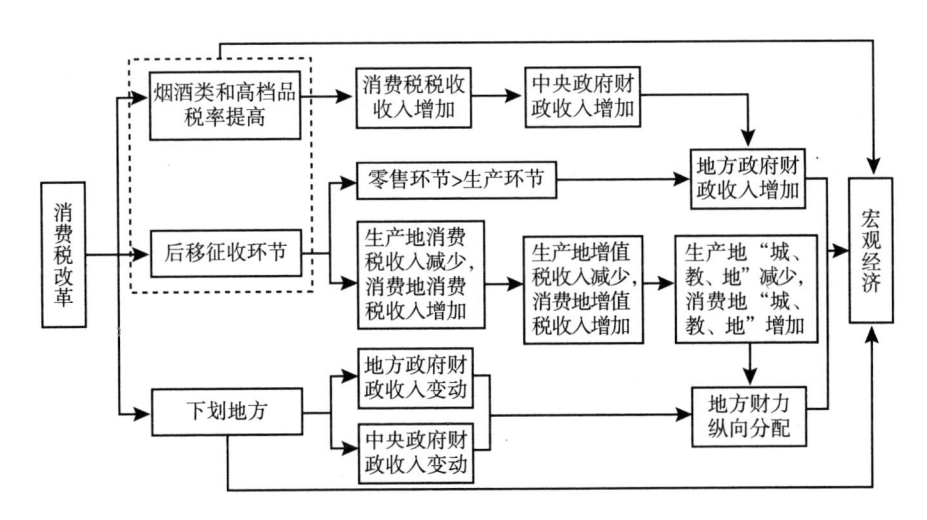

图1 消费税改革作用机制

注："城、教、地"是指城市维护建设税、教育费附加和地方教育费附加。

在消费税由生产环节征收调整为零售环节征收时，在税制不做调整的情况下，零售环节的应税税基大于生产环节的应税税基，中央政府消费税收入增加，考虑到中央政府对地方政府的下拨支出，从而可以产生一部分对地方政府下拨支出的增量，相应地，地方政府财政收入有所提高，财政收支压力有所缓解。与此同时，后移消费税征收环节变化会引发应税品生产地和消费地消费税、以消费税作为税基部分的增值税以及以消费税和增值税为税基的地方附加税费收入的变化，会引发地区间"看得见"的收入流入或流出的区域间财力

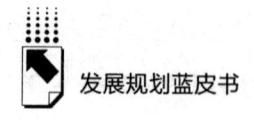

横向分配。① 此外,后移消费税征收环节将会通过商品市场的价格渠道对宏观经济产生一系列影响。

对于消费税收入下划地方,目前主要有两种观点,一种是将消费税改为央地共享税,另一种是将消费税直接作为地方税。对于第一种观点,消费税改为央地共享税,保证了消费税改革初期中央财政格局的稳定,地方财政压力亦得到有效缓解。对于第二种观点,消费税改为地方税,虽然理论上可能使得地方政府财政收入增加,但考虑到征管可行性,可能会产生地方财力的横向分配。此外,中央政府和地方政府财政收入的变动,将会对其支出行为产生不同程度的影响,从而通过政府支出乘数效应影响宏观经济运行。

四 政策模拟方案设定与结果分析

(一)政策模拟方案设定

根据党的二十届三中全会《决定》精神、国家"十四五"规划中作出的"调整优化消费税征收范围和税率,推进征收环节后移并稳步下划地方"工作部署,本文设置以下三种政策模拟方案。

政策模拟方案一:现实生活中,烟酒类消费品的价格弹性较小,厂商议价能力强,商品出厂价格因消费税征收环节调整而降低的可能性较小,加上为了更好地引导广大消费者健康消费,因此,本文参考朱军等②的研究,将烟酒类消费品的消费税税率在原有基础上提高10%。同时,考虑到消费税征收环节后移,设定将批发零售环节的消费税税率在原有基础上提高10%。

政策模拟方案二:关于改革消费税税收归属问题,学界和实务界建议将消费税由中央税改为央地共享税,但关于消费税在中央政府和地方政府之间的分配比例,至今尚无定论。考虑到消费税的间接税属性,本文参考我国增值税在

---

① 唐明、凌惠馨:《消费税下划地方的财力分配效应与收入分享优化策略研究——基于数值模拟分析》,《中央财经大学学报》2022年第2期。
② 朱军、邹韬略、张敬亭:《中国未来消费税制改革的经济效应与政策选择》,《经济与管理评论》2022年第3期。

中央和地方之间的"五五分享"比例,即中央分享增值税的50%、地方按税收缴纳地分享增值税的50%。设定中央分享消费税的50%,地方分享消费税的50%。此外,考虑到本文构建的财税CGE模型包含31个省区市的地方政府,因此,对地方政府分享总消费税的50%部分进行进一步细分。具体分享比例按照2020年全国中央级税收收入分地区分税种情况表中的消费税在各个省区市的占比确定。

政策模拟方案三:面对新冠疫情冲击,以及俄乌冲突导致的全球能源价格上涨和美国出台的芯片法案等一系列事件,全球经济陷入低迷,国内经济虽然整体向好,但经济增长速度距离经济潜在增长率仍存在不小差距,此时推进消费税改革时机尚不成熟。但考虑到地方政府财政收支缺口问题日益严峻,本文假设在保持现有消费税税制不变的情况下,将中央政府的消费税收入用于扩大对地方政府的财政转移支付,从而缓解地方政府财政压力。具体而言,根据《中国财政年鉴2020》中各省区市一般公共预算收支决算总表中的"中央补助收入"确定各省区市所获得的中央补助收入占总的中央补助收入的比例,以此作为政策模拟方案三中央政府对地方政府的财政转移支付比例。

(二)对宏观经济的影响

从表1可以看出,三种政策模拟方案下,消费税改革对宏观经济指标产生了负面影响,但变动幅度有限。具体而言,在政策模拟方案一的情景下,提高烟酒类消费品和批发零售环节的消费税税率,将直接导致国内商品销售价格提升,进而通过价格形成机制影响宏观经济,导致投资下降0.1040%、产出下降0.0437%。国内商品销售价格也会通过价格机制影响进口价格和出口价格,进而对商品进出口产生影响,导致进口减少0.1091%、出口减少0.0945%,最终导致实际GDP下降0.0035%,居民福利也减少106.2993亿元。在政策模拟方案二的情景下,将消费税由中央税改为央地共享税之后,虽然地方政府整体财政收入在一定程度上增加,但与此同时,中央政府的财政收入也出现一定幅度的下降。政府收入的变化会直接影响其支出行为,进而影响宏观经济,导致投资下降0.3145%、产出下降0.0540%、进口下降0.0963%、出口下降0.0833%,最终导致实际GDP下降0.0047%,但从居民福利的变化来看,居民福利增加208.6057亿元。这可能是因为,消费税改为央地共享税之后,地方政府总体的财政收入增加,进而带动了地方政府对居民转移支付的增加。虽然中央政府也会对居民进行转移支付,且中央政府收入的减少在一定程度上会减少对居民的转移支付,但中央政府对居民转移支付比例较低,主要是地方政府发挥对居民的转移支付功能,因此最终提升了居民的社会福利水平。在政策模拟方案三的情景下,中央政府扩大对地方政府的转移支付,会直接影响中央政府和地方政府的收支行为,最终影响宏观经济。导致投资减少0.1346%、产出减少0.0763%、进口减少0.0881%、出口减少0.0762%,最终导致实际GDP下降0.0014%。与方案二相比,方案三实际GDP下降幅度更小,且居民福利提高了1818.4909亿元,可见,相比于将消费税改为央地共享税,将消费税收入作为中央政府对地方政府的转移支付的效果更好,可能的原因是,在不改变现有消费税征收机制的条件下,仅仅将消费税税收收入作为中央政府下拨地方政府支出的增量,并未直接对商品市场上商品销售价格产生影响,只是通过收入渠道增加了地方政府的财政收入,相比而言,对GDP的影响效果相对较小。这一结果在一定程度上反映了在经济增长低迷时期,中央政府扩大对地方政府的转移支付,不仅可以有效缓解经济增长阻力,还可以提升居民福利水平,改善居民未来消费预期。居民消费预期的改善对于整体宏观经济的发展具有重要的推动作用。此外,如果将消费税税收收入直接转移支付给居民,对提升居民社会福利水平的拉动效果可能会更大,也侧面印证了疫情防控期间鼓励扩大对居民尤其是中低收入人群转移支付的举措。①

表1 消费税改革对宏观经济指标的影响

单位:%,亿元

方案	实际GDP	投资	产出	进口	出口	居民福利
方案一	-0.0035	-0.1040	-0.0437	-0.1091	-0.0945	-106.2993
方案二	-0.0047	-0.3145	-0.0540	-0.0963	-0.0833	208.6057
方案三	-0.0014	-0.1346	-0.0763	-0.0881	-0.0762	1818.4909

① 限于文章篇幅和本文的研究内容,关于将消费税收入直接转移支付给居民,并未在文中详细介绍。

（三）对居民收入和消费的影响

本文的财税 CGE 模型中简化了农村居民和城镇居民的收入决定方程式，使得政策冲击后不同收入水平的农村居民和城镇居民收入变动幅度相同，但这并不会对模拟结果形成较大影响。在政策模拟方案一的情景下，从收入端来看，农村居民收入下降 0.0533%，城镇居民收入下降 0.0560%，全国居民收入整体下降 0.0555%。从支出端来看，农村居民消费总体上呈现"U"形变化，城镇居民消费总体上呈现倒"U"形变化，农村居民总体消费下降 0.0269%，城镇居民总体消费下降 0.0279%，全国居民总体消费下降 0.0277%。这主要是因为，在政策模拟方案一的情景下，提高烟酒类商品和批发零售环节商品消费税税率，由于存在价格黏性以及不同收入水平居民消费偏好的差异，不同收入水平的居民面对同样的政策表现出明显的差异性。

在政策模拟方案二的情景下，从收入端来看，农村居民收入增加 0.0670%，城镇居民收入增加 0.0631%，全国居民收入增加 0.0638%。从支出端来看，农村居民和城镇居民的消费均出现不同程度的上涨，且上涨幅度随着收入水平的提升而逐渐增大，总体来看，农村居民总体消费增加 0.0501%，城镇居民总体消费增加 0.0555%，全国居民总体消费增加 0.0543%。这主要是因为，在政策模拟方案二的情景下，直接改革现有消费税税制结构，将消费税由中央税改为央地共享税，扩充了地方政府财政收入，地方政府财政收入的增加在一定程度上带动了地方政府对居民转移支出的扩大。鉴于我国独特的城乡二元结构，以及不同收入水平居民消费支出偏好的差异，不同收入水平居民的消费支出表现出差异性。

在政策模拟方案三的情景下，从收入端来看，农村居民收入增加 0.6505%，城镇居民收入增加 0.5981%，全国居民收入增加 0.6078%。从支出端来看，农村居民和城镇居民的消费均出现不同程度的上涨，且增加幅度明显大于方案二，总体来看，农村居民总体消费增加 0.4590%，城镇居民总体消费增加 0.4775%，全国居民总体消费增加 0.4736%。这主要是因为，在政策模拟方案三的情景下，将现有的消费税税收收入作为中央政府下拨地方政府支出的增量，直接增加了地方政府的财政收入。地方政府财政收入的增加在一定程度上促进了地方政府对居民的转移支出增长，使得居民的收入最终增加。居民收

入的增加促进了居民消费支出的增长，但由于不同收入水平居民消费偏好的不同，其消费支出存在差异。

表2 消费税改革对居民收支的影响

单位：%

类型	收入			支出		
	方案一	方案二	方案三	方案一	方案二	方案三
农村低收入户	-0.0533	0.0670	0.6505	-0.0257	0.0399	0.3771
农村中低收入户	-0.0533	0.0670	0.6505	-0.0264	0.0438	0.4078
农村中等收入户	-0.0533	0.0670	0.6505	-0.0274	0.0476	0.4400
农村中高收入户	-0.0533	0.0670	0.6505	-0.0279	0.0515	0.4714
农村高收入户	-0.0533	0.0670	0.6505	-0.0265	0.0558	0.5032
城镇低收入户	-0.0560	0.0631	0.5981	-0.0278	0.0469	0.4098
城镇中低收入户	-0.0560	0.0631	0.5981	-0.0271	0.0502	0.4352
城镇中等收入户	-0.0560	0.0631	0.5981	-0.0273	0.0536	0.4620
城镇中高收入户	-0.0560	0.0631	0.5981	-0.0279	0.0566	0.4865
城镇高收入户	-0.0560	0.0631	0.5981	-0.0285	0.0593	0.5089
农村居民	-0.0533	0.0670	0.6505	-0.0269	0.0501	0.4590
城镇居民	-0.0560	0.0631	0.5981	-0.0279	0.0555	0.4775
全体居民	-0.0555	0.0638	0.6078	-0.0277	0.0543	0.4736

（四）对政府收入和消费的影响

从表3可以看出，在政策模拟方案一的情景下，由于提高了烟酒类商品的消费税税率以及批发零售环节的消费税税率，再加上消费税属于中央税，中央政府收入增加0.5791%，中央政府收入的增加也带动消费支出的增加，中央政府消费支出增加0.6417%。与此同时，中央政府收入的增加也带动中央政府下拨地方政府支出的增加，表现为各省区市地方政府收入出现不同程度的增加，地方政府总体收入增长0.2695%。地方政府收入的增加直接带动地方政府支出的增加，表现为地方政府消费支出出现不同幅度的增加，地方政府总体消费支出增长0.3026%。在政策模拟方案二的情景下，将消费税由中央税改为央地共享税，导致中央政府收入出现明显下降（-5.4271%），中央政府收入的减少直接引起消费支出的减少（-5.4214%）。对于地方政府而言，绝大多数地方政府的收入出现不同幅度的增加，部分地方政府的收入出现不同程度的减少，对应其消费支出也表现出同方向变化。总体而言，地方政府总体收入增加0.8204%，消费支出增加1.2421%。之所以出现部分省区市的地方政府收入下降，可能的原因是，虽然消费税改为央地共享税之后，地方政府的消费税收入增加，但中央政府对地方政府的下拨支出也是地方政府财政收入的重要组成部分，由于中央政府的收入减少，中央政府下拨地方政府的支出减少，二者综合作用后，地方政府收入减少，而消费支出和收入密切相关，对应地方政府的消费支出也会表现出同方向变化。这一结果也表明，在制定一项经济政策时，不能仅仅看一个指标的变化情况，要将宏观经济视为一个整体，综合考量各项经济指标。在政策模拟方案三的情景下，在保持中央政府收入基本不变的情况下，将消费税收入用于扩大对地方政府的转移支付，各省区市地方政府的收入出现明显增加，对应的各省区市地方政府的消费支出也出现明显增长，总体而言，地方政府总体收入增加7.5901%，消费支出增加6.9939%。由于中央政府扩大了对地方政府的转移支付，在中央政府收入保持基本不变的情况下，中央政府消费支出减少（-95.1259%）。

表3 对政府收支的影响

单位：%

区域	收入			支出		
	方案一	方案二	方案三	方案一	方案二	方案三
北京	0.0358	0.7430	2.6777	0.1026	0.7899	2.7827
天津	0.1237	5.5175	4.5157	0.1898	5.5751	4.6770
河北	0.3240	-0.3593	8.5999	0.3885	-0.3175	8.6860
山西	0.2972	-2.2630	8.0836	0.3694	-2.2190	8.2036
内蒙古	0.3485	1.8487	9.1133	0.4171	-1.7979	9.2837
辽宁	0.3207	2.0363	9.2715	0.4003	2.0962	9.4485
吉林	0.4197	0.2763	10.6260	0.4872	0.3312	10.7993
黑龙江	0.4632	-2.0668	11.5406	0.5386	-2.0126	11.7090
上海	0.0100	6.3143	2.1561	0.0714	6.3724	2.3141
江苏	0.0603	2.5885	3.1358	0.1275	2.6405	3.2797

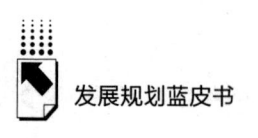

续表

区域	收入			支出		
	方案一	方案二	方案三	方案一	方案二	方案三
浙江	0.0335	3.3192	2.7762	0.0972	3.3670	2.8865
安徽	0.3309	-0.0318	8.7968	0.4014	0.0251	8.9936
福建	0.1911	1.6486	6.3534	0.2533	1.6961	6.5048
江西	0.3342	-0.7594	8.8644	0.4045	-0.7085	9.0174
山东	0.1836	1.7111	6.0629	0.2583	1.7542	6.1354
河南	0.3477	-0.7873	9.0874	0.4116	-0.7340	9.2687
湖北	0.3930	0.6235	10.0854	0.4625	0.6740	10.2479
湖南	0.3594	1.5847	9.3437	0.4354	1.6385	9.5197
广东	0.0275	3.1793	2.8303	0.0925	3.2247	2.9037
广西	0.4177	-0.9129	10.5946	0.4853	-0.8616	10.7589
海南	0.3363	-0.2866	8.8976	0.4071	-0.2281	9.0768
重庆	0.3159	-0.8683	8.4421	0.3874	-0.8131	8.5761
四川	0.3544	-1.0350	9.2632	0.4255	-0.9856	9.4096
贵州	0.4097	0.3790	10.4351	0.4840	0.4293	10.5863
云南	0.4062	3.3644	10.3645	0.4793	3.4189	10.5402
西藏	0.5321	-4.9467	13.0137	0.6058	-4.9035	13.1211
陕西	0.3295	0.6294	8.7498	0.3989	0.6825	8.9211
甘肃	0.4703	-0.8784	11.7098	0.5422	-0.8266	11.8921
青海	0.4941	-4.0176	12.2058	0.5644	-3.9824	12.2341
宁夏	0.4395	-1.1934	11.0513	0.5127	-1.1394	11.2264
新疆	0.4430	-1.6222	11.1127	0.5173	-1.5790	11.2142
中央政府	0.5791	-5.4271	0.1423	0.6417	-5.4214	-95.1259
地方政府	0.2695	0.8204	7.5901	0.3026	1.2421	6.9939

（五）对地方财力均衡的影响

从表4可以看出，相比于基准情景，在政策模拟方案一的情景下，各省区市之间、区域之间以及区域内部（除中部地区有微弱上涨外）的变异系数均出现小幅下降，说明提高烟酒类消费税税率以及提高批发零售环节消费税税率能够一定程度上缩小地方政府的财政收入差距，有利于地方财力均衡，但效果较小。这主要是因为，在不改变现有消费税税基的条件下，仅仅调整消费税税率，并不能有效增加政府财政收入，其财力均衡效应也较小。在政策模拟方案二的情景下,各省区市之间、区域之间以及区域内部的变异系数出现了较为明显的上涨,将消费税改为央地共享税虽然能够整体上提升地方政府财政收入水平,缓解地方政府财政压力,但从区域之间的变异系数变化来看,反而不利于区域之间的财力均衡。这主要是因为,将消费税由中央税改为央地共享税之后,虽然整体上增加了地方政府的财政收入,但区域之间生产结构和经济发展水平存在明显差异,再加上消费税自身的征管特性,并不利于区域之间的财力均衡。此外,对比方案二下的区域内部的财力均衡结果,不同大区域的财力均衡的差异性更为明显,更加彰显了区域的生产结构和经济发展水平对财力均衡影响的重要性。在政策模拟方案三的情景下,将中央政府消费税收入用于扩大对地方政府的转移支付,各省区市之间、区域之间的变异系数出现明显的降低,说明该方案有利于促进地方政府财力均衡。但从区域内部来看,中部地区的变异系数相比于基准情景反而出现上升,说明该方案不利于中部地区的地方政府财力均衡,但对东部地区、西部地区以及东北地区的地方政府财力均衡发挥了积极作用。此外,还可以发现,各省区市之间和区域之间的变异系数差距不大,但区域内部的变异系数差距较大,比如东部地区变异系数最高,说明东部地区地方政府的财力不均衡问题较为突出,东北地区的变异系数最低,说明东北地区地方政府的财力相对较为均衡。这一方面反映了东部地区经济发展较快的同时,地区间财力差距也较大,另一方面也侧面反映了虽然东北地区政府间财力差距较小,但可能是因为东北地区经济发展整体较慢。

表4 对地方财力均衡的影响

情景	各省区市之间	区域之间	区域内部			
			东部	中部	西部	东北
基准情景	46.9693	46.5582	48.1969	22.0193	46.7149	17.2082
方案一	46.8700	46.4739	48.1532	22.0356	46.6851	17.1897
方案二	48.0769	47.3946	48.5081	22.4261	47.3380	17.4117
方案三	45.1769	44.9997	47.4056	22.3195	46.1517	17.0444

注:东部地区包括河北、北京、天津、山东、江苏、上海、浙江、福建、广东、海南;中部地区包括山西、河南、安徽、湖北、江西、湖南;西部地区包括重庆、四川、陕西、云南、贵州、广西、甘肃、青海、宁夏、西藏、新疆、内蒙古;东北地区包括黑龙江、辽宁、吉林。

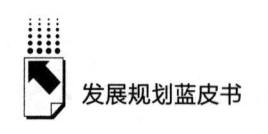

五 结论与建议

消费税改革既是税收体系和税制结构改革,也是国家治理现代化框架下的我国财税体制改革的重要体现,是央地收入归属和地方财政收入改革的核心内容,其实质是优化和完善现有的财税分配格局。本文通过构建一个能够反映我国消费税改革特征的财税 CGE 模型,研究分析了三种政策方案下消费税改革的经济效应和财力效应。经济效应方面,研究结果表明,三种政策方案下,对实际 GDP、投资、产出、进口、出口均产生了负面影响,但变化幅度较小。从居民的角度来看,除方案一外,方案二和方案三情景下的居民收入出现不同程度的增加,进而带动消费支出水平的提升,并提升了居民的社会福利水平。这主要得益于地方政府收入的增长,带动了地方政府对居民的转移支付。

财力效应方面,研究结果表明,三种政策方案下,地方政府总体收入和支出水平得到不同程度地提升,但影响机制存在差异。方案一主要是由于中央政府收入增加间接带动了地方政府收入水平的提升,方案二是消费税改为央地共享税之后,地方政府收入水平直接提升。方案三是由于中央政府扩大了对地方政府的转移支付,提升了地方政府的收入水平。对于中央政府而言,三种方案下,其收入和消费支出水平表现出明显的分化,可能的原因是,其一,消费税税率的变化和消费税收入的归属调整导致中央政府收入发生变化;其二,中央政府对居民和地方政府的转移支付,以及地方政府上缴中央政府的支出也会随着政策调整而发生变化,二者的综合作用导致中央政府收支水平变化表现出明显的差异。此外,从地方财力均衡的角度来看,消费税改革方案一对地方财力均衡影响效果较小,方案二不利于地方财力均衡,方案三整体上有利于地方财力均衡。此外,对比区域内部的财力均衡指标可以发现,其地方财力均衡差异较大,可能的原因是,分省区市测算财力均衡时摊平了这种影响,当把 31 个省区市分别归为东部地区、中部地区、西部地区、东北地区之后,这种影响在一定程度上加大。结合上述研究结论,提出以下政策建议。

(一)适时提高烟酒类商品消费税税率和后移征收环节

当前形势下,直接提高烟酒类商品消费税税率会加重生产厂商或者消费者负担，不利于激发市场活力和经济持续恢复。但借鉴发达国家消费税改革经验，适当提高烟酒类商品的消费税税率不仅可以调整居民消费习惯，引导其选择更加健康绿色的生活方式，还可以在一定程度上增加政府税收收入，弥补政府财政收支缺口。此外，将消费税征收环节后移在一定程度上扩充了消费税税基，在有效调节市场经济运行的同时，也提升了政府财政收入水平。这也符合社会主义市场经济的发展规律，是"中国式现代化"的题中应有之义。

（二）统筹协调推进消费税收入归属改革

深化地方税改革的关键在于如何合理安排中央主导权和地方自主权之间的关系，使其达到相对均衡的状态。中央主导权和地方自主权是对立统一的关系，前者程度越强，后者就越弱，不仅会影响地方政府积极性，还会降低地方政府的治理能力和治理水平。若后者程度越强，极易形成地方政府出于自身利益考虑，形成恶性竞争，不仅影响中央统筹能力的发挥，还会对社会的整体发展水平产生负面冲击。随着土地出让金在地方财政收入中所占份额逐渐降低，加上疫情等对经济的冲击，地方政府财政陷入困境，适时将消费税由中央税改为央地共享税不仅可以弥补地方财政缺口，还可能会产生促进经济发展的溢出效应，但与此同时，要统筹协调好中央主导权和地方自主权、地方财权与事权之间的关系。

（三）构建消费税收入区域财力均衡协调机制

鉴于各省区市发展水平不一，商品生产规模和消费规模也存在显著差异，在推进消费税改革的过程中，势必会打破现有地区间财力分配的相对均衡状态，可能还会引发新的地区间财力不均衡问题。因此，在推进消费税改革讲程中，不仅要重视生产地和消费地之间的消费税税收收入调整问题，还要重视改革后可能出现的部分地区财政收入减少的问题。从地方政府财力均衡的角度出发，对于消费税改革后，地方财政利益受损或财政收入减少的区域，中央政府可以考虑从各地方政府上解收入中提取一部分资金作为对该类区域的中央下拨地方支出的补充，从而缓解地方财力不均衡状况。

B.11 加快推进城乡融合发展*

张延群 张明进**

摘　要： 我国"十三五"时期在推进城乡融合发展方面取得了历史性成就，城镇化率大幅提高，城乡一体的基本公共服务提供机制逐步建立，正在朝制度接轨、质量均衡、水平均等的方向迈进。"十四五"规划提出要走中国特色社会主义乡村振兴道路，全面实施乡村振兴战略，强化以工补农、以城带乡，推动形成工农互促、城乡互补、协调发展、共同繁荣的新型工农城乡关系。本文首先对"十四五"规划纲要、《新型城镇化和城乡融合发展重点任务》等重要文件中有关城乡融合发展的内容进行归纳，然后建立城乡融合评价指标体系，对近20年来我国分省份城乡融合发展时空变化的典型事实进行刻画和评价，在此基础上对促进城乡发展的主要因素及其重要性进行识别和分析，最后提出促进城乡融合发展的政策建议。

关键词： 城乡融合发展　新型城镇化　基本公共服务

一　引言

我国脱贫攻坚取得重大历史性成就，乡村振兴取得积极进展，但由于经济和社会长期以来呈现城乡二元结构的特征，农村居民在收入和消费，以及享有社会保障、基本公共服务、基础设施、金融和财政支持等方面与城镇居民相比仍然存在明显差距，随着我国经济实力不断提升，我国社会

---

* 本文获得中国社会科学院创新工程基础学者资助项目（XJ2023012）的资助。
** 张延群，中国社会科学院数量经济与技术经济研究所研究员，主要研究方向为中国宏观经济、经济政策分析与预测等；张明进，中国社会科学院大学应用经济学院，主要研究方向为城乡融合等。

主要矛盾已经转变为人民日益增长的美好生活需要和不平衡不充分的发展之间的矛盾，而最大的不平衡就是城乡发展不平衡，最大的不充分就是乡村发展不充分，必须通过健全城乡融合发展体制机制，走以工补农、以城带乡的新路子，通过全面推进乡村振兴缩小城乡差距，达到城乡融合的目标。

党和政府对于缩小城乡差距、实现城乡融合的工作十分重视，"十四五"规划纲要提出健全城乡融合发展体制机制，建立健全城乡要素平等交换、双向流动政策体系，增强农业农村发展活力等。党的二十大报告强调，着力推进城乡融合和区域协调发展，推动经济实现质的有效提升和量的合理增长。2019年中共中央、国务院发布《关于建立健全城乡融合发展体制机制和政策体系的意见》，对推进城乡融合发展做出顶层设计，提出城乡融合发展体制机制，以及到2022年初步建立、到2035年更加完善、到本世纪中叶成熟定型的主要目标。习近平总书记对城乡融合发展做出一系列重要论述，强调走城乡融合发展之路，加快建立健全城乡融合发展体制机制和政策体系，推动城乡融合发展见实效。振兴乡村，不能就乡村论乡村，还是要强化以工补农、以城带乡，加快形成工农互促、城乡互补、协调发展、共同繁荣的新型工农城乡关系，在2024年1月召开的中央农村工作会议上习近平总书记强调，坚持农业农村优先发展，坚持城乡融合发展。

为了推动城乡融合发展，近些年中央政府出台了一系列具体政策措施，2020年、2021年和2022年国家发改委连续三年印发《新型城镇化和城乡融合发展重点任务》的通知，提出新型城镇化和城乡融合发展重点任务，包括促进农业转移人口有序有效融入城市，增强城市群和都市圈承载能力；深入推进以人为核心的新型城镇化战略，提高新型城镇化建设质量；持续深化户籍制度改革，畅通在本地稳定就业生活的农业转移人口举家进城落户渠道；推进城镇基本公共服务均等化，推进城镇基础设施向乡村延伸、公共服务和社会事业向乡村覆盖；推进城镇基础设施向乡村延伸；推进巩固拓展脱贫攻坚成果同乡村振兴有效衔接。

在各项政策措施的促进下，我国"十三五"时期在推进城乡融合发展方面取得了历史性成就。2023年12月国务院发布了"十四五"规划实施中期评估报告，指出"十四五"规划实施两年多来，巩固拓展脱贫攻坚成果同乡

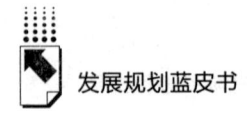

村振兴有效衔接，农业农村发展呈现新气象；农业质量效益不断提高，农村一二三产业融合发展步伐加快，农村水电燃气卫生厕所清洁取暖等基础设施服务水平大幅提升，脱贫攻坚成果持续巩固拓展；常住人口城镇化率、基本养老保险参保率等目标提前实现。

我国城乡融合发展已经取得了重大成就，城乡居民收入比逐年下降，2023年下降到2.39，同时仍然存在一些问题，如近几年城乡居民收入比降幅有所收窄，未来继续缩小城乡居民收入差距仍然任重道远。近年来农民收入特别是财产性收入增长乏力，农民增收长效机制不够完善，城乡融合发展体制机制不够健全，还存在一些明显的制度短板和薄弱环节，一些阻碍城乡要素流动的因素仍然存在，城乡公共资源配置有待进一步优化。

二 城乡融合发展指标体系

在我国长期存在城乡二元结构的背景下，与城镇居民相比，农村居民在生活水平、享有的基础设施和基本公共服务、社会保障、政府和金融支持方面都存在很大差距，城乡融合的政策措施在很大程度上体现为以工业反哺农业、以城带乡、加大政策支持力度等，因此在建立衡量城乡融合程度的指标体系时，以农村和城镇居民在生活水平、基础设施、社会保障、政策支持和数字经济5个方面的差距为出发点选择指标，建立指标体系来刻画我国大陆30个省区市（由于数据缺失原因，没有包括西藏）近20年城乡融合发展的时空变化。

考虑到数据的代表性和可得性，在选取指标变量时采取的原则是：第一，根据分析的内容尽可能挑选出具有代表性的关键指标；第二，选取的大多数指标有较长的时间样本；第三，为了进行分省份比较，所选出的指标在各个省份具有统一的定义；第四，考虑到构建指标体系的目的主要是衡量城乡之间在生活水平、基础设施、社会保障、政策支持和数字经济等方面的差距，并提出缩小城乡差距的政策建议，因此选择指标时尽量选择差距较大的关键性指标，对于一些城乡差距已经不明显的指标，不纳入指标体系中。

结合上述各因素，并参考有关文献①，构建了城乡融合指标体系，将城乡融合发展水平作为一级指标，并将其分解成 5 个二级指标，即生活水平、基础设施、社会保障、政策支持、数字经济，在这 5 个二级指标下选择最有代表性且可获得数据的三级指标，通过赋予一定的权重，加权平均得到二级指标得分。

构建指标体系时需要确定不同指标的权重，考虑到选出的关键性指标具有不同的起始年份，如在二级指标生活水平分项下的三级指标中，城乡居民人均可支配收入的数据样本从 2005 年开始，而另一个重要的指标城乡居民人均社会消费品零售额的样本从 2010 年开始，为了最大限度提取指标中的信息，采用了比较灵活的权重决定方式，主要通过所获得数据的各个指标的重要性主观确定其权重，随着样本期后移（如从 2005 年后移到 2010 年），当新的可获得的指标添加进来时，再重新设定指标的权重。以二级指标中生活水平为例说明权重的决定，生活水平包括 3 个三级指标，分别为城乡居民人均可支配收入之比、城乡居民人均消费之比、城乡居民人均社会消费品零售额之比，2005~2009 年，设定前两者的权重均为 0.5，2010~2022 年，在加入城乡居民人均社会消费品零售额之比后，三者的权重分别设定为 0.4、0.4、0.2。在稳定性检验部分通过主成分分析法、熵值法等设定不同的权重，对不同权重进行了试验，得到的指数得分结果没有明显变化。在计算各指标的得分时，先对每一个三级指标进行标准化处理（30 个省份与全部时间样本的最大和最小值方法），每个指标在每个时点的得分在 0~1，然后对三级指标进行加权平均，得到二级和一级指标的得分。指标体系的具体信息见表 1。

---

① 周佳宁、秦富仓、刘佳等：《多维视域下中国城乡融合水平测度、时空演变与影响机制》，《中国人口·资源与环境》2019 年第 9 期；王松茂、尹延晓、徐宣国：《数字经济能促进城乡融合吗：以长江经济带 11 个省份为例》，《中国软科学》2023 年第 5 期；孟莹、刘强、徐生霞：《中国城乡融合发展水平的时空演进特征与影响机制》，《经济体制改革》2024 年第 1 期。

表1 指标体系

一级指标	二级指标（权重）	三级指标	定义	权重(加入新指标后的权重)	数据来源（样本期）
城乡融合发展水平	生活水平（0.3）	城乡居民人均可支配收入之比	城镇居民人均可支配收入/农村居民人均可支配收入	0.5(0.4)	国家统计局、Wind（2005~2022）
		城乡居民人均消费之比	城镇居民家庭人均消费性支出/农村居民家庭人均消费性支出	0.5(0.4)	国家统计局、Wind（2005~2022）
		城乡人均社会消费品零售额之比	城镇人均社会零售品总额/农村人均社会零售品总额	(0.2)	国家统计局、Wind（2010~2022）
	基础设施（0.3）	城市和县城供水普及率之比	城市公用设施:供水普及率/县乡市政公用设施:供水普及率	0.5(0.33)	住房和城乡建设部、Wind（2006~2022）
		城市和县城人均道路面积之比	城市公用设施:人均道路面积/县乡市政公用设施:人均道路面积	0.5(0.33)	住房和城乡建设部、Wind（2006~2022）
		城市和县城人均生活用水量之比	城市公用设施:人均日生活用水量/县乡市政公用设施:人均日生活用水量	(0.33)	住房和城乡建设部、Wind（2010~2022）
	社会保障（0.2）	城市和农村低保金之比	城市平均最低保标准/农村平均低保标准	1	民政部、Wind（2008~2022）
	政策支持（0.1）	财政支出中支农比重	地方公共财政农林水事务支出/地方公共财政支出	1	地方财政厅、Wind（2007~2022）
	数字经济（0.1）	城市和县城数字金融发展指数之比	城市数字金融发展指数/县域数字金融发展指数	1	北京大学数字普惠金融指数（2014~2021）

三 分省区城乡融合的时空变化分析

通过构建指标体系可以对各省区市的二、三级指标以及总指数随时间变化的走势进行刻画和评价，以河南省为例进行说明。图1（a）~（f）分别为河

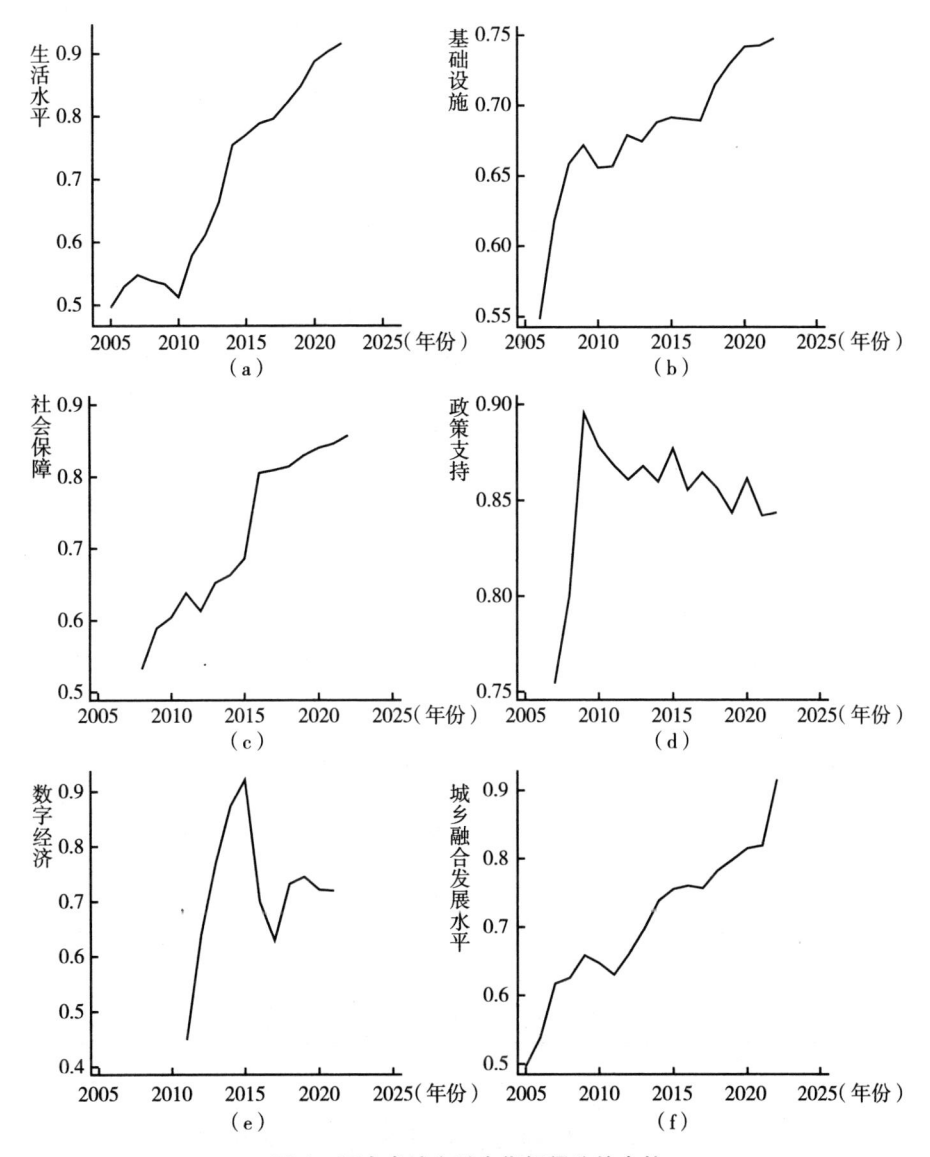

图1 河南省城乡融合指标得分的走势

南省2005~2022年二级指标中生活水平、基础设施、社会保障、政策支持、数字经济以及城乡融合发展水平的指数走势。图1（a）、（b）、（c）、（f）显示，生活水平、基础设施、社会保障以及城乡融合发展水平指数从2010年开始持续提高，（d）和（e）分别显示政策支持和数字经济指数出现下降。需要说明的是，总指数得分的上升或者下降是指相对于30个省份在全部时间样本中得分的变化情况。其他省份也表现出基本相同的走势。

图2~图6分别展示在2000年、2010年、2022年30个省份的二、三级指标分布的核密度图，三级指标数据（城市与农村的比值）的分布基本具有共同的变化特征，即分布的均值随着时间的推移而向左移动，表示城乡差距缩小，合成的二级指标数据随时间的推移而向右移动，表示融合程度提高，说明

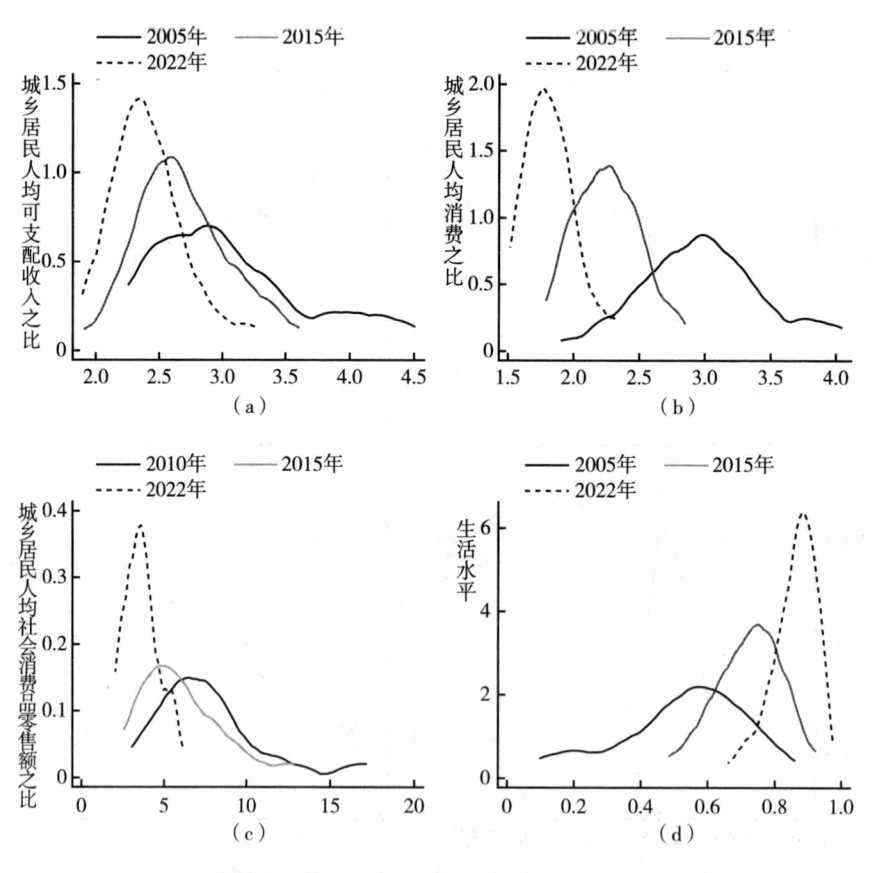

图2 生活水平指数及其三级指标得分分布的核密度曲线

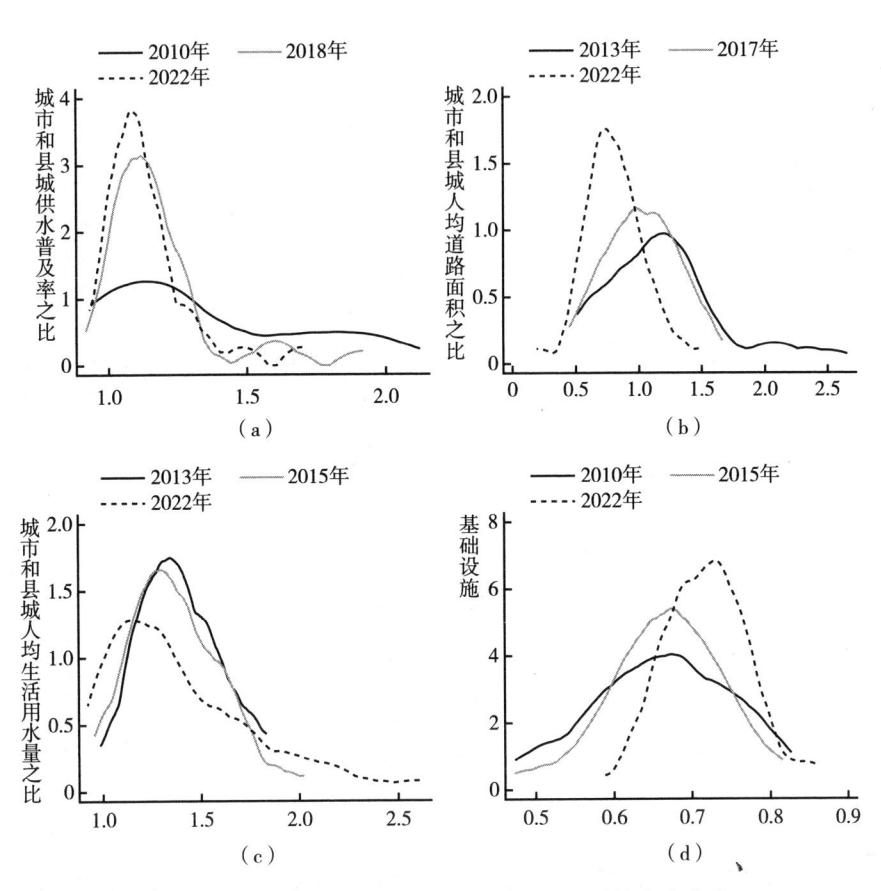

图 3 基础设施指数及其三级指标得分分布的核密度曲线

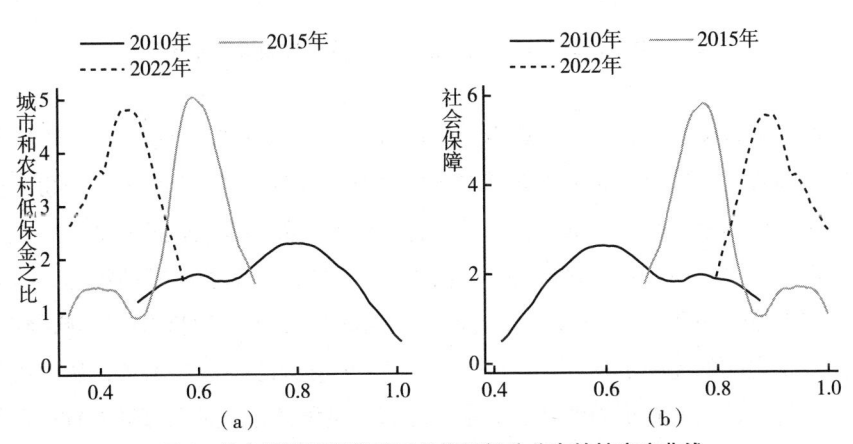

图 4 社会保障指数及其三级指标得分分布的核密度曲线

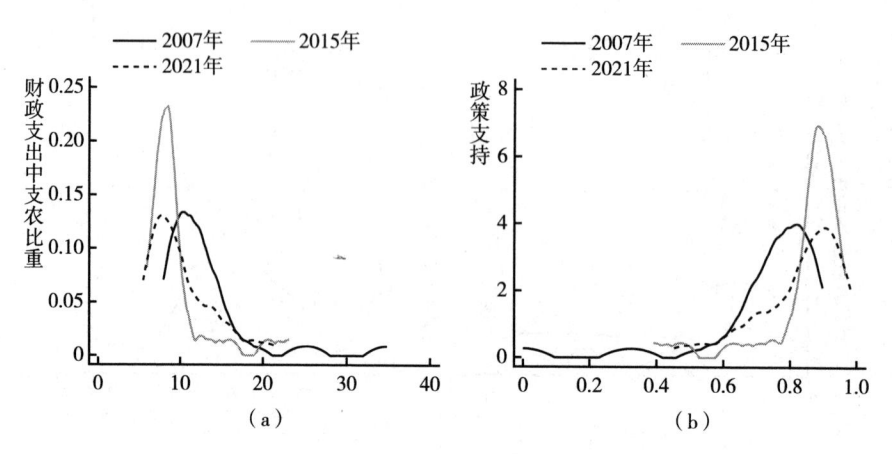

图 5　政策支持指数及其三级指标得分分布的核密度曲线

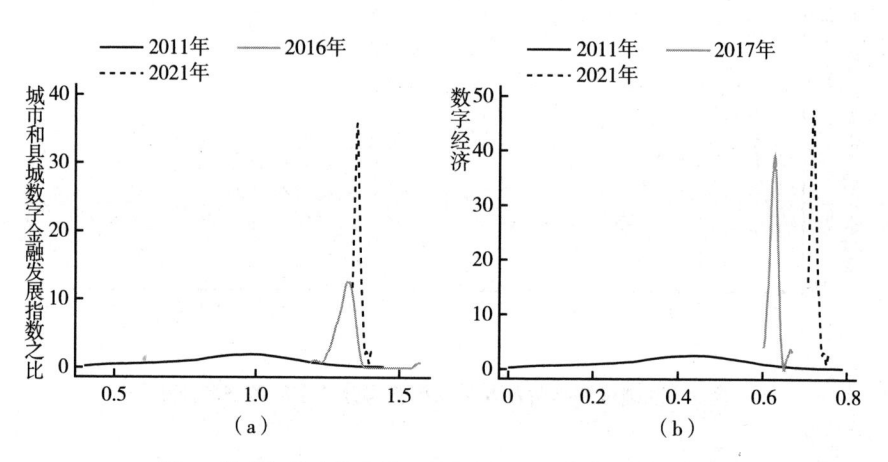

图 6　数字经济指数及其三级指标得分分布的核密度曲线

随着时间的推移，特别是从 2022 年来看，总体上城乡融合发展水平与 2005 年相比明显提高，同时分布的方差呈变小的趋势，说明在同一年份各个省份之间城乡融合发展水平的差异减小，不同省份之间的差异出现收敛的趋势。

图 7 为 30 个省份总指数得分分布的核密度曲线，随着时间的推移，全国层面城乡融合发展水平更高，即均值更高且方差更小，2022 年与 2005 年相比，省份之间的差距也在缩小。图 8 显示 30 个省份总指数的走势，从中可以看出，得分较高的省份为浙江、北京、上海等经济发达以及东部沿海省份，得分较低的省份为青海、甘肃、云南、贵州等西部省份，与 2005 年相比，2022

年各省份的城乡融合发展水平均明显提高,贵州、甘肃、新疆、宁夏等在样本期末略有下降。

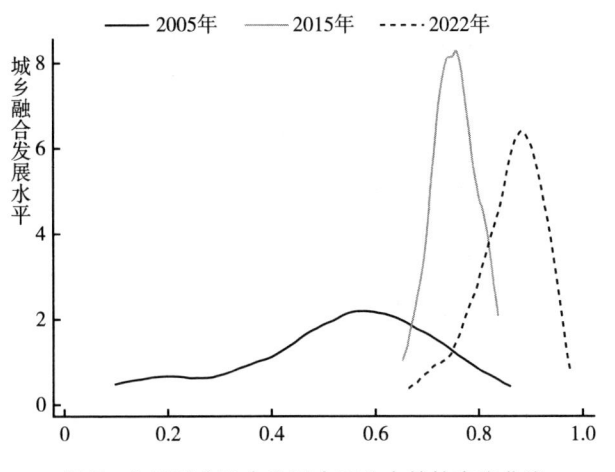

图 7　全国城乡融合发展水平分布的核密度曲线

通过以上分析,初步得出以下结论,一是我国各省份在 2010 年之后城乡融合发展水平总体持续提高,二是各省份之间城乡融合发展水平的差异呈收敛趋势,三是东部沿海发达地区城乡融合发展水平总体上明显高于西部欠发达地区。

四　城乡融合影响因素分析

实证分析发现,城乡收入差距最大的影响因素是经济发展水平、农业与非农业劳动生产率之比、农村从业人员从事非农产业的比重。[①] 目前经济增长速度下降在一定程度上缩小了农业与非农业之间的劳动生产率差距,城镇化率的提高、县域经济的发展也进一步促进了农村从业人员从事非农产业比重的提高,提高了农业与非农业劳动生产率的比值,这些因素都对缩小城乡收入差距产生了积极的作用。为了进一步提高农业生产率,需要引导资金投向农业

---

① 张延群:《我国城乡居民收入差距的动态演变和趋势研究》,《价格理论与实践》2022 年第 5 期。

发展规划蓝皮书

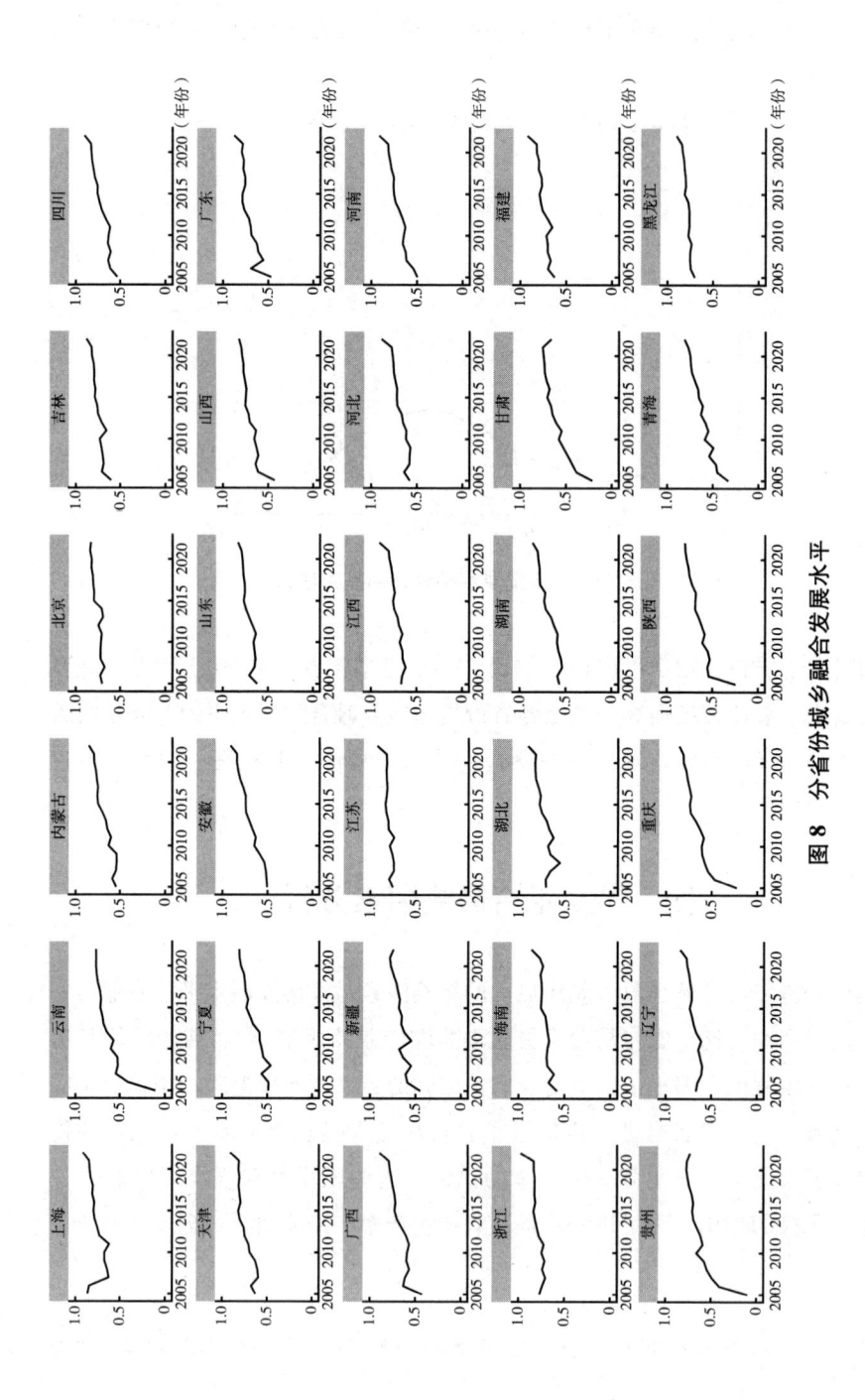

图 8 分省份城乡融合发展水平

160

和农村,通过财政和金融政策的支持,消除要素向农业和农村流动的阻碍,通过制度改革消除资本投向农业和农村的障碍。

农业农村基础设施建设水平近些年有明显提高,从实证分析的结果看,提高农村基础设施建设水平的重要因素是财政支持,以及政策引导。因此,要在基础设施方面进一步缩小城乡差距,实现城乡融合发展,就需要当地政府以县域经济为载体、以乡村振兴为抓手,学习借鉴城乡融合发展先进地区的经验,根据实际情况,落实落地国家制定的推动城乡融合和乡村振兴的政策,积极制定符合当地实际的乡村振兴政策。

在国家大力发展数字经济的背景下,应当进一步加强县域层面的数字经济基础设施和数字金融等方面的建设,发挥数字经济、数字金融对推动乡村振兴、农民增收的积极作用。

五 政策建议

近20年来在中央统一部署和强力推动下,我国城乡融合发展总体上取得了积极的进展,地区之间在城乡融合发展水平上的差距不断缩小,城乡融合发展整体呈现向好态势。国家"十四五"规划中缩小城乡差距等的一系列战略部署的落实将促进城乡融合发展。

但是也应当看到,目前城乡居民在收入、家庭财富、社会保障、消费环境等方面的差距仍然较大,是下一步提高城乡融合发展水平的关键。需要注意以下几个方面的问题。

第一,目前城乡融合发展水平在不同地区还存在较大的差距,在东南沿海地区水平较高,在西部地区较低,最近几年少数西部省份还出现了城乡融合发展水平下降的现象,因此在今后政策实施过程中要更加关注城乡融合发展水平较低的地区,在政策方面给予倾斜和支持,加强先行地区对落后地区的对口支持,力争城乡融合发展水平在地区层面全面提高。

第二,从农民就业中的非农业就业比例看,目前较高收入地区的非农就业比重呈缓慢上升趋势,但低收入地区该比例基本平稳,甚至有所下降,考虑到提高非农就业比例能显著提高农民收入,因此应当采取积极措施,促进低收入地区农民就业向非农业产业转移。浙江省作为中央设立的实现共同富

裕示范区，进行了多项制度改革，采取了一系列措施促进乡村振兴，包括产业转移、人才支持、资金保障等，其经验值得各地学习借鉴。

第三，在加大财政投入的同时，还要带动社会资本投入，鼓励农业企业和企业家有所作为，在增加资本投入的同时切实保障农民的权益。在金融制度上应有所创新，以提供支持农村农业发展所需要的资金。

第四，农村居民所享有的社会保障与城镇居民相比存在很大的差距，是未来城乡融合、实现基本公共服务一体化最关键的内容之一。随着乡村人口老龄化和少子化的快速到来，如何在乡村完善基本养老服务体系，完善低龄儿童的托幼服务机制，需要政策和财政配套资金的支持，在目前财政收入增速下降的背景下完成这一目标在一定程度上存在困难，但是各地政府应当将其作为重要任务去推进落实，真正做到以人为本的城乡融合发展。

专栏　有关城乡融合发展的重要文件

2024年1月，中共中央、国务院发布《关于学习运用"千村示范、万村整治"工程经验有力有效推进乡村全面振兴的意见》，指出确保国家粮食安全、确保不发生规模性返贫、提升乡村产业发展水平、提升乡村建设水平、提升乡村治理水平、加强党对"三农"工作的全面领导。

2022年3月，国家发展和改革委印发《2022年新型城镇化和城乡融合发展重点任务》，指出提高农业转移人口市民化质量，持续深化户籍制度改革，推进城镇基本公共服务均等化；加强农民工就业服务和技能培训，稳定和扩大农民工就业岗位；加大中央财政农业转移人口市民化奖励资金支持力度；促进城乡融合发展；以县域为基本单元推动城乡融合发展，推进城镇基础设施向乡村延伸、公共服务和社会事业向乡村覆盖。

2021年4月，国家发展改革委印发《2021年新型城镇化和城乡融合发展重点任务》，指出促进农业转移人口有序有效融入城市，提升城市群和都市圈承载能力，加快建设现代化城市，提升城市治理水平，加快推进城乡融合发展。

2020年4月，国家发展改革委印发《2020年新型城镇化和城乡融合发展重点任务》，指出提高农业转移人口市民化质量，优化城镇化空间格局，提升城市综合承载能力，加快推进城乡融合发展，突出以城带乡、以工促农，健全城乡融合发展体制机制，促进城乡生产要素双向自由流动和公共资源合理配置。

2019年4月，中共中央、国务院发布《关于建立健全城乡融合发展体制机制和政策体系的意见》，提出主要目标：到2022年，城乡融合发展体制机制初步建立，城乡要素自由流动制度性通道基本打通，城市落户限制逐步消除，城乡统一建设用地市场基本建成，金融服务乡村振兴的能力明显提升，农村产权保护交易制度框架基本形成，基本公共服务均等化水平稳步提高，乡村治理体系不断健全，经济发达地区、都市圈和城市郊区在体制机制改革上率先取得突破。到2035年，城乡融合发展体制机制更加完善，城镇化进入成熟期，城乡发展差距和居民生活水平差距显著缩小。城乡有序流动的人口迁徙制度基本建立，城乡统一建设用地市场全面形成，城乡普惠金融服务体系全面建成，基本公共服务均等化基本实现，乡村治理体系更加完善，农业农村现代化基本实现。到本世纪中叶，城乡融合发展体制机制成熟定型，城乡全面融合，乡村全面振兴，全体人民共同富裕基本实现。

B.12
有力有效推进乡村全面振兴*

李 莹**

摘 要： "十四五"期间推进乡村全面振兴取得了重大进展，提高了国家粮食和重要农产品综合生产能力，持续巩固拓展了脱贫攻坚成果，务实推进了乡村发展与乡村建设。但同时我国正面临农村经济发展相对滞后、生态环境短板挑战较大、城乡要素双向流动不畅、公共资源配置均等化程度不高、农村收入增速放缓下城乡收入失衡局面尚待扭转，以及县域经济综合承载力不足等突出问题。为此，我国需要加速农业现代化转型、加强乡村治理、打破城乡制度约束、加大农村公共资源投入、多渠道增加农民收入以及推动县域经济高质量发展，有力有效推进乡村全面振兴。

关键词： 乡村振兴 农业现代化 城乡融合

民族要复兴，乡村必振兴。党的十九大报告首次明确提出"实施乡村振兴战略"，指出实施乡村振兴战略是决胜全面建成小康社会、全面建设社会主义现代化国家的重大历史任务，是新时代"三农"工作的总抓手，突出农业、农村和农民的优先发展，将"产业兴旺、生态宜居、乡风文明、治理有效、生活富裕"作为实践要求。2018年中共中央、国务院在《关于实施乡村振兴战略的意见》中提出了乡村振兴三个阶段战略构想，明确到2020年乡村振兴取得重要进展，制度框架和政策体系基本形成；到2035年乡村振兴取得决定性进展，农业农村现代化基本实现；到2050年乡村全面振兴，"农业强、农村美、农民富"全面实现。党的二十大指出全面建设社会主义现代化国家，最

---

* 本文主要内容发表于《河南社会科学》2024年第6期。
** 李莹，中国社会科学院数量经济与技术经济研究所副研究员，主要研究方向为收入分配、城乡关系。

艰巨最繁重的任务仍然在农村，提出"全面推进乡村振兴"是实现中国式现代化的重要内容，并做出新的战略部署。乡村振兴战略从启动实施到全面实施的转变，反映了全国"三农"工作的任务重点从脱贫攻坚转向全面实施乡村振兴战略。

一 "十四五"期间推进乡村全面振兴的进展情况

（一）持续强化农业基础地位，提高国家粮食和重要农产品综合生产能力

确保重要农产品特别是粮食供给，是实施乡村振兴战略、加快农业农村现代化的首要任务。"十四五"期间，各地区各部门持续加大农业生产支持力度，积极应对不利天气影响，全力保障农业生产。2021~2023年，全国粮食播种面积持续增长，粮食总产量持续保持在1.3万亿斤，粮食单位面积产量约为390公斤/亩。[①] 2022年是实施粮食安全党政同责考核的元年，中共中央办公厅、国务院办公厅出台了《地方党委和政府领导班子及其成员粮食安全责任制规定》，进一步压实粮食安全工作责任，全面提高粮食安全保障水平。2022年启动实施了国家大豆和油料产能提升工程，推动提高重要农产品的自给率。

建设高标准农田，是巩固和提高粮食生产能力、保障国家粮食安全的关键举措。《国家乡村振兴战略规划（2018—2022年）》提出到2022年建成10亿亩高标准农田，《中华人民共和国国民经济和社会发展第十四个五年规划和2035年远景目标纲要》要求"十四五"末建成10.75亿亩集中连片高标准农田，《全国国土规划纲要（2016—2030年）》提出到2030年建成12亿亩高标准农田。"十四五"期间加快高标准农田建设，2021年我国建成1.0551亿亩高标准农田，截至2022年底，全国已累计建成10亿亩高标准农田，2023年规划新建4500万亩、改造提升3500万亩高标准农田，"十四五"目标有望提前实现。建成后的高标准农田，亩均粮食产能增加10%~20%，调动了农民种粮的积极性，为我国粮食连续多年丰收提供了重要支撑。[②]

---

① https://www.stats.gov.cn/.
② https://www.moa.gov.cn/.

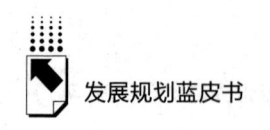

（二）持续巩固拓展脱贫攻坚成果，加强脱贫攻坚同乡村振兴政策有效衔接

健全防止返贫动态监测和帮扶机制，守住了不发生规模性返贫的底线。完善防止返贫监测指标体系，将原全国建档立卡信息系统升级为全国防止返贫监测和衔接推进乡村振兴信息系统，重点关注脱贫户、低收入户等8类人群，开展全面排查。各地统筹脱贫人口和监测对象年度信息动态调整，健全防止返贫监测帮扶机制，消除超六成的监测对象返贫风险，对其余监测对象均已落实帮扶措施。

突出抓好产业就业帮扶，中央财政衔接推进乡村振兴补助资金用于产业发展的比重达到60%，脱贫县培育了一批特色主导产业。2023年脱贫劳动力务工总规模达到3396.9万人，超过年度任务目标377.7万人。

突出抓好产业就业帮扶，促进脱贫地区产业发展和就业增收。832个脱贫县全部编制"十四五"特色产业发展规划，实施脱贫地区特色产业提升行动、农产品加工业提升行动。脱贫地区农民收入增速继续高于农村平均水平，脱贫群众生产生活条件持续改善，脱贫攻坚成果得到进一步巩固。

深化东西部协作，推动脱贫地区帮扶政策落实见效。打赢脱贫攻坚战、全面建成小康社会后，东西部协作帮扶重心转向全面推进乡村振兴和巩固拓展脱贫攻坚成果，2021年进一步调整东西部协作结对关系，加大帮扶力度。2021年在西部地区脱贫摘帽县中确定了160个国家乡村振兴重点帮扶县，集中支持做好巩固拓展脱贫攻坚成果同乡村振兴有效衔接工作，让脱贫基础更加稳固、成效更可持续。中央和省级财政安排衔接推进乡村振兴补助资金分配时，加大对国家乡村振兴重点帮扶县的倾斜支持力度。

（三）务实推进乡村产业发展与乡村建设，提升乡村发展潜力

产业振兴是乡村振兴的重中之重，发展壮大乡村产业始终处在重要位置，并且取得了明显的成效。其中，农产品加工流通业加快发展。农产品加工转化率自2020年的67.5%提高到2022年的72%；[1] 2022年我国支持建设或改造县级物流配送中心506个、乡镇快递物流站点650个。通过整合物流资源、发展

---

[1] https://baijiahao.baidu.com/s?id=1766010575031194326&wfr=spider&for=pc。

共同配送，降低了农村物流成本，提高了配送速度，进一步提升农产品流通效能。此外，农文旅深度融合、农村电商蓬勃发展、乡村特色产业传承发展，共同推进乡村产业高质量发展。

2022年中共中央办公厅、国务院办公厅印发《乡村建设行动实施方案》，提出了"十四五"时期推动乡村建设取得实质性进展的目标，以乡村规划建设管理、农村基础设施建设、农村人居环境整治、农村基本公共服务提升等为重点任务，明确了推进机制和保障措施。截至2022年全国新改建农村公路18.98万公里；2022年底全国农村自来水普及率达到87%，规模化供水工程覆盖农村人口比例达到56%。全国行政村通光纤、通4G比例均超过99%，5G网络覆盖所有县城城区和96%的乡镇镇区，农村普惠性幼儿园覆盖率达到92.2%。

（四）持续深化农业科技创新与农村改革，走好农业强国之路

加强农业科技创新，走好农业强国之路。我国农业科技创新能力稳步提升，农业科技进步贡献率从2020年的60.7%提升至2022年的62.4%，为农业高质量发展提供了强劲动能。"十四五"期间加快推进农业生物育种重大项目组织实施，推动建设现代生物育种技术体系，培育一批重大战略性新品种；智慧农业技术得到广泛应用，农作物耕种收综合机械化率、水产和畜牧养殖机械化率显著提高；持续加强现代农业产业技术体系建设，大力开展全产业链技术集成创新和科技指导服务，为全面推进乡村振兴和加快实现农业农村现代化提供有力的科技支撑。

全面深化农村改革是加快农业强国建设的根本动力。从2020年起，农业农村部与中央农办开展了两轮土地承包到期后再延长30年试点，稳妥推进整县试点100余个，形成了一批成熟可推广的做法和经验。有力有序开展农村宅基地制度改革试点工作，2020年9月，中央农办、农业农村部在北京召开深化农村宅基地制度改革试点电视电话会议，在全国104个县（市、区）以及3个地级市启动实施新一轮农村宅基地制度改革试点，重点围绕宅基地所有权、资格权、使用权"三权"分置进行探索。此外，在原试点基础上，持续深化农村集体经营性建设用地入市试点，推进全域土地综合整治试点工作。

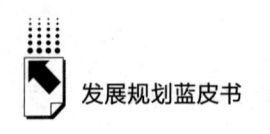

二 推进乡村全面振兴面临的重大挑战

城乡关系在实践中逐步从分割走向融合，但是"工农互促、城乡互补、协调发展、共同繁荣的新型工农城乡关系"尚未完全形成，围绕"农业强、农村美、农民富"的核心任务，经济发展模式、生态环境建设、城乡二元分割制度、公共资源配置、收入增长模式以及县域经济承载性等维度仍然存在突出问题。

（一）农村经济发展相对滞后，城乡经济发展协调度有待提高

农村现代化调整滞后，农业生产经营质量和效率依然偏低，限制了农业产业链的延长和城乡产业之间的深层次融合。我国农业产值份额与就业份额下降不同步，并且都处于较高水平。发达经济体农业的产值份额与就业份额一般收敛于2%左右。我国农业产值份额从1952年的51%降至2022年的7.3%，与发达经济体的结构趋同；农业就业份额出现两次阶段性快速下降：1992~1997年就业份额从58.5%下降至49.9%；2003~2021年就业份额从49.1%下降至22.9%，不仅比高收入国家高出20个百分点以上，还远远滞后于本国农业产值份额的下降。① 农业就业份额下降的滞后导致农村仍存在大量的剩余劳动力，阻碍了经济增长与农民增收。农业生产率提高是农业现代化的根本标志，高收入国家农业的劳均增加值约为4万美元（按2015年美元不变价计算），并且与其他产业的劳均增加值相当。我国第一产业劳均增加值仅为第二产业的一半左右，与高收入国家的4万美元相比也有很大差距。技术进步是农业现代化的主要推动力，发达经济体的农业科技贡献率通常在80%左右，我国受制于农业科技经费投入水平不高，成果转化率偏低，② 集中表现为农业全要素生产率不高，对农业产业链的延长和城乡产业融合形成掣肘。

资源约束收紧，农业生产的可持续发展面临更多挑战。资源紧缺制约我国农产品供给保障。我国用世界9%的耕地面积、7%的水资源养活了世界1/5的

---

① 《中国统计年鉴2023》。
② 李万君、包玉泽、颜廷武等：《依靠农业科技引领支撑乡村振兴》，《宏观经济管理》2022年第9期。

人口，农业发展取得巨大成就。但我国一直面临人多资源少的突出矛盾：一是耕地数量少、耕地质量差影响粮食安全，耕地负荷巨大，地力透支情况较为严重，国务院第三次全国国土调查领导小组办公室2021年公布的人均耕地面积约1.36亩，不足世界人均水平的40%。二是农业用水量大、利用效率低。根据水利部发布的2022年《中国水资源公报》，2022年，全国降水量和水资源量与多年平均值相比偏少，且水资源时空分布不均。农业用水量占用水总量的63%，用水占比呈现上升趋势，农田灌溉水有效利用系数与国际先进水平相比差距较大。[1] 三是从事农业生产活动的劳动力老龄化程度加深，受教育水平偏低，影响农业生产效率的提升。

（二）农村生态环境挑战严峻，城乡生态环境差距不断拉大

产业的城乡转移导致农村生态环境压力增加，挑战和美乡村建设。传统以牺牲环境、消耗资源推动经济增长的发展模式导致生态环境破坏严重。城市率先汲取经验教训，采取多种手段改善生态环境；但农村环境治理起步较晚，重视程度也不够，面临更严峻的生态环境挑战。一方面是农业生产中大量使用农药、化肥，且没有经过环境处理直接排放，超出了环境的自净能力。自2015年以来，农业农村部组织开展化肥农药使用量零增长行动，化肥农药持续减量，农业面源污染得到有效遏制，但是由于我国长期使用农用化学投入品，农业面源污染问题仍然突出，农业农村污染治理仍然是生态环境保护中的突出短板，亟待改善农业领域生态环境。另一方面，城市高污染、低效益的产业在向农村转移的过程中，也将生态环境压力转嫁到农村，增加了农村生态环境负荷。[2]

（三）制度性约束尚未完全破除，城乡要素双向流动不畅

城乡要素双向流动、平等交换的制度壁垒尚未完全被破除，具体表现为资金、技术、人才等生产要素更多地单向度流向城市，带动城市的发展与繁荣，

---

[1] 何可、李凡略、张俊飚等：《长江经济带农业绿色发展水平及区域差异分析》，《华中农业大学学报》2021年第3期。
[2] 王桂芹、郑颜悦：《我国城乡融合存在的问题及对策》，《江淮论坛》2020年第5期。

但双向流动机制尚未健全，城乡资源配置低效导致全面推进乡村振兴缺乏要素支撑。

户籍制度改革长期滞后于城镇化进程，人口的城乡双向流动不畅。虽然自2013年起，国家开始推进以人为核心的新型城镇化，正式启动了新一轮户籍制度改革，不断完善不同城市的落户政策，但城乡之间仍然存在因户籍制度而形成的市场分割。一方面，当前农业转移人口市民化进展不及预期。户籍制度与教育、医疗等挂钩，进城农民工不能完全享有与城镇居民同等的各种社会保障，形成"半拉子"城镇化；近年来还出现农业转移人口进城落户意愿下降，叠加农村土地权利意识增强、城市居民权益隐性门槛仍未消除等因素，2018~2022年，户籍人口城镇化率增速缓慢，与常住人口城镇化率相比差距在18个百分点左右，"十四五"期间明显缩小二者差距的目标实现难度很大。另一方面，乡村振兴需要相匹配的人才作为支撑，而农村人才的数量、质量和分布状况仍是制约各地乡村振兴发展的重要因素，大量老人、妇女、儿童等留守农村，出现了村庄空心化，农民老龄化程度加剧现象；而户籍制度同样会使大量热爱农村事业、想要积极投身农村发展事业的城镇居民有所顾虑，阻碍了城乡人力资源的优化配置。

城乡统一的土地市场还未建立，农村居民财产权益难以得到充分体现。随着乡村振兴战略的深入推进和乡村建设行动的启动，乡村产业、农村基础设施建设的用地需求不断增加与农村集体建设用地得不到有效利用并存。农村建设用地同等入市、同权同价还未实现，农村居民在土地流动方面的利益未得到充分体现。随着城镇化快速推进，农业转移人口数量不断增加，农村宅基地和住宅闲置浪费问题日益突出。农业农村部关于宅基地的抽样调查数据显示，2019年全国农村宅基地闲置率为18.1%。农村闲置土地资源利用率不高，同时宅基地制度对非集体经济组织成员使用并没有完全放开，有很多严格的使用限定，农民的财产权益实现受到限制。

（四）公共资源配置均等化程度不高，城乡二元结构制约明显

农村基础设施是农业现代化的重要基础，是农村经济社会发展的重要支撑，也是扩大农村有效投资、畅通城乡经济循环的着力点。薄弱的农村基础设施成为全面推进乡村振兴的瓶颈。由于自然地理条件限制、历史文化发展约束，特别是

在部分偏远或纯农业地区的农村，水、路、电、燃气、公共交通、污水垃圾处理以及网络信息化等公共基础设施与现代化基础设施建设滞后，给农村居民生产生活带来不便，也成为全面推进乡村振兴的阻碍。

城乡间基本公共服务水平差距较大。近年来，各地各部门围绕缩小基本公共服务方面的城乡差距制定了一些制度，但城乡差距依然存在，体现为两个方面：① 一是城"优"乡"差"。农村公共服务的历史欠账很多。优质的教育、医疗卫生和养老服务资源主要集中在城镇地区，农村居民在优质资源的获取和享有方面存在较大短板。二是城"多"乡"缺"。农村已经建立起基本的养老和医疗保险制度，但保障水平不高。以新农保为例，由政府支付的基础养老金在2009年试点启动时设定的标准为每人每月55元，2020年涨至每人每月93元，与养老需求相差甚远；城镇地区已经建立了覆盖职工的工伤保险和生育保险制度，但农村居民还难以享有职业伤害保障和生育津贴等项目。

（五）农村居民收入增速放缓，城乡收入失衡局面尚待扭转

虽然城乡居民相对收入差距持续缩小，但整体水平依然较高，城乡收入绝对差距仍在拉大。我国城乡收入比2007年前后达到3.33，此后得益于"以工补农、以城带乡"政策的实施以及近年来的脱贫攻坚、乡村振兴的推进，城乡相对差距缩小，2022年的城乡收入比首次降至2.5以下（2.45倍）。根据发达国家城乡收入差距变迁的经验，在工业化进程中，基本呈现出"城乡收入差距拉大—城乡收入差距缩小—城乡居民收入水平相当"，甚至出现城乡收入反向拉大的转变。日本在20世纪70年代最早实现城乡居民收入持平状态，美国和韩国则在21世纪初实现。② 对照国际经验，我国城乡收入差距在世界范围内都是偏高的。从城乡绝对收入差距来看，这种差距仍在持续拉大，2012年城镇居民人均收入水平比农村居民高16648元，到2022年扩大到29150元。

农村居民收入增速放缓，内部收入差距不断拉大，收入结构单一。农村低收入群体由于抗风险能力较差、收入不可持续性偏高，依然存在返贫风险。随

---

① 李实、杨一心：《面向共同富裕的基本公共服务均等化：行动逻辑与路径选择》，《中国工业经济》2022年第2期。
② 茶洪旺、明姝磊：《缩小城乡居民收入差距的国际经验比较与启示》，《中州学刊》2012年第6期。

着农业与农村经济发展进入新阶段，支撑农民增收的传统动能减弱，农民收入增速也逐渐放缓。以高收入组人均可支配收入与低收入组人均可支配收入比值来表征农村内部收入差距，2000~2020年从6.47升至8.23，并且始终高于城镇内部收入差距；从农村居民人均可支配收入均值与中位数的偏离程度看，二者的比值从2015年的1.11增长到2023年的1.14，偏离程度的增加也表示收入差距的拉大。从收入结构看，工资性收入与经营净收入是当前农村居民的两大主要收入来源，占可支配收入的3/4以上，政府各项支农惠农政策对农民增收产生了显著效果，近些年来农村居民的转移性收入及其所占比例均显著提高，2020年转移净收入占比达到21.37%，但是随着脱贫攻坚任务的顺利完成、部分优惠政策的退出，该指标2021年降至20.80%；农村居民财产净收入处于较低水平，2021年仍不足500元，在可支配收入中仅占2.48%，财产权益还未得到充分体现。①

（六）县域经济综合承载力不足，连接城市、辐射农村的作用发挥不充分

县域是中国经济社会的基本单元，县域经济发展有利于农业农村发展与城市化、工业化能够很好地结合，推动乡村振兴。我国县域辽阔，数量达2800余个，覆盖了大量人口和村镇。县域经济是连接城市经济和农村经济的桥梁，也是农村稳定与发展的关键所在，但是县域经济发展整体相对滞后。2020年，县域人均GDP为全国平均水平的68%，县域第二产业增加值占全国的5.4%，第三产业增加值占全国的4.1%。② 县域间发展不平衡问题突出，从经济百强县的入围可以看到江苏、浙江与山东县域经济发展水平很高，而中西部地区县域经济发展缓慢。

县城作为县域经济的关键节点，在推动国家治理上需要发挥承上启下的功能。理想状态下，以县城为主要载体接受大中城市的辐射和产业转移，促进农业转移人口就地市民化。但现实是县城的产业承载力不够，很难提供充足的就业机会；县城的燃气普及率、污水处理率、供水普及率等城市基础设施指标以

---

① 根据《中国统计年鉴》整理计算。
② 王立胜、朱鹏华：《以县城为重要载体的城镇化建设的内涵、挑战与路径》，《中央财经大学学报》2023年第6期。

及教育、医疗、社会保障等公共服务指标均低于全国城市平均水平。上述原因导致县城对流动人口,尤其是年轻一代流动人口的吸引力不足,无法承接回流的农民工群体,在盘活农村资源、打开广大农村消费市场等方面的能力有限,进而在发展活力上进一步减弱。[①]

三 政策建议

(一)加速农业现代化转型,提升农业生产效率

在城乡融合发展中全面推进乡村振兴,加快提高农业生产效率,唤醒农村自我发展的内生动力是根本。一方面,强化科技赋农,促进农业生产提质增效,促进重要农产品产量增长、质量安全和生态安全的统一。一要提升农业科技创新水平。给予农业科技创新长期稳定的资金支持,培育农业战略科技力量,加快农业关键核心技术攻关,全面推进重要种源、农机装备、智慧农业、绿色投入品等关键领域核心技术和产品自主可控能力。二要促进科技成果集成与转化应用。农业企业在生产一线更能敏锐地捕捉市场需求,鼓励科研院所联手企业助力科技成果转化,构建"产、学、研、用"一体化模式,以市场为导向应用农业科技成果,提高农业科技成果转化率,解决农业科研与农业生产脱节问题。另一方面,大力推动数字技术赋能农业生产。大数据、物联网、区块链等数字技术嵌入农业生产与经营体系,可以显著提升农业生产与经营的智能化、信息化和自动化水平,有利于提高农业生产率、产业竞争力和资源利用率,进而提高农产品供给力、产业利润率和农业抗风险能力。强化数字技术应用,推进数字技术设施建设,用数字技术赋能农业的可视化表达与信息化管理,全面增强农业发展内在动力和国际竞争力。

(二)加强乡村治理,改善人居环境

农村人居环境关系到农民的生产生活,也事关城乡良性互动循环。"千万

[①] 左停、赵泽宇:《共同富裕视域下县城新型城镇化:叙事逻辑、主要挑战与推进理路》,《新疆师范大学学报》(哲学社会科学版)2022年第6期。

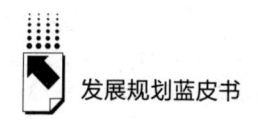

工程"深刻改变了浙江农村的面貌，造就了现代版"富春山居图"，被当地农民群众称为"继实行家庭联产承包责任制后，党和政府为农民办的最受欢迎的一件实事"。"千万工程"是促进各类要素更多地向农村有序流动，促进城乡融合发展的重要方式，也是全面推进乡村振兴、建设美丽中国的实践源头。借鉴"千万工程"经验，加大环境整治资金投入，积极开展村庄清洁行动和绿化美化行动，科学、合理、全面统筹农村基础设施建设，推进村庄道路、庭院、环村绿化和公共绿地建设，提升村容村貌；鼓励村民积极参与农村人居环境规划、建设、运行、管理的全过程，构建农村人居环境村民自治机制，支持村民参与人居环境整治的常态化工作。

（三）破除制度性约束，促进城乡间生产要素双向流动

人才是城乡融合发展与全面推进乡村振兴中最活跃、创新能力最强的要素。一是加快农业转移人口市民化，打破户籍制度的限制，既要健全常住地的基本公共服务与社会保障制度，也要保障进城落户农民土地等合法权益，让农民工真正享受与市民同等的公共服务与社会保障权益。二是积极吸引人才下乡，进一步健全干部常态化驻村工作机制，拓宽人才服务乡村的领域，创新工作载体，比如聘请专业人才来经营管理农村集体资产，吸引各类人才源源不断下沉，构建"靠产业吸引人才，靠人才带起产业"的正向循环，为乡村振兴提供强大的人才支撑。三是学习和运用新型农业技术，立足乡村本土培养"爱农业、懂技术、善经营"的新型职业农民，促进新型职业农民队伍不断壮大。土地是农村的优势资源，需要深化农村土地制度改革，充分利用农村现有土地资源和条件，吸引各种要素向农村流动，调动社会各界参与乡村振兴的积极性。此外，乡村振兴离不开资本的多元化投入，亟须形成财政优先保障、金融重点倾斜、社会积极参与、带动各类生产要素集聚配置的纽带。充分发挥资本市场对乡村振兴的引导作用，支持涉农主体拓宽资本市场融资渠道，带动产业融合发展；搭建金融服务平台，挖掘培育优质农业企业，更好地发挥龙头公司的示范引领作用，带动行业提质增效。

（四）加大农村公共资源投入，提升城乡配置均衡性

在城乡公共服务方面，要带动全体人民共同享有。坚持政府主导原则，

融入社会力量，吸纳个人资源，形成政府、社会和个人有机结合的基本公共服务供给体系。不断完善公共服务资源向农村下沉的分配机制，结合农村人口、经济与自然环境特点，因地制宜优化养老、教育、医疗等方面的公共服务。最终缩小城乡公共服务差距，实现全体社会成员平等共享基本公共服务资源的良好局面。在社会保障体系方面，要加快实现城乡统筹，带动农村弱势群体共同发展，提升城乡居民发展的机会均等性。城乡统筹并非社会保障项目和类型的完全一致，而是实现城乡居民在社会保障中的权利平等和政策公平。尤其是社会保险的城乡统筹，充分考虑社会保障的公平性、适应性和持续性：基于城乡经济发展状况，统筹安排社会保险的筹资比例和待遇标准；推进医疗保险、失业保险与工伤保险的统筹，由市级统筹推进为省级统筹；不仅要缩小基本养老保险、基本医疗保险等项目待遇的城乡差距，还要补齐农民、大病患者等群体的保障短板，完善灵活就业人员、新业态从业人员的社会保险体系。

（五）多渠道增加农民收入，持续缩小城乡收入差距

多渠道增加农民收入，使农民收入更快更稳定地增长是缩小城乡收入差距的着力点。一是巩固拓展脱贫攻坚成果是全面推进乡村振兴的基础和前提。提高低收入人群识别认定的精准性，健全防返贫监测机制，对脱贫农户进行更加细致地分类，比如根据潜在风险大小区分脱贫不稳定户、边缘易致贫户、突发严重困难户，针对不同类型的脱贫农户，根据致贫风险类型与家庭成员劳动能力及发展需求，采取"赋能+兜底保障"相结合的帮扶措施，增强脱贫地区和脱贫群众的内生发展动力，同时强化政策支持，促进低收入农民的转移性收入增加。二是拓宽农民就业渠道，通过政府购买服务的方式，为有就业需求的农村居民提供就业指导，增强就业技能，增加人力资本，适应数字化时代的就业要求，从而促进农民工资性收入较快增长。三是通过集零为整，实现撂荒耕地规模经营，同时发展农产品加工业和特色农业，提高农产品的附加值等，提高农民经营净收入。四是赋予农民更加充分的财产权益，唤醒"沉睡"的土地资源。既要完善农村闲置宅基地盘活利用政策，探索宅基地自愿有偿退出机制，还要建立城乡统一的建设用地市场，探索兼顾国家、农村集体经济组织与农民利益的土地增值收益有效调节机制。

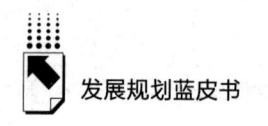

（六）推动县域经济高质量发展，促进城乡融合与乡村振兴

以县域为核心，优化生产力布局，需要率先在县域内破除城乡二元结构。一是要给予县级更大的自主选择权和资源配置权，依据县域产业、人口实际情况，调整设置县域内乡村振兴的具体目标和实现形式，针对大城市周边县域、专业功能县域、农产品主产区县域、重点生态功能区县域、人口流失县域的不同特点分类施策。二是推进县域"城—镇—村"产业融合，大力发展县域特色优势产业，以差异化分工布局提升产业竞争力，创造更多本地就业空间，充分吸纳农业转移人口，推动本地就业与就地城镇化进程。三是推动"城—镇—村"空间融合，在县域内着力推动以县城和中心镇为中心、辐射集镇和中心村的"城镇圈"建设，优化配置公共资源和要素，着力推动实现县域乡村整体性振兴和县域居民生活生产生态条件的全面提升。

专栏　中央财政持续发力，支持农村改革试验区工作取得新进展

为贯彻落实中央"三农"工作重大决策部署，财政部于2017年启动农村综合性改革试点试验。2017年，山东、安徽、湖南、广东、云南、陕西6个省份率先开展试点。2021年，在总结前期试点成效和经验基础上，在北京、河北、内蒙古、吉林、江苏、浙江、安徽、福建、山东、河南、湖北、湖南、广东、深圳、广西、四川、云南、甘肃18个省份或地市继续开展试点。根据财政部2022年农村综合性改革试点试验名单，试点地区包括北京通州区、河北南皮县、山西介休市等13个县（市、区）。农村综合性改革是乡村振兴的一个重要抓手，对于稳固"三农"这个"基本盘"和"压舱石"、助力经济社会发展和稳定全局具有重要意义。

在总结前期试点经验的基础上，2023年中央财政继续支持实施并启动新的农村综合性改革试点试验（以下简称"试点"），试点以探索创新推动乡村全面振兴的机制为根本任务，统筹推进乡村发展、乡村建设、乡村治理，因地制宜探索财政支持乡村全面振兴的有效路径和示范样板，加快推进农村现代化。全国共有22个县（市、区）入选，包括河北省巨鹿县、河南省修武县、陕西省礼山县、辽宁省宽甸满族自治县、湖北省宜都市、江苏省海门区等，每个试点县争取到1.5亿元的中央财政拨款。2023年农村综合性改革试点试验的重点任务包括四个方面：第一，创新富民乡村产业发展机制；第二，创新数字乡村发展机制。第三，创新乡村人才振兴机制。第四，创新乡村治理机制。

资料来源：财政部农业农村司。

B.13
以乡村全面振兴推进中国式现代化

彭 战*

摘　要： 本文关注乡村全面振兴对中国式现代化的作用，强调农业科技创新和"大食物观"对粮食安全、乡村振兴和农业现代化的贡献，提出构建多元化食物供给体系，发展庭院经济、林下经济和海洋经济，同时探讨产业融合与城乡融合发展问题。面对农村人口老龄化问题，以"数据要素×"行动计划推动农业数智化，提升公共服务均等化以促进乡村发展。政府应加强乡村教育、医疗保障和社会保障，改善基础设施，激活乡村消费市场。

关键词： 乡村振兴　新质生产力　数据要素

"十四五"前半程极不寻常、极不平凡。截至2023年底，"十四五"规划纲要实施进展良好。在复杂严峻的国际环境和艰巨繁重的国内改革发展过程中，经济发展、创新驱动、民生福祉、绿色生态、安全保障五个方面20项主要目标指标进展总体符合预期，实现了良好开局。其间农业农村现代化建设迈上新台阶，乡村振兴全面推进，开局整体良好。[①]"十四五"规划实施中期评估报告强调，要进一步推进区域协调和城乡融合发展，拓展高质量发展新空间，通过学习运用"千万（千村示范、万村整治）工程"经验，以县域为基本单元深入推进城乡融合发展，协同推进乡村产业、人才、文化、生态、组织振兴，实现农业全面升级、农村全面进步、农民全面发展。

---

* 彭战，中国社会科学院数量经济与技术经济研究所副编审，主要研究方向为数字经济、乡村振兴。
① 2023年12月26日国家发改委主任郑栅洁在全国人大常委会第七次会议上作《〈中华人民共和国国民经济和社会发展第十四个五年规划和2035年远景目标纲要〉实施中期评估报告》，中国人大网，http://www.npc.gov.cn。

一　中国式现代化与乡村振兴

《中期评估报告》中常住人口城镇化率（超过65%）、基本养老保险参保率、地表水达到或好于Ⅲ类水体比例、能源综合生产能力等4项指标目标均提前实现。但是对于人口超过14亿的中国来说，65%的城镇化率意味着仍有近5亿人生活在农村。要防止脱贫人口规模性返贫，只有依靠乡村振兴，才能实现全体人民共同富裕。我国刚刚取得脱贫攻坚战全面胜利（2021年标准下9899万农村贫困人口全部脱贫，832个贫困县全部摘帽，12.8万个贫困村全部出列），完成消除绝对贫困，但相对贫困以及"人民日益增长的美好生活需要和不平衡不充分的发展之间的矛盾"在很长时期内仍然广泛存在。

（一）中国式现代化需要乡村振兴

党的十九大之后，我国农村发展从"社会主义新农村建设""建设美丽乡村""脱贫攻坚"进化到"乡村振兴"。实施乡村振兴战略是被写进《中国共产党章程》的重大战略部署，作为新时代建设中国特色社会主义事业的七大战略（科教兴国、人才强国、创新驱动发展、乡村振兴、区域协调发展、可持续发展、军民融合发展）之一，成为各项工作必然的战略思考和政策前提。中国式现代化、中华民族现代文明建设，对中国具有极其重要的意义，对世界同样也提供了现代化建设的"中国方案"。

党的二十大报告提出，全面建设社会主义现代化国家，最艰巨、最繁重的任务仍在乡村。习近平总书记对"仍在乡村"的认识，不仅体现了现阶段我国人多地少的基本国情，也是充分认识到农业、农村和农民"三农"发展问题，对于刚刚完成脱贫攻坚、实现全面小康的中国而言，如何实施振兴乡村仍然是一个难题。同时，城乡发展差距仍然较大，城乡融合发展是中国式现代化的必然要求。党的二十届三中全会提出必须统筹新型工业化、新型城镇化和乡村全面振兴。通过全面提高城乡规划、建设、治理融合水平，促进城乡要素平等交换、双向流动，缩小城乡差距，产业互促、城乡互补、协调发展，促进城乡共同繁荣发展。

2024年中共中央、国务院发布的《关于学习运用"千村示范、万村整治"

工程经验有力有效推进乡村全面振兴的意见》从发展理念、工作方法和推进机制入手，坚持以人民为中心，完整、准确、全面地贯彻新发展理念，运用"千万工程"经验因地制宜、分类施策、循序渐进、久久为功。以确保国家粮食安全、确保不发生规模性返贫为底线，持续做好巩固拓展脱贫攻坚成果，并以提升乡村产业发展水平、提升乡村建设水平、提升乡村治理水平为重点，以加快农业农村现代化推进中国式现代化建设。

（二）乡村振兴是中国式现代化的重要保障

党的二十大报告指出，中国式现代化是中国共产党领导的社会主义现代化，既有各国现代化的共同特征，更有基于自己国情的中国特色。其中，人口规模巨大、全体人民共同富裕、物质文明和精神文明相协调、人与自然和谐共生、走和平发展道路是中国式现代化最为核心的内容，内涵极其丰富，是实现中华民族伟大复兴的强大推动力。

农业科技创新战略是中国式现代化的重要战略，农业相关重大创新平台建设为农业农村现代化奠定了基础。从种业方面为粮食安全提供基础性保障，通过加快推进种业振兴行动，完善联合研发和应用协作机制，加强种源关键核心技术攻关，加快选育推广生产急需的自主优良品种。开展重大品种研发推广应用一体化试点，推动生物育种产业化扩面提速。《农业机械化促进法》鼓励、扶持农民和农业生产经营组织使用先进适用的农业机械，促进农业机械化，建设现代农业，通过大力实施农机装备补短板行动，完善农机购置与应用补贴政策，开辟急需适用农机鉴定"绿色通道"。改善农业生产经营条件，不断提高农业的生产技术水平和经济效益、生态效益。

（三）中国式现代化过程中乡村振兴的重要意义

习近平总书记在浙江工作期间，持之以恒、锲而不舍，造就了万千美丽乡村，造福了万千农民群众，创造了农业农村现代化的成功经验和实践范例。

2023年中央财办等部门发布《关于有力有序有效推广浙江"千万工程"经验的指导意见》，强调充分认识推广经验的重大意义，学深悟透"千万工程"经验蕴含的科学方法，结合实际创造性推广经验，确保经验推广沿着正确轨道行稳致远。"千万工程"经验是基于人民至上、共建共享、创新驱动、绿色发展、统筹协调、突出重点、因地制宜、分类施策、加强领导、完善机制、锲而不舍、久久为功的科学方法。对推动浙江经济社会发展起到了决定性的作用。2024年中共中央、国务院发布《关于学习运用"千村示范、万村整治"工程经验有力有效推进乡村全面振兴的意见》。之后，农业农村部"关于落实2024年一号文件的实施意见"进一步从"抓好粮食和重要农产品生产，确保国家粮食安全"等8个方面提出36项具体措施，为乡村全面振兴进一步提供了支撑与保障。

二 农业现代化到农业农村现代化

30年前，美国学者莱斯明·布朗认为"这个世界没有人能够养活13亿人口的中国"。粮食问题很长时间困扰着我们，毕竟全国人民"基本实现温饱"也才20年左右，国内外广大学者始终把"民以食为天"作为农业发展的根本。没有充足的粮食生产保障，就不可能有经济社会的发展，也不可能实现现代化。

2000年党的十五届五中全会通过的"十五"计划建议中提出，要高度重视保护和提高粮食生产能力，建设稳定的商品粮基地，建立符合我国国情和社会主义市场经济要求的粮食安全体系，确保粮食供求基本平衡。首次把"粮食安全体系"上升到国家战略层面。中国是人口大国，更是传统的农业大国，用7%的土地养育了世界20%的人口。中国更是创造了人类历史上农耕文明的巅峰。

（一）农业科技发展是确保粮食安全的基础

2024年1月，习近平总书记在中共中央政治局第十一次集体学习时强调，加快发展新质生产力，扎实推进高质量发展。新质生产力是创新起主导作用，摆脱传统经济增长方式、生产力发展路径，具有高科技、高效能、高质量特征，符合新发展理念的先进生产力质态。它由技术革命性突破、生产要素创新性配置、产业深度转型升级而催生，以劳动者、劳动资料、劳动对象及其优化组合的跃升为基本内涵，以全要素生产率大幅提升为核心标志。农业虽是传统产业，但不是落后产业，结合中国的新型工业化和信息化基础，农业也必须发

展新质生产力。

"十四五"规划首次在经济发展、创新驱动、民生福祉、绿色生态之外提出了粮食综合生产能力、能源综合生产能力两项约束性"安全保障"新类别。为了保障粮食有效供给、确保国家粮食安全，2023年十四届全国人大常委会第七次会议通过《粮食安全保障法》，强调提高防范和抵御粮食安全风险能力，维护经济社会稳定和国家安全。《粮食安全保障法》从耕地保护、粮食生产、粮食储备、粮食流通、粮食加工、粮食应急、粮食节约等方面确保谷物基本自给、口粮绝对安全。

2004年版的《农业机械化促进法》鼓励、扶持农民和农业生产经营组织使用先进适用的农业机械，以促进农业机械化，建设现代农业。农业机械化即运用先进适用的农业机械装备农业，改善农业生产经营条件，不断提高农业的生产技术水平和经济效益、生态效益。此外，县级以上人民政府在推进农业机械化方面的责任包括将农业机械化纳入国民经济和社会发展计划、加大财政支持力度、实施国家规定的税收优惠政策以及金融措施等。

2018年的《农业机械化促进法》进一步明确了国家对农业机械化的支持方向，强调了国家引导、支持农民和农业生产经营组织自主选择先进适用的农业机械的原则。并在资金投入方面做出了更具体的规定，进一步要求县级以上人民政府逐步提高对农业机械化的资金投入水平，并充分发挥市场机制的作用，按照因地制宜、经济有效、保障安全、保护环境的原则，促进农业机械化发展。科研机构和院校加强农业机械化科学技术研究，根据不同的农业生产条件和农民需求，因地制宜地研发先进的农业机械设备和技术。

（二）确立中国特色的"大食物观"

丰富多彩的餐饮文化是中国人引以为傲的中华文化之一，中华美食也是很多外国人对中国的最初认识。树立和构建具有中国特色的大食物观，构建多元化食物供给体系，全方位、多途径开发食物资源，满足人民群众对食物品种丰富多样、品质营养健康的消费需求，在保障国家粮食安全的同时，提高防范和抵御粮食安全风险能力，维护经济社会稳定和国家安全，促进中国式现代化。

出于对土地的依恋，"种菜"被认为是中国人生存需求之外特有的精神情结。庭院经济①、林下经济②是传统大田农业的补充，在符合用地政策前提下，利用自有院落空间及资源资产，高质量发展庭院经济，是促进就地就近就业创业、发展乡村特色产业、拓展增收来源的有效途径。2019年农业农村部、生态环境部、林草局发布《关于推进大水面生态渔业发展的指导意见》，积极发展大水面生态渔业，形成环境优美、产品优质、产业融合、生产生态生活相得益彰的发展格局；《循环发展引领行动》（2017）、《国家节水行动方案》（2019）、《"十四五"水安全保障规划》（2021）等都提出稳步推进稻渔综合种养，以及发展盐碱地水产养殖、工厂化工程化循环水养殖等特色养殖技术。

"十四五"规划中提出积极拓展海洋经济发展空间，坚持陆海统筹、人海和谐、合作共赢，协同推进海洋生态保护、海洋经济发展和海洋权益维护，加快建设海洋强国。2017年农业部发布《国家级海洋牧场示范区建设规划（2017—2025年）》，提出发展水产健康养殖，推进现代渔业发展。优化近海绿色养殖布局，发展可持续远洋渔业，把海洋建设成人类获取优质蛋白的巨大"蓝色粮仓"，同时加快推进深远海养殖发展，创建国家级海洋牧场示范区，做优做强远洋渔业产业链供应链，使得中国人的餐桌蛋白质种类更加丰富，为"健康中国"做好物质保障。

（三）综合发挥国家功能区重要作用

对陆地区域重大战略和主体功能区战略的东中西部及东北"四大板块"总体战略予以综合考虑，加快我国区域协调发展的同时，提高北部、东部、南部三大海洋经济圈发展水平。中国是一个近千万平方公里国土的大国，也是一个海域面积广大的大国，目前正朝着习近平总书记提出的建设海洋强国的"蓝色信念"努力前进。

"美丽中国"既有绿水青山，也有碧海银滩，"十四五"规划要求积极拓展海洋经济发展空间，围绕海洋工程、海洋资源、海洋环境等领域突破了一批关键核心技术。培育壮大海洋工程装备、海洋生物医药产业，推进海水淡化和

---

① 2022年为应对新冠疫情影响，守牢不发生规模性返贫底线，国家乡村振兴局、农业农村部联合发布了《关于鼓励引导脱贫地区高质量发展庭院经济的指导意见》。
② 2021年为进一步引导和推动全国林下经济高质量发展，巩固拓展脱贫攻坚成果同乡村振兴有效衔接，国家林业和草原局印发《全国林下经济发展指南（2021—2030年）》。

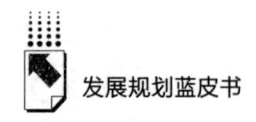

海洋能规模化利用，提高海洋文化旅游开发水平。完善休禁渔期制度，分海区巩固扩大专项捕捞许可范围，规范增殖放流。通过建设现代海洋产业体系，打造可持续海洋生态环境。

《深入实施以人为本的新型城镇化战略五年行动计划》指出，城镇化是现代化的必由之路，是解决农业、农村、农民问题的重要途径，是推动区域协调发展的有力支撑，是扩大内需和促进产业升级的重要抓手。基于《全国国土规划纲要（2016—2030年）》的综合功能区布局方案，将我国划分为京津冀地区、长三角地区、长江中游地区、长江上游地区、南部沿海地区、黄河下游地区及汾渭谷地、黄河"几字弯"地区、东北地区、西北干旱区、青藏高原十大片区，为构建优势互补、高质量发展的国土空间开发保护格局提供参考。

三 产业融合与城乡融合发展

全面推进乡村振兴，始终以满足人民日益增长的美好生活需要为根本目标，坚持以农民为主体，以农村特色优势资源为依托，促进农村一二三产业融合发展，推动建立现代农业产业体系、生产体系和经营体系，培育新产业、新业态、新模式和新型农业经营主体，促进小农户和现代农业发展有机衔接。统筹推进新型城镇化战略和乡村振兴战略，完善城乡要素平等交换、双向流动和公共资源合理配置的体制机制和政策体系，进一步深化农村改革，着力破除城乡二元结构。加快推进农业转移人口市民化，着力提升潜力地区城镇化水平，培育发展一批现代化都市圈，打造智慧城市。

（一）新型城镇化中的人口流动因素

2023年中央经济工作会议提出，统筹扩大内需和深化供给侧结构性改革，统筹新型城镇化和乡村全面振兴，统筹高质量发展和高水平安全。重点是保证人员、物资、信息在城乡以及产业间充分流动。让人们在城乡之间自由流动，推进县域商业体系建设，健全县乡村物流配送体系，促进农村客货邮融合发展。推进农产品批发市场转型升级，大力发展共同配送。加快农产品冷链物流体系建设，加快建设骨干冷链物流基地，布局建设县域产地公共冷链物流设施。实施农村电商高质量发展工程，推进县域电商直播基地建设，发展乡村土特产网络销售。加强农村流通领域市场监管，大力建设品牌认证宣传原产地。持续整治农村假冒伪劣产品，使产品质量可控。

（二）依靠产业融合培育新兴产业

贵州"村超""村BA"火爆出圈，让人们认识到文旅融合发展具有很大潜力。一方面，坚持产业兴农、质量兴农、绿色兴农，加快构建粮经饲统筹、农林牧渔并举、产加销贯通、农文旅融合的现代乡村产业体系，把农业建成现代化大产业。另一方面，因地制宜发展特色产业，通过打造乡土特色品牌，实施乡村文旅深度融合工程，推进乡村旅游集聚区（村）建设，培育生态旅游、森林康养、休闲露营等新业态，推进乡村民宿规范发展、提升品质。因此，实施农村产业融合发展项目，培育农业产业化联合体，促进农村产业融合发展。

传统特色农产品基于产品生产和初加工、精深加工等环节协同发展，促进就近就地转化增值。推进农产品加工设施改造，支持区域性预冷烘干、储藏保鲜、鲜切包装等初加工设施建设，发展智能化、清洁化精深加工。新质生产力的本质是先进生产力，特点是创新，关键在质优。

（三）"美丽中国""健康中国"引导人与自然的和谐发展

在西方工业化进程中，随着生产力的提升，人们一度认为"人是万物之灵、人类是万能的，理性是万能的"。与之相对应的"天人合一，道法自然"的生态伦理观念贯穿于中华文明整个发展历程，"天人合一"是指人与包括天地在内的自然和谐相处、人与自然合一的境界，"道法自然"是指世界万物都顺应自然，即尊重客观规律与发挥主观能动性的统一，体现着中华优秀传统文化基本的和合精神，是绵延五千多年的中华文明的智慧结晶，深深影响着中国人的生活，为人类命运共同体可持续发展贡献着中国智慧、中国方案。

习近平总书记关于乡愁的重要论述，是对中华民族固有乡愁情怀的继承和凝练，体现了农耕文明和乡土文化的血脉延续性。厚重悠久的中华文化是乡愁的"根"。乡愁不仅是农耕文明的重要内涵和见证，中华文化也为"乡愁"赋予了特定的内涵。乡愁是农耕文明、乡土文化的核心体现，与社会主义核心价

值体系紧密联系、高度统一。在中国人的乡愁里，思家思乡思国与爱家爱乡爱国是一体的，也是中国乡愁的独特性所在，乡愁的情感更多的是中国人对于国富民强的"中国梦"。

四 促进服务均等化提升现代化治理水平

随着基础设施的不断完善，城乡的物理差别不断变小。要加快乡村产业数字化转型步伐，培养农村数字人才，提升乡村数字治理水平，推进数字乡村建设，以数字化赋能促进服务均等化，提升现代化治理水平，为实现乡村振兴提供物质基础。提升农村数字基础设施水平，持续推进电信普遍服务，深化农村地区网络覆盖，加快"宽带边疆"建设，不断提升农村及偏远地区通信基础设施供给能力，深入推进智慧广电，开展智慧广电乡村工程，全面提升乡村广播电视数字化、网络化、智能化水平。

（一）提升乡村数字治理水平

2022年中央网信办、农业农村部等十部门发布《数字乡村发展行动计划（2022—2025年）》，提出了数字基础设施升级行动、智慧农业创新发展行动、新业态新模式发展行动、数字治理能力提升行动等8项重点任务。建立健全农业数据资源目录，加快建设全国农业农村基础数据库，构建全国农业农村数据资源"一张图"。以粮、棉、油、果、菜、茶、糖、生猪、奶牛、水产等重要农产品为重点，深入推进单品种全产业链大数据建设，提升数据分析应用能力。加强大数据采集、传输、存储、共享、安全等标准体系建设，提高农业农村数据流通、使用效率。建立健全重要农产品市场监测预警体系，为政府和市场主体提供公共数据服务。打造惠农数字粮食服务平台，构建粮食产购储加销大数据体系，以数字技术赋能优质粮食工程。

随着脱贫攻坚的顺利完成，农村的各项基础设施不断完善，现阶段运用互联网手段，不断提升乡村治理效能和服务管理水平，促进多元联动治理。完善农村信息服务体系，拓宽服务应用场景、丰富服务方式和服务内容。深化乡村数字普惠服务，大力发展农村数字普惠金融，因地制宜打造惠农金融产品与服务，促进宜居宜业。

（二）农业农村治理体系和治理能力现代化

构建与农业新质生产力发展相适应的新型治理体系，必须坚持和加强党对"三农"工作的全面领导，科学研判农业新质生产力发展过程中的新情况、新问题，加强调查研究，坚持守正创新，不断提高新时代党领导"三农"工作的能力和水平。

大力发展智慧农业，结合不同区域、不同规模的农业生产特点，以先进适用为主攻方向，推动智能化农业技术装备应用，提升农业科技信息服务。积极培育发展新业态新模式，深入发展"数商兴农"，实施"互联网+"农产品出村进城工程，开展直播电商助农行动，培育一批电商赋能的农产品网络品牌和特色产业，深化电子商务进农村综合示范。强化农产品经营主体流量扶持，为偏远地区农产品拓宽销售渠道，借助互联网推进休闲农业、创意农业、森林康养等新业态发展，推动数字文化赋能乡村振兴。

（三）促进城乡人口双向流动

推进农民手机应用技能培训，提升农民现代化素养与技能，让手机成为"新农具"、数据成为"新农资"、直播带货成为"新农活"。开展智慧农业应用、直播电商等课程培训，创新联农带农机制，完善各类经营主体与农民农村的利益联结机制，鼓励大型农业企业加大对公益性技术和服务的支持力度，保障广大农民共享数字红利，吸引更多人才返乡创业。强化数字化应用技能培训，打造一支"有文化、懂技术、善经营、会管理"的高素质农民队伍。

土地作为主要甚至唯一的生产资料，在生产力较为低下的时代起到决定性作用，"安土重迁""落叶归根"成为农耕社会的重要特点。1956年联合国《人口老龄化及其社会经济后果》规定，当65岁及以上人口占总人口的比重超过7%时，意味着进入老龄化阶段。1982年维也纳老龄问题世界大会指出，60岁及以上人口占总人口比重超过10%，意味着进入老龄化阶段。

（四）关注城乡老龄化的不同特点

全国人口普查数据显示，2000年农村的老年人口大约是城镇的2倍，说明老年人主要集中在农村；2010年虽然农村和城镇老年人都有所增加，但城镇老年人口增加更快,接近翻了一番,与农村的差距大幅收窄;2020年,农村老年人口增加了不少,但情况发生了变化,城镇老年人口增幅更大,突破1亿大关,成为老年人主要聚集地。

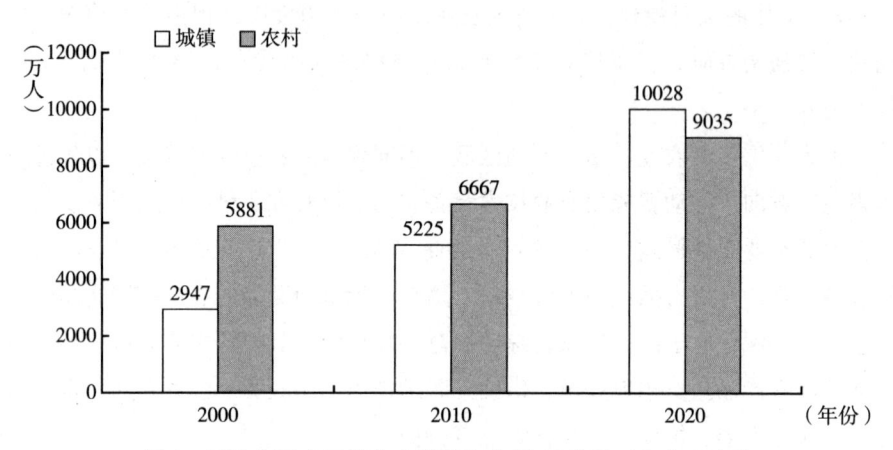

图1　历次全国人口普查中城镇和农村65岁及以上人口比较

资料来源:中经数据CEIdata。

据世界银行统计,截至2022年,中国65岁及以上老年人口已经接近2亿,约占世界老年总人口的1/4,意味着全球每4个老年人中就有一个是中国人。我国人口老龄化发展特征包括:规模大且进程快、高龄化和空巢化现象突出、养老负担将反超养小负担、区域发展不平衡、城乡差异大等。这些变化给农村带来了新的问题,农村老人的生活状况更易被忽视,所以要更加关注农村的老龄化问题。

五　乡村振兴中的数据要素

从2015年国务院发布的《关于积极推进"互联网+"行动的指导意见》到2023年国家数据局等17部门发布的《"数据要素×"三年行动计划(2024—2026年)》,可以看出,10年时间中国的网络信息化发展以及数字经济发生的重大变化。

（一）从"互联网+"到"数据要素×"

《关于积极推进"互联网+"行动的指导意见》提到，利用互联网提升农业生产、经营、管理和服务水平，加快完善新型农业生产经营体系，培育多样化农业互联网管理服务模式，培育网络化、智能化、精细化现代"种养加"生态农业新模式，形成示范带动效应，逐步建立农副产品、农资质量安全追溯体系，促进农业现代化水平明显提升。利用当时的互联网资源，构建农副产品质量安全追溯公共服务平台。对生产经营过程进行精细化信息化管理，加大移动互联网、物联网、二维码、无线射频识别等信息技术在生产加工和流通销售各环节的推广应用，扩大追溯体系覆盖面，实现农副产品"从农田到餐桌"全过程可追溯，保障"舌尖上的安全"。

《"数据要素×"三年行动计划（2024—2046年）》强调，以数据流引领技术流、资金流、人才流、物资流。其中数据要素×现代农业要求提升农业生产数智化水平，支持农业生产经营主体和相关服务企业融合利用遥感、气象、土壤、农事作业、灾害、农作物病虫害、动物疫病、市场等数据。通过打造以数据和模型为支撑的农业生产数智化场景，实现精准种植、精准养殖、精准捕捞等智慧农业作业，支撑提高粮食和重要农产品生产效率。提高农产品追溯管理能力，支持第三方主体汇聚利用农产品的产地、生产、加工、质检等数据，支撑农产品追溯管理、精准营销等。推进产业链数据融通创新，支持第三方主体面向农业生产经营主体提供智慧种养、智慧捕捞、产销对接、疫病防治、行情信息、跨区作业等服务。探索以需定产新模式，支持农业与商贸流通数据融合分析应用，鼓励电商平台、农产品批发市场、商超、物流企业等基于销售数据分析，向农产品生产端、加工端、消费端反馈农产品信息，提升农产品供需匹配能力。

从非传统安全角度提升农业生产抗风险能力，支持在粮食、生猪、果蔬等领域加强产能、运输、加工、贸易、消费等数据融合、分析、发布、应用，加强农业监测预警，为减小自然灾害、疫病传播、价格波动等带来的影响提供支撑。

（二）公共服务均等化培育乡村消费群体

公共服务均等化意味着政府应确保所有公民，无论其居住地或社会背景如何，都能享受到大致均等的教育、医疗、社会保障等领域的基本公共服务。在乡村地区，各类资源相对匮乏，实现公共服务均等化尤为重要，不仅有助于缩小城乡差距，提升农村居民的生活质量和消费水平，更能让人民群众真正得实惠。随着基础设施的不断改善，农村居民的受教育水平、数字意识不断提升，逐步打通"最后一公里"，这有助于培育乡村消费群体。

教育不仅是提高居民素质和技能的重要途径，也是推动消费结构升级的关键因素。政府不断加大对乡村教育的投入，优化教育资源配置，提高乡村学校的教学质量，使乡村孩子能够享受到与城市孩子同等的教育机会，为提高农村居民的收入水平，提高乡村居民的消费能力和水平提供基础。此外，加强乡村地区的医疗保障也是公共服务均等化的重要内容。建立健全乡村医疗体系，提供优质的医疗服务，可以降低农村居民的医疗负担，增强其消费信心。政府应加大对乡村医疗设施的投入，提高医疗人员的专业素养，推动城乡医疗资源均衡化分布。同时，完善乡村社会保障体系也是必不可少的。建立健全社会保障体系可以为农村居民提供基本生活保障，降低他们的生活风险，从而增强消费意愿和能力。政府应逐步扩大乡村社会保障的覆盖面，提高保障水平，确保农村居民能够享受到与城镇居民同等的社会保障待遇。

促进公共服务均等化，通过改善乡村基础设施来培育乡村消费群体。优化乡村交通、通信等基础设施，可以提高乡村地区的通达性和便利性，吸引更多的消费资源流入乡村。这将有助于激发乡村消费市场的活力，促进乡村消费群体的壮大。从2023年的《关于恢复和扩大消费的措施》到2024年的《推动大规模设备更新和消费品以旧换新行动方案》，推动公共服务向乡村地区延伸和覆盖，为乡村居民提供更多更好的公共服务，激发农村居民消费潜力，促进乡村消费市场的繁荣发展。

（三）发挥"三农"各关键要素作用，提高新质生产力

以新质生产力引领农业强国建设，必须从生产力构成要素着眼，培育适应新质生产力发展的农业生产资料和农业劳动者。通过学习运用"千万工程"经验，以确保国家粮食安全、确保不发生规模性返贫为底线，以提升乡村产业发展水平、提升乡村建设水平、提升乡村治理水平为重点，强化科技和改革双轮驱动，强化农民增收举措，打好乡村全面振兴漂亮仗，绘就宜居宜业和美乡

村新画卷，加快农业农村现代化以更好推进中国式现代化建设。以新质生产力引领农业强国建设，不仅需要技术经济层面的适应性变革，还需要相应的制度保障，构建与农业新质生产力和新型生产关系相适应的新型治理体系。

参考文献

金凤君、陈卓、樊杰：《我国国土空间综合功能区布局和近期区域指引》，《中国科学院院刊》2024年第4期。

陈礼军：《新中国城市蔬菜供应体系变迁的历史考察（1949—1965年）》，《当代中国史研究》2024年第2期。

《求是》杂志评论员：《以中国式现代化全面推进中华民族伟大复兴》，《求是》2023年第16期。

温铁军、唐正花、刘亚慧：《从农业1.0到农业4.0：生态转型与农业可持续》，东方出版社，2021。

刘洪愧、邓曲恒：《中国式现代化作为文明新形态的理论分析》，《经济学动态》2022年第6期。

漆亚莉：《韩国乡村振兴的文化旅游发展路径及其对中国的启示》，《广西职业师范学院学报》2021年第3期。

孔祥智、张效榕：《从城乡一体化到乡村振兴——十八大以来中国城乡关系演变的路径及发展趋势》，《教学与研究》2018年第8期。

李宁、潘晓、徐英淇：《互联网+农业：助力传统农业转型升级》，机械工业出版社，2015。

万宝瑞：《我国农村又将面临一次重大变革——"互联网+三农"调研与思考》，《农业经济问题》2015年第8期。

改革开放与激发活力篇

B.14
深化服务领域改革开放

张慧慧[*]

摘　要： 进入"十四五"时期以来，服务业增加值和就业占比相较于"十三五"期间均有所提升，服务业作为国民经济"压舱石"的重要作用进一步显现。围绕深化服务领域改革开放，我国在放宽市场准入、扩大开放综合试点范围、加强人才队伍建设、健全服务质量标准体系等方面出台了一系列政策措施，取得了多方面的进展成效。但同时仍面临开放发展相关制度建设不完善、改革措施落实不到位、区域间开放发展不均衡等问题以及地缘政治演变带来的风险挑战，需围绕持续推动高标准制度型开放、深化"放管服"改革、探索开放发展新领域和新举措、以科技创新提升生产效率等多方面的措施进一步促进服务业高质量发展。

关键词： 服务业　改革开放　"放管服"改革

---

[*] 张慧慧，中国社会科学院数量经济与技术经济研究所助理研究员，主要研究方向为人才政策等。

进入"十四五"时期以来,服务业作为国民经济"压舱石"的重要作用进一步显现。2023年服务业增加值占GDP比重达到54.6%,比"十三五"时期平均水平高约2个百分点,比"十二五"时期平均水平高约10个百分点。同时,在"十四五"时期的前三年,服务业就业占比保持在47%~48%,比"十三五"时期平均水平高2个百分点以上,比"十二五"时期平均水平高约9个百分点。服务业增加值和就业占比的快速提升表明我国宏观经济的供给需求情况正在发生重要变化,一方面由于经济发展水平提升和居民消费偏好变化,居民对服务消费的需求不断增加;另一方面,随着我国进入新型工业化发展阶段,工业化与数字化、智能化、绿色化的紧密融合对生产性服务业提出了更高要求。① 为促进服务业进一步繁荣发展,增强我国服务贸易的国际竞争力,"十四五"规划围绕"深化服务领域改革开放"提出了一系列重大举措,经过三年的不懈努力,在多方面取得显著成效。

一 "十四五"时期深化服务领域改革开放的政策措施

(一)进一步放宽市场准入要求,持续清理不合理的限制条件

在对国内企业进入服务业市场方面,2022年3月,国家发改委和商务部联合印发了《市场准入负面清单(2022年版)》,列有禁止准入事项6项,许可准入事项111项,共计117项,比《市场准入负面清单(2020年版)》减少6项。具体到服务领域,涉及信息传输、软件和信息技术服务业,金融业,租赁和商务服务业,水利、环境和公共设施管理业的多项许可准入类事项被取消,为社会资本进入服务领域打开了更大的市场空间。在跨境服务贸易方面,2021年7月商务部发布了中国跨境服务贸易领域首张负面清单,即《海南自由贸易港跨境服务贸易特别管理措施(负面清单)》(2021年版),2024年3月商务部发布了首张全国版《跨境服务贸易特别管理措施(负面清单)》(2024年版)和《自由贸易试验区跨境服务贸易特

---

① 黄群慧:《论新型工业化与中国式现代化》,《世界社会科学》2023年第2期。

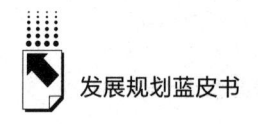

别管理措施（负面清单）》（2024年版），实现了服务贸易管理由正面清单承诺向负面清单管理的转变，有效提升了跨境服务贸易管理的透明度和可预见性，体现了我国在主动对接国际高标准经贸规则、推进制度型开放方面的决心和行动力。

（二）不断推动服务业扩大开放综合试点范围，强化服务业领域开放引擎

2015年国务院批准北京率先开展服务业扩大开放综合试点，2020年北京获批升级为国家服务业扩大开放综合示范区。2021年国务院批准在天津、上海、海南、重庆增设试点，2022年国务院批准在沈阳、南京、杭州、武汉、广州、成都等6个城市增设试点，截至目前形成了"1+10"的试点格局。这些城市被批准进行服务业扩大开放试点以来，围绕现代服务业重点领域持续探索改革措施。北京聚焦科技研发、互联网信息、文化教育、金融、医疗健康等领域降低或取消外资股权比例限制，放宽各类经营限制，显著扩大了对各类资本的开放程度。天津、上海、重庆等试点城市则结合本地定位，以科技、金融、物流供应等服务行业为重点推出了一系列开放举措，持续完善规则体系，促进贸易投资便利化。

（三）加快服务业人才队伍建设，强化高质量人力资源对服务领域改革开放支撑

2021年国家发改委发布了《关于推动生活性服务业补短板上水平提高人民生活品质的若干意见》，强调要通过完善产教融合人才培养模式、开展大规模职业技能培训、畅通从业人员职业发展通道等多种举措强化对服务业发展的人力资源支撑。在完善产教融合人才培养方面，2023年国家发改委等多部门联合印发了《职业教育产教融合赋能提升行动实施方案（2023—2025年）》，提出要在重点行业深度推进产教融合，加快培养服务支撑产业重大需求的技能技术人才，并突出强调对养老、托育、家政等行业的重视。在开展职业技能培训方面，2021年人社部等多部门印发了《"十四五"职业技能培训规划》，提出要加大对现代服务业的高技能人才培养，针对急需紧缺人才着力开展现代服务业职业技能培训。在畅通从业人员职业发展通道方面，2023年国务院办公

厅印发了《关于促进家政服务业提质扩容的意见》，鼓励有条件的家政企业积极发展员工制，不断增加家政员工数量和比例，实现家政企业规范化、标准化、职业化发展。

（四）持续健全服务质量标准体系，强化标准对服务业繁荣发展的支撑

2021年10月中共中央、国务院印发了《国家标准化发展纲要》，明确要推进服务业标准化、品牌化建设，健全服务业标准。2022年在贯彻实施《国家标准化发展纲要》行动计划的相关文件中，进一步提出要完善现代服务业标准支撑，健全服务业标准化试点示范管理制度。服务质量标准体系的健全对促进服务业市场的良性发展、增强市场对服务业产品的信心，以及推动现代服务业更好地与先进制造业融合发展具有重要意义。

二 服务领域改革开放取得的成绩进展

（一）服务业市场规模持续扩大

一是从GDP生产的角度来看，2020年服务业创造的实际增加值为48.3万亿元，2023年服务业创造的实际增加值为65.2万亿元，[①] 因此"十四五"时期前三年服务业增加值的年均增幅约为5.65万亿元，年均增速达到10%以上，对GDP同比增长的贡献率从不到50%提高到了60%以上。

二是从服务贸易的角度来看，受新冠疫情影响，2020年我国服务业进出口规模明显减小，但经过2021和2022年两年恢复已经超过疫情前的水平，2022年达到8891.1亿美元，连续9年稳居世界第二。

三是从吸纳就业的角度来看，随着我国产业结构转型，第二产业吸纳就业人员的数量从2013年开始呈现下行趋势，服务业成为吸纳城镇新增就业人员和农业转移劳动力的重点领域。现阶段全国就业人员中有近一半的劳动力从事服务业生产活动。

---

① 此处实际GDP均以2015年价格水平计算。

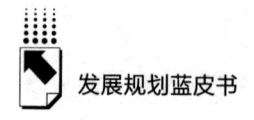

四是从吸引投资的角度来看，尽管受到房地产投资下行的拖累，但"十四五"期间服务业固定资产投资占全国固定资产投资的比重仍保持在65%以上，明显高于"十三五"期间的平均水平。高技术服务业投资月度累计同比增速自2022年以来持续保持在两位数以上，表明我国服务业发展的新动能持续增强。此外，服务业在吸引外资方面也表现出较为强劲的增长势头。2023年我国服务业实际使用外资金额7760.8亿元，占实际使用外资总额的68.4%，特别是科技成果转化服务、研发与设计服务等高技术服务业领域实现了良好增长。

（二）服务业供给体系不断升级

一是高技术服务业成为培育经济新动能、发展新质生产力的关键领域。特别是数字经济蓬勃发展，一方面成为现代服务业的重要组成部分，且有效促进了现代服务业与先进制造业的深度融合;[①] 另一方面，还显著促进了传统服务业升级转型。[②] 以电子商务服务居民消费为例，"十四五"期间，实物商品网上零售额占社会消费品零售总额的比重从20%持续上升至接近30%，为消费市场扩容提质发挥了重要作用。

二是生产性服务业在"十四五"期间得到了迅速发展。以服务外包为例，2021年和2022年我国服务外包执行额持续走高，2022年达到2522.1亿美元，相较于2020年增长了43.8%；其中离岸服务外包为1368.5亿美元，占全部服务外包执行额的57.5%，对服务出口增长的贡献率达21.9%。与此同时，我国离岸服务外包业务结构持续优化，知识流外包（KPO）占比稳步提升。

三是在生活性服务业方面，随着我国人口老龄化程度的加深，国家对养老事业的重视程度不断提升，"十四五"以来出台了多项关于支持养老事业发展的政策，养老地产、老年护理、老年旅游等细分产业持续发展。根据市场预测数据，到2025年我国养老产业市场规模将达到16.1万亿元，相较于2020年的水平有望实现翻倍。此外，受家政服务需求扩张和国家政策支持的影响，家

[①] 孙培蕾、武婷婷：《数字经济能否促进制造业与服务业融合？》，《兰州财经大学学报》（网络首发）2023年3月11日。

[②] 庞瑞芝、汪青青：《数字化如何缓解服务业结构升级滞后？——基于产业内渗透与产业关联视角》，《产业经济研究》2023年第6期。

政产业发展的正规化和标准化程度不断提升。市场预测显示，2025年家政市场规模有望达到1.28万亿元，相较于2020年底增长近50%。同时我国家政服务商业模式不断成熟，在以员工型和平台型为主要商业模式的情况下，国家出台政策支持有条件的企业从平台型向员工型转变，增强对从业人员的社会保障水平。

（三）服务业扩大开放综合试点成效显著

一是北京综合示范区建设取得重要进展。根据国务院于2023年11月发布的消息，自2020年北京市获批建设国家服务业扩大开放综合示范区以来已经开展了120多项试点举措，实施了近50项全国首创性政策，推动了70多个全国标志性项目落地，实现了50项体制机制创新。这些举措聚焦科技、电信、文化等现代服务业，在具体落实过程中同时兼顾内资和外资，着力解决企业在准入、准营、投资、引才等方面面临的多项问题，以公平竞争、市场准入、产权保护等体制机制改革为重点，持续优化营商环境。从2020年9月到2023年9月，示范区累计吸收服务业外资457.5亿美元，占全国服务业吸引外资的11.2%。

二是新设立的试点城市积极推动服务业扩大开放。2023年9月，国家服务业扩大开放综合试点示范的9个最佳实践案例在服贸会上发布，这些案例多数来自上海、天津、海南、重庆等试点城市，涉及金融、数字经济、现代物流、医疗健康等多个领域。此外，沈阳、南京、杭州等6个新设立的试点城市还发布了18个重点合作需求项目，与国内外投资商开展项目洽谈，报道显示仅在服贸会上洽谈的项目预计投资金额就超过700亿元。

三 服务领域改革开放面临的问题和挑战

（一）服务业开放发展相关制度建设不完善

当前我国服务业在开放发展方面仍面临较多限制。一是我国首张全国版《跨境服务贸易特别管理措施（负面清单）》于2024年3月正式公布，在具体实施上仍面临诸多实际制约，需要各级地方政府积极推出适应性的改革措施以推动其落地见效；二是现阶段我国在推动服务业开放发展方面仍然主要依靠

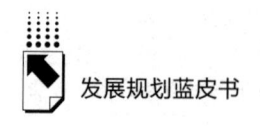

各类政策文件，在运用法治化方式推动服务业开放发展方面的措施较少，导致投资者难以形成稳定预期；三是根据世界贸易组织利用各国在服务贸易总协定（GATS）和特惠贸易协定（PTA）中所做的开放承诺减让表测算得到的承诺开放比例，我国的承诺开放度水平仍明显低于发达国家平均水平，部分指标甚至低于发展中国家平均水平。

（二）适应于服务业扩大开放的改革措施落实不到位

近年来，我国在服务业协议开放及自主开放方面持续努力，从政策文件出台情况来看，我国服务业名义开放水平已经显著提升，在发展中国家位于前列。但是实际上由于准入后面临的限制措施较多，以及国内营商环境仍存在诸多问题，服务业实际开放程度明显低于名义水平。一是在外资准入领域，"准入不准营"的问题仍然是重要的堵点难点；二是在具体经营过程当中，外资服务企业在股权比例、业务范围、安全问题等方面仍面临较多的限制性措施；三是服务业部分行业的垄断程度仍然较高，如电信、能源等，这些行业无论是对于外资还是对于国内民营资本都存在较高的事实性进入壁垒，导致其开放度和市场化较低。

（三）区域间服务领域改革开放发展程度不均衡

从服务业实际利用外资的水平来看，东部沿海地区服务业开放水平显著高于中西部地区。造成这种不均衡开放结果的原因包括多个方面。一是开放试点政策不均衡，以自贸区或试点城市为主要形式的服务业对外开放集中在东部地区；二是开放发展人才的不均衡，外资进入的服务业行业多为现代化的生产性服务业，需要技能型人才，而这类人才在发达地区和欠发达地区分布明显不均衡；三是开放发展的经济基础不均衡，相较于东部沿海地区，中西部地区的高技术服务业发展水平偏低，同时由于地理位置和历史原因，在改革开放发展进程上具有明显的后发劣势，中西部企业在吸引人才和资本方面难以与东部沿海地区竞争，对中西部地区深化服务领域的改革开放形成制约。

（四）地缘政治事件频发给服务业开放带来外部挑战

近年来，中美大国博弈局势持续深刻演变，国际范围内地缘政治事件频发。美国和欧盟等主要发达经济体围绕外资安全审查、关键核心技术输出、供应链安全等方面持续以立法形式出台限制性措施，实施歧视性贸易政策，对我国经济发展和产业链供应链安全产生重要影响。在全球化发展趋势遭遇逆流的情况下，各国投资者在进行决策时愈发重视地缘政治事件对投资收益可能带来的影响，从而导致其投资行为变得更加保守。因此，受地缘政治影响，我国服务业开放将面临更大的挑战，需要依靠更大力度的改革措施来构建优质的营商环境，大力激发国内服务业的市场潜力，以更高标准的经贸规则和更充裕的服务业经营要素资源吸引外商投资者来华从事生产经营活动。

四 国际经验教训

通过对发达国家产业结构转型升级和扩大经济对外开放的过程进行分析可以发现，随着经济发展水平的提升，发达国家均经历了由工业主导转向服务业主导，并且在发展服务贸易的过程中均注重通过市场化改革来促进扩大服务领域的对内对外开放。

（一）美国的服务业发展经验

在20世纪90年代苏联解体之后，美国成为全球唯一超级大国。不论是在经济发展、技术进步方面，还是在企业创新、市场活力方面，美国在全球都处于领先状态。同时美元的国际货币地位以及美国在国际经贸规则制定中的强势地位也为其扩大开放创造了先天优势。在掌握先进技术的情况下，美国既不需要过分担心扩大开放会导致其他国家的先进技术给本国产业发展带来严重负向冲击，又可以充分利用其在国际规则中的话语权影响规则朝有利于自身的方向发展。因此，美国服务业市场化发展的经验更多体现为领先者的特征，与我国当前仍处于追赶阶段的特征状况存在明显的异质性，需根据我国实际情况进行本土化吸收和借鉴。

一是取消对服务业发展的不合理限制。与制造业相比，服务业的知识密集和人力资本密集特征更为显著，因此要素的合理配置，特别是人才的自由流动对于服务业发展而言非常重要。以美国近年来的政策措施为例，为促进影视产业发展，美国2014年放宽了人员流动中"执业需要执照或授权"的限制条

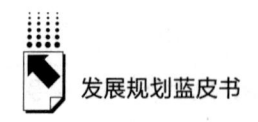

件，同时为促进法律行业发展，还制定了人员流动临时许可证制度。这两项措施都大大放松了相关从业人员的流动限制，使得人员流动更加高效合理，促进了相关行业的开放发展。

二是尽可能地提升监管的透明度，破除竞争壁垒。美国在促进服务业市场开放方面值得学习借鉴的一个重要做法是将限制性措施集中在确有必要的少数领域，尽可能地提高限制措施的透明度，减少歧视措施，将需要政府进行监管的内容进行简化，降低企业和政府之间的信息沟通成本，从而为企业提供一个相对可预期的市场环境，激发企业的投资活力。

三是根据不同行业的发展状况，制定更加精确的差异化开放措施。尽管美国在服务业发展方面具有明显的优势，但是也并非所有行业都采取同样的开放措施。在领先优势较为明显的影视行业，美国采取的措施是更大程度地促进其开放发展，充分释放其发展潜力，并且鼓励对外投资。但是在领先优势并不明显的物流行业，则保留了在价格等方面的限制条件。

（二）日本的服务业发展经验

日本作为第二次世界大战的战败国，其经济发展呈现出明显的追赶式特征。在战后恢复的前20年，日本的经济发展重心集中于制造业领域。进入20世纪80~90年代，随着经济水平的提升，逐渐开始重视服务业发展。[①] 日本这种后发追赶并最终跨越"中等收入陷阱"成为发达国家的经历对我国服务业对外开放发展具有一定的参考价值，原因在于，一方面日本相较于美欧等主要发达经济体处于追赶阶段，与我国面临的发展环境具有一定的相似之处；另一方面日本的东亚文化特征明显，人口结构演变先于我国，促进服务业开放发展与经济增长下行期交叠，与我国服务业发展面临的条件有较多的相似之处。

一是根据本国实际情况和发展需要尽可能地提升对内对外开放水平。日本自20世纪90年代将促进现代服务业发展确定为重要战略以来，持续减少服务业行业进入壁垒。2005年日本政府推出新的公司法，减少对本国投资者开设公司以及其他公司经营活动的限制，使企业面临的行政性干预大大减少。此外，日本还对民间资本和外国资本开放了教育、医疗等公共服务领域的投资渠

---

① 秦兵：《日本的产业发展及对中国的启示》，《东北亚经济研究》2022年第5期。

道，提升了境外相关专业人员在日本生活工作的便利度。

二是在资本对外开放领域表现得更加谨慎，采取"渐进式"的开放策略。金融开放程度的提升是促进服务贸易发展的重要保障。日本在推动金融领域开放的过程中，一方面逐步放开金融领域对外资进入的限制，吸引更多的国际金融机构投资日本，促进国内金融行业的有序竞争，推动本国金融企业发展；另一方面以增加税收等措施限制外资金融机构的发展空间，减弱外资对本国金融业的冲击，给本国金融企业以适应和调整的时间。

三是加快推动科技创新水平提升，大力提高服务业的生产效率。在由制造业为主转向服务业为主的产业结构变迁过程中，"鲍莫尔成本病"是许多国家会面临的问题。日本在这一转型发展过程中非常注重科学技术研发，通过财税支持、知识产权保护等方式支持科技企业创新，促进知识和技术密集型产业发展，提升服务贸易的国际竞争力，避免陷入服务业低端化困境。

五 对策建议

（一）以高标准制度型开放提升服务业整体开放水平

有一套完整清晰的制度体系是推动服务业开放发展的重要前提。第一，要发挥好服务业扩大开放综合试点城市和自贸区、自贸港的先行先试作用，支持鼓励试点区域开放制度与国际先进标准接轨，为试点地区的探索型创新型做法提供试错空间。第二，积极参与国际经贸规则制定，强化与"一带一路"国家的制度和规则对接，继续完善加入CPTPP的规则对标工作，加快推动相关高标准规则的压力测试。第三，提升服务业经营管理的法治化水平。通过法律法规的"立改废"来推动服务业开放是发达国家的重要经验，要增强服务业开放相关法律法规体系的一致性，提高司法独立性，为外商投资经营行为提供可预期的法治环境和有力的规范准则。

（二）以深化"放管服"改革提升服务业营商环境

为不同所有制的服务业企业提供一个优质、便利、稳定的营商环境，是深化服务领域改革开放的重要目标。根据世界银行对营商环境评价指标体系的研究，营商环境建设影响到企业的全生命周期。结合我国实际面临的短板，需要重点加强以下几个方面：第一，加大简政放权力度，放宽市场准入标准，加快在服务业中全面落实负面清单管理制度。第二，持续推进全国统一大市场建设，破除地方间的保护性和歧视性行为。第三，强化服务业监管人才队伍建设，促进监管方式转向以功能性为主导，切实解决企业在准入后面临的经营难题。

（三）由点及面探索服务业开放发展的新领域和新举措

考虑到我国疆域辽阔、国情复杂，因此，需要在系统性的制度型改革开放政策之外，增加具有针对性和差异性的开放措施。第一，重点针对我国限制性水平较高的金融、传媒、电信等行业加快放宽准入限制，结合转型发展时期在教育、养老、电商、数字贸易等方面的发展需求出台因地制宜的改革开放措施。第二，鼓励有外资企业集聚基础的地区加大力度吸引跨国公司在我国设立外资总部和研发中心、结算中心等，增强跨国公司在我国不同地区之间以及对周边国家和地区的辐射功能。第三，加强面向新经济新业态的标准化改革工作，建立与国际接轨的标准体系。

（四）以推动科技创新提高服务业整体生产效率

提高科技创新水平，发展知识和技术密集型服务业是应对"鲍莫尔成本病"、增强服务贸易国际竞争力的关键。第一，持续加大对前沿科技创新领域的投入，加速推进科技成果的产业化应用。鼓励企业特别是民营企业参与国家重大科技项目，与高校、科研院所开展联合研发行动。进一步深化职务科技成果赋权改革，畅通科技成果转化渠道。第二，加强对高技术服务领域人才的培养。支持职业院校依据服务业开放发展需求强化相关学科专业和人才培养基地建设，积极与企业开展联合型人才培养。支持和鼓励新兴职业技能培训产业发展，加快帮助低端服务业冗余人员和农民工实现就业技能提升。第三，加强服务贸易数字化平台建设，利用大数据、人工智能等新技术加快促进服务业技能水平提升。加快建设高标准的大数据交易中心，完善数据开放共享、知识产权保护、数据隐私安全等数字经济发展所需的现代化治理体系。推动公共数据平台建设，弥合"数字鸿沟"，完善数据流通机制。

专栏　北京服务业扩大开放示范区建设

2015年国务院批准北京成为全国首个服务业扩大开放综合试点。在批复的《北京市服务业扩大开放综合试点总体方案》中围绕构建服务业扩大开放格局，在科学技术、互联网和信息、文化教育、金融、商务和旅游、健康医疗等六个服务领域提出了一系列扩大开放措施。截至2020年9月，在经过5年的扩大开放试点工作后，北京累计推出了400余项试点举措，形成了100余项全国首创的突破性政策和创新制度安排。

2020年国务院批复同意《深化北京市新一轮服务业扩大开放综合试点建设国家服务业扩大开放综合示范区工作方案》，意味着北京升级为目前全国唯一的服务业扩大开放综合示范区，为全国服务业扩大开放发挥示范引领作用。在新的工作方案中，除原有的开放举措外，还进一步提出了到2025年和到2030年的发展目标，并细化了对多个重点园区的发展联动规划，提出了一系列要素供给保障措施。

在历时5年的1.0版开放试点和3年多的2.0版综合示范区建设过程中，北京在促进服务业扩大开放方面采取的重要措施包括以下几个方面。

一是积极对接国际高标准经贸规则。在北京建设服务业扩大开放综合示范区的工作方案中，有40%左右的政策举措都是在商务部和北京市政府共同努力下主动对接国际高标准经贸规则提出的。在这一重要举措下，我国在服务业领域的开放标准与《全面与进步跨太平洋伙伴关系协定》（CPTPP）和《数字经济伙伴关系协定》（DEPA）的对齐水平进一步提升，为我国加入高标准经贸协定发挥了重要支撑作用。

二是持续推出有助于突破科技创新堵点难点的改革措施。加大科技创新投入，加快科技成果产业化应用是促进服务业高端化发展的关键。北京在促进科技成果转化方面积极创新职务科技成果赋权转化机制，加强对科研人员的创新激励。此外还利用"知识产权售后赎回"等新型合作研发模式探索知识产权的深度运用，以立法形式完善知识产权保护制度。

三是聚焦重点领域培育创新链和服务体系。健康医疗是北京市扩大开放的重点行业领域之一。在具体实践过程中，北京围绕生物医药创新链布局服务链，搭建了从概念验证到公共技术服务再到打样最后到中试基地的全环节服务

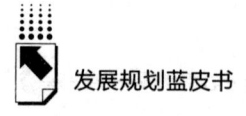

体系。此外，基于多年开展中医药服务贸易的实践经验，积极探索发展中医药健康养生国际综合服务模式，包括成立专门机构加强行业管理、制定中医药养生保健行业标准、打造中医药服务贸易新场景、建设中医药远程健康服务平台等多方面的举措。

四是利用先进技术手段积极开展前沿领域探索。在新一轮产业技术革命的背景下，数字技术成为抢抓产业转型升级的关键。北京在推动数字化技术应用于公共管理服务、为政府治理赋能方面做出了许多积极探索，包括开展数据资产托管和监管应用服务、基于企业信用开展数字化监管服务、将区块链软硬件技术体系应用于"北京冷链"、对园区工业固体废物进行全生命周期的数字管理等。

参考文献

中华人民共和国商务部：《中国服务贸易发展报告（2022）》，2023年9月。

艾媒大健康产业研究中心：《2022—2023年全球养老产业发展及中国市场趋势研究报告》，2022年6月。

刘川菡、张季风：《全国统一大市场的基础制度建设：日本的实践与启示》，《日本学刊》2023年第1期。

B.15 活跃资本市场[*]

吕 峻[**]

摘　要： 本文在简要分析活跃资本市场内涵、意义和介绍近年来我国资本市场主要政策举措的基础上，总结了我国资本市场在发展中取得的主要成就，同时指出我国资本市场存在信息披露造假问题仍相对严重、投资者获得长期收益承担的风险过高和机构投资者投资行为散户化等影响市场稳定的问题，这些问题的产生与市场化运行机制存在缺陷、机构投资者治理建设滞后、违法违规惩治力度偏弱有关，政府需要从完善市场机制出发，调整优化政策措施、重塑监管稽查力量和重视机构投资者治理机制建设，构建有利于资本市场稳定发展的环境。

关键词： 资本市场　证券市场　机构投资者

一　活跃资本市场的内涵、意义和政策

（一）活跃资本市场的内涵

2023年7月中央政治局会议针对当时资本市场"信心不足、预期不稳"的状况，提出"活跃资本市场，提振投资者信心"的政策目标，2023年底的中央金融工作会议重申"活跃资本市场"这一政策目标。"活跃"意味着资本市场的各类参与者愿意进入资本市场，积极参与投融资活动。要使参与者愿意进入资本市场的前提是参与各方能够通过资本市场获利。从融资者的角度，企

---

[*] 本文部分内容发表于《产权导刊》2024年第9期。
[**] 吕峻，中国社会科学院数量经济与技术经济研究所副研究员，主要研究方向为资本市场、创新金融。

业愿意到资本市场融资是由于可以高效地在资本市场融到自身发展所需要的资金。从投资者角度，投资者愿意到资本市场投资是由于可以获得与其承担风险相对应的投资回报。证券价格过高，融资者获利，投资者受损；证券价格过低，融资者受损，投资者获利。这两种状况如果长期存在，都不利于活跃资本市场。因此，活跃资本市场的基本前提是资本市场能够形成投融资双方都能够接受的均衡价格。抛开博弈因素，这一均衡价格意味着在企业成长和盈利时投融资双方都能够获得相对均衡的收益，在企业衰败或亏损时投融资双方都能够承担相对均衡的损失。当然，这一均衡价格并非固定不变，而是受市场整体环境的影响处于随时变动之中。如果资本市场的总体证券供给大于资金供给，就会导致均衡价格下移，愿意融资的企业数量就会减少，直至市场达到新的平衡。反之亦然。因此，活跃资本市场另一个基本前提是市场是否存在随环境变化的高效均衡价格调节机制，如果价格调节机制不存在或者不灵活，容易导致资本市场大起大落，同样不利于活跃资本市场。

因此，活跃资本市场意味着市场能够形成高效的均衡价格及调节机制，吸引或培育优秀企业，使投融资双方都能够以均衡价格在资本市场获得各自的合理收益。达到这一目标对资本市场的要求主要包括：①有利于价值判断的真实透明的信息披露；②有利于均衡价格形成的公平和公正的交易规则；③有利于优胜劣汰的市场筛选机制；④有利于长期投资和价值投资风格形成的市场机制和市场环境。

（二）当前活跃我国资本市场的意义

1. 发挥资本市场配置功能，提升经济发展质量

资本市场是货币转化为资本和资金输入实体经济的重要渠道，也是通过价格信号向优秀企业和创新企业配置资本与淘汰落后企业的重要资金配置枢纽。活跃的资本市场是资本市场枢纽功能发挥的重要条件。活跃的资本市场可以通过吸引更多社会财富进入资本市场，为更多的优秀企业和创新企业募集资金。活跃的资本市场能够通过激励科创团队和创业资本，激发全社会的创新动力。从资源配置角度来说，活跃的资本市场意味着证券价格能够合理地筛选优秀企业和具有发展前景的行业，向这些企业和行业配置更多的资金，推动这些企业和行业的成长，为经济高质量发展做出贡献。同时，活跃的资本市场通过价格

信号引导资金不断向不具有持续经营能力的企业和不具有发展前景的行业退出，淘汰落后产能，为经济结构的优化做出贡献。

2. 推动创业资本循环，为发展新质生产力作出贡献

以 VC/PE 为代表的创业投资是发展新质生产力过程中的重要力量。通过活跃资本市场，可以为创业投资构建通畅的退出渠道，促进创业投资的良性循环，从而为发展新质生产力作出贡献。在新技术或新商业模式发展初期，创新型企业由于存在信息不对称、轻资产、现金流不稳定、治理结构不健全等特征，难以通过传统融资渠道获得发展资金。创业投资可以利用自身的专业性和资金实力为创新型企业提供必要的资金、治理和经营等专业方面的支持，但同时也承担了很高的投资风险。活跃的资本市场可以吸引更多的社会财富转变为包括创业资本在内的各类资本，为处于各个发展阶段的创新型企业提供资本接力和资金支持，使各类资本通过资本市场获得与其承担风险相匹配的投资回报，并能在必要时及时退出，推动全社会构建"募投管退"的创业资本循环，引导创业资本"投早、投小、投创新"，哺育更多的新兴产业和未来产业中的企业茁壮成长，为发展新质生产力作出贡献。

3. 有利于通过提高居民金融资产收入，提升国内消费水平

上市公司已经是我国经济发展中的主要群体。通过活跃资本市场，吸引居民将更多的财富配置到资本市场，分享上市公司的发展成果，可以提高居民财产收入，提振我国当前相对较弱的消费信心。过去，受房地产市场高速扩张的影响，居民将 60%~70% 的财富配置到住房资产，剩余 30%~40% 的其他财富配置中以收益率较低的货币型金融资产配置为主。受房地产市场下行的影响，居民持有的房产价值下降明显。通过活跃资本市场，引导居民将更大比例的财富配置到资本市场，在支持实体企业发展的同时，可以提高居民拥有的金融资产价值，并通过分享优秀企业发展成果提升资产收入、提振消费信心，化消费意愿为消费能力，提升消费水平。此外，证券监管部门也可以利用政策手段推动现金流稳定的传统企业加大分红力度使社会财富从企业部门向居民部门转移，降低企业部门中过剩的产能。

（三）近年来我国资本市场重要改革举措

资本市场是现代经济资源配置枢纽和储蓄向资本转化的平台。活跃资本市

场对于促进经济高质量发展、培育创新创业动力和提高居民财富收入具有重要意义。党中央和国务院对于资本市场的发展极为重视，近些年来出台了一系列促进资本市场高效和规范发展的政策文件。其中最为重要的改革举措是全面注册制的实施和推动该注册制"走深走实"相关举措。

1. 全面实施股票发行注册制

党的二十大报告提出了"健全资本市场功能，提高直接融资比重"。2023年初，党中央、国务院批准了《全面实行股票发行注册制总体实施方案》。2023年2月，证监会发布全面实行股票发行注册制相关制度规则。证券交易所、全国股转公司、中国结算、中证金融、证券业协会配套制度规则同步发布实施。

证监会及其附属机构发布的制度规则共165部，内容涵盖发行条件、注册程序、保荐承销、重大资产重组、监管执法、投资者保护等各个方面。主要内容包括：①精简优化发行上市条件；②优化发行承销制度；③完善上市公司重大资产重组制度；④强化监管执法和投资者保护。

2. 确定了资本市场发展阶段性目标，推动注册制"走深走实"

针对全面注册制实施以来的资本市场出现的突出问题以及资本市场走势，2023年底的中央金融工作会议除了重申"活跃资本市场"的政策目标之外，提出"更好发挥资本市场枢纽功能，推动股票发行注册制走深走实"。针对这些目标和要求，国务院在2024年4月底印发《关于加强监管防范风险推动资本市场高质量发展的若干意见》（以下简称"新'国九条'"），就规范资本市场、推动股票发行注册制"走深走实"提出了系统性的政策措施。证监会及交易所为落实新"国九条"，出台了若干配套文件，形成了"1+N"政策体系（"1"是新"国九条"本身，"N"是若干配套制度规则）。配套文件包括发行监管、上市公司监管、退市监管、证券公司监管、交易监管等多个方面。

新"国九条"是继2004年、2014年两个针对资本市场的"国九条"之后，国务院再次专门出台的资本市场指导性文件。新"国九条"的主要内容包括：①分阶段提出了我国资本市场发展目标；②从分红条款、科创属性、问责和监管等方面严把发行上市准入关；③加大了退市监管力度；④从加强信息披露、公司治理、减持规则、现金分红监管等方面推动上市公司提升投资价值；⑤通过加强交易监管增强资本市场内在稳定性；⑥通过推动中长期资金入市，壮大长期投资力量。

3. 对注册制下资本市场存在的关键性问题解决提出了更加明确的政策要求

2024年7月党的二十届三中全会通过的《中共中央关于进一步全面深化改革　推进中国式现代化的决定》中，以问题为导向，对解决资本市场关键性问题的政策要求在"国九条"的基础上做了进一步的阐述，主要内容包括：①健全投资和融资相协调的资本市场功能；②健全上市公司治理机制，提高上市公司质量，强化上市公司监管和退市制度；③支持长期资金入市，建立增强资本市场内在稳定性的长效机制。

二　近年来资本市场发展取得的成就和不足

（一）资本市场发展取得的主要成就

1. IPO融资规模明显扩大，A股的科技含量进一步增加

全面注册制的实施，提高了企业上市融资的效率，也使得资本市场企业的科技含量进一步提升，有力地提升了对实体经济的支持度。2021～2023年，A股IPO公司总数达到1265家，其中2023年达到313家。三年IPO融资总额达到1.49万亿元，其中2023年为3565.39亿元。2023年在不利的市场环境和IPO政策收紧背景下，IPO公司数量和募资金额明显下降，但仍保持继2022年以来全球第一的位置。2023年上市的IPO企业中，以制造业为主，排名前三的行业分别是机械设备（59家）、电子（43家）、基础化工（30家）。

截至2023年底，在沪深北交易所上市的A股公司总计达到5346家，其中主板公司3203家，创业板公司1333家，科创板公司566家。A股总市值达到77.76万亿元，占全国GDP的62%，居全球第二位。分行业来说，总市值排名前十的行业中，除银行、非银金融、食品饮料和石油石化四个行业之外，电子、生物医药、电力设备、通信、机械设备、计算机六个科技含量高的行业总市值达到31.2万亿元，占A股总市值的40%，其中电子行业和生物医药行业市值分别排第二和第三位，公司数量分别达到473家和492家。注册制试点和

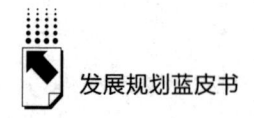

全面实施以来的1232家上市公司中，90%以上为战略性新兴产业企业。在当前的5000余家上市公司中，属于战略性新兴产业的上市公司近2600家，占比超过50%。资本市场已成为推动科技创新的重要支撑。①

2. 创业投资资金循环逐步建立，国内创业投资的积极性得到提高

全面注册制的实施，不仅提升了各类企业的上市效率，而且降低了企业融资难度。同时，由于允许未盈利企业IPO，一批"硬科技"企业借助资本市场发展壮大。在企业上市过程中，"投早、投小、投创新"的创业资本的资本市场退出渠道得到明显拓宽，促进了创业资本"投资—退出—再投资"的良性循环。

根据中信证券2023年发布的报告《中国资本市场深度研究——创投新生态下的中国股权市场八大展望》，自2019年以来，VC/PE支持的IPO数量显著提升，VC/PE渗透率也不断上升。2022年全年VC/PE支持的IPO数量达352家，新上市企业的VC/PE渗透率达69.3%。2023年，新上市企业中VC/PE渗透率达到70%；CVC（公司风险资本）支持的企业数量为128家，CVC渗透率达到31%。VC/PE退出方式主要依赖被投资企业IPO。随着全面注册制的推进，企业的上市效率得到提升，IPO企业的排队周期缩短，在一定程度上缓解了股权投资的退出"堰塞湖"现象，提升了VC/PE的资金回笼效率，促进"投资退出—再投资"的一、二级市场良性循环。

3. 市场规范程度逐步提高，退市机制不断完善

证监会在推动企业上市注册制全面实施的同时，针对注册制实施以来资本市场出现的突出问题，不断通过出台具体政策予以规范和解决，并取得了一定成效，主要表现在：①针对大股东减持、绕道减持、违规减持等，2023年8月证监会出台了被称为"史上最严减持规定"的《进一步规范股份减持行为》，并在2024年4月发布的《上市公司股东减持股份管理暂行办法》中做了进一步规范。新规的核心内容是设定"破发、破净、分红""三道门槛"，对关键少数主体的减持行为设立了严格的要求，其核心理念是将控股股东和实际控制人的减持行为与公司分红以及股价挂钩。②针对失去投资价值和违法违

---

① 吴晓璐：《活跃资本市场　注册制必须锚定高质量发展走深走实》，《证券日报》2023年11月6日。

规企业出清力度不够且扰乱资本市场价值投资秩序的问题，证监会和交易所持续加大执法力度。2020年退市新规出台以来截至2023年底，共有125家公司退市，其中2023年共47家公司退市，退市公司数量再创历史新高。2024年4月，证监会发布了《关于严格执行退市制度的意见》，在2020年退市改革的基础上进一步严格了财务类、市值类退市标准，并新增资金占用、内控非标审计意见、控制权无序争夺等三类规范类强制退市标准，削减"壳"资源价值，加速出清不具备持续经营能力的"壳"公司，推动市场化退市功能充分发挥作用。

（二）活跃资本市场中存在的主要问题

1. 上市公司信息披露违法违规问题仍比较严重，对价格信号机制作用发挥的干扰较大

信息披露是资本市场健康有序运行的基础，是投资者做出价值判断和投资决策的前提，也是活跃资本市场的基础条件之一。在全面注册制实施背景下，信息披露的重要性进一步凸显。但是，从近些年证监会查办案例来看，欺诈发行、财务造假等信息披露违法行为仍旧相对严重。近三年证监会共办理上市公司信息披露违法案件397件，同比增长近20%，根据证监会报告，2023年证监会查办的717件证券期货违法案件中，信息披露违法的案件为244家，占比34%，在所有违法案例中占比第一。① 信息披露违法违规案件的上升虽然与监管部门在注册制试点和全面实施以来监管和执法的加强有关，但也说明该类现象在注册制实施以来的资本市场中仍相对严重。信息披露造假不仅严重打击了投资者信心，也扰乱了资本市场定价的信号机制。

2. 投资者获得长期收益的风险较高且近年来亏损严重，影响了场外资金进入股票市场的信心

投资者特别是长期投资者承担股权风险，在资本市场可以获得与风险相匹配的投资收益也是活跃资本市场的基础条件之一。但是，近些年来高度波动且持续下行的资本市场导致投资者亏损严重，社会财富向资本市场转移缓慢甚至

---

① 《"长牙带刺""严监严管"证监会持续加大证券期货违法行为打击力度——中国证监会2023年执法情况综述》，证监会网站，2024年5月15日。

有撤出迹象。下面以近五年进行组合投资的资本市场股票型基金为例进行说明。

2019~2023年，我国股票型基金收益率中值为12.6%，总体不输美国共同基金的收益率。但逐年来看，我国股票型基金收益率波动显著，且近两年处于严重亏损状况，与整体经济发展水平不匹配。过大的收益波动，使投资者承担了过高的投资风险，难以吸引长期资金和耐心资金，促使价值投资和长期投资风格的形成。近两年权益型基金的严重亏损和IPO高融资额形成了鲜明对照，反映了我国资本市场投资功能和融资功能存在明显的失衡。功能失衡的资本市场，很难吸引到外部社会财富进入。

表1 中美两国2019~2023年股票型基金收益率（中值）对比

单位：%

年度	2019	2020	2021	2022	2023
美国	16.1	14.7	18.1	-18.3	16.8
中国	41.3	48.5	6.3	-21.0	-12.2

资料来源：Wind金融数据库。

3. 机构投资者短期化的非理性投资行为仍旧相对严重，市场稳定机制存在缺陷

自2015年以公募基金为代表的机构投资者快速扩张以来，资本市场的炒作风格从过去的"炒差、炒壳、炒小"逐渐过渡到对"赛道股"和"白马股"等股票的"抱团化"式炒作，并在2020~2021年达到极致，导致被"抱团"的股票股价严重超过自身价值。2021年以来，因经济预期和外部环境的不利变化影响，这些具有市场风向标作用的股票价格发生崩塌，引起市场产生恐慌情绪，导致股市发生大幅波动。从表2可以看出，前二十大基金"抱团股"在2020年平均涨幅达到182%，在2022~2023年平均下跌44%，年度波动幅度不但远高于上证指数，甚至远高于小盘股指数中证1000。从表3可以看出，前二十大基金"抱团股"在2020年末市盈率中值达到70倍，约是整体A股中值的两倍，后期经过大幅下滑，到2023年末才达到与市场整体基本相同的水平。基金"抱团股"股价如此高的波动率说明对市场定价起主导作用的机构投资者并没有秉承价值投资和长期投资的理念进而发挥稳定资本市场的作用，导致资本市场稳定机制存在明显缺陷。

表2 前二十大基金"抱团股"股价和有关指数平均波动情况对比

单位：%

项目	2020年	2021年	2022年	2023年	2022年、2023年合计
前二十大"抱团股"	182	7	-21	-23	-44
沪深300	27	-5	-22	-11	-33
中证1000	19	21	-22	-6	-28
上证指数	14	5	-15	-4	-19

注：前二十大基金"抱团股"按2020年基金持有市值和参与基金数量选择。这20家企业每家平均有1411只公募基金持有，每家企业公募基金平均持有市值为688.2亿元。

资料来源：Wind金融数据库。

表3 前二十大基金"抱团股"市盈率和整体A股市盈率比较

单位：倍

项目	2020年	2021年	2022年	2023年
前二十大基金"抱团股"平均值	82	64	36	26
前二十大基金"抱团股"中值	70	50	38	25
整体A股中值	34	37	27	27

资料来源：Wind金融数据库。

三 制约我国资本市场活跃的主要原因

（一）市场化运营机制的运行存在明显缺陷

在以价格为信号的正常市场化运营机制下，资本市场的融资功能和投资功能应该相辅相成，不应存在融资端和投资端不平衡问题。从近些年我国资本市场表现来看，这一机制基本失灵，出现了企业融资和减持意愿高涨而投资者严重亏损的异象。这种异象的出现虽与注册制下的市场过度扩容有一定关系，但

更多的是与制度漏洞、市场参与主体的治理缺陷等因素导致的市场定价机制扭曲有关。具体表现在，一是券商特别是大型券商身兼保荐承销商、机构投资者、财富受托管理人、融资融券的出借方和大型基金重要股东等多重身份，受短期利益驱动有愿望和能力与上市公司一起抬高融资发行价。二是治理存在缺陷的公募基金等机构投资者，无视二级市场低估值股票和市场下行趋势，积极参与高估值的新股申购或购入估值已处高位的次新股。三是现有"转融通"和融券制度下的做空对冲机制，在一定程度上助长了机构投资者参与企业高价IPO和再融资的行为。

（二）机构投资者和投资银行的激励约束机制建设尚未受到应有重视

资本市场引入、壮大机构投资者和投资银行的目的是希望它们能发挥专业投资者的作用，通过价值投资和长期投资，筛选、举荐和培育有成长前景的企业通过资本市场得到发展，并减缓资本市场的过度波动。但经过多年的发展，这些机构非但未能发挥应有的作用，反而不断因一些发行交易"丑闻"和非理性投资风格受到公众广泛诟病。从激励机制来说，机构管理层和业务经理存在一定程度的"过度激励"和"短期激励"问题，2022年证监会虽然通过发布了长期激励指导意见予以规范，但具体执行情况和执行效果尚未可知。考虑到早在2012年证监会在《证券投资基金管理公司管理办法》中就提出了长周期考核要求，但后来并未得到有效执行，对2022年长期激励政策的落实情况仍有理由存疑。从约束机制来看，国有属性的投资机构和投资银行在资本市场占有绝对份额，但近年来关于规范资本市场发展的相关政策文件对加强国有金融投资机构的股东监督制度相关主题论及较少。

从某种程度上来说，上市公司上市时和上市之后的治理机制建设与机构投资者和投资银行的治理机制建设密切相关。如果机构投资者和投资银行本身存在明显的治理机制缺陷，上市公司治理机制完善的任务将难以完成。

专栏　国际经验借鉴：美国共同基金的组织方式和基金经理的激励方式

一、美国共同基金的组织方式

美国共同基金的组织方式和我国公募基金有较大差别。我国公募基金以契约型组织形式为主，而美国共同基金以公司型组织形式为主。公司型组织形式意味着基金持有人（或投资人）是基金公司股东，基金公司聘请专业的董事会代表股东利益选择基金管理公司管理资产，并监督基金管理公司的激励政策和投资行为。根据 Management Practice 公司 2021 年的调查信息，基金公司董事会一般会聘请 3~7 名独立董事，多数独立董事（64%）拥有投资经验，年龄分布在 60~75 岁。[1] 此外，由于许多基金公司的主要发起人就是基金管理公司本身，基金管理公司和基金持有人的利益可以通过股权关系深度绑定，从而确保二者利益方向的高度一致。

二、美国共同基金经理的激励方式

在考核周期和权重方面：共同基金经理的绩效评估区间时间跨度较大，1 年至 10 年不等，平均评估期间为 3 年。评估期间的选择基于不同基金投资风格或投资标的。收益率波动幅度较小的被动型基金考核周期较短，波动幅度较大的积极进取型基金考核周期较长，一般至少覆盖 3~5 年的业绩区间。一些基金业绩考核周期达到 10 年。在长周期考核中，各期的权重分布不等。

在年终奖金的发放形式方面：美国共同基金经理年终奖的发放形式较为多元。许多基金经理五成左右奖金以现金形式发放，剩余部分以股权激励或基金份额形式发放，其中股权部分分摊在数年内入账。这种现金与长期激励相结合的薪酬结构，既能即时奖励基金经理当期的优秀业绩，又能将其与持有人长期利益有效绑定，避免基金经理追求短期超额收益，同时也能限制基金经理为了自身利益所做的择时交易行为。

三、美国共同基金的组织和激励方式产生的结果

代表基金持有人利益的专业型董事会、相对透明的薪酬政策和深度的利益绑定是美国共同基金能够执行长周期激励政策和长期投资策略的重要"法宝"。共同基金经理相对完善的长期激励政策，使得基金经理队伍比较稳定，基金收益率的波动幅度也较小。基金经理过去 5 年的平均留职率为 93%，平均

---

[1] 2024 年 7 月 10 日，证监会宣布暂停股票市场的转融券业务。

任职时间长达 9 年，基金经理平均年龄为 55 岁。稳定的职业经历加上长期的激励政策，使得共同基金收益率也有不错的表现。2019~2023 年美国股票型基金收益率平均达到 9.5% 的较高水平，特别是波动幅度明显小于我国的公募基金。这种与权益投资风险相配的收益率和波动率，对长期资金有很强的吸引力，也容易使持有人的投资行为长期化。根据美国投资协会发布的数据，到 2023 年中期，共同基金持有的资产达到 24.3 万亿美元，50% 以上的美国家庭拥有共同基金，共同基金资产是许多美国家庭储蓄和投资的重要组成部分。①

（三）资本市场的执法、惩治力度尚需进一步加大

注册制实施以来，针对资本市场违法违规行为，证监会坚决落实监管"长牙带刺"、有棱有角的要求，查办案件数量和处罚金额大幅增加，有力地维持了资本市场运行秩序。但是，由于资本市场违法违规的隐蔽性、专业性、复杂性，加上监管力量建设相对薄弱和一些法规建设的滞后性，资本市场领域违法违规行为的发现概率、发现后的惩治力度并未对违法违规人员和企业形成足够的震慑。以证券发行领域为例，"申报即担责"的规定证监会在 2021 年就已提出，但在注册制全面实施的 2022 年和 2023 年并没有得到很好的执行，仍旧存在一定程度的"带病申报""一查就撤"乱象。此外，监管部门对违规行为较多的警告、谴责和暂停资格以及司法部门对违法行为较多的缓刑处罚，也是社会公众所诟病的较轻惩治手段。

四 政策建议

（一）重新梳理资本市场组织和政策体系，推动市场机制完善

以价格为导向的投融资平衡机制建设是活跃和稳定资本市场最为关键的环节。这一任务的完成涉及资本市场的各个方面，需要政府重新梳理资本市场组

---

① 当然中美公募基金表现的差异不完全是由公募基金组织管理方式和基金经理激励差异引起的，也与两国资本市场发展历史和投资环境有很大关系。此外，美国共同基金也并非表现完美，同样存在较为严重的代理、投资周期变短等问题。

织和政策体系。就当前来说，主要可采取的措施包括：①投资端，主要以降低机构投资者委托代理成本和加强机构投资者外部监督为出发点，考虑改变公募基金组织形式、对公共资本或国有资本投资范围做适度限制，降低资本市场因代理问题引起的过高波动性和可能的利益输送机会；②交易端，全面评估做空机制在各主要场景下的作用机制，推动做空机制从利用不利市场环境做空指数向抑制股票过于高估和惩罚上市公司违规行为转变；③融资端，从收费方式、投资范围、关联交易、利益输送等方面梳理券商利用上市公司过度融资的获益机制，约束券商协助上市公司的过度融资行为。

（二）重塑资本市场的监管体系，加强稽查力量建设

资本市场的专业性和财富增值的快速性，以及不同参与方人员之间极大的薪酬差距，监管机构、交易所、券商、投资机构和上市公司人员之间正常或非正常交流现象相对普遍，这会滋生"政商旋转门"导致的利益输送（包括"政策捕获"）并弱化监管力量。新证监会主席上任以来一直在加强监管力量建设和对证监会离职人员投资行为的约束。但在现有证券监管体制下，监管队伍的独立性很容易因人员流动而受到挑战。鉴于现代资本市场对经济发展的重要性，我国有必要考虑在证监会体系之外（如审计署）建立一支单独的稽查队伍，定期核查资本市场专项问题，以补充和加强证监会现有的常规稽查力量。

（三）重视机构投资者治理机制建设，降低资本市场波动性

政府必须意识到现阶段机构投资者治理机制的建设对资本市场健康发展的重要性。实力强大的机构投资者是资本市场投资风格的主要引导者，散户投资者仅是市场跟随者。只有机构投资者切实树立长期价值投资理念，才能真正发挥其"用脚投票"和"用手投票"功能，推动上市公司治理机制的建设和资本市场资源配置功能的完善，减弱我国资本市场"大起大落"的特性，从而吸引长期资本增量和推动现有短期资本向长期资本转化，并促进资本市场规范市场机制的建立。鉴于我国资本市场的多数大型投资机构具有国有背景，政府需从强化股东监管和切实落实高管长期激励措施两方面完善国有金融投资机构治理机制，并通过提升投资行为和激励政策的信息透明度，完善其他公共投资机构的治理机制。

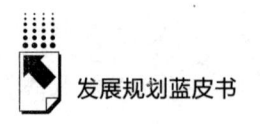

参考文献

Management Practice Inc. , "Mutual Fund Director Compensation: The 2021 Management Practice Annual Survey," 2021.

Ma L. , Tang Y. , Gómez J. P. , "Portfolio Manager Compensation in the U. S. Mutual Fund Industry," *The Journal of Finance*, 2019, 74 (2).

B.16
破除地方保护和市场分割

张容嘉*

摘　要： 破除地方保护和市场分割是建设全国统一大市场的重中之重，也是关键所在。如何打破地方保护和市场分割，打通制约经济循环的关键堵点，促进商品要素资源在更大范围内畅通流动尤为重要。本文梳理了破除地方保护和市场分割的政策举措，回顾了政策发展历程，并对破除地方保护和市场分割取得的成绩进行了总结，我国已破除了一批地方保护和市场分割的突出问题，推动市场高效联通的重点任务初见成效，公用事业领域改革取得积极进展。但当前打破地方保护和市场分割仍面临诸多问题，包括"显性阻碍"转换为"隐性阻碍"、新业态管理模式存在"以批代管"路径依赖、区域市场制度规则等存在差异。本文在总结欧洲单一市场建设经验的基础上，提出我国应完善统一市场基础制度规则、积极推进重点领域改革、加大区域一体化先行先试探索力度、立破并举推进全国统一大市场建设等政策建议。

关键词： 地方保护　市场分割　全国统一大市场

一　破除地方保护和市场分割的
发展历程与政策举措

改革开放以来，中央从财政体制改革入手，给地方政府在招商引资、培育主导产业、实施产业政策、吸引集聚要素等领域下放了多项自主权，间接提高了地方政府的发展积极性，推动地方经济与区域经济发展，释放了经济发展活力，使得我国经济得以持续快速增长。但是，这种较大的发展自主权使得很多

---

* 张容嘉，中国社会科学院数量经济与技术经济研究所，主要研究方向为市场经济等。

地方政府在发展过程中陷入了过度追逐自身利益的路径依赖,将自身发展利益置于整体区域发展利益之上。随着国际发展环境与国内发展阶段的变化,在长期缺乏规范与约束的情况下,地方竞争开始呈现盲目竞争、过度竞争、无序竞争与限制竞争等特点,并最终导致了较为普遍的地方保护与市场分割等问题。这不仅严重制约了我国超大规模市场优势的顺利发挥,也在一定程度上阻碍了我国高质量发展目标的实现。

为了解决上述问题,我国自20世纪80年代开始,陆续出台一系列旨在破除地方保护和市场分割的法律和文件(见表1)。1980年,国务院发布《关于开展和保护社会主义竞争的暂行规定》,首次提出"开展竞争必须打破地区封锁和部门分割。任何地区和部门都不准封锁市场,不得禁止外地商品在本地区、本部门销售"。自此之后,《关于打破地区间市场封锁进一步搞活商品流通的通知》《关于禁止在市场经济活动中实行地区封锁的规定》《消除地区封锁打破行业垄断工作方案》等规定陆续出台,《中华人民共和国反不正当竞争法》和《中华人民共和国反垄断法》更是上升至法律高度。《中华人民共和国反垄断法》要求"行政机关和法律、法规授权的具有管理公共事务职能的组织不得滥用行政权力,排除、限制竞争",并对"滥用行政权力排除、限制竞争"的行为作专章规定,体现了我国对破除地方保护和市场分割的高度重视。2016年,为规范政府有关行为,防止出台排除、限制竞争的政策措施,逐步清理废除妨碍全国统一市场和公平竞争的规定和做法,国务院发布《关于在市场体系建设中建立公平竞争审查制度的意见》,这为打破地方保护和市场分割提供了新的制度保障,也为建设统一大市场奠定了重要的制度基础。

"十四五"期间,随着《中共中央 国务院关于加快建设全国统一大市场的意见》的发布,破除地方保护和行政性垄断作为加快建设全国统一大市场的重点任务和关键举措,其重要性和紧迫性不断提升。2022年新修订的《中华人民共和国反垄断法(2022修正)》中明确了竞争政策的基础地位和公平竞争审查制度的法律地位,首次提出"国家建立健全公平竞争审查制度。行政机关和法律、法规授权的具有管理公共事务职能的组织,在制定涉及市场主体经济活动的规定时,应当进行公平竞争审查",这一变化为约束地方无序竞争行为提供了制度保障,是破除地方保护和市场分割的重要工具。2023年又接连出台《制止滥用行政权力排除、限制竞争行为规定》《关于开展妨碍统一市场和公平竞争的政策措施清理工作的通知》，进一步优化顶层设计，以提升执法水平、增进执法效能。2024年6月，国务院发布《公平竞争审查条例》，细化公平竞争审查标准、审查机制、监督保障等内容。2024年7月18日，中国共产党第二十届中央委员会第三次全体会议通过《中共中央关于进一步全面深化改革　推进中国式现代化的决定》，提出构建全国统一大市场，清理和废除妨碍全国统一市场和公平竞争的各种规定和做法，完善要素市场制度和规则，推动生产要素畅通流动、各类资源高效配置、市场潜力充分释放，强调构建全国统一大市场的全局和战略高度。

表1　我国破除地方保护和市场分割主要政策举措

年份	名称	主要内容
1980	关于开展和保护社会主义竞争的暂行规定	开展竞争必须打破地区封锁和部门分割。任何地区和部门都不准封锁市场，不得禁止外地商品在本地区、本部门销售
1990	关于打破地区间市场封锁进一步搞活商品流通的通知	为了打破地区间的市场封锁，进一步搞活商品流通的各项举措
1993	中华人民共和国反不正当竞争法	政府及其所属部门不得滥用行政权力，限定他人购买其指定的经营者的商品，限制其他经营者正当的经营活动。政府及其所属部门不得滥用行政权力，限制外地商品进入本地市场，或者本地商品流向外地市场
2001	关于禁止在市场经济活动中实行地区封锁的规定	禁止各种形式的地区封锁行为的各项规定
2004	关于清理在市场经济活动中实行地区封锁规定的通知	对市场经济活动中实行地区封锁的各种规定进行清理，明确清理的范围和重点、清理原则、清理工作的组织实施、清理工作要求
2007	中华人民共和国反垄断法	行政机关和法律、法规授权的具有管理公共事务职能的组织不得滥用行政权力，排除、限制竞争
2013	关于集中清理在市场经济活动中实行地区封锁规定的通知	对地方出台的含有地区封锁内容的规定进行集中清理。明确清理范围和重点任务、基本要求和原则、清理工作的安排、清理工作的要求
2013	消除地区封锁打破行业垄断工作方案	清理和废除妨碍全国统一市场和公平竞争的各种规定和做法，严禁和惩处各类违法实行优惠政策行为，反对地方保护，反对垄断和不正当竞争，明确主要任务和工作要求

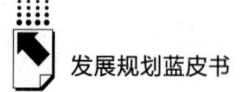

续表

年份	名称	主要内容
2016	关于在市场体系建设中建立公平竞争审查制度的意见	为规范政府有关行为,防止出台排除、限制竞争的政策措施,逐步清理废除妨碍全国统一市场和公平竞争的规定和做法,对在市场体系建设中建立公平竞争审查制度提出意见
2019	关于开展妨碍统一市场和公平竞争的政策措施清理工作的通知	就开展妨碍统一市场和公平竞争的政策措施清理工作,明确清理范围、强化主体责任、把握阶段安排、抓好组织实施的相关规定
2021	公平竞争审查制度实施细则	为全面落实公平竞争审查制度,健全公平竞争审查机制,规范有效开展审查工作,明确审查机制和程序、审查标准、例外规定、第三方评估、监督与责任追究等相关规定
2022	"十四五"市场监管现代化规划	深入实施公平竞争政策,破除妨碍要素市场化配置和自由流动的制度障碍,促进经济循环畅通,维护和完善全国统一大市场
2022	中共中央 国务院关于加快建设全国统一大市场的意见	强化市场基础制度规则统一;推进市场设施高标准联通;打造统一的要素和资源市场;推进商品和服务市场高水平统一;推进市场监管公平统一;进一步规范不当市场竞争和市场干预行为
2022	中华人民共和国反垄断法（2022修正）	国家建立健全公平竞争审查制度。行政机关和法律、法规授权的具有管理公共事务职能的组织在制定涉及市场主体经济活动的规定时,应当进行公平竞争审查
2023	制止滥用行政权力排除、限制竞争行为规定	预防和制止滥用行政权力排除、限制竞争行为的相关规定
2023	关于开展妨碍统一市场和公平竞争的政策措施清理工作的通知	开展妨碍统一市场和公平竞争的政策措施清理工作,明确清理范围、强化主体责任、把握阶段安排、抓好组织实施的相关规定
2024	公平竞争审查条例	为了规范公平竞争审查工作,促进市场公平竞争,优化营商环境,建设全国统一大市场,根据《中华人民共和国反垄断法》等法律,制定本条例。明确审查标准、审查机制、监督保障等内容
2024	中共中央关于进一步全面深化改革 推进中国式现代化的决定	清理和废除妨碍全国统一市场和公平竞争的各种规定和做法,完善要素市场制度和规则,推动生产要素畅通流动、各类资源高效配置、市场潜力充分释放

二 破除地方保护和市场分割的成绩和进展

（一）破除一批地方保护和市场分割的突出问题

2023年，国家发展改革委建立不当干预全国统一大市场建设行为问题整改和典型案例约谈通报制度，开展妨碍建设全国统一大市场问题线索核实整改工作，征集的1100余条问题线索中有效问题线索超过九成，均已督促地方完成整改。国家市场监管总局组织各地清理妨碍建设统一市场和公平竞争的规定做法，全国共修订废止妨碍统一市场和公平竞争的政策措施2.16万件，涉嫌违反公平竞争审查标准的问题检出率为3.3%，同比下降3.2个百分点；深入实施公平竞争审查制度，全国审查增量政策措施14.8万件、存量政策措施61.65万件，废止修订、纠正违反1.76万余件；大力纠治限定交易、妨碍商品要素自由流通等行为，依法查处滥用行政权力排除、限制竞争案件39件，开展执法约谈17次；发布首批不当干预市场行为防范事项清单。① 相关部门陆续启动工程建设和招标投标、政府采购等领域不当市场干预行为的专项整治工作。

（二）推动市场高效联通的重点任务初见成效

围绕强化市场基础制度规则统一、推进市场监管公平统一等方面出台配套政策。基础制度规则统一衔接方面，全面开展新版市场准入负面清单修订，印发实施《关于规范招标投标领域信用评价应用的通知》等；市场监管公平统一方面，印发实施《制止滥用行政权力排除、限制竞争行为规定》，构建跨区域线上案件协查、执法协助、联合执法机制。在促进要素和资源市场统一、推进商品和服务市场高水平统一等方面取得初步成效。统一的要素和资源市场建设方面，全国土地二级市场线上交易服务平台已经正式开通运行，统一失业保险转移办理流程工作提前完成，银行间债券市场与交易所债券市场硬件系统已

---

① 《数说2023年市场监管成绩单》，https：//www.samr.gov.cn/xw/tp/art/2023/art_24562a343bce4f15ab9d11cde2c19591.html。

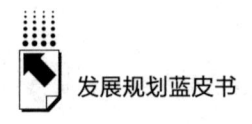

经实现互联互通；商品和服务市场高水平统一方面，上线全国12315消费投诉信息公示平台；建设2900余个一刻钟便民生活圈；开展内外贸一体化试点等。①

（三）公用事业领域改革取得积极进展

公用事业具有自然垄断属性，水电气热等公用企业以管网为基础设施提供服务，具有很强的区域性特征，可能通过与政府签订特许经营协议等方式，成为区域内唯一利用管网从事相关经营活动的企业。如果缺少竞争约束，地方公用企业可能滥用其垄断地位排除、限制其他企业的竞争。此外，公用事业存在多环节经营的垄断风险，除在供水、供电、供气、供热等自然垄断环节经营外，公用企业普遍还在与主业相关的工程安装等竞争性环节开展业务，可能将其市场支配地位传递至其他环节，损害市场竞争环境。因此，对公用事业加强执法是破除地方保护和市场分割的重要突破口。2023年，国家市场监督管理总局共查办公用事业行业垄断案件29件，罚没金额1.76亿元。同时，持续健全法律制度体系，制修订《禁止垄断协议规定》《禁止滥用市场支配地位行为规定》等反垄断配套规章指南；加强与行业主管部门沟通协调，推动行业监管和竞争监管协同联动，强化源头治理、同向发力，提高监管效能。②

三 破除地方保护和市场分割的问题和挑战

（一）"显性阻碍"转换为"隐性阻碍"

随着全国统一大市场建设的推进，过去明令禁止的显性阻碍已逐渐转换成隐性阻碍。地方保护和市场分割手段与形式更为隐蔽多样，逐步从保护本地资源和商品转向保护本地要素和服务，从保护本地企业转向保护本地市场等，个别地方的公平竞争审查流于形式，导致恶性竞争行为仍然存在，阻碍生产要素

---

① 《国新办举行加快建设全国统一大市场工作进展情况国务院政策例行吹风会图文实录》，http://www.scio.gov.cn/live/2023/33108/tw/。
② 《针对地方保护和行政性垄断加大监管执法力度破除民生领域垄断》，https://www.ccdi.gov.cn/toutiaon/202308/t20230821_284478.html。

自由流动、妨碍统一大市场建设。市场监督管理总局自 2023 年 6 月起组织各地开展了为期半年的集中清理行动，此次清理发现，涉及妨碍市场准入和退出、影响生产经营成本等领域问题的占比，较前次清理分别增加 10.02 个和 16.01 个百分点，涉及妨碍商品和要素自由流动领域问题仍然较为突出；问题表现形式以隐性为主，各种"土门槛""土政策"多发，规范性文件和"一事一议"等其他政策措施占绝大多数，"边清理、边出台"和"绕开"公平竞争审查等问题仍然存在。此次清理的政策措施涉及不同文件类型，其中规章、规范性文件和"一事一议"等具体政策措施占比分别为 0.55%、50.55% 和 48.9%，隐性行为呈增多态势。①

（二）新业态管理模式存在"以批代管"路径依赖

新业态经济在新旧动能转换、促进经济增长中发挥着积极作用，但同时在发展过程中也出现各种新问题。部分行政机关在对新业态经济的管理中仍存在"以批代管"的路径依赖，出现滥用行政权力排除、限制竞争行为，例如，限定或者变相限定购买、使用指定的经营者提供的商品或者服务；制定、发布含有排除、限制竞争内容的规定；通过与经营者签订合作协议等方式妨碍其他经营者进入相关市场等。这些行为妨碍了统一大市场建设，不利于发挥市场竞争机制的优胜劣汰和创新激励功能，可能对行业创新发展和消费者福利造成损害。

（三）区域市场制度规则等存在差异

各区域市场准入标准、优惠政策、监管规则等不一致，自由裁量权仍然较大，给全国实施统一市场监管带来一定困难。具体来看，一是市场准入歧视依然存在。某些区域在提供土地、资金等要素时，在基础设施、服务业、政府采购中，对不同地区、不同所有制、不同规模的市场主体存在或明或暗的歧视性做法和附加条件。二是保护本地市场和本地企业利益。一些地方通过制定本地区法规、政策和标准，形成商品、服务和要素市场壁垒，严重干扰市场主体跨

---

① 《市场监管总局 2024 年第一季度例行新闻发布会实录》，https://www.cqn.com.cn/zj/content/2024-03/28/content_ 9041013.htm。

区域经营。三是地方优惠政策存在差异。地方政府针对特定企业及投资者给予财税、土地、补贴等优惠政策，造成非市场因素的区域竞争环境不公平，对企业决策和行为产生干扰。四是监管规则不统一、不透明。不同区域在资质、纳税、准入、环保、质检、卫生、消防等方面的监管标准、执法依据和执法尺度差异较大，且变化频繁，企业在跨区域经营中难以形成稳定的监管预期，极大地增加了企业运营的制度性成本。

四 欧洲单一市场建设经验

（一）成立欧洲共同体联盟

1957年3月25日，法国、联邦德国、意大利、荷兰、比利时和卢森堡6国政府首脑和外长在罗马签署《欧洲经济共同体条约》和《欧洲原子能共同体条约》，后被统称为《罗马条约》。《罗马条约》的目标是消除分裂欧洲的各种障碍，加强各成员国经济的联结，保证协调发展，建立更加紧密的联盟等。《罗马条约》的核心内容是建立关税同盟和农业共同市场，逐步协调经济和社会政策，实现商品、人员、服务和资本的自由流通。1967年，欧洲煤钢共同体、欧洲经济共同体、欧洲原子能共同体等机构合并，统称欧洲共同体。

（二）制定统一的制度规则

1985年2月欧共体理事会签署《单一欧洲法案》，提出1992年12月31日之前，实现商品、服务、资本、人员的自由流动，消除市场障碍，即物质障碍、技术障碍、制度障碍。为保障欧洲统一大市场的建立，制定了相应的政策作为保障。一是共同农业政策。《罗马条约》就共同农业政策提出了一系列具体目标，如提高农业劳动生产率、使农业人员得到公平的收入、稳定农产品市场、保证农产品充分供应、保持对消费者合理的价格。共同农业政策的基本内容是共同价格，包括目标价格、干预价格和门槛价格。二是竞争政策。竞争政策在欧盟的经济政策结构中具有重要的地位，其目的就是保证市场主体自由竞争和市场正常运行，保障市场活力和消费者利益，基本内容为禁止企业采用限制性措施、禁止企业滥用支配性市场地位、禁止妨碍竞争的国家援助。三是共同贸易政策。共同贸易政策在改变关税税率、缔结关税与贸易协定、统一贸易自由化措施、制定出口政策以及采取反倾销或反补贴等贸易保护措施等方面提出了统一要求。为保证共同贸易政策的切实实施，欧盟制定了一套完整的法律体系。四是运输政策。运输费用与关税一样会阻碍贸易自由流动。运输政策对运输水费标准进行了改革，对燃油税和基础设施使用收费政策进行规定。五是完善统一大市场的其他经济措施。推动制定产品的技术规则和技术标准，简化和协调欧盟内部有关产业与企业的立法和规则，推动政府采购市场的开放等。

（三）促进四大要素自由流动

为了建立欧洲统一大市场，制约欧盟成员国之间自由贸易和自由流动的数百个技术、法律和行政壁垒被废除，成员国之间的经济边界逐步消失。经济边界消失不仅在于取消边界控制，更是通过减规措施、相互承认原则和采纳欧共体的共同规则等取消各种形式的以国家为基础的间接歧视措施，进而促进商品、人员、服务和资本四大要素的自由流动。其中，通过取消各种有形障碍、技术障碍、财政障碍等，实现商品自由流动；欧盟公民可以在任意成员国内自由迁移、居住或就业，实现人员自由流动；欧盟国家的企业在其他成员国开展相关商业服务将享受"国民待遇"，实现服务的自由流动；取消在投资及支付方式上的国别限制，实现资本的自由流动。

五 破除地方保护和市场分割的政策建议

（一）完善统一市场基础制度规则

建立和完善全国统一的市场基础制度规则，完善统一的产权保护制度，依法平等保护各种所有制经济的产权；实行统一的市场准入制度，严格落实"全国一张清单"管理模式，严禁各地区各部门自行发布具有市场准入性质的负面清单；维护统一的公平竞争制度，坚持对各类市场主体一视同仁、平等对待。研究制定全国统一大市场建设标准指引，优化标准供给结构、强化政府制

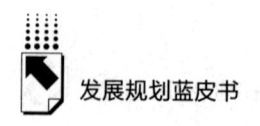

定标准管理。压实政策制定机关的审查主体责任，将涉及经营主体经济活动的政策措施全部纳入审查范围，确保应审尽审，强调未经公平竞争审查或者违反审查的程序、标准的，不得出台有关的政策措施。打破地方保护和市场分割，打通制约经济循环的关键堵点，促进商品要素资源在更大范围内畅通流动，加快建设高效规范、公平竞争、充分开放的全国统一大市场。

（二）积极推进重点领域改革

聚焦公用事业、教育、工程建设、交通运输等民生重点领域，加强滥用行政权力排除、限制竞争执法，依法及时制止和纠正滥用行政权力排斥或者限制外地经营者、妨碍商品在地区之间自由流通、限定或者变相限定交易等排除、限制竞争行为，持续加大监管执法力度。加强与行业主管部门、地方政府协同联动，推动以案促改、标本兼治，加强源头治理和预防式监管，统筹用好约谈提醒、行政指导、规则指引等梯次性监管工具，提升常态化监管水平。深入研究完善地方税税制，完善事权、支出责任和财力相适应的财税体制，研究修订关于统计单位划分、跨省分支机构视同法人单位统计审批管理等方面的制度规则，不断健全反垄断制度规则体系，为反垄断监管执法工作提供制度保障，为重点领域企业合规建设提供清晰指引。

（三）加大区域一体化先行先试探索力度

结合区域重大战略、区域协调发展战略实施，鼓励京津冀、长三角等地区率先开展区域市场一体化建设。目前，上海、江苏、浙江、安徽商务主管部门已签署《深化长三角区域市场一体化商务发展合作协议》；南京都市圈市场监管领域发布《2024年南京都市圈市场监管部门服务建设全国统一大市场联合行动计划》，促进南京都市圈市场监管一体化协作融合，助力长三角建设全国统一大市场先行区；北京、天津、河北商务主管部门也签署《深化京津冀区域市场一体化商务发展合作协议》。经济发达、城市化水平高的地区，经济基础雄厚、产业分布密集且人才高度聚集。在这些区域优先开展市场一体化建设，能更有效地整合资源、提升市场竞争力，在健全市场制度规则、完善市场基础设施、共享物流发展成果、强化跨区域市场监管协作等方面积极探索创新，并为全国范围内的市场整合提供宝贵的经验和示范。通过坚持全国统一市场原则、加强区域间协调与合作、发挥区域比较优势以及强化监管与执法等措施，确保全国统一大市场与区域市场一体化之间的相互促进，提升我国市场的整体竞争力和效率，为推动经济高质量发展提供有力的支撑。

（四）立破并举推进全国统一大市场建设

从立的角度，明确要抓好"五统一"，一是强化市场基础制度规则统一，推动完善统一的产权保护制度，实行统一的市场准入制度，维护统一的公平竞争制度，健全统一的社会信用制度；二是推进市场设施高标准联通，着力提高市场运行效率；三是打造统一的要素和资源市场，推动建立健全统一的土地和劳动力市场、资本市场、技术和数据市场、能源市场、生态环境市场；四是推进商品和服务市场高水平统一，着力完善质量和标准体系；五是推进市场监管公平统一，着力提升监管效能。从破的角度，明确要进一步规范不当市场竞争和市场干预行为，包括设置门槛障碍、保护地方企业、盲目跟风项目以及放任过剩产能等，组织各地抓好问题线索核查、政策措施清理等工作，深入开展重点领域市场分割、地方保护等突出问题专项整治，持续通报典型案例，发挥警示震慑作用，着力打通制约全国统一大市场建设的堵点卡点。

专栏　深化长三角区域市场一体化商务发展合作
助力全国统一大市场建设

2023年9月5日，在商务部指导下，上海、江苏、浙江、安徽商务主管部门在北京共同签署《深化长三角区域市场一体化商务发展合作协议》。根据合作协议，三省一市商务主管部门将重点在推进市场规则制度共通、商业基础设施共联、商贸流通体系共享、农产品产销协作共赢、供应链区域合作共促、市场消费环境共建等6个方面深化务实合作，推进高水平开放，促进大流通，构建大市场。长三角地区是我国经济发展最活跃、开放程度最高、创新能力最强的区域之一。推动长三角一体化发展，不仅可以共享发展红利，更能为推进全国统一大市场建设开辟道路、创造条件、积累经验。持续推动长三角区域市场高效畅通和规模拓展，加快营造更加稳定公平透明可预期的营商环境，助力全国统一大市场建设。

把长三角区域市场一体化建设作为强化上海"四大功能"的重要支撑，

着力打造国内大循环中心节点和国内国际双循环战略链接。一是共同打造大平台。高水平推进虹桥国际中央商务区建设，开展制度型开放压力测试。二是共同推进大开放。推动更多优质外资项目落地，增强长三角三省一市"走出去"综合服务能力。三是共同建设大市场。建设长三角联动促消费平台，打造长三角消费新地标。

以更大力度推动长三角自贸试验区联动发展。依托长三角自贸试验区联盟机制，深化制度创新合作，常态化开展浙沪跨港区供油，深化长三角大宗商品期现一体化交易市场建设。以更大的力度推动长三角开发区合作，深化上海漕河泾开发区海宁分区、中新嘉善现代产业合作园等跨省合作园区建设，强化省内开发区与沪苏皖开发区合作。以更大力度打造高能级展会平台。

扭住扩大内需这个战略基点，培育壮大现代商贸流通企业，共同推动长三角地区商贸流通体系融合发展。一是完善流通基础规划布局。支持南京、苏州、徐州、无锡开展国际消费中心城市以创促建。二是提升经营主体竞争力。推动国家级服务业标准化试点（商贸流通专项）。三是促进内外贸一体化发展。联动长三角兄弟省市探索法律法规等方面互通衔接。

资料来源：《深化长三角区域市场一体化商务发展合作　助力全国统一大市场建设》，https://www.gov.cn/yaowen/liebiao/202309/content_6902324.htm。

参考文献

安宁：《"五统一""一破除"加快建设全国统一大市场》，《中国经济导报》2023年12月28日。

安和芬：《欧洲统一大市场的建设与前景》，《世界经济》1992年第3期。

白重恩、杜颖娟、陶志刚等：《地方保护主义及产业地区集中度的决定因素和变动趋势》，《经济研究》2004年第4期。

《国家发展改革委　国家市场监管总局召开建设全国统一大市场工作推进会议》，《中国价格监管与反垄断》2023年第12期。

刘志彪、孔令池：《从分割走向整合：推进国内统一大市场建设的阻力与对策》，《中国工业经济》2021年第8期。

陆铭、陈钊：《分割市场的经济增长——为什么经济开放可能加剧地方保护？》，《经济研究》2009年第3期。

吴强、万劲松：《欧洲经济共同体对我国建立统一大市场的启示》，《经济评论》1994 年第 1 期。

徐现祥、李郇：《市场一体化与区域协调发展》，《经济研究》2005 年第 12 期。

于祥明：《多部门将出台系列举措合力推进全国统一大市场建设》，《上海证券报》2023 年 12 月 27 日。

赵诚皓：《建设全国统一大市场背景下公平竞争政策与产业政策协调机制的法律构建》，《中国物价》2023 年第 7 期。

张守文：《全国统一大市场的基础制度及其构建》，《北京大学学报》（哲学社会科学版）2023 年第 4 期。

B.17
建立市场竞争状况测评体系

钟 洲*

摘　要： 当前，大部分国家与地区都以世界银行的营商环境评价体系作为考察市场经济效率的指标。世界银行的营商环境评价强调从微观企业视角，对市场经济效率进行自下而上的国别评价。而中国的制度特色既重视自下而上的市场行为，也重视自上而下的政策引导与统一大市场的经济效率。为服务统一大市场建设的战略目标，有必要建立适应中国需要的市场竞争状况评估体系。本文对此进行了探索，明确了市场竞争状况测评体系与营商环境评价体系的异同与衔接，并提出包含"基础模块"和"高质量市场经济评价体系模块"的测评体系。"基础模块"包含两个方面：一是与世界银行的营商环境评价体系相衔接的区域内竞争环境评价体系；二是与全国统一大市场建设相衔接的区域间公平竞争贡献度评价体系。在此基础上，为兼顾通用性与区域发展情况，各地方进一步相机补充高质量市场经济发展相关评价指标。

关键词： 统一大市场　反垄断　营商环境　公平竞争审查

一　市场竞争状况测评的政策措施与成效

（一）我国竞争状况评估体系的现状

《中共中央关于进一步全面深化改革　推进中国式现代化的决定》强调构建全国统一大市场是构建高水平社会主义市场经济体制的重要环节。

---

* 钟洲，中国社会科学院数量经济与技术经济研究所助理研究员，主要研究方向为反垄断、竞争政策。

建立市场竞争状况测评体系

统一大市场的构建旨在打破地方保护和市场分割，促进商品和要素资源在全国范围内自由流动，提高市场效率，激发市场活力，主要涉及三方面内容。[①] 一是优化区域内营商环境。主要涉及公平竞争审查制度的落实，审查政策措施，修订或废止妨碍统一市场和公平竞争的政策措施，对妨碍商品要素自由流通、排除限制外地经营者参加本地经营等行为进行查处，开展执法约谈，纠正不当市场干预行为。二是推动区域间协调发展。主要涉及鼓励区域之间的合作，建立健全区域合作机制，优化产业布局，推动产业转移和制造业集群发展，构建跨区域线上案件协查、执法协助、联合执法机制，提高监管效能。三是强化行政性垄断案件信息公开和政府工作透明度提升，增强人民群众的公平竞争意识和企业的合规意识。

在推进全国统一大市场建设过程中，竞争状况的测评无疑是了解各地现状，为各级政府和有关部门提供科学决策依据的基础。党的十八大以来，有关部门高度重视市场竞争状况评估工作，包括《建设高标准市场体系行动方案》《关于强化反垄断深入推进公平竞争政策实施的意见》《"十四五"市场监管现代化规划》等多个重要政策文件都对相关测评作出重要安排部署。当前，相关竞争状况评估工作主要涉及三个方面。

一是国务院反垄断委员会定期组织调查、对市场总体竞争状况进行评估，以及国家反垄断局对各细分行业、市场的竞争状况评估。据了解，自2008年《反垄断法》实施以来，有关部门已经对几十个细分行业、市场进行了竞争状况评估工作。

二是部分地区进行的市场竞争状况评估。例如，2021年发布的《关于开展营商环境创新试点工作的意见》中选取了6个城市作为全国首批营商环境创新试点。其中，重庆市市场监管局对市场竞争状况评估工作进行了创新，牵头构建了市场竞争状况指标评估体系，并在重庆市江北区开展了初步评估。从量化结果看，2018~2020年，江北区市场竞争状况综合评价指数从80.21上升至91.58。[②]

---

① 《全国统一大市场建设破除一批行政性垄断堵点》，https://www.gov.cn/lianbo/bumen/202403/content_6942629.htm，2024年3月30日；《国新办举行加快建设全国统一大市场工作进展情况国务院政策例行吹风会》，https://www.samr.gov.cn/xw/xwfbt/art/2023/art_7acc226e01344ffeb94261f059ca1cc1.html，2023年12月26日。

② 重庆市市场监督管理局：《重庆市市场竞争状况评估指标体系通过专家评审》，https://www.samr.gov.cn/fldes/sjdt/dfdt/art/2023/art_96626b15655941f281e871f92194e7a3.html，2022年2月28日。

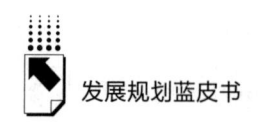

三是国家发改委对区域营商环境的测评。2018年，国家发改委在东、中、西部和东北地区的22个城市开展了两批次营商环境试评价。2019年，在直辖市、计划单列市、省会城市和部分地县级市等41个城市开展了营商环境评价，并在东北地区21个城市开展了营商环境试评价。截至2020年，累计有98个城市参与中国营商环境评价改革实践。①

（二）建立市场竞争状况评估测评体系的必要性

有关部门对市场竞争状况评估测评体系进行了初步探索，但现有市场竞争状况评估测评体系并不能完全匹配统一大市场的建设需要。

首先，国务院反垄断委员会与国家反垄断局对市场竞争状况进行的评估主要涉及具体行业的运行状况，突出对主要竞争者和竞争格局的关注，而不涉及对政府部门公平竞争保护情况的评估。

其次，部分地区进行的试点工作主要针对区域内竞争格局、公平竞争情况进行评估，而无法进行区域间比较。

最后，营商环境的测评主要衔接世界银行的营商环境评价体系，虽然包含公平竞争的相关内容，但不涉及区域间协调合作的测评内容。营商环境涵盖了一个经济体或者城市为商业活动整个过程能够顺利运行所提供的各种条件及其周边环境的总和。② 从全球范围来看，自2003年以来，世界银行开始定期发布《营商环境报告》，对全球主要经济体的营商环境进行评分、排名。世界银行的评价体系在全球范围内获得了较大的认可，当前，大部分国家与地区都将世界银行的营商环境评价体系作为考察市场经济效率的重要依据。

本文需要回答的一个问题是，给定世界银行的营商环境框架已经较为成熟，那么为什么中国需要一个单独的竞争状况评估体系？换言之，相关指标体系的定位与理论基础是什么？世界银行的营商环境评价体系与中国市场总体竞争状况评估体系都承认市场经济的重要性，也都认可政府在市场经济中扮演着积极有为的角色，因此存在理论基础的一致性。但二者侧重点存在差异。世界

---

① 《营商环境评价领域首部国家报告发布 准入门槛放宽 服务水平提升》，https://www.gov.cn/xinwen/2020-11/30/content_5565787.htm，2020年11月30日。
② 苏昊通、张峰：《世界银行B-READY评价指标下的政府采购营商环境优化——国际经验与中国镜鉴》，《财政科学》2023年第7期。

银行的营商环境评价强调从微观企业视角，以城市（"单点"）为代表性单位，对市场经济效率进行自下而上的国别评价。而中国的制度特色既重视自下而上的市场行为，也重视自上而下的政策引导，即在关注每个分散的"单点"的市场经济效率之外，也关注统一大市场（"全局"）的市场经济效率。通过强化城市与城市间、城市与整体间的协同，构建高效规范、公平竞争、充分开放的全国统一大市场，为建设高标准市场体系、构建高水平社会主义市场经济体制提供坚实的支撑。营商环境评价体系以代表性城市开展国别研究的思路不能针对性地反映同一国家内不同地区间的竞争状况，也无法考察不同城市与整体的关系。此外，在实践中，一些地方政府会展开各种对企业有利的优惠政策竞争，同时也存在各种具有地方保护主义特点的市场准入、要素流动和政府采购等歧视性政策安排。① 这些优惠政策和歧视性政策并非世界银行营商环境评价关注的重点，却是中国统一大市场建设、公平竞争审查与反行政垄断的重要内容。

因此，有必要在借鉴世界银行的营商环境评价体系的基础上，结合中国的实际问题，着眼于评价区域内竞争环境与评价区域间竞争对全国统一大市场建设的影响，从而构建中国式市场总体竞争状况评估体系。

二 市场竞争状况评估体系的理论基础、定位与框架

（一）竞争状况评估体系的制度设计

1. 理论基础与定位

从理论基础来看，竞争状况评估体系和营商环境评价体系在某些方面存在一致性，但也存在一些区别。

一方面，竞争状况评估体系和营商环境评价体系都承认市场经济的重要性，并认可政府在市场经济中发挥积极作用的必要性。这种认可在范围和标准上具有明确定义，要求政府的积极作为必须建立在合理的基础上，并定期

---

① 刘志成：《加快建设全国统一大市场的基本思路与重点举措》，《改革》2022年第9期。

接受检查和评估。营商环境评价的核心目的是约束政府的"乱为",但对于什么是"乱为"的定义却逐渐在发生变化。在世界银行的《营商环境报告》(Doing Business Report,以下简称"DB")中,旨在约束的是政府的低效行为,而世界银行最新构建的"Business Ready"(以下简称"B-Ready")框架则希望更进一步度量政府在监管和公共服务方面的质量。从 DB 到 B-Ready 的演变体现了世界银行在对政府角色认知上的显著变化。这种变化表明,世界银行越来越认可政府在经济发展中通过监管和提供公共服务所能发挥的积极作用,不再单纯地将政府看作造成"制度摩擦"的唯一源头。换言之,世界银行开始重视政府在提高市场效率和推动经济发展中的正面影响,认为政府不仅是规则的制定者和市场的监管者,也是公共服务的提供者,对营造良好的商业环境和推动经济进步具有关键作用。① 这一监管与服务并重的理论逻辑与近年来我国推进"简政放权、放管结合、优化服务""放管服"改革的逻辑也具有契合性。

另一方面,竞争状况评估体系的理论基础和定位应与营商环境评价体系有所区别,体现在以下方面:一是营商环境评价体系侧重"营商环境",竞争状况仅是营商环境评估的一个部分,相关评价指标散落在不同主题之中,而竞争状况评估体系以评估竞争状况为主要内容;二是世界银行的营商环境评价体系强调从微观企业视角,以城市为单位对市场经济效率进行评价。而中国的制度特色既关注城市的市场经济效率,也关注城市间统一大市场的经济效率。正如党的二十大报告所指出的,充分发挥市场在资源配置中的决定性作用,更好发挥政府作用。

有鉴于此,竞争状况评估体系可以在借鉴 B-Ready 框架的基础上,结合中国的实际问题,进一步修改、完善 B-Ready 的框架,以确保竞争状况评估具有扎实的理论基础,又符合"中国特色"。具体而言,从理论基础来看,竞争状况评估体系与 B-Ready 框架保持一致,强调"有效市场"与"有为政府"的结合;从定位来看,竞争状况评估体系是 B-Ready 框架的继承和完善。与 B-Ready 框架一致,竞争状况评估体系也可以定位为对地方治理水平的一项评估

---

① 刘帷韬:《世界银行营商环境评估体系变化要点、指标分析与启示》,《中国流通经济》2023 年第 9 期。

工具，以地方政府为评估对象。但与世界银行定位为以自下而上的企业视角评估不同。竞争状况评估体系应既包括自下而上的企业视角评估，也应包括自上而下的中央政府视角评估。前者更关注一个地区内部是否实现了公平竞争，与营商环境评价体系保持一致，后者更关注其他地区的企业在进入一个地区时，是否面临歧视或不合理优待，其与全国统一大市场建设、公平竞争审查机制以及反行政垄断保持一致，本质上是评估地方政府的"全国统一大市场贡献度"。

2. 框架设计

总体来说，本文拟在世界银行 B-Ready 体系框架下，借鉴其"市场竞争"等部分的指标构建思路和方式，构建具有中国特色的、反映中国市场竞争状况的指标体系。之所以建议竞争状况评估框架的构建以 B-Ready 框架为参照，主要出于以下考虑。

一是如前所述，世界银行的营商环境评价体系与中国市场总体竞争状况评估体系都承认市场经济的重要性，也都认可政府在市场经济中扮演着积极有为的角色，因此存在理论基础的一致性。

二是希望借鉴其评估理念框架和评估方式，同时确保评估结果具有一定公信力和国际国内认可度。世界银行的《营商环境报告》在国内外营商环境研究领域内传播最为广泛，其国际影响力也是最大的，客观上已成为我国建设一流营商环境的一个重要参照标准。近年来中国政府在国际国内营商环境建设成效中经常引用世界银行《营商环境报告》的年度评价结论，说明了政府层面对报告给予了相当程度的认可。

三是希望实现一定程度的跨国可比性，实现与国际接轨。如前所述，中国竞争状况评估体系定位于评价区域（"单点"）内竞争环境与评价区域间公平竞争贡献度相结合。前者与世界银行 B-Ready 体系框架高度一致，都希望从微观企业视角，以城市（"单点"）为代表性单位，对市场经济效率进行自下而上的评价。因此，以 B-Ready 框架为参照，可实现第一模块的跨国可比，为我国竞争状况评估提供国际参照。

借鉴 B-Ready 体系框架不代表与 B-Ready 体系框架完全一致，事实上，中国竞争状况评估框架的最大特点就在于，既包含自下而上的评估，也重视自上而下的评估。具体而言，中国竞争状况评估框架可以包含两个模块的内容（见图1）。

```
                    ┌─ 区域（"单点"）内 ──── 与世界银行的营商环境评价
                    │  竞争环境评价体系       体系相一致，可借鉴现有的
         ┌─ 基础模块 ┤                       B-Ready 相关指标
中国竞争   │        │
状况评估 ─┤         └─ 全国统一大市场贡献 ──── 依据《公平竞争审查制度实
框架      │           度评价体系              施细则》开展评估
         │
         └─ 高质量市场
            经济评价    ──── 兼顾通用性与区域发展情况，相对发达区域可以自行协商，
            体系模块         在区域内补充相关评价指标
```

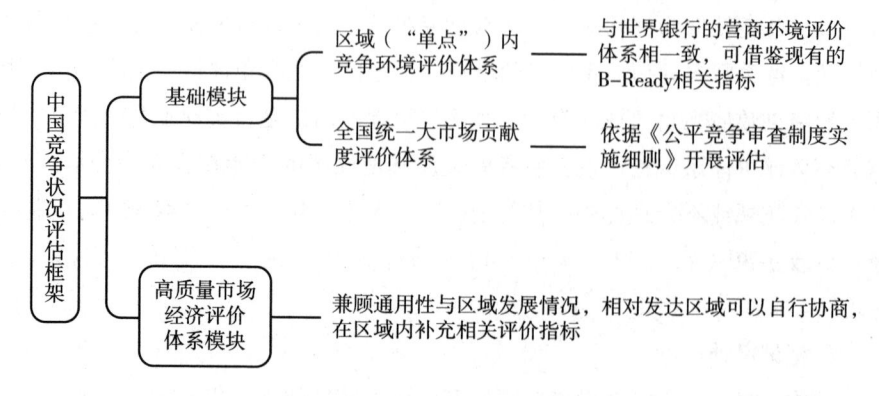

图 1　中国竞争状况评估框架

第一个模块是基础模块，包括两部分内容：一是区域（"单点"）内竞争环境评价体系，该部分与世界银行的营商环境评价体系相一致，可以借鉴现有的 B-Ready 相关指标；二是全国统一大市场贡献度评价体系，该部分与中国统一大市场建设的政策目标，公平竞争审查以及反行政垄断规制体系相衔接。"全国统一大市场贡献度"具有明确的政策依据和理论基础，可以依据《公平竞争审查制度实施细则》开展评估。

加快建设全国统一大市场是构建新发展格局的基础支撑和内在要求。2022年3月中共中央、国务院印发《关于加快建设全国统一大市场的意见》，指出要充分发挥法治的引领、规范、保障作用，加快建立全国统一的市场制度规则，打破地方保护和市场分割，加快建设高效规范、公平竞争、充分开放的全国统一大市场。地方政府制定政策措施时，更要注重与全国统一大市场建设的关系，警惕妨碍统一市场和公平竞争的各种规定和做法，破除各种封闭小市场、自我小循环。地区保护主义长期盛行，不利于商品、服务和要素在全国范围内的自由流动和合理配置。譬如，部分地方政府在政策中给予本地经营者财政奖励、价格补贴等，而对外地经营者予以歧视性、差别性规定，限制外地和进口商品、服务进入本地市场或者阻碍本地商品运出、服务输出。相关区域歧视性政策会扭曲甚至破坏市场公平竞争的秩序，妨碍全国统一大市场的建立。①

---

① 刘戒骄：《竞争中性的理论脉络与实践逻辑》，《中国工业经济》2019年第6期。

公平竞争审查制度为全国统一大市场贡献度提供了评估方向。2021年6月，国家市场监管总局、国家发展改革委、财政部、商务部、司法部会同有关部门修订了《公平竞争审查制度实施细则》（以下简称《实施细则》），为全国统一大市场提供了具体的评估依据。在"审查标准"部分，包括了市场准入和退出标准、商品和要素自由流动标准、影响生产经营成本标准、影响生产经营行为标准四类标准。

《实施细则》的四类标准与B-Ready体系的思路大体一致。"市场准入和退出标准"与B-Ready的"企业进入"和"企业破产"环节有一定重合，"商品和要素自由流动标准"与"国际贸易"环节的思路相近，只是将关注点变为地区保护而非贸易保护，"影响生产经营成本标准"与"企业选址"环节有重合，特别是关于行业特殊限制（Sector-Specific Restrictions）和地方参与要求（Local Engagement Requirement）的相关指标值得借鉴，而"影响生产经营行为标准"与"市场竞争"环节高度重合，特别是与反垄断相关的指标内容。

以上基础模块的内容都应由中央层面统一部署、安排，地方予以支持，以实现由点到面，系统评价各地竞争状况。

在基础模块的基础上，各地方可进一步补充高质量市场经济评价体系模块，在前两者基础上，就特定区域（"长三角""珠三角"等）补充高质量市场经济发展相关评价指标，因我国幅员辽阔，区域间发展状况差异很大，将相关指标（如知识产权研发投入、产业竞争力等）纳入前两个模块可能对欠发达地区而言不公平。为兼顾通用性与区域发展情况，相对发达区域可以自行协商，在区域内补充相关评价指标。

（二）专栏：世界银行营商环境评价体系评述

1. 世界银行营商环境评价的结构和逻辑

2021年，世界银行宣布停止发布原来连续多年的《营商环境报告》，并着手启动新的营商环境评价项目。2022年底，世行发布了新版内容说明（Business Enabling Environment，BEE），并于2023年将新评估体系命名为"Business Ready"。

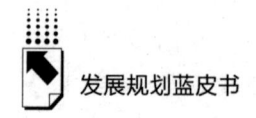

DB 与 B-Ready 在关注点和目的上存在一定的差异。① DB 主要从单个企业的视角出发，评估影响这些企业的营商环境，特别是监管框架和办事便利度这两个方面。它着重于关注单个私营企业在拓展业务和持续运营时所面临的困难，通过对这些企业所处环境的基准评估来衡量监管的效率。相比之下，B-Ready 的目标更为宏观，旨在改善全球经济体中私营部门的整体政策环境。B-Ready 强调私营部门发展的三个关键特征：创新和创业精神驱动的经济增长、市场参与者之间的平等机会，以及确保经济增长的长期可持续性。

就评价体系而言，DB 集中于监管效率的提高和市场营商环境的优化。它通过具体的效率标准，如手续数量、时间、成本等来衡量监管的效率。B-Ready 评价体系则更为全面，包含三个主要支柱：监管框架、公共服务和办事便利度。监管框架关注企业在成立、运营和结束过程中必须遵守的规则；公共服务则着眼于政府提供给企业的、有助于合规经营和商业活动的各种服务和设施；办事便利度则衡量立法框架和公共服务在实际操作中对企业运营的促进作用。B-Ready 认为政府应在市场中发挥更积极的作用，不仅仅是响应企业需求，也是通过这些支柱来推动私营部门的整体发展。

2. 世界银行评价体系的可借鉴之处和优化方向

B-Ready 评价体系的新版本通过引入监管框架和公共服务两大核心支柱，标志着世界银行的营商环境评价理论发生了重要转变。与传统的新制度经济学和规制经济学理论相比，这些理论倾向于强调减少规制和放松监管，新的评价体系不再单纯推崇放松监管的理念，而是开始平衡监管的严格性和服务的高效性。这一转变反映了公共服务理论在新评价体系中占据了重要位置，显示出世界银行对"发展型政府"理念的部分接纳。

对于中国而言，政府一贯倡导有效市场与有为政府的结合，B-Ready 框架，尤其是其对内部竞争状况的评估，提供了宝贵的参考价值。然而，值得注意的是，在评估地区竞争状况时，世界银行的 B-Ready 提供了关键的思路和从企业角度出发的自下而上的评估模式。在中国的实际情况中，除了企业间自发

---

① 赖先进：《国际营商环境评价的新变化与营商环境建设新趋势——基于世界银行新营商环境评价（B-Ready）的分析》，《经济体制改革》2023 年第 4 期。

形成的市场竞争障碍之外，还存在地区间或地方政府间的地方保护主义问题，这些问题对构建全国统一大市场构成了威胁。

事实上，世界银行 B-Ready 框架存在的一个潜在问题就是，以代表性城市开展国别研究的思路不能针对性地反映同一国家内不同地区间的竞争状况，主要体现在以下三个方面。

一是 B-Ready 的评估工作是从企业的视角进行，而非仅仅从地方政府的角度出发。在企业生命周期的各个阶段，地区之间的竞争可能导致保护主义或过分的迎合行为，但这些问题在 B-Ready 的评估体系中并没有得到系统性地体现。尽管"市场竞争"被列为 B-Ready 评估的十大主题之一，但它主要关注的是三个具体领域：①竞争政策的实施情况；②知识产权与创新政策；③政府采购的规范性。至于市场准入、公共服务等其他与市场竞争相关的评估指标，则分散在评估过程的不同环节。"市场竞争"部分的局限性源自历史背景，在原有的 DB 框架中，这一部分仅被限定为"政府采购"。B-Ready 虽然已经将其范围扩展到更广泛的市场竞争领域，包括反垄断法律、知识产权保护以及政府采购等，但这一环节仍然未能充分反映出不同地区间存在的不合理竞争状况。①

二是 B-Ready 评估体系更侧重于市场势力、知识产权保护和政府采购等方面，但地区间的不合理竞争还可能通过税收优惠、补贴等其他政策手段体现出来。这些政策倾斜不仅限于本地或国有企业，还可能在招商引资过程中，通过违规优惠政策争夺优质税源。虽然这可能短期内有利于私营部门的运营，但并不符合全国统一大市场的规范，且可能导致资源的政策套利性流动，不利于经济高质量发展。B-Ready 在识别这类行为方面存在局限。

三是尽管 B-Ready 提出了特殊豁免的可能性和认定流程，但在中国，地方政府在经济活动中往往以提升本地产业竞争力为目标。这可能导致短期内通过补贴、税收减免等手段影响市场竞争，以期形成具有竞争力的产业集群。这种产业政策性质的经济干预存在争议，因为其决策过程缺乏透明度，执行层面的

---

① 吴汉洪、赵楠：《世界银行营商环境新评价体系探究及启示》，《学习与探索》2023 年第 8 期。

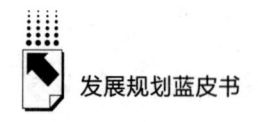

监督也不充分，可能导致资源的低效分配和浪费。为了缓解这种情况，可以通过加强决策的论证过程和提高信息披露的要求，部分减少发展动机对市场竞争的不利影响。

三 市场竞争状况评估指标体系

结合世界银行 B-Ready 框架，首先，建议市场竞争状况评估指标体系的一级指标分为"制度环境""市场运行""政府效率"三个方面。一级指标与 B-Ready 的"监管框架""公共服务""办事便利度"三大支柱相吻合。具体来说，"制度环境"关注制度的完整性和与上位规定的遵循程度，"市场运行"关注实际制度的执行情况以及公共服务的可得性，"政府效率"关注为了获得相关支持和优惠政策企业需要花费的额外时间和金钱成本，这一部分与最初的"营商环境指数"联系紧密。

其次，在每个一级指标下，所有二级指标均围绕《实施细则》的审查标准设计，关注市场准入和退出、商品和要素自由流动、生产经营成本影响和生产经营行为影响等方面。与世界银行 B-Ready 的评估框架思路一致，这些方面在三个一级指标下同构评估。与此同时，增添了"给予特定经营者优惠政策的流程合规性"、"通过关卡、软件屏蔽等方式设置贸易阻碍"等《实施细则》中明确指出且是中国特殊发展背景下的评估指标。所有上述相关指标均可以在实际评估中予以微调。

最后，纵观全球，类似评价体系都十分依赖于专家和企业评分。本指标体系也建议采取专家咨询加企业调查两类方式来获取数据。相对而言，企业调查获得的数据较为客观量化，而专家咨询可能会受到主观性和立场的影响。对此，建议创新专家评分制度。当前，各地市场监管局都建立了反垄断专家库，应充分调动专家的积极性，在"双随机、一公开"原则下，进行各地交叉评估。如在全国统一大市场贡献度评价中，随机抽取成渝地区的相关政策文件或邀标文件，并随机选择另一区域（如北京）的若干专家，基于国家反垄断局层面提供的统一标准，对相关文件是否符合全国统一大市场建设精神、公平竞争审查是否规范等进行专家评分。最终得到竞争状况评估指标体系。

表 1 竞争状况评估指标体系

一级指标	二级指标	三级指标	评估指标参照物
制度环境	市场准入和退出	企业准入质量规定	世界银行 B-Ready 和《实施细则》
		企业准入限制规例	世界银行 B-Ready 和《实施细则》
		破产法律和程序标准	世界银行 B-Ready 和《实施细则》
		资产和利益相关者	世界银行 B-Ready
	商品和要素自由流动	跨地区货物贸易的限制	世界银行 B-Ready 和《实施细则》
		跨地区服务贸易的限制	世界银行 B-Ready 和《实施细则》
		跨地区数字贸易的限制	世界银行 B-Ready 和《实施细则》
		参加本地招标投标活动的限制	《实施细则》
		在本地投资或者设立分支机构的限制	《实施细则》
	生产经营成本影响	给予特定经营者优惠政策	《实施细则》
		优惠政策与税收或非税收入挂钩情况	《实施细则》
	生产经营行为影响	反行政垄断执行情况	世界银行 B-Ready 和《实施细则》
	其他	特殊豁免政策框架	世界银行 B-Ready 和《实施细则》
		公平竞争法规出台情况	世界银行 B-Ready
		知识产权保护和技术转让法规质量	世界银行 B-Ready
市场运行	市场准入和退出	为企业注册和开始运营提供在线服务	世界银行 B-Ready
		业务注册和开始运营服务的互操作性	世界银行 B-Ready
		数字化和在线服务	世界银行 B-Ready
		公职人员和破产管理人	世界银行 B-Ready
	商品和要素自由流动	信息透明度	世界银行 B-Ready
		歧视性技术措施	《实施细则》
		歧视性条件、程序和期限	《实施细则》
		通过关卡、软件屏蔽等方式设置贸易阻碍	《实施细则》
	生产经营成本影响	给予特定经营者优惠政策的流程合规性	世界银行 B-Ready
		变相与税收或非税收入挂钩情况	《实施细则》
	生产经营行为影响	竞争法规执行质量[①]	世界银行 B-Ready
		促进企业创新的公共服务	世界银行 B-Ready
		公平竞争宣传和透明度	世界银行 B-Ready

续表

一级指标	二级指标	三级指标	评估指标参照物
政府效率	市场准入和退出	注册花费时间和成本	世界银行 B-Ready
		破产清算花费时间和成本②	世界银行 B-Ready
		重组花费时间和成本	世界银行 B-Ready
	商品和要素自由流动	申请贸易许可证的时间和成本（如有）③	《实施细则》
		参加本地招标投标活动花费的时间和成本	世界银行 B-Ready
		商品和要素流动所花费的额外时间和成本	世界银行 B-Ready
	生产经营成本影响	申请优惠政策所花费的时间和成本	《实施细则》
	生产经营行为影响	执法质效④	世界银行 B-Ready
		企业创新效率⑤	世界银行 B-Ready

注：①包括公平竞争审查覆盖率、公审督查问题比例、公平竞争审查问题文件整改率等。②还可包括企业平均注销登记时长、企业平均迁移时长等。③包括产品准入申请通过时长、省际贸易占比等。④包括执法案件平均时长、投诉线索处置率、案卷和文书评查合格率等。⑤还可包括独角兽企业数量、每万人专利拥有量、新增高新技术企业数等。

四 政策建议

在推进全国统一大市场建设过程中，竞争状况的测评无疑是了解各地现状，为各级政府和有关部门提供科学决策依据的基础。目前，全球多数国家和区域采纳世界银行的营商环境评价体系作为衡量市场经济效率的基准。该评价体系侧重于从企业的微观视角出发，对各国的市场经济效率进行自下而上的评估。相较之下，中国的体制特色在于既强调市场主体自下而上的自发行为，也强调自上而下的政策驱动以及统一大市场框架下的市场经济效率。为了支持构建统一大市场的国家战略，迫切需要开发一套符合中国特色的市场竞争状况评价体系。本文借鉴世界银行 B-Ready 体系框架中"市场竞争"等部分的指标构建思路和方式，构建既与国际接轨又反映全国统一大市场建设需要的中国市场竞争状况的指标体系。该指标体系包含"基础模块"和"高质量市场经济评价体系模块"，前者涵盖两个主要部分：一部分是与世界银行营商环境评价体系相衔接的区域市场竞争环境评价体系；另一部分是与全国统一大市场建设相衔接的区域间公平竞争贡献度评价体系。在这一基础上，各地区可以根据本地的通用性和发展状况，进一步定制和增加与高质量市场经济相关的评价指标。

B.18
加快建设海南自贸港

冯 烽*

摘 要: "加快建设海南自由贸易港"是党中央立足新发展阶段、贯彻新发展理念、构建新发展格局作出的重大战略决策。海南自由贸易港的高质量发展需要以现代化产业体系为基础,建设现代化产业体系是着力推动自贸港高质量发展的应有之义。本文针对海南自贸港发展模式特殊、产业结构较为单一、产业体系现代化特征不够突出、产业支撑体系不够坚实等突出问题,提出未来海南自贸港要着力从以下方面推进现代化产业体系建设:推动区域经济合作,以特色产业为依托加强与南海国家和地区的合作;提升产业开放水平,以开放型现代化产业体系促进自贸港高质量发展;优化产业结构体系,以绿色创新为发展导向补齐工业体系短板;夯实产业支撑体系,以高端要素资源为引领合力推进产业发展;提升整体劳动生产率,以实现共同富裕为目标促进就业增收。

关键词: 海南自由贸易港 高质量发展 现代化产业体系

一 引言

在海南建设中国特色自由贸易港,是我国在改革开放道路上的一个重大创新实践,是党中央为了更好地实施国内国际双循环发展战略,推动中国特色社会主义创新发展做出的一项重大战略决策。近年来,一些国家以去风险、降依赖为由推行所谓的"友岸外包""近岸外包",人为推动"脱钩断链",极大地冲击了全球贸易的规模和结构,全球贸易呈现出区域化、碎片化和分散化的

---

* 冯烽,中国社会科学院数量经济与技术经济研究所研究员,主要研究方向为数量经济理论与方法、能源经济等。

新趋势,严重影响了国际贸易、投资自由化和经济全球化的发展。与此同时,国内需求不振,投资乏力,自主创新能力不强,经济增长内生动力不足,也制约着中国经济高质量发展。为应对发展环境的严峻挑战,推动更大范围、更深层次、更高水平的改革开放和制度创新,2020年中共中央、国务院印发《海南自由贸易港建设总体方案》(以下称《总体方案》),明确把海南自贸港打造为我国深度融入全球经济体系的前沿地带,并提出要加快构建以旅游业、现代服务业和高新技术产业为核心的现代产业体系。党的二十大报告强调,高质量发展是全面建设社会主义现代化国家的首要任务,建设现代化产业体系是着力推动高质量发展的应有之义。在此背景下,厘清以现代化产业体系支撑自贸港高质量发展的理论逻辑,分析海南自贸港现代化产业体系构建面临的现实困境,并探索海南自贸港建设现代化产业体系的施力方向,对推动海南自贸港高水平建设、高质量发展具有重要的现实意义。

二 海南自贸港发展历程、政策及相关研究梳理

(一)海南自贸港发展历程

海南自1988年建省并成为中国最大的经济特区以来,先后经历了"经济特区""国际旅游岛""自贸区、自贸港"的发展阶段,现已成为中国对外开放的重要平台。

1. 经济特区时期(1988~2008年)

1988年,全国人大正式批准设立海南省,建立海南经济特区,海南经济特区成为中国最大的,也是唯一的省级经济特区,标志着其对外开放的开始。《国务院批转〈关于海南岛进一步对外开放加快经济开发建设的座谈会纪要〉的通知》(国发〔1988〕24号文件)明确提出,海南建省以后,实行比现行经济特区更加灵活的政策,进一步放宽搞活,加快开发建设的步伐。改革开放为海南经济特区的发展提供了高规格和高起点。在这一时期,海南主要通过吸引外资、发展旅游业和现代服务业,推动经济的快速发展。

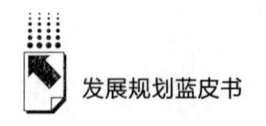

2.国际旅游岛时期（2009~2017年）

2009年，国务院发布《关于推进海南国际旅游岛建设发展的若干意见》，明确提出要充分发挥海南的区位和资源优势，建设海南国际旅游岛，打造有国际竞争力的旅游胜地，这一举措旨在将海南打造成为世界一流的海岛休闲度假目的地。自此，建设国际旅游岛上升为国家战略，海南发展进入了国际旅游岛建设阶段。这一时期，海南通过逐步放宽免税、免签、航空管制，全力布局基础设施建设，大力发展旅游产业，提升了其国际知名度。

3.自贸区、自贸港时期（2018年至今）

为了服务"一带一路"倡议等国家重大战略与推动南海和平稳定发展，2018年起中央提出在海南自贸试验区的基础上在海南全岛建设自由贸易港，要求在赋予海南高度经济自主权的同时，形成与自贸港相适应的体制机制，破除一切制约发展的现行体制机制障碍，为国家重大战略目标服务。海南自贸港是第一个中国特色社会主义自贸港，其设立标志着中国特色自由贸易港建设开启新征程。

（二）自贸港政策梳理

围绕《总体方案》，海南省出台了税收、人员流动、营商环境等方面的相关政策，聚焦贸易投资自由化便利化，建立了与高水平自由贸易港相适应的政策制度体系。该政策体系涵盖了贸易自由化、投资便利化、跨境资金流动自由、人员进出自由、运输来往自由、数据安全有序流动、税收制度以及法治保障等多个方面。

贸易自由化方面，实行全岛封关运作的海关监管特殊区域，对货物贸易实行"零关税"政策，对服务贸易实行"既准入又准营"等政策；投资便利化方面，放宽市场准入，强化产权保护，保障公平竞争，实施市场准入承诺即入制，取消许可和审批，建立备案制度等政策；跨境资金流动自由方面，分阶段开放资本项目，推进与境外资金自由流动；人员进出自由方面，放宽人员自由进出限制，实行更加宽松的商务人员临时出入境政策；运输来往自由方面，实行特殊船舶登记审查制度，放宽空域管制与航路航权限制；数据安全有序流动方面，开展国际互联网数据交互试点，建设国际海底光缆及登陆点；税收制度方面，实行零关税、低税率、简税制，逐步建立适应自由贸易港发展的税收制度；法治保障方面，出台海南自由贸易港法，完善地方性法规，建立多元化商事纠纷解决机制。

（三）自贸港相关研究梳理

国内对于自由贸易港的研究重点主要有中国特色自由贸易港及海南自贸港两类，前者主要关注国内探索建设自由贸易港的目标模式、条件与难点、建设路径、政策创新、法治创新、金融监管等方面，① 研究对象不特指海南；后者则围绕海南自贸港的司法保障、事中事后监管、离岸金融创新、知识产权保护、国际经验借鉴、区域合作发展、经济体制、财税改革、人才引进等方面②开展研究，《总体方案》印发后，海南自贸港建设进入全面实施阶段，研究重点聚焦如何推进海南自贸港高质量发展。既有研究大多是围绕自贸港发展的制度保障进行探讨，对自贸港高质量发展的动力来源的研究较少。为此，本文从推进中国式现代化的背景出发，系统阐述海南构建现代化产业体系进而推动海南自贸港高质量发展的理论逻辑，并结合当前海南产业发展现状，指出海南自贸港构建现代化产业体系的主要着力点及政策取向。

专栏　《海南自由贸易港外商投资准入特别管理措施（负面清单）（2020 年版）》

2020 年 12 月，国家发展改革委、商务部发布《海南自由贸易港外商投资准入特别管理措施（负面清单）（2020 年版）》，共涉及 11 个行业 27 条内容，自 2021 年 2 月 1 日起施行。该负面清单对比自贸区版实现了进一步开放，主

---

① 彭羽、沈玉良：《全面开放新格局下自由贸易港建设的目标模式》，《亚太经济》2018 年第 3 期；王晓玲：《国际经验视角下的中国特色自由贸易港建设路径研究》，《经济学家》2019 年第 3 期；王淑敏、陈晓：《中国建设自由贸易港的离岸金融监管问题研究》，《国际商务研究》2018 年第 4 期。

② 曹晓路、王崇敏：《海南建设自由贸易港的临时仲裁机制创新研究》，《海南大学学报》（人文社会科学版）2018 年第 3 期；裴广一、黄光于：《海南自贸港对接粤港澳大湾区：协调机制创新与实施路径》，《经济体制改革》2020 年第 5 期；迟福林：《加快建立海南自由贸易港开放型经济新体制》，《行政管理改革》2020 年第 8 期；刘磊：《海南自由贸易港税收制度改革创新的思考》，《国际税收》2020 年第 11 期；郑远强、郭君、朱丽军：《海南自贸区引才困境及广义人才引进机理研究》，《海南大学学报》（人文社会科学版）2019 年第 6 期。

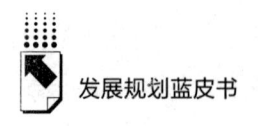

要特点体现如下。

一是推进增值电信、教育等重点领域开放。扩大增值电信业务开放,取消在线数据处理与交易处理业务外资准入限制,允许实体注册、服务设施在海南自由贸易港的企业面向自由贸易港全域和国际开展互联网数据中心、内容分发网络业务,促进海南汇聚数据,发展数字经济。允许境外理工农医类高水平大学、职业院校在海南自由贸易港独立办学,支持海南国际教育创新岛建设。

二是扩大商务服务对外开放。法律服务领域,允许外商投资部分涉海南商事非诉讼法律事务,更好满足海南自由贸易港贸易、投资、金融等领域涉外法律服务需求。咨询和调查领域,除广播电视收听、收视调查须由中方控股外,取消市场调查领域外资准入限制;允许外商投资社会调查,且中方股比不低于67%,法人代表应当具有中国国籍。

三是放宽制造业、采矿业准入。制造业领域,将全国和自贸试验区"2022年取消乘用车制造外资股比限制以及同一家外商可在国内建立两家及以下生产同类整车产品的合资企业的限制"提前实施,支持海南自由贸易港汽车产业率先开放。采矿业领域,取消禁止外商投资稀土、放射性矿产、钨勘查、开采及选矿的规定,按照国家和海南省矿业领域内外资一致的措施实施管理。

资料来源:https://www.hnftp.gov.cn/zczdtx/hxzc/。

三 海南自贸港构建现代化产业体系面临的现实困境

尽管海南区位优势明显并具有全国改革开放试验田的政策优势,但海南省的现代化产业体系综合水平长期低于全国平均水平,[①] 发展模式特殊、产业结构较为单一、产业体系现代化特征不够突出、产业支撑体系不够坚实等是海南自贸港构建现代化产业体系中的突出问题。

(一)海南自贸港发展模式较为特殊

从路径选择上看,世界上著名的自由贸易港如新加坡、中国香港、迪拜、

---

① 林木西、王聪:《现代化产业体系建设水平测度与区域差异研究》,《经济学动态》2022年第12期。

德国汉堡等都是先依靠位置优越的海港或航空港，辅以特殊的海关及税收政策发展转口贸易、加工制造，在发展到一定程度后，随着生产要素流动更加自由，再升级过渡到以现代服务业为主导的发展模式。而根据规划，海南将不以转口贸易和加工制造为重点，而是要以旅游业、现代服务业、高新技术产业为主导，这种跨越式的发展路径实际上增加了海南自由贸易港产业体系的建设难度。从发展基础上看，这些著名的自由贸易港所在地或地理位置重要、能够辐射周边，大多在建立自由港之前就有着较好的经济条件和开放程度。而海南本身经济基础相对较弱，又在上一轮改革开放浪潮中错失机会，开放程度相对较低，相对于周边区域难以形成比较优势。从发展目标上看，国际上设立自由贸易港都是划立小块区域，通过要素自由流动推动贸易投资发展，更侧重经济发展领域，即使是脱欧后的英国重新建立自由贸易港也是采取类似的方案。[1]而海南自贸港建设不仅要考虑促进贸易投资便利化自由化、经济体制改革等经济问题，也要在全岛的区域协调发展、社会治理、生态保护等方面做出中国特色的示范，这样的发展目标对于海南产业体系的建设无疑提出了更高的要求。

（二）海南现代化产业结构体系有待优化

一直以来，海南经济发展相对落后，产业结构不协调，且作为岛屿经济相对独立，前期未与周边沿海发达省份形成产业合作、分享发展成果，难以支撑起经济快速腾飞。从经济总量上看，2022年海南省地区生产总值仅为6818.2亿元，连续多年在全国排名倒数第4位。从产业结构来看，海南产业结构为20.79∶19.23∶59.98，其中第三产业占比高于全国水平7个百分点。目前，海南的服务业发展较为突出，已形成海口、三亚两极增长的发展格局，前者以现代物流等生产性服务业为主，后者则以海岛旅游等生活性服务业为主。相比而言，海南的第一、第二产业发展相对失衡，突出表现为：农业占比过高，农产品产业链较短且附加值不高，农业的资源利用率整体较低；工业则由于先天基础不足，发展水平较低，产值占比、R&D经费投入占比与全国水平相比均有较大差距。这就导致了一方面寄希望于发展现代服务业、高新技术产业，却

---

[1] Stuart Adam, David Phillips, *Freeports: What are They, What do We Know, and What Will We Know?*, London: The Institute for Fiscal Studies, 2023. (https://ifs.org.uk/publications/freeports-what-are-they-what-do-we-know-and-what-will-we-know).

面临着基础不足的问题；另一方面农（林牧渔）业看似具有相对优势但也面临着现代化程度较低的"三农"问题，即农用地面积约占海南省土地总面积的80%，农民占全省户籍人口的50%以上，农业产值占全省GDP的比重超过20%。造成这种现象的原因在于海南过去未能培育和构建起合理的产业体系，作为经济特区在对外开放上又错失了建立特别关税区的机遇，甚至一度出现了为追逐短期红利而忽视长期发展的投机现象，如20世纪90年代的房地产热潮导致本应用于工业等其他产业建设的资金被挤出，造成要素严重错配。

（三）海南产业体系现代化特征逐步显现但仍不够突出

根据现代化产业体系的演进规律，要素升级会带动产业结构逐步升级，产业体系的现代化特征、趋势也会逐步显现，包括产业结构高端化、核心技术自主化、产业发展低碳化、资源整合全球化等特征。经过多年的发展，海南产业体系的现代化程度不断提高，旅游业、现代服务业、高新技术产业和热带特色高效农业四大主导产业取得了长足发展。随着崖州湾种子实验室、三亚海洋实验室、航天技术创新中心相继成立，种业、深海、航天三大未来产业成为海南省新的经济增长点，13个自贸港重点园区营收、投资增长迅速，精细化工项目建成投产，高新技术产业加速发展，海南省基本摆脱了"房地产依赖症"。但在产业高端化和产业竞争力等方面还存在明显短板。

一是产业高端化发展受限，尤其是科技创新能力不足限制高新技术产业发展，经济结构性、素质性问题尚未得到根本解决。根据国家统计局、科技部和财政部联合发布的《2022年全国科技经费投入统计公报》，2022年海南省R&D经费投入68.8亿元，占GDP的比重仅为1.00%，R&D经费投入强度不仅远低于全国平均水平（2.54%），更低于国内发达省份，如北京（6.83%）、上海（4.44%）、广东（3.42%），仅高于西藏（0.33%）、新疆（0.51%）、青海（0.80%）、广西（0.83%）、内蒙古（0.90%）、贵州（0.99%）。从R&D经费的资金来源看，政府资金仍然是主力，占全省R&D经费的比重近60%，企业资金仅占31.7%，离实现以企业为主体的科技创新体系仍有一定距离。从工业企业R&D人员全时当量看，2022年海南规模以上工业企业R&D人员全时当量仅为3961人年，排名全国第29位，仅占全国总量的0.094%。2022年海南万人专利授权量仅为12.80件，不到全国平均水平的一半；全员劳动生产率仅为128403元/人，而同期全国平均水平为152977元/人。研发投入水平偏低，不仅影响了科技创新产出的数量，也制约了高端产业发展的质量。

二是资源全球化水平不足，外向型经济水平有待提升。海南要建成具有世界影响力的国际旅游消费中心，既要为国内消费者提供国际市场优质的产品和服务，也应为国外消费者提供中国市场优质的产品和服务，目前海南通过三大境外消费回流仅能实现前者，而在吸引国外消费者方面还有很大的提升空间。以旅游业为例，2023年上半年全省接待入境游客14万人次，远不及接待的国内游客人数（4000多万人次），也不及中国台湾接待的游客人数。而从外商直接投资的角度看，2022年海南省实际利用外资最高的行业是租赁和商务服务业，其占全省实际利用外资总额的比重高达55%，而制造业实际利用外资总额占全省实际利用外资总额的比重仅为7.65%，海南自贸港在吸引和利用全球资源方面还有待进一步强化。

（四）海南现代化产业支撑体系不够坚实

构建现代化产业体系离不开坚实的产业支撑体系，除了科技创新之外，现代金融、人力资源、现代化企业等高端要素同样是产业体系的重要支撑。但是与全国水平相比，并考虑到未来发展目标，海南高端要素资源明显缺乏。

一是金融发展滞后，规模较小且能力不足。2022年海南金融业增加值438.71亿元，占第三产业增加值的10.73%，占全省GDP的比重约为6.43%，相比之下深圳、上海金融业增加值占GDP的比重超过15%，香港金融业占比更是超过20%。此外，海南现有金融机构体系难以充分满足市场主体的投融资需求，非银金融机构中仅有2家证券公司，难以为岛内企业提供综合类金融服务。从实体企业的金融发展状况看，海南上市公司仅有34家，债券市场中信用债和城投债规模均排在全国末位。2020年9月中国银行发布了《中国银行海南自贸港综合金融服务方案》，提出30条措施支持海南主导产业发展，之后中国工商银行等国有大行和股份行也推进相关业务，但目前仅有1家外资银行（汇丰银行）进驻自贸港，在海口设立分行开展业务（不含个人金融服务），这对于构建一个全方位、多层次、可持续的自贸港金融服务体系来说远远不够。海南自贸港建设需要整个金融系统从"顶层设计"到组织实施，围绕高水平开放进行变革，构建起与国际一流自贸港地位相匹配的金融体系。

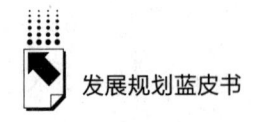

二是人才缺口较大。从人口总量的角度，海南全岛面积3.54万平方公里，但2022年常住人口仅1027万人，且人口增长缓慢，面积相近的中国台湾人口为2326万人，因此海南的人口总数和密度都较低。从人才培养的角度，海南目前设有21所普通高等院校，其中仅有4所能培养研究生，而目前国际知名的自由贸易港通常聚集了大量高素质人才，例如新加坡和香港本身就拥有在亚洲乃至全世界排名前列的高等院校，即使是迪拜也拥有如伯明翰大学迪拜校区等顶级院校。教育资源不足造成新产业、新技术孕育动力缺乏，自贸港新规则、新体制建设缓慢，从而影响了自身造血的能力。

三是企业"大而不强，小而不精"，代表性企业核心竞争力不强。一方面，海南大型企业从事传统行业较多，2022年海南省企业100强名单入围门槛为营业收入10.52亿元，较上一年增长33%，然而名单中有1/3是国内大型企业、银行在海南设立的分（子）公司/分行，且排名前十的企业以石油化工、能源等垄断行业为主，这类企业面对国际市场的竞争力不强。另一方面，海南中小企业体量太小，2022年海南"专精特新"中小企业有261家，其中"小巨人"企业更少，只有12家，仅占全国的0.13%。海南企业整体的创新能力和抗风险能力还处于较低的水平。

四　海南自贸港构建现代化产业体系的主要着力点

从《总体方案》明确提出要"大力发展旅游业、现代服务业和高新技术产业，不断夯实实体经济基础"至今，海南自贸港已初步形成四大主导产业、三大未来产业的产业体系布局。未来如何按照《总体方案》的既定方针，继续推动产业发展以实现自贸港的功能定位，需要探索更具体的着力方向。

（一）旅游业要以全域旅游把自贸港打造成为世界一流海岛海洋休闲度假旅游目的地

自海南提出打造"国际旅游岛"开始，旅游业便一直是海南经济发展的重要产业，现作为自贸港重点支持发展的四大主导产业之一，得到了快速地发展，但距离建成世界一流的海岛海洋休闲度假旅游目的地的目标还有一定差距。剔除疫情影响，海南省接待游客（包括入境游客）人数，以及旅游收入都呈上升趋势。然而需要注意的是，在海南旅游业快速发展的同时也存在一些值得改进的地方。一是相对于夏威夷、马尔代夫或者巴厘岛、济州岛这样的世界知名旅游岛屿，海南"国际旅游岛"的品牌影响力不足、招牌不够响亮，"国际"二字体现得不够，更像是一个国内旅游岛。海南应当加大对国际市场的开拓力度，加大"国际旅游岛"的品牌宣传力度，完善国际语言、通信等服务配套体系，并逐步放开货币兑换、人员往来的限制，为国际旅客提供更多的便利。二是海南旅游发展呈现出内部不均衡的特征，主要表现为旅游开发集中在沿海和东部地区，而中西部县市发展不足；城乡之间旅游发展也存在不均衡的情形，农村旅游资源利用率明显低于城市。为此，海南应推动中西部地区县域、乡村的旅游资源开发，在海边沙滩之外开辟旅游业的第二增长曲线。三是海南旅游形式较为单一，内容多元化不足，表现为海南旅游业发展高度依赖自然旅游资源，文化与旅游缺乏融合发展，难以满足游客更深层次的体验需求。为此，海南可以加大对文化和旅游、体育、康养等领域的资源挖掘与整合力度，实施"旅游+"战略，构建新型文体旅游品牌体系，打造展览馆、博物馆或现存古村落等特色文化地标，争取冲浪、帆船、马拉松等国际赛事的举办权，完善文体旅游产业体系。

（二）交通运输业要以海洋运输和航空运输的扩容升级完善自贸港现代综合交通运输体系

海洋运输和航空运输是海南岛经济发展中最重要的两种运输方式，交通运输业发展潜力巨大，且对于海南的旅游业、高新技术产业以及贸易等现代服务业具有支撑性作用。对于人流来说，进出海南绝大部分通过航空运输，第七航权的试点放开可以吸引更多国际航司开拓海南国际航线业务，使海南有了更便捷开放的航空网络的可能，为海南国际商旅客流的增长提供基本保障，然而目前海南的国际航线数量偏少，2023年以来海口美兰机场仅运营11个航点17条国际及地区航线。[①] 这离打造面向太平洋、印度洋的国际区域航空门户枢纽的目标定位还有一定距离。除了吸引目的地是海南的旅客，航运的发达也有助于海南打造国际航空客货运中转中心，中东地区的"海湾三杰"（阿联酋

---

① https://www.chinanews.com.cn/cj/2023/08-13/10060358.shtml.

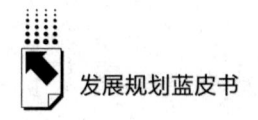

航空、阿提哈德航空、卡塔尔航空）便是凭借地理优势和高效率中转场，在市场上竞争到了更多的亚洲—美洲航线，为所在国带来大量的客流。对于货物流来说，海运则是主流，海南离东南亚各国距离更近，离国际主航道也较近，并且在土地成本及航油储备方面，海南比香港更具优势。除了能够作为区域供应链服务中心，为国内外的货物贸易降本增效提供支持之外，航运业也能为客船、邮轮、游艇等高端服务业提供基础设施保障。交通运输业的发展也有助于飞机船舶维修、融资租赁、保险等相关的临空经济、临港经济的新业态发展，有利于在局部构建起完整的产业链条，优化整体产业结构。

（三）现代金融业要以加快金融开放创新构建具有国际竞争力的自贸港金融体系

金融支持是自贸港发展的重要条件，只有建立与高水平自由贸易港地位相适应的金融体系，才能更好地服务于海南自由贸易港建设、服务于实体经济发展、服务于贸易投资自由化便利化。为此，海南可以从以下几个方面进行探索。一是构建具有国际竞争力的金融机构体系，进一步扩大金融业业务规模。一方面吸引国内外顶级金融机构落地海南，另一方面推动设立符合海南发展需要的信托、融资租赁、消费金融等平台，在企业端可以为"海陆空"等高新技术产业提供投融资支持，在居民端则能为旅游消费行业提供资金支持。二是完善国际化要素市场体系，与国际惯例规则和制度体系接轨。在投资品方面，既要推进国际能源、碳排放权、航运、股权、大宗商品等投资品及其交易场所的国际化发展，增强海南现代化产业发展的硬实力，也要在知识产权保护和探索（证券化）交易方面对标国际规则，增强发展软实力。在投资者方面，商业银行等机构应不断创新跨境金融服务的内容和形式，利用自由贸易账户的便利性和简化的外汇管理制度。一方面推动国际贸易结算自由化便利化，打造区域性国际离岸贸易中心；另一方面支持自贸港内个人利用国内外合法收入开展境内投资，吸引更多资金参与自贸港建设。

（四）医疗医药产业要整合现有医药产业资源实现集群化发展

医疗医药产业既包括以医疗健康为主的服务业，也包括以现代生物医药为主的先进制造业，二者紧密联系、相互依存，成为海南自贸港现代化产业体系的重要支柱之一。海南拥有丰富的药用植物资源，堪称"天然药库""南药之乡"，具有一定的生物医药发展基础，但与国内外生物医药产业发达地区相比，海南在该领域存在明显短板，突出表现为医疗机构起点低、缺乏国际化医疗服务能力，产业总体规模不大、以化学药制造为主的产业结构业态单一、产业聚集度不高。下一步，海南一是要整合区域资源，差异化布局医疗产业集群。如北部地区依托海口国家高新区药谷工业园、海南医科大学，东部地区依托博鳌乐城国际医疗旅游先行区，实施"乐城研用+海口生产"模式，形成创新药品和器械"快速引进—研发生产—临床应用—教学培养"的产业链条；南部地区则可以利用中国人民解放军总医院海南医院等医学资源和"大三亚"旅游圈的滨海度假资源打造成国际医疗旅游目的地。二是要利用政策优势，提升医药产业自主创新能力。引进、代工生产国外先进药械的业务是生物医药企业保证自身运转的基本能力，而自研创新药品器械则是企业应对仿制药等激烈竞争问题的重要手段。为此，海南自贸港要利用乐城先行区的药品监管制度优势、政策红利，鼓励龙头药企特别是国内药企进行自研创新；在创新要素上，在税收优惠、融资方面完善医药创新资金支持机制，以院校联合科研、校企合作等方式促进人才培育与流动。三是要利用区位优势，与粤港澳大湾区、东南亚国家开展生物医药产业合作。海南与粤港澳大湾区隔海相望，后者在高素质人才、先进技术与材料、金融资本等方面具有明显优势，双方可以在生物医药产业的项目合作和产业共建上优势互补；而对于南海周边的东南亚国家，除了生物医药产业的合作外，海南的头部药械企业也可以将符合他国标准的产品出口，拓展"海上丝绸之路"的深度，融入全球生物医药产业链，提升企业的国际竞争力。

（五）教育产业要大力引进全球优质教育资源提升教育产业能级

教育兴则人才兴，人才兴则产业盛。教育是海南自贸港重点开放的领域之一，2019年印发的《关于支持海南深化教育改革开放实施方案》决定支持海南建设国际教育创新岛。自从海南启动自贸港建设以来，已有一批优质国内外教育资源进入岛内，改善了海南较为薄弱的教育基础，但与高水平自由贸易港的定位相比，还有一些短板需要补齐。一是在教育对外开放方面，可以利用自贸港独有的教育政策优势，允许境外理工农医类高水平大学和职业院校独立办学，设立国际学校。如在陵水黎安国际教育创新试验区、三亚崖州湾科技城通过"高位嫁接"的方式引进更多国外优质教育资源，打响"留学海南"品牌知名度，吸引原本计划留学海外的国内学生以及优秀外国留学生，提升自贸港建设中的人才自给能力。二是在产学研协同发展方面，海南需要使教育发展与自贸港产业建设密切对接。海南教育资源整体有限，不应追求大而全的教育布局，而应选择更符合海南产业发展需求的领域设置学校和专业，如现代服务业、热带农业、医疗健康产业、高新技术等，推动产学研合作发展。还可以将职业教育作为突破口，参考国外高水平职业院校的发展经验，提升岛内高职院校办学水平，将部分特殊专业调整为职业本科专业，适应市场对人才的需求。三是在基础教育方面，既可以利用高水平公办学校入驻提升整体基础教育水平，推动教育资源均衡化发展，也可以利用民办学校和世界名校开拓新的学生成长路径，提升高端教育水平，实现既留得住高校毕业生，也留得住毕业若干年后的家长。

五 以现代化产业体系支撑海南自贸港高质量发展的政策取向

在新的历史阶段，海南应瞄准建设具有世界影响力的中国特色自由贸易港的战略目标，围绕国家赋予的"三区一中心"战略定位，充分发挥地理区位独特、自然资源丰富以及背靠超大规模国内市场和腹地经济等优势，以结构优化的、特征鲜明的现代化产业体系支撑自贸港高质量发展。

（一）推动区域经济合作，以特色产业为依托加强与南海国家和地区的合作

作为中国南海门户，海南自贸港地理位置优越，与东盟等南海区域内的经济体紧密相连，是21世纪海上丝绸之路的重要节点，海南自贸港向南海拓展、扩大面向东南亚的自由贸易区网络，是进一步走向国际舞台、扩大面向全球自由贸易区网络的必然之举。为此，海南自贸港应积极探索构建"南海经济合作圈"，加强与东盟等南海国家和地区的海洋经济联动发展，在海洋油气、海

洋牧场、海上新能源等领域开展经贸往来和技术合作,打造更加开放的区域经济发展格局。此外,海南自贸港还在旅游业等四大特色产业方面,探索与南海国家、地区特别是东盟国家的深度合作。具体而言,一是在旅游业方面,海南自贸港应与泰国、马来西亚、印尼等旅游业发达的国家加强合作,吸取这些国家在海洋度假、热带娱乐等方面的成功经验,以更具深度的旅游创新打造更具价值的产业链。二是在现代服务业方面,海南自贸港应重点同香港、新加坡加强金融服务贸易合作,利用二者国际金融中心的地位走向全球、吸引全球的投资;同时在跨境电商领域发力,打通海南自贸港与东盟之间的跨境支付体系,推进中国与东盟物流一体化建设,建设跨境电商统一平台,以资金、货物的便捷流动助推跨境电商高质量发展。三是在高新技术产业和热带特色高效农业方面,海南自贸港应与东盟合作建设跨区域的产业链,支持在生物科技、深海装备、航天工程、热带农业、种业等方面具有技术优势的企业,在保证技术安全的前提下到东盟等南海国家和地区开展制造业、农业加工等领域的海外投资,依托特色产业的区域合作,融入全球产业链、价值链,拓展区域经济合作的深度与广度,将海南自贸港打造成为资金、技术等生产要素跨境流动的区域经济合作平台。

(二)提升产业开放水平,以开放型现代化产业体系促进自贸港高质量发展

开放是海南自贸港建设的生命线。党的二十大报告在部署高水平对外开放时强调,要深度参与全球产业分工和合作,维护多元稳定的国际经济格局和经贸关系。因此,作为我国高水平开放的载体,借助全球价值链分工体系与双向开放构建开放型现代化产业体系,无疑是海南自贸港高质量发展的必然选择。海南自贸港要充分发挥自身产业与资源优势,努力提升产业开放水平,为国际经贸合作打造新平台。一是要进一步扩大金融开放,吸引更多的投资者和企业参与海南金融市场,以金融业开放为新兴产业、特定行业赋能,带动实体产业的高水平开放。海南应在做好金融风险防范与化解处置的前提下有效统筹创新与规范,以"跨境"与"接轨"为关键词,落实落细经常项目便利化政策;推动更高水平的贸易投融资便利化政策提质扩容,提升银行保险机构跨境服务能力及与国际接轨水平,帮助企业融入全球产业链、供应链和价值链;进一步

丰富自由贸易账户（FT账户）功能，扩大本外币合一银行结算账户体系试点范围，同时持续扩大跨境人民币的使用范围；加快试点合格境外有限合伙人（QFLP）等管理制度，积极探索适应市场需求新形态的跨境投资外汇管理。二是要继续推动贸易开放，以贸易带动现代产业体系开放水平不断提高。在创新货物贸易自由化方式的同时，对标RCEP、CPTPP等国际贸易协定规则，继续简化服务贸易负面清单，持续深化服务贸易开放；发挥贸易开放吸引外资的功能性作用，有效提升引资质量，带动海南自贸港相关产业转型升级；以贸易发展带来的交通运输、仓储、云计算等需求促进海南产业现代化发展。三是要制定促进数字贸易发展政策，利用数字贸易促进海南的产业数字化转型。通过数字贸易减少交易环节，降低交易成本，增强外贸连接产业和市场的纽带功能，帮助制造业企业实现供需精准对接，促进海南自贸港数实融合。

（三）优化产业结构体系，以绿色创新为发展导向补齐工业体系短板

在经济欠发达、产业薄弱的基础上构建现代化产业体系，"补工业化"是不可或缺的重要一环，海南要摒弃工业发展和生态保护对立的固化思维，将以绿色和创新为发展导向的先进制造业作为产业结构升级的重点，大力培育新质生产力，补齐工业体系短板。一是要立足先天优势，推动传统产业升链、延链。作为全国最大的热带地区，海南在发展热带特色高效农业方面具有明显的先天优势，但农业科技化水平不高，农业生产效率尚有较大提升空间。研发适合海南农业发展的小型轻便机械设备和农业监测仪器，在提升农业现代化水平的同时，推动农业机械装备制造业发展。此外，针对热带特色果蔬的精深加工，加强生产工艺创新，加快食品机械装备及相关生产线设备的研发，以技术创新推动农业与装备制造业的融合发展。二是要培育后天优势，推动优势产业强链。海南应以洋浦经济开发区、海口国家高新区、文昌国际航天城等重点产业园区为依托，培育壮大航天产业、现代种业以及低碳制造、光伏新能源材料、生物医药等产业集群，并优中选优培育一批骨干龙头企业，引领海南实现先进制造业弯道超车和错位发展，实现整体产业结构优化升级。三是要用好政策优势，加快打造海洋新质生产力。海南自贸港具有发展海洋经济新质生产力的地理条件和政策优势，但海洋开发利用水平还不够高，以附加值较低的初级

产品和劳动密集型产品为主，海洋资源的综合效益尚未得到充分发挥。海南要聚焦海洋生物医药、深海开发等涉海未来产业，坚持科技兴海战略，做大做强海洋工程装备产业。同时用好游艇产业的先天资源禀赋优势和制度创新举措，推动游艇维修与再制造产业蓬勃发展。以海洋低碳经济壮大海洋新质生产力，推动海南工业实现高附加值、低环境负荷的高质量发展。

（四）夯实产业支撑体系，以高端要素资源为引领合力推进产业发展

现代化产业体系是一个有机整体，实体经济的繁荣、重点产业的开放既需要科技创新，也离不开现代金融、人力资源以及现代化企业体系等的支撑。一是要提升金融服务实体经济发展的效能。海南要充分利用自贸港更加开放的优势，进一步放宽金融市场准入，引进更多更高水平的金融机构，为中小企业拓宽融资路径；金融机构要主动对接重点园区、服务重点园区，通过选派业务骨干到重点园区挂职交流的方式，了解园区及企业的融资需求，为园区提供合适的融资方案和为企业提供金融顾问服务；鼓励金融机构创新金融产品和服务，提高先进制造业和创新型企业的贷款比重，发挥离岸金融优势，支持企业利用多层次资本市场融资。二是要为重点产业打造人才中心。在引才上，海南要在已有人才政策的基础上，把四大主导产业、三大未来产业的高层次人才引进作为重中之重，通过在海南设立和打造高水平的研究中心，以更具全球竞争力的薪酬和更优惠的福利政策等立体化措施，吸引国内外"高精尖"人才到海南自贸港工作；在育才上，要支持行业龙头企业与海南高校共建现代产业学院，通过产学研协同发展，培育海南自贸港急需的现代产业人才；在用才上，还要完善央企高端人才到海南相关企业挂职交流的体制机制，充分发挥挂职干部"穿针引线"的作用，推动有关科研院所、知名企业与海南相关部门和对口企业开展业务合作，促进各类资源要素向海南集聚。三是要建立优质企业培育体系。打造现代化产业体系，需要人才支撑与优质企业支撑共同发力、同频共振。海南要对外招引和本土培育双向发力，通过发挥链主企业的牵引带动作用，以点带面，发展壮大骨干企业；通过支持专精特新企业扩量提质，大力培育"单项冠军"、"小巨人"和专精特新企业，加快形成优质企业梯度培育体系。

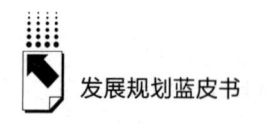

（五）提高整体劳动生产率，以实现共同富裕为目标促进就业增收

实现全体人民共同富裕是中国式现代化的本质要求，也是海南建设高水平中国特色自由贸易港的鲜明特色。海南应增强自主创新能力，努力提升制造业企业的生产质量与效率，持续缩小城乡居民收入差距，为实现共同富裕提供内生动力。一是要着力提升劳动生产率，以经济效益的提升驱动劳动力报酬的提升。政府可通过鼓励制造业企业实施智能化技术改造，推动生产设备更新，以劳动生产率的提升增强企业盈利能力，提高就业人员收入水平；通过设立职业技能培训基金，帮助职业技能水平较低的劳动者提升技能水平，使其能够适应产业体系升级过程中的技能要求，保障低收入群体的就业机会。二是要破除制约区域要素流动的体制机制障碍，统筹城乡区域产业发展布局，促进经济循环效率和整体劳动生产率的提高。调整优化中西部地区产业结构，西部地区要加快转变工业发展模式，通过高新技术和深加工提高产品附加值，实现高质量发展；中部地区则要利用生态资源优势，在严守生态环境保护红线的同时推进"生态产业化"，大力发展生态型特色产业，通过做强做优热带特色高效农业、热带乡村旅游等，提高产业内部的发展质量，把海南自贸港特有的"三农"问题转变为"三农"潜力，形成"三农"优势，扩大中等收入群体规模。三是要加快新型基础设施建设，为企业技术升级提供完善的工业配套设施。政府要积极建设一批契合自贸港发展需要的重大新型基础设施项目，实现在工业互联网、智能制造等领域设备间的实时通信和数据传输，通过应用人工智能、云计算和大数据等技术提高生产效率和产品质量，为经济增长赋能；通过网络全覆盖破解城乡数字信息占有不均衡、空间资源分配不高效等制约城乡经济发展的问题，有效弥合数字鸿沟，提高数字经济普惠水平，实现共同富裕。

参考文献

石建勋、徐玲：《新发展格局下海南自贸港建设与发展战略研究》，《海南大学学报》（人文社会科学版）2022年第2期。

陈英武、孙文杰、张睿：《"结构—特征—支撑"：一个分析现代化产业体系的新框架》，《经济学家》2023年第4期。

郭强、王晓燕：《文旅融合助推海南旅游业高质量发展研究》，《海南大学学报》（人文社会科学版）2023年第3期。

李洋、王颖伟、曹征宇、梁云：《中国（海南）自由贸易试验区生物医药产业发展状况研究》，《中国卫生政策研究》2022年第10期。

曾昭睿、陈经伟：《海南自由贸易港建设能否跨越工业化发展阶段？》，《海南大学学报》（人文社会科学版）2022年第5期。

B.19
推动国际双向投资

李双双*

摘　要： 我国围绕落实"十四五"规划目标，结合变化了的国内外环境，在如何稳定外资和提高对外投资水平，部署推出了系列政策，取得了一定积极成效。但不可否认的是，我国国际双向投资均面临特殊困难，需要统筹考虑，兼顾发展与安全，确保吸引外资和对外投资在规模稳定的基础上持续向好发展。

关键词： 对外直接投资　外商直接投资　双向投资

一　我国推动国际双向直接投资的主要政策

我国围绕"十四五"规划目标落实，结合变化了的国内外环境，在稳定外资和提高对外投资水平上做出了极大努力，部署推出了系列政策。

（一）吸引外资的主要政策

面对吸引外资内外环境的复杂变化，尤其是2023年以来骤然严峻的稳外资形势，为有效落实"十四五"规划中相关目标，我国密集推出了多方面稳外资政策。

一是继续放宽市场准入。2023年11月，国务院印发《支持北京深化国家服务业扩大开放综合示范区建设工作方案》，围绕电信、健康医疗、金融、文化教育等重要领域开放提出170多项试点任务；2024年3月，国务院出台

---

* 李双双，中国社会科学院数量经济与技术经济研究所副研究员，主要研究方向为国际宏观经济、国际贸易、中美经贸关系。

《扎实推进高水平对外开放更大力度吸引和利用外资行动方案》，部署缩减外商投资准入负面清单，全面取消制造业领域外资准入限制，持续推进电信、医疗、科技创新、金融等领域开放。2024年4月，工信部发布《工业和信息化部关于开展增值电信业务扩大对外开放试点工作的通告》，推动在北上广深率先开展增值电信业务扩大试点。

二是推进投资便利化，全面优化外商投资服务。2023年，我国开展了"投资中国年"和国际产业投资合作系列活动，全流程推进标志性外资项目落地。2023年8月，国务院出台《关于进一步优化外商投资环境 加大吸引外商投资力度的意见》，提出优化外商投资服务的24条政策措施，部署进一步优化外商投资环境，提高投资促进工作水平。此外，为切实打通外籍人员来华经商堵点，我国出台了加快恢复国际航班、扩大免签国家范围、为外商办理来华签证提供便利、放宽签证入境有效期、提供适应外籍人员支付习惯的支付方式服务等便利人员往来的政策措施。

三是完善国内制度，进一步对接国际规则与标准。2023年4月，国务院发布《关于在有条件的自由贸易试验区和自由贸易港试点对接国际高标准推进制度型开放的若干措施》，聚焦货物贸易、服务贸易、商务人员临时入境、营商环境、风险防控等提出试点政策措施。2023年12月，国务院印发《全面对接国际高标准经贸规则推进中国（上海）自由贸易试验区高水平制度型开放总体方案》，推进上海自贸试验区全面对接国际高标准经贸规则。2024年3月，商务部发布全国版跨境服务贸易负面清单，对接国际标准，在服务贸易上首次建立起全国范围的负面清单管理制度。同月，国家网信办公布《促进和规范数据跨境流动规定》，允许自贸试验区灵活发布负面清单，在跨境数据流动上对接国际规则。

四是引导外资助力我国产业转型。国家发改委分别在2021年、2022年、2023年推出第五、第六、第七批标志性重大外资项目，重点支持外资对中高端制造、高新技术、传统制造转型升级、现代服务等领域和中西部地区投资。2023年11月，商务部、科技部发布《关于进一步鼓励外商投资设立研发中心的若干措施》，支持外资企业设立研发中心和参与承担国家科技计划项目。2024年4月，商务部、外交部、发改委等十部门联合出台《关于进一步支持境外机构投资境内科技型企业的若干政策措施》，在16个方面进一步支持境外机构投资境内科技型企业。

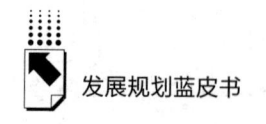

（二）鼓励企业"走出去"的主要政策

在注重稳定外资的同时，我国积极部署更好地服务和支持企业"走出去"系列政策，以便实现对外投资水平提高和海外投资风险更有效规避。

一是创新境外投资方式。2023年11月，中国人民银行等部门联合印发《关于强化金融支持举措　助力民营经济发展壮大的通知》，支持符合条件的民营企业赴境外上市，利用好国内外两个市场和两种资源。2023年12月，国家外汇管理局发布《国家外汇管理局关于进一步深化改革　促进跨境贸易投资便利化的通知》，拓展资本项目便利化政策并更新和优化部分资本项目外汇管理，包括在全国推广跨境融资便利化试点改革政策、放宽对外直接投资前期费用规模限制。

二是推动对"一带一路"和RCEP区域投资增长，优化境外投资布局。我国通过丝路基金和亚投行有力支持了与"一带一路"共建国家的投资合作——截至2023年6月底，丝路基金累计签约投资项目75个，承诺投资金额220.4亿美元，亚投行共批准了227个投资项目总计436亿美元投资。此外，我国主办了第三届"一带一路"国际合作高峰论坛，为"一带一路"投资合作提供重要助力。2022年1月即RCEP生效当月，商务部等6部门印发《关于高质量实施〈区域全面经济伙伴关系协定〉（RCEP）的指导意见》，推动地方和企业更好地抓住RCEP机遇，扩大对RCEP区域投资。

三是完善境外投资服务，便利中国企业"走出去"。2023年，我国出台了一批政策措施提升跨境税务服务水平、优化税收环境，便利企业"走出去"，包括发布《关于优化纳税服务　简并居民企业报告境外投资和所得信息有关报表的公告》，极大简化企业报告境外投资所得税的相关信息申报要求，有效减轻纳税人的申报负担；以服务跨境投资全生命周期为中心，打造了"税路通"服务品牌。2024年4月，国家金融监管总局、工信部、发改委发布《关于深化制造业金融服务　助力推进新型工业化的通知》，提出优化制造业外贸金融供给，强化出口信用保险保障，支持汽车、家电、机械、航空、船舶与海洋工程装备等企业"走出去"。

四是为企业提供国别投资指南，帮助企业及时了解和防范境外投资风险。国家税务总局从国家（地区）基本概况、投资环境、税制状况、税收征管、税收争议和投资风险等六个维度编制发布了105个国家（地区）的《国别（地区）投资税收指南》，基本覆盖了我国境外主要投资目的地，帮助企业了解东道国的基本营商环境和现行税收制度，护航"走出去"的企业走稳走远。考虑到税收政策不断变化更新，国税总局还定期更新维护已发布的税收指南，并从2022年开始将更新频率由原来每两年更新提升为每年更新，以便帮助企业及时掌握东道国的最新税收政策。

二 我国推动国际双向直接投资取得的成效

虽然"十四五"前半期面临的形势严峻化、复杂化，但是我国国际双向直接投资在一系列密集甚至超前推出的政策支撑下，规模得以稳定，结构呈现改善，质量获得提升。

（一）吸引外资取得的成效

一是招商引资规模在波动中企稳，新增外企数量保持大幅正增长。尽管受到疫情冲击，2021~2022年我国实际使用外资依然保持了增长态势，到2022年达到1891亿美元，2023年和2024年第一季度均出现同比回落但环比增长已经转正。随着对外商设立企业便利性提升，我国新设立外商投资企业数量保持了显著正增长。2023年，我国新设立外商投资企业将近5.4万家，同比增长39.7%，并在2024年第一季度延续了这一增长态势，新设外资企业达到1.2万家，同比增长20.7%。根据美国管理咨询服务公司科尔尼发布的2024年全球外商直接投资信心指数，我国排名从2023年的第7位跃升至第3位，[①] 反映出跨国公司保持了扩大在华投资的意愿。

二是利用外资结构改善。我国吸引的外商直接投资正在从房地产、金融行业流向制造业和技术服务业，尤其是高技术制造业。2020~2022年，我国房地产和金融行业吸引外资占比从13.6%和7.7%分别降至7.5%和3.6%，与此同时，我国制造业、信息技术服务业、科学研究和技术服务业实际使用外资占比

---

① 马欣然、汪奥娜、吴慧珺、汪海月：《共享投资机遇：中国营商环境持续优化》，新华社，2024年5月9日。

从20.8%、11%、12%分别升至26.3%、12.6%、16%。我国高技术产业实际使用外资额占比从2020年的28.6%升至2023年的35.8%。2022年，我国中西部地区新设外商投资企业数量占比13.4%，相比2020年的11.8%提高1.6个百分点。上述变化显示出我国引资行业结构和区域结构呈现优化。

（二）鼓励企业"走出去"取得的成效

一是对外直接投资稳定在较高水平，对外投资规模保持世界前列。在疫情冲击引起全球对外直接投资萎缩的情况下，我国对外直接投资呈现出较强韧性。2021年，我国对外直接投资创出1788亿美元历史新高，同比增长16.3%，2022年，在全球投资不振背景下，我国对外直接投资有所下降，收缩至1631.2亿美元，2023年进一步收缩至1478.5亿美元，但是都高于疫情前1369亿美元的水平，且投资规模持续居全球第二位。2023年末，我国对外直接投资存量达2.9万亿美元，连续七年排名全球前三。尽管受到疫情的不利影响，我国在境外设立企业依然出现了较为明显的增加，2022年末，我国境内投资者共在全球190个国家和地区设立境外企业4.7万家，相比2020年增加了2000家，境外企业覆盖全球超过80%的国家和地区。

二是对"一带一路"共建国家和RCEP地区非金融类直接投资增长较快。2021~2023年，我国企业对"一带一路"共建国家非金融类直接投资分别达到203亿美元、209.7亿美元、318亿美元，同比增长分别为14.1%、3.3%、22.6%，比全国整体对外非金融类直接投资增速分别高出10.9个、0.5个、11.2个百分点，充分显示了"一带一路"共建国家对中国企业投资超强的吸引力，以及中国企业在"一带一路"共建国家持续扩张的意愿和趋势。RCEP的生效极大促进了我国和RCEP其他成员之间的投资，在生效的当年即2022年我国对RCEP其他成员的非金融类直接投资达到179.6亿美元，实现了18.9%的超高速增长，比全国整体水平高出16.1个百分点。

三是更多中国产品、技术、品牌"走出去"。"新三样"、智能手机等高新技术产业"出海"势头尤为强劲，在我国"新三样"出口爆发式增长的同时，"新三样"企业也在加速出海，比亚迪、长安汽车、哪吒汽车、埃安汽车等新能源汽车企业纷纷在欧洲和东南亚投资建厂，并且国内头部车企已经成功将"三电"技术反向输出至奔驰、丰田、大众等世界知名车企，用实力证明中国企业有能力在国际大循环中占据产业价值链高端。新能源电池企业和头部光伏企业对外投资出海也在加速，越来越多的企业在海外投资建厂或已有相关投资规划。与此同时，我国"走出去"品牌数量和品质同步提高。据天眼查数据统计，中国出海品牌数量已从2020年的375项增至2022年的408项。由世界品牌实验室（World Brand Lab）编制的《世界品牌500强》榜单中，2024年中国入选48个品牌，比2020年增加5个，并首次超越日本，跃居全球第三。

专栏　我国"新三样"出海

"新三样"对外投资高潮迭起是近年来我国高技术产业对外投资的突出特点之一。2023年多家电动汽车厂商纷纷宣布或启动对外直接投资计划和行动。如7月上汽宣布将在欧洲建厂，比亚迪宣布将在巴西投资30亿巴西雷亚尔（折合人民币约44.82亿元）设立由三座工厂组成的大型生产基地综合体，8月泰国有关部门发表声明宣布长安汽车将投资约2.5亿美元建设一家电动汽车和混合动力汽车生产工厂。

我国新能源电池企业也在加快布局海外投资，如国轩高科与斯洛伐克电动汽车定制化电池供应商InoBat签署谅解备忘录，双方将携手在欧洲合资建设40GWh产能动力电池工厂；远景动力在法国、英国、西班牙已经布局了三座零碳电池工厂。

新能源的光伏电池组件业对外投资与美国"双反"调查有关。2011年和2014年美国先后对我国光伏发起两轮"双反"调查并征收高额关税，部分中国光伏企业将产能转移到东南亚国家组装后再出口美国，以规避美国针对中国光伏产品的反倾销税和反补贴税。2022年3月美国商务部对我国光伏企业发起"双反"反规避调查，2022年12月做出反规避调查初裁并在2023年8月18日做出终裁，我国五家企业被初步认定存在规避行为。为避免被征收高额反规避税，上述光伏企业须在豁免期内（即2024年6月前）提升其在东南亚的制造产能尤其是硅片产能。

资料来源：卢锋、李双双、吴思芮：《"新三样"出海——评我国高科技产业对外投资新动向》，https：//nsd.pku.edu.cn/sylm/gd/531856.htm，2023年9月5日。

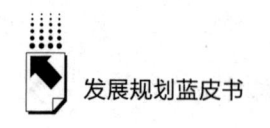

三 我国推动国际双向直接投资存在的问题和面临的挑战

"十四五"前半期，我国推动国际双向直接投资的内外环境发生显著变化，造成我国国际双向投资出现罕见波动，面临规模增长降速调整甚至收缩的压力，国家和企业层面都面临投资风险。

（一）吸引外资存在的问题和面临的挑战

1. 内外环境变化造成吸引外资出现超预期下降

美国力推全球价值链重构，拉拢欧盟一起推动"去中国化"，中美货币政策错位引起中美利差缩小甚至倒挂，2023年以来，我国吸引外资出现了明显下降。①

一是净流入减少。从商务部统计的实际使用外资即外商直接投资净流入看，2023年我国实际使用外资1.13万亿元，较2022年同比下降8%，按照美元计则是1632.5亿美元，较2022年同比下降13.7%。2024年第一季度实际使用外资延续同比下行趋势，按照人民币和美元计，分别同比下降26.1%和28.6%。2023年，来华直接投资项下的外来股权投资净流入621亿美元，继2022年萎缩47%后再降61%，年度净流入规模降至2005年以来新低。

二是利润再投资减少。外管局口径的外商直接投资包含利润再投资和关联企业债务。该口径统计数据在2023年净流入330亿美元，同比下降81.7%，规模降至1994年以来最低，究其原因，一是外商工业企业利润下降导致利润再投资及"两未"利润②减少。2022年外商投资工业企业利润累计同比下降12.3%，影响了2023年的利润再投资。而2023年外商投资工业企业利润同比下降6.7%，降幅在所有类型企业中最大，高于全国规上工业企业利润降幅

---

① 在FDI统计上有商务部和外汇管理局两种统计口径，商务部统计口径的FDI数据更具有国际可比性，能更直接地分析投资的来源国，并评估外国投资者进入本国投资的情况，外管局统计口径的FDI数据则能提供外资减资撤资情况和利润再投资情况，可以用于分析FDI的结构变化。

② 即未分配利润和已分配未汇出利润。

4.4个百分点,继续影响2024年利润再投资。二是中美利差缩小甚至倒挂导致直接投资负债方的关联企业债务由净流入转为净流出。① 2022年以来,为治理高通胀,美联储在缩表的同时在16个月内激进加息525个基点,而我国央行坚持"以我为主"的货币政策,利率稳中趋降,中美利差快速收敛直至倒挂。因在美国能获得更高投资收益,跨国企业调整国际投资安排,尤其是对利差变化非常敏感的关联企业债务投资,将资金投向美国套利。当中美10年期国债收益率利差从2021年的158个基点变成倒挂18个基点,我国外商直接投资中的关联企业债务投资季均净流入从109亿美元降至51亿美元,同比下降53%,而当中美利差倒挂扩大到76个基点时,我国外商直接投资中的关联企业债务投资由净流入转为净流出。

2. 外资企业将在华生产向东南亚及南亚转移

我国面临外部打压引起投资环境变化,在华外资企业出现避险行为,加快向东南亚转移。从制造业来看,2022年在华规模以上外商(含港澳台商)工业企业数量约为4.35万家,与美国对我国加大打压力度前的2017年的4.99万家②相比减少了12.8%。根据联合国贸发会议(UNCTAD)数据,2012~2021年,我国外商直接投资中的绿地投资金额十年间下降了61.10%,而同期东盟十国绿地投资总额增长显著,并自2019年起超过我国,在一定程度上反映了在华外资企业向这些国家转移的趋势。从具体行业来看,2022年我国手机出口额全球占比与处于峰值的2015年相比下降了3.5个百分点,而印度和越南手机出口额全球占比近年来均呈上升趋势。总体来看,越南、泰国、印度、孟加拉国等国家已成为在华外资工业企业外迁的主要承接地。③

(二)鼓励企业"走出去"面临的挑战

1. 安全因素正在重塑我国国际投资合作格局

一是我国与"一带一路"共建国家的投资合作项目的债务融资因东道国债务风险高企,正在从大基建项目转为"小而美"项目,即优先支持规模较小、目标更明确的项目。我国对"一带一路"共建国家的直接投资总额依然

---

① 管涛:《如何看待二季度FDI的下降》,《经济观察报》2023年8月21日。
② 陆娅楠:《国有企业做优做强,私营企业快速发展》,《人民日报》2018年4月17日。
③ 卢进勇:《在华外资企业外迁的动因、影响及应对策略》,《国际贸易》2024年第1期。

在增长，但是增速已经放缓，2021年甚至出现我国对"一带一路"共建国家直接投资增速降至7.1%，大幅低于我国对外直接投资总额16.3%的增速现象，也导致这一年我国对"一带一路"共建国家直接投资流量和存量占比都出现了下降。随着我国海外发展融资总额的下降，平均贷款承诺规模也在下降，具体表现为融资项目的金额降低、所覆盖的地理范围缩小。

二是我国在美国高技术领域的投资受限，而我国以美欧为主要出口市场的制造业正在加速外迁。在美国的投资限制下，我国对美国的信息传输/软件和信息技术服务业的直接投资流量从2019年峰值的7亿美元下降到2022年的3.1亿美元，存量占全部中国对美直接投资的比重从9.8%降至3.6%。由于美欧对我国产品的进口限制，我国不得不通过将部分产能外迁到东盟再出口至美欧。2020年以来，我国整体对外直接投资下降，但是对东盟直接投资逆势增加，从2019年的130亿美元增加到2022年的186亿美元，其中制造业投资从56.7亿美元增加到82.1亿美元，占比从24.2%增加到31.9%。

三是受到政治干预因素影响，我国海外并购金额持续下降。我国海外并购金额居前四位的是采矿业、制造业、科学研究和技术服务、信息传输/软件和信息技术服务业。由于美欧对我国在其本土高技术投资的限制以及对我国在拉美、非洲等地区采矿业投资的干预，2017年以来，我国海外并购金额除2021年实现了正增长，其他年份均为负增长，占对外直接投资的比重从2016年的44.1%降至2022年的9.3%，其中我国科学研究和技术服务、信息传输/软件和信息技术服务业这两个行业2022年的对外直接投资存量已经相比2017年和2020年的分别相对高点下降了36.7%、26.5%。①

2. 美国对我国企业打压超越国界范围，导致我国企业外迁并不能彻底规避风险，甚至面临新的海外投资风险

美国对中国企业的打压已经超越国界范围，凸显出国别属性特征。也就是说，只要是中国企业并被美国认为对其国家安全构成威胁，就会遭遇美国打压和限制。这也是高技术打压比制造业回流于我国而言更为复杂和棘手之处——对于后者，美国的主要目的是通过制造业回流解决本土的产业空心化和过度金融化问题，并为美国创造更多的就业；而对于前者，美国的目的是在大国竞争

---

① 根据《2022年度中国对外直接投资统计公报》第60页附表4信息计算。

中取胜，为了将中国锁定在产业链低端，封锁中国获得关键高技术的渠道，让中美拉开发展差距，中国企业面临美国投资审查，甚至中国企业到美国之外的国家投资也可能遭遇美国阻挠。

四 推动国际双向投资的国际经验

（一）推动对外投资的国际经验

为企业对外投资提供财税、金融、技术等方面的政策支持，是美国和日本两个投资大国共同采用的做法。

1. 美国经验

美国持续多年稳居全球对外投资第一大国的位置，且投资流量和存量都显著超过排名第二的国家。除了美国经济体量大和跨国公司主动布局海外投资外，美国政府采取的对外投资鼓励与支持政策也发挥了重要作用。一是美国政府十分重视为海外投资提供法律支持。美国专门制定了《经济合作法》《对外援助法》《共同安全法》等有关境外投资的法律法规，加大对海外投资的保护与支持力度。二是对海外企业提供融资支持。美国进出口银行和海外私人投资公司等提供了大量廉价借贷资金为海外企业提供融资支持，前者主要是促进美国产品在海外销售，为东道国大规模购买美国设备、原料和劳务提供买方信贷和卖方信贷；后者在鼓励美国企业向发展中国家以及转型国家投资方面发挥了主导作用。三是美国政府为企业海外投资提供赋税抵免、延迟纳税、结转亏损等税收优惠。四是美国政府为海外企业提供了必要的信息技术支持。例如，政府出资创办的全国性对外投资咨询中心，为美国企业和居民对外直接投资提供有关东道国宏观经济状况、法律制度、要素成本等信息，帮助企业开展投资机会和可行性分析，并为本国企业在项目开发初期提供诸如准备法律文书、融资咨询、改进技术、人员培训等全方位的技术援助。

2. 日本经验

20世纪70年代，日本政府把对外直接投资提升至对外经济战略地位，通过实施一系列支持政策，成为全球第三大对外投资大国。一是对海外投资企业

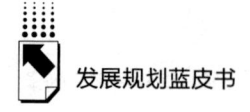

提供财税金融支持。日本政府为企业赴海外考察投资环境发生的机票费、旅居费等提供补贴，允许海外企业在纳税时扣除在东道国已经缴纳的税额，并把针对利息、股息和使用费等投资所得的减免额作为抵免对象。日本政府还通过官方金融机构为境外投资企业提供长期低息贷款，并由日本贸易保险公司针对海外贸易、投资过程中普通商业保险不能涉及的风险提供保险服务。二是设立海外投资亏损准备金，使政府和企业共同承担海外经营风险。日本对外直接投资亏损准备金制度的核心内容为：满足一定条件的对外直接投资，将投资的一定比例计入准备金，享受免税待遇。若投资受损，则可从准备金得到补偿；若未损失，该部分金额积存5年后，从第6年起，将准备金分成5份，逐年合并到应税所得中进行纳税。海外投资亏损准备金制度一方面缓和了亏损对企业持续经营的冲击，帮助企业摆脱困境；另一方面可从整体上减轻企业税负，隐性地提升了对外直接投资收益水平。

（二）吸引外资的国际经验

1. 美国经验

2012~2023年，美国连续12年成为全球外商直接投资首选目的地。近年来，美国试图通过税收和产业政策调整重构全球价值链，吸引更多外国投资和本国海外制造业投资回流，实现"美国再次伟大"。一是进行税改，降低企业所得税。2017年，时任美国总统特朗普通过税改法案，将企业所得税从35%大幅降至20%，并针对跨国企业为避税而囤积在海外的巨额利润，显著降低汇回税率。此外，还将美国企业所得税从全球征税制转变为属地征税制，对海外子公司股息所得税予以豁免。税改旨在让美国企业税更具竞争力，增加企业盈利，并鼓励海外企业将境外利润用于本土投资，创造就业。二是通过多项法案进行产业补贴。为了促使投资流向美国以实现再工业化，拜登政府通过《两党基础设施法案》《芯片与科学法案》《通胀削减法案》等一系列包含产业补贴支持的法案，吸引各国企业赴美建厂。其中，《两党基础设施法案》提供28亿美元赠款以支持本土电池供应链建设；《芯片与科学法案》拨款527亿美元支持芯片公司的研发和生产，并要求接受政府资助的公司10年内不得在包括中国在内的"受关注国家"扩大先进产能；作为《通胀削减法案》中的一环，美国政府重新修订了电动车、混合动力汽车、燃料电池汽车购置补贴和税收抵免政策，并新增了提供优惠的条件——汽车必须在北美（美国、加拿大和墨西哥）生产，并且一定比例（逐年提升）的电池零部件和关键矿产必须在北美生产和采购。《芯片与科学法案》已经产生影响，英特尔、美光科技、高通和格罗方德半导体、台积电、三星等多家企业已公布巨额投资计划，将在美国多地新建工厂或扩大产能。[①]

2.日本经验

为了吸引海外投资者投资日本，近年来日本政府推出吸引外资的系列政策。一是推出国家层面的吸引海外投资计划。2023年4月，为吸引海外人才和资金对日投资，日本推出《吸引海外人才和资金的行动计划》，部署如下5项任务：①促进对顺应国际环境变化战略领域的投资，重塑全球供应链；②建成亚洲最大的创业支援设施；③完善引进高级外国人才的制度；④优化从海外吸引人才和投资的商业生活环境等；⑤彻底强化全日本的招商引资及后续追踪体制，以G7等为契机加强向世界传播。二是推出地方政府层面的各种优惠政策。因各地产业不同，优惠政策方式也不尽相同。以大阪府为例，推出了投资促进补贴，主要针对投资于生命科学、机器人、信息家电、新能源等尖端产业的研发设施，并进行新建或改扩建厂房的中小企业。通常而言，补贴率为建筑物、机器设备等投资额的5%；而对于大阪府内已经设有总部、工厂或研发设施的企业，补贴率为投资额的10%，补贴上限为3000万日元。三是优化对外资企业的服务。日本内阁府下设"对日直接投资综合服务窗口"，由独立行政法人"日本贸易振兴机构"，作为服务窗口执行单位，向外国投资者提供一站式服务。

五　我国稳定并推动国际双向直接投资的对策

鉴于我国推动国际双向直接投资面临的国际投资环境已经从经济效益逻辑转向安全逻辑，外加我国产业升级尚未完成的同时经济降速调整的背景，稳定本土投资和推动对外投资存在数量上的权衡关系，进一步稳定并推动国际双向

---

① 贾平凡：《美国为产业回流大搞"诱""逼"两手》，《人民日报海外版》2022年10月29日。

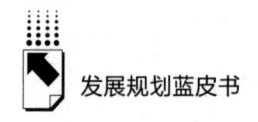

直接投资，需要统筹考虑，兼顾发展与安全，确保吸引外资和对外投资在规模稳定的基础上持续向好发展。

（一）稳定并推动对外投资的对策

一是对于"走出去"的行业要从全局和变局出发进行全面统筹，动态调整，谋定而后动，避免冲击本土经济增长。对于企业外迁要区分降成本型外迁和规避风险型外迁。对于降成本型外迁，例如劳动密集型制造业的外迁，要根据形势，从稳定经济大局出发，尽量促进其向中西部地区有序转移，充分发挥这类转移对承接国内就业和促进经济发展方面的积极作用。

二是逐步完善鼓励中国企业遵守国际通行规则和东道国合规性要求的相关机制。在美国加强对中国企业打压的形势下，要加强我国企业海外合规工作，建立同国际通行规则衔接的合规机制，充分维护海外企业合法权益。其一，建立海外企业行为监管机制，明确监管责任，避免企业出现违反国际规则和东道国法律法规的行为。其二，建立企业和东道国共同发展的合作机制，对中国企业对东道国经济发展的贡献给予客观公正的评价。其三，建立东道国信息获取机制，充分发挥当地华人华侨、社会组织、企业、驻外机构的作用，及时全面获取信息，预警防范风险。

三是更好发挥政府在企业"走出去"中的作用。发挥政府作用，但要避免将对外投资主体变为政府。其一，发挥对外投资政府引领功能，和东道国制定常态化合作机制，形成重点区域、重点产业的投资合作路径。其二，充分发挥政府力量，带动东道国政府为中国企业开展投资合作提供资金、土地、人才支持。

（二）稳定并吸引外商投资的对策

一是稳步扩大制度型开放，以规则对接和引领，吸引更多外资来华。其一，加快要素价格等市场化改革，更大力度对接国际通行规则。系统研究评判并切实破除对接国际规则的体制差异障碍，提升国际社会对于中国坚定推进改革开放的信心，以国际通行规则进一步加强中外投资合作。其二，争取主导更多新规则制定，突破美欧规则锁定。其三，推进高标准知识产权保护，严禁各种侵犯知识产权的行为，营造更好的知识产权保护和支持国际技术投资合作环境。

二是进一步提高政策透明度，落实投资便利化措施。扩大鼓励外商投资产业目录，继续精简外资准入负面清单，全面取消外资准入负面清单之外的限制，落实全面取消制造业领域外资准入限制措施，加快清理完善各类法律法规，保障《外商投资法》切实落实落地。全面落实准入前国民待遇加负面清单管理，取消不合理的审批和资质要求，做到既准入又准营；确保外资企业平等获取各类生产要素、享受产业政策，确保在项目招投标、政府采购、产业补贴等方面待遇平等；加快建设全国统一大市场、落实"全国一张清单"准入，消除区域要素流动限制性壁垒，加强区域政策协调。

三是加快扩大并切实落实服务业对外开放。加大力度和加快进度落实电信、互联网、教育、文化、医疗等领域的有序扩大开放，利用好这些服务行业吸引外资空间。积极扩大生产性服务业开放，引进跨国公司研发中心、结算中心、数据中心，推动产品升级和价值链升级，形成东中西部融合发展的外资产业链布局。

四是坚持扩大开放原则稳住全球投资者对华信心。针对美国脱钩断链给我国吸引外资带来的阻力和压力，要坚持保持定力，坚持扩大开放的立场原则，稳定国际社会对我国经济基本面未变的预期。

参考文献

陈小宁：《美国发展数字合作，挤压中国空间》，《世界知识》2022年第9期。

李敏：《美国、法国、日本鼓励对外投资的税收政策比较》，《涉外税务》2006年第5期。

李星辰、张文涛、张一婷：《欧盟"全球门户"计划进展与趋势》，《中国投资》2023年第6期。

刘妙、梁明、徐斯、齐冠钧：《中国制造业外迁现状与应对策略——基于产业链供应链关联性的分析》，《国际贸易》2023年第5期。

卢进勇：《在华外资企业外迁的动因、影响及应对策略》，《国际贸易》2024年第1期。

肖黎明：《对外直接投资与母国经济增长：以中国为例》，《财经科学》2009年第8期。

B.20
以国内大循环吸引全球要素资源[*]

罗朝阳[**]

摘　要： 构建以国内大循环为主体、国内国际双循环相互促进的新发展格局，是我国结合自身条件以及充分考量全球经济形势下作出的战略决策。实现国内国际双循环相互促进需要以促进国内大循环来吸引全球要素资源，实行更加开放和互动的经济发展模式。本文详细论述了吸引全球要素资源对中国国内大循环和国际循环的多重意义，分析了中国在吸引资本、人才、科技创新和数据要素方面的现状以及存在的问题，提出要加快建设全国统一大市场、营造国际一流营商环境、积极参与国际规则的制定和修订、深化人才发展体制机制改革、完善科技创新体系等建议，以更有效地利用国际国内两个市场、两种资源，推动经济高质量发展，同时也为全球经济提供新的动力和机遇。

关键词： 国内大循环　新发展格局　全球要素资源

改革开放后，我国在20世纪80年代末实施沿海发展战略，利用低成本劳动力优势与国际资本和技术嫁接，通过发展外向型劳动密集型产业，参与国际经济大循环，呈现出市场和资源"两头在外、大进大出"的特征。2000年前后，全球大体形成了以美欧为消费市场和研发中心，以东亚特别是中国为生产基地和制造中心，以中东拉美为能源资源输出地的"大三角循环"模式。2008年国际金融危机后，美欧过度消费、过度负债、制造业空心化、民粹主

---

[*] 本文获得国家社科基金项目"增强国内大循环内生动力和可靠性与提升国际循环质量和水平研究"（22VRC082）及中国社会科学院"青启计划"项目"资源配置的生产率效应"（2024QQJH121）的支持。

[**] 罗朝阳，中国社会科学院数量经济与技术经济研究所助理研究员，主要研究方向为宏观经济与政策效应评价等。

义滋生、政治极化以及单边主义、保护主义等严重冲击国际多边体系，导致全球投资经贸规则面临重构，"大三角循环"模式逐渐难以为继。同时，我国经济从高速增长逐渐放缓至中高速增长。在此背景下，2020年中央政治局常委会会议提出要深化供给侧结构性改革，充分发挥我国超大规模市场优势和内需潜力，构建国内国际双循环相互促进的新发展格局。习近平总书记指出，构建新发展格局，实行高水平对外开放，必须具备强大的国内经济循环体系和稳固的基本盘，并以此形成对全球要素资源的强大吸引力。可见，构建新发展格局，不仅要打破市场和资源"两头在外"的旧模式，还要打通国内和国际市场，更好地利用国内国际两个市场、两种资源。

一 以国内大循环吸引全球要素资源的内在逻辑与意义

以国内大循环吸引全球要素资源是我国适应经济发展阶段以及应对国际环境变化的战略选择。

首先，贸易保护主义抬头、地缘政治紧张、世界经济波动等不确定因素在最近几年显著增多，国际政治经济形势不确定性和不稳定性对我国外向型经济增长模式形成制约。尤其是以美国为首的贸易保护主义政策对我国出口导向型经济构成了直接威胁。在这种背景下，只有通过强化国内大循环来提升内需对经济增长的拉动作用，才能在风云变幻的国际环境中始终确保国内经济基本盘稳如磐石，持续增强我国发展的安全性稳定性可持续性，[①] 同时，还有助于为全球投资者和要素资源持有者提供相对安全、稳定的市场环境，为全球优质要素资源在中国找到更高价值的应用场景，增强我国在全球产业链中的竞争力，降低我国对外部环境过度依赖的风险，提升我国在国际上的影响力和竞争力。

其次，吸引全球要素资源对促进我国国内大循环具有重要的意义和突出的作用。全球要素资源涵盖资本、技术、人才、原材料等多元内容，吸引这些要素流入我国，可以进一步完善我国工业体系，强化生产能力与配套能力，促进产业转型升级，丰富产品和服务供给，更好地满足人民日益增长的物质文化需

---

① 张明：《以内促外，实现高水平对外开放》，《经济学家》2022年第12期。

求，提高产业链供应链的自主可控性和抗风险能力，从而更好地支撑国内大循环的稳健运行。不仅如此，吸引全球要素资源还有助于我国积极参与全球经济治理、推动建设开放型世界经济，争取更有利于自身发展的国际规则，为国内大循环的顺利推进营造有利的外部环境，① 从而为国内大循环注入高质量发展动能，为经济增长提供持久动力。

最后，吸引全球要素资源对促进我国国际循环具有重要的意义和突出的作用。一是可以更有效地利用国际市场资源，优化资源配置，提高外循环的效率和水平，实现内外需市场相互依存、相互促进。二是可以加强与国际社会的合作，建立更紧密的国际伙伴关系，拓展出口市场，提升中国产品和服务的国际竞争力。三是可以提升中国在国际舞台上的影响力和话语权，为全球治理和国际规则制定贡献中国智慧。四是可以促进我国国内标准和国际规则的对接，有助于降低交易成本，提高国际合作效率，为外循环创造更加公平、透明的外部环境。可见，吸引全球要素资源不仅是促进我国国内大循环的重要举措，也是推动外循环发展的关键策略，对于实现经济双循环战略具有不可替代的作用。②

二 我国吸引全球资源要素的现状及问题

（一）我国吸引全球资本要素的现状及问题

近年来，我国吸引全球资本要素取得了一系列重要进展。一是实际使用外资金额稳步增加，从"十三五"时期的年均1400亿美元增长至"十四五"以来的年均1778亿美元。实际使用外资金额占全球外商投资总额的比重上升明显，从"十三五"时期的9.76%上升至"十四五"以来的12.83%。二是对外资的开放水平进一步提升，我国政府通过缩减外资准入负面清单、扩大自由贸易试验区范围、加强知识产权保护等，进一步降低了外资进入门槛，提升了投资便利性。根据美国管理咨询公司科尔尼报告，中国2024年全球外商直接投

---

① 张福军：《持续扩大高水平对外开放》，《前线》2023年第12期。
② 李福岩、李月男：《构建新发展格局：生成逻辑、核心内容与战略意义》，《经济学家》2022年第4期。

资信心指数排名全球第 3 位，在新兴市场专项排名中位居榜首。三是外商投资产业结构不断优化，不断从劳动密集型向技术密集型转变，信息技术、生物医药、新材料、新能源等高新技术领域成为外商投资的新热点，同时金融服务、信息技术服务、专业服务、教育和医疗等现代服务业成为外资新的增长点。①

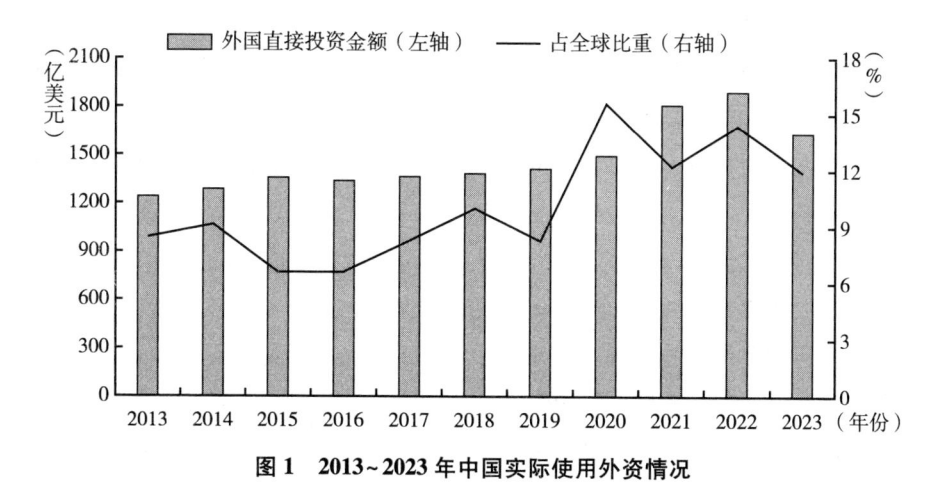

图 1　2013~2023 年中国实际使用外资情况

资料来源：联合国贸易和发展会议数据库（UNCTADstat）。

在我国吸引全球资本要素取得一系列成就的同时，仍存在一些问题。一是外商投资主要集中在相对发达的东部沿海地区，对我国中西部地区经济发展贡献较小。二是利用外资的质量有待进一步提高，高技术产业、现代服务业等高附加值领域投资比重仍需进一步提升，外国企业与本土企业的深度合作仍需进一步加强。三是外商投资来源过于集中，香港仍是我国内地 FDI 的最大来源地区，欧盟、北美（美国、加拿大）等发达国家对我国的投资仅占 10% 左右。

（二）我国吸引全球人才要素的现状及问题

近年来，党中央高度重视人才引进工作，海外人才引进工作取得一系列突破。一是出国留学人员回国发展比例不断提升。根据教育部数据，党的十八大以来，超过八成完成学业的留学人员选择回国发展。另据科技部数据，2021

---

① 马嘉宁：《我国利用外资的现状、问题及对策建议》，《产业创新研究》2023 年第 1 期。

年回国创新创业的留学人员首次超过100万人，我国正逐步形成国际人才交流趋势。① 二是在华工作的外籍人员不断增加。根据第七次全国人口普查数据，居住在大陆的港澳台居民和外籍人员超过143万人，其中以就业为目的来华的技术人才较第六次人口普查增长了21.61%。三是华裔高端人才回国人数呈上升趋势。2022年10月，美国哈佛大学、普林斯顿大学和麻省理工学院的一份联合调查报告显示，2021年至少有1400名美国华裔科学家离开美国加入中国科研机构或者院校，是2011年的两倍多。②

我国在吸引全球人才要素取得一系列成就的同时，仍存在一些问题。一是引才政策精准性不足。我国尚未建立起全面的国际人才数据库，对各类海外人才难以进行有效识别，供需信息失衡导致引进海外人才成本高企。二是引才手段有待进一步丰富。我国引才工作仍是政府主导，在一定程度上限制了企业、科研机构等主体的引才作用。三是引才后续配套政策落实不足。对海外人才存在重引进、轻发展的问题，持续跟踪培养环节较为薄弱，影响了人才的长期发展和融入。四是留学回国人员、来华留学生的质量不高，减弱了其数量增长带来的人才集聚效应。五是引进的外国人才少于我国流出的人才，我国大量人才在外国和地区工作、永居和入籍，引进和流出不平衡。

（三）我国吸引全球科技创新要素的现状及问题

近年来，我国在吸引全球科技创新要素上展现了强劲的聚合力，取得了较大成效。一是随着中国对外开放水平的提升，越来越多的外资研发中心选择在中国设立研发机构。截至2023年底，上海市和北京市累计认定外资研发中心数量分别达到561家和107家，较2022年分别增加了30家和58家。二是国内外科技合作不断开创新局面。截至2022年11月，中国已与160多个国家和地区建立了科技合作关系，签订了117个政府间科技合作协定。"十三五"以来，通过国家重点研发计划、政府间国际科技创新合作重点专项，共支持与60多个国家、地区、国际组织和多边机制开展联合研究合作，形成了广泛的

---

① https://news.eol.cn/meeting/202209/t20220920_2246835.shtml.
② Xie Yu, et al., "Caught in the Crossfire: Fears of Chinese-American Scientists," *Proceedings of the National Academy of Sciences*, 2023（27）.

科技创新合作网络。三是中外合作办学蓬勃发展，不断吸引国际高等教育资源。截至2021年底，全国经审批机关批准设立和开展的高等教育中外合作办学机构和项目共2356个，其中本科以上层次机构和项目1340个，在吸收引进境外优质教育资源方面发挥了积极作用。

我国在吸引全球科技创新要素上取得了一定成就的同时，仍存在一些问题。一是外资研发中心的核心技术仍掌握在国外母公司手中，中国科学家难以接触到这些核心技术，更多地限于应用层面的开发和本地化调整。二是我国在国际科技合作活动中的总体地位较低，与科技大国地位不符。三是国际科技合作面临美国科技打压遏制的挑战，合作深度有待进一步增加。四是国外优质教育资源引进不足、生源质量较低，同时存在区域分布失衡、质量监管乏力等问题。

（四）我国吸引全球数据要素的现状及问题

数据是一种新型生产要素，具有可复制、非消耗、边际成本接近于零等新特性，打破了自然资源有限供给对增长的制约，能够为经济转型升级提供不竭动力，是形成新质生产力的优质生产要素。当前，我国国内公共数据获取较为困难且格式尚未统一，同时缺乏高质量再分析科学数据集，导致我国科学研究在很大程度上依赖于国外的公开或者私有数据集。尤其是在生成式人工智能快速发展的背景下，高质量中文语料数据短缺导致国内人工智能模型严重依赖英文语料数据，严重限制了国内人工智能的创新和发展。例如，华为盘古气象大模型主是基于欧洲气象中心公开的再分析数据集进行训练。从数据交易情况来看，上海数交所于2023年4月开设运营国际数据交易专区，并引入国际数商承接数据产品开发等服务，取得了初步成效。截至2024年4月底，该专区挂牌数据产品已超过百个，对接国际数商超20家，业务内容涉及专利、生物医药、金融、商业洞察、企业数据、经济、人口统计等数据服务。

三 以国内大循环吸引全球要素资源面临的机遇与挑战

（一）以国内大循环吸引全球要素资源面临的机遇

以国内大循环为主体的新发展格局不仅服务于中国经济高质量发展的内在

需求，也为全球要素资源的优化配置和互利共赢的国际合作开辟了新路径，创造了前所未有的合作机遇。一是我国超大规模市场优势将进一步释放。中国拥有14亿多人口以及庞大的中等收入群体，内需潜力的进一步释放将为世界各国提供更为广阔的市场机会，使国内市场和国际市场更好联通，利用国际国内两个市场、两种资源推动经济高质量发展。① 二是我国是唯一拥有联合国产业分类中全部工业门类的国家，完整的产业链和供应链为吸引全球资源提供了产业基础和合作机会。三是我国不断加强和推进的政策支持和制度创新，通过扩大市场准入、优化营商环境、加强知识产权保护、为外资企业提供国民待遇等进一步提高我国对外开放水平，提升对全球资源的吸引力。四是我国长期保持政局稳定，对增强海外投资者信心、促进国际贸易合作、吸引海外创新与人才汇聚以及维持金融市场稳定创造了良好的条件，有助于增强我国吸引全球资源要素的国际竞争力。五是我国科技创新和新兴产业发展水平逐渐走在世界前列，日益强大的创新能力能够不断催生新技术、新产品和服务，从而吸引国际资本、高端人才以及先进技术和知识不断流入。六是随着国际形势日趋复杂，全球出现新一轮"人才流动潮"，2020年全球国际移民数量已达2.81亿人，国际人才流动环境为我国吸引国际高端人才创造了良好的外部条件。② 这些机遇表明，中国通过积极打造具有吸引力的市场环境，以国内大循环为主体，吸引全球资源要素，促进国内国际双循环相互促进大有可为。

（二）以国内大循环吸引全球要素资源面临的主要挑战

以国内大循环吸引全球要素资源面临国内和国际两个方面的挑战。从国内方面来看，一是国民经济循环梗阻，我国供给体系的质量和效率与需求结构不匹配，具体表现在高端产能难以满足实际需求，同时有效需求不足进一步制约了国内大循环的速度和质量。二是部分发达国家对中国高科技企业的打压加剧，导致高科技产业存在产业链供应链循环堵滞风险，威胁到国内产业链供应链的安全与稳定。三是分配与消费环节问题衔接程度较低，收入分配领域存在的不平衡问题影响了消费能力的有效提升，居民消费率相较于同等收入国家和

---

① 黄群慧、杨耀武：《论新发展格局下的扩大内需战略》，《中共中央党校（国家行政学院）学报》2023年第3期。
② 田帆、曾红颖：《借鉴国际经验 吸引海外人才回流》，《宏观经济管理》2022年第3期。

世界平均水平偏低，不利于国内消费潜力的有效释放。四是我国许多行业仍然处于全球产业链低端，缺乏核心技术和知识产权，成为制约国内大循环吸引全球要素资源的重要因素。从国际层面来看，一是全球经济正面临从深度衰退中缓慢复苏的复杂局面，呈现出高通胀、高利率、高债务、低增长的特征，且全球性扩张和周期拐点尚未到来，前景仍存在较大不确定性。二是地缘政治冲突不断加剧，可能导致跨国公司出于降低产业链供应链成本和风险的考虑，推动供应链多元化、近岸化，可能对中国的吸引力提升构成挑战，减小与我国开展产能合作的可能性。三是各国吸引全球资源要素的竞争不断加剧，国家通过出台优惠政策、补贴政策吸引外商投资，加大了中国吸引外资的竞争压力。四是保护主义升温与逆全球化思潮加剧，导致国际贸易环境恶化，可能限制国际资本流动和技术交流，影响中国在全球范围内吸引和利用高端要素资源的能力。这些因素共同作用，增加了我国以国内大循环吸引全球要素资源的难度。

四 我国吸引全球资源要素的政策措施及成效

"十四五"以来，党中央高度重视吸引全球资源要素工作，先后出台了一系列政策措施。

在吸引全球资本要素方面，为了提高利用外资的质量，国务院先后印发了《关于进一步优化外商投资环境 加大吸引外商投资力度的意见》、《扎实推进高水平对外开放更大力度吸引和利用外资行动方案》（以下简称《行动方案》），通过合理缩减外商投资准入负面清单，全面取消制造业领域外资准入限制措施，持续推进电信、医疗等领域扩大开放，以及在北京、上海、广东等自由贸易试验区选择符合条件的外商投资企业进行扩大开放试点等措施，提升对外开放水平、优化外资企业营商环境、促进内外资企业创新合作，并对接国际高标准经贸规则。从政策效果来看，根据联合国贸易和发展会议发布的《世界投资报告2023》，2022年中国吸引的外国直接投资额增加5%，达到1891亿美元，创历史新高。同时，我国引资结构不断优化，制造业和高技术产业引资水平大幅提升，制造业实际使用外资同比增长46.1%，高技术产业实际使用外资同比增长28.3%，表明我国引资政策取得重大成效。

在吸引全球人才要素方面，《中华人民共和国国民经济和社会发展第十四个五年规划和2035年远景目标纲要》（以下简称《"十四五"规划纲要》）提出构筑集聚国内外优秀人才的科研创新高地，完善外籍高端人才和专业人才来华工作、科研、交流的停居留政策，党的二十大报告进一步提出要实施更加积极、更加开放、更加有效的人才政策。为了构建更加开放、包容的人才环境，促进科技创新和经济社会发展，国务院印发了《"十四五"就业促进规划》，提出持续加强统一规范的人力资源市场体系建设。各地方层面也不断出台海外人才引进计划，如上海市印发《上海金融领域"十四五"人才发展规划》，强调了对外籍优秀青年金融人才的支持，放宽了工作许可的年龄、学历和工作经历等限制，以及充分释放留学回国人员直接落户政策引进海外人才效应。深圳则对海外高层次人才落户、创业给予政策支持。从政策实施效果来看，根据欧洲工商管理学院和波图兰研究所发布的《全球人才竞争力指数》，中国已从人才输送者转变为"人才冠军"，显示出对全球人才的吸引力不断上升。另根据《2023海外留学人才就业发展报告》，84.21%的海外留学生选择回国就业，显示出中国对海外留学人才具有较强的吸引力。此外，70%的外籍人士表示中国为他们提供了很好的就业前景，远高于全球54%的平均水平。

在吸引全球科技创新要素方面，《"十四五"规划纲要》提出要实施更加开放包容、互惠共享的国际科技合作战略，更加主动地融入全球创新网络。《行动方案》则从扩大市场准入、加大政策力度、优化公平竞争环境、畅通创新要素流动、更好对接国际高标准经贸规则等方面，采取务实措施，更大力度吸引海外优质创新资源。商务部和科技部联合印发《关于进一步鼓励外商投资设立研发中心的若干措施》，将外资研发中心作为吸引聚集国内外高端人才的重要平台，从支持开展科技创新、提高研发便利度、鼓励引进海外人才、提升知识产权保护水平四个方面促进海外创新资源更好地参与我国创新驱动发展。在成效方面，据国家统计局数据，2022年中国创新指数达到155.7，比上年增长5.9%，表明中国创新能力和水平持续提升。另根据中国科学技术发展战略研究院发布的《国家创新指数报告2022-2023》，中国创新能力综合排名上升至第10位，向创新型国家前列进一步迈进。

在吸引全球科技数据要素方面，党的十九届四中全会首次提出将数据作为生产要素，充分肯定数据在生产力中发挥的重要作用。2022年12月，中共中央、国务院印发《关于构建数据基础制度更好发挥数据要素作用的意见》，形成了数据要素"1+N"的政策体系。《"十四五"规划纲要》提出建立数据资源产权、交易流通、跨境传输和安全保护等基础制度和标准规范，推动数据资源开发利用。《"十四五"数字经济发展规划》则强调数据质量的重要性，同时鼓励市场主体探索更灵活的数据交易模式，培育数据交易平台，构建数据交易规则、完善数据治理体系。《"十四五"大数据产业发展规划》则通过制定数据要素价值评估框架和评估指南、开展数据要素价值评估试点、加快构建全国一体化大数据中心体系，进一步完善我国数据要素市场。2023年10月，国家数据局正式挂牌成立，进一步加快了全国统一、辐射全球的数据大市场建设。2024年，国家互联网信息办公室发布的《促进和规范数据跨境流动规定》为数据跨境流动提供了一套明确的法律框架和操作指南，确立了数据出境活动的基本规则和要求。从成效来看，2022年，中国数据交易市场规模已达876.8亿元，在全球占比达13.4%。同时，中国已与17个国家签署了"数字丝绸之路"合作谅解备忘录，与23个国家建立了"丝路电商"双边合作机制，深化了中国与相关国家在数字经济领域的合作。

五　政策建议及改革举措

（一）加快建设全国统一大市场，促进经济循环畅通

以国内大循环吸引全球要素资源首先需要练好内功，加快建设全国统一大市场，切实提升国内大循环对全球要素资源的吸引力。一是要加强党的领导，确保全国一盘棋，将各项重点任务落到实处。二是要进一步深化市场经济体制改革，统一市场基础制度规则，完善统一的产权保护制度，实行统一的市场准入制度，维护统一的公平竞争制度，健全统一的社会信用制度。三是要打造统一的要素和资源市场，推动建立健全统一的土地和劳动力市场、资本市场、技术和数据市场、能源市场、生态环境市场，推进商品和服务市场高水平统一。四是要破除体制机制障碍，发挥市场机制在各种生产要素配置和商品服务流通中的关键性作用，降低制度性交易成本。五是要加强区域市场一体化建设，鼓励各地方积极探索区域合作机制，完善激励约束机制，对积极推动落实全国统

一大市场建设、取得突出成效的地区可按国家有关规定予以奖励。六是要大力支持科技创新和产业升级，通过市场需求引导创新资源有效配置，促进创新要素有序流动和合理配置，支撑科技创新和新兴产业发展。七是要推动产业链供应链优化升级，锻造产业链供应链长板，补齐产业链供应链短板，提升产业链供应链数字化水平。

（二）深化"放管服"改革，营造稳定的国际一流营商环境

稳定且开放的营商环境可以提升一个国家的国际竞争力和影响力，营造稳定、公平、透明、高效的国际一流营商环境对吸引全球要素资源而言至关重要。一是要简政放权和放管结合，降低市场准入门槛，全面实施市场准入负面清单管理，减少行政性审批事项，同时加强事中事后监管，确保市场秩序和公平竞争。二是要发挥智能化和数字化的作用，畅通部门间数据共享渠道，通过"互联网+政务服务"等措施优化服务，提升政务服务效率和质量，推广电子政务和"一站式"服务，减少企业办事成本。三是要加强知识产权保护，积极开展知识产权宣传活动，打击盗版、假冒伪劣商品等侵权行为，营造尊重和保护创新的营商环境。四是加强法治建设，积极参与国际相关规则制定，打造与国际标准接轨的法律法规体系，建立起纠纷快速响应和处理机制以及公平的监管环境，构建起稳定、可预期的法治环境。五是要降低关税壁垒，推动贸易便利化，通过简化海关手续、减少纸质文件、推广电子数据交换等方式提高通关效率，降低贸易成本，使企业能更专注于产品创新和市场拓展，而不是烦琐的行政流程。

（三）积极参与国际规则制定和修订，提升国际话语权

积极参与国际规则制定和修订有助于提升国家在国际事务中的地位和影响力，同时也可以促使国内企业更好地参与国际循环。一是要加强国际合作与对话，通过多边机构和国际会议，积极参与全球治理和国际规则的讨论与制定工作，为全球治理贡献中国智慧和中国方案。二是要加强顶层设计和研究布局，坚持以高质量发展夯实国际话语权基础，通过不断提升综合国力，提升中国话语的国际影响力。三是要积极主动提出倡议，基于国家发展战略和利益需求，主动提出新的议题或修改建议，特别是在新兴领域如数字经济、人工智能、环

境保护等，争取将本国的立场和标准融入国际规则中。四是要加强和改进国际传播工作，展示真实立体全面的中国，通过与其他国家和地区的媒体机构建立合作关系，提高传播力和话语质量，增强国家的国际影响力。

（四）深化人才发展体制机制改革，建设最优人才生态环境

深化人才发展体制机制改革，建设最优人才生态环境，是实现国家战略目标和提升国际竞争力的关键。一是要优化人才政策，改进人才评价体系，制定和实施更加积极、开放、有效的人才政策，减少对论文数量、职称等指标的过度依赖，更加注重创新能力、实际贡献和市场评价，吸引、留住和用好高层次人才。二是要强化人才的培养，激励其创新创造，为人才提供充足的职业发展机会、创新空间和资源支持，鼓励原创性研究和技术创新。三是要促进人才流动，打破体制内外人才流动壁垒，促进人才在不同地区、不同行业之间的流动，提高人才配置效率。四是要加强国际合作，通过国际交流与合作项目，引进国外优秀人才，尤其是要引进欧美日等发达经济体的高端人才，同时鼓励国内人才参与国际合作，拓宽国际视野。五是要营造尊重人才的社会氛围，通过媒体宣传、教育引导等方式，形成尊重劳动、尊重知识、尊重人才、尊重创造的社会风尚。

（五）完善科技创新体系，打造良好的创新生态

完善科技创新体系、打造良好的创新生态是一个系统工程，有助于提升对国家高端创新要素的吸引力，为此，需要从多个层面进行努力。一是要加强顶层设计，从国家层面制定长远的科技发展规划和战略，确保科技创新与国家整体发展战略相协调。二是要优化资源配置，构建高效的科技资源配置机制，确保资金、人才、技术等创新资源向关键领域和重点项目集中。三是要强化企业主体地位，鼓励企业增加研发投入，发挥企业在技术创新中的主体作用，促进科技成果的转化和产业化。四是要促进产学研深度融合，加强高校、研究机构与企业之间的合作，推动基础研究与应用研究相结合，加快科技成果的市场化进程。五是要深化科技体制改革，改革科技管理体制，激发科研人员的创新活力，完善科技评价和激励机制。六是要扩大国际科技交流合作，积极引入国际创新资源，提升国际合作层次和水平。

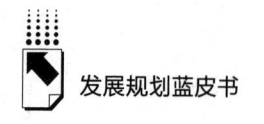

参考文献

张福军：《持续扩大高水平对外开放》，《前线》2023年第12期。

黄群慧、杨耀武：《论新发展格局下的扩大内需战略》，《中共中央党校（国家行政学院）学报》2023年第3期。

马嘉宁：《我国利用外资的现状、问题及对策建议》，《产业创新研究》2023年第1期。

张明：《以内促外，实现高水平对外开放》，《经济学家》2022年第12期。

李福岩、李月男：《构建新发展格局：生成逻辑、核心内容与战略意义》，《经济学家》2022年第4期。

田帆、曾红颖：《借鉴国际经验　吸引海外人才回流》，《宏观经济管理》2022年第3期。

Xie Yu, et al., "Caught in the Crossfire: Fears of Chinese-American Scientists," *Proceedings of the National Academy of Sciences*, 2023（27）.

B.21
推动深度参与全球产业分工和合作*

潘 晨**

摘　要： 我国正面临深刻复杂变化的国际国内形势，在此背景下，党的二十大告指出要"深度参与全球产业分工和合作"，是促进高水平对外开放、推动高质量发展的方向性指导，具有重大现实意义。鉴于此，本文遵从重大意义和内在要求、主要政策措施、进展现状和问题挑战、对策建议的逻辑框架，探讨了当前形势下如何推动我国深度参与全球产业分工和合作。研究认为，当前我国主要面临部分西方国家限制封锁、关键部门出口附加值偏低、部分领域核心技术薄弱、缺少全球布局的龙头企业等挑战。未来推动我国深度参与全球产业分工和合作的主要对策包括主动对标国际高标准经贸规则、持续深化对外经贸关系、不断完善创新体制机制、培育具有全球产业布局能力的跨国企业、提高产业链供应链韧性等。

关键词： 全球产业分工和合作　国际经贸关系　制度型开放　科技创新　跨国企业

近年来，我国面临的国际国内形势正在发生深刻复杂变化。国际方面，各国经济社会发展联系日益密切，全球治理体系和国际秩序变革加速推进。与此同时，世界经济深刻调整，新动能不足问题突出，发展不平衡、收入分配不平衡的问题加剧，新技术、新产业、新业态带来的新挑战凸显。① 国际经济格局

---

* 本文部分内容发表于《当代经济管理》2024年第3期。
** 潘晨，中国社会科学院数量经济与技术经济研究所助理研究员，主要研究方向为低碳发展与能源安全、投入产出模型。
① 中共中央党校（国家行政学院）：《习近平新时代中国特色社会主义思想基本问题》，人民出版社、中共中央党校出版社，2020。

持续演变，全球治理体系深刻重塑，单边主义、保护主义抬头，经济全球化遭遇逆流，多边主义和自由贸易体制受到冲击，不稳定不确定因素依然很多，风险挑战加剧。① 国内方面，我国经济发展进入新常态，劳动力成本持续攀升，资源约束日益趋紧，环境承载能力接近上限，开放型经济传统竞争优势受到削弱，传统发展模式遭遇瓶颈。同时，我国人力资源丰富、人口素质高、市场规模庞大、基础设施完善、产业配套齐全，创新发展的制度环境和政策环境不断完善，仍然具备开放型经济综合竞争优势。在严峻复杂的国内外环境倒逼下，我国加工贸易加快转型升级，服务贸易持续快速发展，外贸新产品、新业态、新模式不断涌现，企业国际化经营能力增强，在国际分工中的地位逐步提升。②

在此国内外环境下，党的二十大报告提出要"推进高水平对外开放"，其中明确指出要"深度参与全球产业分工和合作"。这是党中央准确把握当前国际形势、深入研判我国发展阶段后，对新形势下我国对外开放工作做出的重要指示，具有重大的现实意义。党的二十届三中全会进一步指出，"开放是中国式现代化的鲜明标识"，再次强调了开放的重要性。为此，本文旨在厘清我国深度参与全球产业分工和合作的重大意义和内在要求，回顾 2023 年以来的重大政策措施，分析我国参与全球产业分工和合作的发展现状和问题挑战，进而为推动我国深度参与全球产业分工和合作提出政策建议。

一 深度参与全球产业分工和合作的重大意义和内在要求

（一）重大意义

深度参与全球产业分工和合作是党中央在当前复杂多变的国际局势下，深入研判我国经济社会发展现状和产业发展阶段后提出的推进高水平对外开放的重要举措，具有重大的现实意义。

---

① 王文涛：《加快建设贸易强国》，载《党的二十大报告辅导读本》，人民出版社，2022。
② 中共中央党校（国家行政学院）：《习近平新时代中国特色社会主义思想基本问题》，人民出版社、中共中央党校出版社，2020。

一是深度参与全球产业分工和合作是新形势下我国经济贸易发展的必然要求。近年来，世界经济出现逆全球化现象，区域化成为全球产业分工和合作的新趋势。① 世界主要经济体加快推动国际经贸规则重构，新的国际经贸形势推动我国主动对接国际高标准经贸规则，积极参与国际经贸规则制定，顺应和引领经济全球化发展和国际经贸规则重构新趋势；深化区域经贸合作，促进区域经济一体化发展，加强区域间的经济贸易联系，深度参与全球产业分工和合作。

二是深度参与全球产业分工和合作是实现高水平对外开放的必要途径。党的二十届三中全会强调要"在扩大国际合作中提升开放能力"，体现出深度参与全球产业分工和合作对高水平对外开放的促进作用。参与全球产业分工和合作有助于促进引领和深度参与全球产业链，深化经贸合作关系；深度参与全球产业分工和合作能够极大地促进技术创新和技术合作，技术进步反过来又将提高参与全球产业分工和合作的深度，形成良性循环，推动实现高水平对外开放。

三是深度参与全球产业分工和合作有利于构建"双循环"新发展格局。深度参与全球产业分工和合作意味着打通国内国际两个循环，有利于增强国内国际两个市场两种资源联动效应，提升贸易投资合作质量和水平。② 深度参与全球产业分工和合作，以国内大循环吸引全球资源要素，带动国内外产业链畅通联动，有针对性地补充我国产业链供应链短板弱项，促进产业升级，提高发展水平。

（二）内在要求

在新的国内外形势下，深度参与全球产业分工和合作具有以下内在要求。

第一，对标国际高标准经贸规则，不断扩大制度型开放。近年来，新的国际经济发展形势和技术变革催生了新的国际经贸规则，经贸规则的竞争成为国际贸易竞争的重要构成。因此，深度参与全球产业分工和合作意味着稳步扩大规则、规制、管理、标准等制度型开放，这包含两个方向的开放。一方面是通过主动对标国际高标准经贸规则改善自身的经贸体制机制；另一方面是积极参

---

① 吴迪：《全球价值链重构背景下我国实现高水平对外开放的战略选择》，《经济学家》2023年第2期。
② 冯其予：《建立高标准自贸区网络体系》，《经济日报》2022年12月13日。

与构建国际经贸规则。

第二，科学技术取得突破性进展，从根本上掌握关键核心技术。科技水平在很大程度上决定了一国在全球产业分工中的地位和话语权。改革开放以来，我国科技创新能力已取得长足进步，但在一些关键核心技术领域还缺少重大突破，造成我国在全球产业链中分工地位不高，话语权不足，存在产业链断链风险。因此，根本性的科技进步是当前我国深度参与全球产业分工和合作的必然要求。

第三，依托国内超大规模市场，联通国内国际两个循环。在新的世界经济发展阶段下，参与全球产业分工和合作的深度体现为中国与世界经济的高质量、制度性互动。依托于我国的超大市场规模，从供给和需求两个角度深度融入全球产业分工和合作，打通国内国际两个循环。从供给角度，超大市场规模支撑了我国突出的出口能力优势，并吸引全球产业链向我国布局；从需求角度，庞大的市场需求有利于其他国家对我国市场形成依赖。

第四，统筹开放与产业链供应链安全。高水平对外开放要统筹发展和安全。全球产业分工合作的最大优势在于发挥各国的比较优势，提高生产效率。然而，近年来国际秩序的改变使人们认识到全球化程度太高的产业链过于脆弱，容易造成断链风险；但产业链本土化又是一种降低效率的做法。因此，在进一步对外开放中，保持产业链生产、分配、流通、消费各个环节畅通，① 统筹开放与产业链供应链安全是新形势下深度参与全球产业分工和合作的内在要求。

二 推动深度参与全球产业分工和合作的政策措施（2023年以来）

2023年以来，我国先后提出多项对外开放政策，旨在推进高水平对外开放，促进深度参与全球产业分工和合作。这些政策措施主要集中在外商投资、制度型开放、服务贸易开放、开放平台建设等几个方面。

（一）外商投资

外商投资为推动深度参与全球产业分工和合作提供了更多渠道。为更好地

---

① 杜邢晔：《切实维护我国产业链供应链安全稳定》，《光明日报》2022年8月23日。

吸引外资，国务院于2023年8月出台了《关于进一步优化外商投资环境　加大吸引外商投资力度的意见》，从提高利用外资质量、保障外商投资企业国民待遇、持续加强外商投资保护、提高投资运营便利化水平、加大财税支持力度、完善外商投资促进方式等角度提出24条意见，旨在营造国际一流营商环境，吸引更多外商投资，切实推进高水平对外开放。2024年3月，结合新的形势和要求，国办出台《扎实推进高水平对外开放更大力度吸引和利用外资行动方案》，进一步提出扩大市场准入、加大政策力度、优化公平竞争环境、畅通创新要素流动、完善国内规制等5个方面24项措施，为切实改善投资环境、有效吸引外资提出了具体行动方案。

（二）制度型开放

制度型开放为促进高水平对外开放、深度参与全球产业分工和合作提供了制度保障。自由贸易试验区和自由贸易港是我国推进制度型开放的前沿试点。2023年6月，国务院出台了《关于在有条件的自由贸易试验区和自由贸易港试点对接国际高标准推进制度型开放的若干措施》（以下简称《若干措施》），从货物贸易、服务贸易、人员入境、数字贸易、营商环境等方面为对接国际高标准、推进制度型开放提供了思路和措施。与之相承，2023年11月出台的《全面对接国际高标准经贸规则　推进中国（上海）自由贸易试验区高水平制度型开放总体方案》为发挥上海自贸试验区先行先试作用、打造国家制度型开放示范区提出了具体方案。此外，为落实《若干措施》要求，2023年12月，财政部等五部门联合发布《关于在有条件的自由贸易试验区和自由贸易港试点有关进口税收政策措施的公告》，特别针对进口税收政策提出了具体措施。

（三）服务贸易开放

服务贸易开放为国际经贸合作提供了更大空间。2024年，商务部出台《跨境服务贸易特别管理措施（负面清单）》（2024年版）和《自由贸易试验区跨境服务贸易特别管理措施（负面清单）》（2024年版），是促进我国服务业对外开放的重大举措。分领域来看，2023年，教育部和海南省人民政府发布《境外高等教育机构在海南自由贸易港办学暂行规定》，支持海南自贸港高

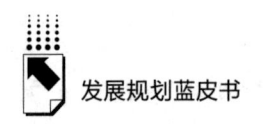

等教育对外开放。同年，国办出台《关于释放旅游消费潜力推动旅游业高质量发展的若干措施》，优化签证和通关等政策，为促进入境旅游提供了政策保障。2024年，《工业和信息化部关于开展增值电信业务扩大对外开放试点工作的通告》的出台开启了增值电信业务逐步对外开放的进程。

（四）开放平台建设

开放平台建设则为国际经贸拓宽了合作途径，包括自贸试验区自贸港和自贸协定两类。我国自贸试验区自贸港建设十余年来，已分批设立了上海、天津、北京、安徽等21个自贸试验区及海南自贸港。这些自贸试验区和自贸港的设立是我国对接高标准国际经贸规则、推进制度型开放、深度融入全球产业分工合作、逐步实现高水平对外开放的重要举措。多年来，我国积极推进高标准自贸区网络建设，目前已同全球29个国家和地区签署了22个自由贸易协定，覆盖亚洲、大洋洲、拉丁美洲、欧洲和非洲，形成了立足周边、辐射"一带一路"，并逐步向全球布局的自贸区网络。自贸试验区自贸港和自贸区网络建设为我国深度参与全球产业分工和合作，实现高水平对外开放提供了重要平台。

专栏 不断推进的高标准自由贸易区网络建设

高标准自由贸易区网络建设是推动深度参与全球产业分工和合作的重要举措。多年来，我国一直积极推进自由贸易区建设。党的十八大提出统筹双边、多边、区域、次区域开放合作，加快实施自由贸易区战略，推动同周边国家互联互通。2014年，习近平总书记在十八届中共中央政治局第十九次集体学习中指出要逐步构筑起立足周边、辐射"一带一路"、面向全球的自由贸易区网络。2022年，党的二十大进一步提出扩大面向全球的高标准自由贸易区网络，为我国自由贸易区网络建设提出了新目标和新要求。纵观我国已签订的自由贸易协定，具有以下几个特征。

一是立足周边，辐射"一带一路"，并逐步向全球布局。我国自由贸易协定范围在周边国家和地区基础上，越来越多地辐射到"一带一路"国家，并延伸到大洋洲、北欧、拉丁美洲等区域。除了发展中国家外，更多的发达国家也与我国签订了自由贸易协定，自由贸易区网络逐步扩大。

二是贸易成本逐步降低，贸易规模不断扩大。多年来，在 WTO 条款、自由贸易协定和自主降税的综合作用下，我国关税平均水平不断降低，从 2001 年的 15.3%降低到 2023 年的 7.3%。同时，我国与自贸协定伙伴之间的贸易规模不断扩大，不仅促进了区域经济发展，也为各国人民带来了切实的社会和经济福祉。

三是自由贸易谈判的范围和议题不断拓展。我国自由贸易协定范围从货物贸易逐步扩大到服务贸易。同时，对标国际高标准自贸区协定，我国自由贸易协定谈判领域也逐步由关税为主扩展到竞争政策、电子商务、数字经济、环境保护等方面，全方位、多角度推进规则谈判和规制合作。

三　推动深度参与全球产业分工和合作的进展和现状

改革开放以来，我国积极参与全球产业分工和合作，深度融入全球产业链，尤其是党的十八大以来，面对新形势，通过多项举措、多个平台、多种途径，不断优化开放布局，成为与世界经济深度融合、日趋开放的经济体，取得了举世瞩目的发展成就。目前，我国参与全球产业分工和合作具有如下特征。

（一）在全球产业分工和合作中的地位显著提高

多年来，随着开放水平的提高，我国在全球进出口贸易中的占比不断上升，并连续多年稳居前列（见图 1）。1990~2022 年，我国货物进出口在全球货物贸易中的占比[①]从 8.15%提高到 12.49%（2021 年达到 13.44%），位居全球第一。其中，出口贸易占全球出口的比重更高，达到 14.43%（2021 年达到 15.03%），连续 14 年位居全球第一；2022 年，进口贸易占全球的比重为 10.60%，仅次于美国，位居全球第二。在货物贸易蓬勃发展的同时，服务贸易在全球的位次也不断提升。2005~2022 年，我国进出口服务在全球服务贸易

---

① 指我国进出口总量在全球进口贸易与出口贸易之和中的占比。理论上，全球进口贸易应等于出口贸易，但实际中，由于各国海关对进出口价格的统计口径不同，全球进口贸易与出口贸易之间存在差值。服务贸易亦同。

中的占比从3.05%提高到6.48%（2021年达到6.97%），连续9年位居全球第二（仅次于美国）。

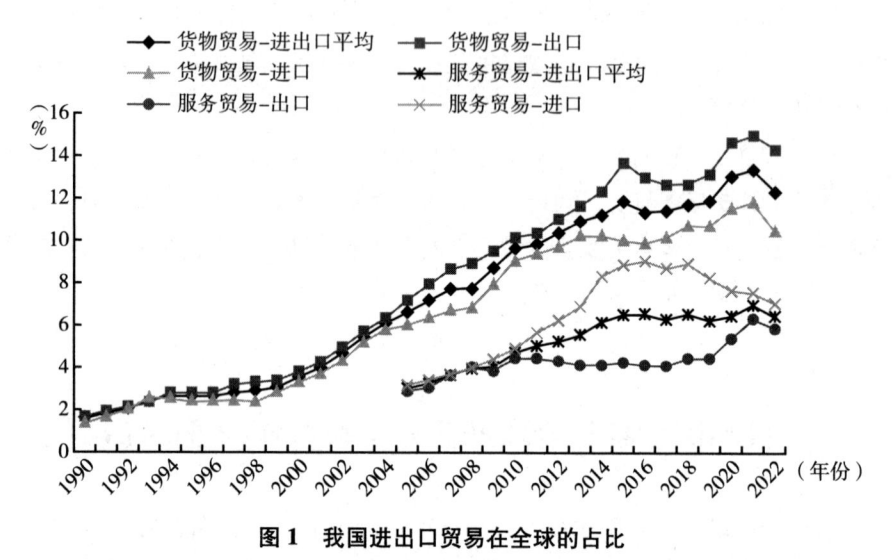

图1　我国进出口贸易在全球的占比

资料来源：根据UNCTAD贸易数据计算。

（二）参与全球产业分工和合作的深度显著提高

我国逐渐成为全球贸易中心之一，参与全球产业分工和合作的深度显著提高。Xiao等利用基于投入产出模型的全球价值链研究方法，[1] 发现2000~2017年无论是传统贸易、简单价值链贸易还是复杂价值链贸易[2]，我国均已从一个小型供给中心发展成为全球性（亚太地区为主）供给中心，供给对象以亚太地区为主，辐射全球另外两大供给中心——美国和德国。从需求角度来看，我国在传统贸易和复杂价值链贸易中，从非需求中心发展成为一个小型需求中心；同时，在简单价值链贸易中，从非需求中心发展成为全球三大需求中心之一。

---

[1] Xiao H., Meng B., Ye J., et al., "Are Global Value Chains Truly Global?" *Economic Systems Research*, 2020, 32 (4).

[2] 这里用生产过程的跨境次数区分贸易类型。传统贸易是指生产过程中没有发生跨境贸易，简单价值链贸易是指生产过程中出现了一次跨境贸易，复杂价值链是指生产过程中出现了两次及以上跨境贸易。

（三）形成了完整的产业体系和完善的配套能力

全球产业分工已从传统的产业间分工转向更为复杂的产品内分工，对参与国的生产能力提出了更高要求。多年来，参与全球产业分工合作与我国产业体系建设相辅相成、相互促进。目前，我国已形成了完整的产业体系——工业门类齐全、品种丰富，拥有41个大类207个中类666个小类，拥有联合国产业分类中全部工业门类。与此同时，我国已形成完善的配套能力，无论是狭义的生产环节配合，还是广义的技术研发、人才培养、政策环境等，均具备较强的配套能力。

（四）开放制度不断完善，开放标准不断提高

我国不断优化对外开放格局。主动推进高水平对外开放，不断完善的开放制度和不断提高的开放标准为更好适应全球产业分工合作新形势提供了制度保障。第一，主动对标国际先进标准，营商环境市场化、法治化、国际化水平进一步提高，推动资源配置效率提升。第二，多平台、多路径、全方位推动高水平开放。国际经贸合作向纵深发展，签订多个区域自由贸易区协定，合作水平不断提高。第三，积极参与全球经济治理，坚定维护多边贸易体制。除达成多个多边、双边自由贸易协定外，还推动世贸组织达成多项协议。

四 深度参与全球产业分工和合作的问题挑战

（一）部分西方国家限制封锁造成一定阻碍

部分西方国家多方位限制封锁，对我国深度参与全球产业分工和合作造成了一定阻碍。2008年国际金融危机以来，全球贸易增速放缓，我国对外贸易依存度亦逐年下降，对外贸易遇到越来越多的困难。这一变化固然受到全球趋势的影响，但我国也面临一些特定的外部阻力。例如，在芯片行业，美国要求相关企业对中国禁售高端光刻机、向华为公司施加"芯片禁令"、组织"芯片四方联盟"围堵中国，签署"芯片法案"，限制和阻止半导体国际企业在中国大陆的生产。美国还明令限制对华投资，签署了关于"对华投资限制"的行政命令。欧洲亦提出对华经贸"去风险"，试图在一些领域降低对中国市场的依赖。

（二）关键部门的出口附加值偏低

我国贸易规模大，但关键部门的出口附加值偏低。作为"世界制造中心"，开放初期我国制造业以加工出口贸易方式为主，从中获得了巨大的贸易顺差，快速实现了资本积累，但同时往往会被锁定在低附加值生产环节。① 近年来，我国出口国内增加值率有所提高。2018年，我国出口国内增加值率②为76.01%，与美国（88.22%）相差较远，与英国（76.89%）和日本（77.43%）比较接近（见图2a）。③ 分部门来看，2018年，我国制造业出口国内增加值率为73.5%，与日本相近；同期美国为81.19%（见图2b）。但出口附加值还有待提高，尤其是出口额最大的计算机、电子及光学设备产业。2018年，该部门占我国出口总额的21.78%，但仅占出口国内增加值的18.3%，出口国内增加值率为63.86%，明显低于美国（92.4%）、日本（76.75%）、英国（79.39%）、德国（71.89%）（见图2c）。

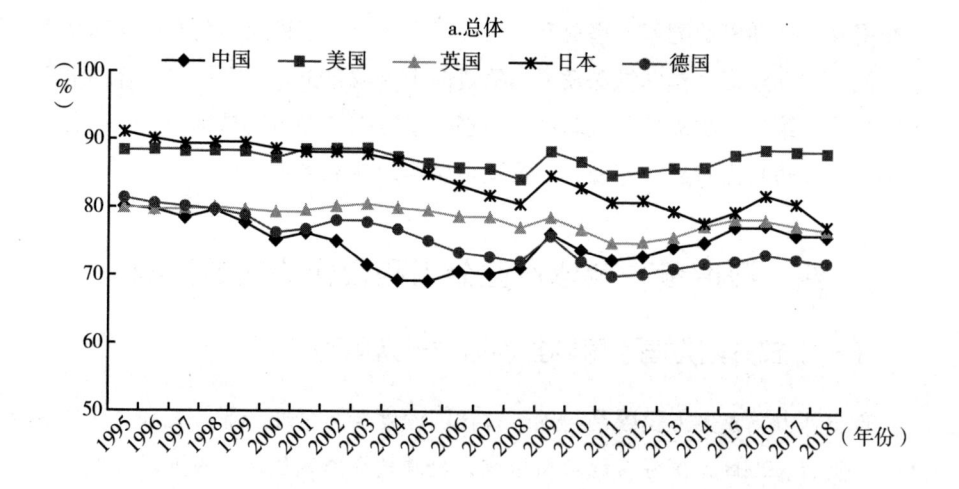

a.总体

---

① 倪红福、田野：《新发展格局下的中国产业链升级和价值链重构》，《中国经济学人》2021年第5期。
② 出口国内增加值率是指出口中所含的国内增加值在出口总额中所占比重。
③ 若采用区分加工贸易方式的核算方法，我国出口国内增加值率会显著降低。详见李小平、余远：《中国制造业出口国内增加值率的再测算——基于双循环新发展格局视角》，《山西财经大学学报》2022年第1期。

b.制造业

图 2 中国与美、英、日、德出口国内增加值率对比

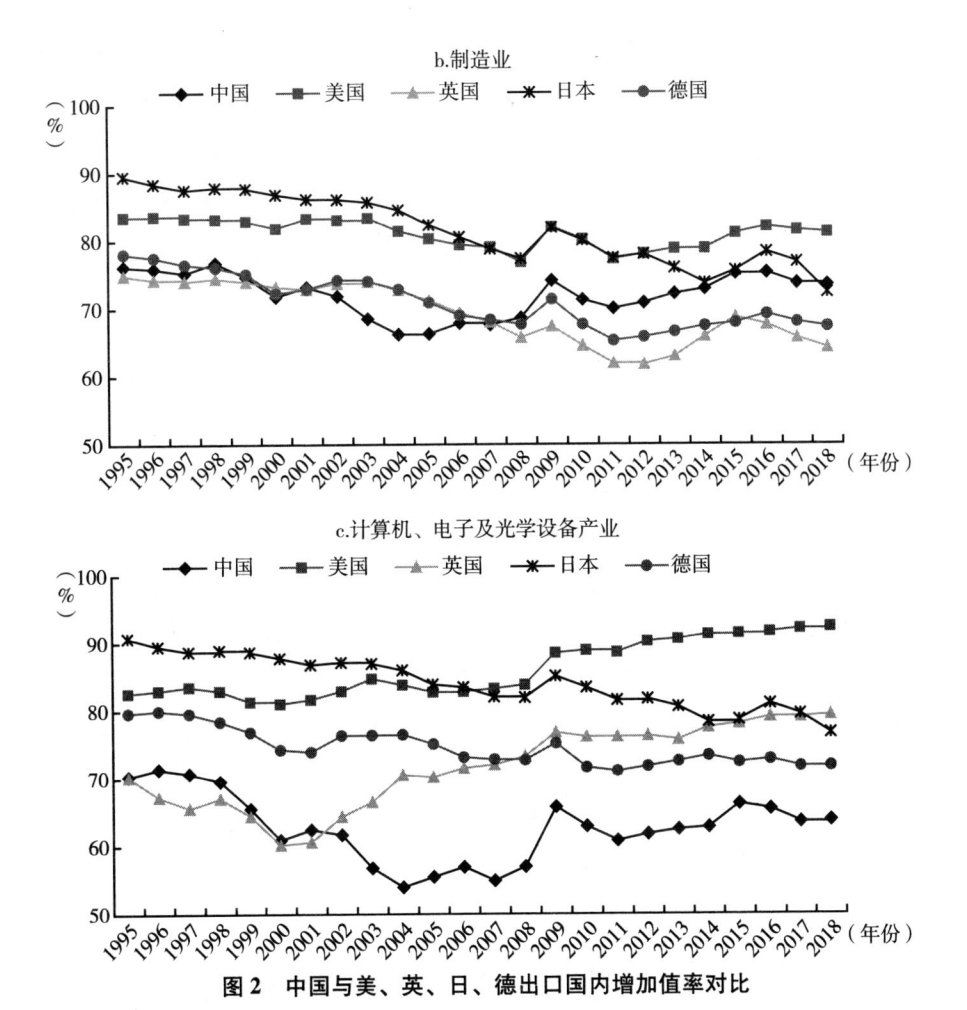

资料来源：根据 UIBE GVC 数据库计算（基于 OECD2021 版国家间投入产出模型）。

（三）部分领域核心技术薄弱

我国产业门类齐全，但部分领域核心技术薄弱。改革开放以来，我国依靠巨大的市场规模、后发模仿技术、低成本要素供给等比较优势，实现了经济的快速发展，但"快车道"式的发展模式也造成了产业基础能力积累不够的弊端。[①]

---

① 倪红福、田野：《新发展格局下的中国产业链升级和价值链重构》，《中国经济学人》2021 年第 5 期。

企业创新能力不足，高端产业发展不足；在一些领域未掌握核心技术，存在关键技术"卡脖子"现象。虽然我国在长期对外开放中逐渐拥有了完整的产业门类，但若不掌握关键核心技术，如芯片、发动机、高端数控机床、高端传感器、工业软件等技术，甚至是我国所擅长的能源装备制造等领域的关键零部件、关键装备、关键材料等，则在参与全球产业分工和合作中极易被技术掌握者所左右。

（四）缺少全球布局的龙头企业

我国尚缺少深度参与全球产业分工和合作的龙头力量。跨国公司在全球进行产业链布局，具有强大的资源配置能力和协同创新组织动力，掌握产业链的组织权和治理权。在其全球布局的过程中，一方面吸引新兴经济体从最低端的生产制造环节切入，另一方面也牢牢把持着全球价值链的高端环节。①我国在全球产业链合作中承担着相当比例的低端生产制造环节，跨国龙头企业数量较少，较少掌控产业链的关键和战略环节。据OECD的研究，② 全球93%的外国附属公司的生产活动由OECD国家掌控，而60%的外国附属公司生产活动的"控制权"集中在少数OECD国家，包括美国、英国、法国、德国、日本、荷兰和瑞士。相较而言，以中国为主的金砖六国（BRIICS）③ 则只占全球的3%。

五 进一步推动深度参与全球产业分工和合作的对策建议

（一）主动对标国际高标准经贸规则

以区域贸易协定为代表的高标准经贸规则对相关体制机制改革提出了更高

---

① 史丹、余菁：《全球价值链重构与跨国公司战略分化——基于全球化转向的探讨》，《经济管理》2021年第2期。
② OECD, "Multinational Enterprises in the Global Economy: Heavily Debated but Hardly Measured," 2018.
③ 指巴西、俄罗斯、印度、印度尼西亚、中国和南非，系OECD术语。

要求。我国可以此为契机，对照国际高标准经贸规则，倒逼国内相关领域改革，促进国内规则与国际规则的有效衔接，打通国内国际双循环之间的堵点，促进两个循环联动发展。发挥试点机制优势，在自贸试验区和海南自贸港先行先试，积累示范经验。

（二）持续深化和拓展对外经贸关系

坚持世界贸易体制规则，参与全球性议题研讨和规则制定，增加同各国各地区的利益汇合点。营造良好外部环境，为更加深入地融入全球产业分工和合作提供制度保障。升级已签订的自贸协定，推动与更多有意愿的共建国家商签自贸协定，积极加入国际高标准自贸协定。继续推进加入 CPTPP 和 DEPA 进程，夯实双边合作基础，促进大国协调和良性互动，进一步提高我国自贸区网络建设标准。

（三）不断完善创新体制机制

创新是发展之本，科学研究是软性基础设施，具有基础性和前瞻性。加快完善创新体制机制，促进外源式创新向内源式创新转变。创新方向上，"靶向"发力与自由探索相结合，前者针对急需攻关的"卡脖子"技术展开有目的、有组织地研究，后者为未来的突破性发展寻求更大空间。创新环境上，建立宽松的科研环境，为创新活动提供更大的探索空间；更大力度支持基础研究。创新支持上，财政投入与企业自主研发并举，鼓励企业自主创新及与科研院所的合作创新。

（四）培育具有全球产业布局能力的跨国企业

发挥好政府制度设计和市场监管、调节的角色，为跨国龙头企业的培育提供良好的制度保障和市场环境。创新路径上，提倡产学研结合，支持自主创新和国际技术合作相结合，在竞争和合作中提升创新能力。创新环境上，营造宽松便捷的准入环境和公平有序的竞争环境；创新企业投融资模式，营造良好的投资环境；有效落实要素市场化配置改革措施；完善知识产权全产业链保护制度，激发企业的创新活力。

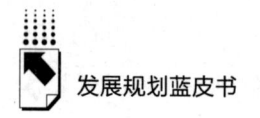

（五）提高产业链供应链韧性

开放发展必须以安全为前提，又为安全提供经济基础和保障。提高产业链供应链韧性是深度参与全球产业分工和合作的前提和保障，须增强自身竞争力、开放监管能力和风险防控能力。深度参与全球产业分工和合作是提高产业链供应链韧性的途径，通过提升制度型开放水平、扩大自由贸易区网络等举措，促进国际经贸合作的多元化，以更高水平的开放和合作提高产业链供应链韧性。

B.22
推动对"一带一路"沿线国家直接投资绿色发展

董惠梅*

摘　要： 随着绿色"一带一路"成为"一带一路"高质量发展的重要方向，中国政府及相关部门出台一系列政策推动绿色"一带一路"发展。中国对"一带一路"沿线国家投资规模不断扩大，投资行业结构、区域分布、投资模式不断优化。并且，对"一带一路"沿线国家在绿色能源投资、绿色基础设施与绿色境外合作区建设及绿色金融发展等领域均取得进展。但也面临着与东道国"绿色"标准界定不同、绿色投融资规模不足，以及来自东道国的安全审查等风险和问题。加强绿色发展理念的宣传、构建绿色金融服务体系、加强与"一带一路"国家的合作，促进"绿色"标准对接，从而推动对"一带一路"国家绿色投资发展。

关键词： "一带一路"倡议　对外直接投资　绿色发展

21世纪以来，为应对日益严峻的生态环境问题与实现经济社会高效和谐可持续发展，绿色发展日益成为国际社会普遍关注的焦点。党的二十大报告明确提出，推动经济社会发展绿色化、低碳化是实现高质量发展的关键环节。习近平总书记高度重视绿色发展理念，强调要顺应当代科技革命和产业变革大方向，抓住绿色转型带来的巨大发展机遇。2016年6月22日，习近平主席在乌兹别克斯坦演讲时提出，中国愿与各国深化环保合作，践行绿色发展理念、

---

* 董惠梅，中国社会科学院数量经济与技术经济研究所副研究员，主要研究方向为对外直接投资等。

携手打造"绿色丝绸之路"。① 国家"十四五"规划纲要明确提出,要贯彻新发展理念,促进经济社会发展全面绿色转型,推动建设绿色丝绸之路。2023年10月,习近平总书记在第三届"一带一路"国际合作高峰论坛开幕式上发表题为《建设开放包容、互联互通、共同发展的世界》的主旨演讲,宣布了中国支持高质量共建"一带一路"的八项行动,促进绿色发展是其中的重要内容之一。因此,在国际国内加速推进经济发展绿色转型的背景下,国际贸易投资中的绿色规则将加速演进,绿色发展理念也将深度融入企业对外投资合作中。这将同时推动"一带一路"投资合作朝着绿色投资方向转型升级,满足全球日益增长的绿色经济发展的新需求。

一 "一带一路"倡议提出以来中国对外投资相关政策梳理

(一)"一带一路"倡议提出以来我国对外投资相关政策

2015年是"一带一路"倡议全面实施的开局之年。当年3月,国家发改委、外交部和商务部经国务院授权联合发布了第一份共建"一带一路"顶层设计文件,即《推动共建丝绸之路经济带和21世纪海上丝绸之路的愿景与行动》(以下简称《愿景与行动》),明确合作的重点内容是政策沟通、设施联通、贸易畅通、资金融通和民心相通。2017年5月,推进"一带一路"建设工作领导小组办公室发布《共建"一带一路":理念、实践与中国的贡献》,将"六廊六路多国多港"确立为"一带一路"合作的顶层框架。多年来,一系列相关政策措施不断推动经济走廊建设。2016年10月,推进"一带一路"建设工作领导小组办公室印发《中欧班列建设发展规划(2016—2020年)》,以中欧班列等现代化国际物流体系为依托的新亚欧大陆桥经济走廊建设不断取得新进展。2017年12月,国家发改委出台《企业境外投资管理办法》,总体确立"鼓励发展+负面清单"的管理办法,强调对外投资管理的透明度和引导性。

---

① 蓝庆新、黄婧涵:《"一带一路"沿线国家绿色发展水平评价研究》,《财经问题研究》2020年第4期。

近年来，推动"一带一路"建设的内容不断丰富，绿色丝绸之路、数字丝绸之路、健康丝绸之路、冰上丝绸之路不断为"一带一路"建设注入"新内涵"。在规则标准方面，为了推动标准"走出去"，促进投资贸易便利化，深化国际合作，提升标准国际化水平，支撑互联互通建设，2015年10月，推进"一带一路"建设工作领导小组办公室发布《标准联通"一带一路"行动计划（2015—2017）》。2017年12月，国家标准委发布了《标准联通共建"一带一路"行动计划（2018-2020年）》，要求主动加强与沿线国家标准化战略对接和标准体系相互兼容，大力推动中国标准国际化，强化标准与政策、规则的有机衔接，以标准"软联通"打造合作"硬机制"，为推进"一带一路"建设提供坚实的技术支撑和有力的机制保障。

（二）"一带一路"倡议以来我国对外绿色投资相关政策

随着绿色"一带一路"成为高质量发展的重要方向，中国政府及相关部门出台一系列政策推动绿色"一带一路"发展。2017年4月，环境保护部等四部门联合发布绿色"一带一路"纲领性文件《关于推进绿色"一带一路"建设的指导意见》，向我国推进"一带一路"建设工作的各个成员单位明确了推进绿色"一带一路"的总体要求及主要任务。同年5月，环境保护部发布《"一带一路"生态环境保护合作规划》，明确了"一带一路"生态环境保护合作的发展目标，强调基础设施绿色低碳化建设和运营管理。2019年发布的《共建"一带一路"倡议：进展、贡献与展望》再次提出，将与"一带一路"沿线各国共同践行绿色发展理念，共同实现2030年可持续发展目标。与此同时，推进绿色"一带一路"建设也成为有关国家的国际共识。2021年7月，商务部、生态环境部联合发布《对外投资合作绿色发展工作指引》，明确指出要加快对外投资绿色发展，建立健全绿色低碳循环发展经济体系，在国际竞争合作中赢得主动，更好地服务构建新发展格局。2021年11月，工业和信息化部联合人民银行、银保监会、证监会等部门发布《关于加强产融合作推动工业绿色发展的指导意见》。在推进绿色国际合作方面，鼓励建设中外合作绿色工业园区、绿色综合服务平台和共性技术平台，推动新型绿色技术装备"走出去"和标准国际化；推动国内外绿色金融标准相互融合、市场互联互通，吸引境外资金参与我国工业绿色发展；支持开展"一带一路"低碳投资。

2021年10月，国务院发布《2030年前碳达峰行动方案》。在国际合作方面，鼓励中国企业加强与共建"一带一路"国家在绿色基建、绿色能源、绿色金融等领域的合作。2022年1月，生态环境部办公厅和商务部办公厅联合印发《对外投资合作建设项目生态环境保护指南》，鼓励企业采用国际通行规则或中国更严格标准，建立生态环境保护规章制度，积极参与东道国（地区）应对气候变化和生物多样性保护。2022年1月30日，国家发改委、国家能源局发布《关于完善能源绿色低碳转型体制机制和政策措施的意见》，引导企业开展清洁低碳能源领域的对外投资。

二 中国对"一带一路"沿线国家直接投资发展现状

（一）投资规模持续扩大

2013~2020年，中国对"一带一路"沿线63个国家的直接投资流量从126.3亿美元增长至225.4亿美元，平均年增长率高达10.4%。此外，中国对"一带一路"国家的投资流量占当年对外直接投资流量的比重也呈现稳步增长的趋势（除2016年有所降低外）。存量方面，2013年末，中国对"一带一路"国家的投资存量为720.2亿美元，投资存量逐年增加，2020年末增长至2007.9亿美元。

"十四五"时期以来，中国对"一带一路"沿线国家的投资规模持续扩大。2021年，投资流量规模达到241.5亿美元，虽然占同期总额的比重（13.5%）较2020年度（14.7%）有所下降，但规模较2020年度增长7.1%。从非金融类直接投资的表现来看，我国企业对"一带一路"沿线国家的投资平稳增长，规模从2020年的177.9亿美元扩大到2023年的318亿美元，增长了78.8%。存量方面，截至2022年末，中国对"一带一路"沿线国家的投资存量规模为2138.37亿美元，相比2020年的2007.9亿美元增加了6.5%。持续扩大的投资规模表明中国对"一带一路"国家投资参与度上升，在体量上具有举足轻重的地位，影响力持续扩大。

(二)投资领域日趋多元化

共建"一带一路"之初,中国对沿线国家的投资主要集中在能源产业。近年来,随着相关政策的出台,中国对"一带一路"国家的投资呈现多元化趋势,投资行业已涉及国民经济的18个行业大类。如表1所示,2021年,从中国流向"一带一路"沿线国家的制造业投资额为94.3亿美元,占比达39.0%,其次是批发和零售业、建筑业、租赁和商业服务业,占比分别为13.8%、10.0%、9.5%。2020~2021年,中国对"一带一路"沿线国家批发和零售业的投资流量成倍增加;金融业在投资流量中的占比虽小,但增长迅速,增长率为73.8%;流向制造业、租赁和商务服务业的直接投资也快速增长,年均增长率分别为22.8%、18.0%;而中国对建筑业、科学研究和技术服务业的投资流量呈现下降态势,分别降低35.9%和37.9%。

表1 "十四五"规划前后中国对"一带一路"沿线国家直接投资的行业结构

单位:亿美元,%

行业分布	2020年		2021年	
	流量	占比	流量	占比
制造业	76.8	34.1	94.3	39.0
批发和零售业	16.1	7.1	33.3	13.8
建筑业	37.6	16.7	24.1	10.0
租赁和商务服务业	19.4	8.6	22.9	9.5
电力、热力、燃气及水的生产和供应业	—	—	18.5	7.7
交通运输、仓储和邮政业	—	—	16.6	6.9
金融业	8.0	3.5	13.9	5.6
居民服务、修理和其他服务业	—	—	6.0	2.5
科学研究和技术服务业	8.7	3.8	5.4	2.2
电力生产和供应业	24.8	11.0	—	—
信息传输、软件和信息技术服务业	8.2	3.6	—	—
其他	—	11.6	—	2.8

资料来源:中华人民共和国商务部《2020年度中国对外直接投资统计公报》《2021年度中国对外直接投资统计公报》,《2022年度中国对外直接投资统计公报》没有"一带一路"国家投资行业相关统计数据,故相关数据没有列出。

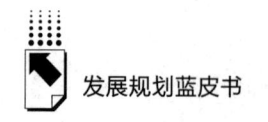

（三）投资区域分布集中

2013~2020年，中国对"一带一路"国家的直接投资主要分布在东南亚地区，尤其是新加坡、印度尼西亚、泰国、越南、老挝等国家。2013年，我国对东南亚地区投资72.69亿美元，占比57.53%。《愿景与行动》提出当年，我国对东南亚地区的投资成倍增加，高达146.04亿美元，占比也提高至77.29%，此后也一直保持着较高的占比。其次是中东和欧洲地区，对中亚和蒙古以及南亚的投资相对较少。"十四五"规划提出当年，中国向东南亚国家的直接投资总额为197.4亿美元，占比高达81.7%，较规划提出前一年增加了10.3个百分点。从国别来看，"十四五"规划以来，中国对东南亚地区的投资集中在新加坡、印度尼西亚、马来西亚等国家，对欧洲地区的投资集中在俄罗斯，对南亚地区的投资集中在印度、巴基斯坦。就非金融类直接投资而言，新加坡、印度尼西亚、马来西亚、泰国、越南、巴基斯坦、阿拉伯联合酋长国、柬埔寨、塞尔维亚和孟加拉国等国家已成为中国投资的主要目的地。中国对"一带一路"国家直接投资空间分布见表2。

表2 "十四五"规划前后中国对"一带一路"沿线国家直接投资的空间分布

单位：亿美元，%

指标	地区	2020年		2021年		2022年	
		绝对值	占比	绝对值	占比	绝对值	占比
流量	东南亚	161.0	71.4	197.4	81.7	158.2	86.2
	中东	35.6	15.8	20.0	8.3	14.7	8.0
	中亚和蒙古	0.6	0.2	15.1	6.3	8.0	4.3
	欧洲	10.9	4.8	-5.9	-2.4	6.5	3.5
	南亚	17.4	7.7	14.8	6.1	-3.7	-2.0
存量	东南亚	1277.4	63.6	1403.8	65.6	1551.1	70.0
	中东	272.3	13.6	281.6	13.2	199.2	9.0
	中亚和蒙古	160.4	8.0	153.2	7.2	166.3	7.5
	欧洲	172.3	8.6	151.5	7.1	150.1	6.8
	南亚	125.5	6.2	148.2	6.9	147.8	6.7

资料来源：中华人民共和国商务部《2020年度中国对外直接投资统计公报》《2021年度中国对外直接投资统计公报》《2022年度中国对外直接投资统计公报》。

(四) 投资模式不断创新

"十四五"时期以来,中国对"一带一路"沿线国家的投资模式虽然仍以绿地、并购为主,但投资模式不断创新,境外经贸合作区已成为推动"一带一路"沿线国家现代化与工业化进程、加强中国同沿线国家间互联互通建设的重要载体。① 截至2019年底,纳入中国商务部统计的境外经贸合作区达到113家,累计投资419亿美元,其中在"一带一路"沿线国家的合作区累计投资350亿美元,占比达到83.5%。园区类型涵盖加工制造型、多元综合型、商贸物流型、资源开发型等多种。② 在这些境外园区中,加工制造型、农林开发型及多元综合型占有较大比重,且多分布在亚洲和非洲地区。其中,柬埔寨西哈努克港经济特区、中国—埃及苏伊士经贸合作区、越南·中国(海防—深圳)经贸合作区、中国—埃塞俄比亚东方工业园、泰国—中国罗勇工业园等均取得了显著成效。可见我国境外园区在空间布局上存在扎堆建设的问题,这与沿线国家直接投资空间布局特征一致。

三 中国对"一带一路"沿线国家绿色投资现状

绿色、可持续是新发展阶段中国对"一带一路"沿线国家投资合作的主题。中国政府不断完善相关政策及绿色投资多边合作平台,中国企业在绿色能源、绿色基础设施建设、绿色境外合作区、绿色金融发展等方面均取得一定成效。

(一)"一带一路"绿色发展合作机制建设

1. "一带一路"绿色发展国际联盟建设

2017年5月14日,国家主席习近平出席"一带一路"国际合作高峰论坛开幕式,并发表题为《携手推进"一带一路"建设》的主旨演讲,倡议建立

---

① 李金叶、沈晓敏:《境外园区对中国对外直接投资的影响研究——基于"一带一路"沿线国家面板数据的分析》,《华东经济管理》2019年第12期。

② 李金叶、沈晓敏:《境外园区对中国对外直接投资的影响研究——基于"一带一路"沿线国家面板数据的分析》,《华东经济管理》2019年第12期。

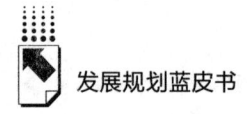

"一带一路"绿色发展国际联盟,并为相关国家应对气候变化提供援助。2019年4月25日,在第二届"一带一路"国际合作高峰论坛绿色之路分论坛上,"一带一路"绿色发展国际联盟正式成立,同时启动了"一带一路"生态环保大数据服务平台,为"一带一路"绿色发展合作打造了政策沟通及信息共享平台。之后,联盟发布《"一带一路"绿色发展指南》研究报告,为共建"一带一路"国家及项目提供绿色解决方案。截至2022年7月底,联盟合作伙伴已发展到160余家,涉及43个国家,包括26个共建国家环境主管部门。"一带一路"绿色发展国际联盟已成为推进"一带一路"绿色发展国际合作的主要平台,在提升共建国家环境治理能力、推动共同实现2030年可持续发展目标中的作用日益凸显。

2. 落实《"一带一路"绿色投资原则》

2018年11月,在中英绿色金融工作组第三次会议期间,中国金融学会绿色金融专业委员会和伦敦金融城共同发起《"一带一路"绿色投资原则》(GIP),旨在推动"一带一路"投资绿色化和可持续发展,主要包括将可持续性纳入公司治理、充分了解ESG风险、充分披露环境信息、加强与利益相关方沟通、充分运用绿色金融工具、采用绿色供应链管理、通过多方合作进行能力建设七条原则性倡议。自2018年11月GIP正式启动,截至2021年8月,成员规模已扩大到40家签署机构和12家支持机构,其持有或管理的总资产达到49万亿美元。

(二)中国对"一带一路"沿线国家绿色投资发展现状

1. 绿色能源投资规模递增

自"一带一路"倡议提出以来,中国企业凭借技术、设备、成本等综合优势在海外投资兴建了一大批清洁能源项目,帮助东道国降低碳排放水平,加快实现能源绿色转型。① 2013~2019年,中国企业对"一带一路"沿线投资项目总数为1353个,其中清洁类和可再生类能源项目共计102个,总投资1049.5亿美元。2013~2017年,对"一带一路"沿线国家清洁型行业投资占整体OFDI的比重分别为24.48%、35.66%、49.41%、62.61%、75.67%,呈

---

① 杨波、李波:《"一带一路"倡议与企业绿色转型升级》,《国际经贸探索》2021年第6期。

递增趋势。① 2020年，绿色能源领域对外投资首次超过传统化石能源，2021年煤炭项目投资首次为零。绿色能源在能源领域的投资占比也不断提升，已超过40%。此外，中国企业在东道国不断培育新的绿色经济增长点，并与东道国共享绿色低碳发展信息，扩大可再生能源合作。截至2022年底，中国风电光伏发电装机突破7亿千瓦，居世界第一。未来可再生能源将进一步成为与"一带一路"国家合作的新方向。

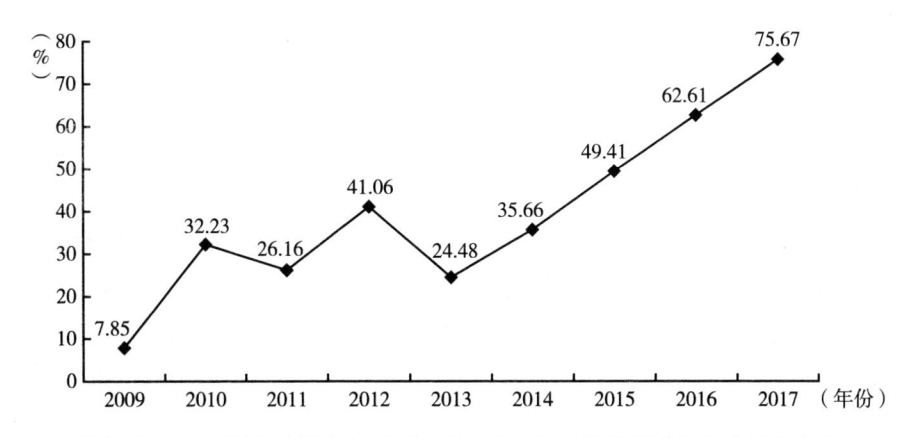

图1　2009~2017年中国企业对"一带一路"沿线国家清洁型行业投资占比

资料来源：杨波、李波：《"一带一路"倡议与企业绿色转型升级》，《国际经贸探索》2021年第6期。

2. 绿色基础设施建设成果显著

绿色基础设施建设是推进"一带一路"绿色发展的重点领域。过去十年间，中国企业在共建"一带一路"国家完成的绿色能源、绿色交通和绿色建筑类项目数量递增。商务部相关统计数据显示，2014~2020年，中国对外承包工程中，中国企业签约境外绿色能源发电项目超500个，项目金额超过500亿美元，年均增速近38%。2021~2022年，中国企业在"一带一路"国家承建的多个绿色建筑项目顺利完工，成为中国企业参与绿色"一带一路"建设的典范工程。

3. 绿色境外经贸合作区建设初具规模

作为共建"一带一路"的重要载体，近年来，中国积极推进绿色境外经

---

① 杨波、李波：《"一带一路"倡议与企业绿色转型升级》，《国际经贸探索》2021年第6期。

贸合作区建设，在招商引资过程中注重吸引绿色产业入驻，培育低碳项目。同时，在合作区建设、运营和管理过程中不断进行绿色升级改造，注重节能减排，保护周边生态环境，致力于打造低碳示范区。① 2022 年 4 月万象赛色塔综合开发区揭牌，双方开始合作便把其作为老挝乃至东南亚国家低碳环保城市的典范，为老挝其他地区实现低碳减排树立标杆。绿色境外合作区的实施，也有效推动了传统行业绿色生产与运营，成为东道国实现绿色发展不可或缺的重要组成部分。

4. 绿色金融有序发展

2016 年在 G20 领导人杭州峰会上，中国首次讨论"绿色金融"议题，并将由中国和英国作为共同主席的绿色金融研究小组撰写的《G20 绿色金融综合报告》列为 G20 峰会成果。近年来，中国在国际绿色金融领域积极发挥影响力，促使绿色金融在全球范围内迅速发展，并成为全球环境治理的新型手段，进而推动"一带一路"投资绿色化。中国主动运用绿色金融引导金融资源投向绿色产业，控制并减少污染性投资。初步形成了系统性推动绿色金融发展的政策框架。中国积极在国际市场上推动绿色债券的发展，募集所得资金主要投放在"一带一路"沿线国家的绿色项目上。②

（三）对"一带一路"沿线国家绿色投资存在的问题

1. 面临的政治风险和社会风险较大

基础设施及能源项目普遍存在前期投资规模大、投资周期长的特点，因此，稳定的政治、社会环境是项目正常推进的重要保障。2010~2021 年，中国绿色能源投资规模逐年扩大，分布地域广泛，境外新能源项目投资广泛分布在拉丁美洲、东南亚、撒哈拉以南非洲地区、欧洲/中亚、大洋洲、北美及南亚。上述部分国家和地区，存在政局不稳、暴恐极端势力泛滥、域内大国掣肘等现象，均对中国海外资产的安全性带来严重威胁，并影响着项目成本的收回以及达到预期盈利水平。

---

① 《商务部：2022 年中国对外投资合作发展报告》，新浪财经，2023 年 7 月。
② 刘华芹、刘佳彤、于佳卉：《"一带一路" 10 年：经贸合作高质量发展》，《欧亚经济》2023 年第 6 期；刘湘丽：《增强供应链韧性：日本政策的出台与走向》，《现代日本经济》2021 年第 6 期。

2. 与"一带一路"国家绿色合作的"绿色"标准界定不同

中国企业"走出去"在"绿色"标准界定方面普遍采用中国的行业标准，而"一带一路"沿线部分国家对标的是国际标准，与中国的行业标准存在很大差异。而且这些国家之间采取的国际标准也不完全统一，因此中国制造的产品和设备必须得到第三方机构的认证才能出口，这给中国企业"走出去"带来了极大的障碍与不便。

3. 绿色金融投融资规模有待进一步提高

中国企业在落实绿色投资过程中，无论是绿色能源、绿色基础设施建设项目，还是传统行业绿色升级，均需要大量的资金投入，而大多数共建"一带一路"国家经济发展水平落后，财政收入低、外汇储备不足并且债务风险较高，这些客观因素导致中国海外投资企业难以从当地市场或国际市场获得项目融资，而仅靠中国政府的支持也很难满足所有项目的融资需求。[①] 同时，绿色金融发展相对滞后也导致"一带一路"国家绿色发展中存在激励不足和资金融通不畅等问题。

4. 我国绿色投资部分领域频繁受到全球经贸法律审查

近年来，贸易保护主义成为我企业"走出去"的主要障碍。据联合国贸发会议统计，2021年，全球53个经济体共出台109项投资政策措施，其中，不利于投资的政策措施达40项，几乎都由发达经济体发起。针对中国部分企业的全球经贸法律的频繁使用，限制了中国绿色投资的进一步发展。

四 政策建议

（一）加强对绿色投资发展理念的宣传

在开展跨国投资并购、建立境外生产企业和各类工业园区的过程中，积极践行绿色、低碳和环保要求，同时通过媒体传播、国际合作交流，对我国在"一带一路"国家绿色能源、绿色基础设施等领域的典型示范项目进行宣传，

---

① 王文、杨凡欣：《"一带一路"与中国对外直接投资的绿色化进程》，《中国人民大学学报》2019年第4期。

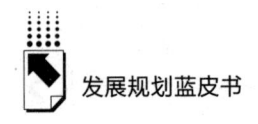

着力推广中国的绿色发展理念、经验,积极推动中国绿色投资、绿色文化、绿色理念"走出去"。

(二)继续推进绿色金融发展,构建绿色金融服务体系的"中国标准"

绿色金融作为资源配置的有力工具,在推动"一带一路"绿色发展过程中将发挥重要作用。因此,需大力推进"一带一路"绿色金融建设,推动亚洲基础设施投资银行、丝路基金、金砖国家新开发银行等国际金融机构以及国内金融机构全方位支持在"一带一路"相关国家和地区的绿色投资和项目开发。伴随绿色"一带一路"建设的推进,绿色金融的外延将发生极大变化,应在借鉴绿色金融"国际标准"、总结我国绿色金融实践经验的基础上,不断丰富绿色金融产品,完善绿色金融服务体系,推动绿色金融产品和服务的系统化、标准化,构建和推广绿色金融"中国标准",提升"一带一路"环境治理能力。

(三)关注"一带一路"国家相关法律法规,加强绿色"一带一路"国际合作

共建"一带一路"国家投资环境千差万别,因此必须正视合作中存在的风险,遵循"一带一路"国家相关法律法规。同时,推进绿色"一带一路"需要加强国际绿色合作,促进绿色投资的区域合作机制专业化。充分利用国家间的外交渠道和现有的多边交流合作平台建立可操作的国家间绿色发展合作机制,尽可能减少绿色项目投资过程中遇到的政治风险和社会风险

(四)在优势和新兴领域促进与"一带一路"国家绿色标准对接

推动"一带一路"绿色投资过程中,对于我国处于优势的领域,如太阳能光伏发电、特高压输电网络等电力工程领域以及高铁、电动汽车等交通运输领域,加强绿色基建国际合作,带动国内市场先进经验走向国际市场,稳步推动中国绿色标准"走出去";在新兴绿色低碳技术领域,如生物能、海洋能源、氢能源等,支持企业根据自身发展阶段逐步加大研发投入,对标国际标准,增强新兴绿色基建领域的国际化能力。同时,针对行业标准不同带来的问

题，中国政府应该同共建"一带一路"国家进行积极的政策沟通，加强与相关国家的绿色标准对接。

参考文献

陈键、龚晓莺：《中国产业主导的"一带一路"区域价值链构建研究》，《财经问题研究》2018年第1期。

丁俊发：《供应链再认识》，《全球化》2022年第4期。

苏杭、刘佳雯：《日本供应链改革的新动向及其影响》，《现代日本经济》2021年第6期。

徐紫嫣、夏长杰、袁航：《中欧班列建设的成效、问题及对策建议》，《国际贸易》2021年第9期。

余典范：《持续提升我国产业链供应链韧性和安全水平》，《光明日报》2023年1月6日。

経済産業省：《日豪印経済大臣会合が開催されます》，https：//www.meti.go.jp/press/2020/08/20200831008/20200831008.html。

B.23
抓好支持高质量共建"一带一路"八项行动的落实落地*

朱 兰**

摘 要： 基于党的二十大报告和2024年政府工作报告，本文在分析高质量共建"一带一路"八项行动的理论逻辑与最新进展，以及讨论了当前和未来推动八项行动落实落地面临的风险挑战和优势的基础上，从统筹高质量发展和高水平安全、市场化商业化模式运作、统筹推进标志性工程与"小而美"民生项目、深化文明对话与完善国际合作机制四个方面，提出了具体政策建议，旨在推动共建"一带一路"高质量发展走深走实，为促进全球共同发展和繁荣提供坚实的支撑。

关键词： 高质量共建"一带一路" 八项行动 高质量发展

2023年10月，习近平总书记在第三届"一带一路"国际合作高峰论坛主旨演讲中高度评价"一带一路"建设十年成就，并提出中国支持高质量共建"一带一路"的八项行动（后文简称"八项行动"），即构建"一带一路"立体互联互通网络、支持建设开放型世界经济、开展务实合作、促进绿色发展、推动科技创新、支持民间交往、建设廉洁之路、完善"一带一路"国际合作机制。这些行动旨在通过新路径、新举措，推动中国与相关国家共建"一带一路"高质量发展走深走实。

---

* 本文部分内容已发表于《当代经济管理》2024年第8期。
** 朱兰，中国社会科学院数量经济与技术经济研究所副研究员，主要研究方向为高质量共建"一带一路"等。

一 高质量共建八项行动的理论逻辑

八项行动是基于过去十年"一带一路"建设经验,对新阶段高质量共建"一带一路"工作任务的深化与细化,是未来推动高质量共建"一带一路"走深走实的关键抓手与具体路径。

(一)八项行动是过去十年"一带一路"建设成果的延续与巩固

共建八项行动旨在推动共建"一带一路"进入高质量发展的新阶段,是过去十年"一带一路"建设成果的延续与巩固。首先,理念延续。八项行动延续了"一带一路"倡议"开放合作、互利共赢"的核心理念,即通过促进基础设施建设、加强国际合作、推动贸易和投资自由化便利化等,实现共同发展和繁荣。其次,合作深化。八项行动涵盖了基础设施建设、贸易和投资、绿色发展、科技创新、人文交流、廉洁治理和国际合作机制等多个方面,是在前十年合作的基础上,通过更加具体和务实的措施,推动合作项目落地生根。最后,目标一致。八项行动继续强调实现2030年联合国可持续发展目标,与前十年的发展目标相一致,体现了共建"一带一路"的长期性和战略性。

(二)八项行动是未来高质量共建"一带一路"的深化与细化

八项行动在继承和发扬前十年"一带一路"建设成就的基础上,为适应新的国际形势和发展需求,更加注重合作的质量和效果,强调绿色、创新、廉洁和制度建设,主要体现在:①强调高质量发展。八项行动特别强调高质量发展,强调市场化原则和务实合作,更加注重项目的质量和效益,而不仅仅是数量和速度。②重视绿色发展和科技创新。促进绿色发展和推动科技创新成为八项行动中的重要内容,说明未来"一带一路"建设逐步向高科技和新兴产业领域拓展,特别是在人工智能、数字经济、低碳经济等方面。③加强制度建设。强调建设廉洁之路,完善"一带一路"国际合作机制,旨在通过制度建设,提高"一带一路"项目的透明度、公信力和稳定性。

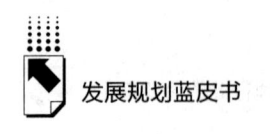

专栏　共建"一带一路"八项行动的主要内容

构建"一带一路"立体互联互通网络：这一行动旨在加快推进中欧班列高质量发展，参与跨里海国际运输走廊建设，办好中欧班列国际合作论坛，会同各方搭建以铁路、公路直达运输为支撑的亚欧大陆物流新通道，积极推进"丝路海运"港航贸一体化发展，加快陆海新通道、空中丝绸之路建设。

支持建设开放型世界经济：中方将创建"丝路电商"合作先行区，同更多国家签订自由贸易协定、投资保护协定，全面取消制造业领域外资准入限制措施，主动对照国际高标准经贸规则，深入推进跨境服务贸易和投资高水平开放，扩大数字产品等市场准入，深化国有企业、数字经济、知识产权、政府采购等领域的改革，每年举办"全球数字贸易博览会"。

开展务实合作：统筹推进标志性工程和"小而美"民生项目，中国国家开发银行、中国进出口银行将各设立3500亿元人民币融资窗口，丝路基金新增资金800亿元人民币，以市场化、商业化方式支持共建"一带一路"项目，实施1000个小型民生援助项目，通过"鲁班工坊"等推进中外职业教育合作，并加强对共建项目的安全管理。

促进绿色发展：持续深化绿色基建、绿色能源、绿色交通等领域的合作，加强对"一带一路"绿色发展国际联盟的支持，继续举办"一带一路"绿色创新大会，建设光伏产业对话交流机制和绿色低碳专家网络，落实"一带一路"绿色投资原则，到2030年为伙伴国开展10万人次培训。

推动科技创新：继续实施"一带一路"科技创新行动计划，举办首届"一带一路"科技交流大会，未来5年把同各方共建的联合实验室扩大到100家，支持各国青年科学家来华短期工作，提出全球人工智能治理倡议，加强交流和对话，共同促进全球人工智能健康有序安全发展。

支持民间交往：举办"良渚论坛"，深化同共建"一带一路"国家的文明对话，成立丝绸之路旅游城市联盟，继续实施"丝绸之路"中国政府奖学金项目。

建设廉洁之路：发布《"一带一路"廉洁建设成效与展望》，推出《"一带一路"廉洁建设高级原则》，建立"一带一路"企业廉洁合规评价体系，同国际组织合作开展"一带一路"廉洁研究和培训。

完善"一带一路"国际合作机制：加强能源、税收、金融、绿色发展、减灾、反腐败、智库、媒体、文化等领域的多边合作平台建设，继续举办"一带一路"国际合作高峰论坛，并成立高峰论坛秘书处。

二 高质量共建八项行动的主要进展

（一）互联互通网络更为立体

传统基础设施不断完善，新型基础设施加快建设，持续推进陆、海、天、网"四位一体"互联互通。一是以铁路、公路、机场、港口、管网为代表的传统基础设施网络不断完善，搭建涵盖陆、海、天、网的全球互联互通网络。打造了一批重大标志性工程项目，包括肯尼亚蒙内铁路、亚的斯亚贝巴—阿达玛高速公路、尼日利亚莱基深水港、牙买加南北高速公路、中老铁路等，带动地区产业升级与经济增长。中国国家铁路集团有限公司发布的数据显示，2024年第一季度，中欧班列累计开行4541列，发送货物49.3万标箱，同比分别增长9%、10%。截至2024年3月底，中欧班列累计开行数量已超8.7万列，通达欧洲25个国家222个城市。①西部陆海新通道固定线路从1条增至17条，并与中欧班列无缝衔接，形成了覆盖欧洲、东南亚等主要经济区域的物流网络。截至2023年末，西部陆海新通道铁海联运班列辐射我国18个省份70个市144个铁路站点，货物流向通达全球120个国家和地区的473个港口，运输品类由最初的50多种增加至980多种。2024年第一季度，西部陆海新通道铁海联运班列运输集装箱货物达到20.52万标箱，同比增长7.4%。②

二是大力推动以跨境光缆、5G网络设备等为代表的新型基础设施建设，推动沿线国家数字基础设施建设和数字经济发展。中国与沿线国家共同累计建设了34条跨境陆缆和多条国际海缆，中国通信设备企业积极推广5G网络设备、云平台等，广泛建设5G基站、数据中心、智慧城市等，并通过北斗卫星导航系统助力"空间信息走廊"建设。中国联通为国内各行业面向东盟提供

---

① https：//baijiahao.baidu.com/s？id=1797010540982085663&wfr=spider&for=pc，http：//finance.people.com.cn/n1/2024/0415/c1004-40215854.html.

② https：//finance.china.com.cn/news.

出境业务电路超300条，为东盟国家提供国际入境业务电路超120条，合作项目超240个。中国电信积极进行全球化云网资源布局，打造覆盖"一带一路"沿线国家和地区的高质量基础承载网络，业务范围覆盖亚太、欧洲、美洲、中东非等地区，在全球68个国家和地区设立了107个分支机构。海外仓数量和跨境电商贸易不断增加，跨境电商成为我国外贸发展新渠道，成为高质量发展的新抓手。据估计，2023年，我国跨境电商进出口2.38万亿元，增长15.6%。其中，出口1.83万亿元，增长19.6%；进口5483亿元，增长3.9%。参与跨境电商进口的消费者逐年增加，2023年达到1.63亿人。①

（二）对外开放体系更为全面

商品和要素流动型开放与制度型开放持续深化，对外开放水平全面提高。一是对外投资与国际贸易再创新高。2013~2023年，中国与共建国家进出口总额达到21.86万亿美元，其中，2023年我国与共建"一带一路"国家进出口达到约2.76万亿美元（以人民币计为19.47万亿元，按照2023年人民币对美元年均汇率7.0467换算），同比增长2.8%。2023年，我国与共建"一带一路"国家进出口总额占我国外贸总值的46.6%，规模和占比均为2013年"一带一路"倡议提出以来的最高水平。根据中华人民共和国商务部信息，2023年，我国企业在"一带一路"共建国家非金融类直接投资2240.9亿元人民币，比上年（下同）增长28.4%（以美元计为318亿美元，增长22.6%）。对外承包工程方面，我国企业在"一带一路"共建国家新签承包工程合同额16007.3亿元人民币，增长10.7%（以美元计为2271.6亿美元，增长5.7%）；完成营业额9305.2亿元人民币，增长9.8%（以美元计为1320.5亿美元，增长4.8%）。

二是规则、规制、管理、标准等制度型开放稳步拓展。2022年中国与东盟国家共同推动《区域全面经济伙伴关系协定》（RCEP）全面生效，中国与东盟之间90%以上的货物享受零关税待遇。中国已与22个拉美和加勒比国家签署了共建"一带一路"谅解备忘录，与其中6个国家签署了共建"一带一路"合作规划。2024年3月，国务院办公厅印发《扎实推进高水平对外开放

---

① 《海关总署：2023年我国跨境电商进出口2.38万亿元 增长15.6%》，光明网，2024年1月12日。

更大力度吸引和利用外资行动方案》，全面取消制造业领域外资准入限制，营造市场化、法治化、国际化一流营商环境。中国标准化国际合作水平持续提升，《中国标准化发展年度报告（2023年）》显示，截至2023年底，我国与65个国家、地区标准化机构和国际组织签署了108份标准化双多边合作文件，其中与47个"一带一路"共建国家签署57份合作文件。① 广泛吸收包括外商投资企业在内的企业代表参与技术委员会工作，2023年我国技术委员会新增注册委员7409人次，其中来自外资企业的代表有400人次，占新增委员总数的5.4%。

（三）项目合作模式更为务实

资金支持力度持续加大，项目建设与活动开展更加务实。一是资金支持方面，政策性银行"真金白银"助力"一带一路"沿线国家建设。2023年，中国国家开发银行加快推动3500亿元人民币融资窗口落地，"一带一路"专项贷款发放同比增长48%，直接为1300多个"一带一路"项目提供了优质金融服务，同时配合落实国家领导人对外宣布的务实举措，设立50亿美元全球发展倡议专项资金、中国—中亚合作100亿元人民币等值专项贷款。② 截至2024年2月，中国国家开发银行通过埃及银行非洲中小企业发展专项贷签约36亿美元，发放贷款30亿美元，覆盖32个非洲国家，直接为当地创造就业机会27万个，间接使11万农户受益。③ 十年间，中国进出口银行累计发放"一带一路"贷款超过4万亿元，签约项目累计拉动投资超4000亿美元，带动贸易逾2万亿美元，支持共建国家建设铁路超4000公里、公路超2.3万公里、机场40余个、港口30余个、清洁能源电力项目百余个。截至2023年末，"一带一路"贷款余额2.4万亿元，覆盖超过140个共建国家和地区，贷款规模、覆盖国别、项目数量均位居同业前列。

二是项目活动方面，建设一大批"小而美"民生项目，开展一系列的交流活动。为加强民间交往，中国成立丝绸之路旅游城市联盟，举办"良渚论

---

① 国家标准化管理委员会：《中国标准化发展年度报告（2023年）》，2024年3月。
② 《国家开发银行：强化职能定位 聚焦主责主业 为经济社会发展提供高质量金融服务》，https：//www.cdb.com.cn/xwzx/mtjj/202403/t20240311_11328.html。
③ https：//www.cdb.com.cn/xwzx/mtjj/202402/t20240204_11289.html。

坛"，通过各类论坛和文化交流活动，促进中国与"一带一路"沿线国家在文化、旅游、教育等方面的交流。中国在非洲建成24个农业技术示范中心，推广了玉米密植等300多项先进适用技术，中国在非企业通过铺路搭桥、修建水井等方式积极参与当地公益事业。为促进全球可持续发展，中国举办包括"一带一路"生态环保大数据服务平台年会、绿色"一带一路"与生物多样性论坛暨工商业生物多样性保护联盟年会、"一带一路"城市气候对话和ESG可持续发展论坛、"一带一路"绿色创新大会等多项绿色发展相关论坛和活动，为"一带一路"国家开展绿色发展领域的交流与合作提供平台。在共同应对公共卫生挑战方面，中国已与160多个国家和国际组织签署了卫生合作协议，发起和参与中国—阿拉伯国家卫生合作等9个国际和区域卫生合作机制。中国帮助共建国家培养了数万名卫生领域专业人才，向76个国家和地区派出中国医疗队，赴30多个国家开展公益医疗活动。

（四）国际合作机制更可持续

国际合作领域不断拓展，国际合作机制不断健全。一是不断加强能源、税收、金融、绿色发展、减灾、反腐败、智库、媒体、文化等领域的多边合作平台建设。能源领域，2023年5月举办第三届"一带一路"能源合作伙伴关系论坛，聚焦加强高质量"一带一路"能源合作，共同应对能源发展的挑战。税收领域，2023年10月，中国国家税务总局参与了税收征管数字化高级别国际研讨会，讨论了税收征管数字化转型问题，推动相关税收领域的务实合作，并通过了《税收征管数字化高级别国际研讨会联合声明》。绿色发展领域，中国持续深化绿色基建、绿色能源、绿色交通等领域的合作，举办"一带一路"绿色创新大会，建设光伏产业对话交流机制和绿色低碳专家网络。反腐败领域，中国与合作伙伴共同发布《"一带一路"廉洁建设成效与展望》，推出《"一带一路"廉洁建设高级原则》，建立企业廉洁合规评价体系。智库领域，中国建立了多个"一带一路"研究智库和学术机构，促进了政策沟通和学术交流。文化领域，成立了丝绸之路国际剧院、艺术节、博物馆、美术馆、图书馆联盟以及丝绸之路旅游城市联盟，促进了文化和人文交流。

二是持续举办"一带一路"国际合作高峰论坛，并成立高峰论坛秘书处，制定中长期发展规划。2017~2023年，中国连续举办三届"一带一路"国际合作高峰论坛，成立高峰论坛秘书处，加强完善国际合作机制方面的政策落实。2023年11月，推进"一带一路"建设工作领导小组办公室发布《坚定不移推进共建"一带一路"高质量发展走深走实的愿景与行动——共建"一带一路"未来十年发展展望》，为未来十年高质量共建"一带一路"提供明确的指导和规划。

三 推动八项行动落实落地的风险挑战与优势

国际国内形势更加纷繁复杂，世界主要风险形式和等级发生变化，对高质量共建八项行动落地带来巨大挑战。但中国所具有的大国优势、数字经济、绿色经济、产业链完整性和企业竞争力等优势，也为推动八项行动落地提供了坚实的基础，有助于推动各项合作项目取得实效，实现共同发展和繁荣。

（一）推动八项行动落实落地的风险挑战

1. 经济和金融风险挑战

国际货币基金组织（IMF）预计2023~2025年全球经济增速为3.2%，低于过去十年约4%的平均水平。联合国贸易和发展会议（UNCTAD）发布2024年《贸易和发展报告》，预计2024年全球经济增速或将跌至2.6%，低于2023年水平，且连续第三年低于疫情前水平。[①] 这一增速放缓可能导致"一带一路"沿线国家财政压力增大，减少对基础设施项目的投资和需求。通货膨胀问题也在一些国家显现，2023年美国消费者价格指数年均上涨3.4%，2024年德国央行行长指出德国通胀率可能继续上涨。《2023年全球风险报告》指出，通货膨胀带来的生活成本上升被列为全球短期风险的第一位，风险程度高于自然灾害和极端天气以及地缘经济冲突。此外，据国际金融协会数据，截至2023年底，全球债务总额已达到约313万亿美元，随着利率上升，偿债成本增加，这限制了政府在"一带一路"项目上的投资能力。贸易摩擦的威胁，尤其是美国对中国竞争的激烈言辞和可能的钢铁关税增加，可能导致参与国家间的经济关系紧张，影响"一带一路"的贸易畅通和资金融通。金融领域的

---

① https://baijiahao.baidu.com/s?id=1797167006349740742&wfr=spider&for=pc.

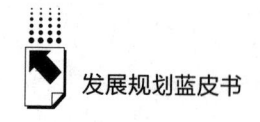

网络攻击对金融系统的威胁也不容忽视。

2. 地缘政治与环境风险挑战

地缘政治紧张局势对"一带一路"项目的实施构成威胁。中国信保发布2023年《国家风险分析报告》，全球风险特征主要表现为三个方面：一是大国竞争持续加剧，区域政治格局出现新变化；二是世界经济增速总体放缓，金融安全风险进一步上升；三是发展中国家债务问题突出，协同治理推进缓慢。美国海军的战略转变，从"由海向陆"到"空海一体战"再到"全球公共区域介入和机会作战"，显示了对沿海区域控制的重视，这可能与"21世纪海上丝绸之路"的海上通道产生竞争。同时，伊朗的潜在冲突可能导致中东地区的不稳定，影响能源供应和贸易路线。此外，极端天气事件和气候变化造成的自然灾害，也对项目实施和基础设施的韧性提出了更高要求。世界气象组织发布的《2023年亚洲气候状况》显示，受与天气、气候和水文有关的危险因素影响，2023年亚洲是世界上灾害最多发的地区。洪水和暴雨造成的伤亡人数和经济损失最高，而热浪的影响则更加严重。① 极端天气事件频发对"一带一路"沿线的基础设施项目构成了直接威胁，增加了项目的实施难度和成本。

3. 社会和政策风险挑战

社会不稳定和政策变动是"一带一路"项目实施过程中面临的另一类重要挑战。2024年，全球将迎来一个前所未有的"超级选举年"，将有70多个国家和地区举行重要选举，将覆盖超过全球半数人口，对全球政治格局产生重大影响。这些选举将对各国的内政外交政策产生深远影响，进而可能影响沿线各国共建"一带一路"的速度和质量。根据联合国粮农组织和联合国难民署等多个国际组织联合发布的《2024全球粮食危机报告》，2023年全球59个国家和地区的约2.816亿人口面临严重的粮食不安全问题，比2022年增加了约2400万人。这表明了2030年实现消除饥饿的可持续发展目标面临巨大挑战。特别是在冲突热点地区，如加沙地带和苏丹，粮食危机升级，令人震惊。在政策风险方面，全球化条件下的地缘政治必须寻求共同承认的命运共同体认知，而不是单维的陆地、海洋或陆地与海洋的交界处。中国倡导的"一带一路"是人类技术进步的结晶，"五通"需要技术支撑，反过来，"五通"也必然会

---

① https://baijiahao.baidu.com/s?id=1797118938368485759&wfr=spider&for=pc.

促进技术的升级和进步。然而，这也可能引发国际的政治敏感性，增加项目的复杂性。

（二）推动八项行动落实落地的优势

1. 国家层面

中国从低收入阶段向高收入阶段的跨越，得益于其对国际合作和全球经济治理的积极参与。作为世界第二大经济体，中国在国际事务中的影响力日益增强，为"一带一路"倡议下的国际合作提供了坚实基础。中国人均国民总收入（GNI per capita）已超过10000美元，接近高收入国家水平，这标志着中国在国际经济合作中具备更强的谈判力和影响力。同时，中国积极参与全球治理，通过多边和双边合作机制，推动了"一带一路"框架下的国际合作和政策沟通，为构建开放型世界经济和促进贸易畅通提供了有力支撑。

2. 产业链层面

中国的产业链和供应链完整，拥有从原材料加工到高端制造业的全产业链布局。这一优势使得中国在"一带一路"建设中能够提供从基础设施建设到高技术产品和服务的全方位支持。中国的数字经济规模连续多年位居世界第二，对经济社会发展的引领支撑作用日益凸显，特别是在5G、云计算、大数据等新兴领域，中国的技术创新和应用推广为"一带一路"沿线国家提供了新的发展机遇。此外，中国新能源汽车产业发展迅速，已成为全球最大的新能源汽车市场，通过技术输出和产业合作，推动了绿色基建和绿色能源领域的合作。

3. 企业层面

中国企业在"一带一路"建设中展现出较强的竞争力和活力。国有企业和民营企业在基础设施建设、能源开发、通信网络构建等领域具有丰富经验，能够承担起"一带一路"项目实施的重任。中国企业的国际化经营水平不断提升，通过"走出去"战略，积极参与国际竞争和合作，增强了在全球市场的竞争力。同时，中国企业在绿色低碳技术方面不断创新，推动了"一带一路"倡议下的绿色发展，通过参与国际合作项目，展示了中国企业的技术实力和责任担当。

四 推动高质量共建八项行动落实落地的政策建议

"一带一路"倡议作为推动全球经济合作与发展的重要平台，其高质量发展对于构建人类命运共同体具有重要意义。2024年《政府工作报告》和党的二十大报告为"一带一路"建设提供了新的指导思想和行动指南，特别是在新质生产力的培育、对外开放水平的提升以及国际合作机制的完善等方面提出了明确要求。

（一）统筹高质量发展和高水平安全，稳妥推进项目合作和发展

坚持完整准确全面贯彻新发展理念，加强"一带一路"高质量发展顶层设计与规划，确保"一带一路"项目与国家战略紧密结合。第一，以新质生产力带动经济高质量发展。鼓励数字经济、绿色能源等新兴产业在"一带一路"项目中的融合应用。继续实施"一带一路"科技创新行动计划，举办首届"一带一路"科技交流大会，未来5年把同各方共建的联合实验室扩大到100家。促进数字经济合作，通过举办"全球数字贸易博览会"等各项活动，推动跨境电子商务、智慧城市建设等数字经济领域的合作，提出全球人工智能治理倡议，加强交流和对话，共同促进全球人工智能健康有序安全发展。持续深化绿色基建、绿色能源、绿色交通等领域的合作，继续举办"一带一路"绿色创新大会，落实"一带一路"绿色投资原则。第二，以总体国家安全观指导项目低风险运行。构建风险防控体系，建立健全风险评估、预警和应对机制，提高项目抗风险能力。加强政策沟通，推动双方在风险应对政策上的协调和对接，共同加强风险评估和管理，制定灵活的应对策略。遵循国际规则和标准，加强与国际金融机构的合作，提高项目透明度、合规性和公信力。优化风险管理和应对机制，建立健全风险评估和管理体系，对潜在的政治、经济、法律和安全风险进行评估，制定有效的预防和应对措施。

（二）采取市场化商业化模式，围绕重点领域开展务实合作

第一，采取市场化商业化模式开展项目运营。在项目启动前，进行深入的

市场调研和需求分析，确保项目设计符合当地市场需求和消费习惯，提高项目的市场适应性和竞争力。在项目实施过程中，以市场机制主导项目合作与运营，通过公私合营（PPP）、竞争性招标、本地化经营等模式，提高项目的接受度、成功率以及经济效率，保障项目的稳健运行。同时，建立项目监测和评估体系，定期对项目的经济、社会和环境效益进行评估，及时调整项目策略，确保项目能够适应市场变化。第二，创新融资机制，利用多元化融资渠道，包括国际金融市场和多边金融机构，为项目提供资金支持。充分利用中国国家开发银行、中国进出口银行新设立的 3500 亿元人民币融资窗口，以及丝路基金新增资金 800 亿元人民币，保障"一带一路"重大项目的顺利实施。第三，强化企业主体地位，鼓励企业参与项目投资和运营，提高项目的可持续性和盈利能力。基于中国与共建"一带一路"国家的发展阶段和比较优势，优化产业布局，引导产业向资源禀赋优越、市场潜力大的国家和地区转移。优化营商环境，简化审批流程，降低市场准入门槛，激发市场活力。

（三）统筹推进标志性工程和"小而美"民生项目

第一，加强基础设施网络建设，推动交通、能源、信息等基础设施的互联互通。以中欧班列、陆海新通道、空中丝绸之路等标志性工程带动地区产业升级与经济高质量发展，会同各方搭建以铁路、公路直达运输为支撑的亚欧大陆物流新通道，积极推进"丝路海运"港航贸一体化发展。第二，实施 1000 个小型民生援助项目，提升民生项目的社会效应。在教育、医疗、文化等领域，实施"小而美"民生项目，提高当地民众的生活质量。第三，促进当地就业和技能培训，通过项目实施带动当地就业，提升劳动力技能水平。通过"鲁班工坊"等活动形式，推进中外职业教育合作。加大对"一带一路"绿色发展国际联盟的支持力度，建设光伏产业对话交流机制和绿色低碳专家网络，加强对绿色领域人才的培训，争取到 2030 年为伙伴国开展 10 万人次培训。

（四）深化各国文明对话，完善国际合作机制

第一，加强文化交流与互鉴，通过文化节、教育交流等活动，促进不同文化之间的相互理解和尊重。继续发挥"良渚论坛"、丝绸之路旅游城市联盟和"丝绸之路"中国政府奖学金项目等交流平台的作用，深化同共建"一带一

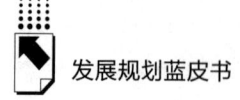

路"国家的文明对话。支持各国青年科学家来华短期工作。第二，进一步推动高水平对外开放，构建开放型世界经济。扩大市场准入，进一步放宽服务业、农业等领域的外资准入限制。优化贸易结构，推动贸易向高附加值产品和服务贸易转型。通过自由贸易协定、投资协定等形式，加强与"一带一路"沿线国家的经贸合作。积极参与国际规则制定，为"一带一路"建设提供制度保障。第三，完善全球治理，推动构建人类命运共同体，通过南南合作、三方合作等形式，推动国际发展合作，帮助发展中国家提升发展能力。建立"一带一路"企业廉洁合规评价体系，同国际组织合作开展"一带一路"廉洁研究和培训。

B.24
防范化解房地产业风险

胡 洁*

摘 要： 房地产事关人民群众切身利益，事关经济社会发展大局。当前，房地产市场供需关系发生了重大转变，市场信心仍有待恢复。房地产行业要多措并举，重塑市场信心、建立房地产健康发展的长效机制，推动房地产业平稳健康和高质量发展。

关键词： 房地产 风险 债务违约

2024年3月22日召开的国务院常务会议指出，房地产产业链条长、涉及面广，房地产事关人民群众切身利益，事关经济社会发展大局。房地产业作为我国经济的支柱产业、地方财政收入的重要源头、国民财富的主要蓄水池，在经济增长、就业、财政收入、居民财富、金融稳定等方面都具有重大影响，在整个国民经济中有着举足轻重的地位。房产不只是消费品，还是投资品，具有实物资产和虚拟资产的双重属性。因此，当前稳定房地产市场对于助力经济回稳至关重要。

一 当前房地产业发展状况

当前，房地产市场供需关系发生了重大转变，市场信心仍有待恢复。为了实现保供给、促需求和稳房价目标，中央和地方推出了放松限购、降低首付比例、取消房贷利率下限、下调公积金贷款利率、住房"以旧换新"等一系列覆盖企业供给端和居民需求端的举措。

---

* 胡洁，中国社会科学院数量经济与技术经济研究所研究员，主要研究方向为公司金融、企业管理等。

（一）房地产呈现量缩价跌趋势

近年来我国房地产市场供需关系发生了根本变化。① 2023年，我国房地产市场继续底部调整，虽然政策有所调整，但对成交的提振作用存在边际递减效应，并未扭转商品住宅销售量缩价跌的趋势。从商品房销售数据来看，从2023年下半年开始，商品房销售面积与销售额均持续下滑，到2023年底，全国商品房销售面积累计同比下降了8.5%，商品房销售额累计下降6.5%。2024年以来商品房销售面积和销售额继续下跌，1~4月新建商品房销售面积和销售额分别同比下降20.2%和28.3%。与此同时，百强房企格局分化持续，从房企的销售情况来看，相对于混合所有制和民营房企来说，央国企的表现更好。2023年前11个月，百强房企中有超过六成的企业累计业绩同比降低，同比降幅超30%的有31家，其中28家为民营房企。②

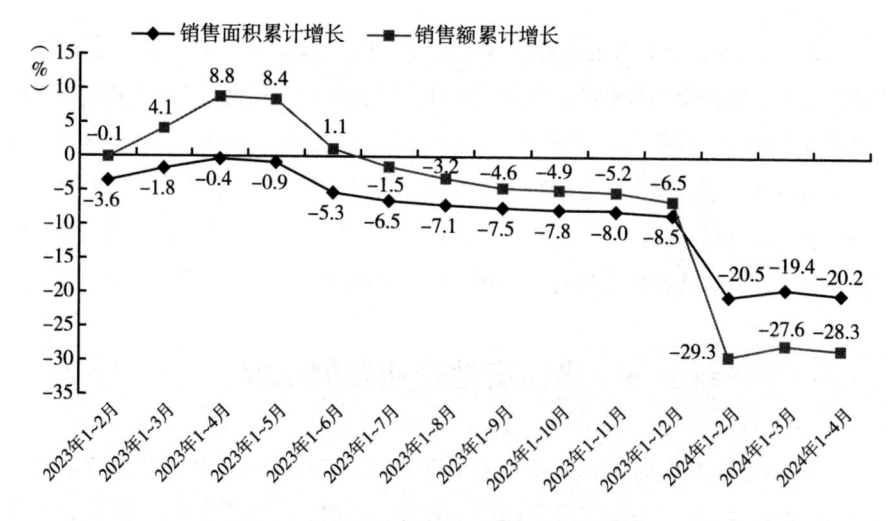

图1　商品房销售面积和销售额累计增速

资料来源：国家统计局。

---

① 金观平：《精准施策破解房地产发展难题》，《经济日报》2023年4月3日。
② 克而瑞研究中心：《2023年度中国房地产总结与展望》，https://mp.weixin.qq.com/s/n8dkUjnJ2riS0nsOWRNqWg。

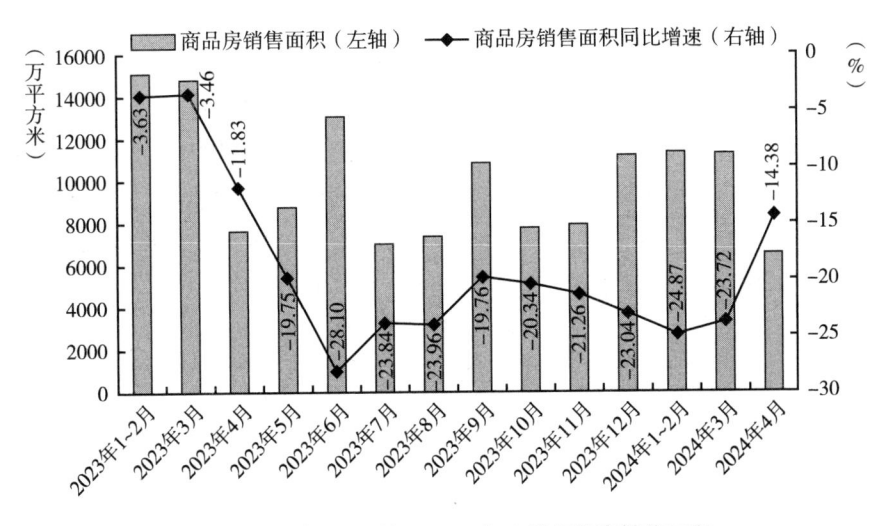

图2　2023年1~2月至2024年4月商品房销售面积

资料来源：国家统计局。

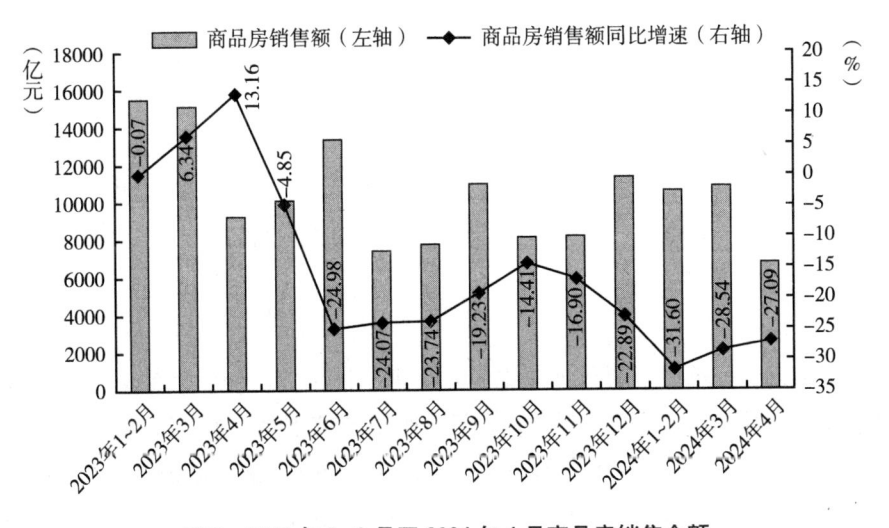

图3　2023年1~2月至2024年4月商品房销售金额

资料来源：国家统计局。

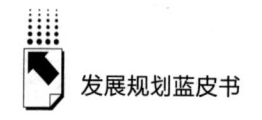

（二）商品房存量增加

房地产市场销售额减少，进一步使得房地产供给端持续收缩。从房地产投资数据看（如图4），2023年全国房地产开发投资规模为110913亿元，比上年下降9.6%，回到2018年水平，全年增速逐月下滑，但降幅收窄，其中住宅投资83820亿元，下降9.3%。2024年1~4月，全国房地产开发投资30928亿元，同比下降9.8%，其中住宅投资23392亿元，下降10.5%。①

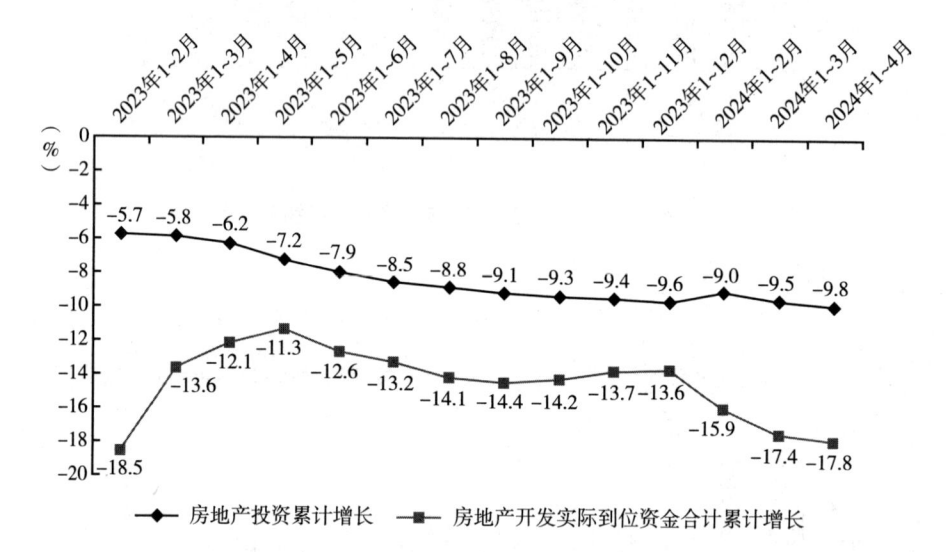

图4　2023年房地产投资和实际到位资金情况

资料来源：国家统计局。

与此同时，现房和期房供给也大幅下滑。据统计，如图5显示，自2023年以来，房屋施工、新开工累计同比增速均持续下滑，施工面积由年初的-4.4%到年末下跌至-7.2%，新开工面积同比再降超二成且创十年新低，由年初的-9.4%快速下跌至年底的-20.4%。尤其是2024年1~4月，房屋施工面积累计同比下降10.8%，房屋新开工施工面积累计下降24.6%。"保交房"推动强竣工，自2023年初连续11个月正增长且全年增速创十年新高，同比增长

---
① 国家统计局公布数据。

17%，但2024年初开始大幅下降，截至2024年4月底同比下降20.4%，表明仍有一些在建已售房地产项目交付困难。

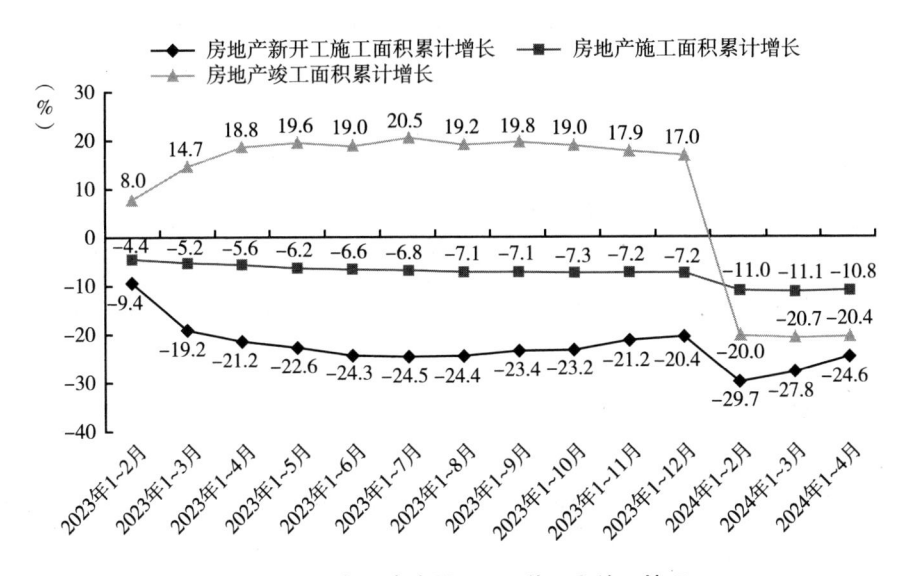

图5　2023年以来房屋开工、施工和竣工情况

资料来源：国家统计局。

相应地，房地产库存创新高。近两年，二手房成交占比上升极快，从2023年开始二手房的成交面积就已经超过新房，挂牌量增价跌，全面承接刚需。据克而瑞的监测，30城二手房成交2023年增加了13%。据统计，截至2024年第一季度末，商品房待售面积为74833万平方米，同比增长15.6%，其中，住宅待售面积增长23.9%，狭义库销比达到8.6个月，相比2016年的高点还要高出2个月，而广义库销比已经接近50个月，不论是广义的库销比还是狭义的库销比都触及近二十年来的历史高点。截至2024年第一季度末，克而瑞80城去化周期达到24个月，也创下了新高，其中一线、二线、三线平均去化周期分别为18个月、22个月、31个月。

（三）房地产企业流动性危机仍未解除

在房地产成交量低迷的环境下，房企资金无法回笼，债务难以化解。随着2021年9月恒大"暴雷"后，全国陆续数百家房地产企业不同程度地出现资金链断裂，房地产领域结构性风险上升。根据人民法院公告网，2022年有272家、2023年有295家、2024年截至4月底有85家房地产企业发布了相关破产文书，其中大部分为中小房地产企业，破产原因基本为负债过高导致资金链断裂等。根据2023年的上市公司年度报告，171家（A股101家+港股70家）上市房地产公司中，合计实现净亏损406.5亿元，净利率为-0.8%，首次出现由盈转亏，亏损面大幅上升，达到46.2%。截至2023年底，有约四成（68家）上市房企资产负债率超过70%监管红线，尤其是债务短期偿付压力有增无减，现金短债比降至0.64，不足以覆盖一年内到期的有息负债，对短期债务的保障能力下降，高债务房企风险仍在恶化，其中民营房企普遍深陷债务危机。

随着偿债高峰期的到来，即使政策持续发力，房地产的债务危机也将持续一段时间，房地产行业进入加速出清、优胜劣汰的阶段。从债务到期来看，克而瑞数据显示，2023年房企的债券发行规模（3078亿元）与其到期规模（6079亿元）相差较大，后者超出前者97%，这意味着房企以发行新债来偿还旧债的方式已经不可行。此外，2024年上半年债务到期压力依然较大，第一、第二季度到期规模均超1300亿元，其中2024年3月及4月到期规模均在500

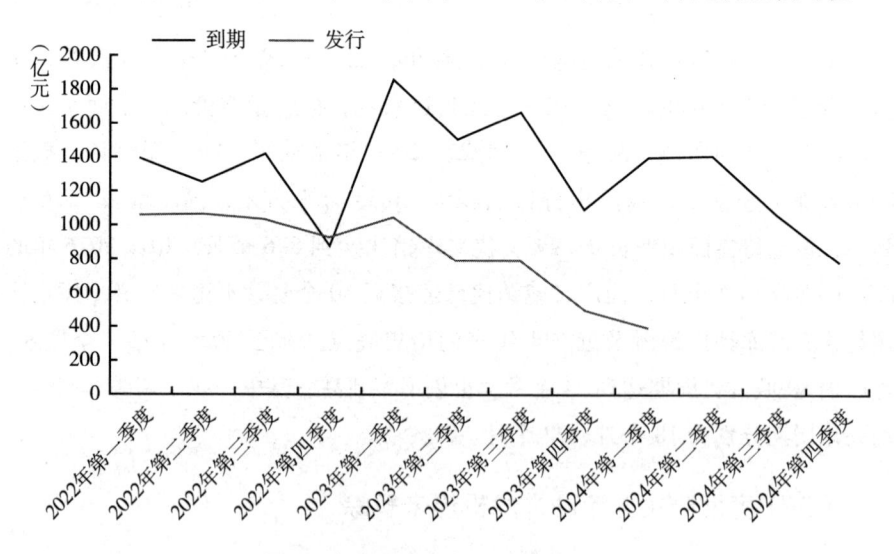

图6 房企季度发债及到期债券情况

资料来源：企业公告、CRIC整理。

亿元以上。2023年美元债仍然面临偿债高峰，全年房地产美元债到期规模604亿美元。过去3年均维持在600亿美元以上的水平，部分房地产企业仍将面临较大的流动性风险。由此来看，若销售市场长期低迷，房企偿债压力仍然较大，债务风险尚未化解。

（四）房地产业上下游企业信用风险凸显

长期以来，房地产企业的一条重要融资渠道是发行供应商票据。房企的商票在很长一段时间未被纳入央行监管，且它不会被计入有息负债，因此在"三道红线"下，商票成为许多房企融通资金、降低负债的一条"蹊径"，票据逾期成为房企现金流紧张的一个信号。据上海票交所公布的数据，截至2023年12月31日，6个月内发生3次以上承兑人逾期的承兑人数量为3419家，其中带有"房地产"和"置业"的企业分别有1123家和789家，占比55.9%。其中违约主体不乏融创、世茂、荣盛、绿地、金科等一批知名大型房地产企业。违约的企业中有148家名称中带有"工程"字样，此外还有大量涉及各类建材、装饰装修等领域的房地产上下游企业。由此可见，房企商票的大量违约给上下游供应商和工程建设企业造成更为严重的损失。

二 房地产风险传导机制及影响

商品住房不仅是消费品，还呈现金融资产属性。房地产与金融相互渗入较深，与金融信用深度绑定，呈现地产金融化、金融地产化。

（一）房地产业信用风险向金融部门传导

1.房地产市场主体违约风险直接加大金融部门风险敞口

房地产行业是高杠杆行业，吸收了全社会大量金融资源。近十年来商业性房地产贷款余额占各项贷款余额的比重呈现持续上升趋势，2019年商业性房地产贷款余额为44.4万亿元，占各项贷款余额的比重为29%，是近十年来的最高，近两年有所下降，2024年第一季度末，房地产贷款余额53.52万亿元，占比21.7%。① 房地产市场的大幅收缩,不仅直接导致金融信贷规模的大幅收缩,经济效益的下降,而且资产信贷违约大幅上升。一是大量房地产开发企业资金周转恶化,直接给银行金融机构带来大量不良贷款。2023年,在17家A股上市城商行中,房地产贷款占比超过20%的有5家,有9家介于15%~20%,其余3家在15%以下,3家城商行公司房地产贷款不良率超5%。二是房企违约风险向上下游传导,将对整个产业链上供应商、投资人、购房者造成直接损失,导致银行坏账增加。三是居民部门的住房按揭贷款的收缩和违约率的提高,进一步加大了银行的风险敞口。且近两年出现问题的信托公司主要是由于房地产融资坏账。

2. 住房按揭贷款违约风险加大

近年来,我国居民部门杠杆率持续上升,主要为住房按揭贷款。据统计,2010年底居民部门杠杆率为27.3%,而2023年底达到64%。与此同时,个人住房贷款余额持续上升,2022年达到历史高点38.8万亿元,2023年为38.19万亿元,同比下降1.6%。如图7所示,近年来,城镇居民人均可支配收入同比增速大幅下滑,受疫情影响,2020年仅为1.2%,2022年为1.9%,2023年有所回升。

图7 2010~2023年个人住房贷款余额、居民部门杠杆率与城镇居民人均可支配收入情况

资料来源:Wind数据库、国家统计局、中国人民银行。

---

① 中国人民银行网站,http://www.pbc.gov.cn/。

（二）房地产的财富效应向实体经济传导

房地产是国民经济的重要支柱。2000~2020年房地产业增加值占GDP比重由4.1%增至7.2%，受行业下行期、供求关系发生重大变化影响，2023年房地产行业占GDP比例下调至5.8%。房地产业创造的就业和收入对消费产生直接影响，房价下跌通过财富效应进一步抑制居民消费。一是房地产全产业链的不景气直接影响实体经济。房地产业超长的产业链条带动几十个上下游产业发展。房地产通过投资、消费除了能够直接带动与住房有关的建材、家具、批发等制造业部门发展之外，还对金融、商务服务等第三产业发展具有明显带动作用。二是房地产行业下滑，直接导致居民消费下降，进而拖累实体经济增长。根据第四次全国经济普查数据，2018年我国房地产业与建筑业的就业人数合计约占当年非农就业总人数的15%。

（三）影响地方政府债务风险

近年来，商品房市场低迷持续冲击土地市场，叠加居民购房信心不足、房地产企业现金流偏差、民营企业拿地意愿不高，直接影响了地方财政收入。2022年以来土地出让收入连续两年下行，如图8所示，2023年全国土地出让收入为5.8万亿元，占GDP的5.3%，同比增速为-13%，与2022年的同比增

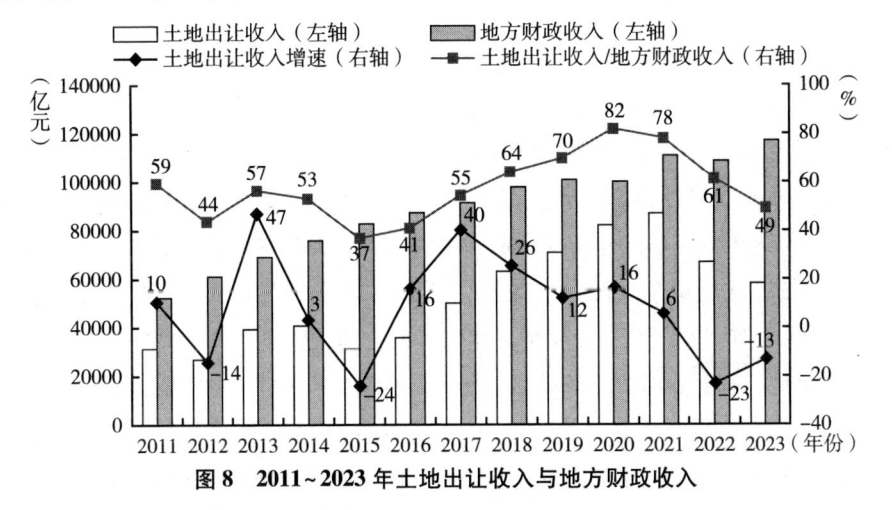

图8　2011~2023年土地出让收入与地方财政收入

资料来源：中华人民共和国财政部。

速（-23%）相比，降幅收窄。据国家统计局数据，2024年1~4月土地出让金累计约为6683亿元，同比下降21.13%，其中4月同比下降约39%，降幅较之前有所扩大。而我国土地出让收入占地方财政收入的比重基本保持在50%以上。财政部数据显示，1~4月，全国政府性基金预算支出22198亿元，同比下降20.5%。地方财政收入大幅下降，直接造成地方财政资金紧张，由此影响地方经济增长。

三 促进房地产市场平稳健康发展的政策建议

2024年中央经济工作会议和全国两会明确指出，为适应新型城镇化的发展趋势和应对房地产市场供求关系的变化，促进房地产市场平稳健康发展，国家明确要求加快构建房地产发展新模式，加强保障性住房的建设和供给，完善商品房相关基础性制度，满足居民刚性住房需求和多样化改善性住房需求。这些政策措施的落实，有助于促成房地产的良性供给，但目前房地产行业不止需要简单的"放松限购"，核心制约因素还有居民支付问题、预期问题。为此，要多措并举，重塑市场信心、建立房地产发展新模式，推动房地产业平稳健康和高质量发展。

（一）重塑市场信心

从房地产市场良性循环和保障购房人合法权益这两方面来说，"保交房"具有重大意义。必须坚持因城施策，做好商品住房烂尾的风险处置，顺利交付已购住房，唯有如此，住房销售才能够持续回暖，房地产企业资金状况才能够好转，整个市场才能够实现良性循环。要在坚持市场化、法治化原则的基础上推进"保交房"进程。一是充分发挥房地产融资协调机制的作用，对符合"白名单"条件的项目，各地政府要做到"应进尽进"，对合规"白名单"中的项目，商业银行要做到"应贷尽贷"，以满足在建项目的合理融资需求。多措并举，尽快处理风险事件，确保购房人的权益。二是增加政策性开发性金融的资金投放，成立纾困基金，主要集中在"保项目"，确保工程款的到位，严格执行保交楼，保障购房人的利益。三是严格落实资金监管的责任，特别是金融机构和住建部门，要切实落实其资金监管责任，防止因资金抽逃而出现新的交楼风险。

（二）统筹消化存量和优化增量相结合

消化存量房产是当前房地产市场的一项重要任务。一是进一步完善二手住宅交易有关制度和保障措施，加大住房"以旧换新"推广力度。采取国有保障房运营公司收购和市场化交易两种方式，推进二手住宅安全、高效实现"卖旧买新"，带动新房市场活跃。二是增加配售和配租型保障性住房的供给，补齐住房保障短板。通过政府收购存量房减少市场供给，达到去库存、救房企、救楼市、利财政、利民生的目标。三是盘活存量商品房和土地资源。某些城市的商品房库存可能较多，当地政府可根据相关政策和实际需要，以合理价格订购部分商品房以用作保障性住房。由此房企的现金流压力得到缓解，所得资金一方面可用于拿地，利好地方财政；另一方面可用于建设住房、防止烂尾，利好民生。地方政府将保障房租赁获得收入，按时向商业银行还款。对于已出让的闲置存量住宅用地，可以通过收回、收购等方式予以妥善处置。一方面，能够在帮助资金困难房企解困的同时，还可以避免一些城市出现住房供给过剩问题；另一方面，这些收回、收购的土地可用于建设保障性住房、建设公共配套服务设施、改善周边住宅配套条件等。

要注重提升增量住房的品质。随着消费者需求的升级，围绕居民对更高居住品质的长期需求，以满足人民群众对优质住房的期待为目标，相关房企应提升交付住房的品质，着力建设绿色、低碳、智能、安全的高品质住房，更好满足刚性和改善性住房需求。

（三）创新金融产品、加强对房地产企业的金融支持

当前房地产上下游整个产业链的企业资金流动性需要金融支持，既要缓解房地产业资金压力，又要防范金融风险，因此，要大力创新和丰富房地产金融工具，对丁不同所有制房地产企业要一视同仁，以满足其合理融资需求。鼓励通过直接融资的其他金融工具来支持房地产企业，适度为房地产企业 IPO 和发债开门；加快推进房地产 REITs、按揭资产证券化、并购融资、绿色债券等金融工具创新，适时扩大民营房企信用保护工具发行范围，协调券商等金融机构通过信用风险缓释工具（CRMW）等信用保护工具扩大优质房企的直接融资规模；加大住房租赁金融支持力度，促进房地产市场健康发展和良性循环。

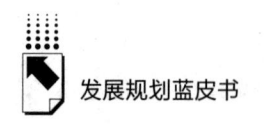

（四）加快构建房地产发展新模式

构建房地产发展新模式，消除过去"高负债、高周转、高杠杆"的模式弊端。一是完善"保障+市场"住房供应体系，以满足刚性和改善性住房需求。政府可通过收购存量住房并将其转化为配租或者配售型保障性住房的方式来扩大保障性住房供给，如此一来，既有库存被消化掉的同时，受保障对象还获得了品质更好抑或价格更合理的保障性住房，由此缓解市场过度商品化对居住需求的挤压。二是要科学合理地配置要素资源，建立"人、房、地、钱"四位一体的要素联动新机制，在保护合理住房需求的基础上，合理供给土地、完善住房保障供应体系，建立房屋从开发、建设到维护使用的全生命周期管理机制，在稳定地价基础上稳定房价，避免大起大落，从而确保房地产市场的稳定。三是完善商品房预售模式，积极推进商品房现房销售，从源头上杜绝交房风险，彻底消除购房者的后顾之忧。四是完善土地供应制度，采取市场化土地供应方式，防止房价大起大落。

总之，在遵循市场化、法治化原则上，各地因城施策，聚合房企、地方政府、金融机构的资源，压实责任，共同化解房地产市场风险。

附表　2023年以来的房地产政策

时间	发布部门	政策/会议	重点内容
2023年1月	央行、银保监会	关于建立新发放首套住房个人住房贷款利率政策动态调整长效机制的通知	在阶段性调整差别化住房信贷政策的基础上，建立新发放首套住房商业性个人住房贷款利率政策动态调整长效机制
2023年1月	住建部	全国住房和城乡建设工作会议	增加保障性住房供给，克服困难完成保障性租赁住房、公租房建设和棚户区改造年度计划任务
2023年3月	自然资源部、银保监会	关于协同做好不动产"带押过户"便民利企服务的通知	以点带面，积极做好"带押过户"；因地制宜，确定"带押过户"模式；深化协同，提升便利化服务水平
2023年5月	住建部、市监总局	关于规范房地产经纪服务的意见	明确了合理确定经纪服务收费、严格实行明码标价、严禁操纵经纪服务收费等10个方面的监管措施，突出保护交易当事人合法权益

续表

时间	发布部门	政策/会议	重点内容
2023年7月	国务院常务会议	关于在超大特大城市积极稳步推进城中村改造的指导意见	指出在超大特大城市积极稳步实施城中村改造是改善民生、扩大内需、推动城市高质量发展的一项重要举措
2023年8月	住建部、央行、金融监管总局	关于优化个人住房贷款中住房套数认定标准的通知	推动落实购买首套房贷款"认房不用认贷"政策措施。此项政策作为政策工具,纳入"一城一策"工具箱
2023年8月	国务院	关于规划建设保障性住房的指导意见	加强保障性住房的建设和供给,重点是建设配售型保障性住房
2023年8月	央行、金融监管总局	关于调整优化差别化住房信贷政策的通知	首套住房贷款比例统一为不低于20%;二套房不低于30%,贷款利率调整为不低于相应期限贷款市场报价利率加20个基点,各省市可根据市场情况自主确定
2023年8月	央行、金融监管总局	关于降低存量首套住房贷款利率有关事项的通知	自2023年9月25日起,金融机构新发放贷款置换存量首套住房商业性个人住房贷款
2023年9月底	自然资源部		取消土地拍卖中的地价限制、远郊区容积率1.0限制等
2023年10月		中央金融工作会议	一视同仁满足不同所有制房地产企业合理融资需求,因城施策用好政策工具箱,更好支持刚性和改善性住房需求,加快保障性住房等"三大工程"建设,构建房地产发展新模式
2024年1月	住建部、金融监管总局	关于建立城市房地产融资协调机制的通知	建立城市房地产融资协调机制、筛选确定支持对象、满足合理融资需求、做好融资保障工作
2024年5月		国务院政策例行吹风会	一是设立3000亿元保障性住房再贷款;二是降低首付比例,将首套调整为不低于15%,二套房不低于25%;三是取消全国层面个人住房贷款利率政策下限;四是下调各期限品种住房公积金贷款利率0.25个百分点

参考文献

金观平:《精准施策破解房地产发展难题》,《经济日报》2023年4月3日。

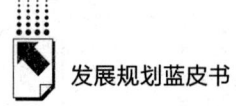

胡洁、于宪荣：《房地产风险表现、传导机制及对策》，《西部学刊》2023年第13期。

冯科：《论如何正确认识和把握防范化解房地产市场带来的金融风险》，《中国经济评论》2022年第3期。

克而瑞研究中心：《2023年度中国房地产总结与展望》，https：//mp.weixin.qq.com/s/n8dkUjnJ2riS0nsOWRNqWg。

中指研究院：《2023中国房地产百强企业研究报告》，2023年3月。

B.25
有效防控金融风险

程 远[*]

摘 要： 提升金融监管水平、有效防控金融风险对于保障金融系统的健康稳定、维护经济的平稳运行、提高金融系统的韧性等方面都具有重要意义。"十四五"期间为提升我国金融监管水平，中国人民银行、银保监会、证监会等部门从完善金融监管的体系框架、加强对金融公司与金融平台的监管、加强对金融活动的监管等方面实施了一系列方针政策。目前金融监管面临的挑战主要表现为中小金融机构风险、房地产风险、政府性债务风险等。为此，应通过完善金融监管框架，深化金融与房地产领域的体制机制改革，加强审慎监管、行为监管和功能监管等举措来完善金融稳定保障体系。

关键词： 金融稳定　金融风险　金融监管

一 "十四五"期间防控金融风险的主要举措

提升金融监管水平、有效防控金融风险对于保障金融系统的健康稳定、维护经济的平稳运行、提高金融系统的韧性等方面都具有重要意义。"十四五"期间，中国人民银行、银保监会、证监会等部门出台了一系列方针政策，对提升我国金融监管水平具有重要作用，以下对这一期间的主要政策措施进行回顾。

（一）完善金融监管的体系框架

2021年12月，中国人民银行发布《宏观审慎政策指引（试行）》，对宏

---

[*] 程远，中国社会科学院数量经济与技术经济研究所副研究员，主要研究方向为宏观经济学、货币经济学、一般均衡分析。

观审慎政策相关概念及宏观审慎政策框架的主要内容进行了界定和阐述，同时明确了实施宏观审慎政策的支持保障。该指引有利于增进对于系统性风险防范的共识，帮助市场主体提高对宏观审慎政策的认识和理解，从而夯实防范化解系统性金融风险的基础。2022年1月，央行发布《地方金融监督管理条例（草案征求意见稿）》，明确地方金融监管规则和上位法依据，统一监管标准，构建权责清晰、执法有力的地方金融监管框架，将地方各类金融业态纳入统一监管框架，强化地方金融风险防范化解和处置。2022年4月，中国人民银行印发《中华人民共和国金融稳定法（草案征求意见稿）》。《金融稳定法》总结重大金融风险攻坚战中行之有效的经验做法，建立金融风险防范、化解和处置的制度安排，健全维护金融稳定的长效机制，与其他金融法律各有侧重、互为补充，切实维护国家经济金融安全和社会稳定。2023年3月，为了实现对各类金融活动的全面监管，提高金融监管质效，有效防范化解金融风险，我国对金融监管体系进行了改革，主要内容包括：组建中央金融委员会，加强党中央对金融工作的集中统一领导；组建中央金融工作委员会，统一领导金融系统党的工作；组建国家金融监督管理总局，统一负责除证券业之外的金融业监管，不再保留中国银行保险监督管理委员会；深化地方金融监管体制改革，建立以中央金融管理部门地方派出机构为主的地方金融监管体制，统筹优化中央金融管理部门地方派出机构设置和力量配备；统筹推进中国人民银行分支机构改革；完善国有金融资本管理体制；加强金融管理部门工作人员统一规范管理等。

（二）加强对金融公司与金融平台的监管

2021年12月，中国人民银行等七部门发布《金融产品网络营销管理办法（征求意见稿）》，明确了金融产品网络营销宣传内容和行为的具体规范，补齐平台与金融机构合作开展金融业务的监管制度短板，有助于进一步保障金融消费者合法权益。2021年10月，中国人民银行、银保监会首次发布我国内重要性银行名单，同时发布《系统重要性银行附加监管规定（试行）》，从附加资本和附加杠杆率、恢复计划和处置计划、信息报送与披露等方面提出监管要求。2022年6月，中央全面深化改革委员会第二十六次会议审议通过了《强化大型支付平台企业监管促进支付和金融科技规范健康发展工作方案》，强调要依法依规将平台企业支付和其他金融活动全部纳入监管，以服务实体经济为本，坚持金融业务持牌经营，健全支付领域规则制度和风险防控体系，强化事前事中事后全链条全领域监管。2022年7月，中国人民银行、银保监会发布《系统重要性保险公司评估办法（征求意见稿）》，为确定系统重要性保险公司名单提供指导和依据，将主要保险公司纳入宏观审慎管理和金融业综合统计，更好地维护金融稳定。2022年11月，银保监会发布《中华人民共和国银行业监督管理法（修订草案征求意见稿）》，以防范化解金融风险、提高监管有效性为总体目标，以弥补监管短板、加大监管力度、明确监管授权为着力点，切实提高金融治理体系和治理能力现代化水平。2022年12月，中国银保监会制定并发布了《银行保险机构消费者权益保护管理办法》，以建立健全金融消费者保护基本制度，加强和完善行为监管，从而进一步督促银行保险机构落实消费者保护主体责任，不断提升金融工作的政治性和人民性，依法保障金融消费者合法权益，维护好金融市场秩序和稳定。2022年12月，中国人民银行发布《金融基础设施监督管理办法（征求意见稿）》，明确了纳入我国金融基础设施统筹监管的六类设施及其运营机构，适用范围为经国务院或国务院金融管理部门批准设立的金融基础设施，同时从完善党建、加强国有金融资本管理、与国际规则标准衔接等方面对加强金融基础设施统筹监管作出总体安排。2023年3月，证监会公布了《证券公司监督管理条例（修订草案征求意见稿）》，以促进证券行业高质量发展，提升服务实体经济质效，加强和完善现代金融监管。

2023年8月，国家金融监督管理总局起草了《银行保险机构涉刑案件风险防控管理办法（征求意见稿）》，以进一步推动银行保险机构前移涉刑案件风险防控关口，健全涉刑案件风险防控全链条治理机制，深化源头预防、标本兼治，全面提升银行保险机构涉刑案件风险防控工作的规范性、科学性、有效性。2024年1月，国家金融监管总局修订形成《金融租赁公司管理办法（征求意见稿）》，以满足金融租赁行业高质量发展和有效监管的需要，从而全面加强金融监管、优化金融服务、防范化解风险。

（三）加强对金融活动的监管

2022年1月，中国人民银行、公安部等11部门联合印发《打击治理洗钱

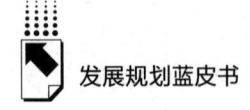

违法犯罪三年行动计划（2022—2024年）》，决定于2022年1月至2024年12月在全国范围内开展打击治理洗钱违法犯罪三年行动，以坚决遏制洗钱及相关犯罪的蔓延势头，推动源头治理、系统治理和综合治理，构建完善的国家洗钱风险防控体系，切实维护国家安全、社会稳定、经济发展和人民群众利益。2023年2月，中国人民银行发布《金融控股公司关联交易管理办法》，明确金融控股公司承担对金融控股集团关联交易管理的主体责任，规范集团内部交易运作，在做好自身管理的基础上，指导和督促附属机构做好关联交易管理，并统一管理集团对外关联交易及其风险敞口，有助于推动金融控股集团提升关联交易管理水平，防范利益输送、风险传染和监管套利，健全宏观审慎政策框架。2023年3月，证监会起草形成了《衍生品交易监督管理办法（征求意见稿）》以促进衍生品市场健康发展，支持证券期货经营机构业务创新，满足市场各类主体的风险管理需求，以更好服务实体经济、防范和化解金融风险。

二 金融监管面临的主要挑战

（一）中小金融机构风险

1. 中小银行面临风险聚集

我国金融行业经营领域的风险主要表现为中小金融机构的风险聚集。近年来我国中小金融机构风险事件时有发生。2018年恒丰银行爆出1600亿元不良资产。2019年包商银行严重资不抵债被接管，起因在于"明天系"以89%的股权一股独大，操纵股东大会，通过大量的不正当关联交易、资金担保及资金占用等手段进行利益输送，最终酿成财务和信用风险，2005~2019年，通过注册209家空壳公司，以347笔借款的方式套取信贷资金，形成的占款高达1560亿元，且全部成了不良贷款，最终酿成财务和信用风险，侵害储户和其他股东权益。2020年天安人寿、华夏人寿等机构被接管。2022年河南等地的村镇银行出现客户取款难问题，起因在于这些金融机构存在治理不规范、金融腐败等问题，使得外部资本通过关联持股、交叉持股、操控银行高管的手段，实际控制禹州新民生等几家村镇银行，并以虚构贷款形式非法转移资金，同时银行通过互联网平台推介、异地敛存、线上吸储放大了风险。中国人民银行发布的

《中国金融稳定报告（2023）》中的金融机构评级结果显示，截至 2023 年 6 月末，中国共有 337 家金融机构被评为高风险，均为中小金融机构。其中，城市商业银行 14 家，农村商业银行、农村合作银行、农村信用社等农合机构有 191 家，村镇银行有 132 家。企业预警通的统计数据显示，2023 年 83 家中小金融机构被合并，涉及合并重组事件 14 例，农商银行筹建 15 例，市场化解散退出 10 例。

2. 非银中小金融机构持续承压

除银行以外，其他非银中小金融机构的风险也值得关注。在私募基金方面，贝恩咨询发布的《2024 年中国私募股权市场报告》指出，与过去两年相比，尤其是与 2021 年的高点相比，2023 年私募基金的交易投资的活跃度下降，达到近十年以来的最低点。如今经济增速下行压力依然存在，叠加 IPO 退出难度提升、买卖双方估值预期差距的影响，预计 2024 年中国私募股权市场将延续 2023 年承压趋势，进入换挡调整期。在信托业方面，由于和房地产风险、地方债务风险深度绑定，信托资产质量有所恶化，以及国内经济增速放缓、严监管约束力度加大以及一些机构的公司治理缺失，行业内产品逾期蔓延，一些风险敞口大的机构被托管甚至破产。

3. 中小金融机构面临多重挑战

中小金融机构的风险集聚是由内外多重因素造成的。其中的内部因素包括以下几个方面。一是公司治理能力弱。部分中小金融机构"三会一层"的公司治理结构徒具其形。部分机构股东数量众多且高度分散，导致股东信息失联、股东身份虚假不明确等情况时有发生，股东难以有效行使权力，监管约束管理层也变得困难。一些地方性金融机构与当地政府关系密切，地方城商行与地方政府财政深度捆绑，一些地方政府通过融资平台从城市商业获得贷款以加快房地产开发投资和基础设施投资从而推动经济增长，这使得部分中小金融机构公司治理容易出现漏洞。此外，民营资本占比高的中小金融机构往往治理体系缺失，容易成为部分机构进行"资本运作"的工具，甚至被少数股东或内部人控制。二是风险控制与管理能力欠缺。中小金融机构通常缺少优秀的风险管理人才，其内控制度相对而言往往并不完善，风险管理技术和工具也相对不足，导致其在风险识别和预警反应等方面存在不足。此外，一些中小银行存在盲目拓展业务、偏离存贷主业的问题，导致了资产和负债端的期限结构错配和

流动性风险。三是盈利能力减弱。相较于中小金融机构，大型金融机构在资本规模和成本方面更具优势。近年来，大型机构不断通过服务下沉扩张业务，进一步挤占了中小机构的盈利空间。在资产负债管理方面，国有大银行可以利用数字化、平台化经营拓展结算资金方式，进行负债端成本控制，以降低资金成本，抵消净息差收窄；同时在资本市场疲弱的背景下大型银行也纷纷转向二级资本债市场，抬高了中小银行发债成本，挤压了非上市中小银行有限的融资渠道，增加了中小银行的相对经营成本。此外，大银行依靠雄厚资金实力和互联网金融平台的技术积累进行的数字化转型也削弱了中小银行在经营区域内精耕细作的信息优势，金融科技的发展为大型银行提供了识别风险的先进手段，降低了大型银行与小微企业、个体企业间的信息不对称，为大型银行服务下沉提供了技术上的可能。同时，大银行推进互联网金融业务也进一步挤压了中小金融机构的生存空间，在消费信贷增长缓慢的形势下，加大了中小银行面临的竞争压力。外部因素包括以下几个方面：一是宏观经济环境。目前宏观经济仍有下行压力，投资、消费等需求不足，叠加房地产市场不振，直接影响了中小银行的信贷需求和资产质量。此外，为了稳定经济实施的降息政策也加剧了息差缩窄，增加了中小金融机构的经营压力。二是区域社会经济发展水平以及地方政府行为。城市商业银行和农村金融机构的经营范围受到严格的地域限制，其客户集中度较高，分散风险的能力较弱，受到本地区经济和产业走势的影响较大。同时，一些地方政府从政绩或地方利益出发，没有切实履行对中小金融机构的监管职责，甚至包庇纵容其违规活动，这也加剧了中小金融机构的风险。

（二）房地产风险

1. 房地产交易低迷，房企资金流动性不足

房地产企业的销售收缩叠加资金流动性紧张，可能导致房企破产以及房地产风险蔓延。当前房地产市场持续低迷。在房地产销售方面，诸葛找房的报告显示，2023年，商品房销售继续走弱，楼市仍在承压，前11个月累计销售额创自2017年以来的同期新低，销售面积创自2013年以来的同期新低。2023年1~11月，全国商品房销售面积为100508.71万平方米，与上年同期相比下降8%；商品房销售金额为105317.79亿元，较上年同期下降5.2%。在土地市场方面，中指研究院的报告指出，2023年全国300城住宅用地推出、成交面积

同比均下降超20%，整体低迷态势未改。截至12月末，除北京、上海、深圳外，多数城市已取消土地最高限价，但仅少量核心城市优质地块拍出高溢价，整体热度仍较低。在房企资金流动性方面，诸葛找房的研究报告指出，房企资金压力仍未得到缓解，2023年1~11月，房地产开发企业到位资金117044亿元，同比下降13.4%，跌幅收窄0.4个百分点，其中国内贷款下降9.8%，利用外资下降35.1%，自筹资金下降20.3%，定金及预收款下降10.9%，个人按揭贷款下降8.1%。招商银行的房地产季报显示，房企各项资金来源同比均明显下降，其中销售资金降幅扩大。2024年1~3月房地产开发企业到位资金累计同比下降26%，其中国内贷款、自筹资金、定金及预收款、个人按揭贷款累计同比分别下降9.1%、14.6%、37.5%、41.0%。

2. 各地房地产价格普遍面临下行压力

房地产价格的普遍下降不仅会加重本行业生产经营的困难，还会造成风险向金融系统扩散。特别是一线城市核心地区房价的下行会造成以此作为参考的一线城市外围地区与二线城市的房地产价格大幅下降，引发多重金融风险。在房地产成交价格方面，根据国信达的报告，2023年全国33个大中城市新建商品住宅成交均价19898元/米^2，同比下降0.40%。中指研究院的报告显示，2023年，百城新建住宅价格累计上涨0.27%，主要受政策管控及部分优质改善楼盘入市带动等因素影响而出现结构性上涨。百城二手住宅价格累计下跌3.53%，跌幅较2022年扩大2.76个百分点，房价走势持续低迷，截至12月，已连续20个月环比下跌，连续7个月环比下跌的城市数量超90个。招商银行的房地产季报指出，2024年3月70个大中城市中房价下跌城市数量仍处高位，但跌幅有所收窄。其中，70个大中城市中新房价格下跌城市数量57个，二手房价下跌城市数量69个，继续处于2023年第四季度以来的高位，分别环比下降0.3%、0.5%。

3. 城市商品房库存人规模积压

房地产交易前些年的火爆以及近几年的迅速遇冷，导致很多房地产商开发的大量新楼盘因滞销而大规模积压，可能导致相关开发商破产倒闭，不利于消费恢复与经济增长。联合资信的研究报告指出，2023年以来，房地产行业市场景气度延续2022年下半年以来的低迷态势，商品房待售面积（竣工未售项目）进一步增加，去化压力较2022年有所加大，截至2023年11月底，待售

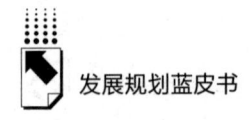

面积规模为6.54亿平方米，累计同比增长18.00%。截至2023年9月底，全国100个城市新建商品住宅库存总量为5.12亿平方米，环比增长1.4%，同比减少1.7%。从去化周期看，截至2023年9月底，重点50城短期库存出清周期为19.5个月，较2022年末延长1.4个月，短期库存去化压力较2022年有所加大。根据广开首席产业研究院2024年的房地产展望报告，全国总体上的库销比指标处于历史高位，截至2024年2月末，全国商品房住宅库销比升至6.5，创下历史新高，当前房企投资回报率处于历史最低水平，年度销售业绩与2015~2018年相当，但资产负债率更高，融资扩张难度更大，需要借助更多额外的政策以化解债务风险。

（三）地方债风险

1. 地方政府债务总体可控，但是增长较快

根据财政预算报告，截至2023年末，我国地方政府债务余额约40.74万亿元，包括一般债务余额约15.87万亿元、专项债务余额约24.87万亿元，控制在全国人大批准的债务限额以内。截至2023年末，我国政府法定负债率低于主要市场经济国家和新兴市场国家，大部分地方债务水平也不高，并有较多资源和手段化解债务，因此地方债务风险总体可控。然而，随着经济下行，很多地方政府资金紧张，偿债压力增大，仍需关注和防范可能出现的风险。根据联合资信的报告，2023年前三季度，地方债发行规模再创新高，再融资债券占比较高，特殊再融资债券重启，很多地方偿债高度依赖借新还旧。2023年前三季度，地方政府债券累计发行1799只，金额合计7.07万亿元，相当于2022年全年的96.07%，同比增长11.31%。其中，新增债券40968.60亿元，再融资债券29694.26亿元。前三季度地方债发行总额规模为历年同期高峰，再融资债券占比为42.02%，同比增加9.38个百分点。此外，为缓解地方政府隐性债务风险，各省区市陆续启动特殊再融资债券发行工作，2023年10月，24个省区市累计发行特殊再融资债券约1万亿元。中泰证券研究所的报告显示，2023年5月之后，城投债募集资金用于借新还旧占比逐步上升，8月后城投债总体借新还旧规模占比均高于70%，12月首超80%，说明地方政府资金流趋紧，并且可能挤占项目建设资金从而对经济发展产生负面影响。

2. 不同地区的债务负担分布不均

2023年，中国各地区在债务管理上呈现出显著的地域差异。由于财政实力、经济表现及地方政府债务额度等因素的不均衡，部分财力薄弱、债务负担重的地区面临更高的债务风险。中泰证券的研究显示，多个重点省份和地市在债务续借上呈现出不同态势。[①] 其中，宁夏、辽宁、黑龙江等省份借新还旧占比显著上升，而甘肃则有所下降。青海省的借新还旧比例维持在100%的高位。在城投债发行地市中，遵义、武汉、湘潭等城市借新还旧同比增长超过20%，遵义更是达到100%。值得注意的是，多个地市在10月后借新还旧占比显著上升，显示出债务续借压力加大。然而，长沙等部分城市在第四季度出现借新还旧占比下降的情况，显示其债务管理策略有所调整。整体而言，2023年中国地方政府债务续借现象普遍，但地区间差异明显，部分城市面临较大的债务偿还压力。

3. 地方政府隐性债务规模较大

与地方有关债务除了显性债务，还包括地方政府提供担保的隐性债务，这部分债务在地方政府全口径债务中占有相当大的比例，在很大程度上提高了地方政府的财政压力。东吴证券的研究报告显示，[②] 2022年我国地方债务总规模达到87.89万亿元，整体增速达8.5%。其中显性债务规模达到34.88万亿元，较上年同期增长15.1%；以发债城投带息债务为代表的隐性债务余额为53.01万亿元，增速为4.5%。粤海证券的报告指出，2021~2025年城投债年均到期量达到3.2万亿元。其中，天津和宁夏的2023年到期的城投债在存续债中的占比分别高达56.7%和42.7%。[③]

三 完善金融监管的重点举措

（一）完善金融监管框架

建设安全高效的金融基础设施，推进金融稳定保障体系建设，完善金融稳

---

① 肖雨、赖逸儒：《2021—2023：城投发债用途变化的三个维度》，2024年1月25日。
② 李勇、徐津晶：《地方债务空间还有几何？》，2023年3月29日。
③ 罗志恒：《如何看待地方债务：形势与应对》，2023年2月23日。

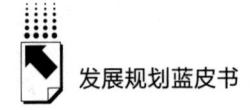

定立法和金融稳定保障基金管理制度，进一步健全金融风险防范、化解、处置长效机制，推动处置机制市场化、法治化、常态化。加强金融监管的协调配合，统一金融市场登记托管、结算清算规则制度，将功能监管与机构监管有机结合。借鉴审慎监管和行为监管双峰模式，审慎监管与行为监管既要适当分离又要相互协调，既要确保各自的监管目标和效率，又要共同发挥风险防控的作用。建立金融风险预警、监管、处置的跨部门、跨行业、跨区域协同机制，实现全链条、全业务的全覆盖风险监管，发挥金融科技的作用。建立中央与地方相互沟通、配合的金融监管框架，地方负责对区域金融机构和市场进行属地监管，将防范系统性金融风险与区域性金融风险有效结合，压实地方金融监管机构对辖内防范和处置非法集资等工作的责任。健全金融风险问责机制，对重大金融风险严肃追责问责，有效防范道德风险。切实补齐监管短板，强化金融风险源头管控，推动银行业机构党的领导与公司治理深度融合，加强对关键人、关键岗位、关键环节的管理，有效提升风控水平，强化金融反腐和执纪问责。继续加强银行风险监测预警，推动实施具有硬约束的早期纠正工作机制。加强对国际金融市场形势的监测和研判，紧盯境外银行风险事件演化，切实做好风险应对预案，防范国际金融风险事件影响我国银行业稳健运营。严格规范中小银行跨区域经营，促进其深耕本地市场。完善金融风险处置的长效机制以及金融风险处置体系，明确风险监管与处置机构的责任和工作机制，健全金融监管职能和组织体系，发挥市场化法治化处置平台的作用。强化保险保障功能，加快发展健康保险，规范发展第三支柱养老保险，健全国家巨灾保险体系。建设社会信用体系，运用云计算、大数据等新信息技术手段，建立包含跨部门信息的征信平台，优化金融生态环境。

（二）深化金融与房地产领域的体制机制改革

明确政府和市场的边界，减少政府对金融机构和企业经营的过度干预以及对其施加的强制性、政策性任务，明确政府摊派政策性金融任务造成风险的责任分担。减少对"僵尸企业"的兜底，防止因政府兜底引发企业的道德风险而导致的金融风险积累。提升金融公司的治理水平，推动健全现代化的企业制度，加强对董事会、高管的行为监管，严格关联交易的管理。提高直接融资比重，建立多层次的金融市场体系，丰富资本市场参与途径，拓宽融资渠道。推动金融交易平台发展，加大场外市场发展力度，消除金融交易的信息不对称。继续深化利率市场化改革。持续发挥 LPR 改革效能，对 LPR 报价行报价质量进行考核，促进提升报价质量，更好发挥 LPR 的指导性作用，带动实际贷款利率下降。发挥存款利率市场化调整机制的重要作用，引导银行合理调整存款利率水平，有效提升存款利率市场化定价能力，维护存款市场良性竞争秩序。推动经营主体融资成本稳中有降，为促进经济运行整体好转、实现质的有效提升和量的合理增长营造良好的货币金融环境。持续推动债券市场高质量发展。加快推动债券市场基础设施有序联通，实现要素自由流通。加强债券市场制度创新和产品创新，提高债券市场的覆盖面和包容性。进一步夯实债券市场法治基础，加强监管协同，强化风险防控。进一步规范债券承销行为和提升做市功能，推动债券承销做市一体化，增强一、二级市场联动，提升债券定价的有效性和传导功能。加快柜台债券业务发展，引导市场适当分层，促进银行间债券市场运行效率提升和基础设施服务多元化。坚持市场化、法治化原则，继续贯彻"零容忍"理念，加大对债券市场违法违规行为的查处力度。持续推进债券市场高水平对外开放，为境外投资者提供更加友好、便利的投资环境。积极推进股票市场改革发展。推动注册制改革，进一步完善配套制度。健全常态化退市机制，畅通多元退出渠道，完善上市公司破产重整制度。优化持续监管制度，推动修改《公司法》。加快投资端改革，完善个人养老金投资金融产品机制，推动公募基金高质量发展，进一步推动境外资金投资 A 股。提升直接融资、并购重组政策对科创企业的适应性和包容度。深化外汇领域改革开放，扩大优质企业贸易外汇收支便利化政策覆盖面，支持贸易新业态创新发展和规范发展。优化中小微企业汇率避险服务，探索拓展跨境金融服务平台应用场景。创新优化外汇管理政策，积极服务国家重大区域发展战略。防范跨境资金流动风险，加强宏观审慎管理和预期引导。加快构建房地产发展新模式，建立租购并举的住房制度，加快保障性住房建设和供给以满足工薪群体刚性住房需求，充分赋予各城市政府房地产市场调控自主权，允许有关城市取消或调减住房限购政策、取消普通住宅和非普通住宅标准，改革房地产开发融资方式和商品房预售制度，完善房地产税收制度。

（三）加强审慎监管

完善宏观审慎政策框架，丰富宏观审慎政策工具箱，加强系统重要性金融

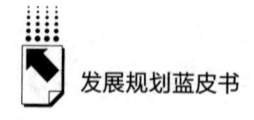

机构监管。加强逆周期监管和系统重要性金融机构监管，强化对金融创新活动的监管，对互联网平台金融业务实施常态化监管，防范风险跨机构跨市场和跨国境传导。不同风险类型的金融机构按照分类施策的方式化解处置风险，及早和迅速认定并处置各类非法金融活动。完善最后贷款人职能，严格限定央行资金的使用条件，明确金融风险处置资金使用顺序和损失分摊机制，完善再贷款损失核销机制，完善金融稳定保障基金建设和使用机制。强化存款保险制度防范化解早期金融风险的职能，发挥存款保险制度支撑问题金融机构退出的作用，深化存款保险早期纠正和风险处置职能以及风险差别费率的激励约束作用。完善跨境资金流动宏观审慎管理机制并将本外币统一纳入监管体系。提高微观审慎监管有效性，加强金融机构准入环节监管，强化股东资质、股本监管和资本约束，抑制金融机构盲目扩张，推动业务牌照分类分级管理，打击无牌从事金融、支付业务行为，规范金融机构同业业务和表外业务，提高对关联交易、集中度、同业业务、流动性、杠杆率、资产质量、数据真实性等方面监管的有效性，强化金融反垄断和反不正当竞争，强化异地展业经营监管，关注货币错配和汇率风险。

（四）加强行为监管

探索建立中央和地方、各部门间的协调监管机制，实现对金融机构行为和业务的全覆盖监管。规范债券发行和承销主体行为，加强批发市场准入和退出管理。规范金融产品销售管理，加强金融产品信息披露的风险提示，严厉打击欺诈、虚假宣传、误导销售、非法集资、无照经营、霸王条款等行为。督促金融机构全面细化和完善内控体系，严守会计准则和审慎监管要求。强化外部监督，规范信息披露，增强市场约束，加强消费者个人信息保护。加大金融犯罪惩戒力度，推进行政、民事与刑事的有效衔接，保持行政处罚高压态势，常态化开展打击恶意逃废债、非法集资、非法吸收公众存款和反洗钱、反恐怖融资等工作。健全金融纠纷投诉受理渠道和多元化解机制。加强金融知识和风险教育，提高社会金融投资素养。

（五）加强功能监管

建立穿透式监管机制，加强功能监管和综合监管，破除行业与机构限制，依据功能明确划分审核、监管责任，对于同质同类金融产品和相似业务，实行公平统一的监管标准和信息披露要求，避免"监管真空"与"交叉监管"的问题。加快金融监管数字化智能化转型，开发运用智能化风险分析工具，推进建设监管大数据平台，加强金融风险早期预警和前瞻性监测。推进监管流程的标准化线上化，加强监管数据治理、综合运用及安全保护，加快网络架构和运行维护体系等基础设施建设。对风险早识别、早预警、早暴露、早处置，健全具有硬约束的金融风险早期纠正机制。根据我国金融机构资产负债表结构变化、金融市场结构和发展演化趋势，不断完善金融风险监测预警处置体系。优化改进以信贷资产为主的传统金融风险的监测预警处置体系，建立健全以非信贷资产、新型金融机构和金融市场产品为主的新型金融风险监测预警处置体系，密切关注数字金融、金融科技创新风险。推进中小银行改革化险工作，积极稳妥推进城商行、农信社风险化解，稳步推进村镇银行改革重组。鼓励多渠道补充中小银行资本。加强银行业机构风险监测，督促做实不良资产分类，加大不良资产处置力度。保持房地产融资平稳有序，满足刚性和改善性住房需求，支持保交楼、稳民生，"因城施策"实施差别化信贷政策。积极配合化解地方政府债务风险，优化债务期限结构、降低利息负担，坚决遏制增量、化解存量。

参考文献

中国人民银行金融稳定分析小组：《中国金融稳定报告（2023）》，2023年12月。
郭金龙：《当前防范化解金融风险的重点难点问题与对策》，国家治理网，2024年1月31日。
于瑛琪：《从银行业金融机构的结构看中小金融机构的风险》，2024年1月17日。
罗志恒：《中小银行金融风险的成因及治理路径》，2023年11月2日。
《贝恩报告：2024年中国私募股权市场进入换挡期》，2024年4月23日。
《定调：中小金融机构，三大风险之一》，2023年12月14日。
余继超：《爆雷、托管、破产，信托业风险缘何多发？》，《国际金融报》2024年4月25日。
罗志恒、原野：《全国4000余家中小银行，如何防止再"爆雷"？》，《中国新闻周刊》2023年10月12日。

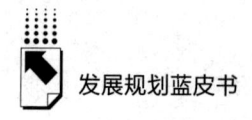

诸葛找房：《2023房地产市场总结&2024展望》，2023年12月30日。

中指研究院：《中国房地产市场2023总结&2024展望》，2024年1月1日。

招商银行研究院：《新房销售边际走弱，城市协调机制缓解融资堵点》，2024年4月27日。

张明：《分类施策，妥善化解当前房地产市场三大风险》，《财经》2024年4月11日。

国信达：《2023年全国房地产市场分析及2024年预测》，2024年2月。

联合资信：《2023年地产行业回顾与2024年展望》，2023年12月。

《连平：房地产市场有望边际改善——2024年房地产展望报告》，2024年3月。

联合资信：《一揽子化债严防地方政府债务风险、特殊再融资债重启发行——2023年前三季度地方政府债券市场观察》，2023年12月5日。

《中国如何防范化解地方债务风险？》，新华社，2024年3月8日。

曹宇：《构建新发展格局下的有效金融监管体系》，《中国金融》2020年第24期。

董小君：《在借鉴国际经验中补我国金融监管体系的短板》，《理论探索》2018年第1期。

王浩：《全面提升我国金融体系的活力与竞争力》，《人民论坛》2019年第32期。

科技创新与产业升级篇

B.26
建设现代化产业体系*

李海舰　李真真　李凌霄**

摘　要： 现代化产业体系是现代化国家的物质技术基础，本文系统论述了"建设现代化产业体系"这一问题。关于现代化产业体系的内涵界定，从横向融合看，现代化产业体系可分为某一产业的产业体系、全部产业的产业体系、延伸产业的产业体系、超越产业的产业体系；从垂直分工看，从产业就是产业，到部门、产品、部件成为产业，再到区段、环节、模块成为产业。关于现代化产业体系的时代特征，包括数智化、绿色化、融合化"三化"，完整性、先进性、安全性"三性"，以及"+文化"。关于建设现代化产业体系需要重视十个问题，包括开放性、接续性、动态性、生态性、体系性、控制能力、非制造业、产业组织、产业布局、产业细化。关于建设现代化产业体系的总体对策，包括"三个之重""五个坚持""五要举措"。总之，建设现代化产业体系，要以"体系思维"去认识，并对其进行"体系求解"。

---

* 该文已在《经济与管理》2024年第4期刊发。
** 李海舰，中国社会科学院数量经济与技术经济研究所研究员、博士生导师，主要研究方向为数字经济、技术创新；李真真，中国社会科学院大学商学院，主要研究方向为数字经济、技术创新；李凌霄，西安交通大学经济与金融学院，主要研究方向为公司金融。

关键词： 现代化产业体系　产业组织　产业

产业是经济之本、发展之基，是生产力变革的具体表现形式。建设现代化产业体系具有重大意义和作用。一是建设现代化产业体系是推进高质量发展的需要。从战略全局看，现代化产业体系在促进产业发展、拉动经济增长和提升国民经济整体效能方面发挥着重要作用，推进高质量发展需要形成优质、多样、先进的产业供给体系。二是建设现代化产业体系是构建新发展格局的需要。新发展格局以现代化产业体系为基础，经济循环需要各产业有序链接、高效畅通。加快建设现代化产业体系，既是增强国内大循环内生动力和可靠性的重要举措，也是提升国际循环质量和水平的必然选择。三是建设现代化产业体系是跨越"中等收入陷阱"的需要。建设现代化产业体系，着力解决产业链、供应链、价值链、创新链之间优势互促、协同进化问题，事关跨越"中等收入陷阱"的物质基础和动力源泉。四是建设现代化产业体系是赢得大国竞争主动的需要。加快建设以实体经济为支撑的现代化产业体系，事关我们在未来发展和国际竞争中赢得战略主动。五是建设现代化产业体系是保障产业链供应链安全的需要。中国产业链存在"大而不强、全而不精"等问题，日益复杂的国际形势对中国产业链供应链安全稳定带来一定影响，建设现代化产业体系有助于维护产业链供应链安全稳定。六是建设现代化产业体系是提高全体人民生活品质的需要。生活品质集经济、社会、文化、生态于一体，体现了人的全面发展的程度和水平，建设现代化产业体系可以提供更多的就业机会，提高人民的整体收入水平，促进社会更加公平，推动文化产业更大发展，丰富人们的精神生活。

现代化产业体系是现代化经济体系的重要构成，是发展新质生产力的重要载体。要以建设现代化产业体系促进新质生产力发展，以新质生产力发展促进高质量发展，以高质量发展全面推进中国式现代化，以中国式现代化全面推进强国建设、民族复兴伟业。

一　现代化产业体系的理论形成

2007年党的十七大报告首次提出"现代产业体系"的概念，重点是大力推进信息化与工业化融合。2011年发布的国家"十二五"规划,提出发展结构优化、技术先进、清洁安全、附加值高、吸纳就业能力强的现代产业体系。

党的十八大以来,党针对建设现代化产业体系发表了系列重要论述。2016年发布的国家"十三五"规划提出,加快构建创新能力强、品质服务优、协作紧密、环境友好的现代产业新体系。[1] 2017年10月,党的十九大报告提出建设实体经济、科技创新、现代金融、人力资源协同发展的产业体系。[2] 2021年3月,《中华人民共和国国民经济和社会发展第十四个五年规划和2035年远景目标纲要》,继续沿用"现代产业体系"这一概念,提出加快发展现代产业体系,巩固壮大实体经济根基。[3] 2022年10月,党的二十大报告第一次提出了建设"现代化产业体系"这一新概念,并对建设现代化产业体系作了深刻论述。报告提出,建设现代化产业体系,坚持把发展经济的着力点放在实体经济上,推进新型工业化,加快建设制造强国、质量强国、航天强国、交通强国、网络强国、数字中国。[4] 这里,从建设"现代产业体系"到建设"现代化产业体系",多了一个"化"字,"化"字表明从2021年到21世纪中叶,建设现代化产业体系是一个动态的过程,不能一蹴而就,这是现代化产业体系中"化"的内涵。2023年5月,习近平总书记主持召开二十届中央财经委员会第一次会议,强调加快建设以实体经济为支撑的现代化产业体系,它回答了"为什么建设现代化产业体系、建设什么样的现代化产业体系、怎么建设现代化产业体系"等一系列问题,这是关于现代化产业体系理论最精辟、最深入、最系统的论述。2023年12月,习近平总书记主持召开中央经济工作会议,强调以科技创新引领现代化产业体系建设,以科技创新推动产业创新,特别是以

---

[1] 《中共中央关于制定国民经济和社会发展第十三个五年规划的建议》,《人民日报》2015年11月4日。
[2] 《决胜全面建成小康社会 夺取新时代中国特色社会主义伟大胜利》,《人民日报》2017年10月19日。
[3] 《中华人民共和国国民经济和社会发展第十四个五年规划和2035年远景目标纲要》,《人民日报》2021年3月13日。
[4] 习近平:《高举中国特色社会主义伟大旗帜 为全面建设社会主义现代化国家而团结奋斗——在中国共产党第二十次全国代表大会上的报告》,《人民日报》2022年10月26日。

颠覆性技术和前沿技术催生新产业、新模式、新动能,发展新质生产力。①2024年3月,习近平总书记两会期间在参加江苏代表团审议时指出,面对新一轮科技革命和产业变革,我们必须抢抓机遇,加大创新力度……要突出构建以先进制造业为骨干的现代化产业体系这个重点,以科技创新为引领,统筹推进传统产业升级、新兴产业壮大、未来产业培育,完善现代化产业体系。

二 现代化产业体系的内涵界定

(一)横向融合

1. 某一产业的产业体系

(1)现代化工业体系。第一,增强产业发展的接续能力。加强产业雁阵体系建设,传统产业、优势产业、新兴产业、未来产业形成一个有机组合、雁阵形态、四轮驱动,打造一个完整的产业体系。一是传统产业,改造升级传统产业,例如石化、钢铁、有色、建材、轻工、纺织、化工、造纸。二是优势产业,巩固提升优势产业,例如高铁、电力装备、通信设备、移动支付、"新三样"等。三是新兴产业,培育壮大新兴产业,例如新一代信息技术、新能源、新材料、高端装备、新能源汽车、绿色环保、民用航空(低空经济)、船舶与海洋工程装备,以及数据产业、算力产业、算法产业、人工智能等,抢占新兴产业发展的制高点。四是未来产业,前瞻谋划未来产业,例如元宇宙、脑机接口、量子信息、人形机器人、生成式人工智能、生物制造、未来显示、未来网络、新型储能等,抢占未来产业发展的主导权。第二,增强产业发展的基础能力。加强产业配套体系建设,一是产业基础再造工程,加快补齐基础零部件及元器件、基础软件、基础材料、基础工艺和产业技术基础等短板。二是重大技术装备攻关工程,完善激励和风险补偿机制,推动首台(套)装备、首批次材料、首版次软件示范应用。三是产业基础支撑体系,建设生产应用示范平台和标准计量、认证认可、检验检测、试验验证等产业技术基础公共服务平台。

---

① 《中央经济工作会议在北京举行》,《人民日报》2023年12月13日。

（2）现代化农业体系。2015年3月，习近平总书记两会期间在参加吉林代表团审议时指出，推进农业现代化，要突出抓好加快建设现代农业产业体系、现代农业生产体系、现代农业经营体系三个重点。一是现代农业产业体系，是集食物保障、原料供给、资源开发、生态保护、经济发展、文化传承、市场服务等于一体的综合系统，是多层次、复合型的产业体系。它是衡量现代农业整体素质和竞争力的主要标志。以科技创新推动产业创新，构建大农业观、大食物观，把农业建成现代化大产业。二是现代农业生产体系，是先进科学技术与生产过程的有机结合，即用现代生产方式改造农业，提高农业的良种化、机械化、科技化、信息化、标准化水平。三是现代农业经营体系，是新型农业经营主体、新型职业农民与农业社会化服务体系的有机组合，是衡量现代农业组织化、社会化、市场化程度的重要标志。新型农业经营主体主要涉及专业大户、家庭农场、家庭牧场、农民合作社、龙头企业等。

（3）现代化服务业体系。构建优质高效的服务业新体系，一是生产性服务业，包括研发、设计、咨询、专利、品牌、物流、法律、金融等，推动生产性服务业向专业化和价值链高端延伸。二是生活性服务业，包括健康、养老、育幼、文化、旅游、体育、家政、物业等，推动生活性服务业向高品质和多样化方向发展。三是建设高效顺畅的流通体系，强调各产业间的有序链接、高效畅通。党的二十大报告首次提出"现代流通体系"的概念，这是现代化产业体系中必不可少的重要组成部分。

2. 全部产业的产业体系

现代化工业体系、现代化农业体系、现代化服务业体系三大产业体系融为一体。过去，农业、工业、服务业这三个产业是各自独立运行的。现在，这三大产业体系越来越密切地关联在一起，逐渐融为一体。"三业融合"不是简单堆砌而是创新融合，不是物理反应而是化学反应，并由此产生叠加效应、乘数效应、指数效应、倍增效应。叠加效应使得各个产业的优势可以叠加，共同推动经济发展；乘数效应使得一个产业的发展可以带动其他产业发展，产生超过单一产业发展的总效果；指数效应使得各个产业可以实现快速的、指数级的增长；倍增效应意味着各个部门之间的协同作用，使得整体的效果大于各部分的效果之和，实现倍增效果。"三业融合"，这是现代化产业体系发展的一个重要趋势。

3. 延伸产业的产业体系

基础设施也是产业，基础设施也是一个体系，必须构建现代化基础设施体系。基础设施分为传统基础设施和新型基础设施。一是传统基础设施，包括交通、能源、水利等网络型基础设施。其中，交通，即综合交通体系，包括铁路、公路、水运、航空、管道、物流等；能源，即现代能源体系，包括化石能源和非化石能源，其中非化石能源包括风光水核等；水利，即立足流域整体和水资源空间均衡配置，建设国家水网骨干工程，包括重大引调水、供水灌溉、防洪减灾。二是新型基础设施，包括信息基础设施、融合基础设施和创新基础设施。其中，信息基础设施包括5G、网络、数据中心、人工智能、工业互联网、物联网等，融合基础设施包括智能交通基础设施、智慧能源基础设施等，创新基础设施包括重大科技基础设施、科教基础设施、产业技术创新基础设施等。把现代化基础设施作为现代化产业体系的重要组成部分，统筹推进传统基础设施和新型基础设施建设，这是一大创新。

综上，现代化产业体系的重要构成，包括现代化工业体系、现代化农业体系、现代化服务业体系、现代化基础设施体系，这可以看作现代化产业体系的"四梁八柱"，其中，现代化工业体系是现代化产业体系的基础核心，现代化农业体系是现代化产业体系的重要根基，现代化服务业体系是现代化产业体系的重要支撑，现代化基础设施体系是现代化产业体系的重要保障。

4. 超越产业的产业体系

现代化产业体系不仅是产业内生动力的现代化，还是外在关联动力的现代化。党的十九大报告指出，加快建设实体经济、科技创新、现代金融、人力资源协同发展的产业体系。① 党的二十大报告指出，推动创新链产业链资金链人才链深度融合。② 这里，现代化产业体系超越了传统的工业、农业、服务业，又加入了创新、资金、人才，形成了创新链产业链资金链人才链"四链"融合，"四链"又是一个产业体系。具体而言，科技和金融好比现代化产业发展

---

① 《决胜全面建成小康社会　夺取新时代中国特色社会主义伟大胜利》，《人民日报》2017年10月19日。
② 习近平：《高举中国特色社会主义伟大旗帜　为全面建设社会主义现代化国家而团结奋斗——在中国共产党第二十次全国代表大会上的报告》，《人民日报》2022年10月26日。

的"任督二脉",畅通"科技—产业—金融"循环是推动产业链现代化、保持产业体系先进性的重要途径。同时,人力资本是知识积累和技术进步的源泉,更是产业链现代化的关键要素。这样一来,现代化产业体系既在产业内又在产业外。

(二)垂直分工

1. 产业就是产业

人类经济活动可划分成第一产业、第二产业和第三产业。第一产业指农业,第二产业指工业,第三产业指服务业。在这种思路下,要发展一个产业,就等于是利用国家或政府力量进军某个行业。[①] 例如,要发展工业,政府就会动用诸多资源,发展矿业、制造业、自来水、电力、建筑业等行业。

2. 部门成为产业

以第二产业为例,包括机械、化工、电子、冶金等各个部门。在这种思路下,要发展一个产业,就等于是利用国家或政府力量进军某个部门。例如,要发展机械产业,政府就会动用诸多资源,建立钢铁企业、电力企业、制造企业、运输企业等,再为每类企业配备一个职能管理部门。[②]

3. 产品成为产业

以机械产业为例,包括飞机、汽车、摩托车等产品,每一种产品分别发展为飞机产业、汽车产业、摩托车产业。[③] 农产品也是如此,可细化成西瓜产业、草莓产业、猕猴桃产业等。

4. 部件成为产业

以飞机产业为例,飞机的每个部件,如轮胎、发动机、机翼、坐垫、玻

---

① 李海舰、聂辉华:《全球化时代的企业运营——从脑体合一走向脑体分离》,《中国工业经济》2002年第12期。
② 李海舰、聂辉华:《全球化时代的企业运营——从脑体合一走向脑体分离》,《中国工业经济》2002年第12期。
③ 李海舰、聂辉华:《全球化时代的企业运营——从脑体合一走向脑体分离》,《中国工业经济》2002年第12期。

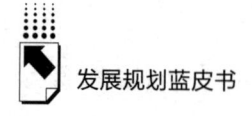

璃,每个部件分别独立出来成为一个产业。①

5. 区段成为产业

以轮胎产业为例,分为四个区段,即研发区段、制造区段、营销区段、营运区段,每个区段分别独立出来成为研发产业、制造产业、营销产业和营运产业。②

6. 环节成为产业

以研发产业为例,研发包括研究、开发、设计、创意、策划等环节,这些环节分别成为产业;制造包括试制、一般部件制造、核心部件制造、组装等环节,这些环节分别成为产业;营销包括渠道、品牌、物流、销售、服务等环节,这些环节分别成为产业;营运包括链接、集成、整合、配置等环节,这些环节分别成为产业。

7. 模块成为产业

模块是一种具备标准化界面接口规则的最小细分单元,是为满足消费者个性化、深层次、复杂性、动态化需求而在供给侧做出努力的结果。模块成为产业,这意味着分工分到极致,通过"你做一段,我做一段,最终集成"的方式,实现"小模块大产业",③推动产业向"极致、专注、口碑、快速"方向发展。

综上所述,现代化产业体系不仅要从横向看注重融合,还要从纵向看注重分工,二者是对立统一的。

三 现代化产业体系的时代特征

(一)"三化"

1. 数智化

从工业时代转向数智时代,数智化是现代化产业体系的标志、标准、标

---

① 李海舰、聂辉华:《全球化时代的企业运营——从脑体合一走向脑体分离》,《中国工业经济》2002年第12期。
② 李海舰、聂辉华:《全球化时代的企业运营——从脑体合一走向脑体分离》,《中国工业经济》2002年第12期。
③ 李海舰、李燕:《企业组织形态演进研究——从工业经济时代到智能经济时代》,《经济管理》2019年第10期。

配。当然，数智化也是动态的，不断迭代，不断更新。比如，前期以数字经济发展为主，后期以智能经济发展为主。从实体经济看，融入数据、算力、算法，特别是大模型主导后，产业形态势必发生彻底改变；从成本收益看，边际成本递减成为常态，特别是边际成本为零、边际成本接近固定成本时，产业发展拐点到来，新业态会出现。"数智化改变一切"。今后，数智技术作为核心动能，数据资源作为关键要素，数字空间作为主要场所，数智劳动作为首要形态，算力算法作为根本优势，人工智能作为先进代表，数智管理作为基础形式，数字平台作为重要组织。这样一来，现代化产业体系将从微观上发生显著改变。需要指出的是，数智化可以有效应对人口总量减少、人口结构老化、人机协同发展等社会问题。

2. 绿色化

从"绿水青山就是金山银山"到"绿水青山胜过金山银山"，从高碳发展、低碳发展到零碳发展、负碳发展，协同推进降碳、减污、扩绿、增长，使产业的能耗、水耗、物耗水平以及各种污染物、温室气体排放强度等指标达到世界领先水平，需要全面推进产业体系发展转型、能源体系结构转型、能源效率全面提升，旨在实现人与自然和谐共生。2024年2月，习近平总书记在主持二十届中共中央政治局第十二次集体学习时强调，要瞄准世界能源科技前沿，聚焦能源关键领域和重大需求，合理选择技术路线，发挥新型举国体制优势，加强关键核心技术联合攻关，强化科研成果转化运用，把能源技术及其关联产业培育成带动我国产业升级的新增长点，促进新质生产力发展。能源问题是关系国家经济社会发展的全局性、战略性问题，包括新能源产业在内的能源技术及其关联产业是新质生产力的重要组成部分，是推动能源绿色低碳转型的重要支撑，也是带动我国产业升级的新增长点。绿色发展是新质生产力的内在要求，新质生产力本身就是绿色生产力。我们必须坚定地走能源绿色、低碳、可持续发展道路，推动数智化绿色化"两化协同"，加快绿色科技创新和先进绿色技术推广应用，壮大绿色能源产业，构建绿色低碳循环经济体系，为推动新质生产力发展提供可靠的能源基础。

3. 融合化

现代化产业体系不是若干产业门类的简单拼盘，而是一个存在有机联系、功能互补的复杂生态系统，它们之间互动、互补、互助，形成良性循环。这里，融合包括以下方面：①实体产业内部的深度融合，从"两业融合"（先进制造业和现代服务业融合、制造经济与服务经济深度融合）到"三业融合"（现代服务业同先进制造业、现代农业深度融合）。②虚拟产业内部的深度融合，银行、保险、证券从分业经营到混业经营，成立国家金融监督管理总局。③虚拟经济与实体经济深度融合。虚拟产业是现代化产业体系的重要组成部分，推动金融更好地服务实体经济，形成良性互动的运行机制。实体经济没有金融助力也会发展缓慢，金融要把服务实体经济作为出发点和落脚点，金融必须为了实体经济、围绕实体经济发展，任何时候不能"脱实向虚"。④实体经济与数智技术深度融合，以数智技术赋能传统产业转型升级，催生新产业新业态新模式，不断做强做优做大我国数字经济。数字经济具有高创新性、强渗透性、广覆盖性，不仅是新的经济增长点，而且是改造提升传统产业的支点，可以成为构建现代化经济体系的重要引擎。⑤军工产业和民用产业深度融合，多层面深化军民融合发展。技术层面，加快民用转化、民用协同进程；企业层面，核心能力共享，实现资源最优配置；区域层面，整体规划，统筹兼顾，一体布局，亦民亦军；国家层面，树立"小军队，大国防"的概念；全球层面，立足国情，着眼未来，引领全球。⑥数字空间与物理空间深度融合，数智时代突破了人类生活生产的物理空间，衍生出"数字空间"，由单一物理空间进入物理空间和数字空间并存的全新世界，实现虚实"两栖生活"。综上，融合化的底层逻辑在于：数字技术互联互通，连接一切，去边界化。技术融合导致产业融合，融合成为普遍规律、普遍状态。一是跨界竞争、跨界合作、跨界创新、跨界协同、跨界共生、跨界融合，二是内外部、上下游、全产业、多变量、多环境，都是一体的。

（二）"三性"

1. 完整性

从产业门类看，可谓"门类齐全、配套完善"。中国有41个工业大类、207个工业中类、666个工业小类，是全世界唯一拥有联合国产业分类中全部工业门类的国家。在产业门类完整性上，居于全球领先水平。需要指出的是，山东省是中国唯一41个工业大类最完整的省份。

从产业链条看，细分产业还有缺项、弱项。很多关键技术、设备、材料、软件存在断点、堵点、卡点、难点、痛点，这些薄弱环节、瓶颈环节往往受制于发达国家，随时可能被"扼住咽喉"。早在 2015 年 5 月，我国就提出 35 项"卡脖子"技术，经过 8 年左右的攻坚克难，到 2023 年 6 月，已攻破 21 项关键核心技术，还有 14 项关键核心技术没有突破，包括：光刻机、航空发动机短舱、iCLIP 技术、适航标准、高端电容电阻、核心工业软件、核心算法、铣刀、航空设计软件、光刻胶、透射式电镜、医学影像设备元器件、环氧树脂、高强度不锈钢。

近几年来，从国际看，一些发达国家实施产业内向化收缩、本土化转移、区域化集聚，甚至不惜动用政治手段推动产业链回岸、近岸和友岸布局；从国内看，在产业链外移的驱使下，出现了制造业比重逐步降低的动向，形成了产业空心化的潜在风险。从产业门类看，"大而全"而非"高精尖"；从产业链条看，"大而不强、全而不精"。因此，需要"短板产业补链、优势产业延链、传统产业升链、新兴产业建链"，保障极端情况能够有效运行、关键时刻能够反制打压，确保国民经济循环畅通。

2. 先进性

现代化产业体系是一个动态的过程，随着技术变革而不断迭代。但是，无论如何变化，都要高效集聚全球创新要素，始终处在全球引领地位。从产品质量看，从数量中国转向品牌中国，提高世界知名品牌数量、制造业劳动生产率、全要素生产率、高附加值率等；从产业链条看，从低端环节转向高端环节，向全球价值链条的高端环节攀升；从产业网络看，从节点企业转向网主企业，节点企业要做到"专精特新"，网主企业要向"四链"方向发展；从产业要素看，从传统要素密集产业转向数据要素密集产业，大力发展数据产业、算力产业、算法产业、人工智能，由此打造广义的数据产业生态。建设现代化产业体系，必须坚持科技是第一生产力、人才是第一资源、创新是第一动力，让创新始终在建设现代化产业体系中发挥引领作用。

3. 安全性

过去，基于经济要素考虑，效率原则至上，美国奉行自由贸易投资，实行全球分工合作。现在，基于非经济因素考虑，政治原则至上，美国奉行意识形态阵营，在全球"去中国化"，其典型做法是联合盟友对中国搞"筑墙设垒""脱钩断链"。美国要求，凡是含有 25% 以上美国技术成分的产品，或者不包含任何受管制的美国技术但被认为是在美国技术的帮助下设计或制造的产品，对中国出口都要经过美国同意。在高技术领域，美国不仅限制本土企业对中国投资，而且限制其他国家对中国进行正常的投资。因此，要把维护产业安全作为重中之重，一是关键核心技术安全，二是初级产品供应安全，三是重要资源能源安全，四是产业链供应链安全。

（三）+文化

以上关于现代化产业体系的内涵，融入了科技元素、生态元素、金融元素、安全元素。在此基础上，还要融入文化元素。其中，包括但不限于美学元素、幸福元素、快乐元素等。[1] 推动文化与产业的融合发展，这是产业发展之魂。在《之江新语》中，习近平指出，文化赋予经济发展以深厚的人文价值，所谓文化经济是对文化经济化和经济文化化的统称，其实质是文化与经济的交融互动、融合发展。现代产业发展，要把农业文明、工业文明、生态文明、数字文明融入其中。以工业文明为例，工匠精神包括专注、标准、精准、创新、完美、人本，这是工业文明的精髓、内核、主体。现代产业发展，从产出看，不仅提供产品或服务，还要提供文化和精神，是双产出而非单产出，即"物质富裕+精神富裕"。

四 建设现代化产业体系应该注意的问题

（一）开放性

高度重视现代化产业体系的开放性，构建安全稳定、畅通高效、开放包容、互利共赢的全球产业链供应链体系，促进内外产业深度融合。必须指出的是，在华跨国企业也是中国现代化产业体系的有机组成部分，对外投资企业同为中国现代化产业体系的重要组成部分。

就双循环而言，不是每个省（区）、市、县都搞自己的小循环，而是立足

---

[1] 李海舰、李燕：《美学经济研究论纲》，《山东大学学报》（哲学社会科学版）2021年第4期。

全球，基于各自专业领域，适合做网主企业的，就向打造产业生态系统方向发展，吸纳更多节点企业进入；适合做节点企业的，就向"专精特新"方向发展，把一点做到极致，不断融入产业生态系统，以此形成既高度分工又高度合作的全球产业网络体系。一方面，切实防止中国企业与全球产业网络体系脱钩；另一方面，充分发挥中国企业在全球产业网络中的作用。总之，通过高质量"引进来"和高水平"走出去"，在全球形成自主可控、安全可靠、竞争力强的现代化产业体系。

（二）接续性

传统产业、优势产业、新兴产业、未来产业构成一个产业序列。这里，关键在于如何畅通循环，使这四类产业接续起来，而不是单独地发展某类产业。

（三）动态性

现代化中的"化"是动态的。不同时期，产业及其体系的特征是不一样的。必须打造时代产业，或者打造时代产业体系。这里，中国式现代化是一个过程，现代化产业体系与中国式现代化如何动态契合需要深化。当今，需要加快形成新质生产力，建设现代化产业体系。未来，还需开辟发展新领域新赛道，不断塑造发展新动能。

（四）生态性

过去，各个产业是孤立的、单独的更多一些；现在，要求各个产业协同、共生，特别是数字技术，使得"去边界化"成为现实，现代化产业的生态性越来越重要。从产业创新到产业链供应链创新再到价值链创新链创新，搭建一个完整的生态体系，即产业生态链、产业生态圈、产业生态群等。

（五）体系性

过去，讲得更多的还是产业，而非产业体系。突出体系、功能互补，这是关键所在。产业体系实际上就是分工体系、配套体系，各个产业之间要相互激活、相互支持、相互促进、相互成全，或者相互联系、相互作用、相互制约、相互协同。目前，现代化产业体系中的"体系"二字的内涵还没有体现出来，不能把产业本身等同于产业体系。

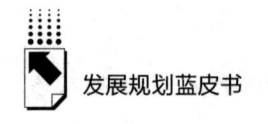

（六）控制能力

即便产业体系十分完整，但是没有控制能力还是远远不够的。为此，需要在产业体系中突出控制能力，要做产业链的链长、供应链的链主、价值链的枢纽、创新链的龙头。现代化产业体系其根本在于控制力，控制力主要体现在影响力、竞争力、协同力、创新力、引领力、抗风险能力上。

（七）非制造业

现代化产业体系包括工业、农业、服务业以及基础设施。但是，现在讲产业体系，大部分是在讲工业，而工业中又主要在讲制造业。因此，现在有些观点把实体产业等同于制造业、把产业体系等同于工业体系，对农业、服务业、基础设施产业涉及较少。所以，要想形成一个有机体系，就必须注重平衡制造业和非制造业的关系，不能片面发展制造业，而是要以制造业发展促进非制造业发展、以非制造业发展促进制造业发展。

（八）产业组织

现代化产业体系还要包括产业组织现代化问题，从工业时代的产业组织转向数字时代的产业组织。现代化产业组织体系，可由"三商"构成：模块供应商、系统集成商、规则设计商。前者可为节点企业，后两者可为网主企业。作为节点企业，不是要做大规模而是要做强核心能力，然后凭借核心能力融入网主企业之中；融入的网主企业越多，其形成的产业生态系统就越大。作为网主企业，不是要制造产品而是要打造平台，然后凭借平台"织网"，吸纳节点企业进入，进入的节点企业越多，其形成的产业生态系统就越大。

（九）产业布局

产业布局要基于空间4.0的维度展开，形成一个体系。空间1.0，主要指陆域；空间2.0，包括陆域和海域；空间3.0，涵盖陆域、海域和空域；空间4.0，包括实体空间和虚拟空间。在空间1.0、空间2.0和空间3.0阶段，产业布局主要集中在实体空间。其中，空间3.0阶段涵盖了低空布局，衍生出低空经济，低空经济是前景广阔的战略性新兴产业，也是新质生产力的典型代表。

空间4.0阶段，产业布局为实体空间和虚拟空间"两栖"，最终实现"虚中有实、实中有虚，虚实结合、融为一体"。

（十）产业细化

产业体系不仅要从横向看形成产业融合，还要从纵向看深化产业分工。尽管数字时代融合是主要趋势，但是不能忽略分工，分工是融合的前提和基础。从产业就是产业，到部门、产品、部件成为产业，再到区段、环节、模块成为产业。由此，产业才有产业链条、产业网络、产业生态、产业系统的新发展。以产业链条为例，基于产业深化细化，才有建链、补链、延链、强链之新进展。

五 建设现代化产业体系的总体对策

（一）建设现代化产业体系的"三个之重"

一是把发展实体经济作为重中之重。加快建设以实体经济为支撑的现代化产业体系，事关在未来发展和国际竞争中赢得主动，其要义是要保持制造业的比重基本稳定。制造业是立国之本、兴国之器、强国之基，制造业增加值在GDP的比重保持在25%~30%。就全球看，中国制造业增加值占全球的比重，2021年为30.43%，2022年为29.50%，2023年为29%；2021年美国制造业增加值占全球的比重为15.5%，欧盟22个成员国为15.7%；2022年美国制造业增加值占全球的比重为10%~11%，日本为19.8%；2023年美国制造业增加值占全球的比重为16%，日本为7%。发达国家已经或正在经历工业化、再工业化、去工业化的过程，我们不能放弃工业。就全国看，制造业增加值占GDP的比重跌破了30%，制造业增加值占GDP的比重，2021年为27.68%，2022年为27.70%，2023年为26.18%。就省份看，上海工业增加值占GDP比重跌破了25%，2021年为24.9%，2022年为24.5%，2023年为23.0%，为此，上海提出要守住25%的底线；北京工业增加值占GDP比重跌破了20%，2021年为14.1%，2022年为16%左右，2023年为11.4%。欧美国家是以虚拟经济为支撑的现代化产业体系，中国是以实体经济为支撑的现代化产业体系。二是把加强科技创新作为重中之重。基础研究是科学之本、技术之源、创新之魂，突破关键核心技术难题是根本所在。2023年，中国基础研究经费支出为2212亿元，占全部研发支出的比重为6.65%，远低于发达国家15%~25%的平均水平。以科技创新引领现代化产业体系建设，发展新质生产力，以人工智能赋能全产业体系。三是把维护产业安全作为重中之重。强化基础研究能力，攻克"撒手锏"技术、"卡脖子"技术、"捅破天"技术，逐步在关系国家安全的领域和节点实现自主可控，实现高水平自立自强。必须指出，"你中有我，我中有你"才是最大的安全，深度参与全球产业横向合作和纵向分工，促进内外产业深度融合，发展是最大的安全。

（二）建设现代化产业体系的"五个坚持"

一是坚持以实体经济为重，防止脱实向虚。一方面，鼓励现代工业特别是人工智能、新能源、新材料、高端装备制造等高精尖制造业的发展，充分调动工业部门的创新积极性，依托研发创新推动技术进步；另一方面，因地制宜开展"机器换人"行动，提高服务业的整体效率，谨防产业发展的"鲍莫尔病"。二是坚持稳中求进、循序渐进，不能贪大求洋。一些地方为了追求发展政绩，要么不顾财力，无视风险，盲目追求新兴产业风口、大干快上；要么不顾升级，无视改造，导致高耗能高污染项目"卷土重来"。现代化产业体系建设是一个长期、复杂的过程，不可能一蹴而就，需要脚踏实地久久为功。三是坚持一二三产业融合发展，避免割裂对立。三次产业之间有其内在均衡性，不能片面地强调发展任何一个产业。要构建优质高效的服务业新体系，推动现代服务业同先进制造业、现代农业深度融合。四是坚持推动传统产业转型升级，不能当成"低端产业"简单退出。有些地方，将低端制造企业强行清退出去，提高"三产"的占比，这是不对的。我们要围绕发展新质生产力布局产业链，加快传统制造业数字化、网络化、智能化、绿色化、低碳化改造。五是坚持开放合作，不能"闭门造车"。目前，内外两边都在"去风险"，我们不能把以内循环为主体搞成"自我封闭"。为此，要着眼于促进国内国际双循环的良性互动，坚持自立自强与对外开放有机统一，吸引全球优质要素资源集聚，"以我为主，为我所用"。

（三）建设现代化产业体系的"五要举措"

一要把维护产业安全作为重中之重，强化战略性领域顶层设计，增强产业政策协同性。协调高新技术产业发展政策、传统产业转型升级政策、战略性新兴产业发展政策、区域协调发展政策、中小企业发展政策、农业和农村发展政策、服务业发展政策、绿色发展政策等产业政策。二要加强关键核心技术攻关和战略性资源支撑，从制度上落实企业科技创新主体地位。加强企业主导的产学研深度融合，强化目标导向，把科技创新切实转化为产业创新，营造有利于科技型中小微企业成长的良好环境。三要更加重视藏粮于技，突破耕地等自然条件对农业生产的限制。确保粮食供给绝对安全，把饭碗牢牢端在自己手中，根本出路还在科技。把发展农业科技放在更加突出的位置，大力推进农业机械化、智能化。四要用好超大规模市场优势，把扩大内需战略和创新驱动发展战略有机结合起来。一方面，通过全国统一大市场建设推动现代化产业体系建设；另一方面，通过建设现代化产业体系促进全国统一大市场建设，二者互动互助、相互促进。五要大力建设世界一流企业，倍加珍惜爱护优秀企业家，大力培养大国工匠。这里，企业家才能和大国工匠的技术能力缺一不可。发展新质生产力，必须加快建设新型劳动者队伍，厚培国家战略人才力量，努力培养造就更多大师、战略科学家、一流科技领军人才、青年科技人才、卓越工程师、大国工匠、高技能人才。

六 结语

目前，关于建设现代化产业体系，有关"现代化"的探讨已经很多，但关于"体系"的认识还远不够。为此，一是对现代化产业体系进行"体系思维"，从相互联系而非单独孤立的视角推进产业发展。现代化产业体系有超大体系、大体系、中体系、小体系、微体系，体系里面还有体系，可以"套娃"现象来认识现代化产业体系。不仅如此，组成系统的各个部分之间互动、互补、互助，形成良性循环。二是对现代化产业体系进行"体系求解"。体系还是体系，一切都体系化，寻找体系化解。所谓"体系求解"，就是基于"多重约束、多重目标、动态均衡"求解，其关键是"既要又要+还要更要"。也就

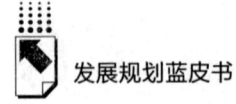

是说，对于现代化产业体系的创新引领、协同融合、先进开放、有序链接、畅通循环、安全韧性这六个方面，要进行综合求解、矛盾求解、悖论求解、多维求解，而非单一求解。

参考文献

李海舰、王松：《文化与经济的融合发展研究》，《中国工业经济》2010 年第 9 期。

李海舰、徐韧、李然：《工匠精神与工业文明》，《China Economist》2016 年第 4 期。

李海舰、魏恒：《新型产业组织分析范式构建研究——从 SCP 到 DIM》，《中国工业经济》2007 年第 7 期。

李海舰、李燕：《对经济新形态的认识：微观经济的视角》，《中国工业经济》2020 年第 12 期。

B.27
提升科技基础条件资源融合发展水平*

朱承亮**

摘　要： 科技基础条件资源融合发展是实现高水平科技自立自强的重要保障。目前，我国由政府支持的重大科研基础设施、大型科研仪器、科学数据、生物种质与实验材料、国家野外站等五类科技基础条件资源发展及其开放共享取得了显著进展，但现有科技基础能力建设尚无法满足持续高水平基础研究的现实需要，现有科技基础条件资源的开放共享、融合发展均有待进一步提升。新时代对科技基础条件资源融合发展提出了新的更高要求，应着力提升科技基础条件平台运行效率和开放共享水平，促进科技基础条件资源互联互通，为支撑我国科技创新发展和高水平科技自立自强提供坚实的基础。

关键词： 政府主导型　科技基础条件资源　开放共享

　　当前，新一轮科技革命和产业变革深入发展，科学研究范式加速从"大定律、小数据"的牛顿范式向"大数据、小定律"的默顿范式转移，在科学研究范式深刻变革过程中，科技基础条件资源日益成为创新发展的重要驱动力，重大科学发现和技术突破越来越离不开科技基础条件资源的强力支撑。实际上，科技基础条件资源是一个由众多资源组成的大系统，但目前我国由政府支持的科技基础条件资源主要包括重大科研基础设施、大型科研仪器、科学数据、生物种质与实验材料、国家

---

* 基金项目：本研究受到国家高端智库重点研究课题"加强我国科技基础能力建设专题研究"、中国社会科学院经济大数据与政策评估实验室（2024SYZH004）、中国社会科学院创新工程项目"新质生产力视角下的生产率研究"的资助。本文主要观点发表于朱承亮、叶成、庞鹏沙《政府主导型科技基础条件资源融合发展：现状问题及监测体系》，《中国软科学》2024年第8期。

** 朱承亮，中国社会科学院数量经济与技术经济研究所技术经济研究室副主任、研究员，主要研究方向为科技创新与经济发展。

野外科学观测研究站等五类。科技基础条件资源对创新发展的支撑作用不仅取决于单个科技基础条件资源的高质量发展，更取决于各类科技基础条件资源之间的融合发展及其与国家创新体系之间的协同。当前，我国步入实现高水平科技自立自强的关键期，对各类科技基础条件资源融合发展提出了新的更高要求。

当前，国内学术界、产业界乃至政府对科技基础条件资源的研究大多聚焦国际经验[1]、发展现状[2]、运行机制[3]、未来展望[4]等定性分析方面，仅有少数文献对我国科技基础条件资源的丰裕度[5]、发展水平[6]、配置效率[7]、平台运行服务绩效[8]，以及科技基础条件与创新活动的关系[9]等进行了探索性的定量研究。综上关于科技基础条件资源的研究可以发现，学术界鲜有文献对各类科技基础条件资源的融合发展情况进行探讨。本报告基于政府主导的五大类科技基础条件资源，分析其发展现状及在开放共享、融合发展等方面存在的突出问题，提出了促进我国科技基础条件资源融合发展的对策建议。

一 我国科技基础条件资源发展现状

（一）重大科研基础设施发展及共享状况分析

重大科研基础设施是用于探索未知世界、发现自然规律、实现技术变革的

---

[1] 罗珊：《国外科技基础条件平台建设的经验启示与借鉴》，《科技管理研究》2009年第8期。
[2] 卢明纯、蒋美仕、张长青：《国内外科技基础条件平台建设研究现状及展望》，《江西社会科学》2010年第8期。
[3] 黄珍东、吕先志、袁伟等：《国家科技基础条件平台运行和发展的机制分析》，《中国基础科学》2013年第1期。
[4] 李新男：《关于国家科技基础条件建设的若干思考》，《中国科技资源导刊》2008年第1期。
[5] 吕先志、王瑞丹：《科技基础条件资源丰度指数研究》，《中国科技论坛》2013年第8期。
[6] 郝运涛、范治成、许东惠：《我国科技基础条件资源发展指数的构建和比较分析》，《中国科技资源导刊》2016年第6期。
[7] 李美楠、吕永波、任远等：《我国科技基础条件资源配置效率研究——以大型科学仪器资源为例》，《中国科技资源导刊》2016年第6期。
[8] 许东惠、吕先志、袁伟等：《国家科技基础条件平台运行服务绩效考核指标体系研究》，《中国基础科学》2013年第1期；陈丽娜、司海平等：《国家科技基础条件平台服务绩效评价研究》，《科技管理研究》2016年第18期。
[9] 吕先志、王瑞丹：《科技基础条件对区域科技创新促进作用实证研究》，《科技进步与对策》2013年第16期。

大型复杂科学设施，是突破科学前沿、解决经济社会发展和国家安全重大科技问题的技术基础，是国家科技创新能力和综合国力的物质组成和重要标志。当前我国重大科研基础设施建设规模投入持续增长。截至2022年底，纳入国家网络管理平台的重大科研基础设施共计91项，其中已经建成设施70项，在建设施21项。这些重大科研基础设施涵盖了模拟环境与极端条件、科考船、粒子物理与核物理等七大关键重要科学领域。重大科研基础设施呈现区域聚集态势，其中北京、上海布局的设施数量较多、规模较大。重大科研基础设施布局日益完善，溢出效应明显，自主创新关键核心技术不断涌现，自主创新能力不断提升。

当前，重大科研基础设施开放运行模式日趋成熟，通过开放设施预约、设立开放课题、组建联合研究合作组等多种方式，吸引了国内外大批高水平科研用户开展科研工作，推动了重大科学研究与原创成果的产生，发挥了设施作为公共平台的作用，提升了重大科研基础设施的运行效益。随着设施开放共享管理体制机制的不断完善，我国重大科研基础设施的开放共享水平持续提升。2018~2022年开展的中央级高等学校和科研院所等单位重大科研基础设施和大型科研仪器开放共享评价考核表明，我国重大科研基础设施的开放共享水平呈现明显的提升态势。

（二）大型科研仪器发展及共享状况分析

科研仪器是基于科学原理和先进技术设计建造的复杂系统，是人们认识世界、获得原始数据的重要工具，是进行重大发现和前沿探索的必备条件。当前，我国大型科研仪器规模增长迅猛。截至2021年底，全国高校和科研院所大型科研仪器原值为50万元及以上的总量为13.3万台（套），仪器原值总额达2046.9亿元。我国仪器主要分为分析仪器、工艺试验仪器、物理性能测试仪器等14类，其中分析仪器占全国科研仪器总量的一半以上。从省域分布来看，北京是拥有大型科研仪器数量最多的省市。从主管部门分布来看，中央部门所属单位拥有的大型科研仪器主要集中在教育部和中国科学院。从产地来看，我国大型科研仪器来源于全球70多个国家，来自美国的仪器数量最多。近年来，国产大型科研仪器占全国仪器总量的比例整体呈现上升趋势，从2010年的24.6%提升至2021年的26.3%。

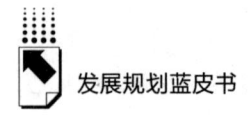

自2015年建立国家网络管理平台之后，我国大型科研仪器实现了应开放尽开放，开放率从2020年的98%提升到2021年的100%。2021年，我国大型科研仪器平均有效工作机时为1095小时，平均每台（套）大型科研仪器对外服务机时为229小时，平均对外共享率为20.9%。比如，中国科学院生物物理研究所拥有我国生命科学领域中最强的科研仪器平台，2021年完成预约服务超过4200次，对外服务收入超过1400万元，支撑国内外157家单位423个课题组发表论文44篇。尤其是在国家大型科研仪器开放共享评价考核工作的推动下，中央级高校院所大型科研仪器对外服务机时增长明显。数据显示，中央级高校院所大型科研仪器对外服务机时由2015年的50小时显著增长至2021年的232小时。

（三）科学数据发展及共享状况分析

科学数据是大数据时代科技创新和经济社会发展的重要基础，随着数据密集型科学范式的持续深入发展，科学数据的汇聚、开放与应用备受关注。国家科学数据中心是科技创新基地，是科技创新体系的重要组成部分，为科技创新提供基础支撑和条件保障。当前，我国优化调整形成了国家高能物理科学数据中心等20个国家科学数据中心，推动了地球科学、生物学等多个学科领域的科学数据资源持续整合和积累，形成了覆盖多领域的数据资源目录和领域资源库。截至2020年底，20个国家科学数据中心整合的数据总量达到了104.1PB。近年来，科学数据在驱动科研创新发展、支撑国家宏观决策等方面发挥了重要作用，应用服务范围不断拓展，支撑服务程度不断加深。

当前，开放数据成为开放科学的研究热点，构建科学数据开放生态进一步成为国际共识。科研数据在开放共享过程中需要满足可发现、可访问、可互操作和可重用的基本原则，近年来得到全球学界的广泛认同，我国也初步形成了科学数据资源开放共享与应用服务体系。我国通过落实科技计划项目数据汇交工作，推动科学数据管理、长期保存和共享应用，在一定程度上解决了我国科学数据分散重复的问题，促进了科学数据的流转、利用和增值，推动了科学研究和科技成果产出。

（四）生物种质与实验材料发展及共享状况分析

生物种质与实验材料资源一般指经过长期演化自然形成或人为改造的重要物质资源，具有战略性、公益性、长期性、积累性和增值性等特征，是科技创新的重要物质基础。近年来，我国生物种质与实验材料资源的保藏量稳步提升。截至 2020 年底，我国 31 个国家生物种质与实验材料资源库拥有实物资源保存库 377096 个，收集保藏作物种质资源 146.14 万份、园艺种质资源 6.579 万份、林草种质资源 13.16 万份、野生植物种质资源 12.04 万份、热带作物种质资源 2.70 万份；家养动物资源 133.62 万份、水产及水生动物资源 5071 种 19.27 万份、寄生虫资源 16.13 万份；微生物及病毒资源 40.17 万株；人脑组织 742 例、人类遗传资源实物标本 2300 万份、干细胞资源 9.46 万份；植物、动物和岩矿化石标本 3392 万份；非人灵长类实验动物 22300 个、遗传工程小鼠 16970 个、人类疾病动物模型 1018 种、实验细胞 3294 株系超 5.7 万份、国家标准物质实物资源 67.1 万单元。

当前，国家科技资源共享服务平台拥有 31 个国家生物种质与实验材料资源库，这些国家资源库通过资源的整理整合和平台构建，逐步向开放共享和专题服务转变，实现了资源服务的标准化和信息化。截至 2020 年底，31 个国家资源库通过与中国科技资源共享网的互联互通，有效促进了资源共享。31 个国家资源库实现了 5840 万条资源记录的数字化，开放共享的资源记录达到 5428 万条。2020 年，累计服务用户单位 28428 个，累计服务用户超 65 万人次，在线服务系统人员访问量超过 1800 万人次。

（五）国家野外科学观测研究站发展及共享状况分析

国家野外科学观测研究站（以下简称"国家野外站"）是重要的国家科技创新基地之一。经过多轮遴选组建和优化调整，截至 2021 年底我国共建成国家野外站 167 个，主要分布在陆地自然生态系统与生物多样性等五大学科领域。经过多年建设和布局，我国初步搭建了野外科学观测研究的网络体系，在长期联系基础数据获取、自然现象和规律认知等方面发挥了重要作用，已经成为野外科学考察、野外科学实验和野外科技工作人才培养的重要载体。国家野外站按照各领域野外观测指标、观测方法、采集规程、数据标准等持续开展观

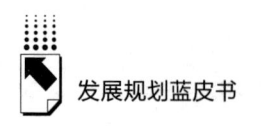

测，已经形成了一大批 10 年以上长期持续的观测数据集，多数国家野外站已经实现了观测数据的自动采集、汇聚、质控、分类和共享。截至 2021 年底，国家野外站固定工作人员有 5796 人，已经积累观测科学数据总量超过 4500TB，其中 10 年以上长期观测数据集累计超过 3 亿个，数据量超 1000TB。

当前，我国多数国家野外站已经开发了野外站数据管理信息系统，开展观测数据实时汇聚和规范管理，有序推动数据的开放共享。部分野外站也与相关领域国家科学数据中心实现了对接，建立了长期稳定的科学数据汇交更新机制。在有序开放观测数据方面，2021 年国家野外站可以对外开放共享的科学数据总量为 1278.67TB，年度新增可以对外开放共享数据量为 321.73TB，国家野外站科学数据对外共享服务法人单位数量为 6927 个，年度对外共享服务 197 万人次。在科研仪器、实验装置、样品、样地开放共享方面，2021 年国家野外站原值 5 万元以上科研仪器设备年度平均对外开放共享时间超过了平均研究工作时间的 1/3，国家野外站通过联合观测研究等多种渠道显著提升了科技资源的利用效率。此外，国家野外站还充分发挥野外公共实验平台的作用，开展多种形式的学术交流和开放合作。

二 我国科技基础条件资源发展存在的突出问题

（一）现有科技基础条件资源无法满足持续高水平基础研究现实需要

近年来，我国高度重视科技基础条件资源发展和能力建设，支撑基础研究的科技基础条件平台建设取得长足进步，但受历史因素制约，在当前技术加速迭代、颠覆性创新不断涌现的背景下，我国现有科技基础条件和能力建设尚无法满足持续高水平基础研究的现实需要。

习近平总书记指出，过去很长一段时间，我国基础研究存在题目从国外学术期刊上找、仪器设备从国外进口、取得成果后再花钱到国外期刊和平台上发表的"两头在外"问题。尤其是解决重大基础研究问题的科研仪器设备、操作系统和基础软件等主要依靠进口，我国自主的研究平台和仪器设备缺失。从大型科研仪器的产地来看，我国高校院所大型科研仪器来自全球 70 多个国家，其中美国和德国是主要来源国。2021年，来自美国的大型科研仪器数量高达4.7万台（套），原值为653.3亿元，分别占全国大型科研仪器总量和原值总额的35.4%和31.9%，比国产大型科研仪器数量和原值占比分别高出9.1个百分点和4.8个百分点；来自德国的大型科研仪器数量为1.8万台（套），原值为299.4亿元，分别占全国大型科研仪器总量和原值总额的13.3%和14.6%，来自日本、英国等发达国家的大型科研仪器数量和原值占比也较大。

当前我国重大科研基础设施建设规模持续增加，纳入国家网络管理平台的重大科研基础设施已达91项，但是世界领先甚至独创、独有的科研基础设施不多，关键技术的源头也主要来源于国外，性能指标与世界先进水平相比还有差距，且在公共实验平台类的科研设施上，科研用户自发申请使用科研设施，围绕国家紧迫的战略需求、开展定向性科学问题牵引的建制化研究不多。[1]

此外，我国各类科技基础条件资源的规模位居世界前列，但是在结构方面仍存在不足。比如，在生物种质与实验材料资源领域，我国生物种质资源具有规模优势，但是资源机构配置不均衡，微生物资源、植物标本资源等的机构建设与美国等发达国家相比还存在差距。我国生物种质保藏资源覆盖面不足，生物种质与实验材料的结构有待进一步优化。比如，我国农作物种质资源保存总量位居世界第二，但资源的覆盖面仍然不足，遗传基础狭窄，多样性不够丰富，严重影响了我国农作物育种和基础研究。[2]

（二）现有科技基础条件资源开放共享水平有待进一步提升

长期以来，我国科技创新平台和大型科研仪器设备的分散、重复、封闭、低效等问题均不同程度地存在，科技基础条件资源利用率有待提高，资源开放共享水平有待提升。此外，我国虽搭建了科技资源共享平台，建立了中国科技资源共享网，但存在资源内容和服务同质化严重、现代信息技术研发应用不

---

[1] 王贻芳：《我国重大科技基础设施的现状和未来发展》，https://mp.weixin.qq.com/s，2022年6月24日。
[2] 白晨、王弋波、郝运涛等：《生物种质资源与实验材料样本建设存储情况的国际比较研究》，《中国科技资源导刊》2017年第1期。

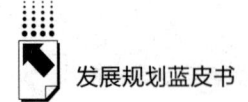

足、引领性战略性科技资源共享平台缺位等问题。① 自2018年开始，科技部、财政部联合相关部门，率先开展了对中央级高等院校和科研院所科研设施和仪器的开放共享评价考核工作，每年对近350家中央级高等院校和科研院所等单位的科研设施和仪器的开放共享情况进行评价考核，根据考核结果对科研设施和仪器利用水平高、开放效果好的单位给予后补助奖励，对科研设施和仪器闲置浪费严重、开放效果差的单位进行通报批评和督促整改。从2018~2022年的考核结果来看，通报需要整改的高等院校和科研院所达60家，优良率不足50%。总体来讲，我国中央级单位科研仪器共享率严重偏低且提升缓慢。2021年，中央级单位科研仪器共享率仅为17%，2015年不足10%，年均仅提升了约1个百分点。

此外，我国科技基础条件资源平台的国际合作程度和整体质量有待进一步提升。习近平总书记指出，人类要破解共同发展难题，比以往任何时候都更需要国际合作和开放共享，没有一个国家可以成为独立的创新中心或独享创新成果。我国坚持科技领域的开放合作原则，积极主动融入全球创新网络，逐步形成了全方位、多层次、广领域的国际科技合作新格局。2021年3月，"中国天眼"正式向全球开放，征集观测申请，共收到15个国家的31份申请，其中14个国家的27份申请获得批准，并于2021年8月启动科学观测。江门中微子实验获得国际实物贡献约3000万欧元，占比15%左右，共有境外16个国家和地区300多位科学家参加。② 但是，我国科技实力相对薄弱，在科技基础条件资源领域难以在国际科技合作中掌握主动权，合作深度、合作范围、合作方式和合作渠道等有待进一步拓展。比如，重大科研基础设施是我国重要的科技基础条件资源，也是国际合作的重要平台，但我国依托重大科研基础设施的国际合作程度不够。一方面，我国主持的本土项目国际合作比重较低，且大部分停留在一般性的交流合作上，缺少实质性的外方经费投入和人员、技术贡献，导致我国专用研究设施国际领先性、国际影响和重大成果产出不足。另一方面，我国也较少实质性地、有显示度地参加

---

① 中国科协创新战略研究院：《我国科技资源共享平台建设存在的问题与对策建议》，《创新研究报告》2022年第32期。
② 王贻芳：《我国重大科技基础设施的现状和未来发展》，https://mp.weixin.qq.com/s，2022年6月24日。

别国的项目，国际影响不足，不易达到国际领先水平，也影响我们吸引国外投入参与本土项目。①

（三）现有科技基础条件资源融合发展水平有待进一步提升

我国坚持"整合、共享、完善、提高"的方针，建设和认定了一批运行服务高效的国家科技基础条件平台，推动了各具特色的地方科技基础条件平台发展，形成了跨部门、跨区域、多层次的资源整合与共享网络体系，初步改善了资源分散、封闭和低效状况，有效促进了科技资源的优化配置和高效利用。我国高度重视科技基础条件资源的开放共享工作，全面推进由政府主导的五类科技基础条件资源的开放共享和高效利用，积极探索科技基础条件平台互联互通、协同合作机制，为科技基础条件平台协同创新创造了良好的条件。2023年4月，我国首个国家微生物科学数据互联互通平台正式发布，该平台是目前我国科学数据领域，首个利用区块链和隐私计算技术，实现对具有数据风险保护要求的科学数据开展"可用不可见"的应用实践，为解决数据安全、数据确权等长期困扰数据流通利用的难题提供了解决方案，具有重要的示范意义。

实际上，国家科技基础条件资源涉及多部门、多平台、多学科、多领域，总体来讲，当前我国科技基础条件资源融合发展仍处于初级阶段，各专业平台之间缺乏有效联系和互动，资源整合共享领域和范围有待进一步扩大。所谓平台之间的互联互通，并不是平台自身技术系统的打通，而是在相互兼容性上给对方提供接口，开放应用程序接口。目前，我国政府主导的五类科技基础条件资源之间没有实现融合发展和协同合作，研究与开发平台和成果转化服务平台之间协同不足，国家科技基础条件平台与部门、地方科技基础条件平台之间尚未实现融合发展，国家科技基础条件平台与国家创新体系之间也尚未实现融合发展。

---

① 王贻芳：《我国重大科技基础设施的现状和未来发展》，https：//mp.weixin.qq.com/s，2022年6月24日。

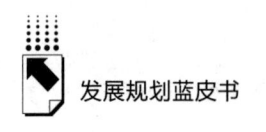

三 促进政府主导型科技基础条件资源融合发展的对策建议

习近平总书记指出,加强基础研究是实现高水平科技自立自强的迫切要求,是建设世界科技强国的必由之路。当前,加强基础研究越来越离不开科技基础条件资源的强力支撑,科技基础能力是国家综合科技实力的重要体现,也是实现高水平科技自立自强的战略支撑。新时代新形势对科技基础条件资源开放共享、融合发展提出了新的更高要求,亟待多措并举促进我国科技基础条件资源融合发展,从而为支撑我国科技创新发展和高水平科技自立自强提供坚实的基础。

(一)加强科技基础条件资源建设,提升科技基础条件平台运行效率

一是持续加大科技基础条件投入力度。发挥"集中力量办大事"的制度优势,优化科技基础条件资源的顶层设计,加强管理,系统提升现有科技基础条件资源对基础研究的服务支撑能力。科学规划布局前瞻引领型、战略导向型、应用支撑型重大科技基础设施。二是加强科研仪器设备等的国产化研发攻关。打好科研仪器设备、操作系统和基础软件国产化攻坚战,引导科研单位优先配置可替代进口科研仪器的自主品牌。三是打造一批高质量专业人才队伍。围绕科技基础条件平台的建设与运行要求,加强人才的引进、培养、使用与提升,完善人才评价与激励制度,充分调动人才积极性与创造性,打造一支具备科技基础条件平台建设、管理与服务能力的骨干人才队伍。

(二)强化开放共享管理,提升科技基础条件平台开放共享水平

一是强化科技基础条件资源开放共享管理。强化对中央级高校院所科研设施和仪器开放共享的评价考核和奖惩,指导地方开展对省属高校院所的评价考核。高质量推进新购仪器查重评议工作,确保查重评议的科学性和规范性。二是优化创新开放共享体制机制。扎实推进资产登记与开放共享工作的衔接,实现大型科研仪器购置、管理、服务、监督、评价的全链条管理。通过建立联盟等多种

合作方式，促进交叉学科、相近领域、相同地域科研设施和科研仪器中心资源共享。推进区域科研设施和仪器开放服务体系的融合。三是处理好政府与市场、开放与安全之间的关系。政府主要负责科技基础条件资源有关开放共享公共政策的制定，市场的功能在于提升共享收益和降低共享成本。推动数据开放共享与数据安全保护之间保持必要的平衡，加强数据安全保护，推动数据要素资源有效配置。四是提高科技基础条件平台国际化水平。推进重大科研基础设施国际开放共享，开展资源建设、联合研究、数据共享、人才交流等多层次的国际科技合作。加强科研设施相关国际标准的研制宣贯和应用实施，联合国外相关科研机构共同研制相关数据规范，共建数字化资源库和信息共享网络。

（三）构建新型信息化基础平台，促进科技基础条件资源互联互通

一是构建新型信息化基础平台。以科研设施与仪器国家网络管理平台、中国科技资源共享网等科技资源信息平台为基础，集成高端仪器以及相关科学数据、实验材料、科技文献等科技资源，建设新型科技资源共享服务信息化基础平台，形成强大的基础研究骨干网络，完善优质科技资源网络服务体系。围绕脑科学、人工智能、生物育种等重点领域，整合大型科学仪器中心与科学数据、科技文献、生物资源库等科技资源共享平台的资源，建立跨领域跨平台的联合服务机制。二是建立国家、部门、地方科技基础条件资源联动机制。处理好中央和地方的关系，国家层面负责区域间科技基础条件资源的整合共享，地方层面负责区域内科技基础条件资源的整合共享。建立国家、部门、地方科技基础条件资源联动机制，实现部门、地方科技基础条件资源与国家科技基础条件资源的协同发展。推进国家科技基础条件资源与国家创新体系之间实现有机融合和协同发展。

参考文献

科技部基础研究司、国家科技基础条件平台中心：《重大科研基础设施和大型科研仪器开放共享发展研究报告（2022）》，科学技术文献出版社，2023。

B.28
强化国家战略科技力量*

庄芹芹**

摘　要： 国家战略科技力量是国家创新体系最为核心的组成部分，战略科技力量强弱直接关系到创新体系效能高低。党的十八大以来，我国战略科技力量主体、平台不断完善，但仍存在科技资源组织程度不高、核心主体创新能力偏弱、科技力量布局不合理等问题，造成我国创新体系效能偏低。面对加快实现高水平科技自立自强的要求，应强化战略科技力量组织程度、加强核心主体创新能力建设、优化战略科技资源布局、推动战略科技基础制度建设，全面提升国家创新体系效能。

关键词： 国家战略科技力量　科技自立自强　国家创新体系

一　加强国家战略科技力量建设的政策演变

（一）政策演变阶段

一是早期探索阶段。早期战略科技力量是指建设创新型国家的重要队伍和建制化力量，特指国家级科研机构，以中国科学院为重要主体。早在2004年，胡锦涛总书记就指出，中国科学院作为国家战略科技力量，不仅要创造一流的成果、一流的效益、一流的管理，更要造就一流的人才。2008年在纪念全国科学大会30周年座谈会上，中国科学院常务副院长白春礼指出，中国科学院是国家战略科技力量。

---

* 本研究得到中国社会科学院重大创新项目"完整、准确、全面贯彻新发展理念研究"（2023YZD017）、"中国社会科学院经济大数据与政策评估实验室"（2024SYZH004）支持。
** 庄芹芹，中国社会科学院数量经济与技术经济研究所副研究员，主要研究方向为科技创新等。

二是战略升级阶段。党的十八大以来，战略科技力量开始不断强化，在国家科技规划和政府文件中频繁出现，逐渐上升为党和国家的意志，战略高度不断提升。2013年7月，习近平总书记视察中国科学院时指出，我们必须有一支能打硬仗、打大仗、打胜仗的战略科技力量。2016年5月，习近平总书记在全国科技创新大会上讲话并指出要强化战略导向，破解创新发展科技难题。同年7月，《"十三五"国家科技创新规划》提出，要打造体现国家意志、具有世界一流水平、引领发展的重要战略科技力量，这是"战略科技力量"首次出现在政府文件中。2017年10月，党的十九大报告提出加强国家创新体系建设，强化战略科技力量，标志着战略科技力量正式上升为党和国家的意志。2019年1月，习近平总书记在省部级主要领导干部研讨班上要求抓紧布局国家实验室，重组国家重点实验室体系。同年10月，党的十九届四中全会提出要强化国家战略科技力量，健全国家实验室体系，构建社会主义市场经济条件下关键核心技术攻关新型举国体制。

三是全面建设阶段。随着新型举国体制建设不断推进，国家战略科技力量的政策内涵持续丰富，战略布局不断完善。《中华人民共和国国民经济和社会发展第十四个五年规划和2035年远景目标纲要》中将"强化国家战略科技力量"列为第四章，作为坚持创新驱动发展、全面塑造发展新优势的首要内容，并具体论述其任务、领域、目标和举措等内容，标志着国家战略科技力量建设迈向新征程。在战略布局和内涵不断完善的基础上，战略科技力量的不同主体和功能定位也逐渐明确。2022年10月，党的二十大报告提出强化国家战略科技力量，优化配置创新资源，提升国家创新体系整体效能，并明确了优化主体定位和布局，统筹推进科技创新中心和科技基础能力的主体建设、载体建设和能力建设等内容。2023年2月，习近平总书记指出要有组织推进战略导向的体系化基础研究、前沿导向的探索性基础研究、市场导向的应用性基础研究，并就战略科技力量的四大主体功能定位进行了说明，分类布局特征逐渐凸显。至此，战略科技力量主体布局的顶层设计落地，分类建设进程加速。2024年7月，党的二十届三中全会进一步提出要深化科技体制改革，加强国家战略科技力量建设，完善国家实验室体系，优化国家科研机构、高水平研究型大学、科技领军企业的布局。

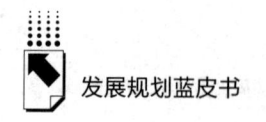

（二）演变特征

整体上，国家战略科技力量的战略布局和政策演变呈现以下特征：一是战略高度和需求层级不断提升。早期战略力量侧重于科技领域的国际一流和创新引领。随着国家创新战略演变，战略科技力量强化开始被纳入国家安全和经济社会发展全局，成为提升国家创新体系效能、统筹发展与安全的重要抓手。战略科技力量成为加强基础研究、突破核心技术短板的重要主体，其战略布局不断得到优化。二是基础研究和原始创新特征逐渐强化。早期国家科研机构本身就是科学研究的重要主体。随着全球科技竞争逐渐由技术创新向基础科学领域延伸，国家创新体系开始突出原始研究的作用。国家实验室和研究型大学等也逐渐被纳入战略科技力量，其分别是从事战略导向和前沿探索基础研究的核心主体。三是分类导向和主体分工特征逐渐明晰。按照活动类型，基础研究可以分为战略导向、前沿导向和市场导向；在主体层面，可细分为国家实验室、国家科研机构、研究型大学和科技领军企业四大类主体。四是部门协同和深度融合趋势明显。随着政策演变和战略主体多元化特征凸显，推动多主体跨部门协同、实现创新资源最优化配置成为落实国家意志的关键。其中，教育科技人才三位一体的重要支撑，需要教育部、科技部、国家发改委、工信部等多部门配合，协同推进人才培养、科学研究、技术突破和产业发展，推动创新链产业链资金链人才链深度融合。

表1 党的十八大以来国家战略科技力量布局

时间	会议/文件	主要内容
2013	习近平总书记视察中国科学院	中国科学院是党、国家、人民可以依靠、可以信赖的国家战略科技力量
2016	全国科技创新大会、两院院士大会、中国科协第九次全国代表大会	要以国家实验室建设为抓手,强化国家战略科技力量
2016	"十三五"国家科技创新规划	打造体现国家意志、具有世界一流水平、引领发展的重要战略科技力量
2017	党的十九大报告	加强国家创新体系建设,强化战略科技力量
2018	两院院士大会	强化国家战略科技力量,提升国家创新体系整体效能
2019	党的十九届四中全会	强化国家战略科技力量,健全国家实验室体系,构建社会主义市场经济条件下关键核心技术攻关新型举国体制

续表

时间	会议/文件	主要内容
2020	党的十九届五中全会	要强化国家战略科技力量,提升企业技术创新能力,激发人才创新活力,完善科技创新体制机制
2021	国家"十四五"规划	强化国家战略科技力量(第四章)
2023	中共中央政治局就加强基础研究进行第三次集体学习	要强化国家战略科技力量,有组织推进战略导向的体系化基础研究、前沿导向的探索性基础研究、市场导向的应用性基础研究

资料来源:习近平系列重要讲话数据库。

二 国家战略科技力量的发展现状

(一)战略科技主体发展加快,科研水平不断提升

近年来,随着我国科技体制改革初见成效、科技政策不断优化、财政支持力度增大、基础研究投入明显增加,战略科技力量各主体发展较快。启动首批国家实验室建设任务,加快推进重组国家重点实验室体系。中国科学院深入实施"率先行动"计划,双一流高校建设加快推进,企业创新能力不断增强(见表2)。

表2 国家战略科技力量各主体发展现状

主体	数量	主体	数量
国家重点实验室	533家	规模以上企业	978847家
国家科研机构	2962家	#开展创新活动企业	433152家
#中央属	746家	#开展创新活动的大型企业	17526家
高等院校	2756所	Clarivate《2023全球创新百强》	4家
#双一流高校	147所		

注:如无特殊说明,数据统计截至2021年底;国家重点实验室数据为2022年底。2022年教育部公布了第二轮全国双一流大学名单,此轮不区分一流大学建设和一流学科建设。据《2023全球创新百强》,中国大陆企业入围4家,分别为蚂蚁集团、瑞声科技、华为和京东方。
资料来源:《中国科技统计年鉴2022》、《2022年国民经济和社会发展统计公报》、教育部网站。

一是初步形成了以国家实验室为引领、以全国重点实验室为支撑、以省实验室为储备的国家实验室体系。国家实验室强调目标导向、体现国家意志，是保障国家安全的核心支撑。国家重点实验室聚焦基础科学、前沿科学，是推动科技发展的重要力量。截至2022年末，正在运行的国家重点实验室共有533家。2018年6月，科技部、财政部联合发布《关于加强国家重点实验室建设发展的若干意见》提出优化调整和新建实验室；2018年12月，中央经济工作会议提出重组国家重点实验室体系。近年来，国家重点实验室重组及新建约131家。目前，依托高校的全国重点实验室约106家，依托中国科学院系统的全国重点实验室约12家，依托企事业单位的全国重点实验室约13家。

二是国家科研机构改革持续推进。新中国成立初期，我国科学研究基础较为薄弱，在此背景下建立了中国科学院，而后成立了中国农业科学院、中国医学科学院、中国社会科学院等国家科研机构。近年来，地方科研机构数量呈下降趋势，中央科研机构数量保持平稳，略有上升。2006年以来，我国科研机构R&D经费涨幅较大，论文发表数量增加64%，在国外期刊发表论文占比由14.89%上升至2021年的41.45%。

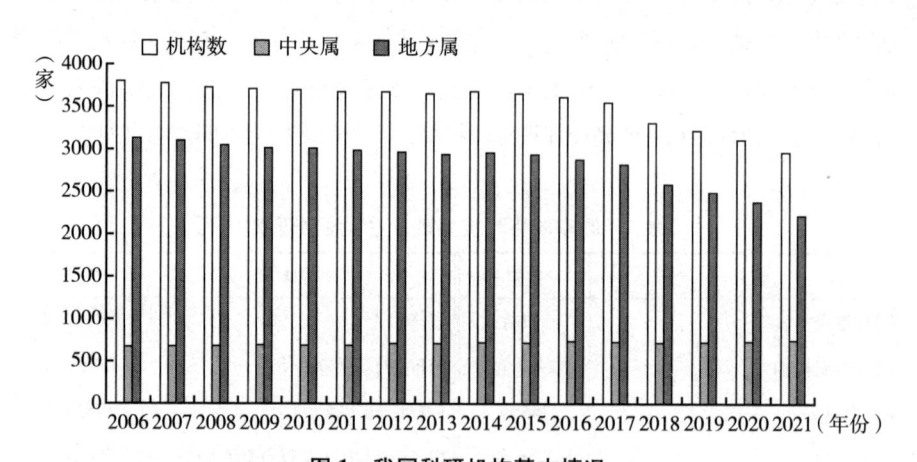

图1 我国科研机构基本情况

资料来源：《中国科技统计年鉴2022》。

三是研究型大学科研水平不断提升。1995年我国启动211工程高校建设计划，共有112所高校入选。1998年江泽民总书记在北京大学百年校庆上提出要建立世界一流大学，最初有9所大学入选"985"院校，后增加到39所。985工程和211工程在很大程度上提升了高校基础研究水平、培育了大批人才，但也产生高校体系身份固化、竞争缺失、重复交叉等问题。2017年教育部、财政部和国家发展改革委印发《关于公布世界一流大学和一流学科建设高校及建设学科名单的通知》，公布了第一轮双一流建设高校和学科名单。双一流建设以五年为一周期，实行总量控制、开放竞争、动态调整，其动态调整方针在一定程度上解决了985工程和211工程建设固化问题。近年来，我国高校基础研究经费占R&D经费比重明显增加，科研成果逐年增加，发表科技论文、专利申请数和专利授权数总体呈增长趋势（见图2）。

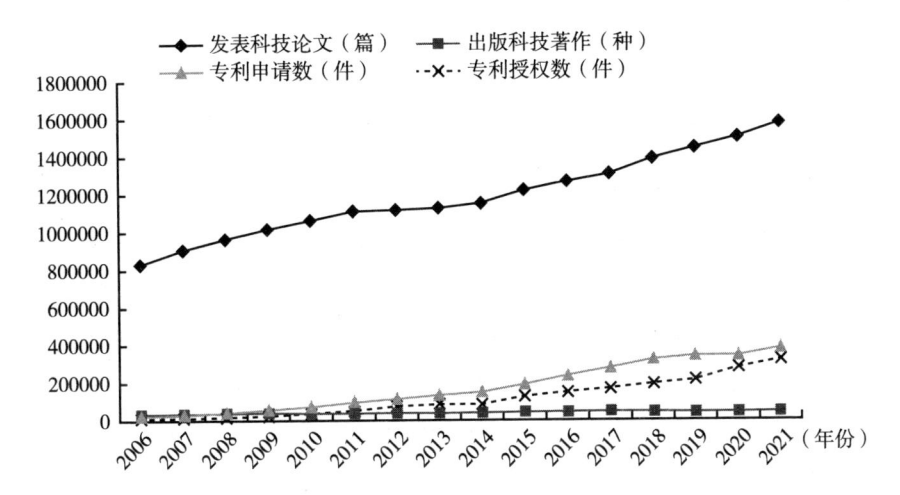

图2 我国高等院校科技产出情况

资料来源：《中国科技统计年鉴2022》。

四是科技领军企业的创新主体地位不断得到强化。国有企业特别是中央企业处于关系国家安全的关键领域，是科技创新的国家队。民营企业创新活力不断迸发，虽然面临缺乏人才和人才流失、创新成本过高等制约因素，但是创新支出持续增加。2021年，国有及其控股企业创新支出10743.6亿元，占比28.79%；私营企业创新支出12171.7亿元，占比32.62%。

表3 2020~2021年中国企业创新发展情况

指标	2020年	2021年
规模以上企业（家）	876023	978847
创新支出合计（亿元）	31649.8	37313.4
国有及其控股企业数量（家）	66332	74667
国有及其控股企业创新支出合计（亿元）	9153.1	10743.6
国有及其控股企业创新支出占比（%）	28.92	28.79
私营企业数量（%）	628651	724209
私营企业创新支出合计（亿元）	9928	12171.7
私营企业创新支出占比（%）	31.37	32.62

资料来源：《全国企业创新调查年鉴2022》。

（二）战略科技平台持续优化，战略空间布局不断完善

一是重大科技基础设施体系逐渐完善。截至2023年底，我国已经布局建设77个国家重大科技基础设施，其中35个已建成运行。大科学装置建设稳步推进，重大创新成果持续涌现，中国"天眼"、散裂中子源等一批设施迈入全球第一方阵。积极推动科研设施与仪器开放共享，已有4000余家单位的9.4万台（套）大科学仪器和82个重大科研设施被纳入开放共享网络。重大科技创新平台建设加速，在集成电路、智能制造等战略性新兴领域布局建设了200多家国家工程研究中心、1600多家国家级企业技术中心和一批国家产业创新中心，推动关键核心技术突破和科研成果加速产业化。

二是战略空间布局持续优化。国际科技创新中心和区域科技创新中心建设稳步推进。北京、上海以及粤港澳大湾区作为三大国际科技创新中心，其建设持续深入，全球创新要素加速汇聚，国际影响力持续提升。根据《国际科技创新中心指数2023》，我国三大国际科技创新中心均进入全球前十，其中北京排第三，粤港澳大湾区、上海分别列第六位、第十位。综合性国家科学中心的建设已经在北京怀柔、上海张江和安徽合肥全面展开。成渝地区、武汉等正在加快建设具有全国影响力的科技创新中心，西安、济南和南京等也提出建设区域科技创新中心。国家自主创新示范区和国家高新区等关键区域的创新实力不断增强，梯次联动、优势互补的战略科技格局加速形成。

三是战略科技成果加速突破,在科学前沿和重点领域取得了系列突破。我国在化学、材料、物理、工程等学科领域已经具备较强的国际竞争力,在量子信息、铁基超导、中微子、干细胞、脑科学等前沿方向上,取得了一系列重大原创成果,达到了世界先进水平。在战略高技术领域取得了重大突破,载人航天和探月工程如"天宫""神舟""嫦娥""长征"等取得系列重要成果,北斗全球系统全面建成,在国产航母、大型先进压水堆及高温气冷堆核电、天然气水合物勘察开发、纳米催化、金属纳米结构材料等领域达到世界先进水平,对于我国经济高质量发展、加快完善现代化产业体系和保障国家安全而言意义重大。

三 国家战略科技力量面临的问题和挑战

(一)科技资源组织程度不高

创新要素配置效率较低,创新资源组织程度不高,未实现全国"一盘棋"。科技力量统筹组织能力不足,创新要素流动不畅,知识、技术、资金、政策联动不强,各主体尚未形成网状联系。同时,科技力量多方协同攻关能力不强。国家高度重视在科技领域开展协同攻关和跨界协作,然而由于多主体统筹协调和管理联动难度大,由不同部门管理的创新主体间合作创新项目较少,体系化攻关能力不强。战略决策制度化建设有待加强,成本分摊和风险分散机制仍需完善,基于外部形势变化的任务动态调整机制有待完善。

(二)科技力量主体能力有待加强

国家实验室体系仍有待进一步完善,多方协作、分类分层、重点突出的布局尚未形成。研究型大学在推动基础研究和原始创新中的主力军作用尚未充分发挥。企业自主创新能力不强,研发投入强度与发达国家相比仍有较大的差距。企业仍以模仿创新和技术追赶为主,开展"从1到10"的产业创新,参与国家重大创新决策不足。企业产学研合作有所放缓。2021年规模以上工业企业开展产学研合作比例为30.5%,相较于2017年下降了近4个百分点。企业、高校、科研院所关键主体在创新链中的定位不明确,导致政产学研渠道不畅,高校及研究机构成果产出转化率较低。

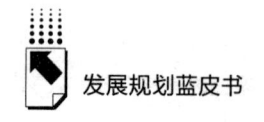

（三）科技力量布局不合理

部分领域资源过剩、部分创新产出和创新需求不匹配，企业竞争同质化。基础学科和冷门学科投入不足，科技评价体系不完善。科技创新力量空间布局不合理，科技资源多集中在东部地区和省会城市。企业创新发展地区不平衡问题尤其突出。2021年东部地区创新支出占比高达67.77%，其中广东省企业创新支出6785.4亿元，江苏省4382.3亿元；而中部地区仅6589.3亿元；西部地区仅4255.8亿元；东北地区仅1180.5亿元，占比仅3.16%。

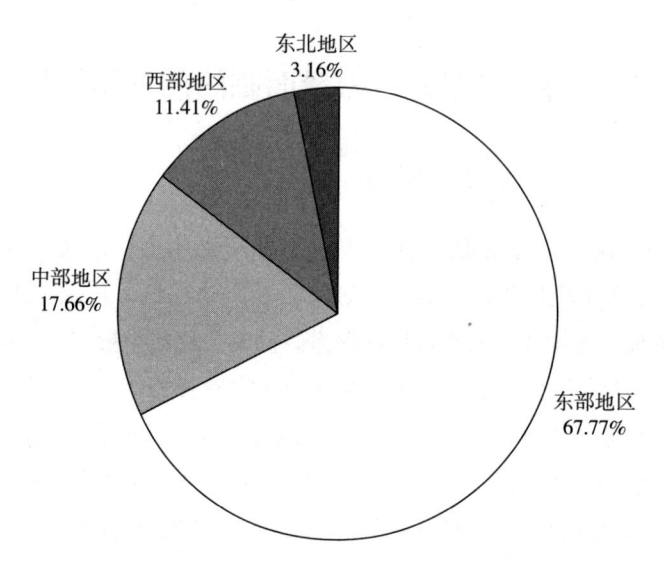

图3 我国不同地区规模以上企业创新支出情况

资料来源：《全国企业创新调查年鉴2022》。

（四）基础研究投入偏低

尽管我国R&D经费投入增长较快，但基础研究投入不足、原始创新能力弱，创新体系整体效能不高。新中国成立以来，我国基础研究投入增长较快，但仍与世界发达国家有较大差距。2022年全国基础研究投入占R&D经费的比重为6.32%，而美国为17.2%，法国则高达25%。基础研究投入高、风险高、外部性特征明显，投入不足是制约原始创新能力提升的关键。目前我国基础研究投入来源较为单一，政府特别是中央政府基础研究投入占比较高，投入结构不合理也在一定程度上造成投入不足。同时，由于高等院校课程设置滞后、科研评价制度不合理、科技人员薪酬较低，我国每千人中从事研究的人员数量远低于发达国家。关键人才短缺问题尤其严重，造成我国在芯片、发动机、材料、数控机床、工业软件等领域存在短板，关键核心技术对外依赖性较强，整体创新质量不高。

四 加强国家战略科技力量建设的有效路径

（一）强化战略科技力量组织程度，提升协同攻关能力

一是围绕战略任务，建立高效协同的体系化攻关机制，更大力度推动政府、市场和社会有机结合。推动关键主体资源整合、信息共享和协同创新，发挥人才、设备和资金等资源优势，集聚力量开展协同攻关。同时，明确新型举国体制适用范围为"关键核心技术"，重点突破应用范围广、外部性强和公共产品特征明显的技术领域。在需求研判和问题凝练过程中，构建"战略需求—目标体系—攻坚任务"选题机制。要对战略周期、目标实现难度和任务类型进行全过程精细化管理。二是立足创新链，明确关键主体角色定位和攻关环节。高等院校承担"从0到1"的基础研究，国家实验室和国家科研机构根据领域特点着眼"从1到N"的应用研究等，科技领军企业着眼于"从N到M"的试验发展和产业化，强化创新链与产业链深度融合。要建立战略科技力量的整体发展和分类评价体系，科学评估各主体的创新贡献。三是区分技术风险，提高关键核心技术攻关能力。充分发挥国家科技决策咨询委员会和科技领军企业的作用，对重点行业绘制关键核心技术图谱，明确已经处于"卡脖子"困境和存在"卡脖子"潜在风险的领域，并确定攻关优先级。针对前者，需发挥战略科技力量建制化优势，利用新型举国体制集中攻关。针对后者，则需大力支持企业基础研究投入，健全科技成果转化机制等多种渠道化解潜在风险。

（二）加强战略科技力量主体建设，强化核心主体创新能力

一是增强国家实验室和国家科研机构的战略导向体系化基础研究能力，在

研究方向、领域设置和项目安排上要聚焦国家战略目标，注重处理好央地关系、政府与市场关系、国家实验室与全国重点实验室关系、国家实验室与科研院所关系等。要推动实验室建设从学科导向转变为需求导向，构建重大问题—关键领域—国家实验室—全国重点实验室—PI课题组五级组织体系。二是高水平研究型大学充分发挥科教资源优势和基础研究主力军作用，筑牢基础研究和人才基础"两大基础"，利用多学科和跨团队优势，成为重大科技突破的生力军。强化教育、科技、人才"三位一体"顶层设计，推动教育体系、人才体系和科技体系的系统性改革。三是推动科技领军企业创新模式、创新类型、创新范围多维转型。在创新模式上，要改变以往基于商业模式和运营过程的创新模式，强化高强度投入和硬科技产出。在创新类型上，要从渐进式创新、温和创新和二次创新转变为原始创新、引领创新和颠覆式创新。在创新范围上，由单兵作战式突破，开始强调以企业为主体牵头整合各类创新资源。在创新过程上，由各自为政的独立过程，开始打通基础研究和应用基础研究、产业共性技术和关键技术研发、科技成果转化全过程，畅通科学、产业和经济通道。要推动企业由"创新主体"升级为"科技创新主体"，突出企业在科学研究和技术攻关中的角色，包括在新理论提出、新方法应用和新领域开拓，以及新技术转化、新产品生产和高科技产业培育等环节的关键作用。四是理顺企业与高校院所之间的关系，实现资源共享，避免定位不清造成无序竞争。强化产业创新牵引，由企业牵头建立跨领域、大协作和高强度的产业创新基地，建立项目—基地—人才—资金整体配置的产学研融通创新生态，实现基础科学研究、共性技术攻关、科技成果转化、产业培育增长以及创新资源开放共享。

（三）加快战略性创新平台建设，优化科技资源布局

一要注重战略性创新平台建设。充分发挥大科学装置集群带动和产业支撑作用，推动社会资本参与大科学装置建设，以装置共享带动科学中心建设，形成良性科学生态。围绕战略科技关键领域，建设科技—产业—金融循环示范区，完善金融支持创新的多层次服务体系。二要依托城市能级、职能和创新功能，构建多层次科技创新中心。加速形成国际科技创新中心—全国科技创新中心—区域科技创新中心—地方科技创新中心多层次科创中心体系。建立跨国家、跨区域和跨学科的协同创新网络。探索团队管理、资金支持、项目运行和人才培养等

机制突破，整合利用全球优质创新资源，形成关键科学节点、技术中心和创新高地。三要协同推进综合性科学中心、国家技术创新中心、国家产业创新中心和国家制造业创新中心建设，实现科学研究、技术创新、产业孵化和制造业升级的良性互动。在统筹协调基础上，在京津冀、长三角、粤港澳大湾区等地区，形成优势科技资源在全国范围的高效布局，避免重复竞争和资源浪费。

（四）推动战略科技基础制度建设，提升创新体系效能

一要推动战略科技基础制度建设。完善战略资源投入机制，探索符合原始创新和颠覆性技术创新规律的知识产权保护制度。探索更符合战略科技发展规律的科技管理制度。科研经费管理自主权和决策权充分下放给科技领军人才，并提高间接经费占比。完善科技成果分类评价机制，评价体系要区分"从0到1"与"从1到N"，区分短期突破与中长期攻坚。尤其要建立非共识科技项目评价机制，科学把握项目选题价值、完善复议制度，建立非共识预研机制。建立关于战略科技力量发展的科学评价体系，客观评估研究成果和创新贡献，同时立足长远可持续发展，始终保持国际领先和创新活力，适应不同阶段科技发展要求。二要建立企业家和企业科技人才参与国家创新战略咨询制度，鼓励企业参与国家实验室和全国重点实验室建设，围绕战略产业链形成一批科技领军企业。同时，政策支持要强调科技创新主体的规则公平、机会公平，对国有企业和民营企业或大中小微企业一视同仁。三要完善战略科技人才机制。强化科技人才梯队建设，构建战略科学家、科技领军人才、青年科技人才、创新组织人才等多层次人才结构，坚持自主培育和外部引进并重，强化全球战略科学家引育。在重大科技任务攻关中，创造有利于战略科学家成长的有利环境，畅通战略科学家建言献策和咨询决策的长效机制。在战略科技任务实施中赋予战略科学家团队组建、技术路线选择、任务分配和进展评估等方面充分的自主权。加大力度推进科技成果转化与利益分配制度改革，给予科学家和发明人更多的股权激励。

参考文献

Organization for Economic Co-operation and Development, *National Innovation Systems*,

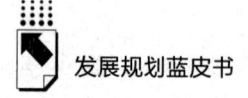

Paris：OECD Publications，1997.

窦贤康：《加强基础研究是世界科技强国建设的必由之路》，《学习时报》2023 年 8 月 15 日。

穆荣平、樊永刚、文皓：《中国创新发展：迈向世界科技强国之路》，《中国科学院院刊》2017 年第 5 期。

贾宝余、王建芳、王君婷：《强化国家战略科技力量建设的思考》，《中国科学院院刊》2018 年第 6 期。

樊春良：《国家战略科技力量的演进：世界与中国》，《中国科学院院刊》2021 年第 5 期。

樊春良、李哲：《国家科研机构在国家战略科技力量中的定位和作用》，《中国科学院院刊》2022 年第 5 期。

尹西明、陈劲、贾宝余：《高水平科技自立自强视角下国家战略科技力量的突出特征与强化路径》，《中国科技论坛》2021 年第 9 期。

戴显红：《新中国 70 年强化国家战略科技力量的多维考察》，《宁夏社会科学》2019 年第 3 期。

胡鞍钢：《中国科技实力跨越式发展与展望（2000—2035 年）》，《北京工业大学学报》（社会科学版）2022 年第 4 期。

李晓轩、肖小溪、娄智勇等：《战略性基础研究：认识与对策》，《中国科学院院刊》2022 年第 3 期。

贺德方、汤富强、陈涛等：《国家创新体系的发展演进分析与若干思考》，《中国科学院院刊》2023 年第 2 期。

白春礼：《国家科研机构是国家的战略科技力量》，《光明日报》2012 年 12 月 9 日。

肖小溪、李晓轩：《关于国家战略科技力量概念及特征的研究》，《中国科技论坛》2021 年第 3 期。

徐示波、贾敬敦、仲伟俊：《国家战略科技力量体系化研究》，《中国科技论坛》2022 年第 3 期。

王魏、陈劲、尹西明等：《高水平研究型大学驱动创新联合体建设的探索：以中国西部科技创新港为例》，《科学学与科学技术管理》2022 年第 4 期。

庄芹芹、高洪玮：《强化国家战略科技力量的政策演变、理论进展与展望》，《当代经济管理》2023 年第 12 期。

B.29 推动实现关键核心技术自主可控

高洪玮[*]

摘　要： 关键核心技术是国之重器，对我国实现高水平科技自立自强、保障国家安全具有重要意义。本文深入剖析了关键核心技术自主可控的理论内涵，系统梳理了我国关键核心技术攻关的进展与问题，并提出对策建议。研究发现，尽管实现重大进展，我国在高端创新人才与资金投入机制、企业主导的产学研协同创新、基础研究与开放创新、攻关体制机制与技术发展生态方面仍存在较大制约，未来应加强高端创新人才培育和引进、健全资金投入机制、推动以企业为主体的产学研协同攻关、强化基础研究投入和保障、加快构建开放创新生态、健全相关体制机制与发展生态，推动实现关键核心技术自主可控。

关键词： 关键核心技术　自主可控　高水平自立自强

　　党的十八大以来，我国基础研究和原始创新能力不断增强，关键核心技术实现重大突破，成功进入创新型国家行列，但关键核心技术受制于人的状况没有得到根本性改变。近年来，世界百年未有之大变局加速演进，国内外环境发生深刻复杂变化，我国关键核心技术供给不足的短板愈加凸显。习近平总书记强调，"关键核心技术是要不来、买不来、讨不来的。只有加快关键核心技术攻关，才能不断增强我国发展的独立性和自主性，从根本上保障国家的经济和国防安全"。党的二十大报告指出，以国家战略需求为导向，集聚力量进行原创性引领性科技攻关，坚决打赢关键核心技术攻坚战，并明确到2035年我国创新领域的总体目标"实现高水平科技自立自强，进入创新型国家前列"。

---

[*] 高洪玮，中国社会科学院数量经济与技术经济研究所助理研究员，主要研究方向为产业经济、技术经济。

2024年7月,《中共中央关于进一步全面深化改革 推进中国式现代化的决定》强调,优化重大科技创新组织机制,统筹强化关键核心技术攻关,从健全体制机制的视角进一步明确了加快关键核心技术攻关的要求。基于此,推动实现关键核心技术自主可控、加快实现高水平科技自立自强是我国当前和未来一个时期发展的迫切需求。近年来,聚焦关键核心技术攻关的研究快速增加。目前,学术界就关键核心技术的概念界定①、组织方式及研发模式②、影响因素③、识别方法④、突破机制与路径⑤等方面进行了一定探讨,为后续研究奠定了坚实的基础。立足高水平科技自立自强发展目标,本文系统剖析了关键核心技术自主可控的理论内涵,并基于创新生态视角统筹考量多维影响因素,深入研究我国关键技术攻关的进展与问题,提出对策建议,具有重要的理论与实践意义。

一 关键核心技术自主可控的理论内涵

（一）关键核心技术的理论内涵

由于能够为国家、产业和企业带来可持续的竞争力,关键核心技术具有突出的重要性与价值性,受到学者、企业以及社会公众的广泛关注。目前,学者从不同视角对关键核心技术的内涵进行了剖析,但尚未达成一致。

基于现有研究,关键核心技术可分为宏观、中观和微观等层次。大量研究从技术特征、技术构成、技术类型以及攻关过程等维度对关键核心技术的内涵进行界定。在技术特征层面,大量学者认为关键核心技术具有显著的主导性、垄断

---

① 胡旭博、原长弘：《关键核心技术：概念、特征与突破因素》,《科学学研究》2022年第1期。
② 葛爽、柳卸林：《我国关键核心技术组织方式与研发模式分析——基于创新生态系统的思考》,《科学学研究》2022年第11期。
③ 聂力兵、龚红、赖秀萍：《唤醒"沉睡专利"：知识重组时滞、重组频率与关键核心技术创新》,《南开管理评论》（网络首发）2022年10月25日。
④ 赵建、梁爽：《关键核心技术识别方法研究进展》,《情报杂志》2024年第4期。
⑤ 胡登峰、黄紫微、冯楠等：《关键核心技术突破与国产替代路径及机制——科大讯飞智能语音技术纵向案例研究》,《管理世界》2022年第5期；易丽丽：《着力破除关键核心技术攻关体制障碍》,《中国行政管理》2022年第12期。

性和战略性,在特定产业链条和技术领域具有关键作用,决定着技术体系的走向和其他技术的发展,① 具有较高竞争壁垒,② 对突破发达国家技术垄断和封锁、维护国家安全、获取国际竞争优势、抢占国际科技发展先机具有重大意义。③ 此外,关键核心技术不是一成不变的,随着发展阶段变化,具有显著的动态性。④ 在技术构成层面,主流研究认为关键核心技术是由技术、方法与知识组成的技术体系,包含关键零部件、关键制造工艺、系统架构、前沿知识等多种技术组件或部件。⑤ 在技术类型层面,关键核心技术偏向于创新主体的探索式创新活动,⑥ 包括基础技术、通用技术、关键共性技术、"撒手锏"技术、前沿引领技术等。从攻关过程来看,关键核心技术研发依赖于基础研究环节及跨学科的复杂知识要素,具有难度大、周期长、人财物投入规模大、风险高等特征,⑦

---

① 胡旭博、原长弘:《关键核心技术:概念、特征与突破因素》,《科学学研究》2022年第1期;宋娟、谭劲松、王可欣等:《创新生态系统视角下核心企业突破关键核心技术"卡脖子"——以中国高速列车牵引系统为例》,《南开管理评论》2023年第5期。
② 胡旭博、原长弘:《关键核心技术:概念、特征与突破因素》,《科学学研究》2022年第1期;阳镇:《关键核心技术:多层次理解及其突破》,《创新科技》2023年第1期。
③ 胡旭博、原长弘:《关键核心技术:概念、特征与突破因素》,《科学学研究》2022年第1期;陈劲、阳镇:《融通创新视角下关键核心技术的突破:理论框架与实现路径》,《社会科学》2021年第5期;陈劲、阳镇、朱子钦:《新型举国体制的理论逻辑、落地模式与应用场景》,《改革》2021年第5期;王超发、韦晓荣、谢永平等:《重大工程复杂信息系统的关键核心技术创新模式——以中国空间站为例》,《南开管理评论》(网络首发)2023年5月10日。
④ 仲伟俊、梅姝娥、浦正宁:《关键核心技术及其攻关策略研究——基于产业链供应链安全稳定视角》,《系统管理学报》2022年第6期。
⑤ 胡旭博、原长弘:《关键核心技术:概念、特征与突破因素》,《科学学研究》2022年第1期;陈劲、阳镇、朱子钦:《"十四五"时期"卡脖子"技术的破解:识别框架、战略转向与突破路径》,《改革》2020年第12期;张杰、吴书凤:《"十四五"时期中国关键核心技术创新的障碍与突破路径分析》,《人文杂志》2021年第1期。
⑥ 阳镇:《关键核心技术:多层次理解及其突破》,《创新科技》2023年第1期。
⑦ 胡旭博、原长弘:《关键核心技术:概念、特征与突破因素》,《科学学研究》2022年第1期;胡登峰、黄紫微、冯楠等:《关键核心技术突破与国产替代路径及机制——科大讯飞智能语音技术纵向案例研究》,《管理世界》2022年第5期;王超发、韦晓荣、谢永平等:《重大工程复杂信息系统的关键核心技术创新模式——以中国空间站为例》,《南开管理评论》(网络首发)2023年5月10日;陈劲、阳镇、朱子钦:《"十四五"时期"卡脖子"技术的破解:识别框架、战略转向与突破路径》,《改革》2020年第12期。

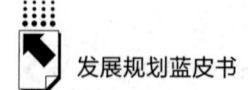

需要企业、高校、政府与科研机构等多种创新主体协同配合。① 其中，企业是关键技术攻关的主体。②

基于上述分析，本文认为关键核心技术是以复杂知识和基础研究为基石，依托长期高投入及以企业为主体的多主体协同，涉及超越原有知识边界的新技术与新产品研发的技术体系，其在特定产业和技术链条中发挥着关键作用，具有较高技术壁垒，对一定时期内的企业、产业和国家竞争而言具有重要战略意义，是一国实现科技自立自强的重要抓手。

（二）自主可控的理论内涵

对"自主可控"概念的理解可以从"自主"和"可控"两个方面出发。"自主"是知识产权专有名词，指无论是软件还是硬件，从应用组件到最终产品，产业链各个环节的技术研发和产品生产均由主体进行；"可控"指生产经营活动不受制于其他主体，遇到任何突发情况都可以进行干预和响应。其中，"自主"既涉及经济问题，也涉及安全问题，主要应对的情形是，如果缺乏具有自主知识产权的零部件，就必须对外采购，不仅要付出更高的成本还要受制于人；而"可控"更多的是强调安全，主要应对的情形是，尽管在正常情况下可以购入外部主体的零部件，但如果因突发情况而出现断供，且自身不能及时进行干预，就会被迫陷入生产中断的困境。"自主"只是实现以安全为目标的"可控"的途径之一，但"可控"并非只能采取"自主"的方式。

因此，本文认为"自主可控"是指通过自主开展技术研发和生产制造等方式，实现从硬件到软件的研发、生产、升级、维护全程可控，能够对任何突发情况进行干预和响应，不受其他主体制约，实现对产业链供应链的较强把

---

① 胡旭博、原长弘：《关键核心技术：概念、特征与突破因素》，《科学学研究》2022年第1期；陈劲、阳镇：《融通创新视角下关键核心技术的突破：理论框架与实现路径》，《社会科学》2021年第5期；张杰、吴书凤：《"十四五"时期中国关键核心技术创新的障碍与突破路径分析》，《人文杂志》2021年第1期；张学文、陈劲：《科技自立自强的理论、战略与实践逻辑》，《科学学研究》2021年第5期；张羽飞、原长弘：《产学研深度融合突破关键核心技术的演进研究》，《科学学研究》2022年第5期

② 陈劲、阳镇：《融通创新视角下关键核心技术的突破：理论框架与实现路径》，《社会科学》2021年第5期；张羽飞、原长弘：《产学研深度融合突破关键核心技术的演进研究》，《科学学研究》2022年第5期。

控。本质上，自主可控是一个安全问题，目标就是"不受制于人"。自主可控不等同于安全，但不自主可控一定不安全。自主可控意味着在面临突发问题时可以主动、及时地予以有效处理，不会因为第三方原因，出现无法"控制"的风险，从而增强产业链供应链的安全性；而不自主可控则意味着丧失主动权，面对突发情况只能任由他人支配和控制。

从理论上来看，企业、产业和国家均存在自主可控问题，但由于该问题更强调安全性和战略性，对关键核心技术自主可控的探讨更多地体现在国家这一层面。因此，关键核心技术自主可控通常是指一国能够通过自主研发等方式，全面掌握关键核心技术，做到从硬件到软件的全程可控，不受其他国家制约。

二 推动实现关键核心技术自主可控的重大意义

当前，我国能否在重点领域具备自主、持续且系统的关键核心技术攻关能力，不仅决定着我国能否实现高水平科技自立自强、成功跨入创新型国家行列，还从根本上决定着我国经济高质量发展的动力是否强劲，以及能否实现产业链供应链安全稳定与国家安全的战略目标，具有极其重要的战略意义。

（一）推动实现关键核心技术自主可控是我国实现高水平科技自立自强、跻身创新型国家前列的重要前提和坚实基础

只有加快关键核心技术攻关，努力实现关键技术自主可控，才能牢牢把握创新和发展的主动权。首先，推动实现关键核心技术自主可控是我国全面增强原始创新能力的必然选择。实现高水平科技自立自强必须以强大的原始创新能力为支撑，广大科技工作者围绕关键核心技术攻坚克难，实现前瞻性基础研究、引领性原创成果重大突破，有利于为打造创新型国家积累原始性科技创新基础。其次，在重点领域实现关键核心技术的自主可控是我国打破对外国技术依赖的必经之路。当前，我国在高端装备、新一代信息技术、新材料等重要领域仍面临大量"卡脖子"难题，技术制约、技术封锁等风险逐步显现。只有攻克关键核心技术，我国科技才能走上独立自主发展之路。

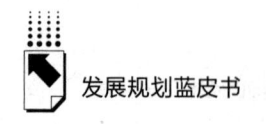

（二）推动实现关键核心技术自主可控是我国加快发展新质生产力、增强经济发展动能的关键支撑

加快关键核心技术攻关，以科技创新引领新质生产力，增强经济发展动能，是我国实现经济高质量发展的坚实保障。一方面，推动实现关键核心技术自主可控是制造业转型升级的关键举措。作为我国科技创新的主战场，制造业转型升级根本上要靠自主创新能力的增强，尤其是关键核心技术的突破。加快重点领域关键核心技术攻关，有利于推动制造业高端化、智能化、绿色化发展，实现我国从制造大国向制造强国的转变。另一方面，推动实现关键核心技术自主可控是新兴产业与未来产业发展和孕育的有力支撑。在经济新旧动能转换的关键时期，强化关键核心技术突破，将创新成果更好地应用到具体产业，有助于我国开辟产业新赛道，加快构建现代化产业体系。

（三）推动实现关键核心技术自主可控是我国提升产业链供应链韧性和维护国家安全的根本保障

随着世界百年未有之大变局加速演进，国际形势愈加复杂多变，科技创新在全球经济社会发展和竞争格局中的作用日益凸显。部分西方国家将我国视为主要竞争对手，对我国高科技领域进行全方位打压，严重威胁了产业链供应链的稳定性和安全性。从根本上看，我国重点领域关键核心技术创新能力薄弱。当前，我国部分产业链的关键环节严重依赖国外进口，工业母机、航空发动机、高端芯片等高技术领域存在瓶颈制约，基础材料、关键元器件等关键共性技术领域的发展也明显落后于国际先进水平，尚不具备自主可控能力。因此，只有推动实现关键核心技术自主可控，才能更好地应对全球科技竞争，提升产业链供应链韧性和竞争力，维护国家安全。

三 我国关键核心技术攻关的进展与问题

党的十八大以来，以习近平同志为核心的党中央将科技创新摆在国家发展全局的核心位置，以前所未有的力度强化科技创新支撑，推动科技实力快速提升，重大科技成果竞相涌现，关键核心技术攻关取得重大进展。同时，也可清楚地看到，我国高端创新人才不足、基础研究较为薄弱、科技与产业脱节等短板依旧存在，与建设科技强国的目标还存在较大差距，严重制约了产业链供应链的安全稳定和经济高质量发展，创新体系整体效能有待进一步提升。

（一）我国关键核心技术攻关的主要进展和经验分析

党的十八大以来，我国重大科技成果竞相涌现，关键核心技术攻关取得重大进展。一是"上天入地下海"技术实现重大突破。中国空间站全面建成，载人航天工程技术水平跻身国际先进行列，探月探火任务科学研究取得丰富成果；万米大陆钻探计划专用装备和相关技术实现国际领先；初步建立起全海深潜水器谱系，深海装备技术发展不断取得新突破。二是超级计算机、卫星导航、量子信息、核电技术、大飞机制造、生物医药等关键领域取得系列重大成果。"九章二号"和"祖冲之二号"双双问世，标志着我国量子计算机已进入2.0时代，量子计算技术实现历史性飞跃；建成全球第一座"固有安全"的核电站，并且形成完整的产业体系，标志着我国在以固有安全为主要特征的先进核能技术领域完成了从跟跑到领跑世界的飞跃；首台医用重离子加速器——碳离子治疗系统成功应用，标志着我国在大型医疗设备研制方面取得历史性突破等。

2023年，我国更是实现了全球首座第四代核电站商运投产、神舟十六号返回（空间站应用与发展阶段首次载人飞行任务圆满完成）、超越硅基极限的二维晶体管问世、耐碱基因可使作物增产首次发现、天问一号研究成果揭示火星气候转变、首个万米深地科探井开钻、液氮温区镍氧化物超导体首次发现、FAST探测到纳赫兹引力波存在证据、世界首个全链路全系统空间太阳能电站地面验证系统落成启用、嗅觉感知分子机制被阐明等一批重大科技成果。

这些进展的取得与以下因素密不可分。

1 顶层设计不断强化，为关键核心技术攻关奠定了坚实基础

自2003年确定了自主创新的战略定位以来，我国就不断强化科技创新顶层设计。2006年，全国科技大会正式提出建设创新型国家战略，并发布《国家中长期科学和技术发展规划纲要（2006—2020年）》，明确包括"核高基"、大型飞机等16个重大科技专项。党的十八大提出创新发展战略，将创新摆在了党和国家发展全局的核心位置，强化了对科技创新的系统布局和全面支撑,并开始强调发挥新型举国体制优势。2016年,中共中央、国务院印发《国家创新驱动发展战略纲要》,明确提出要围绕"卡脖子"问题,加大重大基础研究和战略高技术攻关力度,实现关键核心技术安全、自主、可控。此后,我国陆续发布五年科技创新规划、国家中长期科技发展规划以及各类专项规划,部署实施了国家科技重大专项(如科技创新2030—重大项目、重大专项接续项目等)及国家重点研发计划重点专项等国家科研项目,牵头组织了国际大科学计划和大科学工程,梯次接续的政策布局基本形成。

2. 科技投入大幅增加,为关键核心技术攻关提供了强劲动力

近年来,我国科技投入持续保持高增长。一是研发经费持续增加。全社会研发经费投入从2012年的1.03万亿元增加到2022年的3.08万亿元,投入强度从1.91%提升到2.54%,居全球第13位,接近OECD国家平均水平;基础研究投入从2012年的498.8亿元提高到2022年的2023.5亿元,占比由4.8%提升至6.57%,居全球第2位;高技术制造业和装备制造业等重点领域投入持续增加,2022年研发经费投入分别为6507.7亿元和11935.5亿元,研发强度分别为2.91%和2.34%,均实现较快增长。二是研发人员量质齐升。我国研发人员总量从2012年的325万人年提高到2022年的超过600万人年,多年保持世界首位;人才结构和质量不断优化,高水平创新人才团队不断壮大;青年科技人才规模逐渐扩大,2012年以来,自然科学领域博士毕业人数持续增加,在国家重点研发计划、重大战略科技任务及新兴产业技术创新中,青年科技人才发挥的作用日益突出。① 三是重大科技基础设施投入不断增加。目前,我国已布局国家大科学装置77个,其中34个已建成运行,锦屏大设施、"中国天眼"望远镜等已处于世界领先水平,研发设备日趋精良。

3. 科研环境持续优化,为关键核心技术攻关提供了外部支撑

党的十八大以来,我国科技体制改革向纵深推进,科研环境持续优化。一是科技创新体系持续完善,新型举国体制不断健全,政府和市场的协同不断深化,国家战略科技力量持续强化,高校有组织的科研加快推进,国家创新体系的整体效能稳步提升。二是科技成果和人才的评价机制逐步完

---

① https://baijiahao.baidu.com/s?id=1775379229033611970&wfr=spider&for=pc。

善,科技成果分类评价和市场化评价导向愈加凸显,成果高质量供给和转化应用不断加快;人才评价体系改革有序推进,"五唯"标准逐渐破除,以创新价值、能力、贡献为核心的评价导向逐步确立。三是科研项目立项和组织管理方式实现创新,"揭榜挂帅""赛马"等新制度让更多的人才脱颖而出;更多科研项目向青年科技人才倾斜,青年人才在国家重大科技任务和关键技术攻关中的参与度不断增加。四是科研经费管理方式持续优化,科研经费"包干制"试点稳步推进、覆盖面进一步扩大。五是知识产权保护制度更加健全,以增加知识价值为导向的分配政策深入实施,科技成果转化积极性持续提升。

(二)我国关键核心技术攻关的现存问题

1. 高端创新人才面临制约,关键技术攻关稳定投入机制尚未形成

一方面,我国高端创新人才严重不足,在大数据、网络安全、人工智能以及芯片等领域存在大量缺口,[1] 不仅包括科技人才也包括大量产业人才。特别是,世界顶尖科学家和战略科学家缺乏、青年科研人员收入偏低,人才流失严重、交叉学科人才不足、兼具较高理论素养和丰富工程经验的顶尖攻关人才和团队缺失等问题突出,究其原因主要是人才培养导向偏失与高端创新人才留不住。从人才培养来看,我国基础教育更偏重于应用科学,对学生从事基础研究的引导较少;高校的专业设置未能与时俱进,与企业的联系和对接不足,人才供需匹配度较低,高校毕业生需要二次融合才能进入企业;不同学科之间的交流和合作不足,交叉学科人才培养尚未建制化和规范化。从人才流动来看,我国自然科学领域博士回国比例较低,信息技术、生物医药、新材料等重点领域的领军人才和高水平技术人才引进不足。[2] 另一方面,多元化、长周期的关键技术攻关稳定投入机制尚未形成。当前,我国关键核心技术攻关的资金来源仍以财政资金为主,社会资本引入不足,而财政资金具有支持周期较短、竞争性分配等特点,难以为关键技术攻关提供全流程支持,在一定程度上阻碍了创新成果的商业化和产业化进程。

---

[1] https://www.sohu.com/a/534482739_121137233.

[2] https://www.163.com/dy/article/IHGVPQEK0552NSGV.html.

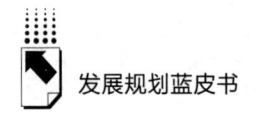

2. 企业主体作用尚未充分发挥，产学研协同创新水平有待深化

一方面，企业主体作用尚未充分发挥。一是"出题人"作用有待强化。当前，我国企业聚焦产业需求不足，将实际产业需求转化为科学问题的能力有限，在国家重大专项选题设置中的参与度较低。二是"答卷人"作用尚未充分发挥。企业基础研究投入较少，对本学科理论研究的深度不够，高端创新人才和资金供给不足，关键核心技术研发能力十分有限。三是"阅卷人"作用不强。由于科技成果转化所需的研发资金投入较大且市场收益不明，企业顾虑较多，承担科技成果转化能力普遍较弱。另一方面，产学研协同创新水平有待提升。当前，我国产学研之间的良好合作机制尚未建立，完善的科技成果转化平台缺失，高校、科研院所和企业之间的信息无法实现共享。高校和科研院所的研发创新活动面向经济主战场不足，具有转化价值的科技成果不多；而对于企业生产过程中面临的技术难题，高校和科研院所又缺乏解决意愿，导致科技成果转化率较低，科研与产业脱节问题突出，产业链和创新链融合不足。近年来，高校、科研院所、企业建立了新型研发机构、协同创新中心等多种形式的协同创新平台，但往往存在攻关方向同质化、科技与经济融合不足、长远目标与短期效益难以兼顾等问题，① 运行效果并不理想，新型科技成果转化平台量质均需提升。

3. 基础研究和原始创新短板依然突出，开放创新能力受到制约

一方面，基础研究是科技创新的源头，我国基础研究和原始创新水平与世界科技强国相比存在较大差距，自主创新能力仍待提升。一是基础研究投入规模有待提升。2022年我国研发经费与GDP之比为2.54%，基础研究投入占全社会研发经费比重为6.3%，虽实现较大幅增长，但与发达国家普遍水平相比仍有较大差距。二是基础研究投入来源结构较为单一，主要依靠中央财政，2022年高校及政府下设研究机构对基础研究经费增长的贡献达到83.1%，企业及社会资本投入不足。三是基础研究投入效率不高，产出同质化现象严重。当前，研究机构开展了大量低水平模仿创新，同质化竞争严重，产生研发资源浪费、成果转化效率低等问题。四是基础研究体制机制不完善，经费稳定支持机制不健全，科研成果及人才评价周期过短，维度较为单一，尊重个性、宽容

---

① https：//www.toutiao.com/article/7203547694516830754/？channel=&source=search_tab。

失败的科研氛围和机制尚未形成。另一方面，我国具有竞争力的开放创新生态尚未形成，制约了开放创新能力提升。从制度环境来看，海外人才引进制度、国际科技交流合作机制、科技创新服务体系、创新营商环境等均有待完善和优化；从科研组织来看，国家科技计划对外开放力度还不够，创新主体和平台的国际化水平不高；从要素配置来看，我国对于国际化人才和研发资金的引进和使用较国际科技强国存在较大差距。

4. 关键核心技术攻关体制机制障碍尚存，技术发展生态还不完善

一方面，关键核心技术攻关体制机制不健全。一是国家层面的决策、组织和运行机制有待完善。缺乏集中的关键技术攻关决策机构，决策指挥权分散在多个部门，跨部门的决策协调和资源配置机制尚未建立；新型举国体制的边界和适用领域有待明晰；不同战略科技力量间的协同机制不健全。二是激励和保障机制仍需优化。科研人员在重大技术攻关中的路线选择、经费分配等方面的决定权相对有限；工资制度缺乏激励性，重大技术研发及成果转化中的利益分配机制有待优化；知识产权保护、福利待遇、税收优惠等保障机制尚需完善。另一方面，关键核心技术发展生态不完善。一是应用生态尚未建立。由于关键技术产业化应用复杂性高、难度大，下游企业更偏好采购国外零部件和技术装备，对国内产品的需求偏好尚未形成。目前，我国关键技术及产品的应用和推广政策还不完善，上游企业大量技术难以实现大规模应用，导致产品迭代升级机会不足，制约了技术水平提升。二是产业生态不健全。从不同环节来看，目前我国仍有大量配套零部件和核心技术受制于国外企业，产业链条不够完整，加之不同环节各自为政、领军企业带动不足，产业链整合能力有待增强；从不同主体来看，部分领域技术研发力量分散，尚未形成攻关合力。

四 推动我国实现关键核心技术自主可控的对策建议

立足我国现存关键核心技术攻关问题，未来应从优化要素投入机制、推动以企业为主体的产学研协同合作、提升基础研究和开放创新能力、健全攻关体制机制与技术发展生态等维度出发，推动实现关键核心技术自主可控，加快实现高水平科技自立自强、跻身创新型国家前列的发展目标。

（一）加强高端创新人才培育和引进，健全关键技术攻关投入机制

一是完善高端创新人才培养模式。充分发挥"双一流"高校在创新人才培育中的重要作用，创新专业课程设置，强化科学精神和创造性思维培养，加强交叉学科人才培养，根据前沿科技发展趋势优化交叉学科设置，加强跨学科学生交流，加快基础学科和交叉学科培养基地建设，提高人才培养质量；支持高校、科研院所和企业加强交流对接，依托各自优势打造人才共育体系，创新以项目为纽带的灵活协同育人模式，推动构建协同育人平台；加大对青年科技人才的培育和使用力度，推动更多重要岗位由青年人才担任，支持青年科技人才主持或参与科技项目，稳步加大国家级项目对青年人才的资助力度。

二是加大高端创新人才引进力度。加快构建与国际接轨的引才制度，依托签证便利、柔性聘用等多样化形式，加强海外高端创新人才引进，探索开展技术移民试点；建立海外人才和留学生数据库，加大"高精尖缺"人才精准引进力度；充分发挥"双一流"高校和首席科学家的引领作用，构建多层次人才引育体系；建立高端人才"一对一"联系服务机制，完善医疗保健、子女就学、住房保障等配套服务支撑体系；优化海外人才评价和管理机制，健全分类评价和激励机制，赋予用人主体更大自主权，扩大海外人才在技术研发及资源调配中的自主权。

三是不断完善关键核心技术攻关投入机制。坚持资金全流程统筹管理，推动财政资金与社会资本无缝衔接；加大财政投入，设置财政预算专项，部分重点领域可单独列支预算，改革投入机制，探索分环节分阶段补贴机制，加大初创环节补贴力度，完善财政容错机制与评价体制；强化金融支撑，大力发展创业投资，并引导保险资金、社保基金等长期资本参与，支持各类银行实施以股权、知识产权等非固定资产为抵押的科技信贷，推动知名投融资机构与攻关主体开展对接，为参与重大技术攻关的科技型企业设立优先上市通道。

（二）推动以企业为主体的产学研协同攻关，加快科技与产业对接

一是强化企业科技创新主体地位。推动更多任务由企业提出，提升企业在

国家科技计划选题设置中的参与度;强化科技领军企业引领,鼓励并支持其强化基础研究、承担国家级重大科研项目、牵头建设高水平研发机构和平台、推动创新资源向产业链其他企业开放;加强对科技型中小微企业的政策、项目和人才支持,引导其聚焦所属细分领域开展技术攻关;推动不同环节和不同类型企业融通创新,大力推进服务型共性技术平台、融通创新平台建设,健全科技成果转移转化机制,推动各类科技成果转化项目库对企业开放。

二是打造产学研深度融合的创新体系。完善高校、科研院所与企业协作机制,提高企业的参与度和话语权,定期从国家层面组织企业向高校发布研究课题,并由二者联合出资对科研成果进行产业化,支持龙头企业牵头组建创新联合体,鼓励主体间通过战略合作、技术转移、联合研发等多种形式开展合作;支持不同主体建立协同创新平台,加大对工程测试、验证阶段的政策支持和投入力度,推动建立科技成果转移转化平台;建立产学研融合的利益兼容机制,基于创新贡献度明确主体利益分配,持续完善风险评估体系和风险共担机制。

(三)加大基础研究投入和保障力度,加快构建开放创新生态

一是强化基础研究投入和保障。持续加大中央财政对基础研究的经费投入与保障力度;创新基础研究多元化投入机制,倡导企业、社会团体、个人等以定向捐赠、设立基金等形式资助基础研究;提高基础研究成果转化应用在科研成果及人员评价中的权重,加大对聚焦新方向开拓探索的科研人员的资助力度,同时为其成果转化和应用提供优先通道;探索稳定性和竞争性相适宜的基础研究投入体系,选择数学、物理等部分学科或研究机构,开展长周期资助机制试点,加强对高水平技术攻关人才和青年人才的稳定支持,扩大基础研究经费使用自主权;深入推进基础研究成果差异化、长周期评价,完善基础研究人才分类评价机制,营造鼓励探索、宽容失败的基础研究发展环境。

二是加快构建以我为主的开放创新生态。稳步扩大技术创新领域规则、管理、标准等制度型开放,营造国际化科研环境,统筹推进国际科技创新中心建设,加快布局包容互惠的国际科技交流合作平台;大力发展"以我为主"的国际合作项目,积极参与国际科技合作,加强与日韩、东盟、欧洲、"一带一路"等重点主体的合作研发;主动设计和发起国际大科学计划和大科学工程,引进国际科技组织,积极参与国际标准制定,鼓励创新主体"走出去",不断

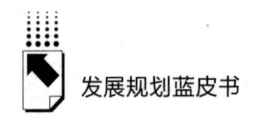

提升中外高校联合办学质量，鼓励国内外科研机构和跨国企业互设分支机构和研发中心，逐步放开高校和科研机构人员选聘的国籍限制，增设外籍专家岗，加强国内外科学家的交流合作。

（四）不断健全关键技术攻关体制机制，持续完善技术发展生态

一是提高关键核心技术攻关治理效能。建立由国家最高决策层授权的特殊机构，负责跨领域和跨部门的决策协调和资源调配；在国家层面明确新型举国体制的应用范围和边界，成立专门机构，负责甄别和分类适用新型举国体制的项目，加快推广实施"揭榜挂帅""赛马制"等新型科研组织模式；探索项目攻关中的高效研发组织机制、评价激励机制和监管机制，完善并推广项目经理负责制，鼓励顶尖战略科学家和科技领军人才担任项目总负责人和监管专员；强化国家战略科技力量的主体定位，完善不同主体间的协同合作机制。

二是健全关键核心技术攻关激励和保障机制。提高科研人员自主权，强化其在重大技术攻关中的路线选择、经费使用和分配方面的决定权；优化科研人员价值回报机制，设置基于价值实现程度的动态薪酬制度，加强中长期激励，完善重大技术攻关的利益分配机制，加大对一线科研人员的倾斜力度；持续优化创新生态，简化科研项目和经费管理流程，加快完善落实科研助理制度，减轻科研人员事务性负担，持续完善知识产权保护、社会福利、税收优惠等保障制度；积极培育创新文化，大力弘扬科学精神、工匠精神和企业家精神，加强科研诚信建设和科研伦理治理，严惩科研腐败和学术不端行为。

三是完善关键核心技术发展生态。从应用生态来看，依托国家重大工程项目建设和创新应用场景发布，着力推进各类创新主体与需求单位对接；加大政府部门的先行示范力度，通过政府采购、税费减免等举措加强需求侧拉动；完善国产首台（套）、首批次产品大规模市场应用风险补偿机制，实施分阶段成果验收和补贴发放，破解国产化技术和产品不愿用、不敢用的难题。从产业生态来看，针对薄弱环节加大研发力度，加快补齐产业链断点堵点，逐步提升产业链的完整度；加强产业链上下游主体协同合作，充分发挥行业龙头企业的带动作用，构建创新联合体，提升产业链整合能力；强化行业内不同主体的协同合作，依托协同创新平台形成研究合力，避免无效竞争和低水平重复建设。

B.30
建设多层次科技创新中心

杨博旭*

摘 要： 科技创新中心是集聚创新要素的重要平台，是促进创新高质量发展的重要抓手，也是提升国家创新体系整体效能的关键支撑。现阶段，我国基本形成"3+3"科技创新中心的总体布局，并在很大程度上承担了带动区域发展的增长极、落实区域重大战略的重要作用。同时，现有科技创新布局依然存在发展同质化、辐射带动作用不足和空间布局不均衡等挑战。未来，加快科技创新中心建设的战略路径包括：明确各类科创中心定位，完善创新中心立体格局；突破行政区划壁垒，强化科技创新中心的溢出和带动效应；强化创新中心与地方特色协同，培育个性化内生增长极。

关键词： 科技创新中心 空间布局 国家创新体系

党的二十届三中全会审议通过了《中共中央关于进一步全面深化改革 推进中国式现代化的决定》，提出"构建支持全面创新体制机制……健全新型举国体制，提升国家创新体系整体效能"。科技创新中心是集聚创新要素、实现科技创新引领带动作用，进而提升创新体系整体效能的重要抓手，为推动科技强国和中国式现代化提供重要支撑。

纵观科技强国的发展史，世界主要科技强国都通过积极建设科技创新中心来提升国家创新能力和国际竞争力。2005年，英国通过"科学城"创新计划，将约克、纽卡斯尔、曼彻斯特、伯明翰、诺丁汉和布里斯托六个城市打造为要素集聚的创新中心。日本政府在2017年制定的最新一版城市总体规划《都市营造的宏伟设计——东京2040》中提出推进"新东京"实现"安全城市"

---

* 杨博旭，中国社会科学院数量经济与技术经济研究所副研究员，主要研究方向为区域创新。

"多彩城市""智慧城市"三大愿景。2016 年,新加坡在《研究、创新与创业 2020 规划》中提出"把新加坡变成一个智慧国家",在 2019 年总体规划草案中,进一步提出四大门户地区构想,打造本地枢纽和全球门户。2021 年,美国国会参议院通过《美国创新与竞争法案》,提出建立若干区域技术中心,塑造美国参与全球创新竞争的新优势。

从全球科技创新中心的分布来看,全球科技创新中心分布呈现欧洲、北美和亚太"三足鼎立"格局。其中,美国领跑全球科技创新中心建设,综合排名前 100 的全球科技创新中心中美国独占 26 席,更有 13 个进入前 30 强。[1] 近年来,我国在科技创新中心建设方面不断发力,先后布局了北京、上海和粤港澳大湾区三个国际科技创新中心,以及成渝、武汉和西安三个全国科技创新中心,初步构建"3+3"科技创新中心布局。然而,与美欧顶尖全球科技创新中心相比,中国科技创新中心在科技创新卓越人才、顶尖科研主体、创新引擎企业、高质量创新成果、国际科技合作、创新环境建设等方面仍存诸多短板。[2] 为此,对中国现有区域科技创新中心的定位、政策制定和整体推进情况进行梳理,有助于发现其存在的问题与面临的挑战,为总体科技创新中心的谋篇布局提供政策建议。

一 科技创新中心的研究述评

(一)科技创新中心的内涵、特征及功能

科技创新中心这一概念最早可以追溯至 Bernard 提出的"世界科学活动中心"一词,[3] 对世界科学中心随着时间推移而出现的变化进行概括。1962 年,日本史学家汤浅光朝提出了"科学中心"的量化标准,即一个国家在一定时段内的科学成果数占世界科学成果总数的比重超过 25%。2000 年,美国科技杂志《连线》(Wired)率先提出了"国际科技创新中心"的四个要素指标,即地区高等院校和研究机构培训熟练工作人员或创造新技术的能力,能产出专

---

[1] 华东师范大学全球创新与发展研究院:《全球科技创新中心 100 强(2023)》,2023 年 12 月。
[2] 华东师范大学全球创新与发展研究院:《全球科技创新中心 100 强(2022)》,2023 年 12 月。
[3] 贝尔纳:《历史上的科学》,伍况甫译,科学出版社,1959。

业知识和技术、促进经济增长的老牌公司和跨国公司的发展及其影响力，公众创办新企业的积极性，获得风险投资以确保成果成功转化并进入市场的可能性，并据此评选出46个全球技术创新中心。2001年，联合国又进一步提出了"技术成长中心"概念，即"众多的科研机构、创新型企业和风险投资集聚在一起的地区"。①

国内关于科技创新中心的研究在近年兴起，并紧密与国家战略相结合。然而，针对科技创新中心尚未形成统一的概念，②现有研究从不同角度对科技创新中心的内涵和特征进行了分析。总体来看，科技创新中心是创新要素集聚、创新环境优良、创新网络发达、高质量创新产出丰富的创新高地，且对周边地区具有辐射带动作用。③杜德斌通过对组成要素与结构的分析，提出了中国情景下国际科技创新中心的三层次多要素系统，其中人才为核心要素，企业、大学与政府三螺旋结构为主体要素，文化、资本、设施及服务为全球科技创新中心环境要素。④李美桂等指出科技创新是多主体协同参与的多元的知识生产和扩散体系，系统内各要素间的相互作用、系统内外的知识交流，使得科技创新中心处于不断演化之中。⑤

根据影响和辐射范围，科技创新中心可以分为国际科技创新中心、全国科技创新中心和区域科技创新中心等。⑥不同层次的科技创新中心又呈现出不同特点，在国际科技创新中心方面，杜德斌认为，国际科技创新中心是在全球价值链中具有价值增值功能并占据领导和支配地位的城市或地区，基本特征包括

---

① 联合国开发计划署：《2001年人类发展报告》，2001。
② 詹萌、徐曼莉、吕晓朦：《关于我国科技创新中心的研究进展及趋势——基于CiteSpace的科学计量知识图谱分析》，《创新与创业教育》2023年第1期。
③ 张士运、类淑霞、孙艳艳等：《国际科技创新中心内涵、思想价值及建设路径》，《科技中国》2022年第6期；杜德斌、祝影：《全球科技创新中心：内涵特征与评价体系》，《科学》2022年第4期；熊鸿儒：《全球科技创新中心的形成与发展》，《学习与探索》2015年第9期；陈亚平、陈诗波：《中国建设全球科创中心的基础、短板与战略思考——基于城市群视角》，《科技管理研究》2020年第15期。
④ 杜德斌：《上海建设全球科技创新中心的战略路径》，《科学发展》2015年第1期。
⑤ 李美桂、孙俊娟、王潇耿：《科技创新中心的演化路径研究》，《今日科苑》2021年第12期。
⑥ 张文忠：《中国不同层级科技创新中心的布局与政策建议》，《中国科学院院刊》2022年第12期；刘冬梅、赵成伟：《科技创新中心建设的内涵、实践与政策走向》，《中国科技论坛》2023年第5期。

功能支配性、结构层次性、空间集聚性、产业高端性及文化包容性。① 熊鸿儒指出国际科技创新中心的兴起更替及其多极化，本质上是由科技革命、制度创新、经济长波等因素的历史性演变所决定的，也是时间与空间要素相互交织的结果。② 段云龙等将国际科技创新中心的特征概括为产业集聚性、包容性、结构层次性以及机构多样性等。③ 张士运等指出，国际科技创新中心应该具有国际化的创新创业生态以及多元包容的文化氛围，是新思想、新知识、新技术、新产品、新业态、新模式的策源地，是在全球科技创新网络中占据主导地位的城市或区域。④ 关于全国科技创新中心，陈亚平和陈诗波指出全国科技创新中心是以城市群为主要区域、以核心城市为结点，拥有丰富的科技资源和优良的创新环境，科技支撑引领作用突出、辐射引领能力强，在全球科技创新版图中占有重要地位的区域。⑤ 对于区域科技创新中心，马海涛和陶晓丽强调区域科技创新中心应该聚力解决区域发展中的科技难题，引领区域经济、社会、文化、生态全方面高质量发展，是区域创新体系的"轮轴"，也是区域对接国家和全球创新网络的"枢纽"。⑥ 刘冬梅和赵成伟则认为区域创新中心是在特定区域的区位和资源禀赋条件下，国家通过资源的空间配置和创新政策的倾斜性支持等举措，推动对接上一层级科技创新中心的技术创新成果，以实现区域经济的转型升级和快速发展。⑦

（二）科技创新中心建设的国际经验研究

《全球创新指数报告》作为评估世界各国科技创新发展水平最具权威性的报告之一，揭示了北美、东亚、欧盟"三足鼎立"态势正重塑全球科技创新

---

① 杜德斌：《上海建设全球科技创新中心的战略路径》，《科学发展》2015年第1期。
② 熊鸿儒：《全球科技创新中心的形成与发展》，《学习与探索》2015年第9期。
③ 段云龙、王墨林、刘永松：《科技创新中心演进趋势、建设路径及绩效评价研究综述》，《科技管理研究》2018年第13期。
④ 张士运、类淑霞、孙艳艳等：《国际科技创新中心内涵、思想价值及建设路径》，《科技中国》2022年第6期。
⑤ 陈亚平、陈诗波：《中国建设全球科创中心的基础、短板与战略思考——基于城市群视角》，《科技管理研究》2020年第15期。
⑥ 马海涛、陶晓丽：《区域科技创新中心内涵解读与功能研究》，《发展研究》2022年第2期。
⑦ 刘冬梅、赵成伟：《科技创新中心建设的内涵、实践与政策走向》，《中国科技论坛》2023年第5期。

发展格局。部分国内学者聚焦国外案例，通过对全球典型科技创新中心的演化规律和发展模式进行分析来为我国的科技创新中心建设提供借鉴经验。

英国伦敦从城市发展整体角度出发，构建"国家—城市—地方"多级政府共治的科技创新行政管理体系，[1]打造"知识（服务）+创意（文化）+市场（枢纽）"模式，[2]为科技与金融产业的互补发展营造良好的创新生态环境。硅谷强调政府引导和市场配置的良性互动，[3]打造以知识为中心的创新生态系统[4]，形成"科技（辐射）+产业（网络）+制度（环境）"的全球创新中心模式。纽约依托国际化港口优势，打造兼容并蓄的开放系统，[5]积极推动"四链融合"，培育适合大众创新创业的土壤。[6]东京在国际创新中心建设过程中，政府发挥重要作用，依托跨国企业的研发能力和高校院所的科教资源集聚优势，推动产学研协同创新，[7]打造"工业（集群）+研发（基地）+政府（立法）"创新模式。[8]新加坡在全球科技创新中心建设过程中，强调以政府为主导的自上而下的创新体系，[9]政府在产业发展、风险投资、企业扶持等方面

---

[1] 陈强、王浩、敦帅：《全球科技创新中心：演化路径、典型模式与经验启示》，《经济体制改革》2020年第3期；李兰芳、唐璐、陈云伟等：《全球主要城市群科技创新中心建设经验对成渝地区的启示》，《科技管理研究》2022年第6期。

[2] 王佳宁、白静、罗重谱：《创新中心理论溯源、政策轨迹及其国际镜鉴》，《改革》2016年第11期。

[3] 傅超、张泽辉：《国内外科技创新中心发展经验借鉴与启示》，《科技管理研究》2017年第23期。

[4] 杜德斌、段德忠：《全球科技创新中心的空间分布、发展类型及演化趋势》，《上海城市规划》2015年第1期；胡曙虹、黄丽、杜德斌：《全球科技创新中心建构的实践——基于三螺旋和创新生态系统视角的分析：以硅谷为例》，《上海经济研究》2016年第3期。

[5] 王博、江洪、叶茂等：《沿海城市建设区域科技创新中心实施路径研究——以青岛市为例》，《科技管理研究》2020年第16期。

[6] 盛垒、洪娜、黄亮等：《从资本驱动到创新驱动——纽约全球科创中心的崛起及对上海的启示》，《城市发展研究》2015年第10期。

[7] 陈强、王浩、敦帅：《全球科技创新中心：演化路径、典型模式与经验启示》，《经济体制改革》2020年第3期；李兰芳、唐璐、陈云伟等：《全球主要城市群科技创新中心建设经验对成渝地区的启示》，《科技管理研究》2022年第6期。

[8] 王佳宁、白静、罗重谱：《创新中心理论溯源、政策轨迹及其国际镜鉴》，《改革》2016年第11期。

[9] 杜德斌、段德忠：《全球科技创新中心的空间分布、发展类型及演化趋势》，《上海城市规划》2015年第1期；纪慰华、苏宁：《新加坡建设科技创新中心的特点与启示》，《全球城市研究（中英文）》2020年第2期。

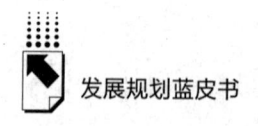

起到重要作用，同时强调融入全球创新网络和贸易体系。①

通过对国际科技创新中心发展经验的梳理，可以发现科技创新中心是多创新主体、多创新要素在空间地理上聚集扩散和关联溢出的结果，并且受到全球创新策源的影响，"大区域"和"城市群"的概念更强调科技先导性、产业带动性和经济辐射性。成功的科技创新中心大多是依托城市本身的发展历史和基础条件进而演化升级的，因此在借鉴经验的同时也要因时因地制宜并与我国发展战略相结合。

二 我国科技创新中心建设的布局与进展

（一）我国科技创新中心整体布局与战略定位

区域创新作为国家创新的重要组成部分，是实现创新驱动发展、破解当前经济发展中突出矛盾的基础支撑。目前，我国布局建设了北京、上海、粤港澳大湾区3个国际科技创新中心及成渝、武汉和西安三个全国科技创新中心，基本形成"3+3"科技创新中心的总体布局。现有科技创新中心的核心承载区和区域任务如表1所示

表1 科技创新中心的政策文件承载区和区域任务

类别	地区	政策文件	核心承载区分布	区域任务
国际科技创新中心	北京	2016年印发《北京加强全国科技创新中心建设总体方案》	海淀中关村科学城、昌平未来科学城、怀柔科学城、亦庄经济技术开发区	推动京津冀协同创新
	上海	2016年印发《上海系统推进全面创新改革试验加快建设具有全球影响力的科技创新中心方案》	浦东新区	推进长三角科技创新共同体建设
	粤港澳大湾区	2019年印发《粤港澳大湾区发展规划纲要》	光明科学城、松山湖科学城、南沙科学城	开展粤港澳科技创新合作，推进"一带一路"建设

---

① 方力、李军凯、高菲等：《国际科技创新中心的典型特征与运行逻辑》，《科技智囊》2023年第1期。

续表

类别	地区	政策文件	核心承载区分布	区域任务
全国科技创新中心	成渝	2020年批复《成渝地区双城经济圈建设规划纲要》	两江新区、天府新区	推动成渝双城经济圈建设
	武汉	2022年批复《武汉具有全国影响力的国家科技创新中心建设总体规划（2022—2035年）》	东湖科学城	推进长江经济带发展
	西安	2022年批复《西安市"十四五"科技创新发展规划》	丝路科学城	辐射西北地区发展

（二）科技创新中心推进情况

表2呈现了2022年科技创新中心的教育及科技资源能力主要数据。数据表明，北京科技创新中心的发展特点突出，丰厚的教育资源、高质量的人才自主培养体系，能够造就一大批创新人才和科技人才，为北京建设国际科技创新中心提供强大智力支持。每万人高价值专利拥有量达112件，遥遥领先于其他地区，并在全球城市创新能力排名中首次超过伦敦，跻身前三。

上海市的科技创新中心建设正从形成基本框架体系向实现核心功能跃升，在科学新发现、技术新发明、产业新方向、发展新理念等方面取得重要进展。上海科技创新中心的教育和科技资源能力分布较为均衡，研发投入持续增加，企业加强技术创新，在全球城市创新能力排名中居第10。

粤港澳大湾区于2019年设立科技创新中心，研发投入增长速度明显加快。粤港澳大湾区凭借高水平的开放程度和资本吸引优势形成了优良的创新环境，创新企业表现突出，在全球城市创新能力排名中超过东京位列第6。

武汉作为国家中心城市，地处长江经济带发展和中部地区崛起两大国家战略的交汇点。武汉市加快推进以东湖科学城为核心区域的光谷科创大走廊建设，推动院所校区、产业园区、科创社区"三区融合"，促进关键核心技术攻关和科技成果转化，旨在打通从科技强到产业强、经济强的通道，加快形成区域创新体系和创新生态。

成渝在国家高能级创新力量的部署方面，以落实党中央决策部署为主，集聚成渝区域内超200所高校以及发达的产业基础等创新资源，共同争取和布局建设重大科技基础设施、重大创新平台。高能级科创力量的布局逐渐呈现"重大科技基础设施+国家实验室+国家级创新平台+前沿交叉平台"的全体系化布局。

西安在2023年初获批建设综合性科学中心和科技创新中心，成为全国第四个"双中心"城市。长期以来，西安的高校、科研院所资源与各类人才、两院院士数量均位列全国第一梯队。西安科技创新中心构建"一核一圈一带"空间布局，即西安综合性科学中心核心区、西安都市圈和面向"一带一路"的丝路科技创新合作带。

表2 2022年科技创新中心的教育及科技资源能力主要数据对比

科技创新中心	双一流高校数量（所）	研发投入强度（%）	每万人高价值专利拥有量（件）	高新技术企业数量（万家）	科技型中小企业数量（万家）	全球城市创新能力排名
北京	34	6.83	112.0	2.82	1.55	3
上海	15	4.2	40.9	2.2	1.70	10
粤港澳大湾区	8	3.42	20.56	6.7	6.9	6
成渝	9	成都3.52 重庆2.36	成都15.4 重庆5.48	成都1.15 重庆0.63	成都0.82 重庆0.6	成都77 重庆89
武汉	7	3.51	28.09	1.26	0.87	72
西安	7	5.18	21.29	1.0	1.23	79

三 科技创新中心建设的不足与挑战

我国科技创新中心建设不断取得新进展，基本形成了"3+3"创新中心格局，通过集聚高端创新要素，不断推动区域重大战略落实，促进区域协调发展，与此同时，创新中心建设过程中也存在一些问题和不足。

（一）科技创新中心的发展同质化明显

科技创新中心具有明显的科技创新资源集聚作用，不仅能够享受国家和地区的各类优惠和支持政策，而且可以集聚科技创新所需的资金、人才等要素。为此，各地都通过科技创新中心建设，提升创新能力和经济实力，然而，在科技创新中心规划和政策制定过程中，对本地优势挖掘不足，创新中心建设的区分度不够，存在同质化发展趋势。在政策方面，地区依然无法摆脱科技创新的线性思维，将科技创新资金投入作为科技创新中心建设的重点，通过各类补贴、项目等来集聚科技创新资源。在产业培育方面，大多数地区将人工智能、生物医药、新能源汽车等产业作为科技创新中心建设过程中的重要支撑产业，对产业基础挖掘不够，缺乏差异化产业体系培育。在中心定位方面，各类科技创新中心都将创新策源、技术突破等作为核心内容，在此基础上，注重国家实验室等国家级创新平台的建设，以国家级项目、获奖等作为主要评价标准，对产业创新、成果转化等方面的关注相对不足。现阶段，只有江苏省提出了建设"产业科技创新中心"的目标。

（二）科技创新中心的协同创新和辐射带动效果不足

科技创新中心建设不仅是为了提升原始创新和关键核心技术突破能力，更重要的是发挥科技创新中心的示范引领和龙头带动作用，并通过与周边地区的协同创新，带动更大范围内的创新能力提升。然而，科技创新中心的协同创新和溢出效应尚未显现。一是跨城市协同能力有待提升。科技创新中心本身具有更高的创新能力，与周边城市存在明显的创新势差，导致周边城市的各类创新要素无法满足科技创新中心的要求，也无法承接科技创新中心的成果转移。以京津冀为例，2023年，北京区域创新能力列全国第二位，而天津和河北分别列第17位和第20位，创新能力的差距导致三地协同创新不足。二是辐射带动效果不足。科技创新中心建设依然无法突破行政区划壁垒，创新要素的跨区域流动受到限制，尚未与周边城市形成错位互补的创新生态，进而导致科技创新中心对周边城市的辐射带动效果较弱。

（三）科技创新中心的空间布局不均衡

中国科技创新中心建设在顶层设计和实际执行中聚焦国际科技创新中心和全国科技创新中心布局，对区域创新中心的关注相对不足，进而无法形成体系化创新中心布局，创新中心之间的相互支撑不足。一方面，在国家层面的顶层

设计上，主要针对三大国际科技创新中心、四个综合性国家科学中心和三个全国科技创新中心在政策和资金方面给予大力支持，而对其他科技创新中心的关注相对不足。另一方面，我国以省级区域作为基本行政单位，各省区市都将建设国家级科技创新中心作为主要目标，对城市之间科技创新的协同和生态布局的关注相对不足。

四 多层次科技创新中心建设布局与实现路径

科技创新中心建设是发挥创新要素规模优势、推动跨主体协同创新的重要方式，可有效支撑中国式现代化建设。鉴于我国科技创新中心建设现状和面临的困难，有必要进一步明确我国科技创新功能定位，统筹科技创新中心布局，充分发挥科技创新中心在支撑高水平科技自立自强和中国式现代化中的作用。

（一）明确各类科创中心定位，完善创新中心立体格局

各级政府加强对科技创新中心的顶层设计，打造涵盖国际科技创新中心、全国科技创新中心以及区域科技创新中心的多层次科技创新中心生态系统。中央科技委员会和科技部强化对国际科技创新中心和全国科技创新中心在功能定位、空间布局和资源集聚方面的统筹。国际科技创新中心在集聚国际化高端人才、聚焦关键核心技术攻关、前瞻性布局未来技术等方面具有全球引领性的作用，应不断提升其在全球创新链中的地位。全国性科技创新中心应深度谋划空间布局，完善全国创新网络节点。配合国际科技创新中心开展创新工作，承接国际科技创新中心重大科技成果的产业化，辐射带动周边地区的科技创新活动，最终实现全国科技创新能力的快速提升。对于区域科技创新中心而言，重点依托区域产业资源优势，打造具有地方特色的科技创新中心，承接国家科技创新中心的产业转移，引领构建具有竞争力的区域创新生态系统。

（二）突破行政区划壁垒，强化科技创新中心的溢出和带动效应

当前的创新中心建设依然无法突破行政区划壁垒，创新要素的跨区域流动受到限制，尚未与周边城市形成错位互补的创新生态，进而导致区域创新中心对周边城市的辐射带动效果较弱。为此，围绕科技创新中心，打造错位发展的

城市群，打破行政边界约束，扩大创新中心辐射半径。通过深化全国统一大市场建设，破除要素流动的卡点、堵点，促进创新要素高效利用，弱化行政壁垒对要素流动的阻碍作用。完善聚焦城市群和都市圈建设的统一规划，推动区域一体化发展，围绕核心城市，基于生态功能和分工，构建创新生态圈，实现城市群内各城市的合作和有序分工，提升创新中心城市的辐射带动作用。推进跨省的基础设施共建共享、互联互通，利用基础设施便利，进一步促进生产要素自由流动。由国家相关部门牵头建立各类全国性信息平台，打破信息的区域限制，充分利用大数据、云计算、人工智能等新一代信息技术，提升供需匹配度，优化要素配置。

（三）强化创新中心与地方特色协同，培育和发展新质生产力

习近平总书记在参加江苏代表团审议时强调，要牢牢把握高质量发展这个首要任务，因地制宜发展新质生产力。培育和发展新质生产力，也是科技创新中心的重要任务。在科技创新中心建设过程中，应充分发挥当地政府的主观能动性，激发科技创新中心建设的内生动力，注重对本地产业资源优势的充分挖掘，促进创新中心建设与创新资源协同发展。借鉴欧盟"智慧专业化"（Smart Specialization）发展经验，在创新中心建设过程中，立足当地资源优势，制定具有地方特色的政策和行动方案。以科技中心建设推动科技教育人才一体化，结合当地教育和产业等资源，布局教育中心和人才中心。充分发挥地区产业引导基金作用，鼓励科技创业和学术创新，强化科技创新成果转化，形成科技教育人才多中心的一体化推进局面，培育具有竞争力的新业态、新动能。

专栏　江苏省建设具有全球影响力的产业科技创新中心

2023年3月5日，习近平总书记参加十四届全国人大一次会议江苏代表团审议时，要求江苏在国家科技创新格局中勇担第一方阵使命，在科技自立自强上走在前，着力打造具有全球影响力的产业科技创新中心。江苏省委、省政府高度重视，于2023年6月印发实施《打造具有全球影响力的产业科技创新中心行动方案》（以下简称《行动方案》），作出系统布局和整体部署；2024年2月18日，省委、省政府以"打造具有全球影响力的产业科技创新中心"

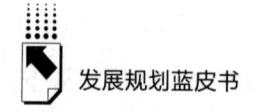

为主题，召开新春第一个全省性的工作推进会，强调再推进再深化再落实。

在目标定位方面，《行动方案》提出，努力把江苏建设成为世界先进的科技成果产出转化中心、国际一流的产业集群高地、全球知名的创新要素汇聚枢纽。"定3年、谋8年、展望13年"：到2025年，建设具有全球影响力的产业科技创新中心成势见效；到2030年，形成具有全球影响力的产业科技创新中心核心功能；到2035年，全面建成具有全球影响力的产业科技创新中心，主要科技创新指标达到创新型国家和地区前列水平，建成具有完整性、先进性、安全性的现代化产业体系，为我国参与全球产业科技竞争发挥重要的支撑、示范、引领作用。

在组织推进方面，江苏省委建立常态化调度推进督查机制，江苏省政府连续两年印发产业科技创新中心重点任务清单；江苏省科技厅组建工作专班，挂图作战、按月调度，部门联动对基础研究、未来产业、高端人才、科创金融、知识产权、战略性新兴产业基金、外资研发机构等作出系统安排，省地协同着力解决55项具有牵引性、带动性的重大需求和重点事项，印发重大平台、企业、项目"三项清单"，建立数字动态管理系统，加强对81个重大产业科技创新平台、211个重点创新型企业、68个重大产业科技攻关项目的集成支持；积极向上对接，争取国家层面出台高位支持和推动江苏打造具有全球影响力的产业科技创新中心政策性文件。

在优化区域创新空间布局方面，打造"一带两极三圈多点"创新布局。发挥苏南自创区创新引领作用，召开工作推进会，制定实施新一轮重点任务清单，苏州工业园区等4家国家高新区进入全国前20强。江苏省高新区以占全省6.5%的土地面积，2023年创造了31.4%的地区生产总值、33.2%的出口总额和55.4%的高新技术产业产值，集聚了40.3%的省级以上人才计划高层次人才和54.8%的高新技术企业。南京高新区生物药品制造等4个集群入选国家创新型产业集群名单，总数达19个、居全国第二。根据世界知识产权组织（WIPO）公布的《2023年全球创新指数报告》，上海—苏州科技集群位列第5，南京科技集群位列第11。

在工作成效方面，经过一年多的共同努力，产业科技创新中心建设实现稳健开局。习近平总书记在新年贺词中点赞"奋斗者"号极限深潜。首创江苏省实验室联盟，省政府与中国科学院、中国工程院签署新一轮合作协议，与国家自然科学基金委员会设立联合基金，创立三大基础研究中心等。2023年，全省全社会研发投入总量约4100亿元，在全国的贡献超过12%；研发投入占比3.2%左右，达到创新型国家和地区中等水平；高新技术产业产值占规上工业比重达49.9%，提前两年完成省"十四五"目标（2024年第一季度增至50.2%，贡献首次超过半壁江山）；万人发明专利拥有量62.1件，连续8年保持全国省区第一；集成电路产业规模约3200亿元、新获批创新药9个、"新三样"出口额1949亿元，均领跑全国；新入库科技型中小企业9.4万家、科创板上市公司达110家、新获批国家创新型县（市）9个、新增国家级科技企业孵化器37家，均居全国第一。因在实施创新驱动发展战略、提升自主创新能力等方面成效明显，获国务院督查激励表扬。

B.31
积极培育未来产业*

王宏伟 杨书奇**

摘　要： 未来产业是由颠覆性技术和前沿技术催生的新产业、新模式、新动能，是新一轮科技革命和产业变革中的主导力量，也是我国新质生产力的重要组成部分。未来产业对人类经济社会长期发展有着重要作用并且深度影响国际竞争格局，在世界百年未有之大变局加速演进的背景下，未来产业正成为各国抢占科技制高点、争夺产业主导权的关键。本文系统阐述了未来产业的内涵、特点，基于科技革命和产业变革的趋势分析论证了培育未来产业的必要性；通过对比典型国家未来产业发展的战略布局，总结了我国未来产业培育过程中的基础条件、差距短板及政策实施现状；从战略引领、场景驱动、主题培育和人才队伍建设四个方面提出了培育未来产业的相关政策建议。

关键词： 未来产业　战略性新兴产业　新一轮科技革命　新质生产力

2020年以来习近平总书记多次提出要"前瞻布局战略性新兴产业，培育发展未来产业"，[①]"着力壮大新增长点、形成发展新动能"，[②] 各地要"加快

---

* 本研究获得了国家自然科学基金专项项目"面向2040消费需求的重点领域工程科技发展方向研究"（L222400054）资助。
** 王宏伟，中国社会科学院数量经济与技术经济研究所研究员，中国社会科学院项目评估与战略规划研究咨询中心主任，主要研究方向为科技创新政策、科技人才等；杨书奇，中国社会科学院数量经济与技术经济研究所，主要研究方向为科技创新等。
① 习近平：《在深圳经济特区建立40周年庆祝大会上的讲话》，https://www.gov.cn/xinwen/2020-10/14/content_5551299.htm，2020年10月14日。
② 《浙江：努力形成发展新动能》，https://www.gov.cn/xinwen/2022-09/15/content_5710101.htm，2022年9月15日。

改造提升传统产业，前瞻部署未来产业"，① 构建富有当地特色和优势的现代化产业体系。2021年《中华人民共和国国民经济和社会发展第十四个五年规划和2035年远景目标纲要》发布，指出要抢占未来产业发展先机，在类脑智能、量子信息、基因技术、未来网络、深海空天开发、氢能与储能等前沿科技和产业变革领域谋划布局一批未来产业。2023年12月，习近平总书记在中央经济工作会议上再次强调，要以颠覆性技术和前沿技术催生新产业、新模式、新动能，开辟量子、生命科学等未来产业新赛道。2024年1月，工信部等七部门联合印发《关于推动未来产业创新发展的实施意见》，提出到2025年，我国未来产业技术创新、产业培育、安全治理等全面发展。当前，在百年未有之大变局加速演进的关键时期，未来产业已成为各国抓住时代契机、谋划抢占科技制高点和市场先机的关键。2024年7月党的二十届三中全会进一步强调，要建立未来产业投入增长机制，完善推动新一代信息技术、人工智能、航空航天、新能源、新材料、高端装备、生物医药、量子科技等战略性产业发展的政策和治理体系，引导新兴产业健康有序发展。

未来产业是新一轮科技革命和产业变革中的主导力量，最有可能发展为主导未来世界科技创新和经济发展竞争格局的新兴产业乃至主导产业。在世界百年未有之大变局加速演进的背景下，未来产业正成为各国抢占科技制高点、争夺产业主导权的关键。要主动顺应新一轮科技革命和产业变革趋势，积极培育未来产业，加快形成新质生产力，增强发展新动能。②

一 未来产业的内涵和特点分析

（一）未来产业的内涵

未来产业与战略性新兴产业概念相近，但存在明显差异。二者相似之处在于，都是基于前沿重大科技创新或技术突破，具有巨大发展空间，具备发展成

---

① 《推动新时代治蜀兴川再上新台阶 奋力谱写中国式现代化四川新篇章》，http://cpc.people.com.cn/n1/2023/0730/c64094-40046516.html，2023年7月30日。
② 胡拥军：《前瞻布局未来产业：优势条件、实践探索与政策取向》，《改革》2023年第9期。

为支柱产业的潜力，对其他产业具有辐射带动作用，是未来经济增长和产业结构优化的新引擎，能够对经济社会和国家竞争力产生重大影响，具有前瞻性、引领性和战略性；不同之处在于，战略性新兴产业是已经形成并有一定规模的产业，而未来产业则是处于产业生命周期初期，相关技术尚未转化为产品，或已经出现产品原型但尚未进入产业化阶段的产业。①

近年来国家高度重视未来产业发展，并出台多项政策对未来产业的定义、特征、范围进行界定。《中华人民共和国国民经济和社会发展第十四个五年规划和2035年远景目标纲要》强调了要在类脑智能、量子信息、基因技术等前沿科技和产业变革领域"前瞻谋划未来产业"。2021年4月19日，国家发展和改革委员会新闻发言人概括了未来产业的特点，认为未来产业以新科技的突破和产业化为基础，既能满足现有需求又能创造新需求，不断催生新产业新业态新模式，并且将突破人类现有认知，拓展新的发展和生存空间。2021年9月24日，在"2021中关村论坛"上科学技术部副部长邵新宇指出，未来产业以重大科学发现或技术突破为基础，处于萌芽阶段或产业化初期，有望成为主流产业，是对经济社会发展和国际竞争格局带来重大影响的未来科技和产业发展方向。2024年1月印发的《关于推动未来产业创新发展的实施意见》中将未来产业定义为"由前沿技术驱动，当前处于孕育萌发阶段或产业化初期，是具有显著战略性、引领性、颠覆性和不确定性的前瞻性新兴产业"。并指出我国未来产业的六大方向包括未来制造、未来信息、未来材料、未来能源、未来空间和未来健康。

从相关学者的观点来看，未来产业是交叉、融合和相互依存的研究领域，具有巨大的经济潜力，并且对国家经济和安全而言至关重要。② 未来产业不仅本身具有巨大的增长潜能，还具有很强的产业关联性、发展带动效应、扩散效应和跃迁效应，能带动上下游相关产业协同发展，是赢得新一轮科技革命、产业变革和国际竞争优势的关键要素之一。③ 有学者从需求角度进行定义，认为

---

① 孙福全：《理性看待和发展未来产业》，《科技中国》2023年第10期。
② France A. Córdova, "Before the Committee on Commerce, Science, and Transp-ortation United States Senate," https://www.congress.gov/117/chrg/CHRG - 117shrg53093/CHRG - 117shrg53093.pdf, 2020-01-15.
③ 邱丹逸、万晶晶、黄怡淳：《国内外推动未来产业技术成果转化的战略部署及对广东省的启示》，《科技创业月刊》2023年第11期。

未来产业是新兴技术驱动下,能够满足未来人类工作、生活需求,推动社会长期可持续发展的产业。①

综上,虽然主要国家已经开始制定促进未来产业发展的相关规划和政策,但产业界和学术界对于未来产业的概念界定还比较模糊。本文根据以上内容认为,未来产业是基于人工智能、量子信息、通信技术等前沿技术或多个技术领域融合,对人类经济社会长期发展有着重要作用,可深度影响国际竞争格局,相关技术尚未转化为产品,或已经形成产品设计但不具备规模化生产或市场化运营条件的产业。

(二)未来产业的特点

具体而言,未来产业具有以下特征:一是未来产业基于前沿重大科技创新或者技术突破,具有巨大的发展空间,有发展成为支柱产业的潜力。二是未来产业以满足当下和未来人类经济社会发展的需求为目标,具有很强的带动扩散效应,能够拓展新的发展空间、新的投资和消费需求,满足人们日益增长的物质和文化需要。三是未来产业呈现交叉融合、协同发展趋势。随着新一轮科技革命和产业变革不断深入,技术创新的复杂性不断提升,并且呈现跨领域交叉融合趋势。未来产业在技术迭代和产品创造过程中也呈现多学科多领域交叉融合趋势。四是未来产业处于技术和产业发展早期,技术和市场都不成熟,在创新技术转化为产品,或者已经具备初步的产品设计向规模化产业化深入推进的过程中,仍面临着许多不确定性。未来产业发展方向将对经济、科技、社会等产生重大影响,并且将深度影响国际竞争格局。

二 科技革命和产业变革的趋势及未来产业影响分析

当今世界,新一轮科技革命和产业变革迅猛发展,数字技术在改造传统产业的同时也在不断催生新产业、新业态和新模式,由数字技术主导的新一轮科技革命和产业变革正处于深入发展的关键时期。世界主要国家争相布局前沿技

---

① 沈华、王晓明、潘教峰:《我国发展未来产业的机遇、挑战与对策建议》,《中国科学院院刊》2021年第5期。

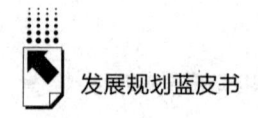

术和未来产业,以期抢占国家竞争制高点,主导未来全球经济发展格局。

不同于历次科技革命由某一领域的技术发明和应用引领,本轮科技革命以物联网、云计算、大数据等新一代信息技术加速突破为基础,推动基因技术、量子信息技术、新材料技术、新能源技术、虚拟现实等前沿技术高度融合、相互渗透。[1] 并且本次科技革命不再由少数国家主导,中美欧日韩等都在加强前沿技术突破、积极部署未来产业,全球正迎来一场技术、管理、制度和政策的全面协同变革。"科技+产业"深度融合的格局将长期存在。

(一)科技革命的发展趋势分析

科技革命的知识基础不再局限于少数科学或工程领域,以数字技术为基础的多学科、多领域交叉融合驱动着新一轮科技革命的知识基础范围和边界快速拓展。数据成为基础性生产要素,前沿技术实现了多点突破、多技术群簇集中出现,科技创新呈齐头并进的链式变革,促成市场需求、技术需求、科学突破的链条循环互动,技术研发效率提高,创新周期缩短,科技研发与应用黏性加强。

技术和产业交叉融合导致新产业竞争节点前移,凸显基于科学的产业的重要性。基础研究、应用研究、技术开发和产业化链条逐渐整合,应用导向的基础研究得到越来越多地关注,产业化阶段逐渐前移至技术开发甚至是基础研究阶段,场景牵引、需求拉动产业科技创新的趋势日益明显。技术经济范式发生根本改变,"科技+产业"深度融合的格局将长期存在。[2]

科技创新加速渗透融入经济社会发展,对经济社会的影响变得更为复杂。数字技术的广泛应用推动人类社会加快实现以资源节约、生命健康、环境友好为核心的绿色转型,但同时也打破了原有规模化、标准化的生产方式,职业及就业结构转型趋势愈加明显。科技创新对人类生活、生产和认知方式的重塑可能会引发科技伦理和安全问题。[3]

---

[1] 梁正、李瑞:《数字时代的技术—经济新范式及全球竞争新格局》,《科技导报》2020年第14期。
[2] 易信:《新一轮科技革命和产业变革对经济增长的影响研究——基于多部门熊彼特内生增长理论的定量分析》,《宏观经济研究》2018年第11期。
[3] 邱耕田、强竞丹:《人工智能时代的新科技革命:特点、风险和应对》,《阅江学刊》2024年第4期。

（二）产业变革的发展趋势分析

平台型企业及其主导的产业生态蓬勃发展，成为牵引科技革命和产业变革的主导产业组织模式。共性技术在创新链产业链发展中的支撑作用日益明显，更加依赖平台型企业通过挖掘、聚合、优化信息数据来提高资源配置效率，推动制造业与服务业深度融合，形成跨领域融合延伸、多元主体共同推进的创新生态系统。①

创新型企业由多元化向专业化发展，网络化集成化趋势明显。由于科学技术高度的复杂性，掌握底层技术的公司变得更加专业化而不是多元化。基于专业化的企业间知识互动和创新网络连接，以及基于商业模式创新的科学、技术、工程知识的集成变得更加重要。随着信息通信技术、物联网技术、人工智能技术的不断发展，各类开放创新平台的建设更加完善，服务能力不断增强，将为全社会的科研人员、团队及企业的创新活动提供有效支撑。②

技术和商业模式的高复杂性和不确定性、数据资源的高流动性等对政府管制能力提出了更高的要求。人工智能、区块链等新兴技术和产业的出现要求政府及时更新治理模式、管理体制、决策机制，提高政府人员素质和数据资源利用能力。③

（三）对经济社会发展的深刻影响分析

首先，培育发展未来产业是推动我国经济高质量发展的重要动力。未来产业的发展过程，本质上是一个前沿技术突破进而加速产业化的过程。基于现有产业基础和优势积极部署未来产业，将在提升前沿领域技术创新能力的同时对现有产业产生溢出效应，促进传统产业转型升级，提高生产效率，有助于在数字经济、绿色低碳等领域培育更多新的经济增长点，为经济发展注入新的活力。

---

① 贺俊、国旭：《创新平台开放战略研究的最新进展与发现》，《齐鲁学刊》2022年第2期。
② 史丹：《数字经济条件下产业发展趋势的演变》，《中国工业经济》2022年第11期。
③ 李韬、冯贺霞：《数字治理的多维视角、科学内涵与基本要素》，《南京大学学报（哲学·人文科学·社会科学）》2022年第1期。

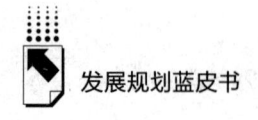

其次，培育发展未来产业是我国把握新一轮科技革命和产业变革机遇的战略选择。在新一轮科技革命和产业变革背景下，全球科技创新进入空前密集活跃期，重大前沿技术、颠覆性技术持续涌现。科学技术和经济社会发展加速渗透融合，催生新业态、新模式、新动能，并引发产业结构发生深刻变革。积极抓住未来产业发展机遇，有助于更好适应科技革命和产业变革新趋势，推动我国经济结构优化升级、新旧动能转换、质量效率提升，为经济高质量发展打下坚实的基础。

最后，培育发展未来产业是我国形成先发优势、提升国际竞争力的有力支撑。当前，世界主要经济体纷纷加强对前沿技术和未来产业的布局，以期在即将兴起的高技术产业领域抢占先机。未来产业的培育和发展有利于进一步提升我国自主创新能力、加快实现高水平科技自立自强，开辟发展新领域新赛道，加快实现"换道超车"，塑造发展新动能新优势，提升国际影响力和话语权。

三 典型国家未来产业发展的战略布局分析

（一）美国未来产业发展的战略布局和走向

美国十分重视未来产业的布局和培育工作，通过发布一系列发展战略和行动计划为未来产业发展提供了完善的政策支持体系。

顶层设计方面。2019年2月，美国发布《美国将主导未来产业》，将发展未来产业纳入国家战略，提出要重点发展量子信息、人工智能5G、先进制造和生物技术等重点领域。为确保在未来产业竞争中的优势地位，美国先后发布《2021财年政府研发预算优先事项》《2022财年政府研发预算优先事项和全局行动备忘录》，为能源、太空、未来工业等领域的基础研究、应用研究及成果转化提供充分的资金支持。

重点领域方面。人工智能、量子信息、清洁能源等领域是美国的优势领域，也是其政策重点支持对象。美国高度重视人工智能领域的技术和产业发展，自2016年发布第一版《人工智能研究和发展战略计划》（以下简称"战略计划"）以来，分别于2019年和2023年对人工智能关键技术领域和相关政策措施进行了补充和调整，为美国人工智能发展提供有效的指导规划。2023年最新版战略计划重点关注人工智能的长期投资模式、人才发展需求及产学研合作机制等问题。2022年美国提出，2019~2023年每年投入8000万美元用于支持量子信息领域的基础研究、应用研究、基础设施建设、人才培养等活动。① 2023年先后发布《国家量子计划重新授权法案》《国家量子计划总统2024财年预算补编》，为量子计算、量子网络、量子计算机等关键技术的研发工作提供制度支持和资金保障。2021年美国能源部推出"能源攻关计划"，以期在未来10~15年推进能源领域的关键技术创新，推动氢能、核能等清洁能源的技术研发和应用开发，并宣布将在4年内投入2亿美元以推动计划实施。

（二）欧洲未来产业发展的战略布局和走向

英国主要针对人口老龄化和劳动生产率不高等问题制定相应的未来产业发展战略。2017年，英国提出，基于人工智能、清洁增长、未来交通运输和老龄化社会四大挑战布局未来产业发展。2019年，英国面向生物医药、新材料等领域设立了13个未来制造业研究中心，重点支持新技术商业化。同年英国交通部、商业部等部门宣布将投入3亿英镑以支持清洁交通发展，保障英国在交通领域的国际领先地位。英国将氢能作为重点清洁能源，于2021年和2022年先后发布《氢能源战略路线图》和《氢能投资者路线图》，积极发展氢能技术。面对5G、数字化技术等领域的快速变革，英国于2020年发布《未来科技贸易战略》以增加新一代信息通信技术领域的技术投资。

德国积极应对传统制造业竞争力下降和能源危机，部署智能制造、数字化转型、清洁能源等未来产业领域。德国早在2013年就提出"工业4.0"战略，但面对互联网技术的迅速发展，德国在数字技术、互联网技术等方面的发展稍显落后。为了抢抓世界科技创新和产业变革浪潮，德国政府于2018年和2019年分别出台了《高技术战略2025》和《国家工业战略2030》，提出要加强通信系统、新材料、量子技术、生命科学等领域的能力建设，加强科技创新和人

---

① 吕凤先、刘小平、贾夏利：《近二十年美国量子信息科学战略中基础研究的政策部署和重要进展》，《世界科技研究与发展》2022年第1期。

才培养，为工业发展提供完善的政策环境。2023年，德国政府出台《未来研究与创新战略》，进一步完善政策体系，提升能源、材料、生物技术等关键领域的科技创新和产业发展能力。

（三）日本未来产业发展的战略布局和走向

日本高度重视科技创新对经济发展的驱动作用，在生物技术、人工智能、清洁能源等未来产业领域较早就进行了布局。2019年，日本发布《科学技术创新综合战略2020》，明确提出人工智能、超算、大数据、卫星、清洁能源、生物技术等面向未来产业的重点领域。

氢能和生物是日本抢先布局的优势领域。2017年，日本制定《氢能源基本战略》，以降低制氢成本、推动氢能产业化应用为目标，推动氢能相关技术的研发与创新。日本在2020年发布的《2050年碳中和绿色增长战略》中，提出要积极布局海上风电、核能、氢能等未来产业以促进经济持续复苏。生物医药领域方面，日本早在2002年就提出"生物技术产业立国"，始终重视生物科技和相关产业的发展。为保持生物医药产业领域的竞争优势，日本于2019年颁布《生物战略2019》，并在此后的两年不断完善，最终形成了《生物战略2020》基本措施版和市场领域措施版，为日本生物技术领域未来十年的发展提供了政策指引。

当前，日本在人工智能领域的发展落后于美国与中国，属于第二梯队。[1]为推动人工智能技术的创新发展和产业化落地，日本在2017年制定《人工智能技术战略》以推动相关技术发展和产业化布局。而后又发布《人工智能2019》和《人工智能战略2021》，针对人工智能发展制定了更加系统、全面的战略规划，结合日本少子化、老龄化社会等情况，积极探索人工智能与机器人、生物医药等优势技术领域的融合，[2] 构建"具有多样性的可持续发展的社会"。

---

[1] 邓美薇：《日本人工智能的战略演进和发展愿景及其启示》，《日本问题研究》2022年第2期。
[2] 张百茵、张原：《日本未来产业发展路径对我们有哪些启示？》，《数字经济》2023年第Z1期。

四 我国培育未来产业的基础和短板分析

(一) 我国培育未来产业的基础和条件

1. 科技创新能力稳步提升

党的十八大以来,我国科技投入大幅增加,人才队伍不断壮大,科技产出量质齐升,成功步入创新型国家行列。科技创新能力的稳步提升为前沿领域的科技创新与未来产业的培育和发展提供了知识技术积累和科技人才储备支撑。

世界知识产权组织发布的2022年全球创新指数显示,中国创新指数全球排名由2012年的第34位提升至2022年的第11位;2022年中国有21个科技集群进入全球百强,与美国持平,位列全球第一。国家统计局数据显示,2022年我国全社会R&D经费达到3.08万亿元,较上年增长了10.1%,较2012年提高了2倍;投入强度由2012年的1.91%提升至2022年的2.55%,列世界第13位。基础研究投入方面,我国2022年基础研究经费达到1951亿元,较2012年增长近3倍,但基础研究经费占R&D经费总投入的比重为6.32%,仍有待进一步提升。R&D人员全时当量由2012年的324.7万人年增长到2022年的635.4万人年,稳居世界首位,2022年入选世界高被引科学家数量达到1169人次,排名世界第二。引用排名前千分之一的世界热点论文量占全球总量的41.7%,高被引论文占27.3%。

2. 企业研发主体地位不断增强

国家统计局数据显示,2022年企业研发投入占全社会研发投入已超过3/4,通过为企业提供更多的税收优惠、加大企业研发费用加计扣除政策实施力度,鼓励企业积极开展技术创新和研发活动。截至2022年底,我国高新技术企业数量达到40万家,其中762家企业进入全球企业研发投入前2500强,企业创新研发能力不断增强。成果转化方面,2022年全国技术合同成交额为4.8万亿元,较上一年增加28.2%,吸纳技术合同成交额中企业吸纳占比超过80%,企业在技术交易中的主体地位得以稳固。以上数据说明企业已成为我国科技创新的中坚力量。2022年国家重点研发计划中,企业作为参与主体或牵头参与的占比接近80%,企业在创新研发和科技成果转化中的主体地位不断

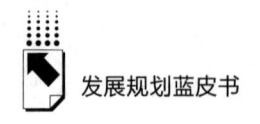

提升。

由于未来产业发展在技术路线选择和应用场景等方面具有很强的前瞻性和不确定性，在产品投入实际应用和规模化生产之前，很难预测最终的优势主导技术、产品形态及具体的应用场景。因此，在未来产业发展过程中，不仅需要科研人员推动前沿领域技术创新，还需要企业将可能主导未来产业发展的技术转化为具体的产品或应用，从而在不断地试错和迭代中探索出能够发展为新兴产业或主导产业的未来产业。因此，企业技术创新的能力和活力将在很大程度上决定一个国家在未来产业发展进程中的技术路线和市场机会。这也就意味着，大量的创新和市场主体是未来产业发展的保障。[1]

3. 未来产业相关政策密集出台

2023年以来，我国未来产业培育政策加速出台。工信部、科技部等先后发布《新产业标准化领航工程实施方案（2023—2035年）》《关于组织开展2023年未来产业创新任务揭榜挂帅工作的通知》，明确了元宇宙、脑机接口、量子信息、人形机器人、人工智能等未来产业的重点领域和发展方向。2024年工信部等七部门发布《关于推动未来产业创新发展的实施意见》，提出未来产业的概念内涵和未来制造、信息、材料、能源、空间、健康等六大产业发展方向。

地方政府积极响应，针对未来产业发展制定专项规划、行动计划及相关配套政策。北京、上海、江苏、浙江、广东等地区相继发布政策，布局未来产业发展，《北京市促进未来产业创新发展实施方案》、浙江省《关于培育发展未来产业的指导意见》、江苏省《省政府关于加快培育发展未来产业的指导意见》为当地未来产业布局、重点领域发展和产业培养体系提供了政策指引；《江苏省元宇宙产业发展行动计划（2024—2026年）》《上海市"元宇宙"关键技术攻关行动方案（2023—2025年）》《广东省人民政府关于加快建设通用人工智能产业创新引领地的实施意见》等针对未来产业细分赛道制定专项政策，促进未来产业发展。

4. 科技基础设施和产业配套优势

现代科技创新通常涉及多学科知识融合，所形成的产品大多具有复杂的架

---

[1] 赛迪智库未来产业形势分析课题组：《2024年我国未来产业发展形势展望》，《软件和集成电路》2024年第1期。

构，技术和产品的创新与商业化落地需要政府、科研机构、高校、企业等诸多主体的协同合作，并且可能涉及多个行业领域，完善的科技基础设施及完整的产业配套是培育未来产业的重要基础。

重大科技基础设施建设在国家科技发展中具有重要地位，欧美日等主要发达国家都将重大科技基础设施建设作为科技的核心竞争力。我国重大科技基础设施建设自20世纪60年代以来已取得了长足的发展，并且在科技创新和经济社会发展等方面起到愈发重要的作用：一是为前沿技术领域的基础研究和应用研究提供了关键平台，推动我国在粒子物理、空间科学、天文、生命科学等前沿领域的科研水平进入国际前列；二是在解决国家重大科技战略需求等方面发挥着重要作用，为解决航空航天等领域的"卡脖子"技术问题提供了支撑平台，并且其技术溢出效应能够有效促进新技术、新产品的研发；三是作为国家创新高地建设的核心内容，推动北京、上海、合肥、粤港澳大湾区等国家创新中心的形成，同时集聚、培养了大批高水平科技人才，为我国未来产业发展提供了技术、人才等储备。

我国拥有全世界配套最完整、规模最大的工业体系，具有强大的生产制造能力，能够迅速实现新产品的规模化生产。当下，国际地缘政治冲突加剧、科技与产业加速变革，未来产业发展领域与国际产业竞争密切相关，面对欧美等国家在关键技术领域对我国的封锁和制裁，完整的产业体系有助于我国打造自主可控、安全可靠的产业链、供应链，为未来产业领域的技术成果转化提供稳定的载体支撑。区域产业发展协同能力的不断提升也为我国未来产业发展提供了良好的环境，我国目前已在长三角、珠三角、环渤海等地区形成了具有国际竞争优势的专业化产业集群。产业集聚效应的充分发挥将推动我国科技创新效率提升、加快前沿技术和产品实现规模化生产，助力我国抢占未来产业国际竞争中的制高点。①

（二）我国培育未来产业的差距和短板分析

1. 未来产业前瞻预判布局和顶层设计有待强化

颠覆性技术和前沿技术是未来产业发展的引领方向和关键基础。当前我国在可能形成未来产业的前沿、颠覆性技术领域的前瞻战略布局和政策指引方面

---

① 中国社会科学院工业经济研究所课题组：《我国发展未来产业的优势》，《中国发展观察》2024年第4期。

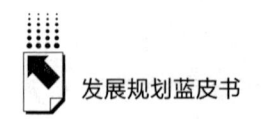

有待强化，科技创新的需求牵引与场景驱动明显不足。一方面，我国颠覆性技术战略研究起步晚，对颠覆性技术的内涵、特征认识不足，对颠覆性技术的方向研判不准、目标聚焦不足，对颠覆性技术带来的冲击应对不足。另一方面，能否实现大规模应用是推动原创性、颠覆性科技创新的重要牵引力，当前我国场景建设滞后于前沿技术研发，且场景建设碎片化严重、协调性不强等问题导致部分重大创新成果无法应用迭代。

2. 基础研究和应用研究投入不足

基础研究和应用研究是未来产业发展的基础。我国基础研发投入占全社会R&D的比重长期维持在5%左右，近年虽有明显提高，2023年达到6.4%，但仍远低于发达国家12%~20%的投入强度。特别是应用研究投入比例一直在下降，从20世纪末的20%下降到当前的10%左右，远低于发达国家20%~50%的投入强度。由此反映我国应用研究和共性技术研究力量薄弱，创新链断点明显，从技术到产业应用，需要大量的"补课"。相较于发达国家，我国企业基础研究投入意愿偏弱，90%的研究资金主要来源于政府。2013~2019年，企业基础研究投入比例一直不足4%，2020~2022年分别增加到6.5%、9.2%、9.6%，但仍远低于美国20%左右的企业基础研究投资占比。此外，数字经济底层技术支撑不足，芯片、核心工业软件等重要领域关键核心技术"卡脖子"问题仍较严峻，核心基础零部件（元器件）、关键基础材料、先进基础工艺、产业技术基础等与国际先进水平相比存在较大差距，未来面临创新源头失去先机的风险。

3. 国家实验室等战略科技力量作用发挥不足

首先，国家重大需求场景驱动下的前沿性原创性科学问题和技术攻坚选题提出机制尚不完善。"行业需求""区域需求""产业需求"向"国家需求"转化的传导机制仍不顺畅，部分战略科技力量研究目标不准确、不聚焦，难以形成满足国家未来产业发展战略需求的重大原创性和颠覆性成果。其次，适应原创性、颠覆性科技创新的科技攻关组织管理模式尚不完善，在科学家参与决策、充分发挥专家作用方面有待进一步加强。最后，国家实验室已经转型，由中央和地方共同出资，地方政府为运营主体，国家实验室如何在新一轮科技革命和产业变革中满足国家在关键技术和产业领域的战略需求亟须深入考量。此外，国家战略科技力量间的无序甚于有序、竞争多于合作，体系协同效应发挥不充分。

4. 战略科学家和一流科技领军人才匮乏

当前，我国能够把握和推动关键领域取得创新突破并占据世界科技创新制高点的顶尖科技人才短缺。2022年，美国高被引科学家数量的全球占比（38.8%）是我国（16.2%）的2.4倍。1966~2023年，被誉为"计算机界诺贝尔奖"的图灵奖共授予74名获奖者，以美国、欧洲科学家为主，我国仅有1名学者获奖。国内行业经验丰富的高端人才储备不足，尤其是掌握核心技术的关键人才紧缺，人才引进难和流失问题并存。我国人工智能领域"掌舵人"严重不足，美国顶级AI人才数量是中国的4倍，2022年"人工智能全球最具影响力学者榜单"中美国入选学者数量是中国的近5倍。在美国人工智能方向的中国博士毕业生中88%选择留在美国工作，只有10%左右选择回国。

5. 财税金融政策和政府采购等制度仍需优化

美国"硅谷"和"128号公路高技术产业带"的迅速崛起均离不开政府对高新技术的采购。当前我国政府采购多为终端产品采购，缺少对创新技术和服务的考虑，创新企业获得订单较少，对未来产业领域企业创新的激励效果欠佳。此外，《中华人民共和国政府采购法（修订草案征求意见稿）》中拟新增"创新采购"内容，但由于我国政府采购长期以来遵循"最低价中标"原则，创新采购的导向性仍然不强。财税金融政策创新滞后，难以适应日新月异的技术创新和模式变革。例如，对于科技领军企业推动关键核心技术攻关，尚未有配套的财政支持政策和税收优惠政策。再如，对资金投入需求更大的前沿技术和颠覆式创新，仍缺乏有效的市场化投融资手段，特别是风险投资发展滞后。根据美国风险投资协会的统计数据，2021年美国有近万家企业接受了风险投资的注资，平均每天获得风投注资的初创型公司超过30家。

（三）重点未来产业领域政策实施进展分析

当前，我国发展较快的未来产业领域包括新一代信息技术、人工智能、生物医药、氢能储能等。政策顶层设计和前瞻布局方面，2024年1月，工信部等七部门印发《关于推动未来产业创新发展的实施意见》，针对下一代智能终端、信息服务产品和未来高端装备制造等已具备产品化能力的未来产业领域进行了重点布局。

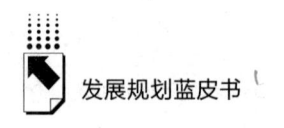

区域政策实施方面，北京、上海、浙江、深圳等地率先制定实施关于未来产业的发展规划与配套政策举措。目前，全国有约20个省（区、市）围绕类脑智能、量子信息、基因技术、未来网络、深海空天开发、氢能与储能等前沿科技和产业变革领域布局未来产业发展。①

浙江省高度重视未来产业高层次人才队伍建设。2023年8月，杭州未来科技城发布《未来科技城培育发展未来产业行动计划》，对未来网络、未来医疗、空地一体、元宇宙、类脑智能、前沿新材料等六大重点发展的未来产业领域提供10亿元扶持基金，并针对未来产业高层次人才提供最高800万元个人奖补。

安徽省以新一代信息技术和人工智能等数字产业为重点领域，强调未来产业领域的学科建设，2024年发布《加快推进数字经济高质量发展行动方案（2024—2026年）》，提出围绕新一代信息技术等重点产业，鼓励有条件的高校设置集成电路、大数据、人工智能、网络空间安全等学科专业，开展交叉融合学科试点。

北京市积极部署氢能、智能装备和人工智能产业，2023年以来先后印发《北京市关于支持新型储能产业发展的若干政策措施》《北京市机器人产业创新发展行动方案（2023—2025年）》《北京市推动"人工智能+"行动计划（2024—2025年）》等政策。2024年北京市政府工作报告显示，北京已经形成了新一代信息技术和科技服务业2个万亿元级产业集群，医药健康、智能装备、人工智能、节能环保、集成电路等5个千亿元级产业集群。

上海市通过政策引导加强未来产业投资，加大对集成电路、人工智能等未来产业重点领域的资金支持力度，着重推进人工智能技术的落地和产业化应用。2024年，上海市先后发布《上海市人民政府关于进一步推动上海创业投资高质量发展的若干意见》和《关于促进工业服务业赋能产业升级的若干措施》，提出要设立上海市未来产业基金，重点支持处于概念验证和中试等早期阶段的未来产业科技领域；推动人工智能大模型、知识图谱、机器学习等技术在产业领域的落地应用，加强行业大模型在垂直领域的深度应用，针对新技术

---

① 胡拥军：《未来产业的发展态势、时空布局与政策建议》，《中国经贸导刊》2023年第11期。

场景建设最高可资助 1000 万元。

深圳市延续机器人、智能汽车和生物制造等产业领域的优势，率先布局未来产业发展，2022 年发布《深圳市培育发展未来产业行动计划（2022—2025 年）》，重点发展区块链、低空经济、合成生物及细胞与基因四个有望快速成长为战略性新兴产业的未来产业；加快布局脑科学与类脑智能、深地深海、量子信息、可见光通信与光计算等前景尚不明确但具有重要战略意义的未来产业。针对未来产业重点领域，深圳市先后发布《深圳市关于推动超高清视频显示产业集群高质量发展的若干措施》《深圳市关于推动高端装备产业集群高质量发展的若干措施》《通用航空装备创新应用实施方案（2024—2030 年）》《深圳市工业和信息化局新材料产业发展扶持计划操作规程》等详细政策，为产业技术研发和产业化落地、应用场景建设及人才培养等提供支持。

五　我国培育未来产业的政策建议

人工智能、量子信息、通信技术、先进制造、生物技术、清洁能源等领域的原创性、颠覆性技术突破，将孕育未来产业。未来产业发展的核心是原始创新和关键技术突破，并通过创新要素集聚、形成产品原型、不断丰富拓展应用场景，逐渐实现产业化规模化发展。未来产业发展潜力巨大、前景可期，应积极进行前瞻谋划、长远布局。

一是加强战略引领，推进重大科技协同攻关。提早部署前沿技术、颠覆性技术及其经济社会价值预测研究，预判未来前沿技术的需求和发展方向。打造一批前沿引领技术应用场景，提高现有应用场景的系统性和协调性，完善场景开放机制，在部分试点领域、区域启动应用示范工程。优化科研组织方式，面向科技源头问题、基础问题做好探索性研究，充分发挥国家战略科技力量，提升原始创新和关键核心技术攻关能力，积蓄未来产业发展动能。

二是强化场景驱动，加快推进未来产业生态建设。打造一批前沿引领技术应用场景，提高现有应用场景的系统性和协调性，完善场景开放机制，在部分试点领域、区域启动应用示范工程。构建科技领军企业牵头主导、"专精特新"企业等深度参与、高校院所支撑、金融机构紧密赋能的高能级未来产业孵化培育成长生态体系，加速创新产品应用，推动形成"科技—

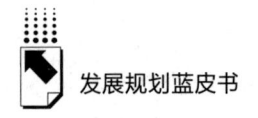

产业—金融"良性循环，贯通从基础研究、技术攻关到工程应用、产业化的创新链条。

三是巩固发展根基，多元投入和多主体培育齐头并进。建立健全中央财政对基础研究领域的长期投入预算制度、稳定投入和增长机制，引导并鼓励地方政府、经济发达地区根据需求增加对基础研究的投入；通过税收优惠、基金资助、政府购买服务等方式激励企业加大基础研究投入；加快构建基础研究公益捐赠体系，引导社会捐赠支持基础研究，夯实未来产业发展的科技基础。构建产业贯通联合体，做大科技产业集群。帮助具备条件的领军企业设立基础前沿类研究基金、联合基金和相关奖项，支持相关企业与高校、科研院所等共建研发机构和联合实验室，构建产学研深度融合的技术研发体系。鼓励产业链龙头企业发挥"头雁"示范引领作用，布局未来产业前沿领域，以科技领军企业牵头主导、高校院所支撑、鼓励"专精特新"等企业深度参与、各创新主体相互协同，构建从源头创新到成果产业化的贯通式"创新循环"。

四是做好战略谋划，培养引进留住未来产业发展急需的高水平人才。引导高校和科研院所根据未来产业发展需要，构建高水平人才培养体系，推动"校企合作"和"产教融合"。鼓励高校增设未来产业相关专业，加大交叉学科领域人才培养力度，强化教育、科技、人才一体化的顶层设计和系统推进，以产业链和创新链定位人才链，发挥人才资源支撑作用。加强对我国未来科技和产业发展趋势及其相应人才需求的预判研究，鼓励企业定期发布人才需求清单，将人才需求前置到高校培养阶段，为教育部门提前规划和调整高校学科设置及人才培养方向提供支持。发挥科技领军企业、一流科研院所等创新人才培养力量，在新型研发机构、新型创新主体内探索建立技术研发人才的培养体系和评价体系，打造适宜复合型人才成长发展的生态环境。以创新平台和科技项目为载体，聚焦工程化应用，积极吸引国际高水平人才及其团队的参与和合作。

B.32
推动制造业智能化发展*

吴滨 韩学富**

摘 要： 制造业是国民经济的重要支柱，是供给侧结构性改革的重要领域和技术创新的主战场，是经济高质量发展的主要内容。在新一轮科技变革和产业革命的大背景下，推动我国制造业智能化发展已成为实现制造业优化升级、经济转型发展的必然要求。立足于新发展阶段，本文简要概括制造业智能化的背景，梳理"十四五"期间智能化的目标要求，从制造流程、产业集群、互联平台和基础设施等方面系统总结我国近几年在制造业智能化上取得的进展，分析我国当前制造业智能化发展所面临的问题与挑战，提出加强整合协同、继续加大对中小企业数字化转型的支持力度、积极探索园区数字化发展模式、进一步夯实制造业数字化转型基础、积极培育技术引领型企业等政策建议。

关键词： 制造业 高质量发展 智能制造

制造业智能化发展，是新时代我国促进经济高质量发展、推进中国式现代化进程的重要动力。2024年7月，党的二十届三中全会通过《中共中央关于进一步全面深化改革 推进中国式现代化的决定》，提出加快推进新型工业化，培育壮大先进制造业集群，推动制造业高端化、智能化、绿色化发展。制造业智能化是新型工业化的重要内容，对于推进中国式现代化具有重要意义。

---

* 基金项目：国情重大调研项目"数字经济核心产业对传统制造业数字化转型的支撑能力调研"（GQZD2022002）。

** 吴滨，中国社会科学院大学商学院教授、博士生导师，中国社会科学院数量经济与技术经济研究所研究员，中国社会科学院经济大数据与政策评估实验室研究员，主要研究方向为技术经济、绿色发展、产业经济；韩学富，中国社会科学院大学，主要研究方向为技术经济。

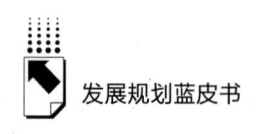

一 "十四五"制造业智能化的目标要求

制造业是立国之本、兴国之器、强国之基，对促进国家经济发展、提高国民生活水平和增强国际竞争实力具有重要作用。推动制造业智能化是新时代促进我国制造业高质量发展的主攻方向。《中华人民共和国国民经济和社会发展第十四个五年规划和2035年远景目标纲要》明确提出，深入实施智能制造和绿色制造工程，发展服务型制造新模式，推动制造业高端化智能化绿色化。

（一）"十四五"制造业智能化的总体要求

《中华人民共和国国民经济和社会发展第十四个五年规划和2035年远景目标纲要》提出，一是实施智能制造工程。加强智能制造产业的基础能力建设，提升智能制造业产业的核心竞争力。加快补齐智能制造产业中基础零部件及元部件、基础软件、基础材料、基础工艺和产业技术基础等方面的短板，重点研制分散式控制系统、可编程逻辑控制器、数据采集和视频监控系统等工业控制装备。建设智能制造示范工厂，完善智能制造标准体系，支持智能制造系统解决方案服务机构发展。二是建设现代化基础设施体系，支撑制造业智能化发展。加快5G网络规模化部署，前瞻布局6G网络技术储备，推动物联网、工业互联网发展，构建全国一体化大数据中心体系，建设E级和10E级超级计算中心。

《"十四五"智能制造发展规划》立足制造本质，紧扣智能特征，针对不同发展状况，分别提出2025年和2035年的目标，分阶段推进制造业智能化。规划指出到2025年，规模以上制造业企业大部分实现数字化和网络化，重点行业骨干企业初步应用智能化；到2035年，规模以上制造业企业全面数字化网络化，重点行业骨干企业基本实现智能化。

（二）"十四五"制造业智能化的具体目标

《"十四五"智能制造发展规划》提出2025年制造业智能化发展的三个具体目标：一是要求转型升级成效显著。70%的规模以上制造企业基本实现数字化网络化，建成500个以上引领行业发展的智能制造示范工厂。制造业企业生产效率、产品良率、能源资源利用率等显著提升，智能制造能力成熟度明显提升。二是要求供给能力明显增强。智能制造装备和工业软件技术水平与市场竞争力显著提升，市场满足率分别超过70%和50%。培育150家以上专业水平高、服务能力强的智能制造系统解决方案供应商。三是要求基础支撑更加坚实。建设一批智能制造创新载体和公共服务平台。构建适应智能制造发展的标准体系和网络基础设施，完成200项以上国家、行业标准的制修订，建成120个以上具有行业和区域影响力的工业互联网平台。

专栏　智能制造重点任务

加快系统创新，增强融合发展新动能。强化科技支撑引领作用，推动跨学科、跨领域融合创新，打好关键核心和系统集成技术攻坚战，构建完善的创新网络，持续提升创新效能。加强关键核心技术攻关。加速系统集成技术开发。推进新型创新网络建设。

深化推广应用，开拓转型升级新路径。聚焦企业、行业、区域转型升级需要，围绕车间、工厂、供应链构建智能制造系统，开展多场景、全链条、多层次应用示范，培育推广智能制造新模式。建设智能制造示范工厂。推进中小企业数字化转型。拓展智能制造行业应用。促进区域智能制造发展。

加强自主供给，壮大产业体系新优势。依托强大的国内市场，加快发展装备、软件和系统解决方案，培育发展智能制造新兴产业，加速提升供给体系适配性，引领带动产业体系优化升级。大力发展智能制造装备。聚力研发工业软件产品。着力打造系统解决方案。

夯实基础支撑，构筑智能制造新保障。瞄准智能制造发展趋势，健全完善计量、标准、信息基础设施，着力构建完备可靠、先进适用、安全自主的支撑体系。深入推进标准化工作。完善信息基础设施。加强安全保障。强化人才培养。

资料来源：《"十四五"智能制造发展规划》。

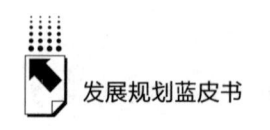

二 "十四五"以来制造业智能化的进展

"十四五"期间，在相关政策文件的支持下，我国制造业以基础设施为支撑、智能平台为依托，使新一代的信息通信技术与制造场景深度融合，在生产制造、供应链、营销推广、研发设计等制造流程实现智能化，提高了企业的经济效益。同时智能化较高的企业、区域积极增强辐射效应，带动集群的整体智能化能力的提高，形成智能化集群式发展。

智能工厂成为生产制造智能化的重要载体。2022年8月，为指导各地区各行业开展5G全连接工厂的建设，工业和信息化部办公厅印发《5G全连接工厂建设指南》，并于2023年11月发布5G工厂名单；2022年9月，工业和信息化部办公厅、国家发展和改革委员会办公厅、财政部办公厅、市场监管总局办公厅开展2022年度智能制造试点示范行动，以揭榜挂帅的方式建立细分行业的智能制造示范工厂；2023年8月，工信部发布《2023年智能制造典型场景参考指引》，根据智能制造发展情况和企业实践，结合技术创新和融合应用发展趋势，凝练总结了3个方面16个环节的45个智能制造典型场景，为智能工厂建设提供参考；2024年3月，工业和信息化部等七部门印发《推动工业领域设备更新实施方案》，提出加快建设智能工厂，促成新一代信息技术与制造全过程、全要素深度融合，推进制造技术突破、工艺创新、精益管理、业务流程再造。截至2023年末，我国已培育国家示范工厂421家，省级数字化车间和智能工厂1万余家。①

智能供应链成为仓储物流智能化的重要形态。我国制造供应链数字化发展较为迅速，智能供应链体系正在形成。根据《2023年制造企业供应链发展调研分析报告》，② 68%的企业有供应链战略，其中38%的企业制定了细分的数字化供应链战略。同时，供应链数字化转型成效逐渐显现。以美的、联想和发网科技为例，美的安得智联以应用场景为出发点，对应用场景进行深度研发，

---

① 《国务院新闻办发布会介绍2023年工业和信息化发展情况》，https://www.gov.cn/zhengce/202401/content_6927371.htm。
② 邱伏生、李志强、赵新阳等：《2023年制造企业供应链发展调研分析报告》，《物流技术与应用》2023年第6期。

研发出针对城配业务的直控运力智能调度系统、针对"灯塔工厂"的端到端数智化供应链解决方案、针对全国运输的城市运输线路网络规划系统。联想的供应链智能决策技术以机器学习为关键技术，应用于需求预测与智能备货、物料管理与生产计划、物流规划与调度优化，极大地提高了生产效率。发网科技为客户提供基于智能算法的智慧仓储方案，通过智能算法对货品进行深度分析，合理安排货品的运输顺序，使得约90%的订单能通过流水线拣选，由"人找货"转变为"货找人"，极大地提高了生产效率。①

智能技术成为营销推广智能化的重要手段。通过在数据分析、内容生产和情景交互三方面积极应用智能技术，企业开辟营销推广的新方式、新场景。在数据分析上，利用AI技术和大数据技术，营销方可以更加精准地生成用户画像，深入了解用户的需求，利用推荐算法，为用户推荐合适的商品，提供更好的服务。在内容生产上，AI技术提高营销内容的生产效率，节省数字营销的成本。以京东的言犀大模型为例，依靠一张商品图，言犀大模型能够高效精准地理解商品特征，并快速生产商品主图、营销海报和商品详图，为顾客提供有效的信息，极大地缩短营销时间、提高推广效率。在情景交互上，AI技术创造出新的交互场景。基于日日新AI大模型，商汤科技推出AI视频生成平台如影，用户可以根据自己的需求生成数字人，应用于短视频和直播场景，为数字化营销创造新的交互方式。

工业软件取得较快发展。为推动工业软件高质量发展，工业和信息化部办公厅于2022年11月开展工业软件优秀作品征集工作，并于2023年1月公示69个工业软件优秀名单。在政策的鼓励下，我国工业软件产业已取得较大进展。根据工信部相关数据，2023年，我国工业软件产品实现收入2824亿元，同比增长12.3%，其中嵌入式软件收入10770亿元，同比增长10.6%。② 工业大模型与工业软件加速融合，催生新业态。人工智能技术与工业软件相互融合，能够辅助研发设计工作，提高工作效率。利用已有数据，结合研发设计人员的需求和现行技术标准，人工智能大模型能够生成新的研发设计方案，为工程师提供参考。同时人工大模型提供新的交互方

---

① 上海交大—美的安得智联智慧物流与供应链联合研究中心：《供应链数智化白皮书》，2023年2月。
② 《2023年软件业经济运行情况》，2024年1月。

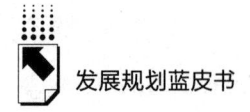

式。研发设计人员可通过自然语言的方式，直接对工业软件进行操作，完成重复度高、规范性强的工作，更加高效地解决问题，优化设计方案。

互联平台成为制造业智能化的重要依托。2022年9月，工业和信息化部办公厅开展2022年工业互联网平台创新领航应用案例征集活动，并于2022年12月公示名单，名单包括平台化设计（7个）、数字化管理（51个）、智能化制造（47个）、网络化协同（14个）、个性化定制（4个）、服务化延伸（14个）六个方向，总计137个应用案例。目前，我国工业互联网体系建设逐步完善，与制造业融合程度加深，有效地促进了数据的有效流通。工业互联网标识解析体系全面建成。东西南北中五大国家顶级节点和两个灾备节点全部上线，二级节点实现了31个省（区、市）全覆盖，服务企业近24万家。工业互联网与制造业融合深化，在原材料、消费品、装备等31个工业门类广泛部署，覆盖45个国民经济大类，打造全产业链条的数字化支撑服务能力。① 工业互联网平台发展迅速，促进数据在设备、企业、行业之间的流通，据中国信通院监测，国内目前具有影响力的工业互联网平台达到240余家，其中跨行业跨领域平台达到28个，② 促进产品全流程、生产各环节、供应链上下游的数据互通、资源协同，加快企业数字化转型。

基础设施成为制造业智能化的重要支撑。5G技术夯实工业互联的技术基础。目前，我国5G基站数量有序增长，5G技术持续突破，5G产业快速发展。据统计，截至2024年2月末，我国累计建成5G基站350.9万个，5G移动电话用户达8.5亿户，占移动电话的48.8%。③ 我国5G主要专利数占全球的42%，④ 保持全球领先地位，在边缘计算、5G TSN、5G LAN、5G NPN等专利热点实现提前布局。5G芯片模组三年内平均降价40%左右，5G模组终端供应商处于全球前列，主流组网模式基本成熟，并不断探索新型网络产品，通信时

---

① 《工业互联网标识解析体系国家顶级节点全面建成》，https://www.gov.cn/xinwen/2022-11/20/content_5728021.htm。
② 《工业互联网平台产业观察》，工业互联网产业联盟网站，2023年2月9日。
③ 《我国5G移动电话用户规模达8.51亿户》，https://www.gov.cn/lianbo/bumen/202404/content_6944395.htm。
④ 《工信部：我国5G标准必要专利声明数量全球占比达42%》，https://cn.chinadaily.com.cn/a/202310/23/WS65365335a310d5acd876b649.html。

延可达到端到端时延 4ms。① 适应人工智能大模型的发展要求，算力设施建设加快。根据李飞飞团队发布的《2024 年人工智能指数报告》，训练人工智能大模型所需要的算力日益增加。② 近年来，我国算力规模增长迅速，根据《2022—2023 全球计算力指数评估报告》，2022 年，中国整体服务器市场规模保持 6.9% 的正增长，占全球市场的比重达到 25%，算力规模居全球第二。③ 截至 2022 年底，我国数据存储能力总规模超过 1000EB（相当于 1 万亿 GB），算力总规模达到 180 百亿亿次/秒，国家枢纽节点间的网络单向时延降至 20 毫秒以内。④

集群智能化成为制造业智能化的重要表现。一方面，产业链主导企业带动上下游产业智能化程度提高。链主企业一般具有雄厚的资金和较强的数智化能力，因此在商业交流和产品交接过程中，能够向上下游企业输出数智化方案和规划，促进上下游企业的数智化。上海致景信息科技有限公司通过"飞梭智纺"工业互联平台将产业链上下游企业连接起来，节省了上下游中小企业的数智化成本，推动纺织行业整体智能化水平的提高。另一方面，先进制造业集群加快发展，持续推进制造业智能化发展。先进制造业集群助力先进制造技术创新，关键技术取得突破性进展。据统计，45 个国家先进制造业集群布局建设 18 家国家制造业创新中心，占国家级创新中心总量的 70%，拥有国家级技术创新载体 1700 余家，培育创建 170 余家国家级单项冠军企业、2200 余家国家级专精特新"小巨人"企业。⑤ 先进制造业集群引导区域利用自身禀赋，发挥比较优势，对于促进资源统筹、区域之间的协同发展发挥了积极作用。同时，先进制造业集群培育智能制造优秀场景，推广应用智能化技术，带动区域智能化水平的整体提高。

---

① 中国信息通信研究院：《2022 中国"5G+工业互联网"发展成效评估报告》，2022 年 11 月。
② 李飞飞等：《2024 年人工智能指数报告》，2024 年 4 月。
③ 国际数据公司 IDC、浪潮信息、清华大学全球产业研究院：《2022—2023 全球计算力指数评估报告》，2023 年 7 月。
④ 《我国计算力水平位居全球第二》，《人民日报》2023 年 7 月 28 日。
⑤ 《工业和信息化部公布 45 个国家先进制造业集群名单》，https：//www.gov.cn/xinwen/2022-11/30/content_ 5729722. htm。

三 制造业智能化面临的挑战

总体来看，制造业智能化发展已初见成效，但也存在关键技术面临困境、数据流通存在障碍、中小企业智能化动力不足等问题。

一是关键技术面临困境。首先，我国工业软件技术基础较薄弱，核心技术国产率较低，市场主要被国外软件占据。据统计，ERP系统、CAX（包括CAD/CAE/CAM）软件和MES系统国产率分别仅有25%、11%和30%。[1] 工业软件国产率较低不仅影响了我国制造业智能化的进一步发展，同时也对数据安全问题带来挑战。其次，我国在关键硬件上存在技术瓶颈。图形处理器（GPU）、现场可编程逻辑门阵列（FPGA）、专用集成电路等人工智能专用芯片对人工智能的训练具有重要的影响。但是我国技术积累较弱，与国外先进技术存在代际差，相关芯片的企业市场占有率较低，市场份额主要被美国企业占有。目前，国际环境日益复杂，我国AI芯片主要依赖进口，对我国人工智能的进一步发展造成阻碍。

二是我国人工智能相关人才缺口较大。我国在人工智能相关领域的教育基础薄弱，培养学生数量较少，远无法满足市场激增的需求。根据《中国人工智能人才培养报告》，我国人工智能相关领域人才缺口巨大，存在500万的人才缺口，同时由于人工智能具有高度跨学科的特点，可能导致这一领域内人才缺口短期内难以补足。[2] 在顶尖人才方面，我国同样与美国存在较大的差距。据统计，在全球人工智能研究领域最有影响力的2000位学者（AI 2000）中，美国籍学者有1146人，占比57.3%，而中国籍学者只有232人，占比11.6%。[3]

三是数据流通存在障碍。首先，工业数据标准不一，阻碍数据的采集与流动。随着制造业智能化程度的加深，工业数据种类繁多，数量呈指数级增加。工业通信协议标准不统一，存在Modbus、Profibus、Lonworks、HART、Profinet、EthernetIP等多种工业通信协议标准，各个自动化设备生产商还会自

---

[1] 沈海兵、缪欣君：《计算机行业专题研究：核心软件国产化率几何？》，2020年9月。
[2] 浙江大学中国科教战略研究院课题组：《中国人工智能人才培养报告》，2022年1月。
[3] 《AMiner发布：2022年人工智能全球最具影响力学者榜单AI 2000》，2022年1月。

主开发各种私有工业协议，增加工业数据采集的成本和难度。其次，数据安全有待加强。工业数据是制造过程中产生的数据，与制造工艺具有较强的关联性，具有较高价值，容易遭到攻击。根据《2022年工业信息安全态势报告》，2022年，公开披露的工业信息安全事件共有312起，覆盖十几个工业细分领域，其中制造领域成为网络重点攻击目标。[①] 企业为保护自身数据安全，避免数字资产流失，往往不愿开放对外接口，这对企业间数据流通造成阻碍。

四是中小企业转型困难重重。伴随数字产业化的发展，我国制造业数字化转型速度加快，截至2024年，有将近98.8%的中小企业已开始进行数字化转型，[②] 但中小企业在数字化转型过程中仍存在诸多难点与痛点。一方面，相较于大型企业与龙头企业，中小企业普遍存在企业规模较小、应用场景单一、资金人才不足等问题；另一方面，中小企业战略思维和抗风险能力较弱，对数字化转型成本及长期收益研判不够精准，难以形成清晰的转型路径，面临"不会转""不敢转"问题。

四　进一步推进制造业智能化的若干建议

我国制造业智能化发展取得显著成效，但仍面临多方面的问题。为进一步推进制造业智能化发展，特提出以下建议。

一是加强整合协同，破除制造业数字化发展壁垒。充分发挥综合性部门的作用，面向制造业整体数字化转型，从制造业全链条出发，完善相关体制机制，重点突破跨区域、跨行业、跨平台的数据共享、数据交易、数据安全、生产协同、服务定价、资源整合、市场规制等方面的机制，为营造良好的制造业数字化生态创造条件。同时，开展新一代信息通信技术与装备制造协同融合，明确以智能制造为主攻方向；开展制造业重点产业链数字化协同改造，推动产业链上下游企业之间的协同创新和数字化转型。统筹协调社会各方努力，共同打造供需对接、全链协同、价值驱动的制造业数字化转型生态体系。

---

① 国家工业信息安全发展研究中心等：《2022年工业信息安全态势报告》，2023年2月。
② 数据来源：《中国中小企业数字化转型报告2024》，2024年6月。

二是继续加大对中小企业数字化转型的支持力度。充分发挥政策引导作用，积极引导中小企业借力产业集群内的企业网络化协作，加强与龙头企业的技术合作，通过上下游配套、聚集孵化、开放应用场景和技术扩散等方式推动数字化转型。同时，通过多种途径解决中小企业转型资金难题，充分发挥专项贷款、政策贴息以及金融机构的支持作用，鼓励和支持数字化龙头企业和制造业数字平台企业建立"中小企业数字化转型基金"，创新服务模式，为中小企业数字化转型提供长期支撑。此外，中小企业具有数量庞大、种类繁多的特点，应加强分类指导，对企业数字化转型进行客观评价，重点推进数字化效应明显的企业转型，完善制造业数字化生态，提升企业数字化转型效益，逐步带动中小企业整体数字化转型。

三是积极探索园区数字化发展模式。园区是我国制造业的主要载体，也是制造业数字化转型的重要组成部分。要加强园区数字化转型的整体布局，搭建起精准统一的园区数字化转型政策体系、高质集约的资源体系，有针对性地对不同地区、不同功能、不同产业基础下园区数字化转型建设进行规划，依托大数据平台统筹协调数字资源在园区内、园区间的流通。同时，进一步推进数字化园区的试点工作，选择若干基础条件好、行业代表性强的园区，加强规划指导和资金、技术支持，建设高水平、综合性的园区数字化平台，探索园区数字化发展机制，着力打造一批标杆数字化园区，加强经验总结，完善标准体系，积极推广成功案例。

四是进一步夯实制造业数字化转型基础。充分认识关键设备、高端装备突破在制造业数字化转型中的重要意义，将制造业高端化与制造业数字化转型有机结合，促进制造业整体发展。坚持基础领域科研创新，完善技术创新体系，着力突破基础材料、基础零部件、基础工艺等瓶颈；坚持科技自立自强，着力研发重点领域的关键设备和高端装备，逐步积累国产关键设备优势，推动高端装备国产化替代，在重点项目、央企、国企设备采购中，优先采购应用标准统一、开放互联的国产数字化、智能化装备。[①] 增强我国在制造业数字化转型中的主动性；加快我国工业控制行业发展，大力支持以太网网络设备、高端工业

---

① 《加快数字化转型持续提升装备制造核心竞争力》，https://www.drc.gov.cn/DocView.aspx?chnid=379&leafid=1338&docid=2906426。

软件等工控软硬件的研发和产业化，进一步完善工业设备的互联互通标准，推动工业设备接口互认、协议兼容，在促进制造业向高端领域拓展的同时，为我国制造业数字化转型提供有力支撑。提升装备数字化、网络化、智能化水平。

五是加强前瞻性研究，积极培育技术引领型企业。面对技术的加速变革，要加强前瞻性布局，引导资金投向发挥关键作用的未来技术，不断适应技术的新发展。加强数字技术发展趋势的跟踪研究，关注科技前沿变化，及时了解技术动态，分析不同技术路线，客观评价技术发展趋势，积极开展技术预见分析，预判具有最大经济效益和最优社会效益的战略性新兴产业和新兴技术，为相关领域的决策和企业技术创新提供支撑。鼓励有条件的企业开展前沿性研究，强化企业科技创新主体地位，激发企业自身的创新活力和动力，鼓励企业同高校、科研院所合作，创新科创企业融资模式，破解科创企业融资难题，支持企业承担探索性项目，允许有能力的企业参加国家重点项目、承担国家重大技术攻关任务、使用国家重大科研设施，培育细分领域的专精特新企业，重点打造一批在数字化领域能够发挥引领作用的企业，提升我国在数字化发展中的整体影响力。

参考文献

陈楠、蔡跃洲：《工业大数据的属性特征、价值创造及开发模式》，《北京交通大学学报》（社会科学版）2023年第3期。

樊鹏：《第四次工业革命带给世界的深刻变革》，《人民论坛》2021年第Z1期。

宫小飞、袁征：《美国制造业回流政策：实施效果与制约因素》，《国际问题研究》2023年第6期。

韩国颖、张科：《AIGC营销：人机共生式营销模式推动数字营销向数智化跨越》，《企业经济》2024年第2期。

蒋昕昊、张冠男：《我国工业软件产业现状、发展趋势与基础分析》，《世界电信》2016年第2期。

吕文晶、陈劲、刘进：《第四次工业革命与人工智能创新》，《高等工程教育研究》2018年第3期。

屈娟娟：《人工智能及大数据技术在数字营销中的应用》，《商业经济研究》2020年第10期。

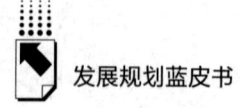

孙皖阁：《关于推动国产工业软件发展的分析和思考》，《农场经济管理》2024年第1期。

王昶、周思源、耿红军：《第四次工业革命背景下我国先进制造业发展路径及政策保障研究》，《中国科学院院刊》2024年第2期。

张建雄、吴晓丽、杨震等：《基于工业物联网的工业数据采集技术研究与应用》，《电信科学》2018年第10期。

周浩：《数字营销时代的市场营销策略研究》，《营销界》2023年第14期。

B.33
提升制造业可靠性*

董婉璐**

摘　要： 提升制造业可靠性，建设质量强国，是推动我国经济高质量发展的应有之义，是我国经济由大向强转变的重要举措，是满足人民美好生活需要的重要途径，是提高我国制造业竞争力和影响力的重要战略部署。本文梳理2023年度提升制造业可靠性的政策文件与落实落地情况，总结国际先进经验，分析提升我国制造业可靠性面临的挑战，并据此提出加强质量监管的基础设施和标准体系建设、推动技术创新和精益生产改进、建立长效质量激励机制和消费者权益保护体制；完善职业教育和质量技能人才培养机制、推动国内标准与国际标准接轨等政策建议。

关键词： 制造业　质量强国　高质量发展

2023年工业和信息化部等五部门联合印发《制造业可靠性提升实施意见》，指出可靠性是产品在规定的条件下和时间内完成规定功能的能力，是反映产品质量水平的核心指标，贯穿于产品的研发设计、生产制造和使用全过程。提升制造业可靠性，建设质量强国，是推动我国经济高质量发展的应有之义，是我国经济由大向强转变的重要举措，是满足人民美好生活需要的重要途径，是提高我国制造业竞争力和影响力的重要战略部署。可靠性是制造业发展水平的重要体现。党的二十大报告明确提出，坚持把发展经济的着力点放在实体经济上，推进新型工业化，加快建设制造强国、质量强国、航天强国、交通

---

* 本文获得国家自然科学基金青年项目"中美先进制造业价值链风险和对策研究——基于全球可计算一般均衡模型的分析"（72103203）的资助。
** 董婉璐，中国社会科学院数量经济与技术经济研究所助理研究员，主要研究方向为产业政策、经济模型与政策分析。

强国、网络强国、数字中国。2023年，我国先后出台《质量强国建设纲要》《制造业可靠性提升实施意见》等多个政策文件，着力进行质量变革，提升制造业可靠性，构筑中国制造的新优势。

一 发展现状与政策梳理

（一）2023年提升制造业可靠性的政策措施

2023年，我国政府高度重视质量变革，出台了一系列政策文件，旨在推动制造业高质量发展和可靠性提升，既包含高屋建瓴的总体纲领性文件，也包含具体详细的行业发展规划，可以整理为以下几种类型。

第一类以总揽全局的纲领性文件为主，提出质量强国建设和提升制造业可靠性等重要方针政策的总体要求、重点任务及相应的组织保障和重点措施。

主要的文件包括两个：一是2023年2月，中共中央、国务院印发《质量强国建设纲要》，旨在统筹推进质量强国建设，全面提高我国质量总体水平。要点包括两阶段发展目标、八个方面的重点任务、七个重大工程以及一系列组织保障措施。文件强调要重点推动经济质量效益型发展、增强产业质量竞争力、加快产品质量提档升级、提升建设工程品质、增加优质服务供给、增强企业质量和品牌发展能力、建设高水平质量基础设施、推进质量治理现代化。到2035年，质量强国建设基础更加牢固，先进质量文化蔚然成风，质量和品牌综合实力达到更高水平。二是2023年6月，工业和信息化部、教育部、科学技术部、财政部和国家市场监督管理总局印发《制造业可靠性提升实施意见》。要点包括定义可靠性的内涵和外延、确定提升制造业可靠性的"两步走"目标以及重点行业、重点任务和组织保障措施。提升制造业可靠性要分两步走，从树立示范典型企业到推动关键核心产品可靠性达到国际先进水平进而提升制造业整体可靠性水平，尤其要聚焦机械、电子、汽车三个行业。

第二类主要是在纲领性文件的指引下针对不同行业、不同产品制定的提升产品质量、提升制造业可靠性的具体措施性文件。主要文件涉及农机、船舶、机械和汽车四个行业。

主要文件包括：一是2023年11月，农业农村部办公厅、工业和信息化部办公厅、市场监管总局办公厅下发《关于加快提升农机产品质量水平的通知》，强调全面提高农机产品质量总体水平，推进农业机械化和农机装备产业高质量发展，提出了包括落实制造企业产品质量主体责任、提升企业研发制造质量水平、强化产品质量监督管理、加大推广应用验证及扶持力度、改进售后维修服务、加强部门协同联动在内的具体要求。二是 2023 年 6 月，中国船级社制定了《船舶设备与系统可靠性验证指南》，明确船舶设备与系统可靠性测试和验证的方法和技术要求，为船东、设备与系统生产商、计算机软件及嵌入式软件开发方、系统集成方，以及检测和试验机构提供指导。三是 2023 年 9 月，工业和信息化部联合财政部、农业农村部、商务部、海关总署、金融监管总局、国家药监局六部门印发《机械行业稳增长工作方案（2023—2024 年）》。在提升高质量供给能力方面，提出稳定畅通重点产业链供应链、加快推进装备数字化发展、加强质量品牌建设、完善优质企业梯度培育体系、推进重点区域协调发展等 5 个重点任务。四是 2023 年 9 月，工业和信息化部、财政部、交通运输部、商务部、海关总署、金融监管总局、国家能源局印发《汽车行业稳增长工作方案（2023—2024 年）》，提到提升产品供给质量水平，支持开展车用芯片、固态电池、操作系统、高精度传感器等技术攻关和推广应用，进一步提升产品性能。

总体来看，2023 年关于提升制造业可靠性的文件内涵丰富、体系完整，既有高屋建瓴的方针指引，又有脚踏实地的行业指导，提出了提升制造业可靠性的主要目标、发展路线、重点措施和重点行业，具有极强的可实现性和可操作性。

（二）2023年制造业可靠性提升的现状进展

第一，2023 年多项可靠性国家和行业标准正式出台或重新修订，规范了生产与检测的方法和标准，切实提高了对制造业质量与可靠性的管理水平。《制造业可靠性提升实施意见》提出，要加强可靠性前沿基础研究和标准制定，推动产业技术基础能力建设。在全国标准信息公共服务平台中以"可靠性"为关键词对现行的国家标准、行业标准和地方标准进行检索，可以发现 2023 年发布或重新修订共 43 项可靠性标准，涉及汽车制造、机械制造、医药等多个行业。标准是制造业生产和检测的技术支撑，对提升制造业可靠性的管

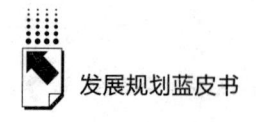

理体系和治理能力具有基础性、引导性和保障性的作用。

第二，2023年更多的标杆企业参与到提高生产质量、规范生产环节和研发先进技术当中，成为提高制造业可靠性的践行者和推动者。标杆企业通过参与制定、采用和实施规范的生产流程和行业标准，能够进一步提高行业整体的产品质量和安全水平，促进全行业进行技术改进和供应链协同，有效推进制造业可靠性提升。比如，2023年修订的国家标准GB/T 29307-2022《电动汽车用驱动电机系统可靠性试验方法》即由中国一汽牵头、20余家相关单位参与修订；安庆帝伯粉末冶金有限公司运用数字化平台和人工智能技术，如5G和CCD自动判别装置，提升了质量管理水平，实现了生产过程的数字化监控和效率分析，显著降低了不良率；全椒亚格泰电子新材料科技有限公司推行全面质量管理，对标集成电路行业要求，优化程序文件，确保流程可执行，并成功融入国际供应链体系。

二 机遇、挑战与国际经验

（一）提升制造业可靠性面临的机遇与挑战

我国制造业的可靠性提升面临着多重挑战。

一是技术标准更新换代加速，制造业可靠性提升的门槛不断提高。随着科技的快速发展和安全环保等级的不断提高，制造业生产的技术和标准也需要与时俱进、不断进行更新换代。一方面，新的技术标准需要以更先进的材料、工艺、设计和管理为支撑，制造业企业要不断吸收和应用新的金属以满足生产和检测标准，例如，数字化和智能化技术的融入，要求企业不仅要保证产品的物理性能，还要确保产品的智能化和网络化功能同样可靠。另一方面，随着环保意识的增强和环保法规的完善，制造业需要采用更加环保的材料和工艺，减少生产过程中的能耗和排放，实现绿色制造。这要求企业不仅要关注产品的功能性和经济性，还要考虑其环境影响，推动制造业向更加可持续的方向发展。

二是高水平技术人才缺口较大，制造业可靠性提升的内生动力仍然不足。制造业的可靠性提升不仅依赖于先进的技术和设备，还需要高水平的技术人才作为支撑，主要表现在，我国制造业关键技术和关键环节的"卡脖子"问题仍然严峻，高新技术自主创新能力不足，高技术人才缺口较大，技术研发和应用之间的循环不畅，在一定程度上制约了行业内生动力的提升；制造业高技术人才培养机制在先进性与适应性上仍有提高空间，在专业设置、课程内容和实践培训方面仍然难以满足企业实际需求；相对于互联网等高科技行业，制造业在薪资待遇、职业发展和社会认可度等方面仍然存在不足，可能导致有潜力的技术人才流失进而影响新产品开发、工艺改进和质量控制方面的技术创新和可靠性提升。

三是供应链安全面临多重潜在威胁，制造业可靠性提升的稳定性仍需增强。国际经贸面临规则重构和产业链重置，制造业可靠性提升的国际风险逐步增加。全球化供应链面临着地缘政治、自然灾害等多重风险，这些风险可能影响到原材料的供应和生产过程的稳定性，对制造业的可靠性构成威胁。首先，随着国际贸易体系规则的重塑，气候变化与碳关税、知识产权调查、出口管制与经济制裁、反垄断监管等成为国际贸易新秩序措施的一部分，制造业生产、贸易与监管的成本与风险大幅增加，技术改进难度也进一步提高；其次，受新冠疫情影响，全球制造业价值链供应链进一步缩短和碎片化，加上要素尤其是劳动力和土地成本的大幅上涨，产业链在全球范围内的转移和重置不可避免。在贸易保护主义重新抬头、地缘政治风险加剧的形势下，我国制造业可靠性提升的成本和风险大幅提高。

同时也应该看到，提升我国制造业可靠性面临多重机遇。

一是技术进步与制造业深度融合，创新驱动成为我国制造业可靠性提升的内生动力。新一代信息技术迅猛发展，显著促进我国制造业设备和生产线的更新和改进，有利于提升产品全生命周期管理水平。数字化转型为制造业提供了整体优化的机会，包括生产过程的实时监控、优化和自动化，从而提高产品质量和生产效率。基于数据驱动的预测性维护可以帮助制造业实现设备故障的提前预警和预防，缩短停机时间，提高生产效率。与此同时，国家层面出台一系列政策措施鼓励创新，支持企业加大研发投入，推动关键核心技术突破，提升制造业的自主创新能力，进一步提升制造业可靠性。

二是产业升级在制造业方兴未艾，高端攀升成为我国制造业可靠性提升的必然选择。产业升级是推动我国制造业发展的关键战略，通过调整我国制造业的产业结构、提升产品的创新能力，加强品牌建设，能够显著提高我国制造业可靠性和国际竞争力。首先，需要制造业提高技术创新和产品创新能力，改善技术设备和人才队伍，不断提升产品的技术含量和附加值，从而提高制造业的整体竞争力；其次，需要不断调整和优化产业结构，淘汰落后产能，发展高技术产业和战略性新兴产业，提高产品质量、性能，满足消费需求；最后，需要树立品牌意识，加强品牌建设，提高品牌知名度、美誉度和影响力。

三是市场需求引领制造业发展，绿色高质成为我国制造业可靠性提升的必由之路。市场需求是制造业发展的风向标和指路牌，而随着消费者对健康、环保、节能的重视程度不断提高，绿色高质成为制造业发展的新趋势。首先，国际社会对减排降碳和可持续发展的需求不断增加，制造业需要积极响应、加快绿色转型脚步，避免资源浪费和减少能源消耗，开发和生产环保、节能、低碳的产品，提高产品的绿色含量，满足消费者对绿色产品的需求。其次，随着居民收入水平的提升，其对产品安全和质量的要求也逐步提高，制造业企业要不断提升质量管理水平，建立完善的质量管理体系，加强质量控制和质量检验，确保产品质量稳定可靠，提高产品的市场竞争力。

（二）提升制造业可靠性的国际经验总结

日本实施了一系列由政府主导的重要质量管理政策，成功推动经济增长实现"全要素驱动"，企业盈利模式也实现了从"速度盈利型"向"质量盈利型"的转变，具体措施主要体现在以下四个方面。第一，质量竞争政策。日本将产品质量升级提高到国家战略层面，一方面通过设立国家级质量奖提升"日本制造"的声誉，另一方面以政府采购等方式促进企业的质量培训和质量改进。第二，质量权益保护政策。主要内容包括出台一系列消费者权益保护法律法规、加强消费者培训和消费者权益保护组织建设、畅通质量信息供给和反馈渠道等。第三，质量信号政策。构建起以自愿性和市场化质量认证为主体、以政府强制性质量认证为底线保障的多元化质量信号体系，建立健全标准制定和认证体系。第四，质量技能人才政策。日本多次进行教育体系改革，培养"工匠"型人力资本，完善质量技能人才培训体系。

德国作为制造业强国，在提升制造业可靠性方面也有着丰富而有特色的经验和方法积累。首先，广泛开展精益生产，强调标准化和规范化，通过制定严格的工业标准、持续改进流程、消除浪费、优化供应链管理等手段，提高生产效率和产品质量。其次，重视品牌长期建设和集群效应。德国有许多成功的具有市场地位的家族企业，有长期的发展战略和品牌建设思路，同时中小企业经常形成集群，通过紧密合作共享资源和技术，提高整个产业链的竞争力。最后，重视技术创新和研发投入。德国在精密机械、汽车、化工等领域长期保持国际领先，主要得益于在技术创新方面的长期投入，并提出"工业4.0"战略，通过引入智能制造和物联网技术，提高生产效率和灵活性，增强制造业的竞争力。

三 对策建议

第一，加强质量监管的基础设施和标准体系建设。首先，从国家层面建立健全质量监管体系，建立政府管理的质量监督、检验检疫和技术标准制定机构。其次，加大对质量检测实验室、计量测试中心等技术基础设施的投入，提高其服务能力和水平。最后，组织制定相关的行业标准和认证体系，明确制造业可靠性的评价指标和标准，鼓励企业按照标准要求进行生产和管理，提升产品质量和生产过程的可靠性。

第二，推动技术创新、数字化转型和精益生产改进。首先，加大对制造业技术创新和研发的支持力度，鼓励企业投入更多资源开展新技术研究，尤其是关键和"卡脖子"技术设备的研发，提升生产设备的可靠性和效率。其次，积极引导企业参与数字化转型，采取资金支持、税收优惠和技术培训等措施，以推动制造业向数字化、智能化发展，提升生产线的可靠性。最后，实施精益生产，通过政策引导和技术支持，帮助企业采取精益生产方法，持续改进生产流程，减少浪费，提高效率。

第三，建立长效质量激励机制和消费者权益保护体制。首先，通过设立国家质量奖、鼓励和引导标杆企业参与标准制定和生产改进等方式，表彰在质量管理和可靠性提升方面做出突出贡献的企业。其次，建立公开公正的质量信息共享平台，促进企业间的经验和技术交流，强制公开生产假冒伪劣和高污染产品的企业和品牌信息，提高整个行业的质量管理水平。最后，加强消费者对产品质量和安全的认知教育，完善消费者权益保护法律法规，建立产品安全事故的快速反应机制、缺陷产品召回制度和高效的消费者投诉处理渠道，确保消费

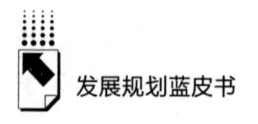

者在购买和使用产品过程中的合法权益不受侵害。

第四，完善职业教育和质量技能人才培养机制。首先，确保职业教育体系与制造业需求紧密对接，推广双元制教育模式，结合学校教育和企业实训，注重理论知识与实践技能相结合，开展与行业标准和企业需求相符合的教育和培训。其次，鼓励企业提供在职培训和继续教育机会，建立终身学习体系，鼓励员工持续学习，不断提升个人技能和职业素养。最后，建立激励机制，对在质量管理和技能提升方面表现突出的个人和团队给予奖励和认可，定期举办技能竞赛和质量改进项目，帮助员工不断提升质量管理知识和技能。

第五，加强国际交流合作，推动国内标准与国际标准接轨。首先，通过国际宣传、出口退税和经贸支持等多重措施，支持企业加强出口和国际技术经贸交流，提高我国制造业企业的生产能力和国际竞争力。其次，学习和借鉴其他国家在提升制造业可靠性方面的成功经验和做法，通过开展国际交流和合作，引入先进的质量管理理念，加强技术和职业教育，提升制造业的管理水平。最后，积极参与国际标准化活动，推动国内标准与国际标准接轨，提升国内产品在国际市场的竞争力，共同推动全球制造业可靠性提升，促进全球制造业可持续发展。

B.34
以数字技术助推制造业产业链现代化发展*

焦云霞**

摘　要： 数字技术与传统制造业深度融合，成为推动制造业产业链现代化发展的重要动力。数字技术应用能够催生制造业产业链新业态、增强制造业产业链安全可控、推动制造业产业链向高端化发展、促进制造业产业链效率提升。随着我国在关键核心数字技术上不断取得突破，数字技术在制造业产业链中的应用场景得以拓展，带动制造业产业链全面升级。但我国制造业产业链的现代化发展仍然面临很多挑战，如制造业产业链数字化水平有待提高、亟须破解全球价值链"低端锁定"困局、数据要素流通有待进一步通畅等。为应对这些挑战，建议积极探索制造业产业链数字化水平逐步提升新模式，以数据要素循环流通强化制造业产业链的要素支撑，以创新突破推动制造业产业链高端化发展，以新型数字化平台推动制造业产业链企业协同。

关键词： 数字技术　制造业　产业链现代化

近年来，逆全球化浪潮兴起，贸易保护主义再现，全球性的不安定因素和风险增多，世界各国更加重视产业链的自主可控，积极采取措施维护本国产业链的安全稳定。当前，我国制造业深度参与国际大循环，全球制造业回流现象已然影响到我国制造业的进一步发展；同时，虽然我国在全球制造业

---

*　本文为中国社会科学院智库基础研究项目"数字化驱动中国制造业转型升级的路径研究"（23ZKJC077）的阶段性成果。本文主要内容已发表于《价格理论与实践》2024年第7期。
**　焦云霞，中国社会科学院数量经济与技术经济研究所副编审，中国数量经济学会常务副秘书长，主要研究方向为数字经济、技术创新等。

产业链中占据很重要的一环,但"大而不强、全而不优"等问题依旧存在,还处于全球价值链的中低端位置,因此制造业产业链的转型升级迫在眉睫。党的十九届五中全会通过的《中共中央关于制定国民经济和社会发展第十四个五年规划和二〇三五年远景目标的建议》,从国家政策层面将"提升产业链供应链现代化水平"作为加快建设现代化产业体系的重点工作来部署安排。2024年7月18日,党的二十届三中全会审议通过了《中共中央关于进一步全面深化改革 推进中国式现代化的决定》,指出围绕推进中国式现代化进一步全面深化改革,促进实体经济和数字经济深度融合,提升产业链供应链韧性和安全水平。由此可见,逐步提升产业链供应链水平是推进中国式现代化的必然选择。而制造业是实体经济和数字经济深度融合的重要阵地,制造业产业链的发展是我国经济高质量发展的重要保障。同时,作为数字经济核心驱动力的数字技术,可通过优化产业分工、降低要素错配等推动制造业产业链的转型升级,是我国制造业企业响应政策号召、推动制造业产业链现代化发展的重要途径和抓手。

一 数字技术助推制造业产业链现代化的理论机制

"产业链现代化"这一概念最早是在2019年中央财经委员会第五次会议上被提出的,随后学术界展开了较为广泛的探讨。盛朝迅认为,产业链现代化的实质是产业基础能力的提升、运行模式的优化、产业链控制能力的增长和治理能力的提升。①湛泳和李胜楠认为,产业链现代化是产业现代化的概念延伸,指的是使产业链具备高端连接力、冲击承受力、自主控制力和市场竞争力的转型升级过程。②借鉴已有研究,本文认为制造业产业链现代化应该以提升产业链不同环节的附加值为核心要义,通过提升产业基础能力和优化产业运行模式来实现产业链的自主控制能力、竞争能力、创新能力和抗风险能力的提升,最终实现制造业产业链的高效发展。数字技术具有可持续性、精确性、融合性、普惠性及可扩展性等特征,通过将数字化知识和信息作为一种全新的生产要素投入制造业产业链各个环节,对制造业产业链的业态模式、安全可控

---

① 盛朝迅:《推进我国产业链现代化的思路与方略》,《改革》2019年第10期。
② 湛泳、李胜楠:《新质生产力推进产业链现代化:逻辑、机制与路径》,《改革》2024年第5期。

性、高端化发展，以及产业链效率等多方面产生深刻影响，进而全面提升制造业产业链的现代化水平。

（一）数字技术催生制造业产业链新业态

数字技术带来了制造业产业链形态的演变和拓展，促进了制造业全产业链上各环节新业态的形成和升级。一是数字技术赋能制造业产业链上游的研发设计和原料采购环节。数字技术加速了市场需求信息从产业链下游到上游的层层反馈，通过将市场需求嵌入产业链的研发环节，使产品研发实现对市场的快速响应，尽快推出满足市场需求的产品；数字技术和平台可以实现对上游原材料供应商的精准匹配、优化配置和动态调整，提高原材料供应的质量和稳定性。例如，互联网平台可以通过大数据分析、人工智能推荐等方式，将上游供应商和中游制造企业进行有效连接，降低信息不对称和搜索成本。二是数字技术推动制造业产业链中游环节的拓展，并呈现智能制造与协同制造趋势。数字技术为传统制造业数字化、智能化转型提供了有效支撑，同时也形成了以信息技术为核心的新兴产业链布局，我国的高端设备制造、新能源汽车等产业链不断完善，工业互联网等新业态不断发展，为制造业产业链注入了新动力。数字技术的进步还带动制造技术的重大变革，催生了人工智能、机器人、大数据分析等关键共性技术的突破和发展，共同为智能制造体系的构成提供支撑。在智能制造模式下，工业互联网等开放平台能够充分整合制造业产业链内外资源，线上线下一体化发展，重构制造业产业链全新生态体系，塑造制造业产业链柔性生产能力的同时，推动整个产业链完美适配复杂多变的市场环境。三是数字技术推动制造业产业链下游环节的延伸，开辟信息增值服务、生产性金融、远程运维服务等市场，从单纯"卖产品"到提供"以产品为主体的高效协同载体的全方位融通服务"转变。随着数据收集、存储和处理能力的提升，数据成为传统制造企业发展服务型制造业模式的重要驱动力量，极大地拓展了制造企业所能提供的增值服务类型和范围。

（二）数字技术增强了制造业产业链安全可控性

制造业产业链条中的关键核心技术通常具有复杂度高、研发难度大等特点，关键核心技术的突破不仅需要基础研究和技术的攻关支持，还需要一定的产业化应用基础。数字技术发展对制造业产业链关键环节的自主可控能力的提升有强化作用。第一，数字技术扩大了知识传播的范围，降低了知识的交易成本。互联网平台等数字技术的应用突破了传统知识传播的时空限制，提升了信息传播、分享的便利性，极大地降低了各创新主体获取知识的搜寻成本、交易成本，提高了创新出现的可能性。如中国大学MOOC平台和B站等数字平台上有大量学术机构、研发人员等分享知识、技能，任何人在任何时间都可以学习、分享，扩大了研发人员获取创新资源的渠道，研发活动的主体更加开源化，有助于链上企业建立创新研发的生态圈，形成产业链上下游相结合的创新网络。第二，数字技术助推形成多元主体的创新生态，构建协同创新的结构布局。在数字经济时代，创新主体的范围不再局限于传统的科研机构和大企业，个人研发者甚至是普通消费者都可以不同程度地参与新产品、新技术的研发，同时互联网平台弱化了产业链各环节在协同创新中的空间制约，使各创新主体进行跨区域和跨领域的协同创新更加便捷。第三，数字技术在产业链上的广泛应用能够将产业链运行中的海量数据进行汇总，通过大数据算法甄别出更有价值的信息，可以利用这些信息洞察市场的发展趋势、增强技术研发和市场的关联性，通过价值挖掘形成更多的创新思维。

（三）数字技术推动制造业产业链向高端化发展

现阶段我国制造业产业链不断完善和优化，在全球价值链中的嵌入程度逐渐加深，但我国制造业仍以劳动和资源密集型产业为主，主要处于低技术和低附加值的加工、装配等"微笑曲线"底部环节；而数字技术对于提升制造业在价值链中的地位具有显著的作用，通常数字技术发展水平越高，制造业在全球价值链中所处的地位也就越高。第一，物联网、大数据、人工智能等数字技术的快速发展，为制造业产业链注入了新的活力，引导制造业产业链向服务型制造转型升级，推动设计研发、物流销售等生产性服务业的发展，从产业链的低端迈向中高端，占领高附加值环节，促使我国制造业摆脱"低端锁定"，提高制造业产业链的整体盈利能力，实现从"价值洼地"向"价值高地"的跃升。第二，数字技术有助于增加制造业产业链附加值，提升制造业在全球价值链中的地位。以人工智能为代表的数字化技术的运用将会推动制造业逐步走向自动化，使得产业链中低技能和低附加值的劳动密集型环节被智能机器人取代，降低生产成本和提高生产效率，显著提高产品增加值。第三，数字经济是通过降低成本、改善要素配置等方式实现价值链重构，互联网信息技术的应用不仅能降低企业自身的生产成本和组织管理成本，还能降低上下游供应商之间以及消费者和生产者之间的运输成本，提升制造业产业链的增值能力。

（四）数字技术促进制造业产业链效率提升

在当前制造业产业链核心竞争能力不足的情况下，借助数字技术推动全链数字化转型能够切实提升制造业产业链全要素生产率。数字经济要素形态的无边界性和高速流动性，使得制造业产业链能够以更低的成本和更快的速度进行空间拓展，并对链上资源进行高效整合和利用。第一，数字基础设施具有普惠性、集成性和互联互通等特点，为制造业产业链上的标准化信息数据流通提供了物质基础。得益于数字基础设施的支撑，作为标准化的流通媒介的数据能够高效链接制造业产业链上的大量企业，实现快捷方便的信息共享和传达，大幅提高制造业产业链的运行效率。第二，数字技术在生产领域的应用能够显著提升生产效率。一方面，机器人的使用可以替代大规模的流水线作业，代替一部分密集的廉价劳动力，提高这些环节的生产效率；另一方面，人工智能等数字技术深度融入生产制造环节，可以实现对产业链各环节的精准监控、优化调度和智能决策，通过数据挖掘、信息分析和预测算法等，为企业制定精准的生产计划，确保生产资源的充分利用，提高生产效率，满足市场需求。第三，大数据技术的应用可以加强制造业产业链上下游企业的合作，有效解决企业之间信息不对称和沟通渠道不畅等问题，降低产业链上的组织成本和执行成本，也进一步促进了制造企业间协同程度的提升，产业链的协同效率随之提升。

二 数字技术与制造业产业链现代化的相关政策

（一）数字技术领域的相关政策

在数字经济逐渐成为我国经济社会发展的重要支柱产业的背景下，我国各级政府先后出台数字技术领域的相关政策。2015年7月，《国务院关于积极推进"互联网+"行动的指导意见》指出，要推动互联网与制造业融合，提升制

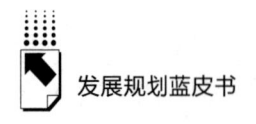

造业数字化、网络化、智能化水平，加强产业链协作，发展基于互联网的协同制造新模式，加快形成制造业网络化产业生态体系。

2021年10月，工信部等部门联合印发《物联网新型基础设施建设三年行动计划（2021—2023年）》，加速推进物联网新型基础设施建设，推动物联网全面发展，有力支撑制造强国和网络强国建设。2021年11月，工信部发布《"十四五"大数据产业发展规划》，强调"十四五"时期大数据产业发展要以推动高质量发展为主题，着力推动数据资源高质量、技术创新高水平、基础设施高效能，打造数字经济发展新优势，为建设制造强国、网络强国、数字强国提供有力支撑。

2022年1月，国务院印发了《"十四五"数字经济发展规划》，这是我国数字经济领域的首部国家级专项规划。规划提出"十四五"时期，以数据为关键要素，以数字技术与实体经济深度融合为主线，促进数字技术向经济社会和产业发展各领域广泛深入渗透，推进数字技术、应用场景和商业模式融合创新，赋能传统产业转型升级。2022年2月，习近平总书记在《不断做强做优做大我国数字经济》中强调，用互联网新技术对传统产业进行全方位、全链条的改造，提高全要素生产率，发挥数字技术对经济发展的放大、叠加、倍增作用。

2023年2月，国务院发布《数字中国建设整体布局规划》，指出要推动数字技术和实体经济深度融合，在工业、交通、能源等重点领域加快数字技术创新应用。

（二）推动制造业产业链现代化发展的相关政策

当前我国正处于新旧动能接续转换、促进经济高质量发展的关键阶段，政府陆续颁布相关政策积极利用数字技术来推动制造业转型升级，实现制造产业链的现代化发展。早在2015年我国就强调要以信息技术与制造技术深度融合的数字化、网络化、智能化制造为主线，通过掌握关键核心技术来完善产业链条，推动从制造大国转变为全球高科技制造强国。2019年，在中央财经委员会第五次会议中习近平总书记提出，要充分发挥集中力量办大事的制度优势和超大规模的市场优势，打好产业基础高级化、产业链现代化的攻坚战，着力打造具有战略性和全局性的产业链，增强产业链韧性，提升产业链水平。

2021年1月,财政部与工信部下发《关于支持"专精特新"中小企业高质量发展的通知》,指出为支持重点"小巨人"企业发展,要加强产业链上下游协作配套,支撑产业链补链延链固链、提升产业链稳定性和竞争力,同时要促进这些企业的数字化网络化智能化改造,推动业务系统向云端迁移。2021年12月,工信部等部门联合印发的《"十四五"智能制造发展规划》提出,推动新一代信息技术与先进制造技术深度融合,发挥龙头企业牵引作用,推动产业链深度互联和协同响应,带动上下游企业智能制造水平同步提升。

2023年2月,《求是》杂志发表习近平总书记重要文章《当前经济工作的几个重大问题》,强调要加快建设现代化产业体系,切实提升产业链韧性和安全水平;同时指出传统制造业是现代化产业体系的基底,要加快数字化转型,着力提升制造业的高端化、智能化、绿色化水平。

三 数字技术助推制造业产业链发展的进展与挑战

(一)数字技术助推制造业产业链发展的进展

1. 关键核心数字技术不断突破

当前,数字技术已经成为全球研发投入最集中、创新最活跃、应用最广泛、辐射带动作用最大的技术创新领域,是全球技术创新的竞争高地。近年来,我国核心数字技术创新取得了一系列突破性进展,大数据、云计算、人工智能、量子信息等新兴数字技术跻身全球科技创新第一梯队;集成电路、工业软件、基础软件等关键核心技术的协同攻关力度持续加大,发明专利、PCT国际专利申请量跃居全球首位,5G、量子信息、高端芯片、高性能计算机、操作系统等领域取得一批重大科技成果。

具体来说,一是5G和6G技术方面,据工信部数据,我国5G关键技术取得整体性突破,已形成较为完整的5G产业链,5G标准必要专利声明数量全球占比达42%,位居世界第一;同样,我国在6G领域的研究成果依然领先全球,在全球6G专利排行方面,我国以40.3%的6G专利申请量占比高居榜首。二是量子计算机方面,截至2023年底,我国在量子技术方面的投资总额已达153亿美元,是全球投资最多的国家,在量子专利方面也处于领先地

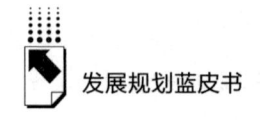

位。目前，我国已推出255个量子比特的"九章三号"光量子计算机，再度刷新光量子信息技术世界纪录。除了光量子计算机外，搭载72位自主超导量子芯片的我国第三代自主超导量子计算机"本源悟空"于2024年1月上线运行，使我国成为世界上第三个具备量子计算机整机交付能力的国家。三是人工智能技术方面，根据中国信通院发布的《全球数字经济白皮书（2023年）》，2013年至2023年第三季度，我国人工智能专利申请量占全球的64%，位列全球第一；我国人工智能方向论文发表达36.8万篇，位列全球第一。我国人工智能大模型呈现爆发式增长，多家机构陆续发布多模态大模型产品，赋能行业应用。百度发布"文心大模型"，并形成"文心大模型+行业应用"的多层次生态体系，在制造、金融、能源、传媒、互联网等行业应用落地广泛。

2. 数字技术在制造业产业链中的应用场景不断拓展

目前，制造业产业链中的数字化应用场景非常丰富，并且还在不断拓展至制造业产业链上中下游的诸多环节。

数字技术在制造业产业链上游的代表性应用场景包括：一是应用于产品的研发设计环节，利用虚拟仿真技术进行产品设计和测试，减少实际制造过程中的试错次数。二是实现数字化供应链管理的可视化和协同，利用数字技术追踪原材料在供应链中的流动，实现供应链可视化，提高调度和计划的准确性。数字技术在制造业产业链中游的应用场景包括：一是实现智能工厂和生产自动化，利用数字化工具设计和规划智能工厂，优化生产流程和布局；引入机器人和自动化设备，提高生产效率，降低劳动力成本。二是构建数字孪生模型，创建物理产品的数字孪生，实时反映实际产品状态，支持预测性维护和优化。三是数字化质量控制，利用传感器和视觉技术进行在线质检，减少次品率，提高产品质量。数字技术在制造业产业链下游的应用场景包括：建立数字化的客户关系管理系统，实现对客户需求的实时响应和个性化服务，从而提高客户满意度和增强企业竞争力，如在售后服务中，物联网传感器可以实时监测产品状态，客户可以通过App或者网站进行故障报修，售后服务人员可以通过云平台获取客户信息和产品状态，提供个性化服务。

3. 数字技术带动制造业产业链全面升级

近些年，随着大数据、人工智能、云计算等数字技术的创新突破及其与制造业的深度融合，制造业产业链实现了全流程、全链条的改造，制造业产业链的研发设计、生产制造、企业运维等各环节的数字化水平得到提升，促进制造业产业链全面升级。根据工信部发布的数据，截至2022年，我国重点工业企业关键工序数控化率达到了58.6%，数字化研发设计工具普及率达到了77%，分别比2012年提高了28.6个和33.6个百分点。其中，汽车制造行业对数字化研发设计工具的应用较普及，达到85.3%。智能制造示范工厂的运营成本平均下降19%，生产效率平均提升32%，产品研发周期平均缩短28%，产品不良率平均下降24%，资源综合利用率平均提升22%。

工业互联网作为由工业云和多种数字技术集成的平台，是推动制造业产业链现代化发展的关键基础设施。党的十八大以来，我国工业互联网从无到有、从小到大，打造了"5G+工业互联网"、5G工厂等品牌，据工信部数据，截至2022年，我国工业互联网的核心产业规模达到1.2万亿元，较上年增长15.5%，预计到2025年工业互联网平台应用普及率将达到45%。目前，我国已基本形成综合型、特色型、专业型的多层次工业互联网平台体系，重点平台连接设备超过8100万台（套），覆盖国民经济45个行业大类，平台化设计、数字化管理、智能化制造等新模式新业态蓬勃发展。目前，我国具有影响力的工业互联网平台达到了240个，遍布多个制造行业。

（二）数字技术助推制造业产业链发展面临的挑战

我国作为名副其实的制造大国，业已形成多元化、国际化的制造业产业链体系，在全球产业链分工中占据了重要地位。然而近年来，随着内外部环境的不确定因素的明显增多，我国制造业产业链的现代化发展面临前所未有的挑战。

1. 来自发达经济体以数字技术驱动制造业转型升级的外部压力

2008年全球金融危机的爆发促使各发达经济体开始反思，并努力矫正之前的"以资本市场为主体的虚拟经济占主导，重要制造业日趋'空心化'"的问题，实施"再工业化战略"，重塑制造业在经济发展中的核心地位。为此，2011年美国政府发布《确保美国先进制造业领导地位》，提出打造高端制造业，重塑全球实业格局。紧随其后的德国、欧盟、韩国等，均将重振制造业、提高制造业竞争力等作为政策实施重点。这些"再工业化"战略的实施，

使得我国制造业面临发达经济体"高端回流"的严峻挑战，迫切需要转型升级。

随着信息化、数字化浪潮在全球兴起，面对以数字化为核心的新一轮的全球产业价值链重构，主要发达经济体纷纷采取措施，如美国的"先进制造业国家战略"、德国的"数字战略2025"、日本的"世界最尖端IT国家创造宣言"等，均将数据要素、数字技术、数字化转型作为提升制造业发展水平、提高国际竞争力的重要着力点。我国制造业处于全球价值链的中低端，在传统成本优势逐渐消失而新的核心竞争力还未形成的现实状况下，更应加快推动制造业数字化转型，驱动制造企业提质增效与动能转换，促进制造业产业链的现代化发展，构建竞争新优势，抢占未来全球产业价值链的制高点。

2. 制造业产业链数字化水平有待提高

当前，全球价值链要素正在向数字化发展，因此制造业产业链的数字化水平成为衡量制造业产业链现代化的重要标志。近些年，我国高度重视数字经济发展，不断完善数字经济发展基础制度，推动《中华人民共和国数据安全法》等相关立法，制定《"十四五"数字经济发展规划》《数字中国建设整体布局规划》等规划，使得我国数字经济快速发展。

但是需要认识到的是，我国已经成为数字经济大国，但离数字经济强国的差距还较远，其中的原因除了数字产业化发展不足外，还主要是数字技术与实体经济的融合尚未形成压倒性的竞争优势，仍然存在很多数字技术发展与具体产业化应用不协同的问题。如大部分地区的制造企业数字化转型处于将互联网等数字技术简单叠加到生产过程的层面，仅能实现机器部分地替代劳动力。

我国制造业产业链的数字化水平普遍较低，尤其是高端制造、基础产品制造等行业的数字化存在明显不足。制造业产业链核心环节的数字化，不仅仅是数字技术在相关产业的简单应用，更重要的是在关键环节掌握核心数字技术，并推动实现制造业产业链全流程全环节的转型升级，提升产业链的整体运营效率与发展质量，然而现实情况是，我国制造企业对全渠道运营以及整个供应链的数字化转型重视程度仍然不足，目前只有16%的领军企业数字化转型成效显著，实现了供应链数字化。

3. 制造业产业链亟须破解全球价值链"低端锁定"困局

近些年，我国制造业产业链的全球参与度不断加深，尤其是在加入WTO

之后，更加积极地参与全球价值链分工，依托日趋成熟的产业链优势，"中国制造"对全球经济发展的重要性也愈加凸显。但也要看到，虽然这一阶段我国制造业产业链不断完善和优化，与全球价值链的嵌入度逐渐加深，但我国制造业处于全球价值链中低端，特别是与欧美等发达经济体相比，我国制造企业主要从事加工、组装等贸易活动，获得的附加值和利润较低，也很难实现制造业产业结构的升级。另外，制造企业能够直接引进成熟的制造技术和设备，导致企业缺乏自主创新动力。同时由于制造企业对先进技术的吸收能力不足，不能及时形成较强的自主研发能力，制造业仍处于全球价值链的中低端环节。

与之对应的是，欧美等发达经济体的制造业产业链大多位于全球价值链的中高端环节，获得了全球制造业分工的大部分收益，而且在全球产业链中拥有很强的话语权。有些发达经济体通过设置技术标准和环保专利授权等方面的门槛，利用其垄断地位对发展中国家实施打压，阻碍发展中国家制造业的技术进步和发展。因此我国制造业在全球价值链中一直处于被动状态，很难在技术层面实现"弯道超车"。

4. 制造业产业链数据要素流通有待进一步通畅

数据已经成为数字经济时代的新型生产要素。制造业数据的高效流通可以突破数据孤岛和行业壁垒，在供应链协同、智能工厂、数字化管理等场景中发挥巨大作用，成为提升制造业产业链竞争力的重要因素。但是，目前我国制造业产业链数据要素的共享与流通存在很多问题。

首先，制造业数据要素供给不足，无法满足制造业产业链现代化发展需要。当前我国制造业企业积累了一定的数据资源，但其中有价值的数据要素很欠缺，一方面制造业数据获取难度较大，制造业产业链条环节较多，覆盖了大量企业和部门，分散性和多样性的数据特点导致数据获取存在很大难度；另一方面很多制造业企业的数据存储计算平台的性能较差，还无法满足即时的制造设备海量大数据信息的获取和处理。其次，我国数据要素交易市场仍处于起步阶段，在数据安全和隐私保护方面存在制约，在很大程度上限制了数据的共享和开放。我国已经出台《网络安全法》《数据安全法》《个人信息保护法》等相关法规，基本构成我国数据市场发展的法律框架，对数据保护和使用的边界做出了规定，但是针对制造业数据的流通还没有出现国家层面的明确分类和指导细则，因此在制造数据流通方面还可能存在诸多未知因素，很多制造企业为

规避风险，不愿将制造数据进行共享、流通。再次，制造业数据资源的加工处理能力和场景应用能力比较欠缺，目前我国制造业数据资源开发的供给方所提供的数据产品较为单一，且内容不够丰富，多集中于数据服务、源数据分析结果、API接口调用等产品，以及数据标注、算法建模、数据定制等增值服务，在深入具体场景分析和挖掘数据方面的相关产品和服务较少。最后，相较于其他行业，制造业的数据要素加工的复杂程度更高、进行确权定价的难度更大，在进行市场交易过程中，涉及数据标注、数据清洗、算法建模等相关服务的内容很多，在数据加工处理过程中可能产生多次的知识、劳动力等要素投入，所以适用具体应用场景的复杂数据要素的确权定价很难。

四 数字技术助推制造业产业链现代化的发展路径

（一）积极探索制造业产业链数字化水平阶梯式逐步提升模式

目前，我国制造业产业链的数字化仍然较为滞后，亟须采取措施改变现状，但是制造业产业链整体数字化水平的提高不是一蹴而就的，要依靠产业链上众多制造企业的协作配合，通过阶梯式的逐步推进来实现制造业产业链数字化水平的全面提升。首先需要由制造业链主企业率先进行数字化转型，发挥示范带头作用，同时为数字基础设施建设打下良好的基础。其次引导产业链上的"专精特新"企业与链主企业、数字化转型服务商共同探索数字技术应用解决方案，建立可复制和可推广的数字化应用模式，并进行推广示范。最后在重点示范企业进行数字化转型的基础上，进一步完善数字基础设施，并充分考虑产业链各环节制造企业的特殊性及其与数字技术应用场景的适配性，培育一批优质的数字化转型服务供应商，开发集成一批易复制、易推广的小型化、轻量化、快速化、精准化的数字化解决方案和产品，最终实现制造业产业链的全面数字化水平。

（二）以数据要素循环流通强化制造业产业链的要素支撑

数据作为数字经济时代的新型生产要素，已经成为提升制造业产业链竞争力的重要决定因素，应该针对我国制造业产业链数据要素的共享与流通中存在的诸多问题,采取有针对性的措施。一是应该积极鼓励支持第三方机构持续完善制造业产业链数字化标准体系,协同推进技术标准、接口标准统一进程。二是要构建更加完善的数字安全管理体系,政府应加快出台针对数据安全的法律法规,为制造业产业链的现代化发展提供基础制度保障。三是加强对数据要素的培育和获取,推动对生产、交换、消费等环节产生的海量实时数据进行及时获取和存储,并利用大数据技术等深度挖掘数据要素价值。四是完善数据要素交易市场运行与监管机制,充分发挥市场在数据要素的定价、配置中的决定性作用,并加强数据交易监管,通过完善法律法规来保障消费者信息安全,确保信息授权的合理性,防止数据泄露等事件的发生。

(三)以创新突破推动制造业产业链高端化发展

为破解制造业产业链在全球价值链上的"低端锁定"困局,应该加快实现制造业产业链的创新突破,主要从以下三个方面入手:一是加快制造业基础性技术的创新发展,通过自主创新的激励效应持续提升制造业产业链创新绩效,为此要加大对基础性研究的原始投入,还要对重大科学技术问题和预期发生重大变革的基础科学领域提前进行布局,拓展公共性、基础性、通用性技术的研发深度和强度,大力推进多学科交叉研究,构建以自主研发为主、国际引进为辅的基础性技术创新体系。二是进一步强化制造企业的主体地位,制造企业应该结合自身发展需求成立创新研发中心,将前沿的数字技术与先进的制造技术相结合,并与高校、科研院所进行产学研合作,形成完备的高端制造技术创新与应用体系。三是增强数字技术的自主研发能力,逐渐掌握高端机器人、数控机床、高端工业软件等领域的核心技术,破除制造业产业链数字化转型的技术障碍,为此政府应该加大对数字基础技术和前沿技术的研发支持力度,保证数字技术企业有充足的资金进行研发,做到关键技术不受制于人。

(四)以新型数字化平台推动制造业产业链企业协同

加大支持力度,积极推动云计算、大数据中心、工业互联网等数字平台的孕育和应用,为制造业的平台化发展夯实基础,聚集行业资源,培育壮大共享制造等新业态,促使数字经济发展的红利全行业共享。一是建立统一开放的产

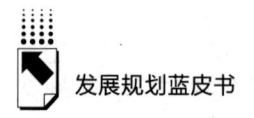

业链数据共享平台，强化不同平台企业间的交流与合作，实现要素和产品的共享，助力链上企业拓宽合作范围，为制造业产业链的延链、固链和创新发展提供保障。二是依托产业链不同环节的创新设计模式，以大型科技创新企业为核心，建设产业链协同研发设计平台，通过有效整合产业链各环节的创新要素，加快实现以研发平台为依托的技术创新突破，增强制造业产业链上各主体的技术研发能力。三是引导数字化平台型企业或产业链的"链主"企业搭建产业互联网平台体系，实现产业内部、跨行业和跨领域的共享合作。

参考文献

徐金海、夏杰长：《全力提升产业链供应链现代化水平：基于全球价值链视角》，《中国社会科学院大学学报》2023年第11期。

李春发、李冬冬、周驰：《数字经济驱动制造业转型升级的作用机理——基于产业链视角的分析》，《商业研究》2020年第2期。

宋华、杨雨东：《中国产业链供应链现代化的内涵与发展路径探析》，《中国人民大学学报》2022年第1期。

徐兰、吴超林：《数字经济赋能制造业价值链攀升：影响机理、现实因素与靶向路径》，《经济学家》2022年第7期。

焦云霞：《数字化驱动制造业升级的机制、困境与发展路径》，《价格理论与实践》2023年第5期。

中国社会科学院工业经济研究所课题组：《提升产业链供应链现代化水平路径研究》，《中国工业经济》2021年第2期。

B.35 以链长制为牵引推动产业链高质量发展

唐跃桓 黎静霖*

摘　要： 产业链链长制是我国为推动产业链高质量发展而实施的一种制度创新。随着中国经济步入高质量发展阶段，链长制在保障产业链供应链安全、提升产业链韧性和现代化水平方面发挥着关键作用。本文分析了链长制的基本特点、实施原由和运行机制，强调实施链长制是源于对产业链供应链安全的迫切需求、对产业链优化升级的更高要求以及对政府和市场边界的有益探索。链长制通过促进产业集聚、产业升级、科技创新和要素融合推动产业链实现高质量发展。同时，还深入分析了链长制运行中的整体与局部关系、产业链与集群关系、链长与链主关系等方面的问题。

关键词： 链长制　链主　产业链　产业集群　高质量发展

一　引言

保障产业链供应链安全、推动重点产业链高质量发展，对于实现经济高质量发展至关重要。党的二十大报告明确指出，要着力提升产业链供应链韧性和安全水平。党的二十届三中全会也再次强调，要抓紧打造自主可控的产业链供应链，健全强化重点产业链发展体制机制。在此背景下，产业链链长制（以下简称"链长制"）应运而生。作为一项具有中国特色的重要制度创新，链长制对于应对国内外形势变化、确保产业链安全与创新、维护市场机制正常运行具有关键作用。

---

* 唐跃桓，中国社会科学院数量经济与技术经济研究所助理研究员，主要研究方向为企业经济与数字经济；黎静霖，中国人民大学经济学院，主要研究方向为企业经济与环境经济。

什么是链长制？当前有两种不同认识：一种观点认为，链长制是地方政府协调辖区内产业链上下游企业生产活动的一种产业管理机制。① 另一种则认为，链长制是中央企业或大型国有企业促进产业链协同的一种重要治理机制。② 两者的区别在于：前者强调链长政府与链主企业两个关键主体，后者只强调链长企业。考虑到后者概念的链长企业可被视为前者中的链主企业，前者概念的外延更大，且影响范围更加广泛，故本文主要基于前者做具体分析。

事实上，由地方政府主要领导担任某长以推进重大事项并不新鲜，此前已有河长制、林长制等实践。而链主企业的概念也由来已久，可追溯到 Gereffi 等关于全球价值链的系列研究成果。③ Gereffi 强调主导企业（lead firms）在全球价值链治理中扮演关键角色，这里的主导企业就是链主。④

关于链长制运行的理论逻辑，已有文献从制度组织、产业政策、产业生态系统三个视角展开讨论。一是基于制度组织视角的文献认为，链长制来源于重大事项推进责任制，如河长制、湖长制、路长制，其目的是加强跨地区协调。⑤ 林淑君和倪洪福持相同看法，认为链长制是河长制、林长制等制度的延伸。后者的作用范围属于公益属性比较强的环境治理领域，而前者属于市场属性比较强的产业链领域。⑥ 郑茜等也认为，链长制是一种责任分配、动员和要

---

① 刘志彪、孔令池：《从分割走向整合：推进国内统一大市场建设的阻力与对策》，《中国工业经济》2021年第8期；林淑君、倪红福：《中国式产业链链长制：理论内涵与实践意义》，《云南社会科学》2022年第4期；郑茜、王臻、蒋玉涛：《产业链"链长制"的理论内涵与实施路径——基于扎根理论的多案例实证研究》，《科技管理研究》2022年第23期。

② 中国社会科学院工业经济研究所课题组、曲永义：《产业链链长的理论内涵及其功能实现》，《中国工业经济》2022年第7期；赵晶、刘玉洁、付珂语等：《大型国企发挥产业链链长职能的路径与机制——基于特高压输电工程的案例研究》，《管理世界》2022年第5期。

③ Gereffi G., "International Trade and Industrial Upgrading in the Apparel Commodity Chain," *Journal of International Economics*, 1999, 48 (1); Gereffi G., Humphrey J., Sturgeon T., "The Governance of Global Value Chains," *Review of International Political Economy*, 2005, 12 (1).

④ 刘志彪、孔令池：《从分割走向整合：推进国内统一大市场建设的阻力与对策》，《中国工业经济》2021年第8期。

⑤ 刘刚、殷建瓴、唐寅：《战略产业管理中的"有效市场，有为政府"：链长制的实践与优化对策》，《中国行政管理》2022年第12期。

⑥ 林淑君、倪红福：《中国式产业链链长制：理论内涵与实践意义》，《云南社会科学》2022年第4期。

素保障机制。① 二是基于产业政策视角的文献认为，链长制是一种建设产业链集群的新型产业政策。② 孟祺认为，链长制与传统产业政策的主要区别是，传统产业政策往往由地方政府直接进行干预，链长制则通过链主企业来发挥协调和引导作用。③ 中国社会科学院工业经济研究所课题组和张其仔指出，存在水平型、垂直型和全球价值链导向的产业政策，后者侧重于利用产业链供应链的动力优势提升当地在全球价值链上的地位。④ 根据这一特点，链长制无疑属于全球价值链导向的产业政策。三是基于产业生态系统视角的文献认为，在产业生态系统中，架构者是影响系统构建、演进的核心组织，而链长（链主）正是生态系统的架构者。⑤ 学者们基于中国轨道交通装备产业、特高压输电工程的案例，讨论了政府和核心企业在产业生态系统中协调产业链发展、推动自主创新所扮演的角色。⑥ 链长制运行将带来怎样的经济社会效应，目前的实证研究还比较匮乏。少数相关文献中，周钰丁等基于各省份 2017~2021 年海关微观贸易月度数据考察了链长制对贸易的影响，发现实施链长制有助于带动产业集聚、优化营商环境、促进区域创新、落实配套政策，从而提升当地出口产品质量。⑦ 孟祺基于省份—行业层面，发现实施链长制对产业链现代化和产业链韧性具有明显的促进作用。遗憾的是，当前的经验证据主要基于省份层面，对链长制的绩效还有待进一步的考察。⑧

---

① 郑茜、王臻、蒋玉涛：《产业链"链长制"的理论内涵与实施路径——基于扎根理论的多案例实证研究》，《科技管理研究》2022 年第 23 期。
② 刘志彪、孔令池：《从分割走向整合：推进国内统一大市场建设的阻力与对策》，《中国工业经济》2021 年第 8 期。
③ 孟祺：《链长制与产业链韧性：基于多期 DID 的实证检验》，《新疆社会科学》2023 年第 1 期。
④ 中国社会科学院工业经济研究所课题组、张其仔：《提升产业链供应链现代化水平路径研究》，《中国工业经济》2021 年第 2 期。
⑤ 赵晶、刘玉洁、付珂语等：《大型国企发挥产业链链长职能的路径与机制——基于特高压输电工程的案例研究》，《管理世界》2022 年第 5 期。
⑥ 谭劲松、宋娟、陈晓红：《产业创新生态系统的形成与演进："架构者"变迁及其战略行为演变》，《管理世界》2021 年第 9 期；赵晶、刘玉洁、付珂语等：《大型国企发挥产业链链长职能的路径与机制——基于特高压输电工程的案例研究》，《管理世界》2022 年第 5 期。
⑦ 周钰丁、王孝松、蔡露露：《产业链"链长制"推动地方贸易高质量发展了吗》，《国际贸易问题》2023 年第 7 期。
⑧ 孟祺：《产业政策与产业链现代化——基于"链长制"政策的视角》，《财经科学》2023 年第 3 期；孟祺：《链长制与产业链韧性：基于多期 DID 的实证检验》，《新疆社会科学》2023 年第 1 期。

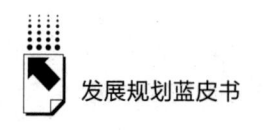

二 链长制的特点、由来与运行机制

(一)链长制的基本特点

作为一种新的政策实践,本文主要从产业集群政策和责任承包机制两方面分析链长制的特点。一是产业集群政策。链长制是一种新型的产业集群政策,其在产业链上做文章,落脚点是在产业集群上。这种集群是轮轴式和产业链式的集群,"轴轮式"意味着,不同于马歇尔式或卫星式等集群,该集群由链主企业领导。"产业链式"意味着,将产业链上下游配置在本地。二是责任承包机制。由地方政府主要领导挂帅,分管领导和对口部门承包,强化考核激励和问责,链长制体现出很强烈的责任承包制特点。此外,在新冠疫情期间,链长制为各地区复工复产起到了较好的协调作用,也体现出其应急动员机制的特点。

(二)链长制的实施原由

第一,实施链长制,源于对产业链供应链安全的迫切需求。面对新冠疫情和中美贸易摩擦等,我国长期依赖市场力量自发形成的产业链凸显出诸多短板和脆弱性,部分产业链甚至面临断裂的严重风险。为有效缓解疫情对产业链的冲击、确保产业链供应链的平稳运行,各地政府积极采取应对措施,以产业链为核心,协同推进复工复产,探索出经济发展的新路径。由此,链长制应运而生。各级领导挂帅,担任链长,充分发挥激励和协调机制,有力保障了产业链供应链安全稳定。

第二,实施链长制,源于对产业链优化升级的更高要求。随着全球经济格局的持续演变,我国经济正处于关键的转型阶段,产业链优化升级的需求日益凸显。与此同时,伴随人口红利的逐渐消退,我国难以单纯依赖传统优势实现向现代产业链的跨越。在全球产业链加速重构的大背景下,链长制政策聚焦高技术含量且具备国际竞争力的产业,通过推动重点产业延链、补链、建链、强链,构建完整产业链条,充分发挥产业协同作用,着力突破核心技术难题,提升产业创新能力和自主可控能力,有助于提升我国在全球价值链中的地位,增强产业链的国际竞争力。

第三，实施链长制，源于对政府与市场边界的有益探索。链长制的诞生并非偶然，而是受到河长制、林长制等制度创新实践的启发。地方政府在环境治理领域积累了丰富的经验，并希望将这些成功模式移植到产业链治理中，以期提升治理效果。与河长制、林长制相似，链长制通过政府的有效干预，促进地方政府和中央企业将经济治理范围从属地和所属行业拓展到产业链上。然而，链长制又具有其独特性，它聚焦具有强烈市场导向的产业链，要求政府转变职能，从主导者转变为协调者，充分释放市场活力，引导产业链健康、有序、高效发展。[①] 因此，作为市场机制的重要补充，实施链长制有助于强化政府与市场的协同治理，为产业链发展注入了新的活力和动力。

（三）链长制的运行机制

链长制围绕地区主导产业展开，通常由地方党政负责人担任链长，由产业链核心企业和龙头企业担任链主，双方紧密配合、协同作业，共同推动产业链实现高质量发展。对于产业链治理，协调至关重要，政府正好可以扮演这一角色。[②] 在政府的有力协调下，链长制立足既有产业基础，积极打造并优化特色产业链，强化产业链上下游的联动效应。同时，针对产业链的薄弱环节，统筹整合内外部资源，将原本分散的点状企业整合成紧密的链状产业链生态，从而实现"延链、补链、建链、强链"的目标，在巩固并提升地方传统优势行业的同时，积极培育战略性新兴产业，将其塑造为地方未来的核心行业。具体而言，链长职能可归结为以下三个方面。

第一，加强目标规划，提供政策支持。一是全面掌握产业链发展现状，摸清产业链重点企业、项目、平台以及关键共性技术、瓶颈等情况。二是绘制产业链发展蓝图，研究制定产业链图、技术路线图、应用领域图、区域分布图等。三是出台税收、资金、人才各方面政策措施，支持产业链发展升级，助力

---

① 需要指出的是，与河长制、林长制不同，链长制的目标管理更为复杂。河长、林长负责协调和监督，满足保底的考核要求即可，易于进行目标管理，而链长肩负着招商引资、产业发展等任务。各链条发展难度不一，如何确定目标以及目标能否如期实现存在不确定性。
② 杜龙政、汪延明、李石：《产业链治理架构及其基本模式研究》，《中国工业经济》2010年第3期。

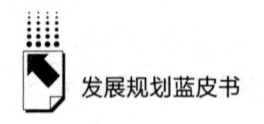

产业链企业攻克"卡脖子"技术难题。四是定期评估政策效果，确保政策目标实现。

第二，加强招商引资，培育产业集群。一是明确重点招商领域，引进产业链龙头企业和关键零部件配套生产企业入驻本地产业园区，确保引进的企业与产业链发展高度契合。二是培育本地产业集群，促进链主企业和专精特新企业成长，形成完整的产业链生态，提高产业集群的整体竞争力和吸引力。三是优化营商环境，提供优质的政务服务、便捷的行政审批、完善的基础设施等，为企业提供良好的投资环境和发展空间。

第三，加强统筹协调，推动产业发展。一是搭建服务机制和平台，统筹协调各类资源，解决产业链发展过程中面临的政策瓶颈、市场需求、技术攻关、项目融资建设等方面的难题。二是推动产业链企业之间开展合作，促进企业间信息共享、业务协同和资源整合，助力产业链上下游大中小企业协同发展。三是推动产业链企业与科研机构、高校和其他企业展开合作，组织技术对接、人才对接、市场拓展等专项活动，共同促进产业链的发展和创新。

链主企业是在市场机制作用下自然形成的龙头企业，它位于产业链的核心位置，具备引领和推动产业链发展的能力，从而显著提升产业链的整体竞争力。链主企业的作用体现在：一是促进集聚。链主凭借其强大的市场份额、技术创新和市场拓展实力，吸引一批资金雄厚、技术先进的上下游企业实现空间集聚、业务协作和资源共享，提高本地配套率。二是引领示范。链主企业能够引领行业创新，在技术攻关、产品推广、产销合作、标准制定、质量管理、品牌创建等方面发挥示范作用，推动本地产业链升级发展。三是加强合作。链主企业具有丰富的行业资源，与行业协会和各类企业紧密合作，有助于产业链稳定，实现共赢发展。

三 链长制促进产业链高质量发展的路径机制

链长制作为促进产业链高质量发展的重要政策机制，通过多个维度推动了产业链的升级与变革。一是产业集聚，链长制为产业集群发展提供了强有力的组织保障，明确了产业链中各主体的角色定位，实现了政府与市场的高效互动。二是产业升级，链长制聚焦产业链的优化升级，通过精准施策，引导传统产业向高端价值链攀升,培育新兴产业成为经济增长新动能。三是科技创新,通过搭建交流平台、加大要素投入、优化制度环境等手段,链长制促进了产业链与创新链的深度融合。四是要素融合,链长制推动了产业、科技、人才、资本等要素的深度融合,优化了资源配置,为产业链发展注入了强劲动力。这些路径机制共同构成了链长制促进产业链高质量发展的坚实基础,如图1所示。

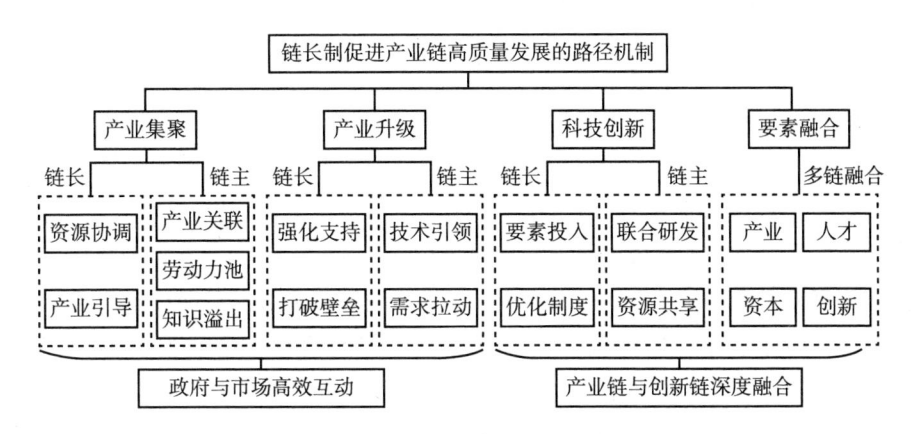

图1 链长制促进产业链高质量发展的路径机制

(一)链长制与产业集聚

第一,以链长为产业链核心协调者,通过资源协调和产业引导,推动地方产业集群的协同发展和竞争力提升。传统产业集群通常因缺乏明确的协调者而难以形成有效合作。链长制由政府主要负责人担任链长,具备迅速调动资源和协调资源能力,能够跨越企业、行业和行政部门界限,对产业链进行全面管理和协调。这种协作机制不仅能够推动产业链上下游企业的深度合作与良性互动,充分实现资源共享、优势互补和产业链优化升级,更能提升产业集群的整体竞争力,促进区域经济的繁荣和发展。

第二,以链主为产业集群的核心力量,通过产业关联、劳动力池和知识溢出强化产业链集聚效应。链主凭借信息优势和创新能力,与上下游企业紧密合作,有助于降低生产成本,促进技术创新和产业升级,主要体现在:一是通过完善的本地配套产业链和较强的议价能力,降低上下游企业的物流成本和生产

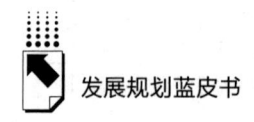

要素的采购成本;① 二是吸引和培养技能人才，形成本地劳动力池，减少招工用工成本;② 三是通过知识溢出，加速技术扩散和创新共享，提升集群的创新效率和市场竞争力。这种集聚效应不仅强化了产业协同和联合技术攻关，还能助力企业成长，进而构建一种分工合作、互荣共生、利益共享的产业创新生态圈。

（二）链长制与产业升级

第一，以市场为主导，发挥国有企业的技术引领和需求拉动作用。国有企业凭借跨国经营和境外投资优势、高复杂度产品和广泛供应链覆盖，作为链主引领产业链创新与发展方向。因此，构建本土链主对实施链长制至关重要。一方面，国有企业瞄准国际技术前沿，创造新产品市场预期，推动新兴产业链成熟，有助于引导上游企业持续研发。另一方面，国有企业具备稳固的市场地位，不仅能够促进供应链上下游企业在采购、物流等多方面实现资源共享和深度合作，还能通过减租让利、搭建供需平台等策略缓解上游企业的资金压力，精准支持关键领域和产业链末端。③

第二，由链长引领产业链优化升级，强化政府支持作用。一方面，链长基于当地产业优势，能精准指出产业链升级方向，并专注于产业链创新环节，对基础性创新予以投资和政策扶持。这些举措有助于本土企业快速实现技术积累与能力提升，进而推动产业链向高技术、高附加值领域发展。另一方面，链长需具备全局观，积极配合国家战略部署，打破区域行政壁垒和所有制歧视，促进产业链在更大空间内形成分工协作。在此过程中，链长角色应由管理型向服务型转变，致力于产业链中企业融资、用工等难题的化解，确保产业链上下游供需的顺畅衔接，防范产业链断裂风险。

---

① 李贲、吴利华：《开发区设立与企业成长：异质性与机制研究》，《中国工业经济》2018年第4期。
② 叶振宇、庄宗武：《产业链龙头企业与本地制造业企业成长：动力还是阻力》，《中国工业经济》2022年第7期。
③ 中国社会科学院工业经济研究所课题组、曲永义：《产业链链长的理论内涵及其功能实现》，《中国工业经济》2022年第7期。

（三）链长制与科技创新

第一，搭建交流平台，支持企业自主研发与联合研发。一方面，链长制聚焦产业链关键领域，构建了完善的产业技术基础服务体系，并积极培育"专精特新"中小企业，突破关键核心技术，从而推动创新链条向高端延伸。另一方面，链长制致力于强化技术知识共享、试验及转移平台，推动龙头企业与重点企业组建产学研合作联盟，确保科技信息的有效整合和高效利用。这些措施为强化产学研合作、实现创新资源共享提供了坚实保障。

第二，加大要素投入，支持产业链科技创新。首先，链长制通过改革业绩考核机制，鼓励链主企业投资战略性新兴产业链，为新产品新技术的研发及应用提供市场预期和资金保障。其次，链长制还倡导设立科技创新、人才开发和创新创业等多样化的创新发展基金，以支持科技创新基础设施建设。最后，链长制积极实施高水平人才计划，并建立与国际接轨的人才评价和认证体系，在吸引海外顶尖人才的同时，强化本土研发人员的科研激励和技能培训，以适应科技创新需求。

第三，优化制度环境，保障科技创新成果。一是强调创新资源的配套支持，鼓励链主企业实施知识产权战略，降低全球化过程中的知识产权风险。二是加强利润分配、产权保护等制度规范，通过科技立法、财税政策等方式，优化创新资源配置，确保科技成果顺利转化。三是鼓励企业实施兼并策略，实现强强联合，以推动产业链和创新链深度融合。

（四）链长制与要素融合

第一，产业是链长制的重要基础。在深度剖析地方产业特色与现状的基础上，链长制将围绕传统产业升级、新兴产业孵化及未来产业布局，精准制定产业链图谱和招商策略，并根据不同的产业链类型进行分类施策。对于核心产业，链长制将精选优质供应商，搭建产业链合作生态，促进资源共享。对于尚不成熟的产业链，链长制将聚焦缺失环节招商，着力延伸产业链条。对于价值链低端产业，链长制将引进高附加值企业，提高核心竞争力。面对产业链外部冲击时，链长制还会采取政策扶持、政府采购、技术改造等措施，以保障产业链稳定。

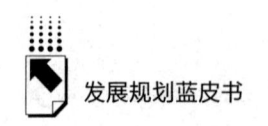

第二，人才与创新是链长制的核心动力。链长制注重构建人才链、创新链与产业链的良性互动。首先，人才链是建立创新链的前提。通过高效的招才引智和人才评估机制，链长制能够汇聚顶尖的人才和技术，激发产业链创新活力。其次，以创新链推动产业链升级。链长制高度重视创新投入的规模和质量，在识别技术缺失环节后，借助全球专利数据库来制定针对性研发策略，从而推动产业链向高端化、智能化、绿色化转型。最后，以产业链实现人才链的集聚。在链长制的牵引下，产业链的繁荣吸引着人才的汇聚，人才智慧更是推动着产业链的持续创新。

第三，资本是链长制的重要保障。链长制能有效调动政府和各类社会资本，为产业链发展提供要素保障。首先，链长制能引导金融机构为产业链重点项目提供优惠贷款，降低企业融资成本，确保供应链金融稳健运行。在此过程中，政府引导基金积极承担产业创新风险，而银行信贷则负责支持关键技术创新。其次，链长制凭借"链长"的资源协调优势，致力于解决产业链在资金、能源、土地等方面难题，确保企业发展和项目建设的顺利推进。最后，链长制着力提升本土产业链对外资的吸引力，促进内外资深度融合，从而增强产业的竞争力及其在全球价值链中的地位。

四 实施链长制需要注意的几个问题

（一）整体与局部的关系

从全国层面来看，推行链长制是为了应对全球产业链供应链冲击，提高重点产业链的韧性和现代化水平，实现"补链、延链、升链、建链"。那么，是否有必要在各个地方都推行链长制？这值得考量。

第一，在全国层面强调关键领域的产业体系安全可控十分必要，但对地区层面或不必做同等的要求。对于产业链安全，应关注国内国外，而不是本地外地。过于强调本地的产业链安全，加强本地采购，可能导致以邻为壑，产生更严重的市场分割。全球供应链风险之名不应成为个别地区行地方保护主义之实的借口。在全国层面，链长制体现出的政策扩散趋势是一种恰当的政策选择，还是在一些地方先行先试后，其他地方政府的被迫"自卫"之举，值得考量。

第二，在哪个层面进行链长制探索？要考虑不同层级的实施绩效。省级或大型央企层面实施链长制，能够在比较大的地理范围内布局产业链，更容易匹配当地的产业基础，但需要付出运输成本。如果在比较小的行政区划层面推行，尽管运输成本较低，但可能因生搬硬套而造成资源错配。

第三，的确存在一些"卡脖子"风险较高的产业链环节需要链长制协调攻关，但能否成功要取决于各方面条件，特别是在许多地区不具备技术、人才和资金的情况下，选择由央企牵头攻关还是由地区来攻关还值得商榷。特别是，当前许多地区都在围绕战略性新兴产业实施链长制，容易产生产业雷同、重复投资建设等问题。

（二）产业链与集群的关系

产业链是否需要在某地扎根，形成产业集群？从产业链发展的视角来看，产业链各个环节企业的地理位置和布局，取决于各地的禀赋优势和条件。例如，上游企业更靠近原材料生产地，中游企业往往位于有一定产业基础的地区，而下游企业更靠近市场。当然，扎根在一处，可以享受到经济集聚带来的经济收益。从地方政府的视角来看，在本地形成产业链集群的好处是显而易见的，容易形成品牌效应，带动招商引资。因此，地方政府有很强的意愿推动产业链集群的产生，但可能导致整体产业链的效率损失。

与此同时，还需要注意：一是，培育以链主为主导的产业集群，容易产生"一荣俱荣、一损俱损"的后果，反而不利于地方经济发展。二是，链长制的实施绩效要取决于具体场景，纵向一体化程度较高的、位于产业链上游的企业，往往因缺乏抓手而难以实施。三是，供应链风险往往来自系统集成企业。如何理解系统集成者的作用，以及建设轮轴式的集群导向是否具有普遍意义还需要考量。

（三）链长与链主的关系

在制度设计上，链长和链主同时存在是不是必要的？尽管增加链主似乎能够避免政府直接干预市场，但也可能导致两个问题：一是链长和链主的目标并不一致，可能产生委托代理问题。二是增加了政府的干预环节，可能导致更为严重的协调失灵。具体而言，对于链主，链长制可能会成为其谋取私利的工

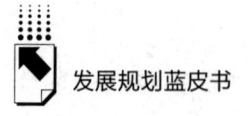

具，获得合法身份后，在当地供应链上获得更强的谈判地位和垄断租金。对于链长，如何选择链主、选择几个链主，是难以把握的问题。一是当地产业结构可能决定了很难产生链主。二是容易陷入传统产业政策"挑选赢家"的陷阱中。三是政府干预也可能导致要素市场和产业链关系的扭曲，甚至把链主培育成"巨婴"。

此外，还要考虑本地链主与全球链主、地方国企与中央国企的关系。一是如何将本地链主培育为全球链主，这不是本地化采购可以推动的。对于全球链主，势必要融入全球价值链，意味着全球采购、全球销售，这些要求似乎与链长制的工作内容有所出入。其实，更应当呼吁在全球价值链视角下实施链长制。二是地方政府实施链长制，往往意味着加强对本地国企的扶持，这有可能会增加央企和本地国企在产业链协调上的难度。三是如果不将地方政府设置为链长，只保留央企链主，也存在一个问题，那就是央企天然具有链主身份。市场地位已经决定了央企实际上担任链主（链长），这种链长制似乎无需实施，因为已然实施。那么链长制就更多地体现为一种战略而不是政策。

B.36
以新一代人工智能技术赋能产业发展

许雪晨*

摘 要: AIGC 作为新一代人工智能技术的重要分支,正在悄然引导一场变革,其应用将对数字经济和社会发展产生深刻影响。本文梳理 AIGC 发展历程和国内外布局现状,分析认为 AIGC 加速了数字内容生产,减少重复劳动,为各个行业带来了产业变革,但同时也带来了虚假信息传播、版权归属和数据安全等问题。为充分利用 AIGC 带来的发展红利,防范冲击和风险,本文提出鼓励产学研用协同,推动科技攻关;完善法律法规,推进监管治理;鼓励行业自治,共建发展生态;加强正向引导,赋能数实融合等政策建议。

关键词: AIGC 新一代人工智能技术 ChatGPT 数字经济

一 引言

习近平总书记指出,把新一代人工智能作为推动科技跨越发展、产业优化升级、生产力整体跃升的驱动力量,努力实现高质量发展。经过 60 多年的发展,人工智能发展进入新的阶段,相比于传统人工智能,新一代人工智能呈现出深度学习、跨界融合、人机协同、群智开放、自主操控等新特征。新一代人工智能的重要分支——人工智能生成内容(Artificial Intelligence Generated Content,AIGC)加速发展,正在催生全新产业体系。《中共中央关于进一步全面深化改革 推进中国式现代化的决定》强调,加强关键共性技术、前沿引领技术、现代工程技术、颠覆性技术创新,加强新领域新赛道制度供给,建立未来产业投入增长机制,完善推动新一代信息技术、人工智能、航空航天、新

---

* 许雪晨,中国社会科学院数量经济与技术经济研究所,主要研究方向为人工智能等。

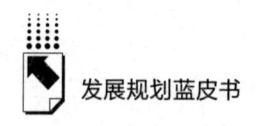

能源、新材料、高端装备、生物医药、量子科技等战略性新兴产业发展政策和治理体系，引导新兴产业健康有序发展。

代表 AIGC 最新进展的是 OpenAI 开发的聊天机器人——ChatGPT，[①] 通过大规模预训练模型，ChatGPT 具备理解自然语言和文本生成的能力，可以执行文本翻译、摘要生成、情感分析等任务。2023 年 2 月，微软宣布在 Bing 搜索引擎中嵌入 ChatGPT，自集成 ChatGPT 后，Bing 的日活量首次突破 1 亿。

作为人工智能领域的现象级应用，ChatGPT 开拓了中国人工智能行业新赛道，引发国内科技巨头竞相涌入。一时之间，几乎所有国内头部互联网公司，纷纷宣布在类 ChatGPT 产品或 AI 大模型领域布局。公开数据显示，截至 2024 年 4 月，我国大模型数量近 200 个，通用大模型数量 40 个左右，包括字节跳动的豆包、科大讯飞的星火、阿里巴巴的通义千问、腾讯的混元、华为的盘古等。[②]

在多模态大语言模型方面，2024 年 2 月，OpenAI 发布视频生成模型 Sora，能生成持续时间长、宽高比和分辨率的视频和图片。与 2023 年的 AI 生成视频相比，在各维度均实现了质的提升。国内企业同样争相入局，国产文生视频大模型迈入加速阶段，如生数科技联合清华大学发布的视频大模型 Vidu，快手发布对标 Sora 的视频生成大模型可灵等。

目前，随着政策面利好，叠加科技巨头陆续入场，AIGC 的应用场景不再单纯局限于聊天机器人、文本生成等，将为数字经济、产业发展甚至社会变革注入强大动力。AIGC 兴起时间较短，对该领域相关内容的梳理和综述相对匮乏，因此本文旨在全面地对 AIGC 相关的概念、技术和国内外主要科技公司前瞻布局进行系统梳理，并从产业视角深度剖析 AIGC 产业本身及其与相关产业的融合。关注新一代人工智能技术 AIGC 对产业和社会发展的影响，迫切且关键。

---

① Long O., Wu J., Jiang X., et al., "Training Language Models to Follow Instructions with Human Feedback," arXiv preprint arXiv: 2203.02155, 2022.

② https://finance.sina.cn/2024-05-31/detail-inaxahma9844296.d.html.

二 新一代人工智能技术的发展历程

(一)酝酿萌芽阶段

20世纪50年代至90年代中期,受限于技术水平,AIGC仅局限于小范围实验。1950年,图灵提出"图灵测试"能够判定机器是否"智能";1957年,计算机首次创作完成弦乐四重奏《依利亚克组曲》;1966年,世界上第一款可人机对话的机器人"伊莉莎"问世,通过关键字扫描与重组完成交互任务。20世纪80年代中期,国际商业机器公司(International Business Machines Corporation,IBM)创造语音控制打字机"坦戈拉",约能处理20000个单词。

由于高昂的研发投入,人工智能没有实现预期的商业变现。因此,世界各国开始减少对人工智能领域的投入,AIGC没有实现重大突破。但在此期间,图灵测试、对话机器人以及语控打字机孕育了AIGC的雏形。

(二)稳步推进阶段

20世纪90年代中期至21世纪10年代中期,AIGC逐渐进入沉淀积累阶段。自2006年起,一方面,图形处理器和矢量处理器等算力设备性能大幅提升,深度学习算力增强、算法取得重大突破;另一方面,互联网的推广普及使得数据规模激增,这为各类人工智能算法提供了海量训练数据。虽然算力的提升与数据的膨胀使人工智能取得了长足发展,但AIGC仍受限于算法约束,应用场景有限,应用效果有待提升。2007年,纽约大学的人工智能系统撰写了世界第一部完全由人工智能创作的小说,虽然小说可读性不强、存在拼写错误、逻辑混乱,但从AIGC整个发展历程来看,其突破性意义远高于实际意义。2012年,微软推出全自动同声传译系统,计算机能够自动完成语音识别、英中机器翻译,以及中文语音合成,效果非常流畅,标志着深度神经网络模型在语音识别和音频生成领域获得了巨大成功,为AIGC进一步发展带来希望。

进入21世纪后,AIGC从前期的技术实验性向商业实用性转变,但受限于算法瓶颈,其生成的内容往往只能基于算法提供的模板生成内容,开放性、包容性还有待提升,无法较好地完成创作。

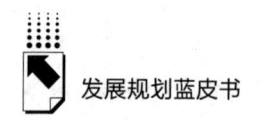

（三）迅猛发展阶段

21世纪10年代中期至今，AIGC迎来新发展，生成内容更加多元，生成效果更加逼真。自2014年起，以生成式对抗网络（Generative Adversarial Network，GAN）为代表的深度学习算法不断迭代更新，为AIGC提供了强大的技术支撑。2017年，微软人工智能少女"小冰"完成了世界首部完全由人工智能创作的诗集——《阳光失了玻璃窗》。2018年，英伟达发布可以实现自动生成图片的模型——StyleGAN，该模型目前已升级到第四代StyleGAN-XL，其生成图片的分辨率极高，人眼难以分辨真假。2019年，DeepMind发布DVD-GAN模型可以生成高度逼真且连贯的视频，该模型能够通过学习和理解人类的语言，进行对话、聊天互动。2021年，OpenAI推出的DALL-E主要用于文本与图像的交互生成内容，并于一年后推出升级版DALL-E-2。至此，AIGC技术基本成熟，有望成为改变商业模式和产业发展范式的重要驱动力。

该阶段深度学习算法快速发展，AIGC生成效果逐渐逼真直至人类难以分辨。虽然离大规模证明和体系化发展仍有距离，但从资本的加码到应用场景的探索，距离的缝隙有望逐步被填补。

三 国内外主要科技公司新一代人工智能技术布局现状

自2022年下半年起，AIGC接棒元宇宙成为全球瞩目的焦点和热议话题，各个行业都在积极探寻AIGC助力下的新方向，抢占新赛道。国内外各大科技企业纷纷在AIGC领域抢先布局，新兴科技创业公司悄然兴起。

（一）国外新一代人工智能技术发展现状

国外AIGC领域的相关企业有微软、谷歌、META等巨头。上述科技公司的项目不仅可以生成图片，还能够生成视频。例如，Meta推出Make-A-Video系统，实现了由文本到视频的飞跃，谷歌同样推出Imagen Video和Phenaki，可以从简单的文本提示中生成高清视频。AIGC在海外市场发展迅速，目前具有参照意义的国外公司主要如下。

1. 微软

2019年，微软向OpenAI投资10亿美元，试图实现AI的弯道超车。在关注技术研发的同时，微软积极筹备OpenAI的商业化落地。2020年，微软将GPT-3模型用于Office、Bing和Microsoft design等产品中；2021年，在Azure中集中部署OpenAI开发的GPT、DALLE、Codex等各类工具，这也成为OpenAI最早的收入来源。2023年1月，微软向OpenAI追加数十亿美元的投资。2月2日，微软宣布旗下所有产品均将整合ChatGPT，包括搜索引擎Bing、办公全家桶Office。此外，微软还开发了小语言模型Phi-3，并发布了全新的多模态模型Phi-3-vision，该模型可提供语言和图像处理能力，实现基于照片的推理，并优化了对图表内容的理解能力。目前，微软已发布4款基于ChatGPT的融合应用，包括视频会议Teams智能概述功能、销售应用Viva Sales生成邮件回复功能、搜索引擎Bing通过聊天获取答案功能、浏览器Edge聊天和编写功能。

2. 谷歌

2021年，谷歌推出大语言模型LaMDA，并在此基础上开发了Bard，可以将信息知识和大语言模型的智能相结合，提供高质量的回复。这意味着与ChatGPT不同的是，Bard可以基于实时网络数据。2023年12月，谷歌公司宣布推出"最大、最强、最通用"的新大型语言模型Gemini。它是首个可以在手机上运行的大模型，被应用于谷歌Pixel 8 Pro智能手机。2024年5月，谷歌在I/O开发者大会上推出最新多模态AI产品，包括由升级后Gemini模型驱动的万能AI助手Project Astra和对标Sora的文生视频模型Veo。随着视觉和推理能力提高，Project Astra还可以成功地识别出代码序列、为电路图提出改进建议等。Veo则具备生成1080p高清视频的能力，用户可以通过文本、图像、视频等各种格式提供提示。

3. Meta

Meta在AIGC领域也有战略安排。2022年11月，Meta的人工智能实验室Meta AI发布了AI系统"Make-A-Video"，能够根据输入的自然语言文本生成一段短视频。并且在语言生成视频的基础上，拓展为从图像生成视频以及从视频生成视频。此外，Meta在AIGC的其他方向也有一些布局。Meta A提出了一个全新的从文本到四维生成的系统MAV3D（MakeA-Video3D），将自然语言描述作为输入，并输出一个动态的三维场景，可以从任意的视角进行渲染。与此同时，Meta推出了开源模型LLaMA，模型包括7B、13B、33B和65B等不同规模，成为开源社区最受欢迎的大模型。这些模型在众多自然语言处理任务中表现优异，例如文本生成、知识问答、推理计算、阅读理解等。与其他大型语言模型相比，LLaMA在某些任务上能够以更小的规模实现相当甚至更好的性能。

（二）国内新一代人工智能技术发展现状

相比于国际先进科技公司，中国AIGC产业尚处于起步阶段，底层技术和商业化落地存在不足，但众多国内知名企业如百度、阿里巴巴、字节跳动在AIGC领域也进行了布局，并尝试将相关技术应用于自身业务。

1. 百度

2022年8月，基于自主研发的产业级大模型ERNIE，百度推出AI艺术创意辅助平台——文心一格。2023年3月，百度发布了大模型产品文心一言。文心一言在一个月内完成四次升级，推理成本降低至原来的十分之一。2023年6月，文心一言升级到3.5版本，训练速度提升到原来的3倍，推理速度提升到原本的30多倍。文心大模型3.5版本实现了基础模型升级、精调技术创新、知识点增强、逻辑推理增强等，模型效果提升50%，训练速度提升2倍，推理速度提升30倍。2023年10月，百度发布全新一代知识增强大语言模型——文心一言4.0。它在理解、生成、逻辑和记忆四大能力上都有明显提升，综合水平与GPT-4相比毫不逊色。

2. 阿里巴巴

2019年初，阿里巴巴达摩院启动通用人工智能大模型M6项目，并于2021年3月首次发布，参数量达到千亿级，成为世界上最大的中文多模态模型。2023年4月，阿里巴巴首次发布通义千问大模型，并在10月更新为千亿级参数大模型通义千问2.0，它可以根据用户需求，在不同的使用场景下帮助用户快速生成创意文案。此外，阿里达摩院还研发了一款遥感AI大模型，该模型基于深度学习技术，针对遥感图像的目标检测、分割和识别等任务进行了高效处理。这将为城市规划、土地资源调查、环境监测、灾害预警等领域提供更高效、更精确、更可靠的工具和手段，同时，也为遥感技术的广泛应用和研究提供了新的思路和方法。

3. 字节跳动

2024年5月，字节跳动正式发布豆包大模型家族，包括通用模型、文生图大模型和向量化模型等9个模型。其主力模型推理输入定价只有0.0008元/千Tokens，比行业平均价格低99.3%。同时，该模型在企业市场的定价为0.8厘处理1500多个汉字，比行业平均价格低99.3%。这标志着大模型价格从以分计价发展到以厘计价，能以更低的成本满足企业的复杂业务场景需求，充分验证大模型的应用价值，带来超越现有产品和组织模式的创新。此外，字节跳动还发布了方舟大模型平台，为大模型的应用提供了更便捷、高效、安全的方式，有助于推动大模型技术在各个行业的广泛应用。

（三）中美两国新一代人工智能技术发展现状对比

大模型作为一种变革性技术，已经成为AIGC及整个人工智能技术的制高点和基础设施，中国和美国正在围绕AIGC展开角逐。

1. 基础大模型数量

截至目前，全球人工智能大模型有1328个（包含同一企业、同一模型的不同参数版本），美国大模型数量位居全球第一，占44%，位居第二的中国大模型数量占比为36%。但国内推出的大模型如百度文心、阿里M6、华为盘古、智源研究院悟道和浪潮源1.0等，均基于BERT大模型架构优化而来，缺乏根技术上的创新。此外，现阶段上述模型在问题回答的完整性和逻辑性等方面，仍无法与ChatGPT相抗衡。

2. AIGC模型相关论文、研发机构

过去五年，美国总共发表了3052篇与大模型相关的论文，中国则发表了21653篇。[①] 中国论文发表数量遥遥领先，但在论文引用情况方面，引用量排名前十的论文大都来自美国的研究者，可见美国的高质量论文仍然处于领先地位。此外，在全球AIGC模型研发机构排名中，前十名中美国占据六席，中国机构则占据四席。因此，中国研发机构虽然起步较晚，但不逊色于美国。

---

① https://webofscience.clarivate.cn/wos/alldb/analyze-results/d38188e0-c857-45b0-a783-4be28672b159-fd79df9e.

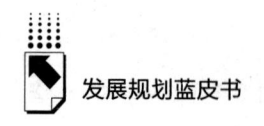

3. AIGC 独角兽数量和产业环境对比

由于技术发展不足以及产业环境的影响，在中国，AIGC 大多被作为公司的部分业务乃至相对边缘化的功能进行研发，独立运行的创业公司数量明显少于美国，大部分细分赛道的初创玩家少于 5 家。从 2023 年到 2024 年第一季度，全球 AI 独角兽已有 234 家，新增数量为 37 家，其中，美国 AI 独角兽企业 120 家，中国 AI 独角兽 71 家。① 与美国相比，中国人工智能独角兽企业的数量和估值差距仍然很大。此外，中国 AIGC 布局最多的赛道是 AI 写作和语音合成领域，虚拟人赛道刚刚开始兴起，基本停留在内容领域。而在美国延展领域得到了更为充分的挖掘，如个性化文本生成、合成数据等赛道均是重点布局的领域。

通过上述对比分析可以发现，中国 AIGC 发展水平与美国存在一定差距，究其原因，可以总结为以下三个方面。

从算力层面来看，我国的数据中心多面向软件应用环境，真正面向 AI 的算力非常少，又或者需求不高，而算力本身非常昂贵，模型越大，数据越多，数据训练 AI 所要消耗的费用就越大。以 ChatGPT 为例，训练一次的成本约 140 万美元，这是国内大多公司难以负担的。此外，高端 GPU 和 AI 芯片缺乏也成为国内 AIGC 领域"卡脖子"问题。

从数据层面来看，国内数据的质量普遍不高，一是数据积累量不够，二是数据管理较为严格，部分数据文本需要审批才可以被人工智能企业使用，减慢了数据价值的释放。而美国拥有庞大、高质量的数据资源，这使得美国企业可以在大数据的支持下，快速开发 AIGC 技术，并提供更加准确、多样化的服务。

从人才层面来看，美国拥有全球先进的高等教育体系和吸引科技人才的激励措施，这使得美国企业可以从世界范围内吸引最优秀的人才来开发 AIGC 技术。尽管中国拥有大量的科技人才，但在 AIGC 领域的高端人才匮乏，我国 AI 开发者有思维惯性，过度依赖开源内容，对大模型缺乏探索创新。

综上所述，大模型和 AIGC 是新一代人工智能技术最主要的竞争领域，中美都将其作为战略高地，倾注了大量的资源。总体上呈现美国领先、中国

---

① 数据来源于《全球数字经济白皮书（2024 年）》。

追赶的局面。中国大模型发展迅速,但生态构建和商业应用还有很大发展空间。在保持总量、规模和速度的同时,需要提升质量,实现大模型的高质量发展。

四 新一代人工智能技术赋能产业发展的机遇与挑战

随着预训练大模型走向成熟并成为 AIGC 应用的技术底座,AIGC 相关产业有望迎来爆发期。AIGC 以真实性、多样性和组合性等特征,可助力企业提高内容生产效率,解放生产力,提高相关数字化产品的智能度,更好地服务于传媒、影视和电商等内容需求丰富的行业。

(一)塑造生产新范式,提高效率

数字内容领域进入强需求、视频化、拼创意的螺旋式升级周期,AIGC 的发展恰好迎合了这一需要。AIGC 正在越来越频繁地被应用到数字内容的创作工作中,成为未来互联网的内容生产基础设施。

以传媒业为例,AI 技术被广泛应用于内容生产、分发和管理等环节,降低了边际成本,并赋能自动采编、作品自动生成、游戏建模及虚拟人辅助创造等环节。在影视行业中,借助 AIGC 技术,可以激发影视剧本创作思路,扩展影视角色和场景的创作空间,从而在后期制作过程中大幅提升影视产品的质量。这不仅有助于实现影视作品的文化价值与经济价值最大化,同时也能够有效应对影视行业在创作和制作过程中所面临的诸多挑战。长期来看,随着模型参数和数据训练量的提升,AIGC 有望大幅提升影视内容供给量及创作效率。

(二)改变消费习惯,优化交互模式

随着数字技术的创新和应用,消费者的需求也不断升级,沉浸式购物成为电商领域的发展趋势。AIGC 正加速商品 3D 模型、虚拟主播乃至虚拟货场的构建,通过结合元宇宙技术,实现视听等多感官交互的沉浸式购物体验。借助 AIGC 可以自动生成商品的 3D 几何模型和纹理,实现虚拟试用,提高商品销售转化率。生成的 3D 商品模型还可用于在线试穿,高度还原商品或服务试用

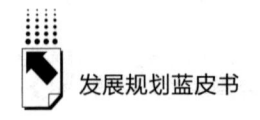

的体验感,从而更好地了解其质量和性能,有助于提高消费者的购买意愿。此外,AIGC可以帮助打造虚拟主播用于直播带货。

(三)推进数实融合,加快产业升级

AIGC也将快速渗透至工业、金融、教育、医疗等行业,助力产业升级。

在工业领域,AIGC提升产业效率和水平,主要体现在:一是融入计算机辅助设计,最大程度地缩短工程设计周期,提高效率;二是AIGC支持生成衍生设计,为工程师提供更多灵感;三是AIGC能够在设计中引入变化,实现动态模拟,提高产业的适应性和生动性;四是AIGC推动加速构建数字孪生系统。

在金融领域,AIGC助力实现降本增效。一方面,AIGC可实现金融资讯、产品介绍视频的自动化生产,提升金融机构运营效率;另一方面,AIGC可以塑造视听双通道的虚拟数字人客服,让金融服务内容更加生动、方式更加多元。

在教育领域,AIGC赋予教育新活力。一方面,AIGC为教育工作者提供了新的工具,使平面抽象的课本立体化、具象化,以更加生动的方式向受教者传递知识;另一方面,相比于阅读和讲座等传统方式,AIGC可以合成虚拟人物,增强互动性与趣味性,给枯燥乏味的演讲注入新的活力。

在医疗领域,AIGC赋能诊疗全过程,主要体现在:一方面,辅助诊断时,AIGC可提高医学图像质量、辅助录入电子病历等,提升专业医生的业务能力;另一方面,康复治疗时,AIGC可以为失声者合成语言音频,为残疾者合成肢体投影,为心理疾病患者合成无攻击感的医护陪伴等,提供人性化康复治疗。

总之,AIGC正在发展成与其他各类产业深度融合的横向结合体,其相关应用正加速渗透到经济社会的方方面面。随着人工智能技术的发展步入快车道,AIGC因为其迅速的反应能力、生动的信息输出、广泛的应用场景,加速渗透到社会生产和生活的方方面面。但同时,AIGC的关键技术攻关水平有待提升,虽然目前国内外AIGC迭代升级,能够进一步释放生产力,但核心技术方面尚有局限,阻碍产业发展进程。相关法律法规有待完善,近年来,随着人工智能技术的快速发展,人工智能产业规范也逐渐完善,治理体系初步形成,但科技进步加速,制度建设也未必能够及时跟进,这导致了技

术创新发展与政策支持、法律规制之间的不匹配问题。① 围绕公平正义、社会责任、国家安全的争议日益增多，引发一系列亟待解决的经济与社会问题。

五 新一代人工智能技术赋能产业发展的政策建议

AIGC 相关技术发展将为云计算、传媒、影视、电商和医疗等行业带来前所未有的发展机遇。与此同时，AIGC 发展也面临商业化落地、版权确权、隐私保护等一系列挑战。为此，本文从产学研用、法律法规、行业生态和政策引导等维度对 AIGC 的发展提出建议。

（一）鼓励产学研用协同，推动科技攻关

鼓励产学研用各主体基于开源共享平台促成协同合作、加速技术创新与应用创新。围绕 AIGC 产业发展与治理需求，一是推动行业层面在算力能力、算法技术、技术落地等方面的联合攻关，聚焦算法透明度、稳健性、偏见与歧视等维度的技术攻关，突破行业发展瓶颈；二是鼓励超大规模神经网络模型的联合研发与代码开源，支持产学研各界合作构建训练与标准测试数据集、搭建面向重点行业应用的开发者协同平台等；三是探索构建行业级 AIGC 参考实施框架，以生态协议、行业标准的互联互通支撑内容生态的共建共享；四是尝试通过推广制度模板、制定多边议程、发挥市场工具等手段，积极参与 AIGC 应用与治理等领域的国际规则制定和全球发展合作，争取更大国际市场与产业话语权。

（二）完善法律法规，推进监管治理

统筹推进"技术"监管与"内容"治理，逐步完善保障 AIGC 良性发展的治理体系。近年来，我国相继颁布《网络信息内容生态治理规定》《网络数据安全管理条例（征求意见稿）》《互联网信息服务算法推荐管理规定》《互联网信息服务深度合成管理规定（征求意见稿）》等。总体而言，明确了

---

① 刘维：《人工智能时代著作权法的挑战和应对》，《上海交通大学学报》（哲学社会科学版）2021 年第 2 期。

AIGC相关技术发展的红线，但就细节而言，责任认定与归结、知识产权保护等问题尚处于起步阶段。针对AIGC作品权属认定等方面的法律法规缺位问题，可以从法律法规层面进一步明确AIGC的应用范围，明晰AIGC技术研发与孵化、内容传播等相关方面的主体责任；针对基于深度伪造技术的虚假内容制作和散布问题，需要监管部门对披露和标注生成内容、传播媒介提高鉴别能力，并规范细化主体责任；针对模仿、抄袭或合理使用的认定标准模糊的问题，探索侵权主体及侵权责任的认定路径；针对AIGC技术及应用快速迭代的特点，探索形成法律法规动态评估、修改和废止机制，确保法律法规和监管治理的科学化、精细化、敏捷化。

（三）鼓励行业自治，共建发展生态

倡导在行业层面强化"伦理先行、自律自治"意识，共同打造AIGC良性发展生态。鼓励相关行业联盟、龙头企业、研究机构以及标准组织等发挥资源整合优势，加强内容识别、事实核查、问题感知、违法打击、舆情治理、版权保护等治理技术能力研究，围绕AIGC的合法合规应用和健康有序发展联合制订公约、标准、指南、准则等行业制度规范，建立完善争议解决、行业黑名单、危机应对联动等行业自治机制，并积极开展制度宣传、标准推广、测试评估、标杆塑造等活动；特别是针对"算法偏见""算法黑箱"带来的数字内容不公正、责任主体难界定等问题，牵头开展可解释、可信赖的AIGC技术框架、标准体系、评测机制等的研究。

（四）加强正向引导，赋能数实融合

市场经济的逐利性推动了AIGC的迅猛发展，然而，行业的健康、可持续发展却需要主管部门的正确引导，通过政策引导充分释放AIGC的正面应用价值，赋能数字经济与实体经济深度融合。具体来说，一方面，地方政府和主管部门可以依托本地资源禀赋，结合发展需求，通过规划指引、财政补贴、试点示范、揭榜挂帅等方式，引导数字内容产业发展；另一方面，加强引导数据整理、算力统筹、算法开源等平台和企业基础能力的合规建设，坚持"以虚促实、以虚强实"基本导向，推动AIGC技术参与生产和生活方式重构。

参考文献

刘璇、朝乐门：《AI 治理中的公平性及其评价方法研究》，《情报资料工作》2022 年第 5 期。

刘云开：《人工智能生成内容的著作权侵权风险与侵权责任分配》，《西安交通大学学报》（社会科学版）2024 年 6 月 7 日。

许雪晨、田侃、李文军：《新一代人工智能技术（AIGC）：发展演进、产业机遇及前景展望》，《产业经济评论》2023 年第 4 期。

Bai J.，Bai S.，Chu Y.，et al.，"Qwen Technical Report," arXiv preprint arXiv：2309.16609，2023.

Radford A.，Narasimhan K.，Salimans T.，et al.，"Improving Language Understanding by Generative Pre-training," 2018.

Radford A.，Wu J.，Child R.，et al.，"Language Models are Unsupervised Multitask Learners," OpenAI Blog，2019，1（8）.

Touvron H.，Lavril T.，Izacard G.，et al.，"Llama：Open and Efficient Foundation Language Models," arXiv preprint arXiv：2302.13971，2023.

Zhao W. X.，Zhou K.，Li J.，et al.，"A Survey of Large Language Models," arXiv preprint arXiv：2303.18223，2023.

数字经济与人工智能篇

B.37
着力提升集成电路产业链安全水平[*]

蔡跃洲[**]

摘　要： 集成电路产业链虽然全球分布，但真正参与其中的仅限于美国、英国、荷兰、德国、日本、韩国、中国等少数经济体，且各有专长和优势。从历史演化角度来看，这种分布格局很大程度上由美国政府及其本土企业推动形成。从技术和经济特征来看，当前集成电路产业链具有产业链条超长与产能集中、资金技术双密集导致前端锁定后端、细分环节品类利基市场容量有限、下游需求对上游企业形成财务反制等技术—经济特征。在逆全球化背景下，产业链处于一种脆弱的"刃锋平衡"状态。技术持续进步和分工不断细化反而降低了产业链韧性，产业平稳运行变得愈发艰难和脆弱。主要经济体产业技术脱钩风险，推高了数字化转型发展成本。国际社会应摒弃对抗、加强合作，积极营造宽松的产业发展环境。

关键词： 集成电路　技术—经济特征　产业链韧性　技术锁定

---

[*] 本文已发表于《国际经济评论》2024年第3期，略有删改。
[**] 蔡跃洲，中国社会科学院数量经济与技术经济研究所研究员，主要研究方向为数字经济、技术创新与经济发展。

一 全球半导体集成电路产业链分布格局

（一）半导体集成电路产业链分布结构及演进历程

芯片既是半导体集成电路产业的最终产品，也是下游各类电子设备（产品）最为重要的中间投入品，其加工制作是个复杂冗长的过程。芯片的制造工艺非常复杂，一条生产线涉及50多个行业、2000~5000道工序。能否顺利生产出客户所需芯片，不仅取决于中游的制造模块，而且依赖上游的材料模块和设备模块。每个模块又可以细分为多个环节或品类，其中，制造模块细分为设计、制造、封装测试以及设计软件（EDA）和部分成熟的知识产权（IP）等环节；材料模块至少可以细分为8类，包括硅晶圆、光刻胶、掩模板、电子特种气体、CMP抛光材料、湿电子化学品、溅射靶材和晶圆封装材料；制造模块包括光刻机、刻蚀设备、离子注入机、薄膜生长设备等四类关键设备以及抛光机、检测设备等其他类设备。[①]

表1 全球半导体集成电路上游各环节重点企业

序号	设备	光刻胶	硅圆晶
1	应用材料 （Applied Materials,美国）	捷时雅 （JSR,日本）	信越化学 （Shin-Etsu,日本）
2	阿斯麦 （ASML,荷兰）	东京应化 （TOK,日本）	胜高科技 （SUMCO,日本）
3	泛林 （LAM Research,美国）	信越化学 （Shin-Etsu,日本）	环球圆晶 （中国台湾）
4	东京电子 （Tokyo Electron,日本）	陶氏化学 （Dow,美国）	世创 （Siltronic,德国）
5	科磊 （KLA,美国）	富士化学 （Fujifilm,日本）	鲜京矽特隆 （SK SILTRON,韩国）
6	迪恩士 （Dainippon,日本）	住友化学 （SCA,日本）	Soitec （法国）

① 王阳元主编《集成电路产业全书》，电子工业出版社，2018。

续表

序号	设备	光刻胶	硅圆晶
7	爱德万测试（Advantest，日本）	安智（中国台湾）	合晶科技（中国台湾）
8	ASM 国际（荷兰）	东进（Dongjin，韩国）	Okmetic（芬兰）
9	日立高新（Hitachi，日本）	亿光（中国台湾）	嘉晶电子（中国台湾）
10	泰瑞达（Teradyne，美国）	北京科华（中国大陆）	上海新昇（中国大陆）

资料来源：基于 WSTS、IPnest、CINNO Research、ChipInsights 数据，按照 2022 年全球销售数据排序整理。

表 2　全球半导体集成电路中游各环节重点企业

序号	EDA	IP	设计	代工制造	封测
1	新思科技（Synopsys，美国）	安谋科技（ARM，英国）	高通（Qualcomm，美国）	台积电（中国台湾）	日月光（中国台湾）
2	楷登电子（Cadence，美国）	新思科技（Synopsys，美国）	博通（Broadcom，美国）	联电（中国台湾）	安靠技术（Amkor，美国）
3	明导国际（Mentor，德国）	铿腾电子（Cadence，美国）	英伟达（NVIDIA，美国）	格芯（GlobalFoundries，美国）	长电科技（中国大陆）
4	安斯科技（Ansys，美国）	Imagination（英国）	苹果（Apple，美国）	中芯国际（中国大陆）	力成科技（中国大陆）
5	矽谷科技（Silvaco，美国）	Alphawave（加拿大）	超微（AMD，美国）	华虹集团（中国大陆）	通富微电（中国大陆）
6	Aldec（美国）	思华科技（CEVA，美国）	美满电子（Marvell，美国）	力积电（中国台湾）	华天科技（中国大陆）
7	图研（Zuken，日本）	芯原（中国大陆）	赛灵思（Xilinx，美国）	世界先进（中国台湾）	京元电子（中国台湾）
8	华大九天（中国大陆）	超捷半导体（SST，美国）	联发科（中国台湾）	高塔半导体（Tower，以色列）	智路封测（中国大陆）
9	奥腾公司（Altium，澳大利亚）	力旺电子（中国台湾）	海思半导体（中国大陆）	晶合集成（中国大陆）	顾邦科技（中国台湾）
10	澳汰尔（Altair，美国）	蓝铂世（Rambus，美国）	紫光展锐（中国大陆）	东部高科（DB HiTek，韩国）	南茂科技（中国台湾）

资料来源：基于 WSTS、IPnest、CINNO Research、ChipInsights 数据，按照 2022 年全球销售数据排序整理。

从表1和表2可以看出，尽管半导体集成电路产业链涉及诸多模块、环节和品类，但全球真正能够参与其中的企业及其所属经济体却非常有限。而且能够参与半导体集成电路产业链中上游的经济体，其擅长领域和优势也存在较大差异。① 从发展历程来看，第二次世界大战后半导体集成电路产业发端于美国硅谷，从20世纪60年代开始，美国本土企业出于降低成本的考虑，将一些在当时看来技术含量和附加值相对低的环节向其他地区转移。在此过程中，日本、韩国、英国、德国、荷兰、中国台湾、中国大陆等陆续参与材料、设备、加工等相关环节，培育出若干细分领域的龙头企业，形成了各自在不同模块或细分环节/品类上的优势，其间充满了竞争、矛盾及偶然，并造就了上述产业链全球分布格局。而美国作为半导体集成电路产业的技术策源地，其政府和本土企业在此过程中始终占据主导地位，是产业链布局演化推动者。

中国大陆的半导体集成电路起步于20世纪50年代，在改革开放前就先后独立研发出锗点接触二极管和三极管、二极管—晶体管逻辑电路、晶体管—晶体管逻辑电路、硅单晶、1KB动态随机存储器等。② 改革开放后，开始全面引进海外集成电路生产线，但在"巴黎统筹委员会"（Coordinating Committee for Multilateral Export Controls）和后来的"关于常规武器与两用产品和技术出口控制的瓦森纳协定"（The Wassenaar Arrangement on Export Controls for Conventional Arms and Dual-Use Good and Technologies）限制下，只能引进一些在发达国家快被淘汰的设备和技术，因此，与国际先进水平有较大差距。不过，经过改革开放40多年的努力，中国大陆本土企业在三大模块和多个环节品类上都有布局，但仅在制造模块中的封装测试、代工及设计环节具有一定的相对优势。例如，2022年，在制造环节，中芯国际产量位居全球第四；在封装测试环节，全球前10位企业中，中国大陆占据一半，其是最有可能实现自主可控的领域。

---

① 蔡跃洲、马晔风、牛新星：《新冠疫情对集成电路产业的冲击与中国面临的挑战》，《学术研究》2020年第6期。
② 谢志峰、陈大明编著《芯事：一本书读懂芯片产业》，上海科学技术出版社，2018。

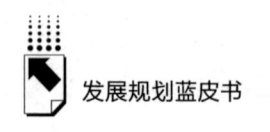

（二）全球半导体集成电路市场规模与结构分析

2003年以来，全球半导体集成电路市场整体规模，除个别年份（2008年、2009年、2012年、2015年、2020年）外，整体呈现出稳步上升态势，由2003年的1660亿美元增加到2022年的5740.8亿美元。从不同半导体产品类别来看，集成电路占比基本稳定在81%~85%（见表3）；光电子、分立器件、传感器三类产品的占比基本在个位数。而在集成电路内部，则不存在某个类别产品占据绝大部分份额的情形。以2022年为例，集成电路在全球半导体市场中占比为82.6%，光电子、分立器件、传感器三类产品占比分别为7.7%、5.9%、3.8%；在集成电路领域中，逻辑器件、存储器、模拟器件、微处理器的占比分别为37.2%、27.4%、18.8%、16.7%（见图1）。

表3 全球半导体集成电路产业整体规模

单位：十亿美元，%

年份	整体规模	集成电路 占比	集成电路 规模	年份	整体规模	集成电路 占比	集成电路 规模
2003	166.00	—	—	2013	305.58	—	—
2004	213.00	83.90	178.71	2014	335.84	—	—
2005	227.00	—	—	2015	335.17	81.89	274.48
2006	247.70	—	—	2016	338.93	81.60	276.57
2007	255.60	84.90	217.00	2017	412.22	83.25	343.19
2008	248.60	—	—	2018	468.78	84.03	401.63
2009	226.31	—	—	2019	490.14	83.56	409.55
2010	298.32	—	—	2020	440.39	82.10	361.23
2011	299.52	—	—	2021	555.89	83.29	463.00
2012	291.56	81.50	237.62	2022	574.08	82.64	474.40

资料来源：WSTS、SIA、PwC、IC Insights、Gartner、CCID Consulting等及笔者整理。

从市场区域分布结构来看，中国、美国、欧洲、日本是全球半导体产品的主要市场。中国作为全球制造业大国，对半导体集成电路产品有着巨

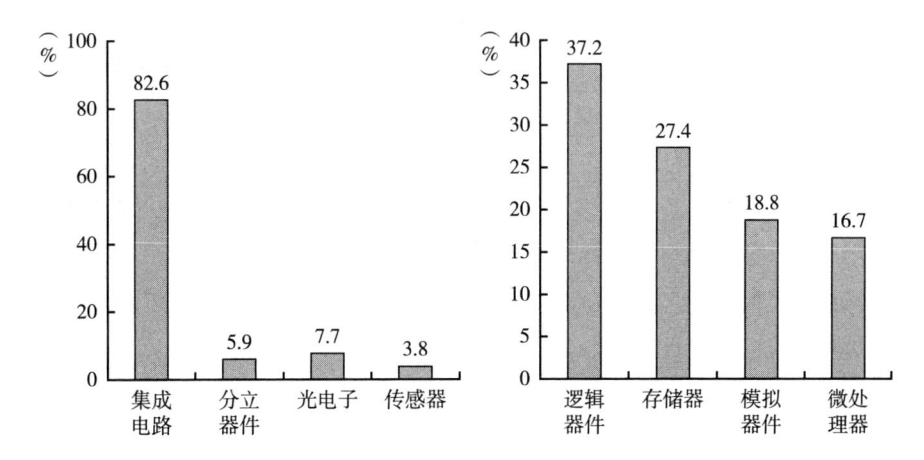

图 1　2022 年全球半导体集成电路各细分品类市场规模占比

数据来源：WSTS、SIA、PwC、IC Insights、Gartner、CCID Consulting 等及笔者整理。

大的市场需求。从表 4 可以看出，早在 2005 年，中国大陆便成为全球最大的半导体市场；到 2012 年，中国市场占全球市场份额超过一半，达到 52.5%。相比之下，2003~2016 年美国、欧洲、日本三个市场占全球份额基本处于萎缩态势，从开始接近或超过 20%，逐步下降到 10% 左右或以下。当然，从 2020 年开始，美国、欧洲和日本在全球半导体市场中所占比重都有较为明显的提升，这背后有美国加大对华禁售力度和疫情冲击的双重原因。即便如此，2021 年，中国集成电路市场仍占据全球一半以上份额，占比 55.8%。

中国成为全球最大的半导体集成电路需求市场，是由其全球制造中心和制造大国的地位所决定。从 2010 年起，中国便已成为全球制造业规模最大的国家，被称为"世界工厂"，这与中国最早成为全球最大半导体市场的时间基本吻合。除了服装鞋帽等传统轻工业品外，以手机、电脑为代表的消费电子产品很大部分都在中国生产。近两年来，中国还呈现成为全球最大电动汽车制造国的趋势。无论是手机、电脑还是电动汽车，都需要芯片作为中间投入品，由此便成就了中国作为全球最大半导体集成电路需求市场的地位。

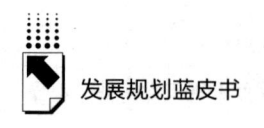

表4 全球半导体产品市场规模分布情况

单位：十亿美元，%

年份	中国 占比	中国 规模	美国 占比	美国 规模	欧洲 占比	欧洲 规模	日本 占比	日本 规模	其他国家 占比	其他国家 规模
2003	18.5	30.7	19.4	32.2	19.4	32.2	23.4	38.8	19.3	32.0
2004	20.4	43.5	18.3	39.0	18.5	39.4	21.5	45.8	21.3	45.4
2005	24.8	56.3	17.9	40.6	17.3	39.3	19.4	44.0	20.6	46.8
2006	28.9	71.6	18.1	44.8	16.1	39.9	18.4	45.6	18.1	44.8
2007	34.8	89.0	16.6	42.4	16.0	40.9	19.1	48.8	13.5	34.5
2008	39.5	98.2	16.9	42.0	13.2	32.8	12.0	29.8	18.4	45.7
2009	42.8	96.9	15.3	34.6	11.4	25.8	10.7	24.2	19.8	44.8
2010	41.7	124.4	15.5	46.2	11.4	34.0	11.1	33.1	20.3	60.6
2011	46.8	140.2	14.0	41.9	13.0	38.9	8.4	25.2	17.8	53.3
2012	52.5	153.1	12.4	36.2	11.1	32.4	7.3	21.3	16.7	48.7
2013	55.6	169.9	11.8	36.1	9.7	29.6	6.7	20.5	16.2	49.5
2014	56.6	190.1	11.6	39.0	9.4	31.6	5.9	19.8	16.5	55.4
2015	58.5	196.1	12.0	40.2	6.0	20.1	5.5	18.4	18.0	60.3
2016	60.5	205.1	11.4	38.6	9.0	30.5	5.4	18.3	13.7	46.4
2017	60.0	247.5	—	—	—	—	—	—	—	—
2018	53.1	249.1	22.0	103.0	9.2	43.0	8.5	40.0	7.2	33.7
2019	54.0	222.6	15.4	75.5	8.2	40.0	7.3	35.5	—	—
2020	58.5	257.7	21.7	95.4	8.5	37.5	8.3	36.5	—	—
2021	55.8	310.0	21.9	121.5	8.6	47.8	7.9	43.7	—	—

注：在蔡跃洲等学者的研究基础上补充了3年左右的数据。蔡跃洲、马晔风、牛新星：《新冠疫情对集成电路产业的冲击与中国面临的挑战》，《学术研究》2020年第6期。

资料来源：WSTS、SIA、PwC、IC Insights、Gartner、CCID Consulting，以及笔者整理。

（三）中国大陆集成电路产业发展状况

中国在半导体集成电路产业链上游材料设备和中游制造的各主要环节（甚至是几乎所有环节）都有布局，加上巨大的下游应用市场，已初步形成自主可控链条完整的本土集成电路产业生态体系。①特别是在中游制造环节,结构已呈现出设计、制造和封装测试三业协调发展格局。在集成电路应用领域,中国市场需求仍保持较快增长,产品出货规模持续增长。与此同时,中国半导体产业整体实力快速提升,产业结构不断优化,区域聚集度也不断提高。

中国集成电路产业的聚集度较高,已经形成电路四大集群,主要集中在环渤海、长三角、珠三角及部分西部地区。长江三角洲地区是国内最主要的集成电路开发和生产基地,集成电路制造、设计和封装测试企业占全国一半以上,已初步形成包括研究开发、设计、芯片制造、封装测试在内的较为完整的集成电路产业链。环渤海地区是国内重要的集成电路研发、设计和制造基地,该地区已形成了从设计、制造、封装、测试到设备、材料的产业链相互支撑和协作发展的条件。珠三角地区是国内重要的电子整机生产基地和主要的集成电路器件市场,集成电路市场需求一直占据全国的40%以上,近年来该地区的集成电路设计业发展较快,在国内集成电路产业中所占比重也逐年上升。②

需要特别指出的是,中国集成电路产业发展取得了长足进步,产业规模日益壮大,但是相比庞大的市场需求,中国集成电路对外依存度很高,自给率低于10%。从全球集成电路产业链来看,中国仍然处于产业链中下游,集成电路有80%以上都依赖进口,特别是CPU、存储器、现场可编程门阵列(FPGA)等仍高度依赖进口。近年来,中国集成电路产能有所提升,但是供需矛盾仍然非常突出,本土集成电路自给率仍然非常低。根据进出口数据和产业增加值数据计算得出,2022年中国集成电路总体自给率仅为9.9%,仍有较大的进口缺口。总体来看,2015年以来,中国集成电路自给率呈现上升趋势,但仍然处于低位,芯片自给率亟待提升。另外,中国本土企业在集成电路产业链上游、中游各模块乃至大部分的细分环节和品类都有涉足和布局,但与国际领先厂商相比,中国先进制造工艺与国际先进水平相差至少两代。同时,高端光刻机、高端光刻胶和12英寸硅片等产业配套仍未实现国产化。如果将技术差距考虑进来,那么前述10%的芯片自给率仍然存在高估的可能性。

---

① 蔡跃洲、马晔风、牛新星:《新冠疫情对集成电路产业的冲击与中国面临的挑战》,《学术研究》2020年第6期。
② 《半导体集成电路行业分析报告》,https://www.colliers.com/zh-cn/research/e22-20220321 semiconductor。

图 2 2015~2022 年中国半导体进口规模及自给率

数据来源：WSTS、SIA、PwC、IC Insights、Gartner、CCID Consulting 等及笔者整理。

二 集成电路产业链技术经济特征

半导体集成电路产业在某种意义上是现代自然科学和工程技术前沿知识集成应用的产物，由此也带来半导体集成电路产业链相较于传统产业不同的技术经济特征，具体而言，大致有以下几方面。

（一）产业链条超长与全球分布产能集中

半导体集成电路产业链涵盖上游材料、设备和中游制造三大模块，每个模块包含若干细分的品类或环节，而每个细分的品类或环节还可以进一步细分为多个品种或工艺。例如，上游材料模块的八大重要品类中，按照性能来分，仅光刻胶就可以细分为 G 线、I 线、KrF、ArF、F2、极紫外光（EUV）等多个品种。又如，设备模块中的光刻机，包括"接触/接近式光刻机""步进重复光刻机""步进扫描光刻机""浸没式光刻机"，其中"浸没式光刻机"又可细分为"深紫外光刻机（DUV）"和"极紫外光刻机（EUV）"，而每类设备又会涉及更多前端（零部件）供应商。像 EUV 光刻机这样的顶级设备，包含的零部件甚至可能超过 10 万个。①

---

① 《光刻机有 10 万零件，造光刻机不现实，中国院士为何这样说？》，https://baijiahao.baidu.com/s?id=1701082682577190747&wfr=spider&for=pc，2023 年 12 月 5 日。

超长的产业链条决定,没有哪个经济体有能力在产业链所有环节布局并取得或保持技术领先,即便美国也无法做到。事实上,美国作为半导体集成电路理论和技术的策源地,出于成本和效率的考虑,早在20世纪60年代便开始将封装、代工等环节向其他地区转移;随着时间的推移,逐步形成了现有全球产业分工和产业链分布格局。同样基于效率和成本的考虑,每个参与其中的经济体,最终都会聚焦若干有限的模块或环节,通过不断积累优势,最终形成主要模块和重要细分品类环节由个别经济体中少数厂商主导的格局。以光刻机为例,根据中商产业研究院数据统计,全球光刻机主要供应商为荷兰的阿斯麦(ASML)、日本的尼康(Nikon)和佳能(Canon)。2022年三家企业光刻机营收分别为161亿美元、20亿美元、15亿美元,合计接近200亿美元,占据全球市场份额的90%以上;而阿斯麦在三家企业中的份额则高达82.1%。

(二)资金技术双密集导致前端锁定后端

半导体集成电路产业链的第二项重要技术经济特征就是,由资金技术双密集导致产业链前端环节对后端环节严格锁定。

半导体集成电路产业链是一个庞大的复杂系统,每一个模块、环节或品类都有很高的技术门槛和资金门槛,属于资金技术双密集型行业。特别是代工环节的芯片生产线,通常会涉及数百乃至上千道工序,每道工序都需要高端设备,经过2年左右的反复磨合与调试才有望顺利流片。一条先进制程的生产线,从建设到成功流片并实现量产,通常需要投入几十亿美元甚至上百亿美元。芯片生产线也因此被称为"吞金兽"。当然,一旦量产,每片芯片的边际成本可以降到近乎为零,"吞金兽"又可以变身为"印钞机"。

高投入和高技术门槛意味着,一旦某条产线调试成功,代工厂商无论是建设新产线,还是维护旧产线,在采购设备和材料时,都会倾向于选择既有的供应商和已经使用过的设备材料。毕竟,替换不同厂商的设备、材料,就意味着产线的重新调试,巨大的投资意味着调试过程需要承担非常可观的折旧成本。而选择既有厂商的设备和材料,则会大大缩短调试维护时间,并降低成本。这样,一旦产线建设初期选定了前端设备和材料供应商,后续通常不会轻易改变,从而就形成了前端对后端的锁定效应。锁定效应也使得前端

环节竞争中，先发者相比后发者具有绝对优势，即存在显著的"先发优势"。

（三）细分环节品类利基市场容量有限

半导体集成电路超长产业链条中，不少细分环节或品类，由于自身的技术复杂性和在生产加工环节所发挥的关键性作用，形成了若干个利基市场（Niche Market）。这些利基市场，一方面在整个产业链中不可或缺；另一方面其整体市场规模不大，加上高技术门槛，对新进入企业而言利润空间有限，通常缺乏吸引力。例如，2022年全球硅晶圆、掩模版、电子特种气体、溅射靶材的市场规模分别仅为147亿美元、49亿美元、220亿美元、236亿美元。由于市场规模偏小，能够容纳的企业有限，后来者不仅面临技术上的壁垒，而且面临市场空间的限制。于是，既有企业就能不断维持并强化其在利基市场中的优势地位。

不妨以电子设计自动化（Electronic Design Automation，EDA）软件为例，自20世纪60年代开始，在摩尔定律作用下，集成电路设计从大规模到极大规模再到超大规模，设计规模越来越大，制造工艺越来越复杂，设计师依靠手工难以完成相关工作。EDA便是支撑集成电路设计不可或缺的工具，在集成电路制造模块中发挥着类似"控制性工程"的作用。目前，全球EDA领域有三家领先企业，分别是新思科技（Synopsys）、楷登电子（Cadence）和明导国际（Mentor）。[①] 根据国际半导体产业协会（SEMI）的数据，2022年新思科技、楷登电子、明导国际三家企业在国际EDA市场中占比分别为37.8%、26.5%、16.8%，合计市场占有率超过80%。与此同时，全球EDA整体规模仅为百亿美元级，与全球半导体集成电路市场规模相比，不足后者的3%。与之类似，光刻机作为芯片制造最为关键的设备，全球市场高度集中，规模也仅有200亿美元。

（四）下游需求也会对上游形成财务反制

半导体集成电路产业链各环节（如晶圆、光刻胶、离子注入机、刻蚀机、

---

① 三者原本都是美国公司，但明导公司于2016年被德国西门子公司收购。

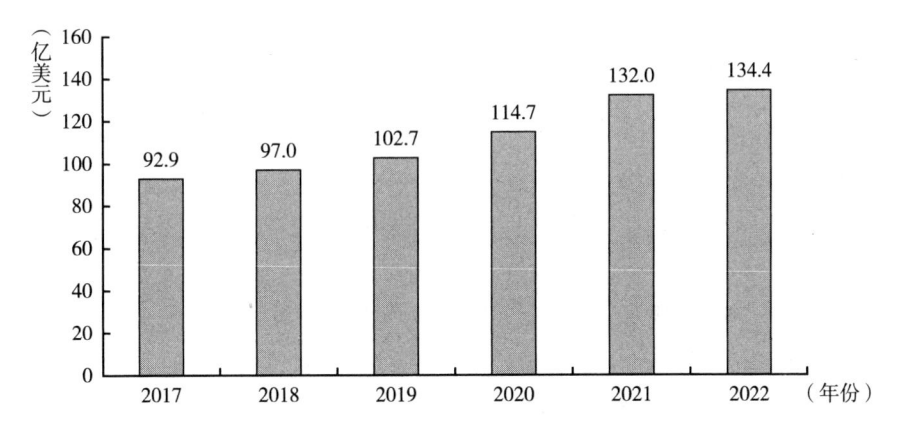

图3 2017~2022年全球EDA市场规模

资料来源：根据SEMI数据整理而来。

光刻机、EDA等环节）都有很高的技术门槛。要维持技术上的领先地位，跟上产业链整体技术进步的节奏，必须保持高强度的研发投入。[①] 不妨以先进制程芯片生产线为例。作为"吞金兽"的先进制程产线，需要将其边际成本为零的芯片予以销售，才能转化为"印钞机"，从而拥有足够的利润和后续资金来支撑研发，以保持制程工艺的领先地位。如果下游对芯片的需求不足，那么上述良性循环就无法形成，巨额投资形成的产线也会成为企业沉重的财务负担。这不仅会制约企业进一步的投资，甚至可能让企业陷入困境。

三 全球集成电路发展面临挑战及中国机遇

（一）技术经济特征强化与产业链韧性下降

全球半导体集成电路产业链的前述技术经济特征决定了，产业链上下游之间存在非常密切的相互依赖关系。产业整体的平稳运行和供需平衡，需要上下

---

① 集成电路制造从20世纪60年代的平面技术发展至今已有60多年历史。高级制程的集成电路制造挑战物理极限，数百道乃至上千道加工工序间需要协同配合，最终产品达到5纳米甚至3纳米的加工精度，加上良品率的要求，使得分解到每个环节能够容忍的误差都很小，对相关材料、设备都提出了很高的技术标准和要求。

游各模块、各细分环节和品类间实现顺畅的协同对接。一条集成电路生产线的建设周期需耗时1~2年，而芯片流片过程至少需要三个月（包括原料准备、光刻、掺杂、电镀、封装测试），生产周期较长。其中，代工环节是集成电路产业链中上游各环节的交汇点，直接决定芯片的供给。代工环节通常有数百道乃至上千道工序，调试流片成功的产线，每道工序间环环相扣以串行方式运行，这也是整个产业链前端锁定后端的技术工艺根源。每道工序的正常运转都需要由上游设备和材料模块相应品类的顺畅供应作为物质基础。而产业链全球分布且分品类集中的格局表明，要保持代工环节的顺利运行，前端各模块和各细分品类需要形成有机衔接的供应链体系。由于前端对后端的技术锁定，加上每个细分环节、与品类对应的较小利基市场规模以及非常有限的供应商，一旦某个环节的某个上游供货商在生产经营上出现状况，下游代工环节很难在短时间内找到临时替代的方案，除非代工企业有充足的存货储备，否则短期内寻找新的供货渠道进行调整的空间非常有限，产业链供应链韧性总体而言并不足。与此同时，由资金密集和高投入带来的下游对上游反制特征表明，需求环节出现重大变化也会导致整个产业链运行的大幅波动。如果需求出现大幅增加，中上游各环节很难在短时间内迅速扩大产能，容易造成供应链全线吃紧。而一旦需求出现大幅下滑，那么各环节企业便可能陷入全面亏损，甚至出现财务危机导致产业链断裂。由此可见，全球半导体集成电路产业链的平衡和稳定状况非常脆弱。

自20世纪60年代开始，信息通信技术领域长期处于加速进步状态，细分环节、品类的技术性能呈指数级提升，可以体现为以下几个定律。一是集成电路制造本身遵循摩尔定律（Moore's Law），即单位面积硅片上的元件数量每18~24个月翻一番；二是主干网带宽的拓展遵循吉尔德定律（Gilder's Law），每6个月翻一番；三是数字信号处理器（DSP）每秒可完成百万乘法累加操作所需功耗遵循金帆定律（Gene's Law），DSP功耗/性能比每10年降低2个数量级。上述三大定律的提出时间，最短的也有近20年，最长的有50多年，而且至今依然成立。这意味着整个集成电路产业仍保持着快速的技术进步，产业链中上游各环节的技术门槛和壁垒也在继续提升，由此会巩固既有企业的技术优势和市场地位，并带来各模块中品类的进一步细分，使得产业链条超长、全球分布、集中度高等特征得到进一步强化。与此同时，更高的技术门槛也会强化前端对后端的技术锁定，而愈发细分的品类则会强化各品类利基市场的特征。而利基市场的强化加上技术提升后投入的增加，又会加剧下游对上游的反制。最终的结果就是，产业链韧性进一步降低，产业整体的平稳运行变得愈发艰难和脆弱。

（二）产业发展的国际环境发生重大变化

2018年之后，全球集成电路产业发展所面临的国际环境相比此前发生了重大变化。在逆全球化思潮与新冠疫情大流行双重冲击下，许多国家开始强调产业层面的国家安全与科技层面的"小院高墙"。

在所有外部环境变化中，较为突出的特征是国际科技合作和技术扩散被一些国家的制裁、国家安全审查所阻碍，大致分为两类：一是出口管制，二是市场禁入。

其中，出口管制所产生的影响最为直接。以美国商务部实体清单为例。从2018年8月1日到2023年6月12日，总共724个中国实体被纳入实体清单。在所有724个实体中，战略性新兴产业相关企业占比近82%。其中，新一代信息技术产业的实体数量最多，为305个，占比为42%；其后分别为高端装备产业（48个，7%）、海洋装备产业（43个，6%）和新材料产业（33个，5%）。新一代信息技术、高端装备、新材料，与半导体集成电路都有密切关联，三类合计占比超过50%。由此可见，半导体集成电路和数字经济，是实体清单的"重灾区"。

相关管制措施将给全球半导体集成电路产业的平稳运行和健康成长带来巨大风险，具体来说，主要体现在以下三点。一是大幅增加全球集成电路产业链供应链断裂的风险。二是产业链上众多企业由于供需的人为阻断而陷入财务困难。三是加大主要经济体在集成电路领域的产业技术脱钩风险。

（三）中国大陆本土企业可能的机遇

尽管外部环境对中国大陆企业带来了较大的负面冲击，但也孕育了化危为机的可能性。对于处于中国大陆企业而言，以往前端锁定后端的产业链技术经济特征，使得很多企业无法介入先进制程，与先进水平长期存在2个以上技术代差。而在逆全球化思潮冲击下，本土企业反而赢得了更多参与更先进制程的

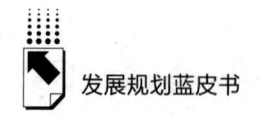

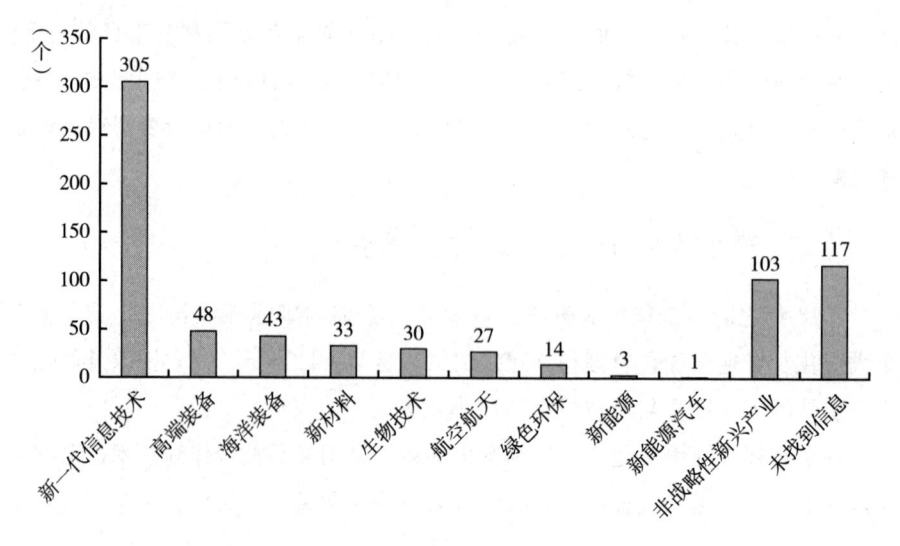

图 4　2018 年 8 月 1 日至 2023 年 6 月 12 日进入清单全部实体所属产业分布

注：产业分类主要以中国战略性新兴产业分类为依据。
资料来源：基于美国商务部网站信息等公开资料整理。

机会，在使用中不断迭代、优化，提升技术水平，加上中国大陆在半导体集成电路全产业链几乎每个环节都有布局，因此，有望形成自主可控且相对先进的产业链生态体系。从企业实际情况来看，相关企业也开始积极实施国产替代方案，将关键环节设备、零部件进行一定程度的国产替换，为本土产业链上企业提供了更多机会。只有具有充足的需求，企业才能得以生存并有资金财力投入进一步研发，也才能促进产品不断优化和改进。

2023 年 9 月，华为公司经历 3 年芯片禁售之后，推出搭载"麒麟 9000S"的新款 5G 手机。这意味着，三年来中国大陆本土的集成电路产业链技术水平与最先进制程相比缩小了至少 1 个技术代差。这在很大程度上印证了本土企业能够利用禁售后腾出的市场空间，通过迭代优化缩小技术差距，实现化危为机。

四　结论与建议

本文前述各部分通过相关数据收集整理，对全球半导体集成电路产业链构成分布状况、市场规模结构及中国发展状况进行展示。以此为基础，就全球半导体集成电路产业链的技术经济特征进行提炼，进而分析当前全球集成电路产业链平稳健康发展所面临的挑战及中国潜在机遇。基于前述提炼和分析，就全球集成电路产业链发展状况及未来趋势有以下主要判断。

第一，半导体集成电路产业链涉及制造、材料、设备三大模块以及诸多细分环节和品类，产业链全球分布但真正有能力参与其中的仅限于美国、日本、韩国、英国、中国台湾、中国大陆，以及荷兰、德国等少数欧盟国家。其中，美国作为策源地在设计、材料、设备、EDA 软件等方面都有较大优势，日本擅长材料和设备，中国台湾专注于代工，英国在 IP 方面有优势，荷兰则主导了最高端 EUV 光刻机。这种产业分布格局的形成充满了竞争、矛盾及偶然，而美国政府及其本土企业扮演了主导和推动的角色。

第二，制造业大国的地位决定了中国早在 2004 年前后便成为全球最大的半导体集成电路市场，2010 年芯片需求占全球份额便超过 50%；中国本土企业在集成电路产业链上游、中游各模块乃至大部分的细分环节和品类都有涉足和布局，但与国际领先厂商相比，普遍存在 2 个以上的技术代差。尽管中国集成电路产业发展取得了长足进步，但是相较于庞大的市场需求，产业的对外依存度很高，自给率低于 10%。

第三，全球半导体集成电路产业链具有"产业链条超长与产能集中""资金技术双密集导致前端锁定后端""细分环节品类利基市场容量有限""下游需求对上游企业形成财务反制"等技术经济特征。这使得全球半导体集成电路产业链处于一种脆弱的"刃锋平衡"状态。保持集成电路产业整体平稳运行，需要产业链上下游各模块、各品类、各环节间的有效衔接和高度协同。

第四，技术的持续进步和分工的不断细化，使得产业链条超长、产能集中等技术经济特征得到强化。更高的技术门槛也会强化前端对后端的技术锁定，品类细分则强化利基市场特征，从而加剧下游对上游的反制。最终的结果就是，产业链韧性进一步降低，产业整体的平稳运行变得愈发艰难和脆弱；主要经济体出于产业链安全考量，将着手打造各自自主可控的供应链体系，加速相互间产业和技术的脱钩，增加芯片生产成本，进而推高数字化转型和数字经济发展的成本。

第五，逆全球化思潮改变了全球半导体集成电路产业链运行的外部环境，

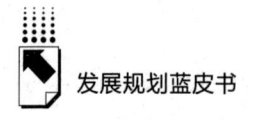

增加全球集成电路产业链供应链断裂的风险。当然，对于产业链上的中国大陆本土企业来说，虽然短期受到较大冲击，但在长期却可能获得更多迭代优化、缩小差距的机会。

整体而言，上述挑战对全球半导体集成电路产业的发展带来巨大风险。相关经营者应勇于担当，成为平衡半导体产业发展与各国国家安全的"和平大使"，努力消除各国间的矛盾与担忧，而不是片面地追求短期利益，主动推动全球半导体集成电路产业脱钩断链。具体而言，随着逆全球化思潮抬头、"脱钩断链"风险加剧，许多经营者都获得了特定政府的补贴，在短期可能获益。但长远来看，并非如此。半导体行业的逆全球化不利于各经济体充分发挥比较优势，进而可能显著推高半导体产品的成本，使得产品需求面临萎缩风险；为对冲风险，多源采购与本地采购已成为相关企业和下游客户的主流选择，这很可能加剧相关产业的产能过剩风险。回顾全球半导体集成电路产业明显的周期性特征，每5~10年都会出现需求上升、投资扩产到需求萎缩、产能过剩的大震荡。近年来为应对"芯片荒"，主要国家和企业都在不断增加、释放产能。在成本和库存双升情况下，一旦出现需求萎缩，就可能给行业带来巨大的负面冲击，对行业发展造成不利影响。国际社会，特别是主要经济体，也应正视当下趋势可能带来的负面影响，积极营造更为宽松的产业发展环境。对于中国而言，应当继续秉持开放合作的态度，积极推动主要经济体在全球产业链各环节间实现更为顺畅的协同。

B.38
积极稳妥发展工业互联网

马晔风*

摘　要： 工业互联网是互联网和新一代信息技术与工业系统全方位深度融合所形成的产业和应用生态，是工业智能化发展的关键综合信息基础设施，不仅对工业、制造业部门的生产率提升具有巨大作用，也对整个社会的经济效率提升有重要的价值。从工业互联网平台建设和应用实践来看，目前面临的主要问题和制约包括网络安全和数据隐私、供给需求错配、人才制约，以及发展不平衡等问题。工业制造业企业数字化转型加快，应当积极稳妥推进工业互联网的建设，不断完善新型工业化的战略性基础设施。一是发挥工业互联网"双跨平台"的引领作用，为解决工业互联网发展的系统性制约问题提供解决方案；二是促进产业数字化资源的汇聚融通，带动产业生态体系中大中小企业协同发展，维护产业生态健康；三是加强体制机制创新，为工业互联网平台建设和融通发展提供人才、制度支撑；四是以数据要素为驱动，推进产业链、供应链、价值链的全面对接，形成中国特色的数字经济发展模式、标准和服务。

关键词： 工业互联网　数字化转型　工业革命　产业链

一　引言

19世纪后期以来，以电子计算机、互联网等信息技术为代表的第三次工业革命极大地推动了制造业的自动化，给制造业带来空前繁荣的同时，也带来

---

* 马晔风，中国社会科学院数量经济与技术经济研究所副研究员，主要研究方向为数字经济、产业数字化转型等。

了全球能源、环境等方面的诸多问题。近年来，随着物联网、大数据、云计算、人工智能等新一代信息技术的发展渗透，制造领域开始积极探索如何利用这些新技术进一步普及和发展自动化，并使工业制造更加智能和清洁，进而在全球范围内掀起了第四次工业革命的浪潮。[1] 第四次工业革命为提高制造业附加值提供了重大机遇，对于依靠劳动力优势长期在制造业低价值端提供服务的国家，更是一次难得的发展机遇。[2] 美国、德国等传统制造业强国都在积极发展智能制造，美国提出的"工业互联网"概念、德国的"工业4.0"计划都是第四次工业革命背景下的积极探索与实践。[3] 中国也积极拥抱第四次工业革命浪潮，2015年将推进制造业转型升级、发展智能制造提高到国家战略层面，之后又相继出台了一系列政策措施来推动先进制造、工业互联网、工业App的发展，提升制造业创新能力和整体素质。

目前，发展工业互联网，推动新一代信息技术与工业系统的深度融合，已经成为各国加速推动制造业数字化转型，抢占全球价值链竞争优势的关键。工业互联网以"全面互联"和"数据驱动"为理念，通过将物联网、云计算、大数据、人工智能等前沿信息技术应用于工业领域，形成一个连接工业全系统、全产业链、全价值链，支撑工业智能化发展的关键基础设施。[4] 党的二十大报告提出，促进数字经济和实体经济深度融合，打造具有国际竞争力的数字产业集群。工业互联网不仅是新一轮工业革命的重要基石，也是数字经济和实体经济深度融合的关键底座，对整个社会的经济效率提升有重要的价值。因此，本研究着眼于新时期工业互联网建设和应用现状，探讨当前工业互联网平台建设中存在的问题和短板，并提出相应的发展建议，以期为更好发挥工业互联网在推动制造业高质量发展方面的积极作用提供有益参考。

---

[1] 樊鹏：《第四次工业革命带给世界的深刻变革》，《人民论坛》2021年第Z1期。
[2] 杜传忠、杜新建：《第四次工业革命背景下全球价值链重构对我国的影响及对策》，《经济纵横》2017年第4期。
[3] 黄阳华：《德国"工业4.0"计划及其对我国产业创新的启示》，《经济社会体制比较》2015年第2期；余东华：《新工业革命时代全球制造业发展新趋势及对中国的影响》，《天津社会科学》2019年第2期。
[4] 杨帅：《工业4.0与工业互联网：比较、启示与应对策略》，《当代财经》2015年第8期。

二 工业互联网在全球的兴起与发展

(一)工业互联网的发展背景

近年来,全球主要工业国家纷纷出台相关政策措施,基于本国制造业的发展特点,制定了短期或中短期的发展规划推动制造业转型升级。虽然各国政策的侧重点及对未来的展望有所不同,但是绝大多数国家都将技术研发和创新、就业/教育和培训、基础设施建设三方面的内容作为未来规划的重中之重。自2008年全球经济危机以来,美国政府于2009年启动"再工业化"战略,先后公布了《重振美国制造业框架》《先进制造业伙伴计划》《先进制造业国家战略计划》,意在鼓励制造企业重返美国,巩固美国制造业在全球的地位。德国政府于2006年发布《高技术战略》,并在2010年及2014年两次对其进行了框架调整。在2014年的调整时,增加了"工业4.0"的前沿项目。德国期望通过建立CPS系统及采用供应和市场的双重策略,使自己的机械和设备制造商在未来仍保持全球领先地位,并在第四次工业革命的大环境下起到全球引领的作用。在这样的政策背景下,美、德两国提出了各自的制造业发展战略模式。以美国为首的工业互联网联盟提出了工业互联网概念,而德国推出了工业4.0模式,这两种模式对全球制造业的数字化转型产生了广泛而深远的影响,推动了工业互联网在全球范围内的发展。

(二)工业互联网的概念

美国在2012年底提出"工业互联网"概念,在之后几年予以大力发展并在全世界推广其理念。美国工业互联网联盟将工业互联网定义为"一种物品、机器、计算机和人的互联网,它利用先进的数据分析法,辅助提供智能工业操作,改变商业产出"。[①]

中国在工业和信息化部的指导下,于2016年2月由工业、信息通信业、

---

① Industrial Internet Consortium, "The Industrial Internet of Things Volume G8: Vocabulary," https://www.iiconsortium.org/pdf/IIC_Vocab_Technical_Report_2.0.pdf.

互联网等领域百余家单位共同发起成立工业互联网产业联盟（Alliance of Industrial Internet）。根据中国工业互联网产业联盟的定义，工业互联网是互联网和新一代信息技术与工业系统全方位深度融合所形成的产业和应用生态，是工业智能化发展的关键综合信息基础设施，其本质是以机器、原材料、控制系统、信息系统、产品以及人之间的网络互联为基础，通过对工业数据的全面深度感知、实时传输交换、快速计算处理和高级建模分析，实现智能控制、运营优化和生产组织方式变革。[1] 两个概念的核心内容基本一致，强调了人、物、网之间的互联，数据（特别是工业数据）的基础性和重要性，以及对制造业流程和组织模式进行优化、升级甚至再造。

（三）全球工业互联网的发展情况

自工业互联网概念提出以来，全球逐渐形成了以工业领先企业为引领，以促进产业协同和优势互补为目标的发展态势，且在诸多国家都得到来自政府的关注和支持。2014年3月，制造业巨头美国通用电气公司（GE）联合IBM、Intel、Cisco等公司发起成立了美国工业互联网联盟（Industrial Internet Consortium，IIC），在全球已拥有200多家企业和单位会员。[2] 美国工业互联网联盟的成立大大促进了不同领域企业以及跨国企业之间的合作，特别是传统制造业企业与信息通信技术相关企业的合作。各国也纷纷成立了类似的工业互联网联盟组织，如德国的"工业4.0"平台体系、中国工业互联网产业联盟、日本工业价值链促进会等，这些组织对推动全球工业互联网发展和制造业升级转型发挥着越来越重要的作用。2016年德国汉诺威工业博览会上，美国工业互联网联盟与德国工业4.0平台实现对接，中国、法国、日本、韩国、印度等国家的企业积极加入两大联盟（平台）的产业生态，带动了工业互联网在全球的发展。

在应用落地方面，美国的通用电气公司和德国的西门子公司一直走在推广工业互联网理念和应用合作的前列。2014年GE公司推出全球第一个专为工业互联网开发的云服务平台Predix，致力于建立企业生产运行过程中人员、设备、物料等相互连接的内部网络系统，利用植入物联网技术的"智能设备"

---

[1] 工业互联网产业联盟：《工业互联网典型安全解决方案例汇编（V1.0）》，http://www.aii-alliance.org/index.php?m=content&c=index&a=document，2017年11月。
[2] 参见美国工业互联网联盟官网，http://www.iiconsortium.org/members.htm。

采集生产运行数据，通过数据挖掘和数据分析，为生产管理提供实时决策参考，进而优化生产流程和制造工艺，形成企业生产运行的良性循环。GE 之后，美国互联网和制造业巨头公司纷纷布局工业互联网，微软、亚马逊、PTC、罗克韦尔、思科、艾默生、霍尼韦尔等公司都着手搭建了工业互联网平台，与此同时各类初创企业也进入工业互联网产业细分领域，带动前沿平台技术创新。德国西门子公司则推出了面向市场的"平台即服务"（PaaS）形式的工业云平台 MindSphere，旨在帮助不同行业、不同规模的企业快速高效地收集和分析工业现场的海量数据，帮助客户提升生产效率，进而开发新的商业模式，最终构建一个更加开放的生态系统。除了西门子，还有 ABB、博世、施耐德、SAP 等欧洲工业巨头也依靠自身的制造业基础优势，大力推进工业互联网平台建设。

GE 和西门子两大平台在技术、功能和生态建设方面处于行业领先地位，特别是对工业互联网建设中最基础的工业数据采集、工业数据分析等问题提供了丰富的解决方案，但在推进 PaaS 平台市场化过程中仍然遇到很大困难。2018 年 GE 数字部门一度陷入经营困难，最终被集团剥离成立了新的公司独立运营。之后 GE 数字化部门对发展战略做出调整，从挖掘工业领域的共性需求创造普适价值转向服务于不同行业客户的个性化需求，致力于开发轻量化的工业软件和工具，并聚焦人工智能技术与工业技术的深度融合和底层创新。2019 年西门子推出了名为"加速器"（Xcelerator）的软件产品组合，将工业互联网平台和低代码编程工具整合到了一起，极大地降低了开发者的参与难度，为建立灵活、开放的工业互联网开发者生态奠定了基础。西门子也非常注重"强强联合"的发展模式，如通过与 IBM、Bentley Systems、阿里巴巴等公司的合作优化细分领域的数字化服务能力。

总体来看，美国、德国制造业数字化水平整体较高，工业互联网平台在应用上比较聚焦，主要侧重于设备管理服务和生产过程管控。在此需求驱动下，工业互联网平台非常注重底层创新，GE 和西门子都聚焦工业制造业细分领域的前沿创新和数字化转型赋能，努力推动新一代信息技术与工业技术在基础领域的结合。在生态建设方面，除了通过聚合各类细分领域的创新主体打造产业链生态，也非常重视开发者生态建设，以工业软件开发为纽带构筑开放、共建、共享的开发者创新生态。

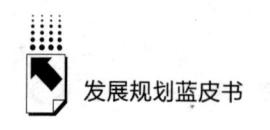

三 中国工业互联网的发展现状与趋势

我国制造业的转型升级有着不同于西方国家的独特背景，我国是在没有经历完整工业化整合的情况下进入信息化发展阶段，对于大型制造企业来说，基于自身发展优势在后期较好地完成了工业化和信息化整合，但是对于广大中小企业，信息化程度的差异非常大，有很多中小企业甚至尚未开始数字化转型。企业的数字化能力差异巨大是中国制造业发展的普遍现象，也是中国推动制造业转型升级面临的一大挑战。工业互联网的发展为信息化能力不足的中小企业带来重要机遇，对于推动我国制造业数字化转型和高质量发展具有战略意义。2015年以来中国的工业互联网产业呈快速增长势头，年均增速在15%左右。根据《中国工业互联网产业经济发展白皮书（2023年）》，2022年我国工业互联网产业增加值总体规模达到4.46万亿元，占GDP比重约为3.69%。

（一）工业互联网的定位和功能

从国内工业互联网建设现状来看，工业互联网的定位和功能主要包括三大类：第一类是解决企业内部的链接问题，在此基础上对外进行技术赋能，打破企业边界；第二类是打造供应链、产业链，企业有目的地去构建供应生态、销售生态；第三类是对社会和产业进行赋能，打造跨行业、跨领域的通用型工业互联网平台（工业互联网"双跨平台"）。前两类工业互联网近五年来获得了长足的发展，尽管不同领域企业对工业互联网的定义有所不同，但是在借助工业互联网促进企业内部链接和价值创造上达成了共识，在许多细分领域形成了具有标杆作用的工业互联网平台。第三类面向开放生态的工业互联网平台在初始发展阶段曾遇到与GE公司相似的困难，在推广"大而全"的PaaS平台过程中遭遇瓶颈，但近几年已取得突破和进展。根据工信部公布的数据，截至2023年，我国具有一定影响力的工业互联网平台超过340家，其中跨行业跨领域的工业互联网平台达到50家。

（二）工业互联网应用场景

从行业应用来看，工业互联网发展的初衷是提升制造业生产效率，目前来看其为诸多行业带来了降本增效的切实利益。电力行业、电子行业属于技术密集型行业，是现阶段工业互联网普及程度最高的行业。石油石化、钢铁、交通设备制造业作为流程制造的代表性行业，由于生产过程的自动化程度和信息化程度都很高，工业互联网在这些领域也较早普及。相较而言，离散型制造行业的工业互联网发展水平低于流程型制造行业。从制造业业务流程来看，国内工业互联网平台的应用场景主要集中在设备管理服务、生产过程管控和资源配置协调等。我国平台在资源配置优化方面的应用比例显著高于国外工业互联网平台，特别是在供应链管理方面，可以说是我国工业互联网平台的一大特色。在设备管理服务上的应用与国外工业互联网平台相比仍有不小的差距，从侧面反映了我国在推进设备互联网方面的现状和困难，这也是未来工业互联网发展需要进一步发力的领域。

（三）工业互联网技术体系

工业互联网产业生态主要包括四个部分：①硬件设备制造，主要包含智能器件、设备生产和网络传输等，为后续产业链提供基础支撑；②平台服务，主要从事工业大数据的收集、处理以及应用方案的设计；③应用服务，多为工业企业，主要将工业互联网应用于实地场景以提高生产效率；④网络安全防护，涉及工业互联网建设运行的各个环节。工业互联网的技术体系对应于工业互联网产业生态的不同组成部分。在硬件设备制造方面，主要涉及基础工业技术、基础材料及加工技术、零部件制造、芯片设计和制造技术、基础工业技术等，其中芯片设计和制造技术是最难的，在诸多设备制造领域仍存在"卡脖子"问题；在平台服务方面，主要涉及服务器相关技术，云计算、大数据分析、人工智能等新一代信息技术，此类技术是我国工业互联网技术体系中基础较好的部分，也是工业互联网快速发展的重要驱动力；在应用服务方面，主要涉及各种类型的工业软件开发，近年来我国高度重视工业软件发展，从国家到地方层面都给予了大量政策支持，虽然这一技术领域取得了显著进步，但是在研发设计类工业软件开发上与国外仍然存在较大差距，诸多领域存在"卡脖子"问题。

案例　跨行业跨领域工业互联网平台——航天云网 INDICS 平台

航天科工集团的工业互联网建设最早开始于 2013 年的"云制造"计划，

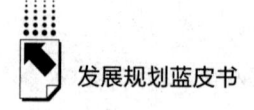

主要是服务于军用产品生产的数字化，在内部取得良好成效后开始规划对外赋能。2015年成立"航天云网"专门聚焦工业互联网建设，打造了面向军用业务的内部工业互联网平台和面向民用业务的INDICS工业互联网平台。内部工业互联网平台主要包括四块业务：产业链供应链协同、研发设计协同、生产协同和售后服务协同。内部工业互联网平台已在航天科工集团生产和管理实践中发挥出很大作用，并作为央企信息化优秀案例获得国资委认可。在设计和生产方面，加速了产品研制，缩短产品研发的代差时间，生产效率明显提升；在业务管理方面，减少了研发设计人员出差的频次，提高了成员单位间的沟通效率。INDICS工业互联网平台是基于内部平台相关技术和经验搭建起来的工业互联网开放平台，为航天科工集团以外的广大工业企业提供工业应用运行环境、工业设备快速接入、工业大数据服务、智能制造全生命周期的数字化赋能服务。发展至今，INDICS工业互联网平台接入超过100万台工业设备，为机械制造、航空航天、汽车、电子等行业领域提供了2000余个智能化项目及服务，已经成为跨行业跨领域的"标杆"互联网平台。

四 工业互联网发展面临的挑战与发展建议

（一）工业互联网发展存在的问题和挑战

随着全球科技竞争加剧以及国内制造业数字化转型步伐的加快，工业互联网产业发展迎来了重要机遇。不过，从工业互联网平台建设和应用实践来看，仍面临诸多问题和挑战，主要体现在以下几个方面。

第一，工业互联网平台在推广过程中仍面临系统性的制约因素，特别是网络安全和数据隐私问题。平台各主体间的数据共享及由此引发的数据安全问题也是制约工业互联网发展的关键因素。打通产业链上下游企业间的数据交换共享渠道在技术上实现并非难事，真正地制约来自客户和供应商开放数据的意愿。

第二，工业互联网服务供给与企业数字化转型需求存在错配问题，产业生态建设推进缓慢。从供给端来看，以通用服务型工业互联网为代表的工业互联网服务提供商模式，更多的是提供通用的平台接入服务，解决企业接入上云等基本问题，但在解决企业生产经营具体实际问题方面并不能满足企业的深层次需求。从需求端来看，中小企业主要关注销售、库存、税收优惠等具体问题，产业生态需求较少，再加上收益不明朗，"上云上平台"的积极性不高。

第三，企业在工业互联网平台建设和运营方面面临较大的人才制约。工业互联网的建设运营既需要人工智能、大数据、云计算等前沿技术人才，也需要具备专业知识和技术开发能力的复合型人才。虽然相关人才在整个行业都处于稀缺状态，但是中央企业由于薪酬体系的制约在人才招聘和人才吸引上面临更大的挑战。

第四，工业互联网的发展存在区域发展不平衡、协作机制不完善的现状。不同地区的制造业发展水平参差不齐，在制造业发达地区，市场对工业互联网建设的推动作用很强，但在制造业落后地区，市场的作用可能会很有限。这种情况下政府的引导将非常重要，但是制造业发达和落后地区的政府协作机制并不完善。

（二）积极稳妥推进工业互联网发展的建议

工业互联网是互联网和新一代信息技术与工业系统全方位深度融合所形成的产业和应用生态，是工业智能化发展的关键综合信息基础设施，不仅对工业、制造业部门的生产效率提升具有巨大作用，也对整个社会的经济效率提升有重要的价值。随着工业制造业企业数字化转型速度的加快，应当积极稳妥推进工业互联网的建设，不断完善新型工业化的战略性基础设施。因此，新时期工业互联网发展在战略定位上要站位更高，立足长远，具体来看应在以下几方面发挥作用、提供支撑。

第一，发挥工业互联网"双跨平台"的引领作用，为解决工业互联网发展的系统性制约因素提供解决方案。"双跨平台"面向不同行业和领域提供工业互联网平台服务，在标识解析体系建设、工业数据流通与共享、网络安全与监测等方面应当发挥引领作用，完善相关领域的体制机制，打通我国工业互联网的发展的堵点、痛点，促进新一代信息技术与工业技术的深度融合创新。

第二，促进产业数字化资源的汇聚融通，带动产业生态体系中大中小企业协同发展，维护产业生态健康。工业互联网平台建设有助于在两个层面推动产业数字化资源的汇聚融通：一个是资源的纵向融通，通过促进产业生态中的大

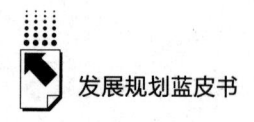

中小企业分享数据、模型、技术、应用等创新资源,推动整个产业的数字化转型与协同发展;另一个是资源的横向汇聚,工业互联网平台之间建立资源共享平台,特别是在产业链、供应链有交集的领域,从更高层面维护产业链的安全稳定,促进创新资源的汇聚。

第三,加强体制机制创新,为工业互联网平台建设和融通发展提供人才、制度支撑。从顶层设计上为推动创新发展提供更好的环境,制定有利于吸引和培养工业互联网顶尖人才的配套体制机制。一是数字人才培养。具备专业知识和技术开发能力的复合型人才短缺是工业互联网建设普遍面临的难题和挑战。鼓励企业通过在职培训和人才培养,提升企业内部专业技术人员的数字技能;行业协会等相关部门也可以在职业教育、行业培训等领域,重视行业专业知识和数字技能的融合培养。二是制度环境优化,从创新激励机制、开源生态建设、产业生态培育等多方面,为工业互联网平台建设打造更好的制度环境,确保产业长期健康发展。

第四,以数据要素为驱动,推进产业链、供应链、价值链的全面对接,形成中国特色的数字经济发展模式、标准和服务。数据要素是新一轮科技革命对应的新关键要素,在支撑经济增长方面发挥着独特作用,数据要素实现增长促进效应的前提是能够有序、安全、自由地流动。工业互联网在促进工业、制造业大数据整合、流动上发挥着重要的支撑性作用,工业互联网平台建设应当致力于促进数据要素更深层次的流动和价值创造,在这个过程中探索出产业数字化的中国模式、路径、标准和服务,并在世界范围内起到引领示范作用。

B.39
加快推动电子商务高质量发展

叶秀敏*

摘　要： 随着互联网技术的飞速发展，电子商务已成为推动经济增长的新引擎。本文首先分析了我国电子商务发展现状和特点，指出其在促进消费、扩大就业、推动产业升级等方面发挥了重要作用，同时也存在一些问题，如发展不均衡、假冒伪劣依然猖獗、退货率居高不下、虚实融合进展缓慢等，这些问题制约了电子商务的进一步发展。为加快推动电子商务高质量发展，提出以下建议：一是加快基础设施建设，促进中西部和东北地区的电子商务发展；二是统筹社会化监管，重拳打击违法违规行为；三是降低退货率，减少社会资源浪费；四是推动虚实融合，加快传统企业数字化转型。

关键词： 电子商务　高质量发展　跨境电商

一　电子商务稳定发展，助力畅通"双循环"

（一）网络交易额持续增长，拉动内需作用明显

2023年我国电子商务继续保持强劲增长势头。网络零售额稳步增长，年交易额达到15.42万亿元人民币，① 同比增长约11%。网络零售总额占社会消费品零售总额的比重持续增加，占比达到32.70%。电子商务渗透率稳步提升，截至2023年6月，我国网络购物用户规模达8.84亿人，② 占网民整体的

---

* 叶秀敏，中国社会科学院数量经济与技术经济研究所研究员，主要研究方向为电子商务、平台经济。
① 商务部电子商务和信息化司：《2023年前三季度中国电子商务发展报告》。
② CNNIC：《第52次〈中国互联网发展状况统计报告〉》。

82.0%，网络购物习惯逐步养成。这些数字表明，在我国经济复苏的背景下，电子商务市场仍然具有较强的活力和发展潜力。

电子商务的发展对畅通"双循环"发挥着重要作用。第一，电子商务的快速发展促进了国内需求市场的扩大。网络零售更好地满足消费者的多样化和个性化需求，方便购物，提振了消费，2023年前三季度，实物网络零售对社会零售增长贡献率达到33.9%。① 第二，电子商务的发展也带动了物流、电子支付、数据分析等相关产业的发展，推动了制造业的升级和创新，为畅通"双循环"提供了支撑。其中，全年社会物流总额将达到350万亿元，快递业务量达1320亿件，② 增长19.4%。第三，电子商务促进了创业和就业，在平台上开店的商家已经超过2500万家，③ 向社会提供了运营、客服、包装等诸多岗位。第四，跨境电子商务促进了外贸发展，推动了我国优质商品销往全球各地。根据海关数据，我国电子商务跨境进出口总额达到2.38万亿元，增速达到15.6%。第五，农村电商继续高速发展，促进农村经济社会全面转型升级。2023年，我国农村网络零售额达到2.49万亿元，④ 增速为14.75%。

（二）跨境电商快速增长，引领外贸企业出海

跨境电子商务迅猛发展，已经成为驱动我国外贸增长的新动能。2023年，我国跨境电商进出口总额达到2.38万亿元。⑤ 与我国贸易总额负增长形成鲜明对比，跨境电商增速达到15.6%，成为年度亮点。

跨境电商正加速推动外贸企业数字化转型和国际化步伐。跨境电商降低了"买全球、卖全球"门槛，为中国企业，尤其是为中小企业出口提供了新的渠道和商机。2023年，我国跨境电商出口额实现1.83万亿元，⑥ 增速高达19.6%。跨境电商基础设施进一步完善，海外仓数量超过1500个，仓储面积达到1900万平方米。

---

① 数据来源于商务部。
② 数据来源于中国物流与采购联合会。
③ 数据来源于商务部。
④ 数据来源于商务部。
⑤ 数据来源于海关总署。
⑥ 数据来源于海关总署。

跨境电商还极大地满足了消费者多样化和高端化需求。从交易额来看，2023年，跨境电商进口额为5483亿元，增速为3.9%；从用户规模来看，"海外购"个人消费者数量达到1.63亿人；从进口品类看，前三大类商品分别为化妆品、粮油食品和服装；从原产国来看，进口额前三位的是日本、美国和澳大利亚。

（三）平台企业竞争加剧，加速全球化布局战略

在流量红利见顶的市场环境下，平台企业竞争加剧，驱动企业加快创新发展。阿里巴巴进行集团架构分拆，启动"1+6+N"组织变革，通过改革提升组织敏捷性和运行效率。京东从提升平台竞争力入手，大幅增加第三方商家数量，丰富平台产品，满足用户更加多元化需求。拼多多在海外布局取得突破性成长，2023财年交易服务收入同比大增315%，不仅在美国成功上市，市值还一度超越阿里巴巴，成为在美中概股的市值第一股。短视频平台抖音和快手借助流量优势，大举进军电子商务赛道，加剧平台领域的竞争。

平台企业加速全球化战略布局，跨境电商平台在海外爆发式发展。2023年，字节跳动旗下TikTok收入达到160亿美元，增速高达55%，进入年度全球十大数字广告商之列。拼多多旗下跨境电商平台Temu在2023年收入为941亿元，大增241%，海外用户数达到2亿，市场覆盖47个国家。SHEIN采用柔性供应链体系，大力发展高品质供应商，供应商数量超过4000家。阿里国际站继续加快物流基础设施建设，已经在200多个国家和地区建设两万余条运输专线。京东跨境生鲜产品具有明显优势，已经与全球20多个国家及地区建立供货直采协议，与90余个国家合作开设特色产品在线商城。

（四）政策持续发力，电商生态环境不断优化

2023年，我国政府继续出台政策，推动电子商务高质量发展。第一，在总体布局方面，国务院相继出台《数字中国建设整体布局规划》和《关于加快内外贸一体化发展的若干措施》，明确表示支持数字企业发展壮大，鼓励科技创新，推动平台企业规范健康发展，促进虚实深度融合。第二，在试点示范工作方面，国家电子商务示范基地逐步发挥示范和引导作用，已经整合培育形成30余个数字化产业带，助力提高产业链运行效率。第三，在基础设施方面，

国家重点支持建设一批县乡级物流配送中心和服务网点，继续推动农村电子商务发展。第四，在营造健康发展环境方面，国务院出台《质量强国建设纲要》，强调规范发展网上销售、直播电商等新业态和新模式，并要求各地区各部门结合实际认真贯彻落实。第五，在建设标准方面，国家市场监督管理总局等发布《跨境电子商务海外仓运营管理要求》，首次提出了跨境电商海外仓建设和运营的国家标准。

面对新的环境和电子商务发展的阶段性特点，我国重点支持一些领域的创新发展。第一，在跨境电商领域，财政部等部门联合出台《关于延续实施跨境电子商务出口退运商品税收政策的公告》，继续降低跨境电商交易成本和便捷性，鼓励企业拓展海外市场。第二，在农村电子商务领域，中央一号文件《关于做好2023年全面推进乡村振兴重点工作的意见》指出，加快完善县乡村电子商务和快递物流配送体系，大力发展即时零售等新模式，建设农业强国。围绕农村电子商务，商务部等部门推动开展了丰富多彩的"农民丰收节""网上年货节"等活动，鼓励线上和线下融合发展。第三，在在线服务领域，《文化和旅游部关于推动在线旅游市场高质量发展的意见》提出，促进在线旅游市场发展，提高群众出游满意度。

二 模式不断创新，促进电子商务焕发新机

（一）电商模式多样化发展，促进企业数字化转型

电子商务模式呈现多样化发展趋势，不仅传统电子商务平台交易模式稳定发展，近几年社交电商、直播带货、跨境电商等新模式也快速崛起。电商模式的多样化发展有助于商家全方位推荐商品，还能更精准地满足消费者的个性化需求，提供沉浸式购物体验。

电商模式创新对于推动我国传统企业的数字化转型具有重要意义。在网络零售额规模排名前100的企业中，非电商类企业占比已经高达93%，表明传统企业已经将互联网作为主要销售渠道之一。从细分领域看，与百姓生活密切相关的服装鞋帽针纺织品、日用品、家用电器三大行业的网络零售额居前，分别占实物网络零售额的21.3%、14.9%和10.8%。从增速看，金银珠宝、通信器

材、烟酒类商品网络零售额增速都超过20%。另外，电商模式创新还促进"国潮"商品、文化产品、健康产品和智能产品的销售。在2023年的"双十一"促销活动期间，在天猫平台上有402个品牌的商品网络零售额超过亿元，并且国产品牌占比达到65%。

（二）即时零售普及率提高，方便百姓日常生活

即时零售是疫情之后兴起的电商销售模式。即时零售指消费者在线下单后，能够快速收到货物或者即时领取。即时零售覆盖的商品主要集中在生活必需品大类上，包括食品饮料、蔬果生鲜、药品、数码3C等。即时零售的优势明显，在线上与线下有机融合的基础上，能够提升供应链反应效率，实现配送或者取货的高时效性。因此，即时零售能够提高消费者体验，推动传统零售企业的数字化应用。

即时零售市场实现快速增长，呈现出良好的发展态势。首先，从市场规模看，2022年我国即时零售市场规模超5900亿元，相当于社会消费品零售总额的1.4%。其次，平台企业实现高速增长。2023年第三季度，京东到家实现营收18亿元，同比增长16%；达达快送平台营收总额为11亿元，同比增长29%；美团即时配送总订单量达到62亿笔，同比增长23%。最后，从服务质量看，平台竞争加剧倒逼平台企业提供优质服务。抖音在在线商城开通"小时达"独立频道，提高配送效率；饿了么启动"双百计划"，加大与传统品牌的合作力度。

（三）家庭服务类网购兴起，提高居民生活品质

近年，在线服务消费快速复苏。消费者通过在线搜索和比较，在线下单和支付就可以享受到快捷的服务，极大地方便了消费者。2023年，我国在线旅游、在线文娱和在线餐饮销售额合计3.62万亿元。[①] 其一，在线餐饮市场规模不断扩大。2023年，我国外卖市场规模为1.42万亿元，年增长率高达29.1%，网上外卖用户规模为5.21亿人，预计未来几年将持续保持高速增长趋势。其二，在线旅游市场同样迎来强劲增长，2023年第一季度，主要在线

---

① CNNIC：《第51次〈中国互联网络发展状况统计报告〉》。

旅游平台销售额同比增长115.8%，①其中线上销售的旅游产品、景点门票同比分别增长173.4%和97.8%。其三，在线文娱市场销售额实现腾飞，增速高达102.2%，其中演唱会在线销售额增长40.9倍，很多文艺演出更是一票难求。

数字化转型也为传统服务企业带来发展机遇。在线旅游市场，一些景点运用大数据、物联网、人工智能等技术，推出门票预约、实时语音导游等服务，提高管理效率和服务品质；一些景区还实现智能管理，如游客管理、安全提醒等。例如，黄山旅游景区开展"5G+智慧旅游"建设项目，通过5G+线上直播、5G+导游导览等提升游客的游玩感知和参与度。

热点消费话题通过网络快速传播，网络舆情驱动"旅游+消费"模式爆发。"淄博烧烤""村超""尔滨冰雪"等热点话题在网络持续发酵，逐波推高城市旅游热度，为城市带来丰厚的收益。榕江"村超"获得了数百亿次网络关注，接待游客数百万人次到访、旅游收入超过十亿元。2023年冬季，哈尔滨市成为网红城市，吸引到访人次1009.3万，②仅仅旅游一项就实现收入164.2亿元。在线旅游同样为淄博市带来发展机遇，旅游还带动了当地陶瓷、琉璃、蚕丝织巾等土特产品的销售，2023年淄博实现国内旅游收入约630亿元，③同比增长68.42%。

（四）直播电商保持高增长，个性化商品成为潮流

直播电商继续保持高速增长态势，2023年市场规模为4.9万亿元，④增速达到35.2%。直播电商带动了主播岗位需求增加，活跃电商主播数量已经达到337.4万人。传统品牌企业积极布局直播电商，通过直播间链接消费者，了解消费者需求，促进产品销售。在5月举办的直播电商节活动中，有近千款产品的直播活动累计交易额达到10亿元人民币。在9月的丰收节论坛上，抖音平均每天有1300万单农特产订单成交。

直播电商凭借社交性、体验性和互动性优势，不仅受到年轻消费者的青

---

① 数据来源于商务部。
② 数据来源于哈尔滨市文化广电和旅游局。
③ 《烧烤店主，在淄博迎接又一个旺季》，https://www.sohu.com/a/768425926_121347613。
④ 艾瑞咨询：《2023年中国直播电商行业研究报告》。

睐，也吸引大量中老年消费者。直播电商通过主播详细展示产品生产和加工过程及使用效果，增加了消费者对商品的信任和兴趣。直播电商不仅促进服装、美妆、家居、食品等产品销售，更促进了文化、体育等大类产品销售，还推动了个性化和定制化商品的销售。

直播电商成为电子商务领域中的热门赛道，引发了平台的激烈竞争。各大电商平台都积极布局并进行资源投入，不仅淘宝、拼多多等电商平台将直播作为重点业务领域，抖音、小红书、快手、微信等也都纷纷涉足直播电商领域，搜索平台百度也开通直播带货业务。

（五）人工智能叠加应用场景，虚拟主播成为热点

人工智能技术与应用场景结合对电子商务发展具有重要的推动作用。第一，智能推荐系统可以向用户提供个性化的商品推荐，提高用户购物体验并增加销售机会，比如虚拟试衣间可以根据用户照片或者视频精准判断身材尺寸，按照用户的个性化需求设计出各种版型和色彩的搭配，并通过用户模拟人的方式360度展现给用户，直至用户满意为止。第二，文字聊天机器人能够承担绝大部分客户服务工作，实时回答用户问题并提供解决方案，7×24小时在线，降低人工成本并极大地提高服务效率。第三，图像和视频识别与搜索技术能够为用户精准、快速提供相关商品链接，简化搜索过程。

虚拟主播（也被称"AI主播"）作为新应用也逐步被引入网络零售场景，成为直播带货的热点和销售明星。虚拟主播具有低成本、7×24小时工作、互动性强、精准匹配消费者需求等多项优势，有利于提升沉浸式购物体验，促进商品销售。京东、淘宝、快手、抖音等平台陆续为商家提供虚拟主播服务。上线不到一年，淘宝已经有2000多个[1]品牌商家尝试使用虚拟主播服务，开播总量达到13万场、覆盖粉丝达上亿人次，实现销售收入10亿元。

三 瓶颈问题依然严峻，影响电子商务跨越式发展

我国电子商务作为一种新兴的商业模式，已经在全球范围内取得了令人瞩

---

[1] 《31万场，230.45亿元｜义乌直播电商势头猛、动能足！》，https://www.sohu.com/a/708022749_121440286。

目的成绩,对拉动内需、促进"双循环"、满足消费者需求等都发挥了重要作用。然而,电子商务在发展过程中,仍然存在发展不平衡、假冒伪劣猖獗、侵犯知识产权和虚实融合进展缓慢等问题。

(一)发展不均衡,制约电子商务普及和高质量发展

电子商务的渗透率和发展速度在我国不同地区之间存在比较明显的差异。一方面,在一些发达地区,大型平台企业投入更多的资源和资金,拥有更完善的技术和服务体系,推动电子商务快速发展;另一方面,在一些欠发达地区,中小企业受到资金、技术、人才和市场等方面的制约,电子商务发展缓慢,导致出现发展不平衡的现象。以2023年上半年为例,东部地区网络零售额占全国比重为83.6%,① 而中部、西部和东北地区的占比分别只有9.1%、5.8%和1.4%。

电子商务"东强西弱"的不平衡发展,导致欠发达地区不能享受到更多的电子商务发展红利,制约传统企业的数字化转型速度和产品外销,阻碍产业链的均衡发展和合理布局,减少就业机会,无法满足消费者多样化的需求,进一步加深数字鸿沟。

(二)假冒伪劣依然猖獗,降低消费者体验

随着电商平台和直播带货的迅猛发展,一些不法商家滥用平台,从事违法犯罪和扰乱市场行为,给消费者的利益和市场秩序带来严重威胁。这些行为包括:第一,假冒伪劣、以次充好等问题屡禁不绝,尤其是一些直播间还存在虚假宣传、低俗带货、数据造假等乱象。第二,一些不法商家利用技术手段、数据爬取行为、流量劫持等不当手段进行刷单炒信和虚假交易。第三,知识产权侵权问题依然是困扰网络零售高质量发展的毒瘤,包括侵犯专利、商标、著作权等知识产权的问题仍然没有得到彻底解决,盗版和山寨产品都严重打击了企业创新的热情。第四,消费者个人信息被泄露和滥用,大数据杀熟、垃圾广告和骚扰短信不仅侵犯了消费者权益,还打扰了消费者的正常生活。2023年

---

① 商务部电子商务和信息化司:《2023年上半年中国网络零售市场发展报告》。

"双11"期间,消费者投诉排名前三位的问题是退款问题(26.26%)①、商品质量(12.71%)、网络售假(8.52%)。

(三)退货率居高不下,造成社会资源浪费

直播带货虽然促进电商成交额快速增长,但是也暴露出一个突出的问题,即高企的退货率。2023年"6·18"电商大促活动之后,某直播平台"珠宝商退货率90%"成为热搜话题。而服装类商品退货率也高达50%。

分析高退货率的原因,主要包括:第一,商品信息不透明或者不准确,导致消费者收到商品后发现与预期不符。第二,主播的宣传和误导,叠加直播间的氛围,增加消费者冲动消费的可能性。第三,低价恶性竞争导致商品质量下降,消费者选择退货。第四,平台退货政策更加倾向于保护消费者权益,继"7天无理由退货"政策后,多家平台均推出"仅退款,无须退货"服务,鼓励消费者低风险下单交易。

高退货率的危害性极大。第一,商家需要承担经济损失,额外承担物流费用、人工和库存成本,降低利润。第二,退货导致物流等环节存在大量无效劳动,而且一些退货商品无法再次销售,浪费大量社会资源。第三,有些商品退货流程复杂,浪费消费者时间,降低消费者体验。第四,高退货率导致行业形象受损,并且会出现交易额增长的繁荣假象。

(四)多重不利因素叠加,虚实融合进展缓慢

电子商务是传统企业高质量发展的重要驱动力,早在2015年政府工作报告中就提出"互联网+"行动计划,推动传统产业转型升级;时隔九年,2024年政府工作报告中提出开展"人工智能+"行动,促进新质生产力快速形成。传统企业数字化转型取得了一些成绩,但是在一些领域,尤其是中小企业的数字化转型效果并不明显,存在一些瓶颈问题需要突破。一是一些传统企业义化理念和组织架构不能适应数字时代的需要;二是数字化转型成本高,企业对转型效果预期并不乐观,导致投入积极性不高;三是企业缺少软硬件基础设施、专业技术人才和跨界高端人才。

---

① 数据来源于电诉宝投诉平台。

四 加速创新融合，推动电子商务高质量发展

（一）加快基础设施建设，促进中西部和东北地区的电子商务发展

加快中西部和东北地区的电子商务发展对于实现区域均衡发展、促进消费升级以及推动产业转型升级至关重要。

第一，要优化区域电子商务基础设施建设。增加电信光纤宽带覆盖面，改善网络速度和稳定性；完善物流体系，继续建设高效、快捷的物流网络。

第二，加强电商人才培养和创新创业支持，增加高等院校和职业教育机构在电商相关专业建设上的投入；制定激励政策，鼓励创新创业，吸引优秀人才和企业投身于中西部和东北地区的电子商务发展。

第三，推动电商扶贫和农产品上线工作，建设农产品电商产业园和孵化基地，整合农产品资源，鼓励中西部地区及贫困地区农民通过电子商务平台销售农特产品。

第四，加强政府引导和金融支持，制定金融支持政策，减轻中小企业税费负担，降低电商创业和运营成本。

第五，推动跨区域合作与协同发展，加强中西部和东北地区与沿海发达地区的交流和合作，促进资源共享和优势互补，推动电子商务产业链的协同发展。

（二）统筹社会化监管，重拳打击违法违规行为

针对假冒伪劣等顽疾问题，必须统筹社会各类主体的力量予以根治，彻底净化电子商务生态环境，维护消费者权益和市场公平竞争。

第一，平台作为责任人必须增强责任意识和管理能力。一方面，要健全相应的规章制度，面向商家开展宣传活动；与有关部门合作建立信息共享和快速反应的机制，采取联合治理行动。另一方面，要严格审核商家资质，规范市场准入机制，防止不良商家进入平台。平台要建立有效的投诉处理机制，以及高效、便捷的投诉处理渠道，及时受理用户投诉，跟踪处理结果。

第二，有关主管部门加大商品质量监管和执法力度。一方面，建立完善的

商品质量监管体系，加强商品质量检验和抽查频次，确保在线商品的合法性和质量安全。另一方面，有关部门要加大执法力度，加强对电商平台和直播带货活动的监督，建立追责机制，加大违法行为处罚力度。有关部门要引入技术监管手段，如人工智能、大数据分析等，能够快速识别和打击假冒伪劣与弄虚作假行为。

第三，行业协会主导建设信用评价系统和消费投诉机制。一方面，协会主导建设统一的信用评价系统，对商家和商品进行实时评价，并公示评价结果，供消费者参考。另一方面，完善消费投诉机制，建立多渠道、多主体合作的快速反应处理机制，对消费者的投诉进行及时处理和反馈，对不法商家和平台予以曝光。协会还要联合电商平台完善行业自律组织和机制，制定行业规范和行为准则，引导商家遵守规则和道德底线。

（三）降低退货率，减少社会资源浪费

必须尽早解决电商平台和直播带货过程中退货率居高不下的问题，提高用户购物体验，减少社会资源浪费。

第一，商家优化产品信息和营销策略。一方面，平台商家和主播应提供准确、全面、详细的产品信息，确保消费者可以真实地了解产品；另一方面，严禁不必要的误导和不符合实际需求的营销宣传。

第二，加强售后服务和沟通机制。一方面，商家要增加售后人员数量，及时回复消费者的问题和反馈，并主动提供解决方案。另一方面，通过多种渠道建立与消费者的沟通机制，如在线客服、电话咨询等。

第三，加强产品质量控制与管理。一方面，商家严格把关产品质量，建立健全产品质量检测和监控体系，确保产品符合标准和消费者预期。另一方面，引入第三方权威机构对商品进行鉴定认证，增强消费者对产品质量的信任。

第四，加强消费者教育与培训。通过宣传和教育活动，提高消费者的网络购物素质和识别能力，使他们更加了解自身需求，倡导理性消费，避免盲目跟风和冲动消费导致的无效购物和退货。

（四）推动虚实融合，加快传统企业数字化转型

积极推动传统企业应用电子商务进行数字化转型，从而更好地适应数字经

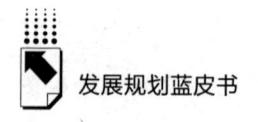

济发展趋势，提升竞争力。

第一，继续鼓励和引导企业将电子商务融入运营过程，通过多样化的应用，如引入在线销售平台、移动App、电子支付等，满足消费者日益增长的线上购物需求。

第二，引导企业应用大数据提升决策效率，加强数据收集、分析和利用，通过大数据和人工智能等技术手段，深入了解市场需求、产品销售情况，精准洞察客户偏好，并基于数据驱动更加灵活地做出决策。

第三，培育一支满足数字化转型需求的团队。一方面，加大对数字化人才的培养和引进力度，建设具备数字化思维和技能的团队。另一方面，积极培养现有员工的数字化素养，鼓励他们主动参与数字化转型。

第四，积极寻求跨界合作与创新。企业积极与平台企业、科研院所等开展战略合作，创造机会，共同探索新的跨界融合，打造数字化转型的生态系统，实现互利共赢。

B.40
加快培育数据要素市场

李兆辰*

摘　要： 数据作为新型生产要素，是数字化、网络化、智能化的基础，加快培育数据要素市场对于推动高质量发展具有重要意义。我国培育数据要素市场取得扎实进展，数据要素市场体系日益丰富，数据要素市场活力日益提升，数据要素市场监管日益完善。与此同时，我国培育数据要素市场也面临现实挑战，突出表现为数据产权界定存在困难，数据定价机制不够健全，数据治理能力有待提升。可供参考的国际经验包括美国发展数据交易多元模式、欧盟建设数据要素统一市场、英国调动数据供给主体积极性、德国构建数据流通标准体系。我国加快培育数据要素市场，需要构建中国特色数据产权制度，打造多层次数据交易体系，提高数据治理能力。

关键词： 数据要素市场　数字经济　数据确权　数据定价　数据治理

一　数据要素的重要作用愈发凸显

当前，新一轮科技革命和产业变革深入发展，数字化转型已经成为大势所趋。2022年，我国数字经济规模达到50.2万亿元，同比名义增长10.3%，已连续11年显著高于同期GDP名义增速，数字产业化和产业数字化合计占GDP比重达到41.5%。① 数字经济是数字时代国家综合实力的重要体现，是构建现代化经济体系的重要引擎。世界主要国家均高度重视发展数字经济，纷纷出台战略规划，采取各种举措打造竞争新优势，重塑数字时代的国际新格局。

---

* 李兆辰，中国社会科学院数量经济与技术经济研究所助理研究员，主要研究方向为科技创新、数字治理、政策评估等。
① 中国信息通信研究院：《中国数字经济发展研究报告（2023年）》。

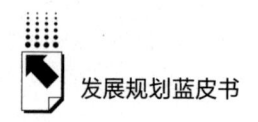

"十四五"规划和2035年远景目标纲要设立专篇"加快数字化发展 建设数字中国",明确提出激活数据要素潜能,以数字化转型整体驱动生产方式、生活方式和治理方式变革。2022年12月,《中共中央 国务院关于构建数据基础制度更好发挥数据要素作用的意见》提出,充分发挥我国海量数据规模和丰富应用场景优势,激活数据要素潜能,做强做优做大数字经济,增强经济发展新动能,构筑国家竞争新优势。2023年3月,中共中央、国务院印发《数字中国建设整体布局规划》,提出数字中国建设的两大基础之一就是"畅通数据资源大循环"。2023年12月,国家数据局等17部门联合印发《"数据要素×"三年行动计划(2024—2026年)》,提出发挥数据要素的放大、叠加、倍增作用,构建以数据为关键要素的数字经济,是推动高质量发展的必然要求。

数据作为关键生产要素的重要作用日益凸显。数据作为新型生产要素,是数字化、网络化、智能化的基础,已快速融入生产、分配、流通、消费和社会服务管理等各环节,深刻改变着生产方式、生活方式和社会治理方式。数据不仅成为生产要素,而且还与其他生产要素相互融合,发挥倍增作用。作为数字经济时代全新的、关键的生产要素,数据贯通于数字经济发展的全部过程。[①]数据的爆发增长、海量集聚蕴藏了巨大的价值,为智能化发展带来了新的机遇,成为最具时代特征的生产要素。协同推进技术、模式、业态和制度创新,切实用好数据要素,将为经济社会数字化发展带来强劲动力。发挥数据要素报酬递增、低成本复用等特点,可优化资源配置,赋能实体经济,发展新质生产力,推动生产生活、经济发展和社会治理方式发生深刻变革,对推动高质量发展具有重要意义。

二 我国培育数据要素市场取得扎实进展

(一)数据要素市场体系日益丰富

从数据要素供给的角度来看,我国数据要素市场在数据开放、采集、标

[①] 李海舰、赵丽:《数据成为生产要素:特征、机制与价值形态演进》,《上海经济研究》2021年第8期。

注、分析、存储等环节持续推进产业化和技术进步。对于数据开放环节，各地方各部门积极开展公共数据开放实践，以建立公共数据开放平台为抓手，积极推进公共数据开放，截至2022年10月，我国已上线208个省市公共数据开放平台。[①] 对于数据采集环节，由人工采集向自动采集转变，从传统采集向泛化采集转变，采集效率大幅提升。对于数据标注环节，相关产业围绕北京、长三角、成渝地区向外扩散，逐步形成三大产业群，并对周围地区产生技术溢出效应。对于数据分析环节，自动化数据分析、多源数据融合、边缘计算不断发展，推动数据分析与物联网相结合。对于数据存储环节，存储方式由端点存储向边缘存储和核心存储转变。

从数据要素交易的角度来看，我国数据要素市场在数据确权、授权、交易等环节持续完善市场生态。对于数据确权环节，各地方与数据产权相关的制度聚焦建立数据资产登记制度和数据要素定价机制等，逐步探索开展权属登记，并体现在相关规划当中。对于数据授权环节，北京、上海、深圳等地区采取"政府监管+企业运营"的市场化应用模式，以竞争方式确定被授权运营主体，以市场化方式提供数据产品、数据服务以获得收益。对于数据交易环节，我国现已建立并运营超过30家数据交易所，并体现出不同特色，其中，北京国际大数据交易所较为综合，具备数据信息登记平台、数据交易平台、数据运营管理服务平台、金融创新服务平台、数据金融科技平台五大功能；上海数据交易所侧重交易服务，构建"数商"新业态，首发全数字化数据交易系统和数据产品说明书；深圳数据交易所聚焦打造具有资产登记、权益确认、信息披露、资产评估、交易清结算等服务能力的综合数据交易服务体系。

（二）数据要素市场活力日益提升

从场内交易的角度来看，我国场内数据市场呈现出多元化发展趋势。中国信息通信研究院根据公开信息统计显示，2023年1月至8月，国内新成立5家数据交易机构。目前，全国已先后成立53家数据交易机构，其中活跃的数据交易机构已上架数据产品超12000种。各数据交易机构从不同角度发力，在拓展业务模式、强化权益保障等方面积极创新，提升数据进场交易的吸引力。

---

① 复旦大学数字与移动治理实验室：《2022年中国地方政府数据开放报告》。

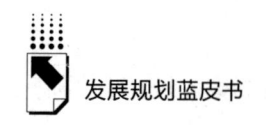

2023年1月，贵阳大数据交易所发起招募数据首席地推官，集结银行、交通、医疗、时空数据、数据交付等多个行业和领域的专家，破解数据供需信息差难题，并率先探索"数据专区"运营模式，打造全国首个气象数据专区和电力数据专区，截至2023年7月，两专区交易额分别达到3500万元和1亿元。2023年2月，深圳数据交易所提出构建动态合规体系，引入"信用"工具，打造动态信用评级，力图降低企业合规门槛，构建可信交易环境，实现数据交易的包容审慎监管。2023年7月，北京市发布数据要素市场建设领域12项落地创新成果，其中9项由北京国际大数据交易所主导完成，包括跨境征信报告核验项目、数据登记业务互认互通、数据资产抵押授信等，为数据跨境、数据服务业务互通、数据要素金融服务等探索提供宝贵经验。

从场外交易的角度来看，我国场外数据市场呈现出内生性发展趋势。各类机构收集多方数据，创新业务模式，打造竞争优势，满足数据需求，场外点对点数据交易始终活跃。2022年，查询服务、金融、广告、人工智能等行业的场外数据交易规模约为1000亿元。在查询服务行业中，天眼查、企查查等企业通过非人工方式从全国企业信用信息公示系统、中国裁判文书网等公共数据开放平台以及国家知识产权局等部门的官方网站收集、聚合公开数据，运用自身的技术和算法，提供具有市场价值的企业信息查询服务，以会员制的方式实现数据价值的转移。在金融行业中，万得、同花顺等企业通过研发金融终端，从各类交易所、券商、资讯公司等方面对接和采购数据，汇聚研发形成实时、全面、标准的数据库，供市场各大机构购买使用。各类数商在地方政府和数据交易所支持下，积极寻找市场定位，推动数商生态不断完善。2023年6月，上海数据交易所上线"数商生态"服务平台，通过多元化途径协助数商开展业务，将服务渗透到数据交易的各个环节，支持数据经纪人在数据要素市场中发挥洞察、撮合、代理和评估等功能。

（三）数据要素市场监管日益完善

从体制机制的角度来看，我国数据要素市场监管体制取得重要进展。2022年7月，国务院批准建立由国家发展改革委牵头，中央网信办、工业和信息化部等20个部门组成的数字经济发展部际联席会议制度，强化国家层面数字经济战略实施的统筹协调。2023年3月，《党和国家机构改革方案》提出组建国家数据局，负责协调推进数据基础制度建设，统筹数据资源整合共享和开发利用，统筹推进数字中国、数字经济数字社会规划和建设等工作。国家数据局的组建有利于破除分散割裂的数据治理环境，平衡数据要素安全和发展的辩证关系，进一步推动数据要素的开发利用，推进多层次数据要素市场建设，促进数据要素、数字经济与实体经济的深度融合。

从政策体系的角度来看，我国数据要素市场监管政策取得良好成效。2022年12月，《中共中央 国务院关于构建数据基础制度更好发挥数据要素作用的意见》对于我国数据要素市场发展产生深远影响。相关政策使得市场监管的规则更加明晰，有利于破解数据资源化、资产化、资本化中的基础难题，释放数据要素市场价值。以此为基础，进一步细化的各项政策逐步形成。2023年7月，《数据经纪从业人员评价规范》正式发布，这是由全国40余家数据交易场所、科研院所、数据商和数据交易中介机构共同起草的团体标准，有利于培育和规范更多更专业的数据经纪从业人员。

专栏 17 部门联合印发《"数据要素×"三年行动计划（2024—2026年）》

2023年12月，国家数据局、中央网信办、科技部、工业和信息化部、交通运输部、农业农村部、商务部、文化和旅游部、国家卫生健康委、应急管理部、中国人民银行、金融监管总局、国家医保局、中国科学院、中国气象局、国家文物局、国家中医药局联合印发《"数据要素×"三年行动计划（2024—2026年）》。其中确定了12个领域的重点行动，包括：数据要素×工业制造、数据要素×现代农业、数据要素×商贸流通、数据要素×交通运输、数据要素×金融服务、数据要素×科技创新、数据要素×文化旅游、数据要素×医疗健康、数据要素×应急管理、数据要素×气象服务、数据要素×城市治理、数据要素×绿色低碳。

《"数据要素×"三年行动计划（2024—2026年）》的总体目标是：到2026年底，数据要素应用广度和深度大幅拓展，在经济发展领域数据要素乘数效应得到显现，打造300个以上示范性强、显示度高、带动性广的典型应用场景，涌现出一批成效明显的数据要素应用示范地区，培育一批创新能力强、成长性好的数据商和第三方专业服务机构，形成相对完善的数据产业生态，数据产品和服务质量效益明显提升，数据产业年均增速超过20%，场内交易与

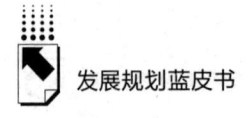

场外交易协调发展，数据交易规模倍增，推动数据要素价值创造的新业态成为经济增长新动力，数据赋能经济提质增效作用更加凸显，成为高质量发展的重要驱动力量。

近年来，我国数字经济快速发展，数字基础设施规模能级大幅跃升，数字技术和产业体系日臻成熟，为更好发挥数据要素作用奠定了坚实基础。与此同时，也存在数据供给质量不高、流通机制不畅、应用潜力释放不够等问题。实施"数据要素×"行动，就是要发挥我国超大规模市场、海量数据资源、丰富应用场景等多重优势，推动数据要素与劳动力、资本等要素协同，以数据流引领技术流、资金流、人才流、物资流，突破传统资源要素约束，提高全要素生产率；促进数据多场景应用、多主体复用，培育基于数据要素的新产品和新服务，实现知识扩散、价值倍增，开辟经济增长新空间；加快多元数据融合，以数据规模扩张和数据类型丰富，促进生产工具创新升级，催生新产业、新模式，培育经济发展新动能。

三 我国培育数据要素市场面临的现实挑战

（一）数据产权界定存在困难

数据产权是培育数据要素市场的理论前提，但是目前尚未就其达成共识。传统生产要素的流通和生产关系的建立都是以生产要素所有权为核心，在所有权基础上围绕使用权和收益权等权利进行的。数据是对于事实主体的记录，任何数据都包含事实主体和记录主体，这就是数据产权的"二重性"。数据要素产权与其他生产要素一样，具有所有权、支配权、使用权、收益权、转让权等"一般权利"，同时，数据还具有其他生产要素不具有的隐私权、许可权、删除权、查阅权、复制权、更正权等"特殊权利"。无论把产权赋予数据事实主体，还是数据记录主体，抑或是两者共有而分别行使不同权利，都会因数据同时包含两个主体而引发确权的两难处境。

当前，数据要素产权界定不够清晰，交易成本较高，尚未形成稳定有效的市场供需关系。数据作为新兴生产要素，由于非稀缺性、非均质性和非排他性等特征，在产权认定以及不同主体之间的权益分配方面，尚未形成较为清晰的制度安排和界定方式。例如，近年美国法院对于数据产权纠纷的判决，很多并未适用数据相关法律，而是采用了合同法的相关规定。① 此外，数据要素产权界定的规则不清、成本过高，一些潜在的数据供给主体可能采取非正规中介或桌下交易等方式，进而导致数据滥用和交易诈骗等问题，影响数据要素供给主体的市场参与意愿。

（二）数据定价机制不够健全

对于数据定价而言，传统资产评估的成本法、收益法和市场法都存在不足。应用成本法时，数据生产涉及多元主体，成本不易区分，且贬值因素难以估算；应用收益法时，数据的时效性、使用期限评估成为难点；应用市场法时，数据要素市场不够活跃，缺乏足够案例支持。由于数据预期产生的经济价值与数据具体应用场景、数据要素市场结构高度相关，不同主体间潜在收益、供求关系均有较大的异质性，目前对数据的价值和价格进行统一、标准化规定难以实现，现有数据估值方法都难以客观准确地反映数据的真实价值。

当前，各类数据交易主要采取卖方定价和协议定价的方式，卖方定价缺乏供需双方在市场机制下的博弈互动，协议定价难以形成标准化、大规模、高效率的价格发现机制，市场参与主体难以确定衡量价格的统一标准。各地虽已建成诸多数据交易平台，但实际交易量偏低，部分企业出于商业竞争目的，限制数据资源的流通和交易。此外，当前我国数据要素市场交易主体和模式仍然较为单一，在数据要素的需求方和供给方类型上，个人主体和中介机构的参与渠道较少，数据要素市场的资源挖掘能力和供需关系匹配能力仍然不足。

（三）数据治理能力有待提升

数据安全和隐私保护是数据流通的前提，但是相应的数据治理能力仍然有待提升。由于数据可以低成本复制，数据泄露、越权滥用等风险更加需要引起重视，如何在保护数据安全和隐私的同时保证数据的可用性成为数据治理的迫切需求。面对数据流通的多元模式，现有监管技术还不能完全满足实际场景下的监管需求。以数据脱敏数据失真为代表的技术可以以较低成本隐藏敏感信

---

① 黄朝椿：《论基于供给侧的数据要素市场建设》，《中国科学院院刊》2022年第10期。

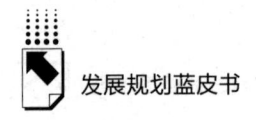

息，但这类技术会改变原始数据形态，导致大量数据信息损失，价值大幅降低。

当前，数据治理方面的技术和体系仍需完善。在数据要素权利主体多样、复杂的情况下，未来的数据安全也将面临侵权主体多样化、侵权手段和关系复杂多变，以及技术追踪难等问题。数据要素与信息技术发展关系密切，提高数据安全问题的识别、追踪及治理能力是重要问题。数据泄露、贩卖和非法交易等会破坏市场环境和威胁国家安全，现有的相关法规及细分领域的安全保障制度仍需进一步完善。

四 培育数据要素市场的国际经验

（一）美国：发展数据交易多元模式

美国的数据交易模式主要包括3种：数据平台C2B分销（即个人直接出售数据给数据平台）、B2B集中销售（即数据平台以中间代理人身份撮合数据供求双方交易）以及B2B2C分销集销（即数据平台以数据经纪商身份收集数据后转卖）。目前，美国B2B2C分销集销模式已形成较大市场规模，成为主要的数据交易模式。对于公共数据，美国《开放政府数据法案》规定所有政府部门都要向公众开放非敏感政府数据，需要以机器可读的格式发布不涉及公众隐私或国家安全的非敏感信息，同时，要确保数据可以通过电子设备轻松访问。对于个人数据，美国相关的保护规定相对宽松，以市场主导和行业自律为主，以政府监管为辅。2022年6月，美国发布《美国数据隐私和保护法》（ADPPA）草案，内容包括防止美国个人数据遭到歧视性使用、相关实体允许消费者拒绝定向广告投放、信息处理者履行忠诚义务、消费者不必为保护个人隐私付费等。[①]

（二）欧盟：建设数据要素统一市场

相较于单一国家，欧盟在破除数据要素区域市场壁垒、推动统一市场建设

---

① 刘金钊、汪寿阳：《数据要素市场化配置的困境与对策探究》，《中国科学院院刊》2022年第10期。

方面面临的挑战更大。为此，欧盟出台了一系列政策法规，大力建设数据要素统一市场。在顶层设计方面，欧盟制定《欧洲数字化统一市场战略》《欧洲数据战略》等战略规划，提出数据开放和共享体系，设立协调跨成员国和跨部门的数据使用原则和方法。在统一标准方面，欧盟出台《数据治理法案》，破除数据要素多区域、跨主体流通壁垒，提出创建欧盟公共数据统一接入点，对公共部门数据使用的设备保障、接入点和安全标准作出统一要求。在市场监管和反垄断方面，欧盟出台《数字市场法案》《数字服务法案》，防止大型平台利用数据要素规模优势实施市场垄断，规定对所有涉及数字经济服务的业务进行有针对性的监管，并提出严格的处罚措施。在法律体系方面，欧盟出台《网络和信息系统安全指令》《通用数据保护条例》，提出数据安全共建共治体系，更新网络安全标准规范，加强安全系统建设。

（三）英国：调动数据供给主体积极性

个人数据是数据要素的最基础来源，但碎片化的个人数据不仅整合和管理难度高，还面临着隐私信息保护、个人信息使用边界以及收益分配等难题。在此方面，英国通过数据银行的方式，对于收集和利用个人碎片化数据进行了探索。英国于2011年发起Midata项目，尝试创建一套将个人数据转化为数据要素的系统，之后演变为数据银行。数据银行使个人能够选择将自己的某一类数据，在某种范围内授权给数据需求方，并根据约定价格或标准化定价体系获取相应的收益。这种模式尝试在保护个人对数据的所有权、知情权、隐私权和收益权的前提下，为个体和数据需求方搭建一个数据要素运营平台，有利于调动数据要素市场供给主体的积极性，实现个人数据要素价值。

（四）德国：构建数据流通标准体系

完善明确的标准设计和技术手段是数据要素自由流通的前提条件。在此方面，德国于2014年提出"工业数据空间"行动，之后逐渐拓展为标准、技术及流程明确的数据空间构架。接入数据空间的主体用户需要在指定的监管部门完成身份信息认证和资质审核，这有利于数据交易的各方主体建立互信关系，也有助于监管部门实现角色管理与市场监管。数据空间引入了中介服务机构和数据交易结算部门，中介服务机构将数据需求用标准化或专业化语言转译，并

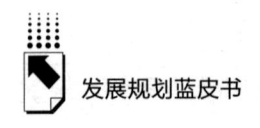

将数据资源打包上线,数据交易结算部门负责备案登记与结算,同时提供数据会计服务。在数据空间内,数据要素市场化交易的必要操作需要通过专属连接器完成,每笔交易完成后自动对核心内容生成溯源追踪码,实现交易活动的全过程监管。①

五 中国加快培育数据要素市场的政策建议

(一)构建中国特色数据产权制度

探索数据产权结构性分置制度,建立分类分级确权授权制度。建立数据资源持有权、数据加工使用权、数据产品经营权"三权"分置的产权运行机制,通过合同、协议等方式,数据持有者有权利授权数据处理者进行加工、开发、使用,促进"专业的人做专业的事"。公共数据、企业数据和个人数据需要分类施策:对于公共数据,加强开放共享,统筹授权使用,推动用于公共治理、公益事业的公共数据有条件无偿使用,探索用于产业发展、行业发展的公共数据有条件有偿使用;对于企业数据,探索企业数据授权使用新模式,引导行业龙头企业、互联网平台企业发挥带动作用,促进与中小微企业双向公平授权;对于个人数据,按照个人授权范围依法采集、持有、托管和使用,涉及国家安全的特殊个人信息数据,由主管部门依法授权使用。

(二)打造多层次数据交易体系

建立数据交易分级管理体系,实现分级分类定价。一级市场侧重于数据开发,负责数据采集、存储、登记等,解决数据的有效入场问题;二级市场侧重于数据交易,负责数据定价、交易和清结算等,解决数据的高效流通问题。在国家层面,加快形成统一确权、统一规则、统一标准的数据交易规范,构建全国统一的数据交易市场;在地区层面,鼓励地方组建具有区域特色的数据交易中心,开展区域特征较强的数据交易。标准化的数据产品按照实体产品属性定

---

① 陈蕾、李梦泽、薛钦源:《数据要素市场建设的现实约束与路径选择》,《改革》2023年第1期。

价，数据产品定价根据供给和需求形成，受到数据市场结构的影响，以数据交易模式为基础；非标准化的数据产品按照虚拟产品属性定价，基于数据场景和金融产品属性定价。①

（三）提高数据治理能力

提升数据治理技术，完善数据治理规则。丰富数据安全产品，发展精细化、专业型数据安全产品，开发各类解决方案和工具包，支持发展定制化、轻便化的个人数据安全防护产品。鼓励加密算法、匿名处理、可信隐私计算、区块链、智能合约、溯源追踪等前沿技术的研发和应用，强化数据安全技术创新和推进数据安全标准化程序设计。出台针对数据技术应用的具体指导意见和标准规范，为企业技术实践提供明确依据。完善市场监管制度和工作标准，建立多部门协同治理的数据要素市场监管体制。

参考文献

陈蕾、李梦泽、薛钦源：《数据要素市场建设的现实约束与路径选择》，《改革》2023年第1期。

黄朝椿：《论基于供给侧的数据要素市场建设》，《中国科学院院刊》2022年第10期。

李海舰、赵丽：《数据成为生产要素：特征、机制与价值形态演进》，《上海经济研究》2021年第8期。

李海舰、赵丽：《数据价值理论研究》，《财贸经济》2023年第6期。

刘金钊、汪寿阳：《数据要素市场化配置的困境与对策探究》，《中国科学院院刊》2022年第10期。

---

① 李海舰、赵丽：《数据价值理论研究》，《财贸经济》2023年第6期。

B.41
探索数据资产入表新模式

陈 楠*

摘　要： 数据是数字经济时代的战略性资源和关键生产要素，正在成为企业的新型资产。企业数据资产是由企业依法控制、成本可计量、能够在未来为企业带来排他性经济利益的数据资源，可以按照"存货""无形资产""开发支出"等类别进行会计处理。推动数据资产入表，有助于引导企业加强数据资源管理，为投资者和监管部门了解数据价值提供参考。同时，数据资产入表及相关计价评估也潜藏着会计和审计风险，围绕数据资产出现的机会主义行为，很可能由企业向金融、财政等宏观领域蔓延，造成巨大隐患。因此，迫切需要规范企业相关会计实务准则，加强行业引导和监管，并在审计监督、财政税收等方面提前做出相应的制度设计和治理预案。

关键词： 企业数据资产　数据资产入表　数据计价评估　数据会计处理

　　数据资产的统计测算与会计核算制度建设，是我国数据要素治理体系建设的基础工作，能够为数据确权定价、开放开发、流通使用等环节提供重要支撑。2023年8月，财政部会计司发布《企业数据资源相关会计处理暂行规定》（以下简称《暂行规定》），规范企业数据资源相关会计处理，强化会计信息披露，对于推动数据资产入表、释放企业数据价值有着积极的指导作用，也能为完善数据要素治理体系提供数据要素存量、供需、流通等相关基础信息。同年12月，财政部印发《关于加强数据资产管理的指导意见》，进一步明确了数据的资产属性，鼓励加强数据资产使用管理、健全数据资产价值评估体系、

---

* 陈楠，中国社会科学院数量经济与技术经济研究所副研究员，主要研究方向为数字经济、人工智能技术的经济社会影响、制造业数字化转型等。

完善数据资产信息披露和报告等,更好地促进数字经济高质量发展。

然而,数据资产入表及相关计价评估也潜藏着会计和审计风险,围绕数据资产出现的机会主义行为,很可能由企业向金融、财政等宏观领域蔓延,造成巨大隐患。因此,要实施数据资产入表等会计核算制度,迫切需要规范企业相关会计实务准则,加强行业引导和监管,并在审计监督、财政税收等方面提前做出相应的制度设计和治理预案。本文从企业数据资产入表视角,辨析企业数据资产的概念及特征,分析《暂行规定》对企业数据资产管理带来的变化和影响,预判实施过程中可能面临的风险和挑战,并在企业实务、行业监管、宏观财政等层面提出相应的政策建议。

一 企业数据资产概念辨析与特征分析

(一)数据资产概念辨析与范围界定

数字经济时代,数据已经成为支撑经济社会运行的关键生产要素,推动新模式新业态快速成长,助力传统产业转型升级。根据国家互联网信息办公室发布的《数字中国发展报告(2022年)》,2022年我国数据产量达8.1ZB,同比增长22.7%,占全球数据总量的10.5%,位居世界第二。截至2022年底,我国存力总规模超1000EB,数据存储量达724.5EB,同比增长21.1%,占全球数据总存储量的14.4%。[1] 然而,在数据规模总量快速扩张的同时,能够真正作为数据资产进行管理使用,并转化为生产要素参与价值创造的数据占比还存在较大不确定性,需要对数据资产的概念范围进行明确界定后,从微观主体层面推动数据资产管理制度的建设和实施,为宏观层面的数据资产、数据资源统计核算提供更为科学细致的信息支撑。

广义的数据通常被界定为以二进制进行编码,作为信息载体的字符串,是基于数字技术对经济社会运行状况的观察和记录[2]。从价值创造视角来看,数

---

[1] 国家互联网信息办公室:《数字中国发展报告(2022年)》,2023年4月。
[2] Farboodi M., Veldkamp L., *A Growth Model of the Data Economy*, Social Science Electronic Publishing, 2020;蔡跃洲、马文君:《数据要素对高质量发展影响与数据流动制约》,《数量经济技术经济研究》2021年第3期。

据又可以进一步划分为数据资源、数据资产、数据要素三个层次。① 其中，"数据资源"是相对原始的数据形态，其范围几乎涵盖所有以二进制形式存在的记录，既包括各种未经加工整理的原始记录，也包括各类处理后的数据和程序代码资源。这些二进制代码可以作为特定场景下开展生产经营的投入供给来源，具备创造价值的潜力。随后，具有价值创造潜力的数据资源被特定主体持有、使用或经营，由此形成"数据资产"。根据数据资产控制主体的不同又可以细分为公共数据资产和企业数据资产，前者是由政府和公共事业部门所收集积累的数据资源，后者则是由微观企业主体基于一定成本投入所积累或实际控制的数据资源。最后，当数据真正参与生产活动，作为生产投入直接用于价值创造，才能成为"数据要素"。本文的研究重点是企业数据资产的会计处理，探讨企业数据资产入表新模式，即如何对企业所控制的数据资源进行科学有效的资产化管理，从而更好地发挥数据作为生产要素的价值创造潜力。

（二）企业数据资产特征分析

数据要素是数字经济时代的战略性资源，是支撑数字化转型的关键生产要素，也正在成为企业的重要新型资产。根据《企业会计准则——基本准则》，资产是指企业过去的交易或者事项形成的、由企业拥有或者控制的、预期会给企业带来经济利益的资源。符合资产定义的资源，在同时满足与该资源有关的经济利益很可能流入企业，以及该资源的成本或者价值能够可靠地计量的条件时，确认为资产。综合上述数据资源、数据资产、企业资产等相关概念范畴，企业数据资产可以被定义为：由企业依法控制、成本可计量、能够在未来为企业带来排他性经济利益的数据资源②。具体而言，企业数据资产需要具备以下主要特征。

第一，可溯源，相关数据来源清晰无争议。根据数据来源，企业数据资产通常包括伴随企业生产经营所产生的内部数据资源；企业通过场内或场外等交

---

① 本文将数据要素界定为能够参与社会化大生产、创造实际价值的数据生产要素，属于"狭义"的数据要素概念。从更为广义的数据概念而言，数据资源、数据资产、数据生产要素等都属于数据要素范畴。
② 江翔宇：《财政部数据资产入表新规与企业数据资产管理——对〈企业数据资源相关会计处理暂行规定〉的理解与思考》，《上海国资》2023年第9期；杨林：《数据资产化的会计核算研究》，《中国统计》2021年第7期。

易方式获得的第三方数据资源；企业通过公共数据开放、外部合作等方式获得的公开数据资源。待确认为企业资产的数据资源需由过去的购买、生产、建设、交易行为或其他历史事项形成的，预期在未来发生、现阶段尚无法确定的交易或事项不构成资产。[1]

第二，可控制，相关数据资源由企业拥有或控制。2022年颁布的《中共中央 国务院关于构建数据基础制度更好发挥数据要素作用的意见》（简称"数据二十条"），确立了数据资源持有权、数据加工使用权、数据产品经营权等分置的产权运行机制。因此，企业对数据资源的持有、使用和经营权益，都属于企业"拥有或控制"的范围。[2]

第三，可变现，相关数据资源预期会给企业带来其他企业无法获得的经济利益。数据形成企业资产后，可以用于企业内部生产运营，通过提高效率、促进创新等渠道，为企业带来经济效益提升；同时，企业也可以基于数据资源形成相关产品和服务对外出售，由此实现基于数据资产的销售收益。一般而言，数据资产产生预期经济利益且收益流入企业的可能性需在50%以上。[3]

第四，可计量，相关数据资源的成本或者价值能够可靠计量。根据数据资源的来源不同，可以采用不同方式进行计量。企业外部采购的数据API接口、行业报告、数据分析软件代码等数据产品和服务，可以参考市场交易价值进行资产初始计量；企业内部形成的数据资产，则更多依靠数据收集、清洗、加工、分析等环节的成本投入进行计算。

二 企业数据资产入表制度建设与积极影响

（一）数据资产入表会计制度建设

1. 数据资源会计处理实践与制度建设

有关数据资源的统计测算和会计核算制度一直缺乏统一的标准和规范。在

---

[1] 江翔宇：《财政部数据资产入表新规与企业数据资产管理——对〈企业数据资源相关会计处理暂行规定〉的理解与思考》，《上海国资》2023年第9期。
[2] 罗玫、李金璞、汤珂：《企业数据资产化：会计确认与价值评估》，《清华大学学报》（哲学社会科学版）2023年第5期。
[3] 宋书勇：《企业数据资产会计确认与计量问题研究》，《会计之友》2024年第2期。

现行企业会计准则规范下，针对不同来源的数据资源，企业的会计处理方式大致分为三种：一是内部运营形成的数据，现行企业会计准则尚未设立单独科目对其列报，数据形成过程中发生的支出通常根据数据处理部门性质（如生产部门、销售部门、管理部门或研发部门），分别归集于企业的营业成本、销售费用、管理费用或研发费用，该类数据支出通常依附于员工薪酬、机器设备折旧、制造费用等来体现。二是外部购买的专业数据，按照现行企业会计准则，该类数据支出通常当期一次性计入企业营业成本、销售费用、管理费用或研发费用，并在损益表中予以扣除。三是软件抓取的公开数据，由于该类数据的权属不明确、自身公允价值难以确定等原因，目前无法单独作为资产列报。整体而言，现行会计准则对数据资源没有明确的科目要求，大部分数据相关支出被费用化而非资产化，大幅降低了当期利润，且无法体现数据可能带来的资产价值，由此造成企业实际市场价值与未纳入数据资产的财务报表账面价值之间存在巨大鸿沟。① 因此，推动企业数据资源会计核算、实现数据资产化处理是充分体现企业价值创造潜力的必要举措，有利于鼓励企业加强数据资产管理、盘活数据要素潜力。

为规范数据资产评估和管理办法，我国各部门陆续出台数据要素、数据资产相关政策文件，提升企业数据资产管理意识，鼓励企业积极探索数据资产入表新模式。2019年，《中国共产党第十九届中央委员会第四次全体会议公报》首次将数据明确纳入生产要素范畴，与土地、劳动力、资本、技术等传统生产要素并列。2020年《中共中央 国务院关于构建更加完善的要素市场化配置体制机制的意见》正式把数据作为生产要素单独列出，提出要加快培育数据要素市场。随后，工信部、国务院、网信办等部门积极推动建立数据要素资源体系，从数据要素价值评估、数据要素市场建设、数据安全等不同角度，推动数据开放开发和流通使用。2022年12月，《中共中央 国务院关于构建数据基础制度更好发挥数据要素作用的意见》确立了数据要素市场的四大原则体系，即数据产权、流通交易、收益分配、安全治理，标志着我国数据要素基础制度顶层设计开始启动。随后，财政部于2023年8月发布《暂行规定》，12月发布《关于加强数据资产管理的指导意见》，推动数据要素相关制度的细化和落

---

① 中国信息通信研究院：《数据资产化：数据资产确认与会计计量研究报告（2020年）》，2020年12月；罗玫、李金璞、汤珂：《企业数据资产化：会计确认与价值评估》，《清华大学学报》（哲学社会科学版）2023年第5期。

实。其中《暂行规定》的出台，迈出了我国建设数据要素相关会计核算制度的第一步，也是在国际会计领域针对数据资源相关制度建设的重要创新举措。

表1 数据要素和数据资产相关重要政策梳理

发布时间	政策
2019年10月	《中国共产党第十九届中央委员会第四次全体会议公报》
2020年3月	《中共中央 国务院关于构建更加完善的要素市场化配置体制机制的意见》
2021年11月	工信部《"十四五"大数据产业发展规划》
2021年12月	中央网络安全和信息化委员会《"十四五"国家信息化规划》
2022年1月	国务院《"十四五"数字经济发展规划》
2022年4月	《中共中央 国务院关于加快建设全国统一大市场的意见》
2022年6月	《国务院关于加强数字政府建设的指导意见》
2022年12月	《中共中央 国务院关于构建数据基础制度更好发挥数据要素作用的意见》
2023年2月	中共中央、国务院《数字中国建设整体布局规划》
2023年8月	财政部《企业数据资源相关会计处理暂行规定》
2023年12月	财政部《关于加强数据资产管理的指导意见》

2.《暂行规定》的具体要求

财政部会计司于2023年8月正式发布了《暂行规定》，计划自2024年1月1日起施行，该规定曾于2022年12月公开向社会征求意见。《暂行规定》明确了企业数据资源入表的适用范围、计量方法和列报披露信息等重要原则，有助于推动和规范数据要素型企业执行会计准则，准确反映数据相关业务和经济实质。

首先，《暂行规定》明确了企业数据资源确认为入表资产的条件。企业在判断相关数据资源是否可以确认为资产时，需考虑相关数据资源是否由过去的购买、生产、建设行为或者其他交易事项形成，是否由企业拥有或控制，是否预期会给企业带来经济利益且相关的经济利益很可能流入企业，以及相关数据资源的成本或者价值能否可靠计量。按照会计上经济利益实现方式，细分为"企业使用的数据资源"和"企业日常活动中持有、最终目的用于出售的数据资源"两类，并规范了不满足资产确认条件下相关数据资产交易的处理方式。前者符合《企业会计准则第6号——无形资产》（财会〔2006〕3号）规定的定义和确认条件的，应当确认为无形资产；后者符合《企业会计准则第1

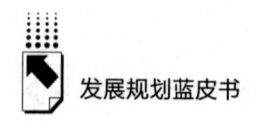

号——存货》(财会〔2006〕3号)规定的定义和确认条件的,应当确认为存货;企业出售未确认为资产的数据资源,应当按照收入准则等规定确认相关收入。

其次,《暂行规定》明确了企业数据资产入表的初始计量、后续计量和处置等会计处理方法。对于满足上述资产要求的数据资源,企业可以参照《暂行规定》划分标准,分别在"存货""无形资产""开发支出"项目下增设"数据资源"项目,按照企业会计准则相关内容,进行初始计量、后续计量和处置等会计处理。具体而言,当数据资产被视为无形资产时,初始计量需要考虑与数据资源形成数据资产密切相关的购入费、税费、加工费成本投入,后续计量和信息披露则包括资产使用寿命及摊销方法等。当数据资产被视为存货时,初始计量需要考虑企业外购或数据加工相关成本支出,后续计量和信息披露则包括存货可变现净值的确定依据、存货跌价准备的计提方法等有关情况。

最后,对于经过判断不满足条件而未确认为无形资产和存货的数据资源,企业也可以根据实际情况自愿披露数据资源的应用场景、加工投入、价值影响等信息。表外披露信息拓宽了数据资产化的处理面,提升了数据资产化的可行性,[①]可以帮助报表使用人更充分地理解企业在数据资源领域的投入,更好地判断企业数据资源价值和市场竞争力。

(二)数据资产入表的积极影响

《暂行规定》是继"数据二十条"之后我国出台的首个可操作性较强的数据要素基础制度,预计将在企业实务、金融投资、政府管控等方面产生较大影响。

第一,在会计实务层面,数据资源相关支出由当期费用转为企业资产(无形资产或存货),有助于更加准确反映企业资产、成本费用和利润水平。原本数据资源相关大部分支出被计入期间费用,直接影响当期损益,而现在可计入资产,通过入表的形式对企业的数据资产进行确认和计量。一方面,数据资产化处理可以直接改善企业的盈利表现,更加准确反映企业真实的盈利状

---

① 汪杰、周康林:《"数据资产入表"的解读与创新研判》,《审计观察》2023年第10期。

况，改善资产负债率，鼓励企业加强数据资产管理和开发。① 另一方面，不断调整优化数据资产相关会计处理方式，有助于完善数据资产从产生到形成利润并增加股东价值的核算链条，促进企业财务报告更加准确解释企业利润和股东价值增加的来源及形成过程，缩小企业市场价值与账面价值之间的差异。②

第二，在金融投资领域，数据资产入表处理、数据资源信息的列报和披露有利于量化数据资源价值、提升企业数据要素融资红利。按照原有企业会计准则，数据资源相关投入与收益严重不匹配，投资者难以通过财务报表了解企业数据资源信息、无法准确评估数据价值。《暂行规定》明确了企业数据资源入表的适用范围、计量方法和列报披露信息等重要原则，为投资者提供了评判依据和标准，有助于表露和彰显企业开发数据资产、拥抱数字经济的坚定决心，让重视数据资源开发、数据要素盘活的企业在资本市场中更受投资者青睐，推动其估值中枢上移，享受数字融资红利。③

第三，在宏观调控层面，数据资产入表相关会计制度有助于真实反映数据资源规模和价值水平，为决策部门加强宏观调控、完善数字治理提供基础性信息支撑。针对企业数据资源的会计核算制度建设，为开展宏观层面数据资源规模统计测算和价值评估提供了微观基础。不断细化数据资源相关信息的列报和披露要求，有助于加强政府部门对数据资源的统计和管理，有利于更加科学系统地评估数据要素对经济社会发展的贡献度，更好反映数字化转型背景下的经济社会发展态势。

三 企业数据资产入表的实务难题与潜在风险

《暂行办法》的颁布实施将有助于引导企业加强数据资源管理，并为投资者和监管部门了解数据资源价值、提升决策效率提供参考。与此同时，《暂行规定》也将为企业相关会计实务带来新的难题和挑战。数据资产入表潜藏着

---

① 刘海玲:《数字资产入表更好体现资产价值》，《中国会计报》2023年12月1日。
② 宋书勇:《企业数据资产会计确认与计量问题研究》，《会计之友》2024年第2期。
③ 汪杰、周康林:《"数据资产入表"的解读与创新研判》，《审计观察》2023年第10期。

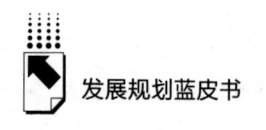

会计造假风险，围绕数据资产出现的机会主义行为，很可能由企业向金融、财政等宏观领域蔓延，造成巨大隐患。

（一）企业数据资产入表的实务难题

企业数据资产入表仍面临许多会计处理难点，需要相关部门密切关注企业实践，结合实际需求对政策进行及时调整。首先，数据资产范围的会计确认难。企业数据资源能否作为资产进行入表计量，需要企业综合考虑数据权属界定、数据产品和服务交易可能性等多重因素。而确认入表的数据资产如何在"存货""无形资产""开发阶段"进行列报也需要企业根据数据资源特征和实际业务情况做出具体判断。其次，数据资产的初始计量难。在对企业内部数据资源进行初始计量时，需要企业明确与数据资源形成直接相关的成本和费用支出。如果数据属于企业生产运营过程的副产品（如生产设备运转数据等），则相关成本很难从非数据业务中剥离出来。在涉及数据预期收益的核算环节，由于目前数据要素交易市场依然处于初期阶段，交易类型和规模有限，难以为数据资源、数据产品或服务的公允价值提供估值参考。最后，数据资产的后续计量处理难。数据要素具有虚拟性、非竞争性、部分排他性、外部性等技术-经济特征，因此相较于传统资产，其摊销、减值、出售等后续计量难度更大。随着数据使用者、使用需求和操作方式的不同，数据产品和服务能够实现的经济价值也存在较大差异，因此其可变现净值难以准确估计，减值测试很难进行。对于不同类别、不同来源、不同使用目的企业数据资产，后续计量的方式方法也应有所区别，制定统一的后续计量标准难度较大。

（二）企业数据资产入表的潜在风险

一是企业数据资产入表潜藏着会计造假风险，数据资产规模虚增带来企业财务风险管理的新挑战，也为信贷市场带来更多不确定性。数据资产作为数字经济时代的重要新型资产，正在逐步参与抵押融资等金融市场活动且价值潜力巨大，数据和资本市场的结合越来越紧密，企业具备充足动机提升其数据资产估值，追求其数据资产规模的不断扩大。2022年10月，北京银行落地全国首笔数据资产质押融资贷款，罗克佳华科技集团以双碳云图大数据为抵押获得1000万元贷款。此后，苏州银行、南京银行等发放了多笔数据抵押的千万元级贷款。目前,《暂行规定》仅仅提供了数据资产范围界定、计量方法、列报披露方式的基本准则,数据权属难辨认、数据资产难计量、数据价值不确定等许多难点问题尚未妥善解决,数据资产会计处理和价值评估实践依然较多依赖企业的主观判断和决策。企业数据资源信息列报和披露内容的真实性、相关性等难以保障,由此可能造成会计计量不准确,影响财务报表质量,存在企业虚增资产、误导投资者等金融风险。

二是企业数据资产入表将加速数据资源的资产化和资本化,地方政府通过"数据财政"参与数据要素价值分配,可能将企业财务风险传导至宏观财政领域,造成更大风险隐患。"数据财政"是数据开发和流通过程中的财政税收制度概括和总称,既包括公共数据进入市场涉及的财政收支活动,也包括基于其他数据资产、数据产品和服务的各类财税工具、手段等广义数据财政活动。我国国家和地方政府在数据要素市场发展过程中,一直占据较为主导的地位。政府直接拥有水、电、气、交通等大量高价值的公共数据,间接管理更大范围的私域数据,并深度参与数据交易所的建设运营。目前,多地政府积极探索公共数据授权方式,尝试将公共数据授权运营纳入政府国有资源(资产)有偿使用范围,反哺财政预算收入。然而,也有部分政府部门迫于地方财政新增长来源的需求,可能会采取风险水平更高的数据财政模式,例如借助平台公司或金融机构,通过地方公共数据资产质押套取商业银行贷款等,这些都会累积系统性金融风险,为我国宏观经济高质量发展带来负面冲击。

四 推动完善企业数据资产入表机制的政策建议

企业数据资产入表及相关会计制度是我国在数据要素基础制度建设的重要探索和创新,为国际会计准则相关研究制定提供了中国经验。现阶段,《暂行规定》还存在细化改进空间,需要在企业实务、行业监管、宏观财政等层面持续加强制度建设,以确保数据要素产业高质量发展。

第一,持续完善企业数据资产入表和相关会计制度,鼓励引导企业开展数据资源会计核算实践。《暂行规定》为企业数据资源相关会计处理提供了基本原则和实施路径,但围绕数据资源、数据资产的入表实务和会计制度还需要持续细化和完善。为此,建议组建包括相关政府部门、科研机构、行业协会、代

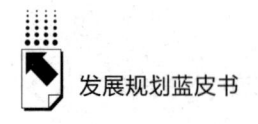

表性企业等在内的跨学科、跨领域、综合性专家工作小组，跟踪和评估企业数据资产入表和会计核算情况，梳理会计核算实务面临的难题与挑战，对数据资产入表等会计处理方式进行详细、专业、合理论证，推动相关政策制度的持续调整优化。同时，鼓励企业对其数据资源进行梳理，积极开展数据资产入表和会计核算实践。一方面，提升企业数据资源管理意识，充分挖掘和释放数据资源的价值创造潜力，推动数据要素产业向价值链高端发展；另一方面，引导企业在数据资产相关会计处理过程中，保持客观、合理和谨慎态度，避免夸大或高估数据资源价值。

第二，加快建设数据资产审计监督制度及其他配套机制，防范数据会计造假及相关风险隐患。数据要素具有高度虚拟性、价值不确定且易波动等特征属性，相关体制机制建设尚未完善，企业数据资源入表与会计核算、数据资产价值评估等实践依然存在较高风险。为此，应尽快建立数据资产核算的审计监督制度，由国家相关审计部门牵头，联合代表性企业、数据交易所、评价机构、会计师事务所等相关部门和机构，建立动态监管机制，遏制数据资产泡沫等企业财务和金融市场风险。同时，加快完善数据要素市场的支撑体系设计，制定出台数据确权管理办法，探索建立数据资产登记制度，推动完善数据质量评估标准，制定数据安全合规指南，出台数据资产价值评估指南，共同形成我国数据要素开发利用和交易流通的基础制度体系。

第三，重视培育数据产业生态体系，在确保数字经济健康有序发展的基础上，探索可持续的数据财政实施路径。一是加快培育数据收集存储、分析加工、质量评价、价值评估、安全保障等数据要素产业生态体系，激发数字经济发展活力，促进数据要素产业高质量发展。二是在形成数据资产入表路径和相关会计核算制度基础上，针对规模快速扩张的数据要素产业设计出台专门的财税金融配套政策。科学探索公共数据授权运营、数据资源确权认证、数据交易税等高质量、可持续的数据财政实现路径，提升数据财政制度效能。在改善相关行业企业资产水平的同时，催生新税基，形成财政收入新来源。三是建立数据财政风险监测指标体系和监管机制，提前识别和预判高风险数据财政活动，及时防范企业数据资产风险向财政、金融等宏观领域蔓延扩散。

B.42
多措并举推动数据确权

端利涛*

摘　要： 本文梳理了数据确权的概念，分析了我国数据确权现状。在此基础上讨论了数据确权过程中面临的痛点和难点，分别从政府层面、企业层面和社会层面提出了解决策略。政府需完善法规、建立确权制度、加强监管和推动数据开放。企业应建立数据治理框架、加强保护、明确权属和促进共享。在社会层面，行业协会、媒体和消费者需共同努力，提升公众意识和参与度，以推动数据确权的实现和数据要素市场的发展。

关键词： 数据确权　政府　企业　社会

一　数权概念辨析

数权是围绕数据而产生的一组权利束，是相对于物权而言。《中华人民共和国民法典》明确规定物权，是指权利人依法对特定的物享有直接支配和排他的权利，包括所有权、用益物权和担保物权。类比于物权，数权因此可以定义为，权利人依法对特定的数据享有直接支配和一定程度上排他的权利，包括所有权、用益数权和担保物权。之所以提出"一定程度上排他的权利"是因为数据相对物质具有半排他性，也就是说，数据并不具备使用权上的唯一性，可以同时满足两个（及以上）的市场主体使用。

现实中，数据生产的伴生性使其所有权很难完全明确属于具体某单个市场主体，往往出现多个数据生产的关联方对数据的所有权提出主张，例如用户在使用互

---

* 端利涛，中国社会科学院数量经济与技术经济研究所，中国社会科学院信息化研究中心，中国社会科学院经济大数据与政策评估实验室，主要研究方向为数据确权等。

联网平台时被记录的行为数据；数据的可复制性、非竞争性和半排他性可使同样数据同时被多个市场主体占有、使用和处理。如果过分地分辨数据的所有权，意味着强调数据的排他性，有可能致使数据的实际占有者因担心涉嫌侵权问题而将数据封闭起来，阻碍数据的市场流通。因此，数权应该重使用权而轻所有权。

以使用权为核心的数据权益分配是基于数据的用益数权。2022年12月发布的《中共中央 国务院关于构建数据基础制度更好发挥数据要素作用的意见》（即"数据二十条"）充分肯定并确立了以"使用权"为中心的数据要素流通的基本原则，提出根据数据来源和数据生成特征，分别界定数据生产、流通、使用过程中各参与方享有的合法权利，建立数据资源持有权、数据加工使用权、数据产品经营权等分置的产权运行机制，推进非公共数据按市场化方式"共同使用、共享收益"的新模式，为激活数据要素价值创造和价值实现提供基础性制度保障。并在第五条和第七条明确提出，具体如下。

（五）推动建立企业数据确权授权机制。对各类市场主体在生产经营活动中采集加工的不涉及个人信息和公共利益的数据，市场主体享有依法依规持有、使用、获取收益的权益，保障其投入的劳动和其他要素贡献获得合理回报，加强数据要素供给激励。鼓励探索企业数据授权使用新模式，发挥国有企业带头作用，引导行业龙头企业、互联网平台企业发挥带动作用，促进与中小微企业双向公平授权，共同合理使用数据，赋能中小微企业数字化转型。支持第三方机构、中介服务组织加强数据采集和质量评估标准制定，推动数据产品标准化，发展数据分析、数据服务等产业。政府部门履职可依法依规获取相关企业和机构数据，但须约定并严格遵守使用限制要求。

（七）建立健全数据要素各参与方合法权益保护制度。充分保护数据来源者合法权益，推动基于知情同意或存在法定事由的数据流通使用模式，保障数据来源者享有获取或复制转移由其促成产生数据的权益。合理保护数据处理者对依法依规持有的数据进行自主管控的权益。在保护公共利益、数据安全、数据来源者合法权益的前提下，承认和保护依照法律规定或合同约定获取的数据加工使用权，尊重数据采集、加工等数据处理者的劳动和其他要素贡献，充分保障数据处理者使用数据和获得收益的权利。保护经加工、分析等形成数据或数据衍生产品的经营权，依法依规规范数据处理者许可他人使用数据或数据衍生产品的权利，促进数据要素流通复用。建立健全基于法律规定或合同约定流转数据相关财产性权益的机制。在数据处理者发生合并、分立、解散、被宣告破产时，推动相关权利和义务依法依规同步转移。

二 数据确权的现状分析

（一）政策和制度保障

为了促进数据在市场上快速流通，中央政府相继出台了多项文件和政策予以支持。2019年10月，党的十九届四中全会通过了《中共中央关于坚持和完善中国特色社会主义制度 推进国家治理体系和治理能力现代化若干重大问题的决定》，把数据同劳动力、资本、土地、技术和管理并列为生产要素，为数据确权提供了初步的理论和政策基础。在此基础上，中央又相继出台了多个文件用以支持数据确权，包括培育数据要素市场、激活数据要素潜能、促进数据要素流通、推动数据要素确权和数据资产入表等内容（见表1）。

表1 中央层面的政策和制度

时间	发布单位	文件	相关内容
2019年10月		《中共中央关于坚持和完善中国特色社会主义制度 推进国家治理体系和治理能力现代化若干重大问题的决定》	健全劳动力、资本、土地、知识、技术、管理、数据等生产要素由市场评价贡献、按贡献决定报酬的机制
2020年3月	中共中央、国务院	《关于构建更加完善的要素市场化配置体制机制的意见》	加快培育数据要素市场
2021年3月		《中华人民共和国国民经济和社会发展第十四个五年规划和2035年远景目标纲要》	迎接数字时代，激活数据要素潜能，推进网络强国建设，加快建设数字经济、数字社会、数字政府，以数字化转型整体驱动生产方式、生活方式和治理方式变革

续表

时间	发布单位	文件	相关内容
2022年1月	国务院	《"十四五"数字经济发展规划》	强化高质量数据要素供给、加快数据要素市场化流通、创新数据要素开发利用机制等重点任务举措,对于加快形成数据要素市场体系、促进数字经济高质量发展具有重要意义
2022年12月	中共中央、国务院	《中共中央 国务院关于构建数据基础制度更好发挥数据要素作用的意见》("数据二十条")	全文
2023年2月	中共中央、国务院	《数字中国建设整体布局规划》	要畅通数据资源大循环。构建国家数据管理体制机制,健全各级数据统筹管理机构。推动公共数据汇聚利用,建设公共卫生、科技、教育等重要领域的国家数据资源库。释放商业数据价值潜能,加快建立数据产权制度,开展数据资产计价研究,建立数据要素按价值贡献参与分配机制
2023年8月	财政部	《企业数据资源相关会计处理暂行规定》	全文
2023年12月	财政部	《关于加强数据资产管理的指导意见》	全文
2023年12月	国家数据局等17部门	《"数据要素×"三年行动计划(2024—2026年)》	全文
2024年7月	中共中央	《中共中央关于进一步全面深化改革 推进中国式现代化的决定》	培育全国一体化技术和数据市场 推进要素市场化改革,健全劳动力、资本、土地、知识、技术、数据等要素市场制度和规则 建设和运营国家数据基础设施,促进数据共享。加快建立数据产权归属认定、市场交易、权益分配、利益保护制度,提升数据安全治理监管能力,建立高效便利安全的数据跨境流动机制

尽管如此，数据的伴生性特征导致数据确权仍旧问题重重。第一，网上采集的数据属于用户还是平台方。随着互联网多边平台模式的不断发展，越来越多的经济社会活动都需要在平台上完成。但当前的制度体系并无法明确界定用户在平台上活动所产生数据的归属问题。第二，网上公开爬取数据是否违法。目前，国外由于产权制度相对明确，公开爬取数据是直接的产权纷争。① 然而，国内由于数据产权和相关制度（例如国际通行的Robots协议）相对模糊，对于此种诉讼案件的判定并不涉及侵犯产权问题，但涉及反不正当竞争。第三，操作他人设备产生的数据归自己还是设备所有方。在医疗领域，患者在医院医疗设备上产生的数据属于医院资产还是患者个人资产。在银行领域，储户在银行系统的行为操作产生的数据产权如何划分。

（二）企业和组织的确权实践

从我国的现实情况来看，数据资源持有权、加工使用权和产品经营权默认划给数据的采集方。也就是说，对于平台、医院、银行等机构采集的用户数据事实上属于采集方，单个用户只有修改自己数据的权利（由于用户不具备操作机构数据中心的能力，用户无法真正删除自己的数据）。对于这些数据产生的价值，用户可以通过享受数据采集方提供更便利的福利方式获取，但无法享受这些数据被数据采集方转售所产生的价值。但总体上，这种绕开争议的授权方式符合我国当前的实践，可以有效激励企业对于数据的采集、加工、交易，推进企业对数据的价值开发。

目前，在全国范围内关于数据确权的实施方案并不统一，现有数据确权登记形式包括知识产权登记、数据资产登记、数据产品登记和数据资源公证等。

1. 知识产权登记

以知识产权形式登记数据产权是当前数权登记较为常见的一种，即登记数据知识产权。从当前的技术和理论现实来看，单独出台数据知识产权法律并非可行，把可以定为知识产权的数据按照中国现有知识产权法（涵盖了《专利法》《著作权法》《合同法》《商标法》《反不正当竞争法》《计算机软件保护条例》

---

① 高亚平、纪倩：《爬虫之责：反不正当竞争案中的胜诉机会在哪里（上篇）》，德恒律师事务所官网，2022年4月8日a；高亚平、纪倩：《爬虫之责：反不正当竞争案中的胜诉机会在哪里（下篇）》，德恒律师事务所官网，2022年4月11日b。

等）的要求融入知识产权体系，并在知识产权局进行登记。① 由于中国知识产权法已经实施多年，相对成熟，数据知识产权登记也更容易实现。根据国家知识产权局的数据，截至2023年11月，已有北京、上海、江苏、浙江、福建、山东、广东以及深圳8个省市开展了地方数据知识产权工作试点，上线数据知识产权登记平台，累计向经营主体颁发数据知识产权登记证书超过2000份。各试点地方的数据知识产权质押融资总额已超过11亿元。

但从现实来看，并非所有数据都适合以知识产权形式进行登记，只有著作权、邻接权和商业秘密等衍生性数据具备知识产权登记的条件，而一些数据库、信息并不符合知识产权特征，针对数据知识产权登记需要构建一条以新型财产权为核心的数据保护路径。② 因此，以知识产权形式登记数据存在很大的局限性，并不足以明确所有数据的权利主体。

2. 数据资产登记

数据资源要成为数据资产，并通过市场发挥价值必须通过登记制度，明确数据资源与市场主体之间的关系。③ 数据资产是指由企业拥有或者控制的，能够为企业未来带来经济利益的，以物理或电子的方式记录的数据资源，如文件资料、电子数据等。④ 进行数据资产登记旨在让企业能够充分释放其所拥有或控制的数据价值。一直以来，由于制度滞后，政府、企业集聚了大量的数据无法被有效利用。

2022年11月4日，工业和信息化部中国电子技术标准化研究院牵头建设的"全国数据资产登记服务平台"的发布为数据资产登记提供了制度性机制。全国数据资产登记服务平台旨在打造全国统一的数据资产登记服务体系，面向全国提供数据资产登记、评价等多方位服务能力，为推动数据要素市场流通、稳步推进数字经济发展提供强有力的支撑。2024年1月1日，天津市数据资产评估登记中心完成首单数据资产入表登记、评估和入表工作，向天津市河北区供热公司颁发了《数据资产登记证书》，使河北区供热公司成为首家具备数

---

① 单晓光：《数据知识产权中国方案的选择》，《人民论坛·学术前沿》2023年第6期。
② 肖冬梅：《"数据"可否纳入知识产权客体范畴?》，《政法论丛》2024年第1期；冯晓青：《知识产权视野下商业数据保护研究》，《比较法研究》2022年第5期。
③ 吴毅：《建立政府数据资产登记制度研究》，《数码世界》2017年第7期。
④ 中国信通院等：《数据资产管理实践白皮书（4.0版）》，2019年6月。

据资产入表条件的企业。

3. 数据产品登记

数据产品登记是指将数据按指定规则加工处理生成的软件产品，包含 API 接口、软件工具等，数据产品在通过安全合规认证后，在平台进行登记和发布。① 一般意义上来讲，数据产品相对其他形式更容易实现登记。数据产品是权利主体创造的产品，在"数据二十条"的支持下具有明确的产权。具备明确产权的数据产品可以像传统商品一样上市进行排他性交易。但考虑到数据产品本身的数据属性——虚拟性、零成本复制、非排他性等，数据产品上市交易仍需要辅以必要的技术和制度支持。

2022 年 7 月，山东数据交易有限公司首次在全国发布《数据产品登记信息描述规范》和《数据域产品登记业务流程规范》。《数据产品登记信息描述规范》规定了数据产品的代码集、描述属性、登记信息、信息扩展等内容，适用于开展数据产品登记业务的各单位进行信息规范及共享；《数据产品登记业务流程规范》规定了进行数据产品登记时的登记业务流程、业务环节、审核要求等内容，适用于开展数据产品登记业务的各单位进行信息规范及共享。同年 8 月，上海数据交易所发布《上海数据交易所数据产品登记规范（试行）》。

在各省相关制度的支持下，2023 年 12 月 28 日，海南省数据产品超市向数字海南有限公司"智慧社区业主认证"数据产品颁发了海南省第一张，同时也是全国第一张数据产品所有权确权登记凭证，明确申请者对该款数据产品享有完整的占有、使用、收益和处分的权利。② 2023 年 12 月 29 日，湖南大数据交易所向湖南盛鼎科技发展有限责任公司创新研发的"产权交易数据管理系统"颁发了湖南省首张"数据产品登记证书"。③

4. 数据资源公证

2023 年 8 月 21 日，依照江西盈石信息工程有限公司自愿申请，经依法审核，江西省南昌市赣江公证处根据《中华人民共和国公证法》以及《中共中

---

① https：//www.bbgdex.com/business/dataTransaction/register.
② 王祝华、王瑶、符丹丹：《全国首个数据产品所有权确权登记凭证颁发》，《科技日报》2024 年 1 月 1 日。
③ 湖南大数据交易所：《湖南省首张数据产品登记证书落地鼎盛科技》，https：//dsj.hainan.gov.cn/2023gbztzl/rmzt/sjyslt/swal/202401/t202 40126_ 3581353.html，2024 年 1 月 4 日。

央 国务院关于构建数据基础制度更好发挥数据要素作用的意见》，完成了全国首例数据资源公证登记。

江西省数据资源登记平台，使用区块链技术和规则引擎赋能数据资源公证确权制度化法治化，为数据登记者、处理者提供审核、存证、确权、登记、出证全流程服务。审核通过的登记信息经公示后，颁发具有公信力的国家公证登记证书，明确登记主体享有数据资源持有权、数据加工使用权、数据产品经营权等数据权属以及对应权益，为数据持有者的合法权益提供了保护依据，同时为后续数据交易流通、收益分配、数据治理、全流程监督等其他环节提供了合规支撑。

三 数据确权的难点与痛点

数据确权已经在全国范围内逐步推行，但推进速度较为缓慢。一方面，这是由于现有技术难以为数据确权提供有效支持，即便数据确权完成，权利主体也无法保护自己的权益；另一方面，商业利益与数据确权之间产生明显冲突，导致数据共享不足，影响市场的快速发展。

（一）现有技术难以提供支持

第一，数据质量不稳定。数据确权的基础是可靠的数据。当前国内的数据质量参差不齐，存在不完整、不准确、不一致等问题，现有技术无法在短时间内对新生数据进行标注、加工和处理。特别是在大数据环境下，数据的质量管理更加困难，加大数据确权难度。

第二，数据安全风险增加。随着数据量的不断增加和数据流动的加剧，数据安全问题变得愈发突出。数据泄露、数据篡改、数据丢失、数据盗用等安全风险可能导致数据确权的不可靠性，加大了数据确权的难度。

第三，数据多源异构。现实中，数据往往来自不同的源头，采用不同的格式和结构，这就导致数据的多源异构性。不同数据的格式不一致、数据之间的关联性不明显，给数据确权带来了技术上的难点。

第四，数据量大、处理效率低。随着互联网、物联网等技术的发展，数据量呈现爆炸式增长，这给数据确权带来了处理效率低的问题。传统的数据处理技术可能无法满足大规模数据的确权需求,需要借助先进的技术手段提高数据处理效率。

第五,数据挖掘和分析难度大。数据确权不仅需要收集和整理数据,还需要进行深入地挖掘和分析,以发现数据中的价值信息。然而,数据挖掘和分析往往面临技术难度大、算法复杂等问题,限制了数据确权的深度和广度。

(二)商业利益与数据确权之间存在冲突

数据确权的最终目标是保护数据权利主体在市场上的合法权益,使其有积极性在市场机制的驱动下,让数据在市场中自由流通,作为生产要素参与社会大生产的过程中,推动经济实现整体发展。但从短期来看,受到制度建设和技术发展滞后的制约,权利主体在商业利益和数据确权之间无法正确取舍。一旦数据确权,很多"便利"的获利行为便无法实现。

1. 数据垄断对市场竞争的影响

数据垄断现象在互联网行业中尤为突出,大型互联网平台企业通过积累大量用户数据,形成了市场优势,这不仅可能阻碍其他中小平台企业的发展,也影响了数据确权的公平性和公正性。数据垄断可能导致市场竞争力下降,创新受限,最终损害消费者利益。同时,作为伴生性数据,其权利主张应当平等地属于平台和用户,但在实际操作中,数据往往成为大型互联网平台企业的核心资产,一旦失去控制权,该平台企业可能面临生存危机。

2. 数据隐私保护与商业利益的平衡

企业为了提供个性化服务和精准广告,需要收集大量的个人数据。然而,这种数据收集行为可能会触及用户的敏感信息,引发隐私泄露风险。在商业利益的驱动下,企业可能会倾向于收集更多的数据以提高服务质量和增加收入,但这必须与个人隐私权的保护相平衡。企业需要在追求商业利益的同时,确保用户数据的收集和使用符合法律法规的要求,并得到用户的明确同意。

3. 数据利用与数据安全的投资

数据的商业利用可以为企业带来显著的经济利益,但同时也暴露了数据安全的风险。为了保护数据免受黑客攻击和非法访问,企业需要投入相应的资源进行数据安全建设,包括加密技术的应用、安全协议的制定和员工的安全意识培训等。然而,这些安全措施需要较高的成本,可能会影响企业的短期利润。

因此，企业在追求商业利益的同时，需要在数据安全投资与利润最大化之间找到平衡点。

4.数据共享与商业机密的保护

在当今的数据驱动经济中，数据共享被视为推动创新和促进行业发展的关键。然而，企业在共享数据时必须考虑到对商业机密的保护。商业机密的泄露可能会导致企业失去竞争优势，甚至面临生存危机。因此，企业在进行数据共享时需要谨慎，确保不会泄露关键信息。这可能会限制数据的流通和共享范围，从而影响到数据确权的实现。

5.法律执行与企业自律

有关数据保护的法律法规不断完善，但在实际执行过程中可能会遇到种种困难。企业可能会出于成本考虑或追求更高的商业利益，而选择忽视或规避法律规定。这就需要企业建立强有力的自律机制，自觉遵守数据保护的法律法规，并主动采取措施保护数据主体的权益。同时，政府和监管机构也需要加大法律的执行力度，确保企业不会因追求商业利益而损害数据主体的合法权益。

四 推动数据确权的建议

（一）政府层面

1.完善数据保护法律法规

尽快制定全面的法律框架，明确数据的定义、分类和保护范围。第一，细化个人隐私保护条款。制定具体的隐私保护条款，明确哪些数据属于个人隐私，企业在何种情况下可以收集和使用这些数据，以及用户对自身数据的控制权。第二，明确数据所有权和使用权。通过立法明确数据的所有权归属，包括用户生成数据、企业收集数据等，并规定数据使用权的界限和条件。第三，规范数据流通和交易规则。建立数据交易市场的规范，包括数据交易的合法性、透明度和公平性，以及数据交易后的责任归属问题。

2.建立数据确权制度和机制

建立一套全面的数据确权制度。第一，规范数据确权流程。制定标准化的数据确权流程，包括申请、审核、认证和监督等环节，确保数据确权的公正性和有效性。第二，完善数据确权标准。建立统一的数据确权标准，包括数据的分类、评估和定价等，为数据确权提供明确的参考依据。第三，明确责任主体。明确数据确权过程中各方的责任和义务，包括数据提供者、使用者和监管者等，确保数据确权的顺利进行。

3. 加强数据治理和监管

建立一套完善的数据治理体系。第一，跨部门数据治理机构。在国家数据局的现有工作体制下，联合网信办、发改委、工信部等成立由多个政府部门组成的数据治理机构，负责协调和监督数据治理工作。第二，数据安全监管措施。制定严格的数据安全监管措施，包括数据加密、访问控制和数据泄露应急预案等，确保数据在流通和使用过程中的安全。第三，数据合规性检查。定期对企业和机构进行数据合规性检查，确保其遵守数据保护和确权的法律法规。

4. 推动数据标准化和分类工作

第一，建立数据标准体系。制定统一的数据格式、元数据和质量标准，提高数据的互操作性和可用性。第二，数据分类管理。根据数据的性质和用途，对数据进行分类管理，明确各类数据的使用范围和限制。第三，数据质量控制。建立数据质量控制机制，确保数据的准确性、完整性和时效性。第四，把公共数据作为数据标准化的样板。

5. 加强数据开放和共享

加快推动促进数据开放和共享。第一，建立数据开放平台。创建公共数据开放平台，率先将公共数据整合，提供各类数据资源的查询、下载和使用服务。第二，制定数据共享政策。制定数据共享的政策和指南，鼓励企业和机构之间的数据共享，同时确保数据共享的合规性和安全性。第三，激励数据共享行为。通过税收优惠、资金支持等措施，激励企业和机构参与数据共享，促进数据资源的充分利用。

6. 支持技术创新和人才培养

第一，技术研发投入。加大对数据相关技术的研发投入，支持高校、研究机构和企业开展前沿技术研究。第二，人才培养计划。实施人才培养计划，培养数据科学、数据分析、数据安全等方向的专业人才。第三，技术应用推广。鼓励企业采用先进的数据技术，如人工智能、区块链等，提升数据处理和确权的效率和安全性。

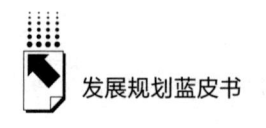

7. 加强国际合作和经验交流

第一，参与国际数据治理组织。积极参与国际数据治理组织，如 GDPR、APEC 等，学习和借鉴国际先进的数据保护和确权经验。第二，建立国际合作项目。与其他国家和国际组织开展数据治理、数据保护和数据确权方面的合作项目。第三，举办国际交流活动。定期举办国际研讨会、工作坊等交流活动，分享数据治理的最佳实践和成功案例。

（二）企业层面

1. 建立数据治理框架

第一，成立数据治理委员会。成立由高层管理人员组成的数据治理委员会，负责制定数据治理策略和监督执行。第二，探索本企业数据的分类和分级。根据数据的价值、敏感性和风险，对数据进行分类和分级，制定相应的管理措施。第三，强化数据质量管理。确保数据的准确性、完整性和一致性，定期进行数据清洗和验证。

2. 加强数据保护措施

第一，数据加密。对敏感数据进行加密处理，确保数据在传输和存储过程中的安全。第二，访问控制。实施严格的访问控制机制，确保只有授权人员才能访问相关数据。第三，员工培训。定期对员工进行数据保护和隐私安全的培训，提高员工的安全意识。

3. 明确数据所有权和使用权

第一，明确用户协议和隐私政策。在用户协议和隐私政策中明确数据的收集、使用和共享规则，获取用户的知情同意。第二，明确数据所有权声明。对于企业产生的数据，明确声明数据的所有权归属，避免潜在的法律风险。第三，明确数据使用规范。制定数据使用的内部规范，确保数据的合法、合规和合理利用。

4. 推动数据标准化和互操作性

第一，参与数据标准制定。积极参与行业和国家标准的制定，推动数据格式和接口的标准化。第二，组织或参与数据共享平台。建立或参与数据共享平台，促进数据资源的交流和合作。第三，探索数据兼容性技术。采用兼容性强的技术解决方案，确保数据能够在不同系统和平台之间流通。

5. 创新数据确权机制

第一，区块链技术。探索使用区块链技术进行数据确权，提高数据确权的透明度和不可篡改性。第二，智能合约。利用智能合约自动执行数据使用协议，降低确权成本和纠纷风险。第三，数据价值评估。结合《企业数据资源相关会计处理暂行规定》，建立企业数据价值评估体系，为数据交易和合作提供参考依据。

6. 促进数据开放和共享

第一，主动开放数据资源。在保护隐私的前提下，开放部分数据资源，支持社会创新和公共利益。第二，建立合作伙伴关系。与其他企业和机构建立数据共享的合作伙伴关系，共同开发数据价值。第三，参与公共项目。参与政府和社会组织的公共数据项目，提升企业的社会责任感和品牌形象。

（三）社会层面

为推动数据确权，社会各界需共同努力，形成全面的数据确权推进机制。

1. 发挥行业协会的角色与作用

第一，建立行业标准。行业协会或专业组织可以牵头制定数据确权的行业标准，为企业提供指导和参考。[①] 第二，组织研讨会和论坛。定期举办研讨会和论坛，邀请政府官员、学者、企业代表等共同探讨数据确权的理论与实践问题，促进知识交流和经验分享。第三，推动行业自律。协会应倡导成员单位遵守数据确权的法律法规，加强行业自律，提高整个行业的数据治理水平。

2. 媒体宣传的策略

第一，普及数据确权知识。媒体应承担起普及数据确权知识的社会责任，通过新闻报道、专题节目、在线文章等多种形式，深化公众对数据确权重要性的认知。[②] 第二，报道成功案例。报道数据确权的成功案例，展示数据确权对企业和社会的积极影响，增强社会各界对数据确权的信心和支持。[③] 第三，监

[①] 王珙、底亚星：《数据确权：必要性、复杂性与实现路径》，《光明日报》20224 年 3 月 15 日。

[②] 王珙、底亚星：《数据确权：必要性、复杂性与实现路径》，《光明日报》20224 年 3 月 15 日。

[③] http://www.xinhuanet.com/tech/20230809/dc250a893c524da2a0c8409fe2651562/c.html.

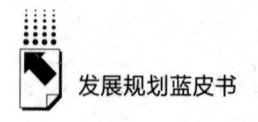

督和曝光。媒体应发挥监督作用，对数据滥用和侵权行为进行曝光，形成对违法行为的有效威慑，推动形成良好的数据使用环境。

3.提升消费者认知

第一，加大消费者教育宣传力度。通过消费者教育活动，提高消费者对个人数据权益的认知水平，使消费者了解自己的数据权利，学会保护自己的数据安全。第二，建立反馈机制。鼓励消费者参与数据确权的讨论和反馈，通过社交媒体、公众论坛等渠道，收集消费者对数据确权的意见和建议。第三，倡导合理使用数据。教育消费者合理使用个人数据，避免过度分享，提高数据隐私保护意识，促进数据确权的社会共识形成。

参考文献

湖南大数据交易所：《湖南省首张数据产品登记证书落地鼎盛科技》，湖南省大数据管理局官网，2024年1月4日。

申卫星：《数据产权：从两权分离到三权分置》，《中国法律评论》2023年第6期。

魏鲁彬等：《数据资源的产权分析框架》，《制度经济学研究》2018年第2期。

B.43 加快推进中小企业数智化转型[*]

白延涛[**]

摘　要： 党的二十大报告提出了"促进数字经济与实体经济深度融合"的重要战略方针，强调数字化转型对经济发展的重要性。2023年7月发布的《中共中央　国务院关于促进民营经济发展壮大的意见》提出了"加快推动数字化转型和技术改造"的具体措施，标志着中国企业数字化转型进入了新的时代。党的二十届三中全会审议的《中共中央关于进一步全面深化改革　推进中国式现代化的决定》中提出，加快推进新型工业化，培育壮大先进制造业集群，推动制造业高端化、智能化、绿色化发展。中小企业作为经济体系中最活跃、最具创新精神的组成部分，其数智化转型的进程对企业自身的生存与发展至关重要，同时也在整个经济体系的创新与活力中扮演着至关重要的角色。我国政府相继发布了《中小企业数字化赋能专项行动方案》《中小企业数字化水平评测指标（2022年版）》《中小企业数字化转型指南》等一系列政策举措，旨在推动中小企业数字化转型试点，不仅有助于指导和规范中小企业的数字化转型进程，也为其提供了具体的政策支持和指导。本文梳理了我国现阶段中小企业数智化转型相关政策，分析了我国加快中小企业数智化转型现状，并提出了保障资金和技术支持、挖掘行业痛点、保障数据安全、加强人才培养等建议。

关键词： 中小企业　数智化　数字经济

---

[*] 本文部分内容已发表于《价格理论与实践》2024年第5期。
[**] 白延涛，中国社会科学院数量经济与技术经济研究所助理研究员，主要研究方向为数字经济。

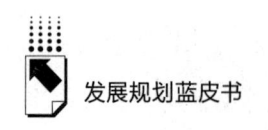

一 中小企业数智化转型的必要性

中小企业是推动经济增长和创新的关键力量,在全球经济中扮演着至关重要的角色,它们不仅是就业的主要渠道,也是创新和技术进步的重要推动者。根据中国电子技术标准化研究院发布的《中小企业数字化转型分析报告(2021)》,中小企业作为数量最大、最具活力的企业群体,是我国实体经济的重要基础。[①] 第四次全国经济普查的数据显示,中小企业具有"五六七八九"的典型特征,贡献了50%以上的税收、60%以上的GDP、70%以上的技术创新、80%以上的城镇劳动就业、90%以上的企业数量。面对全球化和技术快速发展的挑战,中小企业需要通过数智化转型来提升自身的竞争力。数智化转型可以帮助中小企业更好地理解市场需求,提高决策效率,降低运营成本,并创造新的商业模式。同时,根据世界银行的数据,中小企业在全球大多数经济体中占企业总数的90%以上,并且贡献了相当一部分的GDP和就业机会。[②]

数智化转型,即通过整合数字化技术和智能系统来改造企业的业务流程、管理模式和产品服务,已经成为现代企业战略规划中不可或缺的一部分。对于中小企业而言,数智化转型不仅能够帮助它们更好地理解市场需求,还能够提高决策效率,降低运营成本,并创造新的商业模式。

(一)数智化转型为中小企业发展提效率

数智化转型在中小企业中的实施,能够显著提升其运营效率。通过引入先进的信息技术,中小企业能够实现生产自动化、管理信息化,从而在各个方面带来显著的优势。首先,数智化转型能够有效减少人力成本。随着信息技术的快速发展,越来越多的重复性、低附加值的工作可以通过自动化系统来完成,从而释放出人力资源用于更高层次的创新和管理活动。其次,数智化转型有助于提高生产效率和产品质量。通过数字化管理生产过程,企业可以更加精准地监控生产环节,及时调整生产计划,减少生产过程中的浪费和错误,从而提高

---

① https://www.cesi.cn/202205/8461.html.
② World Bank, "SMEs in a Globalized World: The Role of National and Multilateral Actors," https://openknowledge.worldbank.org/handle/10986/33450, 2020.

生产效率和产品质量。例如，引入企业资源规划（ERP）系统可以帮助企业实现资源的最优配置，优化生产流程，提升供应链管理效率，进而降低库存成本和运营风险。数智化转型对于中小企业的运营效率提升具有重要的作用，能够在降低成本、提高效率、优化资源配置等方面带来明显的好处。同时，中小企业在实施数智化转型时需要重视技术与管理的结合，注重培养数字化人才和建立科学的管理机制，才能实现运营效率的真正提升。

（二）数智化转型为中小企业发展拓市场

数智化转型为中小企业带来了广阔的市场机遇，并为它们探索新的商业模式提供了有力支撑。首先，数智化转型让中小企业更容易地接触到广泛的客户群体，实现了产品的在线销售和推广。随着互联网的普及和电子商务的蓬勃发展，传统的线下销售渠道已经不再能够满足中小企业的市场需求。通过建立在线销售平台，中小企业得以将产品推向全球范围内的潜在客户，打破地域限制，拓展销售渠道，提高市场覆盖率。其次，数智化转型使得中小企业能够更精准地把握市场需求，从而进行精准营销和产品创新。大数据技术的广泛应用为企业提供了获取和分析大规模数据的能力，使得企业能够更好地了解客户的行为、偏好和需求。通过对大数据的深度挖掘和分析，中小企业可以制定更为精准的营销策略，为客户提供个性化的产品和服务，从而增强企业的竞争优势。有学术研究指出，数智化转型为中小企业打开了新的销售渠道，拓展了市场空间，提升了企业的市场竞争力。数智化转型使得中小企业能够更加灵活地适应市场需求的变化，探索出更加符合市场趋势和客户需求的商业模式，实现企业的可持续发展。[①]

（三）数智化转型为中小企业发展增活力

数智化转型是中小企业应对激烈市场竞争的关键策略，在全球化的市场环境下，中小企业不仅面临着来自同行业大型企业的竞争压力，还需应对国际竞争对手的挑战。针对这一挑战，数智化转型能够为中小企业提供重要的竞争优势，助其在激烈的市场竞争中立于不败之地。首先，通过数智化转型，中小企

---

① 黄丽华等：《企业数字化转型和管理：研究框架与展望》，《管理科学学报》2021年第8期。

业能够利用数字技术提升自身的竞争力。随着信息技术的不断发展和应用，数字化技术已经成为企业获取核心竞争力的重要手段之一。通过引入先进的信息系统、智能设备以及数据分析工具，中小企业可以提高生产效率、优化资源配置、加强产品创新，从而在市场上获取更多的竞争优势。同时，中小企业在数智化转型过程中，应注重技术与管理的结合，不仅要拥有先进的技术设备，还需建立有效的管理机制，实现数字技术与企业战略目标的有机融合。其次，数智化转型使中小企业能够实现快速响应市场变化，增强企业的灵活性和适应性。在竞争激烈的市场环境中，企业需要随时调整策略、灵活应对市场需求的变化。而通过数字化技术，企业可以实现对市场信息的快速获取、分析和处理，及时调整生产计划、优化供应链、灵活调整营销策略，以满足市场的不断变化。中小企业在数智化转型中应注重构建敏捷型组织，培养具有快速决策、灵活应变能力的团队，从而在市场变化中迅速抢占先机，保持竞争优势。[1]

（四）数智化转型为中小企业发展防风险

数智化转型对于中小企业更好地管理风险具有重要的意义。在数字化的基础上，企业能够构建更为完善的风险管理体系，通过实时监控和数据分析，及时发现潜在风险并采取应对措施。这对于保障企业的稳健运营至关重要。首先，数智化转型为中小企业提供了更加全面和准确的风险监控手段。传统的风险管理往往依赖于人工收集和处理信息，容易出现信息滞后和不全面的情况。而通过数字化技术，企业可以实现对各个环节的实时监控和数据采集，构建全方位的风险监控系统。通过对大数据的深度分析，企业可以更准确地识别和评估各类风险，包括市场风险、供应链风险、财务风险等，为企业的风险应对提供可靠的数据支持和决策依据。其次，数智化转型能够帮助企业更及时地发现并应对潜在风险。在数字化的管理模式下，企业能够实现对数据的实时监控和分析，及时发现风险的苗头，并采取针对性的措施加以应对。例如，通过预警系统，企业可以设置各类风险的触发条件，一旦触发条件达到，系统即自动发出警报，提醒企业管理层及时采取行动。这种实时响应的机制能够大大降低风险发生的概率，保障企业的稳健运营。最后，数智化转型为企业提供了更为科

---

[1] 中国电子技术标准化研究院：《中小企业数字化转型分析报告（2021）》。

学和有效的风险管理工具和方法。通过数据分析和模型建立，企业能够更全面地评估各类风险的潜在影响和可能性，为企业的风险决策提供科学依据。例如，利用大数据技术构建风险模型，企业可以对不同风险事件进行概率分析和模拟，评估其对企业的影响程度，从而制定更为科学和有效的风险管理策略。①

二 国内外中小企业数智化转型的政策梳理

（一）美国中小企业数智化转型的现状和政策

我国政府对中小企业的数智化升级给予了极大的关注，并出台了多项政策以促进这一进程。

一是在政策层面，《中小企业数字化赋能专项行动方案》《中小企业数字化水平评测指标（2022年版）》《中小企业数字化转型指南》等文件相继发布，旨在引导中小企业通过试点项目进行数字化改造。这些政策遴选了近百家数字化服务商，覆盖38个细分行业，在30个主要城市实施试点项目共同推动中小企业在数字化浪潮中稳健前行，助力其提升竞争力、创新能力和发展潜力。此外，超过20个省份已经制定了相关政策和措施，以支持中小企业的数字化进程，不断增强数字化服务的供应能力。依据工业和信息化部发布的最新评测指标，中国工业互联网研究院利用其梯度培育平台，帮助中小企业从数字化基础设施、运营、管理以及成效四个方面进行自我评估。评估标准分为单点应用、局部优化、业务贯通和协同发展四个等级。截至2023年7月，已有15.9万家企业参与这项评估，其中大部分为优质中小企业，包括超过8万家专精特新企业。这些评估结果主要展示了优质中小企业在数字化方面的发展水平。

二是在实际操作层面，《关于开展中小企业数字化转型城市试点工作的通知》明确提出，将通过分批组织试点工作，以城市为单位，支持中小企业开展数字化转型。这一政策的目标是通过试点城市的实践，探索形成可复制、可

---

① 李载驰、吕铁：《数字化转型：文献述评与研究展望》，《学习与探索》2021年第12期。

推广的中小企业数字化转型模式,从而带动全国范围内中小企业的数字化水平提升,促进数字经济和实体经济的深度融合。① 为了降低中小企业数字化转型的成本,中央财政对试点城市给予定额奖励。这一奖励机制通过财政资金的引导作用,鼓励地方政府和企业共同参与数字化转型。奖励资金可以用于支持中小企业的数字化改造、技术升级、人才培养等方面,从而降低企业的转型门槛和风险。政策还特别强调了产业链合作的重要性,鼓励大中小企业之间的融通发展。通过产业链上下游企业的合作,可以实现资源共享、技术互补,促进整个产业链的数字化水平提升。这种合作模式不仅有助于中小企业获取更多的市场机会,还能够提升整个产业链的韧性和竞争力。②

我国政府对中小企业数智化转型的支持政策,体现了国家对中小企业发展的高度重视和对数字经济发展趋势的准确把握。通过财政奖励、产业链合作、实施策略指导、保障措施完善以及绩效管理监督等综合措施,政策旨在为中小企业提供一个良好的数智化转型环境,帮助它们克服转型过程中的困难,实现高质量发展。

(二)美国中小企业数智化转型的现状和政策

美国中小企业积极推动数智化转型,并且得到了政府的大力支持。根据美国小企业管理局(SBA)的数据,中小企业贡献了国内生产总值的43.5%,并创造了64%的私营部门新增就业岗位。美国有70%的技术创新由小企业实现,这些企业更倾向于颠覆性的、原创性的创新,同时美国文化强调个人主义和创新精神,这为中小企业提供了良好的社会环境。③

美国政府通过实施一系列法律和政策措施全方位支持中小企业数智化转型。

一是在法律和政策层面,《拜杜法案》有效地降低了中小企业在专利获取和转让过程中的经济门槛。这一法案的实施,使得中小企业能够以更为合

---

① https://www.gov.cn/zhengce/zhengceku/202306/content_ 6886368.htm.
② 《促进中小企业数字化转型有助于激发我国发展新动能》,https://www.sohu.com/a/561186127_ 120032。
③ 《美国扶持培育3000万家中小企业发展的4种做法》,https://www.thepaper.cn/newsDetail_ forward_ 21627959。

理的成本获取专利技术,从而加速了科技成果的商业化进程,并提升了这些企业在科技创新方面的竞争力。美国小企业管理局提供技术培训和咨询服务,提升企业数字化转型的能力。通过小企业创新研究计划(SBIR)和小型企业技术转移计划(STTR),政府为中小企业提供了资金支持和研发激励,鼓励它们进行原创性研究和技术创新。这些计划不仅帮助中小企业克服了研发初期的资金短缺问题,还促进了它们与研究机构的合作,加快了科研成果向市场应用的转化。美国政府也通过各种政策支持风险资本市场的发展,如这些政策鼓励更多的私人资本投向风险投资领域,促进了整个生态系统的健康发展。

二是在社会层面,美国的风险资本市场发达,为初创企业和中小企业提供了丰富的资金来源,促进了技术创新和企业成长。风险资本市场包括风险投资基金、天使投资人、众筹平台以及各种创业孵化器和加速器,它们共同构成了一个多层次、全方位的融资体系。美国的风险投资行业历史悠久,拥有众多知名的风险投资公司,如红杉资本、KPCB、安德森·霍洛维茨等。这些风险投资公司专注于投资具有高成长潜力的初创企业,特别是在科技、生物医药、清洁能源等前沿领域。风险投资不仅提供资金支持,还带来丰富的行业经验、商业网络和战略指导,帮助企业快速成长。美国的天使投资人群体庞大,他们通常具有丰富的行业经验和创业背景,能够为企业提供资金以外的价值,如市场洞察、人脉资源和管理咨询。随着互联网技术的发展,众筹平台如Kickstarter、Indiegogo等成为中小企业和初创企业筹集资金的新途径。通过这些平台,企业可以向公众展示其产品或服务的概念,吸引小额资金支持。众筹不仅是一种融资手段,也是一种市场验证和品牌宣传的方式。美国的创业孵化器和加速器数量众多,如Y Combinator、Techstars等,它们为初创企业提供办公空间、创业培训、导师指导以及初步的种子资金。这些机构通常会在一定时间内(如几个月)集中资源,帮助企业快速成长,为之后的融资轮次打下基础。

美国中小企业在数智化转型方面得到了政府的全面支持,从法律保护、资金支持到培训和咨询服务,形成了一个综合的政策体系,以促进中小企业的数字化转型和整体竞争力的提升。

（三）欧盟中小企业数智化转型的现状和政策

欧洲中小企业在数智化转型方面的现状是积极的，但面临一些挑战。中小企业在欧盟经济中占据着极其重要的地位，欧盟委员会官网显示，欧盟中小型企业占企业总量的99%，雇用约1亿名员工，对欧洲GDP的贡献达到一半以上，在所有行业都发挥了重要作用。

一是在政策层面，为了支持中小企业的数智化转型，欧盟制定了一系列政策措施。2020年，欧盟委员会发布了《塑造欧洲数字未来》战略文件，提出欧盟数字化变革的理念、战略和行动，希望建立以数字技术为动力的欧洲社会，使欧洲成为数字化转型的全球领导者。该战略文件提出了未来5年将重点关注的三大目标及关键行动，包括开发"以人为本"的技术，发展公平且有竞争力的数字经济，通过数字化塑造开放、民主和可持续的社会。欧盟委员会的《欧洲数据战略》提出在未来5年实现数字经济所需的政策措施和投资策略，通过建立跨部门治理框架、加大数据基础设施投资、提升个体数据技能、打造公共欧洲数据空间等措施，将欧洲打造成全球最具吸引力、最安全和最具活力的"数据敏捷经济体"。此外，欧盟委员会还发布了《人工智能白皮书》，提出了在确保尊重基本权利的同时促进欧洲人工智能发展，旨在为建立一个高度发达并可信的人工智能产业创造更好的政策环境。

二是在实际操作层面。欧盟为了推动中小企业的数智化转型，实施了一系列具体的行动计划，这些计划不仅提供了必要的财政支持，还涵盖了技术发展和人才培养等多个方面。通过"数字欧洲"计划，欧盟投资于关键的数字技术，如人工智能、网络安全、超级计算等，以确保中小企业能够利用这些技术提高运营效率和创新能力。该计划还特别强调了数字技能的重要性，通过提供培训和教育资源，帮助中小企业提升员工的数字素养，使他们能够更好地适应数字化的工作环境。"连接欧洲设施"计划专注于改善和扩展欧洲的数字基础设施，包括宽带网络和5G通信技术，这对于中小企业来说至关重要，因为一个稳定且高效的网络环境是开展在线业务和数字化运营的基础。通过这一计划，欧盟希望确保所有企业，无论规模大小，都能够接入高速的数字网络，从而促进信息的快速流通和业务的远程协作。"地平线欧洲"计划更加注重研究与创新，它为中小企业提供了研发新技术的资金支持，尤其是在量子计算和量子通信等前沿领域。这些技术的发展有望为中小企业带来革命性变化，比如提高数据处理速度、增强安全性等。此外，该计划还鼓励跨学科合作和国际合作，以便中小企业能够接触到更广泛的知识和技术资源。

这些计划的实施，有利于推动中小企业的数智化转型，提升其竞争力，促进经济高质量发展。这些政策不仅涵盖了技术发展和创新，还包括了对中小企业的融资支持、技能提升和市场准入等多方面的措施，显示出欧盟在支持中小企业数智化转型方面的全面和深入。

三 我国中小企业数智化转型进展与成效

中小企业数智化转型能够驱动整个商业模式创新和商业生态重构，在我国已经取得了一定进展。

（一）总体来看，我国中小企业对数智化转型持积极态度

根据《中小企业数字化转型发展报告（2022版）》，绝大多数企业已经认识到数字化转型对企业发展的重要性，并在企业管理层中形成了清晰的认知。[①] 这一认知源于对市场竞争的深刻理解以及对未来发展趋势的敏锐洞察。企业管理者意识到，随着信息技术的飞速发展，数字化转型不仅是企业生存与发展的需要，更是应对激烈市场竞争、提升企业核心竞争力的关键路径之一。

在数智化转型的基础设施建设方面，已经建立了面向中小企业的数字化服务平台，并设立了覆盖逾160万家企业的第三方专业化服务机构。这些平台和机构为中小企业提供了从咨询到系统集成等一系列数字化转型所需的专业服务和支持。通过数字化服务平台，企业可以获取最新的数字技术资讯，了解行业发展趋势，同时还可以获得定制化的数字化解决方案，帮助企业快速、高效地实现数字化转型。

在实际操作层面，超过七成的中小企业的数字化水平已达到局部优化及以上阶段，其中超过六成的企业实现了50%以上关键业务生产过程的可视化和

---

① https://aimg8.dlssyht.cn/u/551001/ueditor/file/276/551001/1701048561181582.pdf，2023年9月27日。

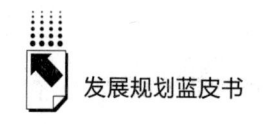

精益管理。这表明大量中小企业已经在数字化转型的道路上迈出了坚实的步伐，并取得了一定的成效。数字化转型不仅仅是理论上的概念，更是企业实践的需要和市场竞争的要求。这些企业通过数字化转型，实现了生产、管理、销售等方面的效率提升，进而增强了企业的竞争力和可持续发展能力。

各类中小企业数字化赋能专项行动的实施进一步推动了数字化转型的深入发展。以数据价值化为核心，聚焦产品研发、生产制造、市场推广等领域，为企业提供了数字化转型的全方位支持和服务。以"互联网+先进制造业"为例，通过数字化技术的应用，企业可以实现生产过程的智能化、信息化，提高产品质量、降低生产成本，从而在市场竞争中占据更有利的地位。专项行动还为企业提供了数字化转型的具体路径和解决方案。通过推广"上云"、"用云"和"云上企业"等数字技术，帮助企业加速数字化转型步伐。企业通过建立云端信息平台，可以实现企业信息化管理的全面覆盖，提高决策效率和执行效率，进而增强企业的市场竞争力和抗风险能力。这些行动不仅为中小企业的数字化转型提供了政策支持和资源保障，更为企业未来发展奠定了坚实的基础。

（二）从行业分类来看，中小企业在数字化转型方面呈现出明显的差异化趋势

信息传输、软件和信息技术服务业以及工业等领域的中小企业数字化转型比例处于较高水平，超过40%的企业已经实现了数字化转型。这些行业具有较高的信息化基础和技术水平，通常拥有一定的技术人才和资金投入，因此更容易通过应用数字技术来提升生产、管理效率，从而提高市场竞争力，究其原因有以下三个方面。

一是信息传输、软件和信息技术服务业是信息化程度较高的行业，中小企业在数智化转型方面具有明显的优势。这些企业本身就是数字技术的应用者和提供者，对于数字化转型有着更深刻的理解和积极的态度。通过应用先进的信息技术，这些企业能够实现生产、管理过程的高度自动化和智能化，提高生产效率、降低成本，进而增强市场竞争力。

二是工业领域的中小企业也在数智化转型方面表现出较高的水平。随着工业互联网的兴起和智能制造的发展，越来越多的工业企业意识到数字化转型的重要性。通过引入先进的数字化技术，这些企业能够实现生产过程的智

能化和柔性化，提高生产效率和产品质量，满足不断变化的市场需求。例如，采用物联网技术可以实现设备的远程监控和故障预警，提高设备利用率和生产效率；采用人工智能技术可以优化生产计划和调度，降低生产成本和能耗。

三是农、林、牧、渔业等传统行业的中小企业在数智化转型方面面临着一些挑战和困难。这些行业的特点是生产过程复杂，技术含量不高，传统生产模式占据主导地位，数字化转型的需求和压力相对较小。此外，这些行业的中小企业普遍存在技术更新换代缓慢、人才储备不足等问题，制约了数字化转型进程。因此，政府和相关部门需要加大对这些行业的支持和引导力度，鼓励和促进其加快数字化转型步伐，提高市场竞争力。

（三）从区域角度来看，中小企业的数字化转型在我国呈现出明显的地域差异

一线城市被认为是中小企业数字化转型的领先区域。东部地区的数字化转型比例最高，中部地区次之，东北地区再次，而西部地区的数字化转型水平相对较低。长三角、珠三角和京津冀等三大城市群的中小企业数字化转型比例高于全国平均水平，尤其是长三角城市群的表现最为突出。在一线城市中，杭州、深圳、广州等城市的中小企业数字化转型比例居于领先地位，而合肥、长沙、天津等城市的数字化转型比例相对较低。综合来看，东部沿海地区的一线城市在数字化转型方面具备显著的优势，成为中小企业数字化转型的主要领先区域。

东部地区一线城市的数智化转型优势主要体现在以下几个方面。首先，这些城市的经济发展水平相对较高，拥有较为完善的数字经济基础设施和产业链条，为中小企业的数字化转型提供了良好的环境支持。其次，这些城市的科技创新能力较强，吸引了大量的数字科技人才和资金，为中小企业的数字化转型提供了强大的技术和人才支撑。最后，这些城市的市场需求旺盛，对数字化技术的需求也较为迫切，推动着中小企业主动采取数字化转型措施以适应市场需要。

杭州、深圳、广州等城市的中小企业数智化转型表现突出。这些城市作为经济发展的重要引擎和科技创新的主要阵地，已经形成了较为成熟的数字化产

业生态系统，为中小企业的数字化转型提供了丰富的资源和机会。例如，杭州作为中国的电子商务之都，拥有众多的互联网企业和创新孵化器，为中小企业提供了丰富的数字化转型路径和平台；深圳作为中国的硅谷，集聚了大量的高科技企业和创新团队，为中小企业提供了前沿的数字化技术和应用案例；广州作为中国的商贸中心，拥有丰富的市场资源和商业环境，为中小企业提供了广阔的数字化转型市场。

一些二线城市的中小企业数智化转型水平相对较低。这些城市的数字化转型面临着一些挑战和障碍，主要包括数字经济基础设施建设滞后、科技创新能力不足、市场需求不旺等问题。

四 中小企业数智化转型面临的问题

数字化转型为中小企业带来了诸多好处，但在实际操作过程中，中小企业仍面临一系列复杂的难题，这些难题不仅涉及资金和技术层面，还包括管理、文化和战略等多个方面。

（一）资金和技术储备不足

根据一项针对中小企业的调查显示，超过一半的企业表示资金不足是实施新技术的最大障碍。① 中小企业通常没有大型企业那样的资金储备，因此在投资昂贵的 IT 基础设施和软件时往往犹豫不决。此外，由于中小企业的规模较小，它们在融资时也面临着更多的困难，包括更高的借贷成本和更严格的信贷条件。技术人才缺乏是中小企业面临的另一个重大挑战。数智化转型需要企业拥有一定的技术专长，包括数据分析、软件开发和网络安全等。然而，中小企业往往难以吸引和保留这些高技能人才，因为它们无法提供与大型企业相竞争的薪酬和职业发展机会。② 此外，中小企业在培训现有员工方面也面临资源限制，这限制了员工的技能提升和知识更新。

---

① European Commission, "Access to finance for SMEs in the EU," https：//ec. europa. eu/growth/smes/business-friendly-environment/access-finance_ en, 2018.
② Deloitte, "Tech Trends 2017：The Southeastern United States," https：//www2. deloitte. com/us/en/pages/technology/topics/tech-trends-2017. html.

（二）认知不足和转型成本过大

中小企业在数智化转型过程中还面临着对新技术认知不足的问题。许多企业主和管理者对数字化技术的理解和应用能力有限，他们在制定和执行转型策略时缺乏明确的方向和有效的方案。此外，对新技术的误解和恐惧也可能导致企业错失转型的最佳时机，或者在转型过程中采取错误的策略。[1] 数智化转型的成本是中小企业需要考虑的另一个重要因素。除了直接的技术和人才投资外，转型还涉及业务流程重组、企业文化变革以及客户关系管理等多个方面的成本。这些成本可能会超出中小企业的预算，特别是在转型初期，企业可能需要经历一段收入下降的阵痛期。[2]

（三）基础设施过时和数据安全不能保障

数字化基础设施是数智化转型的基石，但中小企业在这方面的建设往往滞后。许多中小企业仍在使用过时的硬件和软件系统，这些系统不仅效率低，而且难以与新兴技术兼容，网络连接的不稳定和带宽不足也是中小企业数字化发展的瓶颈。[3] 数据安全和隐私保护也是不容忽视的问题。中小企业在这方面的投入和意识通常不足，这使它们容易受到网络攻击和数据泄露的威胁。随着数据保护法规的日益严格，中小企业还需要确保其数据处理活动符合法律要求，否则可能面临重大的法律和财务风险。[4]

（四）管理和企业文化滞后

数智化转型不仅是技术的变革，更是管理的变革。中小企业需要建立新的

---

[1] Bharadwaj A., "A Resource-based Perspective on Information Technology Capability and Firm Performance: An Empirical Investigation," *MIS Quarterly*, 2013, 37 (1).
[2] Melville N. P., "Information Systems Innovation for Rural Healthcare: A Resource-based View of Community Health Operations," *MIS Quarterly*, 2010, 34 (1).
[3] Atzori L., Iera A., Morabito G., "The Internet of Things: A Survey," *Computer Networks*, 2010, 54 (15).
[4] Romano D., Fjeld J., "Data Privacy in the Age of Big Data: A Comparative Analysis of the EU, US and China," *Computer Law & Security Review*, 2018, 34 (5).

组织结构和管理流程，以适应数字化运营的需要。[①] 这可能涉及领导风格的转变、团队协作方式的创新以及绩效评估体系的重构，这些需要企业主和员工放弃传统的工作方式，接受新的思维方式和工作习惯。中小企业在数智化转型过程中还面临着文化和战略上的挑战。企业文化对于转型的成功至关重要，但许多中小企业缺乏鼓励创新和接受变革的文化氛围。[②] 中小企业需要制定清晰的转型战略，明确转型的目标、路径和预期成果。同时，由于缺乏长远规划和战略思维，许多中小企业在转型过程中缺乏方向感和动力。[③]

五 促进中小企业数智化转型对策建议

数智化转型对中小企业而言不仅是技术更新，更是全面变革，涉及战略规划、组织结构和运营方式的革新。它能优化资源配置、提高业务效率，快速响应市场变化。企业管理层的理解和支持至关重要，需展现推动变革的决心，并塑造鼓励创新的文化。技术应用与人才发展是转型的核心支柱，企业应选择适合的数字技术，重视数字化人才培养。政策环境与产业生态系统的支持是转型的推动力，政府政策引导、资金支持及数字化服务提供商的合作为中小企业提供了转型所需的外部条件和资源。为了确保中小企业能够高效地进行数智化转型，提出以下对策建议。

（一）明确转型规划，保障资金和技术支持

中小企业的数字化转型是实现可持续发展的关键步骤，它要求企业对自身的现状和未来有一个清晰的认识。为了确保转型的成功，企业首先必须深入分析自身的核心竞争力、市场定位和发展阶段，包括对企业现有资源、运营效率、客户基础、产品优势和市场趋势的全面审视。通过这种自我审视，企业可以识别出自身的优势和劣势，从而为转型规划提供坚实的基础。基于这些分析

[①] Bharadwaj A., El Sawy O. A., Pavlou P. A., Venkatraman N., "Digital Business Strategy: Toward a Next Generation of Insights," *MIS Quarterly*, 2013, 37 (2).
[②] Schein E. H., "Organizational Culture and Leadership," John Wiley & Sons, 2010.
[③] Grant R. M., "Contemporary Strategy Analysis: Text and Cases Edition," John Wiley & Sons, 2016.

并与数字化转型的战略目标相结合，企业需要制定一个全面的转型规划，涵盖从短期到长期的各个阶段，明确转型的优先领域，如客户关系管理、供应链优化、数据分析和网络安全等。同时，规划中应设定具体可量化的目标，并制定一个清晰的时间表，确保转型的每一步都是有序和连贯的。这有助于企业在转型过程中保持方向感和紧迫感，避免资源浪费和目标偏移。企业在制定转型规划时，还需要考虑到技术进步的速度和市场变化的不确定性。这意味着企业需要保持策略的灵活性，建立快速响应机制，以便能够迅速适应外部环境的变化。例如，企业可能需要定期评估新兴技术的发展趋势，以及这些趋势如何影响企业的业务模式和运营策略。此外，企业还应密切关注竞争对手的动态，以便及时调整自身的战略。

在资金和技术支持方面，政府应提供明确的指导方针和规划模板，帮助中小企业根据自身特点制定合适的数字化转型规划。这些指导方针和模板包括最佳实践、案例研究和风险管理策略，以指导企业避免常见的陷阱和挑战。为了减轻中小企业的资金压力，政府应设立专项基金，提供财政补贴或低息贷款等金融支持，用于投资新技术、培训员工或改进业务流程。同时，政府应建立技术服务平台，为企业提供专业的技术咨询和技术支持。以提供从技术咨询、定制解决方案开发到系统集成的全方位服务。通过这些服务，企业可以更快地解决在数字化转型过程中遇到的技术难题，加速转型进程。

（二）挖掘行业痛点需求，压缩转型成本

中小企业在数智化转型的浪潮中扮演着重要角色，但同时也面临着资源有限和市场竞争激烈的双重挑战。为了在这一过程中取得成功，企业必须首先深入了解所在行业的特定痛点和需求，并据此更有针对性地制定转型策略。企业需要通过市场调研、客户反馈、行业报告等方式，收集和分析影响行业发展的关键因素。这些因素可能包括供应链的不稳定性、客户需求的多变性、产品创新的缓慢性等。通过对这些痛点的深入理解，企业可以发现改进的空间，从而在数字化转型中寻找到切入点。了解行业痛点后，企业需要在内部激发转型的意愿。这要求企业领导层展示出坚定的转型决心，并通过设定清晰的转型目标和激励机制来调动员工的积极性。企业文化的塑造也很关键，需要培养一种开放、创新、持续学习的氛围，鼓励员工不断适应变化，积极参与转型过程。为

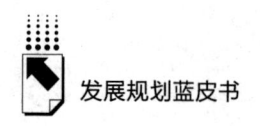

了提高员工对转型的信心和动力，企业应当分享成功的数字化转型案例和最佳实践。这些案例可以来自企业内部或其他行业的成功故事，通过案例分析，员工可以更直观地理解转型的价值和实施路径。

鉴于数智化转型通常需要较大的初期投资，中小企业需要采取措施来压缩转型成本。这包括充分利用现有的技术基础设施，通过升级和优化现有系统，而不是完全替换，来降低成本。同时，企业可以通过培训和再教育提升员工的数字技能，减少对外部专家的依赖。并与同行业的其他企业或合作伙伴共享资源和知识，可以帮助企业降低研发和实施成本。通过建立合作网络，企业可以共同开发新技术，分享市场信息，甚至联合进行市场推广。建立有效的内部和外部反馈机制对于收集转型过程中的关键信息至关重要。企业应当鼓励员工提出意见和建议，并对有价值的反馈给予奖励。

（三）加强基础设施供给，保障数据安全

中小企业在数智化转型的道路上，基础设施建设和数据安全保障是实现成功转型的两个不可或缺的基石。在这一过程中，企业需要根据自身的发展阶段、资源状况以及业务需求，审慎地选择并建设合适的数字技术基础设施。这不仅涉及云计算服务以提高数据处理和存储的效率、大数据分析工具以增强决策支持和市场洞察力，还包括网络安全系统以保障企业信息资产的安全。为逐步引入和集成这些技术，构建起一个坚实的数智化基础，为后续的转型工作打下坚实的基础。例如，云计算的弹性和可扩展性使得企业能够根据业务需求快速调整资源，而大数据分析工具则可以帮助企业从海量数据中提取有价值的信息，从而更准确地把握市场趋势和客户需求。企业应建立严格的数据保护机制，包括数据加密以保护信息在传输过程中的安全、访问控制以确保只有授权人员能够访问敏感数据，以及定期的安全审计以发现和修复潜在的安全漏洞，还需要遵循相关的法律法规，确保数据的合法合规使用，避免因数据安全问题而遭受法律风险和经济损失。

与数智化服务提供商建立合作伙伴关系，为中小企业提供专业的技术指导和服务支持。通过这种合作，企业不仅可以获得先进的技术解决方案，还可以共享服务提供商的行业经验和最佳实践，实现技术与服务的共享与互补。这种合作模式可以帮助企业快速弥补自身在技术能力和经验上的不足，

加速数智化转型进程。在选择技术应用时，中小企业应重视成本效益分析，确保技术与企业的核心业务紧密契合，确保所选技术能够在合理的成本内带来最大的效益。这要求企业进行细致的市场调研和技术评估，避免因追求最新技术而造成不必要的经济负担。同时，应考虑技术的可持续发展性，即技术是否能够适应市场的变化，以及是否支持企业长期业务发展。选择具有良好发展前景和技术升级路径的技术，可以确保企业在未来的市场竞争中保持优势。

（四）加强领导力与人才培养，更新发展观念

中小企业在数字化转型的征途上，加强领导力与人才培养，更新发展理念，是确保成功的关键策略。首先，企业管理层必须不断提升自身的数字化领导力，包括深入理解并掌握最新的数字技术（如云计算、大数据、人工智能）以及创新管理方法（如敏捷管理、设计思维）。管理层的这种自我提升有助于更好地把握数字化转型的精髓，制定切实可行的转型策略，并在企业内部形成共同的理解和目标。其次，企业需要重视数字化人才的培养和团队建设。这可以通过内部培训来加强员工的数字技能，如数据分析、编程和网络安全，同时通过外部招聘吸引具有数字化经验和背景的人才，为团队注入新的活力。构建一个多学科、具备数字化转型能力的团队对于企业而言至关重要，这样的团队能够从不同角度出发，全面理解和解决转型过程中的问题。最后，企业可以考虑成立数字化转型的专家团队或委员会，负责制订和执行转型计划，并根据市场变化及时调整策略。这个团队或委员会应由不同部门和层级的成员组成，以确保转型计划能够全面覆盖企业的实际需求和面临挑战。同时，企业还需要坚持以客户为中心、以创新为驱动的发展理念，更加关注客户需求的变化，利用数字化手段提供个性化、高质量的产品和服务。

在数字化转型的过程中，企业还需要更新发展理念，鼓励员工创新思维和尝试，建立容错机制，为创新提供良好的环境。企业应建立持续学习的文化，鼓励员工不断学习新的知识和技能，以适应数字化时代的要求。这可以通过建立在线学习平台、组织定期的培训和研讨会等方式实现，从而确保员工的数字素养和创新能力得到持续提升。

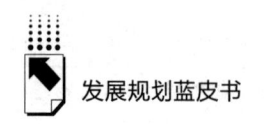

参考文献

王晓明、刘洋：《中小企业数字化转型的障碍与对策研究》，《中国工业经济》2020年第7期。

李晓华、张建国：《中小企业数智化转型中的信息安全问题研究》，《信息安全与技术》2022年第1期。

《云计算技术在中小企业中的应用研究》，《现代计算机》2021年第11期。

《物联网技术在中小企业生产管理中的应用》，《电子技术应用》2022年第2期。

Chaffey D., Ellis-Chadwick F., *Digital Marketing: Strategy, Implementation and Practice*, Pearson Education Limited, 2019.

Mayer-Schönberger V., Cukier K., "Big Data: A Revolution That Will Transform How We Live, Work, and Think," Houghton Mifflin Harcourt, 2013.

West J., Gallagher S., "Challenges of Digital Transformation in Small and Medium-Sized Enterprises," *Journal of Business Research*, 2022（139）.

Audretsch D. B., Belitski M., "SMEs and Digital Technologies: Facts, Challenges, and Policies," *Small Business Economics*, 2017, 49（2）.

B.44 加快推进算力网络建设

韦结余*

摘 要: 近年来,随着数字经济时代的全面开启,特别是大数据、云计算、物联网、人工智能等技术的加速发展,推动了海量数据的产生,作为数据处理能力的算力就成为数字经济时代发展的关键要素。习近平总书记提出,要加快新型基础设施建设,推动数字经济和实体经济融合发展。当前,算力网络作为一种新型基础设施,正在以一种新的形式,为实体经济的数字化转型提供新动能,为经济社会的高质量发展提供新动力。我国近年算力基础设施建设成效显著,算力网络体系初步形成,算力应用不断落地,产业创新能力不断提升。与此同时,我国算力发展也面临高端算力芯片"卡脖子"、供给和需求不相匹配、能源供给约束等问题。需要在加强芯片和算法等基础研究的同时,进一步优化算力空间布局,促进绿色能源和算力网络融合发展。

关键词: 算力网络 数字经济 人工智能 智能算力 数据中心

一 算力网络的发展成效

数字经济时代,算力已经成为推动经济增长的核心引擎。随着数字经济规模的持续增长,算力与 GDP 呈现出显著的正相关关系,并且随着算力规模的不断提升,对 GDP 的拉动作用更加明显。根据中国信通院的测算,算力每投入 1 元,将带动 3~4 元的 GDP 增长。可见,算力已经成为数字经济时代的关键生产力,发挥着越来越重要的作用。

---

* 韦结余,中国社会科学院数量经济与技术经济研究所助理研究员,主要研究方向为科技政策、创新管理。

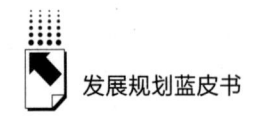

（一）算力的概念和分类

算力，简言之就是计算能力。我国高度重视算力的发展，2023年10月，工信部等六部门印发了《算力基础设施高质量发展行动计划》（以下简称《行动计划》），这是政府为促进算力发展专门出台的规划，其中对算力进行了定义，指出"算力是集信息计算力、网络运载力、数据存储力于一体的新型生产力，主要通过算力中心等算力基础设施向社会提供服务"。可见，算力主要包含计算能力、运载能力和存储能力，其目的是向社会提供各种服务。

算力的衡量有多种方法一般包括MIPS（每秒钟执行的百万指令数）、OPS（每秒操作次数）、FLOPS（每秒浮点运算次数）等。其中，FLOPS单位一直被视为衡量计算机运算速度的主要指标之一。在大数据时代，由于数据和算力都是巨量的，经常要用到表示数量级的单位，如M（10^6）、T（10^{12}）、E（10^{18}）、Y（10^{24}）等。

算力按照不同的标准可以分为不同的类型。一是根据使用设备和提供算力强度的不同，可分为基础算力、智能算力和超算算力三类。基础算力是由基于CPU芯片的服务器所提供的算力，主要用于基础通用计算。智能算力是基于GPU、FPGA等AI芯片的加速计算平台提供的算力，主要用于人工智能的训练和推理计算。超算算力是由超级计算机等高性能计算集群所提供的算力，主要用于尖端科学领域的计算。二是按照应用领域，算力可以分成通用算力和高性能算力两大类。其中，通用算力是指计算量小的常规应用，只消耗少量的算力，高性能计算是指利用计算机集群系统来处理计算量大的应用，需要消耗很大的算力。[1] 随着人工智能的发展，智能算力的需求大量增加，成为高性能计算的主要应用领域。所以，一般情况下，可以将算力分为通用算力和智能算力两类。

（二）算力网络的概念和内涵

算力网络的概念是在算力概念的基础上发展而来的。随着算力需求的不断增大和分布逐步扩散，算力出现了云、边、端三级算力架构的泛在演

---

[1] https://www.elecfans.com/d/2347051.html.

进趋势。算力不再集中在数据中心，而是需要分布在边缘或者端侧，实现云、边、端算力的高效调度。因此，算力网络的概念就被提出。2019年，我国在国际电信联盟首次立项算力网络标准，并先后在国际互联网工程任务组、中国通信标准化协会等标准组织积极推进算力网络相关标准的制定。①

经过不断发展，算力网络的定义与内涵逐步演变。中国电信将算力网络定义为一种在云网融合体系下的、架构在IP网之上以算力资源调度和服务为特征的新型网络技术或网络形态。《中国移动算力网络白皮书》提出算力网络是以算为中心、网为根基，网、云、数、智、安、边、端、链等深度融合、提供一体化服务的新型信息基础设施。② 综合来看，算力网络就是一种根据业务需求，在云、边、端之间按需分配和灵活调度计算资源、存储资源以及网络资源的新型基础设施。③ 华为发布的《通信网络2030》中也提出了算力网络的概念，即算力网络代表了从"面向人的认知"向"面向机器认知"（人工智能）的网络设计理念的重要变化，连接海量用户数据与多级算力服务。

可以看出，算力网络覆盖了智算中心、超算中心、数据中心等大型异构算力资源，通过对分布在不同地区的异构算力中心进行高速网络互联，实现多中心间的资源共享、自主协作与统一服务，以提升各算力中心的整体运行效率、系统能效和服务能力。④ 可见，算力网络的本质是为了更好地平衡算力供需、提升效率、降低成本的一种算力资源服务，其目的是实现网络和计算资源的优化和高效利用，提升业务服务质量和用户的服务体验。算力网络按照范围可以分为两个层次，一是城市算力中心，满足本地的基础算力、科研创新、产业集聚等需求，二是算力中心汇集成网络，在全国范围内把算力、数据、模型、算法和相关服务平台化，为整个社会提供算力和服务。目前，算力网络的研究尚处于起步阶段，在架构、标准以及技术方面还未达成共识。下一步，我国算力

---

① https://baijiahao.baidu.com/s?id=1766107021430113518&wfr=spider&for=pc.
② 周舸帆、雷波：《算力网络中基于算力标识的算力服务需求匹配》，《数据与计算发展前沿》2022年第6期。
③ 彭开来等：《算力网络资源协同调度探索与应用》，《中兴通讯技术》2023年第4期。
④ 张叶红等：《从"算力中心"到"算力网"——从算力角度谈算网一体的机遇与挑战》，《信息通信技术》2023年第3期。

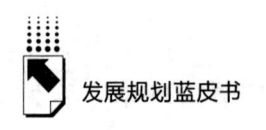

网络建设要立足于算力与网络融合发展趋势，突破关键核心技术，建立算力网络服务平台，促进国家数字经济发展。

（三）我国算力规模持续快速增长

工信部数据显示，近年来我国算力规模保持强劲增长态势，年增长率近30%，总体规模排名全球第二。① 截至2023年底，我国在用数据中心机架总规模超过810万标准机架，算力总规模达到了230EFlops，就是每秒230百亿亿次浮点运算，智能算力规模达到了70EFlops，占比超过了30%。基础电信企业规划建设超过180条"东数西算"的干线光缆，骨干网互联宽带扩容到40T，全国算力枢纽节点20ms时延圈已经覆盖了全国主要城市，数据传输性能大幅改善。截至2023年6月，全国已投运人工智能计算中心25个，在建人工智能计算中心超20个，北京、上海、深圳等均在积极推动智算中心建设。《行动计划》中也提出了我国算力的发展目标，提出到2025年算力规模超过300EFLOPS，智能算力占比达到35%的目标。

2023年以来，以ChatGPT为代表的大模型将人工智能发展带入新阶段，以AIGC（多模态人工智能）为代表的新应用进一步激发了算力需求，同时对响应速度、处理能力都提出了更高的要求。未来，智能算力将会是算力发展的主要方向，围绕"大算力+大数据+大模型"产生的应用，将会是数字化转型升级的重要推动力。

（四）算力网络架构已经初步形成

由于我国大部分的算力需求都集中在东部发达地区，数据中心作为算力的承载主体，在建设和运营过程中需要耗费大量的土地、电力、水等资源，而我国东部地区要素成本相对较高，西部地区能源、土地、水等资源丰富，具备承接东部地区算力需求的能力，可以与东部形成算力的互补格局。为此，2021年5月，我国正式提出"东数西算"工程，通过构建数据中心、云计算、大数据一体化的新型算力网络体系，将东部算力需求有序引导至西部，优化数据中心建设布局，促进东西部协同联动。

---

① https://baijiahao.baidu.com/s?id=1762847370769157448&wfr=spider&for=pc.

2022年2月，政府同意在京津冀、长三角、粤港澳大湾区、成渝、内蒙古、贵州、甘肃、宁夏等启动建设国家算力枢纽节点，并规划了10个国家数据中心集群。至此，全国一体化大数据中心体系完成总体布局设计，东数西算工程全面启动。2023年12月，国家发展改革委等部门出台了《关于深入实施"东数西算"工程加快构建全国一体化算力网的实施意见》，提出了构建联网调度、普惠易用、绿色安全的全国一体化算力网的目标。

可见，"东数西算"是国家实施的跨区域算力调配战略工程，编织了全国算力一张网，改变了国家算力的分布，大大缓解了算力供需不配的问题，有利于实现算力的全国统筹，实现各地分散算力的互联和高效调度，体现了算力网络的重要性。

二 算力网络的发展趋势

算力网络是新型基础设施的重要组成部分，对于助推产业转型升级、赋能科技创新进步、实现社会高效治理具有重要意义。未来，随着算力需求的不断增长，算力网络将会朝着高效智能、绿色低碳、集群化的方向发展。

（一）智能算力需求将会大幅增长

近年来，数字技术的不断突破拉动算力需求不断增长，特别是随着大模型、智能机器人、自动驾驶等智能技术的深入应用，智能算力需求不断增加，智能算力进入需求加速期。2023年我国智能算力规模占比不断增加，在整个算力结构中的占比超过25%，已经成为算力增长的主要驱动力。

预计未来5~10年，我国算力需求仍将保持高速增长态势。据华为发布的《计算2030》预测，2030年人类将进入YB数据时代，全球数据每年新增1YB，通用算力将增长10倍到3.3ZFLOPS、人工智能算力将增长500倍超过100ZFLOPS。从人工智能基础架构规模增速来看，未来智能算力增速将达到60%以上。在超算中心方面，随着产业升级和企业数字化转型加快，高性能算力需求旺盛，超算中心也将迎来新发展阶段。在边缘数据中心方面，未来随着5G、工业互联网建设的推进，边缘算力需求日益迫切，边缘数据中心建设部署将进一步加快。

（二）实现算力资源优化整合和敏捷连接

随着海量数据的爆发式增长，以云计算为核心的集中式大数据时代，在网络延迟、隐私安全和能效等方面，已无法满足边缘数据处理需求，边缘计算应运而生。算力需求也从云和端向网络边缘扩散下沉，高效算力需要深度融合计算和网络，实现计算资源和网络资源的敏捷连接。总体来看，算网融合是通过网络分发服务节点的算力信息、存储信息、算法信息等，结合网络信息，针对用户需求，提供最佳的资源分配及网络连接方案，从而实现整网资源的最优化使用。算网协同的最终形态，或将形成多种算力交易平台、算力交易商店，满足多样性终端算力使用需求。

（三）绿色低碳是算力基础设施建设运营的重要方向

随着算力需求的加速增加，全球数据中心规模高速扩大，建设数据中心所需的电力、水资源的消耗较大。所以，数据中心的能效水平成为产业关注的重点。目前，我国数据中心能效管理进入精细阶段，数据中心总体能效水平快速提高，数据中心领域的绿色技术已经外溢到整个算力基础设施领域，如高压直流、预制化、液冷、自然冷却等。特别是"双碳"战略的实施，将改变算力基础设施建设和运营的方式。从建设上看，预制化将加快算力基础设施纵深扩展；从产品上看，供配电系统、制冷系统、IT设备等将会朝着节能高效的方向发展；从运营上看，智能运维、余热回收、可再生能源利用将会在算力基础设施领域得到普及。所以，未来一段时间，绿色低碳将会是算力基础设施建设运营的重点方向。

（四）算力网络部署呈现集群化特点

在国家部署"东数西算"工程的背景下，我国算力网络的资源进一步优化配置，呈现集群化发展的特点。"东数西算"对算力枢纽节点的建设呈现从东到西的梯次布局。京津冀、长三角、粤港澳大湾区、成渝4个算力节点，主要定位于服务重大区域发展战略的实施需求，主要任务是统筹好城市内部和周边区域的数据中心布局，主要处理工业互联网、远程医疗、金融证券等对网络时空要求比较高的业务。贵州、内蒙古、甘肃、宁夏4个算力节点，主要定位于面向全国的非实时性算力保障基地，主要任务是承接全国范围的后台加工、离线分析、存储备份等非实时算力需求，并承担本地实时性算力处理的需求。通过优化数据中心的建设布局，搭建东西部之间的"数据桥梁"，将东部算力需求有序引导至西部，然后进行存储、计算和反馈，最终形成以数据为纽带的东西部协同发展新格局。

"东数西算"通过布局全国一体化算力枢纽和数据中心建设，能够扩大算力基础设施规模，提高算力利用效率，引导全国算力朝集群化方向发展，最终提升国家整体的算力水平。同时，"东数西算"也能够带动产业链上下游投资，不仅能够带动土建工程等传统产业发展，还会带动IT设备制造、基础软件、绿色能源供给等科技创新产业发展，有力带动产业链上下游投资，促进经济增长。

三　算力网络面临的挑战

我国算力网络建设取得了很大进展，但是目前还面临着芯片"卡脖子"、供需不平衡、标准体系不健全等问题。

（一）算力产业面临芯片"卡脖子"风险

算力芯片和基础设施是算力网络的重要组成部分。我国在算力芯片领域的自主可控程度有限，特别是高端算力芯片和关键元器件很大程度上依赖进口，在芯片制造、基础软件和技术生态等核心技术布局方面有待加大力度。以人工智能领域为例，目前最先进的算力芯片仍然是英伟达的GPU芯片。英伟达的GPU芯片占据了数据中心市场90%以上的份额。由于美国近年来对中国芯片及半导体设备、材料的出口限制，特别是限制高端芯片禁止出口给中国，限制了中国算力基础设施建设，严重影响了我国人工智能产业的发展速度。在半导体材料设备、芯片、算力等方面，我国还面临着严重的"卡脖子"风险，实现半导体设备和材料的自主可控成为解决我国芯片"卡脖子"问题的关键。

（二）算力需求和供给不平衡问题突出

数字经济时代下，算力网络成为很多应用的关键支撑。当前我国算力供给难以满足海量数据带来的巨大计算需求，造成了算力需求和供给不平衡问题，特别是智能算力面临更为严重的供需不平衡问题，主要体现在以下三个方面：一是算力供给与需求存在结构性矛盾。当前，我国东部地区算力需求大，但能耗指标紧张、电力成本高，大规模发展数据中心难度和局限性大，算力供给难以满足算力需求。中西部的自然资源禀赋比较适合构建算力基础设施，但是西部地区的数据中心利用率低、算力供大于求，呈现出东西部地区算力供需不平衡的局面。二是用于产业互联网的算力不足，过去十年，主要由消费互联网带动算力市场发展，而未来十年，产业互联网将是算力市场的主要动力，当前的算力建设应用存在与产业互联网发展需求不匹配的情况。三是算力使用门槛较高，企业缺乏相关数字化转型人才，无法直接使用算力资源，因此需要通过云服务的方式提供算力服务，最大化降低人力和时间成本，降低算力使用门槛。

（三）算力的技术标准体系不完善

算力的标识和度量是全网算力资源衡量的基础，也是算力资源与应用需求及时对接的前提条件。由于算力网络涉及多个领域的技术和协议，需要实现不同技术之间的兼容和形成统一的技术标准。然而，目前算力网络领域的技术标准尚未完善，缺乏统一的行业标准和规范，导致很多产品和服务间的兼容共享存在障碍，不同厂商和平台之间的互操作性也存在问题，影响了行业的整体发展。同时，算网协同中的算力标识度量不仅与硬件资源的计算能力、存储能力和通信能力密切相关，也取决于计算节点的服务能力和业务的支撑能力。由于我国的算网协同还处于研究阶段，预计未来仍需大量的标准化工作和技术研究工作。因此，需要加强行业合作和标准化工作，推动算力网络技术的统一和规范化发展。

（四）算力面临能源供给的制约

电力是支撑算力发展不可或缺的能源基础。算力的发展需要消耗大量的电力，人工智能的发展推动智能算力需求不断增加，对电力的需求也急剧增加，电力已成为制约算力发展的关键要素。当前，以AIGC为代表的人工智能应用、大模型训练快速崛起，在带动智能算力需求爆发式增加的同时，对算力的要求也越来越高,而大规模算力需要消耗大量能源。

根据工信部数据,2022年,我国基础设施算力规模达到180EFlops(每秒百亿亿次浮点运算次数),数据中心耗电量达到2700亿千瓦时。预计到2025年,我国算力规模将超过300EFlops,智能算力占比达到35%,数据中心耗电量达到3500亿千瓦时。同时,算力的大规模部署和应用不仅消耗大量能源,同时也带来碳排放问题。以数据中心碳排放为例,数据中心碳排放主要来源于IT设备、空调系统、电源系统、照明系统等电力消费产生的间接排放。根据生态环境部数据,目前我国各省平均电网排放因子约0.61千克/千瓦时,若2025年、2030年各省平均电网排放因子保持目前的水平不变,则2025年、2030年我国数据中心间接碳排放量将分别达到2.1亿吨、3.5亿吨。①

四 政策建议

未来,需要政府、企业、科研机构、金融机构等多方协作,统筹规划、合理布局算力资源,全方位推进算力基础设施建设,在加大算力芯片研究力度的基础上,优化算力网络的空间布局,鼓励算力应用转化落地,构建良好的产业生态,加速推进算力网络建设,推动我国数字经济快速发展。

(一)加大算力芯片研发投入,夯实算力发展底座

芯片性能是制约算力发展的关键要素,针对目前我国高端算力芯片依赖国外进口的现状,需要加大算力芯片的研发力度,夯实算力发展底座。一是发挥新型举国体制优势,聚焦芯片领域的重点方向,加大研发支持力度。通过国家基金、重点研发计划等科技创新重大项目,重点聚焦芯片先进制程和算力研发方面,鼓励高校、科研院所、企业等研发主体多方参与,加快芯片关键核心技术攻关,提升国产化水平和自主创新能力,推动大模型算法、框架等基础性原创性的技术突破,提升智能芯片算力水平。二是探索多元投入,助推算力产业

---

① 李洁、王月:《算力基础设施的现状、趋势和对策建议》,《信息通信技术与政策》2022年第3期。

高质量发展。发挥产业引导基金的撬动作用，鼓励地方政府通过引导基金加大对算力产业的投入。同时，创新社会融资模式，支持社会资本向算力产业流动。三是加大对国内芯片领军企业的支持力度，突出龙头企业的引领作用，引导企业深度参与基础研究，加快培育一批算力芯片的龙头企业和专精特新中小企业，组建一批生态型创新联合体。

（二）加强顶层设计，优化算力网络的空间布局

一是加强顶层设计，适度超前部署算力产业。在《行动计划》和"东数西算"工程的基础上，加强整体性谋划和协调，在关键领域适度超前部署，同时加强政策合力，形成统一协调的决策机制。二是要优化空间布局，整体性推进算力基础设施建设。加强一体化算力网络国家枢纽节点建设，针对京津冀、长三角、粤港澳大湾区等关键算力节点，有序按需推进算力基础设施建设，提高算力基础设施的利用效率。结合国家"东数西算"工程的实施，引导算力资源向贵州、甘肃等西部省区转移，满足一些网络延时要求较低业务的算力需求；对于网络延时要求较高业务的算力需求，可以在沿海地区合理布局算力中心，以满足长三角、粤港澳大湾区等数字经济发达地区低延时算力需求。三是建优算力网络，促进应用落地。加速推进网络设施与算力设施配套部署，进一步优化升级网络体系架构，打造满足各类算力应用需求的运行体系。

（三）促进绿色能源和算力网络融合发展

在"双碳"背景下，在发展算力的同时降低能源使用和碳排放，积极推动能源结构的转型和升级，促进算网建设和绿色能源的融合发展，已经成为算力发展的迫切要求。具体来看，一是加强政策统筹协调，研究绿色电力与算力网络协同发展路径，明确推进的重点方向和领域，研究促进绿色电力与算力协同发展的体制机制和标准规范。二是统筹绿色电力与算力输送布局。综合考虑电力输送和算力输送，在绿电资源丰富、电力成本较低的地方优先布局算力中心，通过信息网络将东部沿海的算力需求转移到西部的算力中心，以输送算力的方式替代一部分电力输送，降低整体经济成本。三是推进绿色电力与算力联合调度。充分发挥算力中心的灵活调节特性，加强电力与算力联合调度，使算

力与可再生能源的特性相匹配,促进可再生能源消纳,保障电网运行安全。①同时,培育绿色电力与算力产业生态,打造绿色电力与算力协同标杆,服务能源数字经济高质量发展。

(四)拓展算力网络应用场景,健全产业生态

在推进算力基础设施建设的同时,进一步培育算力网络的应用场景。一是针对不同行业、不同应用场景对算力服务的不同需求,进一步挖掘细分市场,提供个性化的算力解决方法,并积极探索有价值、可推广复制的应用场景。二是以应用示范为引导,促进"东数西算"和算力网络服务落地见效。聚焦工业互联网、智能交通、数字政府等典型行业的主要场景,打造标杆场景与产品,持续推动算力助力传统行业转型升级,以及算力应用加速落地。三是培育良好的算力产业生态。围绕算力相关软硬件生态体系建设,加强硬件、基础软件、应用软件等适配协同,提升产业基础高级化水平,推动产业链上下游多方形成合力,共建良好发展生态。

---

① 高峰等:《实现"双碳"目标,算力需与电力协同》,《科技日报》2021年11月11日。

B.45
促进人工智能健康有序安全发展

彭绪庶*

摘　要： 人工智能是颠覆性创新，很可能对就业产生消极影响，加深智能鸿沟从而加剧收入不平等和贫富分化，挑战人类现有伦理规则和法律秩序，影响全社会价值观塑造和国家安全。结合当前国内国际人工智能现状，建议加快建立健全人工智能系统性风险管理框架，坚持智能向善发展负责任的人工智能，建立覆盖事前事中事后的全过程立体监管模式，积极参与和主导人工智能治理国际合作，不断提高公民数字素养。

关键词： 人工智能　公民数字素养　人工智能治理

近年来，人工智能发展引起了各国的高度关注。一方面，各界普遍认同人工智能创新取得突破性进展，为人类经济社会发展带来革命性的新机遇；另一方面，从深度造假、网络诈骗到网络舆论影响民众价值观塑造和国家安全保障，也有很多人意识到人工智能对经济社会乃至人类自身发展带来了前所未有的风险与挑战。人工智能是一把"双刃剑"，国际上围绕人工智能的争议日益激烈，如何发展和监管人工智能，必须慎重对待。在2023年10月召开的第三届"一带一路"国际合作高峰论坛上国家主席习近平在主旨演讲中宣布中方将提出《全球人工智能治理倡议》，各国要加强交流对话，共同促进全球人工智能健康有序安全发展，为人工智能创新发展指明了方向。

---

* 彭绪庶，中国社会科学院数量经济与技术经济研究所研究员，主要研究方向为产业技术创新与创新政策等。

一 人工智能将呈现颠覆性创新影响

（一）人工智能应用加速落地和普及

当前 ChatGPT 和 Sora 等大语言模型的发展表明，计算智能早已经在计算机领域实现超过人类的计算能力，人工智能正在实现机器系统从感知和判断到内容创造的巨大跨越，表明以生成式人工智能为代表的人工智能将很快迎来认知智能的"技术奇点"。随着算力发展呈现出泛在化趋势，人工智能大模型训练和使用的成本快速下降，推动着人工智能加速普及。以百度文心一言为例，文心一言于2023年8月向全社会开放，开放首日回复各类问题3342万个，目前用户规模已超过1亿，其中企业用户超10万家，支撑应用超过4000个。麦肯锡预测，到2030年，仅生成式人工智能每年对全球经济的贡献就将超过2.6万亿美元。

（二）人工智能颠覆性影响逐步显现

由于人工智能是一种通用目的技术，人工智能的应用将完全重塑传统产业的生产流程和生产方式，大幅提高生产效率，降低生产成本，提升产品质量，同时在电子商务、数字娱乐、教育、交通、金融和医疗健康等领域催生新业态新模式，推动重构产业结构。与此同时，人工智能具有自主学习能力，快速创新迭代能够实现自我改进，在改变我们生产生活方式的同时，也将深刻影响人类劳动就业关系，比如替代重复性和低技能工作，加深数字鸿沟，形成新形式的智能鸿沟；深刻影响和改变人类社会，如增加隐私保护、数据安全的难度，挑战人类伦理道德等。人工智能对生产生活全方位的颠覆性影响将随着人工智能发展和应用推广而逐步显现。

二 人工智能发展的风险与挑战

任何技术在"错误的手"中都有造成伤害的潜在可能性，但对于人工智

能技术来说，新问题是"错误的手"可能就是技术本身。① 因此，尽管人工智能发展给经济社会发展带来的机遇和积极影响远大于挑战与消极影响，但这并不意味着可以忽视后者。

（一）人工智能对就业的消极影响

1. 技术进步的就业效应

马歇尔凯恩斯在《政治经济学原理》中就提到技术变革可能对工人利益产生不利影响。古典经济学家李嘉图等很早就已经意识到，技术进步的就业效应是一种复杂效应。现代经济学家们认为，新技术提高生产效率，"机器换人"或"数据换人"是典型的就业替代效应。新技术的"创造性毁灭"一方面导致部分就业人口技能不匹配，另一方面也可以通过催生新业态新模式，产生新职业。同时技术进步能促进经济增长，增加国民收入，以补偿早期对就业的消极影响。技术进步的同时能产生就业创造效应、就业补偿效应和就业结构效应。

总体上，技术是一把"双刃剑"，既可以提高效率，替代就业，也可能创造新的市场和行业，从而增加就业。技术进步对就业的影响将取决于多种效应的综合作用，在新技术生命周期的不同阶段，对就业的影响不同。通常新技术在快速扩散初期，很可能会导致就业替代从而加剧失业。

2. 人工智能发展对就业的冲击

随着人工智能对各行各业的渗透日益加深，一些岗位不可避免会被人工智能技术替代，或因效率提高而流失。世界经济论坛估计，在未来五年劳动力市场将出现23%的结构性岗位流失和44%的工人技能将被颠覆。② 综合来看，8300万个职位将消失，导致净减少约1400万个就业机会，相当于全球就业总数的2%。OpenAI的研究认为，大约80%劳动力的工作任务中至少有10%会受到大语言模型冲击，大约19%劳动力的工作任务中至少50%受到影响，未来

---

① Stuart J. Russell、Peter Norvig：《人工智能：一种现代的方法》，殷建平等译，清华大学出版社，2013。
② https://www.weforum.org/reports/the-future-ofjobs-report-2023/.

8%的人类工作可能被替代。① 国际货币基金组织也认为，人工智能对老年人和发达经济体的就业影响更显著，接近40%的全球就业将面临人工智能替代的风险。② 一些学者的研究结论则更加令人悲观，认为人工智能对就业的替代效应比此前任何技术进步的影响都要明显。③ 例如，王林辉等认为，中国19.05%的就业面临高替代风险。④ Frey和Osborne研究发现，因人工智能的影响和冲击，47%的美国劳动者将面临失业。⑤

鉴于人工智能的技术特性，人工智能对不同产业、不同岗位、不同技能水平和不同收入水平就业岗位的冲击和替代作用不同。以中国为例，人大国家发展与战略研究院估算了人工智能对不同产业和总体的就业替代率（见表1）。总体来说，房地产、建筑业、交通运输、农林牧渔和制造业等传统产业岗位被替代的风险远高于教育、卫生、文化娱乐和计算机等信息服务业，未来劳动力市场将呈现明显的两极分化趋势。中等技能的常规性工作面临减少的压力较大，尤其是那些流程化、标准化的任务，如某些制造业作业、文书工作等，非常容易被AI和机器人技术取代。同时，这也意味着人工智能将加剧职业技能与市场需求之间的错配问题。

表1 中国各行业和总体就业替代估算结果

单位：万人，%

行业	替代率	城镇就业替代人数	行业	替代率	城镇就业替代人数
总计	0.45	16544.0			
农林牧渔业	0.54	145.8	房地产业	0.89	370.6
采矿业	0.45	245.6	租赁和商务服务	0.37	799.3

---

① Eloundou T., Manning S., Mishkin P., Rock D., "GPTs are GPTs: An Early Look at the Labor Market Impact Potential of Large Language Models," https://openai.com/research/gpts-are-gpts, March 17, 2023.
② 国际货币基金组织：《Gen-AI：人工智能和工作的未来》，2024。
③ 曹静、周亚林：《人工智能对经济的影响研究进展》，《经济学动态》2018年第1期。
④ 王林辉、胡晟明、董直庆：《人工智能技术、任务属性与职业可替代风险：来自微观层面的经验证据》，《管理世界》2022年第7期。
⑤ Frey C. B., Osborne M. A., "The Future of Employment: How Susceptible are Jobs to Computerization," Technological Forecasting and Social Change, 2017 (114).

续表

行业	替代率	城镇就业替代人数	行业	替代率	城镇就业替代人数
制造业	0.43	3370.8	科学研究、技术服务和地质勘查业	0.13	53.4
电力、燃气及水的生产和供应业	0.65	257.4	水利、环境和公共设施管理业	0.53	144.8
建筑业	0.59	2188.3	居民服务和其他服务业	0.40	490.7
批发和零售业城镇	0.57	5087.2	教育	0.09	152.8
交通运输、仓储及邮电通信业	0.70	900.3	卫生、社会保障和社会福利业	0.20	168.3
住宿和餐饮业城镇单位	0.67	1106.4	文化、体育和娱乐业	0.33	49.2
信息传输、计算机服务和软件业	0.23	80.3	公共管理和社会组织	0.36	589.6
金融业	0.57	343.1			

资料来源：赵忠、孙文凯、葛鹏：《人工智能等自动化偏向型技术进步对我国就业的影响》，《人大国发政策简报》2018年第3期。

（二）人工智能鸿沟加剧贫富分化

根据内生增长理论，任何技术进步都可以提高人均收入水平，与此同时也会增加收入水平的离散度。人工智能作为一项颠覆性、革命性技术，不仅可以提高平均收入水平，同样也会增加收入水平方差。Ünveren等认为，人工智能的发展伴随着进入门槛、使用壁垒等智能鸿沟现象，导致的收入不平等和贫富分化问题将更加显著。① 根据对50个国家2009~2019年的调研数据发现，人工智能投资较大的国家智能鸿沟问题相对严重，人工智能对高技能和低技能劳动者都有替代效应，也会加剧收入不平等问题。人工智能投资较小的国家，受智能鸿沟影响较小，收入不平等程度相对较小。

智能鸿沟导致收入不平等和贫富分化问题有多方面原因。首先，人工智能

---

① Ünveren B., Durmaz T., Sunal S., "AI Revolution and Coordination Failure: Theory and Evidence," *Journal of Macroeconomics*, 2023, Vol. 78.

技术加剧不同劳动者收入不平等。人工智能技术在引发劳动岗位更迭的同时，非对称地改变不同技术部门生产效率进而影响收入分配，诱致高、低技术部门之间的劳动收入不平等程度年均扩大0.75%。① 其次，人工智能发展促进资本要素份额的提升，相应降低了劳动收入份额。朱琪和刘红英发现，人工智能的资本偏向性通过用资本替代劳动力，降低劳动收入份额，拉大了要素收入差距。② 再次，人工智能技术红利导致收入不平等，加剧贫富分化。人工智能技术使得能够利用这些技术的企业实现生产效率提升和成本节约，进而增加了市场竞争力和收入，相应地那些未能利用人工智能技术的企业就无法从中获益，导致收入差距拉大。最后，教育投资回报增加带来收入不平等。人工智能技术的应用带动了对高等教育和技术技能的需求，相应地拥有教育资源的人可以获得更高的教育投资回报。

（三）人工智能的伦理与法律影响

人工智能依靠数据和算法，逐步获得自主学习能力和自主意识，具备类人的智慧特性，能够创造新的内容和新的"物类"，做出自我决策，采取自主行动，必然会对人类现有伦理规则和法律秩序构成严峻挑战。

从伦理挑战来看，人工智能训练和发展离不开数据和算法支撑，而数据本身有偏可能导致输出结果产生问题，因而产生数据偏见和算法偏见。例如，谷歌人工智能Gemini刚推出时，其生成的所有人物图像几乎都毫无例外地变成"黑人"。媒体报道的Airbnb算法能根据入住客人名字实现对黑人的"歧视性"订房。2014年，美国亚马逊公司的招聘平台能基于历史数据对不同性别、学历、地域、种族等群体进行区分，形成对特定群体的歧视性排除。我国外卖平台能通过提高外卖小哥运送效率的算法"优化"挤压其时间，并置交通法规和外卖小哥生命危险于不顾等，也是算法偏见的例子。进一步，以社交媒体为例，如果算法偏见导致不公平或歧视性决策，或者算法偏向于推荐与用户观点一致的资讯，而忽略了其他观点的存在，就会损害公众对算法的信任和接受

---

① 王林辉、胡晟明、董直庆：《人工智能技术、任务属性与职业可替代风险：来自微观层面的经验证据》，《管理世界》2022年第7期。
② 朱琪、刘红英：《人工智能技术变革的收入分配效应研究：前沿进展与综述》，《中国人口科学》2020年第2期。

度，进而导致公共信任危机和社会动荡。近年一些企业利用人工智能系统的互动性提供数字娱乐和虚拟交友服务，加剧了人际关系疏远、社会孤立感增强，以及焦虑、抑郁、社交障碍等心理健康问题。此外，以行动为核心的人工智能依据最新实践反馈的数据缺乏可靠性，从而可能出现系统偏见。如电子地图可能因为个别司机的违规路线行驶而将其作为合法路线推荐给新用户。尤其需要注意的是，当人工智能在各个方面都开始超越人类智慧时，人工智能的自主意识和自我行为很可能将不受人类控制，甚至威胁、控制人类，① 人类将失去"地球上万物之灵的地位"，人与机器的关系将因此而彻底改变。

从法律影响来看，深度造假等技术发展表明，人工智能技术更可能被恶意用于网络欺诈、侵犯隐私、网络攻击、身份盗窃、财产盗窃，以及利用虚假新闻扰乱市场秩序，影响金融稳定等，催生不同形式的全新违法犯罪形态，且具有成本低、隐蔽性高、防范和识别难度大、破坏作用强等特点。此外，人工智能技术发展及其应用还对现行法律规范构成严峻挑战。例如，在自动驾驶汽车、无人自主武器引发的事故和攻击行动中，事故责任主体如何归属难以界定。在生成式人工智能创造的文字、声音、图像和视频内容中，版权归属难以界定，极易引发知识产权争议。

（四）人工智能对社会价值观塑造的影响

人工智能在计算等特定领域具有超越人的智能，很可能引起对人类本身和传统价值观的质疑，如教育的必要性、隐私的安全性等。尤为重要的是，人工智能本身虽然没有价值观念和道德判断能力，但训练人工智能的数据如果偏离正常的社会价值观轨道，或者是驱动人工智能的算法被不当利用，而人工智能的发展和应用没有得到适当监管时，人工智能很可能成为影响和塑造社会价值观的重要利器。例如，在不同地区、民族、种族、宗教、文化和社会背景下，人们对家庭、国家、民主、选举和LGBT等的看法和价值取向自然存在不同。当人工智能的开发者与使用者价值观不同时，使用者的价值观很可能得不到尊重。在社交媒体上，使用者很可能被人工智能针对性定向推送支持特定群体、候选人、事件的资讯，对其产生潜移默化的影响。有许多例子表明，人工智能

---

① https://k.sina.com.cn/article_1750070171_684ff39b019019mhb.html.

算法可通过智能化推荐系统，向持不同政见的群体推送符合特定政治观点的内容。①

（五）人工智能对国家安全的影响

人工智能是保障国家安全的利器。但反过来，人工智能的颠覆性创新影响和能力越强，其在政治、科技、军事等国家安全层面带来的风险与挑战越大。从对政治安全的影响来看，一方面，人工智能技术窃密能力更加强大，另一方面，使用人工智能技术导致的泄密更加不易被察觉，安全防范更为困难。与此同时，互联网平台巨头可以通过算法推荐向用户定向推送相关信息，人为制造信息壁垒，甚至超越国家对意识形态话语权的控制，抢夺意识形态主导权。例如，西方社交媒体平台限制支持中国的信息投放和社交账号，利用人工智能技术加持的社交媒体"量身定制"投放政治信息，传达西方民主、人权等价值观，冲击主流意识形态，加剧社会分裂，影响大众心理预期，发挥潜在的裁判者作用。利用人工智能技术制作虚假视频或照片，社交媒体放大事故灾难或负面效应等，可以影响社会安全和稳定，加剧社会混乱和恐慌，甚至引发恐慌性事件。

三 国内外人工智能治理新动态

（一）我国人工智能治理新政策与新进展

针对生成式人工智能的爆发式发展，在前期《互联网信息服务深度合成管理规定》和《互联网信息服务算法推荐管理规定》等监管政策和相关法律法规基础上，2023年国家网信办等七部门联合印发《生成式人工智能服务管理暂行办法》，目的是在统筹发展与安全、促进创新与依法治理相结合的基础上，完善对生成式人工智能发展的包容审慎和分级分类监管，为依法规范人工智能发展提供了法律遵循。根据人工智能对数据、算法等的需要，2024年3

---

① Peters U., "Algorithmic Political Bias in Artificial Intelligence Systems," *Philosophy & Technology*, 2022, 35 (2).

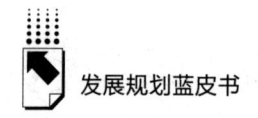

月，在《个人信息出境标准合同办法》和《数据出境安全评估办法》的基础上，国家网信办印发《促进和规范数据跨境流动规定》，明确了数据跨境流通的条件、安全评估、信息保护认证等程序，进一步完善了数据依法有序跨境流动管理。此外，2023年10月，科技部等十部门联合印发《科技伦理审查办法（试行）》，明确将人工智能等科技活动纳入科技伦理审查范围。工信部中国电子技术标准研究院建立了大模型评测框架与指标体系，开展"大模型标准符合性评测"，引导人工智能健康发展。

在此基础上，中央网信办2024年开展"清朗"系列专项行动，督促互联网平台和自媒体等内容提供者完善利用人工智能生成信息标注标识，打击利用生成虚假信息"引流"和"博流量"的营造炒作、制造谣言等违规行为。同时，依法开展生成式人工智能服务和深度合成信息服务算法等备案及公开工作。

（二）国际人工智能治理新动态

国际人工智能治理领域最有影响的进展可能是欧盟议会于2024年3月正式通过《人工智能法案》，明确要对人工智能系统进行风险分类，并根据风险等级进行分类监管。虽然该方案被外界认为有保护主义色彩和抢夺人工智能规则权之嫌，且在操作层面的规定仍然过于原则，但从酝酿到通过，历时4年，通过全球首部人工智能治理法律仍然具有重要意义，反映了人工智能治理的紧迫性。

美国处于人工智能技术领先地位，有责任加强人工智能治理。2023年8月，美国总统办公室与OpenAI等15家主要人工智能企业达成共识，企业做出自愿安全承诺，在人工智能系统发布前允许独立专家进行评估，允许第三方检测系统漏洞，加强人工智能相关社会风险研究。2023年10月，美国总统拜登签署了美国第一个具有约束力的人工智能监管指令，提出要制定新的安保和安全标准，企业要进行安全评估并向政府提交安全测试结果；要求对大型人工智能系统涉及商业和个人训练数据的收集和使用情况进行评估，保护消费者隐私；要实施公平和民权指引，避免算法歧视；加强研究潜在危害和对劳动力市场的影响。在此基础上，美国对国防部、财政部、交通部等九部门的人工智能使用情况进行风险评估，并向国土安全部报告风险评估情况。美国商务部援引

《国防生产法》授权,要求大型人工智能企业分享相关信息,报告能训练人工智能系统的大型计算集群,报告安全测试结果。与此同时,美国也在考虑建立人工智能"红队"标准。

其他国家和地区也在积极推动人工智能发展与治理。例如,俄罗斯和新加坡都发布了各自的人工智能发展国家战略。2024年2月,东盟发布人工智能治理与道德指南。日本2023年4月发布了《人工智能白皮书:人工智能新时代的日本国家战略》,2024年1月出台了《人工智能运营商指南草案》,还计划出台加强生成式人工智能监管的新法律。

(三)国际人工智能治理合作进展

中国引领全球人工智能治理合作。2023年10月,中国政府在第三届"一带一路"国际合作高峰论坛上发布《全球人工智能治理倡议》,提出围绕人工智能技术发展、安全和治理的立场和合作倡议,为应对全球人工智能治理挑战与困境带来了新方案新希望。随后中美旧金山会晤讨论了中美人工智能合作议题。2024年初,中美人工智能政府间对话开启。

加强全球人工智能治理合作正在成为国际共识。2023年9月,G20印度新德里首脑会议将"以人为中心"的AI治理纳入议题,呼吁加强AI全球治理。2023年11月,英国主办首届全球人工智能(AI)安全峰会,包括我国和美国等在内的28个国家与欧盟参会,共同签署《布莱奇利人工智能宣言》,搭建了全球人工智能合作的重要载体,表达了加强治理合作、共同应对人工智能潜在风险的愿望。

联合国积极推动全球人工智能治理合作。2023年7月,联合国安理会召开首次关于AI安全和威胁会议。联合国秘书长设立了人工智能高级别咨询机构,2023年12月,发布《以人为本的人工智能治理》,分析了人工智能的发展机遇与潜在风险挑战,明确提出解决全球治理赤字需要强化制度安排。2024年联合国大会通过全球人工智能决议,提出人工智能必须安全、可靠和可信赖,必须尊重个体、保护和增进人权和基本自由,应当加强监管合作。2024年2月,第二届全球人工智能(AI)伦理论坛召开,联合国教科文组织与全球8家科技机构和公司签署协议,合作在人工智能开发和使用中落实AI伦理。

发达国家加强人工智能治理合作。2023年5月,G7部长级会议启动"广

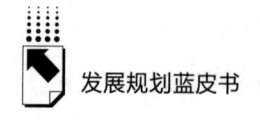

岛人工智能进程"，决定制定共同行为准则，规范大企业人工智能开发，应对潜在风险，推动发展安全可靠和可信赖的人工智能。2023年10月，G7发布涵盖人工智能设计、开发、部署和使用的《广岛进程组织开发先进人工智能系统的国际指导原则与行为准则》，以指导企业开发先进人工智能带来的隐私问题和滥用风险。

四 促进人工智能健康有序安全发展的政策建议

（一）坚持系统思维构建风险管理框架

当前中国《新一代人工智能伦理规范》、美国《关于安全、有保障和可信的人工智能的行政命令》（the US Executive Order on Safe, Secure, and Trustworthy AI）、欧盟《关于可信人工智能的伦理准则》（the High-Level Expert Group Ethics Guidelines for Trustworthy AI）和《布莱奇利人工智能宣言》（the Bletchley Declaration on AI）等都将可信人工智能作为监管的核心原则，但这些治理都侧重伦理监管。考虑到人工智能的风险与挑战涉及领域广，风险形式变化多端，必须改变分散的碎片化管理模式，统筹发展与安全，统筹设计人工智能治理体制，构建系统性风险管理框架，发展安全可信人工智能。

首先，健全人工智能风险监管体制机制。借鉴欧盟《人工智能法案》和《美国人工智能风险管理框架》，在《生成式人工智能服务管理暂行办法》基础上，建立跨部门的风险管理体制，加快研究建立人工智能风险分类分级框架、监管治理措施、风险事件响应机制和风险应对措施。进一步，加快探索政府和人工智能企业的风险双层管理模式，将风险管理体制和风险管理措施落实为政府监管部门和企业的主体责任，根据风险程度对企业分级分类监管，探索建立企业自主实施风险管理、自愿实施风险报告和高风险活动的强制行为监管制度。

其次，健全全生命周期风险系统管理。研究建立针对性的风险管理措施，确保覆盖从人工智能系统设计、研发、预训练、评估、注册到应用和应用监测、评估的全过程，覆盖从数据、算法、模型、技术文件到日志记录和评估监测等要素清单的全部内容，最大范围最大限度地保障人工智能系统在全生命周期的准确性、鲁棒性、透明性和可追溯性。

最后,探索实施人工智能监管沙盒。人工智能是重大革命性创新,机遇远大于风险,不能因为存在风险就因噎废食。与其他技术相比,人工智能技术创新更有可能通过实验和试错来验证某些类型的预知和未知风险,可以借鉴金融科技的监管沙盒模式设计和实施人工智能监管沙盒,即在人工智能系统注册上市前,选择合适地区合适时间和行业领域,在相对受控环境下,在尽可能真实环境中测试和验证人工智能产品或服务的安全性和风险程度。

(二)坚持智能向善发展负责任的人工智能

坚持"以人为本",推动"智能向善",发展负责任的人工智能,确保人工智能始终朝着有利于人类文明进步的方向发展。

首先,树立"智能向善"的价值取向。将向"善"作为发展人工智能的基本价值原则,把"善"放在首位,以和平、发展、公平、正义、民主、自由等全人类现有的价值取向和伦理规范为标准,为人工智能确立合乎人性和人类基本价值共识的发展目标,[①] 如以人类的根本利益为中心,尊重个体自由发展和生命安全,保障人际公平正义,防范和打击对人工智能技术的恶意滥用,慎重发展和使用军事人工智能,促进人工智能造福于最广大人民的福祉,促进公平公正的社会秩序,保护个体隐私和安全,为全人类的共同价值而推动人工智能创新发展。

其次,强化人工智能企业的责任担当。人工智能企业是实现"智能向善"的第一责任人,应基于"善"建立价值取向、发展远景和企业文化,制定"善"的道德守则和"作恶"的惩罚制度规范企业行为,尤其要为人工智能系统开发确立合乎人性的发展目标,重视价值观对齐;构建标准约束算法模型,在人工智能创新发展全链条各环节中规范数据采集和使用,尊重个体隐私和合法权益;严格守法,建立风险识别和跟踪机制,守住不损害人类根本利益的伦理底线,支持利用人工智能促进可持续发展;维护公平竞争,不滥用技术和市场优势。

最后,健全人工智能伦理审查和监管机制。建立国家人工智能科技伦理审

---

① 李志祥:《伦理学视域下的人工智能发展》,《光明日报》2024年2月19日。

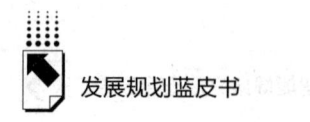

查委员会，有必要时对国内外大型人工智能系统开展伦理审查。同时，督促大型人工智能企业、科研院所、高校和协会学会等按要求建立由不同专业背景和外部成员组成的科技伦理审查委员会，并保障委员会独立开展工作。此外，要推动政府、人工智能开发企业和产业链上下游企业、社会等广泛参与，构建多元化、协同化、开放化和公正有效的治理机制，推动在全社会凝聚"智能向善"的共识，推动形成共治合力。

（三）建立全过程立体监管模式

人工智能的风险挑战具有多维性、复杂性和动态性，不仅要有事前的规制预防，也要有事中管理，以及事后的惩罚措施和纠错机制，建立覆盖事前事中事后的全过程立体监管模式。

一是加快人工智能立法。针对人工智能的法律主体问题、生成内容的著作权问题、人工智能的侵权损害和责任问题、基于数据的隐私保护和人格权问题、数据产权和收益分配权问题、人工智能换人的劳动法问题，以及智慧医疗和无人驾驶等人工智能发展引发的紧迫问题，围绕安全、伦理、风险控制等多重价值目标等加强研究，[①] 有必要完善相关法律法规。在系统性立法条件成熟前，有必要以行政法规、行政条例或部门规章等形式加快医疗、交通等重点领域的立法工作，逐步建立保障人工智能健康发展的法律体系和制度体系。

二是完善数据基础制度和加强数据安全保障。一方面，加快数据产权制度探索，规范数据合法采集、流通和交易，规范数据安全合规有序跨境流通，建立合规有序的数据流通交易制和完善的数据要素治理基础制度。另一方面，建立数据分类分级保护和确权授权使用制度，加强对算法模型、参数和基础数据集的保护与管理，建立对应数据不同风险级别的数据安全利用机制，推动形成全链条数据安全监管。

三是探索建立实施人工智能"红队"机制。借鉴国际经验和标准，研究出台国家人工智能"红队"系列标准规范。组织由相关部门，或联合相关企业、大学等建设"红队"实施机构，或由经过认证的第三方人工智能安全实

---

① 吴汉东：《人工智能时代的制度安排与法律规制》，《法律科学（西北政法大学学报）》2017年第5期。

验室，以"红队"机制推动开展自愿性和强制性人工智能系统测试。鼓励和引导大型人工智能企业建立"红队"实施机制。

（四）加强人工智能治理国际合作

人工智能发展正在呈现出跨国家跨领域的新趋势，其风险挑战是各国面临的共同课题，需要国际社会携手合作，推动建立人工智能治理新体系。

首先，尊重各国人工智能主权。人工智能主权是国家主权在人工智能时代的重要体现。不同国家、不同民族语言、历史、文化、风俗习惯和道德规范不同，人工智能要尊重各国主权独立，尊重和遵守作为国家主权独立象征的法律法规及其独特文明，尊重与国家主权相关的数据和智能内容的所有权。同时，应反对以人工智能技术优势胁迫和限制他国人工智能发展，损害其他国家安全。

其次，积极参与和支持多边与双边国际治理合作。支持在联合国框架和多边国际合作框架下成立国际人工智能治理机构，加快制定具有全球共识的治理框架、标准规范和技术路线。围绕人工智能供应链、医疗、知识产权、数据跨境流通等重大问题和重点领域，加强与美欧的交流对话和国际治理合作。

最后，探索搭建国际合作平台。《全球人工智能治理倡议》是体现和践行人类命运共同体理念的人工智能治理中国方案，提供了制定国际人工智能治理规则、平衡人工智能发展与治理的参考蓝本，应以倡议为基础，搭建国际人工智能对话交流和治理合作平台，共同应对人工智能的潜在风险与重大挑战。

（五）不断提高公民数字素养

人适应和利用技术的能力与水平直接影响社会"繁荣"或"痛苦"。[①] 因此，实现人工智能健康有序安全发展，提升公民数字素养与技能是关键一环。一方面，要针对老年人、青少年、农民等易受网络诈骗、社交媒体影响和深度造假技术辨别能力弱的重点群体，加强宣传引导，加大免费优质数字资源供给，普及人工智能等数字技术知识和技能，提高懂网络懂人工智能、防范网络

---

① 克劳迪娅·戈尔丁、劳伦斯·F. 卡茨：《教育和技术的赛跑》，贾拥民、傅瑞蓉译，格致出版社、上海三联书店、上海人民出版社，2023。

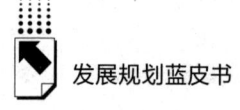

谣言和诈骗的信息辨识能力，提高保护个人数据和隐私的意识与数字安全防护能力，提高对网络游戏、短视频和社交媒体的防沉迷能力。另一方面，鼓励和引导大型人工智能企业与学校和社区等合作，针对性开展人工智能进学校进社区助学助老助残等活动，加强对典型风险和侵权违法案例等的宣传，通过社交媒体、短视频和新闻网站等群众喜闻乐见的形式创新宣传教育引导方式，促进弥合数字认知鸿沟。

B.46 以人工智能促进高质量发展

李文军 李玮*

摘 要： 在对人工智能影响高质量发展的理论逻辑与影响机制分析的基础上，利用2007~2022年我国省级面板数据，对人工智能影响高质量发展进行了实证检验。研究发现：人工智能显著提升了高质量发展水平，且在经过系列检验后结果依然稳健。人工智能显著提升了创新、协调、绿色、开放、共享的发展水平；人工智能显著提升了增长极省份和西部地区的高质量发展水平，对东部地区高质量发展水平的作用为正但不显著，而中部地区由于人工智能部署进展缓慢对高质量发展水平未起到提升作用。基于研究结论，对更好发挥人工智能对高质量发展的促进作用提出相关政策建议。

关键词： 人工智能 高质量发展 工业机器人 技术创新

一 引言

党的十八大以来，习近平总书记准确把握国内外发展大势，提出供给侧结构性改革总体方略，指出要加速转变发展方式，积极培育和发展壮大新增长动能，大力推进高质量发展。2020年我国在完成全面建成小康社会以来，已进入全面建设社会主义现代化国家和中国式现代化背景下实现高质量发展的新阶段。党的二十大报告提出，高质量发展已经成为全面建设社会主义现代化国家和中国式现代化的首要任务。2023年12月召开的中央经济工作会议指出，当前我国高质量发展扎实推进，现代化产业体系建设取得重要进展，全面建设社

---

* 李文军，中国社会科学院数量经济与技术经济研究所研究员，主要研究方向为产业技术经济；李玮，中国网络空间研究院信息化研究所副研究员，主要研究方向为数字经济。

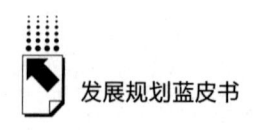

会主义现代化国家迈出坚实步伐。党的二十届三中全会进一步强调,高质量发展是全面建设社会主义现代化国家的首要任务。

我国由高速增长阶段转向高质量发展阶段,一方面是因为受环境资源恶化、人口红利消退、资本回报率整体下降、要素投入比达到极限等条件约束,过去单纯依靠生产要素大量投入的粗放式发展模式变得难以为继,大量传统行业出现产能过剩;另一方面随着国民收入提升,人民群众对于更高质量、更高水平、更美好生活的需求和向往愈发强烈。从国际发展经验来看,世界主要发达经济体均经历过类似发展阶段,从依赖要素投入的发展模式向依赖技术创新的发展模式转变,从而成功跨越"中等收入陷阱"进入发达经济体行列。因此,我国高质量发展急需新发展模式和新发展动能。以互联网为代表的信息技术迎来高速发展时期,数据中心、智能设备等信息基础设施加速应用普及,为我国实现高质量发展提供了强大动力。随着云计算、大数据、物联网、5G等技术广泛落地应用,加之以深度学习为主的机器学习算法快速发展,AlphaGo与ChatGPT的横空出世标志着人工智能迎来第三次发展浪潮,人工智能技术和产业的飞速发展,以OpenAI为代表的人工智能新势力推出最新的人工智能研发工具和大模型,正在成为下一轮数字化发展的关键动力。习近平总书记指出,人工智能是新一轮科技革命和产业革命的重要驱动力量,是推动我国科技跨越发展、产业优化升级、生产力整体跃升的重要战略资源。2023年中央经济工作会议也提出要加快推动人工智能发展。如今,人工智能技术在模式识别等部分领域的表现早已超过了人类平均水平,被广泛应用在制造、金融、安防、交通、教育、科研等生产生活的方方面面,特别是在新冠疫情防控期间发挥了重要作用。作为全新的增长动能,人工智能正在重构生产、分配、交换、消费等经济活动各环节,改变社会组织架构、管理模式和创新方式,助推经济社会实现高质量发展。

二 我国人工智能发展现状

我国人工智能产业和技术发展极其活跃,部分领域已在全球领先。2022年我国人工智能核心产业规模达5080亿元,同比增长18%,① 具体如图1所

---

① 中国信通院测算数据。

示。我国人工智能产业已形成长三角、京津冀、珠三角、成渝四大集聚发展区,并持续辐射带动周边省份,人工智能代表性企业持续增多,截至2022年底,全球人工智能代表企业数量27255家,其中我国企业数量4227家,约占全球企业总数的16%。人工智能专利申请量居世界首位,2013年至2022年11月,全球累计人工智能发明专利授权量达24.4万项,我国累计授权量达10.2万项,占41.8%。[1] 截至2022年,全球人工智能论文发表量前十的机构中,我国占九席,包括中国科学院、清华大学等知名研究机构和高等学府。[2] 我国企业在应用算法、智能芯片、开源框架等关键核心技术上已取得重要突破,图像识别、语音识别等应用技术进入国际先进行列,智能传感器、智能网联汽车等标志性产品有效落地应用,建成一批国家新一代人工智能公共算力开放创新平台。此外,我国已有超过400所学校开办人工智能专业,高端人才培养数量位居全球第二。

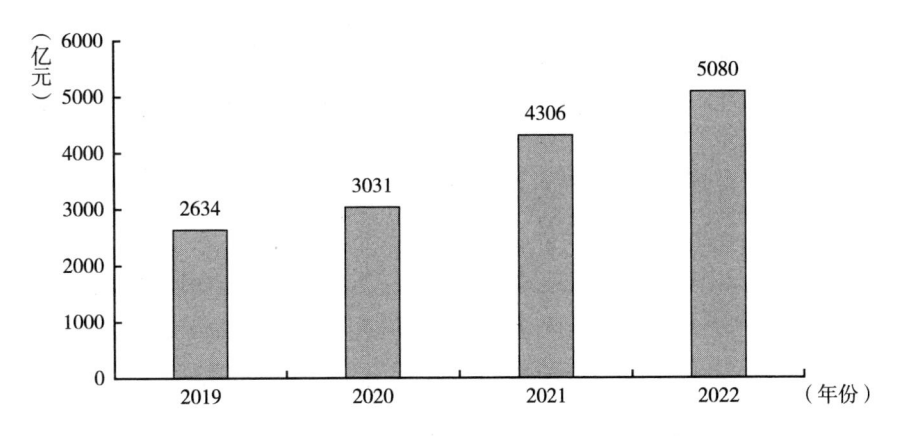

图1 2019~2022年我国人工智能核心产业规模

资料来源:中商产业研究院。

与此同时,我国着力推进高质量发展,推动构建新发展格局,高质量发展取得重要进展。2013~2022年,我国GDP从54万亿元增长到114万亿元,占世界经济的比重达18.5%,稳居世界第二位;同期,人均GDP从3.98万元增

---

[1] 中国信通院监测数据。
[2] 斯坦福大学发布的《2023年人工智能指数报告》。

加到8.1万元；城镇化率提高11.6个百分点，达到64.7%。① 然而发展中不平衡不充分问题仍然突出，还有许多卡点和瓶颈，如关键领域核心技术仍受制于人、各类能源使用效率仍存改进空间、区域间发展不平衡存在扩大的风险等。党的二十大报告提出要建设中国式现代化，同时提出中国式现代化的本质要求就是要实现高质量发展，这意味着"十四五"时期我国高质量发展进入关键阶段。

三 人工智能影响高质量发展的理论分析

（一）理论逻辑

随着人工智能技术不断与经济社会各领域深度融合，人工智能呈现出通用性、创新性、替代性、协同性、规模性和智能性②六种技术—经济特征，并从生产、管理、流通、消费等环节对社会经济进行升级改造。人工智能技术加快应用，从生产方式、生产工具、生产流程、组织模式等方面进行智能化改造升级，有利于提升生产效率、减少劳动需求、降低生产成本、提升组织效率、削减能源损耗，从而促进经济社会高质量发展，具体表现在以下几个方面。

一是人工智能可提升生产效率。借助已有的智能系统，企业可获取相对以往更加丰富的市场信息，市场机制变得愈发完善，生产要素的配置效率得到提升，而人机协同和无人智能系统的广泛部署应用，可以帮助企业实现更为复杂生产流程以及研发设计与生产制造的协同化，高水平的人机协同正成为主流的生产和服务方式。

二是人工智能可促进绿色发展。借助人工智能技术，供需双方可以实现更加精准的"咬合"和匹配，一定程度上可以减少社会投入资源的错配和浪费。

---

① 党的二十大报告数据。
② 通用性是指人工智能具备与经济社会各领域、生产生活各环节深度融合的潜能。创新性是指人工智能可以不断激发创新活力，成为一种"发明方法的发明"（Invention of a Method of Invention），或者可以称为"元创新"，实现对脑力或创造性活动的替代。替代性是指人工智能本身作为一种资本要素，能够对其他生产投入要素不断进行替代。协同性是指人工智能技术的应用能够提升其他要素间衔接配合的契合度。规模性是指基于网络连接而产生的网络效应和用户规模效应。智能性是指人工智能技术所呈现出的无人化、自适应化等特性。

智能家居、无人驾驶技术和新能源交通设备的广泛应用,在技术上能够保证集中式能源供给与分布式能源消费实现智能匹配,促进能源利用效率提升和低碳社会构建。[1] 人工智能在平台建设、环境监管等方面,为绿色生产、绿色生活、美好环境提供重要的手段和保障。

三是人工智能可促进开放发展。人工智能技术能够改变不同生产要素的回报率,进而改变各国在贸易中的比较优势,形成新的国际贸易格局。人工智能技术的应用能够影响企业生产效率,从而影响企业的跨国贸易决策。在人工智能深度参与对外开放的背景下,一方面在大幅降低人工成本的同时,有效地提升贸易竞争力;另一方面能够在优化贸易结构的同时,推动产品与产业质量的变革,助推产业智能化的转型升级,重塑全球产业数字化价值链。

四是人工智能可促进协调发展。一方面,由于其本身具备的高生产率属性,人工智能产业的高速发展能够带动区域内总产出增加。而根据赫希曼的极化—涓滴效应理论,由于极化效应大于涓滴效应,一个区域内的经济发展必然会带动其他区域的经济发展,从而促进区域协调发展。另一方面,与其他信息技术类似,人工智能可以打破区域、城乡等空间限制,促进资本、技术、人才等各类生产要素的自由流动,从而有利于发挥各区域、城乡间的比较优势,促进各区域间、城乡间的分工协作,增强区域间的经济关联,进一步促进区域和城乡协调发展。

五是人工智能可促进共享发展。借助人工智能技术,教育、医疗、文化等优质公共服务资源能够实现均衡化流动,从发展较为先进的地区流向发展较为落后的地区,实现各类优质资源的共享共用,提升全社会的福利。例如,借助5G、医疗机器人等远程医疗设备,中国西藏边境的群众可以享受到来自广州、北京等医疗发达地区三甲医院的专业问诊;借助智慧课堂,中国农村的适龄儿童能够接受与大城市同样的教育资源;利用人工智能、元宇宙、AR、VR等智能虚拟技术,农村地区的群众可以参与城市高质量的文化娱乐活动和分享各类文化资源。

---

[1] 师博:《人工智能助推经济高质量发展的机理诠释》,《改革》2020年第1期。

（二）影响机制

第一，人工智能通过创新作用机制促进高质量发展。人工智能作为一种产生新思想的元技术，能够提升在复杂知识空间中的搜索能力，既可以改进获取相关知识的方式，又可以提高预测新组合价值的能力。[①] 例如，当基础的生物或物理系统的复杂性阻碍知识发现时，人工智能技术的搜索、预测和判断能力将会变得十分有价值。因此，人工智能帮助企业、高校、科研机构等创新主体提升创新效率。例如，人工智能可根据历史生产和销售数据预估生产数据，帮助企业达到优化生产流程、协助制定最优营销策略的目的，减少供需双方信息不对称，促进产品端和消费端对接。随着企业规模不断扩大，企业内部管理难度也会增大，人工智能可以降低企业内部沟通成本，推动企业管理模式创新，使企业组织架构逐步向着扁平化、开放式的方向发展，从而降低企业管理成本。人工智能可以强化智力协作，推动科学研究从单打独斗的"小农作坊"模式走向平台科研的"安卓"模式，通过规模化和去中心化的测试加速科研和产业的对接，大大提升科研效率和生产力。Nielsen强调集体智慧（Collective Intelligence）在正式和非正式的网络化团队中变得越来越重要，数据驱动智能的发展能够解决挑战人类智慧的问题。[②] 此外，人工智能能够促进高技能劳动力的培育，研究发现计算机应用带来的自动化会对日常手工与认知任务产生替代效应，对非日常认知任务则产生互补效应，即智能产业的发展将会激发对相关领域科学家、工程师以及高技能蓝领、经理人的需求，形成生产力水平更高、附加值更大的高端人力资本。

第二，人工智能通过产业优化机制促进高质量发展。人工智能可以提升产业间聚合质量，通过改变生产要素投入比例和协调产业间组合关系驱动产业结构合理化。一方面，随着人工智能应用不断深入推进，各类生产要素的

[①] Agrawal A., Gans J., Goldfarb A., "Prediction, Judgment, and Complexity: A Theory of Decision-making and Artificial Intelligence," *The Economics of Artificial Intelligence: An Agenda*, University of Chicago Press, 2018: 89-110.

[②] Nielsen C., *Animal Evolution: Interrelationships of the Living Phyla*, Oxford University Press, 2012.

产出效率将发生变化，在价格效应和规模效应的共同作用下，生产要素将向高边际产出和高生产效率的产业部门转移，从而推动产业结构向着更高产、更合理的方向发展。另一方面，人工智能所具有的通用性等特征能够形成强大的产业关联效应，通过与区块链、云计算、大数据、物联网等新一代信息技术深度耦合，不仅显著提升不同产业间衔接配合的默契度，提升运行效率、降低产业间摩擦成本，而且还促进产业间生产运营融合协作。随着人工智能、大数据、云计算等数字技术的深度应用，产业内部和产业之间的融合和关联度日益加深，原有产业布局与合作模式被打破和改造，在空间上实现更大规模的规模经济和范围经济，优化了产业的空间布局。通过智能技术实现万物互联、万物智联，有效降低产品流通和交易成本，为实现跨区域、跨产业融合发展提供市场支持，形成有效的产业集聚与区域产业链。在劳动人口红利减弱、用工成本增加以及招工难的背景下，人工智能技术的大面积部署应用加速了"机器换人"进程，越来越多重复性、超负荷、危险性、固定程式的任务被各类机器人和自动化设备替代。以富士康为例，在整个制造过程经历了智能化改造后，人均产量提升了20%，良品率提升了30%，库存降低了33%。

四 人工智能影响高质量发展的实证检验

（一）高质量发展测度体系

1. 测度体系构建

高质量发展涉及经济社会各领域各方面，是一项复杂的系统性工程，因此单一指标无法全面衡量高质量发展水平，应采用综合性的指标体系来进行衡量和评估。与此同时，高质量发展指标体系的构建既要能够客观反映实际情况，又不能过于贪大求全、面面俱到，同时还要考虑统计数据的可获得性，目的是能够客观、简洁、准确地反映各省份的高质量发展状况。根据已有文献研究成果，充分结合我国高质量发展的宏观实际，同时考虑分析指标的可获取性和非交叉性，本文构建包含5个一级指标和16个二级指标的高质量发展指标评价体系，具体指标及其衡量方法如表1所示。

表1 高质量发展测度体系

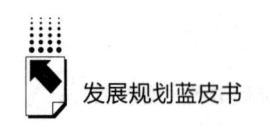

一级指标	二级指标	衡量方法	属性
创新驱动 (Z_1)	R&D经费投入强度(z_1)	规模以上工业企业R&D经费(万元)	+
	人均专利拥有量(z_2)	专利授权量/人口总量(件/万人)	+
	技术市场成交额(z_3)	技术市场成交额(万元)	+
	劳动生产率(z_4)	GDP/全社会从业人员(万元/人)	+
绿色低碳 (Z_2)	人均绿地面积(z_5)	绿地面积/人口总量(公顷/万人)	+
	单位GDP废水排放量(z_6)	废水排放总量/GDP(吨/万元)	-
	人均能源消耗量(z_7)	能源消费总量/人口总量(吨标准煤/人)	-
民生改善 (Z_3)	居民收入水平(z_8)	居民人均可支配收入(元)	+
	地区公共服务水平(z_9)	各省份财政民生支出/一般公共预算支出的比重(%)	+
	人均教育水平(z_{10})	城镇居民人均教育文化娱乐支出(元)	+
对外开放 (Z_4)	外贸开放度(z_{11})	FDI/GDP(%)	+
	地区进出口总额(z_{12})	各省份货物进出口总额(亿元)	+
	外商投资企业(z_{13})	外商投资企业年底注册登记数(户)	+
区域协调 (Z_5)	产业结构(z_{14})	第三产业增加值/第二产业增加值(%)	+
	地区收入水平(z_{15})	各省份人均GDP/全国人均GDP(%)	+
	城镇化水平(z_{16})	城镇化率(%)	+

2. 权重确定和计算方法

由于各项指标具有异质化属性,为便于计算各省份的高质量发展指数,我们需要对各项子指标进行去量纲化处理,本文采取极差法处理,具体形式如下:

$$\text{正向指标}: z'_{ij} = \frac{z_{ij} - X_{\min}}{X_{\max} - X_{\min}},$$

$$\text{负向指标}: z'_{ij} = \frac{X_{\max} - z_{ij}}{X_{\max} - X_{\min}}$$

$$(i = 1,2,\cdots,19, j = 1,2,\cdots,30)$$

其中,i表示选取的各项二级指标,j表示各省份,z_{ij}是第j个省份第i个指标的初始值,z'_{ij}是第j个省份第i个指标经过极值法后的标准化值,$X_{\max}$和$X_{\min}$

分别表示第 i 个指标的最大值和最小值。在对初始值进行无量纲化处理后，我们采用加权赋值法对全国 30 个省份的 2007~2022 年的高质量发展指数进行测算，具体计算方法为二级指标乘以权重得到一级指标，然后一级指标乘以权重得到最后的高质量发展指数。借鉴马茹等采取的方法，本文同样认为各级指标的下属指标均从不同方面提供了上级指标的相关信息，具有相同的重要性，因此宜采用等权重赋值。① 以创新驱动指标（Z_1）为例，其计算方法为 $Z_1 = \frac{1}{4}\sum_{i=1}^{4} z_i$，同理其他 4 个指标也采用同样的方法求得。最终的高质量发展指数由 $hqi = \frac{1}{5}\sum_{i=1}^{5} Z_i$ 公式求得。根据以上方法，测算出 2007~2022 年全国除西藏外其他省份的高质量发展指数，因西藏历年相关数据缺失较多而舍去不做计算。

（二）基准模型构建

检测人工智能对高质量发展影响的基准模型具体设定为如下形式：

$$\log(hqi_{jt}) = c + \alpha_1 \log(AI_{jt}) + \lambda \Gamma_{jt} + u_j + v_t + \xi_{jt}$$

其中，$\log(hqi_{jt})$ 是 j 地区 t 时刻高质量发展指数的对数值，c 是常数项，$\log(AI_{jt})$ 是 j 地区 t 时刻人工智能部署的对数值，Γ_{jt} 是选取的控制变量，u_j 是截面固定效应，v_t 是时间固定效应，ξ_{jt} 是随机误差项。

为讨论人工智能对高质量发展的影响机制，使用机制检验模型，② 具体设定如下形式：

$$机制变量(inn) = c + \alpha_3 \log(AI_{jt}) + \lambda \Gamma_{jt} + u_j + v_t + \xi_{jt}$$
$$\log(hqi_{jt}) = c + \alpha_4 \times 机制变量 + \lambda \Gamma_{jt} + u_j + v_t + \xi_{jt}$$

其中，inn 是技术创新机制变量，其他设定与基准模型一致，$\log(AI_{jt})$ 是 j 地区 t 时刻人工智能部署的对数值，Γ_{jt} 是选取的控制变量，u_j 是截面固定效应，

---

① 马茹、罗晖、王宏伟、王铁成：《中国区域经济高质量发展评价指标体系及测度研究》，《中国软科学》2019 年第 7 期。
② 杨仁发、陆瑶：《人工智能对制造业高质量发展的影响研究》，《华东经济管理》2023 年第 4 期。

v_t是时间固定效应，ξ_{jt}是随机误差项。如α_2与α_3均显著为正，则可证明该影响机制。

（三）变量说明

被解释变量是各省份高质量发展水平，由测算可得。数据主要来源于历年《中国统计年鉴》、各省份统计年鉴和经济社会统计公报等。需要说明的是，各省份财政民生支出选取一般公共服务支出、教育支出、文化体育与传媒支出、社会保障和就业支出、医疗卫生与计划生育支出、城乡社区支出、住房保障支出等七个指标求和获得，部分年份缺失值采用线性插法进行补齐。

核心解释变量是人工智能部署，鉴于当前对于人工智能的直接统计测算研究还处于探索阶段，因此需要选取代理变量来大致衡量人工智能部署。参考Agrawal等[1]、Acemoglu等[2]、史丹等[3]，本文拟用工业机器人安装密度作为人工智能部署的代理变量，参照康茜等[4]和芦婷婷等[5]的方法，根据国际机器人联盟（IRF）公布的中国各行业工业机器人［IFR公布的14个大类对应于国民经济行业分类与代码（GB/4754-2011）中13~43的细分行业代码］安装量，由《中国劳动统计年鉴》中细分行业各个省份的就业人数占全国总就业人数的比重，乘以全国各行业机器人安装数量得到工业机器人渗透度。

控制变量包括对外开放度（op）、经济发展水平（$rjgdp$）、人力资本（hr）和资本存量（k）。其中，对外开放度（op）用地区进出口总额占地区生产总值的比重来衡量；经济发展水平（$rjgdp$）用各省份历年人均

---

[1] Agrawal A., Gans J., Goldfarb A., "Prediction, Judgment, and Complexity: A Theory of Decision-making and Artificial Intelligence," *The Economics of Artificial Intelligence: An Agenda*, University of Chicago Press, 2018.

[2] Acemoglu D., Restrepo P., "The Race Between Man and Machine: Implications of Technology for Growth, Factor Shares, and Employment," *American Economic Review*, 2018, 108 (6).

[3] 史丹、叶云岭：《人工智能、就业结构与高质量发展》，《当代财经》2023年第5期。

[4] 康茜、林光华：《工业机器人与农民工就业：替代抑或促进》，《山西财经大学学报》2021年第2期。

[5] 芦婷婷、祝志勇：《人工智能是否会降低劳动收入份额——基于固定效应模型和面板分位数模型的检验》，《山西财经大学学报》2021年第11期。

GDP 来衡量；人力资本（hr）用 6 岁以上人口的平均受教育年限来衡量，具体计算公式为小学份额×6+初中份额×9+高中（含中专）份额×12+本科份额×16+研究生份额×19，其中小学份额表示小学学历居民占该地区 6 岁以上人口比重，其余类似；资本存量（k）用单豪杰永续盘存法进行衡量，[1] 由 $k_t = i_t + (1-\delta)k_{t-1}$ 计算所得，其中 k_t 是 t 期的资本存量，i_t 是 t 期的投资量，k_{t-1} 是 $t-1$ 的资本存量，δ 是折旧率，本文以 2000 年为基期，折旧率 δ 取 10.96%。

机制变量选取了技术创新（inn）和产业结构高级化两个变量。其中，技术创新（inn）用各地历年规模以上工业企业有效发明专利数来表征，产业结构高级化计算方法是第一产业总产值比重×1+第二产业总产值比重×2+第二产业总产值比重×3 的总和。以上数据来源于历年《中国统计年鉴》《中国工业统计年鉴》《中国教育统计年鉴》和各省份统计年鉴等，部分年份缺失值采用线性插值法补齐。表 3 报告了各变量的描述性统计量。

（四）基准模型回归结果

从高质量发展测算结果来看，我国省级层面的高质量发展水平呈现逐年升高趋势。从图 2 可以看出，北京、上海和广东的高质量发展平均水平位列全国前 3，这个结果同已有文献一致，[2] 北京、上海、广州三地所引领的京津冀地区、长三角地区和粤港澳大湾区的高质量发展指数普遍较高，说明了高质量发展存在区域带动和集聚效应。表 2 报告了基准模型的回归结果。可以发现，核心解释变量人工智能部署对高质量发展的影响呈现显著正向作用，且在加入控制变量后仍呈现显著正向作用，即人工智能部署每增加 1 个百分点，能够带动高质量发展水平提升 0.117 个百分点。从其他控制变量来看，经济发展水平对高质量发展的影响显著为正，因为发展的物质基础是

---

[1] 单豪杰：《中国资本存量的再估算：1952—2006 年》，《数量经济技术经济研究》2008 年第 10 期。

[2] 吕承超、崔悦：《中国高质量发展地区差距及时空收敛性研究》，《数量经济技术经济研究》2020 年第 9 期；马茹、罗晖、王宏伟、王铁成：《中国区域经济高质量发展评价指标体系及测度研究》，《中国软科学》2019 年第 7 期。

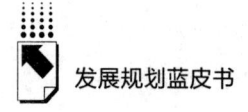

经济增长,只有经济增长规模保持在合理区间,才能持续推进高质量发展。对外开放度对高质量发展的影响也显著为正,改革开放四十多年来我国综合国力和人民生活水平得到大幅提升,离不开跨国企业和国际贸易的正向溢出效应的促进作用,已有文献从理论和实证均对此做出大量讨论和解释,对外开放度越高的省份高质量发展指数越高。而资本存量和人力资本对高质量发展的影响则不显著。表2同时报告了人工智能对高质量发展指数体系各分项指标的回归结果,人工智能对高质量发展各分项指标的影响均显著为正,从实证层面验证了前文的理论分析。从回归参数来看,人工智能对共享水平的影响最大,然后依次是开放水平、创新水平和绿色水平,对协调水平的影响最小。

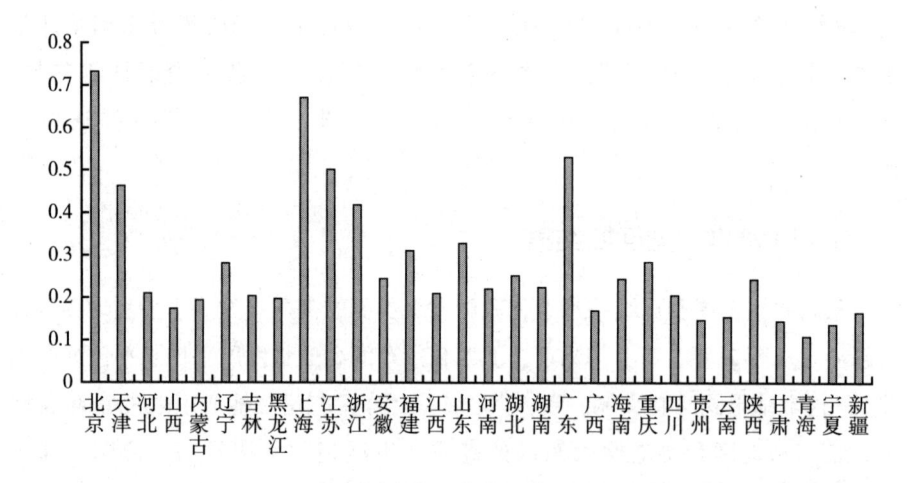

图2 2007~2022年我国30个省份高质量发展平均水平

表2 基准模型回归结果

	(1) $\ln hqi$	(2) $\ln hqi$	(3) $\ln z_1$	(4) $\ln z_2$	(5) $\ln z_3$	(6) $\ln z_4$	(7) $\ln z_5$
$\ln ir$	0.155*** (0.0194)	0.117*** (0.0196)	0.130*** (0.0386)	0.0872** (0.0269)	0.270*** (0.0639)	0.184** (0.0636)	0.0317 (0.0173)
$\ln k$	— —	-0.163** (0.0522)	0.300** (0.103)	-0.194** (0.0717)	-0.670*** (0.170)	-0.368* (0.175)	-0.0877 (0.0461)

续表

	(1) lnhqi	(2) lnhqi	(3) $\ln z_1$	(4) $\ln z_2$	(5) $\ln z_3$	(6) $\ln z_4$	(7) $\ln z_5$
lnhr	—	0.344	0.0327	0.242	1.308	3.088***	-0.0745
	—	(0.271)	(0.534)	(0.373)	(0.885)	(0.877)	(0.239)
lnop	—	0.0901***	0.0666	-0.00853	0.201***	0.651***	0.0135
	—	(0.0185)	(0.0364)	(0.0254)	(0.0603)	(0.0662)	(0.0163)
ln$rjgdp$	—	0.240**	1.901***	0.0116	0.522*	0.385	0.379***
	—	(0.0735)	(0.144)	(0.101)	(0.239)	(0.235)	(0.0648)
_cons	-2.272***	-3.541***	-23.93***	-0.255	-4.794*	-9.225***	-4.626***
	(0.110)	(0.682)	(1.342)	(0.936)	(2.225)	(2.265)	(0.602)
N	480	480	480	480	480	473	480
R^2	0.319	0.397	0.675	0.354	0.210	0.327	0.319
Province	是	是	是	是	是	是	是
Year	是	是	是	是	是	是	是

注：*、**、***分别表示在1%、5%、10%的水平下显著，下同。

进一步进行稳健性检验，结果表明，无论是替换解释变量还是改变估计方法，人工智能对高质量发展的显著正向影响结果都十分稳健。运用工具变量法和系统GMM法进行内生性检验，结果表明，在有效控制遗漏变量、双向因果等内生性问题的情况下，人工智能对高质量发展的影响作用依然显著为正，模型回归结果稳健有效。限于篇幅，本文略去详细过程与具体结果。

（五）异质性检验

考虑到东中西部在人工智能部署应用、发展资源禀赋、相关政策规划以及支撑力度等方面的差异，本文按照东中西三个区域进行异质性检验。同时，根据《中国新一代人工智能发展报告2020》，京津冀、长三角和粤港澳大湾区已成为我国人工智能发展的三大区域性引擎，人工智能企业数量占全国的83%，成渝城市群、长江中游城市群也展现出人工智能发展的区域活力，因此本文将所涉及的省份定义为人工智能增长极①一并进行异质性检验。表3报告了异质

---

① 包括北京、天津、上海、江苏、浙江、福建、山东、广东、重庆、四川10个省份和直辖市。

性检验的回归结果,可以发现西部地区的人工智能部署显著提升了该区域高质量发展水平,人工智能部署对中部地区高质量发展水平的影响显著为负,虽然人工智能部署对东部地区高质量发展水平的影响为正但并不显著。从增长极的角度来看,人工智能部署对增长极涉及省份的高质量发展水平影响显著为正。以上回归结果与直观感受存在一定出入,一般认为东部地区人工智能渗透率较高、发展环境较好,对于高质量发展的影响应该更为明显,而西部地区人工智能渗透率较低、发展环境欠佳,对于高质量发展的影响应该弱于东部地区,回归结果则恰恰相反。究其原因,可能在于东部地区人工智能发展水平整体较高,但也存在像河北、海南、辽宁等实力偏弱的省份,从而影响了回归结果的显著性,这也可以从增长极的回归结果中得以验证,当将这三个省份换成四川和重庆时,回归结果不仅变得显著且影响程度更大。而四川、重庆和陕西等西部强省在人工智能部署和应用方面成效显著,带动区域高质量发展水平。此外,中部地区的人工智能部署进度较慢,对高质量发展水平未能起到有效的提升作用,因此中部地区人工智能部署对高质量发展水平的影响显著为负。

表3 分区域回归结果

	(1) Lnhqi_东部	(2) lnhqi_中部	(3) lnhqi_西部	(4) lnhqi_增长极
lnir	0.0319 (0.0259)	-0.0657** (0.0269)	0.1530*** (0.0425)	0.0338* (0.0186)
lnop	0.0397 (0.0437)	0.0494* (0.0280)	0.0977*** (0.0305)	0.00808 (0.0217)
ln$rjgdp$	0.320*** (0.0908)	0.779*** (0.0921)	0.652*** (0.169)	0.286*** (0.0735)
ln$k$	-0.00795 (0.0537)	0.405*** (0.0948)	-0.102 (0.0983)	-0.0863* (0.0482)
lnhr	0.519 (0.322)	0.223 (0.322)	0.432 (0.497)	0.0519 (0.264)
_cons	-5.452*** (0.896)	-12.22*** (1.104)	-8.380*** (1.619)	-3.459*** (0.733)
N	176	128	176	160
R^2	0.376	0.809	0.538	0.425
Province	是	是	是	是
Year	是	是	是	是

（六）影响机制分析

表4报告了人工智能影响高质量发展的影响机制。第（1）、（2）列报告了技术创新效应的回归结果，可以看出，人工智能部署对技术创新以及技术创新对高质量发展的影响均显著为正，因此验证了人工智能的技术创新效应。第（3）、（4）列报告了产业结构优化效应的回归结果，人工智能部署对人力资本结构优化以及人力资本结构优化对高质量发展的影响也均显著为正，同样验证了人工智能的产业结构优化效应。

表4 机制回归分析结果

	（1）lninn	（2）lnhqi	（3）lngjh	（4）lnhqi
lnir	0.1740*** (0.0500)		0.00734*** (0.00210)	
lninn		0.126*** (0.0184)		
lngjh				2.109*** (0.450)
lnop	0.0700 (0.0472)	0.101*** (0.0179)	0.0165*** (0.00198)	0.0759*** (0.0200)
lnhr	−1.204* (0.693)	0.309 (0.267)	−0.00596 (0.0291)	0.157 (0.273)
ln$k$	0.0161 (0.133)	−0.219*** (0.0504)	0.00814 (0.00560)	−0.238*** (0.0518)
ln$rjgdp$	0.710*** (0.187)	0.202*** (0.0733)	−0.0408*** (0.00788)	0.381*** (0.0756)
_cons	1.729 (1.742)	−2.834*** (0.651)	1.197*** (0.0732)	−5.077*** (0.877)
N	480	480	480	480
R^2	0.954	0.411	0.855	0.379
Province	是	是	是	是
Year	是	是	是	是

五 结论和政策启示

(一)研究结论

人工智能显著提升高质量发展水平,且在经过稳健性检验和内生性检验后结果依然稳健。从高质量发展分项指标来看,人工智能显著提升了创新、协调、绿色、开放、共享的发展水平。人工智能对高质量发展的影响呈现区域异质性,对提升西部地区高质量发展水平的影响显著为正,对东部地区高质量发展水平的影响虽为正但不够显著,而中部地区由于人工智能部署进展缓慢对高质量发展水平未能起到有效提升作用。从增长极视角来看,人工智能对高质量发展水平的影响显著为正。从空间溢出效应来看,无论是从地理空间还是从经济空间来看,人工智能的空间溢出效应均显著为正,但同经济接近的省份相比,地理空间接近的省份之间更容易承接来自外部省份的溢出效应。从影响机制来看,人工智能可以通过技术创新效应和产业结构优化效应促进高质量发展。从门槛效应来看,人工智能对高质量发展存在门槛效应,当各地的市场规模和研发人员超过一定数值时,人工智能对高质量发展的影响开始变得显著。

(二)政策启示

一是要持续拓展人工智能应用和积极探索场景创新。理论和实证结果表明,人工智能可以显著促进高质量发展。同互联网及其他信息技术相比,当前人工智能采用率和产业规模仍相对较小,对高质量发展的推动作用尚未完全释放。因此,应当继续扩大人工智能在经济社会各领域各方面的推广应用,加快人工智能在各类创新场景的高水平应用,着力解决人工智能重大应用和产业化问题。在农业领域加快部署智能农机、农业生产物联监测、农产品质量智能监控等应用,在制造业领域加快部署工业大脑、工业机器人、机器视觉工业检测等应用,在金融领域加快部署智能风控、征信、反欺诈等应用。聚焦智慧医疗、智慧教育、智慧社区、智慧安防等重点民生领域,推动人工智能与传统领域融合发展。

二是完善人工智能发展支撑条件,补齐高质量发展短板。区域异质性结果表明，东部某些省份和中部省份的人工智能部署较慢，对于高质量发展的支撑和推动作用没有显现，西部地区的人工智能部署能够显著提升高质量发展水平。此外，空间效应结果表明地理接近的省份更容易承接来自人工智能的空间溢出效应。因此，对于东部部分省份和中西部省份而言，要持续加快信息基础设施建设，利用建设东数西算等重大工程契机，努力承接来自东部人工智能发展较好省份的溢出效应。构建区域联动的创新服务体系，打通不同区域、部门间的数据"壁垒"，构建一体化的人工智能创新区和数字新区，为人工智能产业发展营造良好创新创业生态。积极培育适应本地化需求的人工智能软硬件企业，提高人工智能技术的适配性，强化人工智能与产业的融合和应用落地，切实提升人工智能的使用效率。

三是建强人工智能发展环境，破除制约高质量发展的障碍。研究发现，经济发展状况和研发人员等因素会约束人工智能对高质量发展的影响。因此，应该围绕建设现代化产业体系、促进创新研发、培育人工智能相关人才等方面进行发力。积极建设现代化产业体系，围绕半导体等重点产业链，分阶段分步骤补齐短板，实现关键核心技术攻坚突破。推动战略性新兴产业融合集群发展。持续加快人工智能相关学科建设，加强人工智能领域学历教育，在义务教育阶段普及人工智能相关知识，加强人工智能领域的人才培养。

B.47
加快通用人工智能创新发展

左鹏飞*

摘　要： 党的二十届三中全会审议通过的《中共中央关于进一步全面深化改革　推进中国式现代化的决定》是指导新征程上进一步全面深化改革的纲领性文件，其中多次提到"人工智能"，要"建立人工智能安全监管制度""完善推动新一代信息技术、人工智能……战略性产业发展政策和治理体系""完善生成式人工智能发展和管理机制"，为推动我国人工智能高质量发展指明了前进方向、提供了根本遵循。随着科技的飞速发展，人工智能在经济社会发展中扮演着日益重要的角色，其影响力、引领力、渗透力不断提升，不仅是推动我国技术创新和产业升级的关键要素，而且是发展新质生产力的重要引擎。当前，我国通用人工智能发展步入快车道，并进入"四期叠加"阶段，同时也面临了一些问题和挑战。为推动通用人工智能创新发展，本文从顶层设计、基础研究、教育培训、科创与产业融合、国际合作交流等方面提出相关建议。

关键词： 人工智能　技术创新　产业智能化　应用场景

一　通用人工智能发展的基本态势

人工智能是新一轮科技革命和产业变革中具有变革性的技术力量。随着ChatGPT、Sora等大模型的问世，人工智能在全球范围内掀起新一轮探索热潮，我国人工智能也步入发展快车道。当前，我国通用人工智能发展处于利好

---

* 左鹏飞，中国社会科学院数量经济与技术经济研究所副研究员，主要研究方向为信息技术经济、数字技术创新等。

政策加码机遇期、技术研发创新加速期、应用场景深度拓展期、产业转型升级调适期"四期叠加"阶段。

（一）利好政策加码机遇期

近两年，针对全球人工智能新一轮热潮，我国发布技术突破、产业培育与应用场景等一系列政策。一是上升为国家行动。2024年《政府工作报告》首次写入"人工智能+"，提出深化大数据、人工智能等研发应用，开展"人工智能+"行动，强化人工智能发展的顶层设计。二是增强支撑性要素。工信部、中央网信办、科技部、数据局等部门通过制定或者联合制定相关政策，积极推动数据、算力、数字基础设施等发展，不断夯实人工智能发展基础。三是推进治理创新。关于人工智能发展带来的新问题，我国在全球范围内出台了首部针对生成式人工智能的专门立法《生成式人工智能服务管理暂行办法》，提高人工智能发展的规范性、安全性。四是地方政府积极布局。随着人工智能的发展价值不断彰显，北京、上海、深圳、安徽等地纷纷出台相关举措，从不同侧重点推进人工智能发展。

（二）技术研发创新加速期

技术研发和产业应用是人工智能发展的"双轮驱动"，并且人工智能技术可持续应用于生产过程。我国高度重视人工智能技术研发工作，既有政府部门通过财政资金支持人工智能技术研发，也有大量企业持续加大研发投入，推进人工智能创新和应用取得明显成效。一是研发投入不断增长。政府部门和人工智能企业不断加大技术创新投入，以期抢占未来发展制高点。根据斯坦福大学发布的《2024年人工智能指数报告》，2023年中国人工智能民间投资额达到77.6亿美元，位居全球第二。二是创新成果不断涌现。《2024年人工智能指数报告》显示，2022年，我国以61.1%的占比成为全球人工智能专利最大来源国，超过占比为20.9%的美国。同时，截至2024年4月，我国开发了15款顶级人工智能模型，数据位居全球第二。三是核心产业规模快速增长。根据中国信息通信研究院发布的数据，2023年中国人工智能核心产业规模预计达到5784亿元，增速约为13.9%，涉及相关企业数量达到4482家。

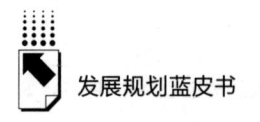

（三）应用场景深度拓展期

场景创新是当前人工智能产业发展的"牛鼻子"。当前，我国人工智能的应用广度和深度持续拓展，加速向更多领域、更深环节渗透，智能化应用场景在经济社会发展中的地位逐渐提升。一是应用范围不断扩大。从电商、搜索到对话、物流，通用人工智能正在加速应用于自动驾驶、智能工厂等不同产业场景，对实体经济的赋能作用不断增强。二是应用速度不断加快。在过去较长一段时期，传统人工智能的应用主要是完成一些简单重复性劳动工作，可以高效处理功能单一和高度规范化的工作任务。而拥有更高智能水平的通用人工智能，具有更强的任务场景认知和任务规划处理能力，能够更快适应复杂的产业场景应用。三是智能商业模式日益丰富。随着人工智能技术创新与产业应用之间的交互作用持续增强，以"模型即服务"（MaaS）为代表的一批新型商业模式加快涌现出来，从人工智能模型的研发入手，包括数据、架构、训练、调优等，形成针对零售、交通、推荐等具体商业场景的产品和服务。

（四）产业转型升级调适期

通用人工智能具有完成任务泛化、任务自定义、内在价值驱动等特征，可以在复杂的物理和社会环境中像人一样自主处理相关工作。因此，通用人工智能给生产函数带来重构性影响，既能以产品或服务的形态参与经济社会发展系统，也可以作为新生产要素实现对劳动力等部分传统要素的替代。随着人工智能应用程度的逐步加深，我国产业加快调整适应新变化。一是产业智能化水平不断提升。我国在建设现代化产业体系过程中，高度重视产业智能化发展，积极推动传统产业与人工智能深度融合，以期实现传统产业进阶升级。其中制造业加速智能化转型较为明显，"灯塔工厂"是制造业智能化发展的典型代表，根据世界经济论坛发布的数据，截至2023年12月，全球共有153座灯塔工厂，其中我国有62座。二是人工智能产业化进程不断加快。在供需两端同步发力下，语言模型产品、智能体、人形机器人等一大批人工智能技术成果正不断从实验室中走向产业实践，智能应用加快从封闭性走向非封闭性，相关产业价值逐步得到释放，人工智能正在进入产业化加速阶段。三是人工智能产业化与产业智能化相互促进，推动智能产业生态建设。

二 通用人工智能创新发展面临的主要问题

近年来,我国通用人工智能保持快速发展势头,大模型产业加速发展,应用场景不断拓展,赋能经济社会成效日益凸显,但在快速发展过程中仍面临着一些问题和挑战。

(一)技术瓶颈仍需突破

技术层是人工智能发展的核心。从技术角度来看,当前我国通用人工智能在图像处理、语音识别等领域具有领先优势,但也面临着一些挑战。一是底层算法偏差。人工智能系统的决策和预测能力取决于底层算法,而受程序员主观认知、数据分布不均匀等因素的影响,底层算法可能产生某些偏差,进而给生产生活带来负面影响。二是高质量数据供给不足。高质量数据是提升人工智能准确性和泛化能力的关键因素,而受数据交易机制不成熟、公共数据开放程度不高等因素影响,目前人工智能发展还面临着高质量数据短缺问题。三是模型效率有待提高。模型效率可反映人工智能模型在数据处理、任务执行以及资源消耗方面的情况,而受技术路线不同、软硬件兼容性问题、算力资源协同和共享不足等因素的影响,目前模型效率仍有较大提升空间。

(二)外部遏制打压仍需突破

作为推动新一轮科技革命和产业变革的核心驱动力,人工智能已经成为大国科技博弈的关键领域。全球主要经济体在人工智能领域的竞争愈演愈烈。个别国家为保持其技术优势和主导地位,对我国人工智能发展的遏制打压行为持续加剧。一是AI尖端芯片出口管制。近年来,我国不断加大对AI芯片的研发投入,取得了一定进展,但目前国产AI芯片在性能和效率上与全球先进水平相比仍有较大差距。然而,美国政府不断升级对华半导体出口管制,阻止中国获得先进AI芯片。二是打压我国人工智能企业。自2019年起,美国对华实体清单上不断列入我国知名人工智能企业,限制这些企业获得相关软硬件。三是限制我国人工智能国际合作。近年来,我国在人工智能领域表现出了较强的国

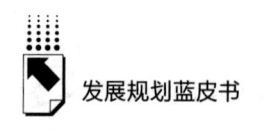

际竞争力。在逆全球化思潮的影响下，部分国家通过成立全球人工智能合作伙伴组织（GPAI）、人工智能联盟（AI Alliance）等排除中国的国际组织，限制我国参与人工智能领域的国际合作和交流。

（三）人工智能与产业深度融合仍须推进

人工智能为产业发展注入了新动力、开辟了新应用，产业发展为人工智能落地提供了新场景、拓展了新空间。目前，人工智能在零售消费、物流包装等领域应用较为广泛，取得了良好成效。然而，人工智能与产业融合发展，尤其是与制造业深度融合仍然面临一些问题和挑战。一是融合动力有待增强。从整体来看，人工智能应用前景广阔，但现阶段低成本、高价值的应用路径还处于探索阶段，应用的示范效应仍不够显著，部分企业尤其是中小企业对发展人工智能的积极性相对不高。二是核心应用场景有待挖掘。制造业作业场景高度复杂，目前人工智能应用主要集中在质检、监控、计划等非核心环节，制造业"深水区"的应用场景还需进一步深挖。三是制造业数据分析难度大。受数据采集难度大、设备接口不统一、数据格式和协议规范差异等因素的影响，制造业数据的分析与应用水平仍有待提升。

（四）知识产权保护模式仍需创新

与人工智能最契合的法律机制是知识产权制度。全球人工智能领域竞争日趋白热化，各国围绕人工智能发展的立法活动不断增多，创新知识产权保护模式是焦点之一。通用人工智能发展需要海量的、多样的、实时的、长期的数据训练，以帮助其应对各种场景和任务。可见，来源合法的数据是通用人工智能可持续发展的必要条件。但如果在研发阶段就要求所有数据来源合法，则会限制数据的质与量，不利于产生高质量的人工智能产品。为了缓解人工智能发展与数据合法性的矛盾，我国在《生成式人工智能服务管理暂行办法》中提出了"促进创新和依法治理相结合的原则"，以包容审慎的态度推动人工智能发展。但伴随人工智能从研发阶段加速走向市场应用阶段，以数据来源合法性为代表的人工智能知识产权保护将面临许多现实和法律问题，面向人工智能的知识产权保护模式仍在探索过程中。

（五）发展与治理仍需兼顾

全球人工智能研发与应用步伐持续加快，在带来巨大发展机遇的同时，不可避免地衍生出一些新问题，缺乏监管的技术"狂奔"正引发广泛担忧。人工智能的发展与治理问题，不仅影响产业发展的方向选择和速度规模，更关系到我国参与全球竞合的主动权和话语权。当前，我国人工智能治理主要面临四方面挑战。一是没有现成的国际经验可供借鉴。一方面，与以往大部分科技领域治理不同，通用人工智能是一个新事物，各国在治理上均处于探索阶段。另一方面，我国在人工智能领域保持快速发展态势，从过去的跟跑者向领跑者转变，与之相关的伦理、法律等问题只能依靠自己解决。二是产业界的参与机制不完善。人工智能发展与产业界密切相关，其治理也需要产业界协同推进，目前产业界参与人工智能治理的依据、程序等仍需进一步明确。三是开展人工智能治理的工具有待开发。四是参与全球人工智能治理的人才、机构和机制仍缺乏。

三　推动通用人工智能创新发展的国际经验

人工智能是前沿科技领域的热点，并逐步成为影响全球资源分配、产业格局以及国际分工的重要因素。全球主要经济体纷纷把人工智能作为重要战略利器，加速推动相关技术和产业发展。

（一）美国推动通用人工智能创新发展的主要经验

2022年底以来，美国在通用人工智能领域进展迅猛，不断有新技术、新产品涌现。美国政府层面的关键政策和主要做法包括：一是动态更新国家人工智能研发战略。2023年5月，美国对2016年、2019年版《国家人工智能研发战略计划》进行更新升级，重申和调整相关战略目标，并结合发展形势提出战略目标的具体优先事项。二是注重人工智能政策跟踪评估。为了不断完善人工智能政策，美国政府对《2020年国家人工智能倡议法案》等政策法案实施情况进行评估。三是支持和发展人工智能初创企业。美国通过国家人工智能研究资源（National AI Research Resource）试点，引领推动美国人工智能研究，积极为初创企业和小型开发者提供技术与资金援助，同时帮助人工智能初创企业实现商业化落地。四是吸引和留住人工智能人才。美国通过扩大资助范围、提供技术援助、简化签证程序等多种手段，以及推出人工智能官方网站，全力吸引和留住人工智能领域专业人才。五是促进与规范人工智能创新。2023年10月，美国总统签署首个人工智能行政命令，提出制定标准、保护隐私、政府使用、促进创新和竞争等8个行动目标，以确保美国能够把握人工智能发展机遇和管理风险。同时，美国政府要求Google、微软、OpenAI等头部人工智能企业做出安全承诺。六是推动政府部门使用人工智能。近两年，美国多个政府部门发布人工智能应用指导性文件，提出通过人工智能优化美国外交、安全等领域的工作，并要求各联邦机构设置首席人工智能官（CAIO），公开披露人工智能使用情况。

（二）英国推动通用人工智能创新发展的主要经验

近年来，英国政府出台一系列举措支持人工智能技术研发和应用，推动英国人工智能产业高速发展。2024年4月IMF发布的《世界经济展望》中预测，人工智能将使英国生产力每年提高0.9%~1.5%。英国政府的主要经验包括：一是政府大力支持和引导。从2017年开始，英国政府积极推动AI技术的发展和应用，从国家、产业、技术、人才、监管等方面不断推出支持性举措，并持续引导和加大对人工智能领域的投资。同时，英国政府专门成立人工智能委员会、人工智能办公室等，制定并推动人工智能战略实施。二是充分发挥"以学带产"模式。英国拥有一批全球顶尖的高等院校和研究机构，而大多数人工智能企业分布在伦敦、牛津、剑桥等大学云集地区，强大的科研能力和人才储备为英国人工智能技术和产业发展提供了强大支撑。三是推动公共部门应用。英国政府不仅鼓励产业界加强人工智能技术研发和应用，同时还拨款支持人工智能技术在公共部门的推广和应用，以提高医疗、教育、交通等公共部门的效率。四是倾向性扶持初创企业发展。针对人工智能技术研发周期较长的特点，英国政府重点支持获得B轮以上融资的人工智能初创企业，并帮助初创企业实现商业化落地。五是力争牵头全球人工智能治理。英国政府积极推动英国成为全球人工智能安全监管中心，计划设立与国际原子能机构相似的全球人工智能监管机构。

四 加快通用人工智能创新发展的政策建议

当前,各行各业正在加速数智化转型,通用人工智能有望成为推动经济社会发展的重要驱动力。为推动通用人工智能创新发展,应从以下几个方面入手。

(一)强化顶层设计,推进基础赛道与专项赛道差异化发展

一是加快制定发展规划。由相关政府部门牵头,组织一批战略科学家、AI工程师等成立专门研究小组,全面系统提出人工智能发展总体构想,保持人工智能发展战略动态升级;在既有规划基础上,结合新形势新变化,研究制定出台《通用人工智能发展规划》。二是推进人工智能赛道差异化发展。构建人工智能发展"双赛道",以GPU芯片、数据资源、高算力设施等AI核心要素为基础赛道,由数字科技领域的国家实验室、新型科研机构、央企国企、重点院校等组成赛道主力军;以全球最新AI成果为专项赛道,选择和支持具有较强技术积淀的大型科技企业开展对标研发,谨防一哄而上。三是建立健全双赛道互动互促机制。逐步确立基础赛道与专项赛道分类原则,健全财政对基础赛道的投入机制,持续加快基础赛道建设;建立专项赛道企业筛选机制,创新对专项赛道支持机制;加快建设互动互促可持续发展机制,推动基础赛道与专项赛道实现良性循环。

(二)强化基础研究,提升通用人工智能原始创新能力

一是加大基础研究投入。加大对人工智能基础研究的稳定性经费支持力度,扩大科研经费管理自主权;积极支持原创性、颠覆性人工智能技术创新,探索推行原始创新类项目经费"包干制";针对人工智能领域有研发能力的重点企业,构建精准长效支持机制。二是部署重大科技项目。针对人工智能领域"卡脖子"问题、前沿性问题,加快部署一批包括GPU芯片在内的重大基础研究科技项目;加大对关键领域研发攻关的支持力度,打造形成若干战略性、前瞻性产品;完善"沿途下蛋"机制,积极发挥商业机构在成果转移转化中的作用,促进重大成果及时转化应用。三是推进技术创新生态建设。立足人工

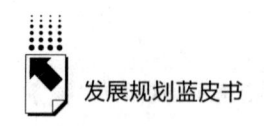

智能创新需求，持续优化科研生态环境；积极发挥科协等社团的作用，围绕人工智能热点问题开展相关主题科学活动；由科技部门牵头，建立人工智能领域企业、科研机构、重点高校联动机制，促进形成科技创新骨干网络，打造人工智能科技资源共建共享平台；统筹公平竞争与鼓励创新，形成人工智能领域企业优势互补、协调发展、共同发展的良好局面。

（三）强化教育培训，推进人工智能领域专业人才培养

一是加强中小学人工智能教育。加快编制人工智能教材，完善人工智能课程体系，积极推进中小学人工智能教育；鼓励人工智能领域重点院校与师范类高校联合加快人工智能学科建设，推进人工智能教育教师队伍建设，提升人工智能教育专业化水平；聚焦科技发展前沿，动态优化人工智能课程内容，根据年级差异拓展课程学习的深度和广度。二是鼓励社会力量开展人工智能教育。强化政策引导，鼓励社会力量参与人工智能教育事业，支持和鼓励民间人工智能科技俱乐部发展，不断优化校外非正式教育生态，提高人工智能课程学习实践成效；鼓励和支持人工智能领域的科研工作者走进中小学课堂，在学生心中播下科学种子。三是提升全民智能素质。围绕时代性和人文性两大主题，推进科普专职队伍建设，深入开展人工智能普及教育工作；充分发挥教育在人工智能知识传播方面的引导作用，大力弘扬科学精神、科学家精神，营造支持人工智能创新的社会风尚。

（四）强化科创与产业融合，推进通用人工智能产业创新生态建设

一是打造定向政策矩阵。坚持立足国内和全球视野相统筹，加强国内外对比分析，平衡短期任务和中长期目标，逐步完善人工智能产业发展的政策法规体系；聚焦人工智能产业发展主要方向，积极建设人工智能产业瞭望站，广泛深入开展专题调研，实施体系化产业支持政策。二是促进创新链产业链深度融合。坚持创新链与产业链联动发展，积极培育新业态新模式，打造面向未来的人工智能产业体系；加强科技创新与市场应用衔接互动，搭建技术供需对接平台，积极推动人工智能应用场景落地生根，构建并完善新技术新产品成长的市场空间；完善投融资机制，引导金融机构助力人工智能技术创新成果转化应用。三是构建产业创新生态。把握科技创新与产业变革互动规律，推动科技政

策与产业政策协调配合，促进人工智能领域创新资源、产业要素更加合理高效配置；加大对新型研发机构的支持力度，建设一批人工智能领域中试平台与概念验证中心，畅通智能体等产品从研发端向应用端转化的渠道。

（五）强化国际合作交流，提升人工智能领域全球影响力

一是深化国际科技合作。面向人工智能发展前沿领域，积极加强国际科技交流合作，深入推进国际科技合作新格局构建；积极构建人工智能领域知识产权全链条保护体系，加强自主知识产权创造和储备；积极参与国际标准制定组织相关活动，在人工智能相关国际标准和规则制定上充分发挥主动性；加强技术转移合作，推动人工智能领域的知识和技术流通与共享。二是推进人工智能全球治理。以我国发布的《全球人工智能治理倡议》为基础，深度参与国际治理，深化网络和数据安全领域的合作，积极构建人工智能全球化治理模式。针对人工智能全球风险和安全问题，引导和规范人工智能发展方向，加快构建风险预警和应对机制。三是加强多边协调机制建设。加大对人工智能领域重大国际共性问题的研究力度，加强与主要国家的政策合作与战略对话，推动建立人工智能全球治理多边协调机制；借鉴国际原子能机构发展模式，积极谋划参与方案和备选人员，推动构建人工智能全球性监管机构。

专栏　北京市促进通用人工智能创新发展的创新举措和经验做法

北京市积极抢抓通用人工智能发展的重大战略机遇，充分发挥其在高端人才、研发机构、应用场景、数据要素等方面的优势，以大模型、类脑智能、具身智能、智能体等为发展重点，持续推进通用人工智能技术创新策源地和产业创新引领地建设。

充分发挥引导推动作用，快速出台支持举措。2023年4月28日，中共中央政治局会议指出，"要重视通用人工智能发展"。一个月后，5月30日北京市就出台了《北京市促进通用人工智能创新发展的若干措施》，从算力资源、高质量数据要素供给、技术体系、场景应用、监管环境等五个方面出发，支持和推动通用人工智能实现创新引领与理性健康发展。

聚焦科技创新需求，打造优质新型研发机构。北京市联合国家部委和优势高校，积极打造一流研发平台，聚集全球优秀科学家，支持设立北京通用人工

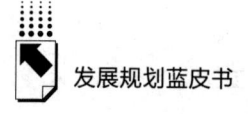

智能研究院，提出发展目标和机构愿景，以通用人工智能相关技术为主攻方向，以此增强北京市在通用人工智能领域的引领性研究。2024年4月，该机构发布了全球首个具身通用人工智能系统原型"通通"。

持续优化产业发展环境，加快人工智能产业高地建设。2024年4月，北京市发布《北京市关于加快通用人工智能产业引领发展的若干措施》，从算力供给、产业基础研究、数据要素集聚、大模型创新应用等方面出台具体举措，并且支持人工智能企业优先在北交所上市，全力打造人工智能产业高地建设。

参考文献

宋林飞、潘文翔：《中国人工智能政策全面布局抢占先机》，《河海大学学报》（哲学社会科学版）2024年第3期。

李松龄：《人工智能技术可持续发展的逻辑及其制度安排》，《学术界》2024年第3期。

黄剑：《不断推进数智技术与制造业深度融合》，《光明日报》2024年1月30日。

曲三强：《论人工智能与知识产权》，《知识产权》2023年第8期。

暴媛媛：《真正让人工智能造福人类》，《经济日报》2023年11月10日。

B.48
培育壮大人工智能产业*

胡安俊**

摘　要： 随着人工智能进入超大规模模型阶段，世界各地掀起人工智能竞赛狂潮。发展壮大中国人工智能产业是推动科技跨越发展、产业优化升级和赢得全球科技竞争主动权的重要战略抓手。本文首先梳理2023年中国人工智能领域的主要政策，归纳这些政策的突出特点，分析人工智能产业发展的现实成就。然后，从算法、算力、数据、资金、资源、布局、安全等七大要素，构建人工智能产业发展的七维模型。基于七维模型，指出中国人工智能产业发展面临的主要挑战。针对这些挑战，提出提升基础研究水平、保障智能算力有效供给、推动人工智能在应用中发展壮大、缓解企业融资约束、实现包容性增长等壮大人工智能产业的相应建议。

关键词： 人工智能　七维模型　超大规模模型

一　2023年人工智能主要政策与产业发展现状

（一）2023年人工智能领域相关政策与突出特点

近年来，在大数据、超级计算、深度学习等的驱动下，人类迎来人工智能革命。特别是2022年人工智能进入超大规模模型阶段后，世界各地掀起人工智能竞赛狂潮，生成式人工智能呈现爆发式增长。

---

* 本文获得国家社科基金项目"增强国内大循环内生动力和可靠性与提升国际循环质量和水平研究"（22VRC082）的资助。
** 胡安俊，中国社会科学院数量经济与技术经济研究所、中国社会科学院经济大数据与政策评估实验室研究员，主要研究方向为人工智能发展规律及其对经济社会和资源环境的影响。

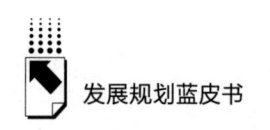

人工智能产业有广义和狭义两种内涵，狭义的内涵即基于人工智能技术生产和提供智能产品或服务的产业。作为新质生产力的核心引擎，人工智能产业是赢得全球科技竞争主动权的重要战略抓手，是推动科技跨越发展、产业优化升级的重要战略力量。中国高度重视人工智能发展，2023年国家先后发布人工智能相关文件（见表1）。综合分析可以发现这些政策突出人工智能在推动科技创新和培育新质生产力中的作用，突出人工智能在加快建设现代化产业体系中的作用，突出人工智能治理、让人工智能技术造福于人类等特点。

第一，突出人工智能在推动科技创新和培育新质生产力中的作用。作为一种通用目的技术，人工智能推动科技创新，并成为新质生产力的核心引擎。2022年全国科技工作会议强调发挥人工智能在统筹推进科技创新中心建设、打造具有国际领先水平创新创业生态的重要作用。科技部批复9个国家新一代人工智能公共算力开放创新平台，推动科技创新发展。《人形机器人创新发展指导意见》从关键技术突破、产品培育、场景拓展、生态营造、支撑能力等方面进行了部署。《关于开展智能网联汽车准入和上路通行试点工作的通知》旨在引导智能网联汽车生产企业和使用主体加强能力建设，在保障安全的前提下，促进产品功能和性能提升，推动产业生态迭代优化。

第二，突出人工智能在加快建设现代化产业体系中的作用。2023年《政府工作报告》在加快构建现代化产业体系中强调大力发展数字经济，提升常态化监管水平，支持平台经济发展。2023年中央经济工作会议强调，要大力推进新型工业化，发展数字经济，加快推动人工智能发展。《关于加快传统制造业转型升级的指导意见》强调，传统制造业增加值占全部制造业增加值的比重近80%，加快传统制造业转型升级要实施制造业技术改造升级工程，加快设备更新、工艺升级、数字赋能、管理创新，推动传统制造业向高端化、智能化、绿色化、融合化方向转型，提升发展质量和效益，加快实现高质量发展。

第三，突出人工智能治理，让人工智能技术造福于人类。随着人工智能的快速发展，治理成为一个重要问题。《全球人工智能治理倡议》围绕人工智能发展、安全、治理三方面系统阐述了人工智能治理的中国方案。《生成式人工智能服务管理暂行办法》强调，坚持发展和安全并重、促进创新和依法治理相结合的原则，采取有效措施鼓励生成式人工智能创新发展，对生成式人工智能服务实行包容审慎和分类分级监管。《关于促进数据安全产业发展的指导意见》强调，以全面提升数据安全产业供给能力为主线，发展数据安全服务，全面完善数据安全产业体系，夯实数据安全治理基础，促进以数据为关键要素的数字经济健康快速发展。

表1 2023年人工智能领域代表性政策文件

时间	部门	代表性政策文件/会议	内容
2022年12月	科技部	全国科技工作会议	发挥人工智能在统筹推进科技创新中心建设、打造具有国际领先水平创新创业生态的重要作用
2023年1月	工业和信息化部等部门	《关于促进数据安全产业发展的指导意见》	以全面提升数据安全产业供给能力为主线，发展数据安全服务，全面完善和加强数据安全产业体系和能力，夯实数据安全治理基础，促进以数据为关键要素的数字经济健康快速发展
2023年3月	国务院	《政府工作报告》	大力发展数字经济，提升常态化监管水平，支持平台经济发展
2023年6月	科技部办公厅	《国家新一代人工智能公共算力开放创新平台（筹）建设名单》	本次共批复9家平台建设国家新一代人工智能公共算力开放创新平台，以及16家平台建设国家新一代人工智能公共算力开放创新平台（筹）
2023年7月	国家互联网信息办公室等部门	《生成式人工智能服务管理暂行办法》	坚持发展和安全并重、促进创新和依法治理相结合的原则，采取有效措施鼓励生成式人工智能创新发展，对生成式人工智能服务实行包容审慎和分类分级监管
2023年10月	中央网络安全和信息化委员会办公室	《全球人工智能治理倡议》	围绕人工智能发展、安全、治理三方面系统阐述了人工智能治理的中国方案
2023年11月	工业和信息化部	《人形机器人创新发展指导意见》	从关键技术突破、产品培育、场景拓展、生态营造、支撑能力等方面进行了部署
2023年11月	工业和信息化部等部门	《关于开展智能网联汽车准入和上路通行试点工作的通知》	引导智能网联汽车生产企业和使用主体加强能力建设，在保障安全的前提下，促进产品功能和性能提升，推动产业生态迭代优化
2023年12月	中共中央政治局	中央经济工作会议	要大力推进新型工业化，发展数字经济，加快推动人工智能发展

续表

时间	部门	代表性政策文件/会议	内容
2023年12月	工业和信息化部等部门	《关于加快传统制造业转型升级的指导意见》	传统制造业增加值占全部制造业的比重近80%，加快传统制造业转型升级要实施制造业技术改造升级工程，加快设备更新、工艺升级、数字赋能、管理创新，推动传统制造业向高端化、智能化、绿色化、融合化方向转型，提升发展质量和效益，加快实现高质量发展

（二）人工智能产业发展的现实成就

中国政府高度重视人工智能发展，强化顶层设计和整体推进，制定推动新一代人工智能发展的多项政策规划。同时，企业着力把握新一轮科技革命的发展趋势，加强技术研发和场景应用。在政府和市场的双重推动下，中国人工智能产业取得了显著成就。

第一，从产业规模看，2023年中国人工智能核心产业规模达到5000亿元，人工智能服务器市场规模达到641.25亿元，企业数量超过4300家。中国人工智能基础设施加快布局，算力规模位居全球第二，东数西算等重大工程加快推进，5G基站超过280万个。

第二，从技术发展看，中国人工智能企业以框架搭建和应用解决方案为主，积极开展关键核心技术攻关，人工智能大模型呈现井喷态势，已成为新质生产力发展的核心引擎。中国目前已形成北京、上海、深圳三大人工智能技术中心，北京和上海在大模型领域表现突出，深圳在硬件方面较为突出。

第三，从市场应用看，互联网、电信、金融和制造业的人工智能渗透最高，交通、服务、教育等领域的人工智能投入力度也较大。人工智能与各产业深度融合，精准解决各场景痛点，促进企业打造高质量产品和降低成本。

二 人工智能产业发展的七维模型

尽管影响人工智能产业发展的因素很多，但主要包括算法、算力、数据、资金、资源、布局、安全七大要素，为此将其定义为人工智能产业发展的七维模型。其中，前三者是影响人工智能产业发展的核心要素，后四者是近年来越来越重要并引起各界高度重视的要素。七维模型既是人工智能产业发展的理论模型，也是分析人工智能产业面临挑战并提出相应对策建议的逻辑基础。

第一，算法。算法是一系列指令，按一定的逻辑顺序详细列出解决问题的具体步骤。算法的本质是通过程序化实现问题最优解。

第二，算力。算力是通过对信息数据进行处理，实现目标结果输出的计算能力。随着半导体技术的出现，芯片成为算力的主要载体。21世纪以来，为应对巨大的算力需求，云计算技术出现，它通过分布式计算将大量零散算力资源进行汇聚，优化算力配置。

第三，数据。数据是事实或观察的结果，是训练人工智能模型、挖掘商业价值并做出决策的原料。在人工智能时代，数据呈现体量大、生成速度快、多样性大等特点。

第四，资金。人工智能尚处于产业生命周期的创新阶段，需要大量的资金支持。尤其是生成式人工智能需要大量高昂的智能芯片、顶级人才和资源等的支持，投资的不确定性还需要有经验的公司提供管理咨询服务。为此，风险投资对于人工智能产业发展而言十分重要。

第五，资源。影响人工智能产业发展的资源主要包括稀有金属、电力和水。生产芯片和建设数据中心等都需要大量的钴、锂等稀有金属，稀有金属的供给直接影响人工智能的发展。同时，大模型的运行需要海量的算力支撑，而这需要消耗大量的电力。为了降温，需要消耗大量的水资源。因此，电力和水资源也成为影响人工智能产业发展的重要资源。

第六，布局。作为重大生产力的代表，人工智能的产业布局关系到国家经济、社会、环境与安全大局。合理的产业布局，有利于发挥知识溢出优势，提高经济效益，推动产业创新；有利于缩小智能鸿沟，推动社会公平公正，促进区域包容性增长；有利于根据主体功能进行企业选址，实现人与自然和谐发展；有利于保障国防安全等。[①]

第七，安全。随着大模型的兴起，人工智能呈现"智能爆炸"的态势，

---

① 胡安俊：《产业布局原理：基础理论、优化目标与未来方向》，中国社会科学出版社，2021。

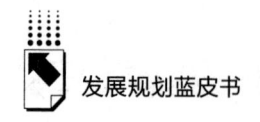

给经济社会带来了一系列安全风险：大模型具有价值观倾向，冲击人类的伦理基础；大模型使用大量的数据进行训练和决策，存在侵权风险；大模型的造假能力特别强，产生虚假信息风险；大模型的自学能力很强，带来自动化攻击风险；等等。保障人工智能对经济社会的安全是发展壮大的前提。

三　人工智能产业面临的主要挑战

基于七维模型，从算法、算力、数据、资金、资源、布局、安全七个方面分析中国人工智能产业面临的主要挑战。

（一）基础研究相对不足，算法模型与国外尚有差距

中国人工智能的发展速度较快、模型数量较多，但算法模型的精度与美国等发达经济体仍有一定差距。从大模型看，现在中国主流大模型的能力基本上在GPT-3.5上下，与GPT-4仍存在较大差距。① 突破人工智能模型的关键在基础研究，中国算法模型与美国等发达经济体的差距其实是基础研究的差距，而基础研究差距的背后主要是人才的差距。根据《2023年全球最具影响力人工智能学者——AI 2000榜单》，中国的顶级人才数量与美国存在较大差距。中国顶级学者的密度还不够高、开源生态还不完善，进而导致基础研究不足，影响算法模型的全方位发展与重难点突破。②

（二）智能算力供不应求，关键部件面临"卡脖子"

人工智能大模型进入巨量参数时代，其训练和运营都需要巨大智能算力的支撑，比如ChatGPT-5.0的训练大约需要5万块英伟达H100芯片。日益增长的智能算力需求带来人工智能芯片和服务器市场的需求大增。在美国等发达经济体新一轮芯片出口管制下，中国人工智能企业面临芯片"卡脖子"的风险。智能算力资源供不应求，算力焦虑开始出现，成为中国大模型创新研发的重要挑战。

---

① 董静怡：《中国大模型创业风潮：应用创新是下一个突破口》，《21世纪经济报道》2024年3月1日。
② 卫平、范佳琪：《中美人工智能产业发展比较分析》，《科技管理研究》2020年第3期。

（三）数据孤岛依然严峻，商业应用受到限制

在条块分割的管理体制下，不同企业运行着不同的信息化系统，这些多源异构的系统彼此割裂，再加上数据隐私没有得到有效保护、数据资产的价值没有得到合理实现，导致不同企业、不同部门和不同区域之间存在严重的"数据孤岛"问题。人工智能因大数据而重生，分散各处难以融合的"数据孤岛"不利于更好地训练人工智能模型并实现参数优化，不利于发挥人工智能模型的总结、预测等功能，从而制约人工智能在各行各业的商业应用。

（四）风险投资有待壮大，企业面临融资约束

风险投资企业持有的是所投企业的股权而不是债权，能够有效缓解初创企业的融资约束。同时作为初创企业的顾问，风险投资企业可以帮助初创企业开展业务，并给予重要的发展指导。因此，风险投资对于投资规模大、风险高的人工智能产业的发展十分重要。中国风险投资市场发展不足，加上美国等发达经济体对向中国人工智能产业投资的风险投资企业进行限制等，中国人工智能企业的股权融资仍然不足，面临一定的融资约束。

（五）资源消耗快速增长，绿色发展面临挑战

随着大模型加速向垂直行业和领域渗透，算力需求迎来爆发式增长，这将带来钴、锂等稀有金属，以及电力和水的巨大消耗，从而对绿色可持续发展构成挑战。首先，中国的钴、锂等稀有金属供给不足，在国际地缘政治加剧的条件下，资源供应存在一定风险。其次，中国的能源供给以煤炭为主，2023年非化石能源在一次能源消费结构中的占比为17.7%，电力的大量消耗意味着大量二氧化碳和环境污染物的排放。最后，中国人均水资源量只相当于世界平均水平的28%，人工智能产业的高耗水特点将加剧中国的水资源供需矛盾，影响区域生态安全。此外，人工智能产业相关退役零部件带来的环境污染也是一个需要关注的问题。

（六）产业布局有待优化，区域协调难度加大

中国的人工智能产业集中分布在京津冀、长三角和粤港澳大湾区等东部三

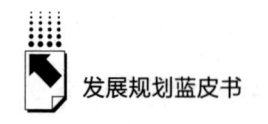

大城市群，这种格局与三大城市群在科学技术、创新能力和配套设施等方面存在较大优势有关。作为新一轮科技革命的代表性技术，人工智能通过生产效率、资本深化、劳动禀赋、技能溢价、产业组织等渠道，在发展初期主要表现为空间极化效应，人工智能的现有分布格局对于中国区域协调发展构成挑战，增加区域协调发展难度。

（七）制度和技术仍不规范，伦理冲击和安全风险加大

随着人工智能的不断发展，人的自然身体与智能机器日益"共生"，超级智能的出现将带来一系列极具挑战性的伦理问题。同时，人工智能可以快速生成钓鱼邮件、编写恶意软件与代码，引入深度伪造、自动化攻击等新型威胁。相对于人工智能的快速发展，制度和技术仍不规范和完善，人类社会面临的伦理冲击和安全风险增大。

四 发展壮大人工智能产业的政策建议

针对中国人工智能产业面临的挑战，以下提出发展壮大人工智能产业的相应建议。

（一）构筑人才高地，提升基础研究水平

全球顶级科学家是提升基础研究水平、实现技术突破和建立技术标准的领军人才。解决中国当前基础研究不足、算法模型与美国等发达经济体存在差距的关键在于大力引进和培育全球顶级科学家，构筑多层次人才高地。为此，一要形成开放、宽容的研究氛围。深化改革，创造开放的国际化研究氛围，鼓励天马行空的想象和批判性思维，推动开展前沿探索。同时，由于基础研究的成果很难预先安排，需要对人才予以充分信任和包容。二要提供充分施展才华的平台。建设高水平平台，形成"项目+团队"的模式，为全球顶级科学家提供充分施展才华的职业发展机会，助力实现更高的人生抱负。三要提供具有全球竞争力的待遇。完善奖励机制，提供具有竞争力的待遇，以及优质的居住、教育、医疗和文化环境等，确保人才引进来、留得住、干得好。四要在引进全球顶级科学家的同时，积极发挥传帮带的作用，通过多提携、多交流、多锤炼，

努力培养自己的顶级科学家。大力推动算法开源，挖掘各类人才，形成促进人工智能产业发展的多层次人才梯队和人才高地。

（二）坚持长短结合，保障智能算力有效供给

放眼未来，着力攻关智能芯片等关键部件是保障智能算力供给的根本所在。为此，需要持续加强研发，积极开展国际交流，拓展优化创新网络，大力推动原始创新，不断提升国产智能芯片的制程技术，推动算力加速向"以智算为核心的需求驱动"转变。同时，智能芯片等关键零部件"卡脖子"是一个系统问题，需要从产业链和系统的角度予以解决。在发展先进制程的同时，更要重视成熟工艺流程，夯实攻关智能芯片等关键部件的基础。[1]

实施先进封装技术和推动算网一体化也是提升算力供给水平的重要手段。2.5D和3D等先进封装技术可提供更高的集成度、更大的带宽、更好的芯片性能，从而提高算力。同时，建设国家新一代人工智能公共算力开放创新平台，从算力供给、算力输送、算网调度、算网融合等方面完善算网智能化编排调度体系，扩大算力供给，提供开放、共享、普惠、低成本的算力服务。

（三）建设数据走廊，推动人工智能在应用中发展壮大

推进数据走廊建设，一要依托人工智能等技术加强数据隐私保护，打造数据交易体系，促进数据价值变现，增强数据开放的动力。二要发挥政府数据的示范作用，建设数据基础制度先行区，促进数据联通和共享，形成数据走廊。同时，推动数据资源化、资产化、资本化，解决数据相对匮乏、质量难以保障、"算等数"和场景不足等问题。

推动人工智能的商业应用，并在应用中促进人工智能发展。第一，开展"人工智能+"行动，促进人工智能的场景应用。人工智能在企业的应用，有利于促进业务流程、组织方式、生产方式、商业模式、产品形态等发生智能化变革。第二，中小企业量大面广，关乎中国式现代化进程与老百姓的生活质量，但因人才、资金等限制，中小企业数字化智能化改造难度很大。加快中小企业的数字化智能化改造，需要根据产业特性和企业规模，探索开源算法、补

---

[1] 李国杰：《造就战略科学家梯队，培养科技战略意识》，《科技导报》2022年第16期。

贴算力和共享数据的路径,将各个企业的小市场汇聚为多种类型的大市场,构造规模优势,降低转型成本,形成一批可学可仿的样本,带动企业实现数字化智能化转型。①

(四)发展风险投资市场,缓解企业融资约束

人工智能产业投资规模大、不确定性高,除了增强财政和政策性金融工具等的支持之外,发展风险投资市场是缓解融资约束必不可少的关键所在。发展风险投资市场是一项浩大的工程,需要长期的努力。当前着力减少三大障碍:第一,股权投资具有很大的风险与不确定性,需要建立政府监管机制,完善保障制度,在全社会形成良好的信用环境。第二,很多初创企业主对出让股权存在认知和文化上的偏见,从而错失风险投资的引入机会,不利于企业融资与发展,未来需要纠正这种偏见。第三,目前的税制使得企业将贷款利息计入经营费用,借以减少应纳税额,这有利于债务融资发展,而非股权融资发展。未来需要将股权资本成本计入经营费用,减少税额,进而激励企业引入风险投资,促进风险投资市场发展。②

(五)综合多种措施,应对资源消耗

对于稀有金属的消耗,关键在于提高稀有金属的利用效率,并加强战略储备,多渠道保障资源有效供给。同时,促进技术创新,寻求使用丰裕资源的替代方案,也是降低稀有金属供给约束的重要方式。一般地,电力费用占数据中心运营成本的40%~60%,应对电力消耗,一要从系统角度提高能耗效率。创新和优化架构,形成更加高效节能的计算体系。根据不同大模型的最新技术需求,提供软硬件协同的支撑方案。研发使用专门面向人工智能负载的以太网架构,提升资源利用和数据传输效率。③ 二要建设新型能源体系,为人工智能发展提供清洁能源支撑。应对水资源消耗,一是依托"东数西算"工程,通过"飞地模式"选择自然条件优越的区域布局数据中心,加强水资源循环利用,缓解水耗压力。二是使用间接蒸发冷却节能技术、冷板式液冷技术,以及变频

---

① 毛光烈:《浙江工业中小企业"学样仿样推广法"》,《经济导刊》2022年第8期。
② 吴军:《浪潮之巅》,人民邮电出版社,2019。
③ 张心怡:《如何驯服AI大模型"能耗巨兽"》,《中国电子报》2023年12月1日。

水冷机组及热管背板空调等，减少水消耗。此外，开展人工智能退役零部件的再利用，减少资源消耗和环境污染。

（六）优化空间布局，实现包容性增长

减少人工智能产业的虹吸效应，需要优化产业布局。当前人工智能尚处于产业生命周期的创新阶段，需要构建京津冀、长三角、粤港澳大湾区、成渝和长江中游等五大城市群，推动包容性增长。成渝和长江中游城市群是中西部地区最有活力、经济社会联系最为紧密、人工智能等相关产业分布较为集中的区域，人工智能产业在成渝和长江中游城市群的加快布局，有利于辐射带动中西部地区的发展，缩小区域间差距，补齐内需短板，释放内需潜力。[①] 人工智能在实现进一步发展后，逐步向省级和市级城市群、中心城市梯度转移，从而带动更多区域发展。

（七）完善风险体系，促进安全规范发展

建立安全、可靠和值得信赖的人工智能系统需要着力从应对伦理挑战、数据和网络安全两个方面完善保障措施。第一，面对人工智能带来的伦理挑战，要完善生成式人工智能发展和管理机制，以伦理共识与治理原则为准绳，按照人本、公正和责任原则，将人类社会的伦理规范和价值观念嵌入人工智能系统，让人工智能服务于人类。使用合法来源的数据训练模型，提高人工智能生成内容的准确性和可靠性。打造"以人工智能治理人工智能、以算法规制算法"的智能监管体系，探索智慧化监管模式。第二，保障数据有序使用与网络安全，需要政策法规与技术手段等相结合。立法确定数据的所有权，明确数据收集、存储、处理、使用等各个环节的边界，保护数据安全。加强网络安全体制建设，建立人工智能安全监管制度。使用"联邦学习"策略，在数据不出本地的前提下，将各地的模型参数上传到云端，保证数据安全。借助大数据和人工智能等技术，保障网络安全。[②]

---

① 胡安俊：《2035年中国的城镇化率与城市群主体空间形态》，《技术经济》2023年第5期；陆大道：《论区域的最佳结构与最佳发展——提出"点—轴系统"和"T"型结构以来的回顾与再分析》，《地理学报》2001年第2期。

② 胡安俊：《推进人工智能深入发展的几个关键点》，《中国发展观察》2020年第17期。

专栏　国家新一代人工智能公共算力开放创新平台

2023年科技部批复在武汉、大连、西安、南京、北京、成都、杭州、沈阳、广东等建设9个国家新一代人工智能公共算力开放创新平台。①武汉人工智能计算中心广泛联合国家级智算中心、超算中心及全国一体化算力网络枢纽节点，推动大型算力协同调度与高效计算。②大连人工智能计算中心加入国家算力网络，围绕普惠算力、应用创新孵化、产业聚合、科研和人才培养等，持续发力国产化人工智能生态。③西安未来人工智能计算中心为科研机构和企业、高校提供公共算力服务，孵化千亿参数人工智能基础大模型。④南京人工智能计算中心不仅可为蛋白质折叠、天文研究、宇宙探索、自动驾驶等领域服务，而且可为下一代新兴技术产业提供优质的算力支持。⑤北京昇腾人工智能计算中心支持开源大模型，可为数字视听、智能医疗、智能制造、智慧交通、智能金融等行业提供服务。⑥成都智算中心加强在智慧城市、智慧医疗、智慧金融等场景的应用示范，打通政产学研用全产业链，促进经济与产业融合发展。⑦杭州之江实验室是以智能计算为主攻方向的高能级科创平台，重点解决多集群异构算力的聚合、管理、智能调度、全栈自主可控软件栈等问题。⑧沈阳人工智能计算中心夯实人工智能算力发展的"根技术"，建设公共算力服务、应用创新孵化、产业聚合发展、科研创新和人才培养等平台。⑨广东智能科学与技术研究院主要依托横琴先进智能计算平台，围绕人工智能、大数据、区块链、高算力芯片、生物医药、金融工商、元宇宙等产业形成类脑智能产业生态圈。

资料来源：https://www.sohu.com/a/771727453_121124367。

能源转型与绿色发展篇

B.49
积极稳妥推进碳达峰碳中和[*]

张友国[**]

摘　要： 积极稳妥推进碳达峰碳中和符合经济社会发展规律，也是推进中国式现代化的重要途径。2023 年以来，中国在"双碳"工作的诸多方面，如碳排放权交易体系建设，取得了一系列重要进展。但是，中国在低碳技术创新、生产方式和生活方式绿色低碳化转型、低碳发展政策体系建设等方面仍面临不少挑战和困难。因此，中国仍需要坚持以系统观念和辩证思维把握好"双碳"工作，科学把控"双碳"工作节奏、协调好能源转型与能源安全、对重要低碳发展政策措施采取先试点后推广模式、统筹兼顾降碳减污扩绿增长。

关键词： 碳达峰碳中和　低碳技术　碳排放权交易

---

[*] 本文部分内容发表于《经济日报》（理论版）2024 年 2 月 21 日、中国社会科学网 2022 年 11 月 18 日、《企业经济》2021 年第 1 期。
[**] 张友国，中国社会科学院数量经济与技术经济研究所研究员，中国社会科学院环境与发展研究中心，主要研究方向为绿色低碳发展。

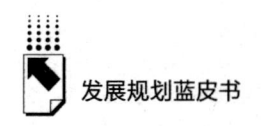

碳达峰碳中和是党中央深思熟虑后作出的一项重大战略决策，是全面建成社会主义现代化强国、以中国式现代化全面推进中华民族伟大复兴的一项重要任务。党的二十大提出，推进碳达峰碳中和要"积极稳妥"，这也是习近平总书记一贯强调的"双碳"工作总基调，即实现碳达峰碳中和目标要坚定不移，但不可能毕其功于一役，要坚持稳中求进，逐步实现。积极稳妥推进碳达峰碳中和意味着中国要立足自己在不同发展阶段的总体战略任务和碳减排能力条件，根据降碳规律，坚持采取与之相适应的方式方法，持续不断地推动经济社会发展与碳排放脱钩，直至实现既定的碳达峰碳中和目标。在过去的几年中，每年的中央经济工作会议在任务部署中都对碳达峰碳中和工作提出了明确要求：2020年强调做好碳达峰碳中和工作，2021年要求正确认识和把握碳达峰碳中和，2022年指出要在落实碳达峰碳中和目标任务过程中锻造新的产业竞争优势。为高质量做好经济工作，在2023年中央经济工作会议上，党中央再次强调积极稳妥推进碳达峰碳中和。

一 "双碳"工作意义重大

习近平总书记深刻指出，历史发展有其规律，但人在其中不是完全消极被动的。只要把握住历史发展大势，抓住历史变革时机，奋发有为，锐意进取，人类社会就能更好前进。党中央提出碳达峰碳中和目标，就是符合经济社会发展规律的奋发有为。积极稳妥推进碳达峰碳中和必将促进中国解决经济社会发展中存在的一系列问题。

提出碳达峰碳中和目标符合经济社会发展规律。理论研究和实践都表明，在一定条件下，碳排放可能随着经济社会发展水平的提升而不断增加直至峰值，继而逐步下降。众所周知，碳排放主要来自经济社会发展所需的化石燃料消费，在当前技术水平和能源结构约束下，碳排放是经济社会发展中不可避免的副产品。然而，碳排放也不一定随着经济社会发展而持续增加，因为节能技术进步、产业结构优化升级、能源体系绿色低碳化都有可能使经济社会发展与碳排放逐步脱钩，从而使碳排放随着经济社会发展而呈现先上升后下降的走势。这应当是经济社会发展的一条规律。世界上大多数发达国家或地区的碳排放都已经呈现出上述变化特征，中国一些经济发达地区的碳排放历史变化也是如此。为了应对全球气候变化，很多已经实现碳达峰的发达国家也纷纷提出了本国的碳中和目标。尽管中国仍然是一个发展中国家，但在应对全球气候变化和生态环境治理中无不体现出大国担当，提出了自己的碳达峰碳中和目标，这既符合全人类利益，也符合经济社会发展规律。

碳达峰碳中和目标与中国碳排放态势相符。近年来，特别是新时代以来，中国努力推进节能减排及应对气候变化工作，取得了举世瞩目的成就，碳排放强度出现大幅度下降，超额完成既定目标，碳排放总量已经进入高位平缓变化阶段。同时，碳治理体系得到充分发展，积累了比较丰富的碳减排经验和技术手段，形成了相对完善的体制机制。而且中国提出的碳中和时间节点比大多数发达国家提出的碳中和时间节点要晚十年左右，比中国全面建成社会主义现代化强国的时间节点也晚十年左右。这在一定程度上表明，党中央提出的碳达峰碳中和目标与中国的碳排放态势、经济社会发展的碳脱钩状态和碳减排能力匹配度高，属于适度的碳排放约束。

碳达峰碳中和是美丽中国建设的关键任务。新时代以来中国生态环境保护发生了历史性、转折性、全局性变化，但仍处于"三期叠加"阶段，与人民群众所期待的美好生态环境仍有较大距离，亟须以美丽中国建设推动生态环境发生根本性好转。美丽中国建设本身是一个复杂系统工程，可谓千头万绪。习近平总书记指出，"十四五"时期，我国生态文明建设进入了以降碳为重点战略方向、推动减污降碳协同增效、促进经济社会发展全面绿色转型、实现生态环境质量改善由量变到质变的关键时期。"双碳"目标与美丽中国建设其他方面具有高度统一性和协同性，能有效促进生产方式和生活方式全面绿色低碳转型，从源头减缓污染排放、能源资源消耗。因而，抓好"双碳"工作可以很好地促进美丽中国建设其他方方面面的工作，对生态环境起到标本兼治的作用。

碳达峰碳中和是推动高质量发展的内在要求。坚持高质量发展是新时代的硬道理，高质量发展简而言之就是符合新发展理念的发展。习近平总书记强调，实现"双碳"目标，不是别人让我们做，而是我们自己必须做。中国的高质量发展就亟须碳达峰碳中和助一臂之力。碳达峰碳中和将引发一系列重大技术革新和制度变革，从而有利于带动各领域创新，增强创新对发展的推动力。碳达峰碳中和带来的碳排放硬约束，有利于促进产业空间布局的优化和城乡之间、区域之间、产业之间的协同发展，提升发展的总体协调性。碳达峰碳

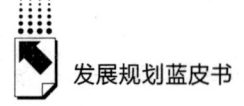

中和更是绿色发展的应有之义和重要任务，因而也是高质量发展不可或缺的内容。当今世界，绿色低碳发展已经成为发展大势。未来有竞争力的产业须具备绿色低碳相关的核心竞争优势，否则就难以跟上全球范围内的绿色发展浪潮。碳达峰碳中和的推进有助于中国打造绿色低碳供应链，提升产业绿色竞争力，进而融入乃至引领世界发展潮流，从而提升对外开放水平。因此，碳达峰碳中和既是高质量发展的重要目标，也是高质量发展的重要抓手。

碳达峰碳中和是高水平能源和生态环境安全的重要保障。新时代经济工作必须坚持高质量发展和高水平安全良性互动。碳达峰碳中和在促进高质量发展的同时，也能有效提升安全水平。当前，中国仍然面临产业结构中"两高"行业份额偏高、能源结构中煤炭占主导、交通运输结构中公路运输比重偏大、节能降碳技术水平亟待提升、经济社会发展对进口油气还有较强的依赖性等一系列问题。煤炭采掘和使用过程中容易对生态环境造成破坏，继而威胁生态环境安全。同时，当今世界诸多不确定性因素可能威胁到中国油气进口渠道，进而影响中国的能源安全。随着碳达峰碳中和工作的推进，中国经济社会发展对煤炭和油气等化石能源的依赖将逐渐减弱，从而促进能源安全和生态环境安全水平的提升，为高质量发展提供基础性安全保障。

碳达峰碳中和是推进中国式现代化的重要途径。推进中国式现代化是当前中国最大的政治，而中国式现代化的一个重要特征和本质要求是人与自然和谐共生。党的二十大将积极稳妥推进碳达峰碳中和作为推动绿色发展、促进人与自然和谐共生的重要战略予以阐释和部署。这是因为碳达峰碳中和十分有助于促进绿色低碳循环发展型现代化经济体系的形成，能够从源头上促进经济社会发展与能源资源消耗和生态环境破坏脱钩，并能推动生态环境治理体系和治理能力乃至整个国家治理体系和治理能力现代化。因而，碳达峰碳中和将对人与自然和谐共生的中国式现代化产生积极影响，有助于中国摆脱西方"先污染后治理"的现代化模式，继而以自己的方式实现现代化并创造人类文明新形态。

碳达峰碳中和工作是中国推动构建人类命运共同体的关键路径。应对气候变化既是一个全球性的重大生态环境问题，也是一个全球性的重大政治经济问题。2023年联合国气候变化缔约方召开第28次气候大会，在此会议前夕中国与美国举行了中美气候谈判，此次会议之后的中央经济工作会议再次强调积极稳妥推进碳达峰碳中和，也是中国在一定程度上对本次气候大会的积极回应。

实现"双碳"目标是党中央从中国自身高质量发展需要出发作出的重大战略抉择，但"双碳"工作在促进中国自身经济社会发展全面绿色转型、提升自身应对气候变化能力的同时，也必将为全球应对气候变化作出重大贡献。因此，中国的"双碳"工作必将为应对气候变化的全球治理贡献中国智慧，在其中发挥更大作用，进而为中国推动人类命运共同体建设打下坚实的基础。

二　"双碳"工作近期进展

2023年以来，中国在"双碳"工作推进中又取得了一系列重要进展，主要涉及完善碳排放权交易体系、启动碳达峰试点工作、健全"双碳"工作相关统计核算制度、可再生能源发展取得里程碑式进展等。

完善碳排放权交易体系。生态环境部和国家市场监管总局已于2023年9月15日联合发布了《温室气体自愿减排交易管理办法（试行）》（以下简称《办法》）。根据《办法》，生态环境部将负责组织建立统一的全国温室气体自愿减排注册登记机构、注册登记系统和交易机构、交易系统，这一举措将进一步扩大全国碳排放交易市场规模和交易主体，标志着完整的碳排放交易市场初步形成。生态环境部根据《碳排放权交易管理办法（试行）》编制了《2021、2022年度全国碳排放权交易配额总量设定与分配实施方案（发电行业）》，以此督促纳入全国碳排放权交易体系的各重点排放单位尽早完成全国碳市场2021、2022年度配额清缴，从而加快推进全国碳排放权交易市场建设。2024年2月4日国务院颁布的《碳排放权交易管理暂行条例》则为碳排放权交易提供了法规依据，明确了相关主体的权利、责任与义务，使碳排放权交易更加规范有序，也将使碳排放权交易体系更具效力。同时，全国碳市场管理平台已建成并上线运行，提高了对碳排放交易体系的监管能力。

启动碳达峰试点工作。国家发展改革委于2023年11月发布《国家碳达峰试点建设方案》，明确选择100个具有典型代表性的城市和园区开展碳达峰试点建设，随后在自愿申报、省级发改委和政府推荐、国家发改委复核的基础上，确定张家口市等25个城市、长治高新技术产业开发区等10个园区为首批碳达峰试点城市和园区。这些碳达峰试点将聚焦破解绿色低碳发展面临的瓶颈，探索不同资源禀赋和发展基础的城市和园区碳达峰路径，为全国提供可操

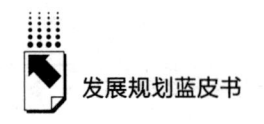

作、可复制、可推广的经验和做法。

健全"双碳"工作相关统计核算制度。2023年,国家发展改革委、工业和信息化部、市场监管总局、住房城乡建设部、交通运输部等部门发布《关于加快建立产品碳足迹管理体系的意见》,将对各类产品从原材料加工、运输、生产到出厂销售等流程所产生的碳排放量总和进行核算,这有助于促进绿色低碳产业链、供应链的形成。2024年1月,国家发展改革委、国家统计局、国家能源局联合印发《关于加强绿色电力证书与节能降碳政策衔接大力促进非化石能源消费的通知》,决定不再将非化石能源纳入能源消耗总量和强度调控,重点控制化石能源消耗,进一步理顺了能源双控与碳排放双控之间的关系,使"双碳"工作更加科学合理化。2024年2月,工业和信息化部发布《工业领域碳达峰碳中和标准体系建设指南》,明确了工业领域碳达峰碳中和标准体系框架及建设目标。

可再生能源发展取得里程碑式进展。根据国家能源局网站发布的信息,截至2023年12月底全国可再生能源发电装机容量达到14.5亿千瓦,首次超过全国发电总装机的50%,历史性超过了火电装机容量;全国可再生能源发电量达到3万亿千瓦时,约占全国总发电量的三分之一;全年核发绿证约1.76亿个,绿电交易量达到611亿千瓦时,分别比上年增长7.8倍和10.5倍。[①] 可再生能源的大力发展将有力促进能源体系绿色低碳化,为碳达峰碳中和目标的实现打下坚实的基础。

此外,生态环境部与外交部、国家发展改革委等部门联合印发《甲烷排放控制行动方案》,是落实《中共中央 国务院关于完整准确全面贯彻新发展理念做好碳达峰碳中和工作的意见》中有关甲烷排放控制要求的重大举措。

三 "双碳"工作面临挑战

一是低碳技术创新水平亟待提升。中国的绿色技术创新还处在起步阶段,2019年国家发展和改革委员会发布关于建设市场导向的绿色创新体系意见。作为绿色技术创新的核心领域之一,低碳技术创新也是如此。即便在节能技术

---

① 《一图读懂:2024年全国能源工作会议》,国家能源局网站,2024年1月3日。

比较领先的粤苏沪地区，拥有自主知识产权、核心技术和高附加值的节能环保产品也普遍缺乏，一些节能技术的关键技术与核心元器件及材料还受制于发达国家。而且目前研发出来的节能技术还存在推广难、选择难、融资难、落地实施难等突出问题，我国整体节能技术进步相对缓慢。尽管非化石能源技术创新近年来取得了重大突破，但也面临诸多挑战，如基础研究和核心技术仍存在明显短板、非化石能源的原材料供应风险日益凸显、非化石能源消纳与接入技术有待提升。

二是产业体系的绿色现代化进程需加速。产业结构优化升级和低碳转型是实现碳达峰碳中和的关键途径之一，但是目前中国许多地方，特别是经济欠发达地区的非省会城市及其周边地区，还存在产业结构优化升级能力不足的问题。很多经济欠发达地区工业偏重于资源密集型产业或整体偏弱，服务业也以传统服务业为主，加之交通等基础设施和公共服务体系尚不健全，资金和科技支撑力度有限，因而这些地区很难靠自身力量推动产业结构升级，同时又难以吸引好的项目或投资来带动产业结构升级。即便是经济发达地区，目前也面临着土地等要素制约以及淘汰落后产能等困难，同时这些地区还面临着世界发达国家"再工业化"以及核心高新技术封锁等带来的产业结构高端化挑战。

三是城镇化水平提升及重大基础设施建设带来的碳排放压力巨大。根据国家统计局公布的数据，按城镇人口占总人口比重计算，中国2019年的城镇化率为60.6%，还远低于美国、加拿大、德国、法国、英国、荷兰、日本、澳大利亚等主要发达国家的城镇化率。由此可见，中国的城镇化水平还有较大的提升空间，还有规模巨大的基础设施需要建设。根据党的十九届五中全会精神，中国未来5~15年还有一大批交通、水利、能源、减灾、生态修复等重大工程要建设。城乡基础设施体系和重大工程建设不可避免地要大量使用建材等碳密集型产品，同时建设过程也需要消耗大量的能源，这将是中国低碳发展要面临的一个巨大挑战。

四是低碳生活方式的形成仍任重而道远。随着收入的增加，人民的生活水平越来越高，加之不少地区公共交通尚不发达，私人汽车的拥有量和使用频率与日俱增，直接导致生活能源消费和相应的碳排放不断增加。与此同时，各类家电产品在城乡也越来越普及，加之一些不合理的消费乃至浪费现象也日益增多，间接导致了生产系统碳排放增加。而且，随着扩大国内需求成为国家长期

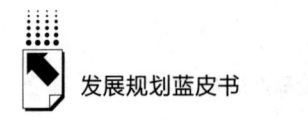

发展的战略基点，国内消费对碳排放的影响将不断增加，因而生活方式的低碳化程度将成为影响国家低碳发展进程的重要因素。

五是政策体系和体制机制完善的空间还很大。其一，有些政策工具尚处于研究阶段，还未开始实施。例如一些发达国家已经开征的碳税，目前在中国还处于学界探讨研究阶段，尚未被采纳。其二，有些政策工具虽已施行，但力度太小或尚处于试点阶段。例如绿色金融目前只在浙江、江西、广东、贵州、新疆5省（区）开展试点工作，且规模较小并以绿色信贷为主，远不能满足低碳发展的要求。其三，有些已列入计划的体制机制建设工作仍需进一步完善，如全国碳排放权交易市场。此外，社会力量参与机制，碳排放统计、监测体系，碳约束目标地区分解和考核机制等都有待建立健全。

四 系统谋划"双碳"工作

党的二十大指出，实现碳达峰碳中和是一场广泛而深刻的经济社会系统性变革。因此，必须在党的全面领导下，坚持以系统观念和辩证思维把握好碳达峰碳中和工作，注重碳达峰碳中和各项工作的整体性、关联性和协同性，统筹兼顾降碳减污扩绿增长。我国应着重从以下几个方面认识和理解碳达峰碳中和工作的系统性。

供给侧和需求侧双向发力。新时代以来中国经济发展实践表明，坚持深化供给侧结构性改革和着力扩大有效需求协同发力是高质量做好经济工作必须遵循的规律。从深化供给侧结构性改革方面看，碳达峰碳中和要求产业体系、能源体系、交通体系等加快朝着绿色低碳化方向转型，包括坚决淘汰两高行业落后产能，加快传统产业绿色低碳改造，大力发展战略性新兴产业，打造绿色低碳产业链，着力推进可再生能源发展，实现运输"公转铁"、"公转水"、多式联运。碳达峰碳中和同时也需要创建巨大的绿色低碳产品和服务市场，从而牵引供给侧结构性改革尽快朝着绿色低碳化方向行进，实现高水平的供需平衡。当前，中国着力扩大内需的一个重要方向就是发展绿色低碳消费，这无疑与碳达峰碳中和的要求高度一致。同时，碳达峰碳中和也能为供给侧结构性改革提供强大动力和倒逼机制，而碳达峰碳中和引致的大规模绿色低碳技术、设备、服务的有形投资和无形投资，则是内需不断扩大的重要支撑。因此，供需双向协同发力推进碳达峰碳中和十分必要。

技术创新与制度革新齐抓并进。一方面是要求狠抓绿色低碳技术攻关。尽快提升绿色低碳技术水平，这也是中国实现碳达峰碳中和面临的一大挑战。绿色低碳技术是关乎能源革命、能源结构优化进程的决定性因素，也是决定经济社会发展碳脱钩状态的关键因素。近年来中国绿色低碳技术进步较快，在很多领域都取得突破性进展，但离碳达峰碳中和的要求还有不小的差距，仍须强化绿色低碳领域核心技术、"卡脖子"技术攻关，不断突破瓶颈，同时加强创新成果的转化应用。另一方面是要通过制度革新进一步优化"双碳"工作激励机制，不断增强"双碳"工作的内在动力。当前，中国碳治理体系正处于能耗"双控"制度向碳"双控"制度转变时期。碳"双控"是一个更综合的制度，其对统计制度、监察监测体系、人才队伍等有着更高的要求。各部门、各地区、各行业亟待协同创造条件，尽快推动碳"双控"制度的实施。

政府与市场双轮驱动。政府和市场的有效配合是中国特色社会主义建设的宝贵经验，"双碳"工作同样应坚持政府和市场双轮驱动。碳排放可视为由市场失灵引发的环境负外部性问题，因而实现"双碳"目标是一个典型的消除市场负外部性的过程，离不开政府的有效干预。各级政府应发挥主导作用，制定行动方案，统筹做好"双碳"工作。同时，也要充分发挥市场配置资源的强大能力来推动碳达峰碳中和，以提高碳减排的效率并节约行政成本。大力完善全国碳交易市场是当前中国利用市场机制推动碳减排的主要途径，目前生态环境部正在大力完善这一市场机制。未来还可以考虑引入税收、财政、金融、贸易、标准等方面的碳减排措施，形成一个市场化低碳政策体系，更大程度地利用市场机制推进"双碳"工作。同时，还要坚持以党的领导最大限度地减少"双碳"工作中的市场失灵，将降碳的内在动力与外在压力有机结合起来。

推动区域协同降碳。中国地域辽阔，地区间经济发达程度、技术水平、产业结构、资源禀赋、区域功能定位差异巨大。特别是低碳技术与能源资源不仅区域分布不均衡，且在很大程度上分布错位，也就是经济发达地区低碳技术水平高，经济欠发达地区则是能源资源特别是非化石能源集中分布区。上述区域差异性意味着不同区域应积极探索适合本地区的降碳路径，同时也意味着区域协同降碳是实现"双碳"目标的必然也是可行的路径。区域之间可以通过产业结构和能源结构协同优化、绿色低碳技术协同创新、"双碳"规划及

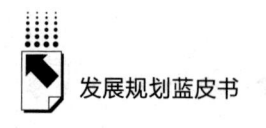

政策协同对接等途径实现协同降碳。目前，京津冀地区、长三角地区、成渝地区等一些地区已经开展区域协同降碳的有益探索，这一工作亟待在更大范围内推进。

专栏　成渝协同推进双碳工作

为深入贯彻落实党中央关于碳达峰碳中和战略决策部署，促进区域经济社会绿色低碳高质量发展，重庆市人民政府办公厅、四川省人民政府办公厅联合印发了《成渝地区双城经济圈碳达峰碳中和联合行动方案》，明确了两地区协同推进"双碳"工作的重点任务。

重点任务涉及能源、产业、交通、消费等重要领域及政策机制等十个方面。一是协同推进能源绿色低碳转型，包括协同开发油气资源、加快电网一体化建设、加强煤气油储备能力建设、推动能源消费绿色低碳转型。二是协同推进产业绿色低碳转型，包括推动乡村绿色低碳产业协同发展、协同打造绿色低碳制造业集群、加速联合建设国家数字经济创新发展试验区。三是协同推动交通运输绿色低碳转型，包括协同提升交通运输组织效率、提高公共交通出行比例、提升交通基础设施绿色低碳化水平、推动交通运输工具绿色低碳转型。四是协同推动区域空间布局绿色低碳化，包括协同推动城乡集约化融合发展、打造城乡绿色生态空间、巩固提升生态碳汇能力。五是协同推进绿色低碳财税金融一体化，包括强化跨区域绿色低碳财税政策协同、加强金融支持绿色低碳发展。六是协同加强绿色低碳标准体系保障，包括协同完善两地碳达峰碳中和标准、健全绿色生产消费标准体系。七是协同加强绿色低碳科技创新，包括协同建设绿色低碳科技创新平台、推动绿色低碳关键技术研发应用。八是实施区域绿色市场共建行动，包括共建绿色低碳市场要素平台、健全绿色低碳权益交易机制。九是协同实施绿色低碳生活行动，包括倡导绿色低碳消费方式、鼓励绿色低碳出行。十是联合实施绿色低碳试点示范行动，包括开展绿色发展试验示范、推进绿色低碳创建。

与此同时，两地区为顺利完成上述重点任务，提出了一系列保障措施。一是通过成立两地区协同推进"双碳"工作领导小组、明确相关两地区相关部门职责分工，健全推进机制。二是通过整合两地区专家智库力量、成立相关专项工作小组等，强化智力支撑。三是通过谋划"双碳"领域重大项目和重大政策，争取国家支持。四是加强成功经验做法推广、公众宣传等，加强氛围营造。

国际国内相互支撑。"双碳"工作不仅需要充分利用国内市场和资源，还需与国际社会加强沟通、交流和合作，充分利用国际有利条件。其一，在高水平自立自强的基础上充分借鉴、吸收国际先进低碳技术，与国际相关企业、机构合作开展低碳技术创新和培养相关人才。其二，在积极参与和引领全球气候治理的过程中，不断提升中国绿色低碳产业的国际影响力和国际竞争力，利用国际市场发展壮大绿色低碳产业。其三，积极与国际气候治理体系相关规则和政策措施对接，如构建具有国际影响力的碳排放权交易市场、碳排放核算核查标准体系。

五　有序开展"双碳"工作

习近平同志强调"双碳"工作必须坚持防范风险原则。诚然，实现"双碳"目标需要最大限度地发挥主观能动性，但也要讲究水到渠成。先进的低碳技术、以可再生能源为主的能源体系、发达的绿色低碳循环生产生活方式、完善的绿色低碳政策体系是实现"双碳"目标的前提条件，但这些条件需要通过长期努力逐步形成，不能一蹴而就。在这些条件还不具备的前提下，采取"运动式"减碳手段必然会影响国计民生，损害高质量发展，甚至引发安全问题。这就违背了提出"双碳"目标的初衷。积极创造实现"双碳"目标的条件，并坚持以底线思维有计划、分步骤地推进"双碳"工作，方能有效防范"双碳"可能带来的风险，并使"双碳"真正成为推动高质量发展和中国式现代化的重要抓手。

一是科学把控"双碳"工作节奏。习近平同志强调，我们承诺的"双碳"目标是确定不移的，但达到这一目标的路径和方式、节奏和力度则应该而且必须由我们自己做主，绝不受他人左右。[①]党中央深思熟虑后提出2030年前实现碳达峰、2060年实现碳中和的"双碳"目标，为中国的降碳工作做了科学

---

① 习近平：《推进生态文明建设需要处理好几个重大关系》，《求是》2023年第22期。

的进度安排：2030年前重点围绕碳达峰目标推进降碳工作，2030年后才以碳中和为目标推进降碳工作。在每个五年发展规划中，党中央也明确了相应的降碳目标，从而把长期内要实现的"双碳"目标与中短期降碳目标有机衔接起来。中国推进碳减排的历史经验也充分证明了这种"以时间换空间"策略的科学性和有效性。各地区、各部门、各行业应积极对标对表国家总体降碳进度安排，根据自身实际情况科学合理地规划降碳工作，既不能消极应付搞"造假式"降碳，也不能脱离实际提出"层层加码"式降碳目标。同时，各地区、各部门、各行业推进降碳工作重在持续发力、久久为功，不能搞"运动式"降碳。进一步，"双碳"目标强调的是国家作为一个整体实现"双碳"目标，并不是"一刀切"要求各地同时实现碳达峰，也不是要求各地都实现碳中和。因而，各地既要积极响应"双碳"目标，又要根据本地实际情况制定切实可行的行动方案。有条件的地区可以先实现碳达峰，不具备条件的地区应先努力创造条件，可以适当晚于国家碳达峰的时点。

二是统筹能源转型与能源安全。能源体系绿色低碳化转型是实现"双碳"目标的必由之路，也是当前最为紧迫的"双碳"工作任务。近年来中国对非化石能源发展也高度重视，并明确提出相应发展目标。不过，目前新能源发展还存在一系列技术经济问题需要克服，尚难以快速、大规模替代传统能源，经济社会有序运行仍然对传统能源有很强的依赖性。因此，能源转型必须坚持先立后破，只有可利用新能源增量稳定的情况下，才能相应削减传统化石能源的使用量。这意味着，能源转型应在做好新能源加法后，才能做传统化石能源的减法，以免影响能源供给安全。当然，对传统能源的利用也不能停留在传统方式上，而是要转向清洁高效利用方式。中国能源禀赋以煤为主，因而煤炭与新能源的优化组合、煤炭的清洁高效利用是中国统筹能源转型与能源安全要解决好的关键问题。

三是重要"双碳"政策措施应坚持先试点后推广。先试点后推广是中国成功实施各项重大改革措施的有效策略。碳排放权交易这一最重要的"双碳"工作市场化机制，也是先试点后推广，逐步建立起来的。目前，中国也已开始启动温室气体自愿减排交易市场建设工作。未来，要顺利开展"双碳"工作必定还需要出台更多的政策措施。对于这些政策措施，同样可以鼓励有条件的地区大胆探索、先行先试，在总结经验教训的基础上再逐渐推开。

四是落实好降碳减污扩绿增长的协同推进。降碳减污扩绿都是生态文明建设领域的重大战略任务，降碳与减污扩绿总体上是相互促进的关系，但也存在一定冲突性。降碳所倚重的可再生能源产业，其发展过程中会产生大量污染物，并可能造成生态破坏，且其相关设备（如电池）报废后的最终处置也极易破坏生态环境。因而，在大力推进降碳工作的过程中，一定要事先做好这些生态环境风险的防范。降碳与经济增长之间的关系也具有对立统一特征，要处理好发展和减排的关系。总体上，降碳有助于促进经济高质量增长，但也要防止一些仅考虑局部而不顾全局的降碳行为，如盲目限制传统产业发展，对国家产业链供应链安全、粮食安全造成冲击，进而影响经济稳定增长和国计民生。当然，也不能采用不可持续的方式推进经济社会发展，从而导致合理的碳减排目标不能实现，并且造成生态环境破坏。

B.50
推进工业碳达峰碳中和

娄　峰*

摘　要： 2020年中国向世界承诺了二氧化碳排放力争于2030年前达到峰值，争取在2060年前实现碳中和的目标。碳达峰碳中和目标对中国各行业的未来发展转型提出了深刻要求，而工业领域是中国碳排放的主要来源之一，也是应对气候变化最为重要的领域之一，是我国兑现碳达峰碳中和承诺的关键。本文对中国工业实现碳达峰碳中和的路径进行研究，构建了全国工业及重点工业行业二氧化碳排放清单，解析工业碳排放历史特征与发展现状；结合已经运行30多年的由中国社会科学院开发的中国宏观经济年度模型，耦合工业重点行业技术路径模块，通过采用经济运行与技术路径相结合的模型，对不同情景下工业二氧化碳排放的发展趋势进行研判。研究结果表明，我国工业有望在"十四五"期间夯实2030年前碳达峰的良好基础，在"十五五"期间实现碳达峰。实现碳达峰后，在不同情景中工业碳排放总量将在2030~2050年以年均2%~3%的速度下降，在2050~2060年则需着力于零碳技术引领的工业行业深度减排，从而实现工业碳中和。以钢铁、建材、石化化工、有色金属为代表的重点工业行业是实现工业减排的主要领域，实现工业碳达峰碳中和应考虑行业的异质性，以低碳原料、工业电气化、氢能冶金、CCUS等为代表的低碳、零碳、负碳技术将成为中国工业实现碳达峰碳中和的重要推动力。

关键词： 碳达峰　碳中和　工业

中国国家主席习近平在2020年9月22日召开的第七十五届联合国大会一

---

* 娄峰，中国社会科学院数量经济与技术经济研究所研究员，主要研究方向为经济预测、政策模拟等。

般性辩论上表示，中国的二氧化碳排放力争于2030年前达到峰值，争取在2060年前实现碳中和。随着美国重返《巴黎协定》，应对气候变化和努力实现碳中和已成为世界共识和全球大势。中国作为世界第二大经济体和第一大碳排放国，适时提出更具雄心的减排目标，既为全球绿色低碳发展做出了表率，也对中国实现应对气候变化目标提出了更高的要求。

工业是立国之本，强国之基。"十三五"期间，中国工业增加值占全国的33%。[①] 同时，工业碳排放也是中国碳排放的主要来源之一。中国的产业结构偏重，工业能源消费总量一直呈现增长趋势，"十三五"期间，中国工业能源消费总量占全国能源消费总量的65%。[②] 在快速工业化进程中，中国政府制定了一系列政策与措施，积极构建绿色低碳工业体系，大力提升工业能效水平，有效减缓了中国工业碳排放增长速度。未来，中国工业碳达峰的时间与质量在一定程度上决定着中国碳达峰目标能否顺利实现，也是确保中国在碳达峰后顺利实现碳中和的重要因素。

目前，有关中国工业碳达峰碳中和的研究主要集中在实现"双碳"目标的时间和路径。其中，有关工业碳达峰碳中和时间预测的研究包括由清华大学牵头的"中国长期低碳发展战略与转型路径研究"项目组[③]的研究，表明在2℃目标情景下，与中国工业化石燃料燃烧相关的二氧化碳排放在2025年前后达峰，峰值约52亿吨；而在1.5℃等更为严苛的目标下，则要求中国工业碳排放在2020年后开始以6%左右的速度迅速下降；而到2050年，工业仍将约有8亿吨碳排放。Zhang等构建的China-TIMES-MCA模型预测结果表明，[④] 到2050年中国工业部门与能源相关的二氧化碳排放量在所设定的PEAK20、PEAK25、PEAK30情景[⑤]下，将分别下降到4亿~17亿吨、3亿~15亿吨和3亿~11亿吨，其中工业过程碳排放相较2020年将减少72%~91%，仍将有1亿

---

① 《中国统计年鉴2021》，中国统计出版社，2021。
② 《中国能源统计年鉴2020》，中国统计出版社，2020。
③ 项目综合报告编写组：《〈中国长期低碳发展战略与转型路径研究〉综合报告》，《中国人口·资源与环境》2020年第11期。
④ Zhang S., Chen W., "Assessing the Energy Transition in China Towards Carbon Neutrality with a Probabilistic Framework," *Nature Communications*, 2022, 13 (1).
⑤ PEAK20、PEAK25、PEAK30分别指在2020年、2025年、2030年采取有力度的减排措施来实现碳中和等目标。

吨左右的碳排放。张希良等采用中国—全球能源经济模型（China-in-Global Energy Model，C-GEM），预测中国工业二氧化碳排放在2025~2030年达峰，峰值相对2020年水平上升3亿吨。① 余碧莹等采用国家能源技术经济模型（C^3IAM/NET）预测结果表明，在能源系统大力减排并大规模部署CCS的情景下，2020~2060年工业直接累计的二氧化碳排放占比约为全国的35%，钢铁、化工行业是其中主要的减排领域。② Duan等集合了IMAGE、POLES、REMIND、GCAM、IPAC等模型的研究结果，认为在1.5℃目标下，工业仍将是未来最大的碳排放贡献部门，在无政策情景下到2030年中国工业碳排放占全国能源相关碳排放的48.7%~75.2%。③ 上述研究均表明，在中国未来的碳达峰碳中和发展路径上，工业仍将是最为重要的减排领域之一。

有关工业实现碳达峰碳中和的路径研究中，许多研究从能源转型与生产技术的角度提出了解决方案：丁仲礼认为工业领域要在2030年前完成利用煤+氢+电取代煤炭工艺过程的大部分研发和示范；④ 在2040年前要全面推广用煤/石油/天然气+氢+电取代煤炭的工艺过程，并在技术成熟领域推广无碳新工艺；2050年前工业领域的低碳化改造基本完成；力争到2060年留出15亿吨左右的二氧化碳排放空间，分配给水泥生产、化工、某些原材料生产和工业过程等"不得不排放"领域。Duan等认为通过产业结构调整、能源低碳转型和能源效率提升，中国工业碳排放可在2030~2050年下降50%，其中贡献最大的是能源效率提升与产业结构调整带来的能源需求量大幅减少，其次则是使用清洁能源替代化石燃料。⑤ Kejun等利用IPAC模型重点评估了氢能在工业领域中的重要作用，认为到2050年氢基炼钢所占比例需达到49%，氢制甲醇、乙

---

① 张希良、黄晓丹、张达等：《碳中和目标下的能源经济转型路径与政策研究》，《管理世界》2022年第1期。
② 余碧莹、赵光普、安润颖等：《碳中和目标下中国碳排放路径研究》，《北京理工大学学报》（社会科学版）2021年第2期。
③ Duan H., Zhou S., Jiang K., et al., "Assessing China's Efforts to Pursue the 1.5℃ Warming Limit," Science, American Association for the Advancement of Science, 2021.
④ 《丁仲礼院士：中国碳中和框架路线图研究》，2021年7月。
⑤ Duan H., Zhou S., Jiang K., et al., "Assessing China's Efforts to Pursue the 1.5℃ Warming Limit," Science, American Association for the Advancement of Science, 2021.

烯、氨等主要化工产品的比例将分别达到55％、50％、100％。① 综合来看，在工业行业中，以钢铁、建材、石化化工、有色金属为代表的重点工业行业减排路径的选择存在较大的异质性。例如钢铁行业对煤基炼钢的高度依赖需要进行大规模的超低碳技术改进，转变能源结构，建立以电炉钢、氢能炼钢为主的钢铁产业。② 而建材行业大量的工业过程碳排放无法通过低碳能源转型来实现，则需要通过改变原料结构、行业联动、大力发展碳捕获、利用与封存等方式来降低碳排放。③

近年来，工业碳排放达峰的预测研究是研究热点之一，普遍使用指数分解④、STIRPAT模型⑤、神经网络⑥等方法，对工业的碳排放发展情况进行预

---

① Kejun J., Chenmin H., Weiyi J., et al., "Transition of the Chinese Economy in the Face of Deep Greenhouse Gas Emissions Cuts in the Future," *Asian Economic Policy Review*, 2021, 16 (1).

② Ren L., Zhou S., Peng T., et al., "A Review of CO_2 Emissions Reduction Technologies and Low-carbon Development in the Iron and Steel Industry Focusing on China," *Renewable and Sustainable Energy Reviews*, 2021 (143); Li Z., Hanaoka T., "Development of Large-point Source Emission Downscale Model by Estimating the Future Capacity Distribution of the Chinese Iron and Steel Industry Up to 2050," *Resources, Conservation and Recycling*, 2020 (161); Fan Z., Friedmann S. J., "Low-carbon Production of Iron and Steel: Technology Options, Economic Assessment, and Policy," *Joule*, 2021, 5 (4).

③ Zhang C. Y., Yu B., Chen J. M., et al., "Green Transition Pathways for Cement Industry in China," *Resources, Conservation and Recycling*, 2021 (166); Habert G., Miller S. A., John V. M., et al., "Environmental Impacts and Decarbonization Strategies in the Cement and Concrete Industries," *Nature Reviews Earth & Environment*, Nature Publishing Group, 2020, 1 (11); Benhelal E., Shamsaei E., Rashid M. I., "Challenges Against CO_2 Abatement Strategies in Cement Industry: A Review," *Journal of Environmental Sciences*, 2021 (104); Jiang Y., Ling T. C., Shi C., et al., "Characteristics of Steel Slags and Their Use in Cement and Concrete—A Review," *Resources, Conservation and Recycling*, 2018 (136).

④ 邵帅、张曦、赵兴荣：《中国制造业碳排放的经验分解与达峰路径——广义迪氏指数分解和动态情景分析》，《中国工业经济》2017年第3期；马晓君、陈瑞敏、董碧滢等：《中国工业碳排放的因素分解与脱钩效应》，《中国环境科学》2019年第8期。

⑤ 张巍：《基于STIRPAT模型的陕西省工业碳排放量预测和情景分析》，《可再生能源》2017年第5期；渠慎宁、郭朝先：《基于STIRPAT模型的中国碳排放峰值预测研究》，《中国人口·资源与环境》2010年第12期；王勇、毕莹、王恩东：《中国工业碳排放达峰的情景预测与减排潜力评估》，《中国人口·资源与环境》2017年第10期。

⑥ 胡剑波、赵魁、杨苑翰：《中国工业碳排放达峰预测及控制因素研究——基于BP-LSTM神经网络模型的实证分析》，《贵州社会科学》2021年第9期；高树彬：《基于集成智能算法中国重工业碳排放达峰路径优化研究》，华北电力大学硕士学位论文，2019。

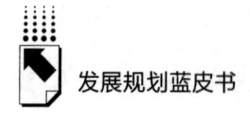

测。但这些研究通常将工业视为整体，缺乏对工业内部不同行业的异质性发展路径的论证分析。还有一些研究关注某个细分行业，如对冶金①、建材②、石化化工③、煤炭④等行业在"双碳"目标下的发展路径进行分析，但工业各行业间相互联系，需要关注协同降碳的重要机遇。

为了探索中国工业实现碳达峰碳中和目标的可行性路径，本文首先构建全国工业及重点工业行业二氧化碳排放清单，解析工业及重点行业碳排放历史特征与发展现状；基于此，结合全国碳达峰碳中和目标约束，协同中长期国民经济增长规划及对未来产业结构等宏观经济特征影响，综合能源结构、生产技术以及各类排放控制措施，对不同情景下全国各行业二氧化碳排放的发展趋势进行研判；既考虑到工业整体的发展趋势，又关注到重点行业在碳达峰碳中和目标下的不同特征，最终形成工业及重点行业碳达峰碳中和发展路径，为国家制定工业低碳发展战略提供理论支撑。

一 研究数据和方法

（一）工业碳排放的数据核算

1. 工业碳排放核算范围

本文所采用的工业二氧化碳核算范围为范围一，即化石燃料燃烧产生二氧化碳排放与工业生产过程产生二氧化碳排放。根据《国民经济行业分类》

---

① 王满仓、陈瑞英：《"碳达峰、碳中和"对我国铜工业发展的影响》，《中国有色冶金》2021年第6期；张龙强、陈剑：《钢铁工业实现"碳达峰"探讨及减碳建议》，《中国冶金》2021年第9期；张琦、沈佳林、许立松：《中国钢铁工业碳达峰及低碳转型路径》，《钢铁》2021年第10期。

② 吕宝玉、张海涛、赵绪礼：《水泥行业碳达峰、碳中和之浅析》，《中国水泥》2021年第9期；刘杰、尹高：《碳达峰碳中和目标背景下耐火材料行业的发展建议》，《耐火与石灰》2021年第5期；王新频、宋教利、李光鑫：《我国水泥工业碳达峰与碳中和前景展望》，《水泥杂志》2021年第8期。

③ 张建胜：《煤化工行业碳减排路径及煤气化技术对碳达峰碳中和的作用》，第四届能源转化化学与技术研讨会，2021；庞凌云、慧翁、靖常等：《中国石化化工行业二氧化碳排放达峰路径研究》，《环境科学研究》2021年第2期。

④ 朱超、史志斌、鲁金涛：《碳达峰、碳中和对我国煤炭工业发展的影响及对策》，《煤炭经济研究》2021年第4期。

（GB/T 4754-2017）相关标准，工业行业包括采矿业，制造业，电力、热力、燃气及水生产和供应业共3个门类，但本研究不讨论电热能源供应部门，因此本研究中工业包括采矿业与制造业两类，即从第6类（煤炭开采和洗选业）至第43类（金属制品、机械和设备修理业），共38个大类。工业重点行业包括四个主要行业：黑色金属冶炼和压延加工业（以下简称"钢铁行业"），非金属矿物制品业（以下简称"建材行业"），石油、煤炭及其他燃料加工业和化学原料和化学制品制造业（以下简称"石化化工行业"），有色金属冶炼和压延加工业（以下简称"有色金属行业"）。

2. 工业碳排放核算方法

工业化石燃料燃烧产生二氧化碳排放的计算公式为：

$$CE_{fossil-fuel} = \sum_i \sum_j CE_{ij} = \sum_i \sum_j AD_{ij} \times NCV_i \times CC_i \times O_{ij} \tag{1}$$

其中，CE_{ij}是工业部门j消耗能源品种i所产生的二氧化碳排放，包括了38个工业行业和17种化石燃料燃烧所产生的二氧化碳排放。AD_{ij}为化石燃料的消费量，数据来自《中国能源统计年鉴》。NCV_i为燃料热值，为单位物理量燃料i在氧气中充分燃烧所产生的热量；CC_i为碳含量，为化石燃料i每单位热值所产生的二氧化碳排放量；O_{ij}是化石燃料燃烧时的氧化率。

工业生产过程二氧化碳排放是指原材料在工业生产过程中除燃料燃烧之外的物理或化学变化造成的二氧化碳排放，等于各工业产品产量乘以该产品工业过程排放因子：

$$CE_{process} = \sum_t AD_t \times EF_t \tag{2}$$

其中，AD_t为工业产品t的产量，本文计算了19种工业品生产过程的二氧化碳排放。[①] 各工业主要产品产量数据来自《中国统计年鉴》《中国工业统计年鉴》以及行业协会的统计。EF_t为工业产品t的工业过程排放因子，石灰和电石的排放因子来源于《省级温室气体清单编制指南》，水泥、平板玻璃、铝、铅、锌、镁的排放因子来自《2006年IPCC国家温室气体清单指南》，其余过程排放因子源于行业调研。

---

① 包括钢材、水泥熟料、石灰、平板玻璃、甲醇、合成氨、炼油、煤制油、煤制气、乙烯、电石、烧碱、煤制乙二醇、轮胎、石化化工其他、铝、铅、锌、镁。

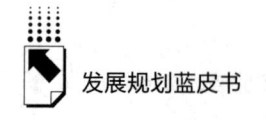

（二）工业碳达峰碳中和路径预测模型

本研究采用自上而下与自下而上相结合的方式，既对在"双碳"发展目标下工业及重点行业未来宏观发展趋势进行研判，又对各行业的技术路径及其对碳排放的影响深入分析。以社会经济平稳发展与全国低碳发展两个主要目标为约束，通过几个重要的宏观经济外生变量与不同减排目标下工业行业的生产技术转型路径为情景设定外生，通过宏观经济模块与工业技术路径模块间的反复迭代，最终形成在不同的经济发展与碳排放约束目标下，工业及其重点行业的碳排放路径。中国工业二氧化碳排放预测模型框架如图1所示。

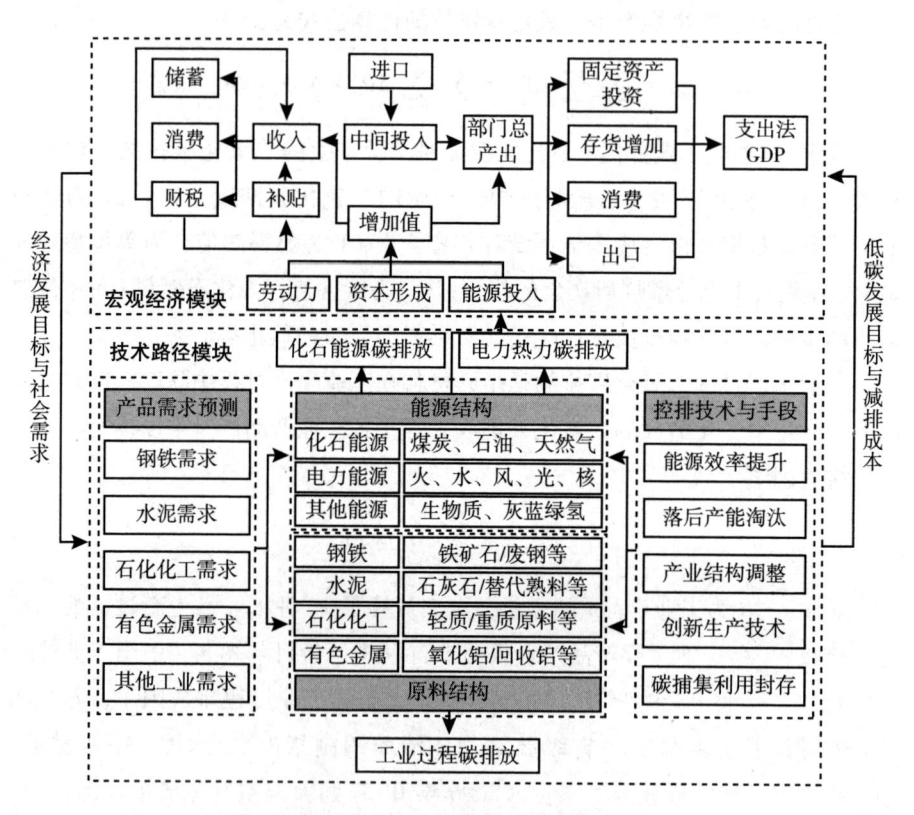

图1 中国工业二氧化碳排放预测模型框架

自上而下的宏观经济模块主要用于对全国及工业未来的增加值发展趋势进行研判。从经济系统建模理论出发，结合已经运行30多年的由中国社会科学院开发的中国宏观经济年度模型,通过耦合自下而上的技术路径模块,从而形成一个经济运行与碳排放预测相结合的系统模型。结合近十多年国际涌现出的新理论、新技术,如非线性协整技术、门栅理论、误差修正技术等对原年度模型进行修改、更新和扩充。细化人口模块,加强金融模块,从而进行中国经济主要经济变量预测。综合考虑生产、消费、收入、价格、投资、金融、贸易、财政、人口等经济变量间的相互联系,可测算不同情景下未来中长期全行业和各分行业的经济增速。自上而下的宏观经济系统模型由 186 个方程 201 个变量组成。

在自下而上的技术路径模块中,充分考虑了重点工业行业在不同减碳目标下可采用的技术类型,从可行性、成熟度、成本、效益等方面进行技术评估。一方面,行业技术路径模块深度耦合了自上而下的宏观经济模块,考虑到了宏观经济因素对重点工业行业的需求与发展影响;另一方面,行业技术路径模块本身详细刻画了各行业用于满足社会经济平稳运行需求的生产技术细节,考虑了包括化石能源和电力能源等在内的能源结构、原材料结构、能源效率提升、落后产能淘汰、创新技术应用等因素对碳排放的影响,建立起重点工业行业技术路径模块,测算未来各行业碳排放变化趋势。

1. 外生变量设定

该模型属于非线性联力方程模型系统,该模型的主要外生变量包括:人口增长率、城镇化率、财政性教育经费占 GDP 的比重、研究与开发经费投入强度、外商直接投资增长率、汇率六个外生变量,这些外生变量设定如下。

(1) 人口增长率

人口数量及其结构是反映一个国家或地区的经济发展、资源分配、社会保障等方面的重要指标。本文在中国历年育龄妇女生育率、各年龄段人口死亡率、新生儿性别比等统计数据基础上,假设各参数继续遵循其历史变化趋势,"十四五"期间人口达到最高峰;"十五五"、2030~2040 年、2041~2050 年、2051~2060 年,我国人口增长率分别为 -0.077%、-0.187%、-0.356% 和 -0.511%。2030 年和 2060 年我国人口分别为 14.25 亿和 12.83 亿。

(2) 城镇化率(RUB)

改革开放以来,中国城镇化快速发展,城镇化率由 1978 年的 17.9% 提高

到 2020 年的 63.89%，提高了 45.99 个百分点，年均增加 1.05 个百分点，结合"十四五"规划和 2035 年远景发展目标，以及中国城镇化发展现状，并借鉴国外相关发达国家的城镇化进程发展的基本规律，在基准情景下，假定"十四五"期间城镇化率每年提高 0.4 个百分点，"十五五"时期每年提高 0.2 个百分点；2030~2040 年、2041~2050 年和 2051~2060 年，我国城镇化率每年分别提高 0.15 个、0.1 个和 0.05 个百分点；2030 年、2040 年、2050 年和 2060 年我国城镇化率分别为 67.3%、68.8%、69.8% 和 70.3%。

（3）财政性教育经费占 GDP 的比重（RFEDUGDP）

改革开放以来，中国财政性教育经费在 GDP 中占比呈现先减少后增加的变化趋势，自 1996 年以后，随着国家大力加强教育支持，财政性教育经费在 GDP 中的占比开始稳步上升，考虑财政性教育经费在 GDP 中占比的历史变化规律，在基准情景中假定"十四五"时期、"十五五"时期、2030~2040 年、2041~2050 年我国的财政性教育经费在 GDP 中占比小幅稳步提高，分别为 4.1%、4.2%、4.3%、4.4%；2051~2060 年这一比例维持在 4.4%，与国际发达国家基本一致。

（4）研究与开发经费投入强度

1980~2020 年研究与开发（R&D）经费投入强度有两个高峰时期：假定基准情景在"十四五"时期，"十五五"时期我国研究与开发（R&D）经费投入强度年均提高 0.1 个百分点，2030~2040 年、2041~2050 年、2051~2060 年分别年均提高 0.05 个、0.025 个和 0.01 个百分点。

（5）外商直接投资增长率（FDI，现价美元）

自改革开放以来，我国的外商直接投资保持高速增长，综合考虑未来世界经济（美国经济增长动力不足，家庭开支"去杠杆化"长期制约；欧债危机短期内很难解决），以及我国的制造业成本持续上升等因素，基准情景假定"十四五"至"十五五"期间，外商直接投资增长率年均增长 3.0%；2030~2040 年、2041~2050 年、2051~2060 年外商直接投资年均增长率分别为 1.5%、1%、0.5%。

（6）汇率（EXRA）

自改革开放以来，我国国际贸易持续快速增长。综合考虑到中国经济发展前景、中美贸易摩擦、中国巨额债务问题、中国出口增长空间、中国生产劳动成本等因素,以及我国的汇率政策和基本原则,基准情景是人民币保持基本稳定,稳定在现有汇率水平上,并假设"十四五"至"十五五"期间我国汇率基本稳定,仅小幅升值,2030~2040年、2041~2050年、2051~2060年我国汇率年均升值分别为1.0%、1.5%、2%;2060年美元兑人民币汇率达到4.2%左右。

2.情景设定

根据经济增长规律,结合《中华人民共和国国民经济和社会发展第十四个五年规划和2035年远景目标纲要》等国家重大政策,参考过去中国经济与碳排放发展的历史特征,本研究共设定三种经济发展与碳排放情景,分别为:情景一,按照历史趋势惯性发展所设定的基准情景;情景二,2030年前实现碳达峰,并按照2035年远景目标纲要中所设定制造业增加值占GDP的比重保持不变,2035年顺利实现中国人均国内生产总值达到中等发达国家水平的远景目标,且2030年之前实现碳达峰目标约束情景;情景三,实现中国2035年远景目标的同时2030年之前实现碳达峰、2060年实现碳中和的"双碳"目标约束情景。

二 研究结果分析

从供给侧角度,依据未来中国人口、就业、投资等经济变量,通过分行业的经济增长生产函数可测算出未来中长期全行业和各分行业的经济增速。根据经济发展目标对工业各行业提供服务的需求,根据工业各行业不同低碳发展目标下所采取的减排措施与能源结构等转变,可预测在不同社会经济发展和低碳发展目标下工业的二氧化碳排放量。

(一)经济增长率预测结果

根据宏观经济增长机制,在基准情景下,中国能源结构转型和技术发展创新步伐相对较缓。主要依靠要素驱动的经济增长,"十四五"和"十五五"期间GDP年均增长率可保持在5.5%,随后逐渐放缓。2030~2040年、2041~2050年、2051~2060年的年均经济增速分别约为4.2%、3.1%、2.4%。

在碳达峰目标约束情景下,预计中国将在"十四五"和"十五五"时期

GDP 保持约 5.1% 的年均增长率，2035 年顺利实现中国人均国内生产总值达到中等发达国家水平的远景目标。2030~2040 年、2041~2050 年及 2051~2060 年的年均经济增速分别约为 3.7%、2.9%、2.2%。

在"双碳"目标约束情景下，以推动高质量发展、深化供给侧结构性改革为主线，以创新为根本动力，稳步推进城镇化，加大对难减部门的技术研发与设备更新投资，在保证经济平稳增长、实现中国 2035 年远景目标的同时，以碳中和目标倒逼全行业各部门实现深度减排，最终实现碳中和目标。在"双碳"目标约束情景下，预计我国将在"十四五"至"十五五"时期 GDP 保持约 4.5% 的年均增长率；2030~2040 年、2041~2050 年以及 2051~2060 年的年均经济增速分别约为 3.2%、2.6%、1.9%。

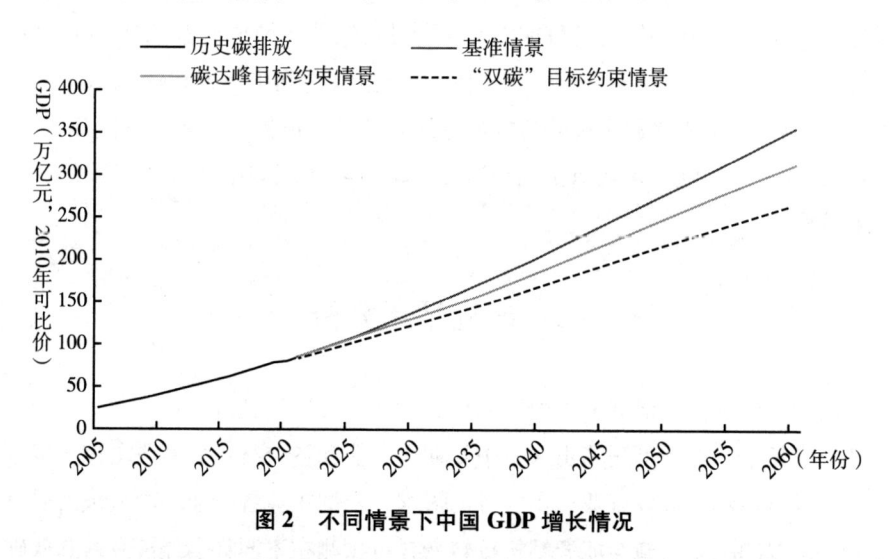

图 2　不同情景下中国 GDP 增长情况

（二）工业碳排放量预测结果

工业行业，尤其重点工业行业是中国二氧化碳排放的主体。基于对行业发展的判断，根据不同的情景预测，参照碳达峰碳中和目标约束下社会对各行业的产品需求，结合重大工业低碳技术变革，包括能源结构、原料结构以及各项控排措施的应用，预测在碳达峰目标约束情景与"双碳"目标约束情景下各主要工业部门不同情景下的二氧化碳排放量，得到如图 3 所示的不同情景下中国全国、工业以及四个重点行业的二氧化碳排放量发展趋势。

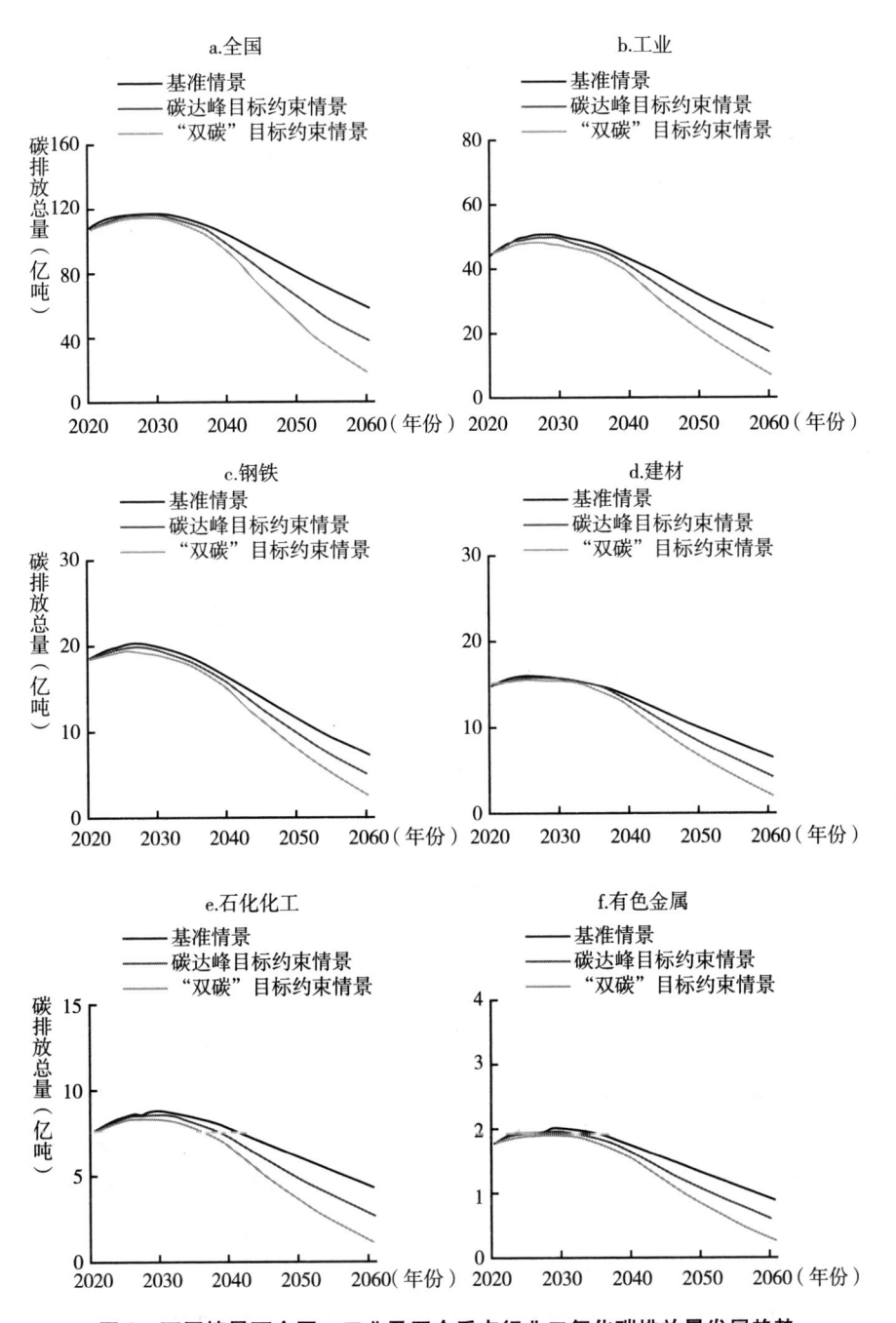

图 3 不同情景下全国、工业及四个重点行业二氧化碳排放量发展趋势

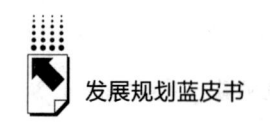

在按照历史趋势惯性发展的基准情景下，全社会碳排放量从"十五五"期间进入碳排放高位平台波动期，然后开始稳步下降。在此情景下，工业碳排放可在"十五五"末期达峰，峰值相比2020年水平上升约7亿吨。重点工业行业的峰值相比2020年水平增幅在3.5亿吨左右。工业行业碳排放达峰后将经历碳排放量缓慢下降的平台期，在2035年前后以平均3%左右的速率下降，2060年降至峰值水平的42%。

在碳达峰目标约束情景下，通过提升高能耗、重点工业行业能源利用效率、改善行业生产能源结构与原料结构，积极促进重点工业行业绿色低碳转型，相比于基准情景，工业二氧化碳排放可在"十五五"中后期达峰，峰值相对2020年水平上升约5亿吨，其中包括重点工业行业碳排放上升3亿吨。在碳达峰目标约束情景下，工业碳达峰后将以更快的速度下降，到2060年，工业行业碳排放下降至峰值水平的29%。

在"双碳"目标约束情景以重点工业行业为代表的重要减排领域将实现更早的达峰、更低的峰值以及更快速度的降碳。在此情景下，预计工业行业碳排放在"十五五"前期达峰，工业碳排放达峰时的峰值相比2020年水平增长约4亿吨，其中重点工业行业增长约2.5亿吨。到2060年，工业行业面向碳中和目标实现深度减排，碳排放下降至峰值水平的14%。

三 工业碳达峰和碳中和的路径分析

（一）工业整体的碳达峰和碳中和路径分析

从基准情景结果来看，自然技术进步所带来的二氧化碳减排量无法抵消由于经济增长与能源消费所带来的碳排放量。为更高质量实现碳达峰碳中和目标，工业行业是全国碳减排的重点领域，需要进一步推动工业用能效率的提升，淘汰低附加值产业、遏制"两高"产业的发展，加快工业各行业向高附加值及绿色低碳生产转型。从碳达峰目标约束情景中的模拟结果来看，随着国民经济结构进一步优化，大力推进制造业转型升级，钢铁、建材、石化化工、有色金属等高耗能行业不断加强产业转型与技术减排，相比基准情景，工业二氧化碳排放总量实现大幅下降。然而，由于部分部门尚未实现深度减排，在碳达峰目标约束情景下，到2060年，全国工业仍将需要14亿吨左右的碳排放空间，我国实现2030年前碳达峰以及2060年前碳中和的目标面临着较大的挑战，工业行业需要更加深度的脱碳才能达到与碳中和目标一致的排放路径。

为使工业高质量发展，同时实现2030年前碳达峰，进而实现全国2060年前碳中和的目标，我国工业需要持续不断推动低碳技术研发与生产设备更新投资，在保证生产安全、经济高质量发展的同时，以碳中和目标倒逼工业行业实现深度减排。通过提高工业行业清洁电气比重，推动碳捕集利用与封存、绿氢燃料替代等创新型低碳技术的推广与应用，在"双碳"目标约束情景下，我国工业能够在实现碳达峰后在2030~2050年以年均近3%的速率迅速脱碳，在2050~2060年通过加强负排放技术的应用，最终实现碳中和目标。

（二）工业分行业的碳达峰碳中和的路径分析

工业要实现碳达峰和碳中和，以钢铁、建材、石化化工、有色金属为代表的重点工业行业的减排路径尤为关键。从碳达峰目标约束情景中的模拟结果来看，部分重点工业行业产能已经达到或接近达到峰值，随着遏制"两高"项目的政策实施和节能降碳技术的推广应用，各重点工业行业有望在"十五五"期间达峰，但由于各重点行业生产产量、工艺流程有差异，各重点行业将实现梯次达峰。该情景下，钢铁行业作为碳排放量最大的工业部门，将在工业碳达峰中起到重要的作用。以长流程转短流程为代表的冶金工艺流程转变与工业电气化技术是钢铁行业短期与中期重要的减排技术，随着未来我国社会钢铁储量的继续上升，废钢回收利用率不断提高，2030年我国基于废钢的电弧炉钢铁冶炼占比将提升至20%~25%。建材行业碳排放量较高，通过用电石渣、硅钙渣、钢渣等工业固废代替石灰石生产熟料将大幅减少碳排放，有力推动建材行业实现碳达峰；石化化工行业中，随着一批年产量千万吨级的炼化项目逐渐落成，预计"十四五"和"十五五"时期我国石化产业整体规模还会有一定程度的扩张，因而行业整体达峰时间将略晚于钢铁、建材等行业，未来需要继续调整原料结构，控制新增原料用煤，拓展富氢原料来源，推动原料轻质化。而在有色金属行业中，则需要以能源消耗最大的有色金属子行业电解铝为主要抓手，提高能源效率，发展绿色工艺，推广节能技术。

在"双碳"目标约束情景中，各行业在实现碳达峰目标后，还需推动突

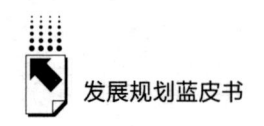

破性、创新型生产技术的研发与应用，以碳中和目标为导向实现深度减排。在该情景中，碳捕集利用与封存技术（CCUS）将成为重要的负排放技术。钢铁行业中煤基高炉炼钢技术需通过碳捕集来减排；石化行业应用CCUS技术具有先发优势和丰富经验，未来在石化化工行业推广CCUS技术减排具有很大的潜力。除CCUS技术的应用外，各行业需要进一步探索以碳中和目标为导向的技术路径，通过绿氢、绿电等的能源结构转型降低行业碳强度。钢铁行业需要进一步通过推进以绿氢炼钢为代表的重大突破性生产技术，实现各生产环节的净零碳排放。有色金属行业需大力推动电解槽余热回收等综合节能技术创新，提高电解铝等工艺技术智能化管理水平，减少能源消耗环节的间接排放；在考虑清洁能源富集地区生态承载力的前提下，鼓励有色金属行业产能向可再生电力富集地区转移；还需通过高质量阳极等创新性技术的研发，降低电解生产过程所产生的碳排放。

四　结论和建议

本研究首先构建全国工业及重点行业碳排放清单，解析工业碳排放历史特征与发展现状，基于此，结合全国碳达峰碳中和目标，考虑未来产业结构、能源结构等宏观经济特征，对不同情景下全国各行业碳排放的发展趋势进行研判。综合考虑各行业未来可能的低碳转型方向，评估工业行业碳达峰碳中和技术发展路径与行业减排贡献情况。我国要高质量实现碳达峰碳中和目标，就需要明确发展路径。

进一步提高能源、资源利用效率。加快推进能源结构转型与资源综合化利用是工业实现碳达峰的重要举措。其中，减少化石能源消费，提升非化石能源在能源消费中的比重，提升工业电气化水平是主要减排路径。同时，推动资源循环利用也是工业降碳的重要手段。加大循环经济在工业碳达峰中的支撑作用，各重点行业的循环化发展模式需有所侧重，如钢铁行业需大幅提高废钢回收利用率，提升基于废钢—短流程的低碳冶炼工艺在钢铁生产中的使用比例；水泥行业需加大工业废渣替代熟料、城市固废替代燃料力度，降低水泥生产流程中的碳排放；有色金属行业需提升材料回收利用水平，提高再生铜、铝、铅产量，发挥回收材料二次生产对工业生产减碳的重要作用。

大力推动低碳工业生产技术研发、示范与推广。技术降碳是各行业减碳的原动力，要加强对碳减排共性与关键技术的研发、示范与推广。不同行业在生产方式、用能结构、产业发展等方面存在差异，其实现碳达峰碳中和的技术路径也有所区别。例如，钢铁行业加快开发应用氢冶金；水泥行业推广二代新型水泥，加大低钙水泥等技术应用和推广力度；石化化工行业需全面推动原料轻质化等。

充分发挥绿色投融资在工业技术创新中的激励作用。继续强化碳金融等市场化手段的调节功能，提升市场手段尤其是金融手段的驱动作用，激发市场主体的碳减排积极性和创造性，建立从宏观环境到微观单元的上下融合的主动减碳机制。通过政策体系与市场机制的充分结合，全方位、全领域、多维度地推动工业高质量实现"双碳"目标。

参考文献

汪同三、姜忠孝：《1991年中国宏观经济预测及分析》，《数量经济技术经济研究》1991年第4期。

李雪松、陆旸、汪红驹等：《未来15年中国经济增长潜力与"十四五"时期经济社会发展主要目标及指标研究》，《中国工业经济》2020年第4期。

娄峰：《中国经济—能源—环境—税收动态可计算一般均衡模型理论及应用》，中国社会科学出版社，2015。

张军、吴桂英、张吉鹏：《中国省际物质资本存量估算：1952—2000》，《经济研究》2004年第10期。

B.51
积极参与全球气候治理*

蒋金荷**

摘　要： 应对气候变化作为国家战略,融入生态文明建设整体布局和经济社会发展全局。实现"双碳"目标是一场广泛而深刻的经济社会系统性变革。本文在概述全球气候治理最新进展及中国贡献的基础上,简述了主要经济体的最新气候治理政策,并提出中国积极参与全球气候治理的对策建议：提高战略与系统思维能力,积极参与全球气候治理；加强绿色发展与碳治理的协同推进,促进能源体系清洁化、低碳化；完善碳定价机制,加强有为政府与有效市场的结合。

关键词： 气候变化　全球气候治理　"双碳"目标

气候变化带来的挑战已成为国际社会面临的重大议题。伴随着全球性挑战的交织叠加,积极应对气候变化并降低气候变化可能引发的风险迫在眉睫。2023年12月13日在阿联酋闭幕的联合国气候变化大会（COP28）的一大成果就是首次在会议首日同意设立"损失与损害"基金,承诺启动基金超过7.2亿美元,以帮助遭受全球贫穷且气候脆弱的国家。对此,中国将积极推进应对气候变化国际合作,推动落实碳达峰碳中和目标,支持广大发展中国家提升应对气候变化能力,推动构建人类命运共同体。①

---

* 部分成果已经发表于《价格理论与实践》,https：//doi.org/10.19851/j.cnki.CN11-1010/F.2024.01.003。

** 蒋金荷,中国社会科学院数量经济与技术经济研究所研究员,主要研究方向为绿色低碳经济等。

① 《联合国气候变化迪拜大会顺利闭幕》,https：//www.mee.gov.cn/ywdt/hjywnews/202312/t20231214_1059119.shtml,2023年12月14日。

积极参与全球气候治理

长期以来，特别是党的十八大以来，中国政府积极应对气候变化，将包括气候变化在内的环境问题摆在国家治理更加突出的位置。党的二十大报告提出，积极稳妥推进碳达峰碳中和。实现碳达峰碳中和是一场广泛而深刻的经济社会系统性变革。在以 ICT 为代表的数字技术快速发展、经济不确定性和地缘政治紧张局势的背景下，全球气候治理进程面临新的挑战，国际气候合作道路任重道远。本文在概述全球气候治理最新进展及中国贡献的基础上，阐述主要经济体气候治理策略的新进展，并提出中国参与全球气候治理的对策建议。

一 全球气候治理新进展概述

随着全球气温屡创新高，极端天气事件影响着全球各地的人们。2023 年 11 月 30 日在迪拜开幕的 COP28 会议是一次修正规划行动方向以加速解决气候危机的关键机会。本届会议的一项重要议题是审查《联合国气候变化框架公约》（UNFCCC）提交的全球盘点综合报告（简称"盘点报告"，2023 年 9 月 8 日发布）。盘点报告系统回顾了自 2015 年《巴黎协定》通过以来全球气候行动的进展情况，也为各国、各地区政府指明了未来气候行动的路径，以切实减少碳排放，保护生命与维持生计。

联合国政府间气候变化专门委员会（IPCC）发布的气候变化第六次综合评估报告及其他最新研究成果再次明确了工业革命以来人类活动对气候变化的影响，而报告同时强调了气候变化仍然是人类至今面临的影响最深远、危害最广泛的问题之一，要实现全球温控目标需要世界各国采取全方位的气候行动。《巴黎协定》温控目标的实现，依赖于碳减排方面的国际行动。因此，要实现国家间碳排放空间的公平分配、保持全球目标的协调一致，推动和引导建立公平合理、合作共赢的全球气候治理体系，是每届联合国气候变化大会的主要目标。盘点报告主要对全球削减温室气体排放、增强气候韧性、筹集气候资金等方面的行动进行了评估。当前全球气候治理体系的概括如下。

一是全球零碳电力装机容量迅速增长，但降低化石燃料发电量的进展并不尽如人意。发电部门所产生的二氧化碳排放量在 2022 年达到了历史最高，但

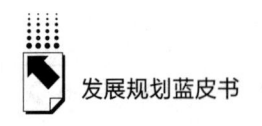

随着可再生能源的装置与发电量迅速增长，电力部门的排放渐趋稳定且于2023年开始下降，包括太阳能和风能在内的零碳科技应用已实现广泛的商业化，其成本连同相关储能技术成本也以前所未见的速度下降，尤其是太阳能光电和离岸风电目前对全球至少2/3的人口而言已是新建发电来源中最便宜的选项。成本下降带来了近些年来驱动这些技术的应用屡破纪录，基于现状应用证据足以显示出未来光电利用仍将呈指数级增长走势。

二是电动车全球销售量猛增，但交通运输绿色低碳模式转型仍尚未引起重视。随着经济发展，居民收入增加所引致的交通里程和汽车保有量增加，使得运输部门的温室气体排放量稳定上升。比如，全球汽车保有量从2015年的每千人240辆增加至2020年的将近每千人280辆，尤其是发达国家的增长幅度更大。可以预料，在美国等西方发达国家，私家车的使用量不仅高居不下而且将持续增长。

三是钢铁与水泥等部门的去碳化进展缓慢，但短期内出现良好发展态势。自2000年以来，高耗能工业部门（包括水泥、钢铁、化工、建材等生产资料部门和道路、桥梁等基础设施建设部门）的温室气体排放是所有部门中增长最快的。

四是现有碳捕捉移除技术仍未实现广泛的商业应用。根据IPCC的报告，除立即且大幅度降低温室气体排放以外，要将升温在尽可能不过冲（overshoot）的情况下控制在1.5℃以内，将需要一定程度的碳移除，这当中包括造林等自然措施和直接空气捕捉（Direct Air Capture，DAC）等科技移除技术。在2030年以前，碳捕捉相关技术每年需要移除30~690吨二氧化碳，但2022年的总移除量不到1吨。也就是说，科技碳移除技术需以较当前快10倍的速度增长才能达标。

五是气候融资额远不及达标所需量，化石燃料的公共融资量却仍在上升。气候金融是气候行动中极为重要的途径，也一直是气候谈判的重点，但当前的投资趋势却阻碍着净零转型的速度与规模。气候政策倡议组织（Climate Policy Initiative）的研究数据显示，2022年，全球包括境内与国际、来自公共和私人来源的气候融资达到了史上新高的1.4兆美元，但这远不及2030年前每年所需的5.2兆目标。也就是说，在2030年之前全球每年必须增加将近5000亿美元才能达到《巴黎协定》承诺的目标。

二 全球气候治理的中国贡献

党的十八大以来，中国把应对气候变化摆在国家治理更加突出的位置，坚持先立后破、通盘谋划，积极稳妥推进碳达峰碳中和，基本建成目标明确、分工合理的双碳"1+N"政策体系；加快建设煤、油、气、核及可再生能源多轮驱动的新型能源供应保障体系；大力发展战略性新兴产业，以新能源汽车、锂电池、光伏产品为代表的"新三样"成为外贸增长新动能。《中华人民共和国国民经济和社会发展第十四个五年规划和2035年远景目标纲要》（以下简称"'十四五'规划纲要"）围绕碳达峰碳中和设定了"十四五"时期四项定量目标，包括单位GDP能源消耗降低13.5%（约束性）、单位GDP二氧化碳排放降低18%（约束性）、森林覆盖率达到24.1%（约束性），以及非化石能源消费量占能源消费总量的比重达到20%左右（预期性）。对比2020年，2023年中国万元GDP能源消费强度下降2.0%，万元GDP二氧化碳排放强度降低4.0%[①]，清洁能源消费量占能源消费总量的比重为26.4%[②]，2022年森林覆盖率为24.02%[③]。总体来看，"十四五"规划纲要中的主要"双碳"考核指标正在稳步推进中，推动"双碳"高质量发展成效显著。

（一）以人类命运共同体理念引领全球气候治理

党的十九大报告指出，构建人类命运共同体，建设持久和平、普遍安全、共同繁荣、开放包容、清洁美丽的世界，这是对人类命运共同体最为精练的概括。构建人类命运共同体是新时代处理当代国际关系的中国智慧，是完善全球治理的中国方案，是21世纪应对环境生态严峻挑战的中国主张。对此，中国积极在多边渠道下提出中国方案、发出中国声音，以人类命运共同体理念引领全球气候治理。

倡导全球协作是有效应对气候变化挑战的必然选择。人类命运共同体理念超越了实力至上的逻辑，倡导全球协作，推动国际秩序朝着更加公正合理的方

---

① 笔者基于国家统计局和国际能源署（IEA）网站最新公布数据估算。
② 《中华人民共和国2023年国民经济和社会发展统计公报》，https://www.stats.gov.cn/sj/zxfb/202402/t20240228_1947915.html，2024年2月28日。
③ 数据来源于全国绿化委员会办公室发布的《2022年中国国土绿化状况公报》。

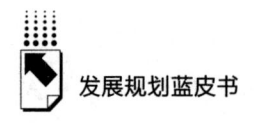

向发展。合作共建气候对话平台，积极磋商促成中欧、中美的双边或多边对等减排机制，通过绿色投资、清洁技术贸易等务实合作，重塑碳中和背景下的中欧、中美绿色贸易伙伴关系。同时，加强新兴经济体气候行动国际合作，依托"金砖国家""一带一路""南南合作"等平台，探索新兴经济体在碳市场机制上的合作，抵制发达经济体的蓄意打压行为，争取共同利益和国际舆论共鸣；以更加积极态度推动建设"绿色丝绸之路"开放贸易体系，为全球气候治理秩序及我国产业绿色升级拓展新空间，并对第三世界国家的能源转型、气候行动予以相关资金和技术援助。

（二）能源系统清洁化、低碳化转型进展显著

1. 节能减碳成效突出

2005~2022年中国单位GDP能耗强度年均下降率为3.33%，其中2012~2022年年均下降率为2.99%（见图1），达到了各个时期的发展规划目标。这种节能效率相当于这两个时期分别减少能源消费23.69亿吨标煤、14.18亿吨标煤，即可分别满足2004年、2000年全国的能源消费。

同期，中国单位GDP碳排放强度年均下降率分别为0.51%、1.26%，碳排放弹性系数分别达到0.48、0.28。可见，党的十八大以来，我国能源系统低碳转型趋势更加明显。经简单估算，2012~2022年因低碳化转型减少排放二氧化碳36.30亿吨；经济增长与碳的"脱钩"也更显著，2012~2022年经济每增长1个百分点，碳排放增长0.28%，远低于2005~2022年的0.48%。这些成效的取得得益于中国积极实施绿色低碳发展战略，在工业、建筑、交通等重要领域推行新的能效标准，通过技术创新、新技术推广应用等方式积极推进各产业领域的升级改造。

2. 可再生能源发展快速

中国把非化石能源放在能源发展优先位置，推进能源绿色低碳转型。2022年底，中国清洁能源消费占比提高到25.9%（见图2），比2005年大幅提升16.1个百分点，比2012年提高11.4个百分点。煤炭消费占能源消费的比重由2005年的72.4%降低到2022年的56.2%。其中，2012~2022年煤炭消费占比降低12.3个百分点。

中国可再生能源发展成就举世瞩目，西北等地区的大型风电光伏等可再生

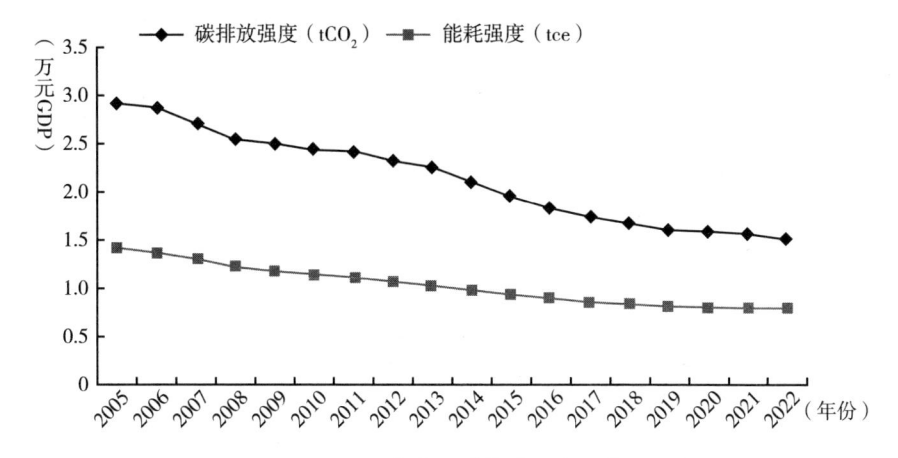

图1 2005~2022年中国碳排放强度、能耗强度

资料来源：①碳排放数据来自 Our World in Data based on the Global Carbon Project (2022), https://ourworldindata.org/grapher/annual-co2-emissions-per-country；②其余数据笔者基于国家统计局数据整理（https://www.stats.gov.cn），GDP数据均按照2005年可比价格换算。

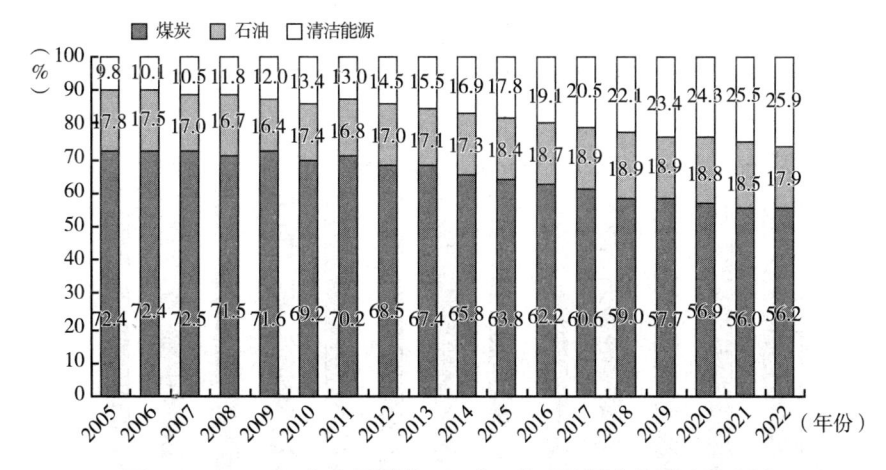

图2 2005~2022年中国煤炭、石油、清洁能源占能源消费比例

资料来源：根据国家统计局网站整理。

能源基地建设持续推进，可再生能源装机容量和发电量保持高速增长并且总量连续多年稳居全球第一。2012~2022年可再生能源装机容量以年均增长率14.2%发展。截至2022年底，中国可再生能源装机达到12.13亿千瓦，占全国发电总装机的47.3%。其中，风电3.65亿千瓦、太阳能发电3.93亿千瓦、常规水电3.68亿千瓦、抽水蓄能0.45亿千瓦。2022年，可再生能源发电量达到2.7万亿千瓦时，占全社会用电量的31.6%，可再生能源在保障能源供应方面发挥的作用越来越明显（见图3、图4）。①

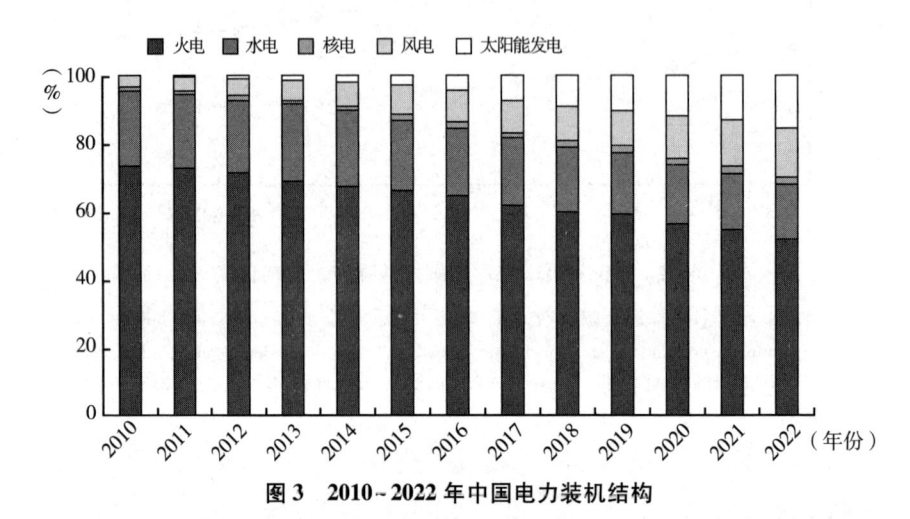

图3 2010~2022年中国电力装机结构

资料来源：根据国家统计局网站数据整理。

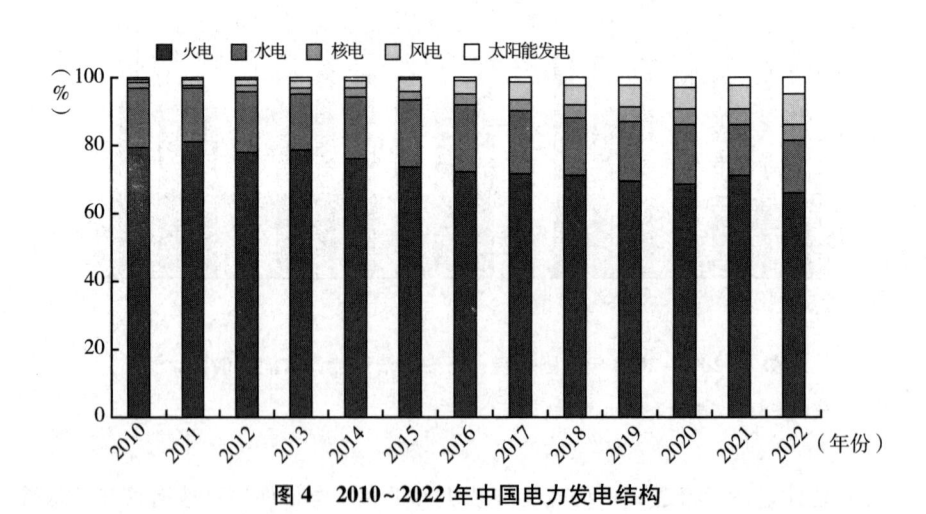

图4 2010~2022年中国电力发电结构

资料来源：根据国家统计局网站数据整理。

① https://www.gov.cn/xinwen/2023-02/14/content_5741481.htm.

从全球占比看，2022年全球新增可再生能源装机容量的一半在亚洲。其中，中国的贡献量最大，占比达到32.5%，远超美国的17.1%和欧盟的19.1%。[①]

3. 化石能源高效清洁利用显著提高

高端化、多元化、低碳化是现代煤化工的发展方向，中国立足以煤为主的基本国情，持续推进煤炭清洁高效集中利用，大力推进煤电"三改联动"，2022年完成改造超过2.9亿千瓦。截至2022年底，累计完成燃煤电力机组超低排放改造10.6亿千瓦，占煤电总装机容量的比重约94%；在新型储能进展方面，截至2022年底，中国已投运新型储能项目装机规模达870万千瓦，较2021年底增长110%以上；在2022年新增装机中，液流电池储能、压缩空气储能技术分别占3.4%、2.3%。[②]

（三）产业结构绿色化、数字化转型升级明显

推动经济社会绿色化、数字化转型是实现高质量发展的战略举措。稳步推进低碳能源、新能源汽车、绿色环保等产业集群建设，促进数字技术赋能产业绿色低碳转型升级。2022年，我国第三产业增加值占GDP比重达到52.8%，规模以上工业中，高技术制造业增加值比上年增长7.4%，占规模以上工业增加值的比重为15.5%。[③] 据测算，2022年，中国数字经济规模达到50.2万亿元。其中，数字产业化规模达9.2万亿元，占GDP的比重为7.6%；数字产业耗电量约为3700亿千瓦时，占全社会用电量（86372亿千瓦时）的4.3%，即数字产业用4.3%的耗电量带来了7.6%的GDP产出规模，有力支撑了数字经济发展。[④]

1. 新能源产业蓬勃发展

截至2023年底，中国新能源汽车保有量占汽车总量的6.07%。其中，纯电动汽车保有量占新能源汽车保有量的76.04%。[⑤] 2022年，中国占全球电动

---

① IRENA,"Renewable Capacity Statistics 2023," https：//www.irena.org/Publications/2023/Mar/Renewable-capacity-statistics-2023，2023.
② 生态环境部：《中国应对气候变化的政策与行动2023年度报告》，https：//www.mee.gov.cn/ywgz/ydqhbh/wsqtkz/202310/W020231027674250657087.pdf，2023年10月。
③ 数据来源于国家统计局网站。
④ 中国信息通信研究院：《中国数字化绿色化协同转型发展进程报告（2023）》，http：//www.caict.ac.cn/kxyj/qwfb/ztbg/202311/P020231110566201824016.pdf，2023年11月。
⑤ 《我国新能源汽车保有量超过2000万辆》，http：//www1.xinhuanet.com/fortune/20240111/6be7756c757548d6bdec9373c0d9b37e/c.html，2024年1月11日。

汽车销量60%以上的份额；太阳能电池（光伏电池）产量3.4亿千瓦，增长46.8%。中国风电、光伏发电设备制造已形成全球最完整的产业链，不仅技术水平和制造规模居世界前列，而且发电设备的智能化、绿色化水平提升明显，运行效率也显著提高，新型储能产业链不断完善。

2. 建筑能效稳步提升，绿色建筑跨越式增长

推动落实建筑节能与绿色建筑发展规划，推进可再生能源建筑应用工程评价标准及居住建筑节能设计标准等的修订。截至2022年底，中国累计建成节能建筑面积300多亿平方米，城镇民用建筑中节能建筑面积占比超过64%；2022年中国新建建筑中城镇新建绿色建筑面积占比约为90%。①此外，结合各地城镇老旧小区改造，因地制宜进行建筑节能改造。

3. 绿色低碳综合交通运输体系日趋完善

积极构建绿色低碳综合交通运输体系，综合运输网络不断完善。大宗货物运输"公转铁""公转水"、江海直达运输、多式联运发展持续推进。深入实施城市公共交通优先发展战略。截至2022年底，全国城市新能源公交车为54.26万辆，占比77.2%；充电基础设施年增长数量达到260万台左右，同比增长近100%。全国机场内电动车辆占比约24%，加强新建、改扩建机场绿色建造和清洁能源应用，有序进行"双碳机场"评价工作。②

4. 数字技术赋能传统产业转型升级

数字技术在电力、工业、交通、建筑等传统产业的节能降碳中发挥了重要作用。相比于2017年，2021年数字技术赋能电力、工业、交通、建筑行业减排总量分别增加12.3%、5.4%、18.3%、3.9%。至2030年，随着各行业数字化水平不断提升，数字技术赋能中国全社会总体减碳量将达12%~22%。其中，赋能工业减碳比例为13%~22%，赋能交通业减排比例为10%~33%，赋能建筑业减碳比例为23%~40%。③

---

① 《全国累计建成绿色建筑面积超百亿平方米》，http://finance.people.com.cn/n1/2023/0626/c1004-40020845.html，2023年6月26日。
② 生态环境部：《中国应对气候变化的政策与行动2023年度报告》，https://www.mee.gov.cn/ywgz/ydqhbh/wsqtkz/202310/W020231027674250657087.pdf，2023年10月。
③ 中国信息通信研究院：《中国数字化绿色化协同转型发展进程报告（2023）》，http://www.caict.ac.cn/kxyj/qwfb/ztbg/202311/P020231110566201824016.pdf，2023年11月。

（四）生态系统碳汇能力明显提高

中国坚持山水林田湖草沙一体化保护和系统治理，有效发挥森林、草原、湿地、海洋等的固碳作用，推进生态优先、节约集约、绿色低碳发展。截至2020年底，中国建立了2750个自然保护区，其中国家级自然保护区474处，自然保护区的面积达到147万平方公里，约占中国陆域国土面积的15%，生态系统碳汇功能得到有效保护。[①]

森林是陆地生态系统的主体，植树造林是我国的光荣传统，也是实施绿色低碳发展的一项主要行动。2014~2018年，森林植被总生物量为188.02亿吨，总碳储量为91.86亿吨。年涵养水源量为6289.50亿立方米，年固碳量为4.34亿吨，年释氧量为10.29亿吨。这虽不是森林覆盖率增长最快的时期（增长1.33个百分点），但是森林蓄积量增长最快的时期，增长24.23亿立方米，远远超过了历次普查（见图5）。

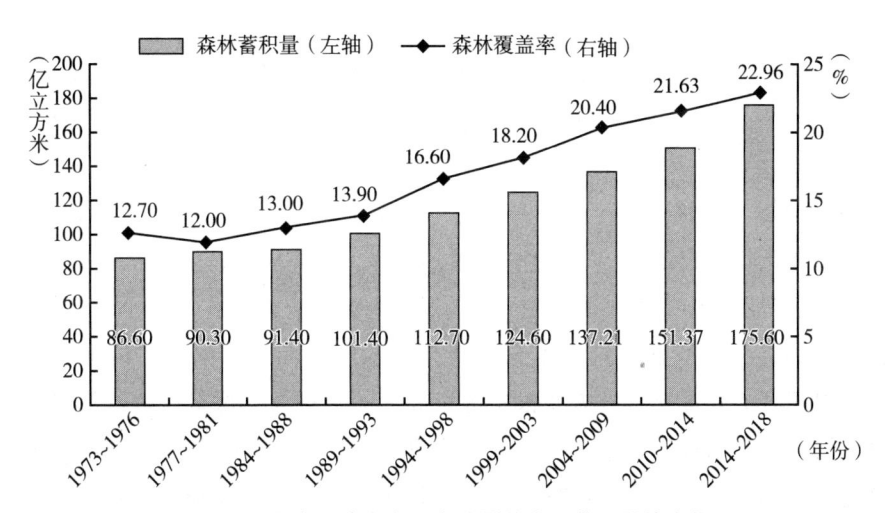

图5　历次森林清查中国森林覆盖率和蓄积量的变化

资料来源：国家林业和草原局历次森林普查数据。

---

① 数据来自生态环境部、国家统计局、国家林业和草原局官方网站。

三 主要经济体气候治理政策新进展简述

（一）欧盟气候治理政策新进展

2019年12月，欧盟委员会公布了应对气候变化、推动可持续发展的《欧洲绿色协议》（European Green Deal），内容涉及经济、产业规划、投资促进等多方面，聚焦减缓气候变化和发展可再生能源等重要问题。2020年1月，欧委会推出了《欧洲可持续投资计划》，同时在该框架下还提出了"公正转型机制"（JTM），计划帮助因气候变化及减排而遭受经济社会冲击的产业、地区和人群。2020年3月，欧委会公布了《欧洲气候法》，将欧盟中长期减排目标——2050年实现"净排放"清零及2030年减排50%~55%的中期目标订立为欧盟法律。同时，欧盟还通过税收、贸易、公共采购等内外政策，推动欧盟气候行动和经济转型顺利进行。

2020年3月欧委会提交了"碳边境调节机制"（CBAM）影响评估报告，同年9月，宣布将CBAM纳入2021年立法提案。2021年3月欧盟正式投票通过CBAM决议。欧盟委员会2021年7月首次公布的立法草案指出，2023~2025年将作为过渡阶段，对于碳边境调节税现阶段所涵盖的电力、钢铁、水泥、铝和化肥五大领域，产品进口方在过渡期间仅需履行排放报告义务，无须缴纳相应费用。但需要每季度提交进口产品的如下信息，包括产品进口量、产品进口国、产品所含碳排放以及间接排放、产品在原产国支付的碳价。从2026年开始，产品进口方需要根据进口商品的碳排放支付费用并逐年提高税率。同时，考虑到欧盟ETS覆盖的行业范围将扩展，其碳边境调节机制也将在过渡期结束后适用于其他行业。将从2026年开始逐步调减进口货物所需购买的排放配额，直至2035年完全取消免费配额，以解决欧盟ETS对部分欧盟商品发放免费配额带来的公平问题。

2023年4月，欧洲议会经由投票程序正式批准了CBAM，CBAM作为一项欧盟法定制度于2023年10月开启过渡期。2023~2026年为欧盟碳边境税的过渡期，欧盟将在2026~2027年全面实施碳边境税。碳边境税协议被欧洲政治家誉为"里程碑意义的气候变化协议"，使得欧盟成为世界上首个对其进口产品征收碳边境税的贸易区。

欧盟碳边境税是欧盟"55套案"（"Fit for 55"）减排计划的核心内容之一，旨在让欧盟在2030年较1990年减少温室气体55%，在2050年实现碳中和。早在2021年7月，欧盟就发布了名为"Fit for 55"的一揽子减排方案，其中包括扩大欧盟碳市场、停止销售燃油车、征收航空燃油税、扩大可再生能源比例、设立碳边境税等12项新法案。

（二）美国气候治理政策新进展

2022年8月，美国总统签署《通胀削减法案》（Inflation Reduction Act, IRA），9月正式立法。该法案包括未来10年投入约4300亿美元用于气候和清洁能源以及医疗保健领域等内容。根据该法案，美国联邦政府将在气候和清洁能源领域投资约3700亿美元，以支持电动汽车、关键矿物、清洁能源及发电设施的生产和投资，其中多达9项税收优惠是以在美国本土或北美地区生产和销售为前提。该法案包括对部分大企业征收15%最低税等内容，目标是未来10年创造7400亿美元财政收入。从2023年开始加快能源转型，并提出了能源安全和与气候相关碳减排的激励措施。

2022年6月美国参议院提出了美国的碳关税——《清洁竞争法案》（Clean Competition Act, CCA）草案，即美国版的碳税法案，课征对象包含美国当地生产制造及从其他国家进口的产品。《清洁竞争法案》在美国没有碳税的情况下，以美国产品的平均含碳量作为参照物对国内和进口碳密集型产品征税。出口至美国的应税产品在制造过程中如有使用其他应税产品作为原料，则该原料所产生的碳排放也必须被纳入计算范畴。由于该草案未获通过，2023年11月，共和党又提交了《外国污染费法案》（Foreign Pollution Fee Act of 2023）立法提案。这既是一个毫不掩饰地、直指中国产品的美国"碳关税"新方案，也是一个"绿色俱乐部"的新方案。① 尽管美国的立法提案距变成法律还需时日，但从共和党和民主党阵营前后脚拿出提案来看，说明搞"碳关税"立法正在美国国会形成气候；碳关税新设计逻辑从惩罚低碳价转向惩罚

---

① 《美国民主党议员再提"碳关税"立法提案》，https://finance.sina.com.cn/xwzmt/2023-12-09/doc-imzxmfyt6154269.shtml，2023年12月9日。

高碳含量。这需要引起我国政府的重视。

2023年6月，美国九名参议员联署法案Prove IT Act（法案全称为"提供可靠的、客观的、可验证的排放强度与透明法案"，简称"Prove IT法案"），要求能源部就法案所涵盖的产品收集美国及其他主要经济体的产品平均排放强度数据，并建立公开在线数据库。无论是CCA草案还是Prove IT法案都是美国打造碳关税体系的一环，Prove IT法案更可视为对CCA草案的补充。

（三）英国气候治理政策新进展

英国作为主要发达国家和传统工业强国，其历史累计排放量及人均排放量均较高，故一直以来极为重视温室气体排放治理，是全球最早以法律形式确立减排目标和碳中和战略的国家。2019年，英国政府完成《气候变化法》修法，成为全球首个立法承诺2050年实现净零排放的主要经济体。此后，政府出台《绿色工业革命十点计划》（以下简称"十点计划"）纲领性战略，并密集发布《2050年净零排放战略》《工业脱碳战略》《交通脱碳计划》《氢能战略》《净零研究创新框架》等一揽子体系化政策。同时，英国成立由首相主持的内阁级国家科学技术委员会（NSTC），设立由科学家领导、多个部门参与的科技战略办公室（OSTS），将净零排放战略与生命健康、国家安全、数字经济列为国家四大关键科技领域。

2023年3月，英国公布了一系列环境和能源政策，包括一项可能导致对碳密集型商品征收碳关税的问询。英国这一碳关税政策或将首先针对钢铁行业，成为英国钢铁行业转型计划的一部分。其要求英国钢铁公司和英国塔塔钢铁公司投资更环保的技术来实现低碳生产。预计未来英国政府会结合这一问询结果，并且同欧盟围绕碳关税展开合作，结合欧盟碳关税的实施规则制定英国的碳关税定价体系，有分析称英国将于2026年开征碳关税。

（四）日本气候治理政策新进展

2020年10月，日本宣布2050年实现碳中和；2021年4月，日本进一步提出要在2030年前较2013年减排46%的中期目标。为此，日本政府拟定清洁能源、绿色金融和全产业电动化转型整体方案，决心在全球气候治理大变局中谋求规则主导权。2021年6月，日本经济产业省发布最新版《2050年碳中和绿色成长战略》，主要是回答如何实现 2050 年碳中和目标。日本拟通过减排二氧化碳等改变增长方式，推动实现更好、更绿色、更安全的发展。日本未来投入 2 万亿日元（约合人民币 1000 亿元）绿色创新基金，推动产业重塑。日本绿色增长战略确定了 14 个优先领域：与能源相关的行业包括海上风电、燃料氨和氢、核能；与运输和制造相关的行业包括汽车和蓄电池、半导体和信息通信、船舶（燃料电池、蓄电池、天然气等动力）、物流和土木工程基础设施、农业/林业和渔业、航空产业、碳循环等。为落实 2030 年中期目标及 2050 年碳中和目标，日本政府打出政策组合拳，制定了"绿色增长战略"，修订《地球温暖化对策推进法》以及与之配套的"地球温暖化对策计划"，修订《能源基本计划》等，试图同时运用财政与金融"两只手"，推动能源革命、产业转型、技术换代，在全球绿色转型大变局中提升全球产业竞争力，参与制定新规则，主导国际经济新秩序。

（五）非洲应对气候变化的相关努力

非洲大多数国家处于欠发达状态，非洲自身的资金实力不足以支撑其全方位绿色转型以实现可持续发展，因此大多数非洲国家将应对气候变化问题的重点锁定为适应气候变化。非洲大多数国家并未制定专门应对气候变化的国家政策，基本是发布较为广泛的纲领性文件，或者在相关政策中体现气候变化内容，但也有一部分国家较早关注气候变化问题，并出台专门的国家政策。南非作为非洲最大温室气体排放国，2004 年和 2011 年分别制定了《国家气候变化应对策略》和《国家气候变化应对政策》。尼日利亚颁布了《国家气候变化政策和应对策略》，肯尼亚政府也出台了纲领性文件《应对气候变化的国家战略》和具体政策措施《应对气候变化国家行动计划》。

近些年制定应对气候变化政策也逐渐被非洲国家提上日程，以加强对气候适应措施的关注；并且，越来越多的国家正在将气候适应纳入其长期发展规划，例如布基纳法索的《国家适应计划》阐述了其到 2050 年的展望，并与其发展路径相联系。许多非洲国家还在各种现有的环境或灾害管理法规中新增了专门的气候变化相关条款。例如，坦桑尼亚 2004 年的《环境管理法》包含了应对气候变化的专门条款。卢旺达环境法 48/2018 还载有关于将气候变化纳入发展规划、开展气候变化教育和脆弱性评估、促进适应能力提高等的详细规定。

重视生态系统修复。"基于生态系统的适应"方法被越来越多的非洲国家所采纳以应对气候变化。该方法通过修复生态系统，改善生态环境，以遏制气候变化带来的不利影响，例如冈比亚将生态系统的恢复作为国家发展项目之一，坦桑尼亚沿海地区通过恢复种植3000公顷的红树林来避免海平面上升带来的不利影响。

四 中国积极参与全球气候治理的对策建议

中国实现碳达峰碳中和目标是具有全局性、战略性特点的系统性工程，在当前全球应对气候变化的大环境下，立足基本国情和发展任务，把握新发展阶段特点，全面贯彻新发展理念，探索具有中国特色的气候治理实践举措。

（一）提高战略与系统思维能力，积极参与全球气候治理

"双碳"目标下中国经济社会发展全面绿色转型，是一场经济与社会的系统性变革。因而，党和国家将"做好碳达峰碳中和工作"纳入国家重大发展战略。党的二十大报告明确提出，到2035年，广泛形成绿色生产生活方式，碳排放达峰后稳中有降，生态环境根本好转，美丽中国目标基本实现。碳治理工作覆盖面广、涉及领域众多、时间跨度长，必须坚持稳中求进工作总基调。提高战略与系统思维能力，就是在实施气候治理过程中，要具有全局观和系统观，注意处理好四项机制：发展低碳减排机制，在经济发展中促进绿色转型；整体与局部、长远目标与短期目标协调机制，确保部门政策衔接、区域资源分布、产业分工布局；长远目标与短期目标权衡取舍机制；碳治理的包容性机制，要顾及经济落后地区、生态脆弱地区、弱势人群的诉求，确保碳治理的公正性。鉴于碳治理的全球性环境问题特征，需要政府各部门、社会机构、个人等的共同参与，还需加强国际交流合作，推进国际气候合作机制变革，推动建立公平合理、合作共赢的全球气候治理体系。

（二）加强绿色发展与碳治理的协同推进，促进能源体系清洁化、低碳化

绿色发展是新发展理念的重要组成部分，是生态文明建设的必然要求。发

展是解决我国一切问题的基础和关键。绿色转型和可持续发展进程是有效应对气候变化的根本途径。加强气候治理与绿色发展的协同推进是解决全球变暖等环境问题的有效策略。

我国已进入新时代新征程，实施碳治理策略是破解资源环境约束突出问题、实现可持续发展的迫切需要，是顺应当代科技革命和产业升级变革的需要。促进能源体系清洁化、低碳化，加快构建新型能源体系，是实现"双碳"目标的最重要举措。新型能源体系的核心要义就是要立足我国能源资源禀赋，实施能源清洁化、低碳化的双轮驱动策略。一方面，继续推动新能源产业、电动汽车产业、传统产业绿色低碳发展。全面提升可再生能源的供给能力，推动智能光伏在工业、建筑、交通、通信等领域的创新应用，支持电动汽车产业稳健发展，大力发展环保装备等产业，促进生物基新材料研发及产业化。另一方面，强化传统能源的清洁利用。加快跨省区输电通道规划建设和油气管网、储备能力建设、煤矿智能化建设，重点推进煤炭清洁高效利用，促进现代煤化工产业高端化、多元化、低碳化发展。

（三）完善碳定价机制，加强有为政府与有效市场的结合

各国发展历史经验证明，环境问题的有效解决离不开市场机制的调节作用，同时也缺不了政府的"干预"机制。实现碳达峰碳中和离不开市场经济手段。首先，不断完善碳定价机制，包括碳交易体系和碳税制度，可将地区、区域、行业等差异作为政策选项，真正体现温室气体排放价格的内生化，有助于调动企业、机构、民众等各类社会主体参与碳减排的积极性。中国已在2021年正式启动全国碳交易市场，经过八年碳交易市场试点和近两年全国碳市场的实际运行，政府主管部门首先需要全面评估这一市场的管理机制、排放权分配机制及其对生产和生活成本、企业竞争力的影响等关键问题，为向更大范围推广及与国际其他市场联结作准备。其次，完善温室气体排放统计核算体系，建立健全温室气体自愿减排交易机制。随着2024年1月22日CCER自愿减排机制的全面重启，调动社会各种力量共同参与温室气体减排，引入多元化的市场参与者，为全国碳市场增加供给。因此，各行各业应抓住此次重启带来的广泛市场机遇，自愿减排碳市场与全国碳交易市场互为补充、互相关联，是建立全国统一大市场在碳交易领域的具体实践。充分吸取国际上已有机构、企业的有益经验，不断完善自愿市场交易机制及方法学等制度。最后，选择合适

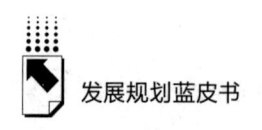

地区进行征收碳税试点,为完善碳定价机制积累经验,充分发挥市场机制在气候治理中的成本有效作用。

参考文献

蒋金荷:《碳定价机制最新进展及对中国碳市场发展建议》,《价格理论与实践》2022年第2期。

陈向东、左鹏:《欧盟碳边境调节机制的影响及应对措施》,《能源》2022年第7期。

董京波:《WTO框架下碳关税合法性探析——以GATT 20条一般例外条款为中心》,《宏观经济研究》2022年第6期。

李岚春、陈伟:《欧美碳边境调节机制比较及对我国影响与启示研究》,《世界科技研究与发展》2023年第3期。

田静、史学瀛:《碳边境调节机制:欧盟应对气候变化的新选择与中国因应》,《中国环境管理》2023年第1期。

王谋、吉治璇、康文梅等:《欧盟"碳边境调节机制"要点、影响及应对》,《中国人口·资源与环境》2021年第12期。

康晓、刘欢:《适应气候变化视角下的中国对非洲气候援助》,《中国非洲学刊》2021年第3期。

IPCC, "Synthesis Report of the IPCC Sixth Assessment Report (AR6) Summary for Policymakers," Synthesis Report of the Sixth Assessment Report, March 13, 2023, https://www.ipcc.ch/ar6-syr/.

Intergovernmental Panel on Climate Change (IPCC), "Global Warming of 1.5℃," V. Masson-Delmotte, et al., Eds., IPCC Special Report, IPCC, 2018, www.ipcc.ch/sr15.

IPCC, "Climate Change 2022: Mitigation of Climate Change," *Contribution of Working Group III to the Sixth Assessment Report of the Intergovernmental Panel on Climate Change*, P. R. Shukla, et al., Eds., Cambridge Univ. Press, 2022.

Climate Policy Initiative, "Global Landscape of Climate Finance: A Decade of Data," https://www.climatepolicyinitiative.org/publication/global-landscape-of-climate-finance-a-decade-of-data/.

《中非应对气候变化合作宣言》,http://www.news.cn/world/2021-12/02/c_1128121935.htm,2021年12月5日。

《中非合作论坛—达喀尔行动计划(2022—2024)》,https://www.mfa.gov.cn/ziliao_674904/1179_674909/202112/t20211202_10461174.shtml。

B.52
加快建设现代新型能源体系

刘 强[*]

摘　要： 本报告回顾了"十四五"以来建设现代新型能源体系的进展，并提出目前面临的问题和未来发展的要求，在此基础上提出了三项针对性的政策建议：发展低成本天然气发电，提高电网灵活性和绿色能源比例；建设适应新型能源体系要求的电力交易体系；发展绿色能源技术，引领我国产业技术再次升级。

关键词： 新型能源体系　天然气发电　电力灵活性

2014年6月，习近平总书记在中央财经领导小组第六次会议上提出了"四个革命、一个合作"能源安全战略，即推动能源消费革命，抑制不合理能源消费；推动能源供给革命，建立多元供应体系；推动能源技术革命，带动产业升级；推动能源体制革命，打通能源发展快车道；全方位加强国际合作，实现开放条件下的能源安全。

党的二十大报告提出"加快规划建设新型能源体系"，这是推动实现经济社会高质量发展的重要支撑，是保障国家能源安全、力争如期实现碳达峰碳中和的内在要求，是新质生产力的重要支撑和重要发展领域，也是顺应发展大势、把握能源转型变革的必要条件。

"四个革命、一个合作"能源安全战略的核心是建立安全、绿色、经济、智慧的能源供给和消费体系，并积极参与国际能源合作、气候治理。经过十年的理论、实践与技术发展，"四个革命、一个合作"的内容和要求融入了现代新型能源体系建设之中。

---

[*] 刘强，中国社会科学院数量经济与技术经济研究所，主要研究方向为能源安全、新能源等。

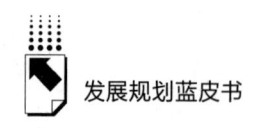

一 发展现代新型能源体系是改善我国能源安全的重要机遇

相比类似体量的大国，我国能源禀赋结构与多数国家相比并不占优势。作为能源供应的主体品种，我国煤炭资源总储量低于美国、俄罗斯，人均储量低于澳大利亚、南非，在品质和开采成本上也不占优势，每年还需进口3亿吨左右的煤炭。石油和天然气更是严重依赖进口。通过发展现代新型能源体系，大幅提高绿色非化石能源在能源生产和消费结构中的比重，能够减轻我国对化石能源尤其是进口化石能源的依赖，有效改善我国的总体能源安全形势。

党的十八大以来，我国清洁绿色能源体系加快构建，能源安全环境大幅改善。同时也要看到，我国能源发展仍面临需求压力巨大、供给制约较多、绿色低碳转型任务艰巨等一系列挑战。另外，我国风电、光伏等资源丰富，发展绿色能源潜力巨大。发展绿色能源，提高绿色能源在能源总体结构中的比重，是保障我国能源供给安全的重要机遇。

发展绿色能源的关键是处理好新能源与传统能源、全局与局部、政府与市场、能源开发和电网消纳及下游利用等关系，推动绿色能源高质量发展。这里的核心问题就是绿色能源的消纳，即能否在保障电力和能源体系安全稳定运行的前提下，最大可能地提高绿色能源在生产和消费中的比例。

2024年是"四个革命、一个合作"能源安全战略提出的第十年，也是中国能源转型加速、能源产业快速发展的十年。中共中央总书记习近平在主持中共中央政治局进行第十二次集体学习时强调，能源安全事关经济社会发展全局。积极发展清洁能源，推动经济社会绿色低碳转型，已经成为国际社会应对全球气候变化的普遍共识。我们要顺势而为、乘势而上，以更大力度推动我国新能源高质量发展，为中国式现代化建设提供安全可靠的能源保障，为共建清洁美丽的世界作出更大贡献。

在当前形势和长期趋势下，顺势而为的"势"，是能源产业的制造业化，借助新能源技术的快速发展提高绿色能源利用比例，也是传统化石能源与新兴制造业技术、数字化新质生产力融合发展的新趋势。发展绿色能源新质生产力，是实现碳达峰碳中和目标与保障能源安全的必由之路。

现代新型能源体系的核心在于绿色低碳、多能互补、成本经济性和抗冲击韧性。其中，绿色低碳是建设生态文明的要求，要尽量减少与能源相关的温室气体排放；多能互补是尽可能降低化石能源的比重，提高非化石绿色能源的比重，综合利用非化石能源，包括风电、光伏、生物能源等可再生能源，并在控制生态环境影响的前提下发展水电，在保障安全的前提下适度发展核电等；成本经济性是经济高质量发展的要求，即为实体经济发展和民生提供低成本的能源服务。这些要求都对能源系统的安全可靠提出了更高的要求，也就是能源体系需要有足够的韧性，实现整个体系的安全可靠，能够抵御各种各样的内部和外部冲击，规避可能出现的风险。

二 "十四五"以来现代能源体系取得重要进展

（一）《"十四五"现代能源体系规划》发布

2022年3月，国家发改委、国家能源局联合印发《"十四五"现代能源体系规划》（以下简称《规划》）。《规划》指出了"十四五"时期现代能源体系建设的主要目标：一是能源保障更加安全有力。到2025年，国内能源年综合生产能力达到46亿吨标准煤以上，原油年产量回升并稳定在2亿吨水平，天然气年产量达到2300亿立方米以上，发电装机总容量达到约30亿千瓦。二是能源低碳转型成效显著。单位GDP二氧化碳排放五年累计下降18%。到2025年，非化石能源消费比重提高到20%左右，非化石能源发电量比重达到39%左右，电气化水平持续提升，电能占终端用能比重达到30%左右。三是能源系统效率大幅提高。节能降耗成效显著，单位GDP能耗五年累计下降13.5%。到2025年，灵活调节电源占比达到24%左右，电力需求侧响应能力达到最大用电负荷的3%～5%。四是创新发展能力显著增强。新型电力系统建设取得阶段性进展，"十四五"期间能源研发经费投入年均增长7%以上，新增关键技术突破领域达到50个左右。普遍服务水平持续提升。人均年生活用电量达到1000千瓦时左右，天然气管网覆盖范围进一步扩大。

从各环节来看，国家将大力推进大型风光基地项目建设，全力提升风电、光伏在新能源发电量中的占比，预测"十四五"期间风电及光伏装机增量超

过6.5亿千瓦，年均新增装机超过1.3亿千瓦，风机大型化、光伏高效化将成为技术发展主线；推动新型电力系统的大力发展，增加特高压大规模投资，柔性直流输电将成为重要的输电方式，电网智能化和数字化有序推进，配电网自动化程度进一步提高；加快新型储能技术的规模化应用；氢能成为未来我国能源体系中必不可少的一部分；因地制宜开发大水电和核电；积极推动新能源汽车发展，配套充电桩的建设速度进一步加快；煤炭在"十四五"期间托底保供并向清洁化转型。

（二）"十四五"时期新型能源体系建设的进展

"十四五"时期，我国推动能源安全新战略走深走实，全力保障能源安全稳定供应，加快推进能源绿色低碳转型，为全面推进中国式现代化提供充足动能。

煤炭仍然是我国能源保供的"压舱石"。2023年，煤炭供需紧张形势得到有效缓解，煤炭供给充足，电力生产得到有效保障。煤炭市场运行也愈加平稳，煤炭现货价格向合理区间回归。有序释放煤炭先进优质产能，核准一批智能化水平高、安全有保障的现代化煤矿项目，确保煤炭产能平稳，推动已核准煤矿尽快开工、在建煤矿加快建成投产、停产停建煤矿抓紧复工复产。

我国不断提高能源自主供给能力，补强油气产能短板。通过大力推动油气增储上产，2023年新建原油产能2250万吨、天然气产能420亿立方米，全年原油产量稳定在2亿吨以上，天然气产量超过2300亿立方米、同比增长超过4.5%。2023年12月，经过两年勘探攻坚，中国石油长庆油田在甘肃省环县洪德地区发现地质储量超亿吨级整装大油田。

2023年，我国可再生能源总装机突破14亿千瓦，占全国发电总装机的比重超过50%，历史性超过火电装机。这是能源发展史上的一项伟大成就。

水电发挥低碳能源的基础性作用。2023年12月20日，由长江干流乌东德、白鹤滩、溪洛渡、向家坝、三峡和葛洲坝6座梯级电站共同构成的世界最大水电能源走廊全面建成一周年。一年来，6座梯级电站累计发电量突破2700亿千瓦时，可减少二氧化碳排放超2.2亿吨，满足2.8亿人一年的生活用电需求。

《"十四五"可再生能源发展规划》明确，大力推进风电和光伏发电基地化开发。其中，以"沙戈荒"地区为重点的大型风电光伏基地总规模达到

4.55亿千瓦，相当于20座三峡水电站的装机容量。截至2023年11月底，我国风电光伏基地建设进展顺利，第一批已建成并网4516万千瓦。

光伏+模式形成中国可再生能源发展的重要模式。2023年11月29日，全国单体规模最大的光伏治沙项目——三峡集团蒙西基地库布其200万千瓦光伏治沙项目并网发电，修复治理沙漠面积10万亩。我国为全球能源绿色低碳转型和沙漠治理提供了样本。

通过强化新型电力系统建设，我国新能源利用率继续保持较高水平，自2018年以来连续多年超过95%。我国实现高水平新能源利用，为全球破解新能源消纳难题提供借鉴。①

表1 "十四五"以来能源发展主要成就

指标	2020年	2023年	年均/累计变化(%)
能源消费总量(亿吨标准煤)	49.8	57.2	4.7
能源消费结构占比(%)			
其中:煤炭	56.8	55.3	〔-1.5〕
石油	18.9	18.3	〔-0.6〕
天然气	8.4	8.5	〔0.1〕
非化石能源	15.9	17.9	〔2.0〕
一次能源生产量(亿吨标准煤)	40.8	48.3	5.8
原煤产量(亿吨)	39.02	47.1	6.5
原油产量(万吨)	19476.86	20902.6	2.4
天然气产量(亿立方米)	1924.95	2324.3	6.5
发电量(亿千瓦时)	77790.60	94564.4	6.7
其中:火电	53302.48	62657.4	5.5
水电	13552.09	12858.5	-1.7
核电	3662	4347.2	5.9
风电	4665	8858.7	23.8
太阳能发电	2611	5841.5	30.8
进口煤炭(万吨)	30331	47441.6	16.1
进口原油(万吨)	54201	56399	1.3
进口天然气(万吨)	10123	11997	5.8

---

① 《新型能源体系建设提速》，https://www.nea.gov.cn/2024-01/12/c_1310759961.htm。

续表

指标	2020年	2023年	年均/累计变化(%)
发电装机容量(亿千瓦)	22	29.1965	9.9
其中：水电	3.7	4.2154	4.4
煤电	10.8	11.65	2.6
气电	1.0	1.22	6.9
核电	0.5	0.5691	4.4
风电	2.8	4.4134	16.4
太阳能发电	2.5	6.0949	34.6
生物质发电	0.3	1.03	50.9
西电东送能力	2.7	3.2(2022)	8.9
油气管网总里程(万公里)	17.5	18(2022)	1.4

注：①〔〕内为五年累计数。②水电包含常规水电和抽水蓄能电站。
资料来源：《中国统计年鉴2021》；《中华人民共和国2023年国民经济和社会发展统计公报》，https：//www.gov.cn/lianbo/bumen/202402/content_6934935.htm；中国电力企业联合会：《2020年中国电力工业经济运行报告》，http：//lwzb.stats.gov.cn/pub/lwzb/zxgg/202107/W020210723348607080875.pdf。

在可再生能源跃升式发展背景下，我国亟须通过市场机制创新，推动能源电力生产方式绿色转型。

我国加快全国统一电力市场体系建设，多层次统一市场体系已基本形成，适应新能源高比例发展的市场机制逐步完善。中长期、辅助服务市场已实现全覆盖。电力现货市场建设稳妥推进，23个省份启动电力现货市场运行。

国家能源局预计，2023年全年市场化交易电量达5.67万亿千瓦时、同比增长8%，占全社会用电量的61.3%，通过辅助服务市场挖掘调峰潜力超1.17亿千瓦、增加清洁能源消纳1200亿千瓦时。

三 现代能源体系面临的挑战与发展要求

（一）大规模发展波动性可再生能源对系统韧性提出了更高的要求

一方面，以新能源为主体的能源供给结构将提升总体安全保障水平。根据发展规划，未来风能、太阳能、生物质能、地热能、核能等新能源将成为供能主力，到2050年发电装机将占总装机的78%，发电量将占全国用电量的75%，新能源总量占一次能源总量的比重达51%。煤油气等化石能源及水电等非化石能源将作为重要能量补充来源和供应能力保障来源，根据自身特点在平时储备、响应尖峰负荷和应急供应保障上发挥作用。2050年石油进口量有望降至2亿吨，较当前水平下降60%；天然气进口量有望降至1500亿立方米左右，能源总体对外依存度降至10%以下，大大缓解进口安全保障压力。

另一方面，波动性的风能、太阳能装机快速增长将给能源体系带来巨大的挑战。传统的靠电网控制火电和水电机组出力的调度模式，需要面临更为复杂的出力与负荷之间的匹配难题。现在的技术方案是通过源网荷储协调互动来平衡电网，对储能提出了较高的要求。新型能源体系中，分布式发电与供热、用户侧储能、智能微电网、主动配电网、氢储能等新业态不断发展，产销者、聚合商、电热冷气一体化能源服务商等新商业模式不断涌现，系统供需平衡将由依靠传统集中供能的源随荷动模式向多能源网荷储协调互动模式转变。

未来极端天气事件发生的频率和强度都可能上升，这对能源系统韧性提出了更高的要求。在单个风电和光伏电源出力不稳定、易受天气影响的现实情况下，整个能源系统的灵活调度、协调运行对保障能源供应安全将发挥越来越大的作用。同时，能源系统与数字技术深度融合，将通过建立主被动防御结合的防控体系，使系统在极端情况下运行稳定得到有效保障。

（二）新型能源体系需综合平衡电能与非电能的比例

根据相关规划，我国将大幅提高电气化比例，提高电能在能源消费中的比例。新能源的主要利用方式是转换为电，有些还可进一步转换为氢能用作燃料。为适应能源利用方式的转换，电和氢在终端能源中的比例将持续提高。2050年我国终端电气化率需提高到50%以上，氢能占比需提高到10%以上。

电能无疑是最适合传输的能量形式，也是在消费过程中最清洁的形式。然而，电力生产、传输过程都会有能量损失。相比之下，清洁的液体能源（生物柴油、绿色甲醇等）和气体能源（氢、天然气）在能量密度和能源效率上也有很强的竞争力。新型能源体系建设中的储能也会降低整个能源体系的能量

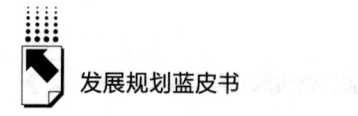

效率,比如用电制氢再用氢发电,势必有大量的能量消失在转换过程中。在发电过程中,如果单纯依靠风、光能源也是不可行的,它仍然需要稳定的基础电力容量,这一角色只有煤电或者天然气发电才能承担,水电与核电并不能担此重任。这是因为,水电受季节性和气候条件的制约,而核电本身也需要燃煤或燃气的备用电源来保障运行安全。

(三)新型能源体系要求高度智能的数字化控制能力

新型能源体系建设需要数字化全面赋能。数字化是促进系统集成的重要技术手段,推动数字技术深度赋能源网荷储各环节,实现电、热、冷、气多网融合、多能互补、全局调度优化,可显著提升能源资源综合利用率。数字化还可将能源网络上的高价值数据转化为生产要素,培育新产业,创造更多经济价值,利用数字技术的正外部性抵销部分传统能源系统转型成本。

2023年3月,《国家能源局关于加快推进能源数字化智能化发展的若干意见》提出能源领域加快数字化智能化发展,以数字化智能化技术加速发电清洁低碳转型,以数字化智能化电网支撑新型电力系统建设。核心在提高传统能源的灵活性改造和新能源的消纳水平,主要内容包括:发展新能源和水能功率预测技术,统筹分析有关气象要素、电源状态、电网运行、用户需求、储能配置等变量因素。加强规模化新能源基地智能化技术改造,提高弱送端系统调节支撑能力,提升分布式新能源智能化水平,促进新能源发电的可靠并网及有序消纳,保障新能源资源充分开发。加快火电、水电等传统电源数字化设计建造和智能化升级,推进智能分散控制系统发展和应用,助力燃煤机组节能降碳改造、灵活性改造、供热改造"三改联动",促进抽水蓄能和新型储能充分发挥灵活调节作用。推动数字技术深度应用于核电设计、制造、建设、运维等各领域各环节,打造全面感知、智慧运行的智能核电厂,全面提升核安全、网络安全和数据安全等的保障水平。推动实体电网数字呈现、仿真和决策,探索人工智能及数字孪生在电网智能辅助决策和调控方面的应用,提升电力系统多能互补联合调度智能化水平,推进基于数据驱动的电网暂态稳定智能评估与预警,提高电网仿真分析能力,支撑电网安全稳定运行。推动变电站和换流站智能运检、输电线路智能巡检、配电智能运维体系建设,发展电网灾害智能感知体系,提高供电可靠性和对偏远地区恶劣环境的适应性。加快新能源微网和高可靠性数字配电系统发展，提升用户侧分布式电源与新型储能资源智能高效配置与运行优化控制水平。提高负荷预测精度和新型电力负荷智能管理水平，推动负荷侧资源分层分级分类聚合及协同优化管理，加快推动负荷侧资源参与系统调节。建立健全电碳计量与核算监测体系，推动电力市场和碳市场数据交互耦合，支撑能源行业碳足迹监测与分析。[1]

"十四五"以来，能源体系尤其是电力体系的数字化发展取得了长足的进步。南方电网已经开始探索"车网互动"，在深圳等地实现电动汽车向电网的反向售电。但是目前的数字化水平还远不能适应新型能源体系建设的要求。未来需要加强数字化发展，通过数字化更好地匹配不同区域、不同时段的生产者和不同特点负荷消费者的电力行为，有效降低对储能的需求，实现能量效率和经济效率的最优化。

（四）新型能源体系要求完备的新能源装备产业链

以新能源为基础的新型能源体系越来越接近制造业，它高度依赖新能源装备和数字化的上下游产业链。建设新型能源体系会减轻对化石能源等资源禀赋的依赖，同时会对技术领先、链条完整的新能源装备制造业提出更高要求。"十四五"以来，我国初步建成了全球布局的新能源装备产业链。从产业发展客观规律看，全球新能源产业进入快速发展阶段。既可服务好国内大市场，又可参与国际市场竞争，是我国能源产业未来发展的重点方向，也是最终建成能源强国的必由之路。

四 政策建议

（一）发展低成本天然气发电，提高电网灵活性和绿色能源比例

提高绿色能源电力消纳，目前采用的主要手段有燃煤发电灵活性改造、抽水蓄能和其他各种储能建设、风光富余电力制氢、燃气电力和核电的灵活性调

---

[1] 《国家能源局关于加快推进能源数字化智能化发展的若干意见》，https：//www.gov.cn/zhengce/zhengceku/2023-04-02/content_ 5749758. htm。

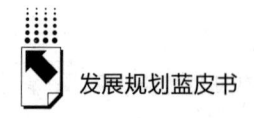

峰、分布式和微网电力、虚拟电厂等。近年来，弃风、弃光现象大幅减少，风、光电力利用率和发电小时数有较大幅度的提高。

为了顺利实现碳达峰碳中和目标，有效实现绿色能源转型，需要进一步建设好能源基础设施网络，推进电网基础设施智能化改造和智能微电网建设，提高电网对绿色能源的接纳、配置和调控能力。其中，提高电力系统的灵活性是问题的核心。

受资源禀赋等限制，煤电是我国当前调峰辅助服务的"主力军"。我国新能源大规模发展，对电力系统的灵活调节能力要求越来越高，煤电由常规主力电源向基础保障性和系统调节性电源并重转型的步伐加快，"压低谷、顶尖峰"的"担子"越来越重。我国煤机深调能力"先天不足"，即使做了灵活性改造其调节能力也有限。西北地区为解决绿色能源电力外送搭建了较多的火电机组，实际上并没有提高绿色能源电力的比率。

与欧盟、澳大利亚等先进国家和地区相比，我国的绿色能源电力总体比率仍然偏低。我国电力消费中，2023年风电和光伏电力的比例为12.3%，而欧盟和澳大利亚的风光电力合计占比都在30%以上。要实现碳达峰碳中和的目标，仅靠目前的燃煤电力灵活性改造和储能设施建设是远远不够的，必须有更高灵活性的电力容量来提高新能源电力的总体比例。

随着现货市场的深入发展，诞生于21世纪初、具有明显行政特色的灵活性电力容量已不能支撑新型电力系统建设的需要。厘清煤电深调之困，推动灵活性电力容量融入现货市场，更好地规划设计建设我国新型电力系统。

从技术和经济两个角度，大规模储能并不现实，成本也高。因此，灵活性改造是提高绿色能源电力消纳的首选方向。从主流机组的技术特性看，燃气轮机发电机组无疑是最好的灵活性电力模式。

表2 三种火电机组对比

类别	完全启停时间(个小时)	运行功率区间(%)	功率调节难度
传统煤电机组	4~12	50~100	功率调节难
灵活性改造煤电	2~4	20~100	功率调节较难
燃气轮机	0.5	0~100	功率调节较灵活

资料来源：《中国煤电机组调峰运行现状分析》。

我国天然气产量没有美国那样充裕，目前尚需进口45%左右的消费量。因此，关于是燃煤机组还是燃气机组提供灵活性电力的争论一直存在。从我国煤炭、天然气、水电和风光电力的综合禀赋看，在开采成本较低的西部天然气产地附近和东部沿海能够承受较高气价的地区建设燃气电厂作为灵活性电力容量，可以有效地降低灵活性调节电力成本，并大幅提高西部地区的风光电力上网和外输能力。

表3　燃气机组与燃煤机组发电成本对比

机型	燃料价格	燃料成本（元/千瓦时）	固定成本（元/千瓦时）	总成本（元/千瓦时）	标杆电（元/千瓦时）
9F燃气机组	2.6元/立方米	0.539	0.12	0.659	0.665
600MW燃煤机组	500元/吨	0.245	0.14	0.385	0.453

资料来源：闫海波、李海波、蒋韬：《电力体制改革下天然气发电产业的挑战与机遇》，《燃气轮机技术》2019年第3期。

目前国内的天然气价格，各省份每立方米天然气最高门站价格由高到低依次是：上海、广东2.88元，浙江2.87元，江苏2.86元，安徽2.79元，河南、广西2.71元，北京、天津2.70元，辽宁、河北、山东2.68元，湖北、湖南、江西2.66元，山西2.61元，吉林、黑龙江2.46元，云南、贵州2.41元，四川2.35元，重庆、海南2.34元，宁夏2.21元，甘肃2.13元，陕西、内蒙古2.04元，青海1.97元，新疆1.85元。很明显，西部的川渝地区、陕甘宁青新地区天然气成本较低，如果采用井口价，就更有成本优势。如果以井口价1.2元每立方米计算，9F燃气机组的发电成本降为0.375元/千瓦时，低于相对应的燃煤机组发电成本。因此，建议掌握川渝和西北地区天然气资源的中石油、中石化公司可以参与燃气调峰电厂的建设，从而为能源行业开辟一条油气产业参与绿色能源电力发展的道路，同时也能够有效提高绿色能源电力消纳的能力。

（二）建设适应新型能源体系要求的电力交易体系

近年来，全国统一电力市场体系建设取得积极进展，目前已基本建成"统一市场、协同运作"的电力市场架构，形成了衔接省际、省内，覆盖全国

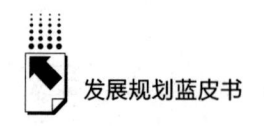

范围、全类型周期、不同交易品种的市场体系，电力市场化交易正在成为配置电力资源的最主要方式。

2022年1月，国家发改委、国家能源局发布《关于加快建设全国统一电力市场体系的指导意见》（以下简称《意见》），提出实现电力资源在更大范围内共享互济和优化配置，提升电力系统稳定性和灵活调节能力，推动形成有更强新能源消纳能力的新型电力系统。《意见》明确，到2025年，全国统一电力市场体系初步建成，国家市场与省（区、市）/区域市场协同运行，电力中长期、现货、辅助服务市场一体化设计、联合运营，跨省跨区资源市场化配置和绿色电力交易规模显著提高，有利于新能源、储能等发展的市场交易和价格机制初步形成。到2030年，全国统一电力市场体系基本建成。

在构建适应新型电力系统的市场机制上，《意见》强调要提升电力市场对高比例新能源的适应性，因地制宜建立发电容量成本回收机制，探索开展绿色电力交易，健全分布式发电市场化交易机制。

对于电力系统，区域电力调配和互济能力是电力市场的主要作用点。随着第一、第二批电力现货市场试点先后在14个省份展开以及省间现货工作的推进，市场化交易电量明显提升，全国统一电力市场体系的构建进入新的阶段。

为助力新能源消纳，华东能源监管局建立健全华东区域内绿电交易规则，明确绿电交易价格由发电企业与电力用户或售电公司通过市场化方式形成。积极衔接区域内外绿电资源，推动扩大跨省绿电交易规模。2023年前9个月，长三角区域共有2382家企业购买可溯源绿电交易电量108.8亿千瓦时，是上年同期的4倍。①

新能源发电方面，其特点是预测难度大、出力波动性大，对市场供需双方而言，以年为单位的中长期电力交易合约不适合新能源品种，因为它无法反映出力的波动性和电价峰谷差。交易周期短且灵活的现货市场更有利于新能源从中获利。但是在实操层面，当前新能源入市后面临的市场电价波动影响着新能源入市的积极性。省内新能源各电源出力曲线雷同，同一性导致零电价甚至是负电价，对电网产生逆调峰的影响，山东省级电网2022年全年负电价出现概率为48%。未来需要从市场机制角度发展新能源省间现货交易，利用不同地

---

① 《能源监管效能持续提升》，《经济日报》2023年11月22日。

区负荷曲线的差别，包括跨时区特性，从更大时空层面平滑新能源发电曲线，实现尖峰时刻余缺互济。

煤电方面，全国统一电力市场体系有利于更好地挖掘煤电存量机组调峰潜力。新能源入市已是大势所趋，新能源品种特性将拉低平均电价，在现货市场，新能源大发时市场电价降低甚至为负，刺激火电降低出力，挤压煤电的利润空间。未来煤电亟待转向顶峰出力，需要通过参与辅助服务和容量机制/市场获得合理的收益。这需要针对煤电机组进行大量灵活性改造。目前由于市场化改革缓慢，缺少成本疏导机制，发电企业对灵活性改造的积极性不高。未来需要通过市场价格信号更好地激发存量煤电机组的潜力。

目前电力市场最大的结构性问题是东部电力负荷区各省份的电力消费曲线过于相近，即电力富余的时候都富余，而电力紧张的时候又都紧张，所以即使从全年总量上看部分省份貌似存在互补，但是仍然无法建立有效的交易机制。因此，在电力市场的建设中除完善交易机制外，还应从根本上解决问题，建设从电力生产大省到消费大省的输电通道，同时保障生产大省在冬夏两个用电高峰期有足够的备用电量。目前，北方的蒙东地区和黑龙江可以与辽宁、吉林，蒙西和山西可以与北京、天津、河北、山东建立这样的交易机制和路线。建议有关部门开展相关的政策研究和传输能力建设，并建立相应的交易机制。

（三）发展绿色能源技术引领我国产业技术再次升级

当前，新一轮科技革命和产业变革深入发展，全球气候治理呈现新局面，新能源和信息技术紧密融合，生产生活方式加快转向低碳化、智能化，能源体系和发展模式正在进入由非化石能源主导的崭新阶段。能源是人类生活生产的基础性需求，更是工业文明产生的基础性产业，融合新质生产力的绿色能源将是未来人工智能、数字经济、高端制造、智慧交通等所有新生业态的基础性支撑。

绿色能源发展的基础是制造业，在绿色能源技术和数字技术的带动下，能源产业尤其是绿色能源产业与制造业日益深度融合，共同推动了新质生产力的形成与发展。2023年，新能源汽车、太阳能电池新能源产品产量同比分别增长35.6%和44.5%；太阳能工业用超白玻璃、单晶硅等绿色材料产品产量均增长30%以上。

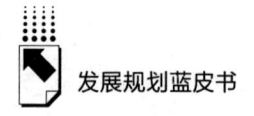

在中国制造提质增效、转型升级的过程中，能源绿色化和经济数字化互为补充、相互促进。一方面，能源本身在绿色化的同时日益依赖于数字技术；另一方面，绿色能源需求推动了相关组件制造业的快速发展，形成了能源行业与制造业的良性互动。

经过持续攻关和积累，我国多项绿色能源技术和装备制造水平已全球领先，建成了世界上最大的清洁能源供应体系，"新三样"（新能源汽车、锂电池和光伏产品）还在国际市场上形成了强大的竞争力，绿色能源发展已经具备了良好的基础，我国成为世界能源发展转型和应对气候变化的重要推动者。

我们要看到，这一切的基础都是技术进步，能源行业逐渐摆脱资源约束的同时，对技术的依赖日益加深。我们要瞄准世界能源科技前沿，聚焦能源关键领域和重大需求，合理选择技术路线，发挥完整产业链的规模优势，加强关键核心技术联合攻关，强化科研成果转化运用，把能源技术及其关联产业培育成带动我国产业升级的新增长点，促进绿色能源新质生产力发展。重点绿色能源产业技术链条涉及燃煤与燃气电力灵活性改造、绿色氢能技术、绿色甲醇技术、燃料电池核心材料、固态和化学储能技术、智能电网控制技术、分布式与微电网、气象大数据预测系统建设与应用、建筑等多场景多能融合、油气田与风光电力集成、能化共轨技术、高温超导电力传输等。

B.53
实施"蓝天保卫战"效果评估

李玉红 苗吉超[*]

摘 要： "十四五"以来，我国SO_2和CO等燃煤污染物浓度持续降低，但PM2.5和PM10浓度下降趋缓，而O_3浓度上升趋势不减。2023年，全国PM2.5年均浓度为32微克/米^3，比2020年下降4.0%，重污染天数比例为1.6%。重点区域中，汾渭平原PM2.5浓度最高，达46微克/米^3，比2020年下降6.2%，重污染天数比例为4.2%；京津冀及周边PM2.5浓度为45微克/米^3，比2020年下降12.1%，重污染天数比例达3.6%；长三角地区PM2.5浓度达标城市为23个。长江中游和成渝城市群等非重点区域PM2.5浓度呈现上升态势。沙尘成为重污染天气的新不确定因素，2023年，以PM10为首要污染物的重污染天数约占全部重污染天数的三分之一。我国应把重污染天气防控作为大气污染治理重点，加强对非重点区域细颗粒物污染防控，持续实行北方地区清洁取暖财政补贴，系统治理沙尘天气。

关键词： "蓝天保卫战" 沙尘 大气污染防治

一 我国大气污染防治政策回顾与"十四五"进展

（一）大气污染防治政策回顾

改革开放以来，随着中国工业化和城镇化进程的不断深入，燃煤污染与机

---

[*] 李玉红，中国社会科学院数量经济与技术经济研究所研究员，主要研究方向为环境与发展、绿色创新；苗吉超，中国社会科学院大学，主要研究方向为绿色发展。

动车尾气污染叠加，大气污染形势日趋严峻，以细颗粒物（PM2.5）为特征污染物的区域性大气环境问题愈发突出。2013年初，我国出现大面积雾霾天气，给人民群众的生命健康和经济社会的可持续发展带来严重威胁。[1] 面对大气污染防治的迫切需求，中国坚决向大气污染宣战，制定了一系列战略部署和行动计划。

1. 第一阶段（2013~2017年）：大气污染防治行动

2012年《环境空气质量标准（GB3095—2012）》颁布施行，新标准首次纳入PM2.5和臭氧指标。2013年，京津冀、长三角、珠三角等重点区域及省会城市、直辖市和计划单列市共74个代表性城市率先采用新标准监测空气质量，并开始逐小时发布PM2.5等6项主要大气污染物浓度数据。

2013年9月，国务院发布《大气污染防治行动计划》（以下简称《大气十条》）。《大气十条》明确提出，到2017年，全国层面的可吸入颗粒物（PM10）浓度下降10%以上，京津冀、长三角、珠三角等区域PM2.5浓度分别下降25%、20%、15%以上，其中北京PM2.5年均浓度控制在60微克/米^{3}左右，同时提出了覆盖淘汰落后产能、煤炭消费总量控制、考核问责、区域大气污染联防联控等多领域"组合拳"式治理方案。随后我国分别修订了《环境保护法》和《大气污染防治法》，在总量控制、排污许可、应急预警、法律责任等方面提供了坚实的法律保障。[2]

2016年3月，"十三五"规划纲要对大气污染防治提出以下约束性指标：到2020年全国地级及以上城市空气质量优良天数达到80%以上，相比2015年PM2.5未达标的地级及以上城市浓度下降18%，全国二氧化硫和氮氧化物排放量削减15%。对《大气十条》的政策中期评估显示，既定减排措施难以实现既定的PM2.5浓度目标，要实现既定的雾霾浓度控制目标，天津和河北需要进一步加大污染物减排力度。[3] 2017年，我国加大了大气污染防治执行力

---

[1] 柴发合：《我国大气污染治理历程回顾与展望》，《环境与可持续发展》2020年第3期。
[2] 丁瑶瑶：《保卫蓝天：三个"大气十条"的历史使命》，《环境经济》2024年第2期。
[3] 石敏俊、李元杰、张晓玲等：《基于环境承载力的京津冀雾霾治理政策效果评估》，《中国人口·资源与环境》2017年第9期。

度，重点开展京津冀"散乱污"企业整治和冬季散煤治理工作。① "散乱污"企业不易监管，违法排污量较大，纠正违法排污可大幅减少颗粒物实际排放量。② 2017年4月，国家启动了史上最大规模的环保督察，对京津冀及周边地区"2+26"城市开展为期一年、共计25轮次的大气污染防治强化督查，截至2017年底，督查组共对18.12万个企业点位进行了检查，发现问题3.43万个，占企业点位的18.93%。③ 2017年12月，《北方地区冬季清洁取暖规划（2017—2021年）》正式颁布，将清洁取暖实施范围扩大到整个北方地区。清洁取暖成为解决北方冬季大气污染问题的重要抓手，④"煤改电"和"煤改气"改善了北方居民冬季取暖条件。⑤

2. 第二阶段（2018~2020年）：打赢蓝天保卫战三年行动

2017年，党的十九大将"污染防治"列为决胜全面建成小康社会的三大攻坚战之一，并将大气污染防治作为突出环境问题予以着力解决。2018年6月，中共中央、国务院发布《关于全面加强生态环境保护坚决打好污染防治攻坚战的意见》，提出"坚决打赢蓝天保卫战"，随后国务院印发《打赢蓝天保卫战三年行动计划》（以下简称《行动计划》）。《行动计划》承接《大气十条》的污染治理成果和经验，延续了以降低颗粒物浓度为主攻方向同时减少重污染天气的思路，并在目标设置方面与"十三五"约束性指标保持一致。相较于《大气十条》，《行动计划》提出了更加精准的举措，例如，将实现稳定达标的珠三角区域调出重点防控区域范围，强化区域联防联控；在结构调整方面，增加优化产业布局、推进清洁取暖、发展清洁能源和"公转铁"等新举措。2018年10月，《大气污染防治法》修正版将重点区域大气污染联合防

---

① 薛文博、许艳玲、史旭荣等：《我国大气环境管理历程与展望》，《中国环境管理》2021年第5期。
② 李玉红、王皓：《违法排污视角下京津冀工业颗粒物排放研究》，《城市与环境研究》2019年第1期。
③ 张航：《整治"散乱污"6万家，督办环境问题2万个，"史上最强"环保督查什么样？》，《北京晚报》2018年1月18日。
④ 罗宏、张保留、王健等：《京津冀及周边地区清洁取暖补贴政策现状、问题与对策》，《中国环境管理》2020年第2期。
⑤ 李玉红、王皓、牛姗姗：《清洁取暖政策与北方农民生活能源消费变化》，《中国能源》2023年第10期。

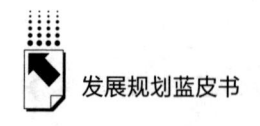

治上升到法律层面。

秋冬季是重污染天气出现的重要时段，为抓好秋冬季大气污染防治，生态环境部等部门持续开展中央财政支持北方地区冬季清洁取暖试点工作，并立足于结构调整优化，实行企业分类分级管控，推进精准治污。2020年6月，生态环境部印发《2020年挥发性有机物治理攻坚方案》，围绕挥发性有机物（VOCs）治理，实施夏季臭氧（O_3）污染攻坚行动，明确提出重点区域、苏皖鲁豫交界地区及其他O_3污染防治任务重的地区城市6~9月优良天数平均同比增加11天左右的目标，以推动"十三五"规划的优良天数约束性指标全面完成。

（二）"十四五"时期大气污染防治进展

2020年《行动计划》完美收官，"十三五"约束性指标均全面超额完成，空气质量明显改善。但是，从PM2.5达标城市数和重点区域PM2.5浓度数据来看，PM2.5污染尚未得到根本性控制，同时，臭氧污染问题逐渐显现，成为仅次于PM2.5影响空气质量的重要因素。2021年11月，中共中央、国务院印发《关于深入打好污染防治攻坚战的意见》（以下简称《意见》）。《意见》明确提出深入打好蓝天保卫战的三个攻坚战，即明确了重污染天气消除、臭氧污染防治和柴油货车污染治理。2022年5月，国务院印发《新污染物治理行动方案》（以下简称《方案》），要求石化化工行业强化源头管控，严格落实相关产品VOCs含量限值标准，大力推进低（无）VOCs含量原辅材料替代。2022年11月，生态环境部等15部门联合发布《深入打好重污染天气消除、臭氧污染防治和柴油货车污染治理攻坚战行动方案》，针对三个攻坚战分别制定了具体行动方案。

新阶段大气污染防治攻坚战触及的矛盾和问题层次更深、领域更广，对大气环境质量改善的要求也更高。面对这些新任务新问题，2023年12月，国务院印发《空气质量持续改善行动计划》，强调"十四五"期间推动PM2.5和臭氧污染协同控制的焦点、难点问题，并针对重污染天气消除，以及PM2.5浓度、氮氧化物和VOCs排放总量下降提出更加细化的目标。此外，《空气质量持续改善行动计划》中治理区域和措施更加精准，PM2.5基本稳定达标的长三角南部安庆等10个城市不再被列入重点区域，苏皖鲁豫4个省份交界地区城市因空气污染问题比较突出而被纳入重点区域范围。

二 "十四五"期间"蓝天保卫战"实施效果

(一) 全国总体效果

燃煤污染物浓度持续下降。2021~2023 年，SO_2 和 CO 浓度保持下降趋势，2023 年 SO_2 和 CO 年平均浓度分别降至 9.0 微克/米^3 和 1.0 毫克/米^3，[①] 分别比 2020 年下降了 10%和 23%。

颗粒物浓度下降速度趋缓。在不扣除沙尘天气影响条件下，2023 年全国地级及以上城市[②] PM2.5 平均浓度为 31.9 微克/米^3，较 2020 年下降约 4.1%，慢于预期速度；PM2.5 达标城市数为 209 个，达标率达到 62.0%，较 2020 年提升 3 个百分点；PM10 平均浓度为 63.0 微克/米^3，较 2020 年上升 6.2%。

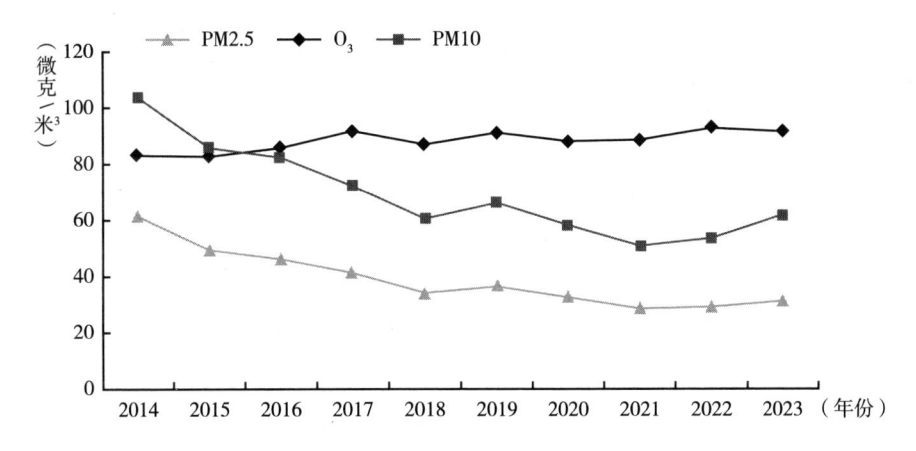

图 1　2014~2023 年全国地级及以上城市主要大气污染物年均浓度变化

注：颗粒物浓度数据未扣除沙尘天气影响。
资料来源：根据中国环境监测总站历史数据整理。

重污染天数有所反弹。2023 年，全国地级及以上城市平均空气质量优良天数比例为 85.5%，重污染天数比例为 1.6%，扣除沙尘异常后重污染天数比

[①] 生态环境部：《2023 年 12 月和 1—12 月全国环境空气质量状况》，https://www.mee.gov.cn/ywdt/xwfb/202401/t20240125_1064784.shtml。

[②] 地级及以上城市包含直辖市、地级市以及地区、自治州和盟政府所在地。

例为1.1%，① 尚未达到《空气质量持续改善行动计划》中设置的1%的目标。据中国气象局统计，2023年全国共发生了17次沙尘天气过程，为2011年以来最多，严重影响了空气质量。② 表征沙尘天气的PM10浓度连续两年上升，沙尘异常引起的重污染天数约占三分之一。

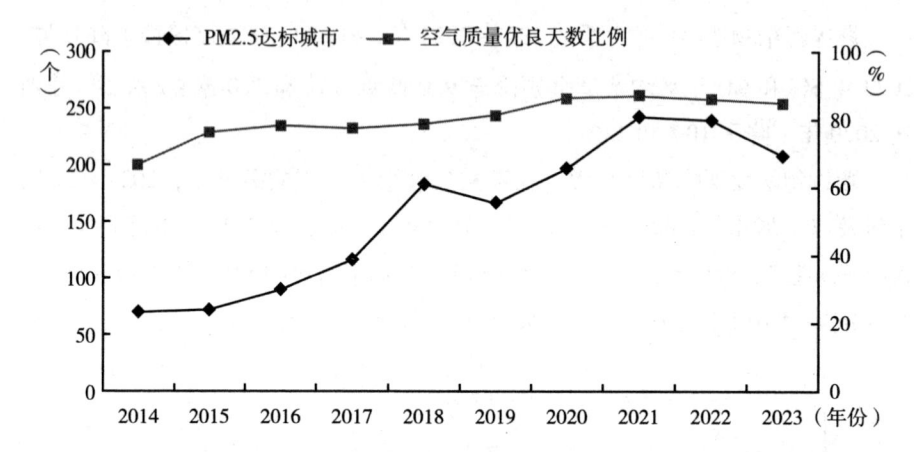

图2 2014~2023年全国地级及以上城市空气质量优良天数比例和PM2.5达标城市情况

资料来源：根据中国环境监测总站历史数据整理。

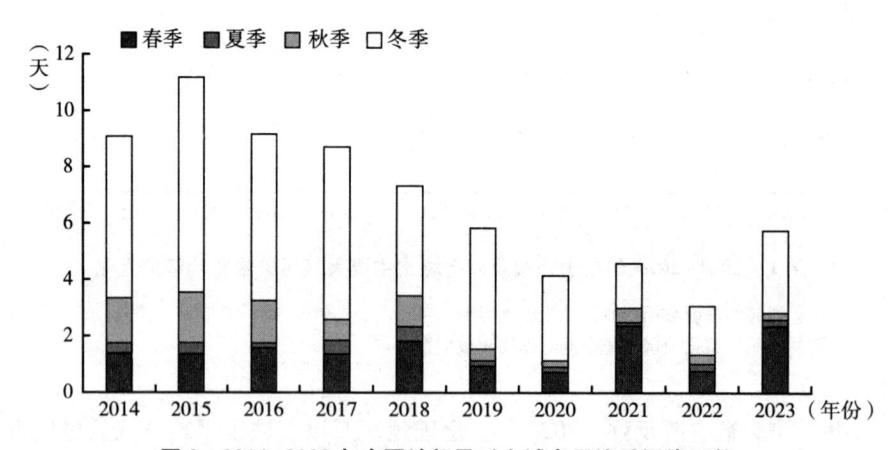

图3 2014~2023年全国地级及以上城市平均重污染天数

---

① 《生态环境部公布2023年12月和1—12月全国环境空气质量状况》，https://www.mee.gov.cn/ywdt/xwfb/202401/t20240125_1064784.shtml。

② 《2023国内十大天气气候事件》，《中国气象报》2024年1月22日。

专栏 蓝天保卫战空气质量改善目标及完成情况

表1 主要政策提出的具体目标及完成情况

政策	实施期限	具体目标	目标完成情况
《大气污染防治行动计划》	2013~2017	①2017年，全国地级及以上城市PM10污染物浓度比2012年下降10%以上，优良天数逐年提高；②京津冀、长三角、珠三角等区域PM2.5浓度分别下降25%、20%、15%左右，其中北京市PM2.5年均浓度控制在60微克/米³左右	①2017年，全国地级及以上城市PM10平均浓度比2013年下降22.7%，优良比例不断提高，2017年达到78.0%；②京津冀、长三角、珠三角区域PM2.5平均浓度比2013年分别下降39.6%、34.3%、27.7%，北京市PM2.5平均浓度为58微克/米³
《打赢蓝天保卫战三年行动计划》	2018~2020	①2020年，SO_2、氮氧化物排放总量均比2015年下降15%以上；②PM2.5未达标地级及以上城市浓度比2015年下降18%以上；③地级及以上城市空气质量优良天数比例达到80%，重度及以上污染天数比例比2015年下降25%以上	①2020年，SO_2和CO污染物浓度实现全部城市达标，氮氧化物达标城市达到98.0%；②全国未达标地级及以上城市PM2.5平均浓度较2015年下降28.8%；③优良天数比例较2015年上升5.8个百分点，重污染以上污染天数比2015年下降约60.0%
《空气质量持续改善行动计划》	2021~2025	①到2025年，全国地级及以上城市PM2.5浓度比2020年下降10%，重度及以上污染天数比例控制在1%以内。②氮氧化物和VOCs排放总量均比2020年下降10%以上。③京津冀及周边地区、汾渭平原PM2.5浓度分别下降20%、15%，长三角地区PM2.5浓度总体达标，北京市控制在32微克/米³以内	①2023年，扣除沙尘影响，全国PM2.5浓度为30微克/米³，较2020年下降约10.0%；②2023年全国地级及以上城市重度及以上污染天数比例为1.6%，距2025年目标相差0.6个百分点；③2023年京津冀及周边地区和汾渭平原重点区域PM2.5浓度均为43微克/米³，较2020年分别下降15.7%、10.4%，北京市PM2.5年均浓度为32微克/米³

资料来源：目标完成情况的相关数据来源于历年生态环境公报和生态环境部空气质量报告。

臭氧污染治理依然紧迫。"十三五"期间臭氧浓度不断上升，2021年有所下降，但近两年又开始上升。2023年，全国臭氧污染物年均浓度较2020年升高4.3%，且2023年5~9月时段浓度值明显高于2021年同期值，凸显我国当前夏季臭氧污染治理的紧迫性。

冬季依然是大气污染严重时段。2015年以来，大气污染物浓度不断下降，而且月度浓度曲线逐渐趋于平缓，说明季节差距不断缩小。然而，除臭氧外，污染物月度浓度呈"U"形变化，说明秋冬季大气污染物浓度仍处于较高水平。

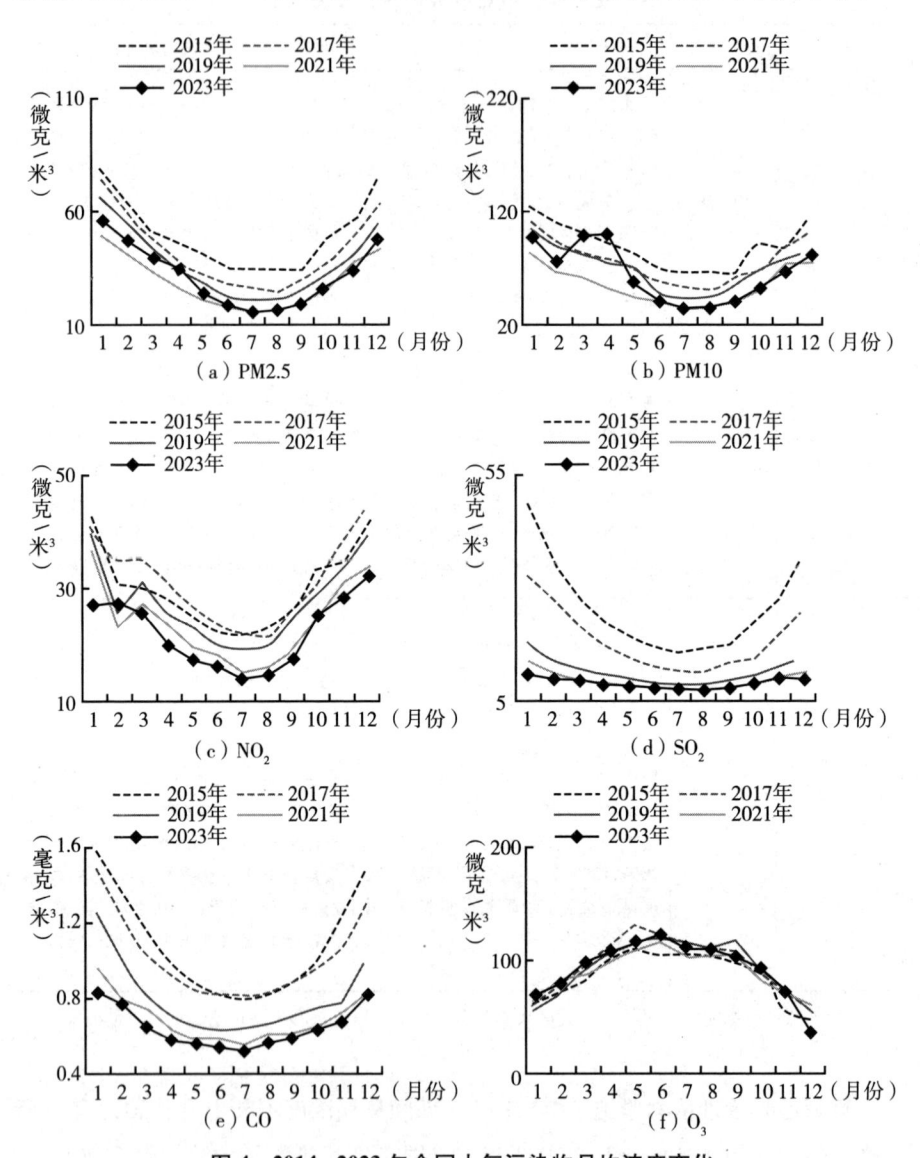

图4 2014~2023年全国大气污染物月均浓度变化

资料来源：根据中国环境监测总站历史数据整理。

（二）重点区域实施效果

1. 京津冀及周边地区污染水平较高，北京"一枝独秀"

"十四五"前三年，京津冀及周边地区"2+26"城市 SO_2、NO_2 和 CO 浓度陆续实现区域整体达标，近两年颗粒物浓度有所上升。不剔除沙尘影响，2023 年京津冀及周边地区 PM2.5 年均浓度为 45 微克/米³，比 2020 年下降 12.1%；PM10 年均浓度达到 90 微克/米³，比 2020 年提升 1.6%。此外，2014 年以来，臭氧污染物浓度呈波动上升趋势，2023 年同比略有下降，但较 2014 年仍上升 25.2%。不剔除沙尘影响，2023 年北京市 PM2.5 浓度为 35 微克/米³，较 2020 年下降 8.6%。值得注意的是，该区域 PM2.5 年均浓度仍只有北京市达到国家二级标准。

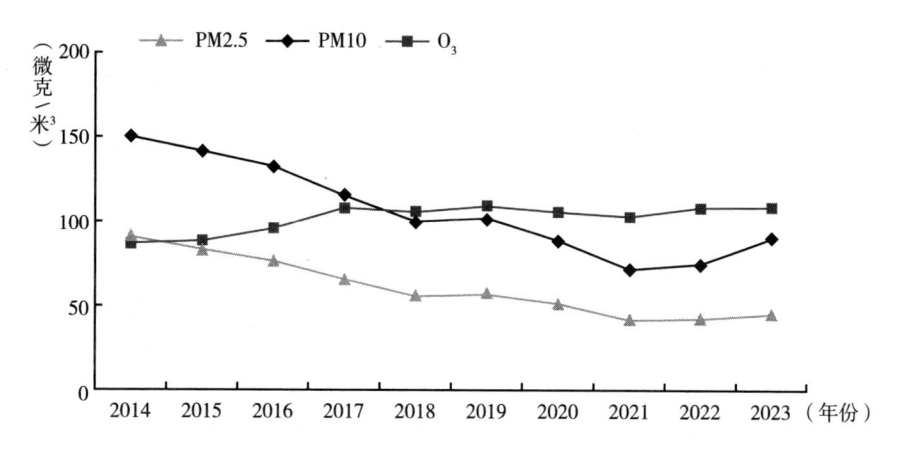

图 5 2014~2023 年京津冀及周边地区大气污染物年均浓度变化

资料来源：根据中国环境监测总站历史数据整理。

2020 年以来，京津冀及周边地区优良天气比例均超过 60.0%，2023 年为 63.1%，与 2020 年相比有所下降，且离全国平均水平还有较大差距。2023 年，"2+26"城市重污染天数总计 360 天，城均重污染天数 19 天，重污染天数占比为 3.6%，与 2025 年重污染天数控制在 1% 以内的目标还相距甚远。从重污染天数分布数据来看，PM2.5 重污染天数仍占主体地位，PM10 和 O_3 重污染天数交替上升。

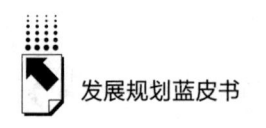

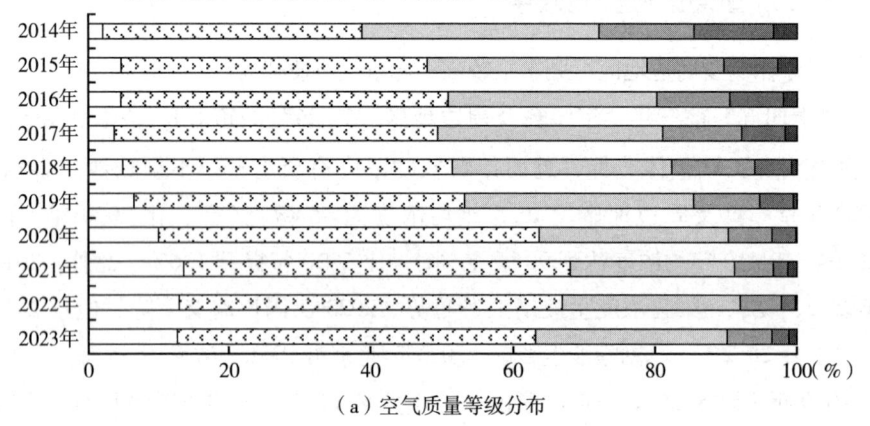

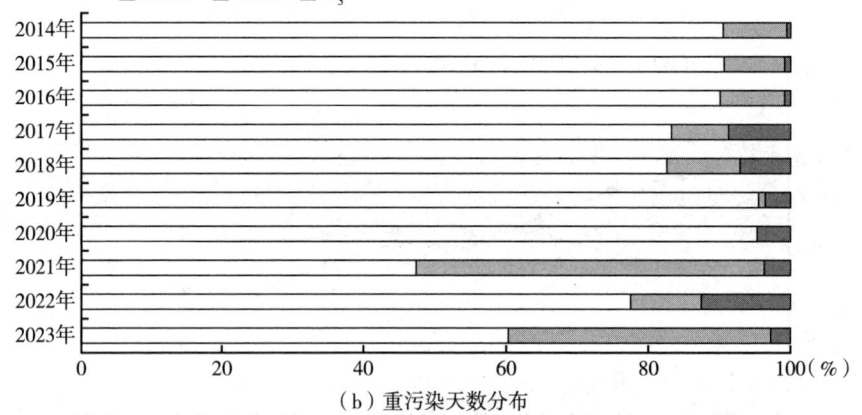

□优 ☒良 ▨轻度污染 ▧中度污染 ▦重度污染 ■严重污染

(a) 空气质量等级分布

□PM2.5 ▨PM10 ▦O₃

(b) 重污染天数分布

图6　2014~2023年京津冀及周边地区"2+26"城市空气质量等级及重污染天数分布

资料来源：根据中国环境监测总站历史数据整理。

2. 长三角地区细颗粒物浓度较低，臭氧浓度居高不下

2017~2022年，除臭氧外，长三角地区41个城市的大气污染物年均浓度连续下降，但2023年NO_2、CO、PM2.5和PM10污染物浓度出现不同程度的反弹。不剔除沙尘影响，2023年长三角地区PM2.5年均浓度为32微克/米³，较2020年上升2微克/米³，PM2.5年均浓度达标城市数为23个，但安徽北部城市未达标城市较多，且污染物浓度还处于较高水平，若实现区域全部稳定达标目标还需付出较大努力。2014~2017年，长三角地区臭氧浓度快速上升，随后呈缓慢波动上升趋势，2023年有所下降。

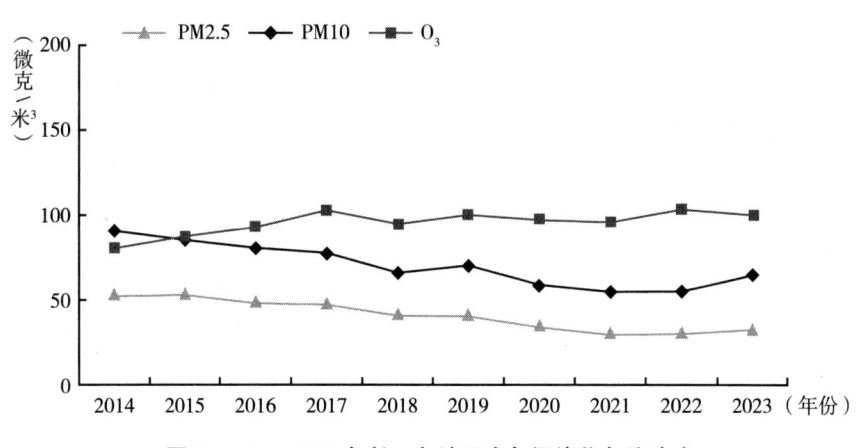

图7　2014~2023年长三角地区大气污染物年均浓度

资料来源：根据中国环境监测总站历史数据整理。

2020年以来，长三角地区平均优良天数比例均超过80.0%，2023年达到83.7%。2023年长三角41个城市重污染天数总数为136天，重污染天数比例为0.9%，较2020年上升0.4个百分点。以PM2.5为首要污染物的重污染天数仍为多数，但PM10和O_3重污染天气问题也不容忽视。2023年，该区域以PM10为首要污染物的重污染天数总计49天，平均每个城市1天。

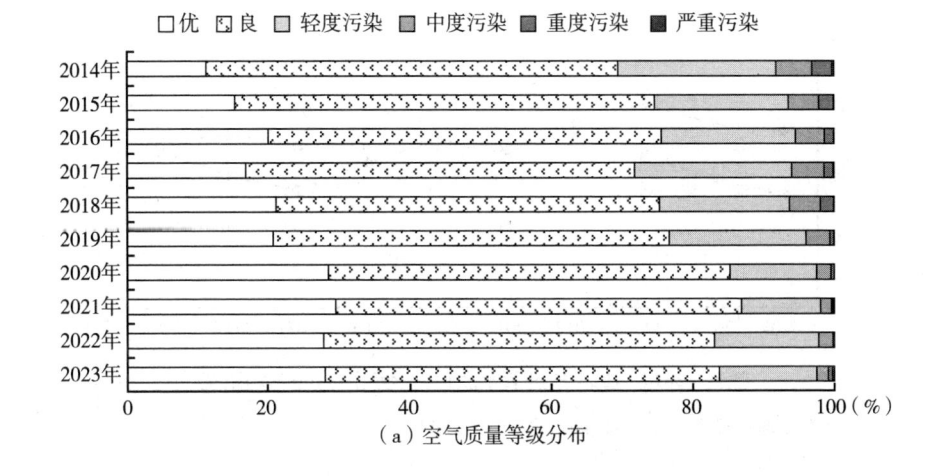

(a) 空气质量等级分布

（b）重污染天数分布

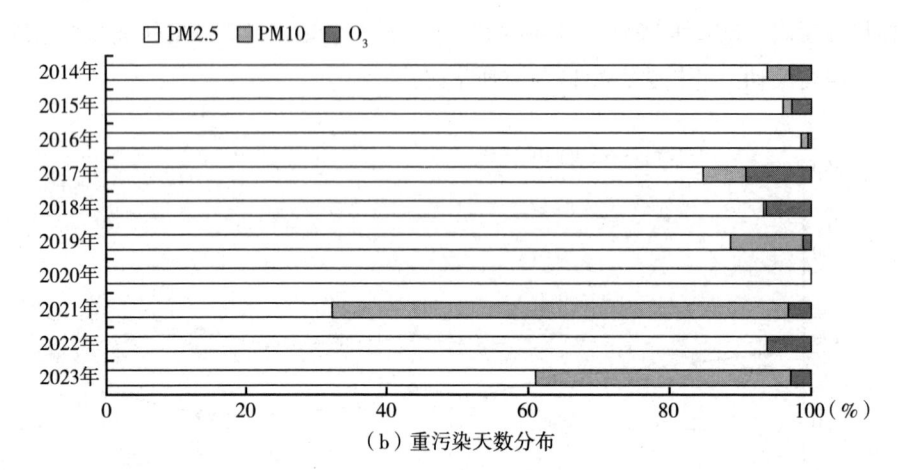

图8 2014~2023年长三角地区空气质量等级及重污染天数分布

资料来源：根据中国环境监测总站历史数据整理。

3. 汾渭平原PM2.5浓度高于全国平均水平，PM10浓度下降缓慢

2018年以来，汾渭平原SO_2、NO_2和CO年均浓度实现连降，而PM2.5和PM10浓度从2021年开始转降为升，且整体浓度高于全国平均水平。不剔除沙尘影响，2023年PM2.5和PM10浓度分别为46微克/米³和94微克/米³，PM2.5浓度较2020年下降6.2%，与15.0%的下降目标还有较大差距。汾渭平

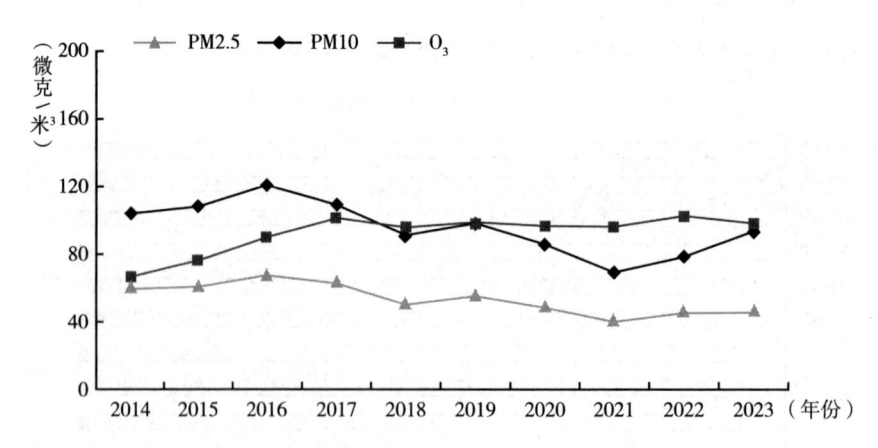

图9 2014~2023年汾渭平原地区大气污染物年均浓度

资料来源：根据中国环境监测总站历史数据整理。

原地区11个城市中，PM2.5年均浓度稳定达标城市仅有吕梁市。汾渭平原地区臭氧污染物浓度在2014~2017年快速上升，随后转为缓慢提升，2023年出现小幅下降。

2020~2023年汾渭平原地区平均优良天数比例稳定在65.0%~75.0%，2023年为67.4%，同2020年相比有所下降；2023年重污染天数为167天，比例为4.2%，距1.0%目标差3.2个百分点。在重污染天数中，以PM2.5为首要污染物的重污染天数最多。值得关注的是，2020年后PM10重污染天数比例明显上升，2021年高于PM2.5重污染天数占比。

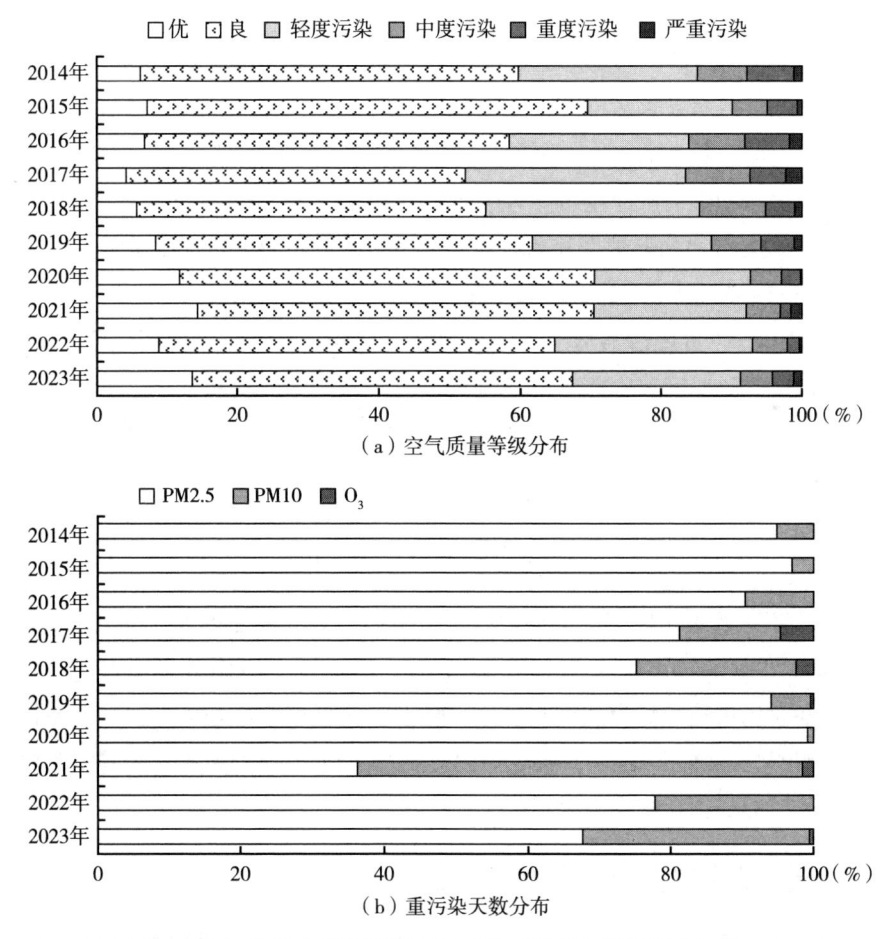

图10 2014~2023年汾渭平原地区空气质量等级及重污染天数分布

资料来源：根据中国环境监测总站历史数据整理。

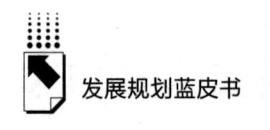

三 "蓝天保卫战"实施过程存在的问题

近年来，我国大气污染防治取得了历史性、转折性成绩，SO_2和CO等燃煤污染显著改善，PM2.5、PM10等颗粒物排放量大幅削减，重污染天数不断减少，环境空气质量明显改善。但是，大气污染防治工作不断深入的同时，一些问题也暴露出来。

（一）消除重污染天气任务艰巨

2023年，全国337个地级及以上城市累计发生重污染天数1952天，平均每个城市6天左右，重污染天数比例为1.6%。三大重点区域城市数仅占全国地级及以上城市总数的1/4，但重污染天数占比始终高于30.0%，2023年京津冀及周边地区和汾渭平原重污染天数比例分别高达3.5%和4.2%。除此之外，2023年中部地区、西北地区和东北地区重污染天数比例均超过了1%，重污染天数比例分别为1.8%、2.1%和1.1%。

以PM2.5为首要污染物的重污染天数高居榜首，其中，汾渭平原、京津冀及周边、北疆地区和中部地区城均PM2.5重污染天数均高于全国平均水平。2023年，川渝地区和中部地区城均PM2.5重污染天数显著增加。信阳、驻马店、忻州、随州和南阳等城市出现6~10天PM2.5重污染天气。

（二）非重点区域细颗粒物污染有恶化趋势

2023年，非重点区域的中部地区、川渝地区和北疆地区PM2.5浓度均高于国家二级标准，污染水平甚至超过长三角地区。川渝地区和中部地区PM2.5年均浓度达标城市比例不足25.0%，未达标城市中益阳、长沙、襄阳、荆门、荆州、孝感、宜宾、自贡、泸州等城市PM2.5浓度为43~50微克/米^3。非重点区域的细颗粒物污染呈现恶化趋势。

（三）沙尘成为新的不确定性因素

2021年以来，春季沙尘天气频发，给空气质量改善带来了很大的不确定性。2023年，全国各地以PM10为首要污染物的重污染天数合计达1020天，

a.重污染天数比例

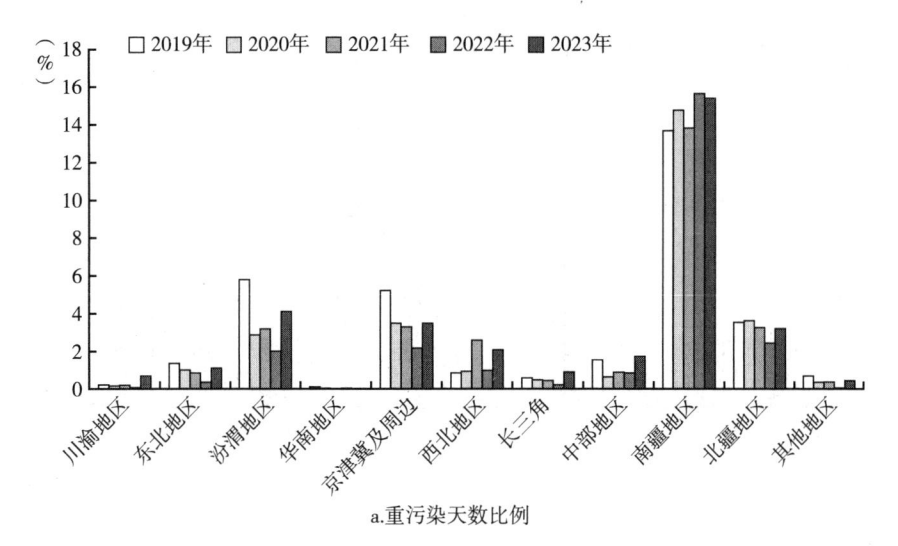

b.城均PM2.5重污染天数

图11　2019~2023年各区域重污染天数比例及城均PM2.5重污染天数变化

注：各地区城市名单见附录。
资料来源：根据中国环境监测总站历史数据整理。

其中，春季重污染天数为762天，占74.7%。

从2023年春季PM10重污染天数地区分布数据来看，西北地区最多，京津冀及周边地区和汾渭平原地区紧随其后。与2021年不同的是，2023年东北和长三角地区PM10重污染天数增加较多，出现沙尘南下和东扩现象。

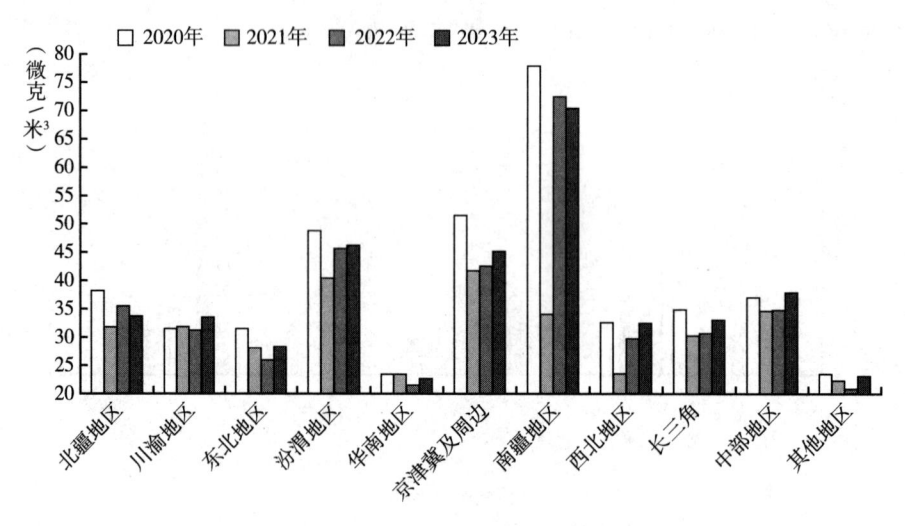

图 12　2020~2023 年各区域 PM2.5 年均浓度变化

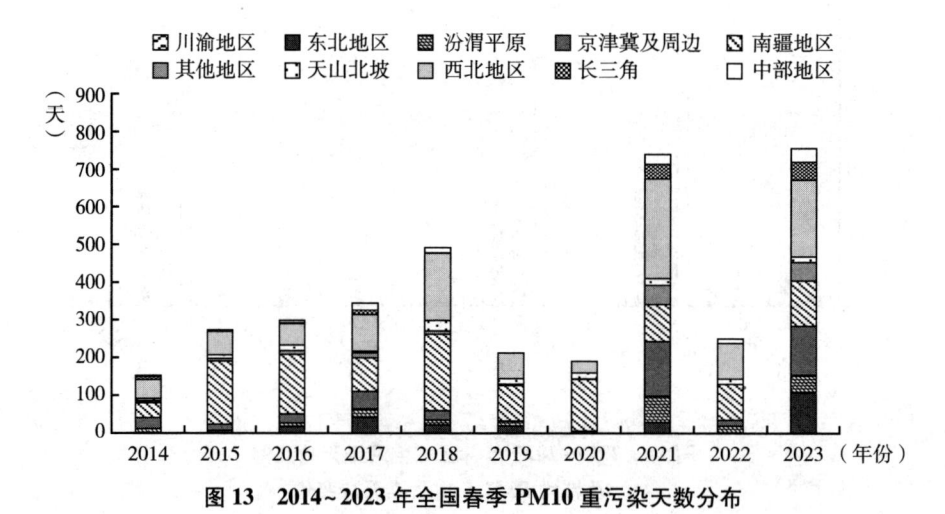

图 13　2014~2023 年全国春季 PM10 重污染天数分布

资料来源：根据中国环境监测总站历史数据整理。

（四）臭氧超标问题依然严峻

2013 年以来全国臭氧浓度总体呈缓慢上升态势，超标天气中以臭氧为首要污染物的天气占比不断提升，2022 年和 2023 年分别为 47.6% 和 39.8%，均超过 PM2.5 超标天气占比。相较于 2019 年，除成渝地区和西北地区外，2023 年其

他城市 O_3 超标天气均有所下降，但京津冀及周边地区、汾渭平原、京津冀增补城市和长三角地区城市年均 O_3 超标天数分别高达 68 天、45 天、55 天和 33 天，成渝地区为 26 天。O_3 问题已成为空气质量改善中的突出短板。

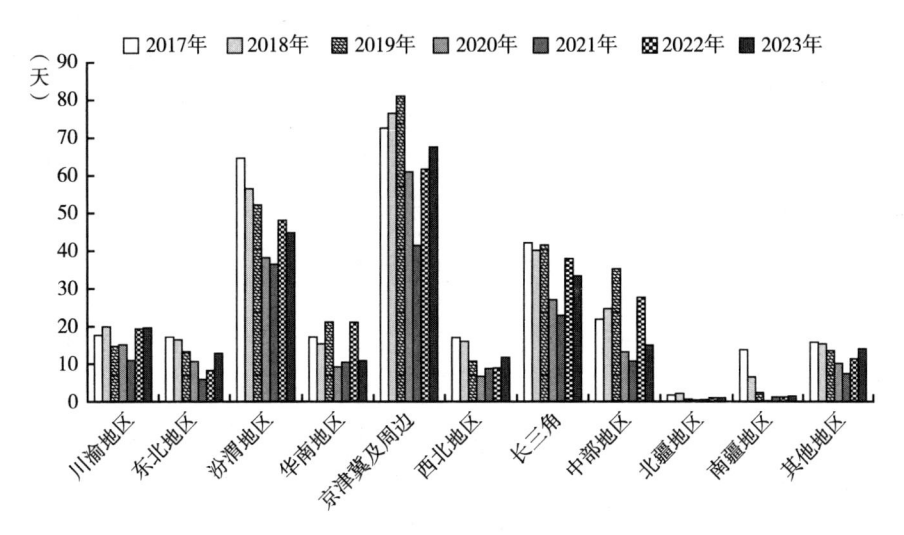

图 14　2017~2023 年各区域年均 O_3 超常天气变化

资料来源：根据中国环境监测总站历史数据整理。

四　政策建议

（一）深化执行重污染天气消除攻坚行动

2023 年，全国重污染天数比例为 1.6%，扣除沙尘天气后，重污染天数占 1.1%，尚未达到 2025 年预期目标，重污染天气消除任务艰巨。除自然因素外，PM2.5 依然是重污染天气的首要污染物，且有反弹趋势。应不折不扣继续深化执行重污染天气消除攻坚行动，并加强重点区域重污染天气应对能力建设，完善重污染天气应急预案，健全区域应急联动机制。

（二）加强非重点区域 PM2.5 污染防控

"十四五"时期，湖南、湖北和江西等长江中游以及成渝城市群 PM2.5 浓

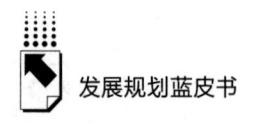

度高于全国平均水平，甚至超过了作为重点区域的长三角地区。2023年，长江中游和成渝城市群的重污染天数比例都超过了1.0%。

长江中游和川渝城市群人口和产业密集。随着中部崛起和西部大开发战略的推进，区域发展速度较快，而大气污染防控措施跟进速度较慢，环境监管相对滞后，导致大气污染出现一定程度的恶化趋势。因此，"十四五"乃至"十五五"时期应着重加强长江中游和川渝城市群等非重点区域的大气污染防控，加快产业升级改造和能源绿色低碳转型，加强对工业污染排放的环境监管。

（三）持续推进北方地区清洁取暖财政补贴

我国已开展了五批清洁取暖财政补贴城市试点，试点城市正向西北和东北等非重点区域扩展。北方城市清洁取暖的技术路线基本一致，但农村差异很大。西北和东北农村地区地广人稀，与人口密集的华北地区完全不同。在西北和东北等区域，应探索适合地方特点的清洁取暖技术。加强清洁煤使用的宣传和市场推广，要立足国情，量力而行，多从正面宣传清洁煤在环保和保障民生方面的积极作用。

（四）系统治理沙尘天气

"十四五"前三年，沙尘天气频发。"十四五"前三年沙尘引起的重污染天数就超过了"十三五"时期。2023年春季，以PM10为首要污染物的重污染天数约占全部重污染天数的三分之一。因此，沙尘天气成为"十四五"和"十五五"时期减少重污染天气的关键因素。

首先，应加强沙尘预警和研判研究，及时做好沙尘预报，尽量减少沙尘次生灾害；其次，各地区做好沙尘天气应对工作，建筑工地、露天开矿等施工现场加强苫盖，减少就地扬沙起尘；最后，应加强西北、华北和东北地区治沙防沙能力，统筹山水林田湖草沙系统治理，逐步减少沙源面积。矿山开发同时要注重矿山修复，谁开发、谁修复；开展地下水位和水质监测，防止地下水位持续下降和水质恶化，逐步增强干旱半干旱地区生态环境的自然修复能力。

附录：

附表　区域城市划分

地区名称	省份	城市名单
川渝地区（22个）	重庆	重庆
	四川	成都、自贡等共计21个地级及以上城市
东北地区（42个）	辽宁	沈阳等共计14个地级及以上城市
	黑龙江	哈尔滨等共计13个地级及以上城市
	吉林	长春等共计9个地级及以上城市
	内蒙古	呼伦贝尔、通辽、赤峰、兴安盟、锡林郭勒盟、乌兰察布
西北地区（38个）	陕西	延安、榆林
	甘肃	兰州、嘉峪关等共计14个地级及以上城市
	宁夏	银川、石嘴山等共计5个地级及以上城市
	青海	西宁、海东等共计8个地级及以上城市
	内蒙古	包头、鄂尔多斯、巴彦淖尔、乌海、阿拉善盟、呼和浩特
	山西	大同、忻州、朔州
京津冀及周边（28个）	北京	北京
	天津	天津
	河北	石家庄、唐山、廊坊、保定、沧州、衡水、邢台、邯郸
	山西	太原、阳泉、长治、晋城
	山东	济南、淄博、济宁、德州、聊城、滨州、菏泽
	河南	郑州、开封、安阳、鹤壁、新乡、焦作、濮阳
汾渭平原（11个）	山西	吕梁、晋中、临汾、运城
	河南	洛阳、三门峡
	陕西	西安、咸阳、宝鸡、铜川、渭南
长三角（41个）	上海	上海
	江苏	南京等共计13个地级及以上城市
	浙江	杭州等共计11个地级及以上城市
	安徽	合肥等共计16个地级及以上城市
中部地区（46个）	湖北	武汉等共计13个地级及以上城市
	湖南	长沙等共计14个地级及以上城市
	江西	南昌等共计11个地级及以上城市
	河南	平顶山、许昌、漯河、南阳、商丘、信阳、周口、驻马店
华南地区（39个）	广东	广州等共计21个地级及以上城市
	广西	南宁等共计14个地级及以上城市
	海南	海口等共计4个地级及以上城市

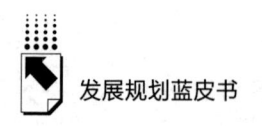

续表

地区名称	省份	城市名单
北疆地区（9个）	新疆	乌鲁木齐、昌吉回族自治州、克拉玛依、吐鲁番、伊犁哈萨克自治州、哈密、博尔塔拉蒙古自治州、塔城、阿勒泰
南疆地区（5个）		喀什、阿克苏、和田、巴音郭楞蒙古自治州、克孜勒苏柯尔克孜自治州
其他地区（56个）	山东	枣庄、东营、潍坊、泰安、日照、临沂、威海、青岛、烟台
	河北	秦皇岛、承德、张家口
	西藏	拉萨等共计7个地级及以上城市
	陕西	汉中、商洛、安康
	福建	福州等共计9个地级及以上城市
	云南	昆明等共计16个地级及以上城市
	贵州	贵阳等共计9个地级及以上城市

B.54
加快建设绿色智慧的数字生态文明

孙博文*

摘　要： 中国式现代化是人与自然和谐共生的现代化，加快建设绿色智慧的数字生态文明是促进数字中国与生态文明建设有机融合的内在要求，是推动生态环境治理体系与治理能力现代化的重要途径，在新一轮信息技术革命与产业变革下，也是以数字革命赋能实现人与自然和谐共生的必由之路。近些年，数字生态文明建设政策体系初步形成，数字基础设施绿色化、能源数字化智能化转型、产业数字化绿色化协同发展、循环经济数字化、生态环境数字化治理以及绿色智慧城乡建设取得重要进展，但在相关领域依然面临着技术、资金、标准、管理、政策与制度等一系列制约。鉴于此，本文基于要素、技术、经济、社会与治理的综合视角，深入探讨了数字生态文明建设的内在理论逻辑，并从五个方面提出加快建设绿色智慧的数字生态文明系统性对策建议，包括：培育数字生态要素，推进生态要素数据化与数据要素生态化；创新数字生态技术，推动数字技术生态化与生态技术数字化；发展数字生态经济，实现数字经济生态化与生态经济数字化；构建数字生态社会，促进生产关系适应性变革及培育数字低碳生活方式；优化数字生态治理，推动生态环境全过程数字化治理和数字碳中和等。进一步细化的对策建议嵌入各维度及各领域，深刻体现了数字生态文明建设理论逻辑的内在要求和实践诉求。

关键词： 中国式现代化　数字生态文明　数字生态要素

党的二十届三中全会强调，中国式现代化是人与自然和谐共生的现代化，

---

* 孙博文，中国社会科学院数量经济与技术经济研究所副研究员，主要研究方向为绿色创新经济学等。

深化生态文明体制改革。加快建设绿色智慧的数字生态文明，是促进数字中国与生态文明建设有机融合的内在要求，是推动生态环境治理体系与治理能力现代化的重要途径，在新一轮信息技术革命与产业变革下，也是以数字革命赋能实现人与自然和谐共生的必由之路。数字生态文明作为一个新表述存在清晰的出场语境脉络。党的十八大首次将生态文明建设纳入中国特色社会主义事业"五位一体"总体布局，2021年习近平向世界互联网大会乌镇峰会致贺信提出，筑牢数字安全屏障，让数字文明造福各国人民，推动构建人类命运共同体。2023年习近平在全国生态环境保护大会上强调，深化人工智能等数字技术应用，构建美丽中国数字化治理体系，建设绿色智慧的数字生态文明。沿袭这一脉络，从党的十八大以来习近平生态文明思想的形成以及"生态文明"四梁八柱体系基本构建完成到2021年习近平总书记首次提出"数字文明"再到2023年7月首次提出"数字生态文明"，数字生态文明作为生态文明数字化的表现形式呼之欲出。数字生态文明兼具"绿色"和"智慧"特征，体现出以数字技术赋能生态文明建设的实践诉求。数字生态文明建设要求以大数据、人工智能、云计算、物联网、区块链为代表的新一代信息技术广泛渗透至生态文明建设全过程，[①] 推动构建美丽中国数字化治理体系以及实现经济社会发展全面数字化绿色化协同转型。党的二十届三中全会提出深化生态文明体制改革，并对完善生态环境治理体系，健全生态环境监测制度，以及支持企业用数智技术、绿色技术改造提升传统产业，推动制造业高端化、智能化、绿色化发展等领域做出了重要部署，体现了面向中国式现代化的数字生态文明建设的重要实践要求。

一 数字生态文明建设政策成效与问题

（一）数字生态文明建设政策成效

数字生态文明的建设表现为生态文明建设的数字化过程，虽然数字生态文

[①] 张波、王嫒祺、吴班等：《数字生态文明的内涵、总体框架和推进路径》，《环境保护》2023年第21期；刘国菊：《数字生态文明建设的内在逻辑与实践路径》，《人民论坛·学术前沿》2023年第18期；施志源、景池：《以数字生态文明助力中国式现代化》，《光明日报》2024年1月22日。

明是一个最新的概念，但在生态文明建设相关领域的数字化政策不断完善，数字生态文明建设政策体系初步形成，数字基础设施绿色化、能源数字化智能化转型、产业数字化绿色化协同发展、循环经济数字化、生态环境治理数字化以及绿色智慧城乡建设取得重要进展。

一是数字基础设施绿色化持续增强。2019年工信部等三部门联合发布《关于加强绿色数据中心建设的指导意见》，提出大力推动绿色数据中心创建、运维和改造。自2017年底工信部发布第一批共计49家国家绿色数据中心名单以来，我国已先后创建三批共计153家国家绿色数据中心。2021年11月，工信部印发《"十四五"信息通信行业发展规划》，明确提出加快建设绿色数据中心。2021年12月，国家发展改革委等部门印发《贯彻落实碳达峰碳中和目标要求 推动数据中心和5G等新型基础设施绿色高质量发展实施方案》，提出到2025年数据中心和5G基本形成绿色集约的一体化运行格局的目标。2023年12月，国家发展改革委、国家数据局等部门联合印发《关于深入实施"东数西算"工程 加快构建全国一体化算力网的实施意见》，提出到2025年底普惠易用、绿色安全的综合算力基础设施体系初步成形的目标。总体上，推动数字基础设施建设绿色化转型以及打造绿色数据中心的政策体系初步形成，全国数据中心建设布局不断优化，153家国家绿色数据中心的示范引领作用不断增强，在算力能效提升、节能技术应用、节能模式优化以及绿色能源利用等方面取得显著成效。

二是能源数字化智能化深入推进。2023年3月，国家能源局印发《关于加快推进能源数字化智能化发展的若干意见》，要求以数字化智能化技术加速发电清洁低碳转型、支撑新型电力系统建设、带动煤炭安全高效生产、助力油气绿色低碳开发利用。2023年12月，国家数据局等17部门联合印发《"数据要素×"三年行动计划（2024—2026年）》，提出提升能源利用效率，促进制造与能源数据融合创新，推动能源企业与高耗能企业打通订单、排产、用电等数据，支持能耗预测、多能互补、梯度定价等应用。在"双碳"背景下，能源数字化智能化转型势在必行，数字技术对以储能为核心、多能互补的新型能源体系赋能作用不断提升，近两年，数字化、自动化、智能化以及互动化技术等在电网中的应用日益广泛，显著提升了电网的可靠性、安全性、经济性和高效性，国家电网5G数字智能电网转型深入推进，

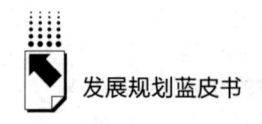

面向电网"发电、输电、变电、配电、用电"全业务场景积极拓展。根据国家电网智能化规划报告，预计未来5年年均智能化投资额将高达500亿~700亿元。

三是生产方式数字化绿色化协同发展。2024年2月，工业和信息化部等七部门发布《关于加快推动制造业绿色化发展的指导意见》，要求加速生产方式数字化绿色化协同转型。2021年11月，《"十四五"工业绿色发展规划》提出，深化生产制造过程的数字化应用，赋能绿色制造。2022年11月，中央网信办等5部门联合印发通知，确定深圳市等10个地区首批开展数字化、绿色化协同转型发展综合试点，积极推动互联网、大数据、人工智能、第五代移动通信（5G）等新兴技术与绿色低碳产业深度融合。地方层面也出台了诸多配套政策，比如，上海市制定《上海市推动制造业数字化和绿色化协同转型发展行动方案（2024—2027年）》，积极推动产业智能化、绿色化、融合化发展。在已有的实践探索中，数字技术从制造业绿色设计研发、生产过程能耗管理、生产流程工艺优化以及生产设备的低碳升级等生产全过程赋能企业发展，在国家政策引导以及市场转型的内生驱动下，积极探索符合企业自身发展实际的"双化"协同路径，成为制造业发展转型的重要方向。

四是循环经济数字化有序开展。2021年7月，国家发展改革委印发《"十四五"循环经济发展规划》，提出推动再制造技术与装备数字化转型相结合，为大型机电装备提供定制化再制造服务。2023年12月，国家数据局等17部门联合印发《"数据要素×"三年行动计划（2024—2026年）》，提出提升废弃资源利用效率，促进产废、运输、资源化利用高效衔接，推动固废和危废资源化利用等。2024年2月，工业和信息化部等七部门发布《关于加快推动制造业绿色化发展的指导意见》，发挥区块链、大数据、云计算等技术优势，建立回收利用环节溯源系统，推广"工业互联网+再生资源回收利用"新模式。实践领域，通过搭建废弃物回收利用溯源系统，利用数字技术对废弃物进行收集、转移、利用和处置，在制造业企业资源回收利用、新能源汽车动力蓄电池回收利用、医疗废物在线回收以及城市固废处置和垃圾分类回收利用等领域实践深入推进，但总体上由于资金投入大以及经济效益不明显，还处于探索阶段。

五是生态环境数字化治理成效突出。2024年3月，生态环境部印发《关于加快建立现代化生态环境监测体系的实施意见》，要求加速监测技术数智化转型，筑牢高质量监测数据根基，强化高效能监测管理，推进高效能监测管理。2023年12月，国家数据局等17部门联合印发《"数据要素×"三年行动计划（2024—2026年）》，要求提升生态环境治理精细化水平，加强生态环境公共数据融合创新，提升碳排放管理水平。2024年1月，中共中央、国务院印发《关于全面推进美丽中国建设的意见》，提出深化人工智能等数字技术应用，构建美丽中国数字化治理体系。实践领域，以数字化赋能末端生态环境治理是数字生态文明建设的关键领域，并且在自然生态资源与生态环境数据化"一张图"、不同部门生态环境数据互联互动、数字化监测平台建设以及智能响应等领域取得了明显进展。地方实践中，数字化生态环境监测系统大都以嵌入城市智慧大脑综合管理平台的模块形式呈现，与其他生产监测、社会治理等功能模块协同发挥作用。

六是绿色智慧城市与乡村建设系统推进。2019年5月，中共中央办公厅、国务院办公厅印发《数字乡村发展战略纲要》，提出建设智慧绿色乡村的任务，要求加大农村物联网建设力度，提升乡村生态保护信息化水平等。2024年4月，国家发改委、国家数据局等发布《关于深化智慧城市发展　推进城市全域数字化转型的指导意见》征求意见稿，要求打造智慧高效生态环境数字化监测体系支撑美丽城市建设，在产业园区、商务区等建设零碳智慧园区、绿色智能建筑，倡导绿色出行、数字消费等低碳生活方式。实践层面，在智慧城市建设中，智慧高效生态环境数字化监测体系不断完善，为美丽城市建设提供了有力支撑；零碳智慧园区、绿色智能建筑理念被广泛接受，绿色出行、数字消费等低碳生活方式逐渐成为新风尚。绿色智慧数字乡村建设领域，乡村生态环境信息化治理不断推进，农业数字化生态化转型为乡村振兴提供重要支撑。

（二）数字生态文明建设问题制约

数字生态文明建设各领域政策体系不断完善，在经济社会发展全面绿色转型进程中，数智技术在数字基础设施绿色化、能源转型、绿色制造、循环经济、生态环境治理以及城乡绿色发展中起到了重要的促进作用，但与此同时还存在不少突出问题有待解决。

具体地，一是对数字生态文明建设的认识还处于生态文明的数字化层面，缺乏从人类文明演进视角下探讨数字文明与生态文明并行交织、互相融合的数字生态文明的新文明形态建设逻辑。二是数据中心能耗较大，并且数字技术促进绿色数据中心节能的效果有待提升，更依赖于运营管理和维护。三是生态环境大数据因来源复杂多元，存在数据采集、有效集成以及数据标准不统一等难题。四是数据孤岛问题突出，导致数据要素在生态保护和治理中的作用发挥得还不够充分，跨层级、跨地域、跨系统、跨部门和跨业务协同性有待提升。五是生态产业数字化转型过程中，以数字技术应用赋能生态产品价值机制实现的供给难、核算难、抵押难、交易难以及变现难等问题尚有待解决。另外，产业数字化绿色化协同转型过程中，大量资金投入需求、企业新旧管理体系衔接以及政策协同性不足等问题，对产业数字化和绿色化转型形成明显掣肘。六是数字生态文明建设伴随着技术巨大进步和新质生产力的加快形成，对生产关系（生产资料所有制、生产过程中的人与人关系、产品分配形式）以及生活方式的数字化、绿色化转型提出了新的要求。七是数字化生态环境治理体系尚未形成，从生态环境数据获取、数据精准监测、数据科学分析、智能决策到社会监督等环节还存在不少技术堵点与制度短板。

二 加快数字生态文明建设的理论逻辑

基于数据要素理论[①]、生态要素理论创新[②]以及技术—经济范式变革[③]的综合理论，本研究从要素、技术、经济、社会与治理五维视角，构建数字生态文明建设理论分析框架（见图1）。

一是培育数字生态要素。一方面是生态要素数据化。生态要素数据化是利用现代信息技术手段实现各类生态要素的数据化科学管理、形成大数据资源，为生态环境数字化治理提供基础数据支撑。另一方面是数据要素生态化。采用新一代信息技术或者优化管理等方式，促进数据全生命周期绿色低碳化，尤其

---

① 戎珂、陆志鹏：《数据要素论》，人民出版社，2022。
② 沈满洪主编《生态经济学》，中国环境出版集团，2021；孙博文：《建立健全生态产品价值实现机制的瓶颈制约与策略选择》，《改革》2022年第5期。
③ Perez C., *Technological Revolutions and Financial Capital：The Dynamics of Bubbles and Golden Ages*, Edward Elgar Publishing, 2003.

```
                    ┌──────────────┐
               ┌───→│ 生态要素数据化 │
               │    └──────────────┘
        ┌──────────┐
     ┌─→│ 数字生态要素 │
     │  └──────────┘
     │         │    ┌──────────────┐
     │         └───→│ 数据要素生态化 │
     │              └──────────────┘
     │
     │             ┌──────────────┐
     │        ┌───→│ 数字技术生态化 │
     │        │    └──────────────┘
     │  ┌──────────┐
     ├─→│ 数字生态技术 │
     │  └──────────┘
     │        │    ┌──────────────┐
     │        └───→│ 生态技术数字化 │
     │             └──────────────┘
┌────────┐
│ 数      │        ┌──────────────┐
│ 字      │   ┌───→│ 数字经济生态化 │
│ 生      │   │    └──────────────┘
│ 态      │ ┌──────────┐
│ 文   ├─→│ 数字生态经济 │
│ 明      │ └──────────┘
│ 建      │   │    ┌──────────────┐
│ 设      │   └───→│ 生态经济数字化 │
│         │        └──────────────┘
│         │
│         │        ┌──────────────┐
│         │   ┌───→│ 生产关系变革  │
│         │   │    └──────────────┘
│         │ ┌──────────┐
│      ├─→│ 数字生态社会 │
│         │ └──────────┘
│         │   │    ┌──────────────┐
│         │   └───→│ 数字绿色生活  │
│         │        └──────────────┘
│         │
│         │        ┌────────────────┐
│         │   ┌───→│ 生态环境数字化治理 │
│         │   │    └────────────────┘
│         │ ┌──────────┐
│      └─→│ 数字生态治理 │
└────────┘ └──────────┘
                │    ┌──────────────┐
                └───→│ 数字碳治理    │
                     └──────────────┘
```

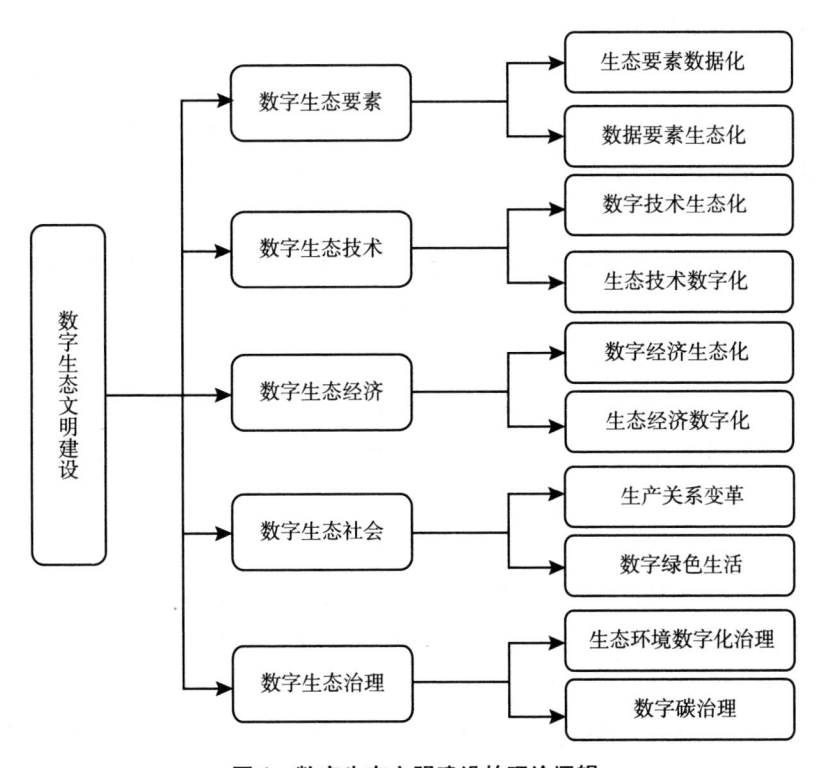

图 1　数字生态文明建设的理论逻辑

是致力于解决数据基础设施在实现数据信息计算、存储、传递、加速、展示等功能时的突出高耗能问题。①

二是创新数字生态技术。一方面是数字技术生态化。数字技术生态化体现了数字技术的生态偏向性特征。② 针对直接相关的能源环境领域开发专用数字技术（如智慧能源技术、智能电网技术或者专用传感器及数据分析系统），体现了数字技术生态化的理论逻辑。另一方面是生态技术数字化。生态技术数字化则是将生态技术相关数据和知识转化为计算机可处理的数字形式，促进绿色

---

① 杨刚强、王海森、范恒山等：《数字经济的碳减排效应：理论分析与经验证据》，《中国工业经济》2023 年第 5 期。

② Acemoglu D., "Directed Technical Change," The Review of Economic Studies, 2002, 69 (4).

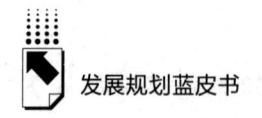

转型和可持续发展。另外，绿色技术创新具有创新与环境的双重外部性，① 通过利用大数据、云计算、人工智能等数字技术，对绿色技术研发进行模拟、优化和预测，发挥信息共享效应②、知识整合效应③以及风险规避效应④等，有助于提高绿色技术研发效率，推动绿色技术创新和应用。

三是发展数字生态经济。一方面是数字经济生态化。数字经济包括数字产业化与产业数字化两个方面。那么，数字经济生态化则包括实现数字产业的绿色低碳循环发展，以及要求在传统产业数字化改造过程中注重生态化导向、实现数字化绿色化协同发展。另一方面是生态经济数字化。生态经济的本质是实现生态正外部性以及环境负外部性的"双重外部性"的"双重内部化"过程。生态经济数字化的过程，就是利用数字化技术赋能生态产品价值实现的供给、核算、抵押、交易与变现的全过程。⑤

四是构建数字生态社会。一方面，数字化绿色化融合发展下的生产关系适应性调整。就生产资料所有制形式而言，数据要素和生态要素成为新的生产要素，从而引致数据和生态要素所有权、使用权和权益市场交易等问题，以及影响生产资料的所有制形式。首先，就人的生产地位及相互关系而言，数字化与生态化融合发展促使生产关系网络化、数智化、绿色化、公平化，使得生产过程中的信息传递更加高效、生产合作更加紧密、劳动关系更加和谐、生态导向更加突出。其次，就产品分配形式而言，数据要素与生态要素直接参与收入分配，数据要素产生、采集、处理和分析等环节市场价值将得到充分体现，对生态环境的保护也将直接转化为经济收益。借助大数据、人工智能等技术手段，极大地提高产品分配的智能化和精准化、透明化和公平化水平。⑥ 另一方面，数字生态文明时代，人们生活方式呈

---

① Rennings K.，"Redefining Innovation—Eco-Innovation Research and the Contribution from Ecological Economics," *Ecological Economics*，2000，32（2）.
② Carr A. S.，Kaynak H.，"Communication Methods，Information Sharing，Supplier Development and Performance：An Empirical Study of Their Relationships," *International Journal of Operations & Production Management*，2007，27（4）.
③ 张昕蔚：《数字经济条件下的创新模式演化研究》，《经济学家》2019年第7期。
④ 赵涛、张智、梁上坤：《数字经济、创业活跃度与高质量发展——来自中国城市的经验证据》，《管理世界》2020年第10期。
⑤ 孙博文：《建立生态产品价值实现机制："五难"问题及优化路径》，《天津社会科学》2023年第4期。
⑥ 李海舰、李真真：《数字经济促进共同富裕：理论机理与策略选择》，《改革》2023年第12期。

现数字化、绿色化协同转型态势,是数字生态社会的显著特征。

五是优化数字生态治理。全过程生态环境数字化治理是一个复杂而系统的工程,涉及多个环节,包括搭建数据监测平台、实施数据收集、打通数据壁垒、促进智慧化精准化治理决策以及提升生态监管水平等。

三 加快数字生态文明建设的对策建议

根据数字生态文明建设的理论逻辑,推动数字生态文明建设的关键任务在于加快培育数字生态要素、创新数字生态技术、发展数字生态经济、构建数字生态社会以及优化数字生态治理等。

(一)培育数字生态要素,推进生态要素数据化与数据要素生态化

加快实现生态要素数据化,推动自然资源、污染物及温室气体数据融合创新。一是加快构建自然资源三维立体"一张图"。利用现代信息技术加强三维数据库建设,构建针对全国土地、矿产、森林、草原、湿地、水、海域海岛等的三维时空数据库。二是推动污染物及温室气体排放数据精准收集。加强大数据、云计算、物联网等技术应用以及实时传感器、图像解析等现代感知技术应用试点,提升对传统污染(如PM2.5、工业废水、固废、扬尘、水体COD)及新型污染(如持久性有机污染物、微塑料)数据种类、频率、范围的精准监测,汇聚污染物收集、转移、利用、处置等各环节数据要素。三是强化生态环境数据融合创新。制定和完善生态环境数据采集、存储、传输、处理和分析等各个环节标准,实行"一数一源一标准",实现数据资源清单化管理,促进公共数据与社会经济数据、城市规划数据、交通数据以及企业生产经营数据融合。

积极推动数据要素生态化,加快打造绿色智慧的新型数据中心。一是优化数据中心空间布局。优先在高纬度、温度低、湿度适中、新能源富集地区布局数据中心,提升对西部可再生能源利用水平,促进算力运行过程中的节能、减排、降耗。二是提升新能源和绿电应用水平。引导新型数据中心向新能源发电侧建设,支持数据中心企业探索建设分布式光伏发电、风力发电以及燃气分布式供能等配套系统,实现新能源就地消纳。鼓励数据中心购买可再生能源绿色电力证书。三是加强新型数字化、智能化、绿色化技术应用。部署数据中心基

础设施管理软件和温度传感器，加强能耗监测平台、预制模块化手段以及人工智能技术的深度融合，利用人工智能建模分析、预测数据中心资源利用率，探索浸没式液冷技术及机械风冷式制冷、冷冻水制冷等绿色制冷技术应用。四是提升绿色运维管理水平。强化数据中心IT设备、供配电系统、清洁能源利用系统以及制冷和散热系统绿色设计。优化机房冷热气流布局，采用精确送风、热源快速冷却等措施降低能耗。建立能源资源信息化管控系统，加强能源资源消耗智能化调控，促进机械制冷与自然冷源协同起效。

专栏　国家绿色数据中心典型案例建设经验

根据工信部等六部门公布的国家绿色数据中心名单及有关做法，总结国家绿色数据中心经验如下。

一是强化绿色设计。中国联通深汕云数据中心在设计阶段，针对当地高温高湿的气候特征，采用了高效的集中式水冷空调系统。通过精确计算负荷和预测服务器负载，实现了供电、制冷和IT设备的一体化与模块化设计。中国移动（贵阳）贵安数据中心通过优化建筑布局，南北向布置以减少太阳辐射，并利用自然风减少能耗，同时充分利用当地的自然冷源。

二是采用先进技术促进资源节约与能耗降低。中国体育彩票亦庄数据中心采用了二氧化碳载冷制冷系统，该系统具有载冷量大、能耗低的特点。结合机房内部设计，制冷性能系数（COP）达到了17.93，大幅提高了自然冷源的使用时间。抖音—中联绿色大数据产业基地1号楼引入了无水制冷技术，通过高效率的送风和回风设计，以及精确匹配负载和室外温度变化，有效利用了自然冷源，显著降低了水和电的消耗。

三是余热回收利用。万国数据智能创新云计算数据中心安装了水源热泵系统，实现了余热的回收利用。在冬季，系统回收数据中心的余热为办公和宿舍区供暖；夏季则提供冷水，以提高空调效率。贵安华为云数据中心（云上屯C2）利用高效水源热泵系统，在冬季回收机房排出的热风，为园区提供生活热水和供暖。

四是精细化运营维护。合肥城市云高新区大数据产业园数据中心（一期）通过温度仿真技术优化了机房的气流组织，并通过智能调整风机转速和制冷输出量，实现了机柜间冷量的均匀分配和热负荷与制冷量的精确匹配，有效降低了空调能耗。中国电信高科大厦数据中心通过持续分析能耗数据，并结合深圳的沿海气候特点，制定了多种制冷策略。利用自控系统和人工智能（AI）技术，实现了机房内空调的精准温度控制，每年累计可节约电量33万千瓦时。

（二）创新数字生态技术，推动数字技术生态化与生态技术数字化

加快实现数字技术生态化，实现生态环境保护与能源领域专用数字技术创新。一是生态修复领域，积极开发基于数字技术的土壤污染精准修复技术、水体生态修复技术、植被恢复技术和生态修复效果评估技术等。二是能源利用领域，强化能源数字化智能化技术创新，加快形成面向新型电力系统的智能电网与数字技术群，促进可再生能源并网、消纳以及源网荷储一体化。创新功率预测、人工智能技术及先进监测控制技术，实现风、光、储协同优化，智能高效运行和智慧能源多能互补。推动共性技术突破，加快推动能源装备智能感知与智能终端技术、能源系统智能调控技术和能源系统网络安全技术等实现新突破。三是污染物及碳监测领域，加强污染物及碳排放监测技术创新，创新光谱分析技术、激光雷达技术、碳同位素分析技术、光学传感技术以及高精度温室气体监测技术等，实现对污染物及碳排放的科学精准监测。

积极促进生态技术数字化，实现传统绿色低碳技术的数字化升级以及以数字技术应用赋能绿色低碳技术创新。一方面，实现传统生态技术的数字化升级。梳理现有绿色低碳技术清单目录，对其应用领域及节能减排效果进行全面分析，识别企业在数据采集、传输、处理和分析等方面的短板，引入先进的传感器、控制系统、数据分析工具等数字化设备和技术，实现生态技术相关数据和知识的计算机采样、量化和编码，推动数据分析、模型构建和仿真优化。另一方面，搭建企业数字化绿色化协同创新平台。利用大数据及人工智能技术优化内部绿色低碳技术研发流程，通过大数据试错、重复实验等途径，降低企业研发成本以及提高研发效率。加快构建"产—学—研—金—介—用—政"一体化数字合作新机制，推动产业链供应链不同企业、产学研主体、金融机构、绿色技术交易供需主体以及不同部门实现信息共享以及知识整合，构建数字化绿色低碳技术创新合作网络。搭建数字化绿色技术交易平台，高效智能匹配技术供需双方信息，减少中间环节以及降低交易成本。

（三）发展数字生态经济，实现数字经济生态化与生态经济数字化

加快推进数字经济生态化，强化数字产业化与产业数字化过程中的生态化改造。一方面，推动数字产业实现绿色低碳循环发展。推动数字制造业绿色低碳发展，将绿色生产理念贯穿于计算机、通信和其他电子设备制造等数字产业全过程。在设计阶段，优先采用可再生材料、低能耗芯片和高效能源管理系统。在生产过程中，选用节能环保的生产设备和工艺，减少能源消耗和碳排放。在循环利用阶段，科学把握产品收集、分类、检测、拆解、零部件再利用和废物处理等各个环节的技术要求，确保服务器、存储设备、网络设备等硬件产品的回收过程安全、规范、高效。另一方面，加强产业数字化绿色化协同转型。一是推动煤电升级以及构建绿色智慧新型能源体系。发展和应用智能分散控制系统，促进燃煤机组节能降碳改造、灵活性改造、供热改造"三改联动"。提升电网、油气、煤炭基础设施信息化和智能化水平。整合清洁能源（如太阳能、风能）与智能技术，构建智能电网，实现能源高效利用与供需智能匹配，推进储能技术发展，加强能源互联网建设，实现多能互补，提高系统的灵活性与可靠性，建设绿色智慧的新型能源体系。二是推动传统制造业数字化绿色化协同转型。党的二十届三中全会指出，推动制造业高端化、智能化、绿色化发展。针对钢铁、石化和建材等"两高"行业，发挥数智化在生产流程再造、能源资源效率提升、智能化控制与决策、降低设备故障及产品残损率等方面的作用，促进企业能源利用效率提升和碳减排。三是构建绿色智慧供应链系统。加强数字技术在企业研发设计、生产、物流、包装以及循环利用等供应链各环节的应用，实现生产全生命周期绿色管控。[①] 四是构建数字化循环经济体系。搭建数字化循环经济平台，助力商品交换、共享和回收，推动循环经济发展。应用可嵌入射频识别标签（RFID）和传感器，实现组件再利用、回收和再制造，构筑"能源—产品—再生能源"的循环生产路径。五是利用数智技术推动绿色建筑全过程优化升级。提升大数据、人工智能、物联网以及建筑信息模型（BIM）等技术手段在建筑设计、施工、运营和管理的全过程应

[①] Chen J., Gao M., Ma K., Song M., "Different Effects of Technological Progress on China's Carbon Emissions Based on Sustainable Development," *Business Strategy and the Environment*, 2020, 29 (2).

用，提高设计效率和质量，优化建筑资源利用并及时调整施工计划，实时监测建筑能耗和环境质量等，优化建筑智能化管理，提高建筑能源利用效率。六是推动交通运输行业绿色智慧升级。加大智慧交通信号、智慧停车场、智能充电桩以及新能源配套交通基础设施建设力度，提升港口、机场、铁路货场、公路集散中心及物流园区等不同枢纽衔接水平，构建绿色智慧的多式联运体系。七是发展绿色智慧农业。搭建智慧农业云平台，推动农业资料高效利用、农业管理精准高效、农业信息资源共享、农业与二三产业协同发展以及农产品安全可追溯，促进农业数字化生态化协同转型。

深入推动生态经济数字化，以数字技术破解生态产品价值实现"五难"问题。党的二十届三中全会指出，健全生态产品价值实现机制。生态经济数字化的过程，就是利用数字化技术赋能生态产品价值实现的全过程，促进生态修复与环境综合整治、生态保护补偿、生态私人产品交易和生态产业化、生态资源资本化与生态权益交易等，[1]破解生态产品价值实现"五难"问题。一是破解"供给难"。加强数字技术在生态修复、环境治理、提高森林覆盖率以及改善森林质量等领域的应用，保障生态产品供给数量与质量。二是破解"度量难"。利用数字技术全面掌握生态产品空间分布、数量特征、质量等级、权益归属、功能特点、保护与开发、市场价格情况等信息，改进生态产品价值核算评价指标体系和核算方法，开展多类别先进核算模型的数据核验、参数校准及科学方法遴选，实现对生态产品价值核算的数字化以及精准量化。三是破解"抵押难"。利用数字技术对各类生态产品海量数据进行精准搜集及价值科学核算，通过提高生态产品的透明度、可追溯性以及可预测性等方式，消除金融机构与生态产品供给主体之间的信息不对称，降低生态产品抵押风险，提高抵押效率，并基于此引导金融机构创新生态金融与绿色信贷产品。四是破解"交易难"。利用大数据、云计算、人工智能等技术，建立包含各类生态产品类别、产地、质量、价格等信息的生态产品数据库，对生态产品信息开展智能化处理和分析，提高交易平台运营效率。搭建多层次生态产品数字化交易平台，提升全国碳排放权、排污权、水权以及用能权的市场交易效率，开展生态碳汇、森林覆盖率等生态权益指标交易，激活生态产品市场活力。利用区块链

---

[1] 孙博文：《建立健全生态产品价值实现机制的瓶颈制约与策略选择》，《改革》2022年第5期。

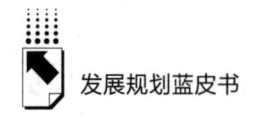

技术，确保生态产品交易数据的真实性和不可篡改性，增强平台的信任度。五是破解"变现难"。利用区块链技术实现生态产品的信息可查询、质量可追溯、责任可追查，促进生态产品溢价与增值。利用电商平台、直播带货等方式拓展生态产品经营开发渠道，满足消费者多层次需要。搭建生态交易数字交易平台，推动水权、排污权、碳排放权、用能权、森林覆盖率指标、碳汇等生态产品的供需精准对接。利用数字技术摸清生态产品家底、科学核算生态价值，帮助确定合理的生态保护补偿标准，为纵向转移支付、跨区域跨流域生态补偿、政府购买服务等生态保护补偿机制提供科学支撑。

（四）构建数字生态社会，促进生产关系适应性变革及培育数字低碳生活方式

发展数字化绿色化协同发展下的新型生产关系，促进生产资料所有制、人与人生产关系以及产品分配形式的适应性变革。一是积极解决数据要素与生态要素的产权问题，发展生态导向的共享经济。明确数据要素和生态要素的所有权和使用权归属，对数据要素和生态要素的所有权和使用权进行登记和确认。二是发展共享经济与平台经济，减少社会资源浪费，提高生产资料利用效率与环境绩效。引导劳动者合理竞争，实现生产关系网络化、数智化、绿色化、公平化。三是推动数据要素与生态要素直接参与市场化交易，促进数据及生态要素价值转化，提高市场激励性。加强数字技术应用，利用社交媒体、直播等新兴技术手段拓展绿色产品分配渠道，通过精确需求预测和库存管理减少产品积压和损耗，基于消费者购买历史、偏好和行为大数据分析定制个性化促销策略，实现绿色产品精准分配。

营造数字低碳生活方式新风尚，打造数字零碳社区与智慧低碳城市。一是培育数字低碳生活方式。利用数字平台传播绿色低碳知识和理念，提升全民数字环保素养。推广智能化家居系统和智能照明系统，减少能源消耗。推进远程办公、在线会议、公共出行、绿色消费的广泛应用，营造绿色低碳生活新风尚。建立数字碳账户平台，完善积分奖励制度。二是打造数字零碳社区。建设社区智能微电网，提高能源利用效率。利用物联网技术，实现社区内各类设备的互联互通，提高能源管理和使用效率。建立社区碳排放监测系统，利用数字化工具开展社区碳足迹评估，实时跟踪社区的碳排放情况。运用数字技术推动

社区提升水资源、垃圾分类回收等智能化管理水平。三是构建智慧低碳城市。构建城市运行低碳转型监测体系，强化城市重点行业、产业、园区等碳排放监测与治理。建立城市智能电网和数字化能源管理系统，对电网及能源生产、传输、消费进行智能分析和决策优化，提高城市能源利用效率。建立智能交通系统，优化共享单车、共享汽车、网约车等数字化出行服务。建立城市废弃物数字管理平台，推动废弃物减量化、资源化、无害化处理。建立城市管理智能决策支持系统，推动城市的智能化、高效化和绿色化发展。

（五）优化数字生态治理，推动生态环境全过程数字化治理和数字碳中和

推动生态环境全过程数字化治理，构建美丽中国数字化治理体系。一是搭建生态环境信息平台。搭建生态环境信息智慧管理平台，开展全地域、全方位、全要素动态感知及监测，集成空气质量、水质、土壤质量、生物多样性等各类生态环境数据，提升环境风险预测的及时性、精准性。加强各类数据创新融合，健全生态环境数据采集、融合、分类、共享、应用的标准规范体系，提升生态环境数据的深度挖掘和融合应用水平。二是打通部门数据壁垒。加强部门数据合作，推动跨部门数据共享和互通，促进大气污染、水污染、固体废物转移等跨区域联防联治、流域上下游协同治理，以及赋能跨区域、跨流域生态保护补偿，提升跨区域、跨流域、跨部门协同治理能力，解决数据"烟囱"和数据"孤岛"问题。三是促进生态环境治理决策智慧化、精准化、高效化。利用大数据分析、人工智能、数字孪生、模拟仿真等数字技术，提升生态环境监测感知能力、预警预报能力、形势研判能力、风险防范和应急处置能力、监管执法能力，高效、精准解决生态环境治理中的痛点与难点问题。四是提高生态环境社会监督效能。建立可视化环境监测平台，营造开放透明的信息传播环境，促使民众有效监督政府和企业开展生态环境治理，提高治理成效。

加强数字碳治理，以数字化智能化技术应用促进实现数字碳中和。一是构建碳排放动态核算和智能监测体系。强化主体碳排放量智能化、自动化核算，尽快摸清各类碳排放主体碳足迹家底。建立碳排放管理大数据平台，高效获取碳排放主体全品类、全过程能源利用数据。动态监测各区域、各城市、各行业、各园区、各微观主体的碳排放量，为"双碳"目标落实主体提供可监测、

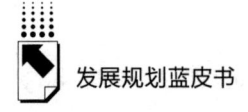

可管理、可展示的大数据可视化解决方案。二是提升数字化碳治理效能。加强碳排放数据深度挖掘与科学分析,揭示碳排放规律,为碳减排工作绩效考核、预测减排趋势、挖掘减排潜力以及科学制定减排规划提供支持。利用智能计算技术,选取碳减排关键环节,系统模拟可再生能源并网发电碳减排、电能替代碳减排、煤改电碳减排、新能源汽车碳减排等多种碳减排潜力场景,为制定针对性碳减排方案提供支持。三是促进碳配额公平分配以及提升碳市场交易效率。通过引入先进的算法和模型,精确计算不同企业与地区碳排放量和应获得的配额数量,公平合理地落实碳排放责任。利用数字技术和智能合约技术,实现碳配额买卖和转让实时进行,确保交易的及时性和准确性。四是构建数字化碳治理社会监督体系。发挥社交媒体、移动应用、网络宣传等渠道的作用,普及碳治理知识,提高公众碳减排意识。完善数字化监督机制,支持公众对碳治理过程中不当行为进行监督和举报,提高碳治理的公正性和透明度。

B.55 推动数字化绿色化协同转型发展

陈星星

摘　要： 数字化、绿色化是当前中国实现高质量发展的两大核心目标，其深度融合为经济与环境协调发展提供了新的突破口。本文系统梳理了国内"双化协同"的逻辑关系和概念内涵，结合发达国家转型发展经验，分析中国"双化协同"发展的政策取向。当前，"双化协同"以制造业、建筑业、信息通信业、交通运输业和能源行业为重点领域，全国层面数字化绿色化协同发展初步形成合力，城市层面二者协同发展存在异质性，产业层面推动制造业转型升级，促进绿色建筑降碳增效，加快信息通信行业绿色转型，赋能交通运输行业高质量发展，"数智双碳"产业生态初步形成。中国"双化协同"发展以数字技术应用突破推动重点领域低碳化转型，但也面临数字化绿色化协同机制路径不清、制度保障不完备、数字化绿色化协同不平衡不充分、各类要素支撑能力尚待提升等挑战。推进"双化协同"应重点提高企业"双化"转型的经济性和安全性，规范低碳标准和数据使用制度，促进全社会数字化转型深化发展，优化"双化协同"资源配置，形成新质生产力聚合要素。

关键词： "双化协同"　数字基础设施　能源政策　新型电力系统

---

* 本文获得国家自然科学基金青年科学基金项目"数字化绿色化协同转型与企业绩效高质量发展"（72403249）、中国社会科学院智库基础研究项目"'双碳'背景下新型能源体系建设研究"（23ZKJC073）、国家社科基金项目"增强国内大循环内生动力和可靠性与提升国际循环质量和水平研究"（22VRC082）、国家社科基金重大项目"区域协同推进碳达峰碳中和路径与政策研究"（22ZDA114）的资助，以及中国社会科学院经济大数据与政策评估实验室（2024SYZH004）的资助。

** 陈星星，中国社会科学院数量经济与技术经济研究所副编审，主要研究方向为能源体系建设、碳排放与碳市场等。

一 "双化协同"的概念内涵及建设意义

改革开放以来,中国经济经历了快速增长,但不平衡、不协调与不可持续发展问题依然突出。党的十八大将生态文明建设纳入"五位一体"总体布局,强调生态文明建设对中国经济高质量发展的促进作用。习近平同志在出席全国生态环境保护大会时进一步强调,要建设绿色智慧的数字生态文明。数字化绿色化协同是(以下简称"双化协同")在数字生态文明的基础上,进一步强调数字化转型对绿色发展的放大、叠加和倍增作用,新增了数字传感设施、网络基础设施、大数据中心等数字基础设施的绿色改造升级和全生命周期节能减排,以及电子信息产品的绿色制造和使用,强调了绿色转型对数字产业的牵引作用,推动数字产业绿色低碳发展。

(一)"双化协同"的概念界定

当前,数字化绿色化不仅是中国经济实现高质量发展的核心目标,也是全球发展的重要主题,二者正在深度融合、协同发展。一方面,数字产业能耗快速增长,比如全国数据中心耗电总量约占全国用电总量的1.5%,绿色发展转型需求迫切;另一方面,数字技术对传统行业绿色转型的作用日益凸显,到2030年各行业因受益于数字技术应用而减少的碳排放量将达到121亿吨。① 党的二十届三中全会也强调,要支持企业用数智技术、绿色技术改造提升传统产业,推动制造业高端化、智能化、绿色化发展,催生新产业、新模式、新动能,发展以高技术、高效能、高质量为特征的新质生产力。

具体而言,数字化与绿色化包括"绿色化进程中的数字化"和"数字化进程中的绿色化",即产业数字化和数字产业化两个方面。对于前者,是通常意义上产业的数字应用,也就是数字经济的"赋能效应",包括非能源行业和能源产业的绿色转型,通过非能源行业,比如制造业的绿色化和智能化转型,以及强化清洁能源和可再生能源的投入使用和成效监测,利用数字技

---

① 《国家网信办:深入推进"数字化绿色化协同转型发展行动计划"》,新浪财经,2022年11月7日。

术促进节能环保技术改造升级；通过能源效率提升、可再生能源利用等，优化改进能源管理和技术，减少能源浪费和减轻对传统能源的依赖。后者也包含两个层面的含义，一是数字产业本身的绿色低碳发展，是指通过技术手段减小数字产业本身带来的环境影响，即数字经济的"降碳效应"，比如通过能源的清洁利用实现数字产业的绿色化和清洁化发展；二是绿色转型对数字产业的带动，即绿色转型的"溢出效应"，主要是指由于数字技术是绿色化转型的主要抓手，对数字产业具有反向促进和溢出效果。简单来说，"数字化绿色化"是指一方面通过数字技术赋能节能减排，另一方面通过降低能耗或者清洁能源助力数字产业发展。因此，推动"双化协同"发展的关键抓手在于数字技术的突破和应用，以数字基础设施为目标牵引，以大数据技术开展"碳摸底"、以云计算技术实现"碳虚拟"、以物联网技术推动"碳感知"、以人工智能探索"碳预测"、以 5G 技术实现"碳效率"，发挥数字基础设施的节能降碳作用（见图 1）。

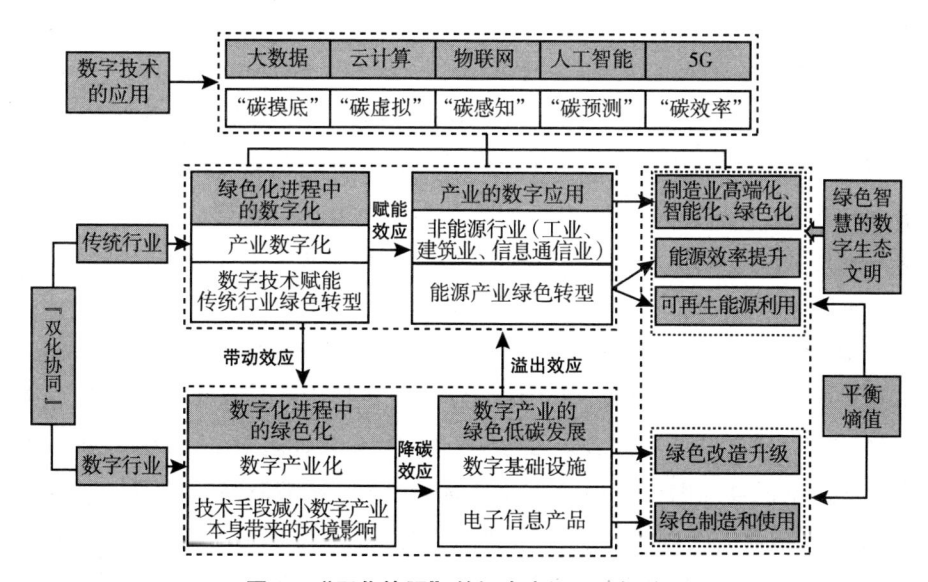

图 1　"双化协同"的概念内涵及逻辑关系

根据"数字化绿色化协同转型发展行动计划"，"双化协同"发展主要包括三个方面：一是加快数字技术赋能传统行业绿色转型，即产业的数字化利用；二是推动数字产业绿色低碳发展，即数字产业化发展；三是发挥行业绿色

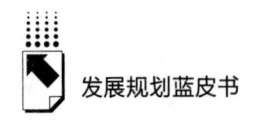

转型对数字产业的带动作用。本文在此基础上，将"双化协同"的作用对象分为两大主体：传统行业和数字行业，其中传统行业包括非能源产业和能源产业；数字行业包括基础设施的绿色改造升级和电子信息产品的绿色制造和使用。具体而言，传统行业涉及数字技术赋能绿色转型，数字行业涉及数字产业的绿色低碳发展。此外，传统行业对数字行业产生"带动效应"，即行业绿色转型对数字产业的带动作用；数字行业对传统行业有"溢出效应"，即数字技术赋能传统行业绿色转型。

（二）"双化协同"的理论挑战

数字技术对实现节能减排起到了重要作用，但并非所有数字化场景都有利于节能降碳，过多的数字化反而会增加能源消耗，同时也并非所有的绿色技术都需要赋予数字化的"外壳"。简而言之，数字化绿色化协同发展并非天然成立。首先，并非所有数字化场景都能助力节能降碳。数字化的本源是采矿业，数字基础设施包括数据中心、基础网络设施和高性能计算机等设备仍然大量依赖碳基能源，数字产业本身对环境的影响不容小觑。数据中心具有高耗能和高价值的双重属性，需要持续可靠的电力保障。2020年全球发电量中约5%用于算力消耗，预计2030年将提高到15%~25%。根据世界银行的预测，到2050年支持ICT发展所需的石墨、锂和钴的开采量可增加近500%，说明开采业和采矿业等高耗能产业，会因数字经济的发展而产生更高的能源消耗和环境污染。据联合国多个机构联合发布的《2020年全球电子垃圾监测》，到2030年，全球电子垃圾将达7400万吨，数字技术本身产生的数字垃圾成为新的污染源。根据中国信息通信院测算，2021年中国各地数据中心二氧化碳排放量约为1.35亿吨，到2030年将超过2亿吨，成为中国经济体系第一大碳排放源。此外，中国电子废弃物回收循环产业链尚未形成，随着数字设备迎来"退役潮"，电子垃圾造成的环境问题日益严峻。其次，并非所有绿色技术都需要数字化赋能。一些传统工艺优化，引入节能工艺、技术和设备，也可达到节能减排的效果。比如某盐城德龙不锈钢工厂，绝大部分节能减排是由于采用了微小的绿色创新技术；宝武碳业为了减少蒸汽跑冒滴漏，通过改造工厂的预热传导，有效提高年发电量至600万千瓦时，降低了碳排放。在工业领域，推动低碳原料替代、加强再生资源循环利用、强化工业固废综合利用等，均可实现节约资源和降碳协同。具体而言，在水泥生产中采用高固废掺量技术、无硝酸清洗技术、退火炉设备排放处理技术等；废钢铁、退役光伏组件、废弃风电叶片等高效再生循环利用；尾矿、粉煤灰、煤矸石等工业固废规模化高值利用等，均可以实现绿色低碳供能，而无须开展复杂的数字化建设。在建筑领域，采用超低能耗建筑构配件、高防火性能外墙保温系统等技术，以及应用钙钛矿、碲化镉等薄膜电池技术装备，能够有效降低建筑领域的碳排放，并不需要采用数字技术，却对节能减排起到了较大的作用。再次，部分领域数字化转型的主要目标并非节能降碳。以交通领域数字化转型为例，国家公路、国家高等级航道、沿海港口公共基础设施、国境国际通航河流通道等交通基础设施的数字化转型和智能升级的主要目标是提升交通基础设施承载能力、通行效率和安全水平，而交通领域的绿色低碳效应是交通领域在数字化转型过程中产生的附加成效。而新能源汽车等新型交通工具，主要使用了新能源和储能技术，仅在新能源汽车的操控系统中使用了数字技术，数字技术与绿色技术的效果并非同时产生，协同作用较为有限。最后，数字化绿色化的未来趋势是实现两大系统的平衡协调。以往，数字化和绿色化作为两个单独的系统而独立存在。如今，即使数字化和绿色化均实现广泛应用，但既非完全割裂，也非完全重合。在未来更可能的趋势是，数字化转型能够产生绿色低碳的结果，而绿色发展又需要数字技术以实现经济可行。如何建立这两大系统之间的平衡熵值，是未来具体实践中探究的重点。

（三）"双化协同"的建设意义

推动数字基础设施绿色低碳化发展、加速数字化与绿色化深度融合是实现中国经济社会高质量发展的必由之路，也是推动新质生产力发展的重要方向，有助于提高资源的利用效率，实现经济社会可持续发展，创造经济发展新动能。《"十四五"国家信息化规划》明确了"双化协同"的战略意义，指出数字化和绿色化是相互支撑、相互促进的协同关系。具体而言，"双化协同"的现实意义包括以下几个方面。

一是提升能源配置能力，提高全社会能源使用效率。一方面，通过数字技术在能源领域的配置应用、搭建数字化能源综合管控平台，能够优化电力调度和匹配，提升能源配置效率和全社会用能效率。另一方面，可以通过大数据、

物联网、区块链等技术，实现人机交互，建立绿色化信息采集反馈通道，降低能耗和碳排放，提高能源使用效率。二是促进经济社会可持续发展，创造经济发展新动能。新质生产力就是绿色生产力，绿色发展作为高质量发展的"底色"，是形成新质生产力的重要方向。通过数字技术的赋能，可以实现绿色低碳供能和余能余热回收，促进生产高效化和低碳化，从而为经济发展创造增长新动能。三是形成技术创新重要场域，加快推动产业升级变革。未来，以人工智能、量子信息、移动通信、物联网等为代表的新技术，将成为技术创新的重要场域，推动形成新产业、新业态和新模式，是加速应用突破、实现商业模式重塑升级的关键，而绿色化在其中扮演极为重要的角色，不仅能与未来产业和战略性新兴产业融合形成新产业形态，还能突破技术困境和要素困境，实现更高质量的发展。

二 中国"双化协同"转型发展的有关政策

2021年中共中央、国务院提出数字化与绿色化协同融合发展，《中共中央 国务院关于完整准确全面贯彻新发展理念做好碳达峰碳中和工作的意见》中明确指出，要推动人工智能（AI）、第五代移动通信（5G）等新兴技术与绿色低碳产业深度融合。《2030年前碳达峰行动方案》进一步提出要推进工业领域数字化、智能化、绿色化融合发展。以中央文件的形式首次提出推动"双化协同"的是《"十四五"国家信息化规划》，明确指出要深入推进绿色智慧生态文明建设，推动数字化绿色化协同发展（见表1）。2023年中央网信办等五部门联合开展数字化绿色化协同转型发展（双化协同）综合试点，重点围绕数字产业绿色低碳发展、传统行业双化协同转型、城市运行低碳智慧治理、双化协同产业孵化创新、双化协同政策机制构建等方面探索可复制、可推广经验。

表1 中国"双化协同"转型发展的有关政策

时间	发布机构	政策	"双化协同"政策要点
2021年7月	工信部	《新型数据中心发展三年行动计划(2021—2023年)》	形成绿色低碳、算力规模与数字经济增长相适应的新型数据中心

续表

时间	发布机构	政策	"双化协同"政策要点
2021年9月	中共中央、国务院	《中共中央 国务院关于完整准确全面贯彻新发展理念做好碳达峰碳中和工作的意见》	推动AI、5G等新兴技术与绿色低碳产业深度融合
2021年10月	国务院	《2030年前碳达峰行动方案》	工业领域数字化、智能化、绿色化融合发展
2021年12月	国家发改委等部门	《贯彻落实碳达峰碳中和目标要求 推动数据中心和5G等新型基础设施绿色高质量发展实施方案》	有序推动以数据中心、5G为代表的新型基础设施绿色高质量发展
2021年12月	中央网络安全和信息化委员会	《"十四五"国家信息化规划》	推进绿色智慧生态文明建设,推动数字化绿色化协同发展
2022年8月	工信部等部门	《工业领域碳达峰实施方案》	推动数字赋能工业绿色低碳转型,加快数字化低碳解决方案应用推广
2022年8月	工信部等部门	《信息通信行业绿色低碳发展行动计划(2022—2025年)》	提出优化绿色发展总体布局、聚焦三类重点设施绿色发展、协同推进绿色产业链供应链建设、加强行业绿色发展等行动任务
2023年2月	中共中央、国务院	《数字中国建设整体布局规划》	绿色智慧的数字生态文明建设取得积极进展
2023年8月	国家发改委等部门	《绿色低碳先进技术示范工程实施方案》	工业绿色微电网、数字化绿色化协同降碳、"工业互联网+绿色低碳"、绿色(零碳、近零碳)数据中心、"海底数据中心+海洋清洁能源"示范等
2023年8月	工信部、教育部等部门	《元宇宙产业创新发展三年行动计划(2023—2025年)》	将元宇宙作为加速制造业高端化、智能化、绿色化的新领域
2024年3月	国家发改委、住建部	《加快推动建筑领域节能降碳工作方案》	支持超低能耗建筑、绿色建筑、智能建造、建筑可再生能源应用和相关产业发展
2024年4月	财政部、交通运输部	《关于支持引导公路水路交通基础设施数字化转型升级的通知》	以信息通信技术、数字化转型为重要推动力,建立高效绿色的可持续交通体系

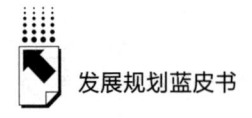

在产业数字化利用方面，《"十四五"工业绿色发展规划》指出，要加快人工智能、物联网、云计算、数字孪生、区块链等信息技术在绿色制造领域的应用，推动制造业数字化、智能化、绿色化融合发展。此后，中央和地方陆续出台了工业、建筑、信息通信等领域加快制定数字化低碳解决方案和实现绿色智慧发展等政策。具体而言，在工业领域示范项目中，要求数字化绿色化协同降碳、"工业互联网+绿色低碳"、绿色（零碳、近零碳）数据中心等的能效水平不低于行业标杆水平；在建筑领域，通过利用物联网、大数据和云计算等数字技术，对整个建筑实行监测管理，降低运维总体能耗，实现建筑全生命周期节能；在信息通信行业，重点提出绿色智慧发展要求，推动"十四五"时期信息通信行业绿色低碳高质量发展。作为未来产业之首的元宇宙产业，也将为制造业高端化、智能化和绿色化升级提供战略性、前瞻性支持。2023年8月，工信部等五部门发布《元宇宙产业创新发展三年行动计划（2023—2025年）》，明确将元宇宙作为加速制造业高端化、智能化、绿色化，支撑建设现代化产业体系的战略性前瞻性新领域。

从数字产业化发展来看，工信部、发改委等部门均采取了一系列专项行动推动数字基础绿色低碳化发展，如《新型数据中心发展三年行动计划（2021—2023年）》《贯彻落实碳达峰碳中和目标要求 推动数据中心和5G等新型基础设施绿色高质量发展实施方案》，意在推动数据中心和5G等新型基础设施绿色高质量发展，开展国家绿色数据中心推荐工作。根据数字产业领域节能减碳的目标要求，《数字中国建设整体布局规划》也指出，到2025年绿色智慧的数字生态文明建设要取得积极进展。

国内"双化协同"的建设主要经历了三个阶段。一是针对数字产业的高用能特性，提出与绿色低碳产业融合，实现"绿色"的数字产业发展。二是在数字产业绿色化的基础上，结合碳达峰碳中和目标，需要进一步推进"用能大户"工业领域的绿色化和数字化融合发展。三是进一步将"双化协同"推广到传统产业和城市运行等领域，发挥引领行业绿色转型的作用。

三 中国"双化协同"发展现状及存在问题

在国家政策支持和各地区各部门的共同努力下，"双化协同"工作取得初步成效。比如5G基站单站能耗比商用初期降低了20%以上；全国规划在建的大型数据中心平均能源效率（PUE值）已下降至1.3，达到世界领先水平；而在能源、工业、交通运输等行业，数字赋能作用凸显，数字化引领的绿色低碳生产生活方式深入人心。

（一）全国及区域层面"双化协同"总体发展状况

自党的十九大以来，中国在推进数字技术与环境保护融合发展方面取得显著成效，发挥了技术创新与绿色发展在推动经济增长上的双重优势。总体来看，数字化绿色化协同发展初步形成合力，城市层面二者协同发展存在异质性。

1. 全国层面"双化协同"发展现状

为了考察全国层面"双化协同"的发展趋势及现状，用"数字经济相关发明专利授权量"衡量当年数字化发展水平，用"绿色发明专利获得量"反映当年绿色化发展水平。从两个指标来看，2010~2022年全国每年新增数字经济相关发明专利与绿色发明专利数量均呈快速上升趋势（见图2）。数字经济相关发明专利数量由2010年的23956件增长至2022年的295924件；全国绿色发明专利数量由2010年的4442件增长至2022年的64410件。整体上看，数字化与绿色化发展趋势基本一致，发展合力初步形成。

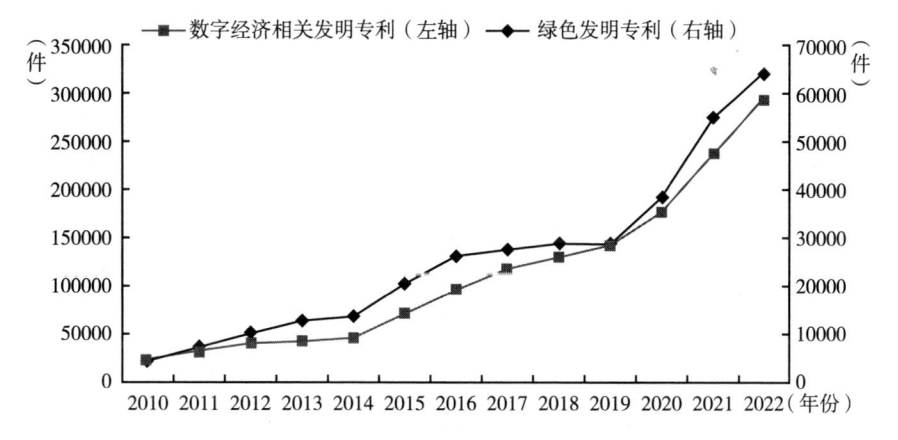

图2　2010~2022年全国新增发明专利总量

资料来源：由中国研究数据服务平台（CNRDS）城市专利数据加总计算得到。

2. 城市层面"双化协同"发展现状

在城市层面，用获得的发明专利数量衡量技术总量。表2分别显示了2022年全国主要城市绿色技术专利总量排名前二十城市与数字技术专利总量排名前二十城市。可以看出，2022年绿色技术专利总量排名前十的城市分别为北京市、深圳市、南京市、上海市、广州市、杭州市、武汉市、成都市、苏州市、西安市；数字技术专利总量排名前十的城市分别为北京市、深圳市、上海市、杭州市、南京市、广州市、武汉市、成都市、苏州市、西安市。相较于数字技术专利总量排名，南京市、广州市在绿色技术专利总量方面排名上升，而上海市、杭州市排名下降。

表2 2022年全国主要城市绿色技术总量与数字技术总量

单位：件

名次	绿色技术专利总量		数字技术专利总量	
1	北京市→	9536	北京市	49454
2	深圳市→	4265	深圳市	35857
3	南京市↑	3945	上海市	16635
4	上海市↓	3513	杭州市	15664
5	广州市↑	3053	南京市	13900
6	杭州市↓	2924	广州市	11964
7	武汉市→	2256	武汉市	11687
8	成都市→	1862	成都市	10551
9	苏州市→	1553	苏州市	9495
10	西安市→	1362	西安市	8233
11	合肥市↑	1355	东莞市	6892
12	长沙市↑	1325	合肥市	6432
13	天津市↑	1185	重庆市	5235
14	青岛市↑	1176	长沙市	5070
15	重庆市↓	1139	天津市	4856
16	济南市↑	1070	青岛市	4599
17	无锡市↑	767	济南市	4335
18	常州市↑	648	哈尔滨市	2998
19	郑州市↑	642	厦门市	2910
20	福州市↑	617	无锡市	2827

资料来源：中国研究数据服务平台（CNRDS）。

从榜单看，北京市和深圳市绿色技术专利总量和数字技术专利总量均分别排名第一和第二。这除了得益于两个城市自身的资源禀赋，更与当地政府对绿色化数字化协同发展的前瞻部署密不可分。

进一步用人均发明专利获得数量来衡量城市技术密度，该指标表征技术创新活动的密集程度，反映了技术创新活动的活跃度和集中程度，对促进经济发展和科技进步具有重要意义。表3显示了2022年全国主要城市绿色技术密度排名前二十城市与数字技术密度排名前二十城市。相对于数字技术密度的排名，在绿色技术密度方面，深圳市、广州市等城市排名上升，杭州市、武汉市等城市排名下降。

表3　2022年全国主要城市绿色技术密度与数字技术密度

单位：件/万人

名次	绿色技术密度		数字技术密度	
1	榆林市↑	9.10	深圳市	54.49
2	北京市→	6.68	北京市	34.63
3	深圳市↑	6.48	东莞市	23.60
4	南京市→	5.34	南京市	18.81
5	巴中市↑	5.19	杭州市	18.49
6	自贡市↑	3.77	珠海市	17.25
7	杭州市↓	3.45	武汉市	12.38
8	广州市↑	2.95	苏州市	12.25
9	渭南市↑	2.54	广州市	11.56
10	武汉市↓	2.39	上海市	11.06
11	常德市↑	2.26	厦门市	9.93
12	珠海市↓	2.16	西安市	8.11
13	苏州市↓	2.00	合肥市	8.04
14	东莞市↓	1.85	成都市	6.71
15	合肥市↓	1.69	长沙市	6.60
16	厦门市↓	1.69	常州市	6.03
17	常州市↓	1.67	无锡市	5.45
18	威海市↑	1.38	青岛市	5.40
19	辽源市↑	1.35	济南市	5.29
20	宿迁市↑	1.30	佛山市	4.76

资料来源：由中国研究数据服务平台（CNRDS）、《中国城市统计年鉴》数据计算整理得到。

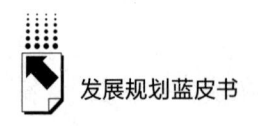

从技术创新活力看，榆林市在绿色技术密度上排名第一，但在数字技术密度上未能进入前二十；深圳市在数字技术密度上排名第一，但是在绿色技术密度上排名第三。相比较而言，北京市"双化协同"技术创新活力较为均衡，在绿色技术密度和数字技术密度上均排名第二。由此可见，城市间数字技术与绿色技术发展在总体上升的基础上呈现出不同的特点，城市层面二者协同发展存在异质性。

（二）产业层面"双化协同"转型发展及建设现状

"双化协同"的重点领域涉及数字化推动制造业、建筑业、信息通信业、交通运输业、能源产业绿色转型，以及数字产业本身的绿色低碳发展，包括数字基础设施的绿色改造升级与电子信息产品的绿色制造和使用。目前，中国"双化协同"工作在产业层面取得初步成效，数字产业以较小能耗支撑了较大规模的产业化，用4.5%的耗电量产出7.6%的GDP。2021年数字技术赋能工业、建筑业、交通运输业和电力行业减排总量分别增加5.4%、3.9%、18.3%和12.3%。

1."双化协同"推动制造业转型升级，产业集群生产模式形成绿色融合新业态

2024年2月工信部等七部门印发《关于加快推动制造业绿色化发展的指导意见》，提出到2030年绿色工厂产值占制造业总产值的比重超过40%的目标，强调发挥数字技术在提高资源效率、环境效益、管理效能等方面的作用，加速生产方式数字化绿色化协同转型。运用大数据、人工智能等数字技术，实施制造业智慧化赋能，提高技术改造升级能力，是传统产业低碳改造和实现绿色转型的重要途径，也是推动产业集群从传统制造向绿色制造转型的关键。第一，绿色智能制造是"双化协同"的主要着力点。工业能耗在我国能源消耗中的占比超过70%，数字化绿色化转型对于工业行业而言意义重大。"双化协同"的成效在工业领域体现为能效和自动化水平的提高，具体而言，就是使绿色智能制造的数字化始终贯穿于制造业全生命周期，[①] 建立高效、清洁、低碳、循环的制造体系，助力中国制造转型升级。第二，绿色园区、绿

---

① 庞邢健：《以绿色智能制造助力中国制造"能源+数字化"双转型》，《今日制造与升级》2020年第3期。

色工厂、绿色产品赋能制造业"双化"转型。江西德兴通过"能+碳"数据库对标重点产品能效，动态计算产业园区及企业节能潜力；天津经开区以创建绿色制造标杆企业为抓手，推动数字化技术改造和产业绿色升级。截至2023年底，中国已在国家层面累计培育建设绿色工厂5095家，绿色工业园区371家，绿色供应链管理企业605家，绿色产品近3.5万个，全年环保装备制造业总产值预计超过9700亿元。第三，制造企业主动加快数字化转型，形成产业集群新业态。数字经济时代下，中国制造企业积极转型，通过数字技术提高碳排放效率，实现"数字减碳"。长城汽车积极融合AI与物联网技术，实时采集数据，降低制冷站整体能耗，节能效果达到16%以上。河钢集团自主研发WisCarbon碳中和数字化平台，为钢铁及上下游企业精准降碳提供全流程数字化服务。当前，中国数字技术已成为改变生产模式、推动产业集群绿色转型的重要手段，加速形成"数绿融合"制造业发展新业态，成为激活经济稳中向好的新动能。

2. 智慧技术赋能绿色建筑低碳转型，引领建筑业降碳增效取得新成效

建筑业是支撑基础设施高质量发展和城镇化进程快速推进的基础性行业，碳排放约占碳排放总量的40%，是能源消耗和碳排放的重要来源。建筑业通过采用环保材料、优化建筑设计、推广绿色建筑等措施，以智能建造为建设方式，以数字技术推动全面转型，以绿色创新实现可持续发展，推动建筑业降碳增效，助力实现"双碳"目标。从地方实践看，智慧技术赋能绿色建筑转型已取得诸多成效。中国建筑国际集团有限公司是我国最早拥有碳排放数字管理平台的企业之一，其自主研发的"碳中和云平台"可完整记录、准确计算建筑全生命周期的碳排放数据，已应用于香港有机资源回收中心二期项目，成为全国首个施工期内实现碳中和的绿色项目，预计竣工后可达到"负碳经济"的效果。国家绿色智慧建筑示范中心打造世界知名低碳环保"海绵城市"样板，应用被动式超低能耗建筑、生态修复等世界先进绿色节能生态技术，每年折合减少碳排放1.04万吨，在国际节能75%的标准上再节能69%。上海嘉定利用太阳能等可再生能源，使建筑能耗水平远低于常规建筑，实现供暖、空调、照明、生活热水、电梯能耗水平较传统标准降低50%以上。龙湖集团IBMS4.0系统将能耗模型融入人工智能冷站智控产品，模拟不同客流量下的能耗数据，实现碳追踪的自动化和数字化，2023年实现节能降耗2700万元。总

体来看，推动建筑业全生命周期"双化协同"发展，是我国建筑业实现可持续发展的重要途径，将为建筑业高质量发展奠定坚实的基础。

3. 信息通信行业绿色转型成效显著，绿色低碳工作全面实施

信息通信行业作为数字经济时代的战略性、基础性、先导性行业，是推动绿色低碳转型、建设智慧生态文明的重要支撑。"十四五"时期，信息通信行业的绿色低碳发展已成为高质量发展的鲜明底色。《信息通信行业绿色低碳发展行动计划（2022—2025年）》《数据中心绿色低碳发展专项行动计划》提出，要推动数据中心绿色低碳发展，加快节能降碳改造和设备更新，完成"十四五"能耗强度降低约束性指标。在信息通信基础设施建设方面，建设绿色低碳信息基础设施，形成以数据中心为核心的网络架构和算力设施体系，优先采用节能减排新技术和设备，利用人工智能、大数据等技术手段，加快高耗能老旧设施智能化改造和绿色升级。比如中国电信通过4G/5G基站共享共建、AI节能、机楼绿色升级等措施，累计减少碳排放量超1300万吨。全国首个全域开放自动驾驶的地级市阳泉市，通过数字经济示范运营机车城网综合平台，根据AI分析将以往的"车等灯"变为如今的"灯看车"，降低平均停车次数约53%，通行效率提升约35%，有效减少了能源消耗，降低了碳排放。在信息通信行业用能方面，企业使用绿色电力，建立绿色电力碳排放抵消机制，提升绿色电力在能源消耗中的占比。有序推广锂电池使用，探索氢燃料电池应用，推进新型储能技术，支持智能光伏在信息通信领域的示范应用。截至2024年3月，10个国家数据中心绿电占比超过全国平均水平，部分先进数据中心绿电使用率达到80%。在重点设施绿色升级方面，聚焦数据中心、通信基站、通信机房的绿色化、低碳化、智能化建设，加快国家绿色数据中心建设，引导企业建设绿色集约型数据中心，加快"老旧小散"存量数据中心资源整合和节能改造。云南首个零碳数据中心"两亚数据中心"，采用绿色低碳高效的设备和技术，提高数据中心能效水平，平均每年节约电量约1900万度，每年减少碳排放1.5万吨。在绿色低碳发展管理平台方面，建设涵盖信息通信行业能源消耗、碳排放等的行业信息管理平台，推进企业与行业碳管理大数据平台对接，提升数据采集分析、检测核查水平。云南电信联合南方电网建设5G+风电场"空中高速通信走廊"，提升风电场运行维护管理水平，推进5G与风电产业深度融合，绿色赋能风电产业数字化转型升级。

4. 交通运输业加速数字化绿色化，赋能交通运输高质量发展

《"十四五"现代综合交通运输体系发展规划》《数字交通"十四五"发展规划》要求交通全方位向"数"融合，助力交通运输行业降本增效，到2025年综合交通运输智能化、绿色化取得实质性突破。数字化是现代综合交通运输体系的关键要素，交通运输行业实现绿色发展对我国实现"双碳"目标具有重要意义。当前，中国交通运输行业已进入以数字化、绿色化为特征的高质量发展新阶段。从智慧交通基础设施建设看，已完成以北京大兴国际机场为代表的智慧交通示范项目。江苏省全面推进农村公路改造扩建和"智改数转网联"，先后建成342省道无锡段等绿色智慧公路，启扬高速公路姜堰白米服务区建成近零碳高速公路服务区。从绿色智慧港口建设看，打造了一批以上海洋山港、浙江宁波舟山港、山东日照港为代表的智慧港口，货物吞吐量和集装箱吞吐量分别同比增长5.2%和9.0%。基本建成京杭运河绿色现代航运综合整治工程主体工程，建成4000多公里内河干线航道电子航道图。在苏州太仓港、南通吕四港推进无人驾驶集卡示范应用，6个码头获评2023年中国港口协会"绿色港口"。在智能工厂建设、智慧工地建设、智能运维应用、智慧物流应用等方面，形成了诸多"双化协同"的行业标杆和示范企业。比如中国煤科西安研究院实现从设备到制造再到产品的全面绿化，获评"国家级绿色工厂"，扎泥河露天煤矿帷幕节水工程实现矿坑排水量减少75%，每年结余疏排水电费3500万元以上，植被多样性增加15%以上；中建八局瓴眸智慧工地平台作为"国家数字化绿色化协同转型发展济南市综合试点典型案例"，实现无人机采集测量监测数据、精准推送暴雨台风等灾害预警信息、区域"人走电断"节能减碳、工地防尘喷淋降尘系统降低空气扬尘等；内蒙古乌兰察布多蒙德冶金化工集团有限公司的智能化绿色化改造，涉及从数字车间到智慧工厂的建设，实现电石单位产品冶炼能耗环比下降27kW·h/t，全年节约电量1350万度，折合标煤1659吨。据中金公司测算，数字技术可大幅降低物流空载率，每年减少无效行驶里程1472亿公里，减少二氧化碳排放量695.08亿千克。

5. "数智双碳"产业生态初步形成，能源数字化绿色化转型推动工业行业低碳发展

能源行业是中国降碳的主战场，能源行业数字化转型是中国"双碳"目标落实和路径选择的重点，对提高工业绿色发展水平具有重要意义。① 近年来，中国大力推动"双碳"战略和数字经济融合发展，地方政府抢占"双碳"产业新赛道，初步形成"数智双碳"产业生态，厚植高质量发展绿色底色，推动数字化绿色化协同发展。第一，各地数字产业建设推动能源领域低碳转型。各地数字经济产业园区以"数智双碳"平台、"智慧双碳大数据中心"建设为核心，以能源数据管理规划为底座，聚焦能源和碳管理两大领域，应用大数据、人工智能等数智化技术，汇集当地规上工业企业电、水、煤、气、油等能耗数据，打造区域多品种能源数据平台。② 北京、成都、合肥等示范城市打造"双碳"场景，围绕供需两侧，以场景需求为核心为企业提供市场份额，以场景能力建设倒逼企业实现绿色转型。第二，电力算力深度融合加速能源互联网发展。电网5G、北斗、数字孪生等技术是能源行业创新发展的重要技术支撑，"5G+电网""北斗+电力"等数字化技术与电力应用深度融合，加速能源互联网发展进程，预计未来总投资规模将达1500亿~4000亿元，技术应用带来的总直接效益将超过1000亿元。③ 广东惠州中国联通通过搭建共享型园区级5G混合专网，在MEC平台上优化能耗管理，使用电量下降30%，跑冒滴漏减少3%。随着大规模新能源接入，产生的海量数据将用于打造IT（信息技术）、CT（通信技术）、OT（运营技术）深度融合新业态。第三，数字智能电网调度建设取得突破式进展。鉴于电力的瞬时平衡特征，新型电力系统的"双化"转型在能源领域处于核心地位。目前，国网智能调度控制系统超400套，智能变电站达5000多套，在国际上首次实现了分钟级实时跟踪故障分析，计算量提高上千倍。以"夸父"为代表的数字化仿真系统，为风电场、光伏电站、分布式光伏和调度机构等提供不同时间的预测，准确率在国家标准基础上提高3%~7%。

专栏　阳泉高新区全力打造"数智双碳"产业生态

阳泉高新区联动北京中关村智酷双创人才服务股份有限公司开展"双碳"

---

① 武普照、魏甜：《"双碳"目标下促进能源行业数字化转型的金融政策研究》，《经济研究参考》2024年第4期；杨习铭、郭若劼、李嘉豪：《能源数字化转型对工业绿色发展效率的影响》，《统计理论与实践》2024年第2期。
② 吴珊、张蓓蕾：《借"智"发力　向"绿"而行》，《阳泉日报》2024年7月24日。
③ 孙艺新、郑厚清：《数字化是能源绿色转型的必然要求》，《国家电网》2021年第12期。

场景调研和挖掘，挖掘"双碳"有效应用场景17个，挖潜"双碳"市场规模23.66亿元，并落地太行世纪电池、源网荷储、低值废旧塑料循环利用等"数智双碳"项目7个，投资总规模超60亿元。同时，高新区主动"叩门招商"，对接国轩高科、深石科技、上海毅信等国内循环经济领域龙头企业，部分项目已进入实质性谈判阶段，预计年内新增固定资产投资超5亿元，3年内新增绿色产值超15亿元。

围绕"数智双碳"产业发展，高新区积极向上对接，强化政策支持，2023年成功进入全省首批绿色低碳循环示范园区、全省首批创建零碳（近零碳）产业示范区试点名单。目前，阳泉高新区已建立减污降碳协同创新重点项目库，首批纳入的重点项目总计投资约188.5亿元。同时，阳泉高新区出台绿电重载交通示范区的有关规定、"数智双碳"产业三年行动计划、减污降碳实施方案等政策文件，健全技术知识产权、绿色经济金融化、绿色小微企业创业孵化等一系列创新制度供给体系，形成政策复合效应，全力打造"数智双碳"产业生态。

资料来源：吴珊、张蓓蕾：《借"智"发力　向"绿"而行》，《阳泉日报》2024年7月24日。

（三）中国"双化协同"转型发展中存在的问题

推动"双化协同"转型发展，对实现"双碳"目标而言意义重大。当前，中国大多数城市积极推进数字化和绿色化协同发展，为二者"融合共生"奠定基础。但受制于经济发展、产业结构和技术水平等现实问题，数字化和绿色化深度融合仍存在一些需要突破的困境。

1. 数字化绿色化协同机制路径不清，高成本高风险制约"双化协同"转型发展

一是数字化绿色化协同机制路径不清。体制机制不畅会带来要素流通不畅，造成数字技术和绿色技术创新融合度不高，限制了技术的创新应用，增加了转型的成本和难度。二是数字化绿色化建设成本高、风险大。数绿融合软硬件和基础设施建设成本高、回报周期长，并且技术研发风险高，企业成本压力大。在进一步信息整合互通方面，仍存在数据安全风险，增加了企业的安全防

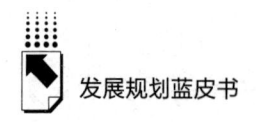

范成本。三是绿色算力不足影响绿色转型的经济性。随着数字化转型的推进，对算力的需求也不断增加。如果绿色算力不足，企业就需要更多的能源来支持数字化转型，这将增加碳排放和运营成本，从而影响绿色转型的经济性。

2. "双化协同"制度保障不完备，数据采集存在权属不清、流通不畅等难题

绿色化赋能数字化的根本在于数据，而数据作为一种新型生产要素，其权属确定和使用规范相关法规制度尚未健全。首先，数据的共享开发和融通利用缺乏法律依据和制度保障。其次，排放主体能耗和排放监测数据与生产活动密切相关，跨主体数据交易往往涉及不同相关者利益，当前的数据采集标准和使用规范缺位制约了绿色化赋能数字化发展。最后，生态环境大数据存在流通不畅等难题。在"双化协同"发展中，生态环境数据的流通是至关重要的。由于生态环境大数据来源复杂多元，原始数据格式、类型和算法标准不统一，在数据采集、有效集成、精练统一等方面存在数字化技术创新难题。目前生态大数据仍处于开发应用的初级阶段，多源异构的"数据孤岛"问题由来已久，同时数出多门、对接流动困难，给数据采集、适配、重构和共享带来障碍，影响了数据内在价值的发挥。

3. 区域、行业、企业间存在显著的"数字鸿沟"，数字化绿色化协同不充分

中国在"双化协同"转型发展中取得了诸多成绩，但在区域间、行业间和企业间仍存在数字化绿色化发展不平衡、协同不充分等问题。一是数字化绿色化发展不平衡。数字化发展需要资金投入、人才储备和能力建设等，不同区域、行业和企业间的"数字鸿沟"问题长期存在。比较突出的是，经济水平较为落后的地区、盈利技术水平较低的行业，以及发展困难的中小企业往往缺乏数字化转型的意愿和动力，进而影响了数字化在绿色化发展中的推动作用。二是绿色化数字化协同不充分。一方面，由于企业数字化转型不充分造成企业"双化协同"不充分，比如2022年北京市大型、小型、微型企业数字化转型占比仅分别为10.4%、4.8%、3.0%，尚未实现规模以上制造企业数字化智能化转型升级全覆盖。另一方面，能源领域数字化转型存在难点，电、热、天然气等传统能源行业相对独立，智慧综合能源系统和新型能源体系建设仍处在起步阶段。

4. 数字化发展要素培育不充分，各类要素支撑能力亟待提升

长期以来，人才、资金和技术等数字化要素是制约产业转型升级的关键，目前各类要素的培育仍然不充分，支撑能力亟待提升。从"双化协同"转型的人才来看，一方面数字化和绿色化领域存在"卡脖子"技术，需要召集专精尖人才聚力攻克，充分释放人才的创新能力。另一方面，既懂数字技术又懂行业知识的人才十分匮乏，而在"双化协同"转型发展中，更需要精通数字化、绿色化和专业行业知识的复合型人才。从融资约束看，中小企业"数绿融合"发展的融资难问题亟待解决。从技术创新水平看，"双化协同"面临技术创新和关键技术"卡脖子"问题。一是高端芯片等数字产业核心零部件对外依存度高，传感技术、跨领域实时建模等关键数字技术尚不成熟；二是碳排放监测及碳足迹追踪技术尚未大规模应用；三是数字化基础设施的减碳技术仍待突破。

四　国际"双化协同"政策及建设经验借鉴

（一）国外推动"双化协同"转型发展的有关政策

美国 2020 年出台的《零碳排放行动计划》是其碳中和政策的行动计划之一，意在推广零碳排放技术，发展清洁能源经济，开展气候外交。2021 年 2 月，美国重返《巴黎协定》，随后美国能源部发布《工业脱碳路线图》和《美国交通脱碳蓝图》，明确了智能制造与数字技术在美国工业关键领域的脱碳路径。欧盟发布《能源系统数字化行动计划》，针对能源、通信、工业、交通等行业制定绿色化、数字化发展框架，提出以数字化为基础，建立更智能、灵活的能源系统，支持能源企业绿色转型。欧盟委员会发布的《欧洲数据战略》提出了区块链技术的减碳应用。英国出台了《工业脱碳战略》与《交通脱碳：更好、更绿色的英国》，提出从供应链整合和数据共享等角度提高交通效率，促进交通运输部门数字化，并围绕提高能源使用效率制定大数据行业节能政策。日本发布的《2050 年碳中和绿色增长战略》《能源环境技术创新战略》《革新环境技术创新战略》明确了通信、能源、电力等多个行业的数字化技术应用重点任务，包括打造绿色数据中心，利用大数据、人工智能和物联网技术构建能源集成管理系统，建设弹性电网，推进"智能城市基础设施"国际标准建设等。

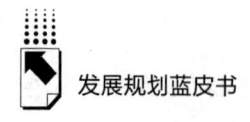

可见，国际"双化协同"政策具有以下侧重点。第一，规划客观的脱碳可行性路线。美国、英国等发达国家均先后出台工业脱碳路线图与碳中和战略，强化顶层设计，针对"双化协同"制定长期的发展计划。第二，以技术创新为核心。美国、日本尤为重视前沿技术创新，一方面明确大数据、人工智能等技术开发的重点任务，另一方面推进技术与设施的国际标准建设。第三，将通信、能源、交通运输等作为重点领域，制定适合本国的发展战略。各国均针对通信、交通、能源系统制定数字化、绿色化发展框架。另外，各国能源禀赋、人口以及城市化进程差异较大，必须建立适合现实的发展策略，应通过政府与其他社会部门适当的职能分配，多元化推进"双化协同"。第四，各领域政策合力加速数字技术工业脱碳。"双化协同"发展需要企业融入，改进生产工艺流程，提高设备运转效率，提升生产过程管理的精准性，布局工业互联网等数字基础设施，加速工业脱碳。同时，产业链内企业之间也应形成行动共同体，从能源供给端和产业需求端着手加快数字化转型，积极推动产业技术升级。

（二）国外主要发达经济体"双化协同"建设经验

1. 美国建设经验

第一，美国"双化协同"与产业发展紧密相关。从美国的"双碳"政策来看，"双碳"目标的实现离不开对相关产业的管控，数字经济与"双碳"经济齐头并进。第二，美国重视前沿技术创新推动"双碳"目标实现。美国能源部于2020年9月宣布提供1600万美元用于支持机器学习与人工智能的高级研究，以推动各领域的智能化、绿色化发展。第三，美国增加对前沿技术的研发补助。一是通过信贷手段支持新能源、节能环保、污染防治等领域的技术应用。美国能源部（DOE）贷款计划办公室（LPO）提供85亿美元贷款担保额，用于支持技术赋能工业节能降耗工程。二是引导私人资本投向先进制造、智慧能源等重点领域。美国联邦政府通过"先进制造业伙伴计划"，联合制造商、学界及政府共同成立清洁能源智能制造创新中心（CESMII），通过公私合作开发数字化绿色化技术。

2. 欧盟建设经验

第一，加大数字化发展的资金支持力度。欧盟加强对工业、能源、交通等行业数字技术应用的基金支持。2021年,欧盟"地平线欧洲"计划宣布未来两年将拨款7.24亿欧元,支持制造业和建筑业数字化发展及降碳减排。此外,欧盟部署风险投资基金,促进人工智能、机器人等技术在工业领域的推广和应用,降低生产能耗和碳排放。英国政府投资2000万英镑设立"政府科技基金",支持人工智能技术在应对气候变化上的应用。法国设立绿色产业投资基金,为科技初创企业技术创新、绿色产业发展和能源转型提供资金支持。

第二,依托政府、企业等组织平台,突破重点领域的数据共享障碍。在建筑领域,法国布伊格集团通过优化建筑智能管理系统和利用可重复使用的传统生物材料发展低碳建筑。在交通运输领域,挪威交通局、钢铁局和海岸数据中心发布"运输计划",成立enturas公司,管理全国各类交通工具和用户数据以实现数据跨部门共享,并开发和运营客户中心、推广数字销售以及票务解决方案,提供无缝交通对接服务,减少交通领域的碳足迹。

第三,建立高效平等的国际协作新模式,推动地区协同发展。一是成立数字环境可持续发展联盟。斯德哥尔摩数字环境可持续发展联盟(CODES)旨在推动数字技术应用以实现2030年联合国可持续发展议程,积极应对"气候变化、生物多样性丧失、污染和浪费"三重危机。CODES还制定《数字时代可持续地球行动计划》,明确数字可持续性和经济循环关键标准等。二是构建全球气候监测模拟系统,未来将为世界各国应对全球气候变化的合作提供更加清晰的可行性路径。欧洲中期天气预报中心(ECMWF)、欧洲航天局(ESA)和欧洲气象卫星开发组织(EUMETSAT)联合构建"数字孪生地球",即在空间和时间上精确监测和模拟气候变化、人类活动和极端事件等,以期助力管理者更好地制定环境政策、促进欧盟地区2050年实现"碳中和"。

3. 加拿大、新加坡建设经验

受自然环境与资源的限制,加拿大、新加坡等国因地制宜地推进"双化协同"。第一,加拿大重点优化数据中心的建设与管理。由于大部分地区气温较低,加拿大更加适合实施数据中心降碳策略。一方面,通过共享服务合并数据中心。加拿大加强数据共享和信息交流,削减数据中心数量,优化数据结构,加强不同领域数据中心间的协作,提升数据质量。目前,加拿大数据中心使用的能源仅占1%。未来,加拿大计划将485个联邦数据中心合并为7个,服务器数量由23434台减少至14369台。另一方面，调整冷却策略降低能耗。冷却系统所消耗的电能通常占其所属计算设备耗能的三分之一甚至更多。因此，调整冷却策略是数字降碳的重要途径。第二，新加坡以新型电力系统为核心，提升可再生资源使用效率。新加坡自然资源相对匮乏，因此凭借技术优势开展智能化基础设施建设。其中，新加坡将推广智能电表、使用可再生能源以及实现电网现代化作为能源政策的重点。

4. 发达国家"双化协同"建设的一般规律

一是强化顶层设计，注重数字化与绿色化协调统筹。美国、欧盟、日本等发达国家和地区均制定了相应的数字技术降碳路线，使实现"双碳"目标落实有据可依，明确数字技术驱动绿色转型的发展路径。二是聚焦通信、能源、电力等重点领域的数字前沿技术应用。美国尤为重视前沿技术研究。日本重点打造绿色数据中心，利用大数据、人工智能和物联网技术构建能源集成管理系统和弹性电网，推进"智能城市基础设施"国际标准建设等。三是通过金融市场加大资助力度，降低转型成本。美国、欧盟等国家和地区通过信贷、投资基金等金融手段吸纳政府、研究机构以及私人资本等的参与，并动员和促进更多的资源投向数字创新、社会可持续发展领域，增加前沿技术的研发补助，助力"双碳"转型。

五 加快推动"双化协同"转型发展的对策建议

（一）理顺数字化绿色化体制机制，提高企业"双化"转型经济性和安全性

一是理顺数字化绿色化体制机制。明晰数字化绿色化"制度协同"，统筹协同中央与地方之间、不同部门之间"双化协同"的方向、领域和重点，联动国际国内两个市场、两种资源，以高水平开放对"双化协同"要素、载体、政策等进行前瞻性谋划，探索"双化协同"转型经验示范和长效机制。二是提高企业"双化"转型的经济性和安全性。实行由政府出资、云厂商提供技术产品的公共云服务供给模式，降低企业"双化"转型风险。培育能够实施总包的第三方数绿融合转型服务商，为企业数绿融合提供个性化解决方案，提高企业"双化"转型的经济性。聚焦"小型化、快速化、轻量化、精准化"的订阅式服务，提高对复用率高的工业App和优质SaaS服务产品仓库的支持

度,增加中小企业低代码服务平台供给。三是加快构建全国一体化算力网。促进通用算力、智能算力、超级算力等各类算力资源在国家枢纽节点的规模化建设、集约化发展。打造全国一体化算力调度平台体系,联通区域级、省级、市级算力调度平台,促进算力资源跨地区、跨行业高效调度。积极发展绿色算力,推动各类算力资源并网调度,促进算力与电力协同发展。

(二)规范低碳标准和数据使用制度,发挥数据在赋能行业绿色发展的潜能

首先,对标国际标准形成行业绿色标准体系。加快建立工业互联网改造等标准,形成科学统一的产业标准体系。制定数字技术和绿色低碳技术领域的监管制度,明确数据采集主体,建立利益相关者协调机制,制定能源使用和碳排放监测数据采集流程和使用范围,确保数据真实可靠。其次,加强数据安全风险防范和数据产权保护。完善企业信息披露措施,建立企业绿色信用评级认定机制,将数字安全纳入产业安全保障体系。鼓励数字化服务型企业制定绿色数字化解决方案,用好行业数据,提高行业绿色发展效能。为数据有序流动、促进绿色转型发展提供制度环境保障。最后,加快建设绿色数据要素市场。设立全国性数据确权登记平台,制定数据要素的价值评价体系,鼓励数据合法交易,激发数据要素创造流通。运用大数据、人工智能等技术建立生态治理的综合协同管理平台和数据库,将生态环境部门与其他关联主体的数据资源、政务服务等生态治理活动全部数字化,形成基于数字资源、数字技术的智能高效新型生态治理机制。鼓励第三方数据处理服务业发展,提升高质量数据要素供给能力,推动数据可共享、可通用、可流动。

(三)多措并举促进全社会数字化转型深化发展,激活"双化协同"内生动力

传统行业数字化转型将为企业绿色发展带来更多契机,因此,应加强物联网、大数据、人工智能等技术在传统设备中的应用,实现生产过程的数据采集和过程智能化,是推动企业数字化转型、促进数字化绿色化协同发展的重要抓手。首先,对于经济发展较为落后的"后发"地区,要加强数字化转型的能力建设,给予必要的技术扶持,增加数字化绿色化协同发展试点示范的溢出效

应和带动效应。要借助数字创新禀赋与地区间要素共享、学习和匹配效应，缩小区域间数字化水平差距，引导支持区域"双化协同"自主创新。其次，对于盈利水平较低和低端技术锁定的行业，要强化绿色金融和耐心资本的支持作用，通过政策倾斜为行业数字化转型提供必要的资金支持和人才支撑，推动行业在数字化转型中加快"提质增效"。再次，对于发展困难和信心不足的中小企业、民营企业，要大力支持其融入国家重大战略，进入新兴产业，进而借助绿色转型创造商业价值。通过更好地整合管理绿色资源，降低内部交易成本，实现绿色知识、数据和信息的高效传播和流动。积极探寻"后发"企业的"双化协同"发展道路，善用各层级、各阶段的绿色金融补贴和价格政策，支持企业减少数字设备生命周期的碳足迹，提升企业生产效率和绿色发展水平。最后，对能源领域数字化转型中存在的"双化协同"不充分问题，要以建设新型电力系统为抓手，将数字技术应用于监测电力系统的清洁能源投入、电力消耗的数据和精准计量各环节的碳排放，实现电网发电端降碳和用电企业的终端脱碳，运用人工智能技术实现电力设备和能源系统的智能化降碳管理，采用数据加密等技术为数字电网稳定运行提供全方位的安全保障。

（四）优化"双化协同"资源配置，形成新质生产力聚合要素

针对数字化绿色化发展要素培育不充分、支撑能力不足等问题，首先，在人才建设方面，要加强既懂数字又懂绿色的人才培养，提高"双化"复合型人才的专业知识教育和技能培训质量，完善"双化协同"人才激励机制，持续扩大复合型人才供给。其次，在金融支持方面，要不断扩大创业风险投资规模，支持革命性、颠覆性技术领域初创企业的发展壮大，鼓励社会资本参与，创新发展转型金融，实现多元化资金融通供给，支持电力、钢铁、水泥、石化等高耗能产业低碳转型，为"数绿融合"注入金融活水。最后，在技术创新方面，一方面，积极推动创新成果转化应用，加强人工智能、数字孪生、工业互联网等数字技术与新材料、降碳设备、行业生产工艺等绿色技术的深度融合，促进"一区一品"格局在数绿融合中发挥作用。另一方面，以新型举国体制重大科技项目攻关为依托，充分发挥国家实验室、高水平研究机构、地方高校和研究型大学、科技领军企业的示范引领作用，加强高端芯片、操作系统等新一代信息技术和碳监测等绿色技术的研发。

参考文献

陈书平：《数字全球价值链嵌入对城市碳排放绩效的影响》，《经济问题探索》2024年第4期。

樊轶侠、王正早：《数字技术赋能低碳消费：理论机制与推进方略》，《改革》2024年第3期。

陈晓红、唐润成、胡东滨等：《电力企业数字化减污降碳的路径与策略研究》，《中国科学院院刊》2024年第2期。

程娜、桑一铭、李博文：《"双碳"目标下中国"碳解锁"发展研究》，《改革》2023年第12期。

张淑惠、孙燕芳：《新基建对区域"创新—生态—经济"耦合协调发展的影响——基于空间溢出效应和传导机制的检验》，《中国人口·资源与环境》2023年第10期。

韩晶、陈曦、冯晓虎：《数字经济赋能绿色发展的现实挑战与路径选择》，《改革》2022年第9期。

陈晓红、胡东滨、曹文治等：《数字技术助推我国能源行业碳中和目标实现的路径探析》，《中国科学院院刊》2021年第9期。

Bhujabal P., Sethi N., Padhan P., "ICT, Foreign Direct Investment and Environmental Pollution in Major Asia Pacific Countries," *Environmental Science and Pollution Research*, 2021.

Qian F. R., Hong J., Fang T., et al., "Global Value Chain Embeddedness and Innuvation Efficiency in China," *Technology Analysis & Strategic Management*, 2022, 34（9）.

Sturgeon T. J., "Upgrading Strategies for the Digital Economy," *Global Strategy Journal*, 2021, 11（1）.

Teece D. J., "Profiting from Innovation in the Digital Economy: Enabling Technologies, Standards, and Licensing Models in the Wireless World," *Research Policy*, 2018, 47（8）.

Zhang Y., Feng T., "How does the Design of Personal Carbon Trading System Affect Willingness to Participate Under Carbon Neutrality Goal? Evidence from a Choice Experiment," *Environmental Science and Pollution Research*, 2022,（29）.

B.56
推进新能源产业发展"质""量"双提升*

王 恰**

摘　要： 大力发展新能源是改善我国能源结构、保障国家能源安全、实现碳达峰碳中和目标的必然选择。本文从新能源电力供给、新能源技术创新、新能源国际贸易与国际合作、新能源政策四个方面梳理了我国新能源产业发展的最新进展。当前，我国新能源产业发展面临着设备价格"内卷"、无序开发、盲目投资、欧美供应链保护政策不断强化等风险和挑战。为促进我国新能源产业发展实现"质""量"双提升，提出以下建议：制定全国范围内新能源项目开发的中长期规划；加快碳市场建设，完善绿色电力证书制度；加强项目规划、申报、核准、建设、运营全链条信息备案与监管；加强新能源与传统能源协调发展与综合利用；增强新能源产业供应链韧性和抵御外部风险的能力。

关键词： 新能源　发电装机　"新三样"　高质量发展

2024年2月29日，中共中央政治局就新能源技术与我国的能源安全进行第十二次集体学习。习近平总书记在主持学习时强调，我们要顺势而为、乘势而上，以更大力度推动我国新能源高质量发展，为中国式现代化建设提供安全可靠的能源保障，为共建清洁美丽的世界作出更大贡献。

大力发展新能源是改善我国能源结构、保障国家能源安全、实现碳达峰碳中和目标的必然选择。党的十八大以来，在"四个革命、一个合作"能源安全战略的指导下，我国新能源发展取得了一系列突破性进展，风电、光伏发电

---

* 本文主要内容发表于《当代经济管理》2024年第8期。
** 王恰，中国社会科学院数量经济与技术经济研究所副研究员，主要研究方向为能源经济、DEA方法。

装机规模连续多年保持世界第一，① 不仅建成全球最大的清洁电力供应体系，同时还拥有全球最大、最完整的产业体系，多项新能源技术全球领先，新能源装备制造具备较强的国际竞争力。

一 新能源发电成为我国清洁电力供应的重要来源

（一）新能源发电装机实现跨越式增长

党的十八大以来，新能源发电装机实现跨越式增长。2023年，我国新能源发电新增装机2.94亿千瓦，累计装机达到11.07亿千瓦。2012~2023年，新能源累计装机增加了10.30亿千瓦，年均增长率为27.4%。其中，核电累计装机0.57亿千瓦，较2012年增长0.44亿千瓦，年均增长率为14.7%。风电累计装机4.41亿千瓦，较2012年增长3.80亿千瓦，年均增长率为19.6%。光伏累计装机6.09亿千瓦，较2012年增长6.06亿千瓦，年均增长率为60.2%。

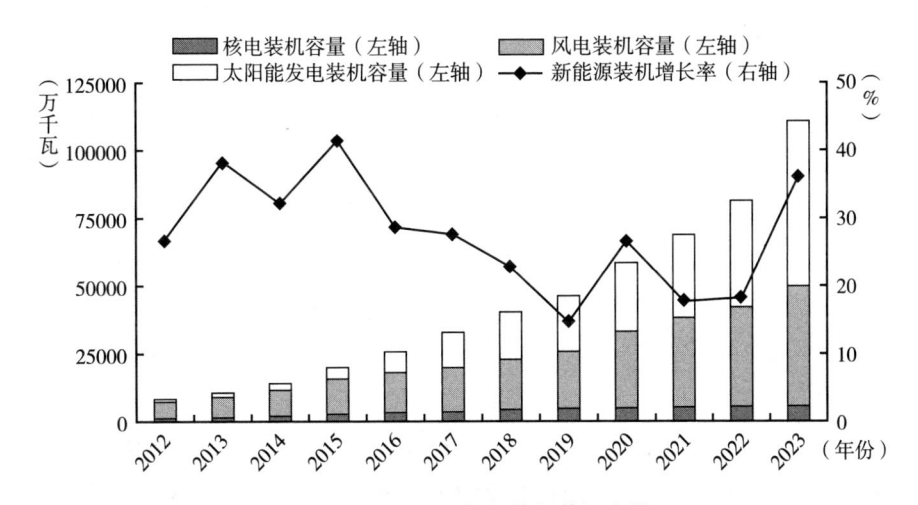

图1　2012~2023年新能源装机容量

资料来源：2012~2022年数据来自中国电力联合会发布的《中国电力统计年鉴2023》，其中2012~2016年太阳能发电量未纳入统计范围。2023年数据来自国家能源局发布的2023年全国电力工业统计数据。

---

① 风电装机自2010年起连续14年居全球第一，光伏发电装机自2015年起连续9年居全球第一。

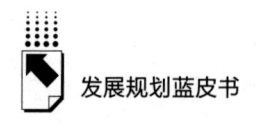

从电力装机结构来看，2023年新能源发电装机占全国发电总装机容量的37.9%，这一比重从2012年的不足1/10提升至2023年的1/3以上。其中，核电、风电、太阳能发电装机分别占全国发电总装机容量的1.9%、15.1%、20.9%，分别较2012年增加0.8个、9.7个、20.6个百分点。

新能源装机的区域分布更加广泛，也更加均衡，中东部地区的新能源发电装机规模较十年前明显提升。就2022年的数据来看，核电装机分布在广东(1614)[①]、福建（1101）、浙江（917）、辽宁（668）、江苏（661）、山东（250）、广西（217）、海南（130）。风电和光伏发电装机已遍布全国所有的省/自治区/直辖市。其中，风电装机容量在2000万千瓦以上的地区有内蒙古（4568）、河北（2797）、新疆（2614）、山西（2318）、山东（2302）、江苏（2254）、甘肃（2073）。太阳能发电装机容量在2000万千瓦以上的地区有山东（4270）、河北（3855）、浙江（2539）、江苏（2508）、河南（2333）、安徽（2154）。

（二）新能源发电比重大幅提升

党的十八大以来，新能源发电量翻了两番以上，新能源电力供给能力明显增强。2023年中国新能源发电量合计19048亿千瓦时，较2012年增长17113亿千瓦时，年均增长率为23.1%。其中，核电发电4347亿千瓦时，较2012年增长3373亿千瓦时，年均增长率为14.6%。风电发电8859亿千瓦时，较2012年增长7899亿千瓦时，年均增长率为22.4%。太阳能发电5842亿千瓦时，较2017年增长4775亿千瓦时，2017~2023年年均增长率为32.8%。

在发电结构中，新能源发电比重大幅提升。2012~2023年，新能源发电量占全国总发电量的比重从3.9%提升至20.1%，即1/5左右（见图3）。分种类来看，2023年核电、风电、太阳能发电分别占总发电量的4.6%、9.3%、6.2%，较2012年分别增加2.6个、7.4个、6.2个百分点。

从2022年各地区发电结构来看，青海新能源发电占地区总发电量的比重

---

① 本段括号内数据为2022年全国各省（自治区、直辖市）的装机数据，不含台湾地区，单位为万千瓦，数据来自《中国电力统计年鉴2023》。

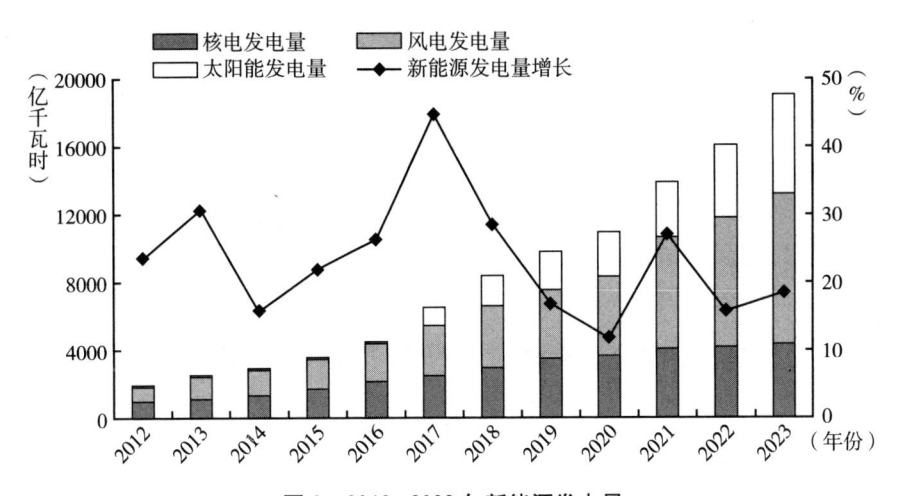

图 2 2012~2023 年新能源发电量

资料来源：2012~2022 年数据来自《中国电力统计年鉴 2023》，2023 年数据来自《中华人民共和国 2023 年国民经济和社会发展统计公报》。

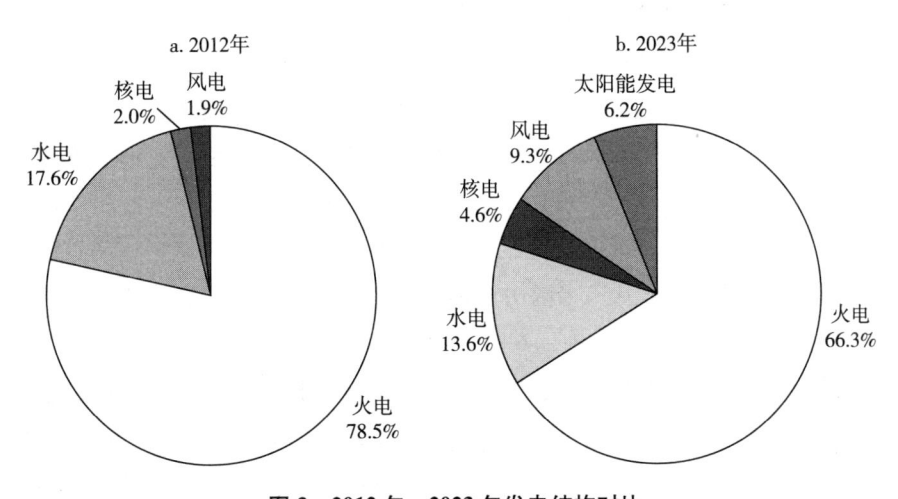

图 3 2012 年、2023 年发电结构对比

注：左图中，2012 年太阳能发电量未纳入《中国电力统计年鉴 2023》统计范围。右图中的百分比是根据《中华人民共和国 2023 年国民经济和社会发展统计公报》公布的"2023 年主要能源产品产量及其增长速度"数据计算得到。

为 41.5%，为全国最高。其次是辽宁，新能源发电占比为 36.5%。然后是福建、海南、河北，分别占比 35.8%、32.4%、30.9%。新能源发电占比在

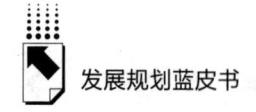

20%~30%的地区有9个，分别是甘肃（26.8%）、吉林（25.6%）、黑龙江（25.5%）、广东（24.9%）、浙江（24.0%）、宁夏（23.4%）、江苏（21.8%）、广西（20.7%）、内蒙古（20.4%）。新能源发电占比在10%~20%的地区有8个，分别是河南（17.7%）、山东（17.4%）、新疆（16.9%）、山西（16.4%）、西藏（15.7%）、湖南（13.2%）、陕西（13.0%）、江西（13.0%）。其余地区新能源发电占比低于10%。

二 新能源技术创新持续加快，新装备、新业态层出不穷

目前，我国已建成全球最大、最完整和具有竞争力的新能源产业链供应链，培育出一批国际一流能源装备制造企业。新能源技术创新节奏不断加快，新装备、新工艺、新业态层出不穷。

就核电来看，2023年我国在第四代核电站建设、核聚变（俗称"人造太阳"）、核能供热工程等领域取得重要突破性进展。2023年8月25日，新一代人造太阳"中国环流三号"取得重大科研进展，首次实现100万安培等离子体电流下的高约束模式运行，这意味着我国磁约束核聚变研究向高性能聚变等离子体运行迈出重要一步。2023年11月25日，我国首个核能供热工程——"暖核一号"全面建成，该项目采用具有完全自主知识产权的核能零碳供热技术，供暖区域从原来的山东烟台海阳市延伸至威海乳山市，实现跨地级市核能供热。2023年12月6日，山东荣成石岛湾高温气冷堆核电站商业示范工程圆满完成168小时连续运行考验，正式投入商业运行，这是全球首座第四代核电站，标志着我国在第四代核电技术研发和应用领域达到世界领先水平。

就风电技术来看，我国在大容量机组研发，以及长叶片、高塔架应用等方面处于国际领先水平，在大功率风机、超低风速风机、深远海风电技术等领域正不断取得新的突破。2023年，我国宣布下线生产的陆上风电机组，最大单机容量达到11兆瓦，比2022年最大单机容量提升3兆瓦；已下线生产的海上风电机组，最大单机容量达到20兆瓦；风力发电机叶片长度突破至126米；塔筒高度提升至180米；全国首台三边形桁架塔风电机组成功并网，全国首个

深远海浮式风电平台"海油观澜号"成功并网发电；全国首个"海上风电+海洋牧场+海水制氢"融合项目——明阳阳江青洲四海上风电场项目完成施工。

在光伏发电领域，技术发展日新月异，创新成果不断涌现，电池转换效率持续提升。目前，市场上存在三代技术。第一代光伏电池以单晶硅和多晶硅为主，根据硅片类型分为P型和N型；P型代表为单晶PERC，为当前主流技术路线；N型代表为TOPCon和HJT，极限效率分别为28.7%和27.5%。第二代是以砷化镓为代表的薄膜型电池，制备成本较高。第三代是以钙钛矿为代表的薄膜电池，具有PCE高和成本低的双重优势，单结钙钛矿极限效率约为33%，叠层可达到40%以上。

在氢能领域，2023年氢能示范应用取得明显成效，一大批风光制氢、合成氨一体化项目陆续开工建设，氢能制取与储运技术取得较大进展。在制氢端，6月30日我国首个万吨级光伏制氢项目——中国石化新疆库车绿氢示范项目投产，年产绿氢约2万吨。8月8日，中国石油首个规模化可再生能源制氢项目——玉门油田可再生能源制氢示范项目开工建设。在储运端，4月10日我国首条"西氢东送"输氢管道示范工程——中国石化"西氢东送"纯氢管道项目（全长400多公里），被纳入《石油天然气"全国一张网"建设实施方案》并已启动建设。在应用端，3月25日南方电网率先在广州和昆明同时实现固态氢能发电并网，首次将光伏发电制成固态氢能应用于电力系统。6月15日，国内最大规模商业化运营氢能通勤车在深圳市正式交付，中国中车首台"宁东号"氢动力机车正式下线。

三 新能源国际贸易与国际合作成为新亮点

"新三样"等新能源产品出口成为我国外贸新亮点。2023年，我国出口贸易的"新三样"——电动载人汽车、锂电池、太阳能电池，合计出口1.06万亿元，首次突破万亿元大关，较上年增长29.9%。截至目前，我国风电、光伏产品已经出口到全球200多个国家和地区，累计出口额分别超过334亿美元和2453亿美元。其中，风电机组等关键零部件的产量占全球市场的70%以上。全球光伏产业近90%的产能在中国，光伏多晶硅、硅片、电池片和组件产量占全球的比重均超过80%。

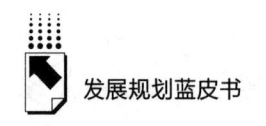

新能源助力"一带一路"国际能源合作项目，一大批海外新能源项目相继建成。2023年7月，我国自主三代核电"华龙一号"海外第3台核电机组破土动工，这也是中国出口巴基斯坦的第7台核电机组。海外风电、光伏项目更是不胜枚举。在南亚，2015年至今中国电建已累计在巴基斯坦承担了22个风电总承包项目，总装机规模超过1090兆瓦，在巴基斯坦风电市场的份额超过60%。在中亚，中亚最大风电项目——江布尔州100兆瓦风电项目是中国与哈萨克斯坦合资建设的，乌兹别克斯坦首座大型光伏电站——纳沃伊100兆瓦光伏电站是我国企业承建的。在中东欧，黑山莫祖拉风电项目是我国企业与马耳他政府共建的。在南美，南美洲最大的光伏电站项目——阿根廷胡胡伊省高查瑞光伏电站，也是共建项目。在非洲，我国已与南非、埃塞俄比亚、肯尼亚等国开展了风电共建项目，与阿尔及利亚、尼日利亚、摩洛哥等国开展了光伏项目合作，其中埃塞俄比亚阿达玛风电场、阿尔及利亚233兆瓦光伏电站分别是非洲最大的风电和光伏项目。

四 党的十八大以来中国新能源产业发展战略

2014年6月13日，习近平总书记在中央财经领导小组第六次会议上明确提出了"四个革命、一个合作"能源安全战略，为推动新时代能源发展提供了战略指引、根本遵循和行动指南。所谓"四个革命、一个合作"指的是，推动能源消费革命、能源供给革命、能源技术革命、能源体制革命，全方位加强能源国际合作。2014年11月，国务院办公厅印发《能源发展战略行动计划（2014—2020年）》，提出大幅增加风电、太阳能、地热能等可再生能源和核电消费比重，2020年非化石能源占一次能源消费比重达到15%。2016年12月，国家发展改革委、国家能源局印发《能源生产和消费革命战略（2016—2030）》，提出2020年非化石能源占能源消费的比重达到15%左右、2021~2030年达到20%左右、2050年超过一半的发展目标。

2020年9月22日，习近平总书记在第七十五届联合国大会一般性辩论上向全世界郑重宣布，中国二氧化碳排放力争于2030年前达到峰值，努力争取2060年前实现碳中和。随后，《中共中央 国务院关于完整准确全面贯彻新发展理念做好碳达峰碳中和工作的意见》（以下简称《意见》）、《2030年前碳达峰行动方案》、《关于完善能源绿色低碳转型体制机制和政策措施的意见》、《科技支撑碳达峰碳中和实施方案（2022—2030年）》等多份重要政策文件陆续发布，碳达峰碳中和"1+N"政策体系逐步形成。《意见》指出，我国将大力发展风能、太阳能、生物质能、海洋能、地热能等，构建以新能源为主体的新型电力系统，计划2025年非化石能源消费比重达到20%左右，2030年达到25%左右（风电、太阳能发电总装机容量达到12亿千瓦以上），2060年达到80%以上。

2022年1月24日，中共中央政治局就努力实现碳达峰碳中和目标进行第三十六次集体学习。习近平总书记强调，要立足我国能源资源禀赋，坚持先立后破、通盘谋划，传统能源逐步退出必须建立在新能源安全可靠的替代基础上。要加大力度规划建设以大型风光电基地为基础、以其周边清洁高效先进节能的煤电为支撑、以稳定安全可靠的特高压输变电线路为载体的新能源供给消纳体系。要把促进新能源和清洁能源发展放在更加突出的位置，积极有序发展光能源、硅能源、氢能源、可再生能源。要加快发展有规模有效益的风能、太阳能、生物质能、地热能、海洋能、氢能等新能源，统筹水电开发和生态保护，积极安全有序发展核电。

2022年5月，国务院办公厅印发《关于促进新时代新能源高质量发展的实施方案》，提出了创新新能源开发利用模式、加快构建适应新能源占比逐渐提高的新型电力系统、深化新能源领域"放管服"改革、支持引导新能源产业健康有序发展、保障新能源发展合理空间需求、充分发挥新能源的生态环境保护效益、完善支持新能源发展的财政金融政策7个方面21项具体政策举措。

2024年2月29日，习近平总书记在中共中央政治局第十二次集体学习时强调以下四点要求：一是要统筹好新能源发展和国家能源安全，坚持规划先行、加强顶层设计、搞好统筹兼顾，注意处理好新能源与传统能源、全局与局部、政府与市场、能源开发和节约利用等关系，推动新能源高质量发展。二是要瞄准世界能源科技前沿，聚焦能源关键领域和重大需求，合理选择技术路线，发挥新型举国体制优势，加强关键核心技术联合攻关，强化科研成果转化运用，把能源技术及其关联产业培育成带动我国产业升级的新增长点，促进新质生产力发展。三是要适应能源转型需要，进一步建设好新能源基础设施网

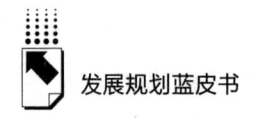

络，推进电网基础设施智能化改造和智能微电网建设，提高电网对清洁能源的接纳、配置和调控能力。加快构建充电基础设施网络体系，支撑新能源汽车快速发展。四是要深化新能源科技创新国际合作。有序推进新能源产业链合作，构建能源绿色低碳转型共赢新模式。深度参与国际能源治理变革，推动建立公平公正、均衡普惠的全球能源治理体系。

五 当前我国新能源产业发展面临的主要挑战

（一）"风光"行业陷入激烈的价格"内卷"，企业净利承压严峻

当前，国内新能源市场竞争日趋白热化。在过去3~4年的时间内，国内风机价格一路走低，风机销售毛利率大幅下滑，整机制造环节几乎没有利润，企业经营承受较大压力。国内风电整机招标价格从2020年前后的3700元/千瓦左右降至2023年第三季度的1500元/千瓦左右，降幅近60%。不仅如此，过去一年中标价格在每千瓦1000~1400元的项目数量占比达到17%，一再刷新历史低点。风机价格的"腰斩"与单机容量的增加、规模经济、国产化率的提升、业主大批量采购等因素有关，但是电价竞配政策下的价格竞争无疑是其中最关键的因素。根据《关于完善风电上网电价政策的通知》，陆上风电和海上风电分别从2021年、2022年起退出国家补贴，所以陆上风电经历了2019年、2020年两年抢装，海上风电的抢装则持续了三年。在这一轮抢装潮后，各地区新增核准的风电项目普遍采取竞争性配置，为了中标，风电开发企业通过集采等方式压低风机价格，而为了获得订单，整机制造企业卷入激烈的价格竞争。从2023年的国内市场来看，整机制造企业主要采取以下三种行动应对：一是进入风电产业链上下游领域，包括上游的轴承、润滑油等零部件生产，下游的风电场运营、风电制氢、储能等业务，甚至还有电气装备、光伏组件、充电设备、动力电池生产等相关领域。二是拓展利润率更高的新兴市场和海外市场。三是开始出售持有的风电场和电站资产。其实，不论是风电抢装潮还是价格"内卷"，都容易埋下质量与安全隐患，要引起行业重视。

2023年，在整个光伏行业欣欣向荣之际，企业盈利情况却并不乐观，"量增价减""回归技术创新""加速洗牌"成为这一年的关键词。国家能源局的

数据显示，2023年我国新增并网容量2.16亿千瓦，创下历史新高。2021~2023年，光伏累计装机先后突破4亿千瓦、5亿千瓦、6亿千瓦。然而，硅料、硅片、光伏组件、电池片的价格却出现跳崖式下跌。硅料以单晶致密料为例，2023年2月为24万元/吨，然后一路下滑，下半年维持在6万~7万元/吨的价格。随着硅料价格的下跌，光伏组件价格从年初的2元/瓦下降到年底的0.9元/瓦，企业基本没有利润空间。究其原因，主要是自"双碳"目标提出以来，大量企业跨行投资光伏领域，仅2022年至少有80家A股公司（涉及白酒、地产、家电、玩具，以及乳制品、电子设备等多个领域）宣布投资光伏领域。大量资本涌入导致光伏产品持续扩产，远远超出国内需求增长速度，市场供需严重失衡，最终造成销售价格陡然下跌。伴随着行业竞争加剧，拥有完整技术及先进制造工艺的企业不得不回归技术本身，而一些刚刚进入光伏行业的企业则选择放弃或者削减投资。

（二）部分地方和企业盲目上马新能源项目，"一哄而上""圈而不建"等问题显现

进入"十四五"后，在"双碳"目标下，各地区相继出台新能源建设规划并提出装机目标，新能源装机快速增长。仅三年的时间，"风光"新增装机约3.56亿千瓦，增长规模和速度超出预期。距离2021年《意见》提出的"到2030年风电、太阳能发电总装机容量达到12亿千瓦以上"目标，还剩不到1.5亿千瓦，预计2024年底即可完成这一目标。

地方上，新能源项目呈现大干快上的态势，需警惕可能出现的"地产化"和"以产业换项目"倾向。与房地产开发逻辑相似，新能源开发可以将土地资源价值变现，并且还可以通过产业换项目拉动地方财政收入增加。竞争性配置政策给予地方政府更大的主导权、更多的选择权。然而，大量新能源项目难以落地，其原因包括：因生态红线、土地类型、地形地貌等限制而用地面积不足，送出通道不畅，融资不及预期，政府要求的建设工期短等，一些地区甚至会对在建或者已建成项目提出征收土地使用税（或者耕地占用税）。2023年以来，多地政府开始加速清退光伏、风电存量项目，一大批"圈而不建"、环评不过、并网到期的新能源项目被废止。据北极星太阳能光伏网统计，山东、贵州、江西、安徽等11地陆续公布了被废止的光伏、风电等项目名单，累计被

废止项目426个,规模共计约24.55吉瓦（1吉瓦=100万千瓦）。其中,被废止/取消的光伏项目为368个,累计规模超20吉瓦;风电项目57个,累计规模超4.5吉瓦;储能项目1个,规模为50兆瓦。

从新能源项目开发的主体来看,除了传统电力行业的"五大六小"以及与新能源产业链上下游业务关系紧密的"三桶油"之外,不少央企和民企其主营业务与新能源并不相关,也蜂拥而至,造成新能源行业资本过热,打乱新能源正常开发节奏,同时也导致新能源项目竞争加剧。

（三）欧美加强本土供应链保护政策，中国新能源产品出口仍面临较大风险挑战

近年来,中国生产的光伏组件、新能源汽车、电解槽、风力发电机等新能源产品凭借明显的价格优势,成功进入全球市场,一方面挤占了部分原本属于欧美企业的市场份额,另一方面也促使欧美企业降低产品价格。根据彭博新能源财经公布的数据,中国电解槽价格是欧美制造设备价格的1/4,美国本土生产的光伏组件价格为32美分/瓦（比中国和欧洲等无贸易壁垒市场的组件价格高出180%）,中国向海外销售的风机价格相比欧美整机报价低20%。

由于本地市场被外国企业挤占,加上原材料价格上涨、通货膨胀压力、地缘冲突等外部因素的影响,在一些欧美新能源企业与行业协会的推动下,2023年欧美政府出台了多项本土供应链保护政策,这给中国新能源产品出口和海外新能源项目投资带来不确定性风险。

2023年8月,《欧盟电池与废电池法规》发布,要求所有在欧盟市场上投入使用的电池将受到全生命周期管理。12月,26个欧盟国家（不含匈牙利）集体签署"欧洲风电宪章",发布至少覆盖2024~2026年的欧洲未来风电装机计划,同时希望通过改变当前的低价中标规则从而"保护"欧洲风电行业免受来自欧洲外制造商的"不公平贸易行为"的影响。

近年来,美国拜登政府推出了《芯片与科学法案》《通胀削减法案》《两党基础设施法案》以及"购买美国货"（Buy American）计划,旨在鼓励购买本土制造的新能源产品,降低对国外（特别是中国）产品和技术的依赖。2023年,美国进一步完善上述法案的实施细则,包括电池关键矿产、电池组件、清洁车辆的税收抵免要求,以及受关注外国实体的界定等内容。2023年

11月，美国国际贸易委员会就第201条款对进口晶体硅太阳能电池和组件征收关税一事举行了中期听证会，就美国总统拜登在2022年发布的针对光伏产品进口关税政策是否按照既定的降低关税计划执行进行讨论。

另外，地缘冲突会提高海运费用和保险成本，进而对全球新能源供应链造成一定冲击。红海—苏伊士运河是连接亚洲和欧洲的重要航线，更是一条重要的贸易通道和能源通道。自2023年10月新一轮巴以冲突爆发以来，红海水域多次成为被袭击目标。2024年1月以来，红海局势进一步恶化，多家航运企业变更航线，绕行好望角。据悉，24%的化学品和22%的车用钢板、22%的绝缘电线和电池受到波及，部分原材料甚至难以交货。以光伏组件为例，从中国到荷兰鹿特丹的光伏组件因绕行好望角而增加海运路程约6000公里，运输成本增加两倍以上。

六 对策建议

为提升新能源产业链供应链韧性和安全水平，促进我国新能源产业发展实现"质""量"双提升，提出以下建议。

第一，做好顶层设计，制定全国范围内新能源项目开发的中长期规划，协调区域间的能源、电力供给平衡，优化新能源产业布局，扎实提升区域间时空互济能力，避免地方上无序开发、盲目竞争。加强对可用于新能源开发的规划用地（海）管理，将可建、在建、已建新能源项目的空间信息纳入国土空间规划"一张图"。明确土地（和海域）使用税费征收范围和标准，做到新能源项目用地（海）信息和征税标准公开透明。

第二，建立完善的市场机制，引导全社会消费新能源等绿色电力。加快碳市场建设，尽快出台碳排放交易机制，对碳排放进行定量管控和定价，利用市场化机制，鼓励工业企业和居民用户使用新能源。完善绿色电力证书制度，明确绿电市场交易规则，丰富绿电交易品种，增加生产绿电企业的经济收益。

第三，加强项目规划、申报、核准、建设、运营全链条信息备案与监管。完善新能源项目投标行政审批程序，建立全国统一的新能源项目信息管理系统，提高项目审批效率。建立健全从事新能源设备制造、项目设计、开发建设、运营管理的企业资质管理制度，推动新能源业务向新能源主业企业和优势

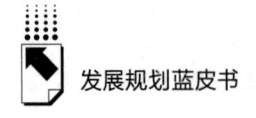

企业集中。

第四，加大新能源技术创新投入力度，加强新能源与传统能源综合开发利用，引导新能源产业健康有序发展。设立政府专项基金支持新能源技术研发，推动新能源领域关键技术的突破和应用。鼓励煤电、气电企业与新能源企业开展实质性联营，推动煤电、气电、风光电互补。各地区要加强对极端天气的预测预警，做好极端天气情况下的电力供应预案，最大限度减少极端天气对电力供给和新能源发电的影响，保障电力系统安全稳定运行。

第五，提升新能源企业国际化经营能力和水平，完善相关财政金融政策，增强新能源产业供应链韧性和抵御外部风险的能力。新能源企业要在全球范围内建立多供应商的合作关系，降低对单一来源的依赖，提高供应链韧性。积极开拓国际市场，如果欧美地区本土供应链保护政策持续升级，新能源产品出口可转向东南亚、中东、拉美等地区。鼓励银行机构丰富金融和外汇产品，更好地满足新能源企业规避国际汇率变化、地缘冲突等风险的实际需求。

参考文献

徐进：《2023年我国能源电力发展综述》，《能源》2024年第3期。
赵靓：《2023年，中国风电技术发展绘新篇》，《风能》2024年第2期。
杜海涛：《"新三样"产品出口突破万亿元》，《人民日报》2024年1月13日。
潘慧敏：《2023年全球可再生能源新增装机5.1亿千瓦，中国贡献超过50%》，2024年1月25日。
杨永明：《"一带一路"能源国际合作报告（2023）》，2023年9月22日。
李丽旻：《风电整机商加速"贴身肉搏"》，《中国能源报》2024年2月26日。
李丽旻、董梓童：《红海危机持续，全球能源市场震荡》，《中国能源报》2024年1月29日。

B.57 推动提升新能源汽车产业的国际竞争力

闫强明*

摘　要： 以智能网联技术为代表的新能源汽车是当前我国培育壮大新质生产力的重要引擎，也是支撑中国经济转型升级、促进前沿技术引领突破的重要手段。当前，随着中国新能源汽车产业的日益成熟，拓展海外市场已成为本土新能源汽车产业发展的必经之路。通过梳理2012~2022年全球双边贸易数据，本报告发现全球新能源汽车产业链可能正在经历由"生产驱动"向"市场驱动"的转换阶段，且零部件和整车环节呈现出明显的"中心—外围"趋势。中国依据完备的产业链优势，在全球竞争中处于领先优势，不过在部分零部件环节依然存在薄弱之处。此外，本报告探讨了当前中国新能源汽车"出海"面临的挑战，包括全球贸易壁垒风险递增、核心环节自主程度仍待加强、国际国内标准仍需统一、海外协同发展体系亟待完善，并提出构筑多层次风险应对机制、加强核心技术研发水平、推动国际国内标准接轨、打造一体化的海外协同体系等政策建议。

关键词： 新能源汽车　海外市场　国际竞争力

新能源汽车一般是指采用新型动力系统，完全或者主要依靠新型能源驱动的汽车，一般包括插电式混合动力（含增程式）汽车、纯电动汽车和燃料电池汽车等。作为汽车工业的重要组成部分，发展新能源汽车是我国从汽车大国迈向汽车强国的必由之路。"十四五"规划提出要将新能源汽车产业作为我国现代化产业体系构筑的新支柱之一，要推动新能源汽车行业的整体核心竞争力

---

* 闫强明，中国社会科学院数量经济与技术经济研究所助理研究员，主要研究方向为国际贸易、产业经济、宏观经济等。

提升。2024年政府工作报告强调要巩固扩大智能网联新能源汽车等产业的领先优势。与此同时，新能源汽车是我国新质生产力发展的典范，党的二十届三中全会提出，要通过健全相关规则和政策，加快形成同新质生产力更相适应的生产关系，促进各类先进生产要素向发展新质生产力集聚，大幅提升全要素生产率。具体来看，我国新能源汽车产业近年来发展迅猛，截至2023年，我国新能源汽车产量和销量分别为958.7万辆和949.5万辆，连续9年为全球新能源汽车销售冠军。与此同时，我国新能源汽车自主品牌竞争力显著提升，中国新能源汽车企业产销量占全球的比重均超过60%，仅新能源汽车领军企业[①]就占57%，比亚迪连续两年超越特斯拉成为市场份额最大的新能源汽车制造企业。我国新能源汽车在全球范围内的影响力与竞争力与日俱增。

一 新能源汽车产业的发展现状

（一）新能源汽车产业发展现状分析

当前，我国新能源汽车已经初具驱动汽车工业转型、拉动经济快速增长的引擎作用，表现为：一是行业发展迅猛。自2009年国家大力推动新能源汽车发展以来，新能源汽车2010~2023年的产量和销量平均增速分别为103.23%和99.75%，远超同期汽车行业的平均增速6.16%和6.21%。2018~2023年，新能源汽车产销量年度增长率均高于汽车产销量增长率。二是在国内汽车消费市场的重要性凸显。从国内汽车市场渗透率来看，2017年新能源汽车国内市场渗透率仅为2.4%，但截至2023年，渗透率已经达到31.55%，占据国内近1/3的市场。新能源汽车占新增车辆的比例上升，从2017年的4%逐年上升到2023年的31.4%，占当年汽车出口的比例从0.89%逐年上升到23.05%。全球范围内消费者对新能源汽车的购买意愿增强。三是推动出口增长。2018~2023年，中国汽车出口平均增速为35.33%，而新能源汽车出口平均增速为159.59%。新能源汽车2018~2023年出口增长率基本均高于汽车出口增长率。

---

① 此处指以比亚迪、上汽集团、吉利汽车、广汽集团、现代起亚、长安汽车、理想汽车、长城汽车、东风汽车、蔚来汽车、零跑汽车、小鹏汽车、合众新能源为首的我国新能源汽车企业。

以出口销量计，2018年新能源汽车出口销量仅占我国汽车出口总销量的0.89%，但2023年占比增至23.05%。我国新能源汽车出口量价齐升态势明显，2023年新能源汽车出口值占汽车整体出口值的1/3，2019~2023年出口新能源汽车单辆平均价格从0.5万美元上升到约2.4万美元（年均上涨48.02%），而出口汽车同期单辆平均价格从1.3万美元上升到1.9万美元（年均上涨9.95%）。新能源汽车推动中国汽车产业向价值链高端攀升。

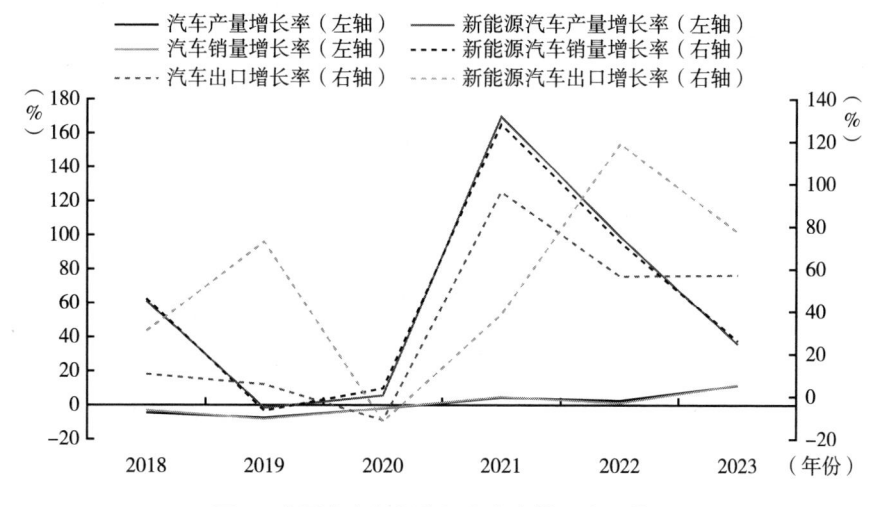

图1 中国汽车与新能源汽车产销及出口情况

资料来源：根据中国汽车工业协会、国家统计局数据整理所得。

此外，从全球新能源汽车产业发展环境来看，近年来大部分国家及地区新能源汽车渗透率均出现较为明显的上升。其中，以挪威、瑞典为代表的北欧国家渗透率最高，2022年基本超过50%，而2022年全球新能源汽车平均渗透率为14%；以德国为首的部分欧洲国家及中国渗透率较高，均超过20%。美国虽然为新能源汽车第三大市场，但2022年渗透率也仅为8%。此外，大部分国家及地区渗透率均低于5%，加拿大、印度、日本等具有一定新能源汽车工业基础的国家渗透率均低于10%。除北欧地区以外，全球大部分地区新能源汽车渗透率仍处于较低水平，全球新能源汽车市场潜在空间广阔。随着国内市场的逐渐成熟，推动本土新能源汽车企业走向国际成为我国新能源汽车产业发展的必经之路。

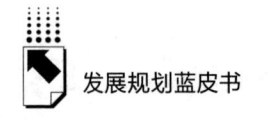

（二）新能源汽车产业政策梳理

产业政策是推动我国新能源汽车产业发展壮大的重要因素，一般认为，中国新能源汽车产业的快速发展始于2009年之后，本部分将着重分析2009年以来我国新能源汽车产业政策的特点和成效。从新能源汽车产业政策的着力点来看，可以将2009年至今划分为三个阶段：一是2009~2015年新能源汽车产业政策发力阶段，包括2009~2012年试点示范推广阶段以及2013~2015年扩大推广应用阶段；二是2016~2020年产业政策调整阶段；三是2021年至今产业政策完善阶段。

1. 新能源汽车产业政策发力阶段（2009~2015年）

从新能源汽车产业政策的发力阶段来看，大致有如下几个特点：一是在顶层规划中明确提出要"实施新能源汽车战略"，坚定行业长期发展信心。例如，2009年3月公布的《汽车产业调整和振兴规划》和2012年6月公布的《节能与新能源汽车产业发展规划（2012—2020年）》中均明确指出新能源汽车产业发展的主要战略方向，对产业发展的关键阶段和关键指标提出了详细要求，同时通过配套财政支持，坚定了产业长期发展的信心，正式拉开我国新能源汽车产业化序幕。二是初步形成了涵盖补贴支持、税收优惠、技术创新、准入管理、配套设施等较为全面的政策体系。例如，2009~2012年试点示范推广阶段比较有代表性的政策为"十城千辆"城市示范工程。这一工程以三批试点城市为示范，聚焦城市公交、出租、公务、市政、邮政等领域，并配套财政资金对节能与新能源汽车购置、配套设施建设及维护保养等给予适当补助，有力推动了新能源汽车初期的市场化发展。2013~2015年扩大推广应用阶段比较有代表性的政策包括2013年9月发布的《关于继续开展新能源汽车推广应用工作的通知》，开启了新一轮关于新能源汽车的推广应用，并在文件中细化了关于新能源汽车的补贴范围、补贴对象、资金拨付、补助标准，确保补贴政策更具针对性。此外，为了增强消费者对新能源汽车的消费偏好，政府还密集出台了以减免车船税、购置税、关键进口零部件关税为主的税收优惠政策，产业政策的完善度和丰富度快速提升。在这一阶段，我国逐步形成了具有鲜明特色的选择性产业政策体系，明确产业发展目标和建立健全初步的政策扶持体系，使新能源汽车产业由研发阶段逐步迈向产业化、商业化阶段，推动了我国新能源汽车产业从萌芽向快速增长的过渡。

2. 新能源汽车产业政策调整阶段（2016~2020年）

随着新能源汽车产业的蓬勃发展，这一阶段产业政策特点在于精细化和完善化程度提升。特别是针对前一时期补贴政策实施过程中暴露出的一些问题，这一时期在强调政策连续性上，更突出市场机制的作用，体现出如下特点：一是产业政策更趋精准，对接受补贴的企业和产品提出了更高要求。例如，2016年12月发布的《关于调整新能源汽车推广应用财政补贴政策的通知》，要求通过动态调整产品准入门槛、完善和改进补贴标准及资金拨付方式等进行政策调整。同时，在坚持进一步延续财政补贴的基础上，明确开始逐步退坡，2015年4月出台的《关于2016—2020年新能源汽车推广应用财政支持政策的通知》明确提出，相比于2016年，2017~2018年财政补贴要退坡20%、2019~2020年退坡40%。这表明，这一阶段政策通过有计划的退坡政策引入市场化的竞争力量，其实质是在倒逼车企提升在产品和技术上的竞争力，从而逐步实现新能源汽车产业的市场化。二是在产业政策支持的重点上进一步加强对新能源汽车产业链条核心技术环节的关注。例如，2016年5月发布的《关于实施制造业升级改造重大工程包的通知》要求将新能源汽车纳入高端装备发展重大工程，强调围绕整车控制、动力结构、纯电驱动、系统集成等方面开展重点开发；2016年10月，发布《产业技术创新能力发展规划（2016—2020年）》，将新能源汽车产业列为重点方向之一，并提出形成从关键零部件到整车的完整工业体系和创新体系。总体来看，这一时期我国产业政策体系更加注重产业的高质量发展，政策倾向也由选择性产业政策逐步向功能性产业政策体系转换，更好地发挥了市场机制的作用，巩固了我国新能源汽车在全球的领先地位，带动产业进入蓬勃发展的快车道。

3. 新能源汽车产业政策完善阶段（2021年至今）

这一时期是我国新能源汽车产业逐步迈向成熟的阶段，特别是叠加中美贸易摩擦、地缘政治形势发生重大变化等因素，新能源汽车产业政策也进入了新的调整期，主要体现出如下特点：一是政策更加关注未来产业发展趋势。特别是随着新能源汽车智能化、网联化趋势逐渐明晰，支持新能源汽车产业中先进电子元器架构、车载操作系统以及算力单元等相关核心技术的发展愈发成为政策关注的要点。近年产业政策也更多地强调"技术""创新"等要点而非简单的终端市场补贴。例如，2020年4月发布的《关于完善新能源汽车推广应用财政补贴政策的通知》指出，要重点围绕关键零部件的技术攻关和产业化应用开展示范，力争关键核心技术取得突破，形成布局合理、协同发展的良好局面。2022年1月发布的《关于调整享受车船税优惠的节能 新能源汽车产品技术要求的公告》指出，对节能乘用车、轻型商用车、重型商用车综合工况燃料消耗量限值标准进行更新，对插电式混合动力（含增程式）乘用车有关技术要求做出调整。二是政策视角逐步由国内转向国际。支持本土企业"出海"正成为当前产业政策关注的重点，例如，2023年12月，商务部等九部门联合发布《关于支持新能源汽车贸易合作健康发展的意见》，从提升国际经营能力、健全国际物流体系等六大方面为新能源汽车"出海"提供全方位、多层次的支持保障。2024年2月发布的《关于二手车出口有关事项的公告》则进一步在政策层面为新能源汽车的出口扫除了障碍。总而言之，这一阶段产业政策更多的是将政策视角从当下转向未来，注重提前布局新能源汽车产业未来发展中的核心环节，并致力于推动我国新能源汽车产业走向国际。

一言以蔽之，我国产业政策对于新能源汽车产业的培育壮大发挥了不可替代的作用，从产业政策的特征来看，匹配新能源汽车不同发展阶段，我国的产业政策重点也随之动态调整，整体呈现由行政化向市场化转换、由选择性产业政策向功能性产业政策演变的特征。在"政策+市场"的双轮驱动下，我国新能源汽车产业实现了从并跑到领跑的全面突破，正在成为我国高质量发展中现代化产业体系和新质生产力的重要组成部分。

专栏 二手车出口助力新能源汽车国际化征程

截至2023年底，我国新能源汽车产量和销量分别为958.7万辆和949.5万辆，连续9年为全球新能源汽车销售冠军。我国新能源汽车新车制造能力快速提升，那么旧车又将何去何从？新能源二手车的出口或许不失为一种盘活存量的好方法。

从政策脉络来看，2019年4月商务部等三部门发布的《关于支持在条件成熟地区开展二手车出口业务的通知》，提出北京、天津、上海、浙江（台州）、山东（济宁）、广东、四川（成都）、陕西（西安）、青岛、厦门等10地成为国内首批开展二手车出口业务的地区。2022年11月，《关于进一步扩大开展二手车出口业务地区范围的通知》则进一步新增14个地区开展二手车出口业务。2023年7月，国家发改委等部门发布《关于促进汽车消费的若干措施》，提出加强出口退税的政策辅导和服务，支持鼓励达到相关质量要求的二手车出口。经过5年试点，2024年2月商务部等5部门印发《关于进一步做好二手车出口工作的通知》，决定在全国范围开展二手车出口业务，并从切实加强组织实施、严格保障质量安全、提升国际化经营能力、强化监管和服务四方面提出要求，表明我国二手车出口的政策全面放开。

海关数据显示，自2019年启动二手车出口试点工作以来，新能源汽车在二手车整体出口销量中呈现可喜的增长趋势。2021年中国二手车出口约1.5万辆，2022年则为6.9万辆，同比增长超360%，其中新能源汽车占越来越大的比重。天津是全国首批二手车出口试点城市，其中新能源二手车已成为二手车出口企业的主要业务板块，占该保税区二手车出口车型的七成以上。据中国汽车流通协会数据，2022年上半年，台州、天津两地出口的二手车中，新能源占比就已经超过90%。近5年，中国新能源二手车出口取得显著进展，价美质优的中国新能源汽车不仅在国内市场走俏，也将为新能源汽车产业走向全面国际化吹响冲锋号角。

二 全球新能源汽车产业竞争格局分析

本部分将对全球新能源汽车产业的整体国际竞争格局以及我国在细分环节上的薄弱之处进行分析。

（一）新能源汽车产业全球贸易结构分析

本部分使用加权随机块模型（WSBM）社团检测算法对2012~2022年新能源汽车产业上游原材料、中游零部件与下游整车贸易网络进行分析。

1. 原材料环节

图 2 展示了新能源汽车原材料环节主要社团的划分结构和演变趋势。从社团分布来看，历年横截面数据显示最优的社团数量始终稳定在 5 个左右。其中社团 1①仅包含中国，表明中国在原材料环节具有绝对的领先优势。社团 2 包括澳大利亚、巴西、智利、印度尼西亚、秘鲁、保加利亚、加拿大这些具有丰富原材料禀赋，且主要向中国出口的国家，该社团在 2012 年包括澳大利亚、巴西、智利、秘鲁、印度尼西亚五国。2016 年新增保加利亚、加拿大与墨西哥三国，相较 2012 年，2021 年日本、韩国取代了秘鲁、印度尼西亚，社团重新回到五国阶段，2022 年，印度尼西亚重新加入社团 2，其余社团 2 国家不变。社团 3 为以英国、美国为首的具有发达汽车工业基础的国家，以及部分资源较为丰富且与英国、美国贸易关系较为密切的经济体，该社团的一大特征是在横截面年份期间社团规模逐步扩大，2012 年、2016 年、2021 年和 2022 年其社团内部经济体数量分别为 24 个、45 个、58 个与 56 个。社团 3 主要从社团 2 进口原材料，主要出口方向为中国所在的社团 1，且在 2012 年、2016 年、2021 年与 2022 年四个横截面年份内逐渐从进口社团向出口社团转变。社团 1 至社团 3 内国家分布基本保持稳定。社团 4、社团 5 内国家则多为发展中经济体，且组成国家在样本区间较为不稳定，但两社团国家总数始终呈下降趋势，这表明更多的"边缘"②国家正在逐步加入新能源汽车行业原材料的贸易之中，但速度较为缓慢。经计算，两社团 2012~2022 年总出口贸易额稳定，上涨幅度约为 8.86%，远低于世界总贸易额涨幅 53.56%。这可能也说明，原材料行业由于受先天的地理禀赋限制，发展中经济体很难通过原材料的贸易加入新能源汽车行业的产业链中来。

2. 零部件环节

图 3 反映了新能源汽车中游零部件环节的社团演变趋势。其中，值得注意

---

① 特别说明，加权随机块的方法可以将不同国家划分到同一社团，从而可以看出新能源汽车全球产业链上的国际竞争格局分布。本文中不同社团在全球贸易中的重要性随社团编号数字递减，即社团 1 表明其为全球贸易网络中最重要的社团。

② 从分析结果来看，社团 4 对社团 1、社团 3 有较少出口，且进口较少；而社团 5 几乎无原材料进出口，这表明社团 4、社团 5 均属于新能源汽车原材料行业国际贸易中的"边缘"国家。

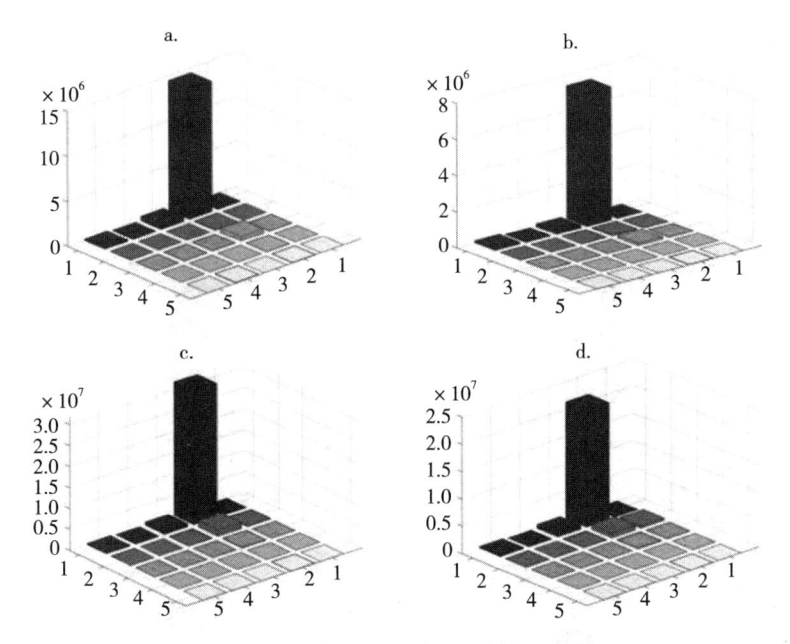

图 2　原材料社团划分和网络社团结构

的是，2012 年、2016 年、2021 年与 2022 年四个年份对应社团总数分别为 6 个、4 个、5 个与 4 个，整体集聚程度高于上游环节，均表现出典型的"中心—外围"结构。其中，社团 1 占据网络的绝对核心地位，社团 2、社团 3 围绕社团 1 形成网络的次核心，而其余社团则构成网络的边缘成员。具体到社团内部结构，2012 年，社团 1 仅包括中国、美国、德国，到 2016 年法国、意大利、日本等具有较强汽车工业基础且逐步向新能源汽车行业转型的发达国家也进入社团 1，但随着新能源汽车行业的逐步成熟，网络核心又逐步回归到仅包含中国、美国、德国的格局。韩国在 2022 年加入社团 1，这可能与韩国近年来新能源汽车部件产能增加有关。这一格局变化充分表明新能源汽车的发展历程可能已经逐步进入成熟阶段，竞争格局正在由离散逐步向集聚化发展，产业链条出现明显的分工。从次核心的社团 2 的结构变化来看，其主要成员大部分年份为包括马来西亚、菲律宾等东南亚国家，2016 年社团 2 包含马来西亚、菲律宾、澳大利亚、巴西、加拿大等在汽车零件生产有一定工业基础但在高新技术上相对落后的经济体。2021 年，社团 2 则是由 2016 年新增核心国家马来西亚、墨西哥、越南组成。2022 年社团 2 在 2016 年基础上增加了法国、日本、意大利等原属于社团 1 的经济体，这表明这些国家在推进新能源汽车产业链条上有一定程度的掉队。整体来看，社团 2 的国家数量呈明显上升趋势，从 2012 年的 3 个国家上升到 2022 年的 44 个国家，这表明越来越多的国家正在加入新能源汽车产业链，且零部件环节的复杂性正在提升。

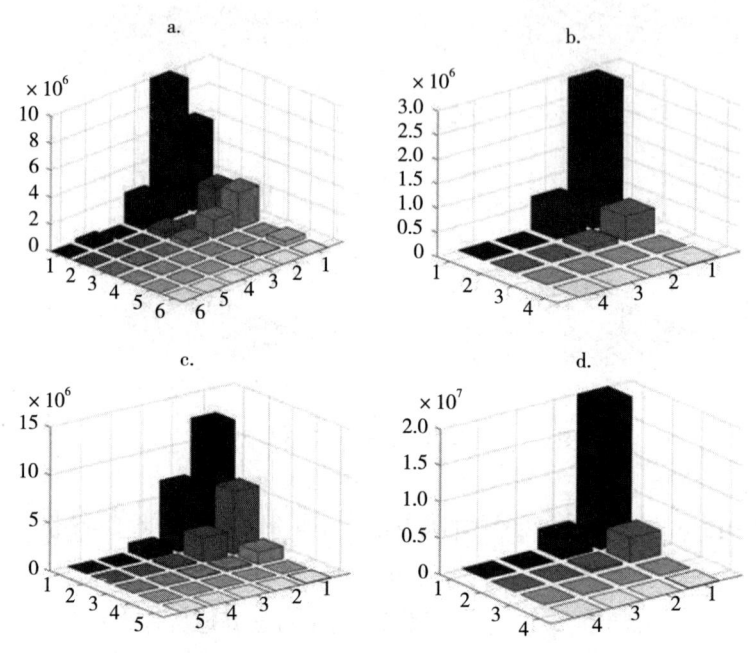

图 3　新能源汽车相关零部件社区划分和网络社团结构

3. 整车环节

图 4 为新能源汽车整车贸易的社团演化趋势。2017~2022 年所取的四个横截面社区划分数分别为 5 个、6 个、6 个与 5 个，整体网络同样呈现典型的"中心—外围"结构。其中，社团 1 占据网络核心地位，而社团 2、社团 3 作为网络次核心与社团 1 保持着一定的贸易往来，其余社团则在网络中处于边缘地位。其中，作为网络核心的社团 1 在 2017 年由德国、美国构成，中国自 2019 年起加入社团 1。社团 2 由英国、法国、意大利、荷兰、日本、韩国等具有新能源汽车市场需求且汽车工业相对完善的国家构成。其中，2021 年墨西哥加入该社团，2022 年加拿大、匈牙利、挪威、斯洛文尼亚从社团 3 转至社团 2，表明拉美和欧洲地区的部分国家新能源汽车行业也开始崛起，社团构成

在 2017 年、2019 年、2021 年与 2022 年整体保持稳定。社团 3 主要是由对新能源汽车存在一定进口需求但汽车制造能力较弱的澳大利亚、印度等国构成，2021 年之后泰国、南非等新兴经济体也加入该社团，意味着新能源汽车也愈发受到诸多新兴市场的重视。在样本区间内，新能源汽车整车贸易网络呈现先集中后松散的趋势，表明越来越多的国家和地区开始参与新能源汽车的生产和消费，市场总体的多样性和创新活力与日俱增。

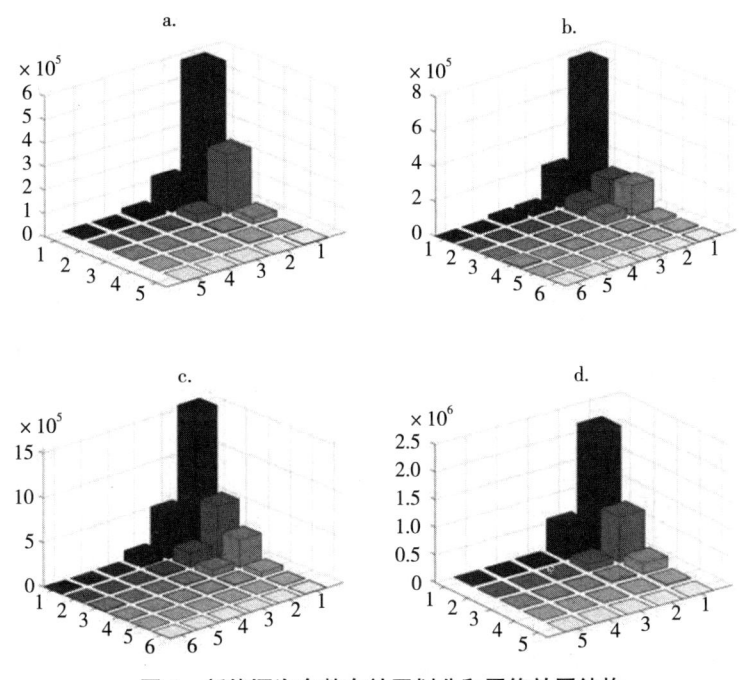

图 4 新能源汽车整车社区划分和网络社团结构

（二）我国新能源汽车产业薄弱环节分析

上文主要从全球新能源汽车产业链的上中下游大类环节出发，分析了当前全球新能源汽车产业链条的整体格局。本部分进一步深入产业链的细分环节，并对各个环节在全球贸易中的中心度排名进行计算，提取历年中国排名最低的十大产品行业，从而确定中国新能源汽车产业链条的薄弱之处，具体结果详见表 1。

表1 我国新能源汽车产业链细分环节及全球排名

年份	产品名称	排名	年份	产品名称	排名	年份	产品名称	排名
2012	热成型钢	35	2015	热成型钢	36	2017	发动机	34
	工业铝型材	32		发动机	29		空压机	34
	空压机	25		空压机	28		高强钢	26
	电池集流体	23		铅酸电池	26		铅酸电池	24
	镍电池	19		电池集流体	25		电池集流体	22
	高强钢	19		高强钢	23		热成型钢	22
	铅酸电池	18		工业铝型材	22		工业铝型材	16
	汽车滤清器	15		镍电池	13		汽车滤清器	15
	镀锌钢板	14		轮胎	13		制动系统	13
	蒸发器、冷凝器	14		汽车滤清器	12		排气系统	13

年份	产品名称	排名	年份	产品名称	排名	年份	产品名称	排名
2018	发动机	39	2020	铅酸电池	41	2022	铅酸电池	59
	铅酸电池	22		发动机	36		发动机	43
	热成型钢	22		电池集流体	34		电池集流体	42
	高强钢	19		蒸发器、冷凝器	20		热成型钢	31
	电池集流体	16		热成型钢	17		轮胎	28
	工业铝型材	15		汽车滤清器	17		空压机	28
	轮胎	15		工业铝型材	14		高强钢	27
	排气系统	14		镍电池	13		汽车滤清器	22
	蒸发器、冷凝器	14		排气系统	13		镍电池	19
	制动系统	12		镀锌钢板	12		蒸发器、冷凝器	17

表1给出了当前中国在全球新能源汽车产业链中排名最低的十大细分环节，可以得出如下结论。

第一，从细分环节看，中国依然在全球新能源汽车产业中具有极强的优势。即使是排名最为靠后的十大环节，其全球排名也在第40至第50左右，大部分依然处于全球前二十的影响力位置。第二，分析排名较为靠后的环节，可以发现，除2022年可能受到疫情以及部分国家"脱钩断链"对进出口的影响外，各细分零部件环节的整体趋势表明，中国在全球产业链中的地位依然是呈上升趋势。例如，新能源汽车车身制造中的热成型钢，从2012年的中心度排名全球第35位上升到2020年的第17位；工业铝型材从2012年的全球第32位上升到2020年的全球第14位；空压机从2012年的全球第25位进入全球排名的前十。第三，分析排名较为靠后的各细分环节在产业链中的功能，可以发现，传统汽车产业的核心零部件环节依然是新能源汽车产业链中较为薄弱之处。一个典型例子即发动机，可以看到，发动机在2015年之后基本一直是中国新能源汽车最为薄弱的环节之一，在样本区间排名处于全球第30至第50位。此外，排气系统、冷凝器、制动系统等也都是传统汽车制造中的重要制造环节，这表明虽然中国新能源汽车产业在整体技术与制造领域处于全球领先，但也需要对传统汽车产业链的核心环节予以关注，确保核心零部件的自主可控，提升产业链的抗风险能力。

三　我国新能源汽车提升国际竞争力的现实挑战

当前，中国新能源汽车"出海"面临如下挑战。

（一）全球贸易壁垒风险递增

部分发达国家正在运用多重手段遏制我国新能源汽车出口，包括直接的关税壁垒和间接的非关税壁垒。一是直接对中国出口的新能源汽车加征高额关税。例如，美国宣布对中国出口的新能源汽车额外加征100%关税，总关税税率增至102.5%。二是通过反补贴调查等非关税壁垒限制中国新能源汽车的出口。例如，欧盟着力推动对中国出口的新能源汽车进行调查，着重关注中国出口的新能源汽车是否获得中国政府的补贴以及是否对欧盟生产新能源汽车产生了经济损害，比亚迪、吉利和上汽集团等企业已经面临增加关税的临时性惩罚措施，若欧盟无法与中方通过谈判达成解决方案，征收临时关税的举措将从7月4日起生效。三是欧美等国还试图通过直接的来源地限制与中国新能源汽车产业链脱钩，典型的如欧盟的《净零工业法案》《关键原材料法案》以及美国的《通胀削减法案》，上述法案通过直接明确相关制造环节或原材料的本地化水平来限制中国新能源汽车的出口。

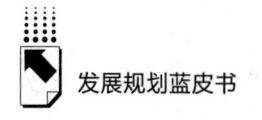

（二）核心环节自主程度仍待加强

我国新能源汽车产业链仍存在部分环节依赖进口、抗风险能力较弱的问题。一是车载芯片国产化率较低。当前国内汽车芯片自主化率在10%左右，对于大多数成熟制程的芯片产品国内厂商基本已有替代能力，但未来自动驾驶平台所需的算力芯片可能面临"卡脖子"风险，自主可控的半导体制造能力以及先进制程产线仍是较为严重的短板。二是操作系统国产替代壁垒较大。虽然当前国产自主操作系统研发步伐正在加快，但从底层逻辑来看，大部分国产操作系统厂商仍是基于安卓和Linux进行自研升级的，底层系统并未实现自主可控。三是部分核心零部件技术水平与世界先进水平相比仍有差距。在高速轴承、高端材料、智能汽车所需的毫米波雷达、传感器等关键零部件方面，我国目前与世界先进水平相比仍有差距。同时，在某些关键环节的制造技术上，如碳化硅半导体、高转速轴承等方面相较于国际前沿也仍有不足。

（三）国际国内标准仍需统一

不同国家制度文化和产业标准的差异也是国内新能源汽车"出海"中的重要阻碍因素。一是不同海外市场准入标准繁多。例如，新能源汽车出口欧洲，需要获得欧盟e-mark认证，而出口到美国市场，则需要获得DOT认证和EPA认证。其他常见的汽车整车出口认证还包括澳大利亚的ADR认证、巴西的LCVM认证等等。这些国际市场的准入标准与国内认证体系存在较大差异，影响企业拓展海外市场的成功率。二是国内对碳足迹核算标准的重视程度不足。以法国为例，2023年决定补贴将与电动车碳足迹直接挂钩。此外，欧盟碳边境调节机制也已进入试运行阶段，未来汽车产业极有可能成为新一批被"征税"对象。而国内目前对于碳排放以及碳足迹的核算机制研究不足，新能源汽车尚无明确的碳足迹计算标准，缺乏统一管理。三是各国市场合规条件差异大。以德国为例，当车企计划整车出口至德国的时候，将会面临税收制度、无线传输设备法规、数据保护法规、召回制度、行业质保要求等一系列政策挑战。欧洲的《一般数据保护条例》（GDPR）被称为"史上最严格数据保护条例"，许多在中国较为成熟的新能源汽车功能，可能无法满足GDPR的审核要求。

（四）海外协同发展体系亟待完善

新能源汽车"出海"还面临各自为政、缺乏高效协同的行动沟通机制和设施配套服务问题。一是本土车企要未雨绸缪，避免在海外市场"过度竞争"的问题。各"出海"车企应该注重自身行为对中国整体品牌的影响，着力避免"内卷式"的竞争行为，注重品质提升。二是要解决新能源车企在海外市场基础设施协同效率不高的问题。本土车企在海外的良性运营依赖于国际物流体系、海外仓储等一系列基础设施的支持，而这些配套设施的运营成本和风险是单一企业难以承受的，需要通过构建一体化的投资和运营机制，降低本土车企"出海"风险。

四 我国新能源汽车提升国际竞争力的政策建议

（一）构建多层次风险应对机制

一是完善政府层面的磋商机制。加强与新能源汽车出口国相关主管部门的对等协商，在一些涉及双边贸易的相关政策、举措上进行有效沟通，以期达成互惠互利的共识。充分发挥多双边机制作用，用好世贸组织技术性贸易壁垒委员会等平台及审议监督机制，为新能源汽车"出海"创造公开、透明、可预期的国际贸易环境。同时，进一步健全贸易风险防控机制，完善出口管制体系和贸易救济制度。二是深化对外投资管理体制改革，在企业层面加速本地化生产运营进程。积极鼓励本土企业在相关市场合宜的情况下可以采用独资的方式试水本地化生产，在进入壁垒较高或者风险较大的市场可以采取合作或者第三方代工的方式，快速提升品牌形象、缩短供应链，减少国际贸易摩擦等风险。

（二）加强核心技术研发水平

一是加强关键环节政策支撑，提升核心领域的自主化水平。对于一批关键核心部件，以研发补贴、专项基金、税收减免、金融贴息等形式加大支持力度，推动新能源汽车产业链关键环节的自主可控。二是要加强行业知识产权保护，以企业引领促进研发创新。推动创新要素向企业集聚，注重加强市场的知识产权保护，鼓励企业围绕新能源汽车前沿环节进行攻关研发。优化新能源汽车知识产权运营服务体系，加强专利运用转化平台建设，制定知识产权推广清单。三是构建产业链供应链一体化的新能源汽车科技创新体系。鼓励整车企业与零部件企业跨界携手、联合创新，积极推动研发创新、产业化创新、管理创新等。建立产业链和供应链之间的知识产权信息共享机制，提高整个产业链和供应链的知识产权保护和运用水平。

（三）推动国际国内标准接轨

一是强化公共平台支撑，提高企业海外合规经营能力。以政府为主导，及时跟踪新能源汽车及动力电池领域相关市场准入、数据保护、知识产权保护等政策法规，为新能源汽车"出海"提供指导意见。鼓励行业组织、智库机构等开展新能源汽车及动力电池海外合规培训。二是建立健全汽车行业的碳管理体系，增强中国汽车行业的碳管理能力。加快建立健全碳核算和碳足迹认证标准、完善碳数据监测体系等，鼓励汽车企业建立完善的绿色供应链管理体系，实现供应链端碳排放管控及优化。注重车辆生产和使用过程中的碳排放控制，尤其是减少原材料阶段的碳排放。三是积极做好国际标准对接，推动前沿领域标准国际化。推动新能源汽车及充电设施、动力电池等领域的国内外标准协调对接、开展灵活务实的多双边合格评定互认合作，特别是在新兴市场以及"一带一路"共建国家通过强化前瞻技术及标准化基础研究，围绕自动驾驶、网络安全以及电动汽车安全、燃料电池等重点领域，加快新标准研究制定并积极推动相关标准的国际化。

（四）打造一体化的海外协同体系

一是要建立协同的行业自律机制。以政府为主导推动建立在海外市场发展的行业自律机制，完善本土企业在海外市场的行动磋商机制，规范企业行为，避免恶性竞争，维护中国品牌整体声誉。二是要构建高效的国际物流体系。以政府为主导支持各类主体有序布局海外流通设施，以市场化运营方式加强运输保障与服务，通过扩大运输船队规模，探索多种运输方式，支持有条件的地区建设国际物流枢纽中心和大宗商品资源配置枢纽，提升国际物流效率。三是要开展一体化运营的海外基础设施服务。鼓励航运企业、新能源汽车企业共同整合在海外市场的仓储、物流资源，加强相关设施共享，针对薄弱环节进行一体化布局，共同提升海外运营效益。

参考文献

李强、杨一、黄培昭等：《中国新能源汽车在海外市场受欢迎》，《人民日报》2024年1月31日。

吕越、邓利静：《着力提升产业链供应链韧性与安全水平——以中国汽车产业链为例的测度及分析》，《国际贸易问题》2023年第2期。

B.58
建立健全生态产品价值实现机制的核心问题与政策进路[*]

王喜峰[**]

摘　要： "绿水青山就是金山银山"是习近平生态文明思想的重要方面，如何推进"绿水青山"向"金山银山"转化、如何建立健全生态产品价值实现机制，对于人与自然和谐共生的中国式现代化建设有着重要意义。本文在梳理中央层面和典型省份的相关政策和做法之后，认为目前在健全生态产品价值实现机制方面存在功能困境、应用困境、协调困境、价值困境等核心问题。针对这些问题，应该坚持问题导向，完善生态价值核算体系，拓宽生态产品价值实现机制；从市场和政府两手发力，健全生态产品价值实现机制；将眼前利益与长远利益、局部利益与全局利益进行统一，以生态权益统一大市场推动生态产品价值实现；推进生态产业化和产业生态化四大政策路径。

关键词： 生态产品　生态产品价值实现　生态文明

一　问题的提出

我国高度重视生态产品价值实现相关问题。生态产品价值实现是生态文明建设的重要方面。[①] 2022年11月，习近平总书记在中央政治局第二十九次集体学习时强调，要建立健全生态产品价值实现机制，让保护修复生态环境获得

---

[*] 本文已在《价格理论与实践》2024年第4期刊出，有删减。
[**] 王喜峰，中国社会科学院数量经济与技术经济研究所副研究员，主要研究方向为绿色经济。
[①] 中共中央宣传部、中华人民共和国生态环境部：《习近平生态文明思想学习纲要》，学习出版社、人民出版社，2022。

合理回报，让破坏生态环境付出相应代价。① 党的二十大报告指出，建立生态产品价值实现机制，完善生态保护补偿制度。② 2024年7月党的二十届三中全会明确提出加快完善落实"绿水青山就是金山银山"理念的体制机制。这体现了新时代新形势下党中央对生态产品价值实现的高度重视。在党和国家的高度重视和各种生态文明建设政策支持下，我国生态文明建设深入推进，美丽中国建设引领人与自然和谐共生现代化建设。③ 进入高质量发展阶段，人民对于美好生活的向往，就是我们的奋斗目标。

基于以上研究背景，本文分析了我国生态产品价值实现的现状，剖析了生态产品价值实现的难点和堵点，提出了生态产品价值合理转化的机制。本文系统化梳理我国生态产品价值实现的现状和特征，展示我国生态文明建设的历史成就；针对我国生态产品价值实现中的价值观念误用导致的"难度量、难交易、难抵押、难变现"问题，以及实践中的功能困境、应用困境、协调困境进行分析，提出了相应政策措施，对于我国生态产品价值体系构建、生态产品价值合理转化以及生态文明总体建设具有重要意义。

二 生态产品价值实现机制的现状与特征

（一）生态产品价值理论不断完善

生态产品分类逐渐完善。生态产品分类是生态产品价值实现机制建设的基础性工作。在生态产品价值实现的背景下，生态产品分类具有厘清产权、划分责属、规范核算的重要意义。因此，一些国家出台相关生态产品分类政策，体现了对于生态产品基础分类工作的重视④。2022年3月，国家发展和改革委员会、国家统计局在系统总结国内外生态产品总值核算理论研究成果和实践探索

---

① 习近平：《努力建设人与自然和谐共生的现代化》，《求是》2022年第11期。
② 习近平：《高举中国特色社会主义伟大旗帜　为全面建设社会主义现代化国家而团结奋斗——在中国共产党第二十次全国代表大会上的报告》，《求是》2022年第21期。
③ 王喜峰、姜承昊：《发展方式绿色转型的关键问题及政策建议》，《价格理论与实践》2023年第4期。
④ 陶德凯、杨韩、夏季：《中外生态产品价值实现研究进展与热点透视——基于Cite Space知识图谱分析》，《农业与技术》2023年第21期。

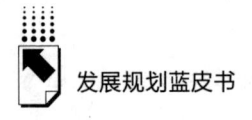

经验的基础上，联合印发《生态产品总值核算规范（试行）》标准，① 为规范生态产品总值核算提供了一定的支撑。② 该标准提出，生态系统为经济活动和其他人类活动提供且被使用的货物与服务贡献，包括物质供给、调节服务和文化服务三类。

生态产品内涵逐渐丰富。在生态产品基础分类工作的推动下，生态产品的内涵也得到了充分拓展和丰富。2010年，生态产品概念按照《全国主体功能区规划》中提出的包含"清新的空气、清洁的水源和宜人的气候"等自然要素，也包括"吸收二氧化碳、制造氧气、涵养水源……"等12个生态系统的调节和服务要素。此后，生态产品由初次提出时的自然要素、主要功能方面，不断新增了物质供给和文化服务等生态产品范畴。2020年，浙江省出台全国首部省级《生态系统生产总值（GEP）核算技术规范 陆域生态系统》，进一步丰富这一概念内涵，相应增加了洪水调蓄、负氧离子等调节服务和生态旅游等文化服务内容。2022年，《生态产品总值核算规范（试行）》这一标准对于物质产品的内涵作出更细化的定义，并增加了"海岸带防护、局部气候调节、休闲娱乐、美学体验"等新内涵，进一步丰富了我国的生态产品内涵。③

生态产品价值实现理论基础有效发展。中国的生态产品价值实现理论蓬勃发展。例如，自然资源负债表概念，就是一项重要的理论和制度创新。2013年11月，党的十八届三中全会通过的《中共中央关于全面深化改革若干重大问题的决定》，首次提出编制自然资源负债表的设想，此后出台了《生态文明体制改革总体方案》《编制自然资源资产负债表试点方案》等相关政策方案。针对自然资源资产负债表采用国家资产负债表的方法，将全国或一个地区层面的所有自然资源资产进行分类加总形成报表，显示某一时点上自然资源的"家底"，反映一段时间内自然资源资产存量的变化。④ 作为一项重要的理论和制度创新，自然资源资产负债表有其创新性，但学界仍然存在不少分歧，主要分为三类：对于资源类别的分歧、对于"负债"理解存在较大分歧、对于价

---

① https://www.guoturen.com/wenku-9518.
② 施发启：《〈生态产品总值核算规范（试行）〉简介》，《中国统计》2023年第11期。
③ https://www.guoturen.com/wenku-9518.
④ 史丹、王俊杰：《自然资源资产负债表研究现状、评述与改进方向》，《中国人口·资源与环境》2020年第1期。

值核算方法存在较大分歧①。这与生态系统生态价值核算（GEP）等方法有一定的相似。实际上，无论是"生态系统生态价值核算（GEP）"还是"自然资源资产负债表"都属于价值核算的工具。而生态产品价值实现理论建设，不仅应该是工具性的研究，更要对价值理论本身进行深入研究，以从根本上指导工具编制和使用。② 生态产品价值实现的核心是关于其价值理论的建设。③

（二）生态产品价值实现制度体系逐渐发展

明确生态产品价值实现机制发展方向。党的十八大以来，我国制定了多项生态文明建设和生态环境保护的改革方案。2015年4月，《中共中央 国务院关于加快推进生态文明建设的意见》提出，让人民群众呼吸新鲜的空气，喝上干净的水，在良好的环境中生产生活。随后，《生态文明体制改革总体方案》提出了自然资源资产产权、国土开发保护、空间规划体系、资源总量管理和全面节约、资源有偿使用和生态补偿、环境治理体系、环境治理和生态保护市场体系、生态文明绩效评价考核和责任追究制度。中央层面的意见和方案为生态产品价值实现体系的建设打下了重要的基础，进一步完善了"谁开发、谁保护，谁受益、谁补偿，谁污染、谁治理，谁破坏、谁修复"的治理模式。这些设计对于推动生态产品价值实现、推动建设人与自然和谐共生的现代化具有重要意义。

生态产品价值实现制度不断完善。生态文明建设工作开展以来，生态产品价值实现的相关法律规章等相继得到制定和完善。第一，国家方面通过和修订了相关法律助力生态产品价值实现。例如，2019年12月修订的《中华人民共和国森林法》提出"鼓励发展木材、果品、燃料、工业原料等经济效益为目标的商业林"和"对公益林实施森林生态效益补偿"；2022年6月第十三届全国人民代表大会常务委员会第三十五次会议通过的《中华人民共和国黑土地

---

① 王俊杰：《中国国家自然资源资产负债表编制——基于生态足迹方法》，《当代财经》2022年第6期。
② 张林波、陈鑫、梁田、王昊、郝超志、任耀发、李宇昂、吴舒尧：《我国生态产品价值核算的研究进展、问题与展望》，《环境科学研究》2023年第4期。
③ 王喜峰、姜承昊：《水资源刚性约束下黄河流域高质量发展研究进展》，《水利经济》2023年第2期。

保护法》提出"推动农产品品质提升、品牌打造和标准化生产"等细则，不断完善生态产品价值实现的规章制度条件。第二，国务院出台了相关指导意见。2021年，中共中央办公厅、国务院办公厅印发《关于建立健全生态产品价值实现机制的意见》，提出集合生态产品调查监测、价值评价、经营开发、保护补偿、实现保障和实现推进一体的相关指导。第三，地方层面纷纷出台相关举措。浙江省出台了《关于建立健全生态产品价值实现机制的实施意见》，提出建立健全生态产品调查监测、价值评价、经营开发、保护补偿、保障以及推进机制六大机制，打造有利于生态产品供给的数字化新型基础设施，营造多方共建共享局面，建立健全生态产品价值实现机制。① 江西省出台了《关于建立健全生态产品价值实现机制的实施方案》，提出了构建生态产品价值核算评估体系、畅通生态产品价值实现多元化路径、健全生态产品价值实现保障机制和建立生态产品价值实现推进机制等举措。② 2024年5月，《国家发展改革委关于印发首批国家生态产品价值实现机制试点名单的通知》中公布了首批国家生态产品价值实现机制试点名单。试点示范具有重大意义，实现了对生态产品价值实现工作的指导支持，推动了组织实施重大工程、深化重点领域改革，加快完善了生态产品价值实现机制。

（三）生态价值路径不断探索

试点地区不断扩大。全国各地先后积极开展了生态产品价值实现的路径探索。2017年9月起，我国生态环境部先后命名六批"绿水青山就是金山银山"实践创新基地，包括宁夏贺兰山东麓葡萄酒产业园区、北京市门头沟区等全国共计187个地区入选。同时，我国自然资源部先后发布了三批生态产品价值实现典型案例，从地区上涉及福建、重庆、浙江、江苏、山东等数十个省份，从类型上涉及森林、湿地、江湖、海岛等多种生态系统类型，还包括矿山、采煤塌陷区等生态治理和综合开发案例。此外，"地票""森林生态银行""森林覆盖率指标"等案例都取得了较好进展。地区方面，各省份也开始了生态产品价值实现机制试点，如2022年2月四川省发展改革委公布的《四川省生态产

---

① https://www.ndrc.gov.cn/xwdt/ztzl/jljqstcpjzsxjz/djzw/202204/t20220429_1324193.html?state=123&state=123.

② https://www.jiangxi.gov.cn/art/2021/7/9/art_4990_3476868.html.

品价值实现机制试点典型案例》① 提出，广元市深入贯彻落实习近平生态文明思想，坚持生态立市，加快建设践行"绿水青山就是金山银山"理念典范城市，聚力发展生态经济，扎实开展生态产品价值实现机制试点，成功入围四川省首批生态产品价值实现机制试点地区。全国范围内试点地区的不断扩大，为生态价值实现的理论研究和实践参考都打下了基础。

参与主体不断丰富。生态产品价值实现机制的参与主体不断丰富。从实现路径上，生态产品价值实现的路径包括市场路径、政府路径和政府与市场混合路径。在政府购买服务和财政转移支付中，政府作为主要资金来源，大众作为消费主体享受生态产品及生态服务。一方面，通过市场配置和市场交易，由个人聚合而成的企业、社会组织等不同形式的主体都参与进来，既缓解了财政支出压力，也营造了人人参与生态产品价值转化、人人受益生态产品价值实现的氛围。另一方面，市场对于资源配置的积极作用，也使得资源配置更优，从而激励生态保护和生态产品生产，使得保护者受益、生产者受益，激励生态产品价值实现机制永续发展，进而促成生态产品价值实现。

实现机制不断拓宽。一是生态产品直接交易。② 对于私人物品类型的生态产品，针对木材、蔬菜、粮食等优质生态产品，国家通过地理标志品牌建设、地理标志产品保护、生态产品质量追溯等措施，提高了生态产品的供给质量和供给水平，为高质量生态产品的经营者和生产者提供了激励。对于具有俱乐部物品类型的生态产品，针对景区、名胜等地区，各地先后创新发展康养、度假、研学、露营、沉浸式旅游、夜景经济等，不断探索生态产品价值实现的潜力。二是生态权益交易。③ 针对森林、草原等生态产品富集地区，不同地区建构起碳汇④、碳交易及排污权等生态权益体系，打通了资源向资产、资产向资本的转化途径，助力我国温室气体减排和"双碳"目标实现。三是生态溢价

---

① https://fgw.sc.gov.cn/sfgw/c106093/2022/2/9/ad374644171d491f891f69720ab32eaa.shtml。
② 沈辉、李宁：《生态产品的内涵阐释及其价值实现》，《改革》2021年第9期。
③ 张文明：《完善生态产品价值实现机制——基于福建森林生态银行的调研》，《宏观经济管理》2020年第3期。
④ 牛玲：《碳汇生态产品价值的市场化实现路径》，《宏观经济管理》2020年第12期。

交易。① 通过良好生态产生产品溢价，产自良好生态地区的产品实现增值，发挥了市场机制对于创造良好生态产品行为的激励作用。

三 建立健全我国生态产品价值实现机制的主要问题

（一）实现机制

在我国生态产品价值实现的过程中，交易的生态产品分为三种：经营性生态产品、准公共性生态产品、公共性生态产品。其中，部分公共性生态产品可以通过行政命令（社会契约）进行形式规定，从而转化为准公共性生态产品。但并不是所有的公共性生态产品都适宜被纳入市场。目前，要解决我国生态产品价值实现的难题，应主动探索多元化的生态产品价值实现机制，避免将不同的生态产品"一刀切"。

表1 依据公共性程度划分的生态产品内涵

生态产品类型	经营性生态产品	准公共性生态产品	公共性生态产品
具体例子	生态食材、生态药材等	碳排放权、排污权等	原始森林、草原等实物/水土保持、防风固沙、释放氧气等功能
使用价值	用以食用、消耗	用以获取排放权等	用以维持人类社会生存
交换价值	有，存在以价格为代表的表现形式	有，存在以价格为代表的表现形式	无，不宜且难以被纳入市场，没有通过社会契约进行形式规定
作为政治经济学的"价值"	有，蕴含"社会必要劳动"，体现出对生态产品生产者的劳动尊重	有，通过社会契约与形式规定，体现出对生态产品保护者的劳动尊重	不确定，其价值取决于是否存在生产者或保护者的劳动
度量难度	较易	较易	难
市场交易	简单	简单	难

---

① 丘水林、靳乐山：《生态产品价值实现的政策缺陷及国际经验启示》，《经济体制改革》2019年第3期。

（二）主要问题

关于生态产品的不同分类方式的发展不一，其中关键的是按功能分类、按公益程度分类、按价值实现路径分类。① 一是按功能分类，是生态产品价值核算的基础分类方式，用以进行生态产品价值核算。二是按公益程度分类，一般分为公共性生态产品、经营性生态产品和准公共性生态产品，用以区分产权和消费者。三是按价值实现路径分类，分别是政府路径、市场路径和政府与市场混合路径，用以分析生态产品的价值流向。②

1. 功能困境

生态产品价值实现的过程中，最为贴近实际的是功能分类，常用于生态产品价值核算。目前，各个省级甚至国家级的生态产品价值核算标准中，对于生态产品的功能分类仍有较大差异。从定义上讲，这些指南均一致承认了生态产品对于人类生活以及经济影响的贡献，但中国的生态系统服务分类体系的目标实际上主要集中于价值核算，而非尽可能广地覆盖生态服务类型。从具体内容上，对比北京市和浙江省发布的地方标准，可以看出，两者都承认供给产品、调节服务、文化服务的分类方式。然而，就整体的核算指标分类而言，两者存在较大分歧。

在供给指标中，北京市的标准将"生态系统为人类提供并被使用的物质产品"定义为供给类产品，即物质供给。③ 而浙江省的标准将供给产品设定为"在不损害自然生态系统稳定性和完整性的前提下，人类通过直接利用或转化利用等方式从自然系统获得的各种物质资源"，④ 其中提及水电、秸秆（生物质）发电等例子。北京市的核算体系未包括水电功能，浙江省的核算体系则计入了水电功能。核算标准中的功能分类不同，核算结果自然也不同，从而由分类分歧导致了核算价值差异。

---

① 林智钦、林宏赡：《坚持和完善生态文明制度体系研究：基于"两山"理念、生态优先、价值转化的视角》，《中国软科学》2024年第S1期；李宇亮、陈克亮：《生态产品价值形成过程和分类实现途径探析》，《生态经济》2021年第8期。
② 樊轶侠、王正早：《"双碳"目标下生态产品价值实现机理及路径优化》，《甘肃社会科学》2022年第4期。
③ http://bzh.scjgj.beijing.gov.cn/bzh/apifile/file/2023/20230410/541f78e5-a9f0-4370-9179-7d073b6c1a3f.pdf.
④ https://zjamr.zj.gov.cn/art/2020/9/29/art_1229047334_58814039.html.

2. 应用困境

生态产品价值实现的应用困境在三种类型生态产品中都有不同程度的体现。第一，经营性生态产品。经营性生态产品包括私人物品和俱乐部物品。我国往往采用生态农业、生态旅游业等产业化方式促进生态产品的价值转化，其原因在于，经营性生态产品的商品属性较为完全。经营性生态产品面临的问题是产品同质化、附加值低、产业结构不够优质、财政支出和社会资本的收益不确定等，以及因此对于产业可持续发展的影响。第二，准公共性生态产品。准公共性生态产品面临的问题则要更为深刻，与公共性生态产品一样，尽管其解决了一部分"度量、交易、抵押、变现"的难题，但仍难以解决其价值目标（保护优先）和市场特性（利润最大化）相背离的问题。第三，公共性生态产品。现阶段我国一般采用生态系统生产总值核算的方法，计算公共性生态产品的价值。然而，与其他两种类型的生态产品相比，公共性生态产品未经或不适合通过"指标交易"转化为准公共性产品，在我国也无法通过"市场交易"转让其产权，往往存在以下难题。其一，公共性生态产品一般由自然整体生成或部分人工修复，人类劳动较少地参与其中，急需生态价值理论对其做出阐释。其二，公共性生态产品的使用价值往往也因限制开发而体现为"被动使用价值"（即人们在知道某种资源存在却可能永远不会使用此资源的情形下，对其存在本身赋予的价值）。其三，我国的公共性生态产品产权多归属于国家，若对其本身进行市场交易，其交易主体、交易过程和受益主体也都难以付诸实践。

3. 协调困境

生态价值实现标准间的接驳问题。一是生态产品价值核算的标准对接问题。面对不同地区的生态产品价值核算标准，跨地区间的生态产品价值实现面临一定的阻碍。二是生态产品合理价格标准机制建设问题。生态产品的质量良莠不齐，如何使得高品质高价值的生态产品认知、激励、变现环节变得更易操作，使得保护生态者、劳动生产者受益，是一项长期的现实议题。目前我国采用的生态产品品牌建设及质量溯源机制，有利于进一步促进生态产品价值实现。

权益主体的协商问题。由于生态产品的基础理论仍需进一步发展，生态产品价值实现的实践也需要进一步开展。在实践中，涉及政府、企业、集体、社会组织、个人等多种主体需求，需要推进经营性生态产品的产权保护、营销开发、质量提升等，推进准公共性生态产品合理开发、妥善交易、预防风险等，推动公共性生态产品永续发展等,促进生态交易双方合理磋商和议价机制形成。

生态与开发的协调问题。生态产品的开发与生态系统的稳定性、完整性如何保障,关系到生态产品价值实现的基础性和科学性。生态产品价值实现,既是为了解决最广大人民的可持续发展问题,也是生态环境保护问题,在这个过程中将生态和发展的价值逻辑统一化,应注意协调生态与开发的短期和长期、局部与整体、安全与发展等关系。

四 建立健全生态产品价值实现机制的政策进路

(一)坚持问题导向

我国的生态产品价值实现要以经济发展和生态环境保护中的问题为导向,立足于解决实际问题。党的十八大以来,我国的生态环境质量有了极大改善,生态文明建设从理论到实践都发生了历史性、转折性、全局性变化,美丽中国建设迈出重大步伐。"绿水青山"如何转变为"金山银山"仍是需要解决的实际问题。目前,生态环境的经济价值、生态价值、社会价值、文化价值日益凸显,为生态产品价值实现提供了丰富的样本。问题导向要求生态产品价值实现在政府主导下面向市场、面向需求,真正打通生态产品价值实现的堵点、难点。生态产品价值实现必须是欠发达地区的生态产品价值实现,而不是发达地区向欠发达地区分摊治理成本。

同时,针对上述具体问题,给出以下建议:一是完善生态价值核算体系。应坚持马克思主义,推动中国特色生态经济学理论创新,加快中国特色哲学社会科学理论话语体系建设。要深入研究并发展马克思主义的价值理论,推动马克思主义中国化和时代化。要进一步优化生态价值核算体系,明辨交换价值、使用价值、价值和价格概念,进一步发展其基础理论;根据生态产品的具体分类,合理发挥市场机制的作用;进一步完善生态价值核算体系,采用更为科学合理的核算方法。二是优化生态产品价值实现机制。首先,要注意生态产品功能分类应在统一中发展,统一意味着"交易壁垒的降低",而发展意味着"功能分类不断发展完善,覆盖更广、更深、更全面"。其次,要不断完善市场交易机制,提高生态产品流通效率,对于无法适用于市场机制的生态产品要给予

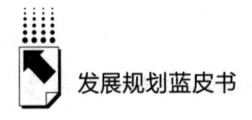

补偿。最后，要注意协调发展，不断促进生态价值核算标准的互认互信，不断扩大生态产品价值实现的参与主体范围。

（二）坚持从市场和政府两手发力

生态产品价值核算不仅要经得起市场的检验，更要经得起实践和历史的检验。生态产品价值核算中的定价，绝不能是各种成本的拼凑和杂糅，既要注重市场配置生态资源的基础性作用，将生态产品和生态服务放到市场中用统一尺度进行衡量，又要坚持发挥政府的主导作用，将生态资源的经济效益和社会效益统一起来。一是以政府为主导，结合我国生态文明建设中的重点领域，将难以交易的生态产品进行"分解""赋权""物化"，并创建相应的交易条件和交易平台，供不同市场主体交易。二是以政府为主导，完善生态产品市场交易制度，支持和保护生态产品价值实现中的正当交易。三是由政府主导引入金融工具和第三方服务，提高资金周转和交易效率，实现分工基础上的增值，促进生态产品价值实现。在应用此类工具的同时，做好环境监测与应急预案，避免对自然系统造成不可逆的损害。

（三）坚持眼前与长远、局部与全局的统一

在不同发展条件、发展水平和发展环境下，不能用一个标尺衡量所有区域的生态产品价值转化，也不能急功近利去追求超越代际的生态产品价值回报，要坚持眼前与长远、局部与全局的统一。一是通过全国生态权益统一大市场引领生态产品价值实现。在全国层面开展生态产品调查监测、核算评估，设计一个行之有效、全国通认、国际标杆的生态产品调查核算体系；以全国生态权益统一大市场为引领，进行产业化利用、生态补偿、市场交易等方面的生态产品价值实现机制设计。在生态产品价值实现保障和推进方面，要注重绿色金融创新和系统性风险防范的统一、注重利益导向和责任约束的统一、注重理论总结和实践试点的统一。二是要考虑保护和发展过程中的诸多因素。要综合考虑生态产品价值开发和环境保护、合理生产和促进消费、区域发展和协调联动[①]、

[①] 王宾：《共同富裕视角下乡村生态产品价值实现：基本逻辑与路径选择》，《中国农村经济》2022年第6期。

当代公平与子代公平等问题。三是要求在开发生态产品价值中，提前预设好"安全护栏"，避免造成不可逆的生态价值损害。要在试点大规模推行前，加强生态红线设立和生态环境监督，坚持守护国家自然资源永续利用的生命线。

（四）坚持推进生态产业化和产业生态化

生态产业化和产业生态化，是生态环境保护和经济发展相互促进、实现人与自然和谐共生的必由之路，可以更好地彰显我国作为全球生态文明建设重要参与者、贡献者、引领者的大国责任担当。产业生态化和生态产业化的关键，就是建立起生态产品市场交易机制。首先，生态产品价值评估应做到方法可评、过程可信、结果可认。评价方法要科学、准确并具备可行性，辅以更为细致的自然资源调查监测体系；评价过程应可信，加强评价监督；评价结果要可认，打造全国统一的生态产品交易大市场，形成生态产品供需对接平台。其次，健全生态产品价值实现保障机制，支持绿色金融改革创新，发挥绿色信贷产品在生态产品价值转化中的重要作用。最后，要建立起严格的生态产品交易信用制度，遏制失信行为。

参考文献

王金南、马国霞、於方等：《2015 年中国经济—生态生产总值核算研究》，《中国人口·资源与环境》2018 年第 2 期。

廖茂林、潘家华、孙博文：《生态产品的内涵辨析及价值实现路径》，《经济体制改革》2021 年第 1 期。

孙博文、彭绪庶：《生态产品价值实现模式、关键问题及制度保障体系》，《生态经济》2021 年第 6 期。

王晓丽、彭杨贺、石道金：《推进准公共森林生态产品价值实现：关键难题、破解路径与实践探索——基于数字赋能视角》，《生态经济》2024 年第 3 期。

王喜峰、姜承昊：《内蒙古风光氢储产业链一体化发展实践及启示》，《中国发展观察》2022 年第 12 期。

B.59
以绿色金融支持乡村全面振兴

刘丹 曹怡婷 袁梦*

摘　要： 全面推进乡村振兴是新时代建设农业强国的重要任务。作为中国特色金融体系的五大篇章之一，绿色金融在保障粮食安全、支持产业兴旺、促进生态宜居等方面取得显著成效。下一阶段，绿色金融将紧紧围绕乡村振兴的五大目标，聚焦重点难点，优化体制机制，从完善政策、协同组织、优化产品服务等方面进一步发挥作用，积极推动绿色金融与普惠金融、科技金融的协同发展，因地制宜打造适应乡村发展的绿色金融产品和服务，支撑农业强国战略，加快乡村振兴步伐。

关键词： 绿色金融　乡村振兴　普惠金融

一　绿色金融促进乡村振兴的时代内涵

绿色金融是乡村产业绿色、低碳、循环发展，实现生态化转型的助推器，通过积极打造"金融+产业+生态"的新型模式，助力产业升级和乡村振兴。绿色金融作为实现乡村振兴的重要手段，是坚定践行中国特色金融政治性、人民性理念的重要体现。

2015年，绿色金融被写入"十三五"规划纲要。2016年，中国人民银行、财政部等七部门联合发布《关于构建绿色金融体系的指导意见》，标志着构建系统性绿色金融政策框架的国家战略正式形成。第一次系统性地提出了绿色金融的定义、激励机制、披露要求，以及绿色金融产品发展规划和风险监控

---

* 刘丹，中国社会科学院数量经济与技术经济研究所助理研究员，主要研究方向为能源经济、绿色金融；曹怡婷，中国社会科学院大学商学院，主要研究方向为能源经济；袁梦，中国农业发展银行浙江省分行，主要研究方向为外商直接投资、银行风险与管理。

措施等，明确构建绿色金融体系的发展方向和主要任务。2023年中央金融工作会议强调，坚定不移走中国特色金融发展之路，加快建设中国特色现代金融体系，不断满足经济社会发展和人民群众日益增长的金融需求，不断开创新时代金融工作新局面。会议也指出要做好科技金融、绿色金融、普惠金融、养老金融、数字金融五篇大文章。

习近平总书记在党的十九大报告上提出实施乡村振兴战略，按照产业兴旺、生态宜居、乡风文明、治理有效、生活富裕的总要求，建立健全城乡融合发展体制机制和政策体系，加快推进农业农村现代化。"十四五"规划提出走中国特色社会主义乡村振兴道路，全面实施乡村振兴战略，强化以工补农、以城带乡，推动形成工农互促、城乡互补、协调发展、共同繁荣的新型工农城乡关系，加快推进农业农村现代化。为了贯彻落实"十四五"规划，国务院于2022年发布《"十四五"推进农业农村现代化规划》，对"十四五"时期乡村振兴的主要目标进行了明确且具体的阐述。总目标是到2025年，农业基础更加稳固，乡村振兴战略全面推进，农业农村现代化取得重要进展；梯次推进有条件的地区率先基本实现农业农村现代化，脱贫地区实现巩固拓展脱贫攻坚成果同乡村振兴有效衔接。

绿色金融高度契合了乡村振兴的资源配置需求。绿色金融是指为支持环境改善、应对气候变化和资源节约高效利用的经济活动，即对环保、节能、清洁能源、绿色交通、绿色建筑等领域的项目投融资、项目运营、风险管理等所提供的金融服务。与传统金融相比，绿色金融最突出的特点是其将环境保护和对资源的有效利用程度作为衡量其活动成效的标准之一，通过金融活动实现环境保护、生态平衡的协调发展，最终实现经济社会的可持续发展，这高度契合了乡村振兴绿色发展的资源配置需求。从资源配置角度看，乡村振兴的过程也就是绿色金融资源调度、投入和管理的过程。通过绿色金融配置资源可推动乡村生产生活方式绿色转型、推进乡村环境改善与生态修复，最终实现乡村产业兴旺、生态宜居、生活富裕。

二 绿色金融促进乡村振兴的主要成就

总体来看，我国已形成涵盖绿色贷款、绿色债券、绿色保险、绿色基金、绿色信托、碳金融产品等的多层次绿色金融产品体系，绿色金融业务快速发展，市场规模稳步扩大，为支持乡村振兴奠定了基础。

一是绿色信贷规模持续增加，存量规模持续位居世界前列。2023年末，我国本外币绿色贷款余额达到30.08万亿元，同比增长36.5%，高于各项贷款增速25.5个百分点。自2018年以来，我国绿色贷款占金融机构本外币各项贷款的比重持续增加，特别是"十四五"以来增速显著加快，投向结构更加均衡多元。

表1 2018~2023年绿色贷款增长情况

年份	贷款余额			贷款增长		
	绿色贷款（万亿元）	本外币各项贷款（万亿元）	绿色贷款占比（%）	绿色贷款同比增长（%）	各项贷款同比增长（%）	绿色贷款增速高于同期各项贷款（个百分点）
2023	30.08	237.59	12.67	36.5	10.6	26.4
2022	22.03	213.99	10.29	38.5	11.1	28.1
2021	15.90	198.51	8.01	33.0	11.3	21.7
2020	11.95	178.40	6.70	20.3	12.5	7.8
2019	10.22	158.60	6.44	15.4	11.9	3.5
2018	8.23	141.75	5.81	16.0	12.9	3.1

资料来源：中国人民银行数据、《中国绿色债券报告》、《保险业聚焦碳达峰碳中和目标 助推绿色发展蓝皮书》。

二是绿色债券发行势头迅猛，市场规模持续位居全球第二。"十四五"以来，绿色债券发行规模不断扩大，为乡村振兴提供了巨额资金支持。资金的主要流向也与乡村振兴战略的重点领域高度契合，主要流向生态环境保护、基础设施建设和扶贫等领域，对促进农村全面绿色转型、推进乡村振兴大有裨益。2016~2023年，中国债券市场发行贴标绿色债券共2981只，债券规模为34138.73亿元。其中，2023年发行贴标绿色债券656只，债券规模为8210.72亿元。[①] 绿色农业债券不断创新发展。2022年至2023年上半年，国内市场发行的涉及投向绿色农业项目的绿色债券共27只，总额为739.45亿元。绿色农

---

① 《中国绿色债券年报》。

业债券募集资金主要流向绿色有机农业、绿色畜牧业、耕地农田整治和绿色渔业项目。

图1　2016~2023年我国绿色债券发行情况

年份	发行规模（亿元）	发行数量（只）
2016	1975.31	70
2017	2008.30	160
2018	2179.52	183
2019	2880.95	336
2020	2226.27	279
2021	6044.74	629
2022	8612.92	668
2023	8210.72	656

三是绿色保险①保额逐年增长。2023年，我国绿色保险业务保费收入达到2297亿元，赔款支出1214.6亿元。自2020年起，我国成为全球范围内规模最大的农业保险市场，大幅提升了为农户提供的风险保障水平，为实现我国的粮食安全，以及推动乡村振兴提供了重要保障。

四是绿色信托服务持续丰富。信托业按照《绿色信托指引》要求，支持绿色产业重点领域的资金需求，创新绿色信托业务模式，不断提升信托业支持绿色产业发展的质效。创新帮扶模式，以慈善信托、产业投资等方式助力乡村产业振兴。

五是资本市场功能进一步发挥。涉农公司通过上市融资做大做强，引导地区优势产业发展，壮大区域经济，加速农业现代化。根据Wind统计，"十四五"以来，共有12家农业公司在内地及香港上市，首发共募集资金融资116亿元。特别是全面注册制实施后，2023年共有23家农业企业IPO申请获受理，拟募集资金合计达1022.55亿元。自2021年全国碳市场启动上线交易以来，至2023年末，全国碳市场碳排放配额累计成交4.42亿吨，累计成交额

---

① 绿色保险是指保险业在环境资源保护与社会治理、绿色产业运行和绿色生活消费等方面提供风险保障和资金支持等经济行为的统称。

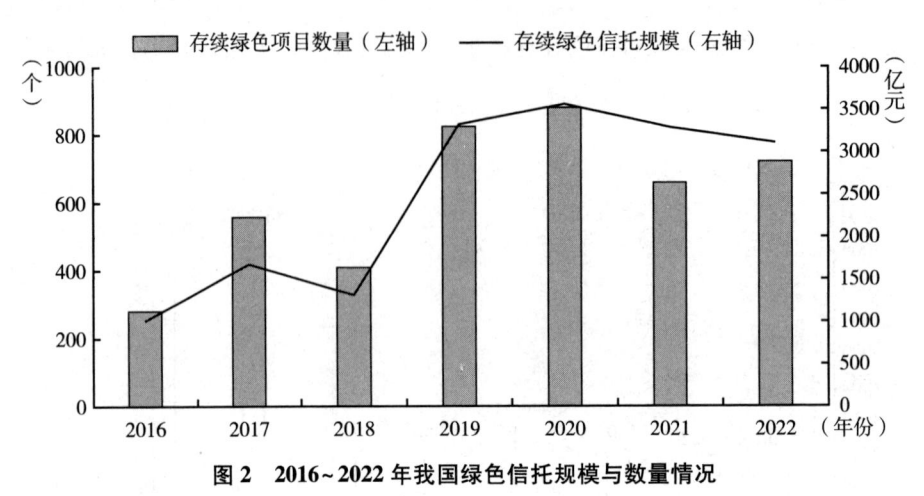

图2 2016~2022年我国绿色信托规模与数量情况

249.19亿元。2022年，全国首个农业碳汇交易平台在福建厦门落地，并开创了"农业碳汇+数字人民币+乡村振兴"新模式，为农业农村发展、农民生活水平提高注入了新动力。其他绿色金融工具如绿色发展基金、排污权、水权等环境权益交易市场也都是乡村振兴的重要推动力量。

表2 "十四五"以来新增农业上市公司情况

地区	公司	上市日期	首发募资金额（亿元）
内地上市	华绿生物	2021年4月12日	6.53
	晓鸣股份	2021年4月13日	2.13
	万辰集团	2021年4月19日	2.76
	东瑞股份	2021年4月28日	20.07
	神农集团	2021年5月28日	22.45
	秋乐种业	2022年12月7日	1.98
	骑士乳业	2023年10月13日	2.61
	康农种业	2024年1月18日	1.70
香港上市	优然牧业	2021年6月18日	41.39
	洪九果品	2022年9月5日	5.03
	澳亚集团	2022年12月30日	1.79
	十月稻田	2023年10月12日	7.53

资料来源：根据Wind数据库整理。

三 绿色金融促进乡村振兴的实践途径

在打赢脱贫攻坚战之后,"三农"工作的重心发生了历史性的转移。新形势下,按照"产业兴旺、生态宜居、乡风文明、治理有效、生活富裕"的总要求,金融机构积极探索绿色金融服务乡村振兴新产品、新模式,在重点产业方面加强绿色金融推动农业产业绿色转型,在重点区域鼓励绿色金融因地制宜特色发展,在重点要素方面强调人才培养、技术创新等,绿色金融服务乡村振兴呈现新局面。

(一)突出中国特色,绿色金融涉农政策不断完善

一是重点领域出台绿色金融工具标准。在探索中国特色金融实践中,结合中国经济发展水平、自然资源禀赋,绿色金融在相关制度标准及基础设施建设上推陈出新。为填补碳金融制度空白,2024年1月,国务院发布《碳排放权交易管理暂行条例》,初步建立起碳金融保障制度;为解决绿色债券面临的市场标准不统一等问题,2022年绿色债券标准委员会发布《中国绿色债券原则》,建立起国内统一、国际接轨的中国特色绿色债券标准。《银行业保险业绿色金融指引》《绿色保险业务统计制度的通知》等引导性文件在业务流程、组织管理、风险控制、信息披露等多方面建立统一的规范,对中小金融机构开展绿色金融业务有较为明显的助推作用。《气候债券标准:3.0版》未将水产养殖和鱼类养殖生产系统列入农业标准范围,而《绿色债券支持项目目录(2021年版)》将绿色渔业纳入绿色农业领域。二是地方政府因地制宜细化评价标准。例如,江西2021年制定发布《畜禽智能洁养贷实施规范》《古村落金融贷实施规范》两项绿色金融标准;湖州制定《"碳中和"银行机构建设与管理规范》,通过标准制定发挥示范引领效应。其他地区借鉴绿色金融改革创新试验区的实践经验,制定绿色企业与项目认定办法等,形成多点开花的新局面。

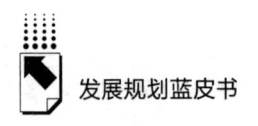

表3 《绿色债券支持项目目录（2021年版）》绿色农业相关条目

一级目录	二级目录	三级目录	四级目录
四、生态环境农业	4.1 绿色农业	4.1.1 农业资源保护	4.1.1.1 现代农业种业及动植物种质资源保护
			4.1.1.2 农作物种植保护地、保护区建设和运营
			4.1.1.3 林业基因资源保护
			4.1.1.4 增殖放流与海洋牧场建设和运营
			4.1.1.5 有害生物灾害防治
			4.1.1.6 农村土地综合整治
		4.1.2 农业农村环境综合治理	4.1.2.1 农作物病虫害绿色防控
		4.1.3 绿色农产品供给	4.1.3.1 绿色有机农业
			4.1.3.2 绿色畜牧业
			4.1.3.3 绿色渔业

（二）夯实强国根基，绿色金融支撑国家粮食安全

"仓廪实、天下安"，粮食安全是国之大者，也是全面推进乡村振兴的重中之重。绿色金融把支持种业振兴、粮食收储、高标准农田和水利基础设施建设等作为服务粮食安全的重要着力点，创新服务模式。

在支持高标准农田建设方面，探索发展"土地流转+高标准农田+特色产业""全域土地整治+生产、生活、生态融合""国有公司+产业化龙头企业+农户+高标准农田"等融资模式，既提高了高标准农田建设中金融产品服务的供给性和可获得性，也促进了生产、生活、生态同步提升和农业农村协调发展。"十四五"以来，仅中国农业发展银行浙江省分行就累计投放农村土地整治、农村土地流转和土地规模经营贷款343亿元。[①] 在土地保护利用方面，中国农业银行创新推出"黑土粮仓贷"。[②] 以新型农业经营主体为服务对象，支

---

① 《为守护"粮口袋"贡献金融力量》，《经济日报》2023年7月5日。
② https://promote.caixin.com/2022-08-12/101925337.html。

持高标准农田建设、智慧农业、高效节水灌溉、生态林保护、规模粮食种植、良种培育等相关领域。

（三）拓展发展空间，绿色金融促进农业产业兴旺

农村产业融合是以农业为基本依托，通过要素聚集、产业联动、体制创新等促进农村一二三产业以及各环节有机结合，是推动实现农村地区产业兴旺的重要路径，也是推进农业农村现代化的重要举措。① 绿色金融能够填补农村产业融合发展的资金和技术需求缺口，减轻产业融合发展带来的环境压力，助推乡村地区绿色农业、绿色制造、休闲旅游多元发展。绿色金融也可通过加速农业产业链的延伸、促进产业资源有机整合、带动绿色技术创新发展等促进农村一二三产业融合发展。②

例如，新疆伊犁农商银行大力支持霍尔果斯开建农业科技发展集团有限公司，为其发放了2000万元的CCUS（碳捕集、利用与封存）绿色贷款。该公司作为伊犁州的农业龙头企业，一直致力于践行绿色发展理念，在推动当地人员就业和乡村振兴方面发挥着重要作用。该笔绿色贷款主要用于支持废弃二氧化碳的综合利用，即先对天然气燃烧产生的二氧化碳进行剥离回收，然后将剥离后的二氧化碳气体被输送至产业园温室大棚，并利用农作物的光合作用进行消耗。该过程可以减少碳排放，提高农作物的产量，实现二氧化碳回收再利用，具有显著的经济效益、社会效益和环境效益。通过使用该笔绿色贷款，霍尔果斯开建农业发展有限公司得以顺利进行绿色转型和升级，提升了企业的竞争力和可持续发展能力。同时，这也为当地的农业产业化和乡村振兴注入了新的动力。

（四）服务重点领域，绿色金融助力乡村生态宜居

在新发展理念指引下以及"双碳"目标下，促进乡村振兴朝着绿色、节能、减排、低碳方向发展，进而提升农民生活质量、改善乡村生态环境已成为

---

① 刘建生、亓子青、邱俊柯：《共同富裕视角下农村产业融合发展研究》，《中国农业资源与区划》2024年第1期；王乐君、寇广增：《促进农村一二三产业融合发展的若干思考》，《农业经济问题》2017年第6期。

② 庞金波、韩英荻、尚雨航：《绿色金融与农村产业融合发展面临的困境及发展对策》，《学术交流》2023年第3期。

必由之路。各种绿色金融产品为农村地区生活垃圾及污水治理、"厕所革命"、路网建设、绿化景观、照明设施建设等村容村貌提升项目提供了融资支持，有效缓解了农村人居环境治理面临的资金压力。中国农业银行与国家乡村振兴局合作研发推出"乡村人居环境贷"产品，截至2023年3月，已投放超20亿元，在重庆、江苏、浙江、四川等地支持农村污水处理、村镇整体改造等领域的多个项目，助力宜居宜业和美乡村建设。江阴银行推出"乡旅e贷"，为支持乡村旅游业及旅游文化产业发展而研发专属产品。云南信托以公益慈善的方式助推当地特殊困难人群发展肉牛养殖，使其逐步实现自力更生。助力困难农户增收，以"青绿饲料—草食动物—粪—田"的农牧循环发展新模式，选择种植生命力强且经济效益明显、投资小、见效快的多年生优质牧草和杂交构树，增加当地绿植覆盖率，实现生态保护与经济发展双赢。

（五）发展生态经济，绿色金融支持农民增收致富

生活富裕是乡村振兴的根本。绿色金融为乡村生态产业发展提供了有力的资金支持，[①] 通过推动当地农村基础设施建设，引入先进技术、培育生态产业科技人才、改善农村地区发展条件，推进乡村生态农业与旅游、康养等产业融合发展，激活乡村潜藏的生态资源价值，增加优质生态产品和服务供给，提升生态产业的规模化和专业化水平，进而扩大农村就业，提高居民就业意愿，增加农民收入。通过绿色金融支持乡村种养大户、家庭农场、合作社、乡镇各类企业，引导和鼓励农村新型经营主体进行生态化的农业生产，对接乡村生态产业发展需求，让村民分享生态产业化发展红利。

作为全国首批绿色金融改革创新试验区的江西省赣江新区推出了国内首个以畜禽养殖经营权为核心质押物的"畜禽洁养贷"绿色金融产品，贷款资金主要用于与养殖相关的环保设施采购、畜牧场绿色改造等活动，成为服务乡村全面振兴尤其是产业与生态振兴的重要抓手。为有效服务武夷山国家公园建设和保护性运营，农业银行创新农业抵押品，打造"惠农e贷（武夷岩茶）""武夷岩茶小微企业贷款"等拳头产品，以助力生态旅游和绿色产业发展。

[①] 张洪瑞、吴平：《绿色金融与生态低碳农业发展：理论逻辑与实践路径》，《西南金融》2024年第3期。

四 绿色金融促进乡村全面振兴的制约因素

绿色金融是中国特色现代金融体系的重要组成,支持乡村全面振兴是绿色金融的重要任务。然而,当前绿色金融促进乡村全面振兴还面临一些制约因素,主要表现为县域乡村金融机构少、资金筹措难、金融人才缺、管控风险大、内生动力弱等。

(一)涉农绿色金融服务体系不平衡

一是农村绿色金融产品总量不足,供需矛盾凸显。金融资源在乡村领域的配置较城市相对较少。大量农村中小型企业及创新企业、急需资金支持的绿色项目,具有轻资产、技术和市场不确定性较高、短期内自身盈利能力不足等问题。[1] 尽管我国相继出台了若干政策用于推进农村金融和中国绿色金融发展,但相关政策引导性强、有效性不足,实际操作难度大。二是乡村绿色金融业态不够丰富。以绿色信贷和绿色债券为主体的绿色金融市场无法完全满足乡村振兴多方面、多层次的需求。三是绿色金融机构在乡村地区的覆盖面有限。大型国有金融机构和股份制金融机构在农村设立的分支机构少,农村商业银行、农村信用社、农村合作银行、村镇银行等涉农金融机构的规模相对小,自身抗风险能力弱,限制了绿色金融在乡村地区的发展。

(二)乡村绿色金融人才结构性短缺

一是乡村地区经济发展相对落后,吸引和留住高素质金融人才的能力有限,导致绿色金融领域人才短缺。二是现有金融人才的知识结构和技能水平可能无法满足绿色金融发展需求。绿色金融涉及环境保护、可持续发展等领域,需要金融人才具备跨学科的知识和技能。然而,目前许多乡村地区的金融机构员工主要关注传统金融业务,对绿色金融理念、政策和产品了解不足。缺乏绿色金融专业队伍,绿色金融产品和服务研发能力不足,现有人才储备和金融科技实力难以满足越来越多的绿色金融项目实施和环境风险评估需求。

---

[1] 张正平、陈欣:《绿色金融科技助力棕色企业转型发展研究》,《改革与战略》2023年第4期。

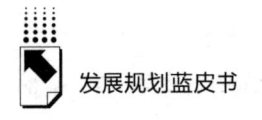

（三）涉农绿色金融产品风险管理要求高

一是乡村地区的金融需求具有多样性和复杂性，现有的成熟的绿色金融服务模式难以被简单复制，需要金融机构根据实际情况开发符合当地需求的绿色金融产品。二是绿色金融项目涉及环境保护、可持续发展等领域，其风险特征和评估方法与传统金融项目存在较大差异，这些都对金融机构风险管理和内部控制能力提出了更高要求，以确保项目的稳健运行和资金的安全使用。然而，目前涉农金融机构对于绿色金融产品和服务的创新能力有限，在实践中往往面临着创新与风险管控的两难选择。

（四）绿色金融工具协同效应弱

近年来，金融机构对绿色金融产品进行了初步探索，尽管新产品种类不断增加，但存在产品分散、协同效应不强等问题，增加了金融产品的利用成本，降低了其有效性。绿色信贷需要采取更加严格的贷前环境认证、贷后监督等配套，可能会增加业务及管理费用，导致利润承压。同时，绿色信贷项目面临一定的期限错配风险，金融机构面临一定的隐性成本，可能会消耗有限的资本金。金融产品短期内收益较低，开展相关服务的动力大部分来源于政府主导和政策支持，金融机构决策风险压力大、内在动力较弱，市场主体的参与积极性、协同性有待提升，绿色金融支持乡村全面振兴的服务链还未形成。

五 绿色金融促进乡村全面振兴的对策建议

从党的十九大首次提出实施乡村振兴战略，到党的二十大提出全面推进乡村振兴，中国特色社会主义乡村振兴的进程不断推进，乡村全面振兴的内容和形式逐渐多元化，对绿色金融产品和服务方式的创新提出了更高要求。《中共中央关于进一步全面深化改革　推进中国式现代化的决定》提出，加强对重大战略、重点领域、薄弱环节的优质金融服务。作为中国特色金融体系的五大篇章之一，绿色金融将紧紧围绕乡村振兴的五大目标，聚焦重点难点，优化体制机制，在完善政策、协同组织、优化产品服务等方面进一步发挥作用，在提升乡村产业发展水平、提升乡村建设水平、提升乡村治理水平等方面重点发力，积极推动绿色金融与普惠金融、科技金融的协同发展，因地制宜打造适应乡村发展的绿色金融产品和服务，支撑农业强国战略，加快乡村全面振兴步伐。

（一）完善机构定位，提升绿色金融体系服务乡村全面振兴的协同性

体系完善、定位清晰的金融机构组织体系是绿色金融助力乡村振兴的基础。一是现有各金融机构应明确定位，针对乡村振兴的多元化需求，充分发挥各自优势，加大支持乡村振兴力度。例如，中国农业发展银行立足于农业政策性银行支农定位，在四大银行品牌即"粮食银行""农地银行""水利银行""绿色银行"上持续发力；农村信用社、农村商业银行、农村合作银行等要继续立足县域，服务下沉，覆盖村镇农户，做好支农支小。二是完善乡村地区金融网点布局，提高绿色金融服务的覆盖率和可得性。结合普惠金融服务网点，加载绿色金融、电商、民生、政务等多种服务，使乡村基础服务实现一站式、多功能、全覆盖。

（二）优化资源配置，提高绿色金融资源与乡村多元需求的适配性

随着我国农业绿色低碳转型加速推进，生态种植、生态养殖等绿色农业迅速扩容，农业生态产品价值实现路径不断丰富，相关绿色金融需求也不断增加，要求涉农金融机构不断创新服务模式，提高资金使用效率。一是加强对重点项目、重点领域的支持。创新绿色信贷、绿色债券、绿色保险等金融产品，为乡村企业提供低成本、长期稳定的资金支持，绿色债券目录中对于绿色农业范围的选择及认定条件应更加明确，进一步探索环境效益的估算方法。二是完成绿色金融服务的全产业链延伸，实现从单个贷款主体到产业链的提升，为特色农业农村经营发展提供全产业链支持。三是拓展绿色金融的服务领域，开展绿色金融租赁、绿色金融保理等新型业务，降低乡村企业融资成本，提升金融服务效率。

（三）运用科技智能，加强绿色金融服务乡村全面振兴的精准性

一是加强绿色金融数字化建设，推动金融科技在乡村地区的应用，提升金融服务的便捷性和安全性。随着人工智能、大数据、云计算、物联网等数

字技术的发展，金融科技越来越多地被应用于绿色项目识别与评价工具、绿色资产管理、环境效益监测、环境数据信息服务、ESG 评价、碳核算及环境效益测算、环境信息披露工具等领域。绿色金融要以金融科技的应用为支撑，科学评估、精准施策，不断提升乡村振兴服务能力。二是拓宽农村信用信息覆盖面，建立农村信用信息数据库，加强涉农数据的积累和共享，不断优化信用评估模型、客户风险识别模式，形成数据采集、共享和更新的数据应用机制。

（四）强化金融监管，确保绿色金融服务乡村全面振兴的稳健性

加强党中央对金融工作的集中统一领导，健全金融监管体制，明确各层级管理部门绿色金融职责。建立健全绿色金融信贷管理和风控体系，精准设计符合地方产业发展特点的绿色金融服务，包括贷前调查体系、风险评估体系、绿色审批通道、环境责任条款放贷机制、贷后绿色跟踪机制。一是建立完善的绿色金融风险评估和预警机制，对乡村绿色项目进行严格筛选和评估，确保资金投向优质、可持续的项目。二是加大金融监管力度，明确监管部门及监管要求，对违反绿色金融政策的金融机构进行严厉惩处，维护市场秩序和公平竞争。

（五）加强普及宣传，促进绿色金融服务乡村全面振兴的普适性

一是开展绿色金融知识普及活动，深化乡村居民对绿色金融的认知和理解，引导其积极参与绿色金融活动。二是加强金融机构与乡村居民的沟通互动，提供个性化的金融咨询服务，帮助乡村居民更好地利用金融资源促进自身发展。聚合优势资源，积极探索"党建共建"新路径，选派金融干部到农村挂职，担任"金融村官"，定向破题，助力乡村振兴。三是金融机构和有关部门要及时总结提炼绿色金融支持乡村振兴的典型模式、创新产品、经验做法，通过新闻报道、劳动竞赛、优秀案例评选等专题活动加强宣传交流推广。

专栏　首单现代农业服务信托项目落地

2023 年 7 月 28 日，在花木兰故里湖北省武汉市黄陂区六指街道大堤村，随着中化现代农业（湖北）有限公司收到第一笔农业托管服务款，"外贸信

托——湖北黄陂木兰1号现代农业服务信托"（以下简称"木兰1号项目"）正式成立。

这单信托计划之所以受到关注，其中有一个关键词——"托管服务"。木兰1号项目作为"新三分类"下中国外贸信托落地的首单现代农业服务信托，不仅是该公司积极践行监管导向的有力实践，也是信托公司在乡村振兴领域填上的又一块"拼图"。

木兰1号项目通过创新"社会资本+土地流转+先正达MAP种植+信托监管"模式，多方协同、全流程监管，实现联企、联农，推动村集体土地流转顺利实施以及社会资本引入。具体来看，委托人将用于农业生产的资金交于外贸信托委托管理和资金监管，外贸信托根据委托人的付款指令和农业公司合同、农业公司种植支出等相关凭证，保障委托人资金的安全及使用。

作为金融服务实体经济和乡村振兴的又一实践，该项目在多次深入调研的基础上，依托中国中化深厚的农业产业背景，充分发挥产融协同作用，为农业企业提供线上线下相结合的农业托管服务，切实助力当地农业产业高质量发展。

农业托管服务信托不仅积极响应国家号召，在引入社会资本下乡的同时，充分发挥信托制度优势，以完善的风控措施及高效的运营能力为保障，对项目的各方进行全流程监督管理，确保项目前、中、后期的顺利运行。

参考文献

李明贤、徐豫湘：《绿色金融支持和美乡村建设的机制与路径研究》，《世界农业》2024年第4期。

王慧：《创新绿色金融业务发展　推动银行ESG管理体系构建》，《中国货币市场》2022年第2期。

Contents

B.1 Cultivating and Expanding New Quality Productive
Forces to Drive High-quality Development
Li Xuesong / 001

Abstract: To firmly grasp the primary task of achieving high-quality development, it is essential to focus on fostering and emerging innovative technologies, extensively utilizing new production factors, accelerating the formation of new pillar industries, pioneering new consumer scenarios and collaboratively promoting domestic and international dual circulation. This would promote a shift in development concepts and methods towards innovation-driven, green development and digital-physical integration. Driving high-quality development through new quality productive forces involves various factors such as technology, industry, talent, education, finance and external openness. It requires in-depth advancement of institutional and mechanism reforms to swiftly establish production relations that are compatible with these new productive forces.

Keywords: New Quality Productive Forces; High-quality Development; Total Factor Productivity

B.2 Suggestions for Accelerating the Development of New
Quality Productive Forces under the Context of Major
Power Rivalry
Zheng Shilin, Huang Qing and Chen Jinxiang / 012

Abstract: General Secretary Xi Jinping introduced the novel concept of "new quality productive forces" during his inspections in Sichuan, Heilongjiang, and other regions. This concept represents the Sinicization and modernization of Marxist productive force theory under new historical conditions. This paper systematically delineates the core driving forces, implementation carriers, and realization pathways of new quality productive forces based on their fundamental connotation and essential definition. Drawing from the experiences of the United States, a technologically advanced nation, in developing "new industrial fields," the paper notes that the U. S. fosters and develops new quality productive forces through strategic planning and substantial research and development subsidies. Additionally, the U. S. seeks to "slow down" China to gain an advantage in major power rivalry and future prospects. The analysis highlights significant deficiencies in China's investment in basic research, breakthroughs in critical core technologies, exploration of new fields, and freedom of exploration. In this context, China should promptly introduce a "Medium-and Long-term Development Strategic Plan for New Quality Productive Forces." Furthermore, industrial policy resource allocation should increasingly shift towards scientific and technological innovation and overcoming critical core technological challenges. Enhancing the capacity for technological paradigm disruption, opening new fields and tracks, and nurturing and expanding new industries will establish an industrial foundation for the development of new quality productive forces.

Keywords: New Quality Productive Forces; Technological Innovation; Critical Core Technologies; High-Quality Development

B.3 Developing the Digital Economy and Cultivating New Quality Productivity

Li Wenxuan / 028

Abstract: The digital economy is characterized by disruptive innovation, industrial restructuring, and enabling integration, which aligns perfectly with the characteristics and connotations of new quality productivity, making it a key area for cultivating new quality productivity. Efforts should be made to accelerate the formation of high-quality productive forces through enhancing core technological capabilities, expanding international openness, cultivating data factor markets, and improving the digital skills of workers.

Keywords: Digital Economy; New Quality Productivity; Innovation Technology

B.4 Cultivating New Quality Productive Forces through Innovation in Emerging Industries

Shen Zixin / 039

Abstract: With the deepening of a new round of scientific and technological revolution and industrial transformation, China's emerging industries are booming, forming new quality productive forces in line with the law of high-quality economic development. Compared with traditional industries, emerging industries are characterized by disruptive technological innovation, forward-looking industrial layout, high market and organizational uncertainty, and more opportunities for technological catch-up. For a long time to come, the innovation of China's emerging industries will provide strong and lasting impetus for the cultivation of new quality productive forces. In recent years, the profound adjustment of the global innovation competition pattern has brought many challenges to China: emerging industries are facing the constraints of "stuck neck" technology; the modernization level of infrastructure needs to be improved; the technical characteristics of new quality productive forces put forward higher requirements for the institutional environment. Under the guidance of the goal of cultivating new quality productive forces, China needs to focus on the following four aspects: promoting the accumulation and utilization of new production factors, accelerating the improvement and upgrading of new infrastructure system, actively introducing changes in production organization methods, and forward-looking planning of future industrial layout.

Keywords: Emerging Industry; New Quality Productive Forces; Scientific and Technological Revolution; Industrial Change; Disruptive Technology

B.5 Cultivate New Quality Productivity through Technological Self-reliance and Self-improvement

Zhao Qifeng / 052

Abstract: New quality productive forces are an important part of Xi Jinping Thought on Socialism with Chinese Characteristics for a New Era and the latest theoretical achievement of the Sinicization of Marxist political economy. New quality productive forces are advanced productive forces with innovation-driven development at the core and the goal of improving total factor productivity. Developing new quality productive forces is an inherent requirement for promoting high-quality development and an important focus for building a new development pattern. It is of great significance for enhancing the security and stability of industrial and supply chains and strengthening international competitiveness. Self-reliance and self-improvement in science and technology is the prerequisite and foundation for developing new quality productive forces. China has made remarkable achievements in scientific and technological self-reliance, but there is still a certain gap compared with the world's scientific and technological powers. It is necessary to accelerate the cultivation and development of new quality productive forces by improving scientific and technological innovation policies and institutional mechanisms, increasing investment in basic research, promoting the deep integration of science and technology with industry, strengthening the cultivation of innovation talents, and deepening international cooperation and exchanges. This will provide support for the comprehensive construction of a modern socialist country and comprehensively promote the great rejuvenation of the Chinese nation through Chinese-style modernization.

Keywords: New Quality Productive Forces; Self-reliance and Self-improvement in Science and Technology; High-quality Development

B.6 Enhancing Total Factor Productivity through Technological Innovation

Liu Jiancui / 066

Abstract: Innovation is one of the important ways to improve total factor productivity. In today's society, the role of innovation is getting stronger and stronger. And scientific and technological innovation promotes the development and progress of economic society, improving the total factor productivity. This paper first analyzes the mechanism of scientific and technological innovation to improve the total factor productivity, and demonstrates that scientific and technological innovation can improve the total factor productivity with a model. Secondly, it analyzes the changing trend of China's total factor productivity in the new era. And then compared with the world, it is found that China's total factor productivity is still very low, and the difficulties in improving total factor productivity are analyzed. Finally, suggestions for improving the total factor productivity are put forward: increase the intensity of R&D investment, improve the efficiency of resource allocation, tap the potential of expanding the scope of resource allocation, improve investment efficiency, improve human capital, and continue to deepen the supply-side structural reform.

Keywords: Scientific and Technological Innovation; Total Factor Productivity; Educational Level

B.7 Promote High-quality and Full Employment

Wan Xiangyu, Zhang Qi / 079

Abstract: Employment is the cornerstone of well-being, and the report of the 20th National Congress of the Communist Party of China (CPC) proposes to "strengthen the employment-first policy, improve the mechanism of employment promotion, and promote high-quality and full employment." In this paper, we sort the goals and policies of high-quality employment during the 14th Five-Year Plan period, analyze the current situation and the achievements of high-quality employment, then reveal the prominent contradictions in the current employment market and the main challenges in the future. We make reference to the main measures and experiences of global employment promotion and put forward relevant recommendations for the promotion of high-quality and full development of China's employment in the future. It also draws on the main measures and experiences in boosting employment around the world and puts forward relevant suggestions for promoting the high-quality employment development in China.

Keywords: High-quality Employment; New Form of Employment; Employment of Key Groups

B.8 Improve a Stratified and Categorized Social Assistance System
Xiao Han / 103

Abstract: The social assistance system is an important part of the social security system, and the report of the Twentieth National Congress of the Communist Party of China explicitly states, "Improve the stratified and categorized social assistance system." Since the reform and opening up of China, a social assistance system has been established with minimum living standard guarantee as its core, supplemented by special assistance, emergency assistance and social participation, but the existing social assistance system still faces problems such as insufficient stratification and categorization, institutional deficiencies, and inefficiency in the provision of social assistance. As we enter the stage of solidly promoting common prosperity, how to further improve the social assistance system of stratification and classification, and how to design a social assistance system that considers both the "bottom-up" and "incentive" is an urgent problem to be solved. This paper summarizes the historical development and progress of China's social assistance system, the problems and challenges it currently faces, and summarizes the advanced international experience in social assistance, to put forward policy recommendations for a sound tiered and classified social assistance system.

Keywords: Social Assistance System; Minimum Living Standard Guarantee; Common Prosperity

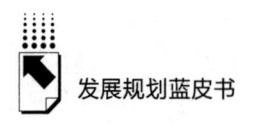

B.9 Promote the Construction of China's Consumption Center

Zhou Yong / 122

Abstract: Against the backdrop of a manufacturing powerhouse and production center, China has proposed an economic consumption transformation, aiming to build a consumption powerhouse and establish (international) consumption centers (cities). Currently, some traditional consumer cities in China have undergone historical changes. Later developing consumer cities are more focused on production and manufacturing, while some remote and grassroots towns are gradually transforming into consumer centers. However, most consumer centers have not yet achieved specialized and independent development. There is a deep internal adjustment logic from the production center to the consumption center, including changes in the driving force of economic growth, transitioning from supply driven to demand driven; The main contradiction has changed, and more efforts have been made to resolve the contradictions of unbalanced and insufficient development; The conditions for the improvement of economic level and the development of consumption have been met; Resources and environment are facing a crisis, and it is necessary to resolve the tight constraints of production economy through consumption economy; The domestic and international environment has changed, and the consumer center bears the responsibility of economic breakthrough. Relevant institutional mechanisms need to be established, and policy adjustments should include adapting to the trend of reduced labor time in production and increasing consumption time; Adjust urban layout and smooth consumption flow; Strengthen the construction of public consumption facilities and create a large consumption scene; Adjust income distribution and build an outward oriented consumption structure; Deepen the understanding of regularity and give full play to the main functional role of consumption in the economy in the post industrial era; Guide consumption and actively plan a consumption blueprint.

Keywords: Consumer Center; International Consumption Center City; Macro-control; Regional Economy; New Development Pattern

B.10 Adjust and Optimize the Scope and Rates of Consumption Tax

Duan Meng / 134

Abstract: As a main tax in China, consumption tax has an important role in increasing financial revenue and regulating economic development. The Third Plenary session of the 20th Central Committee pointed out that "we will deepen the reform of the fiscal and tax system, promote the relocation of consumption tax collection and steadily reduce the number of localities." It can be seen that the consumption tax reform is an important topic of China's tax reform in the future period of time. Based on the data such as the national input-output table in 2020, this paper constructs a multi-department fiscal and tax CGE model that subdivides the central government and local government. From the perspectives of adjusting the collection scope, moving back the collection link, and sharing between the central and local governments, this paper simulates and analyzes the economic and financial effects under different consumption tax reform plans. The results show that the three consumption tax reform programs have negative effects on real GDP, investment, output, imports and exports, but the changes are small. In addition, the three reform programs have increased the overall fiscal revenue level of local governments. Finally, in order to better exert the economic and financial effects of the consumption tax reform, the consumption tax rate of tobacco and alcohol commodities should be raised in a timely manner and the backward collection link, and the reform of consumption tax revenue attribution should be coordinated. At the same time, the establishment of consumption tax revenue regional financial balance coordination mechanism.

Keywords: Consumption Tax; Economic Effect; Financial Equilibrium; CGE Model

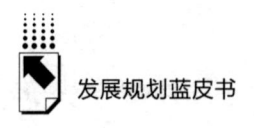

B.11 Accelerate the Integrated Development of Urban and Rural

Zhang Yanqun, Zhang Mingjin / 150

Abstract: During the 13th Five-Year Plan period, China has made historic achievements in promoting the urban and rural integrated development. The urbanization rate has increased significantly, and the basic public service provision mechanism of urban and rural integration has been gradually established, which lead to the system integration, quality balance and level equality. The "14th Five-Year Plan" proposes to take the road of rural revitalization with Chinese characteristics and socialism, by means of fully implementing the rural revitalization strategy, strengthening the use of industry to supplement agriculture, and cities to lead rural, in order to promote the formation of a new type of urban-rural relationship between industry and agriculture, which has characters of complementarity, coordinated development and common prosperity between urban and rural. In this chapter we first summarize the contents of urban-rural integrated development in some important documents such as the "Outline of the 14th Five-Year Plan" and "the Key Tasks of New Urbanization and Urban-Rural Integration Development". Then we establish an evaluation index system for urban-rural integration, to describe and evaluate the stylized facts of the spatial and temporal changes of urban-rural integrated development between provinces in China in the past 20 years. Based on this, we identify and analyze the main impact factors of urban-rural integrated development. Policy suggestions for promoting urban-rural integrated development are put forward.

Keywords: Urban-rural Integrated Development; New Urbanization; Basis Public Service

B.12 Pushing Forward All-round Rural Vitalization Effectively

Li Ying / 164

Abstract: During the "14th Five-Year Plan" period, great progress has been made in promoting the comprehensive revitalization of rural areas, improving the comprehensive production capacity of national grain and important agricultural products, continuously consolidating and expanding the achievements of poverty alleviation, pragmatically promoting rural development and rural construction, deepening agricultural scientific and technological innovation and rural reform. However, at the same time, China is facing problems of relatively backward rural economic development, significant challenges in ecological environment, poor two-way flow of urban and rural factors, low equalization of public resource allocation, urban-rural income imbalance under the slowdown of rural income growth, and insufficient comprehensive carrying capacity of county economy. To this end, China needs to accelerate the transformation of agricultural modernization, strengthen rural governance, break institutional constraints of urban and rural areas, increase the investment of rural public resources, increase farmers' income through multiple channels, and promote the high-quality development of county economy, so as to push forward all-round rural vitalization effectively

Keywords: Rural Revitalization; Agricultural Modernization; Integrated Urban-rural Development

B.13 Promoting Chinese-style Modernization through
Comprehensive Rural Revitalization *Peng Zhan* / 178

Abstract: This paper focuses on the role of comprehensive rural revitalization in advancing Chinese-style modernization. It emphasizes the contributions of agricultural technological innovation and the "new food perspective" to food security, rural revitalization, and agricultural modernization. The article proposes the establishment of a diversified food supply system, the development of courtyard economy, forest economy, and marine economy, while also exploring industrial integration and urban-rural integrated development. In response to the issue of rural aging, the article suggests that the "Data Element ×" action plan will drive the digital and intelligent transformation of agriculture, enhancing equality in public services to promote rural development. The government should strengthen rural education, medical insurance, and social security, improve infrastructure, and stimulate the rural consumption market.

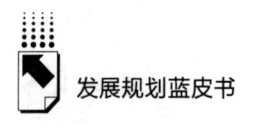

Keywords: Rural Revitalization; New Productive Forces; Data Elements

B.14 Deepen the Reform and Opening Up in the Service Sector

Zhang Huihui / 192

Abstract: Since the beginning of the "14th Five-Year Plan" period, both the added value and employment proportion of the service industry have increased compared to the "13th Five-Year Plan" period, further highlighting the important role of the service industry as a "ballast" in the national economy. Around deepening the reform and opening-up in the service sector, China has introduced a series of policy measures in terms of relaxing market access, expanding the scope of comprehensive pilot programs for opening up, strengthening talent team construction, and improving the quality standard system of services. These measures have achieved progress and effectiveness in multiple aspects. However, at the same time, there are still issues such as imperfect institutional construction related to reform and opening-up, inadequate implementation of reform measures, uneven degree of opening up and development among regions, as well as risks and challenges brought by geopolitical evolution. It is necessary to further promote the high-quality development of the service industry through measures such as continuously promoting high-standard institutional opening up, deepening the reform of "streamlining administration, delegating power, strengthening regulation, and improving services", exploring new fields and new measures for reform and opening-up, and enhancing production efficiency through technological innovation.

Keywords: Service Industry; Reform and Opening-up; "Streamlining Administration, Delegating Power, Strengthening Regulation, and Improving Services" Policy Evaluation

Contents

B.15 Enliven Capital Market

Lyu Jun / 205

Abstract: On the basis of a brief analysis of the connotation and significance of enlivening capital market and the introduction of the main policy measures of China's capital market in recent years, the main achievements in the development of China's capital market are summarized. At the same time, it points out that China's capital market has some problems that restrict enlivening the capital market and influence market stabilization, such as the relatively serious falsification of information disclosure, the excessive risk that investors bear in obtaining long-term returns and the individual-investment style of institutional investors. The main reasons for these problems are related to the shortcomings of the market-oriented operation mechanism, the lagging governance and construction of institutional investors, and the weak punishment of violations and regulations. The government needs to start from improving the market mechanism, systematically sort out and revise policies and measures, reshape the supervision force, attach importance to the construction of institutional investors' governance mechanism, and cultivate a mechanism and environment conducive to enlivening and stabilizing capital market.

Keywords: Capital Market; Securities Market; Institutional Investors

B.16 Dismantling Local Protectionism and Market Fragmentation

Zhang Rongjia / 219

Abstract: Dismantling local protectionism and market fragmentation is crucial for establishing a unified national market. It is vital to address these issues to eliminate the key obstacles that hinder economic circulation and to facilitate the smooth flow of goods and resources across broader regions. This paper reviews the policy measures aimed at dismantling local protectionism and market fragmentation, outlines the development of these policies, and summarizes the progress and achievements in this area. China has made notable strides in addressing significant issues of local protectionism and market fragmentation, enhancing market connectivity, and advancing reforms in public utilities. However, several challenges persist, including the transformation of "visible barriers" into "invisible barriers," the path dependency of "approval-based management" in new business models, and discrepancies in regional market regulations. Drawing on the experiences of the European single market, this paper proposes policy recommendations for China, such as improving the foundational rules for a unified market, advancing reforms in key sectors, intensifying pilot programs for regional integration, and adopting a dual approach of both dismantling existing barriers and promoting the construction of a unified national market.

Keywords: Local Protectionism; Market Fragmentation; Unified National Market

B.17 The Establishment of a Market Competition Evaluation System

Zhong Zhou / 232

Abstract: Currently, most countries and regions use the World Bank's business environment evaluation system as an indicator to examine the efficiency of the market economy. The World Bank's business environment evaluation emphasizes a bottom-up, micro-level enterprise perspective to assess the efficiency of the market economy for each country. However, China's institutional characteristics value both the bottom-up market behavior and the top-down policy guidance and unified large market economic efficiency. To serve the strategic goal of building a unified large market, it is necessary to establish a market competition condition assessment system that meets China's needs. This article explores this issue, clarifies the similarities, differences, and connections between the market competition condition assessment system and the business environment evaluation system, and proposes an assessment system that includes a "basic module" and a "high-quality market economy evaluation system module". The "basic module" includes two aspects: first, a regional competition environment assessment system that connects with the World Bank's business environment evaluation system; second, a regional fair competition contribution assessment system that connects with the construction of a unified large market nationwide. On this basis, to take into account both universality and regional development conditions, various localities could further supplement relevant evaluation indicators for evaluating the quality of market economy.

Keywords: Antitrust; Business Environment; Competition Assessment; Fair Competition Review

B.18 Accelerate the Construction of the Hainan Free Trade Port

Feng Feng / 246

Abstract: "Accelerating the construction of the Hainan Free Trade Port" is a significant strategic decision made by the Central Committee of the Communist Party of China, based on the new stage of development, the implementation of a new development concept, and the acceleration of the construction of a new development pattern. The high-quality development of the Hainan Free Trade Port requires a solid industrial system as its foundation, and the construction of a modern industrial system is essential for promoting the high-quality development of the Free Trade Port. This article systematically addresses the prominent issues of the Hainan Free Trade Port's development, such as its special nature, relatively single industrial structure, insufficient modern characteristics of the industrial system, and not solid enough industrial support system. It proposes that the future development of the Hainan Free Trade Port should focus on advancing the construction of a modern industrial system in the following areas: promoting regional economic cooperation, relying on characteristic industries to strengthen cooperation with countries and regions in the South China Sea; enhancing the level of industrial openness, promoting high-quality development of the Free Trade Port with an open modern industrial system; optimizing the industrial structure system, aiming for green innovation to fill the gaps in the industrial system; consolidating the industrial support system, leading with high-end factor resources to jointly promote industrial development; and improving overall labor productivity, aiming for common prosperity to promote employment and income growth.

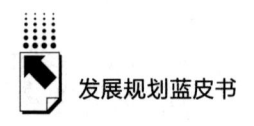

Keywords: Hainan Free Trade Port; High-quality Development; Modern Industrial System

B.19 Promoting FDI and ODI

Li Shuangshuang / 264

Abstract: Under the multiple backgrounds of the United States continuing to promote decoupling and chain breaking with China, our need to resume normal cooperation with the outside world as soon as possible after the COVID-19 pandemic, and the slowdown of China's economic growth, China is deploying and launching a series of policies on how to stabilize FDI and improve the level of ODI around the implementation of the goals of the 14th Five-Year Plan, combined with the changed domestic and international environment, and has been achieving certain positive results. However, it cannot be denied that China's FDI&ODI development is facing special difficulties, which require to consider comprehensively, balance development and security, and ensure that attracting FDI and ODI continue to develop well on the basis of stable scale.

Keywords: FDI; ODI; Promoting FDI and ODI

B.20 Attracting Global Factor Resources by Enforcing Domestic Economic Cycle

Luo Chaoyang / 278

Abstract: The construction of a new development pattern, with the domestic macrocycle as the main body and the domestic and international double cycle mutually reinforcing, is a strategic decision made by China in the light of its own conditions and in full consideration of the global economic situation. To realize the mutual promotion of domestic and international double cycle, it is necessary to attract global factor resources by promoting the domestic macrocycle, so as to realize a more open and interactive mode of economic development. This paper discusses in detail the multiple significance of attracting global factor resources to China's domestic and international cycles, analyzes China's current situation and problems in attracting capital, talent, scientific and technological innovation, and data factors, and proposes measures and suggestions such as accelerating the construction of a unified national market, creating a first-class business environment, actively participating in the formulation and revision of international rules, deepening the reform of the system and mechanism for talent development, and perfecting the scientific and technological innovation system, so as to more effectively promote the development of China's domestic and international economy and to improve its economic development. It proposes to accelerate the construction of a unified national market, create an international first-class business environment, actively participate in the formulation and revision of international rules, deepen the reform of the system and mechanism for talent development, and improve the science and technology innovation system in order to more effectively utilize the two international and domestic markets and two kinds of resources to promote the high-quality development of the economy, and at the same time, to provide the global economy with new momentum and opportunities.

Keywords: Domestic Macrocycle; New Development Pattern; Global Resources

B.21 Promoting in-depth Participation in Global Industrial Division of Labor and Cooperation

Pan Chen / 291

Abstract: China is facing profound and complex international and domestic trade environment. The 20th CPC National Congress pointed out that it is necessary to "deeply involve ourselves in the global industrial division of labor and cooperation", which is a directional guide to promote high-level opening up and high-quality development with practical significance. To this end, this paper follows a logical framework of significance and inherent requirements, policy measures, progress and challenges, as well as countermeasures, to explore how to promote China's deep involvement in global industrial division and cooperation in the current situation. It finds that the main challenges that China is currently facing are restrictions and blockades from some western countries, relatively low export value-added in several key sectors, weak core technologies in some areas, and a lack of multinational enterprises. In the future, countermeasures such as actively aligning with international high-standard economic and trade rules, continuously deepening and expanding external economic and trade relations, constantly improving the innovation system and mechanism, fostering multinational enterprises with global industrial layout capabilities, and enhancing the resilience of industrial chains and supply chains should be taken to promote China's deep involvement in global industrial division and cooperation.

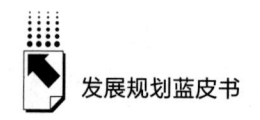

Keywords: Global Industrial Division of Labor and Cooperation; International Economic and Trade Relations; Institutional Opening Up; Technological Innovation; Multinational Enterprises

B.22 Promote Green Development of China's Direct Investment in the "Belt and Road"

Dong Huimei / 305

Abstract: As the green "Belt and Road" has become an important direction for the high-quality development of the "Belt and Road", the Chinese government and relevant departments have launched a series of policies to promote the development of the green "Belt and Road". China's investment scale in the "Belt and Road" countries continues to expand, and the structure of investment industries, regional distribution, and investment models are constantly optimized. Moreover, progress has been made in green energy investment, green infrastructure construction, and green overseas cooperation zone development, as well as green financial development in the "Belt and Road" countries. However, there are also risks and problems such as different definitions of "green" standards with host countries, insufficient green investment and financing scale, and security reviews from host countries. To address these issues, it is necessary to strengthen the promotion of green development concepts, build a green financial service system, strengthen cooperation with the "Belt and Road" countries, and promote the docking of "green" standards to promote green investment development in the "Belt and Road" countries .

Keywords: The Belt and Road Initiative; OFDI; Green Development

B . 23 Ensuring the Eight Major Steps: China's Commitment to High-quality Belt and Road Initiative Development

Zhu Lan / 318

Abstract: Based on the spirit of the report from the 20th National Congress of the Communist Party of China and the 2024 Government Work Report, this paper analyzes the theoretical logic and latest developments of the eight actions for high-quality joint construction of the "Belt and Road" initiative. It discusses the risks and challenges as well as the advantages faced in promoting the implementation of these actions. The paper puts forward specific policy recommendations from four aspects: coordinating high-quality development with high-level security, operating in a market-oriented and commercialized model, promoting both major signature projects and "small yet smart" livelihood programs, and deepening cultural dialogue and improving international cooperation mechanisms. These recommendations aim to promote the in-depth and solid development of the "Belt and Road" initiative, providing a strong support for global common development and prosperity.

Keywords: High-quality Joint Construction of the "Belt and Road"; Eight Actions; Theoretical Logic; Policy Recommendations

B . 24 Preventing and Resolving Real Estate Risks

Hu Jie / 331

Abstract: Real estate is closely related to the interests of the general public and the overall development of the economy and society. At present, the supply and demand relationship in the real estate market has undergone a significant shift. Both supply and demand in the real estate market are rapidly declining, and the liquidity crisis of real estate enterprises has not yet been resolved, causing serious impact on upstream and downstream industries, not only exacerbating financial system risks, local government debt risks but also directly dragging down economic growth. The crisis currently facing the real estate industry is fundamentally a crisis of confidence and expectations in the entire real estate market. The urgent task at hand is to take multi-faceted measures to restore market confidence and establish a long-term mechanism for the healthy development of real estate, thereby promoting the stable and healthy and high-quality development of the real estate industry.

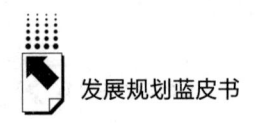

Keywords: Real Estate; Risk; Debt Default

B.25 Effective Prevention and Control of Financial Risks

Cheng Yuan / 345

Abstract: Improving the level of financial supervision and effectively preventing and controlling financial risks are of great significance in safeguarding the health and stability of the financial system, and maintaining the smooth operation of the economy, and enhancing the resilience of the financial system. During the 14th Five-Year Plan period, China's financial regulatory authorities, including the People's Bank of China, the China Banking and Insurance Regulatory Commission, and the China Securities Regulatory Commission, have implemented a series of policies and measures to improve the level of financial supervision by perfecting the framework of the financial regulatory system, strengthening the supervision of financial companies and platforms, and tightening the regulation of financial activities. Currently, the challenges faced by financial supervision mainly lie in risks from small and medium-sized financial institutions, risks in the real estate sector, and risks from government debt. To address these challenges, it is necessary to strengthen the financial stability safeguard system by perfecting the financial regulatory framework, deepening the reform of the systems and mechanisms in the financial and real estate sectors, and strengthening prudent supervision, behavioral supervision, and functional supervision.

Keywords: Financial Stability; Financial Risks; Financial Regulation

B.26 Research on Several Issues in Building a Modern Industrial System

Li Haijian, Li Zhenzhen and Li Lingxiao / 359

Abstract: The modern industrial system is the material and technological foundation of modern countries. This article systematically discusses the issue of "building a modern industrial system". Regarding the definition of the connotation of modern industrial system, from the perspective of horizontal integration, modern industrial system can be divided into industrial system of a certain industry, industrial system of all industries, industrial system of extended industries, and industrial system beyond industries. From the perspective of vertical division of labor, from industry to industry, to departments, products, and components becoming industries, and then to segments, links, and modules becoming industries. About the characteristics of the modern industrial system, including the "three modernizations" of digital intelligence, green and integration, integrity, progressiveness and security, and "+ culture". Ten issues need to be emphasized in building a modern industrial system, including openness, continuity, dynamism, ecology, systematicity, control ability, non manufacturing industry, industrial organization, industrial layout, and industrial refinement. The overall measures for building a modern industrial system include the "Three Priorities", "Five Adherences", and "Five Essential Measures". To build a modern industrial system, it is necessary to understand it with a "system thinking" approach and conduct a "system solution".

Keywords: A Modern Industrial System; Industrial Organization; Industry

B.27 Raise the Level of Integrated Development of Basic Scientific and Technological Condition Resources

Zhu Chengliang / 377

Abstract: The integrated development of basic S&T condition resources is an important guarantee for achieving high-level S&T self-reliance. At present, China has made significant progress in the development and open sharing of five types of basic

S&T condition resources supported by the government, including major scientific research infrastructure, large-scale scientific research instruments, scientific data, biological germplasm and experimental materials, and national field stations. However, the existing construction of basic S&T capabilities is still unable to meet the practical needs of sustained high-level basic research, and the open sharing and integrated development of existing basic S&T condition resources need to be further improved. The new era has put forward new and higher requirements for the integrated development of basic S&T condition resources. Efforts should be made to improve the operational efficiency and open sharing level of the basic S&T condition platform, promote the interconnection and exchange of basic S&T condition resources, and provide a solid foundation for supporting China's S&T innovation development and high-level S&T self-reliance.

Keywords: Government-led; Basic S&T Condition Resources; Open Sharing

B.28 Research on Strengthening National Strategic Scientific and Technological Forces

Zhuang Qinqin / 388

Abstract: National strategic scientific and technological force is the most core component of the national innovation system, and the strength of strategic scientific and technological force is directly related to the effectiveness of the innovation system. Since the 18th CPC National Congress, the main body of China's strategic scientific and technological forces, platforms and capabilities have been continuously improved, but there are still problems such as the low level of organisation of scientific and technological resources, the weak innovation ability of the core body, and the irrational layout of scientific and technological forces, which have resulted in the low effectiveness of China's innovation system. Facing the requirement of accelerating the realization of high-level scientific and technological self-reliance and self-reliance, we should strengthen the organization of strategic scientific and technological forces, enhance the construction of the core body's innovation ability, optimize the layout of strategic scientific and technological resources, and promote the construction of strategic scientific and technological infrastructure, so as to comprehensively enhance the effectiveness of the national innovation system.

Keywords: National Strategic Scientific and Technological Forces; Scientific and Technological Self-reliance; National Innovation System

B.29 Promoting the Independence and Controllability of Key Core Technologies

Gao Hongwei / 401

Abstract: The key core technology is a national treasure, which is of great significance for China to achieve high-level technological self-reliance and self-improvement and ensure national security. This article deeply analyzes the theoretical connotation of the independence and controllability of key core technologies, systematically sorts out the progress and problems of the tackle of key core technologies in China, and puts forward countermeasures and suggestions. The research finds that despite significant progress, China still faces significant constraints in terms of high-end innovative talents, funding mechanisms, collaborative research and development with enterprises as the main body, basic research, open innovation, institutional mechanisms, and development ecology. In the future, China should strengthen the cultivation and introduction of high-end innovative talents, improve the funding mechanism, promote collaborative research and development with enterprises as the main body, strengthen investment and guarantee in basic research, accelerate the construction of an open innovation ecosystem, and improve the institutional mechanisms and development ecosystem, so as to promote the achievement of the independence and controllability of key core technologies.

Keywords: Key Core Technologies; Independence and Controllability; High Level Technological Self-reliance and Self-improvement

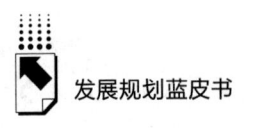

B.30 Research on the Construction of Multi-level Science
and Technology Innovation Center *Yang Boxu / 415*

Abstract: The Science and Technology Innovation Center serves as a pivotal platform, consolidating innovative elements, initiating high-quality innovation growth, and bolstering the efficiency of the national innovation system. Presently, China boasts a foundational "3 + 3" innovation center network, instrumental in driving regional growth poles and executing strategic regional initiatives. However, the existing innovation landscape confronts challenges, including homogeneity, limited radiating influence, and spatial imbalances. In the future, accelerating the development of science and technology innovation centers necessitates a strategic approach that encompasses clearly defining the roles and positions of each center, enhancing the multidimensional layout of these centers, transcending administrative boundaries to amplify their spillover and driving impacts, fostering seamless integration between innovation centers and local distinctiveness, and nurturing unique, internally driven growth hubs.

Keywords: Science and Technology Innovation Center; Spatial Layout; Strategic Positioning; Multi-level Pattern

B.31 Foster Future-oriented Industries

Wang Hongwei, Yang Shuqi / 428

Abstract: Future industry is a new industry, new model and new kinetic energy promoted by subversive technology and cutting-edge technology. It is the leading force in the new round of scientific and technological revolution and industrial transformation, and it is also an important part of China's new quality productivity. Future industry plays an important role in the long-term development of human economy and society and deeply affects the international competition pattern. Under the background of the accelerated evolution of the world's unprecedented changes in the past century, future industry is becoming the key for countries to seize the commanding heights of science and technology and compete for industrial dominance. This paper systematically expounds the connotation and characteristics of future industries, and demonstrates the necessity of cultivating future industries based on the trend analysis of scientific and technological revolution and industrial transformation. By comparing the strategic layout of future industrial development in typical countries, this paper summarizes the basic conditions, shortcomings and policy implementation status in the process of future industrial cultivation in China. Finally, some policy suggestions are put forward to cultivate future industries from four aspects: strategic guidance, scene-driven, theme cultivation and talent team construction.

Keywords: Future Industry; Strategic Emerging Industries; A New Round of Scientific and Technological Revolution and Industrial Transformation; New Quality Productive Forces

B.32 Promoting the Intelligentization of Manufacturing Industry

Wu Bin, Han Xuefu / 445

Abstract: Manufacturing is an important pillar of the national economy, an important field of supply-side structural reform, the main battlefield of technological innovation, and an important part of high-quality economic development. Against the backdrop of a new round of scientific and technological change and industrial revolution, promoting the intelligent development of my country's manufacturing industry has become an inevitable requirement for optimizing and upgrading the manufacturing industry and transforming the economy. Based on the new development stage, this article briefly summarizes the background of intelligent manufacturing, sorts out the target requirements of intelligent manufacturing during the "14th Five-Year Plan (2021–2025)" period, and systematically summarizes the progress made by my country in the intelligent manufacturing industry in recent years from the aspects of manufacturing processes, industrial clusters, interconnected platforms and infrastructure. On this basis, this article analyzes the problems and challenges faced by the current intelligent development of our country's manufacturing industry, and puts forward targeted suggestions.

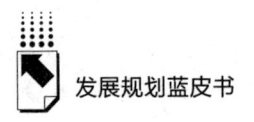

Keywords: Manufacturing Industry; High-quality Development; Intelligence Manufacture

B.33 Enhance the Reliability of Manufacturing Industries

Dong Wanlu / 457

Abstract: Improving the reliability of the manufacturing industry and building a strong quality country is a necessary measure to promote the high-quality development of China's economy. It is an important measure for the transformation of China's economy from large to strong, an important way to meet the needs of the people for a better life, and an important strategic deployment to enhance the competitiveness and influence of China's manufacturing industry. This article reviews the policy documents and development status of improving the reliability of the manufacturing industry in 2023, summarizes international advanced experience, analyzes the risks and challenges of improving the reliability of China's manufacturing industry, and proposes policy recommendations based on this.

Keywords: Manufacturing Industry; A Strong Quality Country; High-quality Development

B.34 Promote the Modernization of the Manufacturing Industry Chain with Digital Technology

Jiao Yunxia / 465

Abstract: With the continuous integration and application of digital technology in traditional manufacturing, digital technology has become an important driving force for the modernization of the manufacturing industry chain. The application of digital technology can give birth to new forms of the manufacturing industry chain, enhance the security and controllability of the manufacturing industry chain, promote the high-end development of the manufacturing industry chain, and enhance the efficiency of the manufacturing industry chain. At present, with the continuous breakthroughs in key core digital technologies, the application scenarios of digital technology in the manufacturing industry chain are constantly expanding, driving the comprehensive upgrading of China's manufacturing industry chain. However, the modernization development of China's manufacturing industry chain still faces many challenges, such as the need to improve the digitalization level of the manufacturing industry chain, the urgent need to solve the "low-end lock-in" dilemma of the global value chain, and the need for further smooth flow of data elements. To address these challenges, this paper suggests actively exploring new models for gradually advancing the digitalization level of the manufacturing industry chain, strengthening the element support of the manufacturing industry chain through the circulation of data elements, promoting the high-end development of the manufacturing industry chain through innovative breakthroughs, and promoting enterprise collaboration in the manufacturing industry chain through new digital platforms.

Keywords: Digital Economy; Manufacturing Technology; Modernization of the Manufacturing Industry

B.35 Promoting High-quality Development of Industrial Chain Under the Guidance of the Industrial Chain-leader System

Tang Yuehuan, Li Jinglin / 479

Abstract: The industrial chain-leader system is a innovation adopted in China to promote the high-quality development of industrial chains. As the Chinese economy steps into a stage of high-quality development, the chain-leader system plays a crucial role in ensuring the security of industrial chains and supply chains, as well as enhancing the resilience and modernization levels of industrial chains. This paper analyzes the basic characteristics, implementation reason and operational mechanisms of chain-leader system, emphasizing that the implementation of the system stems from the urgent need for industrial chain and supply chain security, higher requirements for industrial chain optimization and upgrading, and beneficial exploration of the boundaries between government and the market. This paper argues that the chain-leader system promotes high-quality development of industrial chains by facilitating industrial agglomeration, industrial upgrading, technological innovation, and integration of factors. Finally, this paper also delves into issues related to the relationships between the whole and the part, the industrial chain and clusters, the chain leader and the chain master within the operation of the chain-leader system.

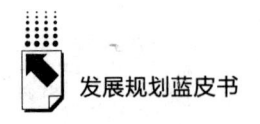

Keywords: Chain-leader System; Chain Master; Industrial Chain; Industrial Cluster; High-quality Development

B.36 Empowering Industry Development with New Generation Artificial Intelligence Technology

Xu Xuechen / 491

Abstract: As an important branch of the new generation of artificial intelligence technology, AIGC is quietly leading a revolution, and its application will have a profound impact on the development of the digital economy and society. This article analyzes the development history and current layout of AIGC both domestically and internationally. It is believed that AIGC has accelerated digital content production, reduced duplicate labor, and brought about industrial transformation for different industries. However, at the same time, it has also brought about issues such as false information dissemination, copyright ownership, and data security. To fully utilize the development dividends brought by AIGC and prevent its impact and risks, this article proposes relevant policy recommendations.

Keywords: AIGC; The New Generation of Artificial Intelligence Technology; ChatGPT; Digital Economy

B.37 Global IC Industrial Chain: Distribution, Technical and Economic Characteristics, and Challenges

Cai Yuezhou / 504

Abstract: Although the integrated circuit (IC) industrial chain is distributed globally, the qualified participants are limited to economies such as the United States, the United Kingdom, the Netherlands, Germany, Japan, South Korea, and China (including Taiwan and mainland China), and each economy has its own expertise and advantages. From a historical perspective, this distribution pattern has been largely driven by the US government and companies. From the perspective of techno-economic characteristics, the current IC industry chain features "ultra-long industrial chain and concentrated production capacity", "front-end locking in back-end induced by concentration", "limited capacity of niche market in subdivided links", and "financial countermeasures to upstream enterprises formed by downstream demand". In the context of deglobalization, the industrial chain is in a fragile "edge balance" state. The continuous technological progress and the continuous refinement of the division of labor have reduced the resilience of the industrial chain, and the smooth operation of the industry has become even more difficult and fragile. The risk of industrial and technological decoupling between major economies has pushed up the costs of digital transformation. The international community should abandon confrontation, strengthen cooperation, and actively build a positive and relaxed environment for future development.

Keywords: IC; Techno-economic Characteristics; Resilience of Industrial Chain; Technology Lock-in

B.38 Advancing the Development of the Industrial Internet

Ma Yefeng / 521

Abstract: Industrial Internet is an industrial and application ecology formed by the all-round in-depth integration of the Internet and new-generation information technology with the industrial system, and it is a key comprehensive information infrastructure for the development of industrial intelligence, which is not only of great value to the productivity improvement of the industrial and manufacturing sectors, but also to the economic efficiency improvement of the whole society. From the viewpoint of industrial Internet platform construction and application practice, the main problems and constraints currently faced include network security and data privacy, supply-demand mismatch, talent constraints, and uneven development.

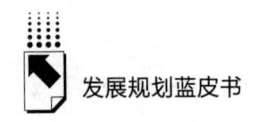

With the acceleration of the digital transformation of industrial manufacturing enterprises, the construction of industrial Internet should be actively and steadily promoted, and the strategic infrastructure of new industrialization should be continuously consolidated. The first is to play the leading role of the industrial Internet "Double-cross platform" to provide solutions to the systemic constraints of industrial Internet development; the second is to promote the convergence and integration of industrial digital resources, and to drive the synergistic development of large, medium and small enterprises in the industrial ecosystem; the third is to strengthen the innovation of institutions and mechanisms, and provide talent and institutional support for the construction and integration of industrial Internet platforms; the fourth is to promote the comprehensive docking of the industrial chain, supply chain, and value chain, driving by the element of data, and to form the mode of development of the digital economy, standards, and services of Chinese specialties.

Keywords: Industrial Internet; Digitalization; Industrial Revolution; Industrial Chain

B.39 Accelerate the High-quality Development of E-commerce

Ye Xiumin / 531

Abstract: E-commerce has become a new engine to promote economic growth with the development of Internet technology. The article first analyzes the current development status and characteristics of e-commerce in China, pointing out that it has played an important role in promoting consumption, expanding employment, and promoting industrial upgrading. However, there are still some problems in the development, such as imbalanced development, rampant counterfeiting and shoddy goods, high return rates and slow progress of virtual and real fusion, which restrict the further development of e-commerce. To accelerate the high-quality development of e-commerce, the article proposes the following suggestions: Firstly, increase infrastructure construction to promote the development of e-commerce in the central, western and northeastern regions; The second is to coordinate socialized supervision and crack down heavily on illegal and irregular behaviors; The third is to reduce the return rate and waste of social resources; The fourth is to promote the integration of virtual and real, accelerate the digital transformation of traditional enterprises.

Keywords: E-commerce; High-quality Development; Cross Border E-commerce

B.40 Accelerate the Development of Data Markets

Li Zhaochen / 543

Abstract: Data, as a new type of production factor, is the foundation of digitization, networking and intelligence. Accelerating the development of data markets is of great significance in promoting high-quality development. China has made solid progress in fostering data markets, with the data markets system becoming richer and richer, the vitality of data markets increasing, and the regulation of data markets becoming more and more perfect. At the same time, China is also facing challenges in developing data markets, which are highlighted by the difficulties in defining data property rights, the inadequacy of the data pricing mechanism, and the need to improve data governance capacity. International experiences for reference include the development of multiple modes of data transaction in the United States, the construction of unified data markets in the European Union, the mobilization of data supplying entities in the United Kingdom, and the construction of a data circulation standard system in Germany. China's accelerated development of data markets requires the construction of a data property rights system with Chinese characteristics, the creation of a multi-level data transaction system, and the improvement of data governance capabilities.

Keywords: Data Markets; Digital Economy; Data Rights; Data Pricing; Data Governance

B.41 To Explore the Accounting Treatment for Data Assets

Chen Nan / 554

Abstract: Data are regarded as strategic resources and key production factors in the era of digital economy, and are becoming a new type of asset for enterprises. Enterprise data assets can be defined as data resources lawfully controlled by the enterprise, with measurable costs, and capable of bringing exclusive economic benefits to the enterprise in the future, and should be counted as "inventory", "intangible assets" and "development expenditure" in enterprise accounting statements. The appropriate accounting treatment of data assets will help guide enterprises to strengthen data resource management and provide reference for investors and regulators to understand the value of data. At the same time, the listing of data assets and the related evaluation process also brings accounting and auditing risks, and opportunistic behavior is likely to spread such risks from enterprises to macro areas, causing huge hidden dangers. Therefore, there is an urgent need to standardize the accounting procedure for enterprise data assets, strengthen industry guidance and supervision, and make appropriate system design and governance plans in advance in terms of audit supervision and financial taxation.

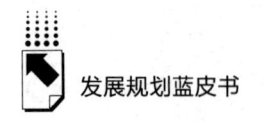

Keywords: Enterprise Data Assets; Data Asset Listing; Data Evaluation; Accounting Treatment of Data

B.42 Multiple Measures Have Been Taken to Promote Data Rights Confirmation

Duan Litao / 565

Abstract: This paper combs the concept of data right confirmation and analyzes the current situation of data right confirmation in our country. On this basis, the pain points and difficulties in the process of data right confirmation are discussed, and the solution strategies are proposed from the government level, the enterprise level and the society level. The government needs to improve regulations, establish a rights verification system, strengthen supervision and promote data openness. Companies should establish a data governance framework, strengthen protection, clarify ownership, and facilitate sharing. At the social level, industry associations, media and consumers need to work together to increase public awareness and engagement to promote the realization of data validation and the development of data element markets.

Keywords: Data Right Confirmation; Government; Enterprise; Society

B.43 Accelerating the Digital and Intelligent Transformation of
Small and Medium-sized Enterprises

Bai Yantao / 579

Abstract: The report of the 20th National Congress of the Communist Party of China proposed the important strategic guideline of "promoting the deep integration of the digital economy with the real economy," emphasizing the importance of digital transformation for economic development. The "Opinions on Promoting the Development and Growth of the Private Economy" issued by the CPC Central Committee and the State Council on July 14, 2023, put forward specific measures to "accelerate digital transformation and technological transformation," marking the entry of Chinese enterprises into a new era of digital transformation. The "Decision of the CPC Central Committee on Further Comprehensively Deepening Reform and Promoting Chinese-Style Modernization" deliberated at the third plenary session of the 20th Central Committee, proposed to "accelerate the new type of industrialization, cultivate and develop advanced manufacturing clusters, and promote the high-end, intelligent, and green development of manufacturing". Small and medium-sized enterprises (SMEs), as the most dynamic and innovative part of the economic system, their digital and intelligent transformation process is crucial for the survival and development of the enterprises themselves, and also plays an extremely important role in the innovation and vitality of the entire economic system. The Chinese government has successively issued a series of policy measures such as the "Special Action Plan for Digital Empowerment of SMEs" "Evaluation Indicators for the Digitalization Level of SMEs (2022 Edition)" and the "Guide for the Digital Transformation of SMEs" aiming to promote pilot work for the digital transformation of SMEs, which not only helps to guide and standardize the digital transformation process of SMEs but also provides specific policy support and guidance. This article, by analyzing the actual situation of the digital and intelligent transformation of SMEs, combined with the current policies of China on the digital and intelligent transformation of SMEs, sorts out the current situation of China's acceleration of the digital and intelligent transformation of SMEs, and puts forward relevant conclusions and suggestions.

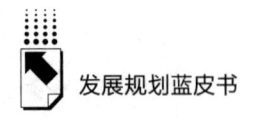

Keywords: Small and Medium-sized Enterprises (SMEs); Digital Intelligence; Digital Economy

B.44 Accelerate the Construction of Computing Power Network

Wei Jieyu / 597

Abstract: In recent years, with the comprehensive opening of the digital economy era, especially the accelerated development of technologies such as big data, cloud computing, Internet of Things, and artificial intelligence, the generation of massive data has been promoted. The computing power, as a data processing capability, has become a key element in the development of the digital economy era. Currently, computing power networks, as a new type of infrastructure, are providing new momentum for the digital transformation of the real economy and high-quality development of the economy and society in a new form. In recent years, China has achieved remarkable results in the construction of computing power infrastructure, with the initial formation of a computing power network system, continuous implementation of computing power applications, and continuous improvement of industrial innovation capabilities. At the same time, China's computing power development is also facing problems such as the bottleneck of high-end computing chips, mismatch between supply and demand, and energy supply constraints. It is necessary to further optimize the spatial layout of computing power while strengthening basic research on chips and algorithms, and promote the integration and development of green energy and computing power networks.

Keywords: Computing Power Network; Digital Economy; Artificial Intelligence; Intelligent Computing Power; Data Center

B.45 Promote the Healthy, Orderly and Safe Development
of Artificial Intelligence

Peng Xushu / 608

Abstract: Artificial intelligence is a disruptive innovation that is likely to have a negative impact on employment, to create an intelligence gap, to exacerbate income inequality and wealth inequality, challenge existing ethical rules and legal order, to affect the shaping of values throughout society, and pose national security risks. Based on the current situation of artificial intelligence, it is recommended to accelerate the establishment of a framework for systematic risk management of artificial intelligence, to development a responsible AI, to establish a comprehensive supervision model covering the entire process, to participate in and lead international cooperation in AI governance, and to continuously improve citizens' digital literacy.

Keywords: Artificial Intelligence; Citizens' Digital Literacy; AI Governance

B.46 Promoting High-quality Development with AI

Li Wenjun, Li Wei / 623

Abstract: Based on the theoretical logic and mechanism analysis of the impact of artificial intelligence on high-quality development, this paper empirically tests the impact of artificial intelligence on high-quality development using provincial panel data from 2007 to 2022 in China. Research has found that artificial intelligence has significantly improved the level of high-quality development, and the results remain robust after a series of tests. Artificial intelligence has significantly improved the level of innovation, green, coordinated, open, and shared development; Artificial intelligence has significantly improved the high-quality development level of growth pole provinces and western regions. The role of high-quality development level in the eastern region is positive but not significant, while the slow progress of artificial intelligence deployment in the central region has not played a role in improving the high-quality development level. Based on the research findings, relevant policy recommendations are proposed to better leverage the promoting role of artificial intelligence in high-quality development.

Keywords: Artificial Intelligence; High-quality Development; Industrial Robotics; Technological Innovation

B.47 Accelerating General Artificial Intelligence Innovation and Development

Zuo Pengfei / 640

Abstract: The Decision of the Central Committee of the Communist Party of China on Further Comprehensively Deepening Reform and Promoting Chinese Modernization, adopted by the Third Plenary Session of the Twentieth Central Committee of the CPC, is a programmatic document guiding the further comprehensive deepening of reforms on the new journey, which mentions AI several times, and "establishes a system for the safety supervision of AI", "improve policies and governance systems for promoting the development of new-generation information technology, artificial intelligence and other strategic industries", "improve the development and management mechanism of generative artificial intelligence", which points out the way forward for promoting the high-quality development of artificial intelligence in China. China's high-quality development of artificial intelligence points out the way forward and provides a fundamental guideline. With the rapid development of science and technology, artificial intelligence plays an increasingly important role in economic and social development, and its influence, leading power and penetration are constantly improving, which is not only a key element to promote China's technological innovation and industrial upgrading, but also an important engine for the development of new quality productivity. At present, the development of general artificial intelligence in China has entered the fast lane and the "four-phase superposition" stage, and at the same time, it also faces some problems and challenges. In order to promote the innovation and development of general artificial intelligence, this paper puts forward relevant suggestions from top-level design, basic research, education and training, integration of science and innovation with industry, and international cooperation and exchange.

Keywords: Artificial Intelligence; Technological innovation; Industrial Intelligence; Application Scenarios

B.48 Develop and Strengthen the Artificial Intelligence Industry

Hu Anjun / 651

Abstract: After entering the ultra large scale model stage of artificial intelligence (AI), there has been a frenzy of AI competition around the world. Developing and strengthening China's AI industry is an important strategic lever for promoting technological leapfrog development, industrial optimization and upgrading, and winning the initiative in global technological competition. The article first outlined the main policies in the field of AI in China in 2023, summarized the prominent characteristics of these policies, and analyzed the practical achievements of the AI industry. Then, a seven dimensional model for the development of the AI industry was constructed from the seven elements of algorithm, computing power, data, funds, resources, layout and security. Based on the model, the main challenges faced by the development of China's AI industry were analyzed. The corresponding suggestions for developing and strengthening the AI industry were proposed in response to these challenges.

Keywords: AI; Seven Dimensional Model of AI; Largbe Scale Model

B.49 Actively and Pprudently Working Toward Peaking Carbon Dioxide Emissions and Achieving Carbon Neutrality

Zhang Youguo / 663

Abstract: Actively and prudently working toward peaking carbon dioxide emissions and achieving carbon neutrality (double-carbon) is in line with the laws of economic and social development and it is one of the most important way to promote modernization by Chinese path. Since 2023 China has made a series prominent progresses in many aspects of double-carbon work, such as constructing carbon emissions trading system. However, China still faces many challenges and problems in the area of low-carbon technological innovation, green and low-carbon transition of production pattern and life-style, low-carbon policy system construction. Therefore, China needs to grasp the double-carbon work with system philosophy and dialectical philosophy, scientifically control tempo of the double-carbon work, coordinates energy transition and energy security, takes methodology of Pilot before promotion when making important policies for low carbon development and plans carbon reduction, pollution decreasing, expanding green area and economic growth entirely.

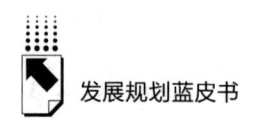

Keywords: Peaking Carbon Dioxide Emissions and Achieving Carbon Neutrality; Low-carbon Technology; Carbon Emissions Trading System

B.50 Research on the Pathway to Emission Peak and Carbon Neutrality of Industry in China

Lou Feng / 676

Abstract: China committed in 2020 that it will achieve peak carbon emissions by 2030 and reach net-zero by 2060. The goal of emission peak and carbon neutrality has put forward profound requirements for the future development transformation of different industries in China. Industry is major contributor to global greenhouse gases and key area to address climate change in China. This research focuses on the pathway for China's industries to achieve emission peak and carbon neutrality goals. A CO_2 emission inventory is constructed to analyze the historical characteristics and current status of China's industrial CO_2 emissions. An industrial technology pathway module is combined with the macroeconomic model of China developed by the University of Chinese Academy of Social Sciences, which has been operating for more than 30 years, to form a systematic model to project the future CO_2 emissions trend of industrial sectors under different development scenarios. The results show that China's industry has a good foundation to achieve the emission peak during the 15th Five-Year Plan period if sufficient emission reduction measurements are taken during the 14th Five-Year Plan period. After reaching the peak, the industrial CO_2 emissions will decline at an average annual rate of 2% ~ 3% from 2030 to 2050 in different scenarios. During the period 2050 to 2060, more efforts will be needed to apply the net-zero emission technology on the hard-to-abate industries, to achieve industrial carbon neutrality. The key industrial sectors represented by iron and steel, cement, chemicals, and non-ferrous metals are the most important areas to achieve emission reduction. The heterogeneity of these industries should be considered when making the emission reduction plan. Low-carbon, net-zero and negative-carbon technologies represented by low-carbon raw materials, electrification, hydrogen metallurgy and CCUS will become the important driving force for China's industry to achieve its emission peak and carbon neutrality goals.

Keywords: Carbon Emission; Carbon Neutrality; Industry

B.51 Actively Participating in Global Climate Governance

Jiang Jinhe / 692

Abstract: As a national strategy, addressing climate change is integrated into the overall layout of ecological civilization construction and the overall economic and social development. Realizing the "dual carbon" goal is a broad and profound systemic economic and social transformation. Based on an overview of the latest progress in global climate governance and China's contributions, this article briefly describes the latest climate governance policies of major economies. Finally, three countermeasures and suggestions for China's active participation in global climate governance are proposed: improving strategic and systematic thinking abilities, actively participating in global climate governance; Strengthen the coordinated promotion of green development and carbon governance, promote the cleanliness and low-carbon of the energy system; Improve the carbon pricing mechanism and strengthen the combination of promising governments and effective markets.

Keywords: Climate Change; Global Climate Governance; Dual Carbon Targets

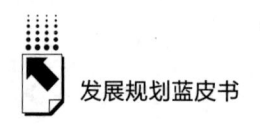

B.52 The Progress in Developing a Modern New Energy System

Liu Qiang / 709

Abstract: This chapter reviews the progress in developing a modern new energy system since the start of 14th Five-Year Plan, and puts forward some current problems and future development requirements. On this basis, policy recommendations include: developing low-cost natural gas power generation so as to improve flexibility of the grid and increase the proportion of green energy; establishing a power trading system that adapts to the requirements of the new energy system; developing green energy technology to stimulate the industrial upgrading.

Keywords: New Energy System; Natural Gas Power; Power System Flexibility

B.53 Evaluation of the "Blue Sky Defense War" Policy in the 14th Five-year Plan

Li Yuhong, Miao Jichao / 723

Abstract: Since the implementation of the 14th Five-Year Plan, China has witnessed a sustained reduction in the concentration of coal-related pollutants such as SO2 and CO, and the decline of PM2.5 and PM10 concentrations has slowed down, while the upward trend of O3 concentration has not abated. In 2023, the annual average concentration of PM2.5 is 32 ug/m^3, a decrease of 4.0% from 2020, with the proportion of heavily polluted days at 1.6%. Among priority regions, the Fenwei Plain had the highest PM2.5 concentration at 46 ug/m^3, a decrease of 6.2% from 2020, with the proportion of heavily polluted days at 4.2%; the Beijing-Tianjin-Hebei region and its surroundings had a PM2.5 concentration of 45 ug/m^3, a decrease of 12.1% from 2020, with the proportion of heavily polluted days at 3.6%; 23 cities in the Yangtze River Delta region met the PM2.5 concentration standard. In non-priority regions, such as the middle reaches of the Yangtze River and the Chengdu-Chongqing metropolitan area, the PM2.5 concentration showed an upward trend. Dust storms have emerged as a uncertainty factor in heavily polluted weather. In 2023, heavy pollution days with PM10 as the main pollutant accounts for about one-third of the total heavy pollution days. China should prioritize the prevention and governance of heavily polluted weather as the focus of air pollution control, strengthen the prevention and control of particulate matter pollution in non-priority regions, continuously promote financial subsidies for clean heating in northern regions, and systematically manage sandstorms.

Keywords: Blue Sky Defense War; Sandstorm; Air Pollution Prevention and Control

B.54 Accelerate the Construction of Green and Smart Digital Ecological Civilization

Sun Bowen / 743

Abstract: Chinese-style modernization is a form of modernization that promotes harmonious coexistence between humans and nature. Accelerating the construction of a green and intelligent digital ecological civilization is an intrinsic requirement for the organic integration of Digital China with ecological civilization construction. It is also an important pathway for advancing the modernization of the environmental governance system and its capabilities. Under the new round of information technology revolution and industrial transformation, it is also a necessary path to empower the harmonious coexistence between humans and nature through a digital revolution. In recent years, the policy system for the construction of digital ecological civilization has initially taken shape, and significant progress has been made in the greening of digital infrastructure, the digital and intelligent transformation of energy, the coordinated development of digital and green industries, the digitalization of the circular economy, the digitalization of ecological and environmental governance, and the construction of green and smart urban and rural areas. However, in related fields, it still faces a series of bottleneck constraints such as technology, funds, standards, management, policies, and institutional shortcomings. Based on a comprehensive perspective of elements, technology, economy, society, and governance, this paper deeply explores the inherent theoretical logic of the construction of digital ecological civilization, and based on this, puts forward systematic countermeasures and suggestions to accelerate the construction of a green and smart digital ecological civilization from five aspects, including: cultivating digital ecological elements, promoting the digitalization of ecological elements and the ecologicalization of data elements; innovating digital ecological technology, promoting the ecologicalization of digital technology and the digitalization of ecological technology; developing digital ecological economy, achieving the ecologicalization of the digital economy and the digitalization of the ecological economy; constructing a digital ecological society, promoting the adaptive transformation of production relations and cultivating digital low-carbon lifestyles; optimizing digital ecological governance, and promoting the digital governance of the entire process of the ecological environment and digital carbon neutrality. Further detailed countermeasure suggestions are embedded in each dimension and each field, which deeply reflects the inherent requirements and practical demands of the theoretical logic of digital ecological civilization construction.

Keywords: Chinese-style Modernization; Digital Ecological Civilization; Digital Ecological Elements

B.55 Promoting Digital and Green Collaborative Transformation and Development

Chen Xingxing / 759

Abstract: Digitalisation and greening are the two core objectives of China's high-quality development, and their in-depth integration provides a new breakthrough for the coordinated development of economy and environment. In this paper, we systematically review the development status, trends and inherent contradictions of 'dual' synergy in China, and analyse the countermeasures and suggestions for the development of 'dual' synergy in China, taking into account the transformation policies and experiences of developed countries. At present, digital green collaboration is focused on the manufacturing, construction, information and communication, transportation, and energy industries. At the national level, the collaborative development of digital green collaboration has initially formed a synergy, while at the urban level, there is heterogeneity in collaborative development. At the industrial level, it promotes the transformation and upgrading of the manufacturing industry, promotes the reduction of carbon emissions and efficiency in green buildings, accelerates the green transformation of the information and communication industry, empowers the high-quality development of the transportation industry, and preliminarily forms a digital intelligent industrial ecology. The development of the China Digital Greening Association is driven by breakthroughs in digital technology applications to promote low-carbon transformation in key areas. However, it also faces challenges such as unclear paths for digital greening collaboration mechanisms, incomplete institutional guarantees, unbalanced and insufficient digital greening collaboration, and the need to improve the support capabilities of various elements. The promotion of digital green collaboration should focus on improving the economy and safety of enterprise digital green transformation, standardizing low-carbon standards and data usage systems, promoting the deepening development of digital transformation in the whole society, optimizing the allocation of digital green collaborative resources, and forming new quality productivity aggregation elements.

Keywords: "Dual Synergy"; Digital Infrastructure; Energy Policy; New Power System

B.56 Promoting the Dual Improvement of Quality and Quantity in the Development of the New Energy Industry
Wang Qia / 784

Abstract: Vigorously developing new energy is an inevitable choice to improve China's energy structure, ensure national energy security, and achieve the beautiful vision of peaking carbon emissions and achieving carbon neutrality. This article summarizes the latest progress in the development of China's new energy industry from four aspects: new energy power supply, new energy technology innovation, new energy international trade and cooperation, and new energy policies. Currently, the development of China's new energy industry is facing risks and challenges such as equipment price competition, disorderly development, blind investment, and continuous strengthening of supply chain protection policies in Europe and America. To promote the development of China's new energy industry and achieve a dual improvement in both quality and quantity, the following five suggestions are proposed: Strengthen the medium and long-term planning for the development of new energy projects nationwide; Accelerate the construction of carbon markets and improve the green power certificate system; Strengthen the full chain information filing and supervision of project planning, application, approval, construction, and operation; Strengthen the coordinated development and comprehensive utilization of new energy and traditional energy; Enhance the resilience of the new energy industry supply chain and its ability to resist external risks.

Keywords: New Energy; Power Installation; "New Three"; High-quality Development

B.57 Enhancing International Competitiveness of China's New Energy Vehicle Industry

Yan Qiangming / 797

Abstract: New energy vehicles, represented by intelligent connected technologies, constitute an important engine for nurturing and enhancing new quality productivity in China, and also serve as a crucial means to support the transformation and upgrade of the Chinese economy and promote breakthroughs in leading-edge technologies. Currently, with the increasing maturity of China's new energy vehicle industry, expanding into overseas markets has become an essential path for the development of the domestic new energy vehicle industry. By analyzing global bilateral trade data from 2012 to 2022, this report reveals that the global new energy vehicle industry chain may be undergoing a transformation from "production-driven" to "market-driven," with distinct "core-periphery" trends evident in the parts and vehicle manufacturing segments. Leveraging comprehensive industrial chain advantages, China is positioned at a leading advantage in global competition, although there are still weaknesses in certain parts segments. Additionally, this report summarizes four current realistic issues facing China's expansion into the international market for new energy vehicles, including increasing risks of global trade barriers, the need to strengthen autonomy in core segments, the necessity of unifying international and domestic standards, and the urgent need to enhance overseas collaborative development systems, and proposes corresponding policy recommendations.

Keywords: New Energy Vehicles; Overseas Markets; International Competitiveness

B.58 Historical Achievements, Practical Dilemmas and Policy Approaches to Realizing the Value of Ecological Products

Wang Xifeng / 814

Abstract: How to promote the transformation from "green water and green mountains" to "golden mountains and silver mountains" and how to establish and improve the value realization mechanism of ecological products are of great significance to the construction of ecological civilization and the Chinese path to modernization construction of harmonious coexistence between man and nature. After reviewing the relevant policies and practices at the central level and typical provinces, this article believes that there are core issues such as functional difficulties, application difficulties, coordination difficulties, and value difficulties in improving the mechanism for realizing the value of ecological products. In response to these issues, this article believes that we should adhere to a problem oriented approach, improve the ecological value accounting system, and broaden the mechanism for realizing the value of ecological products; Efforts should be made from both the market and the government to improve the design of the mechanism for realizing the value of ecological products; Unify immediate and long-term interests, local and global interests, and promote the realization of ecological product value through the unified ecological rights market; Promote the four major policy paths of ecological industrialization and industrial ecologicalization.

Keywords: Ecological Products; Ecological Products Value Realizing; Ecological Civilization

B.59 Supporting Comprehensive Rural Revitalization with Green Finance

Liu Dan, Cao Yiting and Yuan Meng / 826

Abstract: Comprehensively pushing forward rural vitalization is an important task for building an agricultural powerhouse in the new era. As one of five major chapters of financial system with Chinese characteristics, green finance has achieved notable results in ensuring food security, supporting the development of industries, and promoting livable ecology. In the next stage, green finance will keep a close watch on five major goals of rural revitalization, focus on key and difficult points, optimize systems and mechanisms, and further play a role in improving policies, coordinating organizations, and optimizing products and services. It will actively promote the synergetic development of green finance, inclusive finance and technology finance, create green finance products and services that adapt to rural development according to local conditions, support the strategy of building a strong agricultural country, and accelerate the pace of rural revitalization.

Keywords: Green Finance; Rural Revitalization; Inclusive Finance

社会科学文献出版社

皮 书
智库成果出版与传播平台

❖ 皮书定义 ❖

皮书是对中国与世界发展状况和热点问题进行年度监测,以专业的角度、专家的视野和实证研究方法,针对某一领域或区域现状与发展态势展开分析和预测,具备前沿性、原创性、实证性、连续性、时效性等特点的公开出版物,由一系列权威研究报告组成。

❖ 皮书作者 ❖

皮书系列报告作者以国内外一流研究机构、知名高校等重点智库的研究人员为主,多为相关领域一流专家学者,他们的观点代表了当下学界对中国与世界的现实和未来最高水平的解读与分析。

❖ 皮书荣誉 ❖

皮书作为中国社会科学院基础理论研究与应用对策研究融合发展的代表性成果,不仅是哲学社会科学工作者服务中国特色社会主义现代化建设的重要成果,更是助力中国特色新型智库建设、构建中国特色哲学社会科学"三大体系"的重要平台。皮书系列先后被列入"十二五""十三五""十四五"时期国家重点出版物出版专项规划项目;自2013年起,重点皮书被列入中国社会科学院国家哲学社会科学创新工程项目。

皮书网

（网址：www.pishu.cn）

发布皮书研创资讯，传播皮书精彩内容
引领皮书出版潮流，打造皮书服务平台

栏目设置

◆ **关于皮书**

何谓皮书、皮书分类、皮书大事记、
皮书荣誉、皮书出版第一人、皮书编辑部

◆ **最新资讯**

通知公告、新闻动态、媒体聚焦、
网站专题、视频直播、下载专区

◆ **皮书研创**

皮书规范、皮书出版、
皮书研究、研创团队

◆ **皮书评奖评价**

指标体系、皮书评价、皮书评奖

所获荣誉

◆ 2008年、2011年、2014年，皮书网均在全国新闻出版业网站荣誉评选中获得"最具商业价值网站"称号；

◆ 2012年，获得"出版业网站百强"称号。

网库合一

2014年，皮书网与皮书数据库端口合一，实现资源共享，搭建智库成果融合创新平台。

皮书网

"皮书说"微信公众号

权威报告·连续出版·独家资源

皮书数据库
ANNUAL REPORT(YEARBOOK) DATABASE

分析解读当下中国发展变迁的高端智库平台

所获荣誉

- 2022年，入选技术赋能"新闻+"推荐案例
- 2020年，入选全国新闻出版深度融合发展创新案例
- 2019年，入选国家新闻出版署数字出版精品遴选推荐计划
- 2016年，入选"十三五"国家重点电子出版物出版规划骨干工程
- 2013年，荣获"中国出版政府奖·网络出版物奖"提名奖

皮书数据库　"社科数托邦"微信公众号

成为用户

登录网址www.pishu.com.cn访问皮书数据库网站或下载皮书数据库APP，通过手机号码验证或邮箱验证即可成为皮书数据库用户。

用户福利

- 已注册用户购书后可免费获赠100元皮书数据库充值卡。刮开充值卡涂层获取充值密码，登录并进入"会员中心"—"在线充值"—"充值卡充值"，充值成功即可购买和查看数据库内容。
- 用户福利最终解释权归社会科学文献出版社所有。

数据库服务热线：010-59367265
数据库服务QQ：2475522410
数据库服务邮箱：database@ssap.cn
图书销售热线：010-59367070/7028
图书服务QQ：1265056568
图书服务邮箱：duzhe@ssap.cn

社会科学文献出版社 皮书系列
SOCIAL SCIENCES ACADEMIC PRESS (CHINA)
卡号：327741566855
密码：

S 基本子库
SUB DATABASE

中国社会发展数据库（下设12个专题子库）

紧扣人口、政治、外交、法律、教育、医疗卫生、资源环境等12个社会发展领域的前沿和热点，全面整合专业著作、智库报告、学术资讯、调研数据等类型资源，帮助用户追踪中国社会发展动态、研究社会发展战略与政策、了解社会热点问题、分析社会发展趋势。

中国经济发展数据库（下设12专题子库）

内容涵盖宏观经济、产业经济、工业经济、农业经济、财政金融、房地产经济、城市经济、商业贸易等12个重点经济领域，为把握经济运行态势、洞察经济发展规律、研判经济发展趋势、进行经济调控决策提供参考和依据。

中国行业发展数据库（下设17个专题子库）

以中国国民经济行业分类为依据，覆盖金融业、旅游业、交通运输业、能源矿产业、制造业等100多个行业，跟踪分析国民经济相关行业市场运行状况和政策导向，汇集行业发展前沿资讯，为投资、从业及各种经济决策提供理论支撑和实践指导。

中国区域发展数据库（下设4个专题子库）

对中国特定区域内的经济、社会、文化等领域现状与发展情况进行深度分析和预测，涉及省级行政区、城市群、城市、农村等不同维度，研究层级至县及县以下行政区，为学者研究地方经济社会宏观态势、经验模式、发展案例提供支撑，为地方政府决策提供参考。

中国文化传媒数据库（下设18个专题子库）

内容覆盖文化产业、新闻传播、电影娱乐、文学艺术、群众文化、图书情报等18个重点研究领域，聚焦文化传媒领域发展前沿、热点话题、行业实践，服务用户的教学科研、文化投资、企业规划等需要。

世界经济与国际关系数据库（下设6个专题子库）

整合世界经济、国际政治、世界文化与科技、全球性问题、国际组织与国际法、区域研究6大领域研究成果，对世界经济形势、国际形势进行连续性深度分析，对年度热点问题进行专题解读，为研判全球发展趋势提供事实和数据支持。

法律声明

"皮书系列"(含蓝皮书、绿皮书、黄皮书)之品牌由社会科学文献出版社最早使用并持续至今,现已被中国图书行业所熟知。"皮书系列"的相关商标已在国家商标管理部门商标局注册,包括但不限于LOGO( )、皮书、Pishu、经济蓝皮书、社会蓝皮书等。"皮书系列"图书的注册商标专用权及封面设计、版式设计的著作权均为社会科学文献出版社所有。未经社会科学文献出版社书面授权许可,任何使用与"皮书系列"图书注册商标、封面设计、版式设计相同或者近似的文字、图形或其组合的行为均系侵权行为。

经作者授权,本书的专有出版权及信息网络传播权等为社会科学文献出版社享有。未经社会科学文献出版社书面授权许可,任何就本书内容的复制、发行或以数字形式进行网络传播的行为均系侵权行为。

社会科学文献出版社将通过法律途径追究上述侵权行为的法律责任,维护自身合法权益。

欢迎社会各界人士对侵犯社会科学文献出版社上述权利的侵权行为进行举报。电话:010-59367121,电子邮箱:fawubu@ssap.cn。

社会科学文献出版社